알튀세르 효과

"**Althusser et le jeune Marx**" by Pierre Macherey
Copyright ⓒ Presses Universitaires de France, *Actuel Marx* No. 31, 2002.

"**Une rencontre: Althusser et Machiavel**" by Emmanuel Terray in *Politique et philosophie dans l'œuvre de Louis Althusser* (ed. S. Lazarus)
Copyright ⓒ Presses Universitaires de France, 1993.

"**Eschatology versus Teleology: The Suspended Dialogue between Derrida and Althusser**" by Étienne Balibar in *Derrida and the Time of the Political*, Pheng Cheah, Suzanne Guerlac, eds., pp. 57~73
Copyright ⓒ Duke University Press, 2009.

Korean Translation Copyright ⓒ 2011 by GREENBEE PUBLISHING CO.
Korean translation edition published by arrangement with Copyright Holders through Shinwon Agency.

"**Les aléas du matérialisme aléatoire dans la dernière philosophie de Louis Althusser**" by André Tosel in *Sartre, Lukács, Althusser: Des marxistes en philosophie* (eds. Eustache Kouvélakis, Vincent Charbonnier)
Copyright ⓒ Presses Universitaires de France, 2005.

"**La lecture du *Capital* par Louis Althusser**" by Jacques Bidet in *Althusser philosophe* (ed. Pierre Raymond)
Copyright ⓒ Presses Universitaires de France, 1997.

"**Althusser et Spinoza**" by Pierre-François Moreau in *Althusser philosophe* (ed. Pierre Raymond)
Copyright ⓒ Presses Universitaires de France, 1997.

Althusser et la psychanalyse by Pascale Gillot, pp. 119~150
Copyright ⓒ Presses Universitaires de France, 2009.

Korean Translation Copyright ⓒ 2011 by GREENBEE PUBLISHING CO.
Korean translation edition published by arrangement with Copyright Holders through Milkwood Agency.

ⓒ Leonardo Cremonini / ADAGP, Paris-SACK, Seoul, 2011.
이 서적 내에 사용된 일부 작품은 SACK를 통해 ADAGP와 저작권 계약을 맺은 것입니다. 저작권법에 의하여 한국 내에서 보호를 받는 저작물이므로 무단 전재 및 복제를 금합니다.

이 책에 실린 일부 해외 논문은 해당 출판사에 수차례 저작권 문의 연락을 취했지만 답을 받지 못했습니다. 이후 연락이 되는 대로 저작권법에 해당하는 사항을 준수하고자 합니다. 이 점에 관해 저작권자의 양해를 구합니다.

프리즘총서 007

Louis Althusser

알튀세르 효과

진태원 엮음

그린비

차 례

서론: 알튀세르 효과, 효과 속의 알튀세르 진태원___7

1부 알튀세르의 주제들

1장_알튀세르와 청년 맑스 피에르 마슈레___44

2장_과잉결정, 이데올로기, 마주침: 알튀세르와 변증법의 문제 진태원___76

3장_맑스주의 역사학, 건설 중인 역사학:
　　　알튀세르와의 대화 피에르 빌라르___108

4장_미학으로 (재)생산되지 않는 미학:
　　　알튀세르 예술론의 어떤 (불)가능성 최정우___177

5장_알튀세르의 우발성의 유물론의 우발성들 앙드레 토젤___220

6장_알튀세르의 『자본』 독해 자크 비데___267

2부 알튀세르의 원천들

7장_알튀세르를 위하여 원자론을 읽자 양창렬___300

8장_하나의 마주침: 알튀세르와 마키아벨리 에마뉘엘 테레___369

9장_알튀세르와 스피노자 피에르-프랑수아 모로___407

3부 알튀세르의 동시대인들

10장_ 알튀세르와 정신분석학: 주체 구성의 문제 파스칼 질로___426

11장_ 알튀세르, 구조주의, 프랑스 인식론 전통 피터 듀스___456

12장_ 알튀세르와 푸코의 부재하는 대화: 정치적 유물론의 분기 서동진___519

13장_ 종말론 대 목적론: 데리다와 알튀세르의 유예된 대화 에티엔 발리바르___558

4부 알튀세르의 장래들

14장_ 알튀세르에게서 발리바르에게로:
　　　이데올로기의 문제설정과 정치의 개조 서관모___586

15장_ 알튀세르와 바디우: 정치적 주체성의 혁신을 위하여 서용순___669

16장_ 알튀세르와 랑시에르 박기순___701

17장_ 인셉션인가, 호명인가?: 슬로베니아 학파, 버틀러, 알튀세르 최원___724

18장_ 알튀세르와 포스트맑스주의: 라클라우와 지젝의 논쟁 김정한___771

19장_ 알튀세르와 서발턴 연구 안준범___800

감사의 말_822 | 참고문헌_824 | 찾아보기_847 | 저역자 소개_864

| 일러두기 |

1 이 책은 총 19장으로 구성되어 있다. 그 중 10편은 국내 저자가 집필한 글이며, 9편은 해외 논문을 번역한 것이다. 해외 논문의 서지 사항은 다음과 같다.
   1장 Pierre Macherey, "Althusser et le jeune Marx", *Actuel Marx* N° 31, 2002, pp. 159~175.
   3장 Pierre Vilar, "Histoire marxiste, histoire en construction: Essai de dialogue avec Althusser", *Annales: Économies, Sociétés, Civilisations* Vol. 28 N° 1, Année 1973, pp. 165~198.
   5장 André Tosel, "Les aléas du matérialisme aléatoire dans la dernière philosophie de Louis Althusser", éds. Eustache Kouvélakis et Vincent Charbonnier, *Sartre, Lukács, Althusser: Des marxistes en philosophie*, PUF, 2005, pp. 169~196.
   6장 Jacques Bidet, "La lecture du *Capital* par Louis Althusser", éd. Pierre Raymond, *Althusser philosophe*, PUF, 1997, pp. 9~29.
   8장 Emmanuel Terray, "Une rencontre: Althusser et Machiavel", éd. Sylvain Lazarus, *Politique et philosophie dans l'œuvre de Louis Althusser*, PUF, 1993, pp. 137~160.
   9장 Pierre-François Moreau, "Althusser et Spinoza", éd. Pierre Raymond, *Althusser philosophe*, PUF, 1997, pp. 75~86.
   10장 Pascale Gillot, *Althusser et la psychanalyse*, PUF, 2009, pp. 119~150.
   11장 Peter Dews, "Althusser, Structuralism and the French Epistemological Tradition", ed. Gregory Elliott, *Althusser: A Critical Reader*, Blackwell, 1994, pp. 104~141.
   13장 Étienne Balibar, "Eschatology versus Teleology: The Suspended Dialogue between Derrida and Althusser", eds. Pheng Cheah & Suzanne Guerlac, *Derrida and the Time of the Political*, Duke University Press, 2009, pp. 57~73.
2 본문의 주석은 모두 각주로 표시되어 있다. 번역 논문에서 옮긴이 주는 '—옮긴이'라고 표시했으며, 표시가 없는 것은 모두 지은이 주이다. 또한 번역 논문에서 독자의 이해를 돕기 위해 옮긴이가 추가한 내용은 대괄호([ ])로 표시했다.
3 다의적으로 해석될 수 있는 표현은 빗금(/)을 사용해 여러 가지 뜻을 함께 표시했고, 다른 번역어로 대체할 수 있는 단어는 대괄호([ ])를 사용해 원래의 번역어 옆에 덧붙였다.
4 이 책의 인용문에서 강조 표시가 되어 있는 부분은 특별한 언급이 없는 한 모두 원저자의 것이며, 인용자가 강조한 부분은 주석에 명기했다.
5 단행본·정기간행물 등에는 겹낫표(『 』)를, 논문·그림·영화 등에는 낫표(「 」)를 사용했다.
6 외국 인명·지명은 2002년에 〈국립국어원〉에서 펴낸 '외래어 표기법'에 따라 표기했다.

서론 알튀세르 효과, 효과 속의 알튀세르

진태원

오늘날 한국의 독자들에게 루이 알튀세르(1918~1990)라는 이름이 어떻게 받아들여질까? 엮은이가 약 2년 반 전에 『알튀세르 효과』를 기획하면서 계속 품고 있었던 질문이다.

 아마도 알튀세르는 맑스주의 철학자 중에서, 또 현대 프랑스 철학자 중에서도 세대에 따라 가장 인지도 편차가 큰 인물이 아닐까 생각해 본다. 40대 이상의 독자들에게 그는 1980년대 말과 1990년대 초 한국 인문사회과학계를 뜨겁게 달구었던 이른바 '한국사회성격논쟁'과 '맑스주의 위기론'의 중심에 있던 인물로 기억될 것 같다. 당시 웬만한 인문사회과학도라면 누구나 그의 책을 한 권쯤 소장하고 있었고, 과잉결정(또는 중층결정)이나 호명 같은 그의 주요 개념들은 가장 널리 운위되던 지적 담론 중 하나였다. 반면 오늘날 20대 독자들에게 그는 에티엔 발리바르나 슬라보예 지젝 또는 자크 랑시에르나 알랭 바디우의 이름과 함께 간혹 거명되는 이름 중 하나일 것 같다. 요컨대 구세대 독자에게 알튀세르가 한때 우리나라에서 잠깐 지적으로 유행했으나 이제는 잊힌 추억 속의 철학자라면, 신세대 독자에게 그는 오늘날의 지적 담론을 이해하기 위한 먼 배경 중 하나, 이를테면 '기타 등등'에 포함될 만한 나열의 대상 중 하나가 된 셈이다.

그렇다면 왜 뜬금없이, 이제는 추억 속의 인물이 되었거나 아니면 익명에 가까운 인물이 된 철학자에 대해 이런 거창한 논문집을 기획하게 된 것일까? 아마 적지 않은 사람들이 이런 의문을 품고 있으리라 생각한다.

이 논문 모음집은 알튀세르 사망 20주기를 기념하기 위해 마련되었다는 것이 일차적인 답변이 될 수 있다. 잘 알려져 있듯이 당대 프랑스 지성계를 대표하는 철학자 중 한 사람이었던 알튀세르는 1980년 11월 16일 정신 착란 상태에서 아내를 목 졸라 살해한 뒤 여러 정신병원에서 요양 생활을 하다가 1990년 사망했다. 따라서 저명한 철학자나 사상가를 기념하기 위해 탄생 몇 주년, 사망 몇 주기를 따지는 것이 널리 통용되는 방법이라는 점을 감안하면, 알튀세르라는 철학자, 20세기 후반의 맑스주의를 대표하는 철학자 중 한 명의 사망 20주기를 기념하여 그에 관한 논문집을 기획하는 게 특별히 이상한 일은 아닐 것이다.

하지만 이 논문집을 마련하게 된 이유가 단지 그것뿐이라면, 굳이 왜 알튀세르에 관한 논문집이냐 하고 의문을 가질 만한 사람들도 있을 듯하다. 더욱이 이런 의문을 가진 사람들 중에는 그를 별로 좋아하지 않거나 그에게 무관심한 이들만이 아니라, 그를 좋아하고 그의 사상의 가치를 높이 평가하는 이들도 있을 법하다. 사실 이 후자의 사람들이 그런 의문을 품는 것은 어떤 의미에서는 지극히 정당하고 또 알튀세르 자신의 사상에도 부합하는 일이라 할 수 있다. 철학은 자율적인 것이 아닐뿐더러 그 자체로는 무에 불과하며, 소멸되는 것을 자신의 소명으로 한다고 역설했던 사람이 바로 알튀세르이기 때문이다.[1] 그러니 단순히 생몰 연대만을 이유로 그에 관한, 거창하다면 거창한 논문집을 기획하는 것은 알튀세르 자신의 지적 원칙, 철학적 정신에 어긋나는 일이 될 수 있을 것 같다.

그렇다면, 다시 한 번 묻거니와, 왜 오늘날 이처럼 여러 사람이 알튀세르에 관한 공동 논문집에 참여하게 된 것일까? 아마도 그것은 엮은이를 비롯해 기꺼이 이 기획에 참여할 뜻을 밝힌 여러 필자들이 암묵적으로 공유하고 있는 생각 때문일 것 같다. 그것은 알튀세르 사상에는 오늘날에도 여전히 사상적 효력을 지니고 있고 현재를 사고하기 위해 꼭 필요한 요소들이 적어도 몇 가지 존재한다는 생각이다. 사람에 따라 그러한 요소가 무엇인가에 관해서는 당연히 이견이 존재할 수 있다. 어떤 사람은 이데올로기론이야말로 바로 그것이라고 생각할 수 있고, 또 다른 사람은 과잉결정(및 과소결정) 개념을 중심으로 한 변증법의 쇄신이라고 주장할 수도 있다. 또는 마키아벨리에 대한 매우 독창적인 독해야말로 오늘날 가장 의미 있는 알튀세르 사상의 유산이라고 할 수도 있을 것이다. 어쨌든 엮은이로서는 알튀세르에 관한 공동 논문집에 참여해 준 필자들이 그가 여전히 우리에게 무언가 의미 있는 이야기를 해줄 수 있고, 또 우리 역시 그의 사상에 관해 무언가 새로운 점을 밝혀낼 수 있다는 생각을 공유하고 있다고 믿는다.

또한 이것은 이 논문집의 필자들만의 생각은 아니라고 믿는다. 실제로 외국의 여러 학자들, 오늘날 사상계를 주도하는 상당수의 이론가들에게서도 이러한 생각을 엿볼 수 있다.

---

1) "[철학] 범주들의 기능은 이론 영역 내부에서, 참이라고 선언된 관념들과 거짓이라고 선언된 관념들 사이에서, 과학적인 것과 이데올로기적인 것 사이에서 '경계선을 그리는' 데 있다.……모든 철학은 주요한 경계선을 긋는 데서 성립하며, 이러한 경계선 긋기를 통해서 철학은, 자신과 대립하는 경향을 표상/대표/상연하는 철학들의 이데올로기적 통념들을 몰아낸다.……여기에서 철학사는 자신이 산출하는 무 속에서 무화된다. 이러한 무는 아무것도 아닌 것이 아니다. 왜냐하면 이러한 무는 과학적 실천, 과학적인 것과 그것의 타자, 곧 이데올로기적인 것의 운명을 쟁점으로 지니고 있기 때문이다.……이렇게 되면 철학은 역사를 지니고 있지만 거기서는 아무것도 일어나지 않는다는 것이 이해 가능해진다. 왜냐하면 실존하는 철학 범주들을 전치하거나 변형하고, 따라서 철학 담론……속에서 이러한 변화들을 산출하는 각각의 철학적 개입은 철학적인 무(우리는 이것이 되풀이된다는 것을 앞에서 살펴봤다)이기 때문이다. 왜냐하면 경계선은 실제로는 아무것도 아니며, 심지어 하나의 선도, 분할의 흔적도 아니며, 나뉜다는 단순한 사실, 따라서 [관념론과 유물론 사이에] **거리를 냄으로써 생겨난 공백**이기 때문이다." 루이 알튀세르, 「레닌과 철학」, 진태원 옮김, 박노자 외, 『레닌과 미래의 혁명』, 그린비, 2008, 318~319쪽.

일례로, 국내에도 잘 알려진 슬로베니아 출신 이론가 슬라보예 지젝은 출세작인 『이데올로기의 숭고한 대상』(1989) 첫 페이지에서 다음과 같이 언급한 바 있다. "우리의 첫번째 테제는 오늘날 지적 무대의 전경을 차지하고 있는 대논쟁인 하버마스-푸코 논쟁이 또 다른 대립, 이론적으로 훨씬 광대한 알튀세르-라캉 논쟁을 은폐하고 있다는 것이 되리라. 알튀세르 학파의 갑작스런 실추에는 무언가 수수께끼 같은 게 있다. 이는 이론적 패배의 관점에서는 설명될 수 없다. 이는 그보다는 알튀세르의 이론 내에는 마치 쉽게 잊히고 '억압'되어야 할 어떤 외상적 핵이 존재하기 때문인 듯하다."[2] 당시엔 신출내기 이론가의 다소 엉뚱한 도발처럼 여겨졌던 이 주장은, 그 이후 꽤 오랫동안 지젝의 이론 작업을 관통하는 핵심 주제 중 하나가 되었고, 그의 명성이 높아지면서 점차 새로운 반향을 얻게 되었다.

사실 1989년 당시만 하더라도 알튀세르와 그의 동료들의 작업은 현대 사상계의 무대에서 거의 완전히 퇴장한 것처럼 보였다. 알튀세르 자신은 1980년 아내를 살해한 뒤 공적 무대에서 자취를 감췄고 그의 제자들 중 몇몇(니코스 풀란차스, 미셸 페쇠)은 자살로 비극적인 생을 마감했다. 1970년대 영미권에서 막대한 영향력을 행사했던 발리바르의 자본주의 분석이나 피에르 마슈레의 문학 생산 이론은 당시에는 더 이상 아무런 새로운 논의의 대상이 되지 못했다.[3] 그 대신 1980년대 이후 자크 데리다와 미셸 푸코를 중심으로 한 이른바 '포스트구조주의' 내지 '포스트모더니즘'이 영미 이론계의 전경을 차지했다.[4] 또한 1989년에 베를린 장벽이 붕괴되고 곧이어 '현실 사회주의' 국가들이 연쇄적으로 몰락한 뒤에는 맑스주의 자체가 이

---

2) Slavoj Žižek, *The Sublime Object of Ideology*, Verso, 1989, p. 1(『이데올로기라는 숭고한 대상』, 이수련 옮김, 인간사랑, 2002, 20쪽. 번역은 다소 수정).
3) 사실 알튀세르 및 알튀세리엥들은 미국보다는 영국의 좌파들에게 큰 영향을 미쳤으나, 그것도 1970년대 중반 이후에는 상당 부분 영향력을 상실했다.

론의 영역에서 거의 자취를 감추게 되었다. 따라서 알튀세르의 비극적 퇴장은 맑스주의의 종말에 대한 환유적 표현이었다고 할 수도 있을 것이다.

하지만 지젝의 예언적인 선언 이후 놀랍게도 알튀세르 및 그와 함께 작업했던 철학자들의 사상이 다시 현대 사상계의 전면에 등장하게 되었다. 지젝과 발리바르, 데리다, 주디스 버틀러 등의 작업을 통해 알튀세르의 이데올로기론은 현대 사상의 가장 뜨거운 쟁점 중 하나로 부각되었다. 가령 지젝은 『이데올로기의 숭고한 대상』과 『그들은 자기가 하는 일을 알지 못하나이다』, 『부정적인 것과 함께 머물기』 같은 일련의 저작들(어떤 의미에서는 그의 저작 전체)을 통해 알튀세르의 이데올로기론에 대한 라캉주의적 대안을 제시하는 데 몰두했다. 그의 작업의 이론적 성과에 대해서는 평가가 엇갈릴 수 있겠으나,[5] 이데올로기의 문제를 현대 인문사회과학의 중심 쟁점으로 다시 부각시키는 데 그의 작업이 큰 역할을 했다는 것은 부인할 수 없는 사실이다.

---

4) '포스트구조주의'나 '포스트모더니즘'이라는 용어법이 과연 현대 프랑스 철학을 지칭하기에 적절한가 여부는 중요한 논의 주제 중 하나이다. 영미권에서는 현대 프랑스 철학에 부정적인 이들이나 그것을 지지하는 이들이나 모두 이 용어들을 즐겨 사용하지만, 실제로 장-프랑수아 리오타르를 제외한 다른 프랑스 철학자들은 이 용어들로 자신들을 지칭하거나 분류하는 것에 완강히 저항한 바 있다. 국내에서도 대부분 이러한 영미식 용어법을 무비판적으로 사용하고 있으나, 철학의 내용 자체에 대한 이해를 위해서나 **이론의 정치**에 대한 고려를 위해서도 이 용어법 자체에 대한 비판적 검토가 중요한 이론적 과제 중 하나라고 생각한다. 이는 알튀세르에 대한 이해나 수용의 문제와도 무관하지 않다. 영미권 학계에 미친 프랑스 철학의 영향에 관해서는 특히 François Cusset, *French Theory: How Foucault, Derrida, Deleuze, & Co. Transformed the Intellectual Life of the United States*, trans. Jeff Fort, University of Minnesota Press, 2008 참조.

5) 엮은이가 보기에 지젝의 해석은 알튀세르 이론(특히 그의 이데올로기론)의 핵심을 충분히 해명하지 못할 뿐만 아니라 그가 대안으로 제시하는 라캉주의적 이데올로기론은 알튀세르 자신의 이론에 오히려 미달하는 것이다. 이에 대한 좀더 자세한 논의는 진태원, 「스피노자와 알튀세르에서 이데올로기의 문제: 상상계라는 쟁점」, 『근대철학』 3권 1호, 2008을 참조하고 슬로베니아 학파와 버틀러의 알튀세르 해석에 대한 비판적 논의는 이 책 4부에 수록된 최원의 「인섭선인가, 호명인가?: 슬로베니아 학파, 버틀러, 알튀세르」 참조.

또한 에티엔 발리바르는 맑스·엥겔스에서 알튀세르에 이르는 역사적 맑스주의의 아포리아의 근원에는 이데올로기 개념의 동요가 존재한다는 점을 매우 세심하고 포괄적인 분석을 통해 입증했으며,[6] 이러한 아포리아에 대한 해법으로 국민 형태(forme nation)라는 개념을 제시한 바 있다. 이 개념은 알튀세르 이데올로기론의 핵심을 이루는 이데올로기의 물질성 개념과 종속적 주체 생산으로서의 호명 개념[7]을 국민(·사회)국가에 대한 분석으로 확장함으로써, 국민과 국민주의/민족주의 및 인종주의에 관한 맑스주의의 맹목(이것은 사실 맑스주의 이데올로기론의 아포리아에서 유래하는 것이다)을 극복할 수 있는 한 가지 길을 제시해 주고 있다.[8] 그 밖에도 발리바르는 '평등자유'(égaliberté) 개념, 시민권 헌정 이론, 시민다움(civilité)의 정치철학 등을 통해 알튀세르의 사상 또는 '사유 양식'(mode de la pensée)을 비판적으로 계승하고 있다.

다른 한편 자크 랑시에르와 알랭 바디우는 오늘날 프랑스와 미국을 비롯한 전 세계 이론계에서 가장 널리 읽히고 논의되는 철학자들이다. 이 두 사람은 온전한 의미에서 알튀세르의 제자나 알튀세리엥으로 분류하기는 어려운 철학자들이다. 랑시에르는 발리바르, 마슈레, 로제 에스타블레와

---

[6] 에티엔 발리바르, 「맑스주의에서의 이데올로기의 동요」, 『대중들의 공포: 맑스 전과 후의 정치와 철학』, 최원·서관모 옮김, 도서출판b, 2007 참조.

[7] 이 점에 관해서는 이 책 3부에 수록된 파스칼 질로의 「알튀세르와 정신분석학: 주체 구성의 문제」 참조. 또한 진태원, 「알뛰쎄르와 라깡: '또는' 알뛰쎄르의 유령들 I」, 김상환·홍준기 엮음, 『라깡의 재탄생』, 창비, 2002와 「스피노자와 알튀세르에서 이데올로기의 문제」, 『근대철학』 3권 1호를 각각 참조.

[8] 발리바르의 국민 형태 개념 및 국민주의/민족주의 이론에 대해서는 특히 Étienne Balibar et Immanuel Wallerstein, *Race, nation, classe: Les identités ambiguës*, La Découverte, 1988(『인종, 국민, 계급: 애매한 정체성들』, 그린비, 근간) 및 「국민적 인간」, 『우리, 유럽의 시민들?: 세계화와 민주주의의 재발명』, 진태원 옮김, 후마니타스, 2010을 각각 참조. '국민사회국가'라는 개념에 대해서는 특히 발리바르, 『정치체에 대한 권리』, 진태원 옮김, 후마니타스, 2011 참조.

함께 『『자본』을 읽자』의 공동 저술에 참여했으나 68운동 이후 알튀세르와 결별했으며, 1974년에는 '스승 살해'라는 평가를 받은 『알튀세르의 교훈』을 출간하면서 알튀세르와 사상적으로 완전한 단절을 시도했다.[9] 바디우는 『『자본』을 읽자』 공동 저술에 참여하지 않았고 알튀세르의 제자라고 할 수도 없는 사람이지만, 『맑스를 위하여』와 『『자본』을 읽자』가 출간된 이후 알튀세르 작업의 대의에 공감을 표명했으며, 1966~1967년에는 알튀세르가 조직한 비공개 연구 모임에 참여하기도 했다.[10] 하지만 마오주의로 전향한 이후 그 역시 알튀세르에 대한 비판가로 전향했다. 이후 이 두 사람이 각자 독자적으로 개척한 사상의 경로는 알튀세르 자신의 문제설정과 상당한 거리가 있는 것이지만, 이들의 사상 속에는 여전히 알튀세르의 개념들 내지 문제설정의 효과가 작용하고 있다.[11]

포스트맑스주의의 제창자로 유명한 에르네스토 라클라우와 샹탈 무프의 정치철학 역시 알튀세르의 맑스주의를 비판적으로 극복하려는 노력의 결과라고 할 수 있다. 두 사람 모두 알튀세르의 문제설정에서 출발했으나,[12] 그람시의 영향 아래 알튀세르의 구조적 맑스주의에 대한 대안을 모

---

9) Jacques Rancière, *La leçon d'Althusser*, Gallimard, 1974. 랑시에르의 알튀세르 비판의 논점들에 대해서는 이 책 4부에 수록된 박기순의 「알튀세르와 랑시에르」 참조.
10) 알튀세르 유고의 편집자 중 한 사람인 프랑수아 마트롱에 따르면, 1966~1967년 알튀세르는 스피노자 철학에 기반을 두고 바디우, 발리바르, 이브 뒤루(Yves Duroux), 마슈레 등과 함께 "우리의 『윤리학』이라고 할 수 있을 만한 진정한 철학 작품"을 공동으로 저술할 계획을 갖고 있었다. 『변증법적 유물론의 요소들』(*Éléments du matérialisme dialectique*)이라는 제목이 붙은 이 책은, 알튀세르의 다른 많은 구상과 마찬가지로 출간되지 못했다. François Matheron, "Présentation", Althusser, *Écrits philosophiques et politiques* Tome 2, éd. François Matheron, Stock/IMEC, 1995 참조.
11) 바디우와 알튀세르의 관계에 대해서는 이 책 4부에 수록된 서용순의 「알튀세르와 바디우: 정치적 주체성의 혁신을 위하여」를 참조하고, 알튀세르의 문제설정이 랑시에르 사상에 미친 영향, 특히 이데올로기론의 효과에 대해서는 Balibar, "Interview with Étienne Balibar", eds. Beth Hinderliter et al., *Communities of Sense: Rethinking Aesthetics and Politics*, Duke University Press, 2009 참조.

색했으며, 그 결과로 나타난 것이 포스트맑스주의였기 때문이다.[13] 실제로 이들의 작업에서는 과잉결정이나 절합(articulation), 이데올로기 같은 알튀세르 사상의 주요 개념들이 여전히 중요한 역할을 담당하고 있다. 이런 점들을 고려한다면 알튀세르의 사상에 대한 이해 없이 현대 사상의 주요 흐름(적어도 그 한 부분)을 이해한다는 것은 불가능에 가깝다고 말해도 과언이 아닐 것이다.

아울러 1992년 알튀세르의 '자서전'을 필두로 알튀세르의 유고들이 출간되고 여러 나라에서 이 유고들이 속속 번역되면서 알튀세르 사상에 대해 새로운 관심들이 생겨나고 있다.[14] 이는 구조적 맑스주의가 전성기

---

12) 이 점에 대해서는 특히 Ernesto Laclau, *Politics and Ideology in Marxist Theory: Capitalism, Fascism, Populism*, NLB, 1977을 참조할 수 있다.
13) 에르네스토 라클라우·샹탈 무프, 『헤게모니와 사회주의 전략』, 이승원 옮김, 후마니타스, 근간 참조.
14) 알튀세르의 유고는 마트롱을 중심으로 올리비에 코르페와 얀 물리에르-부탕의 편집 아래 2011년 현재까지 총 11권이 출간되었다. 이것들은 크게 네 종류로 분류될 수 있다. ① 자서전적인 저술: *L'avenir dure longtemps*, suivi de *Les faits*, éds. Olivier Corpet et Yann Moulier-Boutang, Stock/IMEC, 1992(수정증보판, 2007)(『미래는 오래 지속된다』, 권은미 옮김, 이매진, 2008); *Journal de captivité: Stalag XA, 1940~1945*, éds. Olivier Corpet et Yann Moulier-Boutang, Stock/IMEC, 1992. ② 정신분석학에 관한 저술: *Écrits sur la psychanalyse: Freud et Lacan*, éds. Olivier Corpet et François Matheron, Stock/IMEC, 1993; *Psychanalyse et sciences humaines: Deux conférences(1963~1964)*, éds. Olivier Corpet et François Matheron, Le livre de poche, 1996. ③ 정치와 철학에 관한 저술: *Sur la philosophie*, Gallimard, 1994(『철학에 대하여』, 서관모·백승욱 옮김, 동문선, 1997); *Écrits philosophiques et politiques* Tome 1, éd. François Matheron, Stock/IMEC, 1994(부분 번역: 『철학과 맑스주의: 우발성의 유물론을 위하여』, 서관모·백승욱 편역, 새길, 1996); *Écrits philosophiques et politiques* Tome 2(『마키아벨리의 가면』, 김정한·오덕근 옮김, 이후, 2001. 이 책은 『철학·정치 저작집』 2권에 수록된 알튀세르의 미완의 저서 『마키아벨리와 우리』*Machiavel et nous* 영어판을 대본으로 옮긴 것이다); *Sur la reproduction*, PUF, 1995(『재생산에 대하여』, 김웅권 옮김, 동문선, 2007); *Politique et histoire, de Machiavel à Marx: Cours à l'École normale supérieure de 1955 à 1972*, éd. François Matheron, Seuil, 2006(『정치와 역사: 알튀세르 정치철학 강의록』, 진태원 옮김, 후마니타스, 근간). ④ 서간집: *Lettres à Franca(1961~1973)*, éds. François Matheron et Yann Moulier-Boutang, Stock/IMEC, 1998; *Lettres à Hélène(1947~1980)*, éd. Olivier Corpet, Grasset, 2011.

를 구가하던 1960~1970년대와 사뭇 다른 시각에서 알튀세르 사상을 다루고 있는 연구서들이 꾸준히 출간되고 있다는 사실에서 잘 드러난다. 여기에는 프랑스와 영미권 및 유럽의 알튀세르 연구자들이 출간한 탁월한 논문집들만이 아니라,[15] 알튀세르의 여러 주제를 다루는 주목할 만한 작업들,[16] 그리고 알튀세르 사상을 좀더 폭넓은 역사적 시각에서 재조명하려는

---

15) 특히 주목할 만한 논문집으로는 다음과 같은 것들을 꼽을 수 있다. Sylvain Lazarus éd., *Politique et philosophie dans l'œuvre de Louis Althusser*, PUF, 1993(바디우, 발리바르, 랑시에르, 에마뉘엘 테레 등의 논문 수록); Denis Berger et al., *Sur Althusser: Passages*, L'Harmattan, 1993(안토니오 네그리, 장-마리 뱅상 등의 논문 수록); E. Ann Kaplan & Michael Sprinker eds., *The Althusserian Legacy*, Verso, 1993(발리바르, 알렉스 캘리니코스, 워런 몬탁 등의 논문 수록); Henning Böke et al. eds., *Denk-Prozesse nach Althusser*, Argument-verlag, 1994(발리바르, 바디우, 라스트코 모츠니크 등의 논문 수록); Gregory Elliott ed., *Althusser: A Critical Reader*, Blackwell, 1994(폴 리쾨르, 악셀 호네트, 피에르 빌라르, 피터 듀스 등의 논문 수록); Jacques Lerza ed., *Yale French Studies* No. 88(*Depositions: Althusser, Balibar, Macherey, and the Labor of Reading*), Yale University Press, 1995(발리바르, 마슈레, 몬탁 등의 논문 수록); Antonio Callari & David Ruccio eds., *Postmodern Materialism and the Future of Marxist Theory: Essays in the Althusserian Tradition*, Wesleyan University Press, 1996(발리바르, 몬탁, 네그리, 테레 등의 논문 수록); Gabriel Albiac et al., *Lire Althusser aujourd'hui*, L'Harmattan, 1997(가브리엘 알비악, 마트롱, 네그리 등의 논문 수록); Pierre Raymond éd., *Althusser philosophe*, PUF, 1997(자크 비데, 피에르-프랑수아 모로 등의 논문 수록); Pierre Macherey, *Histoires de dinosaure: Faire de la philosophie, 1965~1997*, PUF, 1999; Maria Turchetto ed., *Althusseriana Quaderni* Vols. 1~4, Mimesis, 2004~2009(알튀세르에 관한 부정기 간행물. 발리바르, 몬탁, 마리아 투르케토, 비토리오 모르피노, 이치다 요시히코 등과 같은 저명한 알튀세리엥들의 논문 수록).
16) Robert Pfaller, *Althusser: Das Schweigen im Text: Epistemologie, Psychoanalyse und Nominalismus in Louis Althussers Theorie der Lektüre*, Wilhelm Fink, 1997(알튀세르의 인식론과 이데올로기론); Isolde Charim, *Der Althusser-Effekt: Entwurf einer Ideologietheorie*, Passagen, 2002(이데올로기론); J. K. Gibson-Graham et al. eds., *Class and Its Others*, University of Minnesota Press, 2000(계급, 인종, 성적 차이 등의 절합); J. K. Gibson-Graham et al. eds., *Re/Presenting Class: Essays in Postmodern Marxism*, Duke University Press, 2001(탈근대 맑스주의); Stephen A. Resnick & Richard D. Wolff, *Class Theory and History: Capitalism and Communism in the USSR*, Routledge, 2002(소련 역사에 대한 재구성); Warren Montag, *Louis Althusser*, Palgrave Macmillan, 2003(미학과 문학 이론); Wal Suchting, "Althusser's Late Thinking about Materialism", *Historical Materialism* Vol. 12 No. 1, 2004(우발성의 유물론); Miguel Vatter, "Machiavelli After Marx: The Self-Overcoming of Marxism in the Late Althusser", *Theory & Event* Vol. 7 Issue 4,

작업들이 망라되어 있다.[17] 눈여겨봐야 할 것은 프랑스를 비롯한 영미권과 유럽의 젊은 연구자들이 신자유주의의 위기가 심화되는 정세에서 (이른바 '정통 맑스주의'의 교리들과 무관하게) 새로운 맑스주의 또는 새로운 역사유물론을 구성하기 위한 핵심 자원으로 알튀세르 사상을 활용하고 있다는 점이다. 이들의 작업을 통해 과연 알튀세르가 어떤 모습으로 재탄생하게 될지 또는 어떤 효과들을 새롭게 발휘하게 될지 귀추가 주목된다.[18]

하지만 엮은이가 이런 이야기를 하는 것은 알튀세르 사상이 오랜 몰이해와 배제의 시련을 거친 끝에 이제 다시 부활하고 있으며, 다시 한 번 알튀세르 사상의 전성기가 도래할 것이라는 마치 무협지 같은 스토리를 늘

2005(알튀세르와 마키아벨리); Jan Mieszkowski, *Labors of Imagination: Aesthetics and Political Economy from Kant to Althusser*, Fordham University Press, 2006(알튀세르의 미학); Irène Fenoglio, *Une auto-graphie du tragique: Les manuscrits de "Les faits" et de "L'avenir dure longtemps" de Louis Althusser*, Academia-Bruylant, 2007('자서전'에 대한 문체론적 연구).

17) William S. Lewis, *Louis Althusser and the Traditions of French Marxism*, Lexington Books, 2005; Gregory Elliott, *Althusser: The Detour of Theory*, Brill, 2006(1987년 초판에 주목할 만한 '후기'가 추가된 2판); Peter D. Thomas, *The Gramscian Moment: Philosophy, Hegemony and Marxism*, Brill, 2009; André Tosel, *Le marxisme du 20ᵉ siècle*, Éditions Syllepse, 2009.

18) David McInerney ed., *Borderlands: E-Journal* Vol. 4 No. 2(*Althusser and Us*), 2005(모르피노, 몬탁 등의 논문 수록). http://www.borderlands.net.au/issues/vol4no2.html (2011.10.20. 접속); Yoshiyuki Sato, *Pouvoir et résistance: Foucault, Deleuze, Derrida, Althusser*, L'Harmattan, 2007(이데올로기론과 인과성 이론); Jean-Claude Bourdin éd., *Althusser: Une lecture de Marx*, PUF, 2008(비데, 이브 바르가, 프랑크 피슈바흐 등의 논문 수록); Pascale Gillot, *Althusser et la psychanalyse*, PUF, 2009(이데올로기론과 정신분석학); Andrea Cavazzini, *Crise du marxisme et critique de l'État: Le dernier combat d'Althusser*, Éditions le clou dans le fer, 2009(후기 알튀세르의 정치학과 공산주의 이론); Mikko Lahtinen, *Politics and Philosophy: Niccolo Machiavelli and Louis Althusser's Aleatory Materialism*, trans. Gareth Griffiths & Kristina Kohli, Brill, 2009(우발성의 유물론과 마키아벨리); Isabelle Garo, *L'idéologie, ou la pensée embarquée*, Éditions la fabrique, 2009(이데올로기론); Garo, *Foucault, Deleuze, Althusser & Marx: La politique dans la philosophie*, Éditions Demopolis, 2011(프랑스 철학과 정치); Sara Farris & Peter Thomas eds., *Encountering Althusser*, Continuum Press, 2012(근간).

어놓기 위해서가 아니다. 그보다는 오늘날 인문사회과학에서 제기되는 여러 쟁점들을 해명하는 데서 알튀세르 사상의 요소들이 여전히 중요한 의미를 지니고 있다는 점을 독자들에게 다시 한 번 환기하고 싶기 때문이다.

맑스주의를 비롯한 좌파의 운동과 이론 작업이 거의 고사 직전에 이른 오늘날 한국에서 알튀세르에 관해 흔히 볼 수 있는 두 가지 대립적인 태도는 **무관심한 배제**와 **교조적 향수**의 태도라고 할 수 있다. 이른바 '포스트 담론'을 다양하게 원용하는 지식인들에게 알튀세르는 더 이상 아무런 관심의 대상이 되지 못하고 있으며, 심지어 그를 구태의연한 맑스주의자나 교조주의 철학자로 경멸하거나 배척하는 경향도 심심치 않게 볼 수 있다. 이 경우 알튀세르는 다양한 포스트 담론의 대표자들, 곧 질 들뢰즈, 데리다, 푸코, 또는 좀더 최근에는 지젝, 바디우, 랑시에르, 조르조 아감벤 등과 무관한, 유행에 뒤떨어진 구시대의 인물로 간주된다.[19] 정반대로 맑스주의를 고수하려는 매우 드문 지식인들 중 일부는 알튀세르를 고전 맑스주의라는 신성한 성채의 보루로 간주하면서 그를 일체의 포스트 담론과 분리시키려고 한다. 그들에 따르면 일체의 포스트 담론이란——프레드릭 제임슨의 유명한 정식을 사용한다면——"후기 자본주의의 문화 논리" 또는 좀더 조야한 표현법에 따르면 "신자유주의의 이데올로기"에 불과하며, 따라서 오늘날 맑스주의의 주요 과제는 일체의 포스트 담론과 투쟁하는 것이 된다.

이 두 가지 경향은 전혀 다른 것처럼 보이지만, 사실은 한 가지 근원적인 공통점을 지니고 있다. 그것은 이론이나 사상을 파악하는 지극히 본질

---

19) 지난 20여 년간 한국 인문사회과학에서 '포스트 담론'이 어떻게 수용되었고 어떤 식으로 변용되었는가 하는 문제는 지성사적으로 매우 중요한 문제다. 특히 한국 포스트 담론의 반맑스주의(및 반알튀세르주의) 경향에 관해서는 심층적인 고찰과 토론이 이루어져야 하리라고 생각한다. 이 점에 관한 예비적인 고찰로는 「진태원과의 대담: 맑스주의의 전화와 현재적 과제」, 김항·이혜령 엮음, 『인터뷰: 한국 인문학 지각변동』, 그린비, 2011 참조.

주의적이고 정태적인 관점이다. 알튀세르를 유행에 뒤떨어진 맑스주의 철학자로 간주하는 이들 중 상당수가 이른바 '요즘 뜨는 사람들'을 맹목적으로 추종하는 태도를 보이는 것은 이러한 관점과 무관하지 않다. 이들에 따르면 **사상의 현재성** 또는 현실적인 사상이란 '요즘 뜨는 사람들', 특히 요즘 **미국에서 뜨는 사람들**에게서 찾을 수 있을 뿐, 유행이 지난 사상들은 더 이상 현재성을 지니고 있지 않다. 이들에게는 심지어 이미 들뢰즈, 푸코, 데리다도 구식의 인물들에 불과하다. 이들에게 알튀세르를 비롯한 맑스주의 사상가들이 현재성을 얻게 되는 것은 그들이 다시 한 번 '미국에서 뜨는' 때가 될 것이다. 상당히 경박해 보이는(하지만 꽤 널리 공유되고 있는) 이러한 태도의 밑바탕에는 사상의 현재성을 사상의 유행과, 그것도 미국 학계의 유행과 혼동하는 관점이 자리 잡고 있다. 이러한 관점에서는 이미 유행이 지나 버린 과거의 사상이 현재성을 얻는 것은 불가능하지는 않을지 몰라도 지극히 어려운 일인데, 왜냐하면 과거의 것이 회귀할 수 있다는 것, 또는 과거의 것이 여전히 현재의 사태에 대해 효과를 산출할 수 있다는 것(말하자면 '비동시적인 것들의 동시성')은, 선형적 시간성을 사상의 시간성과 혼동하는 이들에게는 납득하기 어려운 일이기 때문이다.

반면 알튀세르와 '포스트 담론'을 교조적으로 대립시키는 이들에게 알튀세르 사상의 핵심은 러시아 혁명(또는 중국 혁명)에 대한 해석으로서의 과잉결정 이론이나 프롤레타리아 독재론에서 찾을 수 있다. 이들이 알튀세르의 이데올로기론에 거의 무관심하고, 우발성의 유물론이나 알튀세르의 마키아벨리 해석에 냉담한 이유는, 그것이 고전 맑스주의와는 거의 관계가 없기 때문이다. 이들이 이데올로기론에 관심이 있다면, 그것은 자본주의 국가가 어떻게 계급 지배를 재생산하는지, 교육 이데올로기 장치가 그러한 재생산에서 어떻게 핵심적인 역할을 수행하는지에 관한 관심의 소산일 것이다. 알튀세르에 대한 이런 식의 해석이 지극히 선별적이며 지극히 환원적이라는 점을 분명히 지적해야 한다. 이러한 해석은 알튀세르를 정확히 이해하는 데에도 장애가 될 뿐만 아니라, 장래의 어떤 맑스주의(들) 또는 역사 유물론(들)을 재구성하는 데에도 별로 도움이 되지 않는다. 왜냐하면 이러한 관점에 따르면, 알튀세르를 포함한 맑스주의는 **불변하는 본질**을 지닌 어떤 것이며, 이러한 본질은 어떤 오염이나 훼손으로부터도 (특히 이른바 '포스트 담론'으로부터) 단호히 보존되어야 할 무엇이기 때문이다. 따라서 이런 식의 해석을 통해서는 알튀세르의 맑스주의가 지극히 이단적이고 비정통적인 요소들을 통해 구성되었다는 사실이 망각될 수밖에 없으며, 맑스주의의 역사 자체가 이질적인 요소들 사이의 복잡다단한 논쟁과 내적 갈등, 분화와 굴절의 연속으로 이루어져 있다는 사실, 장래에 도래하게 될 맑스주의(엮은이 자신은 다소 회의적이지만, 아마도 여전히 이런 이름이 장래에도 불리게 될 것이라면) 역시 이질적이고 다양한 형태를 띨 수밖에 없으리라는 사실이 이해될 수 없다.

이들과 달리 알튀세르와 오랫동안 같이 작업했던 그의 제자이자 동료 중 한 명이었고 또 그의 사상을 가장 잘 이해하는 사람 중 하나인 에티엔 발리바르는 1996년에 출간된 『맑스를 위하여』의 재판에 붙인 「서문」에서 이렇게 말한 바 있다. "[이제] 모든 맑스주의는 상상적인 것이 되고 말았다. 하지만 그것들 중 일부, 서로 매우 다르고 사실은 매우 적은 또는 소수의 텍스트들이 대표하고 있는 몇 가지 맑스주의는 여전히 사고하고 행동하도록, 따라서 현실적 효과들을 생산하도록 만들 수 있는 힘을 보유하고 있다. 나는 『맑스를 위하여』의 '맑스주의'가 능히 이것들에 포함된다고 믿는다."[20] 한마디 덧붙인다면, 여기에는 『맑스를 위하여』의 맑스주의만이

---

20) Balibar, "Avant-propos pour la réédition de 1996", Althusser, *Pour Marx*, La Découverte, 1996, p. II.

아니라 알튀세르의 다른 저작들, 예컨대 『『자본』을 읽자』나 「이데올로기와 이데올로기적 국가장치들」 또는 『마키아벨리와 우리』의 맑스주의도 포함된다고 할 수 있다.

따라서 『알튀세르 효과』가 목표로 하는 것은 단순히 알튀세르 사망 20주기를 기리는 것도 아니고, 그의 사상의 위대함, 그의 맑스주의의 독창성을 찬양하는 것도 아니다. 그보다 이 논문집의 목표는, 그의 사상의 여러 요소들 가운데 오늘날에도 여전히 가치를 지니고 있고 여전히 현실적인 효과들을 생산해 낼 수 있는 것들을 살펴보고, 알튀세르 사상과의 비판적 대결을 통해 독자적인 이론 세계를 구축한 현대 사상가들의 작업에 알튀세르 사상이 어떤 영향을 미쳤고 또 그 작업들 속에서 어떤 식으로 변용되거나 지양되고 있는지 검토해 보는 것이다.

좀더 궁극적으로 본다면 이러한 목표는, 오늘날 알튀세르의 사상을 무관심하게 망각하거나 맹목적으로 배척하지 않고 또 다른 한편으로는 교조적으로 되풀이하거나 회고적으로 찬양하지도 않으면서, 알튀세르의 사고 양식, 곧 맑스(주의)의 사고 양식을 다시 한 번 재개하는 것은 어떻게 가능한가라는 질문을 던져 보고, 각자 나름대로 그 질문에 대한 해답을 사고해 보려는 또 다른 목표를 함축하고 있다.

엮은이가 보기에 철학자로서, 맑스주의자로서 알튀세르의 가장 비범한 측면은 그의 비교조적인 사유 양식, **가장 이단적인 방식으로 맑스주의를 쇄신하고 구원하려고 했던 그의 사유 양식**에서 찾을 수 있을 것 같다. 공산당의 정치적 사상 통제가 공공연히 이루어지던 시대에 그는 대담하게도 비맑스주의적인 사상의 요소들을 동원하여 맑스 사상의 핵심을 복원하고 맑스주의를 개조하려고 했다. 스피노자 철학을 원용하여(더욱이 그의 스피노자 해석은 당대의 맥락에서 볼 때 가장 이단적이고 가장 특이한 해석이었는데, 놀랍게도 오늘날 그의 해석은 현대 스피노자 연구에서 매우 큰 영향력을 발휘하고 있다[21]) 헤겔 변증법과 구별되는 맑스주의 변증법을 사고하려는 시도나, 프로이트의 정신분석 및 스피노자의 상상계 이론을 통해 맑스주의적인 이데올로기론을 구성하려는 시도, 가스통 바슐라르나 조르주 캉길렘에 근거하여 맑스주의 인식론을 쇄신하려는 시도 등이 그 단적인 사례들이다. 그의 사상이 오늘날에도 여전히 효력을 발휘하고 영향을 미치고 있다면, 그것은 그의 사상이 지닌 이러한 이단적 성격, 개방적 성격 때문일 것이다.

따라서 알튀세르에 대해 다시 한 번 사고해 보기 위해 모인 사람들이 그의 사상을 교조적으로 되풀이하거나 단순히 찬양하는 데 그친다면, 그것은 알튀세르에 대한, 알튀세르의 사상에 대한 가장 큰 배반이 될 것이다. 알튀세르의 사상은 비판적 대결을 거치지 않고서는 이해되거나 수용될 수 없는 사상, **새롭게 변용되고 굴절됨으로써만 계승되고 재개될 수 있는 사상**이기 때문이다.

프랑스의 세계적인 스피노자 연구자인 피에르-프랑수아 모로는 젊은 시절 알튀세르의 파리 고등사범학교 제자 중 한 사람이었는데, 그는 서강대 서동욱 교수와 엮은이가 편집을 맡아 출간을 준비 중인 『스피노자와 현대 철학』이라는 제목의 논문집에 수록될 대담에서 "이제 우리가 알튀세르의 이런저런 분석에 더 이상 동의하지 않을 수는 있지만, 적어도 그는 우리에게 사고하는 법을 가르쳐 주었다"고 말한 바 있다.

그의 사망 20주기를 기념하여 마련된 이 공동 논문집이 아무쪼록 우리 모두 다시 한 번 그에게 사고하는 법을 배우는 자리가 되기를, 그에게

---

[21] 1960년대 이후 프랑스를 비롯한 서구 학계에서 스피노자 연구의 흐름에 관해서는 진태원, 「옮긴이 해제: 피에르 마슈레의 스피노자론에 대하여」, 피에르 마슈레, 『헤겔 또는 스피노자』, 진태원 옮김, 그린비, 2010(초판, 이제이북스, 2004); 진태원, 「범신론의 주박에서 벗어나기: 프랑스에서 스피노자 연구 동향」, 『근대철학』 2권 2호, 2007; 진태원, 「관계론, 대중들, 민주주의: 에티엔 발리바르의 스피노자론」, 『시와 반시』 71호, 2010 등을 참조.

사고하는 법을 배운 사람들에게 또 다른 방식으로 사고하는 법을 배우는 자리가 되기를, 서로가 서로에게 사고하는 법을 배우는 계기가 되기를 기대해 본다.

* * *

『알튀세르 효과』는 총 4부로 구성되어 있으며, 국내 필자 10명의 글과 외국 학자 9명의 글을 수록하고 있다. 이 책에 수록된 글들이 모두 알튀세르의 사상을 지지하거나 옹호하고 있지는 않으며, 어떤 글들은 상당히 비판적인 시각을 보이기도 한다. 하지만 엮은이가 보기에 이 책에 수록된 19편의 논문은 각자 뚜렷한 개성과 논점을 지니고 있으며, 알튀세르 사상의 핵심 주제들과 알튀세르가 산출한 효과들에 관해 의미 있는 분석을 제시하고 있다. 19명의 필자들의 입장과 논점에 대해 어떤 평가를 내릴지 여부는 독자들의 몫이지만, 엮은이로서 자신 있게 말할 수 있는 것은 이 글들이 앞으로 한국의 알튀세르 연구에 대해 각자 의미 있는 효과를 산출하게 되리라는 점이다. 그것은 알튀세르라는 원인이 자신의 효과들 속에서 실존하는 방식 또는 알튀세르라는 유령이 사후의 삶(sur-vie)을 살아가는 방식, 삶과 죽음의 경계 위에서 살아가는(sur-vivre) 방식이 될 것이다.

1부는 '알튀세르의 주제들'이라는 제목 아래 6편의 글을 묶었다.

우선 알튀세르의 주요 제자 중 한 사람이자 저명한 스피노자 연구자이기도 한 피에르 마슈레는 「알튀세르와 청년 맑스」라는 글에서 알튀세르의 맑스 독해의 기점을 이루는 「'청년 맑스에 대하여'(이론의 문제들)」(마슈레는 이 글이 "마치 마른하늘에 날벼락 같은 글"이었다고 회고한다)를 다루고 있다. 마슈레는 특유의 엄밀하고 꼼꼼한 분석으로 알튀세르의 청년 맑스론에 담긴 핵심 논점들을 해명하면서 동시에 그 글에 담긴 알튀세르의 애매성 역시 드러내고 있다. 마슈레에 따르면 「'청년 맑스에 대하여'」는 '청년 맑스'에 관해 대립했던 두 관점인 당시의 수정 맑스주의(인간주의적 맑스주의)와 정통 맑스주의가 실제로는 동일한 입장, 곧 맑스 사상을 청년기에서 노년기에 이르기까지 "동질적인 전체"로 간주하는 입장을 공유하고 있음을 드러내고, 더 나아가 이러한 입장은 사상이나 이론에 대한 관념론적 관점의 표현임을 밝히는 것을 목표로 삼고 있다. 따라서 알튀세르가 저 유명한 청년 맑스와 성숙기 맑스의 "절단"(또는 "단절")이라는 테제를 제시한 것은 일차적으로 맑스의 사상을 당대의 이데올로기적 장 속에서, 그리고 역사적 현실의 변동과 연계하여 고찰하려는, 사상사에 대한 일종의 유물론적 관점의 표현으로 이해해야 한다는 것이 마슈레의 논점이다.

1부의 두번째 글은 변증법이라는 주제에 관한 글이다. 진태원은 「과잉결정, 이데올로기, 마주침」이라는 제목의 글에서 알튀세르의 사상적 여정을 관통하는 변증법의 문제를 다룬다. 그가 문제 삼는 것은 변증법에 대한 문제를 알튀세르의 초기 저작에 고유한 관심사로 한정하려는 연구 경향이다. 이러한 경향의 주장과는 반대로 변증법의 문제는 1960년대의 『맑스를 위하여』, 『『자본』을 읽자』에서만이 아니라, 1970년대의 이데올로기론, 더 나아가 말년의 우발성의 유물론에서도 지속적으로 알튀세르의 주요 관심사였다는 것이 그의 핵심 주장이다. 그는 이를 "과소결정 없는 과잉결정", "과잉결정 없는 과소결정", "체계 안에서 체계를 벗어나기"라는 표제들 아래 고찰하고 있다.

알튀세르는 맑스 사상의 핵심을 "역사 대륙의 발견"이라는 비유로 표현하곤 했다. 탈레스가 수학이라는 과학의 대륙을 발견하고 갈릴레이가 물리학이라는 대륙을 발견했다면, 맑스는 역사라는 새로운 과학의 대륙을 발견했다는 것이다. 따라서 그에게 맑스의 역사 유물론은 혁명의 과학이지만 동시에 과학의 혁명을 뜻하는 것이기도 했다. 그런 만큼 맑스의 역사 유물론이 실제로 역사학을 어떻게 변화시켰는가, 또 알튀세르의 역사 유물론 개조는 역사학적으로 얼마나 의미 있는 것인가라는 질문은 알튀세르의 주제를 다루는 1부에서 빼놓을 수 없는 질문이다. 그리고 오늘날에 이르기까지, 아날 학파의 일원인 동시에 맑스주의자이기도 했던 피에르 빌라르만큼 이 질문을 정교하고 깊이 있게 다룬 사람은 없는 것으로 보인다.

그는 「맑스주의 역사학, 건설 중인 역사학: 알튀세르와의 대화」라는 글(1973년에 발표된 이 글의 제목에 사용된 진행형의 표현이 오늘날의 독자들에게는 너무 낯설게 느껴질지도 모르겠다)에서 매우 세심하면서도 비판적으로 알튀세르의 역사 유물론 개조 작업을 고찰하고 있다. 그는 알튀세르와 그 동료들이 맑스가 미완의 상태로 남겨 둔 역사과학, 곧 역사 유물론에 대해 그것의 이름에 걸맞은 과학의 지위를 부여하려고 하는 시도가 때로는 지나치게 이론주의적인 경향을 띠고 있으며, 역사가들, 가령 아날 학파의 대가들인 뤼시엥 페브르, 에르네스트 라브루스, 페르낭 브로델 등의 실제 작업을 경솔하게 무시한다고 비판한다. 역사가들이 현실 역사에 대한 재구성 작업에서 부딪치는 어려움들을 이론적 개념들의 재구성이나 창안으로 해결할 수는 없다는 것이다. 그러나 다른 한편으로는 역사학의 구성이 순전히 경험적인 조사로 이루어질 수는 없으며, 폭넓은 조사에서 이론의 구성으로, 다시 사례들을 통한 방법론의 검토로 나아가는 과정을 부단히 되풀이해야 하기 때문에, 그리고 맑스주의 역사학이 다수의 개념들(생산양식, 사회구성체, 시간, 민족 등) 사이의 모호한 관계로 인해 곤란을 겪고 있기 때문에, 알튀세르의 새로운 개념화의 시도가 긍정적인 효과를 산출할 수 있음을 인정하고 있다. 이러한 평가에 기초하여 빌라르는 논문의 말미에서 영속적인 난점을 재확인하고 열린 길들을 전망하고 있는데, 알튀세르에 대한 연구(및 장래의 역사 유물론에 대한 모색)는 여전히 이러한 논평에서 가치 있는 조언을 얻을 수 있을 것이다.

「미학으로 (재)생산되지 않는 미학: 알튀세르 예술론의 어떤 (불)가능성」이라는 글에서 최정우가 시도한 것은 알튀세르가 남긴 미학 내지 예술에 관한 단편적인 글들에서 "유물론적 미학"이라는 역설적인 미학의 가능성과 불가능성을 찾아보는 것이다. 사실 알튀세르 사상의 비범한 측면 중 하나는 그가 결코 체계적인 이론을 만들어 내지 않은 분야들에서도 풍부한 효과를 산출했다는 점이다. 최정우에 따르면 이는 미학의 경우에 특히 사실이다. 알튀세르는 유명한 「'피콜로' 극단, 베르톨라치, 그리고 브레히트(한 유물론적 연극에 관한 노트)」를 비롯하여 겨우 4~5편의 짧은 예술론을 남겼을 뿐이지만, 이 산발적인 성찰들에서 우리는 유물론 미학의 구성(불)가능성에 관한 근본적인 통찰을 얻을 수 있기 때문이다.

그가 볼 때 이처럼 알튀세르 예술론이 산발적이고 단편적이라는 사실은 알튀세르의 예술론, 더 나아가 유물론 미학의 성격에 대해 증상적이다. 어떤 의미에서? 그것은 알튀세르가 추구한 유물론 미학은 결코 미학이라는 학문적·제도적 틀 속에서 체계화되지 않는 것이며, 미학으로 (재)생산되지 않는 것이어야 하기 때문이다. 그것은 부르주아 이데올로기의 히나인 미학이라는 학문·제도를 내파하는 효과를 산출하는 것이어야 한다. 단, 그러한 효과는 외부에서 미학을 규정함으로써(사회주의 리얼리즘과 같은 식으로) 산출될 수는 없으며, "오직 내부의 효과들을 통해서만" 산출될 수 있다. 최정우는 「'피콜로' 극단, 베르톨라치, 그리고 브레히트」에서부터 「브레히트와 맑스에 대하여」, 「크레모니니, 추상적인 것의 화가」 같은 글들을 섬세하게 읽으면서 이를 설득력 있게 논증하고 있다. 오늘날 유물론적 미학 내지 예술(론)의 가능성을 모색하는 이들은 이 글에서 많은 시사점을 얻을 수 있을 것이다.

프랑스의 저명한 맑스주의 철학자 앙드레 토젤의 「알튀세르의 우발성의 유물론의 우발성들」이 1부의 다섯번째 글을 이룬다. 토젤은 파리 고등사범학교 출신이지만 알튀세르의 작업과 일정한 거리를 유지하는 가운데 그의 사상을 수용해 왔다. 그는 알튀세르만이 아니라 그람시나 루카치 같은 맑스주의자들에게도 큰 영향을 받았으며, 전공 분야인 스피노자를 비롯하여 비코, 칸트, 헤겔 등과 같은 다른 철학자들에 대해서도 빼어난 업적을 남겼다. 맑스주의 역사에 대한 연구나 스피노자 연구에서 알 수 있듯이, 토젤은 복잡다단한 사상의 흐름을 간명하면서 요령 있게 파악하는 데 탁월한 능력을 지닌 사람이다.[22] 이 책에 수록된 글에서도 그는 자신의 능력을 유감없이 발휘한다.

알튀세르의 유고들 중에서 독자들에게 가장 큰 충격을 준 것은 「마주침의 유물론이라는 은밀한 흐름」이나 『철학에 대하여』 같은 텍스트들일 것이다. 이 텍스트들에서 그는 마치 자신이 생전에 출간했던 저작들에서 주장한 이론이나 개념들을 전면적으로 부정하고, 그 대신 마주침의 유물론이나 우발성의 유물론 같은 전혀 새로운 이론을 제창하는 것처럼 보이기 때문이다. 더욱이 그는 자신이 "유일한 유물론의 전통"이라고 부르는 우발성의 유물론의 계보에 맑스나 엥겔스, 레닌이 아니라, 에피쿠로스와 루크레티우스, 마키아벨리, 홉스, 루소, 하이데거, 비트겐슈타인, 들뢰즈, 데리다를 위치시키고 있다! 이 때문에 이 텍스트들은 때로는 (정신 상태가 온전치 못한 정신병자의) 비합리적인 주장으로 치부되거나 충격을 노린 도발에 불과한 것으로 간주되기도 했다.

반면 토젤은 이 텍스트들이 그저 비합리적인 도발이나 단순히 '파괴'적인 것에 불과한 것이 아니라, 맑스주의에 내재한 목적론적·관념론적 요소들을 '해체'하고 좀더 유물론적인 맑스주의를 건설하려는 (생전의 저작들과 연속선상에 있는) 알튀세르의 지속적인 노력의 소산이라고 주장한다.

---

22) Tosel, *Le marxisme du 20ᵉ siècle* 및 「스피노자라는 거울에 비친 맑스주의」, 김문수 옮김, 『트랜스토리아』 5호, 박종철출판사, 2005 참조.

실제로 토젤은 이 텍스트들 속에는 "합리주의 전통의 해체"를 위한 요소들과 "새로운 [유물론적] 개념성의 구성"을 위한 요소들이 모두 존재하며, 이러한 요소들에 대한 알튀세르의 탐구는 모두 맑스주의의 쇄신이라는 목적을 위한 것임을 명쾌하게 보여 주고 있다. 또한 그는 이러한 알튀세르의 시도에 담겨 있는 긴장과 공백, 난점들도 날카롭게 드러내고 있다. 따라서 토젤의 이 글은 앞으로 우발성의 유물론에 대한 탐구를 위한 훌륭한 출발점이 될 것으로 확신한다.

요즘에는 거의 다뤄지지 않는 주제이지만, 1960~1970년대에 알튀세르에 관한 논의에서 가장 큰 화두가 되었던 것은 그의 『자본』 독해였다. 알튀세르 이전에도 『자본』은 맑스주의에서 가장 중요한 책으로 인정받았고 수많은 분석과 논쟁의 대상으로 존재해 왔다. 1부의 마지막 글인 자크 비데의 「알튀세르의 『자본』 독해」에 따르면 알튀세르 작업의 독창성은 그 이전의 다른 시도들과 달리 『자본』을 비롯한 맑스의 저작을 진정한 과학성의 기준에 따라 고찰하고 평가했다는 점이다. 이러한 과학성이 기준에 따를 경우 맑스의 저작은 신성한 과학, 곧 초기 맑스에서부터 후기 맑스에 이르기까지 일관된 어떤 동질적인 사상을 표현하는 완성된 과학이 아니라, 불완전성과 공백, 균열, 한계들을 지닌 채 끊임없이 재구성되고 정정되고 개작되는 과정에 있는 어떤 사상의 표현이 된다. 따라서 맑스 사상의 이러저러한 한계를 말하고 『자본』에 담겨 있는 헤겔주의적·목적론적 요소들을 비판하는 것은 맑스의 업적을 깎아내리거나 맑스 사상을 훼손하는 것이 아니다. 그것은 오히려 맑스 및 맑스주의를 불가침의 교리, 무오류의 신성한 권위에서 해방시켜 그것에 온전한 진리성을 부여할 수 있는 첩경이다.

비데는 이러한 알튀세르의 시도가 정통 맑스주의의 교리와 문구를 반복하는 데 불과했던 당시의 맑스주의와 얼마나 다른 것이었으며, 이것이 얼마나 거대한 해방의 효과를 산출했는지 회고하고 있다. 하지만 알튀세르 자신의 "사유 양식"에 부합하는 탁월한 이론가 중 한 사람으로서 비데는 단지 알튀세르 작업을 예찬하거나 되풀이하는 데 그치지 않고, 지난 수십 년 동안 자신이 수행해 온 『자본』에 대한 독자적인 연구에 입각하여 알튀세르 독해의 한계를 지적하고 그것을 넘어설 수 있는 방향을 제시한다.[23] 특히 그는 호명을 단지 이데올로기적 종속 메커니즘으로 이해하는 것은 근대적 생산관계에 대한 알튀세르의 협소한 이해의 소산이며, 이것은 그가 『자본』의 틀에 갇혀 있기 때문이라고 주장한다. 호명은 "자유로운 평등 또는 계약성에 대한 선언"이기도 하다는 것이다.

이러한 비데의 평가에 대해서는 찬반이 엇갈릴 수 있을 것이다. 하지만 알튀세르의 작업이 『자본』을 읽는 데 도움을 주었던 것처럼, 비데의 작업 역시 우리가 알튀세르를 읽는 데 많은 도움을 줄 수 있으리라는 점은 분명히 언급할 수 있다.

2부에는 '알튀세르의 원천들'이라는 제목 아래 3편의 글을 모았다. 먼저 양창렬은 「알튀세르를 위하여 원자론을 읽자」에서 알튀세르 사상에서 원자론이 얼마나 중요한 위치를 점하고 있는지 독자들을 설득하고자 한다. 알튀세르가 1980년 이전까지 출간한 저서들에서 원자론자들의 이름은 아주 드물게 등장한다. 가장 의미 있는 대목은 1975년 업적 학위를 받기 위해 아미엥에 있는 피카르디 대학에 제출한 '박사학위 업적 소개문'인 「아미엥에서의 주장」에 나온다. 여기에서 그는 "맑스주의 변증법의 문제는 **유물론의 우위에 대한 변증법의 종속**이라는 조건 아래에서만, 그리고 이 유물

---

23) 자크 비데의 주요 저작으로는 국내에 소개된 *Que faire du Capital?*, Klincksieck, 1985(『『자본』의 경제학·철학·이데올로기』, 박창렬·김석진 옮김, 새날, 1995) 이외에 다음과 같은 저작들이 있다. *Théorie de la modernité*, PUF, 1990; *Théorie générale*, PUF, 1999; *Explication et reconstruction du Capital*, PUF, 2004; Bidet et Gérard Duménil, *Altermarxisme: Un autre marxisme pour un autre monde*, PUF, 2007; *L'état-monde: Libéralisme, socialisme et communisme à l'échelle globale. Refondation du marxisme*, PUF, 2011.

론이 변증법이 되기 위해서 변증법은 어떤 형태를 취해야 하는가를 아는 조건 아래에서만 제기될 수 있다"[24)]고 주장하면서 "에피쿠로스에서 스피노자와 헤겔에 이르기까지 맑스 유물론의 전제를 구성하는 이 심원한 친화성"[25)]에 대해 지적하고 있다.

스쳐 지나가듯 언급된 이 논점들은 그의 사후에 출간된 유고들에서는 핵심 주제로 등장하는데, 양창렬은 풍부한 문헌 검토와 세심한 논증을 통해 원자론의 전통이 흔히 알려진 것보다 알튀세르의 사상에서 훨씬 더 중요한, 더욱이 결정적인 역할을 수행한다는 점을 보여 주고 있다. 실제로 그는 동일한 사상의 두 가지 표현으로 간주되는 '마주침의 유물론'과 '우발성의 유물론'이 각각 상이한 쟁점을 갖고 있는 개념이라는 점을 논증하고 있을 뿐만 아니라, 1960년대의 맑스주의 개조 작업 및 라캉 정신분석학과의 비판적 대결에서 이미 원자론에 대한 알튀세르의 관점이 중요한 역할을 수행했음을 밝히고 있다.

긴 분량만큼이나 아주 풍부하고 독창적인 논의를 담고 있는 양창렬의 글은 알튀세르 사상을 새롭게 파악하려는 이 논문집의 목표와 매우 잘 부합하는 글이라고 할 수 있다. 특히 이 글이 제시하는 알튀세르에 대한 원자론적 독해와 스피노자주의적 독해 사이의 긴장, 라캉 정신분석학과의 대결에서 원자론적 범주의 중요성, 데리다·하이데거와 알튀세르에서 공백, 주변/여백 개념의 차이 등의 쟁점은 앞으로 새로운 알튀세르 효과들을 낳게 될 것이다.

국내에는 거의 알려져 있지 않지만 가장 뛰어난 알튀세리엥 중 한 사람으로 꼽을 만한 인물인 에마뉘엘 테레는 「하나의 마주침: 알튀세르와 마

---

24) 알튀세르, 「아미엥에서의 주장」, 『아미엥에서의 주장』, 김동수 옮김, 솔, 1991, 147쪽.
25) 같은 글, 같은 책, 146쪽.

키아벨리」에서 알튀세르의 또 다른 사상적 원천으로 마키아벨리를 제시한다. 『마키아벨리와 우리』를 비롯한 유고들이 출간된 이후 우리는 마키아벨리가 알튀세르의 우발성의 유물론 및 정치철학 일반에 강력한 영향을 미쳤다는 사실을 잘 알고 있다.[26] 테레의 글에서 놀라운 점은 알튀세르의 유고가 출간되기 이전에 이미 마키아벨리가 그의 사상의 주요 원천 중 하나라는 점을 명쾌하게 밝혀내고 있다는 사실이다.

테레가 보기에 마키아벨리는 네 가지 측면에서 알튀세르의 관심을 끌었다. 첫째, 마키아벨리가 근대의 지배적인(곧 부르주아) 정치 이데올로기인 사회 계약론에 대한 반계약론적 대안을 나타낸다는 점이다. 맑스가 자본주의의 시초 축적에는 약탈과 수탈, 폭력이 존재했음을 드러냈던 것처럼, 마키아벨리는 계약과 동의의 이면에 존재하는 폭력과 간계가 정치의 현실적 모습임을 밝혀냈다. 둘째, 알튀세르에게 마키아벨리는 혁명의 이론가였다. 어떻게 연속성과 반복에 의해 규정되는 역사 속에 새로운 것을 도입할 수 있는가? 정치에서 시작이란 무엇인가? 어떤 식으로 하면 새로운 정체를 확립하고 새로운 국가를 창건하고 새로운 시대를 개시할 수 있는가? 이러한 질문들이 마키아벨리의 저작 전체를 관통하고 있으며, 이것은 또한 알튀세르의 근원적인 관심사이기도 했다. 셋째, 또한 알튀세르에게 마키아벨리는 연대기적인 의미에서만이 아니라 이론적 중요성과 가치의 측면에서 첫번째 근대적인 정치 이론가였다. 이 점에서 알튀세르는 그람시와 많은 점에서 일치하지만, 알튀세르는 그람시와 달리 정치에서 대중의 우위라는 사상은 마키아벨리에게서 찾을 수 없다고 본다. 알튀세르가 피렌체의 서기장에게 주목한 마지막 측면은 그가 진정한 유물론자였다

---

[26] 알튀세르와 마키아벨리의 관계를 다루는 최근의 논의들 중에서는 특히 Lahtinen, *Philosophy and Politics: Niccolò Machiavelli and Louis Althusser's Aleatory Materialism*이 주목할 만하다.

는 점이다. 이러한 유물론은 무엇보다 현실의 환원 불가능한 다수성을 긍정하는 관점이며, 따라서 기원론이나 목적론을 근원적으로 거부하는 철학이다. 우리는 이러한 입장을 알튀세르의 유고 전체에 걸쳐 읽을 수 있다. 이렇게 볼 때, 몇몇 한계에도 불구하고 테레의 글은 알튀세르와 마키아벨리의 관계에 대한 연구만이 아니라 알튀세르 자체에 관한 연구에서도 중요한 자리를 차지하고 있다고 평가할 수 있다.

2부의 마지막 글은 알튀세르와 스피노자의 관계를 다루고 있는 피에르-프랑수아 모로의 「알튀세르와 스피노자」이다. 이 글에서 간명하고 핵심을 찌르는 모로 특유의 논의 스타일이 유감없이 발휘된다. "스피노자에 관한 한 모로에게 낯선 것은 아무것도 없다"는 찬사를 받을 만큼 걸출한 스피노자 연구자이자 알튀세르 사상을 속속들이 꿰뚫고 있는 알튀세르의 제자답게 모로는 자신의 스승의 사상에 미친 스피노자 철학의 영향을 독창적으로 밝혀낸다.

모로는 알튀세르가 그의 저작에서 인용한 잘 알려진 스피노자의 문구를 분석하기보다는 철학과 철학사의 관계라는 주제를 통해 두 사람 사이의 긴밀한 유대를 드러낸다. 모로는 특히 세 가지 유사성을 강조한다. 첫째, 알튀세르가 철학사를 되풀이되는 유물론과 관념론의 분할의 실행으로 파악하면서 철학에는 역사가 없다는 점을 강조한 것처럼, 스피노자에게도 철학은 본질적으로 구획하기(상상 대 이성, 상상적인 철학 대 진정한 철학 등)이며, 철학사에서 발견되는 것은 이러한 구획의 반복이다. 둘째, 알튀세르에게 철학이 과학과 달리 대상을 갖지 않듯이, 스피노자에게도 "철학"이라는 용어 자체는 특정한 내용보다 "논박의 장소"를 가리킨다. 셋째, 알튀세르와 스피노자는 역사에 대한 매우 독창적인 견해를 제시한다. 알튀세르에게 주체는 "역사의 주체"가 아니라 "역사 속의 주체", 곧 자신들이 의식하지 못하는 과정에 의해 산출되는 존재자이며, 따라서 구조적으로 세계 및 자기 자신에 대한 오인과 불투명성을 지닌 존재자인 것처럼, 스피노자에게도 인간은 자기 자신에 대해 무지하며, 자신의 행위와 욕망에 대해 무지하다. 그리고 이처럼 인간의 무지를 동반하는 욕망과 정념이야말로 인간 개인과 사회 집단의 삶을 규정한다는 것이 스피노자의 관점이다.

이런 의미에서 두 철학자의 공통점은 "역사 이론과, 직접적인 것의 불투명성에 대한 철학"의 본질적인 연관성에 주목했다는 점에서 찾을 수 있다. 이것은 알튀세르가 스피노자의 『신학정치론』에서 발견해 낸 것처럼, "민족을 민족으로 만드는 것은 무엇인가?", "개인을 개인으로 만드는 것은 무엇인가?"라는 질문을 낳는다. 모로에 따르면 이것은 우리 시대의 가장 근본적인 질문 중 하나다.

3부에는 '알튀세르의 동시대인들'이라는 제목 아래 4편의 글을 묶었다. 우선 「알튀세르와 정신분석학: 주체 구성의 문제」에서 파스칼 질로는 알튀세르 사상에서 가장 많은 논쟁의 대상이 된 이데올로기와 주체의 문제를 다룬다. 질로는 알튀세르의 이데올로기론, 특히 그의 호명 이론에 미친 라캉의 영향을 강조한다. 주체의 종속적 구성이라는 문제나 대주체와 작은 주체들 간의 거울 관계라는 주제, 주체 또는 자아에 구성적인 오인이라는 개념에서 그러한 영향을 확인할 수 있다는 것이다. 하지만 다른 한편으로 질로는 주체의 문제와 관련하여 라캉과 알튀세르 사이에는 근원적인 분기점, 차이점이 나타난다는 점에 주목한다. 곧 라캉은 데카르트의 코기토(나는 생각한다) 개념을 무의식의 주체를 포함한 모든 주체에 대해 타당한 지양 불가능한 모델로 간주하는 반면, 스피노자주의자인 알튀세르는 데카르트주의적인 주체 개념을 거부한다는 것이다. 알튀세르에게 주체는 오히려 부르주아 철학의 첫번째 범주를 이루는 것이다.

질로의 글은 알튀세르의 이데올로기론 및 주체 개념에 미친 라캉의 영향과 그 한계를 간명하게 밝혀 주고 있으며, 이런 측면에서 알튀세르의 철학을 라캉의 정신분석학의 '적용'으로 간주하는 국내 일부 라캉 연구자들의 몰이해를 바로잡는 데 기여할 수 있을 것으로 기대한다.

그 다음으로 영국의 철학자 피터 듀스는 「알튀세르, 구조주의, 프랑스 인식론 전통」에서 구조주의와 프랑스 인식론 전통의 맥락에서 알튀세르의 인식론을 비판적으로 검토하고 있다. 영국 철학자로서는 보기 드물게 독일 관념론에서 하버마스에 이르는 근대 독일 철학 전통과 현대 프랑스 철학의 흐름 모두에 정통한 연구자답게 듀스는 해박한 지식을 바탕으로 알튀세르의 맑스주의 재정초 작업이 어떻게 구조주의와 프랑스 인식론 전통에서 연원했으며 그 전통의 강점과 약점을 고스란히 안고 있는지 세심하게 분석하고 있다.

듀스에 따르면 알튀세르의 인식론은 세 가지 이론적 원천을 통해 구성되었다. 하나는 클로드 레비-스트로스가 확립한 구조주의다. 알튀세르는 구조주의를 비판하면서도 구조주의와 동일한 이론적·방법론적 전제를 공유한다. 곧 양자 모두 사회구성체를 구조들의 구조로 파악하며, 인간 개인을 이러한 구조의 단순한 담지자로 환원한다. 두번째 원천은 바슐라르에게서 유래하는 프랑스 인식론 전통으로, 알튀세르는 이러한 전통으로부터 인식론적 절단이라는 개념, 따라서 전(前)과학적인 이데올로기와 과학 사이의 근원적인 불연속성이라는 관념을 이끌어 온다. 이러한 관념을 통해 알튀세르는 구조주의와 달리 역사의 과학성 및 과학의 역사성을 사고할 수 있게 되었다. 하지만 그는 여전히 구조주의적 전일론(全一論)에 사로잡혀 있는 까닭에, 이론과 경험 사이의 변증법적 관계, 더 나아가 현실과 이론 사이의 관계를 사고하지 못하고, 추상적인 이론의 차원에 머물러 있다.

세번째로, 이는 알튀세르의 스피노자주의 때문에 훨씬 더 강화된다. 듀스에 따르면 스피노자 철학은 논리연역적 합리성만을 참된 합리성으로 간주하는 철학이며, 더 나아가 모든 현실 인식은 이러한 모델에 따라야 한다고 보는 독단주의적인 철학이다. 알튀세르 이론의 기저에 존재하는 이러한 독단적인 전제 때문에, 결국 알튀세르의 인식론은 현실에 대한 설명력도 상실했으며, 이론과 현실, 이론과 정치의 관계도 제대로 설명할 수 없었다는 것이 듀스의 논점이다.

듀스의 글은 회고적으로 보면 영미 맑스주의자들이 알튀세르를 이해하는 관점을 전형적으로 보여 준다고 할 수 있다. 그의 글을 평가하는 것은 독자들의 몫이지만, 한마디 덧붙인다면, 알튀세르에 대한 듀스의 비판은 스피노자 철학에 대한 진부한 관점(범신론 논쟁 당시 야코비가 제시한 관점)에 크게 의존하고 있다는 점에 주목할 필요가 있다. 이런 측면에서도 알튀세르 사상에 대한 평가는 스피노자 철학에 대한 평가와 연동된다.

3부의 세번째 글인 「알튀세르와 푸코의 부재하는 대화: 정치적 유물론의 분기」에서 서동진은 알튀세르와 푸코 사이에 존재하는 기묘한 침묵을 문제 삼는다. 사실 알튀세르와 푸코의 관계는 우호적인 관계였지만 또한 침묵 속에서 팽팽한 긴장감이 감도는 미묘한 관계이기도 했다. 알튀세르는 『『자본』을 읽자』를 비롯한 몇몇 텍스트에서 푸코를 예찬했고, 푸코는 광기의 고독에 갇힌 과거의 스승을 정기적으로 방문했다. 하지만 푸코는 알튀세르를 인용하지 않았고 푸코에 대한 알튀세르의 예찬은 실질적인 이론적 원용을 결여한, 막연한 칭송이었다. 그럼에도 양자의 사상에는 또한 깊은 동질성과 친화성이 존재하는 것도 사실이다.

서동진은 "자유주의 국가 비판"이라는 쟁점을 통해 양자 사이의 대화를 시도하는데, 이는 정치의 유물론의 가능성을 모색하려는 기획을 품고 있다. 그가 보기에 푸코와 알튀세르는 각자 국가의 "통치화"와 자본주의의 "사회-효과"라는 개념을 통해 자유주의 사회의 발생을 분석했으며, 행동방식의 통솔과 이데올로기적 호명을 통해 주체의 종속적 생산 메커니즘을 설명한다. 또한 국가를 법적이고 제도적인 것으로 간주하기보다 "장치의 유물론"이라고 할 만한 틀을 통해 파악했다. 그렇다면 두 사람은 서로 상이한 개념과 분석 방법을 동원하지만 결국 동일한 이론 체계를 구성했던 것이라 결론 내려야 할까? 서동진은 오히려 푸코와 알튀세르가 공통으로 직면했던 한계를 지적한다. 그것은 선택의 선택을 실행할 수 있는 행위자, 정치의 유물론을 실행할 수 있는 "주체"라는 문제다. 이는 푸코와 알튀세르 이후 계급투쟁을 어떻게 다시 사고할 수 있을까라는 문제와 다르지 않다.

3부의 마지막 글에서 에티엔 발리바르는 그의 두 명의 스승인 알튀세르와 데리다[27] 사이에서 실제로 전개되지는 않았지만 사고 가능한 하나의 "대결"(confrontation)을 추적한다. 하지만 이러한 대결은, 사람들이 어림짐작으로 생각하듯이 한쪽을 일방적으로 편드는 그런 것이 아니다. 그것은 오히려 다층적인 지적·이데올로기적·제도적 관계로 연결되어 있었지만 생전에는 서로에 대해 거의 언급하지 않았던 20세기 후반 프랑스 철학의 두 대가 사이의 가능한 대화를 모색해 보는 일이다. 이것은 단순히 두 스승 사이의 지적 결산에 관심을 가진 한 제자의 지적 호기심이나 두 사람을 사상사 속에 편입시키려는 때 이른 시도가 아니라, 자본주의의 거대한 위력과 동시에 그 위기가 느껴지는 시기(2006년)에 맑스주의의 가능한 귀환을 예비하기 위한 시도다.

발리바르는 우선 알튀세르 유고의 핵심을 이루는 마주침의 유물론 또는 우발성의 유물론이 데리다의 저작에서 실마리를 얻었다는 사실에서 출발한다. 하지만 데리다는 『맑스의 유령들』에서 알튀세르적 맑스주의와 자

---

[27] 발리바르는 그의 사상에 영향을 미친 네 명의 스승으로 루이 알튀세르, 조르주 캉길렘, 장 이폴리트, 자크 데리다를 꼽은 바 있다. "넓게 말하자면 사실 나는 학생 시절에 네 사람의 위대한 스승을 만났습니다. 연대순으로 본다면 이폴리트와 알튀세르를 제일 먼저 만났고, 바로 뒤에 캉길렘을 만났으며, 데리다는 조금 나중에 만나게 됐습니다." Balibar, "Philosophy and the Frontiers of the Political: A Biographical-theoretical Interview with Étienne Balibar", *Iris* Vol. 2 No. 3, 2010, p. 35. 발리바르와 데리다의 관계에 대해서는 *Ibid.*, pp. 39 이하 참조.

신의 유령론 사이에 명확한 선을 긋는데, 그 핵심 쟁점은 목적론과 종말론의 구별이다. 데리다에 따를 때 알튀세리엥들은 목적론을 비판할 줄 알았지만, 해방의 사상과 운동에서 모종의 종말론(또는 말하자면 반反종말론적 종말론)이 필수적이라는 것은 깨닫지 못했다. 이러한 비판에 대해 발리바르는 목적론과 종말론 구별의 중요성을 지적한 점에서는 데리다가 전적으로 옳지만, 알튀세르가 종말론을 피한 것은 그것에 담긴 목적 없는 목적성의 위험을 경계했기 때문이라고 응수한다.

하지만 결정적인 쟁점은 목적론과 종말론(그리고 반목적론과 반종말론)이 맑스의 사상에 공히 존재하는 핵심 요소라는 점이다. 곧 맑스는 자본주의의 발전이 공산주의의 필연성을 낳는 것이 아니라 서로 모순되는 다수의 결말로 나아갈 수 있다는 것을 깨달았으며, 또 때로는 반대로 파국적인 정세 속에서 보편 계급으로서의 프롤레타리아의 등장을 고대하기도 했다. 따라서 발리바르가 볼 때 알튀세르와 데리다의 "유예된 대화"가 오늘날 중요한 것은 이러한 대화를 통해 맑스의 사상 속에 내재한 목적론과 종말론의 요소들이 서로 뒤얽히는 까닭을 좀더 잘 이해할 수 있기 때문이다. 이것은 미래의 정치를 사고하기 위해 필수적인 요소다.

'알튀세르의 장래들'이라는 제목이 붙은 4부는 우리 시대 사상가들의 작업에 미친 알튀세르의 효과를 검토하면서 여전히 도래할 것으로 남아 있는 알튀세르 사상의 장래를 가늠해 보는 6편의 글로 이루어져 있다.

4부의 첫번째 글은 사회학자 서관모의 「알튀세르에게서 발리바르에게로: 이데올로기의 문제설정과 정치의 개조」이다. 1990년대 초부터 알튀세르와 발리바르 사상의 전개 과정을 추적해 온 서관모는 윤소영과 더불어 한국의 알튀세르·발리바르 연구의 대표자라고 할 수 있는 연구자다. 그는 80여 쪽에 달하는 방대한 이 논문에서 지난 20여 년 동안 자신이 수행해 온 알튀세르와 발리바르 사상에 관한 연구를 집약적으로 서술하고 있다.

이 긴 글을 요약하는 대신 이 글이 지닌 의의를 간단히 지적해 두기로 하자. 이 글은 우선 1980년대 이후 발리바르 사상의 전개 과정에 대한 포괄적 평가라는 의의가 있다. 발리바르가 국내에 소개된 이후 그의 사상에 대한 부분적인 논의나 적용의 시도들은 다수 존재했지만, 30여 년에 걸친 발리바르의 작업에 대한 포괄적인 정리와 평가의 시도로는 이 글이 처음이라고 할 수 있다. 이 점에서 이 글은 앞으로 국내의 발리바르 연구를 위한 필수적인 출발점의 역할을 해줄 것으로 기대한다. 이 글의 또 다른 미덕은 알튀세르와 발리바르의 주요 개념들에 대한 정교한 분석 및 세심한 번역의 시도를 담고 있다는 점이다. 서관모는 그동안 국내에서 다양한 방식으로 사용되고 번역되던 '비의식'(inconscience), '지배 내 구조'(structure à dominante), '우세'(dominance), '과잉결정'(surdétermination), '과개인적'(跨個人的, transindividuel), '시민윤리성'(civilité) 등에 관해 세심한 논거들을 제시하면서 독자적인 번역을 시도하고 있다. 이러한 용어 선택에 대해서는 다양한 견해가 있을 수 있겠지만, 알튀세르와 발리바르 사상의 이해를 위해서나 정확한 학술 용어의 정착을 위해서나 그의 이러한 시도는 높이 평가받아 마땅하다고 생각한다.

바디우 연구자인 서용순은 「알튀세르와 바디우: 정치적 주체성의 혁신을 위하여」라는 제목의 글에서 알튀세르와 바디우가 서로 만나고 갈라지는 지점들을 탐색한다. 그는 이를 위해 "국가와 혁명"이라는 출발점을 선택한다. 맑스주의 국가론이라는 관점에서 볼 때 알튀세르는 연속과 단절의 지점에 놓인다. 국가를 계급 지배의 도구로 간주한다는 점에서는 고전 맑스주의와 연속적이지만, 이데올로기적 국가장치를 국가의 본질적 요소로 간주한다는 점에서는 고전 맑스주의와 단절한다. 바디우는 여기에서 훨씬 더 나아가 국가를 존재론적인 차원에서 파악하며, 이로써 맑스주의에서 벗어난다. 또한 서용순에 따르면 두 사람은 국가 소멸을 주장하는 고전 맑스주의와 달리 국가의 영속성을 주장한다는 점에서도 공통적이다.

하지만 결정적인 점은 두 사람이 경제주의적 계급투쟁 개념에서 벗어나 공통적으로 주체성의 정치를 추구한다는 점이다. 바디우는 알튀세르가 철학에 대해 제시한 재정의 및 과잉결정 개념에서 주체성의 정치를 위한 요소를 발견하며, 이를 더욱 확장해 마침내 계급적 주체 대신 대상 없는 주체 개념에 이르게 된다. 이것은 "오로지 사건과 진리의 변전을 통해 성립하는 주체, 진리에 대한 충실성으로 새롭게 정의되는 주체이다". 따라서 서용순에 따르면 알튀세르는 고전 맑스주의에서 바디우로 나아가는 가교의 역할을 하는 셈이며, 역으로 바디우는 알튀세르라는 이론적 기반을 바탕으로 맑스주의에서 벗어난다고 할 수 있다. 서용순의 이 글은 앞으로 바디우의 정치철학에 대한 토론을 위한 좋은 길잡이가 되어 줄 것으로 보인다.

알튀세르와 랑시에르 사이의 관계를 다루는 일은 박기순이 맡았다. 1965년 『『자본』을 읽자』의 공동 저자로 참여했지만, 1974년에는 『알튀세르의 교훈』이라는 책을 통해 일종의 '스승 살해'를 감행한 랑시에르는 알튀세르와 관련된 사상가들 중 가장 문제적인 인물이 아닐 수 없다. 박기순은 이러한 철저한 결별의 태도의 중요성을 강조하는데, 그것은 이러한 결별이 랑시에르 사상의 방향을 결정적으로 규정하고 있기 때문이다.

박기순에 따르면 랑시에르가 알튀세르에게서 발견한 것은 지식인의 엘리트주의였다. 곧 대중들은 스스로 사고할 수 없으며 사고의 몫은 오직 지식인에게만 돌아간다는 전제가 알튀세르의 저작 전체를 관통하고 있다. 랑시에르는「포이어바흐에 관한 테제들」의 재독해를 통해 알튀세르의 철학이 플라톤에서부터 내려오는 지식인과 대중의 분리, 지배자와 피지배자의 분리를 되풀이하고 있다고 주장한다. 알튀세르 사상의 핵심을 이루는 이데올로기론은 이를 잘 보여 준다. 왜냐하면 그 이론이 결국 말하는 것은 이데올로기적인 허위 의식으로 인해 대중은 자신의 계급적 위치를 제대로 포착하지 못하며, 그 위치를 인식하기 위해서는 지식인의 도움이 필요하다는 것이기 때문이다. 따라서 알튀세르 사상은 실제로는 대중의 정치, 주체화를 사고 불가능하게 하는 철학이다.

이러한 랑시에르의 비판에 대해 지나치게 단편적이라든가 또는 외삽적이라는 반비판도 가능할 것이고, 역으로 랑시에르의 철학이 알튀세르에게 본질적으로 의존하고 있다는 점을 입증해 볼 수도 있을 것이다. 하지만 그의 비판이 알튀세르 사상을 재고찰하기 위한 계기를 제공해 주는 것은 분명하며, 대중 운동과 대중 정치의 기초를 새롭게 사고하기 위한 시사점 역시 던져 준다는 것도 인정해야 할 것이다.

1990년대 이후 알튀세르의 사상이 소멸의 위기에서 벗어나 기억의 실마리를 이어 갈 수 있었던 것은 일정 부분 슬라보예 지젝을 비롯한 이른바 '슬로베니아 학파' 및 주디스 버틀러의 작업 덕분이다. 이들이 과연 알튀세르를 정확히 이해했는지에 관해서는 논란의 여지가 있지만, 적어도 이들의 작업이 알튀세르의 사상을 새로운 각도에서 재조명하고 새로운 문제설정에 따라 재활용함으로써, 윌름(Ulm) 거리의 철학자에게 다시 한 번 **호명될 권리**를 부여했다는 점은 인정하지 않을 수 없다.

최원은 2010년의 화제작이었던 영화 「인셉션」을 실마리 삼아 슬로베니아 학파와 버틀러의 알튀세르 재전유를 비판적으로 검토하고 있다. 「인셉션인가, 호명인가?: 슬로베니아 학파, 버틀러, 알튀세르」라는 흥미로운 글에서 그는 테리 이글턴과 지젝, 믈라덴 돌라르 등이 알튀세르의 호명 개념에 대해 제기한 비판에서 논의를 시작한다. 슬로베니아 학파의 비판의 핵심은 알튀세르의 호명 이론이 악순환에 빠져 있다는 점이다. 왜냐하면 주체가 자신의 호명을 인지하기 위해 그는 이미 주체여야 하기 때문이다.

하지만 최원에 따르면 이러한 비판은 발생과 돌발이라는 범주를 구별하지 못한 데서 생기는 것으로, 발생에 맞서 돌발이라는 범주를 중시하는 알튀세르의 관점에 따르면 "X에 앞선 X"라는 형태의 순환, 이러한 "무한계단"은 호명을 생산하거나 가능하게 만든 원인이 아니라 그것의 효과로서, 그 자체 호명에 의해 생산된 것에 불과하다. 따라서 이는 마치 "내가 태어나기 전에 나는 어디 있었어?" 하고 묻는 천진한 어린아이의 물음과 같은 것이다. 다른 문제에서는 돌라르를 비판하는 버틀러 역시 이러한 혼동에서 자유롭지 못하다. 최원에 따르면 이는 버틀러가 유물론적 담론 이론이 아니라 수사학에 근거하여 자신의 이론을 전개하는 것과 무관하지 않다. 따라서 최원에 따르면 유물론적 호명 이론을 위해서는 여전히 알튀세르와 미셸 페쇠의 이론에 근거하는 것이 더 낫다.

지젝은 「알튀세르와 포스트맑스주의: 라클라우와 지젝의 논쟁」이라는 제목이 붙은 김정한의 글에서 다시 한 번 검토의 대상이 된다. 그는 이번에는 라클라우와의 논쟁의 상대자로서 등장한다. 사실 지젝이 영미 이론계에 처음 소개된 것이 라클라우와 무프가 버소(Verso) 출판사에서 펴내는 '프로네시스'(Phronesis) 총서로『이데올로기의 숭고한 대상』을 출판하게 되면서부터였고 라클라우가 이 책의「서문」을 써 주었을 뿐만 아니라 적어도 1990년대 초까지 이들이 서로 공동의 문제설정에 따라 함께 작업을 수행했다는 점을 감안하면, 1990년대 후반 이후 이 두 사람이 지적인 앙숙이 된 것은 퍽 흥미로운 문제가 아닐 수 없다.

김정한은 지젝과 라클라우의 논쟁을 꼼꼼하게 검토하면서 이들 사이의 쟁점을 간명하게 밝혀내고 있다. 그에 따르면 양자 사이의 논쟁은 적대 개념을 어떻게 이해할 것인지에 관한 논쟁으로, 라클라우가 헤겔 없는 라캉을 요구한다면 지젝은 헤겔과 함께 라캉을 읽기를 원한다. 그 결과 라클라우가 적대를 상징계의 효과로 파악하는 반면, 지젝은 그것을 상징계를 구조화하는 원리로서 "실재"에 위치시킨다. 곧 라클라우가 더 많은 민주주의를 위한 헤게모니 투쟁을 추구한다면, 지젝은 반자본주의적 계급투쟁을 중시하는 것이다. 흥미로운 것은 이 두 사람의 입장차가 알튀세르의 과잉결정 개념에 대한 상이한 해석의 결과라는 점이다. 라클라우가 최종 심급 없는 과잉결정 개념을 옹호한다면, 지젝은 라캉의 실재로 이해된 최종 심급 개념을 과잉결정과 결부시키기 때문이다. 이런 의미에서 알튀세르는 여전히 "살아 있는 유령"으로서 포스트맑스주의의 무대를 배회하고 있다는 것이 김정한의 전언이다.

최원과 김정한의 글은 모두 현대 영미 인문사회과학에서 막강한 영향력을 행사하고 있는 사상가들의 작업에서 여전히 알튀세르의 문제설정이 중요한 준거로 작용하거나 대안으로 존재할 수 있음을 설득력 있게 해명하고 있다는 점에서 주목할 만하다. 이 두 글이 알튀세르 사상만이 아니라 현대 영미 이론계의 논쟁을 새롭게 조명할 수 있는 계기가 되기를 바란다.

이 책은 「알튀세르와 서발턴 연구」를 다루는 안준범의 글로 마무리된다. 알튀세르 사상에 대한 해박한 지식을 갖추고 있고 서발턴 연구에 대한 국내의 주요 소개자 중 한 사람인 안준범이야말로 이 주제를 다루기에 가장 적합한 연구자가 아닐 수 없다.

그는 가야트리 스피박을 거쳐 라나지트 구하로 가는 길을 선택한다. 스피박이 길잡이가 된 것은 「서발턴은 말할 수 있는가?」라는 저 유명한 글에서 그가 알튀세르와 마슈레를 서발턴 의식에 고유한 침묵의 언표를 읽기 위한 근거로 끌어들이기 때문이다. 하지만 안준범은 스피박 전후로 서발턴 연구를 구분하는 통설에 거슬러, 서발턴의 "불가능한 역사"를 서술하는 작업을 이미 구하에게서 발견할 수 있다고 본다. 그리고 이러한 작업에서 알튀세르, 특히 그의 징후 독해라는 개념이 독창적으로 "번역"된다. "텍스트 안에서 드러나지 않은 것을 필연적 부재라는 양상으로 현존하는 것으로 드러내는" 것이 징후 독해라면, 반(反)봉기의 담론 속에 산재되어 현존하지만, 반봉기 담론이 구조적 무능력으로 인해 읽지 못하는 봉기 의식의 흔적을 읽어 내려는 구하의 서발턴 역사학은 징후 독해 개념을 원래의 맥락과 전혀 다른 곳으로 전위시키고 이식한, 따라서 그것을 재창조한 결과물이기 때문이다.

서발턴 연구도 드물고, 이제는 알튀세르에 관한 논의도 드문 이곳에서 안준범에 의해 우발적으로 이루어진 구하와 알튀세르의 마주침, 이것이 앞으로 어떤 효과들을 생산할지 지켜보기로 하자.

* * *

이 책을 엮으면서 새삼 국내 인문사회과학계에 미친 알튀세르의 효과가 상당히 깊고 넓다는 점을 깨닫게 되었다. 이것은 무엇보다 이 책에 참여한 10명의 필자가 각각의 분야에서 이 정도 수준의 독창적이고 개성 있는 논의들을 제시했다는 사실로 입증될 수 있다. 이 책에는 외국 학자의 글 9편과 국내 학자의 글 10편이 수록되어 있는데, 엮은이로서 자부심과 보람을 느끼는 것은, 국제적인 명성을 얻고 있는 외국 학자들의 글과 국내 알튀세르 연구자들의 글 사이의 차이를 거의 느낄 수 없을 만큼 높은 수준의 글이 여럿 수록되었다는 점이다. 다시 한 번 이 논문집을 위해 좋은 논문을 기고해 준 필자들에게 깊이 감사드린다.

마지막으로 엮은이로서 바라는 것은, 이 책의 제목인 '알튀세르 효과'가 단지 과거 시제로 남게 되지 않았으면 하는 것이다. 그러한 효과는 현재 시제로 촉발되고 확산되고 심화되어야 할 뿐 아니라 미래에도 거듭 다시 일어나야 할 것이다. 그리고 그것은 이 책에서 다루어야 했지만 다루지 못한 주제들(가령 몽테스키외나 루소에 관한 논의, 법에 관한 문제, 하이데거와 알튀세르의 부재하면서 현존하는 관계, 알튀세르와 페미니즘의 관계 등), 더 나아가 미처 착상도 하지 못한 주제들이 남긴 공백을 메우는 데서 시작되어야 할 것이다.

1부
알튀세르의 주제들

1장
알튀세르와 청년 맑스
피에르 마슈레 | 최정우 옮김

2장
과잉결정, 이데올로기, 마주침:
알튀세르와 변증법의 문제
진태원

3장
맑스주의 역사학, 건설 중인 역사학:
알튀세르와의 대화
피에르 빌라르 | 안준범 옮김

4장
미학으로 (재)생산되지 않는 미학:
알튀세르 예술론의 어떤 (불)가능성
최정우

5장
알튀세르의 우발성의 유물론의 우발성들
앙드레 토젤 | 진태원 옮김

6장
알튀세르의 『자본』 독해
자크 비데 | 강희경 옮김

1장 알튀세르와 청년 맑스[*]

피에르 마슈레
최정우 옮김

1960년 12월에 작성된 알튀세르의 글 「'청년 맑스에 대하여'」는 『라 팡세』(*La Pensée*) 1961년 3~4월호에 발표되었고 이후 『맑스를 위하여』(45~83쪽)에 다시 수록되는데, 이 글은 또한, 동유럽 출신 맑스주의 연구자들이 중심이 되어 청년 맑스를 주제로 수행한 연구들을 엮은 『국제 연구』(*Recherches internationales*) 특별호의 출간을 계기로 애초부터 정황적으로 작성된 글이다. 이 글은 바로 전해에 알튀세르가 출간했던 몽테스키외에 대한 작은 책[1])을 제외하면 그가 첫번째로 발표한 중요한 글이라고 하겠는데, 당시에 그것은 마치 마른하늘에 날벼락 같은 글이었다. 따라서 이 글을 이후 알튀세르가 걸어간 모든 행보의 출발점으로 삼아 사유의 한 방향성이 지닌 큰 줄기들을 탐색하는 작업이 전혀 근거 없는 일은 아닐 것이다.

알튀세르는 이 글의 부제로 '이론의 문제들'(복수 형태인)이라는 제목을 선택하고 있는데, 이는 같은 해(1960년)에 사르트르가 『변증법적 이성 비판』 서두에 수록했고 그보다 앞서 『현대』(*Les Temps modernes*)를 통해

---

[*] Pierre Macherey, "Althusser et le jeune Marx", *Actuel Marx* Nº 31, 2002, pp. 159~175.
1) Louis Althusser, *Montesquieu: La politique et l'histoire*, PUF, 1959(『몽테스키외: 정치와 역사』, 『마키아벨리의 고독』, 김석민 옮김, 새길, 1992).—옮긴이

독립적인 형태로 출간한 긴 서론의 제목인 '방법의 문제'(단수 형태인)[2]에 대한 명백한 패러디이다. 알튀세르의 이 부제는 곧바로 그가 수행한 연구의 근본적인 쟁점들을 강조하고 있는데, 그 연구는 단지 관념들의 역사가 지닌 특정한 지점에 관련되는 것이 아니라 '철학적' 작업이라는 개념화 전체에 개입하면서 이론(Théorie)의 이름을 다시 명명하고 있다. 이러한 개념화는 정확히 알튀세르가 이후 자신의 글 안에서 작동시키려 했던 것인데, 확실히 그는 이후 그 적용의 몇몇 양태들에는 변화를 주었지만 그럼에도 이 연구에서 처음으로 표명하였던 그 첫 관심사들을 놓치지는 않았다.

세 부분으로 나뉘어 있는 알튀세르의 이 글은 차례차례로 '정치적', '이론적', '역사적' 측면들을 통해 맑스의 청년기 저작들이 제기하고 있는 문제에 접근한다.

정치적 측면의 문제는 다음의 사실과 관련된다. 즉 정의상 성숙기의 맑스 저작 이전에 위치하는 청년 맑스의 저작은 성숙기 저작이 충분히 전파되고 연구된 후에 재발견되었다는 것, 따라서 이는 글자 그대로 '수정주의적' 기획의 경우에 해당되었다는 것. 여기서의 수정주의란 이러한 초기 맑스의 글들에 비추어 그의 사상 전체의 의미 작용을 수정하려는 시도로 봐야 하는데, 이러한 초기 저작들은 맑스 사후 엥겔스에 의해 발굴되고 "세계에 대한 새로운 개념화를 위한 천재적인 맹아"로 소개되었던 「포이어바흐에 관한 테제들」을 제외하고는 대부분 20세기에 이르기까지 알려지지 않은 채로 남아 있었다. 이러한 수정의 시도는 알튀세르에 의해 다음과 같은 방식으로 요약된다. "『자본』은 하나의 **윤리적** 이론이며, 그 침묵의 철학은 청년 맑스의 저작 안에서 큰 목소리로 울리고 있다는 것이다."[3] 따라서

---

[2] 그러나 사르트르가 『변증법적 이성 비판』 1권의 서두에 일종의 방법론적 서론의 형식으로 함께 수록했던 이 텍스트의 제목은 단수가 아니라 복수 형태인 '방법의 문제들'(Questions de méthode)이다.—옮긴이

청년 맑스 저작의 열렬한 옹호자가 된 이들에 의해 그때까지 무시되었던 청년 맑스의 형상, 곧 "그 안에서 진리가 나타났던"[4] 청년 맑스의 형상이 드러났던 것인데, 그들에 의하면 그러한 청년 맑스의 모습은, 성숙기의 명백한 발언들에 묻혀 무성음화된 침묵처럼 무언의 방식으로 끊임없이 표현되었다면 모를까, 어쨌든 노년의 맑스 안에서는 드러나지 않는 것이었다. 그리하여 어떤 것이 '진정한' 맑스인지를 아는 문제를 둘러싸고 교의의 기반 위에 완고하게 버티고 선 정통파와 열렬한 '수정주의자들' 사이에서 또한 논쟁이 일어났던 것인데, 이러한 수정주의자들은 올바른 쟁점들을 재발견하기 위해 맑스주의의 교의를 그 근본에서, 곧 그 공식적인 판본의 이면에서 다시 성찰할 필요성을 공동으로 느끼고 있었다.

논쟁이 이러한 방식으로 짜여 있었기 때문에, 불쾌한 '수정주의자들'을 공개적으로 규탄하며 단지 수세적인 자세를 취했던 정통파들은 완전히 엉겁결에 그 논쟁에 끌려 들어가게 되었고 결과적으로 일종의 "성스러운 두려움"(crainte sacrée)[5]에 이끌려 정확히 반사적인 방식으로 대응하게 되었다고 알튀세르는 조소하고 있는 것이다. 하지만 그들이 그렇게 논쟁에 끌려 들어가게 되었다고 해도 청년 맑스의 사유가 처해 있을 수밖에 없었

---

3) Althusser, ""Sur le jeune Marx"(Questions de théorie)", *Pour Marx*, La Découverte, 1986(초판, François Maspero, 1965), p. 48(「'청년 맑스에 대하여'[이론의 문제]」, 『맑스를 위하여』, 이종영 옮김, 백의, 1997, 55쪽. 이하의 모든 인용에서 번역은 일부 혹은 전부를 수정하였다). 마슈레의 원문에서는 알튀세르의 글을 인용하면서 그 인용의 출처와 알튀세르가 강조한 부분들을 따로 표시하지 않고 있다. 하지만 이 번역문에서는 알튀세르 원문의 쪽수와 그가 직접 강조한 부분을 모두 표시해 두었다. 따라서 이 글의 모든 각주는 옮긴이 주이다. ─옮긴이
4) *Ibid.*, p. 49(같은 글, 같은 책, 56쪽). ─옮긴이
5) 알튀세르는 다음과 같이 쓰고 있다. "맑스의 **완전무결함**(intégrité)을 훼손시킬지도 모른다는 성스러운 두려움이 **맑스 전체**(Marx tout entier)를 과감하게 떠맡는 반사적 행동을 불러일으킬 것이다." *Ibid.*, p. 50(같은 글, 같은 책, 59쪽). 알튀세르의 「'청년 맑스에 대하여'」는 이렇듯 청년 맑스의 저작들을 어떻게 독해하고 수용할 것인가 하는 물음, 곧 맑스의 '통일성' 혹은 '단절'이라는 문제에 대한 비판적 답변이자 그 방법론적 시론(試論)의 형식을 띠고 있다. ─옮긴이

던 기나긴, 너무나 기나긴 무지의 기간에 책임이 있는 건 바로 그들이며, 프란츠 메링(Franz Mehring)이나 가장 가깝게는 오귀스트 코르뉘(Auguste Cornu) 같은 선구자들의 작업을 활용하여 그러한 청년 맑스의 사유를 만천하에 복원하는 일 역시 오로지 그들에게 달려 있었음에도, 그들은 이 사실을 알지 못한 채 오히려 자신들이 만들어 놓은 덫에 빠져 버렸다는 사실을 잊어서는 안 되리라는 것이다. 그래서 이러한 정통성이 부당하게 찬탈하여 과시하는 미덕들의 이면에는 무지의 범죄가, 어떤 무지몽매함의 범죄가 있는데, 이는 전후(戰後) 프랑스의 특정한 맑스주의에 고유한 것이다. 아담 샤프(Adam Schaff)가 다른 곳에서 약간의 순진함으로 이러한 정통성의 접근법을 정당화하며 밝혔던 정식을 인용하여 알튀세르가 **"전미래 시제로"**(au futur antérieur)[6] 읽기라고 부르고 있는 것을 실행함으로써, 프랑스의 맑스주의는 급하게 자신들의 결함들을 메울 필요가 있었던 것이다. 정통파의 입장에서 당황스러운 청년 맑스의 저작들을 이렇듯 전미래 시제로 읽는 일은 "완성된 맑스주의의 재판정"[7]이라는 이름으로 실행되었는데, 이는 곧 이러한 재판정의 절대적 권위 아래 이미 알려져 있고 표면적으로 이해되고 있었던 교의의 의미에 청년 맑스 저작들의 의미를 억지로 꿰맞

---

6) 알튀세르는 '전미래 시제'라는 용어를 쓰면서 아담 샤프의 글을 길게 인용하고 있다. *Ibid.*, pp. 50~51(같은 글, 같은 책, 58~59쪽)의 주 6 참조. 여기서 '전미래 시제'라는 말은, 마치 데리다가 그 시제를 과거에 대해 소급적이고 구조적인 기제로 기능하는 목적론적 관계로 파악하고 이를 이중적인 전략으로 활용하는 것처럼, 알튀세르에게서도 '청년' 맑스를 미성숙의 상태로, '성숙기' 맑스를 완성된 형태로 상정하고 그에 맞춰 청년 맑스의 저작들을 '목적론적으로' 전체에 귀속되는 부분적 단계로 파악하려는 시각을 가리키고 비판하기 위해 사용되었다. 말하자면, 알튀세르는 '청년' 맑스가 이후 '완성된' 형태의 맑스가 '될 것이었다'고 상정하는 미래 완료의 관점에서 청년 맑스의 저작들을 이해하고 통합하려는 목적론적 시도를 기본적으로 비판하고 있는 것이다. 마슈레는 이러한 전미래 시제의 독해법에 대해 이후 다시 언급하고 있다. 이와 비슷한 맥락에서 알튀세르는 「청년 맑스에 대하여」말미의 한 각주에서 또한 "철학의 역사'는 '전미래' 시제로 이루어질 수 없다"고 쓰고 있기도 하다. *Ibid.*, p. 80(같은 글, 같은 책, 96쪽).—옮긴이

추는 방식이었다. 하지만 이러한 접근은 맑스의 사유를 이미 확고히 형성된 천상의 것으로밖에 생각하지 못하는 심각한 무능을 드러내는 것이며, 이러한 무능은 오히려 가장 순수한 관념론에 해당하는 것이다.

이러한 논의는 곧 이 문제의 두번째 측면인 이론적 측면에 대한 검토로 이어지게 되는데, 왜냐하면 알튀세르가 쓰고 있듯 "그러한 방어적 대형 속에서조차 좋은 이론이 없이는 좋은 정치도 없"[8]기 때문이다. 사실 청년 맑스가 쓴 텍스트들, 곧 이론적인 독해를 요청하는, 그 자체로 이론적인 텍스트들을 읽는 방법을 알기 위해서는 그 말의 본래적 의미에서 '올바른' 정치적 노선을 채택하는 것으로는 충분하지 않다. 그런데 저 '청년 맑스' 운동에 대항해 정통성의 옹호자들이 즉흥적으로 만들어 낸 정치적 대응책이란 엄밀하게 말해서 이론적 토대를 결여하고 있지는 않았지만, 오히려 그러한 대응책은 매우 나쁜 토대에 근거하고 있던 것이었고 또한 그 토대가 암묵적인 것으로 남아 있었기에 더더욱 의심스러운 것이었다고 말해야 한다. 사실 이러한 방어적 접근의 배경에서 우리는 이론에 대한 어떤 미숙한 개념화를 발견하게 되는데, 이러한 개념화는 현실에 깊이 뿌리내리지 못하고 단절된 채 인위적으로 자율화된 교조적인 본체로 환원되어 버리는 것이다. 이것이 바로 정치적으로는 올바를지 몰라도 이론적으로는 옹호할 수 없는 입장, 곧 다시 말해 맑스의 사유가 전체로 취하거나 통째로 거

---

7) Althusser, ""Sur le jeune Marx"", *Pour Marx*, p. 54. 한국어판 『맑스를 위하여』(이종영 옮김, 1997) 64쪽에는 이 부분이 포함된 문장 전체가 누락되어 있다. 반면 1990년에 번역 출간된 구 번역본(『마르크스를 위하여』, 고길환·이화숙 옮김, 백의) 67쪽에는 이 부분이 번역되어 있다. 해당 문장은 다음과 같다(번역은 다소 수정하였다). "따라서 이전 텍스트의 **요소들** 사이에서 핵심을 분리하려는 판결을 선고하고 집행하는 것, 그리고 그럼으로써 그 통일성을 파괴하는 것은, 바로 이러한 완성된 맑스주의의 재판정, 곧 목적(Fin)의 재판정이다."—옮긴이

8) *Ibid.*, p. 51 (「'청년 맑스에 대하여'」, 『맑스를 위하여』, 60쪽).—옮긴이

부할 수 있는 어떤 동질적이고 자족적이며 분할 불가능한 전체를 구성한다고 하는 '맑스 전체'라는 입장을 견지할 수 있는 조건이었다. 알튀세르는 맑스의 사유를 이렇게 이해하는 방식이 두 가지 전제에 상응한다고 설명하는데, 하나는 분석적인 전제이며 다른 하나는 목적론적인 전제이다. 그런데 이 두 전제는 공히 세번째 전제를 선결 조건으로 삼고 있는데, 그것은 "관념들의 역사를 그 고유의 요소로 간주하고, 그러한 관념들 자체의 역사에 상응하지 않고서는 그 어떤 것도 일어날 수 없다고 여기며, 또한 이데올로기의 세계가 **그 자체로 고유의 이해 원리**라고 생각하는" 전제이다. 그런데 "**이데올로기의 인지적 자족성**(auto-intelligibilité)"[9]이라는 이러한 편견은 이론의 물질적–실천적 성격을 인지하기를 거부하는 것 외에 다른 토대를 갖지 않는다. 이론의 이러한 물질적–실천적 성격은 단순히 관념들의 질서의 내적 배치에만 국한되지 않는 어떤 역사성에 의해 드러나는 것이다.

알튀세르는 이러한 접근에 반대하여 하나의 개념화를 제시하는데, 그는 이후 이러한 개념화에 점점 더 많은 중요성을 부여하면서 종국에는 그것을 '테제'의 형식으로 산출하게 된다. 그 개념화란 맑스의 이론을——마치 그렇게 하는 게 자명한 것인 양, 그리고 엥겔스가 선전을 목적으로 최초로 그렇게 했던 것처럼——하나의 '세계관'으로 환원하기를 거부하는 것, 다시 말해 사물과 현실에 대한 이념적인 시각(perspective), 아마도 필연적으로 관념적일 시각으로 환원하기를 거부하는 것인데, 이러한 시각이란 사물과 현실의 고유한 질서에 대해 자율적인 것이며 사람들이 습관처럼 하나의 '시점'(vue)이라고 부르는 방식에 따라 그러한 질서를 굽어보는 것

---

[9] *Ibid.*, p. 53(같은 글, 같은 책, 62~63쪽). 여기서 '인지적 자족성'(auto-intelligibilité)이란 이데올로기의 세계를 그 자체로 자기 완결적인 것으로 인식하는 일종의 관념적이며 자폐적인 자기 이해 가능성을 의미하는데, 알튀세르는 이를 이론의 물질적이고 실천적인 성격과 역사성에 대한 강조를 통해 타파해야 할 것으로 파악한다.—옮긴이

이다. 그런데 만약 맑스의 이론이 혁명적인 것이라면, 다시 말해 그 이론이 세계의 변혁이라는 운동에 실천적으로 참여하는 것이라면, 그 이유는 바로 그것이 하나의 '시점'으로(설령 그것이 예언적인 것이라 해도) 환원되지 않기 때문이며, 또한 그것이 세계에 대한 관념들의 집합 또는 그에 대한 설명으로 환원되지 않고 확정적으로 완결된 교의의 형식이 아니라 생성 중인 초안의 형식, 구상 중인 모색의 작업이라는 형식 아래 그 자신이 이론을 산출하는 세계의 일부를 이루기 때문이다. 이러한 모색의 작업은 이론이 그 스스로 자신이 변혁하고자 하고 또 그 자신의 자취를 남기고자 하는 세계와 만나기 위해 반드시 필요한 것이다.

따라서 복합적인 조직의 풍부함을 지니고 있으며 그 자신이 이래저래 속해 있는 실제적인 역사의 모든 변수들에 의해 영향을 받는 이 [이론 형성] 과정의 복구를 통해 재검토되어야 하는 것은, 결국 더 넓은 의미에서 봤을 때, 바로 유일하고도 통합된 교의 위에 굳건히 자리 잡은 어떤 영원한 맑스주의에 대한 표상이었다. 동시에 여기서 사람들이 습관적으로 '맑스주의'라는 이름으로 불렀던 것이 결국에는, 맑스주의 '이론'이 그 내부에서 끊임없이 개편될 수밖에 없는 어떤 논쟁의 장을 열어놓는 일과 다르지 않다는 가설이 구체화되기 시작했다. 왜냐하면 이러한 논쟁을 막는다는 것은 맑스주의가 엄밀히 '이론적'인 것으로 자신 안에 내포하고 있는 것 안에서 쇠퇴하기를 종용하는 일이 될 것이기 때문이다. 여기서 '이론적'인 것이란 순수 이론의 의미가 아니라 이론의 생산, 재생산, 변혁이라는 영속적 작업의 의미를 띠는데, 만약 그것에서 그 불순물들이 결정적으로 그리고 기적적으로 제거된다면 그것은 아마도 사실 이론이라 할 수 없을 것이며 또한 실제적 이론, 물질적-실천적 이론도 되지 못할 것이다. 따라서 이후 사람들이 생각한 것과 달리 알튀세르가 이론에 대한 자신의 개념을 앞세우면서 확립하려 계획했던 것은 새로운 정통성이 아니었다. 그는 반대로, 그러한 정통성들이 어디서 왔든, 그리고 그 정통성들이 자신들의 인지적 자족성을 보장하기 위해 어떤 동기와 논쟁들을 표방하든, 이론에 대한 자신의 개념이 그 모든 정통성들의 부패를 막는 데 필수불가결한 비판적 도구를 제공하기를 기대했다.

청년 맑스에 대한 글에서 이러한 비판적 시각은 특별히 목적론을 겨냥하고 있었는데, 우리는 알튀세르의 행보가 바로 이러한 목적론적 전제에 대한 의심에서 비로소 진정하게 출발한다고 생각할 수 있다. 이러한 생각을 통해 우리는 또한 청년 맑스에 대한 알튀세르 글의 말미에서, 곧 과학이 이데올로기와 필연적으로 단절되어야 함을 주장하고 있는 지양(dépassement)에 대한 한 각주에서, 헤겔에 대한 유일하고도 진정한 대안으로 언급되고 있는 스피노자가 왜 알튀세르의 성찰 작업 말기까지 그가 계속 참고하는 본질적인 철학적 전거가 되는지 더 잘 이해할 수 있게 된다.[10] 맑스 청년기의 저작들을 전미래 시제로 읽는다는 것, 곧 그 저작들 안

---

10) 헤겔의 지양(Aufhebung/dépassement)에 대해 "따라서 '지양'이라는 말은 아무런 의미도 갖지 않는다"고 말하면서 알튀세르는 다음과 같은 각주를 첨가하고 있다. "헤겔적인 지양은 과정의 차후 형식이 이전 형식의 '진리'라는 사실을 가정하고 있다. 그런데 이와 반대로 맑스의 입장, 곧 이데올로기에 대한 그의 비판 전체는, (현실을 파악하는) 과학이 **그 자체의 의미 속에서** 이데올로기와의 **단절**(rupture)을 이루고 있고, **다른 영역** 위에 정초되어 있으며, **새로운 질문들로부터** 구성되고, 현실에 대해 이데올로기와는 **다른 질문들**을 제기하고 있고, 혹은 같은 말이겠지만, 이데올로기와는 다른 방식으로 **자신의 대상을 규정한다**는 사실을 함축한다. 또한 과학은 어떤 명목으로도 헤겔적인 의미에서 이데올로기의 진리로 간주될 수 없다. 만약 우리가 이러한 관계에서 맑스의 철학적 선조를 찾는다면, 그 적절한 대상은 헤겔이 아니라 오히려 스피노자가 되어야만 할 것이다. 1종의 인식과 2종의 인식 사이에서 스피노자는 그 직접성 안에서(만약 우리가 신의 총체성을 사상捨象한다면) 바로 근본적인 **불연속성**(discontinuité)을 상정하는 관계를 정립했다. 2종의 인식이 1종의 인식에 대한 이해를 가능하게 하는 것이라 할지라도, 곧바로 2종의 인식이 1종의 인식의 **진리**는 아닌 것이다." Althusser, ""Sur le jeune Marx"", *Pour Marx*, p.75(「'청년 맑스에 대하여」, 『맑스를 위하여』, 89~90쪽)의 주 40 참조(1986년에 출간된 데쿠베르트Découverte 출판사 판본의 『맑스를 위하여』에서는, 68쪽부터 각주 번호가 한 숫자씩 높게 잘못 매겨져 있는데, 따라서 이 각주는 본래 정확히는 주 39가 되어야 한다). 여기서 마슈레가 이 부분을 언급하고 있는 것은, 알튀세르가 이후 지속적으로 천착하고 근거하게 될 스피노자의 '유물론적 변증법'과 헤겔의 '관념론적 변증법' 사이의 어떤 차이

에서 '진정한' 맑스로 추정된 성숙기의 맑스를 준비하고 있는 것들을 읽어 내려고 노력하는 것, 다시 말해 성숙기의 맑스를 맑스의 서명이 담긴 모든 것들의 진리로 전제하고 읽는다는 것은, 청년 맑스의 저작들을 단지 완성된 맑스라는 목적지에 이르기 위한 매개들로만 파악한다는 것을 뜻한다. 곧 이는, 맑스 청년기의 저작들이 단지 성숙되지 못한 초안들이며, 그 초안들은 단지 그것들이 완전히 전개되어 궁극적으로 성숙한 맑스의 등장으로 나아가기 이전의 전체 여정의 단계들로만 바꾸어 파악된다는 뜻이다. 이는 또한 오히려 부재라는 형식을 통해 이미 존재하고 투명하게 독해 가능한 '유예된 의미'의 방식으로 그러한 청년 맑스의 저작들을 읽는다는 것을 의미한다. 이러한 방식에 대해 알튀세르는 다른 개념화를 대립시키는데, 그것은 청년 맑스의 저작들을 그것이 작성되었을 당시 그대로의 생생한 내용 안에서 파악하고 그 자신 외에 어떤 다른 목적지를(이러한 목적지라는 개념이 타당한 한에서) 갖지 않는 것으로 읽어 내는 방식을 뜻한다. 따라서 이로부터 청년 맑스의 저작들을 잘 이해하기 위해 그 저작들에 외부적 해석의 규범들을 부과하는 대신 바로 그 저작들의 쟁점으로 들어갈 필요성이 생겨난다. 우리가 청년 맑스의 저작들에 그 저작들 이후에 발생한 논증의 도식들을 덧붙이려 할 때 이러한 외부적 해석의 규범들을 불가피하게 부과하게 되는데, 이 경우 사람들은 엄밀히 말해 청년기의 저작들이 [목적론적 논리에 따라] 이러한 도식들의 도래를 예상하면서 그 출현을 '예비했다'고는 할 수 없을지라도, 아마도 그 출현을 가능하게는 했으리라고 여

를 확연히 부각시키고, 그러한 차이가 알튀세르의 초기 글인 「'청년 맑스에 대하여」 안에서 어떤 맹아의 형태로 드러나고 있는지를 보여 주기 위함이다. 또한 이 문제는 알튀세르가 '지양' 개념에 반대하여 제시하고 있는 '회귀'(retour) 혹은 '회고'(retour en arrière)라는 개념과 관련해서도 중요성을 띤다. Althusser, ""Sur le jeune Marx"", *Pour Marx*, pp. 73~74(「'청년 맑스에 대하여」, 『맑스를 위하여』, 87~89쪽) 참조. 지양 개념에 대한 이러한 반대와 그 대체에 관해서는 또한 옮긴이 주 33 참조. ─옮긴이

기게 되는 것이다.[11]

 그렇다면 맑스가 1844년에 그 유명한 수고들을 썼을 때 그는 어떤 종류의 내기를 걸었던 것이며, 또한 어떤 위험들을 감행했던 것일까? 문자 그대로 1844년의 수고들이 그 수고들 속에 쓰여 있던 것 외에 다른 그 어디로도 그를 이끌고 가지 않았기에 ——당연히 그럴 수밖에 없었겠지만—— 그 수고들의 집필이 후일 그를 어디로 이끌고 갈 것인지 알 수 없었던 채로 말이다. 이러한 의문을 정식화하면서 우리는 세계관이라는 개념이 어떤 장애들을 드러내는지 더 잘 볼 수 있게 된다. 왜냐하면 그 수고들은, 맑스 청년기의 다른 저작들과 마찬가지로, 정확히 있는 그대로 그 고유의 쟁점 안에서 파악될 때, 그러한 저작들로부터 추출되고 분리될 수 있는 어떤 [맑스주의] 세계관을 계시하는 글들이 결코 될 수 없기 때문이다. 목적론적인 전제는 이러한 세계관이 무르익어 그 주기가 만료되는 순간 저 청년기 저작들이 마땅히 그러한 세계관을 계시하는 글들이 될 수밖에 없을 거라고 규정하겠지만 말이다. 이 경우 더욱이 이후에 맑스가 『자본』을 쓰면서 어떤 종류의 내기를 걸었던 것인가 하고 똑같은 방식으로 질문하는 것을 막을 길이 없게 되는데(물론 이 경우에는 세계관의 윤곽을 더 잘 정의하기 위해 이렇게 질문하는 것은 아닌데, 왜냐하면 이러한 세계관은 그 자신의 인지적 자족

---

11) 알튀세르는 청년 맑스의 저작을 읽는 '방법론'에 대해 다른 글에서 또한 '다른 언어'로 언급하고 있다. 「청년 맑스에 대하여」 이후 정확히 2년 뒤에 작성된 글 「칼 맑스의 『1844년 수고』(정치경제학과 철학)」(1962년 12월)에서 알튀세르는 에밀 보티젤리(Émile Bottigelli)가 번역하고 주석을 단 맑스의 『1844년 수고』를 높이 평가하며 다음과 같이 쓰고 있다. "따라서 우리는 앞으로 한 투쟁의 논리이자 한 소송의 전거이며 한 방어의 보루였던 이 수고(手稿)들을 하나의 확고한 방법으로 다룰 **수 있고** 또 그렇게 **해야 한다**. 즉 그 수고들을 맑스 사유 형성의 한 **계기**(moment)로, 다시 말해 지적 생성의 모든 계기들처럼 하나의 장래(un avenir)에 관계되지만 동시에 또한 환원될 수 없는 하나의 **독특한 현재**(un présent singulier et irréductible)를 둘러싸고 있는 그러한 계기로 다루는 것이다." Althusser, "Les *Manuscrits de 1844* de Karl Marx(Économie politique et philosophie)", *Ibid*., p. 156(「칼 맑스의 『1844년 초고』(정치경제학과 철학)」, 같은 책, 183~184쪽).—옮긴이

성을 마침내 획득한 상태이기 때문이다), 청년기의 텍스트에 적용되었던 독해의 규칙들이 성숙기의 텍스트에도 똑같이 적용되어서는 안 될 이유가 없기 때문이다.

그렇다면 한 사유의 발생, 곧 맑스 사유의 발생을 이해하기 위해서는 어떻게 해야 할까? 이 질문에 답하기 위해 알튀세르는 그가 "이데올로기적 발전 이론의 맑스주의적 원리들"(les principes marxistes d'une théorie de l'évolution idéologique)[12]이라고 부르는 것을 제시하는데, 이는 분석적-목적론적 방법과 단절하는 것이며 또한 그러한 방법을 사로잡고 있는 헤겔적 전제들과 단절하는 것이다. 이 원리는 모두 세 가지이다.

첫번째 원리는 "각각의 **이데올로기**는 그 고유한 **문제틀**(problématique)에 의해 내적으로 통일된 실제적인 전체로 간주되어야 하며, 따라서 그 의미를 변질시키지 않고서는 거기서 하나의 요소를 분리할 수 없다"[13]는 것이다. 우리는 이 원리를 총체성의 원리라 부를 수 있을 텐데, 이 원리의 기본적 영감은 구조주의적인 것이지만 동시에 베르그송적인 영감을 지닌 철학자 또한 이러한 원리의 유효성을 인정할 수 있을 것이다. 이 원리가 제기하는 것은, 우리가 사유의 경험이라고 부를 수 있는 것이 분절되지 않고 따라서 서로 독립적인 관념들의 배치나 조합으로 환원되지 않는 어떤 구체적인 통일성의 형식 아래에서 제시된다는 점이다. 사유의 경험이 지니는 이러한 구체적 통일성은 그 기본적인 문제틀에 의해 유기적으로 조직되어 있다. 한 사유의 독특한 시각을 열어젖히는 것은 바로 이러한 문제틀인데, 그러한 시각의 내부에는 생생한 도식의 방식으로 작동하는 조직에 고유한 필연성으로 기능하는 요소들이 자리 잡고 있다. 동시에 이러한

---

12) Althusser, ""Sur le jeune Marx"", *Pour Marx*, p. 59(「'청년 맑스에 대하여'」, 『맑스를 위하여』, 69쪽). —옮긴이
13) *Ibid.*, p. 59(같은 글, 같은 책, 69쪽). —옮긴이

사유의 경험들은 각각 하나의 자율적인 전체로서 제시되는데, 이는 이러한 각각의 사유의 경험들을 한 공통된 도정의 단계들로서 어떤 동일한 발전의 선상에 위치시키는 것을 불가능하게 만든다. 첫번째로 표명된 일종의 선결 조건의 지위를 갖는 이러한 총체성의 원리는 충분조건이 아니라 필요조건이다. 실제로 이러한 원리의 적용은, 그것이 그러한 적용의 대상이 되는 사유의 경험의 인지적 자족성이라는 전제를 재도입하는 한에서 어떤 문제를 낳게 되는데, 왜냐하면 이럴 때 이러한 사유의 경험은 오로지 바로 그 자신에 근거하고 있는 것으로, 곧 그러한 경험의 고유한 질서에 외부적인 모든 적용 기준들을 거부하고 있는 것으로 여겨지기 때문이다.

이 때문에 이러한 총체성의 원리는 두번째 원리에 의해서 보충되거나 심지어 수정되어야 하는데, 이 두번째 원리는 다음과 같이 제시된다. "그 전체의 의미, 곧 한 독특한 이데올로기(여기서는 한 개인의 사유)의 의미는, 그러한 이데올로기와는 다른 어떤 **진리**와의 관계에 의존하는 것이 아니라, 현존하는 **이데올로기적 장**(champ idéologique)과의 관계에 의존하는 것이며, 또한 그러한 이데올로기적 장을 지탱하고 그것에 반영되고 있는 **사회적 문제들**과 **사회적 구조**와의 관계에 의존하는 것이다. 한 독특한 이데올로기의 **발전**이 갖는 의미는, 그러한 발전이 **그것의 진리**로 간주되는 기원이나 종말과 맺고 있는 관계에 의존하는 것이 아니라, 그러한 발전 안에서 이 독특한 이데올로기의 변동들과 그 이데올로기적 장의 변동들 및 그러한 변동들을 지탱하는 사회적 문제들·관계들의 변동들이 맺고 있는 현존하는 관계에 의존하는 것이다."[14] 이러한 원리는 초기 부르디외의 원리와 매우 닮아 있다. 기본적인 독특한 문제틀을 중심으로 조직된, 앞선 원리의 작동에 의해 드러나는 그러한 문제틀의 유형을 중심으로 조직된 유기적 사유

---

14) *Ibid.*, p. 59(같은 글, 같은 책, 70쪽). ─ 옮긴이

의 경험은, 알튀세르가 채택했던 용어들을 그대로 따르자면, 사유의 경험이 몇몇의 '사회적 문제들·관계들'과 관계를 맺게 하는 중개에 의해 하나의 '장' 안으로 기입됨으로써만 가능한 것이기 때문이다. 한 사유의 경험의 형성과 발전을 구성하는 역할을 하는, 따라서 그러한 사유의 경험에 대해 단지 어떤 중립적인 배경으로만 머무르지 않는 '이데올로기적 장'은 변동 중에 있는 것으로 간주되어야 한다. 곧 이데올로기적 장은, 문제가 되는 사유의 경험과 그러한 사유의 경험이 구성하는 유기적 총체성에, 일정한 비율의 불안정성에 따라 영향을 미친다. 알튀세르가 사용하는 용어들을 다시금 떠올리자면, 그러한 이데올로기적 장의 질서는 '그것을 지탱하고 그것에 반영되고 있는 사회적 문제들과 사회적 구조'와 관계를 맺고 있다. 이러한 사회적 문제들과 사회적 구조가 그러한 질서를 지탱한다는 것은, 곧 이러한 것들이 바로 그러한 질서의 물질적 기반을 구성한다는 뜻이다. 또한 이러한 사회적 문제들과 사회적 구조가 그 질서에 반영된다는 것은, 곧 이러한 경험이 그 자신의 방식으로 이러한 사회적 문제들과 사회적 구조를 반영하고 있으며 이로부터 자신의 역사적 표현 혹은 표명의 양태를 구성한다는 뜻이다. 따라서 알튀세르가 제기한 두번째 원리는 역사성의 원리라고 명명할 수 있다.

 여기서 첫번째 원리의 언표가 '문제틀'이라는 개념을 중심으로 구성되어 있다는 점, 그리고 두번째 원리의 언표가 첫 번째 원리와는 분명 달라져 있지만 그렇다고 전적으로 단절된 것은 아닌 의미 작용 속에서 '사회적 문제들'에 대한 준거를 드러내 준다는 점에 유의해야 한다. 이러한 점은 다음과 같은 방식으로 해석될 수 있다. 즉 하나의 이데올로기적 집합은, 그것이 그 출발에서부터, 근저에서, 그 집합의 요소들을 구조화하는 일련의 질문들로 귀착될 때 하나의 유기적 총체로 간주될 수 있다. 그러나 이러한 질문들은 어디로부터 기인하는가? 그 질문들은 천상의 순수한 관념들 속에서 무르익은 채, 어떤 의미에서는 단지 정신의 유희라는 방식으로, 그렇게 철저하게 지적이기만 한 구도 위에서 제기되었나? 그러한 질문들은, 문제가 되는 사유의 경험 안에서 어떤 것이 문제를 일으키며 그것이 또한 우리가 불안정성의 비율이라고 불렀던 것에 따라 이러한 사유의 경험에 영향을 미치는 것이라는 사실을 표현해야 하지 않을까? 그러나, 이러한 경험 안에서 무언가가 문제가 된다면, 그것은 바로 그러한 경험이 어떤 문제를 다루면서 마치 낱말 퍼즐의 빈칸을 채우는 것과 같은 방식으로 적합한 해답을 내려 시도하는 것에 그치지 않는다는 점이다. 사유의 경험은, 어떤 문제에 직접 맞닥뜨리기보다는, 그러한 문제에 의해 자신의 내부에서 가공되어야 하는데, 이러한 문제는 닫혀 있지 않고 열려 있는 발전의 역학——이러한 역학은 또한 그 자신을 전체적인 변형 주기 안에 기입하는 변동들에 대해 그 자체로 노출되어 있는데——을 사유의 경험의 작용들에 전달해 준다. 알튀세르가 지나가는 중에 잠시 '사회적 문제들'에 준거했던 것이 그 온전한 의미를 획득하는 것은 바로 이 지점에서이다. 하나의 이데올로기적 구조 및 그 근본적인 문제들은 그 이데올로기적 '장'을 규정하는 사회적 현실 안에 기입된 난점들과 모순들을 반영하는데, 이러한 난점들과 모순들은 그 자신들 안에 미리 형성된 목적을 지향하는 것이 아니라 그러한 목적의 변화라는 방향으로 밀고 나가는 것이다. 그리고 이때 이러한 목적의 변화란, 어떤 운명의 완성이 아니라, 문제가 되는 이데올로기적 구조가 전반적으로 연루되어 있는 어떤 작업의 결과인 것이다. 만약 한 사유의 경험이 어떤 사회적 현실을 '반영'한다면, 그것은 이러한 사유의 경험이 가능한 한 현실과 닮은 개괄적 이미지를 정태적 형식 아래 자동적으로 제시하는 대신, 현실로부터 '문제들'을 뽑아내어 그것들을 다시금 그 자신의 문제들로 삼는 한에서 그러한 것이다. 알튀세르는 이를 "이론의 문제들"이라고 불렀는데, 이는 변동과 변형의 역사적 시각 안에서만 형성될 수 있는 것이다. 보다 추상적인 용어로 말하자면, 우리는 그렇게 반영되는 것이 사물의 상태가 아니라 과정의 상태를 띤다고 말할 수 있을 것이다.

첫번째 원리가 내재주의적인 성격을 드러냈다면, 이러한 첫번째 원리를 부분적으로 반박하는 두번째 원리는, 한 '사유의 경험'이 단지 조직된 전체가 아니라 그러한 경험을 기입하는 실제적 장소로부터 연유한 어떤 선동의 압력에 의해 무언가 그 안에서 움직이고 있는 운동 중인 집합이라는 관념을 도입하고 있다. 다시 말해 사유의 경험이란, 어떤 특정한 사회적 구조이자 그 구조가 포함하며 또한 그 구조 자체를 움직이게 만드는 문제들이기도 하다. 이는 곧 세번째 원리의 언표로 이어지는데, 이 원리는 명백히 외재적인 성격을 드러낸다는 점에서 첫번째 원리의 대척점에 있다. 이러한 세번째 원리는 다음과 같다. "한 독특한 이데올로기의 발전을 추동하는 원리는, 그 이데올로기 자체의 안쪽에 존재하는 것이 아니라, 그러한 이데올로기의 바깥쪽에, 곧 그 독특한 이데올로기의 **이면**(en-deçà)에 존재하는 것이다. 그것은 구체적인 개인으로서의 이데올로기의 저자이며, 또한 이러한 개인과 역사를 복합적으로 연결하는 관계에 따라 그의 개인적 발전 안에 반영되어 있는 실제적 역사이다."[15] 여기서 우리는 알튀세르가 청년 맑스에 대한 글을 쓰면서 거리를 두려고 했던 사르트르 역시 「방법의 문제」에서 근본적으로 알튀세르와 다르지 않은 것을 말했다는 사실에 주목해야 한다. 곧 예를 들어 1840년대 독일의 청년 맑스가 걸어갔던 도정이 겪었던 발전들을 설명해 주는 것은, 한 개인의 독특한 도정과 그러한 도정이 완성되는 전체 맥락 사이의 반향과 갈등인데, 이러한 전체 맥락은 주관적인 것과 객관적인 것이 서로 뒤섞이는 어떤 관계를 따라 바로 그 독특한 도

---

15) Althusser, ""Sur le jeune Marx"", *Pour Marx*, p. 59(「'청년 맑스에 대하여'」, 『맑스를 위하여』, 70쪽).—옮긴이

정에 주관적이면서도 동시에 객관적인 경험의 성격들을 부여한다.

결국 베르그송, 부르디외, 사르트르라는 권위 아래 각각 위치시킨다고 해도 전혀 이상할 것이 없을 앞서의 세 가지 원리들을 표명한 이후, 알튀세르는 보다 일반적인 성격을 띤 성찰을 그 세 가지 원리들의 주제에 추가하게 되는데, 그 성찰을 가리키는 말이 여기서 뚜렷하게 드러나는 것은 아니지만, 이러한 성찰을 통해 알튀세르는 그가 이후 사용하게 될 절단(coupure)의 개념에 보다 가까이 다가가는 것으로 보인다. 실제로 그는 이러한 원리들이 "**엄밀한 의미에서 이데올로기적 원리들이 아니라 과학적 원리들**"[16]임을 명확히 하고 있다. 달리 말해, 이러한 원리들은 ('전미래' 시제로 작성된 한 역사의 모든 원리들과는 달리) 연구 대상이 되는 과정으로부터 직접적으로 도출되는 진리가 아니라는 것이다. 이 원리들은 "~의 진리"(vérité de)가 아니라 "~을 위한 진리"(vérité pour)이고, 또한 그것들은 어떤 문제를 적법하게 제기하는 조건으로서, 따라서 그 문제를 통해 어떤 참된 해답을 생산하는 조건으로서 참이다. 그러므로 이 원리들은 "완성된 맑스주의"를 전제하고 있는데, 이는 그 고유한 발생의 진리가 아니라 "그 고유한 발생을 전혀 다른 역사적 과정으로서 **이해할 수 있게 만들어 주는**" 이론인 것이다.[17]

우리는 여기서 진리 개념이 '~을 위한 진리'라는 형태로 강력하게 회귀하고 있음을 볼 수 있는데, 이러한 진리 개념은 과학적 지위에 근접하는 것으로, 이데올로기 가운데에 처박혀 실추되는 '~의 진리'와는 구별되는 것이다. 그렇다면 '~을 위한 진리'를 무엇으로 이해해야 할까? 아마도 그

---

16) *Ibid.*, p. 59(같은 글, 같은 책, 70쪽). —옮긴이
17) 본문에서는 부분적으로만 인용 표시가 되어 있지만, 사실 이 문단 마지막 두 문장 전체는 마슈레가 알튀세르의 해당 문장들을 통째로 인용하고 있는 부분이다. *Ibid.*, pp. 59~60(같은 글, 같은 책, 70쪽) 참조. —옮긴이

것은 그 대상과 거리를 두고 작용하는 인식의 과정으로부터 도출되는 진리일 텐데, 왜냐하면, 대상을 직접적인 경험에서 바로 주어진 것으로 간주하는 방식이 그 경험으로부터 기껏해야 '~의 진리'라는 자격의 진리를 도출할 수 있는 반면, 대상과 거리를 두는 인식의 과정은 그러한 대상을 전적으로 재구성하기 때문이다. 알튀세르는 이후 이러한 대상을 이론적 대상, 사유의 대상, "사유의 구체"[18]라고 부르게 되는데, 이것이 여기서 가리키는 것은 바로 어떤 문제를 적법하게 제기하는 조건이다. 이러한 분석 안에서 윤곽이 드러나는 것은 알튀세르가 코이레와 바슐라르를 읽으면서 끌어냈던 다소 거친 인식론의 교훈인데, 이러한 인식론은 절단이라는 주제를 통해 그와 그 제자들의 성찰에 영향을 끼치게 된다. 그러한 이름에 합당한 과학은, 현실과 삶의 자생적 운동의 무대 위에서처럼 직접적으로 그 과학에 제공되는 대상들을 연구하는 것이 아니다. 그러한 과학은——그 고유의 질문 방식을 통해 대상들을 재창조하고, 따라서 이 대상들에 대해 단지 '~의 진리'로 접근할 수 있게 해주는 일에만 골몰하는 방법의 문제만이 아니라 '~을 위한 진리'를 생산해 내는 '이론의 문제들'을 제기함으로써——자신에 고유한 수단들을 통해 문제화할 수 있게 된 대상들만을 고려할 뿐이다.

이러한 고찰들은 어떤 측면에서 청년 맑스의 사유에 적용될 수 있는가? 알튀세르가 사용하고 있는 용어들을 다시 떠올려 보자면, 이러한 고찰들이 '그 고유한 발생을 전혀 다른 역사적 과정으로서 **이해할 수 있게 만들어 주는** 이론'으로 이끈다는 측면에서 그렇다. 우리가 조금 뒤에 다시 다루겠지만, 알튀세르가 '완성된 맑스주의'라고 부르는 것은——'구성된 맑스

---

[18] Althusser, "Sur la dialectique matérialiste(De l'inégalité des origines)", *Pour Marx*, p. 189(『유물론적 변증법에 대하여[기원들의 불균등성에 관하여]』, 『맑스를 위하여』, 223쪽) 참조. 여기에서 알튀세르는 하나의 인식인 **"사유의 구체"**(concret-de-pensée)와 그러한 인식의 대상인 **현실의 구체**(concret-réalité)를 서로 혼동해서는 안 된다고 강조하고 있다.—옮긴이

주의'라는 표현이 아마도 더 적절하겠지만——청년 맑스의 저작을 재검토할 수 있게 해주고 '그 고유한 발생을 이해할 수 있게' 해주는데, 이는 이러한 발생을 마치 그것이 여느 역사적 과정 중 하나인 것처럼 다루는 방식에서 그러하다. 즉 이러한 맑스주의는 스스로 '~의 진리'를 교부할 책무를 떠맡으며 그 자신의 인지적 자족성으로부터 다시 출현하는 교의와의 내밀한 근접성과 공모 안에서가 아니라, '~을 위한 진리'의 추구로 정향된 작용들이 요구하는 그 자신과의 거리 안에서 그러한 발생을 다루는 것이다. 그리고 이러한 '~을 위한 진리'의 추구는, 주관적이고 객관적인 이중의 차원에 따라 내적이고 외적으로 대상들을 다루는 문제들의 기반 위에서, 그 대상들 안에 변동과 변화들을 야기하는 것을 드러내고자 하는 '이론의 문제들'에 힘입어 그러한 대상들을 재구성하고자 힘쓴다. 알튀세르가 좀더 뒤에서 쓰고 있는 것처럼, "청년 맑스라고 하는 이 구체적인 개인이 그 자신의 사유를 하기 위해 자기 시대의 **사유 세계** 안에 돌출하는 바로 그 순간에" "독특한 한 사유의 엄밀함과 한 이데올로기적 장의 주제적 체계 사이에서 모든 것이 행해진다."[19)]

    이러한 분석은 하나의 전제, 곧 '완성된 맑스주의'라는 정식을 통해 드러나는 하나의 전제 위에 기초하고 있다. 물론 여기서 이러한 전제를 하나의 편견과 구별하는 것이 무엇인가라는 문제가 제기된다. 자신이 적용되는 대상들과 결정적으로 거리를 유지하는 어떤 이론의 존재를, 곧 일단 '~의 진리'라는 악마를 몰아내고 난 후 '~을 위한 진리'라는 신적인 경건함으로 축성된 어떤 이론의 존재를 긍정하게 해주는 것은 무엇인가? 우리는 여기서, 과학 그 자신을 자신의 고유한 질서를 구성하는 것으로 제시하는, 또한 과학의 발생에 개입했던 지식의 체제들에 거리를 유지할 수 있는 과도

---

19) Althusser, ""Sur le jeune Marx"", *Ibid*., p. 61(「청년 맑스에 대하여」, 같은 책, 72쪽).—옮긴이

한 특권을 보유하는 것으로 제시하는, 그리고 이러한 분리를 대가로 그 동질성을 획득하는 것으로 제시하는, 그러한 대문자 과학(Science)의 이데올로기가 대문자 이론(Théorie)[20]이라는 이름 아래 작동하고 있는 것을 목격하고 있지는 않나? 그리고 이러한 이데올로기는, 그 이데올로기가 무엇보다 노동자 정당과 대중들이 적어도 그들의 투쟁에 필요한 이론적 보장을 끌어내기 위해 충분하고도 결정적으로 실현 가능한 교의를 가져야 할 필요성에 응답하고 있는 한, 최종 심급에서 정치적인 것이 아닌가? 그런데 하나의 '이론'이 어떤 투쟁에 대한 보장의 구실을 한다는 사실은 그 이론에서 진정한 이론의 성격을 자동적으로 제거해 버리는 것은 아닌가?

이러한 질문들은 잠시 유보해 두고, 이러한 완성된 맑스주의(알튀세르는 즉각 이러한 맑스주의가 더 이상 그 어떤 새로운 인식들도 생산하지 못하는 정지된 맑스주의가 아니라는 점을 명확히 하고 있는데)가 청년 맑스의 사유를 이해하는 데 있어 '~을 위한 진리'의 어떤 요소들을 가져오는지 살펴보는 데 일단은 만족하도록 하자. 여기서는 바로 이 점이 우리 탐구의 가장 중요한 대상이므로. 이러한 요소들 중 가장 첫번째는 앞서도 언급되었던 '이데올로기적 장'의 개념이다. 이 개념은, 그것이 진정으로 개념의 지위에

---

[20] 알튀세르는 『맑스를 위하여』에 수록되어 있는 다른 글 「유물론적 변증법에 대하여」에서 이러한 '이론(들)'에 관해 다음과 같이 쓰면서 그 상이한 명명법들을 분류하고 있다. "우리의 분석과 관련된 본질적인 지점에만 국한하기 위해, 우리는 스스로를 '절단' 너머에, 곧 구성된 과학의 내부에 위치시키고, 다음과 같은 명칭들을 수용할 것이다. 우리는 **과학적**(scientifique) 성격을 지닌 이론적 실천 전체를 **이론**(théorie)이라고 부를 것이다. 우리는 한 실제적 과학의 결정된 **이론적 체계**(한 주어진 시기에 다소간 모순적인 통일성 안에 있는 그 근본적 개념들)를 (따옴표를 붙여) '이론'이라고 부를 것이다. …… 우리는 일반 이론을 대문자 이론(Théorie)이라고 부를 텐데, 다시 말해 이것은 현존하는 '경험적'인 실천들(인간의 구체적 활동)의 이데올로기적 산물을 인식들(과학적 진리들)로 변형시키는 (과학들의) 현존하는 실천들의 이론(Théorie)으로부터 성립된 일반 실천의 이론(Théorie)이다. 이 이론(Théorie)은 변증법적 유물론과 일체인 유물론적 **변증법**이다." Althusser, "Sur la dialectique matérialiste", *Pour Marx*, pp. 168~169(「유물론적 변증법에 대하여」, 『맑스를 위하여』, 199쪽). —옮긴이

부합한다 해도, 어떤 점에서 '이론의 문제'를 담지하고 있는 것으로 간주될 수 있는가? 이 개념이, 맑스가 그 당시 자신의 고유명을 통해 가질 수 있었던 독특한 사유들과 비교해, 맑스의 성찰 기획을 역사적으로 이끌었던 내부의 복합적인 주제적 환경을 재구성할 것을 종용한다는 점에서 그러하다. 그런데 여기서 그 성찰 기획의 결말은, 그것이 어느 주어진 순간에 완결되었다 하더라도, 결코 그 출발의 조건들 안에서는 예고될 수 없는 것이다.

이러한 관점에서 본다면, 청년 맑스의 저작들이 자율적인 방식으로 고찰되는 한에서, 그리고 그것들이 기껏해야 '맑스주의'라는 이름으로 명명된 인지적으로 자족적인 하나의 '세계관', 곧 그 잉태 과정 내내 자기 자신과 동일한 기반 위에 존속하면서 그 고유의 잉태 과정을 주재하는 것으로 간주되는 '세계관'의 맥락 안으로 재기입될 뿐인 한에서, 그러한 청년 맑스의 저작들에 대한 연구는 '과학적' 성격 일체를 상실하게 되는 것으로 보인다. 당시 제기되었던 이러한 이론의 문제는 청년 맑스에 대한 연구가 기존에 빠져 있었던 혼란에 종지부를 찍었다고 말할 수 있는데, 그 이론의 문제란 단순화된 형태로 다음과 같이 정식화될 수 있다. 복합적이고 대조적인 지적 실상을 은폐하는 유일한 용어인 '맑스주의'라는 이름으로 우리가 습관적으로 불렀던 것은, '맑스주의에 속하지' 않는 재료들로부터, 따라서 아직은 맑스주의적이지 않았던 재료들로부터, 그러나 그럼에도 이러한 맑스주의——이 맑스주의의 구조는 세계관들이 전개되는 천상의 순수한 관념들 안에 미리 기입되지 않았는데——가 실제적으로 생산되는 데에는 필수적이었던 그런 재료들로부터, 어떻게 성립될 수 있었던 것일까? 맑스주의는 1840년대 신생 독일의 '이데올로기적 장'을 구조화했던 사유의 거대한 방향성들 위에서 어떻게 맑스 그 자신을 필두로 하여 몇몇 개인들에 의해 수행된 작업의 결과를 통해 구성될 수 있었던 것일까? 말하자면, 1840년대 독일의 이데올로기적 장이란 본질적으로는 헤겔과 포이어바흐로 대표되는 것이었지만, 또한 1838년에 포스트-헤겔주의의 시각에서 행동의 철학이라는 주제를 내놓았던 치에스콥스키(August Cieszkowski)의 귀중한 책[21]으로부터 나온 모든 것 역시 그 시대에 속한 것이었고, 보다 은밀했던 다른 행보들, 예를 들어 유토피아적 사회주의의 매개 역할을 했던 헤스(Moses Hess)와 같은 독학자의 작업 역시 그 시대에 속한 것이었으며, 또한 혁명적 관념들에 열중해 노동자 계급의 조건에 전념했던 엥겔스 같은 젊은 사업가에 의해 정치경제학의 장이 처음으로 열리게 되었던 것도 그 시대의 일이었다. 곧 그 시대의 지식인들뿐만 아니라 당시 독일과 프랑스에서 노동자 운동 조직의 최초 형태들로 윤곽이 잡혀 가던 집단들 또한 뒤흔든 이러한 모든 관념들의 격동 위에서 어떻게 맑스주의는 구성될 수 있었던 것일까?

알튀세르는 「청년 맑스에 대하여」를 작성하던 당시 그 자신이 직접 포이어바흐의 『철학적 선언들』을 번역할 만큼 맑스와 포이어바흐의 관계에 많은 관심을 갖고 있었는데 ─더구나 『맑스를 위하여』에 수록된 첫번째 텍스트[22]는 바로 이 번역 선집의 해설을 위해 작성되었으며, 이 번역 선집은 장 이폴리트의 책임 아래 프랑스대학출판사(Presses Universitaires de France)에서 간행되던 '에피메테우스'(Epiméthée) 총서로 출간되었다─이 점을 고려하면 둘 사이의 관계는 [알튀세르에게] 특별히 중요한 것이라고 할 수 있다. 맑스가 자신의 지적 발전의 어떤 순간에 포이어바흐의 사유 도식들의 적용 지점을 바꾸면서 그것들을 재사용할 때 ─그 적용

---

21) 치에스콥스키가 1838년에 출판한 책 『역사철학 서설』(*Prolegomena zur Historiosophie*)을 말하는데, 여기서 치에스콥스키는 헤겔의 역사철학을 독창적인 방식으로 수정하면서 미래의 인식 가능성을 강조하고 행동의 철학을 제시한다.─옮긴이
22) 『맑스를 위하여』의 1장을 이루는 「포이어바흐의 『철학적 선언들』」(*Les Manifestes philosophiques* de Feuerbach)을 말한다. Althusser, *Pour Marx*, pp. 35~43(『맑스를 위하여』, 43~52쪽) 참조.─옮긴이

지점은 처음에는 종교에서 정치로, 두번째로는 정치에서 경제로 바뀌는데, 맑스가 이러한 두번째 이행을 할 수 있게 추동한 것은 엥겔스의 「국민 경제학 비판 개요」[23]였다――우리는 이러한 조건들 속에서 발생한 이론적 형성물들이 '포이어바흐적인 것으로부터'(du Feuerbach)[24] 왔을 어떤 요소들과 그로부터 오지 않았을 다른 요소들, 곧 이후 도래할 맑스의 전조를 구성하는 맑스만의 요소들 사이의 결합에서 기인했다고 간주해야 하는가? 그 혼성의 성격 때문에 두 요소들을 명확하게 만드는 작용을 불가피한 것으로 스스로 요청하고 있는, 어떤 혼합되고 혼종적인 사유의 형성을 야기하는 그러한 결합에서?

당연히 아니다. 매우 어려운 일이긴 하지만 우리가 여기서 이해해야 하는 것은, 청년 맑스의 사유 발전이 갖는 이러한 특수한 계기가 하나의 '문제틀'에 의해 규정되는, 곧 대상들과 관련해 제기될 수 있는 문제들에 따라 그 대상들을 재창조하면서 반영하는 방식, 다시 말해 그 구조에 고유한 일관성을 부여하는 방식에 의해 규정되는 **"전형적인 체계적 구조"**의 통일성을 제시한다는 사실이다.[25] 알튀세르는 다음과 같이 덧붙인다. "따라서 이는, 문제의 이데올로기의 '요소들'이 지닌 **의미**를 인식하게 해주는 동시에 **모든 사상가가 살았던 역사적 시대가 그 사상가에게 남겨 주거나 제기한**

---

23) 알튀세르는 「'청년 맑스에 대하여'」의 한 각주에서 엥겔스의 이 저작이 지니는 중요성에 관해 다음과 같이 쓰고 있다. "맑스가 후에 '천재적'이라고 선언할 수밖에 없었던 엥겔스의 글 「국민 경제학 비판 개요」(Umrisse zu einer Kritik der Nationalökonomie, 1844)는 맑스에게 심대한 영향을 미쳤다. 일반적으로 이 글의 중요성은 과소평가되고 있다." Althusser, ""Sur le jeune Marx"", *Ibid.*, p. 78(「'청년 맑스에 대하여'」, 같은 책, 94쪽)의 주 47 참조(옮긴이 주 10에서 밝힌 바 있는 원문의 오류와 동일한 이유에서, 이 각주는 본래 정확하게는 46번이 되어야 한다). 엥겔스의 「국민 경제학 비판 개요」는 『맑스-엥겔스 저작집』 1권에 수록되어 있다. *Marx-Engels Werke* Bd. 1, Dietz, 1956, SS. 499~524 참조.―옮긴이
24) Althusser, ""Sur le jeune Marx"", *Pour Marx*, p. 62(「'청년 맑스에 대하여'」, 『맑스를 위하여』, 74쪽) 참조. 여기서 알튀세르는 맑스의 통일성이라는 주제와 관련해, 소위 "포이어바흐로부터"(de Feuerbach) 온 요소들이라는 문제를 어떻게 다뤄야 하는지 언급하고 있다.―옮긴이

문제들과 그 이데올로기를 관련짓게 해주는 어떤 **결정된 내용**을 이러한 [이데올로기적] 통일성에서 발견하는 일이다."[26]

바꿔 말하자면 우리는 한 사유의 구조가 지닌 통일성이 최종 심급에서 이론적인 토대가 아니라 실천적인 토대를 갖는다고 말할 수 있을 것이다. 「'청년 맑스에 대하여'」의 부제이기도 한 '이론의 문제들'이라는 정식은 새로운 차원을 띠고 있는 것인데, 왜냐하면 이론의 문제들이 단지 이론적인 문제들만은 아니라는 사실을, 곧 단지 이론 내적(intra-théorique)이기만 한 문제들은 아니라는 사실을 그 정식이 드러내 주고 있기 때문이다. '이론의 문제들'을 통해 우리는 이론이 제기하고 또 중시하는 문제들을 이해해야 할 뿐만 아니라 또한 그 이론에 제기된 문제들을, 곧 이론이 그 안에서 자신이 보유한 수단들에 알맞은 방식으로 반응함으로써 그것들과 관련하여 자기 자신을 정의하는 되는 그러한 문제들을 이해해야 한다. 이것은 왜 중요한가? 왜냐하면 이것이 하나의 연쇄가 지닌 두 개의 끝단을 포착하는 일과 관계되기 때문이다. 그 두 끝단이란, 한편으로는 결정된 의미 작용의 효과들을 생산하는 어떤 이론적 구조의 통일성을 포착하는 일이며, 동시에 다른 한편으로는 이러한 구조가 그 내적 일관성에도 불구하고 하나의 통일된 전체를 구성하면서 어느 지점까지 다소간의 불안정성에 의해 영향을 받는지를 측정하는 일이다. 이러한 불안정성은, 이론적 구조가 실제적 문제들과 함께 하나의 구성 요소로 포함되어 있는 역사적 정세로부터 그

---

[25] 알튀세르는 문제틀을 포착하는 작업의 중요성을 언급하며 다음과 같이 쓰고 있다. "[하나의 이데올로기가 하나의 유기적 총체성을 구성한다는 생각과는] 반대로 (하나의 전체로서 직접적으로 주어지는, 그리고 하나의 전체 혹은 '전체화'의 의도로서 외적으로나 내적으로 '경험되는') 결정된 이데올로기적 사유의 통일성을 **문제틀**이라는 개념을 통해 생각하는 것은, 사유의 모든 요소를 통합하는 **전형적인 체계적 구조**를 명백하게 포착할 수 있게 하는 것이다." Althusser, ""Sur le jeune Marx"", *Pour Marx*, p. 63(「'청년 맑스에 대하여'」, 『맑스를 위하여』, 75쪽).―옮긴이

[26] *Ibid.*, pp. 63~64(같은 글, 같은 책, 75쪽).―옮긴이

러한 이론적 구조에 전달되는데, 이러한 이론적 구조는 그 자신의 고유한 수단들, 곧 자신의 이론적 수단들을 통해 그러한 역사적 정세에 반응한다.

따라서 우리는 이제 알튀세르가 왜 이러한 분석 전반에 걸쳐 이데올로기의 개념을 지속적으로 부각시키며 그 개념을 청년 맑스의 사유에 체계적으로 적용하는지 이해할 수 있게 된다. 우리는 이데올로기를 통일적이면서 동시에 불안정한 특성을 띠는 이러한 사유의 구조로 이해해야 한다. 바로 이러한 모순된 특성 때문에 또한 그러한 사유의 구조는, 이데올로기가 이론의 문제들과 실제적 문제들을 동시에 다루면서 맞닥뜨릴 수밖에 없는 두 종류의 난점인 내적이고 외적인 난점들을 지닌 재구성의 영속적인 운동 안으로 끌려들어 가고 내던져지는 것이다. 이러한 재구성의 운동이 논리적 조건들을 따르지 않는다는 점을, 그리고 그러한 운동의 도착점은, 그러한 도착점이 있다고 해도, 그 운동의 출발점에서 준비되거나 예고되는 것은 아니라는 점을 잊지 말자. 이러한 운동의 추구가 반성적이고 이론적인 의식의 논거들을 따르지 않고 더 많은 부분에서 무의식적인 방식으로, 곧 눈먼 방식으로 이루어지는 만큼 더욱더 미리 준비되거나 예고될 수 없는 것이다. 이러한 조건들 속에서 사유를 결정하는 이데올로기적 구조에 대해 알튀세르가 썼던 것처럼, "일반적으로 철학자는 **그것을 그 자체로 사유하지 않고 그 안에서 사유한다**".[27]

그렇다면 청년 맑스의 저작들이 기입되어 있는 이데올로기적 구조는 어떻게 구성되는 것인가? 알튀세르에 따르면, 그 형식은 본질적으로 인간학적인 것인데, 그것은 당시 맑스의 사유가 형성되는 과정에서 포이어바흐주의가 수행한 역할을 설명해 준다. 이러한 인간학적 시각이 종교, 정치,

---

27) *Ibid.*, p.66(같은 글, 같은 책, 78쪽). 정확한 전체 문장은 다음과 같다. "일반적으로 철학자는 **그것[문제틀]을 그 자체로 사유하지 않고 그[문제틀] 안에서 사유하며**, 철학자가 지닌 '논거들의 질서'는 그의 철학이 지닌 '논거들의 질서'와 일치하지 않는 것이다."—옮긴이

역사, 경제 등 이런저런 대상에 적용되었다는 것은 사실상 별로 중요하지 않다. 포이어바흐가 단언했듯, 이러한 대상들이 변함없이 인간의 대상들로 해석되는 한, 다시 말해 그러한 대상들이 인간이 그 안에 자신의 유적(類的) 존재를 투사하고 경우에 따라선 그 유적 존재를 소외시키는 대상들로 해석되는 한, 그러한 각각의 대상이 모든 경우에 관계를 맺었던 **"근본적인 문제틀"**[28]이 중요한 것이다. 그리하여 이러한 이데올로기적 구조가 맑스에게 문제가 되기 시작하는 순간 그가 맞닥뜨렸던 가장 중요한 문제는 다음과 같다. 즉 어떻게 포이어바흐주의자이기를 멈출 것인가? 그리고 이 문제는 맑스가 아마도 엥겔스와 함께 『독일 이데올로기』를 집필한 후였던 1845년에 작성했을 「포이어바흐에 관한 테제들」 안에서 명백하게 제기되고 있는 것이다.

아마도 우리는 알튀세르가 여기서 행했던 작업보다 더 멀리 나아가야 할 것이다. 맑스가 의식적으로 그러한 계획을 가지고 있었다고 해도, 과연 맑스는 포이어바흐주의자이기를 그만두었던가? 그래서 맑스는 처음에 자신의 분석에 기입되어 있었던 인간학적 문제틀로부터 벗어나 마침내 자신의 분석들을 결정적으로 정화시켜 냈는가? 이론적 인간주의에 대한 모든 논쟁의 씨앗이 이러한 의문 안에 잠재되어 있는 것이다. 그리고 현재의 시점에서 우리는 알튀세르가 이렇듯 인간학적인 의혹으로부터 그가 진정한 맑스라고 평가하는 맑스를, 곧 '완성된 맑스주의'의 맑스라고 평가하는 맑스를 결정적으로 정화하려고 했던 것이 경솔했다고 평가할 수 있다. 이러한 인간학에 대한 의혹은 알튀세르 자신의 관심사, 곧 어쨌든 대부분 스피노자 철학에 대한 기억에 입각하여 청년 맑스에 대한 논문을 쓴 청년 알

---

[28] Althusser, ""Sur le jeune Marx"", *Pour Marx*, p. 65(「'청년 맑스에 대하여'」, 『맑스를 위하여』, 77쪽). ─ 옮긴이

뒤세르 그 자신의 매우 특별한 철학적 관심사에 부합하는 것이었다. 이러한 경솔함은 알튀세르가 그 자신의 분석 가운데서 강렬하게 표명했던 어떤 확신, 곧 "(대문자로 인증된) 맑스주의(Marxisme)는 이데올로기가 아니다"[29]라고 하는 확신의 산물이다. 바로 이러한 이유 때문에, 청년 맑스로 대표되는 소문자로 된 맑스주의(marxisme)와 맑스 자신이 된, 곧 진정한 맑스가 된 맑스로 대표되는 대문자 맑스주의(Marxisme) 사이에 중대한 양립 불가능성(incompatibilité)이 존재할 수밖에 없게 되는데, 차후 알튀세르가 절단의 개념을 이용해서 설명하게 되는 것이 바로 이러한 양립 불가능성이다.

청년 맑스의 저작들에 대한 해석이 제기하는 문제의 전적으로 역사적인 측면에 할애되고 있는 「청년 맑스에 대하여」의 세번째 부분은, 앞서 제기된 이러한 난점을 제거하고 있는가? 「청년 맑스에 대하여」의 이 마지막 부분에서 알튀세르는 그가 "맑스의 길"(chemin de Marx)[30]이라고 부르는 것을 검토하고 있는데, 이는 바로 어떤 특정한 순간에 맑스를 이끌었던 발전을 가리키고 있는 것으로, 알튀세르는 이 특정한 순간을 맑스가 「포이어바흐에 관한 테제들」을 작성했던 1845년의 어느 날로 잡고 있다. 맑

---

29) 이 문장이 포함되어 있는 원문은, 앞의 옮긴이 주 27에서 인용했던 알튀세르의 문장 바로 뒤에 이어지고 있는 부분이다. "이러한 관점에서 하나의 이데올로기(이 용어가 지닌 엄밀히 맑스주의적인 의미에서, 곧 대문자 맑스주의Marxisme는 하나의 이데올로기가 아니라는 의미에서)는 당연하게도 **그 이데올로기 고유의 문제틀이 자기 자신을 의식하지 못한다**는 사실에 의해 특징지어지는 것이다." *Ibid*., p. 66(같은 글, 같은 책, 78쪽). — 옮긴이

30) "맑스의 길"이라는 표현은 「청년 맑스에 대하여」의 세번째 부분인 '역사적 문제' 초입에 처음 등장한다. *Ibid*., p. 68(같은 글, 같은 책, 81쪽) 참조. 알튀세르는 이러한 맑스의 '길' 혹은 '도정'과 관련하여 뒤에서 다음과 같이 쓰고 있다. "만약 '맑스의 길'이 하나의 본보기가 되는 것이라면, 그것은 그 길의 기원들과 세부적 사항들 때문이 아니라, **진리**라는 이름으로 주어졌던 신화들로부터 해방되려는 완강한 의지 때문이며, 또한 그러한 신화들을 뒤엎고 쓸어버렸던 실제적 역사의 경험이 지닌 역할 때문이다." *Ibid*., p. 81(같은 글, 같은 책, 97쪽). — 옮긴이

스는 이 텍스트를 통해서 그가 포이어바흐로부터 대부분 물려받았던 인간학적인 이데올로기적 구조를 버리게 되었다는 것이다. 이러한 발전의 동인은 무엇인가? 알튀세르는 맑스 고유의 개인성에 속하는 이 발전의 측면들에 대해 별로 개의치 않고 매우 빠르게 지나치고 있는데, 우리는 그 이유를 어렵지 않게 이해할 수 있다. 이참에 다시 인용하자면, 개인성에 속하는 이러한 발전의 측면들은 곧 사르트르가 작가의 "근본적 투기"(projet fondamental)라고 부른 것과 관련되는 것인데, 작가가 작품 속에서 자신의 주체의 자유를 실현하는 한에서 그의 작품을 구성하는 모든 요소들은 바로 그러한 근본적 투기에서 발산되어 나온다.

우리는 실제로, 맑스가 수행한 발전을 [단순한] 성찰의 작업으로, 곧 [단순히] 인식 내적인 노력으로 환원하려는 유혹에 저항해야 한다. 그러한 환원의 관점을 따르게 될 때 맑스의 발전이란, 그가 당시에 보유하고 있던 '관념들', 특히 헤겔 및 포이어바흐의 관념들을 재료로 삼되 그러한 재료들을 다른 식으로 작용하도록 만듦으로써 어떻게든 그러한 관념들로부터 진리의 내용을 추출해 내려는 성찰의 작업이나 인식 내적인 노력으로만 귀착될 것이기 때문이다. 예를 들어 맑스가 잘 알려진 정식대로 [거꾸로 서 있던 헤겔 변증법을] '바로 세우는' 방식으로 헤겔 변증법을 전복했다고 이야기하는 것, 그래서 관념론적 변증법을 유물론적 변증법으로 전환했다고 이야기하는 것, 마치 여기서 '변증법'이라는 말이 관념론적 맥락에서나 유물론적 맥락에서나 동일한 의미 작용을 할 수 있다는 듯이 이야기하는 것, 이 모든 것들이 그러한 환원적 유혹의 사례이다.[31] 알튀세르는 다음과 같은 방식으로 이러한 유혹을 요약한다. "독자는 청년 맑스의 텍스트들이 지닌 성찰의 엄밀함과 논리의 강력함이 드러내는 이러한 명백함에 저항하지 않는다. 그리고 이러한 명백함이 아주 자연스럽게 독자로 하여금 맑스의 **창조의 논리**가 그 **성찰의 논리**와 일치한다고, 맑스가 자신이 작업 근거로 삼은 이데올로기적 세계로부터 거기에 **포함되어 있던 진리**를 잘 끌어냈다고 확신하게 만든다. 그리고 이러한 확신은 맑스의 노력과 열정들 자체들을 관통하는 맑스 그 자신의 확신에 의해, 즉 **맑스의 의식**에 의해 또다시 강화된다."[32] 이러한 분석을 통해 겨냥하고 있는 것은, 맑스의 이론적 발전의 동인이 진리에 대한 의식일 거라고 상정하는 표상이다. 이러한 표상이 상정하고 있는 진리란 곧 감춰져 있는 것, 다시 말해 모든 수단들을 이용해 밝혀져야 하는 것, 그러나 그렇게 밝혀지기 이전에 어떤 방식으로든 존재하는 것이다. 이러한 의미에서 이 진리는 관념적인 것인데, 왜냐하면 그것은 실제로 진리로서 존재하기 위해 실행될 필요도 없고 실천될 필요도 없기 때문이다. 그런데 만약 우리가 요행히 맑스(이를 소문자 맑스주의의 맑스라고 하자)가 어떻게 맑스(이를 대문자 맑스주의의 맑스라고 하자)가 되었는지를 이해하고 싶다면, 우리는 진리가 자신이 드러나기를 마냥 기다리고 있는 어떤 은밀한 것이라고 여기는 해석학적 접근과 완전히 결별해야 한다. 그렇다면 문제는, 진리로 하여금 선택적으로(électivement) 이러한 해석학적 접근을 따르게 만드는 어떤 예정지(destination) 같은 것이 진리라는 관념 자체 안에 존재하지 않는가 하는 것인데, 그러한 해석학적 접근이 진리

---

31) 알튀세르는 또한 다른 곳에서 "헤겔적 총체성이 지닌 통일성의 유형"과 "맑스주의적 총체성이 지닌 통일성의 구조"를 서로 혼동해서는 안 된다고 충고한다. 「유물론적 변증법에 대하여」의 한 각주에서 알튀세르는 다음과 같이 쓰고 있다. "따라서 헤겔적인 사회의 총체성은, 그 원리가 총체성에 대해 내재적인 동시에 초월적이지만 그 사회 자체의 어떠한 결정된 현실과도 일치하지 않게 되어 있다. 이 때문에 헤겔적 총체성은 '정신적'(spirituel) 유형의 통일성을 띠는데, 이러한 통일성 안에서 각각의 요소들은 전체의 부분(pars totalis)이며 그 가시적 영역들은 앞서 말했던 내적 원리의 소외되고 복원된 전개에 불과하다. 이는 곧 헤겔적 총체성이 지닌 통일성의 유형을 맑스주의적 총체성이 지닌 통일성의 구조와 동일시하는 것(그 역도 마찬가지다)이 그 어떠한 명목으로도 가능하지 않다는 것을 말한다." Althusser, "Sur la dialectique matérialiste", *Pour Marx*, p. 210(「유물론적 변증법에 대하여」, 『맑스를 위하여』, 245쪽). ─옮긴이

32) Althusser, ""Sur le jeune Marx"", *Ibid.*, p. 71(「'청년 맑스에 대하여'」, 같은 책, 84~85쪽). ─옮긴이

를, 물질적으로 인식된다는 사실과 독립되어 그 자체로 존재하는 하나의 사유의 내용으로 만들어 버린다는 점에서 그렇다.

이러한 이유로, 알튀세르가 사용하는 용어를 따르자면, 창조의 실제적 논리에 속하는 것과 성찰의 관념적 논리에 속하는 것을 분리시킬 필요가 있다. 이 두 가지를 구별해 주는 것은, 무엇보다 성찰의 논리가 필연성(nécessité)의 논리로 제시되는 반면 창조의 논리는 우연성(contingence)의 논리라는 사실일 텐데, 우리는 이러한 우연성의 논리를 또한 사건(événement)의 논리라고 부를 수 있을 것이다. 그렇다, 대문자 맑스주의의 도래, 이론(Théorie)의 구성은, 이론이 하나의 이데올로기가 아닌 한에서, 사건의 우연성에 속하는 하나의 과정이다. 이는 무엇을 의미하는가? 이러한 이론(Théorie)은 이래저래 이론적인 질서에 속하게 될 순수 이론(théorie pure)의 성격을 띠지 않는다는 것, 반면 그러한 이론은 바로 1840년대의 독일과도 같은 결정된 역사적 정세에 결부된 불확실성으로부터 일정 부분 기인한다는 것이다. 1840년대 독일의 정세란, 알튀세르에 따르면, 맑스라는 이름의 한 젊은 철학자가, 실제로 모든 과학들을 창조했던 조건들과 비슷할 수밖에 없는 조건들 속에서, 단지 관념적이고 의식적인 성찰의 이론 내적인 작업이 아니라 사유를 변형시키는 운동 안에 실제적 역사를 침입시키고 관통시키는 작업을 통해, 하나의 새로운 과학을, 곧 역사라는 대륙의 과학을 창안할 수밖에 없었던, 그런 역사적 정세다.

한 사유의 발전 과정 안에서 작용하는 이러한 현실의 침입 혹은 그렇게 현실로 나타나는 것의 침입(알튀세르는 또한 "돌발"surgissement[33])이라

---

33) 헤겔 철학과 그의 지양 개념에 대한 알튀세르의 입장에 대해서는 옮긴이 주 10에서도 언급했지만, 알튀세르는 「청년 맑스에 대하여」의 말미에서 지양 개념을 다시 비판하면서 지양이라는 용어를 "발견들"(découvertes)이라는 용어로 대체할 것을, 그리고 그러한 지양의 논리를 "출현"(émergence)의 논리로 대체할 것을 제안하고 있다. 이에 덧붙인 각주에서 등장하

는 말도 사용하고 있는데)을 사유하는 것은, 사유로 하여금 그 자신의 기본적인 문제들을 재검토하게 만들고, 따라서 이렇게 현실에 의해 유발되고 자극된 사유가 자신의 행보를 전적으로 개조하도록 이끌어 가는 것인데, 이는 인식의 유물론적 개념화, 곧 단순화하자면, 사물들과 대면하는 이론의 형성 안에서 그 사물들이 자신의 발언권을 갖게 되는 그런 유물론적 개념화에 대한 구상의 방향으로 진행되는 것이라고 말할 수 있다. 이는, 우리가 '사물들'이라고 부르는 것이 단지 정지된 어떤 상태, 곧 마치 쟁반 위에 놓인 것처럼 정태적이고 부동적인 질서의 방식으로 인식의 시선에 제공되어 인식으로서는 [그것을] 그저 가능한 한 객관적으로 설명하는 일밖에는 남지 않은 그런 정지된 상태만을 표상하는 것이 아니라, 행동의 역동적 형식으로, 다시 말해 인식의 작용들이 그 안에서 이런저런 방식으로 투기되고 포함되는 실천적이며 활기 넘치는 과정의 역동적 형식으로 존재하기도 하는 것이기 때문이다. 우리가 '사물들'이라고 부르는 것은, 역학적인 인과

고 있는 단어가 바로 "돌발"(surgissement)인데, 알튀세르는 이에 관해 다음과 같이 쓰고 있다. "출현의 논리에 대해 말하는 것은, 예를 들어 베르그송이 그랬던 것처럼, 어떤 **창조의 철학**을 계획하려는 것이 아님을 이해할 수 있을 것이다. 왜냐하면 이러한 돌발이 정체를 알 수 없는 텅 빈 본질이나 자유 혹은 선택 같은 개념들을 표명하는 것이 아니기 때문이며, 반대로 그러한 돌발은 그 고유한 경험적 조건들의 효과일 뿐이기 때문이다." Althusser, ""Sur le jeune Marx"", *Pour Marx*, pp. 79~80(「'청년 맑스에 대하여'」, 『맑스를 위하여』, 95~96쪽), 특히 주 48 참조(이 각주 역시, 옮긴이 주 10과 23에서 밝혔던 원문의 오류와 동일한 이유 때문에, 본래는 47번이 되어야 맞다). '사건', '출현' 등의 개념과 함께 이러한 '돌발'이라는 개념이 중요한 이유는, 그러한 개념들이 이후 알튀세르가 천착하고 발전시키게 될 한 철학적-유물론적 계보인 "마주침의 유물론"(matérialisme de la rencontre) 혹은 "우발적인 것과 우연성의 유물론"(matérialisme de l'aléatoire et de la contingence)과 매우 밀접한 관련을 맺고 있기 때문이다. 이에 관해서는 Althusser, "Le courant souterrain du matérialisme de la rencontre", *Écrits philosophiques et politiques* Tome 1, éd. François Matheron, Stock/IMEC, 1994, p. 540(「마주침의 유물론이라는 은밀한 흐름」, 『철학과 맑스주의: 우발성의 유물론을 위하여』, 서관모·백승욱 편역, 새길, 1996, 36쪽) 참조. 또한 이러한 '돌발' 혹은 '사건' 개념이 연극이나 미학에 대한 논의 안에서 갖는 중요성에 관해서는 이 책 4장으로 수록된 나의 글 「미학으로 (재)생산되지 않는 미학: 알튀세르 예술론의 어떤 (불)가능성」의 4절을 참조할 수 있다. ─옮긴이

적 개입이라는 의미에서 사유에 '대해' 작용하는 것이 아니라 사유 '안에서' 작용하는 것이다. 이는 곧 사유가 사물들로부터 유래하거나 사물들 안에 존재하는 한에서 그러한 것이 아니라, 그 자체가 사물인 한에서, 그리고 그것이 다른 것들과 나란히 사물의 요소를 이루면서 사물들의 질서에 속하고 또한 사물들의 본성에 속하는 한에서 그러한 것이다.

아직 구상 중에 있었던, 인식에 대한 이러한 유물론적 개념화의 전제들을 우리는 청년 맑스에 대한 알튀세르의 글의 행간에서 읽어 낼 수 있는데, 거기서 그러한 전제들은 은밀한 구조를 짜면서 그 기반 위에서 아마도 가장 중요한 공헌을 하고 있는 것이다. 그러나 거기서 그러한 전제들은 또한 다른 요소들, 곧 이론 내적인 요소들, 알튀세르의 언어로 말하자면, 이데올로기적인 요소들과 뒤섞여 제시되고 있다. 알튀세르가 스스로 설명하고 있듯이, 권리상 서로 분리될 수 있는 요소들의 결합으로 사유를 환원시키면서는 생생한 사유의 상태를 설명할 수 없다. 따라서 청년 맑스에 대한 알튀세르의 논문은 실제적 갈등들의 지표인 모순들과 '문제들'이 관통하는 어떤 유기적 통일성을 구성한다. 그리고 이러한 문제들의 본성을 더 명확히 하기 위해서 이번에는 알튀세르의 행보를 그 자신의 '이데올로기적 장' 안에 다시 위치시킬 필요가 있다. 곧 1960년대의 프랑스 지식계를, 일관적인 동시에 불안정했으며 근본적으로 적대적이었으나 바로 그 이유 때문에 활동적이었던 하나의 전체로 만든 논쟁들의 전체 관계 안에, 그러한 알튀세르의 행보를 위치시켜야 할 것이다. 알튀세르의 사유도 그렇고 맑스의 사유도 그렇지만, 이는 곧 한 사유의 역사가 결코 어떤 순수한 형식으로 제시될 수 없으며 오히려 그러한 사유로부터 불순물들을 제거하려는 계획은 결국 실패를 면할 수 없다는 점을 확인시켜 주는 것이다. 「'청년 맑스에 대하여'」의 마지막 부분에서 알튀세르는 "맑스 사유의 극적인 발생"[34)]에 대해서 말하고 있는데, 이것이 [맑스를] "맑스주의로 **인도하는** 것은 확실하지만, 그것은 그 자신의 기원들로부터 철저하게 이탈하는 대가를 치르고서"35)였다. 그렇다면 모든 사유의 발생이란 이렇듯 정확히 극적인 것이 아니겠는가? 바로 이것이야말로 청년 알튀세르의 이론적 에세이들로부터 우리가 끌어낼 수 있는 최고의 교훈일 것이다.

---

34) Althusser, "''Sur le jeune Marx''", *Pour Marx*, p. 79(「'청년 맑스에 대하여'」, 『맑스를 위하여』, 95쪽).―옮긴이
35) 이 구절이 포함된 정확한 전체 문장은 다음과 같다. "맑스의 청년기가 맑스주의로 **인도하는** 것은 확실하지만, 그것은 그 자신의 기원들로부터 철저하게 이탈하는 대가를 치르고서, 곧 그가 태어난 독일의 역사가 키워 냈던 환상들과 영웅적으로 투쟁하는 대가를 치르고서, 그리고 그러한 환상들이 숨기고 있던 현실들에 날카롭게 주목하는 대가를 치르고서였다." *Ibid.*, p. 81(같은 글, 같은 책, 97쪽).―옮긴이

2장 과잉결정, 이데올로기, 마주침
─알튀세르와 변증법의 문제

진태원

1. 알튀세르와 변증법의 문제: 유물론의 우위에 대한 변증법의 종속

우리가 이 글에서 소묘해 보려는 것은 초기 저작에서부터 마지막 저술에 이르기까지 루이 알튀세르의 사유에서 변증법의 문제가 어떻게 제기되고 어떤 이론적 계기들을 통해 변용·정정되어 갔는가라는 문제다. 알튀세르 사상에서 변증법의 문제를 다루는 대부분의 연구자들은 그의 초기 저작, 특히 『맑스를 위하여』와 『『자본』을 읽자』에 배타적으로 초점을 맞추는 경향이 있다. 이 두 저작에서 알튀세르 사상의 기본 개념들이 제시되고 또 가장 정교하게 이론화되었다는 점을 감안하면 이는 충분히 납득할 수 있는 경향이다. 하지만 이러한 경향은 알튀세르 사상을 전체적으로 이해하는 데서나 그의 사상의 독창성을 해명하는 데서나 근본적인 한계를 지니고 있다는 것이 우리의 생각이다. 그것은 우선 이러한 연구 방식은 『『자본』을 읽자』 이후의 저술에서 변증법의 문제가 변용되고 정정되는 과정을 이해하기 어렵게 만들기 때문이다. 이른바 '자기 비판' 이후 알튀세르의 작업에서 변증법의 문제는 소멸하거나 이전의 이론적 작업에 비해 후퇴한 것이 아니라,[1] '이데올로기론'이나 '마주침의 유물론' 같은 새로운 연구 주제들로 전환되기는 했지만 지속적으로 변용되고 정정되었다고 보아야 한다. 따라서 또한 기존의 연구 경향은 겉보기에는 변증법의 문제와 무관해 보이는 다른 주제들, 곧 이데올로기론이나 마주침의 유물론이 초기 저작에서 아주 뚜렷하게 제기된 변증법의 문제와 어떤 관계를 맺고 있는지 사고하기 어렵게 만든다는 점에서도 문제가 있다.

우리가 이 글에서 보여 주려는 첫번째 논점은 변증법에 관한 알튀세르의 저술은 초기부터 말년에 이르기까지 한 가지 주목할 만한 공통점을 지닌다는 것이다. 그것은 「아미엥에서의 주장」의 표현을 빌린다면 그는 "맑스주의 변증법의 문제는 **유물론의 우위에 대한 변증법의 종속이라는** 조건하에서만······제기될 수 있다고 생각"[2]했다는 것이다. 『맑스를 위하여』와 『『자본』을 읽자』에서 이것이 '과잉결정'이라는 범주, 곧 '항상 이미 주어진 복합적 전체'와 '지배소를 갖는 구조'라는 개념으로 표현되었다면, 「이데올로기와 이데올로기적 국가장치들」로 대표되는 1970년대 작업에서는 토대와 상부구조라는 맑스주의 토픽(프랑스어로는 topique, 독일어로는 Topik)을 재생산이라는 문제설정으로 전위시키려는 시도로 나타났다. 이러한 작업은 겉보기엔 변증법과 무관해 보이지만, 사실은 변증법의 문제와 깊이 관련되어 있다. 알튀세르가 이데올로기 개념을 쇄신하려 시도한

---

1) 폴 허스트(Paul Hirst)와 배리 힌데스(Barry Hindess)를 비롯한 영국의 초기 알튀세리엥들이 이러한 관점을 견지했었다. 주지하다시피 그들은 그 이후 알튀세르의 작업 일체를 기각한 뒤 맑스주의 일반을 포기하는 것으로 나아갔다. 영국 맑스주의 내부에서 벌어진 알튀세르에 관한 논쟁에 대해서는 Perry Anderson, *Arguments within English Marxism*, Verso, 1980을 참조하고, 허스트(와 힌데스)의 지적 여정에 대한 비판적 고찰로는, Gregory Elliott, "The Odyssey of Paul Hirst", *New Left Review* No. 159, September-October 1986 및 로버트 영, 『백색 신화』, 김용규 옮김, 경성대학교출판부, 2008의 4장 참조.

2) Louis Althusser, "Soutenance d'Amiens", *Solitude de Machiavel et autres textes*, éd. Yves Sintomer, PUF, 1998, p. 211(「아미엥에서의 주장」, 『아미엥에서의 주장』, 김동수 옮김, 솔, 1991, 147쪽. 이 글에서는 인용 시 한국어판의 번역을 수정한 곳들이 있는데 일일이 밝히지는 않았다).

것은 자본주의 생산양식의 재생산이라는 문제, 따라서 과소결정의 문제와 긴밀히 결부되어 있으며, 이는 곧 과잉결정 개념을 통해 자본주의 생산양식의 변혁의 가능성을 사고하려 했던 초기 시도의 연장이자 심화이기 때문이다. 더욱이 이데올로기 개념의 쇄신은, 『맑스를 위하여』와 『『자본』을 읽자』에서는 분명하게 드러나지 않았던, 과잉결정 및 과소결정 개념과 '최종 심급에서의 결정'이라는 개념 사이의 긴장과 갈등을 뚜렷하게 부각시킨다는 점에서도 변증법의 문제와 관련되어 있다.

    알튀세르의 최후의 이론적 노력에서 '유물론의 우위에 대한 변증법의 종속'은 '마주침의 유물론' 내지 '우발성의 유물론'이라는 형태로 나타난다. 이러한 시도는 도발적인 것을 넘어서 다소 엉뚱하게 비치기까지 한다. 알튀세르는 우발성의 유물론이 "유일한 유물론의 전통"이라고 말하거나 "진정한 유물론, 맑스주의에 가장 적합한 유물론"[3]이라고 주장한다. 더욱이 이러한 유물론은 모든 "공인된 유물론"(matérialismes recensés)과 대립하는 것이며, 여기에는 "맑스, 엥겔스, 레닌의 것으로 간주되는"[4] 유물론들도 포함된다. 알튀세르는 이러한 유물론들이 "관념론의 변형되고 위장된 형태"라고 고발한다.[5] 따라서 마주침의 유물론이나 우발성의 유물론에 이르게 되면 헤겔 변증법과 구별되는 맑스주의 변증법을 이론화하려는 알튀세르의 시도는 더 이상 아무 흔적도 없이 사라져 버리는 것처럼 보인다. 하지만 마주침의 유물론이라는 형태 아래에서도 변증법의 문제는 사라지지

---

3) 루이 알튀세르, 「철학과 마르크스주의: 페르난다 나바로와의 대담(1984~87)」, 『철학에 대하여』, 서관모·백승욱 옮김, 동문선, 1997, 33쪽.
4) 알튀세르, 「마주침의 유물론이라는 은밀한 흐름」, 『철학과 맑스주의: 우발성의 유물론을 위하여』, 서관모·백승욱 편역, 새길, 1996, 36쪽.
5) 『철학에 대하여』 43쪽에도 이와 거의 동일한 대목이 나온다. "그것은 통상 맑스, 엥겔스, 레닌의 것으로 돌려지던 유물론, 곧 합리주의 전통의 모든 유물론과 마찬가지로 필연과 목적론의 유물론, 다시 말해 관념론의 위장된 형태인 저 유물론을 포함하여 유물론으로 인정받던 유물론들에까지 대립하는 마주침의 유물론, 우연의 유물론, 요컨대 우발성의 유물론입니다."

않으며, 아주 미묘한 형태이기는 하지만 여전히 핵심적인 쟁점으로 남아 있다는 것이 우리가 마지막으로 보여 주려는 점이다.

이는 곧 단지 과잉결정만이 아니라 **과잉결정과 과소결정을 동시에 사고할 경우에만** 변증법에 관한 알튀세르의 사상을 온전히 이해할 수 있으며, '유물론의 우위에 대한 변증법의 종속'이라는 알튀세르의 테제가 의미하는 바는 여기에서 찾아야 함을 뜻한다. 이 글에서는 간단하게나마 이러한 쟁점들을 소묘해 보려고 한다.

2. 과소결정 없는 과잉결정?: 초기 이론화 작업의 한계

헤겔식의 변증법과 구별되는 맑스주의 변증법의 고유성을 사고하려는 노력은 『맑스를 위하여』에서 소묘된 이후 『『자본』을 읽자』라는 집단 저작에서, 특히 알튀세르 자신이 작성한 「『자본』에서 맑스의 철학으로」와 「『자본』의 대상」이라는 두 개의 장에서 체계적으로 전개된다.

『맑스를 위하여』에서 맑스주의 변증법의 특성은 과잉결정(surdétermination, 영어로는 overdetermination)이라는 개념을 통해 집약적으로 해명된다. 프로이트에게서 그 명칭을 빌려 왔지만 알튀세르가 독자적인 작업을 통해 이론화한 과잉결정이라는 개념[6]은 역사적 이행의 가능성을 설명하기 위해서 고안된 개념이다. 곧 이 개념은 알튀세르 자신이 지적하듯이 왜 "유럽에서 **'가장 낙후된'** 나라인 **러시아에서만 혁명**"이 가능했고, "왜 러시아에서 혁명은 **승리했는가**"[7]라는 질문에 대해 변증법의 차원에서 대답하기 위해 고안된 것이다. 알튀세르는 '가장 약한 고리'라는 레닌의 용어

---

[6] 프로이트의 Überdeterminierung과 알튀세르의 surdétermination 개념의 차이점에 대해서는 진태원, 「라깡과 알뛰쎄르: '또는' 알뛰쎄르의 유령들 I」, 김상환·홍준기 엮음, 『라깡의 재탄생』, 창비, 2002 참조.

를 원용하여 맑스주의 모순 개념의 특징을 설명한다. 가장 약한 고리라는 비유는, 사슬의 힘이 그 사슬 중 가장 약한 고리의 힘에 따라 결정되듯이 어떤 체계의 힘 역시 그 체계에서 가장 약한 곳에 의해 결정되며, 따라서 그 사슬, 그 체계를 공격하려는 사람은 그러한 약한 고리를 찾아야 함을 의미한다. 그리고 20세기 초 유럽 제국주의의 사슬에서 가장 약한 고리는 바로 러시아였다.

알튀세르의 논점은 사회주의 혁명과 이행, 따라서 자본주의 및 제국주의의 모순을 사고하기 위해서는 역사의 '좋은 측면'에만 의지해서는 안 되고 '나쁜 측면'을 고려할 줄 알아야 한다는 것이다. 곧 생산력과 생산관계 사이의 모순 또는 자본과 임금 노동 사이의 모순이라는 가장 단순하고 가장 기본적인 모순만 사고해서는 혁명에 관해서, 맑스주의 정치에 관해서 구체적으로 사고할 수 없다는 것이다. "예컨대 한참 경제적으로 팽창 중인 가장 강력한 자본주의 국가에 속해 있다는 특권을 통하여······ 조만간에 사회주의적 승리를 획득할 수 있다고 믿었던 19세기 말의 독일 사회민주주의자들이 바로 그들이다. 그들은 명백하게 역사는 **다른 측면**, 즉 좋은 측면을 통해서, 즉 **더 많은 경제적 발전**, 더 많은 팽창, **그 가장 순수한 도식**(자본과 노동의 모순)**으로 환원된 모순**을 통해서 발전한다고 믿었다. 그들은 이러한 것들이 강력한 국가기구로 무장한 독일에서 벌어지고 있다는 것을 잊고 있었다."[8]

모순을 구체적으로 사고하기 위해서는 이러한 모순을 그것이 전개되는 상황 속에서 이해해야 한다. 그런데 모순을 상황 속에서 이해해야 한다는 것은 모순 전개의 외적 조건이나 상황을 염두에 두어야 한다는 뜻이 아

---

7) 알튀세르, 「모순과 중층결정(연구를 위한 노트)」, 『맑스를 위하여』, 이종영 옮김, 백의, 1997, 109~110쪽.
8) 같은 글, 같은 책, 113쪽.

니다. 그럴 경우 모순은 일종의 본질이 되고 상황들은 그러한 본질의 외적 조건 내지 단순한 외양으로 사고되며, 이것은 가장 순수한 도식에 따라 모순을 이해하는 것과 다를 바 없기 때문이다. 따라서 모순과 상황 사이의 관계를 본질 대 조건 내지 현상이라는 외재적인 관계로 이해할 것이 아니라, "현실적 모순은 이 '상황'들과 하나를 이루고 있어서 **단지 이 상황들을 통해서만 그리고 이 상황들 속에서만** 포착되고 식별되고 작동될 수"[9] 있는 것으로, "'모순'은 자신이 그 속에서 작동하는 사회적 몸체 전체의 구조로부터 분리될 수 없고, 자신의 존재의 형식적 **조건들**로부터 분리될 수 없으며, 자신이 지배하고 있는 **심급들**로부터 분리될 수 없"[10]는 것으로 이해해야 한다. 이러한 관점을 채택할 경우에만 왜 1917년 당시 유럽에서 가장 '후진국'이었던 러시아에서 혁명이 일어났으며 반대로 왜 영국이나 독일 같은 나라들에서는 혁명이 실패하거나 일어나지 않았는지를, 곧 혁명의 가능성은 단지 기본 모순의 작용 및 전개에만 의존하는 것이 아니라 봉건적 착취 체제의 모순, 자본주의적·제국주의적 착취의 모순, 식민지적 착취와 전쟁의 모순, 자본주의적 생산 방식의 발전 정도와 농촌의 중세적 상태 사이의 모순, 지배 계급들(봉건적 대지주들, 소귀족들, 대부르주아지, 프티부르주아지 등) 내부의 모순과 같은 **하나의 국가 내에서 당시에 가능했던 모든 역사적 모순들의 축적과 심화**"[11]에서 비롯한다는 사실을 이해할 수 있다.

따라서 알튀세르가 말하는 과잉결정은 자본주의적인 모순은 결코 그 자체로, 단순한 모순 그대로 존재하는 것이 아니며, 그것이 존재하는 조건들 및 그런 모순이 지배하는 각각의 심급들과 분리될 수 없고, 모순 그 자체가 그런 심급들의 작용에 의해 규정된다는 사실을 가리키는 개념이다.

---

9) 같은 글, 같은 책, 114쪽.
10) 같은 글, 같은 책, 116~117쪽.
11) 같은 글, 같은 책, 110쪽.

이렇게 볼 때 과잉결정을 구성하는 핵심 요소는 '항상 이미 주어진 구조화된 복합적 전체'(un tout complexe structuré toujours déjà donné) 개념과 '지배소를 갖는 구조'(structure à dominante) 개념이다. 항상 이미 주어진 구조화된 복합적 전체 개념은 헤겔식의 기원과 목적의 변증법과 달리 유물론적 변증법에는 순수하고 단순한 기원이란 존재하지 않으며, 따라서 전체 역시 하나의 동질적 본질로 환원되지 않는 이질적 요소들로 구성된 복합적 전체라는 점을 부각시킨다. 그리고 지배소를 갖는 구조 개념은 한 걸음 더 나아가 사회적 전체는 다양한 요소들 내지 심급들 간의 **위계적 결합 관계**에 따라 구조화되어 있음을 보여 줌으로써 유물론적 변증법에는 항상 이미 주어진 구조화된 복합적 전체라는 개념만이 존재하는 이유가 무엇인지 설명해 주고, 과잉결정의 내포를 좀더 분명하게 한정해 준다. 알튀세르의 말을 인용해 보면,

> 하나의 모순이 다른 모순들을 지배한다는 것은 이 모순이 출현하는 복합체가 구조화된 통일체여야 한다는 것과, 이 구조는 모순들 사이의 뚜렷한 지배-예속 관계를 내포하고 있다는 것을 전제한다.……지배는 아무래도 상관없는 간단한 **사실**이 아니라, 복합체 자체에 **본질적인** 사실이다. 바로 그렇기 때문에 복합체는 지배를 본질적인 것으로 내포하고 있다.……맑스주의에서 말하는 통일성은 **복합체 자체의 통일성**이며 복합체의 조직과 절합의 양식이 바로 복합체의 통일성을 구성하는 것이다.……이는 **복합적 전체가 하나의 지배소에 따라 절합된 구조의 통일성을 내포하고 있음**을 긍정하는 것이다.[12]

---

12) Althusser, "Sur la dialectique matérialiste(De l'inégalité des origines)", *Pour Marx*, La Découverte, 1996(초판, François Maspero, 1965), pp. 206~208(「유물론적 변증법에 대하여[기원들의 불균등성에 관하여]」, 『맑스를 위하여』, 241~243쪽. 번역은 다소 수정).

사회적 전체를 지배소를 갖는 구조에 따라 파악하는 것은 막연한 다원주의를 넘어서 구조를 구성하는 다양한 요소들 사이의 위계 관계, 또는 불균등한 절합 관계를 인식 가능하게 해준다는 점에서 의의가 있다. 좀더 구체적으로 말해 본다면, 이런 관점에 따르면 주요 모순과 부차 모순들 사이의 관계는 단순한 본질-현상의 관계가 아니라, 서로가 서로의 **실존 조건을 구성하는 관계**로 파악될 수 있으며, 더 나아가 이러한 주요 모순과 부차 모순들 사이의 관계가 지배소에 따라 절합되고 배치된 관계인 한에서, "'모순들' 서로 간의 이러한 실존의 조건화는……각각의 모순의 실존 조건들의 실재성 내부 자체에서, 전체의 통일성을 이루는 이 지배소를 갖는 구조가 발현되는 것"[13]으로 파악될 수 있다. 그리고 이런 의미에서 과잉결정 개념은 **"모순의 실존 조건들이 모순 자체 내에 반영되는 것, 각각의 모순의 내부에 복합적 전체의 통일성을 구성하는 지배소에 따라 절합된 구조가 반영되는 것"**[14]으로 정의될 수 있다. 이렇게 해서 우리는 알튀세르가 모순들 서로 간의 실존의 조건화, 즉 과잉결정이 "모순들에, 그리고 모순들 사이에 군림하고 있는 지배소를 갖는 구조(이 경우에는 경제에 의한 최종 심급에서의 결정)를 폐기하는 것이 아니"[15]라는 점을 역설하는 이유를 이해할 수 있다. 왜냐하면 최종 심급에서 결정하는 **경제**는 모든 생산양식에서 직접 다른 심급들을 **지배**하는 것이 아니라, 각 생산양식에서 **지배소의 역할**을 담당하는 심급들을 결정하는 기능, 따라서 지배소의 전위를 결정하는 기능만을 맡고 있기 때문이다.[16]

---

13) 알튀세르, 「유물론적 변증법에 대하여」, 『맑스를 위하여』, 247쪽.
14) 같은 글, 같은 책, 247~248쪽.
15) 같은 글, 같은 책, 247쪽.
16) Althusser, "L'objet du *Capital*", Althusser et al., *Lire le Capital*, PUF, 1996(초판, La Découverte, 1965), pp. 282 이하, 442 이하 참조.

따라서 『맑스를 위하여』와 『『자본』을 읽자』에서 헤겔 변증법과 구별되는 맑스주의 변증법을 사고하려는, 곧 유물론의 우위에 변증법을 종속시키려는 알튀세르의 이론적 시도의 핵심은 단순한 모순이 아니라 그 조건들 및 심급들에 의한 결정(곧 과잉결정)을 자신의 본질 속에 포함하고 있는 모순을 이론화하는 것이었다. 그리고 앞에서 본 것처럼 이것은 단순히 이론적 함의만 갖는 것이 아니라 직접적인 정치적 의미도 지니고 있다.

그런데 회고적으로 볼 때 과잉결정 개념에 대한 초기의 이론화에서 빠져 있는 것은 다음과 같은 질문이다. 20세기 초 러시아에서 그리고 20세기 중반 중국 및 쿠바에서 혁명이 일어났다면, 역으로 19세기 말 영국이나 20세기 초 독일에서는 그리고 20세기 중반 이후 미국에서는 왜 혁명이 **발생하지 않았을까**? 알튀세르의 설명은 혁명이 왜 가능했는지, 이행이 어떻게 현실화되었는지를 설명하는 데 맞추어져 있다. 곧 당대 유럽에서 가장 '후진적'이었던 러시아에서 혁명이 일어나게 만든 모순들 및 조건들의 축적과 결합을 해명하고, 모순이란 이처럼 자신의 존재 조건 및 자신이 지배하는 심급들에 의해 규정되어 존재한다는 것을 과잉결정 개념을 통해 설명하려는 것이 알튀세르의 의도였다. 그리고 알튀세르는 혁명의 실패, 이행의 비실현이라는 문제 역시 과잉결정 개념을 통해 설명한다. "**과잉결정된 모순**은 **역사적 억제**라는 의미에서, 모순의 진정한 '차단'의 의미에서 **과잉결정**되었거나(빌헬름 시대의 독일) 또는 **혁명적 단절**의 의미에서 **과잉결정**될 수 있지만(1917년의 러시아), 이러한 조건들 속에서는 **결코 순수한 상태로 존재할 수 없다**는 주장을 제시해 보고자 한다."[17] 따라서 과잉결정은 혁명이나 이행을 가능하게 하는 조건들이 응축되어 있는 사태만이 아니라 그것을 불가능하게 만드는 상황들이 결합 및 축적되어 있는 사태 역시 표현

---

17) 알튀세르, 「모순과 중층결정」, 『맑스를 위하여』, 124쪽.

하는 개념이라고 할 수 있다.

하지만 이 경우 다음과 같은 질문들이 제기될 수밖에 없다. 그렇다면 혁명이 성공하기 위해서는 러시아와 같은 조건, 중국이나 쿠바와 같은 조건이 반드시 수반되어야 하는가? 그러한 조건들이 갖추어져 있지 않는 한 혁명이나 이행은 불가능한 것인가? 이 문제는 약한 고리라는 비유의 난점과 긴밀히 결부되어 있다. 약한 고리라는 비유는 이러한 고리의 해체가 그것이 일부를 이루는 사슬 전체의 해체를 인과적으로 수반할 것이라는 뉘앙스를 풍긴다. 그리고 사실 약한 고리라는 비유가 갖는 설득력은 거기에 있다. 그러나 이것은 역사적 사실과 부합하지 않을뿐더러(러시아 혁명 이후 혁명가들이 기대하던 독일과 유럽에서의 혁명은 결국 실패로 돌아갔고, 제2차 세계대전 이후 일어난 사회주의 혁명들과 식민지 해방 투쟁의 귀결은 다 아는 바와 같다), 비유와 사실 사이의 이러한 괴리를 설명할 만한 잠재력도 지니지 못하고 있다. 그것은 이 약한 고리라는 비유가 순전히 **물리적** 차원(**물질적** 차원이라기보다는)에 국한된 비유이기 때문이다. 곧 이러한 비유는 모순의 물리적 측면 또는 객관적 측면은 어느 정도 해명해 줄 수 있을지 모르지만, 모순의 주관적 측면 또는 **이데올로기적 측면**에 대해서는 거의 설명해 주는 바가 없다.[18]

따라서 맑스주의 모순의 고유성을 해명하려는 이론적 시도가 좀더 완결성을 갖추기 위해서는 과잉결정 개념만이 아니라 **과소결정**(sousdétermination, 영어로는 underdetermination) 개념, 곧 혁명이나 이행을 **불가능하게 만드는** 조건들에 의한 모순의 결정이라는 개념이 필요하다. 그런데 「아미엥에서의 주장」(1975)에서 상세하게 논의되기 전까지 이 개념은

---

18) 따라서 변증법 및 모순에 관한 사고에서는 물질적 요인을 경제적 모순이나 군사적 요인 등과 같은 물리적 요인들로 환원하지 않는 것이 중요하다.

『『자본』을 읽자』에서 단 한 차례 사용되었으며, 그 경우에도 과잉결정 개념과 의미론적 차이 없이 단순 병치되고 있었다.

사실 과잉결정과 구별되는 독자적인 개념으로서 과소결정을 사고하기 위해서는 자본주의 체계의 재생산이라는 문제설정에 따라 각각의 자본주의 사회구성체에서 자본주의가 어떻게 재생산되는지, 이러한 재생산에서 상부구조, 특히 국가와 이데올로기의 역할은 어떤 것인지를 해명할 수 있어야 한다. 알튀세르가 「이데올로기와 이데올로기적 국가장치들」(1970)에서 시도한 작업이 이것인데, 이를 통해 '유물론의 우위에 대한 변증법의 종속'이라는 테제는 좀더 구체화되면서 또한 새로운 꼬임을 겪게 된다.

3. 과잉결정 없는 과소결정?: 이데올로기의 부정성과 실정성 사이에서

알튀세르의 이데올로기론은 두 가지 측면에서 해명될 수 있다. '사회학적'인 측면에서 볼 때 이데올로기론의 목표는 과잉결정 개념에 의해 한계가 드러난 토대-상부구조라는 전통적인 맑스주의적 토픽 대신 생산-재생산이라는 새로운 문제설정에 따라 생산양식과 이데올로기의 절합을 사고하는 것이다. 이런 측면에서는 이데올로기가 자본주의적 생산관계를 재생산하는 방식을 제도적인 분석(가족, 학교, 미디어……)을 통해 검토하는 것이 핵심적인 과제이며, 이데올로기적 국가장치가 중심 개념이 된다. 반면 '철학적'인 측면에서 볼 때 이데올로기론은 서양 근대 철학, 또는 좀더 일반적으로는 부르주아 법적 이데올로기의 중핵을 이루는 주체 개념을 해체하고, 역사를 주체 없는 과정으로 파악하는 역사 유물론의 이론적 기초 위에서 주체 개념을 **비주체적인 방식으로** 설명하려는 기획, 곧 **주체화 양식**의 이론을 구성하려는 기획으로 간주될 수 있다. 이 두 가지 측면은 겉보기에는 변증법의 문제와 무관해 보이지만, 사실은 그것과 깊이 연결되어 있다.

알튀세르는 「이데올로기와 이데올로기적 국가장치들」의 첫머리에서 다음과 같이 재생산 문제설정의 필요성을 지적하고 있다. "맑스가 말했듯이, 만약 하나의 사회구성체가 생산을 함과 동시에 생산의 조건들을 재생산하지 않는다면, 그것은 1년도 존속할 수 없다는 사실은 어린아이조차도 알고 있다. 그러므로 생산의 최종적인 조건은 생산 조건들의 재생산이다."[19] 생산양식은 생산력과 생산관계로 이루어져 있으므로 알튀세르가 말하는 생산 조건들의 재생산은 두 가지 측면을 함축한다. 첫째, 이러한 재생산은 생산력의 재생산을 포함하며, 둘째, 생산관계의 재생산을 포함한다. 그리고 다시 생산력은 생산수단과 노동력으로 이루어져 있으므로, 생산력의 재생산은 각각 생산수단의 재생산과 노동력의 재생산으로 구별된다.

생산수단의 재생산은 맑스 자신이 『자본』 2권에서 상세하게 논증을 전개했기 때문에, 알튀세르가 관심을 기울이는 것은 노동력의 재생산이라는 문제다. 그런데 노동력의 재생산은 생산수단의 재생산과는 달리 **경제의 영역을 벗어나는 문제**다. 왜냐하면 노동력의 재생산이라는 문제는 경제의 영역에서는 임금이라는 문제 및 이와 결부된 계급투쟁의 문제로 제시되지만, 이 문제는 이것 이외에도 **노동력의 자질**이라는 문제를 포함하고 있기 때문이다. 노동력의 자질에는 직업적 숙련 이외에도 읽기·쓰기·셈하기와 같은 초보적인 지적 능력과 문학적·과학적 교양과 같은 지식들이 포함되어 있다. 더 나아가 노동력의 자질에는 자신이 맡은 과업을 성실히 수행하려는 태도와 회사의 질서 및 상사의 명령을 잘 수행하려는 질서 의식, 일반적인 사회성 및 도덕성이 함축되어 있다. 따라서 노동력의 재생산은 **경제 바깥에서 이루어지는 교육 제도**를 전제하고 있으며, 이는 다시 **지배 이데**

---

19) 알튀세르, 「이데올로기와 이데올로기적 국가장치(연구를 위한 노트)」, 『아미엥에서의 주장』, 75쪽.

올로기에 대한 종속을 함축한다. 이런 의미에서 생산력의 재생산은 항상 이미 이데올로기의 작용을 전제하고 있다.

　재생산의 문제에는 생산력 이외에 생산양식의 나머지 요소인 생산관계의 재생산이라는 문제도 포함되어 있다. 하지만 생산관계는 생산력을 조직하는 기술적 관계와 더불어 착취 관계로 구성되므로, 알튀세르는 생산관계의 재생산이라는 문제를 고찰하기 위해서는 그 이전에 '사회란 무엇인가?'라는 질문을 거쳐 우회해야 하며, 이는 다시 토대와 상부구조라는 역사 유물론의 고전적인 '토픽'에 대한 재고찰을 요구한다고 주장한다.

　토픽은 원래 프로이트가 무의식의 구조를 설명하기 위해서 도입한 개념인데, '의식-전의식-무의식'이나 '이드-자아-초자아' 등을 두뇌의 모습을 띤 그림에 따라 설명하는 것이 바로 그것이다. 다시 말해서 알튀세르가 말하는 토픽은 일차적으로 어떤 개념을 설명하기 위해 사용된 공간적이거나 장소적인 비유를 가리킨다. 데카르트가 『철학 원리』에 대한 편지에서 철학을 나무에 빗대어 설명한 것(뿌리는 형이상학, 줄기는 자연학, 가지는 의학·도덕·기계론)이 유명한 한 가지 사례이며, 맑스가 사회의 구조를 설명하기 위해 생산양식(또는 경제)이라는 토대와 그 위에 설립되며 법과 정치, 이데올로기로 이루어진 상부구조라는 건축물의 비유를 든 것 역시 여기에 해당한다.

　토대와 상부구조라는 토픽이 갖는 의의는 역사의 변화 동력을 관념이나 정신적인 것에서 찾지 않고, 또 정치나 법제의 변화에서 찾지도 않고, 사회경제적인 구조의 변화에서 찾고 있다는 점에 있다. 곧 역사에 대한 설명에서 유물론적인 관점을 도입했다는 데 바로 토대-상부구조 토픽의 의의가 있다. 하지만 이러한 토픽의 한계는 상부구조의 반작용이나 상대적 자율성 같은 막연한 해명 이외에는 정치와 법, 이데올로기가 수행하는 역할을 제대로 설명하지 못한다는 점이다.

이러한 한계를 극복하기 위한 알튀세르의 대안이 바로 (생산과) 재생산의 문제설정이다. 이러한 구도에서 보면 생산양식 내지 경제가 수행하는 토대의 역할을 충분히 설명하면서 동시에 정치와 법, 이데올로기가 왜 이러한 토대 자체의 재생산에 필수적인 역할을 담당하는지를 좀더 정확히 설명할 수 있다.

알튀세르는 이를 위해 맑스주의 국가 개념을 새롭게 정의한다. 우선 알튀세르는 국가는 국가장치만이 아니라 국가 권력으로 이루어져 있음을 환기시킨다. 이러한 구분에 더하여 알튀세르는 국가장치를 억압적 국가장치와 이데올로기적 국가장치로 다시 구분한다. 고전적인 맑스주의에서 국가장치는 억압적인 장치와 동일시되었지만, 이러한 개념만으로는 국가가 수행하는 계급 지배의 메커니즘이 정확히 해명되지 않는다. 왜냐하면 국가는 계급 지배를 재생산하기 위해 강제와 폭력만이 아니라 이데올로기적인 헤게모니를 동원하기 때문이다. 억압적 국가장치와 구분되는 이데올로기적 국가장치에는 교육적인 장치와 가족 장치, 종교적인 장치, 법적인 장치, 정치적인 장치, 노동 조합 등이 포함된다. 억압적 국가장치는 이른바 '공적 영역'에 속해 있으며, 국가 권력을 장악한 지배 계급의 이익을 보존하기 위해 비교적 질서정연하게 조직되어 있다. 반면 이데올로기적 국가장치는 이른바 '사적 영역'에 속하는 것들로,[20] 뚜렷한 통일성을 유지하지 않은 채 때로는 서로 갈등과 모순을 빚을 수도 있다.

이처럼 사적 영역에 속하는 것들로 간주되는 여러 제도들을 알튀세르가 '국가장치'라고 부르는 이유는 공적인 것과 사적인 것을 구분하는 자유주의-부르주아 이데올로기를 넘어서기 위해서다. 자유주의적인 관점에

---

[20] 이런 측면에서 appareil d'État(영어로는 state apparatus)라는 표현을 '국가기구'라는 말로 번역하는 것은 정확하지 않다. 국가'기구'라는 표현은 마치 이데올로기적 국가장치가 공적 영역에 속한 국가 제도라는 인상을 주기 때문이다.

따르면 정치와 권력은 항상 공적 영역에서만 작동한다. 사적 영역은 개인들 사이의 관계가 문제되는 영역일 뿐 정치나 권력을 위한 자리는 존재하지 않는 영역이며, 또 그래야 마땅하다. 반면 알튀세르가 이데올로기적 국가장치라는 개념으로 보여 주려고 하는 것은 부르주아의 계급 지배는 단지 공적 영역에서 억압적 국가장치를 장악하고 활용함으로써만 안정되게 재생산될 수 있는 것이 아니며, **사적 영역이라고 불리는 개인들의 생활 공간까지 장악하고 지배해야** 비로소 안정을 이룰 수 있다는 점이다. 따라서 문제는 권력과 무관하다고 생각되는 사적 영역의 개인들의 삶 속에서 어떻게 계급 지배가 관철되며, 더 나아가 **개인들의 정체성 자체**가 어떻게 이데올로기적 국가장치들에 의해 형성되는지 설명하는 일이다.

이것이 이데올로기론이 갖는 두번째 측면인데, 알튀세르는 우선 이데올로기 개념을 새롭게 정의하는 데서 출발한다.

> '인간들'이 이데올로기 안에서 '표상/재현/상연하는'(se représentent) 것은 인간들의 현실적인 실존 조건들, 그들의 현실 세계가 아니며, 이데올로기에서 그들에게 표상/재현/상연되는(représenté) 것은 그들이 이 실존 조건들과 맺고 있는 **관계**다.[21]

이 정의를 좀더 쉽게 설명하자면 다음과 같이 말해 볼 수 있다. 이 정의에서 알튀세르가 말하는 현실적인 실존 조건이란 계급적 조건을 뜻한다. 곧 자본주의를 비롯한 계급 사회에서 모든 인간, 개인은 **계급의 한 성원으로 존재**하지 추상적인 개인이나 인간으로 존재하지는 않는다. 그런데 이데

---

21) Althusser, *Sur la reproduction*, PUF, 1995, p. 297(「이데올로기와 이데올로기적 국가장치」, 『아미엥에서의 주장』, 109쪽. 번역은 수정). 이 정의에서 représentation이 갖는 복합적 의미에 대해서는 진태원, 「라깡과 알뛰쎄르」, 『라깡의 재탄생』, 379~380쪽을 참조하라.

올로기 안에서 어떤 계급에 속한 사람은 어떤 계급의 성원(재벌, 노동자, 농민, 지식인……)으로 나타나지 않고 인간으로, 개인으로 나타난다. 곧 이데올로기 안에서 계급 성원으로서의 X는 **추상적인 개인 X로서, 계급적인 조건과 무관하게, 그러한 조건에 앞서 그 자체로 성립하는 개인으로서 상상적으로 표상/재현/상연**된다. 이러한 상상적 표상/재현/상연은 가상적이기는 하지만 전혀 환상적이거나 공상적인 것은 아닌데, 왜냐하면 대부분의 자본주의 사회는 **법적 체계를 통해 모든 사람을 법적 주체, 자유롭고 평등한 개인 주체로 규정**하고 있으며, 제도적 차원에서 그렇게 전제하기 때문이다. 따라서 현실 사회에서 각 개인은 계급이라는 현실적인 실존 조건에 따라 규정됨에도 불구하고 이데올로기의 차원에서는 이러한 계급적인 조건에 선행하는 추상적인 개인 X로 나타나며, 또한 이데올로기적 제도 속에서 그렇게 규정되어 있다.

그 다음 알튀세르는 이데올로기는, 단어 자체가 시사하는 것과는 달리 관념들의 차원에 존재하는 것이 아니라 물질적인 것이라고 주장한다. "이데올로기는 물질적 실존을 갖는다."[22] 이데올로기의 물질성이라는 테제는 몇 가지 의미를 포함하고 있다.

첫째, 이데올로기의 물질성이라는 테제는 이데올로기는 관념들이나 표상들의 문제이기 이전에 국가장치 및 사회적 제도와 관련되어 있다는 점을 함축한다. 알튀세르가 이데올로기적 국가장치라는 새로운 개념을 제안한 이유는 이데올로기는 개인들이 품고 있는 관념들이나 표상들에 앞서 그것을 생산하는 물질적인 장치와 결부되어 있으며, 개인들 자신의 정체성은 이러한 장치들 속에서 구현되는 이데올로기에 의해 형성된다는 점을 보여 주기 위해서다.

---

22) *Ibid.*, p. 298(같은 글, 같은 책, 110쪽).

둘째, 이 테제는 개인의 내밀한 믿음이나 신념, 표상이 사실은 정신의 내면성의 표현이 아니라 구체적인 제도나 그 제도 속에서 실행되는 의례들이나 관행들의 결과라는 점을 보여 준다. 이를 설명하기 위해 알튀세르는 유명한 파스칼의 단편을 인용한다. "무릎을 꿇어라. 기도의 말을 읊조려라. 그러면 믿게 될 것이다." 파스칼의 단편 및 이에 대한 알튀세르의 해석은 가장 내밀한 개인의 정신적 표현으로 간주되는 종교적 믿음이 사실은 기도하고 설교를 듣고 합창을 하고 헌금하고 주일 학교를 다니고 성령 부흥회에 참석하고 간증하고 하는 등등의 구체적인 **의례들** 및 그 속에서 이루어지는 **관행들**(practices)과 분리될 수 없고, 그러한 물질적인 작용들 속에서 비로소 형성된다는 점을 강조한다.

셋째, 따라서 이데올로기의 물질성 테제가 겨냥하는 것은 "이데올로기에 대한 이데올로기적 표상",[23] 곧 의식을 부여받고, 의식이 그에게 불어넣고 그가 자유롭게 받아들이는 '사고들'을 믿는 모든 '주체'는 '자신의 사고에 따라 행동해야 한다'는 표상이다. 이처럼 주체의 사고와 행위를 주체의 의식적인 사고와 지향성에 기초를 두고 설명하기보다는 물질적인 장치들 및 그 속에서 전개되는 구체적인 의례들과 관행들을 통해 설명하기 위해서는 주체라는 범주에 대한 재고찰이 필요한데, 알튀세르는 '호명'(interpellation)이라는 개념으로써 이를 시도하고 있다.

알튀세르는 호명 개념을 다음과 같이 정의한다.

이데올로기는 개인들을 주체들로 호명한다(idéologie interpelle les individus en sujets).[24]

---

23) Althusser, *Sur la reproduction*, p. 300(「이데올로기와 이데올로기적 국가장치」, 『아미엥에서의 주장』, 112쪽).
24) *Ibid.*, p. 302(같은 글, 같은 책, 115쪽).

호명의 첫번째 논점은 우리가 이데올로기나 권력의 작용 이전에 이미 존재하는 것으로 가정하고 있는 개인들이 사실은 이데올로기의 산물이라는 점을 밝히는 것이다. 맑스주의적인 관점에서 보면 호명은 부르주아 계급의 지배가 어떻게 재생산되는지를 구체적으로 해명하는 데 관건이 되는 개념이다. 우선 추상적인 관점에서 보면 호명은 개인들 내지 주체들이 바로 그 개인들 내지 주체들로서 존재하는 양식이 사실은 계급 지배의 메커니즘과 내재적으로 연루되어 있다는 점을 보여 준다. 인간의 개인적인 실존 양식, 개인성 그 자체가 계급 지배 및 권력에 대한 예속을 전제로 한다면, 맑스주의 이론은 생산양식에 대한 분석을 넘어서 이데올로기 분석을 필수적인 요소로 포함할 수밖에 없게 된다. 그리고 비록 알튀세르 자신은 간단한 소묘 이상을 제시하지는 못했지만, 역사적 차원에서 본다면 호명 개념은 자본주의 사회의 제도 속에서 어떻게 개인 주체들이 구체적으로 형성되는지 분석할 수 있는 이론적 지침을 제공해 준다는 의의를 지닌다. 가령 호명은 국민 국가의 제도 속에서 각각의 개인들이 일차적으로 국민적 개인(한국인, 일본인, 프랑스인, 독일인 등)으로서 형성되고 정체화되는 과정을 설명해 줄 수 있다.[25]

근대성이라는 측면에서 보면 호명 개념은 근대 주체에 대한 근원적인 문제제기라는 점에서 주목할 만하다. 주지하다시피 칸트 이래로 주체라는 범주는 근대 철학의 핵심 개념으로 존재해 왔다. 근대 철학의 기본 범주로서 이해된 주체는 무엇보다 인식과 실천의 원리, 곧 인간의 모든 인식 및 도덕적 실천의 토대로 기능하며, 따라서 그보다 상위의 원리에 종속되지 않는 자율적인 존재자로 간주된다. 하지만 호명 개념에서 주체는 부르주

---

[25] 에티엔 발리바르가 1980년대 후반 이래 '국민 형태'(forme nation)라는 개념을 통해 이론화하고 있는 것이 바로 이것이다. 에티엔 발리바르, 『우리, 유럽의 시민들?: 세계화와 민주주의의 재발명』, 진태원 옮김, 후마니타스, 2010의 1장 참조.

아 계급의 지배 질서를 재생산하기 위한 메커니즘의 파생물로서, 이데올로기의 산물로서 제시된다. 이렇게 되면 주체는 정의상 **종속적인 주체**인 셈이며, 근대 철학의 가정과는 달리 본질적으로 '종속화'(assujettissement)의 산물인 셈이다. 근원적으로 자율적인 존재자로 간주되는 주체가 사실은 종속화의 산물이며 주체의 자율성 주장은 사실은 이러한 종속화의 메커니즘을 은폐하기 위한 이데올로기적 함의를 지니고 있다면, 근대성의 원칙 자체가 근원적인 도전에 직면하게 된다.

그런데 재생산이라는 문제설정과 관련하여 이데올로기에 관한 알튀세르의 사고에는 주목할 만한 이중성이 존재한다. 한편으로 알튀세르의 이데올로기 개념은 **구성적**이면서 또한 **실정적인**(positive) 성격을 띠고 있다. 이데올로기 개념이 구성적이라는 것은, 이데올로기를 허위 의식이나 가상 또는 왜곡이나 기만으로 치부하는 고전 맑스주의 전통(여기에는 맑스와 엥겔스 자신도 포함된다)과 달리 알튀세르는 이데올로기에 주체를 구성하는 기능을 부여한다는 것을 의미한다. 알튀세르 이전까지는 누구도 이데올로기가 주체 개념과 본질적인 관계에 있다고 생각하지 않았던 반면, 알튀세르 이후 이데올로기에 관한 거의 모든 논의는 종속화와 주체화의 변증법과 연결되어 있다는 점에서 이는 알튀세르 이데올로기론에서 가장 영향력 있는 측면이라고 할 수 있다.

이데올로기의 실정성은, 알튀세르의 이데올로기론에서 그동안 별로 주목받지 못했던 측면으로, 스피노자 철학에서 비롯하는 것이다.[26] 알튀세르는 「맑스주의와 인간주의」(1964)에서부터 「유일한 유물론의 전통」(L'unique tradition matérialiste, 1982)에 이르기까지 지속적으로 스피노

---

[26] 이 점에 관한 좀더 상세한 논의는 진태원, 「스피노자와 알튀세르에서 이데올로기의 문제: 상상계라는 쟁점」, 『근대철학』 3권 1호, 2008 참조.

자 상상계 개념의 독특성을 강조한 바 있다. 곧 서양 철학 전통에서 상상이라는 개념이 심리적 능력(faculty) 중 하나로 간주되어 왔던 것에 비해 스피노자는 상상을 생활 세계로 규정하는데, 알튀세르는 이러한 스피노자주의적인 상상계 개념을 자신의 이데올로기론의 본질적인 요소로 도입한다. 따라서 이데올로기는 단순한 가상이나 기만 또는 왜곡으로 규정되지 않고 무엇보다 생활 세계, 세계 그 자체로 나타난다. "데카르트주의자가 200걸음 떨어져 있는 달을 '보았'듯이 또는 ─ 그들이 이에 집중하지 않았다면 ─ 보지 못했듯이, 사람들은 **결코 의식의 한 형태로서가 아니라 자신들의 '세계'의 한 대상인 것처럼**, 자신들의 **세계** 자체인 것처럼, 그렇게 자신들의 이데올로기를 '살아간다.'"[27]

이데올로기의 실정성은, 이데올로기가 단순히 부정적인 것, 곧 지배하고 종속시키고 기만하고 억압하는 것이 아니라, 존재론적으로 자립적인 ─ 스피노자가 말한 것처럼 "자신의 유(類) 안에서 무한"하다는 의미에서 ─ 영역이라는 것, 능동적인 정치적 활동의 장소이자 지주라는 것을 사고할 수 있게 해준다는 점에서 중요한 의미를 지닌다. "상상계에 의한 현실계의, 그리고 현실계에 의한 상상계의 과잉결정 안에서 이데올로기는 원칙적으로 **능동적**이며, 이는 이 상상적 관계 자체 내에서 인간들이 자신들의 실존 조건들과 맺고 있는 관계를 강화하거나 변형한다. 이로부터 이 활동은 결코 순수하게 **도구적**일 수 없다는 점이 따라 나온다."[28] 그러므로 이데올로기는 한 계급이 다른 계급을 지배하기 위한 도구라기보다는 그에 앞서 지배 계급이 지배 계급으로 구성되기 위해 필수적인 요소라고 할 수 있다. "따라서 이데올로기의 계급적 기능에 대해 말할 때는, 지배 이데올로기

---

27) Althusser, "Marxisme et humanisme", *Pour Marx*, p. 240(「맑스주의와 인간주의」, 『맑스를 위하여』, 280쪽).
28) *Ibid.*, p. 241(같은 글, 같은 책, 281쪽).

는 지배 계급의 이데올로기라는 것, 지배 이데올로기는 피착취 계급을 지배하기 위해 사용될 뿐 아니라 지배 계급으로 하여금 세계에 대한 자신의 체험된 관계를 현실적이고 정당화된 것으로 받아들이게 하면서 **자기 자신을 지배 계급으로 구성하게 하는 데** 사용된다는 점을 이해해야 한다."[29] 알튀세르가 공산주의 사회에서도 이데올로기가 지속된다는 당시로서는 아주 충격적인 테제를 제시하면서도 이것이 맑스주의의 기본 원칙과 양립할 수 있다고 생각한 것은 이처럼 이데올로기의 실정성을 전제했기 때문이다.

하지만 다른 한편에서 본다면 알튀세르는 이데올로기가 갖는 **부정성**, 따라서 이데올로기에서 벗어나야 할 필연성을 강조한다. 이데올로기가 (억압적 국가장치에 의해서 행사되는 억압과 더불어) 자본주의 생산양식의 재생산을 보증하는 것이라면, 다시 말해 이데올로기가 계급투쟁의 수단이자 장소라면, 이데올로기의 부정성을 강조하는 것은 어떻게 보면 당연하다고 할 수 있다. 그런데 프롤레타리아 내지 노동자 계급과 이데올로기의 **외재성**을 전제하는 고전 맑스주의 전통과 달리, 이데올로기의 구성적 기능과 실정성을 강조하는 알튀세르에게 이러한 이데올로기의 부정성을 사고하는 것은 매우 어려운 일이 아닐 수 없다. 이데올로기가 단순한 가상이나 기만이 아니라, 개인들이 개인들로 구성되며, 노동자 계급이 자본가 계급의 착취를 경험하고 그러한 착취 속에서 "노동자 계급의 조직화와 의식을 만들어 내는"[30] 장소라면, 달리 말해 **이데올로기 없이는 개인들 자신도 노동자 계급 자신도 존재하지 않는다면**, 개인이나 노동자 계급의 자기 파괴 없이 (부르주아) 이데올로기에서 벗어나는 것이 어떻게 가능하겠는가?

여기에서 알튀세르가 택할 수 있는 길은 두 가지인 것으로 보인다. 하

---

29) Althusser, "Marxisme et humanisme", *Pour Marx*, p. 242(「맑스주의와 인간주의」, 『맑스를 위하여』, 282쪽).
30) 알튀세르, 「아미엥에서의 주장」, 『아미엥에서의 주장』, 175쪽.

나는 이데올로기를 **정치사회학적** 개념으로 간주하는 것이다. 이 경우 이데올로기가 수행하는 존재론적 구성의 기능은 약화되고 이데올로기는 계급들에 고유한 집단적 의식·표상·가치 등으로 환원된다. 지주의 이데올로기가 있고 부르주아의 이데올로기가 있다면 또한 **프롤레타리아의 이데올로기**도 존재하며, 더 나아가 프롤레타리아가 지배 계급으로 조직될 경우에는 프롤레타리아의 국가 이데올로기도 존재한다. 유고로 출간된 『재생산에 대하여』에서 알튀세르는 실제로 다음과 같이 말한다.

> 그[레닌]의 끈질긴 본질적 고심은 무엇보다도 프롤레타리아 국가의 이데올로기적 국가장치에 관련되었다. ······ 억압장치를 파괴하는 것만으로는 충분치 않다. 이데올로기적 국가장치들 또한 파괴하고 대체해야 한다. 새로운 이데올로기적 국가장치들을 긴급히 정착시켜야 한다. 그렇지 않으면 레닌이 옳았듯이, 혁명의 미래 자체가 문제된다. 왜냐하면 옛 이데올로기적 국가장치들(이 경우에는 러시아 부르주아 이데올로기 국가장치들)은 교체하는 데 지극히 오래 걸리고 힘들기 때문이다. ······ 각각의 새로운 이데올로기적 국가장치들 속에 새로운 혁명적 정책을 적용하기 위해, 요컨대 모든 소비에트 시민들의 활동과 의식 속에 새로운 국가 이데올로기인 프롤레타리아 이데올로기를 주입하기 위해 능력 있고 혁명적으로 충성스러운 조직원들을 양성해야 한다.[31]

그런데 이렇게 되면 이데올로기는 사소한 개념이 되거나(왜냐하면 일종의 집단적 가치관이나 세계관이 되기 때문에) 아니면 상대주의적인 개념이 된다. 곧 하나의 이데올로기에 대한 비판은 또 다른 이데올로기의 수용

---

31) 알튀세르, 『재생산에 대하여』, 김웅권 옮김, 동문선, 2007, 152~153쪽.

을 전제하기 때문에, 부르주아 이데올로기에 대한 비판은 절대적이거나 해방적인 의의를 상실하게 된다. 또는 그 의의가 매우 약화될 수밖에 없다. 따라서 이는 알튀세르가 택하기는 매우 어려운 길이 아닐 수 없다.

또 하나의 길은 부르주아와 프롤레타리아의 **존재론적 상이성** 또는 적어도 **불균등성**을 강조하는 길이다. 알튀세르가 「아미엥에서의 주장」에서 채택한 길이 바로 이것이며, 이는 과소결정 개념과 결부되어 있고 또한 말년의 마주침의 유물론과도 연관되어 있다는 점에서 더욱 주목할 만하다. 알튀세르는 단순 모순과 구별되는 맑스주의적 모순 개념의 특징을 모순의 불균등성에서 찾는다. 그리고 이러한 불균등한 모순의 사례로 자본가 계급과 노동자 계급 사이의 모순을 제시한다.

> 나는 예컨대, 자본주의적 생산양식을 존재하게 하면서 경향적으로 그 사멸을 선고하는 모순……계급들을 명백히 불균등하게 대립하는 계급, 즉 자본가 계급과 노동자 계급으로 분할시키는 모순을 이야기하고 있다. 왜냐하면 노동자 계급은 자본가 계급의 부정, 즉 자본과 권력을 박탈당한, 음의 부호가 달린 자본가 계급이 아니기 때문이며, 자본가 계급은 부와 권력을 가진, 양의 부호가 달린 노동자 계급이 아니기 때문이다.……두 계급은 동일한 역사를 갖지 않으며 동일한 세계를 공유하지 않고 동일한 수단을 갖지 않으며 동일한 계급투쟁을 전개하지 않는다. 하지만 그들은 대립하며, 이것은 명백한 모순이다. 왜냐하면 그들의 **대립 관계**는 헤겔적인 아름다운 고양과 화해를 통해 대립의 조건들을 초월하기는커녕 그 **대립의 조건들을 재생산하기** 때문이다.[32]

---

[32] Althusser, "Soutenance d'Amiens", *Solitude de Machiavel et autres textes*, p. 216(「아미엥에서의 주장」, 『아미엥에서의 주장』, 154쪽).

자본가 계급과 노동자 계급이 모순을 이루는 것은 두 계급이 "자본주의적 생산양식을 존재하게 하면서 경향적으로 그 사멸을 선고하는 모순"을 이루기 때문이다. 이것은 맑스가 『자본』에서 프롤레타리아를 "자본의 무덤을 파는 인부"라고 불렀던 것의 다른 표현이다. 곧 자본은 자신을 재생산하고 가치를 증식하기 위해서는 잉여가치의 원천으로서 프롤레타리아를 필수적으로 요구하지만, 새로운 사회성의 원천으로서 프롤레타리아는 자본주의를 파괴하는 근거이기도 한 것이다. 데리다의 표현을 빌린다면, 프롤레타리아는 자본주의의 가능성의 조건을 이루면서 동시에 그 불가능성의 조건이 된다는 점에서 자본주의의 '유사 초월론적'(quasi-transcendental) 근거가 된다고 말할 수 있을 것이다.

그런데 알튀세르는 두 계급의 관계는 단순한 모순 관계가 아니라 **불균등한** 모순 관계라고 주장한다. 그 이유는 "두 계급은 동일한 역사를 갖지 않으며 동일한 세계를 공유하지 않고 동일한 수단을 갖지 않으며……동일한 계급투쟁을 전개하지 않"기 때문이다. 이것은 역사적 사실을 표현한 것이라고 할 수 있다. 자본가 계급과 노동자 계급이 처음부터 자본가 계급과 노동자 계급으로 존재했던 것이 아니라, 역사적으로 상이한 과정을 거쳐(더욱이 이는 각 나라의 경우마다 상이하다) 형성된 집단들이 자본주의적인 관계를 형성하면서 양자가 각각 자본가 계급과 노동자 계급으로 구성되었기 때문이다. 하지만 알튀세르가 양자 사이의 관계를 불균등 모순이라고 했을 때, 이것은 단순한 역사적 사실의 표현을 넘어서 일종의 존재론적 테제를 제시한 것이라고 보아야 한다. 프롤레타리아가 자본가 계급과 **본성상 상이한** 계급이 아니라면, 양자 사이의 계급투쟁에서 프롤레타리아가 **존재론적으로 우월하다고**, 곧 공산주의로의 이행의 필연성이 존재하며 이러한 이행은 해방적인 성격을 띠는 것이라고 생각할 만한 아무런 근거가 없기 때문이다. 또는 적어도, 생산력과 생산관계 사이의 모순이라는 저 유명한 진화론적·경제주의적 도식에 의지하지 않는 가운데 이행의 필연성을 사고하려면, 두 계급 사이의 비대칭성·불균등성을 가정하지 않을 수 없는 것이다.

그런데 이렇게 되면 다시 다음과 같은 질문이 제기된다. 프롤레타리아, 노동자 계급은 어떤 근거에서 자본가 계급과 불균등한 것인가? 프롤레타리아는 어떤 점에서 자본가 계급에 대해 존재론적으로 우월한가? 어떤 근거에서 우리는 프롤레타리아 혁명이 또 다른 계급 지배로 귀착되지 않고 모든 계급 지배를 끝장내는 혁명, 거대한 인간 해방의 혁명이 될 것이라고 생각할 수 있는가? 더욱이 만약 종속적 주체들을 생산하는 것이 이데올로기의 본질적인 기능이며, "개인들을 교환 가능한 기능의 전달자로 취급하고……그들을 기계의 부속 이외에 아무것도 아니도록 환원시키는 것"[33]이 자본주의적 생산관계의 본질적인 기능이라면, 어떠한 정치적 실천, 어떠한 이데올로기적 실천을 통해서 이러한 계급 지배의 철폐가, 이데올로기적 종속의 종식이 이루어질 수 있는가? 알튀세르는 「아미엥에서의 주장」에서 두 계급 사이의 불균등성, 양자 사이의 상이성을 강조할 뿐 이러한 질문에 대해서는 아무런 답변도 제시하지 않는다.

알튀세르는 1968년 이후 재생산의 문제설정을 통해 토대-상부구조라는 고전적인 맑스주의 토픽을 넘어서서, 자본주의 생산양식이 재생산되는 데에서, 곧 자본주의의 변혁을 불가능하게 하거나 그러한 변혁이 실패하게 하는 데에서 이데올로기가 수행하는 역할을 해명하려고 했다. 이것은 모순론의 관점에서 말하면 모순의 과잉결정보다는 과소결정을 해명하려는 시도라고 할 수 있다. 이러한 시도는 모순 개념 안에 과잉결정과 과소결

---

33) Althusser, "Soutenance d'Amiens", *Solitude de Machiavel et autres textes*, p. 229(「아미엥에서의 주장」, 『아미엥에서의 주장』, 174쪽).

정을 동시에 포함시키려는 주목할 만한 시도라고 할 수 있지만, 알튀세르는 한편으로 이데올로기의 구성적 기능 및 실정성과 다른 한편으로 이데올로기의 부정성 사이에서 뚜렷한 해결책을 찾지 못한 채 머물러 있었다. 말년에 알튀세르가 제시한 마주침의 유물론(matérialisme de la rencontre) 또는 우발성의 유물론(matérialisme aléatoire)은 이러한 난점과 모종의 관계를 맺고 있는 것이 아닐까? 이제 마지막으로 이 문제를 간략하게 살펴보기로 하자.

4. 우발성의 유물론 또는 체계 안에서 체계를 벗어나기

우발성의 유물론으로 표현되는 알튀세르의 마지막 이론적 작업들은 변증법의 문제와 아무 관계가 없는 것처럼 보인다. 하지만 이전까지 그가 추구하던 작업과 무관해 보이는 이 말년의 작업들을 꼼꼼히 검토해 보면, 여기서도 여전히 변증법을 새롭게 사고하려는 알튀세르의 시도를 엿볼 수 있다. 이를 위해서는 마주침의 유물론 내지 우발성의 유물론을 정의하고 그 계보를 제시하려는 대목보다는 맑스에 관한 대목에서 출발하는 게 좋다.

> 생산양식이란 무엇인가? 우리는, 맑스와 더불어 그것[생산양식]을 요소들 간의 특수한 '결합'(combinaison)이라 말한 바 있다. 이 요소들이란 금융적……축적, 생산의 기술적 수단들……의 축적, 생산 소재(자연)의 축적 그리고 생산자들(일체의 생산수단을 박탈당한 프롤레타리아들)의 축적이다. 역사 속에서 이러한 요소들은 한 생산양식이 **존재하도록 하기 위해** 존재하는 것이 아니다. 그것들은 그것들의 '축적'과 '결합' 이전에는 '떠다니는' 상태로 존재한다. 이 요소들 각자는 모두 각자의 역사의 산물이며, 그 중 어느 것도 다른 것들의 산물이거나 이 요소들의 역사의 목적론

적 산물이 아니다. 맑스와 엥겔스가 프롤레타리아는 '대공업의 산물'이라 말했을 때 그들은 크게 어리석은 말을 한 것이다. 생산양식을 구성하는 요소들의 하나인 이 박탈되고 헐벗은 대량의 사람들을 프롤레타리아로 생산하는(재생산하는 것이 아니라) '마주침'의 우발적 논리 속에 자리 잡는 것이 아니라 **프롤레타리아의 확대 재생산이라는 형성된 사실**[기성 사실, fait accompli]**의 논리** 속에 자리 잡으면서 말이다. 이렇게 함으로써 그들은 생산양식에 대한 첫번째 관념, 역사적·우발적 관념으로부터 본질주의적이고 철학적인 두번째 관념으로 넘어간다.[34]

생산양식을 초역사적인 형식적 요소들 사이의 '조합'(combinatoire) (구조주의와 같이)이 아니라 '결합'으로 사고하려고 했던 『『자본』을 읽자』의 이론적 시도를 상기하면서도 알튀세르는 한 걸음 더 나아가 마주침의 유물론의 관점에서 맑스와 엥겔스의(따라서 자신의 이전 작업의) 본질적인 한계를 지적한다. 그것은 그들이 '프롤레타리아를 대공업의 산물'로 간주했다는 점이다. 왜 이것이 문제가 될까? 그것은 이러한 주장이 프롤레타리아의 '확대 재생산'을 '생산'으로 착각하고, 이렇게 해서 생산양식에 대한 역사적·우발적 관념에서 본질주의적이고 철학적인 관념으로 옮겨 갔기 때문이다.

이 대목에서 알튀세르가 설정하는 대립항들이 어떤 것인지는 분명하지만, 그것이 의미하는 바가 무엇인지는 뚜렷하지 않다. 따라서 다른 대목을 좀더 살펴볼 필요가 있는데, 바로 뒷부분에서 알튀세르는 자신의 논점을 다음과 같이 부연한다. "이 첫번째 관념에서 놀라운 것은, 명시적인 마

---

[34] Althusser, "Le courant souterrain du matérialisme de la rencontre", *Écrits philosophiques et politiques* Tome 1, éd. François Matheron, Stock/IMEC, 1994, p. 586(「마주침의 유물론이라는 은밀한 흐름」, 『철학과 맑스주의』, 85~86쪽. 번역은 다소 수정).

주침의 이론 이외에도, 모든 생산양식은 **서로 독립적인 요소들**로 구성되며 각각의 요소들은 자신의 고유한 역사의 결과들이고, 이 다양한 역사들 사이에는 어떤 유기적이고 목적론적인 관계도 존재하지 않는다는 생각이다. 이 관념은 **시초 축적**의 이론 속에서 절정에 달하는데, 맑스는 엥겔스한테서 시사를 받아서……『자본』의 진정한 핵심인 한 장을 작성했다."[35] 생산양식을 구성하는 요소들 사이의 독립성과 그러한 요소들의 고유한 역사성을 강조하는 이 대목은 『『자본』을 읽자』에서 알튀세르가 이론화하려고 했던 역사적 시간의 다수성의 논리에 비해 크게 달라진 점이 없다. 하지만 바로 뒤에서 새로운 관념이 나타난다.

우리는 거기에서 우리가 그 결과를 아는 역사적 현상, 즉 영국에서 일어난, 전체 농촌 주민으로부터 생산수단을 박탈한 현상, 그러나 그 원인들이 그 결과(résultat) 및 그 결과의 효과들과 무관한 현상이 산출되는 것을 본다. 그것은 넓은 사냥터들을 확보해 두기 위한 것이었는가? 아니면 양을 사육하려 끝없이 넓은 들판을 남겨 두기 위한 것이었는가? 폭력적인 이 박탈 과정의, 특히 그 폭력성의 지배적인 이유가 어떤 것이었는지를 확실히 알 수는 없으며, 더욱이 그것이 중요하지도 않다. 중요한 것은 이 과정이 발생했고, 궁핍한 일손을 찾는 '돈 많은 사람들'이 추정했던 그 과정의 가능한 목적에서 즉각 **일탈한** 하나의 **결과**로 귀착했다는 사실이다. **이러한 일탈은 이 과정의 비목적성의 표시**이며, 이 과정의 결과가, 그러한 결과를 가능하게 했지만 그 결과에 대해 전적으로 낯선 것이었던 한 과정 속에 기입되었다는 표시다.[36]

---

35) *Ibid*., p. 587(같은 글, 같은 책, 86쪽).
36) *Ibid*., p. 587(같은 글, 같은 책, 86~87쪽. 번역은 다소 수정).

영국에서 일어났던 인클로저 운동이 결국 자본주의 생산양식의 구성으로 귀결되었던 과정을 묘사하는 이 대목에서 알튀세르가 강조하고 있는 것은 이 운동을 발생시켰던 원인과 그 결과 및 효과 사이의 **괴리**, **일탈**이다. 인클로저 운동은 화폐 자본의 축적을 목적으로 수행된 것도 아니고 생산수단을 박탈당하고 또한 중세적 신분 관계에서 유리된 프롤레타리아를 형성하기 위한 것도 아니었지만, 결과적으로 이 운동은 자본의 축적과 이중의 의미에서 자유로운 프롤레타리아를 산출함으로써 자본주의 생산양식을 낳게 되었다는 것이다. 알튀세르가 이러한 괴리와 일탈을 강조하는 것은, 어떤 과정을 시작한 원인과 그 과정이 전개된 끝에 산출된 결과 사이의 이러한 괴리야말로 이 과정(더 나아가 모든 역사적 과정)의 근원적인 비목적성을 나타내는 표시이기 때문이다. 그리고 알튀세르에 따를 때 근원적인 비목적성이야말로 유물론의 진정한 징표라는 점을 감안한다면,[37] 이러한 괴리와 일탈은 역사를 유물론적으로 파악하려는, 따라서 유물론의 우위에 변증법을 종속시키려는 알튀세르의 관심에 잘 부합하는 것이라고 할 수 있다.

그렇다면, 알튀세르가 다소 엉뚱해 보이는 마주침의 유물론 내지 우발성의 유물론의 계보를 그리면서 이러한 유물론이야말로 진정한 유물론이라고 강조한 것을, 일부에서 주장하듯이 알튀세르가 말년에 비합리주의에 빠진 것으로 치부할 수는 없다. 그것은 오히려 변증법에 사로잡히지 않는, 따라서 **기존의 체계의 재생산의 원환에 사로잡히지 않는**[38] 돌발

---

[37] 알튀세르는 이러한 유물론의 기원(중 하나)을 스피노자에게서 찾는다. "나는 스피노자에게서 많은 영향을 받았다.……기원도 종말도 없는 이 사상보다 더 유물론적인 것은 없다. 나는 훗날 바로 이 사상에서, 역사와 진리를 목적도 없고……**주체**……**도 없는 과정**이라고 한 나의 명제를 끌어내게 되었다. 왜냐하면 목적을 근원적 원인으로(근원과 목적이 거울에 반사되는 것으로) 파악하기를 거부하는 것, 그것이 바로 유물론적으로 사고하는 것이기 때문이다." 알튀세르, 『미래는 오래 지속된다』, 권은미 옮김, 이매진, 2008, 287쪽.

(surgissement)의 가능성, 근원적으로 새로운 생성의 가능성을 모색하려는 시도의 궁극적인 표현이라고 할 수도 있다.

하지만 알튀세르 사고의 강점을 이해하려면 여기서 조금 더 나아가 봐야 한다. 위의 인용문 마지막 문장에서 알튀세르는 다음과 같이 말한다. "**이러한 일탈은 이 과정의 비목적성의 표시**이며, 이 과정의 결과가, 그러한 결과를 가능하게 했지만 그 결과에 대해 전적으로 낯선 것이었던 한 과정 속에 기입되었다는 표시다." 알튀세르는 일탈이 과정의 비목적성의 표시라는 점을 강조했지만, 문장 마지막 부분의 중요성을 간과해서는 안 된다. 알튀세르는 여기에서 어떤 과정에 의해 산출된 결과가, 그 결과에 대해 '전적으로 낯선 것이었던(était)' 그 과정 속에 '기입'(inscription)되어 있음을 지적하고 있다. 이러한 결과(가령 자본주의 생산양식 및 그 요소들인 자본가 계급과 노동자 계급)는 (알튀세르가 과거형 동사로 표현한 것처럼) 그 결과를 낳은 과정(이른바 시초 축적 과정)에 대해 처음에는 전적으로 낯선 것이었다(원래 목적했던 결과가 아니라는 의미에서, 우연적인 꼬임 또는 변용들에 의해 산출된 결과라는 의미에서). 하지만 이러한 결과가 산출된 이후, 이 결과는 이제 이 과정 속에 **기입되어 있다**. 곧 이 결과는 이 과정의 재생산 메커니즘 속에서 이 과정의 일부로, 이 체계의 일부로 계속해서 재생산되고 있다. 따라서 알튀세르에 따르면 어떤 결과, 어떤 요소가 어떤 체계의 한 요소로 생산되는 과정과 그러한 체계가 성립한 이후 이 요소가 그 체계의 요소로 재생산되는 것은 엄밀히 구별되어야 할 두 가지 상이한 사태, 두 가지 상이한 논리이며, 양자를 혼동하는 잘못을 범해서는 안 된다. "프롤레타리아의 생산을 사고한다고 믿으면서 실은 그것의 **재생산**을 사고함, 프롤레타

---

38) 알튀세르가 "변증법은 **의심스러운 정도를 넘어서 해롭다는 것**, 즉 항상 다소 목적론적"(『철학에 대하여』, 153쪽)이라고 주장하는 것은, 그가 변증법은 기본적으로 재생산의 논리라고 보기 때문이다.

리아가 형성되어 감(devenir-accompli)을 사고한다고 믿으면서 실은 형성된 사실을 사고함⋯⋯."[39]

이것은 결국 마주침의 유물론 내지 우발성의 유물론에서 알튀세르가 고심했던 문제는, **어떤 체계 속에 존재하지만 그 체계로 환원되지 않는** 요소, 그 체계의 재생산 과정 속에 포함되어 있으며 또한 그러한 재생산을 **통해서만 실존할 수 있지만, 그러나 동시에 그 재생산에 대해 이질적으로 남아 있는** 요소, 따라서 그 체계의 바깥에 있는 요소를 어떻게 사고할 것인가라는 문제였다는 것을 의미한다. 좀더 분명히 말한다면 이것은, 프롤레타리아가 (또는 프롤레타리아로 실존하는 대중masses은[40]) 자본주의 생산양식의 구성적인 요소로서, 그 체계의 재생산 과정 속에서 실존할 수밖에 없지만(따라서 변증법적 모순은 역사의 운동을 이끌어 가는 기본 동력이다), 동시에 그 체계로, 그 체계의 재생산 과정으로 환원될 수는 없으며, 환원되어서도 안 된다는 알튀세르의 지속적인 이론적 입장의 표현인 것이다. 이런 의미에서 본다면 알튀세르가 "우연을 필연의 양상 또는 필연의 예외로 사고할 것이 아니라, 필연을 우연적인 것들의 마주침이 필연화되는 것으로 사고해야 합니다"라고 역설할 때 또는 "모든 형태에 대해서 무가 우선하며, 현존에 대해서 부재가 우선"한다고 주장할 때, 더 나아가 "모든 것이 '최종 심급에서' 결정적일 수 있"[41]다고 단언할 때, 그는 다른 이야기를 하고 있는 것이 아니다.

---

39) Althusser, "Le courant souterrain du matérialisme de la rencontre", *Écrits philosophiques et politiques* Tome 1, p. 587(「마주침의 유물론이라는 은밀한 흐름」, 『철학과 맑스주의』, 87쪽).
40) 주지하다시피 알튀세르가 「이데올로기와 이데올로기적 국가장치들」 또는 『재생산에 대하여』 이후에 줄곧 강조했던 것은 주체가 아니라 '대중들이 역사를 만든다'는 점이었다.
41) 알튀세르, 「철학과 마르크스주의」, 『철학에 대하여』, 43~45쪽.

5. 맺음말

마주침의 유물론 내지 우발성의 유물론이 구조 인과성과 어떤 관계에 있는지, 그것이 어떤 정치를 낳을 수 있는지, 또한 이데올로기론에 대해 그것이 어떤 함의를 갖는지를 보여 주려면 아직도 많은 점들이 설명되고, 보충되고, 더 나아가 비판되고 변용되어야 할 것이다. 하지만 한 가지 분명하게 말할 수 있는 것은 그것이 알튀세르가 생전에 자신의 이름으로 출간하고 발표했던 저술들 속에 담긴 작업, 맑스주의 변증법의 고유성을 사고하려는 작업과 전적으로 다른 것은 아닌, 또는 적어도 그것과 이론적인 연속선상에 있는 시도라는 점이다. 더욱이 철학자로서, 맑스주의자로서 알튀세르의 가장 비범한 측면이 그의 비교조적인 사고 양식, 가장 이단적인 방식으로 맑스주의를 쇄신하고 구원하려고 했던 그의 사고 양식이었다는 점을 감안하면, 이것은 가장 알튀세르다운 시도, 알튀세르식으로 일관된 시도였다고 할 수도 있을 것이다.

3장 맑스주의 역사학, 건설 중인 역사학[*]
―알튀세르와의 대화

피에르 빌라르
안준범 옮김

역사를 연구하는 업계의 사정은 새로운 것을 기꺼이 혁신으로 여긴다는 점에서 세척제를 만드는 업계와 공통점을 갖고 있다. 다른 점도 있는데, 상표들이 전혀 보호되지 않는다는 점이다. 아무나 역사가라고 자처할 수 있다. 거기에 '맑스주의자'라고 첨언할 수도 있다. 누구든 아무것이나 '맑스주의적'이라고 규정할 수도 있다.

하지만 맑스주의 역사가가 되는 것은 말할 것도 없고, 역사가가 되는 것만으로도 어렵고 드문 일이다. 사실 이 말에는 과학의 주제들 중에서도 가장 복합적인 주제인, 인간들 사이의 사회적 관계들과 이 관계들의 변화의 양상들이라는 주제에 정교한 이론적 분석 양식을 엄밀하게 적용한다는 함의가 담겨 있어야만 할 것이다. 이와 같은 정의가 요청하는 것들이 과연 충족된 적이 있었느냐는 자문을 던져 볼 수 있을 만큼 말이다. 에르네스트 라브루스는 자주 이렇게 말하기를 즐겼다. "역사는 아직 쓰이지 않았어." 자극적이면서 동시에 위협적인 말이다. 역사 개념이 건설되어야 할 것으

---

* Pierre Vilar, "Histoire marxiste, histoire en construction: Essai de dialogue avec Althusser", *Annales: Économies, Sociétés, Civilisations* Vol. 28 Nº 1, Année 1973, pp. 165~198.

로 남아 있다는 것을 우리에게 환기시켜 준 이는 루이 알튀세르다.

우리가 잠시 야심을 누그러뜨려 본다면, 모든 것을 다 고려해 보더라도, 사유와 행위 사이에서, 이론과 경험 사이에서 이루어지는 대화의 결과들은 삶의 실천에도 느리게 등록되지만 과학의 실천에도 역시 느리게 등록될 따름이라고 생각하게 된다. 그러니 우리 주변을 살펴보면서, 오늘날 역사가들이 쓰는 역사는(카스텔로M. Castelot를 뺀다면) 투키디데스로 소급되는 레몽 아롱 풍의 역사보다는 맑스(혹은 이븐 할둔Ibn Khaldun) 풍의 역사를 훨씬 더 닮았다는 점을 확인해 두자.

여기서 내가 말하려는 것은 비록 거의 강조되지 않지만 주목할 만한 것인바, 오랫동안 맑스에게 쏟아진 멍청한 낡은 반박들은 저급한 논쟁 수준에서만 겨우 제기된다는 명백한 사실이다. 심지어 노벨상을 수상했다는 이들마저 그런 저급한 논쟁으로 퇴보하는 일이 벌어진다. 우연 대 필연, 자유 대 결정, 개인 대 대중, 정신적인 것 대 경제적인 것. 오늘날의 역사가는 이런 항들을 대립시키는 것이 아니라 결합하는 데 시간을 쓴다. 역사가의 분석에 최근 도입된 새로운 도구나 새로운 형식은, 이것이 언어학적이든 정신분석학적이든 경제학적이든 간에 근본적인 가정에서 벗어나진 못한다. 역사의 주제는 구조화되며, 사유 가능하고, 다른 현실들이 다 그렇듯이 과학적으로 파고들 수 있다는 가정에서.

맑스는 결코 다른 것을 말하지 않았다. 이 대목에서 무언가 다른 반론이 그에게 가해진다면, 그건 과거의 반론들과는 대척점에 서 있는 '과잉 유물론' 또는 '반-인간주의'라는 이름으로 이루어진다. 그렇다고 해서 이 과거의 반론들이 속류(또는 원한다면 지배라고 해도 좋을) 이데올로기 안에서 흔한 지식으로 통용되지 못하는 것은 아니다. 이런 점들로 인해 어떤 역사가들은 스스로 생각하는 것보다 더 맑스주의적이고, 어떤 역사가들은 스스로 상상하는 것보다 덜 맑스주의적이다.

이런 조건들 안에서 역사란 기이한 '과학'이라고 사람들은 우리에게 말할 것이다. 역사는 구성 중에 있는 과학이라는 것은 맞는 말이다. 하지만 **모든** 과학이 **항상** 구성 중에 있다. '인식론적 문턱'(seuil épistémologique)이라는 개념은 정신의 건축물들이 실재의 구조들에 적합해지는 일련의 계승들을 구분하는 데 사용되는 한에서 요긴하다. '인식론적 단절'(coupure épistémologique)이라는 말은 '비-과학'에서 '과학'으로 난폭하게 넘어갈 수 있다는 것을 시사하는 한에서 위험하다. 맑스는 그것을 알고 있었으니, 자신이 행한 발견의 최소한의 맹아들을 가장 먼 과거 안에서 열정적으로 찾으려 했던 이가 맑스였다. 게다가 그는 과학에서 예비적인 또는 부분적인 발전들의 가능성을 자신의 발견에 종속시키지 않았다. "독창적인 건축가로서의 과학은 성들을 허공에 짓기만 하는 것이 아니라, 심지어 초석을 놓기도 전에 거주할 수 있는 층들을 건설한다."[1)]

모든 것이 맑스에게서 시작된다는 구실을 내세워 정작 모든 것을 자신으로부터 시작하게 만들려는 자들에게, '초석'에 모종의 마력을 부여한 연후에 건물의 층들을 허공에다 건설하는 것을 거듭 정당화하는 데 급급한 자들에게, 방금 인용한 『정치경제학 비판을 위하여』의 구절을 상기시키자.

맑스에 의해 제기된(그리고 언젠가 인간 사회들의 메커니즘들을 장악하리라는 희망을 갖고 이 메커니즘들을 해명하는 데 관심을 둔 모든 이들에 의해 제기된) 문제는 이 사회들에 대한 과학의 건설이라는 문제인데, 이 과학은 견고한 공통의 이론적 셰마 덕분에 **일관성**을 지니며, 그 어떤 유용한 분석

---

1) 칼 마르크스, 『정치경제학 비판을 위하여』, 김호균 옮김, 중원문화, 1988, 46쪽[이 글의 원문에는 주석이 달려 있지 않다. 하지만 이 글의 영어 번역인 Vilar, "Marxist History, a History in the Making: Towards a Dialogue with Althusser", *New Left Review* No. 80, July-August 1973에서는 인용문에 대한 문헌 주를 달아 인용된 문헌의 서지 정보를 알려 주고 있는데, 본 번역에서도 영어판을 참조해 문헌 주를 작성했다].

지형도 관할 바깥에 내버려 두지 않는다는 점에서 **총체성**을 지니며, 영원히 정적인 것은 없으니 변화의 원칙만큼 발견에 요긴한 것은 결코 없으리라는 점에서 **역동성**을 지닌다.

이러한 의미에서, 본 연구의 초입에, 역사 연구는 과학 이전의 지위에 있더라도 반드시 불모의 경험주의에 헌신하게 되어 있는 것은 아니라는 점을 확인하는 것이 적절하다면, 충분히 과학적인 역사 연구 프로그램은 이 말의 맑스주의적인 의미에서라면 여전히 완수해야 할, 아니 그 윤곽을 그려야 할 과제라는 점을 인정하는 것 역시 그에 못지않게 긴요하다. 그 과제에 착수하는 것이 여기서 우리에게 주어진 기회다. 우선 모델들이 존재하는지를 묻고, 이어서 그 모델들을 제시하는 것이 과연 얼마나 가능한지를 물으면서.

1. 역사가 맑스

첫 질문은 자연스러워 보인다. 맑스주의 역사가의 원형은 맑스 본인인가? 맑스가 "나는 맑스주의자가 아니야"라고 즐겨 말했다는 것은 누구나 알고 있다. 그렇다고 해서 맑스에게 맑스주의를 가르친다는 것이 위험하지 않은 일인 것은 아니다. 맑스가 역사가로서의 작업을 했다면, 이런 작업이 그 자신의 사유 규범에 부합하지 않으리라고 상상하기는 어렵다. 우리에게는 오직 이런 질문을 던질 권리만 있다. 과연 그가 역사가이기를 **원했던가**? 과연 그가 '역사' 서술을 **시도했던가**?

이러한 정식화는 맑스가 인식론자가 아니니 아마도 부질없는 것이리라. 그는 자신의 방법을 실천하는 중에 그 방법을 발견한다. 우리는 그의 실천 안에서만 저 방법을 발견할 수 있다. 그런데 역사가로서의 그의 실천이 펼쳐지는 경우는 너무 다양해서 이 실천에는 단 하나가 아닌 여러 유형의 분석들이, 단 하나가 아닌 여러 층위의 정보와 성찰이 포함된다.

방대한 시사 논설들과 서한들에서 맑스는 부단히 그 말의 일상적인 의미에서 '역사에 대해' 쓰고 있다. 그는 마치 '정치에 대해 말하는' 것처럼 '역사에 대해 말하는'데, 그의 유일한 관심은 확실함을 확정하는 것이 아니라 오늘날 운위되는 것 같은 '작용 가능한' 일련의 개연성들을 확정하는 것이다. 이것은 "미래의 불확실함을 과거로 돌리는" 즐거움(레몽 아롱에 따르면 역사가를 정의하는 그것)에서 비롯되는 것이 아니라, 오히려 미래와 과거 모두에서 그 불확실의 장(場)을 축소시키려는 희망을 품고 이루어지는 것이다. 이것은 아직 '과학'에 속하지 않는다. 맑스는 그 점에 관해 어떤 미망에도 빠지지 않는다. **정치적으로** 올바르게 사유하는 것이 곧 **역사적으로** 올바르게 사유하는 것이라는 점을 고려한다면, 이것은 특이한 효력을 발휘하는 사유 연습이다.

이것은 경험적인 연습일 뿐으로, 부단히 사례와 논증을 왕복하는 연습이고, 정치가들과 역사가들이 (잘하지는 못하지만) 항상 실천하는 연습이다. 그들이 이 연습을 탁월하게 해낼 때, 정치가들은 유효한 행위를 하게 되며 역사가들은 선명한 논증을 하게 된다. 그러나 그런 경우는 드물다.

논란의 여지가 없는 천재성을 지닌 맑스와 관련해서, 문제는 그가 이러한 전통적이고 직관적인 실천을 **넘어섰는**지를, 이러한 실천에 **무언가**를 추가했는지를 아는 데 있다.

경제학과 광의의 사회학의 장 안에서 이루어진 그의 발견은 어느 정도나 **사건**에 대한 그의 해석과 예견을 고무하는가? 이 '사건'은 물론 역사의 전부는 아니며 역사의 모든 것에 대한 '설명'을 정립할 수도 없다. 오히려 사건 그 자체가 '설명되어야' 하고, 그게 아니라면 적어도 계량화될 수 있는 다량의 사실들의 네트워크 안에 정확히 배치되어야 한다.

사회들에 대한 이론으로부터, 이 네트워크의 논리와 네트워크 변동들의 동학에 대한 정신적인 건축물로부터 어떻게 과거와 현재에 대한 체계적인 관찰의 원칙을 끌어낼 것인가? 이 관찰은 전문 역사가나 사회학자의 정당한 호기심에 부응할 뿐 아니라 행동하는 인간의 기대에도 부응한다.

맑스는 그 점에 관해 매우 느슨한 원칙들만을 주었다. 그 원칙들의 공식을 되풀이하기보다는 어디에서, 언제, 어떻게, 어느 정도로 그가 원칙들의 적용 사례를 제시하는지를 연구하는 것이 더욱 유용할 것이다. 맑스의 저작 전체를 놓고 시기순으로, 맑스의 역사 어휘들에 관해 이 어휘들을 비교하고 용례를 검토하는 가운데, 또한 이 어휘들의 틀을 이루는——명시적이든 암시적이든——논리적 전제들을 검토하는 가운데, **영속되는 것들**과 **폐기되는 것들**을 그리고 **획득되는 것들**과 **변경되는 것들**을 추적하는 것이야말로 우리가 아는 한 아직 착수된 적 없는 대단히 근사한 작업일 것이다.

맑스 저작집의 거의 모든 판본이 그 저작들을 분리해서 다루며, 저작들의 연보에 혼선을 가져오고, 저작들의 내용과 '장르'('경제학적인', '정치학적인', '철학적인' 저작들 등등) 사이에 구별을 둔다는 것은 '맑스학'**뿐** 아니라 인식론에도, 무엇보다도 역사에 유감스러운 일이다. 맑스의 힘은 그가 문제들을 다룰 때 모든 측면들**하에** 이 문제들을 다루는 데 있는 것이 아니라 모든 측면들의 상호 연관을 **통해** 문제들을 다루는 데 있으며, 그의 가르침은 이러한 결합들을 잇달아 파악하는 데서 나오는 것임이 분명하다.

너무나 자주, 이런 **연구**에 매진하는 대신에, 어떤 편지에서, 어떤 논쟁에서, 어떤 사람에 대한 평가나 어떤 이에 대한 말을 추출하는 짓이 벌어진다. 이것은 맑스의 적들이 선호하는 기법이다. 이자들을 비난할 수 있으려면 맑스주의자들은 저들이 하는 기법과 동일한 방식들을, 즉 거두절미된 인용을 늘린다거나 문구들을 그 맥락에서 떼어 낸다거나 더 최악으로는 맑스의 역사적-정치적-논쟁적 스타일의 도저히 흉내 낼 수 없는 화려함을 모방하느라 애쓰는 그런 방식들을 철저하게 피했어야 한다. 맑스주의 역사학의 진전은 분명히 이런 방식을 따라 이루어지지는 않는다.

진의를 이해해 준다면, 나는 역사가로서의 맑스를, 요즘—특히 프랑스에서—그렇게 하듯이, 너무나도 『1848년에서 1850년까지의 프랑스에서의 계급투쟁』, 『루이 보나파르트의 브뤼메르 18일』, 『프랑스 내전』에서만 찾으려는 것을 그만두라고 감히 주문하겠다.

물론 언론 지면에 실린 덜 다듬어진 논설들에 비해 '맑스주의적'인 성찰의 정점을 더 잘 확인할 수 있는 텍스트들이 따로 있다. 분석과 전투를 동시에 수행하는 이 텍스트들에서, 아직 종결되지 않은 정치적 사태들의 반향과 결론과 전투적 교훈이 제시된다. 이 텍스트들에서 맑스는 혁명적 사상의 거장의 면모를 보인다. 이 텍스트들은 역사에 복무해 왔고 역사학에 복무하고 있다. 이 텍스트들은 한 사회의 구조들에 대한 날카로운 관찰들에 시사와 사건을 연결한다. 이 텍스트들은, 모든 과학적 분석이 그럴 수 있으며 그래야 하듯이, 우리가 행동을 담지한다고 규정했던 그런 분석 유형에 의문의 여지 없는 모범이 된다. 하지만 역사를 이렇게 실천하려면 레닌이라는 이름이 필요하다.

연구를 나날의 업으로 삼는 신중한 연구자인 직업적 역사가—도대체 이들이 없다면 분석이라는 게 어떤 기반 위에서 이뤄지겠는가?—는 이런 장르의 시론들에 서툴 것이다. 반면에 역사가는 자신의 **직업**과 관련해서 맑스의 저작 **전체**로부터, 특히 아마도 자신에게 가장 어려운 부분들로부터, 요컨대 그에게 익숙한 전형적 양식에 (외관상) 가장 부합하지 않는 부분들로부터 배울 게 많다.

『정치경제학 비판을 위하여』(1859)의 2장(후일 『자본』으로 이어질 최초의 시론이 중단되는 지점)을 예로 들어 보자. 여기서 문제가 되고 있는 것은 **화폐**의 신비한 매개 역할을 '상품'에 관한 서술과 '자본'에 관한 서술 사이에서 서술하는 것이다. 맑스는 1장의 마지막 부분에서 리카도의 시도 이후에 이론적으로 긴요해진 네 가지 개념을 열거했다. 임금 노동, 자본, 경쟁, 지대. 그는 여기에 화폐를 포함시키지 않았다. 심지어 그는 화폐에 관한 장을 시작하면서 화폐로 인해 속출했던 숱한 이론적 허위의 노고들을 조롱한다. 그는 그렇게 이 지점에서, 시작 지점에서, 엄밀한 개념화를 피하는 걸로 보인다. 그는 ('화폐란 지불 수단이다'라는 정의처럼) 동어반복에 불과할 정의를 모두 거부한다. 그는 부분적인 정의로는 화폐의 모든 역할과 형태를 포괄하지 못한다는 것을 알고 있으며, 이 역할과 형태 전부를 차례차례 조사하고자 한다. 그는 교조주의를 경계하기에, 예컨대 "화폐는 상품일 수밖에 없다"라고 말하지 않고, "화폐의 기원이 상품에 있음을 이해하는 순간 우리는 화폐 분석의 주요 난점을 극복했다"[2]라고 말한다.

그렇지만, 화폐의 **기원들**에 관한 이러한 언급에도 불구하고, 맑스는 아리스토텔레스 이래로 고전이 된 **의사-역사적인** 서술을 거부하는데, 이 서술은 이 기원들의 실제 과정을 서술하는 대신에 물물 교환에 견주어 화폐가 지닌 편리함의 단순 논리를 서술한다. 여기서 맑스가 원시 회폐라는 것에 대한, 그리고 금속 화폐 주조로의 이행에 대한 **박학한 서술**을 시도할 거라고 예상할 수도 있을 것이다. 하지만 맑스는 박학이 설명을 대체할 우려가 있는 그 순간, 박학을 몹시 경멸한다.

마지막으로, 그 장의 서두와 각 절의 서두를 읽어 보면, 무엇보다도 『자본』 안에 들어와 있는 그대로의 압축된 내용을 읽어 보면, 경제학자 맑스가 자신의 가설들의 추상성과 순수 논리에 갇혀 있지는 않지만 그래도 역시 역사적인 서술을 자신의 성찰의 원천으로 여기지는 않으며, 따라서 역사가에게 주는 가르침도 별로 없다고 생각하기 쉬울 것이다. 하지만 그는 우리에게 미리 알려 주고 있다.

---

[2] 마르크스, 『정치경제학 비판을 위하여』, 53쪽.

물론 서술 방법은 **형식적으로** 연구 방법과 구분되어야 한다. 연구는 소재를 자세히 검토하고 그것의 발전 형태를 분석하여 그 내적 연관을 찾아내야만 한다. 이 작업을 모두 마친 **뒤에야 비로소** [현실의] 운동이 서술될 수 있다. 그런 모든 것이 다 이루어져서 이제 소재의 생생한 모습이 관념에 반영된다면, 이 **영상**(mirage)은 하나의 **선험적** 구성과 관련된 것처럼 보일 수도 있다.[3]

이제 **연구의 단계**에는 의심의 여지 없이 **역사가의** 작업이 포함된다. 그래서 나는 즉각 부언한다. 피상적인 작업이 아니라, 간접적인 작업이 아니라, 역사 소재에 직접 파고들어 가는 작업이라고. 이런 부언을 덧붙인 것은 저 조급한 맑스주의자들을 위해서다. 문학이나 사회학 연구자인 이들은 역사가의 작업들의 '경험주의'를 오만하게 깔보면서도 두세 권의 교과서에서 끌어온 (짧은) 역사 지식에 근거하여 자신들의 (긴) 분석을 정립한다. 그에 반해, 맑스는 역사에 관한 암시 없이 130쪽에 달하는 원고를 쓰고 있지만, 이것은 20년에 걸친 진정한 **역사 연구**의 대미였다. 바로 이 점을 간파해야 하고, 그러려면 역사가여야 한다.

1859년에 화폐 문제를 다루기 위해 맑스는 1857년 위기에서 화폐와 관련되어 있던 측면들을 1858년에 간행된 전문 저작들이나 『이코노미스트』(*Economist*) 최근호들과 대조하며, 또한 플라톤과 아리스토텔레스를 대조하고 크세노폰과 플리니우스를 대조한다. 이것은 저널리즘도 아카데미즘도 아니다. 맑스는 자신이 살던 시대와 문화를 구현하고 있다. 하지만 화폐의 역사의 큰 흐름 중 그 어떤 계기도 그는 간과하지 않는다. '은행

---

[3] 마르크스, 『자본: 경제학 비판』 I-1, 강신준 옮김, 길, 2008, 60쪽[번역은 부분적으로 수정했으며, 인용문에서 강조 표시가 되어 있는 부분 중 '형식적으로'와 '선험적'은 맑스가, '뒤에야 비로소'와 '영상'은 빌라르가 강조한 것이다].

법'을 둘러싼 1844~1845년의 의회 논쟁을 열심히 관찰한 그는 '통화주의'와 '은행주의' 사이에서 벌어진 논쟁의 모든 것을 알고 있다. 풀라턴(John Fullarton)과 토런스(Robert Torrens)의 독자이며, 투크(Thomas Tooke)의 『물가사』(History of Prices)에 탄복하며, 좋건 나쁘건 경제학 저술이라면 닥치는 대로 읽어 치우는(그는 면밀하게 읽은 뒤에야 비로소 가차 없는 비판을 가한다) 그는 분쟁의 기원들로, 즉 보즌켓(James Whatman Bosanquet)과 손튼(Henry Thornton)에게로, 뿐만 아니라 리카도에게로 소급해 올라간다. 그리하여 그는 1797~1821년의 영국의 화폐 사정과 1688~1720년의 화폐 사정의 긴밀한 유사성을 파악하고, 또 파악하게 만든다. 요컨대 로크와 론데스(William Lowndes)의 토론은 맑스에게는 페티(William Petty)와 차일드(Josiah Child)로 소급해 가는, 또 버클리(George Berkeley)와 스튜어트(James Steuart)와 흄(David Hume)에게로 내려가는 기회가 된다. 이 영국의 17~18세기 지형에서 그는 **당대의 원전들을** 모두 읽었다. 게다가 영국의 지형에만 국한되었던 것이 아니다. 보방(Sébastien Le Prestre de Vauban)과 부아기유베르(Pierre Le Pesant de Boisguilbert)도 그에겐 익숙했다. 그는 프랑스의 아시냐 지폐를 짧게 거론하면서 통화 인플레의 가능한 형태들 중 하나를 정의한다. 쿠스토디(Pietro Barone Custodi)의 논집은 맑스에게 이탈리아 학계를 열어 주었는데, 그 안에는 카를리(Gian Rinaldo Carli), 베리(Pierto Verri), 몬타나리가 있었고, 그는 (정당하게) 갈리아니(Ferdinando Galiani)를 선호했다. 화폐와 금과 은을 대하는 16세기의 태도에 관해, 그는 루터뿐만 아니라 페드로 마르티르 데 앙글레리아(Pedro Mártir de Anglería)도 인용하며 카스티야의 코르테스(Cortes Castillanes)에게서도 인용해 온다. 그는 독일과 보헤미아의 광산들에 관한 낡은 조약들을 읽었다. 그는 중세의 통화 조작들을 알고 있다. 그는 바르바리 지방이나 앙골라에서 이상적 화폐를 찾는 자들을 조롱하지만(실제로 그는 자신들이 말하는 바에 대해 무지한 자들이라고 이들을 비난한다), 그 자신은 잉카의 회계 방식이나 중국의 지폐에 관해 조사하는 것을 빠뜨리지 않았다.

이 밀도 높은 역사 소재 자체가 '역사적으로' 검토되지 않는다는 것은 사실이다. 이는 『자본』의 화폐 장에서 사라질 ─ 또는 거의 사라질 ─ 것이다. 더구나 『자본』 전체를 놓고 보면, '잉여가치 이론들'의 역사가 이 저작의 일부로 마련된 것임에도 불구하고, 「서문」의 유명한 언급에 기대어 "역사적 사실들"은 "예증"으로 제시될 뿐이라는 점을 인정하는 것이 (다소 지나치게?) 상투적으로 되었다.

2. 경제 이론

우리는 여기서 중심적인 문제에 다가선다. 그것은 역사 지식과 경제 지식의 관계들이라는 문제요, 역사 연구와 이론의 역할 ─ 경제학자에 의해 부여된 역할 ─ 의 관계들이라는 문제다. 이 문제는 물론 맑스주의 역사가에게 요구되는 성찰을 다 포괄하지는 못한다. 사실 역사 유물론은 경제 결정론이 아니며, 거의 한 세기에 걸친 몰이해의 여파가 여전하지만 그래도 이제는 이것이 알려지고 있다. 자신의 목표를 가장 높은 이론 수준에(실은 『자본』 검토에만 근거하여) 두었던 알튀세르에게도, '근대' 경제학자들과 전문 경제사가들과 맑스주의 역사가들과 일반 역사가들 사이에서 40년간 이어져 온 토론에서도, 역사와 경제 사이에서 상정되는 문제는 항상 현존하며 뇌리를 떠나지 않는 것이자 논의의 진전을 무화시킬 수도 있는 결정적인 문제로 여전히 남아 있다. 또한 숙고해 보니 잘못 제기된 문제라고 말한다고 해서(설혹 이게 맞는 말이라고 해도) 치워 버릴 수 있는 것도 아닌 문제로 남아 있다.

만약 맑스가 보기에 역사란 사실들의 집성일 뿐이었고, 이 사실들은 일단 이것들이 이론에 시사하는 바를 활용한 뒤에는 서술에서 제거해도 되는 것들이었다면, 그리고 기본 이론이란 오직 '경제 현상'을 더 잘 해석하는 것을 지향하게끔 되어 있었다면, 우리 중에 맑스주의자가 과연 얼마나 되겠는가!

'구조'와 '체계'에서 프랑수아 페루(François Perroux)가 보는 것은 **역사의 소재를 다듬어서** 사용할 만한 것으로 만들어 내는 분석적이고 해석적인 도구들이다. 여기서 발터 오이켄(Walter Eucken)이 보는 것은 "**역사적 사건들에 대한 경험적 관점**과 관계들의 이해에 필수적인 일반적 이론 분석 사이의 견고한 연계"이다.

피에르 쇼뉘(Pierre Chaunu)는 언젠가 역사란 무엇보다도 '보조 과학'에 불과하며 이는 이론적 정당화가 곤란한 경제학자들에게 통계적 계열들을 제공하는 걸 지향하는 과학이라 썼던 적이 있다(정말로 그는 이렇게 믿었을까?). 쿠즈네츠(Simon Kuznets)와 마르크제프스키(Jean Marczewski)가 권장했던 것은 '계량사'였는데, 한 국가의 생산물과 그 총량 사이의 이론적으로 인정되는 관계들이 생산물의 흐름을 평가할 수 있도록 해주며 동시에 사후 통계의 빈 곳을 메울 수 있도록 해주는 것이 그들의 계량사이다. 한편 신경제사는 발라(Léon Walras)의 분석을 미국사의 구체적인 사정들에 적용하는데, 역사가들의 경제적인 논증이 근거 없는 것임을 입증하여 역사가들에게 통용되는 명제들을 교묘하게 뒤엎는다.

이 모든 경우에서, 경제학자는 '소스'로서 또 '소여'로서의 역사에서 출발하며, 자신의 결론들에서 다시 역사로 돌아간다고 생각한다. 건설적이든 비판적이든 '도구'로서의 이론을 사용하면서 말이다. 역사가는 이 같은 시도들에 초연할 수 없다. 피상적으로 검토하면 (경제 이론들이 다양하긴 하지만 여하튼) 이런 시도들이 사용하는 방법들이 맑스의 방법들과 동일한 성격을 가지며 동일한 영감을 불어넣는다고 생각할 수도 있을 것이다.

이 점에 대해 판단하기 위해서는 '새로운' 경제사의 다양한 주장들 사이에서 대부분 명시적으로 정식화되지는 않지만 공통적인 인식론적 전제들에 해당하는 것을 추출해 내야 한다.

이 주장들은 모두 '역사적인 것'을 있는 그대로의 소여라 간주한다. 이론화를 허용하는 것은 오직 '경제적인 것'뿐이다. 역사적인 것 전체 중에서 어떤 유형의 사실이나 사정이 선정되어 경제적이라고 정의되거나 **알려져 있는** 법칙들을 따른다고 가정된다. 이런 조건들 안에서는 구체적인 사례에 대한 조사로 해명할 수 있는 것은 구체적인 사례 그 자체일 뿐이라는 점을 즉각 지적하자. '모델'에서 너무 벗어나게 되면 '외생적인' 요인들이나 '역사적인'(이 경우엔 '우발적인'과 등가인) 요인들을 내세운다. 경제적인 것이 제대로 분석되지 않은 논증들을 일단 제외한다면 경제학자가 역사에 도움을 줄 수 있다는 점에는 의문의 여지가 없다. 하지만 경제학자는 잘못된 견해들을 **대체하는** 것이 더욱 중요한 일임에도 불구하고 그러는 법이 거의 없으며, **이론을 다시 검토하는** 것이 과학적으로 더 흥미로운 일임에도 불구하고 그러는 법이 거의 없다.

조금 더 오래되고 더욱 공공연하게 경험주의적인 사유 방식을, 최근의 비평들에 의해 다시 현실성을 띠게 된 프랑수아 시미앙(François Simiand)의 사유 방식을 상기해 볼 수 있다. 그의 사유 방식에서는 사실들에 대한 조사가 반드시 이론보다 먼저 이루어져야만 하고, 사실의 선정은 경제적인 것에 국한되지 않았다(오히려 그는 일종의 **사회학**을 정립하고자 했다). 따라서 원리상으로는 가설 없이 출발하는 것이었다. 하지만 명시적으로 정식화되지 않은 가설보다 더 음험한 것은 없다. 실제로 시미앙의 통화주의적인 결론들 안에는 일종의 가격 이론이 들어 있다. 이 경우에 그의 기획의 평판을 위태롭게 하는 것은 **이론의 약점**이었다.

오늘날의 실천들, 어제의 실천들, 더 먼 과거의 실천들. 이 모든 것보다 앞서는 맑스의 실천은 유사한 것인가 다른 것인가? 그것은 더욱 넓은 지평을, 또한 그만큼 정밀한 계산을 약속했는가, 그리고 여전히 약속하는가?

역사가가 우선 자문할 것 — 또는 역사가에게 묻는 것(지난 6~7년간 젊은이들이 왕성하게 물었던 그것) — 은 루이 알튀세르에 의해 개시된, '역사 개념의 건설'을 주장하는 인식론적 비판이 과연 역사가들 자신의 직업적인 습관에서 비롯되는 갈등의 해결에, 역사가들이 경제학자들의 명제들과 빚는 갈등의 해결에, 역사가들과 맑스의 갈등의 해결에 도움이 되는가 아닌가이다.

3. 역사와 이론: 알튀세르의 비판

알튀세르는 자신의 의도가 순전히 철학적인(즉 **이론적인**) 것임을 강조하긴 하지만, 자신의 작업이 역사가들과 경제학자들에게도 흥미로운 것이라고 생각한다. 먼저 맑스를 이 분과 학문들의 **과학적인 토대**를 **최초로** 발견한 이로 열정적으로 찬양하고 나서 곧이어 맑스 본인조차 이런 발견을 몰랐으며 심지어는 말하지도 못했다는 점을 정중하지만 단호하게 확언할 때, 사실 그가 문제 삼는 것은 바로 이 역사가들과 경제학자들이며, 바로 이들 분과 학문의 정당성인 것이다.

여기서 '새로운'이라는 말은 마치 '새로운 계량사' 또는 '새로운 경제사'에서처럼 특별한 강조와 더불어 구사되는데, 맑스의 경우에는 100년 전으로 거슬러 올라가는 것이지만 그렇다고 사태가 달라지는 것은 없다. 왜냐하면 100년 전에 그의 새로움은 너무나 '새로운' 것이었는지라 심지어 맑스 자신도 그 새로움을 파악할 수 없었기 때문이다. 이 새로움은 최근의 '지식의 역사들'에 의해 철학자에게 제시된 기준들에, 시간을 훌쩍 앞질러, 부응했던 것임을 이해해야 한다고, 나는 생각한다.

'카이사르의 아내'가 의혹을 살 행위를 해서는 안 되는 사람이듯이, 과학적 인식은 이데올로기나 경험주의로 의심받아서는 안 된다. 구체적인 것과 '역사의 사실들'에 호소하는 경험주의적인 비-맑스주의적 경제학자들이 순박한 인간학에 불과한 것을 이론으로 수립했다는 점을 알튀세르는 쉽게(불행히도 사례에 근거하기보다는 암시하면서) 논증한다. 전통적으로 '명확한' 사실들에 관심을 두거나 또는 풍부한 복원들에 자부심을 갖는 역사가들은 자신들의 과학의 대상을, 특히 자신들이 단순한 선형적 '소여'로 간주하는 **시간**을 결코 이론적으로 확립하지 못했다는 점도 역시 쉽게(비록 언제나 암시적으로이지만) 논증한다.

맑스주의 과학의 성립에 알튀세르가 유력하게 기여한 것 중에서 역사가에게 건설적이고 유용한 요소들에 대해서는 적절한 지점에서 후술하겠다. 이에 못지않게 유용한 것은 과학적인 정복의 다양한 단계에서 구성된 '거주할 수 있는 층들'을 조금은 너무 쉽게 무화시키는 시도(맑스가 매우 경계했던 그것)의 한계들을 판별하는 것이다. 이런 층들 중 하나를 신성시할 수도 없는 일이지만 말이다.

맑스주의자이자 또한 일관성을 중시하는 이라면, 알튀세르에게 다음과 같은 선결 문제를 질문하는 것은 자제하기 어려운 일이다. 그가 인식에 대한 맑스의 비판의 토대들을 수용한다면, 이런 토대에 부합하지 않는 건축물은 모두 '비판 이전의' '경험주의적이고' '이데올로기적'인 것이라고 의심한다면, 맑스의 혁명이 완결된 것이 아니기에 위의 의심과 같은 수준에서 맑스를 의심할 권리가 그에게 있다면, "지식의 역사에 대한——이제 우리가 사용할 수 있는——연구들"이라고 그가 부르는 것(그가 어떤 연구들을 가리키는 것인지 추정하기는 어렵지 않다)이 문제가 될 때 또는 맑스에 대한 유익한 독해가 요청하는 것이라고 그가 제안하는 "충분한 철학적 형성"이 문제가 될 때 도대체 그가 어떻게 그것들에 대해 경계심을 갖지 않을 수 있단 말인가? 내가 염려하는 것은 조앤 로빈슨(Joan Robinson)류의 경제학자들의 태도를 그에게서 보게 되는 것이다. 이 경제학자들은 정말 "맑스를 읽고"자 하지만, 단 자연스럽게 자신들의 것인 "충분한 경제학적 형성"에 비추어 읽으려 한다. 내가 여기서 맑스주의의 이름으로 '근대' 경제학자들 또는 '오늘날의' 인식론자들의 **무지**를 주장하는 것이 아님은 물론이다. 다만 내게는 맑스에게 충실하다는 것이 곧 『자본』에서 푸코의 전조를 찾거나 케인스를 예상케 하는 것을 찾는 것은 아닌 듯하고, 오히려 맑스라면 푸코나 케인스 앞에서 느꼈을 체계적 의문을 바로 그들에게 제기하는 것인 듯하다.

경제학의 지형에서 알튀세르는 이 점을 아주 잘 알고 있어서 오래된 고전파 경제학의 거장들과 최신의 가장 박식한 계량 경제학자들을 하나로 묶어서 경멸한다. 하지만 이것은 경솔한 짓이라는 점을 말해 두어야만 한다. 그런데, 반대로, 그는 '지식의 역사들'에서 어떤 철학의 주제들을 차용해 올 태세가 되어 있다. 이 철학은 물리학에서 최초의 위기의 시기였던 1900년 이후의 시기에 레닌이 했던 것처럼 변증법적 유물론을 '돌보는' 일을 책임지는 철학이다. 그러나 레닌은 물리학자들을 공격했던 것이 아니라 이들을 해석하는 자들을 공격했다. 지난 수십 년간 부단히 신스콜라주의 철학을 변증법 일체와 대립시키고, 반-인간주의적인 신실증주의를 맑스의 체계적인 당파성에 대립시키고, 반-역사주의적이며 신관념론적인 구조주의를 알튀세르가 정당하게 '역사 이론'이라 인식했던 것에 대립시키는 이런 인식론적 흐름들에 대해서 레닌이라면 무어라 말했을까(적어도 이런 자문을 해볼 수는 있다)? 과학 정신의 이름으로 경험주의와 통념에 가해진 비판은 논외로 하자. 이 비판은 계급들과 이들의 투쟁, 그리고 이들의 미망을 지향하지 않고 개인의 정신분석에 근거를 두는 것을 선택했던 비판이니 말이다.

이러한 흐름들에 대한 맑스주의적인 연구는 역사가에게나 철학자에게나 모두 매력적일 것이다. 그들은 어떤 위협받고 있는 부류의 (실존적인) 이데올로기적 반발을 증언한다. 자생적인 '반-역사주의'는 모두, '역사 이성 비판'은 모두, **이성에 대한 역사적 비판**이라는 맑스의 진정한 발견에 맞서는 인기 있는 해독제다.

하지만 루이 알튀세르와 그의 제자들의 논란의 여지가 없는 맑스주의적인 진지함은 우리로 하여금 이들을 함정의 책임자들이 아니라 희생자들로 분류하게끔 하며, 이들의 방식으로는 아니지만 이들의 곁에서 맑스를 탐구하게끔 한다. 몇몇 논점에서 역사가는, 마치 이들이 역사가를 위해 그렇게 했던 것처럼, 이들에게 위험들과 가능한 길들을 제시해 줄 수 있다. 이들이 우리에게 역사 개념은 여전히 건설되어야 하는 것으로 남아 있다는 점을 알려 준 것이 잘한 일이었다면, 이 개념이 역사 없이는, 특히 경이로운 역사가가 될 수도 있었던 맑스——**함축적인** 방식으로 또는 공개적이고 전통적인 방식으로 '역사를 말하는' 그를——없이는 구성될 수 없으리라는 점을 이들에게 알려 주자.

『자본』에서 맑스에 의해 건설되는 대상이 '이론적 대상'이라는 것은 **자명**하다고, 나는 알튀세르보다도 더, 기꺼이 인정한다. 사유와 실재를 혼동하지 말아야 한다는 점을, 사유는 실재와 오직 '인식 관계'만을 맺는다는 점을(사유가 도대체 다른 무엇을 할 수 있단 말인가?), 인식 과정은 전적으로 사유 안에서 일어난다는 점을(도대체 다른 어디에서 그 과정이 일어날 수 있겠는가?), 알튀세르가 중요한 유효성을 갖는 명제들을 제시했던 그 '일반성들'에는 일종의 질서와 위계가 있다는 점을, 나는 인정한다.

그러나 고백하건대, 개념적인 사유는 실재에 '접근적으로' 다가간다고 썼을 때(게다가 어떤 편지에서 논지를 풀어 가던 중에 이미지로 든 것인데) 과연 엥겔스가 어떤 '기막힌' 과오를 범했다는 건지 나는 잘 모르겠다. 반면에 알튀세르에 따르면, 엥겔스가 이 이미지를 들어 설명했던 바로 그 가치 법칙은 "분명히 자신의 대상에 적합한 개념인데 왜냐하면 대상의 변이들의 한계들에 대한 개념이고 따라서 대상의 부적합화의 장에 대한 적합한 개념이기 때문이다".[4]

이러한 명민함이 우리에게 알려 주는 바는, 우리의 사유 과정에 대한 정의 안에서, 우리의 연구 실천 안에서, 서술되는 대상 즉 '사례'에 아주 가까이 있으면서도 '경험주의에 빠지지' 않기라는 현실적인 어려움을 우리가 겪는다는 것이다. 이것은 나도 동의하는 바이다. 하지만 경험주의의 심연과 관념론의 심연 사이에는 간발의 차이가 있을 뿐이다. 사례를 너무 두려워하거나 "개념의 성자들 중의 성자"(나는 맑스의 경제 법칙 개념에 관한 최근의 '알튀세르적' 테제 안에서 이 표현을 찾았다)를 너무 고립시키면, 더 이상 맑스주의가 아닐 어떤 세계로 '곤두박질할'(또는 내동댕이쳐질) 위험이 있다. 사실 1857년 [『정치경제학 비판 요강』] 「서설」의 "침묵을 이해"해야 한다면, 그것의 말들을 침묵시키는 것도 경계해야 하는 것이다.

두뇌 속에서 사유의 총체로 현상하는 바와 같은 전체는 세계를 유일하게 가능한 방식으로 전유하는 사유하는 두뇌의 산물인데, 이 방식은 세계의 예술적·종교적·실천적·정신적 전유와는 상이하다. 즉 **정신이 사변적인 이론적 상태에만 있는 한에서**, 실제 주체는 여전히 두뇌 밖에서 자립적으로 존속한다. 따라서 **이론적인 방법에 있어서도** 주체, 즉 **사회는 전제로서 항상 표상에 현존해야** 한다.[5]

---

[4] Louis Althusser, "L'objet du *Capital*", Althusser et al., *Lire le Capital*, PUF, 1996(초판, La Découverte, 1965), p. 259[『『자본론』의 대상」, 루이 알튀세르 외, 『자본론을 읽는다』, 김진엽 옮김, 두레, 1991, 103쪽].
[5] 맑스, 『정치경제학 비판 요강』 I, 김호균 옮김, 그린비, 2007(초판, 백의, 2000), 72쪽.

맑스의 전부가 여기에 있다. 정신이 '사변적'인 한에서만 세계는 '자립적'으로 남아 있다. **주체는 곧 사회다.** 이론가가 사회를 '전유'하는 것은 오직 이 사회가 그에게 항상 '현존'할 때뿐인 것이다.

알튀세르는 우리에게 이 「서설」에서(애석하게도 저마다 이 「서설」에서 자신에게 필요한 부분을 취한다) 맑스가 추상들의 위계를 잘 구별하지 못했다고 말할 것이다. 하지만 맑스는 여기서 '세계를 전유하는' 다양한 방식이 있음을 알려 준다. 경험적 양식('실천적 정신'), 종교적 양식(신화와 우주 생성론), 예술적 양식(이 양식을 바슐라르와 푸코 그리고 알튀세르까지도 폭넓게 사용한다). 과학적 양식은 이 양식들에서 **유래하며** 또한 이 양식들과 **구별된다**. 이 양식들에서 **유래**한다고 한 것은 과학적 양식이 '실천적 정신'에서(이 '기술들'에서) 탈피할 수 없으며 우주 생성론들과 전통들을 점차 '교정'하기 때문이다. **구별**된다고 한 것은 진지한 인식론적 시도는 모두 인식 유형들 사이의 '문턱'을 나타내는 데 유용하다는 의미에서다. 반면에 어떤 추상을 '좋다' 하고 다른 추상을 '나쁘다' 하게 되면('주체성들'에 관해 리쾨르가 했던 것처럼), 그런 어휘의 선택 때문에라도, 철학적 교조주의로 미끄러지게 되며, 조금만 방심해도 경솔한 이데올로기적 비난으로 귀착된다.

요컨대 경험적인 관찰과 이론적인 건설 사이의 이러한 분쟁은 곧 '역사 학파'와 수리 경제학자들 사이의 방법 논쟁이며, 이 논쟁은 엥겔스와 슈미트(Conrad Schmidt) 사이의 논쟁과 유사한 동시대의 논쟁이다.

그런데 이 분쟁이 오늘날 종결되고 극복된다면, 이는 알튀세르가 '새로움'을 자리매김하는 방향에서 그런 것이다. 이론적 대상들, 조합을 이루는 요소들, 논리적 모체들 등의 친숙해진 이미지들에 부응하는 '새로움'을. 그리하여, 실로 **이것을 모두** 예고했던 맑스의 혁신이 다만 이것만을 예고했던 것이라고 한다면, 그의 혁신이 최근의 경제과학에서 완숙해졌다는 점을 당연히 지지하게 될 것이다. 알튀세르가 맑스를 방어하듯이(이것이 정당한 것처럼), 경제과학은 모델과 실재의 거리에 관련된, 또는 실재의 탐사할 길 없는 '풍부함'에 관련된 진부한 반박들에 맞서, 문제가 되는 것은 동일한 '대상'이 아니라는 반론을 펼치며 자기 방어에 나선다. 경제과학에서 효용성과 희소성 쌍은 자신의 대상에 적합한 이론적 쌍이다. 게다가 거시 경제학은 오늘날 이와 같은 전제들을 훌쩍 뛰어넘어 논리를 전개한다. 예컨대 거시 경제학의 작업 개념인 '자본 형성'은 '잉여가치'의 다른 이름일 뿐이다. 일부 경제학자들은 맑스 발견들의 사후 승리가 있다는 것을 부인하지 못한다. 하지만 이들과 더불어 그것을 승인하면 '맑스주의자'일까?

아니다. 맑스의 발견은 본질적으로 경제학적 질서나 이론적 질서에 속하는 것이 아니라 **사회역사적** 질서에 속하는 것이라는 의미에서, '아니다'라고 할 수 있다. 맑스의 발견은 잉여가치의 자유로운 자생적 형성('자본 축적')에 내포된 **사회적 모순**을, 이 모순이 확정되며 이 모순에 의해 특징지어지는 생산양식의 일관된 총체 안에서 적나라하게 폭로하는 데 있다.

4. '생산양식' 그리고 역사의 통일성

여기서 우리는 알튀세르와 다시 합류한다. 맑스의 중심 개념이자 일관된 전체이며 이론적 대상인 것, 바로 그것은 결정되는 구조이자 결정하는 구조인 생산양식이다.

하지만 그것의 독창성은 하나의 이론적 대상이라는 점에 있는 것이 아니다. 선행 인간과학들의 과도적인 이론들이 경제적인 것에 한정되었거나, 사회적 관계들에서 부동의 소여들(중농주의자들에게는 토지 소유) 아니면 완수되어야 할 이상적 조건들(자유주의자들에게는 법적인 자유와 평등)을 보았던 데 반해, **사회적 전체**를 표현하는 최초의 이론적 대상이었으며 지금도 여전히 그렇다는 점이야말로 그것의 독창성이다.

이론적 대상으로서의 생산양식의 두번째 독창성은 그것이 **기능 작용과 발전**의 구조——형식적인 것도 아니고 정태적인 것도 아닌——라는 점에 있다. 세번째 독창성은 이 구조 자체에 (사회적) **모순**의 (경제적) **원리**가 내포되어 있으며, 이 구조는 구조로서의 자신을 파괴하는 것, 즉 **탈구조화**(destructuration)의 필연성을 담지하고 있다는 데 있다.

역으로, 이것을 확증한다고 해도, 비-맑스주의적 경제 이론을 경멸하며 청산하는 것은 아니다(이것은 터무니없는 짓이다). 실제로 그 이론은 **이론으로서** 완벽하게 **존속**할 수 있으며(그러나 그 이론의 지지자들——그리고 알튀세르——의 눈에만 '과학'의 가치를 갖는 것으로 보인다는 의미), 또한 동시에 **하나의 이데올로기일 수 있는** 것(그러나 비일관성이나 경험주의를 의미하는 것은 아니고 **단일 생산양식**——자본주의——의 **단일 층위**——경제적인 것——의 법칙들의 **보편성을 주장한다**는 의미)이다.

이를 모범적으로 보여 주는 것이 리카도에 대한 맑스의 비판인데, 알튀세르는 이 비판을 불충분하다고 판단한다. 어떤 정신의 재능과 어떤 체계의 논리를 인식하거나 활용할 수 있고 또 해야만 한다면, 이는 다음의 세 가지를 명료하게 이해한다는 단서하에서다. 첫째, 그것들의 가설들이 유용한 논리적 장. 둘째, 어떤 부르주아 이론가도 자기 부정 없이는 넘어갈 수 없는 문턱들(발라, 케인스, 슘페터는 이 문턱들을 완벽하게 지각했다). 셋째, 모델과 실재의 거리(모든 인식에 해당되는 것)가 드러나는 것이 아니라 판단의 대상이 된 이론의 장에 있는 진짜 한계들(이 경우에는 자본주의 구조들의 변모들, 정치적이고 사회적인 문제들, 전자본주의적 사회들의 취급, 사회주의들의 역사적 출현)이 드러나는 실천적 지형들.

이와 같은 분석들은 역사가의 작업에 속한다. 그런 분석들에 '역사 개념 건설'의 희망이 깃든다. 하지만 맑스의 방식으로 작업하기 위해서는, 알튀세르와 함께, '고전파 경제학'과 '근대 경제학'이 '상이한 문제틀'을 갖는

다거나, '최적 조건'과 '완전 고용' 같은 개념들이 중농 학파의 조화론 또는 사회주의적인 유토피아들의 성격을 갖는다거나, 필요-부족의 개념쌍이 '건설된' 대상이라는 '이론적' 개념쌍의 유형임에도 '경험적이고 이데올로기적인' '소여'로 사용된다고 말하는 데 그칠 수는 없다.

반면에 **부분적**이면서도(**단일** 생산양식의 **단일 층위 이론**) **보편적인 것으로 주어지는** 어떤 **이론**이 어떻게 **어떤 계급의 수중에서 일정 시간 동안 실천적인** 도구이자 **이데올로기적인** 도구로 사용될 수 있는가의 문제는 **역사적으로** 사유해 보려고 시도해야 하는 것이다(맑스가 즐겨 말한 대로 하자면 "사실들을 이해"하려고 시도하는 것이겠다).

실은 그 일정 시간도 '건설'해 내야 할 것인데, 왜냐하면 그 시간은 실패와 성공을 오가는 시간이며, 비관주의와 낙관주의를 오가는 시간이고, 외양(이윤)의 변장이 강제되는 순간들이며, 확장의 시간 속에서 투자의 이름 아래 확대 재생산의 토대로서 잉여가치의 재발견이 이루어지기만 한다면 그 현실(잉여가치)을 심지어 고양할 수 있는 순간들이기 때문이다.

그러므로 중요한 것은 오히려 **부단히** 변장하는 것을 지각하느냐에 있으니, 이는 저 부단히 변장하는 것이 건드릴 수 없는 가설로—중농 학파에게는 토지 소유가 그런 가설이라면 자본주의 생산양식에서는 **생산수단의 사적 전유와 시장에 의한 가치의 획정**이 그런 가설들인데—수립된다는 사실 탓이다.

일단 가정된 이 '생산관계들'은 경제적 층위에서 유효하게 이론화될 수 있으며, 더 나아가 이 관계들이 실제로 군림하는 나라와 시대의 '경제사'도 해명될 수 있다.

그러나 이것이야말로 맑스주의자이길 원하는 역사가가 '경제사'에 갇히기를 거부하는 이유일 것이다(경험적인 사례 연구를 하는 경우를 제외하고). 내가 이미 말했던 것을 재차 확언하자면, 자칭 '계량사'는 회고적인 계량 경제학일 뿐이며, 신경제사에 '계량 역사의 신'(cliométrie)이라는 이름을 허할 수는 없다. 사실 콜린 클라크(Colin Clark)가 인정하는 바와 같이, 과학들의 위계 안에서 역사는 경제학보다 "훨씬 위"에 있다. **역사가 경제학을 포괄한다는 점에서.**

맑스에게 충실하기 위해 내가 덧붙인다면, **역사는 분할될 수 없는 것이라는 점에서.**

이런 확신에 따라 나는 뤼시엥 페브르의 가르침과 맑스의 가르침의 수렴(내가 소중하게 여기는 수렴)을 강조해 왔다. 페브르가 보기에 자기 시대의 역사학 실천의 주된 악습은, 그가 맞서 싸우는 데 특히 전념했던 그 악습은 경제는 네가, 정치는 네가, 사상은 네가라는 식의 '완벽한 분리'를 지나치게 존중하는 강단 학계의 관행이었다. 나는 "사회적 총체성에 대한 맑스주의적 이해"에 관한 알튀세르의 명제들의 결론이 결국 다시 역사를 복수의 '역사들'로 나누는 것으로 되돌아갈 '가능성'뿐만 아니라 그 '필연성'에 도달하는 걸 보았을 때 내가 느낀 실망스러운 놀라움을 그에게 고백하지 않을 수 없다.

만약 경험주의로 보이는 무엇인가가 있다면 그건 바로 이 복수성이다. 역사 인식에서, 이 복수성은 '전문가들'의 모든 낡은 오만한 주장들을 인가한다. 사회적 실천——사회주의 건설의 드라마들 중 하나인 이 실천——에서는, 이 복수성으로 인해 과학의 세계와 경제 테크노크라시의 세계와 정치의 세계와 사상의 세계와 예술의 세계가 각자 나름의 '층위'에서, 나름의 '템포'로 살아가게 된다. 그러면서도 자생적 과정 안에서 은밀하게 조화가 이루어진다.

층위들 사이의 '종별적 의존'을 인정하는 즉시 이 층위들의 역사들의 상대적인 독자성을 주장하는 것을 나는 거부한다. '상호 의존 안에서의 독자성'이란, 이 두 항의 내용이 획정되지 않을 때, 일종의 말의 유희라는 것은 다 아는 바이다. 의심의 여지 없이 우리의 과제는 이것의 획정에 있다고 우리는 결론 내릴 것이다. 하지만 '역사들'의 구별이 맑스주의적 관점에서 약속하는 것에 관해, 알튀세르가 일단 채택하는 사례가 우리를 안심시켜 주지는 못한다.

그 사례는 철학사다. 우리는 철학자들이 명멸하는 연대기를 알고 있다. 이것은 철학사가 아니다. 누가 거기에 동의하지 않겠는가? 어떤 저작이, 어떤 교과서가 아직도 그 철학자들을 혼동할까? 물론 어떤 것들은 여전히 그럴 것이다. 사전 하나면 언제나 족하다. 모든 건축물들이 다 그렇지는 않다. 그렇다면 어떤 조건들하에서 '역사'라는 것이 인식될까?

알튀세르가 요구하는 것은 엄밀하게 정의되는 다음 세 가지다. 첫째, 철학적인 것(=이론적인 것). 둘째, 그것의 고유한 '시간'. 셋째, 그것이 다른 층위들과 맺는 '차이적 관계들'과 고유한 '접합들'.

탁월한 제안이다. 하지만 우리는 이미, 경제적인 것을 사회적인 것에서 떼어 내면 경제적인 것에 관해 **이데올로기적** 정의 말고는 달리 제공할 게 없다는 것을 알고 있다. 철학적인 것과 관련해서 어떻게 그와 같은 사태를 모면할 것인가? 이데올로기는 상부구조다. 과학이 그래서는 안 될 것이다. 그럼 '이론적인 것'은 어디에 놓지? 각 심급에서, 다른 '층위들'에 대한 독자성의 정도는 어떠한가? 이것을 판단하는 데는 충분한 **철학적 형성**(formation philosophique)과 더불어, 맑스가 경제에 대해 말하기에 앞서 스스로 모아들였던 그런 유형의 관련 자료들 모두를 '자기의 것으로 만들' 수 있는 **역사학적 형성**(information historique)이 동시에 요구될 것이다.

그런데, 역으로, 알튀세르는 자신이 상정한 '상대적으로 자율적인' 특수한 역사로부터 '사실'과 '사건'에 관해 스스로 '엄밀하다'고 믿는 정의를 끌어내고자 한다. "철학적 사건"이란 "현존하는 이론적 문제틀에 변동 작용을 가하는" 사건이다. "역사적 사실"이란 "현존하는 구조적 관계들에 변동 작용을 가하는" 사실이다. 그의 질문은 "역사적 영향력을 갖는 철학적 사건"에 대한 질문이며, "소박하게 수집된" 역사의 극적 구성이 이론적 언어에 가하는 영속적인 무게를 증언하는 것이다.[6]

5. 단절로서의 사건과 역사 과정

어떤 의미에서는 사실 일화적이지 않은 사건은 없다. 스피노자 같은 이나 맑스 같은 이의 출현마저도 길든 짧든 이들의 사상을 받아들일 시간이 되어야만, 그리고 그런 시간 동안만 '영향력'을 발휘한다(관념론적인 역사에 따르지 않는 한 말이다). 그 시간이 오기 전에는 이 사상에 대한 **억압**이야말로 **역사적인 것**을 구성한다.

그렇다면 '구조적인 관계들'은 과연 '사실'에 의해 변경되었던가? 가장 의식적인 혁명도 불완전하게만 이 관계들을 변경했다. 기술들에 대해서는 언급할 것도 없다. 파팽(Denis Papin)은 증기의 힘을 '보았고', 와트는 이것을 길들이는데, 그렇지만 이 '혁신'이 정말로 '생산력'이 되려면 '이식' 되어야만 한다. 특히 제한된 어떤 세계에. '단절'은 어디에 있는가?

파문의 전문가들은 '사건들'의 수를 늘린다. '역사적 사실'이란 어느 날은 달 착륙으로 어느 날은 바리케이드로 흥분하게 되는 그런 것이다. 혹자는 말할 것이다. 단지 이론가가 선택하는 것일 뿐이라고. 하지만 무엇을? 콩 1킬로그램을 10프랑에 구입하는 주부든 그렇게 구입할 수 없거나 하지 않으려는 주부든, 징집 영장을 거부하는 신병이든 입대하는 신병이든 모두 '역사적으로' 행동한다. 콩종튀르(conjoncture)들은 이들에게 의존하

---

[6] Althusser, "L'objet du *Capital*", *Lire le Capital*, p. 287[『『자본론』의 대상』, 『자본론을 읽는다』, 130쪽].

며, 이들은 구조들을 강화하거나 또는 약화시킨다. **통계적인 것에 의한 주관적인 것의 객관화**만이, 이것에 대한 해석이 아무리 불완전하다 해도, 유물론적 역사의 가능성을 정초하는데, 이 역사는 기간 구조를 이루는 **대량의 사실들**의 역사이자 또한 동시에 이론이 힘 있는 것이 되려면 반드시 '파고들어' 가야만 할 인간 '대중'의 역사라는 의미에서 **대중**의 역사이다.

역사 개념의 이론가가 철 지난 역사를 공격하다 보니 이런 역사의 수인이 되어 버린 건 아닌지 자문하게 된다. '전문가들' 사이에서 이루어지는 역사의 분할을 인정하고 나서 그는 '역사적 사실'과 '사건' 추구에 나선다. 물론 사건이 중요하고, 이 사건이 계열 안에 삽입되는 방식 ─ 우발적 방식이든 적분의 방식이든 ─ 이 무엇보다 중요하다. 하지만 맑스주의 역사가는 지난 40년간 역사가들의 실천을 변모시킨 '반-사건적' 반발의 과도함을 불신하더라도, 그것의 원칙 ─ 맑스의 것이었던 그 원칙 ─ 에는 여전히 충실하다. 그는 '프랑스를 만든 날들'이나 또는 심지어 '세계를 뒤흔든 날들'이라는 신화와, 비록 말의 선택에 불과한 것일지라도, 어히튼 타협할 수 없을 것이다. 에이젠슈타인의 「10월」 마지막에 "혁명이 이루어졌다"라는 대사가 나온다. 혁명은 시작되고 있었던 것임을 우리는 잘 알고 있다.

'변동'이라는 말을 채택해 '단절'이라는 관념을 암시적으로 나타낸 이후에도, '사건'이라는 말에 확장 가능한 의미를 부여하는 것으로 난점을 모면하진 못한다. 과학과 이론은 오늘날 말들로 인해 고통을 겪는다. 그것들은 난해한 말들을 지어내 난해하지 않은 생각들을 나타낸다. 그리고 그것들은 난해한 내용들에 친숙한 이름들을 부여한다. 역사가들이 '사건'과 '연대기'를 의심하게 될 때 이것들은 수학의 언어 속으로 넘어간다. 국가 수장들은 자신이 결정을 내린다는 미망에 빠져 있을 뿐이라고 여겨질 때, 정작 결정을 내리는 위치에 놓이는 건 유전자들이다. '과잉결정'과 '부재하는 원인의 유효성'은 정신분석학에서 유래하며, '변동'은 생물학에서 유래한다.

그런데 하나의 구조를 위해 고안된 말이 다른 구조들 모두에도 적절할까? 맑스와 엥겔스마저도 이런 유형의 비교에서 운이 좋지는 않았다. 슘페터는 맑스의 특징이 경제적 소여와 역사적 소여의 기계적 혼합이 아니라 '화학적' 혼합을 행한다는 데 있다고 쓰고 있다. 내겐 이런 이미지가 오랫동안 매혹적이었는데, 왜냐하면 오래전에 학교에서 화합물은 새로운 물체(여기서는 맑스주의적 총체성)임에도 불구하고 그 구성 물체들은 별개로 남아 있다고 배웠기 때문이다. 하지만 근대 과학에게 이와 같은 비교는 어떤 가치를 갖는가? 또 이 비교는 직업적 역사학자인 내게 무엇을 가르쳐 주는가? 발리바르는 '결합'(combinaison) 대신에 '조합'(combinatoire)을 말할 수 있기를 바랐다. 그러나 그는 머뭇거리고 있다. "잘못된 조합", "거의 조합인", "조합이긴 한데 엄밀한 의미에선 아닌" 등을 오가면서.[7]

그런데 맑스는 여전히 '새로움'을 지니고 있으니 그가 자신의 말들을 창안한 그 지점에서 이 말들을 지키겠다고, 어차피 어떤 방식으로도 우리의 과학을 대신해 줄 수 없는——그렇게 대신해 줄 수 있다면야 우리의 과학이란 것을 '건설'하지 않아도 될 텐데——과학들에서 차용해 오지 않은 그런 말들을 필요하다면 창안하겠다고, 우리가 결정한다면?

요컨대 『자본』의 이론적 논평에는 역사가 서술된 이래 역사란 정확히 이런 것이라는 것을 '알았던' 적이 없다는 점을(하지만 그런 일들은 정말 많다!) 논증해 주는 대단한 장점이 있는 것 같다. 그렇지만 역시, 어떤 질문을 던지는 게 적절했어도, 이 질문에 답했다고 믿는 것은 어쩌면 경솔한 짓이었을지도 모른다. 저 늙은 세뇨보(Charles Seignobos)의 실증주의적인 회의주의와 불장난하려던 게 아니었다면 말이다.

---

7) Étienne Balibar, "Sur les concepts fondamentaux du matérialisme historique", *Lire le Capital*, pp. 442, 455, 476[「사적 유물론의 기본개념」, 『자본론을 읽는다』, 278, 292, 310쪽].

역사란 무엇인가라는 질문에 실천만으로는 만족스러운 답을 할 수 없는 것과 마찬가지로 이론으로도 만족스러운 방식의 답을 할 수는 없었다. 맑스의 방식을 따른다면 오직 이중의 정념에 의해서만 답하려는 시도를 할 수 있다. 이중의 정념이란 우선 복합적인 주제를 '자기 것으로 만들고'(이것은 언제나 이론적 최소를 요청한다), 이어서 그 주제에 상응하는 사유 대상을 '건설'하는(이것은 그 주제에서 벗어나기와 그 주제의 '현존'을 유지하기를 동시에 요청한다) 정념이다. 이론 없는 조사는 없으니 역사가에게 약간의 이론이 요청되는데, 이것이 당연히 철학자를 자극한다. 하지만 조사 없는 이론도 없으니, 예전에 경제학자들이 그랬듯이, 이론가는 '텅 빈 상자들'만 다룬다고 곧 비난받을 것이다.

자세히 보면, 상자들은 겉으로 보이는 것만큼 그 정도로 텅 빈 것은 아니라고 할 수 있는데, 이는 역사가들이 겉으로 보이는 것만큼 그 정도로 경험주의자는 아니기 때문이다. 부정적인 확인들에 ─ 정말로 이데올로기적 덫의 일부인 이런 확인들에 ─ 탐닉하는 대신에, 역시기들이 기둔 약간의 전진을 평가하는 것이 합리적이지 않겠는가. 이와 마찬가지로 맑스주의의 **역사적 결산을 역사가들처럼** 시도하는 것, 즉 맑스주의를 우리의 정치적 선호나 도덕적 요청에 따라 '판단'하는 것이 아니라 시간 속에서 전위되는 현상으로 '사유'하는 것이 **더욱 과학적**일 것이다.

우리의 철학자들은 자신들의 이론적 요청 안에서 기꺼이 반-인간주의자들임에도, 너무나 많은 ─ 레닌은 종교적으로 제껴 놓고 ─ 맑스주의 사상가들과 정치가들이 위대한 유산에 대한 통찰이 모자라 이 유산을 '과학'이 아니라 '이데올로기'로 체험했으며 하나의 절대성이 아니라 '역사주의적'인 전망 안에서 체험했다는 사실에 유감스럽다는 태도를 보인다. 무엇보다도 그들의 의견으로는, 세상의 변동들이란 생산력의 가속도가 붙는 리듬에 비해 느리게 나타나며, 오류와 두려움으로 가득한 것이다. 그렇지만 밝혀내기만 하면 역사를 합리적인 것으로 이해하게 해줄 이론이 존재한다. 알튀세르는 쓰고 있다.

> 방금 면밀하게 정리된 의미에서 이론으로서의 역사가 실존하게 될 어느 날, 마치 맑스주의 정치경제학 이론의 이론 과학과 응용 과학으로서의 이중적 실존에 문제가 없는 것처럼 이론 과학이자 응용 과학으로서의 역사의 이중적 실존에도 문제가 없을 것이다.[8]

"문제가 없을 것"이라고? 이것으로 충분하지 않은가? 사회주의 경제의 승리는 그것이 실존한다 ─ 이렇게 실존한다는 것이야말로 많은 이들이 불가능하다 말했던 것인데 ─ 는 데 있지만, 정작 문제가 없지는 않다. **총체성**으로서의 사회주의, **신생 생산양식**으로서의 사회주의도 사정은 동일하다. 달리 말한다면 이것은 진정한 제자리에 놓인 전체적 구조인 '총체성'이라는 개념어를 부적절하게 만드는 것이기도 하다. 100년의 성찰과 50년의 행동을 거쳐 적대적인 세계 안에서 사회주의를 구성하는 것은, 수세기 동안의 사유를 거쳐 수세기가 걸려 태어난 자본주의 세계와 봉건제 세계의 수립이 그랬던 만큼 ─ 굳이 더 심하다고 할 것까지는 없지만 ─ 극적이고 또 불완전한 일이다. 나폴레옹 전쟁의 논리는 당대인들에게는 매우 까다로운 것이었음에 틀림없다.

조급함은 이론가에게는 미덕이 아니다. 니코스 풀란차스는 제3인터내셔널이 파시즘에 관해 제시한 일련의 모순적인 해석들에 분개한다. 아! 해석하기에 앞서서 연구하고, 무엇보다도 **보아야** 하는 것을! 전투는 그럴 여

---

[8] Althusser, "L'objet du *Capital*", *Lire le Capital*, p. 298[『『자본론』의 대상」, 『자본론을 읽는다』, 140쪽. 『『자본』을 읽자』 원서에는 '응용 과학'이 아니라 '경험 과학'이라고 되어 있다].

유를 언제나 남겨 주지 않는다. '과학'의 승리는 장기적이다.

이런 고려들은 우리의 성찰이 다루는 범위를 조금 초과한다. 그렇다고 낯선 것은 아니다. 경제학과 사회학, 그리고 역사학은 맑스주의적이든 아니든 현재성이 '과잉결정'하는 압력을 항상 받는데, 이는 그 어느 때보다 지금 더하다. 이 학문들은 실증주의의 시대에 완강하고 고지식하게 이런 압력에 맞서 스스로를 방어했다. 오늘날에는, 소위 정치학이나 경험 사회학뿐만 아니라 각종 전망이 모두, 계급투쟁의 실존이라는 결론에 도달하든 '합의'라는 결론에 도달하든 다 **응용** 과학이요 **실천** 과학이라 자인한다. 역사학도 그걸 따라간다. 역사학에서는 에르난 코르테스(Hernán Cortés)를 설명하는 것만큼이나 피델 카스트로를 설명하는 것도 중요하다. 우리의 저널들이 이것을 잘 보여 준다.

과거 안에서 현재의 이런 현존과 현재 안에서 과거의 이런 현존은 맑스의 **정신**과 전혀 모순되지 않는다. 오히려 그것은 이 정신의 특징이다. 하지만 **일정한 조건들 아래** 그런 것인데, 이 대목에서 우리가 논점으로 되돌아간다. 과거에 대해 질문하는 우리의 방식들은 의식적이건 아니건 맑스의 인식론적 혁신들과 합류하는가? 중요한 여러 지점에서, 특히 그런 것들 중 하나인 **역사적 시간**에 관해 우리는 알튀세르의 연구 덕분에 우리의 결여에 대해, 우리의 충실함과 그렇지 않음에 대해, 또한 우리가 거둔 몇몇 성취에 대해 더 분명하게 의식하게 된다.

6. 역사가들의 시간은 '선형적'인가?

'역사적 시간'에 관해 알튀세르는 우리에게 연계된 두 심연을 알려 준다. 하나의 심연은 상식적 시간이자 역사가들이 연구하는 시간인 "동질적이고 연속적인" 시간이다. 다른 하나의 심연은 "본질의 단면들"이고 "역사적 현

재"이며 시간의 연속성이자 계기의 통일성인, 헤겔의 시간이다.[9]

뒤의 시간과 관련하여, 도대체 어떤 역사가가 철학자들에 의해 재탄생한 이 '절대적 지평들'을 수용할 정도로 형편없겠는가?

앞의 시간과 관련하여, 백만 분의 일 초는 물리학자의 시간이요, 십 분의 일 초는 운동선수의 시간이다. 체험되는 시간은 낮과 밤, 겨울과 여름, 파종과 수확, 풍요의 시대와 빈곤의 시대, 출생의 간격, 죽음의 예감이었다. 역사 인구학은 차이의 시간성들의 방면에서 위대한 선생이다. 이미 70년을 보낸 사람의 시간은 30년을 산 사람의 시간이 더 이상 아니다. 하물며 카리브인의 시간은 에스키모의 시간이 더더욱 아니다.

기계적인 분할의 오류가 저질러졌다면 이는 경제학자들에 의한 것이다. 경제학자들은 '객관적'인 시간을 역사가들의 시간에 대립시키기 위해 자신들의 시간 계열을 십 년 단위로 혹은 반세기 단위로 분할한다. 그들은 단순한 수학적 확률의 관점에서 보더라도, 전술한 계열들에서 스스로 모든 의미를 제거하고 있다는 점에 주의를 기울이지 않는다.

조금 더 나아가 보자. 시간을 '건설'했던 것은 전통적인 역사학이다. 낡은 '연보'도, 학교에서 가르치는 연대기도. 사건들·치세들·시대들은 이데올로기적인 건축물인데, 그렇다고 동질적이지는 않다.

게다가, 연대기적인 관심이 **비판**으로 변모했을 때, 얼마나 많은 신화들이 파괴되었으며 얼마나 많은 텍스트들의 신성함이 무너졌던가! 이것도 역시 '지식의 역사'의 일부, '인식 생산'의 일부다. 반대로 미셸 푸코가 경제적인 소재를 다루면서 나름의 연대기에, 또는 그냥 연대기라고 불러도 될 작업에 몰입할 때, 그가 하는 것은 계보학도, 역사도, 과학도, 인식론도 아

---

9) Althusser, "L'objet du *Capital*", *Lire le Capital*, pp. 276~277 [『『자본론』의 대상』, 『자본론을 읽는다』, 120~121쪽].

니고 다만 문학이다.

시기를 하나하나 획정하는 일은 박식의 (유용한) 기술일 뿐이다. '정확하게 시기를 획정하는' 것은 역사가의 의무로 남아 있다. 사실 **시간 안에서의 연속성과 지속 정도에 대한 의식은 소박한 소여의 역**이다. 그런 의식은 자연과 신화들에서 출발하는 것이 아니라 이것들에 맞서 구성된다. 역사 개념과 시간 개념의 동일화라는 결론에 다다른 알튀세르가 **연대기/시간-론**(chrono-logie)이라는 용어의 내용 전부를 어찌 알아채지 못했을까?

오히려 헤겔을 읽으면서 그는 **시기 구분**이라는 용어를 과대평가한다.

역사과학의 문제는 모두, 이 층위(헤겔의 이념)에서는, 어떤 변증법적 총체성이 다른 총체성으로 이어지는 것에 조응하는 **시기 구분**에 따라 이 연속체를 분할하는 데 있다. 이념의 계기들은 그만큼의 역사적 **시기들** 안에 실존하는데, 시간의 연속체 안에서 이 시기들을 정확하게 분할하는 것이 중요하다. 헤겔 자신의 고유한 이론적 문제틀 안에서 사유되는 것은 역사가들의 실천의 제1문제일 뿐이다. 이 문제는 예컨대 볼테르가 루이 15세의 세기를 루이 14세의 세기와 구별하면서 표현했던 문제요, 여전히 근대 역사학의 주요 문제이다.[10]

신화에서 벗어난 뒤에 역사학은 자생적으로 연대기/시간-론을 **체계화하는** 경향을 보인다고 말하자. 이렇게 한다고 비난받는다는 것은 이상한 일이다. 대혁명 이래로 프랑스의 학파는 **사회 계급들**이라는 개념에서 출발하여 그런 체계화를 시도하니 말이다. 우리의 교육용 시기 구분(고대, 중세, 근대, 현대)은 연속되는 세 가지 지배적인 **생산양식**을 번역한 것이라, 근대

---

10) *Ibid.*, p. 276[같은 글, 같은 책, 120쪽].

는 상품 경제의 승리에 의해 세번째 생산양식을 준비하는 것에 상응한다. 이것은 알튀세르가 소중히 여기는 '사건들-변동들'(1492, 1789)에 따라서 순진하게 분할된 유럽 중심적인 것이요 엉터리 개념화이다. 하지만 이것은 실천적인 '접근들'과 이론의 '건축물들' 사이의 예상되는 수렴을 확실하게 해준다.

『자본』에서 맑스가 우리에게 경제적 주제에 관한 '시간의 건축물'을 주었다는 것은 맞는 말이다. 복합적이고 비선형적인 시간, 일상의 시계로는 읽을 수 없지만 잘 개념화된 작업 각각(노동, 생산, 다양한 유형의 자본들의 교대)에는 적합한 '시간 중의 시간'. 흔히들 마치 이 발견을 지각하지 못한 것처럼 군다. 하지만, 실로 근대 경제학자들이 아니었다면 그 누가 시간——자본주의의 시간——의 이 건축물을 극단까지 밀어붙였겠는가? 다시 한 번 더, 맑스의 혁신이 거기에 있었다면, 그의 혁신을 되찾아 완성하고 극복했노라 말할 수 있었으리라.

혁신은 거기에 있었던 것이 아니었다. 그의 혁신은 '교대들'과 '순환들'(그리고 용어의 이중적 의미 유희에도 불구하고 당연히 '혁명들')이 결코 출발점으로 되돌아가지 않으며, **경제적인 것에서뿐만 아니라 사회적 전체 안에서도 새로운 상황들을 창출한다**는 점을 입증한 데 있다.

바로 여기에 난점이 있으며, 철학자들이 이것을 포착하는 것이다. "창조적인 시간"을 말하는 것은(나도 경솔하게 그런 적이 있지만) 아무 의미도 없다. 레비-스트로스는 (이것을 모면하려고) "축적되는 역사"(histoire cumulative)나 "뜨거운 역사"(histoire chaude)를 제안한다. 낡음에서 새로움이 나오도록 하는 것을 명명하기란 쉬운 일이 아니다.

물리학자라면 이런 일을 백안시할 테고, 생물학자라면 철학을 해야 할 상황에 처할 것이다. 요컨대 그들의 주제들은 인간사의 리듬에 따라 변하는 것들이 아니다. 역사가의 지형은 **사례** 수준에서뿐만 아니라 구조 수준에서도 **변화**의 지형이다. 역사가에게는 안정성을 찾으려는 모든 시도가 **이데올로기적인** 시도로, 변화에 대한 불안에 근거하는 것이다. 그런 것일 수밖에 없다. 사회를 이루고 살아가는 인간들이 격리되어 소멸 도상에 처한 것이 아닌 한, **전사**(pré-histoire) 안에서처럼 살아가지는 않으므로. 전사라는 이 말의 고안 자체가 입증하는 것은 **역사 개념이 하나의 역사를 갖는다**는 점이며, 이것은 알튀세르가 생각하는 것만큼 단순하지는 않다. '역사의 시간'은 기껏해야 6,000년이다. 우리에게 친숙한 지평의 시간은 수세기이다. 우리의 경제나 과학의 시간은 두서너 세기이다. '장기 지속'이 아주 긴 것은 아니다. 이것과 '사건' 사이에 있는 중간 시간이야말로 난제이다.

이 모든 것에 관해서 '역사가들이 문제를 제기하기 시작한다는' 점에, 그것도 '매우 주목할 만한 형식으로' 문제제기를 한다는 점에 알튀세르는 동의한다. 하지만 그에 따르면, 역사가들은 긴 시간과 짧은 시간과 그 중간 시간이 **'있다'는 점을 확인**하는 것에, 이 시간들의 상호 간섭을 이 시간들을 통제하는 전체인 생산양식의 산물이 아니라 이 시간들의 **해후의** 산물로 표기하는 것에 만족한다. 10줄의 비판, 괄호 안에 들어 있는 3인의 이름(페브르, 라브루스, 브로델).[11] 과연 이 정도면 첫째, 역사적 시간에 대해, 둘째, 맑스에 대해 목하 고민 중인 동시대 '역사학 실천'을 자리매김하는 데 충분한 것인가?

솔직히 말해 알튀세르가 이 3인의 저작을 상기하는 것은 **그냥 대우** 차원일 뿐이라는 인상을 받게 된다. 그의 비판은 **모든** 역사학을, 그 기원들부터 작금의 생존해 있는 거의 모든 역사가들까지를 겨냥한다.

이런 태도가 반드시 부당한 것은 아니다. 이런 태도는 대대적인 조사

---

11) Althusser, "L'objet du *Capital*", *Lire le Capital*, p. 279[『『자본론』의 대상』, 『자본론을 읽는다』, 123쪽].

를 요구한다. 계급 문화와 민중 문화 안에서, 학문적인 역사와 텔레비전 프로그램에서, 알튀세르가 "어떤 분과 학문과 사회의 선의가 반영될 따름인, 실은 자신들의 죄의식을 가려 주는 가면에 불과한 그런 공식 연대기의 멋진 시퀀스들"[12]이라고 훌륭하게 명명한 것의 자리는 어디인가(정말로 알고 싶은 것인데)?

하지만 세계적인 조사가 필요할 것이다. 또 다른 조사 — 더 어려운 조사 — 는 '**진정한 역사**'라는 것을 정의할 수 있고 이 역사가 **실천되는 것을 찾을 수만 있다면** 바로 이 '진정한 역사'가 이식되는 여러 터와 있을 법한 자리에 관한 것이다. 이 지점에서, **맑스의 의미에서 역사적 시간의 건설**이라는 주제에 관한 알튀세르의 **희망들**은 우리의 희망들과 다르다. 우리는 알튀세르가 채택한 3인의 역사가들과 관련하여, 우리 자신의 경험을 상기하면서, 우리의 희망들을 말할 것이다. 물론 우리는 아래 질문들의 차원에 비해 이런 상기가 편협하다는 것을 완벽하게 알고 있다. 첫째, **이데올로기로서의 역사**의 역사적 역할은 **무엇이었으며, 무엇인가**? 둘째, **과학으로서의 역사의 역할은 이미** 어떤 것이며, 어떤 것**일 수** 있을까?

1) 미셸 푸코 또는 뤼시엥 페브르?: 지식의 시간

긍정적인 평가를 쓰도록 알튀세르를 고취한 유일한 실천은 푸코의 실천이다. 알튀세르에 따르면 선형적 시간의 이데올로기적 연속체, 잘라 내는 것으로 족할 그 연속체 안에선 결코 읽을 수 없는 '진정한 역사'의 발견자인 푸코. "절대로 예견할 수 없는 시간성들"의 발견자인 푸코. 헤겔의 도식들(다시 나오는 이것들!)을 근사치에 상응하는 식으로 사용한다는 조건에서

---

12) Althusser, "L'objet du *Capital*", *Lire le Capital*, p. 289[『『자본론』의 대상』, 『자본론을 읽는다』, 131쪽].

이 도식들이 "고도의 근사치"만을 갖게 되는 "새로운 논리들"의 발견자인 푸코. 요컨대 추상화의 작업이 아니라 추상화 **안에서의** 작업. 역사 **대상을 식별함으로써** 확립했고 이로부터 이 **대상의** 역사 개념을 확립하는 작업.[13]

알튀세르가 이 구절을 썼을 때 푸코의 『광기의 역사』와 『임상의학의 탄생』만을 알고 있었던 것이라면, 나는 그의 열렬한 찬사에 기꺼이 동참할 용의가 있다. 그런데, 이런 유형의 "문화적 형성" 각각에 "저마다의 시간"이 필요하다면 전체의 시간은 어디에 있겠는가? 초기의 푸코를 읽고 내가 느낀 것은 "유폐"에 대한 불안, 그 대상에 적합하지만 또한 이 대상의 **절개**에서 기인하는 불안이었다. 나는 이런 불만족이 **맑스주의적**이라고 믿었다.

이후에 푸코는 대작들을 발표하여 악덕은 더 잘 보이고 미덕은 오히려 잘 안 보이는 어떤 방법을 일반화했다. 처음에는 권위적인 가설들이 있다. 여기에 논증이 이어지지만, 얼마간 명료한 지점들에서도 이제 발견되는 것들은 뒤섞이는 연대들, 부풀려진 텍스트들, 너무나 명백한 나머지 고의적인 것들이라 여기게끔 되는 무지들, **역사에 관한** 숱한 **몽상식들**(가공할 범주)이다. 무엇보다도 자신이 해명한 '에피스테메'를 푸코는 예고도 없이, 건설된 개념들도 아니고 **자신만의 이미지 유희**로 대체할 준비가 항상 되어 있었다(차라리 건설된 개념들로의 대체였다면 다행이었을 것이다). 알튀세르는, 미슐레(Jules Michelet)에 관해, 그의 '착란'을 언급한다. 마찬가지로, 푸코의 재능도 다르지 않다. 하지만 역사가가 두 착란 중에서 선택해야 한다면, 아마도 미슐레를 선호할 것이다. 푸코는 겸손하니 이런 비교를 눈감아 주리라 믿는다.

페브르는 [푸코에 비해 오히려] 맑스로부터 훨씬 덜 먼 곳에서 우리에게 나타난다. 과연 알튀세르의 분류는 그를 어디에 배치할까? 역사의 전체

---

13) *Ibid.*, p. 289[같은 글, 같은 책, 132쪽].

성에 별로 적합하지 않은 '선형적 시간들'의 조립공들 중에? 이것보다 페브르와 덜 닮은 것도 없을 것이다. 멋진 공식적 시퀀스들의 주창자들 중에? 그 누가 그런 시퀀스들을 제안하지 않았겠는가마는, 페브르보다 더 이 시퀀스들을 파괴했던 이는 또 누가 있겠는가? 모든 것을 고려해 보면, "예기치 못한 시간성들"과 "경험적 역사의 대척점들"과 "식별된 역사 대상들"을 찾을 수 있는 저작으로 그의 것보다 나은 것이 어디 있겠는가? 무신앙자는 역사 대상으로서 광인에 상응하는 값어치를 갖지 않을까? '심성적 도구'는 '인식들의 생산'에 무용한가?

역사와 관련하여, 미슐레에 대한 비난과 푸코에 대한 찬양 사이에서, '문제제기를 시작한' 이들 중에 괄호를 치고 페브르를 꼽는 것이, 소통에 너무 열중한 나머지 각자가 자신의 '훈련 영역'의 언어 말고는 듣지 못하는 우리 시대의 특색이다. 우리가 그토록 많은 폐쇄적 '문화들'을 과거로 치부하는 것은 우연이 아니다. 그 어떤 위기의 시대들이 이와 같은 격리들을 공유했었는지 찾아보아도 좋을 것이다.

페브르의 16세기는 닫혀 있지 않다. 루터, 르페브르(Jacques Lefèvre d'Étaples), 마르그리트(Marguerite de Navarre), 라블레(François Rabelais), 데페리에(Bonaventure Des Périers). 모두 저마다 '과잉결정하는' 전체의 통일성이 부과한 엄정한 한계들 안에서 자취를 드러낸다. 하지만 **이 전체는 흔들린다.** "혁명의 시대를 이 시대가 스스로에 대해 갖는 의식에 입각하여 판단하지는 못한다." 역사가 페브르는 자신의 당대 이데올로기에 **맞서**, 자신의 스승들의 이데올로기에 맞서 그것을 입증해야만 했다. 그가 그렇게 할 수 있었다면, **우선은** 그가 16세기 사회를 **모든 층위에서** '자기의 것으로 만들었기' 때문이고, **경험적인 것이 아니라 구체적인** 연구를 통해 이 사회를 '눈앞에 있는' 것으로 포착했기 때문이다. 이 연구를 구체적이라 하는 이유는 역사화하는 실증주의에 맞서 문제틀을 지향하는 투쟁에 의해, 일회적인 사실에 맞서 대량의 사실을 지향하는 투쟁에 의해, 허위의 박식에 맞서 참된 세심함을 지향하는 투쟁에 의해 이 연구가 체계화되기 때문이다. 이 투쟁은 종종 맑스의 나쁜 기질과 동일한 소리를 낸다.

'진정한 역사'는 이렇게 어떤 **실천**과 **비판**으로부터, '엄밀한' 체하는 것으로부터가 아니라 **모든 몰상식의 부재**에 의해 표출되는 **올바름**으로부터 출현한다. 페브르는 결코 이론가라고도 맑스주의자라고도 자처하지 않는다. 하지만 그러면 (푸코가 『말과 사물』에서 지나는 길에 그렇게 한 것처럼) 맑스를 감옥에 가두듯 19세기에 가두지는 않았을 것이다.

2) 구조와 콩종튀르: 라브루스의 시간

에르네스트 라브루스가 맑스주의와 더 깊은 연계를 갖고 있음에도 알튀세르는 그에게 따로 자리를 할애할 가치가 있다고 보지 않는다. 그의 비판은 라브루스에게 있는 **콩종튀르의 역사 전부**를 겨냥하는 것 같다. 하지만 그의 비판은 제대로 된 것이 아니어서, 비코에서 콘드라티예프까지의, 무어(Henry Ludwell Moore)에서 오케르만(Johan Åkerman)까지의, 르바쇠르(Pierre Émile Levasseur)에서 해밀턴(Earl Hamilton)까지의 광범위한 계보를 무시하는 것으로 보인다. 이 계보는(프랑스 중심주의적이길 원한다면 시미앙을 빼서는 안 될 것인데) **순환**과 **발전**의 연관을, **자연 및 경제의 시간**과 **역사의 시간**의 연관을, 즉 **제기되는 진정한 문제**를 **지수들**을 관찰하여 해명했노라 주장했다.

이 문제는 '통속적'인 시간을 따르는가, 또는 맑스주의적인 '전체', 즉 '생산양식'을 따르는가? 여기서 우리는 실제적인 난점을 다룬다.

실제로 콩종튀르의 역사가——서술 양식과 성급한 주석과 학교 교육에서의 통속화에 의해——역사를 시간의, 즉 시간의 비동질적 배분과 차이화의 산물이 아니라 (아무 의미 없는) 시간의 산물로 여기는, (구조들의 내부에 있는 사회 관계들의 유동적 작용으로서의) 역사의 산물로 여기는 경우가 생긴다. 이것에 관한 맑스주의적인 반박이 포르치네프(Boris Porchnev)에 의해 이미 제기되었다. 그는 자신의 반박을 부당하게도 단번에 라브루스의 저작에까지 펼쳤다. 역사의 콩종튀르를 다루는 것과 맑스주의적으로 역사를 다루는 것의 관계는 따라서 정확하게 파악될 필요가 있다.

이 대목에서 맑스 자신이 우리를 돕는다. 1850년대의 붐에 관한 자신의 입장을 정하는 방식("이 사회는 캘리포니아 금광 발견 이후에 새로운 발전 단계로 들어선 것 같았다"), 자본주의의 매 위기마다 그가 엥겔스와 공유한 희망들(행동하는 인간에게는 눈감아 줄 수 있는 소박함), 이른바 '대발견' 이후 부르주아 사회의 발사대 구실을 한 장기간의 경제적인 급성장에 관한 거듭되는 암시들, 투크의 『물가사』에 기울인 관심, **통계적인** 토대도 없이 고대 화폐 경제에 관한 설명을 늘어놓았다고 흄에게 가한 비난, 마지막으로 세간의 평에 비해서 훨씬 더 '근대적'인 체계적 '순환' 분석, 이 모든 것들이 맑스를 콩종튀르 역사와 대립시키지 못하게 하며, 콩종튀르 역사에서 맑스에 관한 혁신을 보는 것도 막는다. 맑스와 대조되어야 하는 것은 다양한 콩종튀르 이론들의 잠재적인 **이론적 토대들**과 때로는 성급한 **역사적 결론들**이다.

경제 활동의 **실제 리듬들**에 대한 관찰은 관찰되는 것을 **엄밀하게 개념화**하는 데서부터 출발해야 할 것이다. 흔히들 여기서는 명목 가격을 저기서는 화폐 가격을, 여기서는 총생산량을 저기서는 주식 시세를, 여기서는 장기적인 것을 저기서는 단기적인 것을 관찰하며 무엇이 **지수**이고 무엇이 **대상**인지를, 어떤 **이론**이 지수와 대상을 연결하는지를 아예 묻지도 않는다. 그렇기 때문에 나는 오래전에 해밀턴이, 명목 가격과 단위 임금의 거리를 (이것은 맑스가 '인플레이션 이윤' 범주를 몰랐다는 것을 뜻하지 않는다) 자본 형성과, 장기적인 견지에서, 혼동한다고 비난했던 것이다. 하나의 개념과 척도는 하나의 시간에만 유효하다. 나는 언제나 마르크제프스키(또는 푸라스티에Jean Fourastié)와 달리, 1700년의 소득과 등가를 이루는 1970년의 소득을 찾느라 애쓰는 것을 인정하지 않는다. 결국, 어떤 흐름을 지우고 다른 흐름을 별도로 획정함으로써 만들어 낼 수 있는 것은 통계적 환영이다. 그만큼 '건축물'에는 함정이 있는 것이다.

이것이 가장 고전적인 콩종튀르 흐름들도 논란의 여지가 생길 수 있는 까닭이며, 콘드라티예프 주기를 앞에 놓고 우리의 이론적 빈곤을 재려면 앵베르(Gaston Imbert)를 읽는 것으로 족하다. 하버드의 경험주의가 실패한 이후, 자본주의가 10년 이내의 짧은 시간을 제어할 수 있었다 해도, 중간 시간은 ─ 통화 위기가 증명하듯이 ─ 지배되지 않는다. 어떤 이들은 벌써 저 짧은 시간을 제껴 버렸을 것이다. 하지만 생산양식의 장기 단계를 이루는 **경제적 시간**인 이것은 상응하는 **역사적 시간**의 일부이다. 역사가는 콩종튀르의 미로에서 빠져나올 수 없다.

여기서 맑스를 안내자로 삼으려 한다면, 알튀세르가 우리를 항상 명료하게 도와주지는 않는다. 말하자면 '변이들'(variations)을 위해 '다양성들'(variétés)을 포기하는 것과, '착종들'(entrelacements)을 위해 '간섭들'(interférences)을 포기하는 것은 우리에게 사례가 없는 한 말에 그칠 따름이다. 더구나 우리가 『자본』에서 **경제적** 시간만을 발견한다면 다른 '층위들'의 '차이적 시간성들'은 어디에서 포착할 것인가? 알튀세르는 우리에게 이런 훈수를 두고 있다.

> 우리는 시간 구조들의 이런 차이들을 그만큼의 객관적 지표들, 즉 전체의 총괄 구조 안에 있는 상이한 요소들 또는 상이한 구조들을 접합하는 양식의 객관적 지표들로, **오로지** 이런 지표들로만 간주해야 한다.……전체의 복합적 구조의 통일성 안에서 우리는 발전의 소위 지체와 선진과 잔재와

불균등을 사고해야 한다. 이것들은 역사적 현재, 즉 **콩종튀르의** 현재의 구조 안에서 함께-**실존**한다.[14]

콩종튀르로서의 구조, 바로 이것이 역사가의 실천에서 **전형적인 도면**(plan-type)이 되지 않던가? 이 도면은 그 자체로는 아무것도 보장하지 않지만, 양적인 경험주의와도 거리를 두며, 또 그만큼 전통적인 '멋진 시퀀스들'과도 거리를 둔다.

시미앙의 콩종튀르의 경제주의와 맑스에 더 가까운 구조적인 콩종튀르 이론 사이에서 일어나는 이 '단절'에 대해, 이제 우리는 그것의 자리를 알고 있다. 에르네스트 라브루스의 저작이 그 자리다. 이 저작은 '시간성들'에 관해 우리에게 무엇을 말해 주는가?

프랑스 혁명은 18세기 경제 급성장의 시간인 **긴 시간**과, 1774~1788년 불황의 내적 주기인 **중간 시간**과, 7월의 **계절적인** 극성기에 ── 거의 딱 들어맞게 ── 절정에 이른 1789년 고물가 위기인 **짧은 시간**의 '해후'에서 비롯된다는 것이 그의 주장이라면, 기계론적인 유형의 이 논증은 선형적인 시간들의 단순 작용을 인과적 연쇄로 제시하는 것으로 보인다. 하지만 과연 그런가?

실은 18세기 프랑스 사회의 **사회경제적** 현실에 리듬을 부여하는, 통계적으로 관찰할 수 있는 **짧은 주기**는 **봉건적 생산양식 본연의 주기**다. 이 주기에서는 첫째, 생산의 토대가 여전히 농업이다. 둘째, 기반이 되는 생산 기술은 우발적인 생산 주기를 아직도 지배하지 못한다. 셋째, 생산자들에게서 징수하는 것은 생산에 따라 조정되어야 **할 것**이다. 넷째, 흉년에는 자선과

---

14) Althusser, "L'objet du *Capital*", *Lire le Capital*, p. 293 [『『자본론』의 대상』, 『자본론을 읽는다』, 135쪽. 『『자본』을 읽자』 원서에는 '역사적 현재'가 아니라 '실재하는 역사적 현재'라고 되어 있다].

과세가 가장 극심한 가난을 제한할 것이다.

그러나 이 전자본주의적인 '템포'는 18세기 이래로 다른 템포들과 함께—**실존**하는데, 이 다른 템포들은 아직 미래 생산양식의 전형은 아니지만(가령 '산업 순환'이 그런 전형일 것이지만) 미래 생산양식의 일부가 되어 준비한다. 첫째, 자본으로서의 화폐의 **장기간**에 걸친 예비 축적. 이것의 기원은 직접적으로 또는 간접적으로 **식민지**에 있으며, 화폐 부르주아지를 창출하고 일부 귀족을 부르주아화한다. 둘째, **상업적 불황들**(판로 위기, 물가 하락)이 **중간 기간**에 나타날 가능성. 이 불황들은 다수의 성장하는 농민과 재산 소유자와 기업가에게 작용을 가하고 또 이들의 불만을 야기하는데, 자신의 생산물이 이제 상업 회로로 들어와 '상품'이 되고 있는 이들은 그만큼의 계층을 이루어 법의 평등과 시장의 자유와 봉건 구조의 종언에 이해관계를 갖는다. 셋째, **짧은 기간** 동안의 '낡은 유형의 위기'의 격화. 기근이 든 해처럼 사람이 죽어 나간 것은 아니지만 당국의 과세나 교회의 재분배로도 좀처럼 제어되지 않는 사재기가 빈민과 프롤레타리아트를 그 이느 때보다 더 만들어 내며, 빈농으로 하여금 봉건적인 징수나 왕의 징수에 그리고 상업적인 자유에 동시에 맞서도록 몰아간다.

'종별적 시간성들'의 이러한 해후가 1789년 7~8월에 사회의 법적이고 정치적인 구조를 전복하는 '사건'으로 귀착한다는 것인데, '생산양식의 발전 과정'으로서의, 즉 생산양식의 이행 과정으로서의 '시간들의 착종'에 대해 과연 이보다 더 나은 사례가 있을까?

전공 탓에 과학과 철학의 시간에 관심이 있는 알튀세르이지만, 목전의 현실에 대한 정당한 불안 탓에, '지체', '선진', '잔재', '저발전' 등의 말들 탓에 더욱 그런 시간에 관심을 기울였다는 점을 나는 잘 알고 있다. 그가 '콩종튀르'를 정의하면서 '자칭' 반어적으로 이런 말들을 앞에 내세워, 마치 프랑스 국철의 시간표처럼 제시되며 모델과 목표를 전제하는 어떤 용어법의 부조리(와 이데올로기적 위험)를 강조하려 했던 것도 나는 잘 알고 있다. 일 인당 달러 보유량, 투자율, 과학 저널 출판 종 수에 따라 어떤 나라들은 특급 열차를 탄 것처럼, 다른 나라들은 지방 열차를 탄 것처럼 제시하는 통계 연보들의 도표들이 그에게 근거가 된다는 것도 나는 잘 알고 있다.

경제들과 지배 계급들의 말잔치에 대한 이 정당한 비판과 일부 양적 기준들이 허위의 거울이 되는 것에 대한 이 정당한 비판이 본질적인 맑스주의적 원칙들의 망각을 초래해서는 안 된다. 그 원칙은 첫째, 노동 생산성 안에서 종합되는 기술적-경제적인 것의 **우위**. 둘째, 애매한 묘사들을 벗어나는 데 필요한 **수량화**. 셋째, **물질적 발전에서의 불평등들**로 이루어지는 **주요 현실**. 맑스는 항상 영국의 선진성과 미국의 발전 조건 구비를 자기 앞에 '현존'하는 것으로 바라보고 있었고, 레닌 역시 '불균등 발전' 개념에 대해 그러했다. 선형적 시간에서 빠져나올 줄 알아야 한다. 그것을 비난하는 것만으로는 부족하다.

일종의 제도, 사유 양식, 경제적 태도, 사회적 도덕, 그리고 **성립된 것으로 여겨지는 생산양식** 사이에 어떤 **괴리**(décalage)가 있다고 하자(**이론적인 가설**). '도덕'과 '태도'와 '사유' 등등에 '선진'과 '지체'와 '잔재'와 '자율적인 리듬'이 존재한다고 말할 것인가? 아니라면 이렇게 말하는 것이 더 유효하지 않겠는가? 성립된 것으로 여겨지는 이 생산양식이 자신의 모델에 가장 가깝게 작동하는 것은 어떤 척도 위에서인가? 어떤 공간에서인가? 어느 정도의 지속 시간에서인가? 이 생산양식은 어떤 영역에서 유효한 총체성인가(구성 도중이라면 **이미** 유효한 총체성이고, 붕괴된다면 **아직도** 유효한 총체성인 것)?

이렇게 해서 우리는 말의 완전한 의미에서(프랑수아 시미앙의 '기상학적인'météorologique 의미가 아니라) '콩종튀르'를 이해한다. 여기서 우리에게 도움이 되는 것은 여러 '종별적 시간'이다. 나는 스페인을 연구하면서 언제나 **경제적 리듬들의 종별성**에서 출발하여 **구조적인 대조들**을 밝혀냈다. 작은 공간인 카탈루냐에 관해 나는 생산양식의 변경 과정 안에서 세 가지 리듬을 구별했다. 1766년의 식량 위기에서, 반란세를 조직한 반란자들과 사제들과 선동가들이 내세운 법과 도덕과 소유에 대한 이해는 12세기의 것인 데 반해, 하층 상인들은 기업의 자유와 가격 실태에 대해 거론하는 서한들에서 새뮤얼슨(Paul Samuelson)의 어휘를 구사한다. 시간의 종별성은 여기서 **계급의** 종별성이다. '산업 순환'에 대한 관찰 역시 도움이 된다. 이 순환은 사회주의 경제에서는 사라지는 데 반해, 농업 기술 변혁의 완만함은 오랫동안 이 경제에서 '낡은 순환'을 유지한다. 하지만 시장이 '조정자'로 재확립되면 인플레이션을 신호로 곧 '산업 순환'이 재등장한다. 그리고 동일한 순환이 자본주의에서 약화되는 경우는 자본주의가 자체 모델에서 벗어날 때이다. **부문별로** 변혁이 도입되고, 상부구조들에 **계급적인 것**이 도입되고, **공간에** '총체성들'이 도입되는 것은 그만큼의 '객관적인 지수들'에 의해 드러난다.

이러한 유형의 분석 덕분에 이론에서 '사례들'로 나아갈 수 있다. 또한 — 무엇보다 이행 과정에 대해 — 이론을 수립하는 데도 도움을 받을 수 있다. 이런 분석이 시간을 생산양식 개념 바깥에서 사유한다고 비난할 수도 있겠지만, 사실 이 분석은 부단히 생산양식 개념에 준거한다. 도리어 각각의 '층위'에서 '종별적 시간'을 찾을 때 이런 준거가 포기되기 쉽다.

3) 구조와 장기 지속: 페르낭 브로델의 시간

알튀세르가 거명한 세번째 역사가의 이름은 반드시 나와야 할 이였다. 바로 유명한 한 논문 때문에. 하지만 의심의 여지 없이 알튀세르의 오해에 원천이 된 그 논문. 브로델이 30년의 실천 이후에 이론화를 고려할 때, 철학자는 브로델이 **스스로에게** 문제제기를 **시작한다고** 외친다. 하지만 아니다!

브로델은 1958년에 **다른 이들에게** 문제제기를 하는 것으로 **끝내고** 있다. 역사가들의 혁신에 대한 그들의 무심함에 짜증을 내는 것까지는 아니어도 성가셔하면서.

다른 사회과학들은 충분한 정보를 갖고 있지 않아서, 이 과학들은 역사가들의 **저작들**에 대해서 오인하는 것과 동시에, 역사가 언제나 유능한 **점원**은 아니더라도 훌륭한 **하인** 구실은 하는 그런 사회적 현실의 측면 —— 사회적 지속 시간, 인간 삶의 모순적인 다수의 시간 —— 에 대해서도 오인하는 경향을 지닌다……. 역사의 중요성과 유용함을, 또는 오히려 역사가의 **전문성**과 **반복 관찰**에서 도출되는 그런 지속의 변증법의 중요성과 유용함을……나타내는 이 강한 근거를 오인하는 경향.[15]

전문성, 관찰, 저작들, 하인, 점원……. 이런 말들이 이론가에게는 불쾌할 것이다. 나는 또한 이론가로 하여금 브로델을 선형적 시간에서 해방되지 못한 노예들 중 하나로 분류하도록 부추길 법한 말들에 주목한다. 가령 노동일 총량, 콩종튀르의 서창부(récitatif), 땅의 교대, 시간-척도, 자기 동일적인 시간, 서로 잘 들어맞아 동일한 척도로 측정되는 시간들 등의 말들. 바슐라르의 사회학적인 시간에 대립되는 모든 것. 그런데 이런 강조 아래에서 어떤 비판의 시작을, 어떤 아이러니의 섬광을 지각하기가 그토록 어려운가? 알튀세르는 그 논문을 '상황 속에' 다시 놓지 않았다. 그에게는, 설탕 지식이 달지 않은 것처럼 역사 지식은 역사적이지 않다. 유감이다! 브로델에게도, 알튀세르에게도, 맑스에게도(이것을 알고 있는 바로 그 사람), 이 지식에 대한 지식은 언제나 **역사적으로** 구성된다.

---

15) Fernand Braudel, "La longue durée", *Annales*, Vol. 13 Nº 4, Année 1958.

1958년에 브로델은 이러한 지식, 즉 '긴 시간'과, 공간이 시간에 부과된 것으로서의 '지리 역사'라는 지식에 자신이 공헌한 바의 전도에 관해 자문하고 있다. 『지중해와 펠리페 2세 시대의 지중해 세계』(*La Méditerranée et le monde méditerranéen à l'époque de Philippe II*)를 집필하고 12년 뒤에, "역사가의 실천"에 포함되는 것이든 아니든 **다른 방향 설정들**에 반응하면서, 그가 재개하는 주목할 만한 질문.

콩종튀르의 '서창부'를 은근히 비웃으며 그는 이것이 '사건'으로의 회귀로 여겨지는 것을 우려한다. 라브루스는 1933년 저작에서의 '장기 18세기'로부터 시작하여, 1943년 저작에서는 15년도 채 안 되는 전혁명적인 '내부 순환'의 부각으로 나아가고, 1948년 저작에서는 '짧은 시간'(1789, 1830, 1848) 안에서 포착되는 혁명들을 탁월하게 축약한다. 동료들은 이런 그에게 직업적인 '기술'이 좋다고, '연출가 역사가'라고 짓궂은 농을 건넸다. 브로델에게는 역사가란 "새로운 종소리"가 미치는 곳보다 **더 멀리** 가 있어야 하는 존재다. 그를 향해 이 역사가의 직업적인 솜씨는 사건을 구조들의 **동학** 안에 다시 놓는 것에 있다고 말한다면, 그는 그렇게 하고 싶어 해봐야 언제나 구조를 사건에 희생시키는 짓이 되고 만다고 넌지시 자기 의견을 비칠 것이다.

'긴 시간'이라는 측면에 관해서는 그가 덜 불안할 것임이 분명하다. 하지만 그는 시대에 뒤처졌다. 사회학적인 '원자들'의 구조적 논리 안에서 나름의 영속성을 찾으려 드는 것은 '인류학'이고, '커뮤니케이션'으로부터 정성 수학(mathématiques qualitatives)의 미덕을 발견하는 것은 경제학자들이다. "최신의 말들"에 항상 민감한 브로델이기에 기꺼이 매혹당할 것이다. 이 새로움들은 브로델의 방향, 즉 변화에 대한 저항이라는 방향을 취한다. 그러나 그는 자신의 직업을 사랑한다. 역사가인 그는 '긴 시간'에 만족한다. 아예 시간이 배제되면 그는 사라져야만 할 터이다.

그래서 그는 구조를 "의심할 것 없이 조립으로, 건축으로, 더 중요하게는 시간에 의해 잘 닳지 않는 현실로, 시간이 아주 느리게 운반하는 현실로" 부르자고 제안할 것이다.

이론가의 입은 다시 삐죽 나올 것이다. '의심할 것 없이'나 '더 중요하게는' 따위의 말은 '엄밀하지' 않다고. 게다가 현실이 무엇이든 간에 현실이 닳는 것은 시간에 의해서가 아니라 현실들을 쫓아가며 불균등하게 닳게 하는 그 '무엇'에 의해서라고. 문제가 되는 것은 바로 이 '무엇'이다.

여하튼 하나의 현실이 다른 현실보다 오래 지속된다면 그것이 이 다른 현실을 덮고 있다고 말할 수 있겠는데, 바로 이 '덮다'라는 단어를 브로델은 수학적 방향으로 끌어당겨 이 단어로 지리학적이고 생물학적인 강제나 기술적인 무기력을 가리킨다. 이 대목에 근거하여 그는 '긴 시간'을 확립했고, 이 대목에 "정신적인 규제들"과 "심성적인 틀들", 즉 "장기 지속의 감옥들"을 포함하여 푸코를 예고한다.

브로델이 '역사 모델들'의 최초의 창시자로서의 맑스에게 명시적으로 준거하고 있으며, 자신이 맑스의 길을 따르는 것은 아니더라도 맑스의 사례를 따르고자 했던 부분들을 표시하고 있는데도, 그의 논제들을 맑스와의 관계에서 자리매김하는 것을 마다할 수 있을까?

이런 준거가 내게는 별로 설득력이 없다면, 이는 내가 보기에는 맑스가 **부분적인** 모델들에 의해서 사유했던 이가 아니고, 따라서 화폐 순환들에 적용된 '모델' 개념은 맑스주의적이지 않은 반면에 훨씬 더 맑스주의적이었던 '위기'나 '심성적 도구' 같은 개념들은 '모델'을 자처하지도 않았기 때문이다.

하지만 이것이 뜻하는 바가 맑스주의 역사학은 브로델이 ─ 자신의 저작과 논문에서 ─ 제기한 문제들을 숙고하지 않아도 되리라는 것은 아니다. 그 문제들에 속하는 것은 자연, 공간, 저항 구조들, 비-역사적인 구조들인데, 과연 역사가는 이런 문제들로 무엇을 할 것인가?

첫째, 우선 **자연**. 역사론을 제시하는 프로젝트로 간주될 수 있을 유일한 텍스트 안에서 맑스는, **종국적으로**, 물론 "출발점은 주관적으로도 객관적으로도 자연의 요소들이다"라고 환기하고 있다. 생산성에 대한 그의 기본적인 정의에서도 역시 **종국적으로** '자연 조건들'이 언급된다. 결코 경시할 수 없는 것. 사실 인간-자연 변증법은 '자연 조건들'을 과소평가하기 어렵다는 것.

이 조건들 앞에서 필요한 것은 **기술**(에 이어 과학)**을 상정하는 것**뿐이다. 기술의 승리와 과학의 승리 사이에, 생산양식을 틀 짓는 **한계들**이 표시된다. 1857년 「서설」에서 "잊지 말아야 할 논점들" 중 5번으로 제시된 것은 "생산력(생산수단) 개념과 생산관계 개념의 변증법, 한계들이 정의되어야 할 변증법, 실제 차이들은 제거하지 않는 변증법"인데, 예컨대 이것은 20세기 유럽에서 "낡은 유형의 위기들"이 여러 생산양식 안에 지속하는 것을 어떻게 다루어야 할지를 제시한다.[16]

역사를 지리학적으로 사유하는 것이 맑스주의에 상반되지는 않는다. 하지만 지리학을 역사적으로 사유하는 것이 더욱 맑스주의적일 것이다. 저 '영속성들' 가운데, 더 유효하게 인간을 장악하는 극들을 어디에서 구별해 낼 것인가? 지중해에 가득한 그런 극들을 특히 사막과 산이 '둘러싸고 있다'. (변증법적인) 역사에서 '식별'되고 '건설'되어야 할 좋은 대상이지만 알튀세르는 이것을 충분하게 인식하지 못하기에 아예 논하지 못한다.

둘째, 다음으로 **공간**. 역시 **건설해야 할** 대상. 공간에 대한 이론들은 윤곽이 잡혀 다듬어져 왔는데, 브로델은 이런 이론들에 주목하지만 알튀세르는 그렇지 않다. 지리학자와 경제학자와 논리학자의 오래된 시도들이

---

16) 맑스, 『정치경제학 비판 요강』 I, 80~81쪽.

정밀해지기도 하고 때로는 희화화되기도 한다. 인간과 촌락과 도시와 밭과 공장이 '아무렇게나' 이식되는 것은 아니며, 이 이식에서 어떤 논리를 발견할 수 있어야 한다. 이것이 수와 도표와 지도로 나타내는 시도들을 고취할 수도 있다. 어떤 것이든 경멸해서는 안 된다. 그러나 역사가라면 이런 시도들에서 배울 점을 받아들이더라도 자신의 것들을 내놓아야만 한다.

인간에게 도움이 되는 공간의 조직화와, '의지의 지리학'(géographie volontaire)은 사유될 수 있다. 이것은 차후의 과제이다. 또한 새로운 자본주의가 전체적인 구상 없이도 자신의 고유한 논리에 따라 새로운 공간 위에 수립되는 것을 상상해 볼 수 있다. (종종 맑스가 지적하듯이) 미국이 거의 그런 경우이다. 추동력이 막강하다. 그 힘이 엄청나다는 것이 알려지고 있는 중인데, 여기서는 '생태주의'가 신비주의로 될 정도다.

그러나 오래된 나라들에서는 문제가 더 복잡하다. 역사는 시간들의 착종일 뿐만 아니라 공간들의 착종이기도 하다. 브르타뉴 촌락의 논리는 뉘른베르크의 그것이 아니다. 또한 뉘른베르크의 논리는 맨해튼의 그것이 아니다. 19세기는 중세 파리의 배를 갈라 마레 지구를 훼손한다. 20세기는 마레 지구를 보존하고 레 알(les Halles) 시장을 철거한다. 바르셀로나는 5세기에 걸쳐 자체의 장벽들에서 벗어나며, 세르다 플랜(Plan Cerdá)을 세우지만 이를 곧 왜곡한다. 라틴아메리카의 도시에는 판자촌(favelas)과 빈민가(barriadas)라는 암적 병폐가 있다. 지중해 주변은 휴양지가 되어 천막과 마천루 사이에서 망설이고 있다. 베델 플랜(Plan Vedel)은 개발 가능한 프랑스 토지의 삼분의 이를 놀이공원 지역으로 돌린다. 장기 지속은 더 이상 이 세계의 것이 아니다.

하지만 농촌의 경관이나 도시 현상(fait urbain)을 다루는 역사가는 전사(préhistoire) 또는 집단 심리학 속에서 길을 잃는다. 그리고 공간은 개발업자에게서 벗어나 보존되더라도 경험주의적 사회학자 또는 전문 관료의 수중으로 떨어진다.

시간 개념과 분리된 공간 개념은 오래된 나라들에서는 별 소용이 없다. 이 나라들에서 모든 생산 단계와 모든 사회 체계는 저마다의 도시와 밭과 궁전과 오두막을 갖고 있었으며, 각각의 역사적 총체는 다른 총체의 유산 안에 그럭저럭 자리를 잡는다. 결산을 마치고 메커니즘들을 분석하는 '진정한 역사'는 과거와 미래 사이에서 **사유**된 결합을 **건설**하는——이번에는 구체적인 의미에서——것을 도울 것이다. 사회주의는 이 지형에서 약간의 성공을 거둔다. 이런 성공이 앞에서 말한 결합에 대한 맑스주의적 이해에 빚지고 있다면 과연 그것이 무엇인지 알아보고들 싶을 것이다.

셋째, **역사적 시간과 집단들의 투쟁**은 또 다르게 결합된다. 맑스와 엥겔스의 사유에 있는 오래된 모호함은 그들이 스스로 역사와 계급투쟁을 하나로 동화시킴으로써 생겼다. 그들이 정치적 집단화의 종족적 토대들을 폄하했다고들 믿었다. 그런데 이런 모호함이 처음에 유용했던 것은 왕의 힘과 민족 전쟁들에 이데올로기적으로 근거하는 역사 개념을 전복하기 위해서였다.

그러나 맑스와 엥겔스의 서한들과 시사 논설들에서 독일인들, 프랑스인들, 영국인들, 터키인들, 러시아인들이라는 말은 프롤레타리아트와 부르주아지라는 말만큼이나 자주 등장한다. 이것은 이론의 포기가 아니다. 계급 모순들이 역사의 **동력**이며, 이는 기술과 경제가 이 모순들의 **기원**에 있기 때문이다. 하지만 이 '최종 심급'은 여타 현실들을 통해서 실행된다. 다시 1857년 「서설」의 "잊지 말아야 할 논점들"을 보면 **처음**에 오는 말이 **전쟁**이고, 마지막에 오는 말들은 **부족**과 **인종** 등등이다.[17] 이 논점으로 되돌아가야만 한다. 민족성과 초민족성, 파시즘의 민족주의와 혁명적 민족주의,

---

17) 맑스, 『정치경제학 비판 요강』 I, 80~81쪽.

종족적인 주장들에 맞서 중앙 집중화된 국가들, 경제의 다국적 유대에 저항하는 화폐 자율성, 이 모든 것이 20세기 후반기는 집단 의식의 틀이 되는 정치 형성들의 **실존** 또는 **요청**에 적어도 전반기만큼 혹은 전반기보다 훨씬 더 민감했음을 보여 준다. 그런데 여기서 다시, 맑스주의는 하나의 **이론**을 제기하는데, 1913년에 스탈린에 의해 결정적으로 정식화되는 이 이론은 **생산양식**이라는 중심 개념과(나는 **계급** 개념을 추가하겠다) 연관되는 '차이적 시간들' 위에 정립된다.

경쟁 자본주의에 조응하는 유형의 정치 형성은 부르주아 계급이 지도하는 **국가-민족-시장**이다. 이것은 아주 협소한 봉건적 틀에서 출발하여 실현되거나(독일과 이탈리아) 또는 광대하고 이질적인 제국들이 와해되고 실현되는 경향을 띤다(오스트리아, 러시아, 터키). 이러한 실현들의 조건은 '안정적인 공동체들'의 **선-실존**인데, 이 공동체들은 영속하지 않으며 **매우 긴 시간**에 걸쳐 매우 다양한 요인들에 입각하여 **역사적으로 구성**된다. 맑스주의는 이 공동체들을 절대적인 목적이나 결정적인 요인으로 결코 제시하지 않는다. 이것들은 **하나의** 계급에게 제공되는 도구이고 **앞선 시간으로부터 제안되는 틀**(cadres pro-posés)이라, 이 계급은 이것들로 **자신의** 국가를 공들여 만든다. 고유한 형태들을 지닌 봉건 세계가 그런 사례들을 제공해 왔다. 부르주아지들의 중상주의 단계(프랑스와 영국)는 민족 국가를 직접적으로 준비했다.

과거로의 이런 투사는 미래로의 투사를 암시한다. 다른 계급들이 행동의 토대로 안정적인 공동체를 파악하고 그 실존을 수용할 수 있다. 그들의 성공은 새로운 생산양식을 창출하는 자신들의 능력에 달려 있다. 반대로 민족적 도구로서의 자본주의는 소진된다. 자본주의에는 다국적 유대를 짜고 초강대국을 만들어 내는 **장기 경향**이 있다고 예견했던 로자 룩셈부르크에게는 지나친 면이 있었다(레닌은 이 점 때문에 룩셈부르크를 비난했다).

오늘날 이 경향은 확증되고 있으며, 민족 부르주아지는 저항하지 못한다. 저항하는 것은 인민들이다. 계급투쟁이 그들에게서 혁명적 상황들을 창출하는 한에서 그렇다. 마침내 사회주의는 경제 공간의 조직화에서처럼 다국적 공간의 조직화에서도 과거-미래 결합을 **건설**해야 할(가능하다면 잘 이해된 역사 개념에 기반을 두고 **과학적으로**) 임무를 갖는다. 모든 것이 사회주의가 **분석 안에서 이론에** 얼마나 **충실**한가에 달렸다.

첫째, '긴 시간'과 생산양식의 종별적 시간들 사이의, 둘째, 종족들(ethnies)의 작은 공간들과 근대적 활동에 고유한 큰 공간들 사이의, 셋째, 계급투쟁과 집단 의식 사이의 삼중의 변증법은 내가 과거를 연구하는 데 아주 요긴했고 현재를 아주 밝게 해명해 주기도 했기 때문에, 이 변증법이 '긴 시간'과 관련해서 브로델에 의해 제시되지 않았고 종별적 시간들의 착종과 관련해서는 알튀세르에 의해 제시되지 않았다는 점이 내게는 유감스러운 일이었다. 맑스주의 이론은 형성 중인 역사에 더 깊이 들어갈수록 그만큼 더 모호해진다.

넷째, **비-역사적인 구조들**에 관한 몇 마디 말. 역사가(특히 맑스주의자)는 이 개념을 불신할 것이다. 그에게는 **모든 것이 변한다**. 그 자체로도 변하는 전체 구조에서 전적으로 독립적인 것은 없다.

이 역사가가 '긴 시간'이나 '안정적인 공동체'라는 개념들을 승인한다면, 더 오래된 구조들의 완고한 네트워크들, 예컨대 가족이나 신화 같은 것들을 경우에 따라 저 개념들에 왜 통합하지 않겠는가? 민속학자들이 이런 네트워크들을 거의 순수한 상태로 발견했을 때, 역사가는 이 네트워크들의 논리들을 확립했다고 민속학자들에게 고마워한다. 하지만 역사가를 사로잡는 것은 변혁 도상의 사회들에서 이 완고한 네트워크들의 정도, 양상, 역할이다. 다시 '시간들의 착종'.

이 논의가 달라지는 것은, 발견의 시기엔 피할 수 없었어도 이젠 약화된 구조주의(들)의 두 가지 주장 앞에서다.

첫째, 연구 영역들의 자율성. 저마다의 고유한 내재적 구조들을 통해 자족적인 설명을 하고자 하는 각각의 연구 영역은 연구 사례를 역사에 삽입하는 것에 준거하는 것이 전부 무용하고 무효이며 심지어 수치스러운 일이라고 확언한다. 그러나 예컨대 문학에서 이런 삽입의 **표면적인** 역사적 취급에 맞서는 건전한 반발이 있을 수 있다 하더라도, 이 삽입을 전적으로 경시하는 것은 작품의 불완전한 파악을 방조하는 셈이다. 나는 세르반테스 사례에서 이런 문제를 보여 주려고 한 바 있다. 그런데 내가 보기에는 이런 유형의 시도들은 어렴풋이 알려진 어떤 역사에 희미하게 관련되어 그 자체로 연구되기보다는 전체적이고 심오한 역사 연구의 **결론으로** 제시되는 것이 바람직하다. 구조주의적 맑스주의 시도들은 불충분한 역사 정보로 어려움을 겪는다. 그렇다 보니 알튀세르는 '층위들'의 자율-의존 결합을 별로 정밀하게 다루지 못했다.

둘째, 또 다른 '구조주의적' 주장은 전체적이다. 인간과학들은(계량적 내용을 갖는 대부분의 '사회과학들'과 역사학을 제하고) 형식화될 수 있는 구조들에서 출발하여, 특히 심리적이고 지적인 메커니즘들을 드러낸다고 간주되는 소통 구조들에서 출발하여 일종의 '인간학'으로 구성될 것이다. 흥미롭게도 이 '인간학'은 인간을 '대상'으로 설정하면서도 반-인간주의 또는 적어도 비-인간주의를 자처할 것이다. 그런데 이 '인간학'이 **정밀 과학**이 되고자 하고 또 그렇다고 믿는 한, 곧바로 **응용 과학**이 되지 않았다는 것이나 인간들과 계급들의 **이해관계들**에 연계되는 과학이 되지 않았다는 것은 정말 이상한 일이라 하겠다. '인간 본성'의 낡은 형이상학을 재발견하는 프로젝트 자체는 **이데올로기적** 프로젝트이다. 이 프로젝트는 사회들을 거시 경제적이거나 거시 사회적인 수준에서 관찰하기 전에 사회들의 '원자들'에서 출발하여 연구하자고 제안한다.

사회적 관계들을 '언어'에 동화시키는 것과 경제적 관계들을 '재화들의 교통'에 동화시키는 것(자연과의 관계와 생산을 배제하는 것)은 균형 교환의 '소박한 인간학'과 재회한다. 모든 사람이 합리적 결정을 한다고 가정하는 게임 이론에는 왜 낙오자들이 생기는지에 대한 설명이 늘 비어 있다.

모든 것은 장기간의 허위적 역사화 이후에 구조의 발견에 의해서 혁신된 언어과학과의 혼동에서 비롯된다. [언어과학의] 이 자율성이 완전하지 않다는 것은 이미 알려져 있는 바다. 무엇보다도, 문학이나 예술의 경우처럼, 역사가가 공통의 자산에 다름 아닐 어떤 것에 역사적 의미를 귀속시키지 않으려면 구조에 관한 교훈의 일부를 충분히 흡수해야만 한다 하더라도, **차이화들**이야말로 그의 지형이라는 점은 여전하다. 역사적 의미론이 개척되어야 할 장이라면, 그것은 **사물들** 안에서의 변화를 **말들** 안에 있는 기호처럼 다루는 것이다. 언어학적인 울타리들이 '안정적인 공동체들'을 나눈다면, 어떤 공동체들은 저항하는데 다른 공동체들은 잘 저항하지 못하는 까닭이 무엇인가? 역사가에게 흥미로운 질문들은 **구조주의가 응답하지 못하는** 질문들이다.

생산에 대해 논해야 할 맑스가 언어와의 비교를 통해 이것을 해명할 수 있었다고 생각했다는 대목이 흥미롭다.

> 가장 발전된 언어가 가장 미발전된 언어와 공통적인 법칙들과 규정들을 가진다면, 언어의 발전을 구성하는 것은 바로 이 일반적인 것과 공통적인 것의 차이이다. 생산 일반에 적용되는 규정들은——주체인 인류와 객체인 자연이 동일하다는 사실로부터 발생하는——통일성 때문에 본질적인 상이성이 망각되지 않도록 구별되어야 한다.[18]

---

18) 맑스, 『정치경제학 비판 요강』 I, 53쪽.

이 텍스트는 개념의 일반성을 실재의 특수성과 구별하려는 것이 아니라 역사 이론에서 두 유형의 추상과 두 유형의 개념 연결을, 인식 이론의 구성에서 그 어느 것도 특권화되어서는 안 될 두 유형을 구별하려는 텍스트라고 지적한 발리바르는 옳았다. 이는 역사-구조주의 논쟁에서 본질적인 지적이다. 하지만 맑스가 적어도 경제에 있어서는 인간에 또는 자연에 관련되는 '일반성들'에 호소하는 것은 모두 '헛소리 상투어'로 전락하는 것이라고 경계한다는 점을 추가하자. 상투어와 동어반복은 사물의 논리를 확증함에 있어서 종종 되풀이되는데 이것이 언제나 무용한 것은 아니다. 다만 확실히 해둬야 할 것은 학문의 외피를 두르든 통속의 외피를 두르든 상투어가 헛소리는 아니라는 점이다.

7. 영속적인 난점들로부터 열린 길들로

나는 음울한 시기에 일부러 낙관주의자이기를 선택했다. 나는 역사라는 것이 일부 맑스주의 이론가들이 상상하는 것보다는 지식의 절대성을 추구하는(실은 이것이 별로 맑스주의적이지 않지만) 데서 덜 벗어난 것이라는 점을 제시하고 싶었다.

나는 맑스의 이론에 주로 준거하지 않고 실현된 성과들 쪽으로 맑스를 지나치게 끌어가고 싶지 않았고, 현대의 역사 연구에서 단편적인 현실의 부분적인 측면들에 대한 단순한 접근을 단념하고 사회적인 것의 전체적인 파악에 노력을 기울이는 것들 모두를 맑스주의 역사가가 활용할 가능성을 확인하고 싶었다.

결국 내가 원했던 것은 신생 인간과학이 걸린 새로움 강박이라는 병을 너무 정색하고 다루지 않으면서도, 이 과학들에서 사회적인 것을 학제적으로 다루는 데 도움이 되는 것을, 맑스주의적인 의미에서의 과학에 도움이 되는 것을 전혀 간과하지 않는 것이었다. 마치 경험주의에 대해서도 그런 것처럼, 부동의 보편성을 지향하는 한에서만 또는 단편 속으로의 고립을 지향하는 한에서만 **이데올로기적인** 그런 구조주의를 모조리 부정하지는 않는 것이었다.

역사의 과학적 실천에 있어서, 주목할 만한 영속적인 난점들과 다수의 다양한 열린 길들을 표시하는 일이 남아 있다.

1) 영속적인 난점들에 대한 일별

나는 본질적으로 이 난점들이, 알튀세르가 원했지만 맑스에게서는 찾지 못한 '이행 이론'의 측면에 있다고 보지 않는다. 철학자이다 보니 자신이 아니라고 여기는 것보다는 훨씬 더 헤겔주의자인 알튀세르는 자신의 생산양식 개념을 너무 닫아 버리고 고정시키는 나머지 그 개념에 어떻게 들어서고 나오는가를 불안하게 자문한다. **본연**의 '이행'을 사유의 새로운 대상으로 확립하는 것이 중요한 문제라면 알튀세르가 옳다.

맑스가 자본주의 생산양식의 기능을 주시하고 탐색하고 모든 방향에서 검토한 힘으로 우리에게 이 생산양식에 대한——이 생산양식의 해체 과정을 예견하는 것까지 포함하여——유효한 이론을 제공할 수 있었던 것이라면, 그는 또한 봉건제에서 자본주의로의 이행을 주시하고 탐색하며 모든 방향에서 검토했다. 이것은 그가 1842년 라인란트 의회 논쟁을 통해 죽은 나무들을 주워 오는 외관상 사소한 문제를 둘러싸고 두 개의 입법이, 두 개의 관점이, 두 개의 정신이 접촉하고 갈등한다는 것을 깨닫고 난 이후에 시작되었다. 맑스의 이 출발 지점은 과연 이것이 '경제적'인 것인지, '정치적'인 것인지, '철학적'인 것인지를 알기가 어려워 대개 저작집의 앞에 놓이지 못한다는 점에서 특징적인데, 오히려 이런 특징 때문에 그의 출발 지점이 흥미로운 것이다.

맑스와 레닌의 저작 안에 있는 풍부한 암시 덕분에, 맑스주의 역사가들(모리스 돕, 폴 스위지, 다카하시 고하치로) 사이에서 벌어진, 오래되었으나 아직 시효 만료되지 않은 토론들 덕분에, 중세나 현대에 관한 분석들에 비해 '근대'에 관한 작업들이 앞섰기 때문에 ──나 자신이 그 기여도를 평가하기는 외람된 일이겠으나 증언으로 내세울 수는 있는 어떤 연구 경험에 대해서는 굳이 말하지 않더라도──봉건제에서 자본주의로의 이행에 대한 '진정한 역사'에서 우리가 성취를 거두었으며 이는 다른 이행들을 이론적으로 사유하는 데에서 우리에게 도움이 될 수 있다고, 나는 믿는다.

유감스러운 일 하나. 1970년에 레닌그라드에서 열린 경제사가들의 국제 학술 회의에서, 제대로 된 맑스주의적 어휘로는 전자본주의(봉건적 또는 선행하는) 생산양식의 자본주의 생산양식(어떤 유형?)으로의 이행이나 사회주의 생산양식(이것이 **충만한 의미**에서 실존한다는 것을 승인한다면)으로의 이행이라고 불렀어야 할 어떤 것이 '근대화'라는 애매한 이름 아래 연구되었다. 아프리카와 아시아와 아메리카의 모든 나라들에 대한 성찰을 요청하는 이런 프로그램 앞에서, '서구' 역사가들이 자신들이 '전공'하는 가장 오래된 문제들(18세기, 농업의 우선성, 영국의 선진성 등등)에 국한되었다면 그에 반해 소비에트 역사가들은 자기 나라들의 다양한 공간들을 집단적으로 종합하면서 인상적인 **결과들**을 낳았지만, 그 **과정들**에 대해서는, 게다가 그 **이론**에 관해서는 거의 이렇다 할 만한 것을 내놓지 못했다. 내가 그 토론을 주재하는 것을 받아들였으니, 이 토론에 대해 또는 오히려 토론의 부재라 해야 할 문제에 대해 비난할 처지가 못된다 할 것이다. 하지만 내가 느낀 실망으로 인해 알튀세르의 요청들과 엄밀함들에 대한 저항감이 덜했던 것이다. **맑스주의의 이론적 회피**라는 게 있다면 그것은 **역사 개념의 포기**일 것이다.

보리스 포르치네프나 비톨트 쿨라(Witold Kula) 같은 이들이 맑스가 자본주의를 앞에 놓고 결정적인 경제적 핵심의 종별적 이론을 수립했던 그 방식으로 봉건제의 정치경제학 이론을 건설하려고 시도했던 것은 옳다. 맑스가 지나가면서 거명했을 뿐이지만 그 역할과 독창성은 확실한 생산양식, 즉 '아시아적 생산양식'에 대해 젊은 역사가들이 종종 열정적인 관심을 보이는 것도 이해할 만하다. 불행히도 잘못 선택된 이 용어를 마치 다 안다는 듯한 태도로 MPA(Mode de production asiatique)라는 약자로 바꿔 부른다고 해서 그것이 더 이론적인 가치를 갖게 되는 것도 아니다. 바로 이와 같은 경우에 알게 되는 것은 아주 부분적인 경험과 아주 제한된 인식에서 출발하여 유효한 이론을 만드는 일이 얼마나 어려운가라는 점이다(여기서 역사가는 알튀세르보다 유리하다). 아시아적 생산양식의 매우 다양한 형태들에 대해 전체적인 이론을 풀어내려면 수년간의, 수십 년간의 연구가 필요할 것이다. 조급하게 굴 일이 아니다.

더 긴요한 것은 이론에서 **사례(행동에 제공되는 틀)** 분석으로 나아가기 위한 방법론을 다듬는 것일 터이다. 여기서 문제가 되는 것은 일반적으로 단일 생산양식이 아니며, 어떤 하나의 생산양식으로의 '이행'도 아니고, 두 생산양식 또는 더 많은 **여러** 생산양식 간의 복합적이며 때로는 대단히 안정적인 결합이다.

현실의 '사회경제구성체'와 이론적 대상인 '생산양식' 사이의 구별은 지금은 분명히 친숙하지만, 맑스주의 연구에서 이와 관련되는 어휘는 여전히 유동적이다. 그러니 알아야 할 것은 복합적인 구조, 즉 '구조들의 구조'가 생산양식으로서 자체 안에 확실한 결정의 힘, 즉 '효력'을 갖고 있는가이다(나는 이 문제를 자주 제기해 왔다).

라틴아메리카와 관련해서, 사례가 거의 규칙인 바로 이곳에서, 셀소 푸르타도(Celso Furtado)는 여러 변수를 갖는 경제 모델들 안에서, "기본적인 법칙들"이 차이화되는 부문들의 작용을 결합했다. 하지만 그는 경제에 국한되었고, 따라서 과연 "이윤 최대화" 개념이 자본주의 생산양식 바깥에서도 의미가 있는 것인지 의심해 볼 수 있는 것이다. 또 다른 사례로 내가 조금 더 잘 아는 19세기 스페인이 있다. 이 시기의 스페인을 '봉건적'이라 규정하는 것만큼이나 '자본주의'라고 규정하는 것도 터무니없는 짓이다. '반(半)봉건'은 더 나쁜 타협이고, '이중 부문'은 단순 병렬을 상기시킨다. 그런데 대개 두 개의 결정 요소가 공간 안에 있는 병렬을 떠올린다 해도, 이 병렬 자체에 의해 특징지어지는 애초의 **실체**와 이 실체의 모순들과 갈등들, 그리고 이 갈등들에 대한 의식을 구성하는 데는 저 두 요소 사이에서 실존하는 연대들이면 충분하다. 각각의 '형성'마다 그에 상응하는 이론적 대상을 건설해야만 하는 것일까? 화학에서는 그렇게 하지만.

중대한 문제는 **인과성**의 문제로, 이는 '효력'이라는 것을 상정해도 해결되지 않는 문제다. 이론적 도식을 현실과 대조할 때 논지가 궁해지기만 하면 필연성이 '길을 연다고' 운운하는 안이한 맑스주의에 대해 알튀세르가 갖고 있는 불신을 나 역시 갖고 있다. 알튀세르가 보기에는 대조 자체가 오류다. 상이한 대상들이 문제인 것이다. 그러나 '사실들이 어떻게 일어났던 것인지'를 말하며 내심 역사란 [이론적으로] 사유될 수 없는 거라고 생각하는 이들을 비웃지 않으려는 역사가라면, 자신의 연구를 실천하면서 다양한 유형의 인과성(선형적, 대안적, 통계적, 개연적) 중에서 **선택**하거나 아니면 이것들을 **결합**해야 하는 처지에 곧 놓일 것이다. 이럴 때 그는 자신이 이론가라고 여기지 않는다. 그는 경험주의 안에 머문다. 종종 사회학자들의 곤란한 경험주의에. 이 경험주의에 따라 사회학자들은 상이한 성격의 계열들 사이에서, 계량화할 수 있는 경제적인 것과 계량화할 수 있는 정도가 덜한 사회적인 것과 **어쩌면** 계량화할 수도 있을 정신적인 것 사이에서, 그것도 엄청나게 조심하면서 상관성을 추구한다. 알튀세르는 지형을 바꾸고 싶어 하는데, 이는 능히 이해할 수 있는 일이다. 하지만 오늘날의 역사가는 자신을 전통으로부터 아주 멀어지게 만든 방법론적 모색을 통해 자신의 주제의 통일성과 복합성에 대한, 이 주제의 독창성에 대한, 후일 수학적인 유형으로 등장할 **새로운 유형의 합리성**을 자신의 주제에서 추구해야 하는 필연성에 대한 의식을 끌어냈다.

알튀세르는 제대로 무엇인가를 제안한다. 생산양식에 내재하는 '구조 인과성'. 열쇠 개념은 맑스의 재현(Darstellung)일 것이며, 이는 **구조의 자체 효과들에의 현존**을 가리킨다. 또는 더 낫게 말한다면, **구조의 실존이 이루어지는 것은 모두 그 효과들 안에서일 것이다.**

매혹적인 이 주장 덕분에, 앞에서도 말했지만, 효과들이 현존하지 않을 때 전체 구조도 역시 실존하지 않는다는 내 확신은 더 강해졌다. 하지만 나는 알튀세르의 논지를 좋아하지는 않는다. 그것은 너무나 이미지를 닮았다. 다르슈텔룽의 이미지, 연극적인 재현. 맑스가 제안한 이미지를 나는 암시의 힘이 있어서 많이 좋아하지만, 그 이미지의 애매함과 비일관성도 알고 있다. 그 이미지에서 생산양식은 색채들을 수정하는 "일반적 조명"에, "자신에게서 유래하는 모든 현존의 특정한 비중을 결정하는 특수한 에테르"[19]에 비견된다.

이건 최상의 맑스가 아니다. 적어도 그 표현에 있어서는 그렇다. 관념이 승하기 때문이다. 역시 최상의 맑스의 것은 아닌, 선행 이미지와 양립하지 않는데도 불구하고 알튀세르가 "거의 완벽한 개념들"이라고 여긴 메타포들도 있다. 메커니즘, 기계 장치, 기계 설비, 기계, 몽타주 등의 메타포들(맑스에 맞서 누군가가 이것들을 사용했다고 해도 할 말이 없을 것이다!).

맑스는 또 '신진대사'라는 말도 사용했다. 무엇보다도, 개인적으로, 알튀세르가 준거하는 것은 정신분석이다. 나는 이런 비교가 얼마나 설득력

---

19) 맑스, 『정치경제학 비판 요강』 I, 78쪽.

이 없는 것인지를 거듭 말하는데, 왜냐하면 사회적 전체가 일종의 생리학적 전체 또는 심리학적 전체로 작동한다는 것은 전혀 근거가 없기 때문이다. 누구에게나 그렇듯 맑스에게도 자신이 더 잘 이해되도록 어떤 말이나 어떤 비교를 택해야 하는 경우가 있으며, 이런 선택에 대해 그는 다소간 만족한다. 이것이 바로 내가 그의 사유를 그 **저작의 총체** 안에서, 그 **분석의 유형들** 안에서, 그것들의 '예증들' 안에서 파악하는 것을 선호하는 이유다.

또한 그 **적용들** 안에서. 정신분석가는 누구나 **임상 전문가**다. 그가 '부재하는 원인의 효력'을 말한다면, 이 개념에서 그는 다수의 **사례**를 떠올린다. 창의적인 맑스주의자가 스스로 어떤 이론가——레닌, 스탈린, 마오, 호치민, 카스트로——를 참조했든 간에 생산양식 개념의 효력을 시험한다면, 이 생산양식 이외의 다른 구조(또는 구조들)에 의해 장기간 결정된 어떤 사회에 대해 그가 세우고자 하는 이 개념의 효력을 시험한다면, 그는 바로 이 개념의 유효성을 시험하는 것이다. 역사가는 1680년의 영국[원문 그대로]을 놓고, 또는 1789년의 프랑스를 놓고 동일한 시험을, 덜 의식적이지만 맹목적이지는 않은 시험을 한다. 역사란 증언하는 것이다.

마지막 난점. 다른 영향으로 인해 알튀세르에게는 구조 인과성을 위상들의 단순 논리로 정의하는 경우가 생긴다. '생산관계들'은 체계 안에서 인간들이 점하는 **자리**로부터 도출될 뿐이다. 이제 인간들은 이 관계들의 **주체들**이 아니라 **담지자들**이다.

사실 통속 경제학에서나 그런 것이지 맑스에게서는 사회 관계들이 **배타적으로** '상호 주관적'이지 않다. 우선 사회 관계들에는 **사물들과의** 관계들이 포함되기 때문이다(생산의 우위). 이어지는 이유는 **개별** 착취자들을 고발하는 것이 아니라 **사회적인** 착취를 해명하는 것이 문제라는 데 있다. 따라서 맑스주의는 '인간 관계들'('공적 관계들'은 왜 안 되겠는가!)의 이론으로 환원될 수 없다.

그러나 이 모든 것을 표현하기 위해 그와 같은 환원이 "맑스의 사유에 해를 입히는 일"이라 말하는 것은 맑스의 개성에 해를 입히는 위험을 무릅쓰는 일종의 **반-인간주의**를 조장하는 것이다. 『공산당 선언』의 저자에게 역사란 체스판이 아니며, 계급투쟁은 게임이 아니다. 심지어 '전략'도 아니다. 그것은 전투다.

2) 열린 길들에 대한 일별

앞에서 설명한 난점들은, 연구를 통해 이 난점들을 해결하려는 이들에게 열린 장이 있음을 입증한다.

맑스주의 역사가인 내가 보기엔 두 가지 길은 배제되는 것 같다. 첫째, 이론적 원칙들이 반복되면서 이 원칙들에 무지한 이들을 향한 비판으로 이어지고, 내용과 관련해서 도식적인 구성을 방조하는 것. 둘째, 전통적인 실천들에서 아주 멀어지더라도 결국 전문 분야에, 부분적인 문제들에, 기술적인 쇄신 시도들에 국한되어 사실상 전혀 창조적이지 않은 경험주의에 충실한 채로 남게 되는 역사학 실천.

'진정한' 맑스주의 역사학이라면 자기 건설을 위해서는 도리어 야심적이어야만 한다. 끈질기고 폭넓은 조사에서 엄밀함을 조금도 접지 않는 이론으로 부단히 나아감으로써, 또한 무용한 지식으로 머물지 않기 위해 **이론에서 '사례'로** 나아감으로써 이 역사학의 자기 건설이 이루어질 수 있다. 어떤 과학이든 다르지 않다.

조사에서 이론으로. 역사가에게 열린 첫째 길(**이론적 문제틀에 기여하는 비교사**)을 식별하지 못해 잘 해결되지 않은 이론적 문제들을 우리는 너무 많이 알고 있다.

구조란 무엇인가? 구조들의 구조란? 차이적 시간들의 착종이란? 사회적인 것의 경제적인 것과의 접합과 정신적인 것의 사회적인 것과의 접합은? 계급투쟁이란? 계급투쟁에서 이데올로기란? 생산에서 행위자의 자리와 이런 자리가 가정하는 인간 관계들 사이의 연관은? 계급투쟁과 종족적 또는 정치적으로 특징지어지는 집단들의 투쟁 사이의 결합은? 우리가 자문하는 이런 문제들은 역사적이면서 이론적인데, 우리에게 오직 하나의 책무만을 부과한다. 맑스가 했던 것처럼, 우리 시대의 경제적·정치적·사회적 탐구들을 모두 (불신하지 않는 것은 아니더라도) 숙고하면서, 지난 20년간의 역사적 종별성을 믿는 것을 마다하면서 이루어지는 **연구**가 그 책무다. 요컨대 **역사 속으로 소급**해 가면서. 모든 나라를 고려하면서. 연구의 단계에 대해 설명을 하든 하지 않든 간에, 우리 분석의 이론적 유효성은 이 연구 자체의 깊이, 정밀함, 광범위함에 달려 있을 것이다. 유일한 위험은 느리다는 것이다. 맑스는 자신이 제기한 문제에 관해 모든 것을 다 읽지 않고는 그 문제에 관한 글을 결코 쓰려고(특히 출판하려고도) 하지 않았다는 점을 엥겔스는 알고 있었다. 알튀세르도 환기하는 것처럼, 『자본』이 "'계급'이라는 제목의 장에서, 고작 두어 쪽만에 중단되어 침묵에 빠지면서"[20] 끝나는 이유들 중 하나가 그것이다. 행간에 있는 가설적인 침묵이라기보다는, **우리가 채워야 할 그런 침묵**.

    이론이 조사로 인해 고통을 겪지는 않을 것이다. 맑스가 화폐를 논하는 장을 다시 예로 들어 보자. 거기서 검토되고 있는 사상들과 장소들과 시간들과 사실들의 다양성에 의해 입증되는 광대한 역사 정보 덕분에 이 텍스트의 **이론적 독창성**이 가능했던 것인데, 모든 시대의 무수한 화폐 관련 문헌 가운데 확실히 독특한 경우인 이 텍스트는 화폐 수량설의 허위 문제를 폭로한다. 언젠가 '피셔 방정식'이라고 불리게 될 것에 대해, 관계들의

---

20) Althusser, "L'objet du *Capital*", *Lire le Capital*, p. 411 [『『자본론』의 대상』, 『자본론을 읽는다』, 146쪽].

가역성에 대해 그 어떤 모호함도 남겨 두지 않는다는 차별성을 보이면서, 모든 가설들을 배경이 되는 역사적 사례들과 더불어 전부 소환하면서, 수학적인 정식화가 고지식한(또는 조급한) 역사가들에게 불러일으켰던 혼동들에 그 어떤 여지도 남겨 두지 않으면서, 두 쪽에 걸쳐 모든 것이 언급된다. 우리가 있는 곳은 '역사'가 아니라 경제라고, 누군가는 말할 것이다. 우선, 이것은 부정확하다. '순수하게' 경제적인 것은 없으며, 모든 종류의(정치적·심리적) 역사들과 화폐는 부단히 서로 연결되어 있으므로. 다른 한편, 화폐에 비해 더하지도 덜하지도 않게 이론적인 개념들이나 역시 더하지도 덜하지도 않게 역사적인 개념들에 동일한 방법을 왜 적용하지 않는가? 예컨대 그토록 많은 이데올로기적 이야기들과 담론들이, 또 이론을 가장한 그토록 많은 '헛소리 상투어들'이 **계급·민족·전쟁·국가** 등의 개념들 주변에서 축적되는데 이런 개념들을 거론해 보자.

알튀세르는 '역사 일반'이란 없다는 점과 '역사 개념을 건설'해야 한다는 점을 확인하지만, 부단히 구사되면서도 정작 사유되지는 않는 이 **중간 개념들**에 대해서는 아예 말하지 않는다. 이 지점에 건설적인 비판이 가해져야만 할 것인데, 이 비판은 맑스주의가 책임져야 할 것이다(때때로 책임지고 있다).

이론에서 '사례'로. 이것이 둘째 책무이며, 역시 어려운 일이다.

필수적인 책무. 역사가에게는 무엇보다도 카오스에 불과한 **하나의** 나라, **하나의** 시간, **하나의** 갈등을 그가 더 잘 이해하도록 도와주지 못할 이론이라면, 행동하는 인간이(모든 행동이 다 관심거리이므로 어떤 행동을 하는 인간이든) **자신의** 나라, **자신의** 시간, **자신의** 갈등을 더 잘 이해하도록 도와주지 못할 이론이라면, 도대체 그런 이론이란 무엇인가?

불행하게도 **어려운 책무**. 이론이 '사례'에 적응한 것임을 잘 나타냄에 틀림없는 대성공──혁명의 레닌, 건설과 전쟁의 스탈린, 전통 세계 전복의 마오——과 더불어, 맑스주의가 얼마나 도식성과 '수정들' 사이에서 동요를 겪었는지는 이미 잘 알려져 있다. 도식성이란 자신의 올바름을 단순성에서 끌어내는 것이며, 너무나 '만능'이라 적용이란 게 이루어질 수 없는 그런 것이다. '수정들'은 현실의 복합성을 명분으로 이루어지며, 각각의 '사례'를 경험주의적으로 다루는 것 아니면 현실의 '자율성'을 방기하는 순수하게 사변적인 것으로 귀착될 위험을 무릅쓴다.

그렇다면 역사적 '사례'를 '다룬다는 것'은 무엇인가?

첫째, 역사의 어떤 순간에 다수의 표본으로 제시되고 공통의 해석을 요청하는 유형의 '이론적인 사례들'이 있다. 예컨대 파시즘이나 계몽 독재가 그런 것들이다. 이것들은 특정 유형의 국가를 수립하여 도래가 예고되는 생산양식의 일부를 채택함으로써(또는 채택하는 척함으로써) 종말이 다 가온 어떤 생산양식을 구하려고 시도하는 권위의 형태들이다. 생산양식 이론, 이행 이론, 국가 이론 등이 이 현실 사례들에 대한 분석에 연루되는데, 이것들의 결합이 저 현상 자체에 대한 이론의 윤곽을 그려 줄 수 있다.

둘째, 이렇게 묶여 이론을 초대하는 사례들의 반대편에, '역사학에서 다루는'(historisant) 역사의 비일관적이고 분산적인 다수의 '삽화들'이 놓인다. 예컨대 정부들과 인간들의 부침, 의회 논쟁, 쿠데타, 외교, 궁극적으로 무엇보다도 전쟁. 각각의 '사건'이 우리에게는 '사례'가 되어야만 한다는 점(우리가 잘 헤아리지 못하는 그것)과, 이 사례들의 특수성은 모델은 아닐지라도 앙상블이라든가 계기가 작용하면서 비로소 부각된다는 점을 우리는 알고 있다. 사회들의 전체적인 기능 작용과 '사건들'의 배양이 접합되는 것에 관한 이론이 우리에게 없다는 점을 고백하자.

'정치론'과 '전쟁론', 이 말들은 이 지형들에 대한 과학이 **필요함**을 증언하지만, 또한 하나일 뿐인 것을 조각내는 경향도 증언한다. 파시즘의 '정치 이론'이 전쟁에 대한 이론 없이 가능한가? 살라미스와 히로시마를 뒤섞는 과장된 전략적 도식 또는 '헛소리 상투어'가 과연 '전쟁에 대한 이론'인 가? 전쟁론이라면 모름지기 생산양식들과 국가 유형들과 군대 유형들과 긴장 유형들과 계급투쟁 유형들을 연관시켜, 전체적인 구도와 고유한 상황들 안에서 과거와 현재의 그리고 우발적인 각각의 갈등을 드러내야만 할 것이다. 여기서 거장은 레닌이다.

셋째, 남아 있는 것은 **역사적으로 안정된 정치적 틀인 '민족' 또는 '국가'** ─ 이 둘 사이의 일치 또는 일치하지 않음이 문제들 중 하나인데 ─ **안에서의 사회경제적 구성체**로, 이것이 '사례'라는 것을 대표한다.

맑스주의 역사가로서 어떻게 일반적인 사회학적 **이론**에서, 법적이고 정치적으로 한정되지만 또한 다른 유형의 연대들로 인해 드러나는(또는 종종 분열되는) 어떤 '실체'에 대해 이것의 과거를 설명하며 이것의 현재에도 유효한 **분석**으로 나아갈 것인가?

19세기는 글로 쓰이고 교육되는 역사에 이데올로기적 역할을 부여했는데, 맑스주의 전통은 오랫동안 그것의 민족적이고 민족주의적이며 민족성적인(nationalitaire) 틀을 깨려고 시도해 왔으며, 모든 '새로운' 역사는 그것과는 다른 틀을 찾는 데 전념했다.

하지만 낡은 역사학은 오직 하나의 시간만을 증언한다. 그것은 스스로 자기 역사의 일부를 이룬다. 이데올로기로서의 그것을 발견하는 것은 과학의 방향으로 한 걸음 내딛는 것이다. 세계 변화의 총체를 '민족적'인 사례들에 의해 검토하는 것을 단념하기란 불가능하다. 다만 필요한 것은 그 사례들을 사유하고, 세계 변화와 관련해서 자리매김하는 것이다.

또한 각각의 '사례'에 대해 그 **총체화하는 효과들**을 포착해야만 한다. 우리는 이미 그것에 관해 간단히 언급했다. 사회적인 전체 구조가 결정하는 것이라면, 사회의 '권역적'인 구조 ─ 복합적인 결합, 구조들의 구조 ─ 도 역시 그것의 효과들 안에서 인식되어야만 한다. 우리가 지금 논하는 것은 내가 자주 옹호했고 약간의 조롱——마치 **모든 것에 대해 전부** 말할 수 있다는 듯이!——을 받았던, '전체사' 개념이다.

물론 중요한 문제는 **모든 것이 의존하는** 어떤 것을, **모든 것에 의존하는** 어떤 것을 말하는 데에 있을 뿐이다. 이것만으로도 대단한 일이다. 예전에는 전통적인 역사학들이, 오늘날에는 바로 '전문가들'에게 맡겨져서 **모든 것을** 다룬다고 여겨지는 병렬적인 주제들이 쌓아 놓는 무용함에 비하면 훨씬 더 낫다.

어떤 인간 집단, 즉 '민족'을 가정하자. 언제나 그랬듯이 문제는 **현실**을 **외양**과 구별하는 것이다. (이데올로기적 역사를 만드는) 외양만 보면 '민족성'과 '권력의 이해관계'는 **소여들**이고 역사를 **만드는** 것들이다. 반면에 '이해관계'와 '권력'이 생산력과 생산양식의 연속적인 압력에 의해 형성되고 해체되는 것이 현실이요, 이 연속적인 압력들이 만드는 ——또는 존중하는——틀들 위에서, 장기 지속 안에서, '민족성'과 '민족 문화'의 형태들이 갖춰지는 것이 현실이다.

외양——기질들, 언어들, 문화들——은 자연스럽게 상식에 의해 유지된다. 중세에 대학의 '민족단들'(nations)은 각 민족을 나타내는 형용사를 갖고 서로를 비웃는 농을 즐겼다. 다른 틀 속에서, 선의로 또는 폭력적으로, 근대 '민족들'(nations) 역시 그와 같은 일을 한다. 이것이 문제의 측면이고, 각자 이것에 주의해야 할 필요가 있는 만큼 잘 인식해야 한다. 왜 집단들인가? 민족들을 어떻게 사유할 것인가? 이런 것들이 남는 문제들이다.

다시 한 번 더 주제 안으로 '파고들어 가서' '자신의 것으로 만들어' 답해 보자. 맑스는 1854년에 진부한 '사건'에 속하는 스페인의 군사 반란(pronunciamiento)에 관한 원고 청탁을 『뉴욕 트리뷴』(*New York Tribune*)에서 받았다. 그는 무엇을 하는가? **그는 스페인어를 배운다.** 샤토브리앙(François Renéde Chateaubriand)과 베르나르댕 드 생-피에르(Jacques-

Henri Bernardin de Saint-Pierre)의 번역물들을 읽는데, 그에겐 이것이 큰 즐거움이었던 것 같다! 곧 그는 로페(Félix Lope de Vega y Carpio)와 칼데론(Pedro Calderón de la Barca)을 읽으며, 마침내 엥겔스에게 "이제는 『돈키호테』도 충분히 읽는다네!"라고 편지를 쓸 정도가 된다. 탁월한 무정부주의 활동가인 안셀모 로렌초(Anselmo Lorenzo)가 1871년 런던에서 맑스를 만났을 때, 그는 상대의 히스패닉 문화 소양에 매우 놀란다. 존경과 더불어 낭패감을 느낀 그는 맑스의 소양을 '부르주아적'이라고 규정한다. 1854~1856년에 일련의 논설에서 맑스는 스페인에 대한 역사적 전망을 제시했는데, 20세기에 들어와서야 비로소 그 전망의 가르침들을 가늠할 수 있었다. 묘사된 전반적인 특성들에는 무의미한 것이라고는 없었으며, [나폴레옹의 침략에 맞선] 독립 전쟁 이후의 발전을 거치면서도 그 분석은 전혀 낡은 것이 되지 않았다.

정녕 천재성이 있다. 또한 방법도 있다. 우리는 과연 맑스가 '역사를 쓰는 것을' 원하지 않았는가에 관해 자문해 왔다. 대답은 이러하다. '군사 도발'(militarade)에 대한 논설에서 그는 '스페인의 역사'를 쓰지 않는다. 다만 그는 **스페인을 역사적으로 사유하는 것**이 필요하다고 믿는다.

모든 것을 역사적으로 사유하기, 바로 여기에 맑스주의가 있다. 그러니 '역사주의' 여부는 (인간주의 여부가 그런 것처럼) 말싸움이다. 나는 열정에 치우친 부인들은 믿지 않는다. 『자본』의 대상이 영국이 아니었다는 점을 아는 것은 중요해 보인다. 당연히 그 대상은 자본이었으므로. 하지만 자본의 전사는 포르투갈, 스페인, 네덜란드로 불린다. 역사는 시간 안에서 사유되듯이 공간 안에서도 사유된다. 맑스에 따르면, "세계사가 언제나 존재한 것은 아니었다. 세계사로서의 역사는 하나의 결과".[21]

---

21) 맑스, 『정치경제학 비판 요강』 I, 81쪽.

다시 관건이 되는 문구. 식민화와 '세계 시장'으로부터 태어난 자본주의는 역사를 **보편화**했다. **통합**했던 것은 확실히 아니다. 통합은 다른 생산양식의 임무일 것이다.

여기서, 역사가의 종국적인 야망이 자신의 자리를 찾았다. '보편사'는 최근의 것이다. 그것의 시간은 아직 다하지 않았다. 종종 듣게 되는 다음과 같은 말에는 우스꽝스러운 무엇인가가 있다. 우리는 너무 많은 사실을 알고 있고, 전문가들은 너무 많고, 세계는 너무 커서 한 권의 책과, 한 명의 사람과, 하나의 교육만으로는 '보편사'에 접근하기 어렵다는 말. 이러한 암묵적인 백과사전주의는 '논증되는 역사', '전체사', 단적으로 말하자면 '역사 개념'에 대한 이해의 상극이다.

세 가지 유형의 기획을 꿈꿀 수 있겠다. 첫째, '역사 논고'. '심리학 논고' 또는 '사회학 논고'가 부조리하지 않듯이 부조리하지 않은 그것. 둘째, 생산양식들의 연대기에 입각하여 명료하게 시기 구분되는 민족사들. 이 생산양식들은 생산력과 사회 관계들에서, 차이적 시간들에서, 권역적 구조들의 결합들에서 출발하여 체계적으로 연구된다. 셋째, 근대 세계를 구성하는 특성들 중에서 본질적인 것을 전혀 망각하지 않을 만큼 충분한 정보를 갖추고 있으면서도 설명 메커니즘을 명확하게 하기에 충분할 만큼 도식적인 보편사들. 교조주의와 이데올로기를 규탄하는 이들이 있을 것이다. 누구는 소련 과학 아카데미의 정치경제학 교과서와, 이 교과서에 쏟아진 불신을 떠올린다. 그런 자들은 사회적 전체의, 역사적 전체의 통일성에 대한 부정으로 기울지 않았던가? 모든 수준에서, 맑스주의 역사학은 만들어져야 한다. 단적으로 말해 역사학 자체가 그렇다. 이런 의미에서, 모든 '진정한 역사'는 '새로운' 역사일 것이다. 그리고 총체화의 야망이 제거된 모든 '새로운' 역사는 먼저 낡아 버린 역사이다.

4장 미학으로 (재)생산되지 않는 미학[1]
— 알튀세르 예술론의 어떤 (불)가능성

최정우

1. 똑같은 질문을 다시 묻지 않는 방법: 이데올로기를 어떻게 '그릴' 것인가

루이 알튀세르에게 예술론은 가능한가? 이 하나의 의문문은 그 자체로 이중적일 수밖에 없는데, 왜냐하면 이 질문은 알튀세르의 사유 체계 안에서 예술론의 형식과 장소가 과연 가능했던 것인가를 의심 가득한 목소리로 묻고 있음과 동시에('그에게 예술론이 존재했던 적이 있었나?'라는 물음), 다른 한편으로 그의 체계 안에 어떠한 방식으로든 맑스주의적 예술론

---

1) 이 글은 그린비출판사가 2010년 8월 25일에 주최한 학술 심포지엄 '알튀세르 효과: 사망 20주년, 알튀세르를 다시 생각한다'에서 '미학으로 생산되지 않는 미학: 알튀세르 예술론의 어떤 (불)가능성'이라는 제목으로 처음 발표되었으며, 같은 제목으로 『자음과모음』 2010년 가을호에 다시 수록되었다. 이 글은 또한 한 차례의 수정을 거친 뒤, 나의 책 『사유의 악보: 이론의 교배와 창궐을 위한 불협화음의 비평들』, 자음과모음, 2011에 현재의 제목으로 수록된 바 있고, 이 책에 수록하면서 역시 많은 부분에서 가필과 수정을 거쳤다(따라서 이 글의 최종적인 판본은 여기에 수록된 형태임을 밝혀 둔다). 나는 이 글을 통해 알튀세르 미학의 구성 불가능성을 논하는 동시에, 다시금 거꾸로 바로 그러한 불가능성 위에서 오히려 그의 미학이 그렇게 (재)생산되지 않는 형태로, 오직 그러한 형태로만 구성 가능했던 것임을 증언하려고 한다. 유물론적 미학의 형식이란 바로 그렇게, 오직 그렇게만 도래하는 것, 그리고 그렇게 도래하는 한에서만 이 글은 어떤 수행성을 띠고 있으며, 또한 바로 그 수행성을 자신의 텅 빈 중심으로 삼는 글이라는 점을 밝혀 두고자 한다.

의 한 새로운 형태가 존재해야만 한다는 어떤 근대적이고 분과적인 강박과 희망을 내포하고 있기도 하기 때문이다('그의 예술론은 존재하지만 간과되어 오지 않았나?'라는 물음). 그러므로 '알튀세르의 예술론'이라는 어구는 그 자체로 문제적일 수밖에 없는 어떤 (불)가능성의 주제가 된다. 다시 한 번 묻자면, 알튀세르의 예술론은 가능한가, 가능하다면 그것은 어떤 식으로 존재하는가? 이 질문은 여기서 무엇보다 하나의 문제틀/문제설정(problématique)으로서, 곧 '문제적' 문제로서 먼저 주어진다. 따라서 어쩌면 나는 이 질문에 대답하기 위해 또 하나의 다른 질문으로부터, 곧 알튀세르가 1977년에 한 도록에 수록한 글에서 마치 지나치듯 던졌던 하나의 '사소한' 질문으로부터, 그렇게 어렵게 시작해야 하는지도 모른다(이것이 '어려운' 시작일 수밖에 없는 이유는, 내가 그 질문을 계속 반복하여, 하지만 또한 매번 다른 형식으로, 그렇게 재차 삼차 다시 물을 수밖에 없을 것이기 때문이다). 그 질문은 다음과 같다. "그렇다면 **하나의 이데올로기를 그리기 위해서는 어떻게 해야 할까?**"(mais comment donc faire pour peindre une idéologie?)[2] 알튀세르의 '예술론'이 가능하다면, 아마도 우리는 그 예술론의 모습을 바로 이 가장 단순하면서도 다소 기이한 질문으로부터, 이 지극히 '회화적'이면서 동시에 지극히 '정치적'인 질문으로부터, 역으로 끌어내야 하는 것인지도 모른다.

하지만, 아직은 아니다. 우리는 이데올로기가 그렇게 '그릴' 수 없는 것임을 벌써 '알고' 있다고, 이데올로기란 그러한 회화적이고 반영적인 '비유'로서/써는 그리 손쉽게 드러낼 수 없는 것임을 이미 잘 '알고' 있다고, 그렇게 생각하고 또 그렇게 믿는다. 우리는 저 '상상계적 거울 관계'로서의

---

2) Louis Althusser, "Sur Lucio Fanti", *Écrits philosophiques et politiques* Tome 2, éd. François Matheron, Stock/IMEC, 1995, p. 592.

이데올로기에 대해 이미 '충분히' 잘 알고 있다고, 그렇게 우리 자신을 '스스로 인지'하고(se reconnaître) 있는 것. 그러나 나는 이데올로기라는 것을 그릴 수 있는가 없는가라는 이 선택적이고 심지어 유아적으로까지 보이는 문제로부터——그리고 이 '그리다'라는 동사의 비유적인 사용을 '회화'(혹은 미술)라는 또 다른 비유를 통해 다시금 '상쇄' 또는 '무화'시키자면——, 곧 '이데올로기와 회화'라는 지극히 추상적이고 일반적인 정치-미학적 주제로부터 바로 논의를 시작하지는 않을 것이다. 나는 일부러 좀더 에둘러 가는 길을 선택할 것이다. 하지만 또한 이렇게 에두르고 우회하는 길이 오히려 알튀세르의 '예술론'이 지닌 어떤 가능성(혹은 불가능성)에 이르는 하나의 지름길임이 곧 드러나게 된다면 어떨까(하지만 어떤 지점에서? 말하자면, '최종 심급'에서?)? 그렇다면 그렇게 우회해 가는 길에 대한 나의 이 '선택'이란, 그 자체로 전혀 '선택적'이지 못한 하나의 선택, 선택 불가능성이라는 하나의 커다란 역설을 포함하는 기이한 선택이 될 것이다.

물론 에둘러 가는 이 선택의 길이 (불)가능했던 것은 가장 일차적으로는 현실적 조건의 제약들 때문이기도 하다. 『철학·정치 저작집』 2권 후반부(533~599쪽)는 알튀세르가 예술에 대해 '직접적으로' 썼던 글들을 '예술에 관한 글들'(Écrits sur l'art)이라는 제목 아래 함께 모아 묶어 내고 있는데, 전체적인 양이 매우 적은 편이기 때문이다. 이 책의 편집자 프랑수아 마트롱은 알튀세르가 정리되지 않은 형태로나마 '문학사의 개념'을 거론했던 한 텍스트의 존재를 언급하고 있지만[3] 그 텍스트는 몇 가지 오류와 결핍 때문에 이 책에 수록될 수 없었다. 따라서 전체적으로 보면(그리고 장르적으로 말하면) 예술에 관해 직접적으로 논한 알튀세르의 글은 오직 연극과 미술의 영역에만 집중되어 있다고 할 수 있을 것이다. 그러나 단순히 편의

---

3) François Matheron, "Présentation", Althusser, *Ibid.*, p. 27.

적인 맥락을 떠난다면, 이 글들이 '철학·정치 저작집'이라는 제목의 책 안에 포함된 것은 단순히 적은 양 때문만이 아니며 그러한 포함 관계 자체가 내게는 매우 징후적인 것으로 보인다. 단지 알튀세르가 예술에 대해 남긴 글의 양이 매우 적다는 즉물적 이유로 그의 예술론 혹은 미학을 구성할 수 없는 것이 아니라, 그의 이론적 몸짓 그 자체에 미학의 구성 불가능성이라는 적극적 계기가 존재하고 있다는 것이 나의 우발적 가설이다. 하지만 내게 이 가설은 단지 우발적이기 때문에 중요한 것이 아니라, 바로 이 가설이 자신의 형식 그 자체로서 소위 '맑스주의 미학'이 아닌 진정한 '유물론적 미학'의 향방을, 그 해체적 진실을 가리키고 있기에 중요한 것이다. 알튀세르를 통해서 내가 목격하고 추측할 수 있는 미학의 구성 불가능성이라는 문제는 그 자체로 알튀세르 이론 안에서 핵심적인 자리를, 그의 이론이 구성될 수 있는 가능 조건들을 위한 가장 근본적인 불가능성의 위치를 점유한다. 그리고 바로 이러한 이유 때문에 이 불가능성이란 알튀세르에게 가장 결정적이며 또한 징후적인 것. 따라서 내가 이하에서 전개할 작업은 아마도 이런 불가능성과 징후의 의미를 '해체적으로' 확인하고 확대하는 과정이 될 것이다. 그러나 존재하지 않았던 것(이라고 의심되는 것)을 해체한다는 것, 구성된 적이 없었던 것(이라고 기억되는 것)을 해체한다는 것은 무슨 의미인가? 다시 말해서, 존재하지 않는다고 흔히 이야기되는, 혹은 존재한다고는 하더라도 매우 희박하게 존재한다고 이야기되는, 저 알튀세르의 '미학'을, 그것도 구성하는 것이 아니라 해체한다는 것은 과연 무슨 의미인가? 하지만 동시에 바로 이러한 것이 해체가 아니라면, 이렇듯 구성될 수 있는 것들의 가능 조건을 묻고 바로 그러한 가능성이 기반하고 있는 불가능성을 묻는 것이 해체가 아니라면, 과연 무엇이 '해체'(déconstruction)라는 이름에 부합할 수 있겠는가? 그러므로 저 '우회'라는 내 선택의 길은 곧 해체라는 작업 그 자체의 다른 이름, 에두르는 '호명'이기도 하다.

그런데 한 번 더 역설적이게도, 나는 동시에 이 우발적인 선택이 어쩌면 필연적이기까지 했다고 말할 것이다. 알튀세르의 예술론이란 그 사상의 '구조적 인과성'을 통해서 드러나게 되는 어떤 효과(effet) 혹은 그러한 효과에 대한 천착이지, 그 자체로 하나의 사상적 체계 안에 당연하고 자연스럽게 존재(해야)하는 하나의 분과(discipline)일 순 없다고, 그리고/그러나 또한 알튀세르 예술론의 요체란──만약 그런 것이 있다고 한다면──그 예술론의 존재 가능성 자체가 바로 이러한 어떤 부재(absence) 위에 놓여 있다는 역설과 불가능성 바로 그것일 수밖에 없다고, 그래서 다시 한 번 역설적이게도, 이러한 역설과 불가능성이 어쩌면──맑스주의 미학의 여러 가능한 형태들 중 하나가 아니라──'유물론적 미학'의 한 우발적이고 사건적이며 결정적인 계기를 구성해 줄 수 있을지도 모른다고, 그 역설과 불가능성이 각각 어떤 논리와 어떤 가능성을 하나의 문제로 던져줄지도 모른다고, 그렇게 또한 '우발적으로' 말할 것이다. 그러므로 이 글은 일차적으로 알튀세르의 '어떤' 예술론을 탐색하는 작업인 동시에, 더 근본적으로는 그러한 '유물론적 미학'의 가능성을 타진하는 불가능성과 부재의 시론(試論)이기도 할 것이다.

2. 멜로드라마를 보지 않는 방법: 어떻게 평론가들에게 '혹평'을 돌려줄 것인가

그러나 나는 그렇게 '말'하기 전에, 그러니까 그렇게 무언가를 '재현'하거나 '표상'하기 전에, 그에 앞서 무엇보다 먼저 한 편의 '멜로드라마'를 '상연'해야 할 것이다. 곧 나는, 일반적인 의미에서 우리가 말하는 '미학'의 층위가 알튀세르에게서는 전혀 발견될 수 없음을 보여 주는 하나의 '비극'을, 그러나 동시에 이 발견할 수 없음을 발견하게 해주는, 이 부재의 존재를 드러내 주는 하나의 '부조리극'을 무엇보다 먼저 상연해야 한다. 알튀세르는 왜 문학도 아니고 음악도 아닌 연극에 대해 말하는가? 이는 그 자체로 하나의 '멜로드라마적'인 질문임과 동시에 하나의 '사상사적'인 질문인데, 왜냐하면 알튀세르에게서 발견되는 연극에 대한 이러한 사랑 혹은 편애가 어떤 원인에서 '가능'했던 것인가를 묻는 물음은 그의 (불)가능한 예술론 전체를 관통하는 하나의 수수께끼 같은 질문이기 때문이다. 이러한 맥락에서 나는 알튀세르가 1962년에 발표한 「'피콜로' 극단, 베르톨라치, 그리고 브레히트(한 유물론적 연극에 관한 노트)」[4]를 다시 읽을 것이다. 프롤레타리아의 밤과 낮을 오가는 카를로 베르톨라치(Carlo Bertolazzi)의 연극 「우리들의 밀라노」(El nost Milan)에서 알튀세르가 본 것은 무엇이었나? 이 물음에 정확히 대답하는 것은 사실 어쩌면 반대로 전혀 정확하게 대답하지 않는 것일 수도 있다. 말하자면, 알튀세르는 보이는 것을 보지 않았으며, 그가 본 것은 보이지 않는 것이었다. 다시 말하자면, 그는 하나의 연극이 어떻게 보이지 않는 것을 보이게 하는가를 보았다. 나는 그렇게 말해야 한다. 하여, 앞의 저 질문을 다시 한 번 묻자면, 하나의 이데올로기를 그리기 위해서는 어떻게 해야 할까? 그 '그림'의 방식은 표상(Vorstellung)이나 재현(Repräsentation)이 아니라 무엇보다 상연(Darstellung)이 되어야 할 것이다. 그러므로 사실 알튀세르가 연극 안에서 본 것은 희곡이라는 문자적 텍스트의 재현이 아니라 그것을 무대 위에 올려 놓은 스트렐레르(Giorgio

---

4) Althusser, "Le "Piccolo", Bertolazzi et Brecht(Notes sur un théâtre matérialiste)", *Pour Marx*, La Découverte, 1986(초판, François Maspero, 1965). 이 글은 『철학·정치 저작집』 2권에 수록된 글들 외에 알튀세르가 예술에 관해 쓴 거의 유일한 글이다. 한국어 번역은 『마르크스를 위하여』, 고길환·이화숙 옮김, 백의, 1990, 149~174쪽; 『맑스를 위하여』, 이종영 옮김, 백의, 1997, 153~180쪽 참조. 이하 인용들에서는 이 번역의 일부 혹은 전부를 수정하여 옮겼다. 하지만 원활한 참조와 비교를 위해 이하에서는 『맑스를 위하여』 인용 시 후자의 번역본(이종영 번역의 1997년판) 쪽수를 병기하기로 한다.

Strehler)의 연출과 구성, 곧 '상연' 그 자체였다. 그리고 연극 안에서는 바로 이러한 상연이라는 행위야말로 그 무엇보다 가장 '유물론적'인 것이다. 왜 그런가? 알튀세르가 뒤틀린 불평을 섞어 인용했던 저 모든 혹평의 말들을 그대로 옮겨 오자면, 대부분의 평론가들이 "서사적 멜로드라마", "저열한 대중극", "가장 혐오스런 감상벽"[5] 등의 말로 평가절하했던 「우리들의 밀라노」는 사실 오히려 그러한 멜로드라마의 대중적 감상주의에 대한 가장 강력한 구조적 비판이자 미학적 전복이기 때문이다. 곧 이 연극이 주목받아야 하는 이유는 그것이 멜로드라마라는 이유 때문이 아니라 바로 그러한 멜로드라마적인 환영을 '상연'하는, 곧 보이지 않는 것들을 보이게 만드는 그 연출의 방식 때문인 것이다.

이를 다시 바꾸어 말하자면, 알튀세르는 이 연극에서 평론가들이 본 것이 아니라 자신이 보고 싶어 하는 것을 본다고도 이야기할 수 있을 것이다. 그러나 여기에서 '자신이 보고 싶어 하는 것'을 본다는 이유로 그를 지극히 주관적일 뿐이 '자기 중심적 평론가'로 비난하기에는 아직 이르다(다른 평론가들은 심지어 자신들이 보고 싶어 하는 것을 보고 있다고도 생각하지 못하며, 바로 이러한 이유에서 미학적 이데올로기에 대한 가장 일차적인 비판이 가능해지는데, 그러나 무엇보다도 '자신이 보고 싶어 하는 것만을 보는' 것이야말로 사랑의 본질이자 효과가 아니던가). 따라서 아직은, 아니다. 아직은, 그리고 우선은, 멜로드라마 안에서 멜로드라마를 '보지 않는' 한 역설의 방법에 대해서 이야기해야 한다. 그런데 알튀세르의 이러한 우발적 자의성, 외견상 인상주의적으로만 보이는 이러한 평가에는 어떤 구조적 필연성이 있다. 여기서 흥미로운 것은, 알튀세르가 「우리들의 밀라노」 안에

---

[5] *Ibid.*, p. 131(「'피콜로', 베르톨라치와 브레히트[유물론적 연극에 대한 노트]」, 『맑스를 위하여』, 154쪽).

서 자신이 보고 싶어 했던 것을 보고 있다는 사실을 그 스스로 '인지'하고 있었다는 점, 바로 그것이다. 알튀세르는 이러한 인지(reconnaissance)가 하나의 오인(méconnaissance)이며 또한 그러한 오인일 수밖에 없음을 부정하지 않는다. 혹은, 흥미롭다기보다 더 중요한 것은, 알튀세르가 보고자 했던 것이 보이지 않는 것, 곧 극적 전개의 시간성과는 다른 시간성을 갖는 어떤 비가시적인 구조 그 자체라는 사실이다. 그러므로「우리들의 밀라노」에 대한 알튀세르의 분석은 그 연극에 가해진 혹평들에 반대하고 그 '예술적' 관점들을 교정하려는 단순히 대항적이기만 한 호평이 아니라, 바로 그 혹평들이 그런 혹평이 될 수밖에 없었던 어떤 이데올로기적 조건들(예를 들어 대표적으로 '멜로드라마적인 의식'), 곧 그러한 혹평들이 스스로 지니고 있지만 그 자신들은 그것을 지니고 있는 줄 모르고 있는 예술의 어떤 이데올로기적 토대에 대한 구조적 해명이자 이론적 반박으로 기능한다(그리고 역설적이게도「우리들의 밀라노」라는 하나의 역사적이고 구체적인 연극이 내게 하나의 '예술 작품'으로서 결정적인 의미를 갖지 못하는 것은 바로 이러한 이유 때문인데, 그러나 여기서 중요한 것은 알튀세르의 이 글이 지닌 이론적 추상성은 바로 저 연극의 예술적 혹은 유물론적 구체성으로부터 직접적으로 도출되고 있다는 점이다). 그러므로 알튀세르의「'피콜로' 극단, 베르톨라치, 그리고 브레히트」는 단지 하나의 특정한 연극 작품에 상응하여 작성된 단편적인 연극 평론에 그치는 것이 아니라 그 가장 강력하고 정확한 의미에서 하나의 이론적 '비판' 혹은 하나의 보편적 '비평'으로 독해되어야 하는 것이다. 이 글이 비판하고 있는 것은 어떤 특정한 미학의 체제, 그리고 그 체제가 기반하고 있는 미학적 이데올로기 자체이기 때문이다.

먼저 알튀세르에게 일차적으로 이 연극은 멜로드라마 자체로 멜로드라마적인 구조를 극복하는 형식을 취한다는 의미에서 하나의 "의식화"(prise de conscience)를 수행한다. 그는 이렇게 쓰고 있다. "따라서 아버지는 멜로드라마의 형상 그 자체, 스스로 '세계의 법칙'이라고 착각하는 '마음의 법칙'이다. 니나(Nina)가 거부하는 것은 바로 이 확고한 무의식성이다. 그녀는 그 스스로 세계에 대한 실제적인 체험을 한다. 광대의 죽음과 함께 그녀가 갖고 있던 청춘의 꿈들도 죽어 버린다. 토가소(Togasso)가 유년의 신화들과 아버지의 신화들을 모두 쓸어 버리면서 그녀의 눈을 뜨게 한 것이다.…… 그녀는 결국 이 벌거벗고 잔혹한 세계를 보았으며, 그 세계에서 도덕이란 단지 거짓말에 지나지 않았다.…… 그것은 '마음'의 비참한 환영들 외에 다른 환영들이 없는 세계에 대한 해명이고, 멜로드라마적인 세계를 통한 실제 세계에 대한 해명이며, 멜로드라마적인 신화들을 무(無)로 돌리는 극적 의식화인데, [오히려] 사람들은 베르톨라치와 스트렐레르의 작품이 바로 그러한 멜로드라마적인 신화들이라고 비난했던 것이다."[6] 결국 평론가들의 저 혹평들은 연극을 연극적 서사 안에서만 사고하는 특정한 미학적 이데올로기의 산물로서, 그들은 자신들이 평가하는 연극의 구조적 성격과 자신들이 속해 있는 이데올로기 자체의 성격 둘 다를 보지 못하고 있는 것이며, 따라서 알튀세르는 여기서 그들의 혹평을 오히려 다시 그들에게 돌려주고 있는 셈이다.

3. 제자리에 앉지 않는 방법: 두 개의 변증법을 어떻게 '구분'할 것인가

그러나 알튀세르는 이 연극 안에 이보다 더 핵심적인 층위가 있다고 생각한다. 그가 보고 있는, 이 보이지 않는 '구조'와 '층위'란 무엇인가? 이 연극이 지니고 있는 어떤 "내부적 분열"(dissociation interne)[7]이 바로 그것이

---

6) Althusser, "Le "Piccolo", Bertolazzi et Brecht", *Pour Marx*, p. 134(「'피콜로', 베르톨라치와 브레히트」, 『맑스를 위하여』, 158쪽).
7) *Ibid.*, p. 134(같은 글, 같은 책, 158쪽).

다. 그것은 무엇보다 먼저 무대 위의 시간들과 공간들 사이의 분열이며, 또한 그것은 관계들의 부재에 기반하고 있다는 의미에서 보이지 않는 것을 보게 만드는 분열이다. 알튀세르는 다음과 같이 쓴다. "그런데 여기에 이런 결정적인 질문이 있다. 그 분열은 어떻게 그렇게까지 표현적일 수 있으며, 또 그것은 무엇을 표현하는가? 그렇다면 그러한 분열을 정초하고 정당화하며 어떤 잠재적 관계를 암시하는 이 관계들의 부재(absence)란 무엇인가? 일견 서로 이질적이지만 어떤 경험적 관계에 의해 결합된 이 두 시간성의 형식들은 어떻게 공존할 수 있는가? 진정한 관계를 구성하는 것은 바로 관계들의 부재라는 역설에 그 대답이 있다. 이러한 관계들의 부재를 형상화하고 살아 움직이게 함으로써 연극은 자신의 독창적인 의미를 획득하게 된다."[8] 알튀세르의 문제의식들이 지닌 개념적인 틀에 익숙한 독자들이라면 아마도 이 문장들 속에서 울리고 있는 저 '구조적 인과성'(causalité structurale)과 '과잉결정'(surdétermination) 개념의 반향을 들을 수 있을 것이다. 여기서 다시 한 번 묻자면, 우리는 하나의 이데올로기를 어떻게 그릴 수 있는가? 기존하는 가시적 관계가 아니라 바로 저 관계들의 부재를 그림으로써, 곧 보이지 않는 것을 보이도록 만듦으로써, 그 보이지 않는 틈, 그 비가시적 분열 자체를 '그림'으로써. 그러나 이것은 어떻게 가능해지는가? 이것이 또 하나의 물음이다.

    그렇다면 여기서 우리는 알튀세르가 말하는 저러한 시간성의 주제와 관련하여 새삼 변증법의 문제와 다시금/새롭게 맞닥뜨리게 되지 않는가? 그것도 두 개의 시간, 두 개의 변증법과. 곧 한쪽에는 드라마틱한 시간이, 다른 한쪽에는 그러한 드라마를 벗어나는 시간이 있으며, 또한 한쪽에

---

8) Althusser, "Le "Piccolo", Bertolazzi et Brecht", *Pour Marx*, p. 135(「'피콜로', 베르톨라치와 브레히트」, 『맑스를 위하여』, 159쪽).

는 '잘못된' 변증법이, 다른 한쪽에는 '진정한' 변증법이 있게 되는 것. 알튀세르가 가장 먼저 주목하고 있는 것은 바로 이러한 대립의 지점이다. "베르톨라치의 작품에 심오함을 부여하는 것은 정확히 이러한 대립이다. 한편에는 아무것도 일어나지 않으며 행동이나 전개를 유발하는 그 어떤 내부적 필연성도 없는 한 비변증법적 시간이, 그리고 다른 한편에는 내부적 모순에 의해 그 생성과 결과를 산출하게 되는 한 변증법적 시간(갈등의 시간)이."9) 여기에서 일견 비변증법적으로 보이는 어떠한 시간성은, 단순히 연극 내적인 서사를 규정짓고 좁은 의미의 미학적인 효과만을 산출하는 갈등의 구조로서의 시간성과 대립된다. 후자의 시간성이 대변하는 변증법은 바로 '의식의 변증법'이며, 이는 또한 알튀세르에게 '잘못된' 변증법을 의미한다. 그는 이어서 다음과 같이 쓰고 있다. "만약 「우리들의 밀라노」의 변증법이 막 뒤편 무대의 한쪽 구석에서 작동한다면, 그것은 그 변증법이 한 의식의 변증법 이외의 다른 것이 아니기 때문이다. 곧 그것은 아버지의 변증법이며 멜로드라마의 변증법인 것이다. 그리고 바로 이 때문에 그러한 변증법을 파괴하는 일은 모든 현실적 변증법의 선결 조건이다."10) 따라서 일견 '변증법적'으로 보이는 연극의 내적 갈등들은 '잘못된' 변증법의 연극적 사례들이며, 이를 타파하는 것이 바로 '진정한' 현실적 변증법으로 가는 길이 되고 있는 것. 알튀세르가 말하는 안과 밖은 먼저 이러한 대립으로서 규정된다.

    그러나 아직은, 아니다. 이것은 아마도 지극히 일차적인 층위의 비판일 것이며 어쩌면 가장 손쉬운 이분법일 것이다. 지극히 '개인적'인 입장에서 보다 '근본적'인 질문이 허용된다면, 그것은, 사람들은 왜 멜로드라마에

---

9) *Ibid.*, p. 138(같은 글, 같은 책, 163쪽).
10) *Ibid.*, p. 138(같은 글, 같은 책, 163쪽).

열광하는가, 혹은 (반대로) 더 적확하게는, 사람들은 왜 멜로드라마에 열광하지 않는 척하는가 하는 물음(들)일 것이다. 이 (두) 질문에 대한 (두 개의) 대답은 (모두) 그것이 부르주아 이데올로기이기 때문이라는 것.[11] 멜로드라마가 부르주아 이데올로기인 한에서, 그러나 또한 그것이 이데올로기로서 드러나지 않는 한에서, 곧 이 (두) 조건이 (모두) 기능하고 충족되는 한에서, 사람들은 멜로드라마에 열광하하면서 동시에 또한 그것을 경멸할 수 있는 것이다. 여기에는 어떤 분열이, 어떤 구획이, 어떤 배치와 배분이 있다. 나는 알튀세르가 한 각주를 통해서 이에 관한 어떤 힌트를 던져 주고 있다고 생각하는데, 그래서 바로 이 지나가듯 남겨진 하나의 힌트에 나는 특히 주목하고 싶다. "대부분의 기존 비평들이 멜로드라마 앞에서 혐오감을 느끼는 것처럼 행동하는 것을 보면 그래도 참 흥미롭다! 그러한 비평들 안에서 부르주아지는 마치 자신들이 멜로드라마를 창안했다는 사실을 **잊은** 것처럼 말이다! 그러나, 아주 솔직하게, 우리는 이러한 창안물이 시대에 뒤떨어졌다고 말해야 한다. '민중'에게 분배된 신화와 자선은 오늘날 그와는 다르게, 그것도 더욱 정교하게, 조직된 것이다. 우리는 그래서 또한 그것이 근본적으로 다른 이들을 위해서 창안된 것이라고 말해야 하며, 당신의 훌륭한 작품들이 당신의 오른쪽에서 온갖 환대를 받으며 꿋꿋이 앉아 있는 걸 보거나 당신만의 무대 위에서 아무런 거리낌도 없이 으스대는 걸 본다는 건 확실히 매우 부적절한(déplacé) 일이라고 말해야 한다. 예를 들자면 오늘날 (현대의 대중적 '신화'인) 황색지가 지배 관념들의 영적인 연주회에 초대받는 일을 상상할 수 있겠는가? 위계들(ordres)을 혼동해서는 안

---

11) 알튀세르는 『자기 비판의 요소들』(1974)에서도 맑스적 '단절'(rupture)이 무엇보다 부르주아 이데올로기와의 단절이었음을 (여전히) 강조하며 재확인하고 있다. Althusser, "Éléments d'autocritique", *Solitude de Machiavel et autres textes*, éd. Yves Sintomer, PUF, 1998, p. 174 참조.

된다."¹²⁾ 여기에서 알튀세르가 한껏 풍자적인 문체로 말하고 있는 이러한 '위계들'이란 무엇인가? 그리고 왜 이러한 위계들은 '혼동'되어서는 안 되는가? 바로 이 질문들 자체가 하나의 힌트일 수 있는 이유는, 그것이 바로 'déplacement'(전위/이동/자리바꿈/거리두기)이라는 어떤 이중의 운동을 사유할 수 있는 단초를 던져 주고 있기 때문이다(나는 여기서 의도적으로 저 다양한 번역어들의 배치 혹은 병치를 나열하듯이 보여 주고 있는 것인데, 우리는 후에 이 'déplacement'의 주제로 다시 돌아오게 될 것이다). 멜로드라마는 '민중'의 미학, 프롤레타리아의 예술이 아니라 바로 부르주아 미학의 창안물이라는 점, 곧 그것은 '다른 이들을 위해서 창안된 것'이라는 사실은 현실에서 쉽게 희석되고 망각된다. 그것은 카타르시스를 주는 하나의 여흥이자 오락으로서, 생산을 위한 재충전의 여가로서, 하나의 필수불가결한 경제적 부가물의 문화적 위치와 분과적인 예술의 사회적 위치를 차지한다. 다시 말하자면 하나의 체제 안에서 연극의 자리(place)란 그렇게 규정되어 있는 것. 그러나 이것은 어쩌면 '자리를 잘못 잡은'(déplacé) 것, 따라서 '부적절한' 것이며, 이러한 위계들의 혼동은 그 자체로 이미 예술의 미학적인 이데올로기가 하나의 훌륭한 배치/장치(dispositif)로서 작동하고 있는 기제인 것이다. 그리고 바로 이 지점에서 우리는 베르톨트 브레히트에 주목하는 알튀세르, 브레히트의 역할을 연기하는 배우 알튀세르를 만나야 한다. "브레히트가 고전극의 문제틀/문제설정(problématique)을 전복했던 것은 바로 정확히 이러한 의미에서였는데, 그는 한 연극의 의미와 함의들을 자기 의식(conscience de soi)이라는 형식하에 주제화하기를 그만두었던 것이다. 이는 곧 브레히트의 [연극적] 세계가 관객 안에서 어떤

---

12) Althusser, "Le "Piccolo", Bertolazzi et Brecht", *Pour Marx*, p. 139(「'피콜로', 베르톨라치와 브레히트」, 『맑스를 위하여』, 164~165쪽).

새로운 의식, 진정하고 능동적인 의식을 생산하기 위해 자기 의식이라는 형식하에 스스로를 철저히 재정립하고 형상화하려는 모든 요구들을 필연적으로 배제해야 한다는 의미로 이해할 수 있다."[13] 곧 여기에서도 또한 저 의식의 변증법을 배제하는 일은 유물론적 미학이 필수적으로 수행해야 할 하나의 과제로서 제시되고 강조되고 있다. 멜로드라마적인 의식은 곧 부르주아의 자기 의식이 노정하는 미학적인 이데올로기에 다름 아닌 것. 따라서 이 멜로드라마적인 의식, 연극의 미학적 이데올로기 안에는 하나의 분열이 있으며, 이러한 분열이란 환원 불가능한 어떤 것, 곧 미학과 정치, 철학과 실천을 단순하게 구분하는 것을 불가능하게 만드는 하나의 중핵으로서의 절단이다. 브레히트 혹은 알튀세르가 목표로 하는 것은 다른 종류의 변증법, 이러한 절단을 기초로 하는 다른 종류의 단절인 것. 부르주아적 자기 의식의 변증법은 바로 이러한 단절을 '보이지 않는 것'으로 치부한다. 거기에 '모순'의 자리란 없는 것이다. "멜로드라마적인 의식은 그 자신의 조건들과 모순되지 않는다. 그것은 외부로부터 어떤 정해진 조건에 부과된, 그러나 그러한 조건과의 변증법적 관계는 결여한, 그런 전혀 다른 의식이다. 그렇기 때문에 멜로드라마적인 의식은 오직 그 자신의 실제적 조건들을 무시하고 그 자신의 신화 속에 틀어박힌다는 조건 아래에서만 변증법적일 수 있다.…… 거기서 변증법은 공허로 변하는데, 왜냐하면 그것은 단지 실제 세계와 영영 단절된 공허의 변증법일 뿐이기 때문이다. 자신의 조건들과 모순되지 않는 이러한 낯선 의식은 그 자신에 의해서는, 자신의 '변증법'을 통해서는 자신 밖으로 나갈 수 없다. 그러한 의식에는 하나의 단절이, 그리고 이 무(無)에 대한 인지가 필요하다. 이러한 변증법의 비

---

[13] Althusser, "Le "Piccolo", Bertolazzi et Brecht", *Pour Marx*, p. 144(「'피콜로', 베르톨라치와 브레히트」, 『맑스를 위하여』, 171쪽).

변증법적 성격에 대한 발견이 필요한 것이다."[14] 알튀세르가 바로 뒤이어 맑스를 언급하면서 "의식이 지닌, 심지어 민중적인 의식이 지닌 허위의 변증법"[15]을 비판하는 것 역시 이와 같은 맥락에서이다.

그러므로 우리는 이러한 멜로드라마적인 의식과 결단코 단절해야만 한다. 하지만 어떻게? (두 개의) 변증법의 발견을 통해서, 일견 변증법적으로 보이는 것의 비변증법적인 성격과 일견 비변증법적으로 보이는 것의 변증법적인 성격에 대한 하나의 발견을 통해서. 따라서 여기에는, 다시 한 번, 잘못된 변증법과 진정한 변증법 사이의 구분이, 그러므로 변증법에 대한 어떤 단절적인 분류법이 존재한다. 이러한 이분법은 그 '순진함'을 넘어서 일찍이 알튀세르가 구분했던 하나의 분류법, 곧 소위 '헤겔적' 변증법과 '맑스적' 변증법 사이의 어떤 구분과 단절을 연상시키지 않는가(그러나 또한 문자면, '변증법'이라는 단어와 개념 앞에 '헤겔적'이라는 수식어를 붙이는 것은, 곧 '변증법'이라는 단어를 개념적으로든 역사적으로든 '일의적'으로 만드는 것은, 그 자체로 그 개념의 '과잉결정'된 상태 혹은 '과소결정'된 상태가 아닌가)? 아마도 이러한 변증법의 구분 안에, 그리고 이러한 구분이 제기하는 철학적 정당성과 유효성의 문제 안에, 아니, 어쩌면 그러한 구분 자체가 담고 있는 하나의 불가능성 안에, 바로 알튀세르의 '미학'을 (탈)구성해 줄 어떤 역설적 단초가 있을 것이다. 헤겔의 '자기 의식적'인 변증법과 맑스의 '과학적'인 변증법 사이에서 어떤 단절의 대립각을 목격하고 또한 정립하려고 했던 알튀세르의 저 이론적 시도들은 연극 '내부'의 변증법(멜로드라마적인 의식)과 연극 '외부'의 변증법(거리두기의 비-관계) 사이에서 반복되고 재생되며 동시에 부유하듯 동요하고 있다. 그러므로 이러한 내부와

---

14) *Ibid*., p. 140(같은 글, 같은 책, 166쪽).
15) *Ibid*., p. 141(같은 글, 같은 책, 167쪽).

외부란, 그리고 그 사이에서 시도되는 어떤 단절의 해법이란, 알튀세르 미학의 어떤 '징후'이자 '증상'(혹은 심지어 그 증상이 자신의 뒷면에 지닌 어떤 '물신')일 수 있다. 이 내부와 외부를 어떻게 사유할 것인가, 이는 변증법과 이데올로기의 물음임과 동시에 그 자체로서 하나의 '미학적' 사유의 물음이 되고 있는데, 그 이유는 단순히 그것이 예술에 대한 사유가 아니라 예술 그 자체를 가능하게 하는 어떤 조건과 예술 그 자체를 어떻게 실천해야 하는가 하는 당위에 대한 사유이기 때문이다.

4. 밖에서 안을 구하지 않는 방법: 미학을 어떻게 '미학'으로 (재)생산하지 않을 것인가

그러나 이 '당위'란 단순히 예술적인 규제나 법칙들이 아니다. 만약 그러한 '당위'가 단지 예술의 내부적 약호이자 어떤 확정적 규칙들을 뜻한다면 그것은 결코 알튀세르가 의미하는 방식으로는 '실천'될 수 없을 것이다. 바로 이 지점에서 알튀세르의 '비평적' 방법론은 또한 당연하게도 인상주의와 의도주의를 모두 넘어선다. "연극의 대사와 인물, 행위를 넘어 중요한 것은 그 연극의 구조가 지닌 근본적 요소들 사이의 내부적 관계이다. 좀더 나아가 보자. 이러한 구조를 베르톨라치가 의식적으로 원했든 또는 무의식적으로 산출했든, 그것은 별로 중요하지 않다. 그 구조가 작품의 본질을 구성하며, 그 구조만이 스트렐레르의 해석과 관중의 반응을 이해하게끔 해주는 것이다."[16] 그러므로 다시 한 번 말하자면, 알튀세르가 이 글을 통해 다루고 있는 것은——비록 그가 이 글의 전반부에서 연극의 구체적 내용

---

[16] Althusser, "Le "Piccolo", Bertolazzi et Brecht", *Pour Marx*, p. 141(「'피콜로', 베르톨라치와 브레히트」, 『맑스를 위하여』, 167쪽).

과 정황들에 대해 쓰고 있지만——연극이라는 '예술'이 아니라 연극이라는 (미학적) '효과'이자 '구조'이며, 이러한 논의 대상의 '최적화'는 그 자체로 알튀세르의 예술론에 있어 매우 중요한 하나의 논점을 부각시킨다.[17] 알튀세르에게 예술론 혹은 미학이 있다면, 그것은 구획되고 확정된 제도로서의 '예술'이나 본원적인 가치로서의 '미' 같은 것을 대상으로 삼지 않는다. '미적인 것'이란 효과이자 구조이다. 그것은 자연적으로 주어진 독립적인 성격의 것이 아니라 언제나 구조의 효과로서 출현하는 무엇이며, 이러한 정식하에서 어떤 예술론 또는 미학이 가능하다면, 그 미학과 예술론은 바로 이러한 이데올로기적 효과를 자신의 대상으로 삼아야 한다. 따라서 만약 알튀세르의 이 글이 '비판'의 가장 적확하고 철학적인 의미에서 말 그대로 하나의 '비판'이라고 한다면, 그가 이러한 비판의 형상과 방법론을 발견하는 것은 다름 아닌 연극 안에서이다. 연극은 그 자체로 그러한 예술론의 '미학적 실천'이다. "(스스로를 변증법적이라 생각하고 또 믿는) 의식의 환영들에 대한 진정한 비판의 가능성을, 그리고 (갈등, 드라마 등의) 잘못된 변증법에 대한 진정한 비판의 가능성을, 바로 그것들의 기반이며 인지되기를 기다리고 있는 뒤틀린 현실을 통해 정초하는 것이 이 특수한 잠재적 구조의 역학이며 특히나 아무런 명시적 관계를 가지지 않는 변증법적 시간

---

[17] 알튀세르는 특히나 예술이 하나의 '창조'(création)라는 일반적인 미학적 통념에 대해 비판적인 입장을 취하고 있다. 「예술의 인식에 관한 편지」에서 알튀세르는 이렇게 쓰고 있다. "'미학적 **창조**, 과학적 **창조**'라는 표현들이 만연해 있지만 나의 의미에서 볼 때 그러한 표현은, 예술의 인식(la connaissance de l'art)이라는 문제를 합당하게 제기할 수 있기 위해서, 다른 표현을 통해 **폐기되고 대체되어야**(abandonnée et remplacée) 하는 것입니다." Althusser, "Lettre sur la connaissance de l'art (Réponse à André Daspre)", *Écrits philosophiques et politiques* Tome 2, p. 564. 예술을 단순히 이데올로기적 영역과 동일시하는 것에 반대하여 예술이 세계에 대한 어떤 특정한 인식을 가져다준다고 주장하는 앙드레 다스프르의 이의 제기에 대한 답변으로 작성된 이 편지에서, 알튀세르는 기본적으로 예술이란 인식하는(connaître) 형식이 아니라 보고(voir) 느끼고(sentir) 지각하는(percevoir) 형식이라는 입장을 취한다.

성과 비변증법적 시간성 사이의 공존이다."[18] 알튀세르는 어쩌면 이러한 비-관계의 관계, 무관계의 관계성 속에서 이후 그가 더 깊이 천착할 마주침과 우발성의 유물론이 지닌 개념적 얼개를 이미 보고 있었는지도 모른다. 왜냐하면, 이러한 두 시간성 사이의 공존은 연극적으로나 이론적으로 지극히 우연적이며 우발적인 것이지만, 바로 그러한 우연성과 우발성이 연극적 사건(여기서 '사건'이란 연극 내적인 행동의 총체나 서사 구조 내에서 전개되는 요소들로 이해되어서는 안 되는데)의 어떤 필연성(들)을, 곧 연극적 효과의 필연성과 연극적 실천의 필연성을 모두 가리키고 있기 때문이다. 말하자면 이것이 알튀세르 예술론에 고유한 어떤 '미학적' 핵심이며 그 '우발적 필연성'인 것. 이러한 맥락에서 연극은 바로 그러한 하나의 '사건'(événement) 혹은 하나의 '돌발'(surgissement)로서 상연된다.

그런데 이러한 '사건'은 외부적인 것인가? 그렇다면 알튀세르가 말하는 저 '잠재적 구조'란, 그리고 거기서 말하는 저 '잠재성'이란 무엇인가? 그것은 저 외부적인 것과는 반대로 오히려 어떤 내부를 가리키고 있는 말일까? 이 '내부적 관계'를 알튀세르는 여전히 의심하고 있는 것처럼 보인다. 사실 이 모든 것은 내부적인 것이 아니라, 그 자신과는 다른, 곧 그 자신의 외부에서 오는 것이 아닌가? 그렇다면 이러한 내부와 외부의 관계는 어떻게 구성되는가? 이러한 맥락에서 "연극의 잠재적 구조가 지닌 역학"(la dynamique de la structure latente de la pièce)[19]이라는 말에 우리는 특별히 주의해야 한다. 이러한 내부와 외부 사이의 구분은 알튀세르의 미학이 (불)가능해지는 하나의 기점이며, 또한 그것이 (불)가능성이라는 하나의 아포리아로 제시될 수밖에 없는 어떤 형식을 구성해 주기 때문이다.[20] 여

---

18) Althusser, "Le "Piccolo", Bertolazzi et Brecht", *Pour Marx*, p. 143(「'피콜로', 베르톨라치와 브레히트」, 『맑스를 위하여』, 169~170쪽).
19) *Ibid.*, p. 146(같은 글, 같은 책, 173쪽).

기서 '잠재적'(latent)이라는 단어는, 알튀세르 그 자신이 그렇게 생각했든 그렇지 않았든, 라이프니츠적인 의미에서의 '가능태' 같은 것으로 해석되어서는 안 되며, 또한 발현되거나 현실화되기 이전의 어떤 '가상적 잠재'(le virtuel) 같은 것으로 이해되어서도 안 된다. 그것은, 이미, 항상, 거기에 있었고, 있었으며, 있었던 것이 될 것이다. 따라서 이때 '잠재적'이라는 말은 시간적이거나 발전적인 선을 상정한다기보다는 다분히 구조적인 것이며, 바로 이러한 시간성 아닌 시간성이 '구조' 그 자체의 성격을 규정한다. 따라서 이 구조는 하나의 '관계'(rapport)이며, 또한 무엇보다 비시각적이고 비가시적인, 그리고 결정적으로 비관계적인 관계라는 의미에서, 그리고 바로 오직 그런 의미에서만, '잠재적'이다. 연극은 배우들에게는 '보이지 않지만' 관객들에게는 '보이는' 어떤 구조, 어떤 관계를 드러낸다. 이러한 하나의 시차, 곧 배우와 관객 사이, 무대와 객석 사이의 상이한 시간성들이 보이지 않는 것을 보이는 것으로 만든다. 이러한 시차는 하나의 균열이자 분열이며, 이 '틈'으로서의 단절은 거울 관계로서의 동일화에 의문을 제기하는 것이다. 그래서 알튀세르는 다음과 같이 쓸 수 있었다. "이러한 관계는, 그것이 비판적 기획 전체를 망치지 않고서는 어떤 '인물'에 의해서도 철저

---

20) 이러한 아포리아가 중요한 이유는, 그것이 '알튀세르의 미학은 왜 존재하지 않는가'라는, 일종의 구성된 사실에 대한 이데올로기 내적인 질문에 어떤 '긍정적'이고 '확정적'인 답변을 주기 때문이 아니라, '알튀세르의 미학은 어떤 구성 불가능한 조건들 위에서 비로소 가능해지고 있는가'라는, 일견 역설적으로 들리는 해체적 물음에 어떤 '부정성'의 실천 가능성으로 답하고 있기 때문이다. 앞서 밝혔듯, 이 글은 바로 이러한 '우발적' 가설의 어떤 '필연성'을 위해 수행되고 있는 것, 곧 내가 알튀세르의 '미학'을 문제 삼는 근본적인 지점은 그 존재 유무나 구성 가능성 자체가 아니라, 바로 그러한 구성 가능성의 '조건'들, 그리고 그러한 미학의 구성 조건들을 제시하고 의심하는 한에서의 이론적 '실패'에 다름 아니다. 그러나 여기서 '실패'의 뜻은—또 다른 '연극적' 비유가 가능하다면—베케트적인 의미로 파악되어야 한다. 곧 "다시 시도하라. 다시 실패하라. 더 잘 실패하라"(Try again. Fail again. Fail better)라는 의미에서만. 이러한 실패가 지닌 어떤 '불가능성', 그리고 그러한 불가능성이 제시하는 미학의 어떤 '가능성'은, 아마도 이 글의 '최종 심급'에서야 겨우 예고될 것이다.

히 주제화될 수 없다는 점에서, 필연적으로 잠재적인 관계이다.……따라서 [이러한 관계는] 관객에게는 보이고 배우들에게는 보이지 않는 것이며, 주어지지는 않았지만 판별되고 획득되어야 하는 지각의 양태로, 곧 그 자신을 감싸고 있지만 동시에 그 자신을 산출하기도 하는 최초의 그림자에서 벗어나 있는 지각의 양태로, 그렇게 관객에게 보이는 것이다."[21]

이러한 비-관계의 관계성은 특히나 변증법에 대한 알튀세르의 사유와 깊은 연관성을 갖는 것이기에 이에 관한 그의 언급을 다소 길지만 자세히 인용해 보자. 여기서도 또한 두 개의 변증법 앞에서의 어떤 망설임, 내부와 외부 사이를 왕복하는 어떤 주저함은 계속되고 있다. "최종적으로 이러한 비판을 실행하는 것은 말이 아니라 연극 구조의 요소들 사이에 있는 힘의 내부적인 관계와 비-관계들이다. 오직 내재적이어야만, 의식적이기 이전에 실제적이고 물질적이어야만, 진정한 비판일 수 있기 때문이다. [그런데 반면] 나는 또한 우리가 이러한 비대칭적이고 탈중심적인 구조를 과연 유물론적 성격을 지니는 모든 연극적 시도에 본질적인 것이라고 간주할 수 있을지 망설여진다. 만약 우리가 이러한 조건에 대한 분석을 조금 더 앞으로 밀고 나간다면, 우리는 맑스에게 근본적이었던 한 원리를 쉽게 다시 발견하게 되는데, 그 원리란 어떠한 형식의 이데올로기적 의식도 그만의 내부적 변증법을 통해 그 자신으로부터 빠져나갈 수 있는 무언가를 그 자신 안에 포함하고 있기란 불가능하다는 것, 곧 **엄밀한 의미에서 의식의 변증법은 없다**는 것(qu'il n'y a pas, au sens strict, de dialectique de la conscience), 다시 말해 그 자신의 모순들에 의거해 현실 자체에 도달하는 의식의 변증법은 없다는 것이다. 요컨대 이는 헤겔적인 의미에서 말하는

---

[21] Althusser, "Le "Piccolo", Bertolazzi et Brecht", *Pour Marx*, p. 146(「'피콜로', 베르톨라치와 브레히트」, 『맑스를 위하여』, 173~174쪽).

모든 '현상학'이 불가능하다는 것을 뜻하는데, 왜냐하면 의식은 그 자신의 내부적인 전개를 통해서가 아니라 **그 자신과는 다른 것**에 대한 근본적 발견(la découverte radicale de l'autre que soi)을 통해서 현실적인 것에 접근하기 때문이다."[22] 따라서 이로부터 알튀세르 미학의 (불)가능성을 구성하는 몇 개의 직접적인 질문들이 도출된다. 말하자면, 이는 (내부성이 아닌) 외부성에 대한 완전하고도 전면적인 하나의 긍정인가? '그 자신과는 다른 것에 대한 근본적 발견'은 어떻게 가능해지는가? 일단 답하자면, 그것은 브레히트를 통해서, 자기 의식의 변증법과 정신의 현상학에 대한 거부를 통해서, 그리하여 내부가 아닌 외부를 통해서, 그렇게 가능해진다. 그러나 여기서 무엇보다 중요한 것은, 그 외부란 오직 내부의 효과들을 통해서만 자신의 원인적 성격을 드러내는, 그런 내적 효과들인 한에서의 외부라는 점이다. 그리고 바로 이 점이 가장 결정적이다.[23] 알튀세르는 다시 이렇게 쓰고 있다. "그[브레히트]가 특히 생산하고자 하는 것은 자생적 이데올로기에 대한 비판인데, 사람들은 바로 이러한 이데올로기 안에서 살고 있다. 이 때문에 그는 필연적으로 자기 의식(과 그 고전적 부산물인 통일성의 규칙들)이라고 하는 이데올로기 미학의 이러한 형식적 조건들을 연극으로부터 배제할 수밖에 없는 것이다.……이러한 의미에서 그의 연극들은 바로 탈중심적(décentré)인데, 왜냐하면 그 연극들은 중심을 가질 수 없기 때문이며, 환영들로 가득 찬 순진한 의식에서 출발하면서도 브레히트가 그러한 의식이 지향하는 세계의 중심을 만들기를 거부하기 때문이다. 그렇기에 거기서 중심은, 이렇게 말하는 게 가능하다면, 언제나 어긋나(à côté) 있으며, 또

---

22) *Ibid.*, pp. 143~144(같은 글, 같은 책, 170~171쪽).
23) 나는 알튀세르의 연극론에 나타나는 이러한 내부와 외부의 관계 문제를 연극과 연극 음악의 관계라는 관점에서 개략적으로나마 이미 다룬 바 있다. 최정우, 「음악의 바깥, 바깥의 연극: 알튀세르의 '유물론적' 연극론과 연극 음악의 '소격 효과'」, 『한국연극』, 2009년 4월호 참조.

한 그 중심은, 자기 의식의 탈신비화라는 측면에서 볼 때, 환영을 넘어 현실적인 것으로 가는 운동 안에서 언제나 지연된(différé) 채로, 언제나 저 너머에 있다. 이러한 근본적 이유 때문에 진정한 생산인 비판적 관계는 그 자체로서 주제화될 수 없으며, 또한 이 때문에 어떤 인물도 그 자체로 '역사의 교훈'(la morale de l'histoire)일 수는 없는 것이다."[24] 그렇다면 여기서 우리는 하나의 '자연적'이고도 '고정적'인 예술론으로 성립될지도 모르는 어떤 사태(혹은 이를 차라리 하나의 '위험'이라고 하자) 앞에서 알튀세르 '미학'이 취하는 저 끝없는 지연과 머뭇거림의 몸짓들을 비로소 이해하고 인지할 수(또한 오해하고 오인할 수) 있지 않은가? 내부를 내부로서만 해석하는 제도적이고 체제적이며 또한 체계적이고도 교조적인 어떤 '미학'이 아닌, 그리고 동시에 외부를 외부로서만 도입하는 어떤 (경제)결정론적인 '예술학'도 아닌, 곧 비변증법적으로 이해되는 어떤 구조에 대해 '진정한' 변증법을 불러올 어떤 지연된 미학, 끊임없이 유보되고 지연되며 또한 그러한 유보와 지연의 발걸음으로써만 (탈)구성되고 (비)성립될 수 있는 어떤 '예술론'의 저 주저하는 몸짓 말이다. 나는 바로 이 몸짓을 '미학으로 (재)생산되지 않는 미학'이라고 부를 것이며, 또한 이러한 미학의 성격을 알튀세르 예술론이 지닌 하나의 '징후'이자 '핵심'으로 이해할 것이다. 이 '탈중심화'되는 지연과 유보의 몸짓, 그리고 그를 통해 비로소 생산되(지 않)는 미학이란, 곧 저 '자리바꿈'(déplacement)이라는 개념이 지닌 소산적이고도 능산적인 이중적 의미에 대한 어떤 역설적인 이론의 (탈)정립을 향해, 다시 말해 소위 '이론적 실천'을 향해, 그렇게 나아갈 것이다, 아마도 그럴 것이(었)다.

---

[24] Althusser, "Le "Piccolo", Bertolazzi et Brecht", *Pour Marx*, p. 145(「'피콜로', 베르톨라치와 브레히트」, 『맑스를 위하여』, 172~173쪽).

5. 더 이상 세계를 해석하지 않는 방법: '자리바꿈'과 '거리두기'를 어떻게 당파적으로 실천할 것인가

그러나 다시 한 번, 아직은, 아니다. 따라서 우리의 저 물음을 다시 한 번 더 묻자면, 하나의 이데올로기를 그리는 것은 어떻게 가능한가? 무대가 아니라 객석을 통해서, 배우가 아니라 관객을 통해서, 카타르시스가 아니라 소격 효과를 통해서, 예술적 환영이 아니라 현실적인 것에 근접하는 삶을 통해서. "요컨대 그[브레히트]는 관객을 미완의 연극을 완성시킬 배우로, 그것도 현실적 삶 속에서 그렇게 완성시킬 배우로 만들고자 했다."[25] 그러나 이 배우의 '사명'과 연극의 '완성'에 관해 되묻자면, 그리고 오직 도발하기 위해 그렇게 되묻자면, 이는 오히려 낭만주의적이고도 주의주의적인 미학의 전통적 판본에 근접하고 있는 것은 아닌가? 말하자면, 연극이 완성되는 곳은 무대라는 공간이 아니며 연극이 끝나는 시간 역시 무대의 시간이 아니라는 것, 무대 위에서 상연되는 연극은 그 자체로서는 보이지도 않고 완성되지도 않았지만 실제적 삶이 그 완성을 가능케 하리라는 것, 곧 무대에서 보이지 않는 것을 보고 또 드러내는 것은 전적으로 배우가 아니라 관객의 몫이라는 것, 이 모든 '미사여구'들은 예술이 삶이 되고 삶이 예술이 되는 저 낭만주의적 예술관에 근접하고 있는 것은 아닌가? 고로 알튀세르를 통해서 브레히트는 또 다른 낭만주의자가 되고 있는 것은 아닌가? 그러나 이러한 도발 앞에서 또한 이렇게 답해야 할 것이다. 관객은 그 연극을 스스로 '상연'해야 하는 것이며, 이러한 상연의 의미는 어떤 프로파간다에 도취되어 예술의 '교훈'들을 삶에 적용하는 도덕주의적 미학이 결코 아니며 또 그렇게 되어서도 안 된다고.

---

25) *Ibid.*, p. 146(같은 글, 같은 책, 174).

그렇기에, 앞서 나는 알튀세르가 브레히트를 연기(演技)하는 배우라고 말했지만, 이제는 그것을 다시 뒤틀어, 차라리 알튀세르는 브레히트를 '연기'(延期)하는 한 '관객'이라고, 보다 더 적확하게, 적확한 만큼 역설적으로, 그렇게 말해야 한다. 그리고 여기서 그러한 연기(演技/延期)가 뜻하는 것이 바로 브레히트적 의미에서의 '거리'이자 '소격 효과'가 되고 있는 것. 알튀세르는 이렇게 쓴다. "달리 말해, 관객과 연극 사이에 어떤 거리가 생기도록 하기 위해서는, 단지 연극의 (기술적) 처리나 인물들의 심리적 양상 안에서뿐만 아니라 그 연극 자체의 내부에서 그러한 거리를 생산할 수 있는 어떤 특정한 방식이 필요하다.……의식의 환영들을 비판하면서 동시에 그 현실적 조건들을 끌어내는 이러한 거리가 생산되고 형상화되는 것은 바로 그 연극의 내부 자체, 그 내부적 구조의 역학 안에서이다."[26] 그리하여 우리는 알튀세르와 함께 저 내부와 외부 사이의 경계선 위에, 그 분열 앞에 다시 서게 된다. 여기서 가장 역설적이면서 동시에 가장 핵심적인 것은, 무엇보다 이러한 관객의 '상연'과 그 연극의 '완성'이 바로 그 연극의 내부 구조 안에서 이루어지며 또 이루어져야 한다는 사실이다(그리고 바로 이런 의미에서만 알튀세르-브레히트의 연극론은 저 '낭만주의적' 혐의로부터 벗어난다). 거리는 연극의 내부에서 발생하는 무엇이다. 그러나 동시에 그러한 거리는 외부의 개념을 그 내부로 끌어들인다. 자, 그렇다면, 다시 한 번, 저 (내부적) 효과들은 오직 (외부적) 원인들을 그 자신 안에 포함하는 그런 효과들로서만 드러난다는 의미에서, 이는 진정 '구조적 인과성'의 개념이 바로 연극 안에서 상연되고 표현되는 '과잉결정'의 한 방식이 아닌가? 연극은 연극 안에서 완성되지 않지만, 그리고 그것은 오히려 연극의 바

---

26) Althusser, "Le "Piccolo", Bertolazzi et Brecht", *Pour Marx*, p. 147(「'피콜로', 베르톨라치와 브레히트」, 『맑스를 위하여』, 175).

깥을 통해서 완성되어야 할 것이겠지만, 또한 역설적이게도, 그것이 완성되는 것은 연극의 내부적 구조를 통해서인 것. 그리고 이러한 거리두기를 생산하는 연극의 내부적 구조야말로, 드디어 브레히트의 배우가 아닌 한 명의 새로운 관객으로서 우리 앞에 선 알튀세르의 본령이며 동시에 그의 예술론이 지닌 아포리아이다. 말하자면 이러한 거리두기의 미학은 미학을 미학으로서 (재)생산하지 않으며 미학 그 자체와 거리를 두는 어떤 미학인 것. 여기서 미학의 자리는 전위되어야 하고 이동해야 하며, 따라서 지연과 유보를 통해 그 자신의 자리를 바꿔야 한다. 따라서 바로 이러한 거리두기(décalage)와 이러한 전위/이동/자리바꿈(déplacement)이 곧 알튀세르 예술론의 어떤 핵심적 징후, 징후적 핵심이자 그 (불)가능성의 정체가 되고 있는 것. 이러한 미학이란 완성될 수 없는 '미완'의 것, 그 자체로 완성되어서는 안 되는 '비판적'인 것, 미래(avenir)로 오래 지속되며 계속 도래해야 할(à venir) 하나의 예술론으로 등장한다.

우리는 이러한 맥락의 연장선상에서 알튀세르가 1968년에 썼던 「브레히트와 맑스에 대하여」[27]라는 글로 나아가야 하는데, 이 글은 「'피콜로' 극단, 베르톨라치, 그리고 브레히트」가 제시했던 주제들을 철학과 연극 사이의 비교, 맑스와 브레히트 사이의 비교를 통해 더욱 심화시키며 가장 극명하게 정식화하고 있는 글로서, 미학에 대한 알튀세르의 사유를 이해하기 위한 결정적인 단초들을 제공하고 있다는 점에서 반드시 일독을 요하는 글이라고 하겠다. 우선 특징적으로 눈에 들어오는 것은 이 글이 철학과 연극 사이의 유비를 끈질기게 추적하고 있다는 점이다. 먼저 철학과 연극은 어떤 '수치스러움'을 공유하고 있다. "따라서 수치스러운 연극이 존재하는 것처럼 수치스러운 철학 또한 존재한다. 수치스러운 철학이란 사

---

27) Althusser, "Sur Brecht et Marx", *Écrits philosophiques et politiques* Tome 2, pp. 541~558.

변(spéculation)으로 병들어 있는 철학이다. 수치스러운 연극이란 미학주의(esthétisme)로 병들어 있는, 연극성(théâtralité)으로 병들어 있는 연극이다.……철학은 사변적 소비와 향유의 대상이 되며 연극은 미학적 소비와 향유의 대상이 되는 것이다.……맑스가 세계에 대한 사변-해석을 비판한 것, 브레히트가 [단지] 미식가적일(culinaire) 뿐인 연극이나 오페라를 비판한 것은 모두 하나의 동일한 비판이다."[28] 충분히 예상할 수 있듯이, 여기서 알튀세르가 가장 민감하게 의식하고 반응하고 있는 것은 맑스의 저 「포이어바흐에 관한 테제들」 중 열한번째 테제이다. 곧 철학은 세계에 대한 해석이기를 그치고 세계의 변혁을 위해야 한다는 것. 그러나 또한 여기서 가장 징후적인 것은 알튀세르가 말하는 '인식론적 절단'(coupure épistémologique)이 작동하고 기록되는 지점이 정확히 어디인가 하는 물음과 연동되어 있다. 우리는 이 익숙한 물음을 다시 새롭고 낯설게 물어야 하는데, 왜냐하면 그 테제가 일견 보이는 것과는 다르게, 어떤 새로운 철학의 등장을 기대하는 요구가 아니라, 곧 '해석'이었던 철학을 '변혁'을 위한 철학으로 바꾸기를 종용하는 권고가 아니라, 하나의 새로운 '실천'을 요구하고 있는 전혀 다른 층위의 정식이기 때문이다. "철학이 세계에 대한 해석이자 신비화이기를 그치고 세계의 변화에 이바지하기 위해서는 철학의 내부에서 어떤 새로운 실천을 개시하는 것이 중요하다. [마찬가지로] 연극이 신비화이자 미식가적인 여흥이기를 그치고 세계의 변화에 이바지하기 위해서는 연극 안에서 어떤 새로운 실천을 개시하는 것이 중요하다."[29] 이러한 (새로운 연극의 실천이 아닌) 연극의 새로운 실천에 대한 정식화는, 『레닌과 철학』에서 알튀세르가 제기했던 저 (새로운 철학의 실천이 아닌) 철학

---

28) Althusser, "Sur Brecht et Marx", *Écrits philosophiques et politiques* Tome 2, p. 548.
29) *Ibid.*, p. 548.

의 새로운 실천에 대한 문장에 정확히 상동적인 방식으로 호응하고 있지 않은가?[30] 기존의 것과는 다른 새로운 철학과 새로운 연극을 제시하는 것이 문제가 아니라(곧 또 다른 하나의 '해석'을 제출하는 것이 문제가 아니라), 철학과 연극 자체의 새로운 실천을 감행하는 것이 문제이다. 그리고 바로 이것이야말로 알튀세르가 파악한 맑스의 저 포이어바흐에 관한 열한번째 테제의 결정적 요체인 것.

그렇다면 이러한 실천의 '정위치'는 어떻게 가능한가? 바로 '제자리를 벗어나 제자리를 찾는' 하나의 역설적 과정, 곧 '자리바꿈'과 '거리두기'의 과정을 통해서. 알튀세르는 이를 다음과 같이 선언한다. "철학과 연극이 그 자신의 진정한 자리(place)를 잡기 위해서는 철학과 연극의 내부에서 하나의 **전위/이동/자리바꿈**(déplacement/spostamento)을 실행하는 일이 필요하다."[31] 흥미로운 점은 여기서 알튀세르가 브레히트의 저 유명한 '소격 효과'(Verfremdungseffekt)의 번역어로서 이 'déplacement'(혹은 '거리두기'décalage)이라는 용어를 채택하고 있다는 사실이다. 이러한 전위/이동/자리바꿈/거리두기란 단지 연극의 부분적인 작은 요소들 안에서가 아니라 연극의 조건 전체에 대해서 이루어져야 하는 것이며 이것이 바로 알튀세르가 말하는 새로운 실천의 본질이 되고 있다.[32] 따라서 이러한 철학적이고 예술적인 실천은 하나의 '정치'를 지향하게 되는 것. "다른 자리(place)를 점하기 위해서, 곧 대체적으로 말해 **정치**(politique)의 자리를 점

---

[30] 알튀세르는 『레닌과 철학』을 다음과 같은 문장으로 마무리하고 있다. "맑스주의가 철학에 새롭게 도입한 것은 철학의 새로운 실천이다. 맑스주의는 (새로운) 실천 철학이 아니라, 철학의 (새로운) 실천이다." Althusser, "Lénine et la philosophie", *Solitude de Machiavel et autres textes*, p.136(『레닌과 철학』, 진태원 옮김, 박노자 외, 『레닌과 미래의 혁명』, 그린비, 2008, 326쪽). (새로운 '철학'의 실천이 아닌) 철학의 새로운 '실천'에 대한 이 문장은, 그러므로 (새로운 '연극'의 실천이 아닌) 연극의 새로운 '실천'에 대한 저 문장과 완벽히 공명하고 있지 않은가?
[31] Althusser, "Sur Brecht et Marx", *Écrits philosophiques et politiques* Tome 2, p.549.

하기 위해서는, 세계에 대한 사변적 해석의 관점(철학)과 미학적이고 미식가적인 향유의 관점(연극)을 버리고 전위/이동하는 것이 필요하다.······ 연극 안에서 당파적 입장(position de parti)을 점해야 하는 것이다."[33] 그러나 이 당파적 입장이란 철학이나 연극 또는 예술이 곧바로 정치가 되어야 함을 의미하는 것이 아니며, 반대로, 오직 철학과 예술이 그렇게 정치와 동일시되지 않는 한에서만, 그것은 당파적 입장을 가질 수 있음을 의미하는 것이다.[34] 철학과 연극은 과학이나 정치와 동일시될 수 없으며[35] 바로 그러한 한에서만 정치를 '상연'할 수 있게 된다. "철학은 과학과도 다른 것이고

---

32) 그러나 이러한 '자리바꿈'이 오직 연극에서만 제한적으로 목격되고 또 오직 연극에만 적용될 수 있는 예술적 실천의 원리이지는 않다. 알튀세르가 지나치듯 언급했던 또 하나의 다른 표현에 주목해 보자면, 그는 알바레스-리오스(Roberto Alvarez-Rios)의 미술 작품에 대해 쓴 글의 한 부분에서 이렇게 말하고 있기도 하다. "그렇게 모든 것은 **전위/이동**된다(déplacé)." Althusser, "Devant le surréalisme: Alvarez-Rios", *Écrits philosophiques et politiques* Tome 2, p. 571.

33) Althusser, "Sur Brecht et Marx", *Ibid.*, p. 549~550.

34) 뒤에서 더 자세히 언급하겠지만, 바로 이러한 맥락에서 알튀세르의 개념들은 자크 랑시에르의 '자리바꿈'(déplacement)과 '감각적인 것의 분배'(le partage du sensible)라는 미학-정치의 개념들과 가장 직접적으로 공명하고 있으며 또한 그 개념들을 예고하고 있다 하겠다.

35) 「예술의 인식에 관한 편지」에서도 이러한 '차이'의 주제는 강조되고 있다. 그러나 앞에서도 밝혔듯이 무엇보다 알튀세르에게서 예술은 인식의 대상이 아니라는 '차이점'에 주목해야 한다. 알튀세르는 이렇게 쓰고 있다. "예술은 우리에게 실제적으로 과학과는 **다른 것**을 가져다주는데, 그 둘 사이에는 대립(opposition)이 있는 것이 아니라 차이(différence)가 있는 것입니다. 반면에 만약 예술을 **인식하는** 것이 문제가 된다면 우리는 필연적으로 '**맑스주의의 근본적 개념들에 대한 엄격한 성찰**'에서부터 시작해야 합니다. 그 외에 다른 길은 없습니다.······ 내가 생각하기에 예술에 대한 어떤 현실적 인식에 이르는 것, 예술 작품의 특수성을 심화시키는 것, '미학적 효과'를 생산하는 기제들을 인식하는 것이 가능하기를 기대하는 유일한 방식은, 바로 '**맑스주의의 근본적 원리들**' 위에 주의 깊게 오랫동안 머무는 것이지 성급히 '다른 것으로 이동하는' 게 아닙니다. 왜냐하면 우리가 너무 빨리 다른 것으로 이동한다면 우리는 예술의 **인식**이 아니라 예술의 **이데올로기**에 빠지게 되기 때문입니다." Althusser, "Lettre sur la connaissance de l'art", *Ibid.*, p. 565. 따라서 예술에 의한 인식을 부정하는 알튀세르의 입장은, 예술에 고유한 '사유'와 '정치' 그 자체를 부정하는 것이라기보다는, '예술의 인식'이라는 미명 아래 다시금 저 미학적 이데올로기 속으로 빠지고 마는 어떤 사유와 정치의 경향들에 대한 가장 적극적인 경계와 거부로서 독해되어야 한다.

정치와도 다른 것이다. 연극도 과학과 정치와는 다른 것이다. 따라서 철학과 과학을, 철학과 정치를, 연극과 과학을, 연극과 정치를 동일화하는 게 문제가 아니다. 연극 안에서와 마찬가지로 철학 안에서도 **정치를 상연하는** 자리(la place qui représente la politique)를 점하는 일이 필요한 것이다. 그리고 그러한 자리를 점하기 위해서는, 당연하게도, 그 자리를 발견해야 한다."[36] 그러므로 철학과 연극 사이의 유비는 단순히 비약적이기만 한 비유 그 이상의 어떤 평행론적인 연대를 포함하고 있는 것. 그러나 우리는 또한 이러한 강력한 정식화의 이면에 위치하고 있는 하나의 징후를 읽어야 한다. 예술과 정치에 대한 이 강렬한 정식화 뒤에는 또 하나의 의심이 뒤따라 나오게 되는데, 그것은, 앞서도 언급했던바, 철학과 연극 사이의 이러한 강력한 유비가 과연 정당하며 유효한 것인가 하는 의문과 직접적으로 결부되어 있다. 알튀세르 역시 이 부분을 놓치지 않는다. "그렇지만 [철학과 연극 사이에는] 어떤 중요한 차이가 남아 있다. 이 모든 유사점들에도 불구하고 **연극은 철학이 아니**라는 사실, 연극의 재료는 철학의 재료가 아니라는 사실이 바로 그것이다. 연극은 예술이며 철학은 이론이다."[37]

그렇다면 알튀세르는 왜 이토록 당연한 이야기를 이토록 힘주어 이야기하고 있는 걸까? 여기서 우리는 그에게서 발견되는 어떤 단절적 분류의 욕망을 봐야 한다. 그 욕망은 단절적인 것들이 공유하고 있는 어떤 단절적이지 않은 것, 어떤 환원될 수 없는 것 위에서 부유하고 동요한다. 알튀세르가 브레히트의 '한계'라고 말하고 있는 지점은 브레히트가 연극이 무언가를 드러내 주는 작업(서사극)임과 동시에 또한 누군가를 즐겁게 해주는 작업(대중극)임을 인정하고 있는 부분이다. 브레히트는 무엇보다 먼저 연극

---

36) Althusser, "Sur Brecht et Marx", *Ibid.*, p. 550.
37) *Ibid.*, p. 552.

작업에 종사하는 한 명의 예술가이기에, 일단은 그 연극을 예술로서 사고(해야)했지만, 동시에 그러한 '예술'로서 연극이 지니게 되는 미학적 이데올로기의 그림자로부터 탈피(해야)했다. 그런데 이는, 예를 들어 미학을 하나의 '미학적 이론'의 완결된 형태로 제시하지 않는, 하지만 동시에 어떤 '유물론적 미학'에의 욕망과 필요를 느끼고 있는 알튀세르의 어떤 '한계'와 정확히 상동적인 형태를 띠지 않는가? 따라서, 연극의 재료가 "**이데올로기적인 것**"(l'idéologique)[38]임을 밝힌 이후부터, 곧 인식이 아닌 인지를 기능으로 하는 이데올로기와 연극의 성격, 실제로는 존재하지 않고 무대 위에서만 존재하는 위험일지라도 그러한 위험이 없이는 성립될 수 없는 연극의 성격을 밝힌 이후부터, 알튀세르의 「브레히트와 맑스에 대하여」가 하나의 미완성으로 남게 되고 또 그러한 미완성을 향해 치닫게 되는 것은 어쩌면 단순한 우연이 아닐 것이다. 그러나 동시에, 가장 역설적으로 말하자면, 그리고 시간을 거꾸로 거슬러 올라가 말하자면, 이러한 '미완성'은 「'피콜로' 극단, 베르톨라치, 그리고 브레히트」에서 이미 그 '완성된' 미완성의 형태를 드러냈던 바 있다. '새로운 관객'에 대한 알튀세르의 말이 바로 그것이다. 이 '한 유물론적 연극에 관한 노트'를 알튀세르는 다음과 같은 말로 마무리하고 있는(아니, 시작하고 있는) 것이다. "연극 작품은 실로 새로운 관객의 생산인데, 이 새로운 관객이란 극이 끝날 때 시작하는 배우, 그 극을 완성하기 위해서만 오직 시작하는, 그것도 삶 속에서 그렇게 시작하는 배우이다."[39] 연극이 끝날 때야 비로소 그 연극을 시작하는, 무대 위 연극의 완성 이후에야 비로소 무대 밖 삶의 미완성을 시작하는 배우로서의 저 새로운 관객은 무엇을 사유하고 무엇을 실천하는가? 그러므로 연극은, 예술

---

38) Althusser, "Sur Brecht et Marx", *Écrits philosophiques et politiques* Tome 2, p. 554.
39) Althusser, "Le "Piccolo", Bertolazzi et Brecht", *Pour Marx*, p. 151(「'피콜로', 베르톨라치와 브레히트」, 『맑스를 위하여』, 180쪽).

은 '어디에' 있는가? 그 자리란 어떤 곳이며 그 시간이란 어떤 때인가? '알튀세르'라는 이론적 기표의 사상사적이고 분과적인 맥락에서, 철학이 과학과 정치 사이에 있는 것이라면, 예술은 철학과 정치 사이에 놓여 있지 않나? 예술은 무엇보다 이 사이의 위치를 재전유하고 그 사이의 틈을 재사유해야 한다.

6. 기형을 추한 것으로 보지 않는 방법: 예술을 어떻게 '반인간주의적'이고 '유물론적'으로 실천할 것인가

그러나 다시금 도발하자면, 예술이 꼭 '사유'해야 하는가? 혹은, 예술은 과연 사유'할 수' 있는가? 알튀세르는 예술이 인식하는 것이 아니라고 말하지만, 사실 그는 '예술의 사유'라는 테제에, 그것도 예술의 '유물론적' 사유라는 테제에, 그 스스로 누구보다도 더 단단한 가교를 놓고 있지 않은가? 이러한 물음은 알튀세르가 화가 레오나르도 크레모니니(Leonardo Cremonini)의 작품들에 관해 쓴 「크레모니니, 추상적인 것의 화가」[40]라는 글을 우리가 여기서 검토해 봐야 하는 이유가 된다. 이 글에서 그는 또한 '추상'과 '화가'에 관한 가장 역설적인 테제를 제시하고 있는데, 그것은 곧 '추상 화가'가 아닌, '추상적인 것의 화가'란 무슨 의미인가라는 하나의 질문으로 요약될 수 있다. "크레모니니는 사물과 장소와 시간이 그 속에서 포착되는 **관계들**을 '그린다'. 크레모니니는 **추상의 화가**(peintre de l'abstraction)이다. 그는 새로운 형식이나 재료 안에서 부재하는 순수 가능성을 '그리는' 추상 화가(peintre abstrait)가 아니라, 보다 정확한 의미에서,

---

[40] Althusser, "Cremonini, peintre de l'abstrait", *Écrits philosophiques et politiques* Tome 2, pp. 573~589.

레오나르도 크레모니니, 「의미들과 사물들」(Les sens et les choses, 1968)
부재의 관계들, 반인간주의적이며 유물론적인 미술의 한 사례로서의 크레모니니

'인간들'과 그들의 '사물들' 사이의, 혹은 오히려 이 사물이라는 단어에 가장 강력한 의미를 부여한다면, '사물들'과 **그것들의** '인간들' 사이의 (필연적으로 추상적일 수밖에 없는 관계로서) 현실적 관계들을 '그리는' **추상적인 것의 화가**(peintre de l'abstrait)이다."[41] 크레모니니는 물질이나 사물과 무관한 순수 형상을 그리는 '추상 화가'가 아니며, 만약 그러한 전통적 미술의 분류법과 그 대상적 관점에서 말한다면 오히려 차라리 '구상 화가'에 속

---

41) Althusser, "Cremonini, peintre de l'abstrait", *Écrits philosophiques et politiques* Tome 2, p. 575.

할 것이다. 크레모니니가 '추상의 화가'이자 '추상적인 것의 화가'일 수 있는 이유는 알튀세르가 그를 사물과 그 인간의 관계, 곧 보이지 않으나 현실적인 관계, 이 부재와 비-관계의 관계를 그리는 화가로 생각하고 있기 때문이다. 따라서 이 '추상적인 것'의 그림은 '추상'이라는 말이 일차적이고 직접적으로 주는 관념성의 느낌과는 반대로 오히려 가장 유물론적인 것이 된다. "따라서 크레모니니는······그 장소와 그 공간과 그 대상들을 **추상화**(abstraction)함으로써, 다시 말해 '**최종 심급에서**'(en dernière instance)에서, [또한] 이러한 최초의 추상화들을 결정짓고 요약하는 **현실적 추상화**(abstraction réelle)를 통해서, 곧 그 **삶의 조건들**을 구성하는 관계들을 통해서 '그린다'."[42] 그렇다면 이러한 '현실적 추상화' 혹은 '유물론적 추상화'란 어떻게 가능해지는가? 그래서 우리의 저 반복적인 질문을 여기서 다시 묻자면, 이데올로기를 '그리기' 위해서 우리는 어떻게 해야 하는가? "그러나 우리는 그 대상들을 통해서, 그리고 그런 대상들이 형성하는 가시적 관계들을 통해서, 그것들의 배열/배치(agencement)를 통해서, 그것들을 지배하는 결정적 부재(absence déterminée)를 통해서 '그릴' 수 있다."[43] 그러므로 여기서는 또한 저 부재의 존재, 비-관계의 관계라는 주제가, 그러한 부재의 관계를 가시화하는 '배열/배치'라는 주제로, 그 얼굴을 바꿔 다시 등장하고 있다. 그러나 이때 얼굴을 바꾸는 것은 이러한 주제만이 아니다. 여기서 우리는 알튀세르의 사상이 일반적으로 지니고 있는 또 하나의 핵심적 쟁점, 곧 인간주의에 대한 반대로서의 '이론적 반인간주의'(anti-humanisme théorique)라는 쟁점[44]이 그의 미학적 논의 안에서 바로 그 '얼굴'이라는 주제를 둘러싸고 다른 '얼굴'로 반복되고 재생되고 있음에 주목

---

42) *Ibid.*, pp. 580~581.
43) *Ibid.*, p. 581.

해야 한다. "인간의 얼굴이 갖는 인간주의적이고 종교적인 이데올로기적 기능은 '영혼'과 주체성의 소재지가 되는 것, 따라서 **주체**라는 개념의 이데올로기적 영향력 전체 안에서, 인간 **주체**의 실존에 대한 가시적인 증거가 되는 것이다(주체라는 중심으로부터 '세계'가 조직되는데, 왜냐하면 인간 주체는 지각하는 주체로서, '창조하는' 능동적 주체로서, 그리고 자유로운 주체로서, 따라서 그의 대상들과 그런 대상들의 의미에 책임이 있는 주체로서, 그 세계의 중심이기 때문이다)."[45] 이러한 형이상학적 중심으로서의 '인간의 얼굴'은 어떻게 '탈중심화'될 수 있으며 또한 어떻게 그 '자리를 바꿀' 수 있는가? 하나의 규정적 이데올로기에 안에서 '미적인 것'에 대해 단순히 '추한 것'을 대비시키는 '반(反)미학'이 아니라, 그러한 미학적 이데올로기와 그것이 포함하고 있는 분류법 자체에 대한 의문을 통해서, 곧 '기형'을 비정상으로 이해하지 않고 하나의 '변형'으로 이해하는 하나의 전도를 통해서. "기형의[추醜의] 미학은 그 원리상 이러한 인간주의적 이데올로기 범주들에 대한 비판도 아니고 그러한 범주들의 폐지도 아니며, [단지] 그것의 단순한 변주들 중 하나일 뿐이다. 이런 이유로 크레모니니 작품에 나오는 인간의 얼굴들은 표현주의적인 것이 아닌데, 왜냐하면 그것들은 기형(difformes)이 아니라 **변형/탈형태**(déformés)이기 때문이다. 그 변형/탈형태는 형태의 결정적 부재이자 그 익명성의 '형상화'일 뿐이며, 인간주의적 이데올로기의 범주들에 대한 실제적인 폐지를 구성하는 것은 바로 이러한 익명성인 것이다."[46] 여기서 '기형성'과 '탈형태' 사이에는──동일한 것을

---

44) 이 쟁점에 관해서는 알튀세르의 「맑스주의와 인간주의」와 「인간주의 논쟁」, 이 두 편의 글을 가장 먼저 참고할 수 있을 텐데, 특히 Althusser, "Marxisme et humanisme", *Pour Marx*, pp. 236~238(「맑스주의와 인간주의」, 『맑스를 위하여』, 275~277쪽), 그리고 Althusser, "La querelle de l'humanisme", *Écrits philosophiques et politiques* Tome 2, p. 517 참조.
45) Althusser, "Cremonini, peintre de l'abstrait", *Écrits philosophiques et politiques* Tome 2, p. 582.

바라보는 이데올로기적 시각들의 차이라는 의미에서 ──하나의 근본적인 차이가 놓여 있는데, 이러한 차이는 알튀세르적인 미학의 문제설정 안에서 가장 중요한 기준들 중 하나로 작동하고 있다. '정상적' 상태를 '자연스럽고 당연한' 것으로 전제하고 있는 단순한 기형성의 개념은 저 익명성의 얼굴을 제대로 이해할 수 없는데, 왜냐하면 그러한 익명성이란 '기형'이 아니라 '탈형태'로 규정되어야 하는 유물론적 예술론의 시도이기 때문이다. 결국 여기서 가장 근본적인 문제는 예술이 지닌 인간주의적이고 미학적인 이데올로기이며, 이에 대해 알튀세르는 반인간주의 예술론이라는 입장을 정립하고 있는 것. 알튀세르는 이에 관해 가장 결정적으로 다음과 같이 쓰고 있다. "모든 '인간'은 크레모니니의 작품 안에서 현존한다. 하지만 바로 **그가 거기에 없다**는 이유에서, (부정적인, 긍정적인) 그 이중의 부재가 그 인간의 실존 자체라는 이유에서, 그렇게 현존한다. 이런 이유로 크레모니니의 그림은 지극히 반인간주의적이며 유물론적이다."[47]

이러한 반인간주의적이고 유물론적인 미학 안에서 우리가 이해해야 할 것은, 그리고 그렇게 이해함으로써 대항해 싸워야 할 것은, 어떤 특정한 형태나 장르의 예술이 아니라, 그러한 예술이 분류되고 유통되고 소비되고 있는 어떤 특정한 기준의 분류법, 곧 미학적 이데올로기 그 자체이다. 그러므로 비평이 하나의 비판으로서 수행해야 할 것은 기존하는 예술의 제도적 배경을 모두 인정하고 들어가는 어떤 미에 대한 품평이나 가치에 대한 감정(鑑定)이 아니라 그 예술을 예술이게끔 만드는 인간주의적 미학과 그 이데올로기 자체이다. 인간주의와 경제주의, 이 등이 붙은 샴쌍둥이 같은 하나의 짝패가 생산하고 갱신하는 미학적 이데올로기에 대한 어떤 하

---

46) *Ibid.*, p. 582.
47) *Ibid.*, p. 583.

나의 근본적인/급진적인(radical) 반대, 이 반대가 지닌 '부정성'이야말로 아마도 알튀세르가 양도했던 어떤 예술론의 유산, 그 이후 어떤 철학자라도 상속받지 않을 수 없었던 하나의 아포리아일 것이다. 인간주의와 경제주의는 계속 예술의 주위를 맴돌며 여전히 예술을 인간주의적이고 경제주의적으로 규정하고 있으므로, 그리고 또한 우리는 그것을 아직도 '미학'이라는 용어로, '예술'이라는 이름으로, 그렇게 지극히 결정적으로 고착되어 버린 하나의 착종되고 고정적인 심급으로, 그렇게 명명하고 사용하며 소비하고 있으므로. 그러므로 알튀세르의 저 '미학으로 (재)생산되지 않는 미학'의 유산은, 그 가장 논쟁적이고 문제적이며 실천적인 의미에서, 또한 그 가장 긍정적이면서도 부정적인 의미에서, 그리고 오직 그러한 의미에서만 여전히 유효하다고 하겠는데, 그렇다면 알튀세르의 이 유산은 누구로부터 상속되어 다시 누구에게로 상속되는가? 우리는 이러한 부재와 역설과 아포리아의 예술론을 어떤 하나의 사상사로서, 하나의 철학적 계보로서 재구성할 수 있을까?

7. 알튀세르의 유산을 상속하지 않는 방법: 같은 '실패'를 어떻게 다르게 '반복'할 것인가

그런데 역설적이게도, 이러한 부재의 예술론은, 그렇게 부재함으로써 존재하는 것이며, 또한 이러한 유물론적 예술론은, 하나의 보이지 않는 계보로, 알튀세르 자신의 말을 빌리자면 "철학사 안에서 **거의 완전히 오인된 한 유물론적 전통**"[48]의 계보로, 그렇게 이어져 오지 않았나? 알튀세르가 말년에 주목하고 정식화했던 저 마주침 혹은 우발성의 유물론적 계보를 상기해 보자. 그리고 거기에 덧붙여 우리의 물음을 던져 보자. 그들에게 예술론은 과연 (예술론의 형태로서) 존재한 적이 있었던가? 예를 들자면, 우리는 다음과 같은 예술론(들)을 상상하고 추측해 볼 수 있는가? 마키아벨리의 예술론? 스피노자의 예술론? 혹은 더 나아가, 에피쿠로스의 예술론을? 그러한 '예술론(들)'을 어떠한 방식으로든 그들로부터 추출하는 일은 어쩌면 '가능'할 것이다. 하지만, 알튀세르가 이들의 계보 안에서 '마주침의 유물론' 혹은 '우발성의 유물론'이 지닌 어떤 역사적이고 사상적인 선을 발견하고 발명했듯이, 나는 이러한 하나의 특정한 계보를 또한 '미학을 미학으로 (재)생산하지 않았던 철학(자)들'의 계보로 이해한다. 그리고 우리가 알튀세르의 이론 안에서 어떤 '미학'을(혹은 심지어 어떤 '미학사'까지도) 발견할 수 있다고 한다면, 그러한 미학(사)에서는 바로 이러한 계보가 가장 핵심적이다. 그러므로 이는 일차적으로는 사상가 개인의 이론적 지형에 관한 문제, 이차적으로는 사상사라는 하나의 역사에 대한 분류법과 계통법의 문제겠지만, 궁극적이고 근본적으로는 사상(들)의 '징후' 혹은 철학(들)의 '경향성'이라는 주제와 관련된 문제이다. 왜 그런가? 이들은 미학을 미학으로서 (재)생산하지 않으면서도 하나(이상)의 미학을 제시하고 있기 때문이다. 그리고 또한 미학으로서 제시되거나 (재)생산되지 않는 미학의 실천이야말로 바로 이러한 '미학'에서 가장 핵심적인 쟁점이자 강점이 된다. 다소 역설적으로 말하자면, 하지만 또한 가장 논쟁적으로 말하자면, 미학적 문제들은 그것이 '최종 심급에서' 미학적 문제가 아닌 경우에, 그리고 바로 그 경우에만, 가장 '미학적'인 문제들이 된다.[49] 알튀세르의 예술론이 가능하다면, 그리고 그의 예술론이 저 마주침 혹은 우발성의 유물론 속에서 어떤 좌표를 갖는다면, 그것은 다름 아닌 바로 이러한 역설 안에서이다.

---

48) Althusser, "Le courant souterrain du matérialisme de la rencontre", *Écrits philosophiques et politiques* Tome 1, éd. François Matheron, Stock/IMEC, 1994, p. 539(「마주침의 유물론이라는 은밀한 흐름」, 『철학과 맑스주의: 우발성의 유물론을 위하여』, 서관모·백승욱 편역, 새길, 1996, 36쪽).

알튀세르의 미학은, 그 자신의 미학을 미학으로서 (재)생산하지 않는 한에서, 그리고 그러한 미학적 문제가 미학적 문제 외부의 관점에서 제기되는 한에서, 그러나 동시에 그것이 그 미학적 효과의 내적 구조 안에서 이해되는 한에서, 하나의 '미학'일 수 있다. 복잡성 그 자체는 단일한 것이며 또한 우연성 그 자체가 필연적인 것이듯, 혹은, 맑스의 정치경제학 비판이 또 하나의 다른 '정치경제학'이 아니듯, 곧 그 비판이 그 자신의 합치된 이름('정치경제학')과는 정반대로 오히려 정치와 경제를 분리시키고 있는 정치경제학 그 자체에 대한 가장 근본적인 '비판'이듯, 알튀세르의 미학은 '미학적인 것'을 정치 혹은 실천과 분리시키는 미학 바로 그 자체의 이름과 효과에 대한 비판을 의미하며 또한 예비한다. 따라서 알튀세르 미학의 가능성과 불가능성은 바로 이러한 비판, 바로 이러한 역설의 의미와 그 예고 안에서 (불)가능해지는 무엇이다.

따라서 이러한 미학 아닌 미학, 미학으로 (재)생산되지 않는 미학은 '미학의 미학적 이데올로기'에 대응하고 대항하는 가장 '미학적'인 입장이 된다. 그런데 여기서 우리가 알튀세르 '이후'로 시선을 돌려 본다면, 이러한 가장 역설적이고도 급진적인 입장을 발전시켰던 두 가지 대표적인 논의의 줄기는 (오히려) 바로 자크 랑시에르와 알랭 바디우에게서, 곧 각각

---

49) 이런 맥락에서 알튀세르가 철학적(혹은 미학적) 문제들의 이 가장 부정적이고도 가장 긍정적인 아포리아와 관련해 다음과 같이 썼음을 우리는 상기해야 한다. "아주 도식적으로 말하면 고전적인 정식들은 이러한 난점을 오직 **철학적 질문들**의 관점에서만, 따라서 우리가 철학적 되새김질(la rumination philosophique)이라 불렀던 것 내부에서만 해석했다. 반면 이러한 난점들을 철학적 질문들을 가로질러……전혀 다른 관점에서, 곧 **문제**의 관점, 다시 말해 객관적(따라서 과학적) 인식의 관점에서 사고해야 한다. 의심할 여지 없이 오직 이러한 조건 아래에서만, 철학에 대한 맑스주의의 본질적인 이론적 기여를 조급하게 철학적 질문들의 관점에서 사고하게 만든 혼동을 이해하는 것이 가능해진다. 이러한 이론적 기여는 어떤 **문제**의 완강한 되풀로서, 이는 분명 철학적 효과를 낳을 수 있지만 그것은 이러한 문제가 최종 심급에서 철학적 **질문**이 아닌 한에서만 그렇다." Althusser, "Lénine et la philosophie", *Solitude de Machiavel et autres textes*, p. 113(「레닌과 철학」, 『레닌과 미래의 혁명』, 287~288쪽).

그들의 핵심적인 개념인 '감각적인 것의 분배'(le partage du sensible)와 '비미학'(inesthétique) 속에서, 그렇게 가장 '발전적으로' 재발견되고 있지 않나? '미학으로서 (재)생산되지 않는 미학'의 어떤 정당성이란, 랑시에르에게서는 단지 철학의 분과나 예술학(과학)으로서 이해되고 유통되는 '미학'(esthétique)이 아니라 정치 그 자체를 대표하고 대신하는 하나의 '감성학'(esthétique)으로, 곧 기존의 사회적이며 감각적인(따라서 정치적인) 분류의 체제 자체를 의문시하는 '감각적인 것의 분배'라는 정치적 개념의 어떤 필연성으로, 그렇게 연결되고 있지 않은가? 또한 그러한 '미학으로 (재)생산되지 않는 미학'의 의미와 전략은 바디우에게서 미학적 이데올로기에 즉물적으로 반대하는 '반(反)미학'(anti-esthétique)이 아니라 그 구조적 진리 자체를 문제 삼는 '비(非)미학'(in-esthétique) 개념의 어떤 시급성으로, 곧 미학적 '효과'들을 통해 미학의 자폐적 내부와 그 외부적 원인들을 '(비)미학적'으로 비판하는 어떤 엄밀성으로, 그렇게 확장되고 있지 않은가? 이러한 의미에서 나는 알튀세르에게서 그 단초를 찾을 수 있는 이러한 '미학 아닌 미학', '미학으로 (재)생산되지 않는 미학'의 발전된 형태로 랑시에르의 연극론(『해방된 관객』[50])과 바디우의 연극론(「연극에 관한 테제들」[51])에 주목해야 한다고(그러므로 우리는 다시 연극의 층위에 있게 되며, 왜 이 층위

---

50) Jacques Rancière, *Le spectateur émancipé*, La fabrique, 2008. 나는 이러한 랑시에르의 연극론에 관해 다른 글을 통해서 개략적으로 논한 바 있다. 최정우, 「죽은 교실이 가르쳐 주는 삶, 무지한 스승이 가르쳐 주는 앎: '무지한' 연극과 '해방된' 관객 사이, 연극 음악의 미학과 정치」, 『한국연극』, 2009년 3월호 참조.

51) Alain Badiou, "Thèses sur le théâtre", *Petit manuel d'inesthétique*, Seuil, 1998(『비미학』, 장태순 옮김, 이학사, 2010). 여기서 바디우가 제시하고 있는 저 "연극-관념"(idée-théâtre)이라는 개념의 '유물론적' 성격을 나는 다른 글을 통해서 연극 음악과 관련해 논한 바 있다. 최정우, 「연주하는 배우, 연기하는 악사: '사건'과 '관념'으로서의 연극, '잔향'과 '이명'으로서의 음악」, 『한국연극』, 2009년 8월호 참조. 또한 바디우는 연극이라는 예술을 구성 요소들 사이의 어떤 '배열/배치'(agencement)로 파악하고 있다는 점에서도 역시나 알튀세르의 연극론과 공명하고 있다.

가 연극인가 하는 것은 여전히 하나의 질문으로 남게 되는데, 하나의 '유물론적' 미학은 이러한 연극의 구조성으로부터 직접적으로 촉발되고 돌출하는 무엇인지도 모른다), 랑시에르와 바디우의 그러한 '미학적' 논의들에 주목해야 한다고 생각한다. 한편으로, 좁게는 랑시에르가 말하고 있는 저 '해방된 관객'과 그 실천적 의미, 그리고 보다 넓게는 그가 제기하고 있는 '미학/감성학'의 정치성이라는 문제설정은, 정확히 알튀세르가 말했던 저 '새로운 관객'으로부터, 그리고 예술과 정치에 관한 알튀세르의 저 아포리아들과 대화하고 대결하는 가운데서, 그렇게 탄생하고 있지 않은가?[52] 그리고 다른 한편으로, 바디우의 저 '비미학'은 그 자체로서, 내가 '미학으로 (재)생산되지 않는 미학'이라는 개념으로 정식화한 알튀세르의 미학적 아포리아에 ──그러나 여기서 '아포리아'란 그 가장 강렬한 의미를 통해서, 곧 알튀세르 자신이 예술에 부여하기를 저어했던 저 '창조적인'(créateur)이라는 가장 적극적인 술어를 통해서 이해되어야 하는데──, 다시 말해 이데올로기적 효과들의 구조적 인과성을 사유하는 '미학 안팎의 미학'이라는 하나의 실천적 아포리아(와 그 해소)에 정확히 부합하며 상응하고 있지 않은가?[53] 따라서 우리는 이 두 명의 철학자들, 이 두 명의 상속받지 않은 상속

---

[52] 그러나 알튀세르와 랑시에르 사이의 어떤 접점과 차이점에 대해 말하는 것은 이 글의 논의 밖의 또 다른 우회로(들)을 따라가야 할 것이다. 다만 내가 여기서 우선 주목해 보고 싶은 부분은 랑시에르가 『『자본』을 읽자』에 수록했던 글 「비판의 개념」의 한 구절이다. 랑시에르는 이렇게 쓴 바 있다. "그것[고전 정치경제학]이 **볼 수 없는** 어떤 것이 있으며, 그것이 볼 수 없는 어떤 것이란 또한 그것이 **봐서는 안 되는** 것이기도 하다." Rancière, "Le concept de critique", Althusser et al., *Lire le Capital*, PUF, 1996(초판, La Découverte, 1965), pp. 195~196. '보이지 않는 것' 또는 '볼 수 없는 것'(또한 그것이 '보이는 것'으로 전화되는 과정)이라는 이러한 이데올로기적 주제는 향후 랑시에르가 말하게 될 '감각적인 것의 분배'와 '해방'(émancipation)의 논의에서 역시나 중요한 술어들로 기능하고 있는 것인데, 이는 또한 알튀세르의 저 '미학적 효과'들에 대한 논의와도 묘하게 공명하고 있지 않은가? 따라서 나는 앞으로 우리가 알튀세르의 이데올로기론과 랑시에르의 이데올로기론 사이의 비교라는 이론적 작업을 수행함에 있어 그 작업이 바로 거기서 사용되고 있는 이러한 '미학적' 술어들의 분석과 대조에 근거해야 할 것이라고 추측하며 또한 예고하는 것이다.

자들을 통해서 알튀세르가 남긴 어떤 (불)가능한 예술론의 유산과 조우하게 된다. 그리하여 다시 한 번 더 묻자면, 이데올로기를 '그리기' 위해서는, 그리고 미학을 미학으로 (재)생산하지 않기 위해서는, 어떻게 해야 하는가? 이 질문이 계속 유효한 형태로 반복될 수밖에 없는 것은 바로 그 질문 자체가 담고 있는 아포리아의 저 실천적 성격 때문인 것. 그런데 이 아포리아의 사유는, 이 아포리아의 실천은, 오늘날, '충분할' 정도로, 그렇게 사유되고, 그렇게 실천되고 있는가?

그러므로 여전히, 아직은, 아니다. 알튀세르 자신의 말을 차용하자면, 어쩌면 나의 이 글은 보다 "더 잘 제기된 문제"[54]를 다시금 묻기 위해 작성된 것일 뿐, 따라서 나는 여기서 저 지루하리만치 끈질기게 반복되는, 그러나 동시에 매번 새롭게 물어야 할 질문을 다시 던져야 한다. 이데올로기를 어떻게 그릴 수 있을 것인가? 어떻게 보이지 않는 것을 보이게 만들 것인가? 이것은 여전히 하나의 문제이며, 우리는 이 물음에 '미학으로 (재)생산되지 않는 미학'으로, 일견 전혀 '미학적이지 않은 하나의 미학'으로, 그렇게 답해야 한다. 그러므로 이것은 또한, 아직은, 하나의 답이 아니다. 우리는 무엇보다 알튀세르를 통해 도달한 이러한 역설과 부재의 관점에서, 그리고 그 역설과 부재가 마주치게 한 불가능성과 아포리아의 입장에서, 실로 진단하고 도전하며 대결하듯, 그를 다시 읽어야 하지 않나? 그런데 미학으로서 (재)생산되지 않는 미학이 바로 그러한 역설의 논리와 부재의 관계

---

53) 바디우는 『비미학』의 도입부에서 이렇게 쓰고 있다. "미학적인 사변에 반대하여 비미학은 몇몇 예술 작품들의 독립적인 실존에 의해 생산되는 엄밀히 철학 내적인 효과들을 기술한다." Badiou, *Petit manuel d'inesthétique*, p. 7(『비미학』, 5쪽. 한국어판 번역을 수정하여 옮겼다). 이러한 의미에서도 바디우는 '미학으로 (재)생산되지 않는 미학'의 상속자라고 할 수 있을 것이다.

54) Althusser, "Le "Piccolo", Bertolazzi et Brecht", *Pour Marx*, p. 151(「피콜로」, 베르톨라치와 브레히트」, 『맑스를 위하여』, 180쪽).

에 대한 하나의 형식이자 이론이 아니라면, 그것은 다른 무엇일 수 있을까? 마지막으로 한 번 더——그러나 나는 이번이 정말 '마지막'이 될 것이라 장담할 수도 없고 또 그래서도 안 될 것이다——저 지치지 않고 반복되었던 질문을 또한 되묻자면, 이렇듯 보이지 않는 역설과 부재를 어떻게 보이는 것으로 '그릴' 것인가? 그러므로 우리는, 알튀세르가 크레모니니에 대해 말했던 저 어법처럼, 단순히 '추상 화가'가 아니라 '추상적인 것의 화가', 곧 추상적인 것을 그리는 화가, 그 추상적인 것을 추상적인 것으로 보이게 만드는 화가, 효과들을 통해 구조 자체를 드러내는 화가가 되어야 하는 것인지도 모른다. 그런데——지극히 '연극적으로' 말하자면——이 '화가'란 또한 새로운 '관객'의 이름이기도 하다. 이 '새로운 관객의 생산'이라는 주제는 여전히 문제적이며, 바로 이렇게 문제적이라는 의미에서, 그리고 오직 바로 그런 의미에서만, 또한 여전히 유효하다. 알튀세르 예술론의 이러한 '부재'(혹은 심지어 어떤 '실패')와 '불가능성'은, 그것을 존재하게 하거나 성공시키고 완성하려는 어떤 체계적인 행위로부터 구성되는 것이 아니라, 그러한 체계로서의 완성을 지연시킴으로써, 그것을 계속 부재하게 함으로써, 그러나 그 부재를 존재하는 것으로 드러나게 함으로써, 보이지 않는 것을 보이는 것으로 상연함으로써, 그리고 그것을 여전히 미완성인 상태에 놓음으로써, 그러나 또한 그 미완성을 완성으로 연기(延期/演技)하고 열어놓음으로써, 그렇게 그 불가능성을 인지하고 오인함으로써, 그러한 '구성적이지 않은 방식으로써만 구성될' 수 있는 무엇이다. 알튀세르에게 어떤 예술론이 있다면, 그 예술론이 묻고 제기하는 물음과 과제는 바로 이러한 아포리아들에 다름 아닌 것. 그러한 미학은 어떻게 (불)가능해지는가? 미학으로 (재)구성되지도 않고 미학으로 (재)생산되지도 않는 미학, 그러므로 이것은 하나의 결론이라기보다는 또 하나의 출발점일 것이며, 완결된 대답이라기보다는 또 다른 미완의 질문일 것이다. 따라서 마지막으로 한 번 더 묻자면 ─ 나는 이 '마지막으로'라는 부사 어구에 대해, 곧 이 질문이 지닌 '최종 심급'의 복잡성과 그 과잉결정의 형태에 대해 바로 앞에서 이미 경고한 바 있다[55] ─ 하나의 이데올로기를 그리기 위해서는 어떻게 해야 하는가? 이것은 알튀세르가 미학으로 (재)생산되지 않는 미학을 통해 생산하고 있는 가장 '미학적'인 질문, 그에게는 존재하지 않는(않았던) 예술론의 층위를 통해 던진 가장 '예술적'인 질문, 그러나 아직도 계속해서 실패할 수밖에 없는, 여전히 그러한 실패를 반복할 수밖에 없는, 그런 질문이다. 그러나 어쩌면 우리는 알튀세르를 따라 이 실패를 그렇게 반복하게 될 것이고, 또한 그렇게 반복해야만 할 것이다. 마치 알튀세르의 자서전『미래는 오래 지속된다』가 '자서전으로 (재)생산되지 않는 자서전', 곧 '(불)가능성의 자서전'[56]이라는 개념과 구조를 통해 예시하고 상연했던 것과 평행적이고 상동적인 방식으로, 아마도 우리는 '미학으로 (재)생산되지 않는 미학'이라는 이 또 하나의 (불)가능성을 계속 반복하여 사유해야 할 것이고, 또 그렇게 어떤 실패가 예정되어 있는 반복 속에서, 다시 저 물음을 계속해서 물어야 할 것이다. 알튀세르에게 예술론이 있다면, 그것은 아마도 바로 이 가능한 물음 속에서, 바로 그 가능한 물음의 가장 불가능한 형식 속에서, 그렇게 오래 지속되는 미학일 것이다.

---

55) 따라서 어쩌면 우리는 알튀세르가 「모순과 과잉결정」에서 썼던 저 유명한 선언을, 곧 "처음 순간에도, 마지막 순간에도, '최종 심급'이라는 고독한 시간을 알리는 종소리는 결코 울리지 않는다"라는 문장을, 우리만의 이 '미학적' 맥락에서, 다시 읽어야 하는 건지도 모른다. Althusser, "Contradiction et surdétermination(Notes pour une recherche)", *Pour Marx*, p. 113(「모순과 중층결정(연구를 위한 노트)」, 『맑스를 위하여』, 132쪽).
56) 『미래는 오래 지속된다』가 지니는 이러한 '자서전으로 (재)생산되지 않는 자서전' 혹은 '(불)가능성의 자서전'으로서의 역설적 성격에 관해서 나는 이전에 다른 글을 통해 이미 자세히 밝힌 바 있다. 최정우, 「『미래는 오래 지속된다』 재출간을 반기며 ─ 자서전을 위반하는 자서전: 알튀세르의 서명과 자서전의 (불)가능성」, 『텍스트』, 2009년 5월호와 최정우, 『사유의 악보』의 6악장 「나르시시스트를 위한 자기진단법」 중 4장 "알튀세르는 어떻게 '금치산자'가 되었나", 이 두 글을 참조할 것.

5장 알튀세르의 우발성의 유물론의 우발성들*[1)]

앙드레 토젤
진태원 옮김

> 내가 그 존재와 원인과 풍부함을 옹호하는 이 **마주침의 철학**은 사변과는 전혀 무관하며, 우리가 맑스에게서 읽은 것에 대한 열쇠이자 우리에게 도래하는 것, 곧 이 세계, 공모하는 세력들과 '위기'──자신의 악마적인(왜냐하면 거의 알려져 있지 않기 때문에) 고리로 이 세력들을 통합하는──사이에서 갈라져 있는 이 세계를 이해한 것에 상당하는 것이다. ······이론을 통한 이러한 우회는 우리로 하여금······ 우리가 '방향을 상실한 채', '아무런 지표 없이' 놓여 있는 정치를 이해할 수 있게 해주기 위해 거기에 있을 뿐이니까.[2)]

1. 말년 알튀세르에 대한 철학적 독해를 위하여

루이 알튀세르(1918~1990)는 후세의 사람들에게 1980년 11월 16일 자기 아내를 살해한 비극의 주인공으로 알려지게 될 위험에 처해 있다. 프랑스의 맑스주의 사상을 혁신한 철학자이고 1964년에서 1978년까지 국제적인 영향력을 행사했던 인물의 모습은 말소될 위험을 겪고 있다. 그가 고통을 겪었고 치료하려고 애썼던 정신의학적 장애들이 그의 사상에서 담당한 역할은 정당한 연구 대상이 될 만하다. 우리는 이러한 탐구를 수행할 만한 능력이 없지만, 범죄자 철학자라는 평가는 받아들일 수 없다고 생각한다.

---

* André Tosel, "Les aléas du matérialisme aléatoire dans la dernière philosophie de Louis Althusser", éds. Eustache Kouvélakis et Vincent Charbonnier, *Sartre, Lukács, Althusser: Des marxistes en philosophie*, PUF, 2005, pp. 169~196.
1) 이 글의 초판은 *Cahiers philosophiques* N° 84, 2000, pp. 7~30에 발표된 바 있다. 이 책[『사르트르, 루카치, 알튀세르: 철학에서의 맑스주의자들』]에 이 글을 수록할 수 있도록 허락해 준 학술지 편집진에게 감사드린다.

대신 우리는 관대하고 세심한 스승의 이미지를 보존하는 쪽을 택했다. 우리는 특히 이 철학자의 마지막 사상에 대해 질문해 보고 싶은데, 이 사상은 1970년대부터 소묘되었고 「마키아벨리의 고독」(1978)이라는 글(이 글 자체는 알튀세르가 고등사범학교에서 했던 강의의 축약이다)³⁾에서 공개적으로 표현된 바 있다. '마주침의 유물론'(matérialisme de la rencontre) 내지 '우발성의 유물론'(matérialisme aléatoire)이라는 수수께끼 같은 표현이 그의 마지막 사상을 축약적으로 표현해 준다. 그가 아내 살해의 순간에 착란 상태에 있었다고 인정되는지 판단해 줄 [상상의] 법정에서 철학자의 자기 변론을 위해 작성된 자서전의 초고들에서 이 유물론에 대한 후속 설명이 이루어졌다. 알튀세르의 유고 편집자들은 자서전인 『미래는 오래 지속된다』(1992)를 출간했으며, 1982년 작성된 이론적 텍스트를 『철학·정치 저작집』(Écrits philosophiques et politiques) 1권(1994)에 「마주침의 유물론이

---

2) Louis Althusser, "Le courant souterrain du matérialisme de la rencontre", *Écrits philosophiques et politiques* Tome 1, éd. François Matheron, Stock/IMEC, 1994, p. 537[「마주침의 유물론이라는 은밀한 흐름」, 『철학과 맑스주의: 우발성의 유물론을 위하여』, 서관모·백승욱 편역, 새길, 1996, 33~34쪽]. 이 문제에 관한 유익한 해명으로는 Pierre Raymond, "Le matérialisme d'Althusser", éd. Pierre Raymond, *Althusser philosophe*, PUF, 1997, pp. 167~179를 보라. 피에르 레몽이 『유물론으로의 이행』(*Le passage au matérialisme*, François Maspero, 1974) 및 『조합에서 확률로』(*De la combinatoire aux probabilités*, François Maspero, 1975)에서부터 『거역할 수 있는 역사의 숙명』(*La résistible fatalité de l'histoire*, J.-E. Hallier & Albin Michel, 1982)에 이르기까지 수행했던 작업 전체를 살펴보는 것이 좋을 것이다. 이러한 고찰이 이루어지면 알튀세르의 성찰이 레몽의 저작들에 빚지고 있는 것과 더불어 알튀세르가 이 저작들의 논의를 자신의 마지막 해체주의의 방향 속에서 어떻게 굴절시키고 있는지 측정해 볼 수 있을 것이다. 이렇게 함으로써 우리는 알튀세르가 인정함과 동시에 거부했던 피에르 레몽의 중요한 작업을 정당하게 평가할 수 있을 것이다.
3) Althusser, "Solitude de Machiavel", *Solitude de Machiavel et autres textes*, éd. Yves Sintomer, PUF, 1998[「마키아벨리의 고독」, 『마키아벨리의 고독』, 김석민 옮김, 새길, 1992). 알튀세르의 마키아벨리론은 1972년 작성되었지만 생전에 출판되지 않은 『마키아벨리와 우리』라는 책에서 가장 완전하게 표현되어 있다. Althusser, "Machiavel et nous", *Écrits philosophiques et politiques* Tome 2, éd. François Matheron, Stock/IMEC, 1995[『마키아벨리의 가면』, 김정한·오덕근 옮김, 이후, 2001). —옮긴이

라는 은밀한 흐름」이라는 제목 아래 포함시켰다. 알튀세르는 이 텍스트들에서 논의한 몇몇 주제를 멕시코의 철학 교수인 페르난다 나바로와의 대담(이 대담은 1985년에 스페인어로 출간되었다)의 자료로 활용하였다. 공간된 마지막 저작인 이 대담은 프랑스에서 『철학에 대하여』라는 제목 아래 유작으로 출간되었다.[4] 알튀세르는 이 대담의 핵심 논점을 다음과 같이 제시한 바 있다.

> 우연을 필연의 양상 또는 필연의 예외로 사고할 것이 아니라 필연을 우연적인 것들의 마주침이 필연화되는 것으로 사고해야 합니다.
> 여기서 내 의도는 철학사에서 인정받지 못한 유물론적 전통 하나가 존재함을 강조하는 것입니다. 그것은 데모크리토스, 에피쿠로스, 마키아벨리, 홉스, 『인간 불평등 기원론』의 루소, 맑스, 하이데거의 전통입니다. 그들이 주장해 온 공백, 한계, 주변/여백, 중심의 부재, 중심의 주변으로의 전위(및 그 반대), 그리고 자유라는 범주들과 함께 말입니다. 그것은 통상 맑스, 엥겔스, 레닌의 것으로 돌려지던 유물론, 곧 합리주의 전통의 모든 유물론과 마찬가지로 필연과 목적론의 유물론, 다시 말해 관념론의 위장된 형태인 저 유물론을 포함하여 유물론으로 인정받던 유물론들에까지 대립하는 마주침의 유물론, 우연의 유물론, 요컨대 우발성의 유물론입니다. 철학 전통이 **자유의 관념론**을 통하여 그것을 해석하고 왜곡한 것은 그것이 위험해 보였기 때문입니다.[5]

---

4) Althusser, "Philosophie et marxisme: Entretiens avec Fernanda Navarro(1984~1987)", *Sur la philosophie*, Gallimard, 1994[「철학과 마르크스주의: 페르난다 나바로와의 대담(1984~87)」, 『철학에 대하여』, 서관모·백승욱 옮김, 동문선, 1997].

5) *Ibid*., p.42[같은 글, 같은 책, 43쪽. 번역은 다소 수정. 이하에서 인용문 번역을 옮긴이가 수정한 부분이 있지만, 모두 밝히지는 않았다].

2. 합리주의적 유물론 전통에 맞서: 한 계보학의 요소들

놀라운 계보학

알튀세르의 탐구는 우선, 감춰진 기저의 흐름의 계보학으로, 또는 오히려 카르스트 지형과 같은 이 강줄기의 불연속적인 계기들에 대한 서술 및 이 계기들과 관련된 철학적 테제들에 대한 서술로 제시되는데, 여기에는 이러한 불연속성 및 그 이유들에 대한 아무런 역사적 분석도 수반되지 않고 있다. 미간행 텍스트의 판본은 '철학과 맑스주의'라는 제목이 붙은 대담에 제시된 요소들과 완전히 일치하지는 않는데, 이 대담은 전체적인 논점을 제시하면서 스피노자는 빼놓고 있기 때문이다. 이 유물론의 흐름은 데모크리토스와 에피쿠로스(및 따라서 루크레티우스), 마키아벨리, 홉스, 스피노자(?), 『인간 불평등 기원론』의 루소, 맑스, 하이데거, 비트겐슈타인과 데리다를 포함한다. 이 유물론의 중요한 특징들을 검토해 보자.

1) 에피쿠로스

그는 말하자면 시조(始祖)에 해당하는 영웅이다. 그는 자연학적인 동시에 존재론적인 기초 모델을 제공해 준다. 에피쿠로스는 맑스가 박사학위 논문에서 연구한 첫번째 철학자로, 맑스는 그가 자유로운 주체성에 대한 선취인 원자들의 클리나멘(clinamen) 이론을 발전시킴으로써 플라톤과 아리스토텔레스 형이상학을 해체하는 과정에서 보여 준 독창성을 부각시킨다. 알튀세르는 맑스의 이런 면모를 언급하지 않는다. 그가 관심을 기울이는 것은 사태의 우연성이다. 에피쿠로스 철학의 시초에 비가 존재한다. 자신의 무게에 이끌려 진공(vide) 속에서 낙하하는 원자들의 비. 하지만 낙하하는 거의 순식간에, 예견 가능한 궤적으로부터의 무한하게 미세한 편위(偏位)[6]가 언제 시작되는지, 또 정확히 어디에서 시작되는지 알지 못하는 가운데 이루어진다. 원자는 다른 계열들과 평행한 상태에서 무한정하게 자신의 계열을 따라 낙하하는 대신 다른 원자와 충돌하고 이 다른 원자는 또 다른 원자들과 충돌한다. 기하급수적 재생산의 내재적 질서를 따르는 연쇄 충돌이 일어난다. 원자들의 물리적 성질(크기, 속도, 무게)은 그들의 상호 충돌이 출현시키는 속성, 곧 상호 연결과 상호 접근, 임시적 결합체의 형성 같은 속성보다 덜 중요하다. 이렇게 해서 하나의 세계가 탄생하는데, 이 세계는 유일하게 가능한 것도 필연적인 것도 아니며, 거기에 존재한다는 우연적-인과적 사실과 다른 어떠한 의도, 어떠한 목적, 어떠한 다른 이유에서 비롯한 것이 아니다. 이 세계는 자신과 마주치는, 그리고 이 세계가 자신과 연결시키는 다른 원자들로 확장될 수 있다. 이렇게 될 경우에야 비로소, 상대적으로 안정된 이 세계는 자신의 고유한 법칙들(물리적-유물론적 유형의)을 발전시키게 된다. 이러한 종류의 무한히 많은 세계가 탄생하지만, 이 세계들 중 어떤 것도 확실히 지속된다는 보증을 지니지 못하며, 각각의 세계는 태어날 때 그랬듯, 우연에 의해, 경우에 따라, 흩어지고 소멸할 수 있다. 어떠한 로고스도 어떠한 프로노이아[섭리, pronoia]도 존재하지 않으며, 어떤 것도 이 독특한 세계의 영원성을 보증하지 않는다. 원자들의 연결이 중단되고, 연결에서 풀려난 원자들이 진공 속에서 자신들의 평행한 낙하로 복귀하는 일이 우연히 일어난다. 오직 원자들과 진공만이 영원하며, 세계들은 태어나고 소멸하기를 거듭한다. 세계들은 일시적이다.

동질적인 과정에 뒤따르는 주체도 없고 목적/종말(들)도 없는 우발적인 마주침의 유물론이 구성하는 모델의 중핵이 이것이다. 시사적인 한 글

---

6) 우리가 '편위'라고 옮긴 déviation은 clinamen이라는 에피쿠로스의 그리스어 개념의 프랑스어 번역어에 해당한다.—옮긴이

에서 장-클로드 부르댕이 지적한 것처럼,[7] 에피쿠로스는 모든 합리주의 전통 및 합리적 설명에서 중요한 근거율(principe de raison)에 대한 비판을 활용할 수 있게 해준다는 점에서 결정적인 인물이다. 하나의 세계는 항상 원자들의 주어진 조직, 원자들의 독특한 결합이다. 오직 이러한 조직, 이러한 독특한 형태만이 하나의 세계를 다른 세계와 구별시켜 준다. 세계를 정의하는 법칙들 —— 세계에 고유한, 따라서 독특하고 일시적인 —— 을 인식 가능하게 만드는 것은 가능하다. 하지만 어떠한 이성/근거(raison), 어떠한 의미, 어떠한 원리도, 무논리적인 클리나멘의 사실 이전에 미리 이러한 세계의 가능성을 주재하거나 명령하지 않으며, 또한 원하지도 않는다. 자신의 의미, 자신의 근거와 원리, 자신의 규정된 법칙을 갖춘 이 규정된 세계 '이전'에는 아무것도 존재하지 않으며, 의미, 근거, 원리의 무가 '존재한다'(il y a). 진공이 존재하며 세계는 (전혀) 존재하지 않는다. 왜냐하면 진공 속에서 원자들의 평행적인 계열들의 비는 세계를 만들지 못하기 때문이다. 이러한 비는 잠재적인 실존을 지니고 있을 뿐인 원자들에게 하나의 세계의 의미를 부여하지 않는다. 세계가 만들어지고 원자들에게 세계가 갖춰지기 위해, 의미/방향이 생산되기 위해, 세계가 스스로 의미/방향을 만들어 내기 위해 필요한 최소의 운동을 부여하는 것은 바로 편위다. 오직 마주침만이 우주를 생성하고 의미들과 근거들을 생산하며, 이러한 의미들과 근거들은 규정되어 있다. 이것들은 보편적이고 영원한 의미를 갖지 않는다. 이것들은 이 세계의 의미들과 근거들에 불과하다. 이것들 모두는 이 세계의 의미들이고 근거들이다. 진공 속에서 원자들의 비의 존재는 존재론적 무이고 세계의 무이다. 이러한 무는 유대교적·기독교적 신이 세계를

---

7) Jean-Claude Bourdin, "The Uncertain Materialism of Louis Althusser", *Graduate Faculty Philosophy Journal* Vol. 22 No. 1, 2000, pp. 271~287.

무로부터 창조하기 위해 세계로부터 떼어 내는 부정적인 역설적 질료가 아니다. 그것은 세계 전체의 가능성의 조건이며, 지성과 의지, 최선의 것의 원인과 이유를 결합하는 창조 원리의 작용에서 벗어난다. 무는 세계 형성 속에서 [세계 형성을 위한] 조건으로 남아 있다. 정당화될 수 없고 근거도 없고 법칙도 없는 편위 자체는 순간적이고 예측 불가능한, 논리적으로 표현 불가능한 한계이며, 우발적인 것이다. 만약 그것에 원리로서의 지위를 부여한다면, 그것은 자신을 말소하는, 자신을 부정하는 원리일 것이며, 원리들을 넘어서는 원리, 시초/원리(archè) 없는 원리, 아르케 없는/무정부적인(anarchique) 원리, 비(非)원리다.

이러한 독해는, 엥겔스와 레닌식의 변증법적 유물론이나 그람시식의 실천적 유물론, (말년) 루카치식의 사회적 존재의 유물론 같은 다양한 형태의 맑스주의 유물론들을 포함해 이후에 도래하게 될 모든 유물론을 근본적으로 평가절하한다. 이러한 독해는 이 유물론들이, 대문자 의미와 대문자 이성/근거라는 질문에 사로잡힌 형이상학적인 합리주의에 해당하는 것들이라고 비판한다. 우발성의 유물론은 유물론적 언표 작용을, 전통적으로 유물론과 결부되어 있었고 현실 과정의 속성들로서의 필연성과 목적성의 불안정한 결합에 의해 표현되어 온 근거율과 분리시킨다. 유물론적 전통이 어떤 것도 무로부터 탄생하지 않으며 어떤 것도 규정된 근거(본성상 따르게 되어 있는 근거라고까지는 할 수 없을지 몰라도) 없이는 존재하지 않는다고 언표한다면, 에피쿠로스적인 마주침의 유물론은 그 어떤 것도 세계의 존재 사실을 정당화하지 못한다고 주장한다. 이 무는 세계성과 원리 및 근거, 의미와 법칙을 결여하고 있는 중립적인 공간이다. 기원과 주체, 목적을 연결하는 주제는 실격된다. 이러한 주제는 관념[론]을 정의하는 것이다. 그리하여 엥겔스(『루트비히 포이어바흐와 독일 고전 철학의 종말』에서)와 레닌(『유물론과 경험비판론』에서)이, 그리고 1970년대에는 알튀세르 자신이[8] 철학의 근원적인(ursprünglich) 문제라고 간주한, 사고나 존재 중에서, 물질이나 정신 중에서 어떤 것이 우선적인가라는 문제는 일체의 적합성을 상실하는데, 이는 이러한 질문이 원칙적 우선성 내지는 근원성이라는 합리주의적 선험성(a priori)의 성격을 띠고 있기 때문이다. 이제부터는 어떠한 일차적인 또는 궁극적인 심급도 원용될 수 없다. 유물론은 관념론과 거울 반영적인 맞짝으로 머물러 있으며, 그것은 전도된 관념론이다. 관념론과 유물론(맑스주의 유물론을 포함하는)은 근본 물음(Grundfrage)이라고 가정된 동일한 물음을 지배하는 합리주의적 경제에 속해 있으며, 이러한 물음에 대해 서로 대립된 답변을 제시하려고 한다. 포기해야 하는 것은 바로 질문 그 자체다.[9]

2) 마키아벨리

마키아벨리의 현존은 알다시피 그리 놀라운 일이 아니다. 사실 알튀세르는 그에게 결정적인 중요성을 부여했는데, 이는 마키아벨리가 우발성의 유물론에 정치적 차원을 부여한 최초의 인물이기 때문이다. 그리고 이러한 정치에 대한 '순수한' 철학적 등가물을 에피쿠로스에게서 찾아보도록 거듭 이끌어 간 것은 바로 마키아벨리의 고유한 개념성인 것으로 보인다. 마키아벨리의 문제는 새로운 정치적 세계, 국민적·민중적 이탈리아 국가(그람시의 독해에 따른다면)의 정초라는 문제다. 이러한 국가의 창조는, 외국군의 지배 아래에서 국가에 미달하는 작은 정치적 단위들로 결합되어

---

8) Althusser, *Lénine et la philosophie*, François Maspero, 1972[『레닌과 철학』, 진태원 옮김, 박노자 외, 『레닌과 미래의 혁명』, 그린비, 2008) 참조. — 옮긴이

9) Althusser, "Le courant souterrain du matérialisme de la rencontre", *Écrits philosophiques et politiques* Tome 1, pp. 541~542[「마주침의 유물론이라는 은밀한 흐름」, 『철학과 맑스주의』, 42쪽].

있는 이탈리아 인구들이라는 원자들과 함께 이루어진다. 이 인구들은 16세기 이탈리아라는 진공 속에서 낙하하고 있지만, 항상 모두 통일을 열망하고 있다. 서로 분리되어 있는 조건들(다수의 정치 형태들, 국가 통일에 대한 열망)의 마주침을 보증할 수 있는, 정치적 역량을 갖춘 인간의 출현이 만들어 낼 수 있는 편위는 어떻게 생산될 수 있는가? 모든 것은 군주의 실존, 곧 이름 없는 인간이고 자신의 행위에 앞서 미리 존재하지 않는 인간, 이탈리아의 어딘가에서, 원자적인 점에서 [이탈리아의 통일이라는] 거대한 기획 주위로 이탈리아인들을 결집시키기 위해 무차별적인 시간성의 예측 불가능한 우연성을, 운을 활용해야 하는 과업에 직면한 그러한 인간의 실존에 달려 있다. **"아무것도 아닌 인간, 무에서 출발하고 지정할 수 없는 장소에서 시작하는 인간."**[10]

우발성 모델의 마키아벨리적 판본은 독특한데, 이는 요소들 사이의 마주침이 다수의 수준으로 복수화되고 분할되기 때문이다. 이러한 판본은 서로가 서로를 지휘하는 마주침들의 체계다. 사실 페데리코 디누치가 유익한 한 연구에서 정확히 해명한 것처럼,[11] 군주와 장소의 마주침에 대해 군주의 행위 속에서 운과 역량(법을 생산하고 준수할 수 있는 역량)의 마주침이 결합되며, 이러한 마주침은 인간적 요소와 짐승적 요소(이 요소는 사자의 힘과 여우의 간계로 그 자체가 이중화된다)의 마주침이다. 전체는 궁극적인 마주침, 곧 지역적 수준과 국민적 수준, 국제적 수준의 마주침에 의해 과잉결정된다. 어떠한 역사적 필연성의 법칙도 이 수준들 각자를 지배하지 못하며, 이러한 마주침들이 일어날지 일어나지 못할지, 지속될지 지속

---

10) Althusser, "Le courant souterrain du matérialisme de la rencontre", *Écrits philosophiques et politiques* Tome 1, p. 545 [「마주침의 유물론이라는 은밀한 흐름」, 『철학과 맑스주의』, 44쪽].
11) Federico Dinucci, *Materialismo aleatorio: Saggio sulla filosofia dell'ultimo Althusser*, CRT, 1998.

되지 못할지에 관한 기회, 우발성들, 항상 불안정한 어떤 가능성이 그것들 각자를 지배한다. 이 모델은 요소들과 주체들 사이의 분리를 함축한다. 사실 각각의 주체는 주어진 수준에서 다른 주체들과 연결될 수 있는 가능성과 더불어 구성되며, 이러한 주체의 구성은 기저의 수준에서 이미 형성된 어떤 연관의 결과로 간주될 수 있다. 새로운 군주의 결합 지점은 주체 기능의 전위(déplacement)를 유발한다.

마지막으로 이 모델은 역사적 인과성의 규정에서 중요하다. 우리는 완수된 것으로 간주되는 사실의 논리에 고유한 필연성에 따라, 그리고 그것의 공시적 구성의 법칙들(알튀세르가 애호한 또 다른 저자인 몽테스키외가 중시하는 '법의 정신')에 따라 추론하지 않고, 완수되어야 할 사실의 우연성에 따라 추론한다. 법칙들은 말하자면 완수된 것의 사법권 아래에서 구성된다. 완수 행위의 사실 자체와 동일한 완수 행위의 법칙들은 존재하지 않는다. 이러한 유형의 법칙들 중 어떤 것도, 그 법칙들의 항상 불가능한 가능성을 열어 놓는 정세 속에서 완수'되어야' 하는 과정을 조직하지 못한다. 완수는 진행 중인 어떤 실천의 실행성에 속하며, 이것은 어떤 것도 미리 규정하거나 보증하지 못한다. 완수 법칙들은 진행 중인 과정에 내재적이며, 완수되거나 완수되지 못한 행위의 관점에서 사후에야 비로소 우연히(éventuellement) 성찰될 수 있다. 그 법칙들은 미리 정해져 있는 여행 스케줄이 아니다.

3) 스피노자

스피노자는 1982년 텍스트「마주침의 유물론이라는 은밀한 흐름」에서 분석된다. 이러한 분석이 1985년에 발표된 텍스트「철학과 맑스주의」에서 사라진 이유는 이 텍스트의 가설적이고 미완적인 성격으로 설명될 수 있을 것 같다. 알튀세르는 중심적 테제, 곧 스피노자 철학의 대상인 신-자연은 공백(vide)과 동일하다는 테제에 대해 예상치 못한 독해를 제시한다(이는 아마도 알랭 바디우 철학의 어떤 측면에서 영감을 얻은 것 같다). 요컨대 스피노자는 서양 철학 전체를 이어받아 자신의 중심적 철학소인 '신' 안에 공백을 만들어 낸다. 모든 각각의 속성 아래에 존재하는 모든 양태의 유일한 실체인 신에서 출발하는 것은 무에서 출발하는 것으로 귀착된다. 원리로서의 전체는 원리로서의 무, 원리의 무로 번역된다. 전체는, 전체의 충만성(이것은 진공의 충만성에 불과하다) 안에서 낙하하는/존재하는(tombent) 그 자신의 규정들의 무다/그 자신의 규정들이 전혀 아니다(n'est rien de ses déterminations).

이러한 유사 신플라톤주의적 테제로부터, 결코 서로 마주치지 않는 가운데 평행하게 비로 낙하하는 무한하게 많은 속성들에 대한 재해석이 뒤따라 나온다. 하지만 인간 속에서 인간을 구성하는 두 개의 속성들, 곧 연장과 사유가 끊임없이 이원성 없이 마주치는 일이 일어난다(이것은 우리가 확인하는 것 이상으로 더 어떻게 할 수 없는 하나의 사실이다). 사실 인간은 "사유와 신체의 지정 가능하지만 미세한 평행성, 예외적 평행성"의 사례다. "요컨대 그것은 **마주침 없는 평행성**, 그렇지만 각 속성의 상이한 요소들 사이의 관계 바로 그것의 구조상 이미 그 자체로 **마주침**인 평행성이다."[12]

마지막 귀결. 만약 자연에 불과한 신에 대해 말할 만한 것이 존재하지 않는다면, 인식에 대해서도 마찬가지로 말할 만한 것이 존재하지 않는다. 인식은 하나의 사실이다. "인간은 사고한다."[13] 그리고 사고는 사유 속성의 양태들의 연쇄에 불과하며, 사고는 "대문자 주체가 아니라, 좋은 평행론에 따라, 연장 속성의 양태들의 연쇄에 준거한다."[14] 중요한 것은 인간 속에서

---

12) Althusser, "Le courant souterrain du matérialisme de la rencontre", *Écrits philosophiques et politiques* Tome 1, p. 550 [「마주침의 유물론이라는 은밀한 흐름」, 『철학과 맑스주의』, 52쪽].
13) 이것은 스피노자의 『윤리학』 2부 공리 2다. ─옮긴이

사고의 사실의 구성이다. 마키아벨리가 이해한 것처럼 대부분의 인간들과 인민들은, 따라서 역사와 정치는 1종의 인식에, 곧 상상에, 사고의 미망에 머물러 있으며, 사고하지 않는다. 하지만 사실 상상은 인식의 한 종류, 하나의 능력(faculté)이 아니라, "**'주어진' 세계 자체일 뿐**"[15]이다. "세계로서의 상상계"는 "**총체화되지 않고 분산 속에서 체험되는**, 하지만 우리가 그 속에 '던져지는', 그리고 우리가 그로부터 우리의 모든 미망들('망상들'fabricae)을 만들어 내는, '주어진 것'으로서 체험되는 유일한 총체다".[16] 그렇다면 우리는 2종의 인식을 재고찰해 볼 수 있다. 만약 이 세계가 그것 너머에는 아무것도 존재하지 않는 것이라면, 이 아무것도 아님은 자연 및 그 속성들의 아무것도 아님이며, 이 속성들(인간은 그 한 사례다)은 오직 철학만이 공통 통념들을 통해서 인식할 수 있는 것이다. 곧 이 속성들은 공통 통념들에 따라 사고된 세계 그 자체다. 이것을 달리 말하면, 존재론적 조건에 의해서 "세계는 공통 통념들 이전에, 그 너머에는 아무것도 존재하지 않는 것으로 주어져 있다".[17] 그렇다면 3종의 인식은 역사적 독특성들 및 그것들의 역사와 그것들의 필연적인 상상적 구조화(『신학정치론』이 탐구한 바 있는 모세 치하의 히브리 백성의 역사 같은)에 대한 인식이며, 철학은 즉자적인 목적성들로서의 도덕적·종교적 가치들을 해체하는 데 한정된다. 철학이 자신의 해체 작업을 통해 세계의 또 다른 가능성들의 생성과 구축을 가능하게 해준다고 해도, 이 세계들은 여전히 그리고 이전과 다른 방식으로 상상적 세계일 것이다. 그리고 이 세계는 다른 마주침들로부터 생겨날 것이다. 스피노자는 이렇게 해서 에피쿠로스적인 이론적 모델과 마키아벨리적인

---

14) *Ibid.*, p. 550[같은 글, 같은 책, 53쪽].
15) *Ibid.*, p. 551[같은 글, 같은 책, 56쪽].
16) *Ibid.*, p. 551[같은 글, 같은 책, 56쪽].
17) *Ibid.*, p. 551(같은 글, 같은 책, 57쪽). ─ 옮긴이

정치적 모델의 이중적 마주침으로 형성된 우발성의 유물론에 대한 복합적 모델을 실현한다. 스피노자는 인식을, 주어진 세계의 전유가 분화되는 단순한 사실로 파악하는 자신의 관점 속에서 이 두 모델을 통합하는 것이다.

4) 홉스

역사적 순서와 달리 알튀세르는 홉스를 스피노자 뒤에 놓으면서 그를 "스피노자와 루소 사이의 이행의 방식"[18]으로 만든다. 알튀세르가 근대 자연권에 관해서 고등사범학교에서 했던 강의[19]를 떠올려 본다면 이러한 선택은 역설적이다. 그 강의에서 알튀세르는 자연 상태 속으로 어떤 정초적인 인간학을 투사하는 사상의 흐름 전체를 부르주아 법적 이데올로기의 모체로 간주한 바 있다. 이러한 인간학은 당시로서는 혁명적인 것이었는데, 왜냐하면 이 인간학은 경제적 행위자라는 특성을 지닌 각각의 신민들의 자유로운 활동을 보장해 주는, 절대 권력을 지닌 법치 국가의 실현을 확고히 하려는 이데올로기적·정치적 목표를 지닌 것이었기 때문이다. 알튀세르는 홉스에 대한 부당한 독해를 바로잡아 그를 권력의 발생에 관해서 발본적으로 사고할 줄 알았던 사상가로 만든다. 곧 홉스는 [자연 상태에서] 자신들 앞에 공백을 만들어 내는 욕망하는 계산적 원자들, 하지만 자신들의 자기

---

18) Althusser, "Le courant souterrain du matérialisme de la rencontre", *Écrits philosophiques et politiques* Tome 1, p. 551(「마주침의 유물론이라는 은밀한 흐름」, 『철학과 맑스주의』, 57쪽). ─옮긴이

19) 이 강의록은 알튀세르의 유고집으로 출간되었다. Althusser, *Politique et histoire, de Machiavel à Marx: Cours à l'École normale supérieure de 1955 à 1972*, éd. François Matheron, Seuil, 2006[『정치와 역사: 알튀세르 정치철학 강의록』, 진태원 옮김, 후마니타스, 근간]. 하지만 앙드레 토젤이 언급하는 1963~1964년의 근대 자연권에 관한 강의록은 이 책에는 빠져 있으며, 그 대신 1965~1966년에 했던 「루소와 그의 선구자들」(Rousseau et ses prédécesseurs)이라는 강의록에서 근대 자연권에 관한 알튀세르의 관점을 엿볼 수 있다. ─옮긴이

파괴를 방지하기 위해서 주권적 권력에 권위를 부여해야 할 필요성을 거부할 수 없었던 그러한 원자들의 마주침으로부터 발본적으로 권력의 발생을 사고했던 것이다. 만약 그가 마키아벨리 그리고 마키아벨리에게서 영감을 얻은 『정치론』의 스피노자에게는 낯선 것인 초월론적 계약론을 복권시킬 수밖에 없다면, 이러한 국가의 발전은 모순적일 것이다. 어쨌든 이러한 국가는 미완의 것일 텐데, 왜냐하면 홉스의 절대 국가는 평화와 더불어 개인적인 활동의 자유로운 발전을 산출할 수 있는 능력을 가진 것으로, 곧 자신의 강제력의 행사를 쓸모없는 것으로 만들면서 이러한 과제에 몰두할 수 있는 능력을 가진 것으로 제시되기 때문이다. 이런 의미에서 홉스의 국가는 심지어 맑스주의적인 국가 소멸론의 전제로 정의될 수도 있다. 실제로 이는 알튀세르로 하여금 자연권에 대한 선행적인 비판을 넘어서 자유주의적 무정부주의와 맑스주의적 무정부주의 사이의 관계를 재정립하도록 인도한다.

5) 루소

『인간 불평등 기원론』의 루소는 우리를 1963~1964년의 근대 자연권에 관한 동일한 강의 및 『분석 노트』에 수록되어 출간된 『사회 계약론』에 관한 글[20]로 이끌어 간다. 홉스를 극복하게 해주고, 물리적 존재론이나 정치학 또는 정치적 존재론을 통해서가 아니라 역사 이론을 통해서 사고된 마주침의 유물론을 제시할 수 있게 해주는 것은 순수한 자연 상태와 자연 상태 사이의 구별이다. 순수한 자연 상태에서 인간들은 결코 서로 마주치지 않는 가운데 숲의 빈 공간에서 방랑하며, 이것은 기후와 지질의 변화가 그들

---

20) Althusser, "Sur le "Contrat social" (Les décalages)", *Cahiers pour l'analyse* Vol. 8, 1967(「루소: 사회계약(불일치)」, 『마키아벨리의 고독』). ─ 옮긴이

로 하여금 결합하고 불연속적인 접촉을 통해 사회적 세계──이러한 세계는 그때까지는 생각할 수도 없었던 완성 가능성(perfectibilité)의 능력, 도래하지 않을 수도 있었던 어떤 생성에 대한 순전한 기대의 능력의 산물이다──를 산출하도록 만들 때까지 계속된다. 그리하여 사회 없음은 모든 사회의 조건이다. 그리고 사회의 운동은 사회의 목적의 필연성에 따라 규제되는 목적론적 운동이 아니다. 역사는 인간의 배후에서 인간의 의식적인 협력 없이, 원자들의 정세들/연접체들(conjonctures)[21]의 우연적 변화에 의거하여 이루어진다. 세계의 청춘 상태에서 사적 소유, 분업, 언어에 기초를 둔 사회 상태로의 도약이 이를 입증해 주는데, 이렇게 되면 불평등은 필연적인 것이 된다. 그리고 이것은 전쟁 상태와 최초의 계약에 이르기까지 계속되는데, 이것은 기만적인 계약으로, 부자들은 이 계약을 통해 가난한 이들에게 법적 보호(이것은 지배에 불과하다)를 약속하는 대신 가난한 이들은 자신들의 자발적 예속을 대가로 미망에 불과한 평화를 얻는다. 루소는 역사를 우발적인 마주침들에서 비롯한 변혁들에 의해 표시되는 주체 없는 과정으로 만들며, 이러한 과정 중에 규정된 정세들에서 사회화된 인간 본성이 창조된다. 루소의 심원한 역사 이론은 혁명(프랑스 혁명이든 다른 혁명이든 간에) 속에서의 자신들의 목적/종말에 사로잡힌 목적론적이고 필연주의적인 역사철학들에 대한 비판을 선취한다. 이것은 루소가 "필연의 우연성을 우연의 필연성의 효과로 사고"[22]한 것에서 기인한다. 루소에

---

[21] 프랑스어 conjoncture는 보통 '국면'이나 '정세'로 옮겨지며, 특히 알튀세르 철학에서는 '정세'로 번역된다. 하지만 이 개념은 어원상으로 본다면 두 마디의 결합 내지 연결이라는 뜻을 담고 있으며, 토젤은 이러한 어원적 의미를 적극적으로 살려 이것을 '우연적인 사건들의 연접체'라는 뜻으로 해석하고 있다. 따라서 관행에 따라 이 단어를 주로 '정세'라고 번역했지만, 필요할 경우에는 '연접체' 내지 '정세/연접체'라고 번역하기도 했다. 그리고 이와 관련된 conjonction이라는 단어는 주로 '연접'으로 옮겼다. conjonction이 우연적으로 발생한 사건들이 서로 연결되는 작용을 가리킨다면, conjoncture는 그러한 작용의 결과를 나타낸다고 볼 수 있다.──옮긴이

게 고유한 마주침의 역사 유물론은 "**마주침**의 우발성과 **혁명**의 필연성 사이에서 분열된 지평 속에서 사고하도록 강제된"[23] 맑스의 역사 유물론보다 우월한 것이다.

6) '하이데거 성좌'

당분간 맑스의 계기를 건너뛰기로 하자. 맑스의 계기는 이러한 우발성의 유물론의 역사에서 교훈을 받아들이고 자기 자신을 근본적으로 재정식화할 경우에만 이러한 역사에 속하게 된다. 이러한 불연속적 계보의 마지막 계기는 하이데거이다. 또는 우리가 좀더 선호하는 표현을 따른다면 '하이데거 성좌'라고 할 수 있을 텐데, 이는 알튀세르가 관심을 기울이는 하이데거는 존재 망각 및 기술에 의한 존재자의 닦달[24]의 사상가가 아니라 데리다에 의해서 해석된 하이데거, 곧 니체가 개시한 서양 형이상학 비판을 완수한 하이데거, 그리고 자유롭게 들뢰즈 및 비트겐슈타인과 연결되는 하이데거이기 때문이다. 하이데거를 다루고 있는 대목에서 알튀세르가 애초부터 관심을 기울이지 않고 있는 엄밀함을 요구하는 것은 부질없는 짓이다. 오히려 문제는 이 철학자들이 공유하는 공동의 지반, 곧 모든 철학 전통이 지닌 합리주의와 그 근거율에 대한 비판을 '번역'하고 거기에 근거를 제시하는 일이다. 이런 관점이 가장 명시적으로 잘 드러난 곳은 1985년의 대담이다. 이 대담에서 하이데거는 서양 철학사의 종말을 나타내는 철학자로서, 서양 철학사의 시초, 곧 에피쿠로스와 상응하는 인물로 제시된다. 에

---

22) Althusser, "Le courant souterrain du matérialisme de la rencontre", *Écrits philosophiques et politiques* Tome 1, p. 560[「마주침의 유물론이라는 은밀한 흐름」, 『철학과 맑스주의』, 68쪽].
23) *Ibid.*, p. 560[같은 글, 같은 책, 69쪽].
24) 여기서 '닦달'이라고 번역한 프랑스어는 arraisonnement인데, 이것은 독일어 Gestell의 프랑스어 번역어다. '닦달'은 이기상 교수가 Gestell의 번역어로 제안한 바 있다. 마르틴 하이데거, 『기술과 전향』, 이기상 옮김, 서광사, 1993 참조. —옮긴이

피쿠로스는 우발성의 유물론을 창시했으며, 하이데거는 이 유물론의 최종적인 판본을 제공한다. 에피쿠로스의 태도, 곧 기원과 목적/종말의 질문을 거부하는 태도를 반복하는 것은, 관념론(여기에는 우발성의 유물론이 아닌 유물론들이 포함된다)에 의해서 지배되는 것으로서의 철학에 대한 해체의 전망 속에서 이루어진다. 이러한 반복은 핵심 쟁점, 곧 근거율을 문제 삼는 것에 대한 명료한 의식과 일체를 이루고 있다. 알튀세르가 라이프니츠에 준거하는 것은, 근거율을 다루는 하이데거의 저작[25]에 대한 그 자신의 독해에서 기인하는 것으로 보인다. "하이데거라면 관념론은 유물론과 마찬가지로 '근거율'을 따른다고, 곧 실존하는 모든 것(관념적인 것이든 물질적인 것이든 간에)은 **그 실존의 근거**에 관한 물음에 종속되어 있다는 원리를 따른다고 말할 것입니다." 관념론은 "두 개로 이중화되는 하나의 동일한 질문에 사로잡혀 있습니다. '근거율'의 질문이 그것인데, 이 '근거율'은 단지 **기원**만이 아니라 또한 **목적/종말**과도 관계합니다. 기원은 아주 자연스럽게도 목적/종말에 준거하기 때문입니다. 그리고 우리는 여기서 더 나아갈 수 있습니다. 기원에 대한 질문은 목적/종말에 대한 질문에 입각하여 제기되는 질문입니다. 목적/종말(세계의 의미, 세계의 역사의 의미, 세계 및 역사의 목적성/종말성)은 자신을 예견하면서 기원에 대한 질문 위에, 그리고 그 속으로 투사됩니다. 그 어떤 것의 기원이든 간에 기원에 대한 어떤 질문도 그 어떤 것의 목적/종말에 대한 관념과 무관하게 제기되는 적은 결코 없습니다. '사물들의 근원적 기원'(라이프니츠)에 대한 질문이 사물들의 최종적인 목적지, 곧 목적/종말에 대한 관념(섭리적인 목적이든 유토피아적인 목적이든 간에)과 무관하게 제기되는 적은 결코 없습니다."[26] 알튀세르는

---

[25] Martin Heidegger, *Der Satz vom Grund*(1957), *Gesamtausgabe* Bd. 10, Klostermann, 1997.―옮긴이

바로 이러한 관점에서 하이데거의 '에스 깁트'(es gibt)[27]를 질서(합리적 질서든, 도덕적·종교적·정치적 또는 미학적 질서든 간에)에 대한 거부의 첨단점에 있는 마주침의 유물론의 "유일한 명제"라고 논평한다. 질서라는 통념은 기원과 목적/종말을 결합하는 통념이다. 마주침의 유물론은 "전체와 모든 질서를 거부하고 분산(데리다의 언어로 말하면 산종散種)과 **무질서의 편을 드는**"[28] 것이다. "'~이 있다'(il y a)='아무것도 존재하지 않는다.' '~이 있다'='**항상 이미 아무것도 존재하지 않았다.**' 곧 '어떤 것', 다시 말해 모든 사물이 자기 자신에 대하여, 따라서 모든 기원에 대하여······ '항상 이미' 앞서 있다는 것."[29] 또는 다음과 같이 말하기도 한다. "'에스 깁트'의 철학, '주어져 있음'(c'est donné ainsi)의 철학은······우리가 그 속에 '던져져' 있는 세계의, 그리고 세계의 의미의, 일종의 초월론적 우연성을 복원하는 방향으로 시선을 던집니다. 세계는 그 너머에는 추구할 것이, 사고할 것이 아무것도 존재하지 않는 존재의 개방에, 존재의 원초적인 충동에, 존재의 '발송'에 준거합니다. 이처럼 세계는 우리에게 하나의 '선물'입니다."[30] 이러한 독해의 애매함에 대해 지적해 둘 필요가 있다. 이러한 독해는, 하이데거가 수동적-능동적인 이러한 '주어짐' 속에서 무언가, 곧 존재와의 정확한 관계가 상실되며, 이러한 상실은 형이상학의 역사, 존재의 선물에 대한

---

26) Althusser, "Philosophie et marxisme", *Sur la philosophie*, pp. 57~58[『철학과 마르크스주의』, 『철학에 대하여』, 63~65쪽].
27) 독일어의 es gibt는 영어의 there is나 프랑스어의 il y a처럼 '~이 있다'를 뜻하는 관용어구다. 하지만 이 표현은 단어 뜻 그대로 하면 '그것이 준다/선사한다'를 의미한다. 이 표현은 존재를 '사건'(Ereignis)의 관점에서 재해석하는 후기 하이데거 철학의 핵심 언표 중 하나다. ─옮긴이
28) Althusser, "Le courant souterrain du matérialisme de la rencontre", *Écrits philosophiques et politiques* Tome 1, p. 561[『마주침의 유물론이라는 은밀한 흐름』, 『철학과 맑스주의』, 70쪽].
29) *Ibid.*, p. 562[같은 글, 같은 책, 72쪽].
30) Althusser, "Philosophie et marxisme", *Sur la philosophie*, p. 41[『철학과 마르크스주의』, 『철학에 대하여』, 42쪽].

망각의 역사의 동력을 이룬다고 보았다는 점을 고려하지 못한다. 선물과 선사의 문제설정은, 어떠한 존재론적 상실도 전제하지 않는 돌발 내지 '우발 사건'(accidence)이라는 순전한 사실을 부정적인 존재-신학의 방향으로 굴절시킬 위험이 있다.

아마도 바로 이 점이야말로 1985년 텍스트에서 비트겐슈타인이 『논리-철학 논고』의 "탁월한 문장"을 통해 우발성의 유물론의 유일한 명제에 대한 가장 탁월한 정식을 선사해 준 사람으로 선택된 이유를 설명해 주는 것 같다. "Die Welt ist alles was das Fall ist. 훌륭하지만 번역하기 어려운 문장입니다. '세계는 일어나는 것 전체다'라고 번역해 볼 수 있겠지요. 더 글자 그대로 번역한다면 '세계는 우리에게 떨어져 내리는 것 전체다'가 되겠지요. 또 다른 번역으로 '세계는 경우인 것 전부다'라고 할 수도 있습니다."[31] 만약 비트겐슈타인의 정식이 숨겨져서, 은폐되어서 작용하는 새로운 유물론의 기저 흐름의 역사를 결여하고 있다면, 반대로 그것은 반(半)종교적인 선사 행위로부터 주어진 것을 사고하지 않고, 사실(faktum), 우연 사건(casus)에 좀더 가까이 다가간다는 장점을 지니고 있다. "이 탁월한 문장은 **모든 것을 말해 주는데**, 왜냐하면 세계에는 예고 없이 우리에게 '떨어져 내리는' 경우들, 상황들, 사물들……서로 완전히 구별되는 독특한 개체들밖에 존재하지 않기 때문입니다."[32] 비트겐슈타인은 "사건을 향한 세계의 개방"을 비주체적인 중립성 속에서 좀더 잘 사고하고자 하는 와중에 역사성을 잃어버렸다. 하이데거는 주어진 것의 주어짐의 역사성을 사고하지만, 이러한 주어짐을 신학적 함의를 지닌 선사의 방향으로 이끌어 가는 위험을 겪는다.

---

31) Althusser, "Philosophie et marxisme", *Sur la philosophie*, p. 46[『철학과 마르크스주의』, 『철학에 대하여』, 49쪽].
32) *Ibid.*, p. 46[같은 글, 같은 책, 49쪽].

3. 합리주의 전통의 해체와 새로운 개념성의 구성 사이에 있는 우발성의 유물론

이제 마주침의 유물론의 계보에서 출발하여 마주침의 유물론의 토대를 이루는 언표들을 종합적으로 재분류하는 것이 가능해졌다. 이러한 언표들은, 해체적인 부분과 구성적인 부분으로 이루어진 일종의 작은 『논리-정치 논고』를 형성한다.

1) 해체적인 부분

해체적인 부분은 근거율(principe de raison)이 주재하는 지배적인 철학적 양식으로서 관념론에 대한 비판에 한정되지 않는다. 근거율은 사실 내생적으로 논리-정치적인 것이며, 지배의 정치 권력에 준거한다! 원리(principe)는 군주(prince)이며, 군주가 원리이다. 근거율은 강제와 예속의 권력이며, 철학은 이 원리를 진리의 힘/권력으로 제시함으로써 이를 부인한다. 우발성의 유물론은 여기에서 맑스를 그리고 실천 및 이데올로기에 대한 맑스의 관점을 수용하는데, 이것은 철학은 항상 외부를 가지고 있음에도 불구하고 그것을 보지 못하며, 이면을 지니고 있음에도 불구하고 (프랑수아 모리악François Mauriac의 표현을 빌리자면) 그것을 보려고 하지 않고 그 이면의 존재를 상상하기만 한다는 점을 철학 자신에게 일러 주기 위해서다. 우발성의 유물론은 사변적인 것이 아니라 실행적이거나 수행적인 것이다. 우발성의 유물론은 항상 이론과 실천 사이의 관례적인 관계에 대해서 거리를 두는 전화(轉化)에 관여하는데, 이는 그것이 실천의 환원 불가능성을 진정으로 고려하지 않는 가운데 실천을 지도하려고 하는 이론을 비판하기 때문이다. 자유의 관념론이 헤게모니를 장악한 철학 전통은, 되풀이되는 진리의 이름 아래 실천을 종속시키고 그것에 자신의 도덕적·정치적·종교적·미학적 또는 합리적 '가치들'을 부과하는 원리로 자처하고 싶어 한다. 철학은 외부 세계를 완전히 무시하지는 않으며, 외부 세계와 폭력적이면서 편향적인 관계를 유지한다. 철학은 항상 자신의 사유 영역 안으로 실천들을 들여와서, 그것들에게 그것들 자신의 진리(이것은 바로 철학의 진리다)를 말해 주려는 자신의 목표를 달성하려고 노력한다. "철학이 모든 실천을 흡수하고 그것들을 자기 자신의 철학적 형태에 따라 재가공할 때 철학은 실재를, 곧 그러한 사회적 실천들과 사회적 관념들의 고유한 본성을 세심하게 존중하면서 그러는 것이 아니"기 때문에 철학은 속임수를 쓰는 것이다. "반대로 철학은 자신이 그러한 실천들의 진리를 소유하고 있음을 확언하기 위해서, 그것들이 진정으로 전화하도록 만들어야 합니다.……사고를 수단으로 하여 세계를 지배하려는 과제에 착수한 '철학의 철학자들'은 개념(Begriff)의 폭력, '장악'의 폭력을 자행했습니다. 그들은 어둠 속에서 계속 고생하면서 삶을 영위하는 사람들의 모든 사회적 실천을 진리의 법칙에, 그들의 진리에 종속시킴으로써 자신들의 역량을 주장해 왔습니다."[33]

정확히 말한다면, '마주침의 유물론'은 개념의 지배력과 부과된 진리의 폭력이라는 관계와는 다른 관계에 따라 실천, 또는 오히려 실천들을 엄밀하게 사고한다. 이러한 관계는 사건의 개방, 사건에 대한 인정과 인식이라는 관계이며, 이 관계는 일체의 확정적인 지배라는 환상을 넘어서는 끊임없이 실험적인 관계 속에서 변용된다. "실천은 요지부동의 어떤 철학을 위한 진리의 대체물이 아닙니다. 반대로 실천은 철학을 흔들어 놓는 어떤

---

[33] Althusser, "Philosophie et marxisme", *Sur la philosophie*, p. 63 [「철학과 마르크스주의」, 『철학에 대하여』, 71쪽].

것입니다. 실천은 이러한 전혀 다른 어떤 것, 그것이 물질/질료라는 **방황하는 원인**이라는 형태를 띠든 계급투쟁이라는 형태를 띠든 간에, 철학이 결코 완전히 해치울 수 없었던 어떤 것입니다. 실천은 우리가 오직 그것으로부터 출발함으로써만 철학을 뒤흔들어 놓을 수 있을 뿐만 아니라 철학 내부를 훤히 보기 시작할 수 있는 이러한 전혀 다른 어떤 것입니다."[34] 관념론적 철학 전통 및 그것의 근거의 군주-원리에 대한 해체의 특수성은 바로 이러한 의미에서 이해되어야 한다. 이러한 해체는 데리다가 재해석한 로고스 중심주의에 대한 하이데거의 파괴를 단순히 받아들이지 않는다. 철학 범주들에 대한 비판 일체는 이러한 범주들이 사회적 실천들(이러한 실천들은 '계속 고생하면서' 자신들의 세계의 상상계를 '어둠 속에서' 영위하는 인간 대중들의 관점에서 이해된다)에 대해 행사하는 부과 및 종속의 권력으로부터 철학적이고 역사적인 장을 해방시키려는 실험이다.

우발성의 유물론이 실행하는 해체는 관념론적인 철학적 사고 양식을 비워 냄으로써 그러한 사고 양식이 은폐할 수 있는 긍정적인 이론적 요소들을 해방시키며, 그것들을 다른 결합 관계 아래에서 다른 마주침을 위한 원자적 점들로 만든다. 마주침의 유물론은 이처럼 또 다른 세계의 가능성을 예비한다. 마주침의 유물론은 변화를 규제하는 상수처럼 사건의 개방을 가로막는 핵심 성좌가 분해되는 실험장이다. 이러한 성좌는 근거율, 진리 개념을 자신의 항성, 태양으로 삼고 있으며, 의미, 실체, 주체, 기원-목적/종말 같은 통념들을 행성으로 삼고 있다.

① 의미에 대하여

의미라는 것은 세계에 선행하는, 또는 세계에서 드러나는, 어쨌든 세계를

---

34) *Ibid.*, p. 62[같은 글, 같은 책, 69~70쪽].

근거 짓는 어떤 의의, 로고스, 근거가 존재한다는 것을 뜻하는 형이상학적이고 존재-신학적인 관념이다. 참된 세계는 실현된 원리-권력의 세계다. 이러한 세계는 원리, 이념, 형상, 이성, 인류, 공산주의로 짜여 있다. 알튀세르는 여기서 니체와 하이데거에 관한 통속적인 논의와, 데리다의 부정적 존재론 또는 죽을 때까지 그의 어려운 시절을 함께해 준 충실한 친구였던 스타니슬라스 브르통의 부정 신학에 관한 미묘한 논의를 뒤섞고 있다. 브르통은 그의 저작『원리에 관하여』[35)]에서 탁월성-원리와 전체-원리에 대하여 신플라톤주의 및 마이스터 에크하르트(Meister Eckhart)의 신비주의적인 무-원리를 대립시킨 바 있다. 의미의 공백은 우리를 질서로부터 해방시키며 사건의 비-질서로 자신을 개방한다.

② 실체에 대하여

실체라는 것은 모든 '우연 속성'(기저의 기체로부터 돌발하는)의 안정성과 동질성을 보증하는 것으로 가정된 통일적인 기체라는 관념이다. 여기에서는 들뢰즈가 다시 독해한 바 있는 흄과 경험론, 니체 등이 소환된다. 실체는 사물들을 물질적인 복합적 전체로 정의하여 사유하는 것을 가로막는 어떤 절차의 산물이다. 실체는 물질성이라는 것이 물리학이나 생물학 또는 경제학이 탐구하는 물질성으로 한정되지 않는다는 것을 파악하지 못하게 만든다. 데리다가 보여 준 것처럼 기록의 물질성, 흔적의 물질성도 존재하는데, 흔적은 로고스 중심적인 현존과 재현에 대한 부재의 우위를 강제하는 모든 기록물의 원소다.

---

35) Stanislas Breton, *Du principe: L'organisation contemporaine du pensable*, Aubier-Montaigne, 1971. —옮긴이

③ 주체에 대하여

오래된 인식 범주이지만, 주체라는 범주는 여전히 관념론, 특히 자유의 관념론——맑스 자신도 그랬고 가장 탁월한 맑스주의자들도 결코 여기서 벗어나지 못했다(그람시와 실천 주체 참조)——의 중심 범주로 남아 있다. 이 범주는, 주체를 그 자신으로 호명하고 상연하는 이데올로기적 메커니즘에 대해 무지한 가운데 자신의 자유 및 고유한 권리의 이름으로 연속적인 기투(企投) 속에서 자신을 실현하고 싶어 하는, 자기 자신에 대해 현존하는 안정된 개체성이라는 관념을 뜻한다. 주체는 자신의 등 뒤를 보지 못한다. "마주침의 유물론은 주체의 유물론(이 주체가 신이든 프롤레타리아이든 간에)이 아니라 과정의 유물론, 곧 주체가 없으며 오히려 자신이 지배하는 주체들(개인들이나 다른 어떤 것들)에게 자신의 발전의 질서, 지정 가능한 목적이 없는 발전의 질서를 부과하는 과정의 유물론이다."[36] 따라서 이론적 반인간주의라는 테제는 재개되지만, 굴절을 겪는다. 사실 주체는 이제 단지 호명의 구조 속에 포함되는 것만이 아니라, 관(貫)개체적인(trans-individuelles) 마주침의 질서에 관한 일종의 프랙탈 기하학 속에서 파악된 상이한 수준의 통일체들로 이루어진 복합체가 된다.

④ 기원-과-목적/종말에 대하여

이것은 또 하나의 오래된 인식 범주로, 자유의 관념론의 구조화를 완수한다. 기원은 원초적 질서 내부에서 목적/종말의 선취에 불과하다. 사람들은 기원은 항상 좋고 바람직하고 단일한 것이라고 가정하며, (타락, 분열, 소외에 의해) 타자성, 타자 속으로 실추하게 되었다고 생각한다. 하지만 이러

---

36) Althusser, "Le courant souterrain du matérialisme de la rencontre", *Écrits philosophiques et politiques* Tome 1, p. 563 [「마주침의 유물론이라는 은밀한 흐름」, 『철학과 맑스주의』, 72~73쪽].

한 타자성은 기원 속에 통합될 수 있고 또 극복될 수 있는 것으로 드러난다. 나중에 재확립되고 발전 과정을 통해 풍부해진 기원이 바로 목적/종말이다. 바로 여기에 잘 알려진 신학적 모체가 존재하는데, 이에 따르면 절대자는 세 가지 작용의 통일체로, 자기 자신 안에 머물러 있는 동일성의 작용, 자기 바깥에 있는 타자, 대상 속으로의 외화를 수행하는 타동적 작용, 마지막으로 타자로부터 자기로, 즉자-대자 속으로의 복귀를 수행하는 전향 작용이 그것이다. 이런 작용 체계에 대한 해체(이 당시 브르통은 이러한 해체를 자신의 부정 신학의 중심에 위치시킨 바 있다)는 역사철학의 신화학을 넘어서는 역사·정치 이론을 개방하는 데서 관건이 된다. 이제부터는 실천 속의 역사에 대한 역사들을 이야기하는 것은 불가능해진다. 역사, 곧 "실천은 항상 자기 자신의 존재 조건에 종속되어 있는 전화 과정입니다. 그것은 대문자 진리를 생산하는 것이 아니라, 자신의 존재 조건의 장 내부에서 **복수의** '진리들' 또는 **부분적인** 진리를, 말하자면 결과들 내지 인식들을 생산합니다. 그리고 실천이 집행자들(agents)을 갖는다면, 실천의 목표의, 실천의 기획의 초월론적이거나 존재론적인 기원으로서의 주체를 갖지 않으며, 실천 과정의 진리로서의 목적/종말도 갖지 않습니다. 실천은 **주체도 목적/종말도 없는 과정**입니다(주체가 비역사적인 요소로 이해된다면 말입니다)."[37]

2) 구성적인 부분

해체가 실행되면 새로운 철학적 세계의 구성 도식을 변용하고 형성하게 될 개념적 원자들을 다시 질서 짓는 것이 가능해진다. 이러한 개념적 원자들은 구체적인 대상을 결여하고 있다는 의미에서 순수한 개념들이며, 공

---

[37] Althusser, "Philosophie et marxisme", *Sur la philosophie*, p. 61 [「철학과 마르크스주의」, 『철학에 대하여』, 68쪽].

백, 한계와 여백/주변(marge), 자유-역량과 투쟁, 우연(contingence)-연접체(conjoncture) 등이 여기에 해당한다.

① 공백에 대하여

공백은 선행하는 근거의 부재라는 의미에서의 무(néant)이면서 동시에 무화(無化)의 심급이다. 존재자들 및 존재자들의 총체와는 차이를 지닌 하이데거의 존재와 마찬가지로, 세계의 탄생에 선행하는(하이데거의 아님rien처럼) 공백은 존재자들을 가능케 하는 지평이다. 그것은 절대적 무가 아니라 비세계, 부재, 모든 가능한 세계의 가능 지평이다. 무의 아님은 존재임, 곧 비존재자임이다. "문제가 되는 것은 허공에 떨어져 내리는 원자들보다 허공이 앞서 존재한다고 **말하는** 공백의 철학만이 아닙니다. 자신에게 실존을 부여하기 위해 **철학적 공백**을 만드는 철학, 저 유명한 '철학적 문제들'에서 출발하는 것이 아니라 무에서 출발하기 위해 처음부터 그러한 문제들을 제거하고 자신에게 '하나의 대상'을 부여하는 것을 거부하는 철학(철학은 대상을 갖지 않습니다)이 또한 문제가 됩니다. 그렇다면 모든 형태에 대해 무가 우선하며, 현존에 대해 부재가 우선합니다(기원은 존재하지 않습니다)."[38] 어떠한 형태, 어떠한 세계도, 그 구조의 법칙으로부터 이 세계를 빼내어 이것을 다시 공백으로 이끌어 감으로써 예견되지 못한, 그리고 예견될 수도 없었던 또 다른 세계의 가능성을 해방시키는 마주침에 의해 자신이 비워지는 것을 막을 수 없다.

② 한계와 여백/주변에 대하여

여백/주변은 확고한 중심의 부재를 가리키며, 따라서 어떤 정세, 곧 세계의

---

38) *Ibid*, pp. 42~43[같은 글, 같은 책, 44쪽].

어떤 상태에서 중심으로 제시된 것이 주변으로 전위되는 것, 그리고 역으로 주변에 있던 것이 중심으로 전위되는 것을 가리킨다. 이처럼 사물들은 자기 내부에 자신의 여백/주변을 포함하며, 마찬가지로 모든 사물은 여백에, 주변 속에 위치하게 된다. 세계는 항상, 자신의 표류를 제어해 줄 일의적인 중심을 결여하고 있으며, 세계에는 신학적인 방향 설정이 존재하지 않는다. 세계는 데리다가 말하는 기록(écriture)과 마찬가지로 산종의 과정이고, 상이한 여백/주변들로 이루어진 유동적인 다발로서, 결코 자신이 세계의 주인이라고 상상하는 주권적인 나의 통제 아래 놓이지 않는다. 세계는 법칙들을 지닐 수 있지만, 주변에서부터 변형을 겪고 자신이 산출하는 한계들에 부딪히게 되며, 마주침은 이를 더욱 강화할 수 있다. 세계는 지연된 혼돈이다. 모든 근거(archie)는 무-근거(an-archie)다.

③ 자유-역량과 투쟁에 대하여

만약 자유-주체 및 주권성-호명됨이라는 그 양극성이 배제되면, 투쟁을 유지하고 시작할 수 있는 능력에 의해서 내생적으로 정의되는 자유-역량을 위한 자리가 생겨난다. 모든 자유는, 자신의 세계 및 그 법칙들 속에서 자신의 상대적 자율성을 획득하고 자신과는 다른 세력들의 작용에 따라 자율성의 정도의 연속적인 변이를 겪게 되는 역량의 **양**(quantum)이다. 역설적이게도 어떠한 주어진 세계에 대해서 역량들의 불안정한 위계가 구성된다. 주어진 세계는 갈등적인 세력들의 연관망으로 나타나는 동역학적인 장이다.

④ 우연-연접체에 대하여

마지막으로 근거율은 우연에 대한 사고 규칙에 자리를 마련해 준다. "우연을 필연의 양상 또는 필연의 예외로 사고할 것이 아니라 필연을 우연적인 것들의 마주침이 필연화되는 것으로 사고해야 합니다."[39] 모든 존재자(동물, 인간, 사회)는 일련의 우연적 마주침들을 통해 생산된 연접체, 질서-원리를 따르는 (존재-)논리적 귀결과는 상이한 연결일 뿐이다. 모든 정세-구조는 사건-연접(conjonction)의 우발적 결과물이다. 『『자본』을 읽자』 이래 언표되어 온 구조의 우위는 이제부터 연접-발생의 우위, [궁극적 진리의] 도래가 아닌 사건의 우위에 직면하여 소멸된다.

우발성의 유물론으로서 재정의된 철학은 자율성에 대한 주장을 포기하고, 더 이상 자신을 과학/학문으로——학문 중의 학문은 말할 것도 없고——간주하지 않는다. 하지만 철학은 고전적인 유물론 테제를 포기하지는 않는다. "유물론적 경향의 철학은 외부의 객관적 현실이 존재함을 인정함과 동시에 이 현실이 이 현실을 지각하거나 인식하는 주체와 관련하여 독립적이라는 것도 인정합니다. 이 철학은 존재, 즉 현실적인 것이 존재하며, 발견되기에 앞서, 사고되고 인식되기에 앞서 존재한다는 것을 인정하지요."[40] 하지만 근거율에 대한 관념론적인 의존에서 도려낼 경우 철학은 존재를 [우연적 사건들의] 연접-정세가 지닌 '~이 있음'(il y a)으로 사고한다. 철학은 실험적이다. 철학은 반복되는 현상들의 경우에 "우발적인 반복 진행들의 계기들에 대한 **경험**을 만들어 낼 수 있으며, (흄이 그렇게 하듯이) 계기의 법칙들, '관습적' 법칙들 내지 **상수들**을 도출해 낼 수 있습니다."[41] 하지만 역사적 현상들, 이 우발적인 "독특한 경우들"의 경우에, 철학은 "관찰된 마주침들로부터 '**일반적 상수들**', 곧 그것들의 여러 가지 '변이

---

39) Althusser, "Philosophie et marxisme", *Sur la philosophie*, p. 42[「철학과 마르크스주의」, 『철학에 대하여』, 43쪽].
40) *Ibid*., p. 60[같은 글, 같은 책, 67쪽].
41) *Ibid*., p. 65[같은 글, 같은 책, 74쪽].

들'이 해당 경우들의 독특성을 설명할 수 있고 따라서 '임상적' 유형의 지식들과 이데올로기적·정치적·사회적 효과들을 동시에 생산할 수 있는 '**일반적 상수들**'을 끌어내는 것"[42]을 할 수 있을 뿐이다. 따라서 역사의 법칙 내지 사회적 실천들의 법칙이라는 관념을 포기해야 한다. 세계의 상태 일체는 어떤 요소의 추가나 공제, 또는 변형에 따라서 예견 불가능한 방식으로 변화될 수 있다. 이 독특한 요소가 그 편위의 경우만을 따르기 때문에 누구도 어떻게 구조-정세가 변화할지를 예견할 수 없다. 이 세계의 상태는 지정 가능한 어떤 지속, 현재의 정세 못지않게 우발적인 또 다른 정세를 산출하게 될 요소들의 결합에 노출되어 있는 그러한 지속에 대해서만 안정성을 가질 뿐이다.

더 이상 문제는 역사 대륙의 법칙을 확립하는 것이 아니다. 우리는 주어진 세계에 대해서, 그리고 그 세계의 변형된 상태들 각각에 대해서만 상수들과 경향들을 도출해 낼 수 있다. 이러한 상수들과 경향들은 각각의 세계에 상대적이며, 우리는 아주 조심스럽게만 각각의 정세에 대하여 법칙들을 말할 수 있다. 하지만 예견 불가능한 사실들로 이루어져 있으며 형성된 이후에만 우리가 인지할 수 있는 연접들을 규제하는 법칙들은 존재하지 않는다. 오직 사건-연접만이 그 공허한 형식성과 정세 속에서의 그 '응고'(prise) ── 이것은 '뜻밖의-응고'(sur-prise)이다 ── 에서 영원하다. 항상 기성 사실들에 대한 인식의 과제가 열린다. 그리고 이론적·정치적 역량이 활용할 수 있는 운을, 마주침의 놀라움을 받아들일 수 있는 성향의 실천, 역량(virtù)이라는 과제 역시 항상 열린다. 최악의 것이 도래할지조차 확실하지 않다.

---

[42] Althusser, "Philosophie et marxisme", *Sur la philosophie*, pp. 65~66[「철학과 마르크스주의」, 『철학에 대하여』, 75쪽].

4. 우발성의 유물론의 체로 걸러 본 맑스

이처럼 긴 우회가 끝난 지금에 이르러서야 우리는 우발성의 유물론과 관련하여 맑스를 위치시킬 수 있다. 맑스는 이러한 계보에 속하며, 그는 이 기저의 흐름의 한 계기를 이룬다. 하지만 이제부터 그는 이러한 유물론의 요구 조건에 따라 변화시켜야 할 한 요소다. 더 이상 문제는 생산양식에 관한 구조적 이론에, 그리고 논의의 여지가 없는 그것의 업적에 영향을 미치는 역사철학을 해체하는 것이 아니다. 맑스는 이 이론 전체 및 생산관계(및 따라서 착취)의 재생산의 우위에 대한 발견으로 인해 우발성의 유물론에 속하는 것이 아니다. 생산양식 이론 자체는 자유의 관념론 및 그 범주들로 오염되어 있으며, 해체되어야 하는 것은 이것들이다. 사실 알튀세르는 생산양식에 대한 두 가지 관점을 구별한다. "총체적이고 목적론적이며 철학적인 관점"이 하나고, 다른 하나는 역사적이고 우발론적이며 참된(알튀세르가 이런 표현을 쓴 적이 없기는 하지만), 어쨌든 정확한 관점이다.

1) 자유의 관념론과 생산양식에 대한 목적론적·본질주의적 관점

첫번째 관점은 자본주의 생산양식을 요소들의 결합(combinaison)으로 구성하는데, 이러한 요소들 중 가장 중요한 것들은 직접적 의존 관계에서 해방된 노동력과, 노동 수단에 대한 자본주의적 소유다. 이 요소들의 계열에 대해 자신의 통일성을 부과하는 구조는 규정된 구조, 곧 생산수단을 박탈당한 노동자들 및 생산력에 대한 착취 구조다. 알튀세르는 자신의 요소들에 대한 구조의 지배 양식이라는 기성 사실에 대해서는 재론하지 않는다. 그는 맑스가 이러한 양식을 사고하는 양상, 좀더 정확히 말하면 결합 요소들의 실존 양상을 문제 삼는다. 사실 맑스는 이러한 요소들, 중세적 생산양식의 해체의 산물로서 "돈 많은 사람들"과 "헐벗은 사람들"이라는 요소들을 전제한다. 이러한 '생산물들'은 분명히 구별되지만, "마치 그것들이 영원한 과거에서부터 서로 결합하도록, 서로 조화하도록, 그리고 서로의 목적 그리고(또는) 보충물로서 서로를 생산하도록 예정되어 있는 것처럼 사고되고 배열된다".[43] 이러한 예정은 특히, 중세의 지배 계급이라는 대립물에 대한 변증법적 대립물로 정립된 부르주아지의 문제에 부딪힌다. 상업 자본 및 금융 자본의 수혜자로 가정된 부르주아지는 "그 미래를 보면 자본가적이지만 모든 자본주의에 훨씬 앞서 봉건제 아래서 형성된 이 이상한 계급"이다. 부르주아지는 그 발전의 기원이자 주체가 된 본질로 이해되는데, 이러한 발전의 목적은 프롤레타리아 계급에게 기원-주체의 자리를 마련해 주는 것이다. 부르주아지는 또 다른 부정의 부정의 변증법적 생산 속에서 부르주아지 자신을 부정하게 될 자신의 대립물을 마찬가지로 형성하는 셈이다. "거기에서 부르주아지는 사실 생산양식 — [부르주아지를 제외한] 다른 모든 요소들을 통해 자본주의 생산양식의 결합과 다른 또 하나의 결합을 만들어 낼 수도 있는 생산양식 — 의 다른 모든 요소들을 통일해야 하는 **예정된 요소**일 뿐이다. 부르주아지는 매 요소에 전체 속에서 점하는 역할과 위치를 지정하며 이 전체의 실존과 역할을 재생산하는, 전체 및 목적론의 차원이다."[44]

이러한 본질주의적 관점은 생산양식의 발생 내지 생산이 그 재생산을 압도하게 만든다. 이러한 관점은 또 다른 요소에 대한, 곧 자신의 타자의 운명을 모방적으로 재생산할 수밖에 없는 적대 계급에 대한 본질주의적 관점을 지휘한다. 알튀세르는 문제의 맥락에서 이를 언급하지 않지만,

---

43) Althusser, "Le courant souterrain du matérialisme de la rencontre", *Écrits philosophiques et politiques* Tome 1, p. 573[「마주침의 유물론이라는 은밀한 흐름」, 『철학과 맑스주의』, 87~88쪽].
44) *Ibid*., p. 575[같은 글, 같은 책, 90쪽].

이러한 결론은 불가피해 보인다. 이것은 동일한 변증법적 논리, 곧 어떤 계급의 신화적 해체의 논리——이러한 논리에 따르면 그 계급은, 하나의 논리적 귀결에 따라, 정(正)이 되도록 요구받는 반(反)으로서 자신을 '생산하는', 바로 그 생산양식의 정점임과 동시에 그러한 생산양식의 파괴자가 된다——의 또 다른 판본이다. 자신의 요소들을 결합하는 구조에 따라서 이루어지는 생산양식의 재생산에 관한 이러한 본질주의적 관점은 이 생산양식의 현실적인 발생을 파악하는 데 장애가 된다. 정세는 자기 준거적 구조 속으로 이상화된다. 이 경우 정세는 자신이 요소들(이 요소들은 잠재태에서 현실태로의 이행에 관한 철학적 법칙에 의해 규제되는 본질들이 아니다) 사이의 연접의 결과이자 계기라는 것을 부정한다. 이렇게 해서 알튀세르는 이전 시기에 자신이 계속해서 주장한 바 있는 발생(이 경우 발생은 역사주의적인 것으로 간주되었다)에 대한 재생산의 '구조주의적' 우위라는 생각을 전도시킨다. 재생산은 기성 사실의 재발 아래에서, 연접체로서의 구조를 '응고'시키고 형성한 바 있는 요소들의 발생의 결과인 것을 사유한다. 재생산은 이러한 요소들을 그것들의 목적에 따라 통일되도록 예정되어 있는 산물들로 실체화하지만, 동시에 현실적 연접의 결과로서의 정세는 **빠뜨린다**. 요소들의 발생 및 마주침이라는 문제는, 구조의 요소들이 목표로 삼는 것으로 사고된 구조의 내적 목적성을 은밀하게 유지하는 구조적 선험에 의해서 차단된다. 구조의 재생산의 자족성은 자신의 메커니즘 속에서 구조의 자체 재생산이라는 관념론적 편견을 함축한다. 일정한 관점에서 정당화된 역사주의에 대한 비판은 과도한 것이었으며, 생산양식의 우발적 생산 및 연접의 역사성을 놓치고 있다. 우발성의 유물론은 맑스를 관념론적 유물론이라고 분명하게 이름 붙여야 하는 것으로부터 정화시킨다. 이러한 관념론적 유물론은 역으로 본다면 자유의 관념론으로, 부르주아지는 이러한 관념론에 따라 자신의 목적 아래 생산양식을 통일하도록 예정되어 있는 또 다른 계급으로의 길을 변증법적으로 예비한다. 이렇게 사고될 경우, 생산양식 이론을 방향 짓는 공산주의는 지배적인 형이상학적 이성의 새로운 화신이 된다.

2) 생산양식에 대한 우발적·역사적 관점

하지만 맑스는 모순적이게도, 이러한 관점과 대립시킬 수 있는 역사적이고 우발적인 또 다른 관점을 발전시킨다. 맑스에 맞선 맑스인 셈이다. 그는 특히 역사적 축적을 다루는『자본』1권 24장에서 이러한 관점을 발전시키는데, 이전까지 이 장은 감동적이지만 이론적 의의는 결여하고 있는 역사적 간주곡으로 간주되었다. 여기에서는 자본주의 생산양식의 두 요소, 곧 '돈 많은 사람들'과 생산력 이외에는 아무것도 없는 프롤레타리아의 실제 만남이라는 문제가 적나라하게 제기된다. 돈이 '부르주아'의 수중에 들어간 이유, 프롤레타리아가 자신의 노동력을 팔도록 강제된 이유 및 기술적 수단들의 수준을 설명하는 이유들은 수없이 많다. 중요한 것은 부르주아와 프롤레타리아를 한 세계 속으로 결합하는, 양자 사이의 견고한 마주침 —— 이러한 요소들 중 몇몇이 존재하던 사회들에서는 존재하지 않았던 이 독특한 사건 —— 이 실제로 일어났다는 점이다. 이러한 일은 15세기와 16세기의 전환기에 유럽에서 일어났으며, 다른 곳에서는 전혀 일어나지 않았다. 완수되어야 할 사실은 아무런 보증 없이 일어났으며, 그것은 시대와 구조를 형성했던 기성 사실이 되었다. 우발적인 연접 내지 결합은 정세/연접체가 되었으며, 정세/연접체는 자신의 상대적 필연성을, 경향적인 것에 불과한 자신의 법칙들을 부과하는 구조를 이루었다.

자본주의 생산양식은 자신의 본질로부터 자유의 섭리적 목적론을 전개하도록 예정된 어떠한 역사적 필연성도 품고 있지 않다. 그 요소들 사이의 마주침이 이루어지지 않았거나 지속되지 않았다면, 자본주의 생산양식은 존재하지 않았을 수도 있다. 완수되어야 할 사실은 완수되지 않았을 수도 있지만(우연), 그것은 실제로 완수되었으며 자신의 구조 및 자신의 재생산 제약들을 부과할 수 있었다(필연). 그것은 마주침에 선행하고 마주침을 지휘하는 하나의 전체가 아니라, 세계가 된, 마주침의 단순한 역사적 결과다. 우연의 필연성, 필연의 우연성. 시초 축적에 관한 장은 맑스식 판본의 『인간 불평등 기원론』이다. "생산양식이란 무엇인가? 우리는 맑스와 더불어 그것을 요소들 간의 특수한 '결합'이라 말한 바 있다. 이 요소들이란 금융적 축적('돈 많은 사람들'의 축적), 생산의 기술적 수단들(공구, 기계, 노동자들의 생산 경험)의 축적, 생산 소재(자연)의 축적 그리고 생산자들(일체의 생산수단을 박탈당한 프롤레타리아들)의 축적이다. 역사 속에서 이러한 요소들은 한 생산양식이 **존재하도록 하기 위해** 존재하는 것이 아니다. 그것들은 그것들의 '축적'과 '결합' 이전에는 '떠다니는' 상태로 존재한다. 이 요소들 각자는 모두 각자의 역사의 산물이며, 그 중 어느 것도 다른 것들의 산물이거나 이 요소들의 역사의 목적론적 산물이 아니다."[45]

클리나멘은 하나의 사실, 과정의 사실이다. 곧 그것은 목축업자들에 의해 인클로저가 된 자신들의 땅에서 쫓겨나 비참한 상태에 빠지고 돈 많은 사람들에 의해 인력으로 고용된 영국 노동자들의 '폭력적 수탈 과정'의 사실이다. 부자들에 의한 농민들의 수탈 과정의 일탈이라는 이러한 사실이 '존재한다'. "중요한 것은 이 과정이 발생했고, 궁핍한 일손을 찾는 '돈 많은 사람들'이 추정했던 그 과정의 가능한 목적에서 즉각 **일탈한** 하나의

---

[45] Althusser, "Le courant souterrain du matérialisme de la rencontre", *Écrits philosophiques et politiques* Tome 1, p. 586[「마주침의 유물론이라는 은밀한 흐름」, 『철학과 맑스주의』, 85쪽].

결과로 귀착했다는 사실이다. **이러한 일탈은 이 과정의 비목적성의 표시이며**, 이 과정의 결과가, 그러한 결과를 가능하게 했지만 그 결과에 대해 전적으로 낯선 것이었던 한 과정 속에 기입되었다는 표시다."[46] 자본주의는 오늘날에도 여전히 진행되는 이러한 일탈의 우발적인 반복이다. 구조는 반복된 일탈의 연접체다. 구조는 사건으로 머물러 있으며, 구조의 재생산 법칙들은 어떠한 영원성도 누리지 못한다. 그 법칙들은 변형된 형태 아래 진행되는 마주침의 반복에 달려 있다.

따라서 구조와 정세의 관계에 대한 관점 전체가 전화되는데, 왜냐하면 더 이상 정세는 구조적 모체에 의해 미리 질서 지어져 있고 또 구조를 동일하게 재생산하는 하나의 경우가 아니기 때문이다. 정세는 항상 완수되어야 할 정세의 사실, 그리고 항상 다른 요소들과의 다른 마주침의, 또는 다른 요소들의 다른 배치의 위험에 노출되어 있는 정세의 사실이다. 연접이 정세-구조화되는 것은, 구조를 정세 아래에서, 그리고 정세를 연접 아래에서 사고하도록 강제한다. 한 생산양식에서 다른 생산양식으로의 이행이라는 고전적인 맑스주의적 질문은 전복된다. 이러한 질문은 현행화의 작용을 통해 가능태들을 해방하는 것으로(이 경우 현행화 작용은 점진적인 개혁이나 혁명적인 도약을 통해 가능태의 점들을 온전한 선 위에서 연결하는 것이 된다) 이해될 수 없다. 어쨌든 자본주의 생산양식의 지배의 가장 심부에서 자본주의 생산양식 구조의 자체 재생산이 목적 그 자체로 부과되지는 않는다. 장래는 예견 불가능하다. 또 다른 마주침들은 배제되지 않으며, 심지어 '어둠 속에서 고생하는 사람들'을 위한 '좋은 마주침들'까지도 그렇다. 또

---

46) Althusser, "Le courant souterrain du matérialisme de la rencontre", *Écrits philosophiques et politiques* Tome 1, p. 587[「마주침의 유물론이라는 은밀한 흐름」, 『철학과 맑스주의』, 86~87쪽].

다른 '일탈들'에 대한 형식적 사고는 그 수수께끼 같은 개방성 속에서 유지되어야 한다. 그리고 이러한 일탈들과 더불어 또 다른 군주라는 공허한 인물, 오직 일탈의 정치적 역량만을 지니고 있는 군주——마키아벨리식의 새로운 군주도 아니고 그람시식의 현대의 군주로서 당도 아니며, 원리로서의 군주도 아닌——라는 공허한 인물 역시 유지되어야 한다.

우리는 맑스에 맞선 맑스라고 말한 바 있다. 하지만 숙고해 보건대 문제는 더 이상 이것이 아니다. 알튀세르는 맑스에게서 실천적 상태에 있는 철학, 곧 『자본』이 자본주의 생산양식 이론과 구조 인과성이라는 형태로 포함하고 있고 헤겔의 목적론적 논리를 반박할 수 있는 그런 철학만을 찾았던 것은 아니다. 이제는 바로 이러한 이론이 집요한 형이상학적 합리주의의 산물로 비판받고 있으며, 근거율과 연루되었던 부분이 정화의 대상이 되고 있다. 이 비판은 마주침의 유물론의 기저 흐름이라는 주제에 의해, 맑스와 독립해 다듬어진 새로운 철학, 곧 에피쿠로스, 마키아벨리, 스피노자, 루소, 하이데거 등이 다듬어 낸 철학에 의해 수행되며, 이 철학은 맑스의 합리주의적 관념론에 대한 비판을 위한 척도가 된다. 그렇다면 맑스가 부분적으로, 그리고 모순적으로 속해 있는 이 흐름 속에서 맑스의 독창성은 무엇인가? 맑스의 기여는 서로 연결되어 있는 두 가지 발견으로 집약된다. ① 철학의 외부로서, 자본주의 생산양식의 요소들 사이의 연접을 실행하는 근대적 계급투쟁의 발견. ② 이러한 투쟁을 형상화하는 것이며 그 자체가 헤게모니 투쟁에 관여하고 있는 이데올로기 이론의 발견. 첫번째 발견은 '어둠 속에서 계속 고생하는 사람들'의 관점을 떠맡는 것을 함축하며, 두번째 발견은 필연적인 미망들을 해체하도록 강제하는데, 사람들은 이러한 미망들 속에서 자신의 종속을 영위하고 또 그러한 종속에 맞서 싸운다. 이 미망들은 또한 맑스 자신의 관념론적 유물론, 그가 계몽주의 전통 및 헤겔의 변증법적 전통과 공유하는 자유의 관념론에 고유한 것이기도 하다.

5. 알튀세르의 우발성의 유물론의 몇 가지 우발성들에 대하여

이는 우리가 여기서 일관성의 문제에, 이론적 불확실성에, 우발성의 유물론 속의 우발성들에 직면하게 된다는 것과 마찬가지다. 그 어떤 것도 이 두 가지 요소 — 계급투쟁의 실천과 그 자본주의적 일탈의 반복, 그리고 이러한 투쟁이 그 속에서 수행되는 구성적인 상상계 — 가 생산양식의 단절이라는 정세, 또는 사건, 세계-사건을 형성하는 '응고'의 정세를 형성하기 위해 서로 마주칠 수 있다는 것을 입증하지 않는다. 이러한 마주침의 우발적 성격(아포리아적이라는 의미에서)은 알튀세르가 항상 근거율에 맞서 유물론 철학(재정의된 유물론이긴 하지만)에 할당하는 기능 속에서 나타난다.

1) 이데올로기적 헤게모니로 정의된 철학 활동의 아포리아적 우발성

사실 알튀세르는, 특히 1985년에 출판된 텍스트 중 '철학-이데올로기-정치'라는 제목이 붙은 2장에서 철학에 대한 자신의 관점을, 철학은 "최종 심급에서 이론 속에서 수행되는 정치적 계급투쟁"인 것으로 재정식화한다. 그는 '공산주의적'인 이론적·정치적 입장을 유지한다. "철학은 실제로 이론에서 계급적 입장을 대표/표상/재현/상연합니다(représente). 인간 실천의 가장 이론적인 형태들과 결합해 있는 관계들, 그리고 이론적 형태들을 통하여 계급투쟁을 포함한 인간 실천의 가장 구체적인 형태들과 결합해 있는 관계들 속의 계급적 입장을 말입니다."[47] 우발성의 유물론은 맑스-알튀세르에 의해 명시적인 이론적-정치적 기능을 얻게 되는데, 이것은 우발성의 유물론을 정세의 요소로서의 책임을 떠맡게 되는 역사적·실천

---

[47] Althusser, "Philosophie et marxisme", *Sur la philosophie*, p. 55 [『철학과 마르크스주의』, 『철학에 대하여』, 61쪽].

적 활동(opération)으로 만든다. 사람들이 제대로 파악하지 못했지만, 알튀세르는 이 텍스트에서 철학의 활동에 관한 자신의 이론을, 마키아벨리에 관한 또 다른 고독한 독자였던 그람시의 헤게모니 이론과 교차시키는데, 단 이 이론은 그가 이전에 비판한 바 있는 역사주의로부터 정화된 것이다. 철학은 **"거리를 두고"** 작용하며, "이데올로기들의 매개를 통해서 현실적이고 구체적인 실천들에 대해……작용합니다. 그리고 그 실천들에 방향을 부여하면서 그 실천들을 반향하는 이데올로기들을 철학이 전화시키는 그만큼 실천들 또한, 사회적 관계들의 변이 내지 변혁에 따라 전화할 수 있을 것입니다".[48] 이데올로기들이, 호명된 주체들에 의해서 참된 것으로 인정받는 몇몇 통념들(주체들은 이 통념들 속에서 서로를 인정하며, 참된 것을 인정할 수 있는 자유로운 주체들로 구성되도록 강제된다)에 대한 인정 효과를 산출하는 메커니즘들이라면, 어떻게 이데올로기들에 대한 이러한 전화를 정의할 수 있는가? 우발성의 유물론이 자유로운 주체, 목적 같은 통념들에 대한 해체에 의거하고 있기 때문에, 해체의 효과들은 규정된 호명 메커니즘을 파기하지만, 결국 좀더 '참된' 것으로 인정받는 다른 메커니즘을 재형성하게 된다. 알튀세르는 우발성의 유물론에 대해 지배적인 이데올로기 비판에 기여하고 "진보적 이데올로기가 출현할 수 있도록 진정한 유물론 철학의 핵심과 올바르고 정확한 철학 전략을"[49] 다듬어 내야 한다는 과제를 부과한다.

하지만 그렇다면 우발성의 유물론은 철학의 '전통적' 기능을 재생산하는 하나의 철학으로 구성되도록 초대받는 셈이다. "다양한 실천들과 그

---

48) *Ibid.*, pp. 67~68[같은 글, 같은 책, 77쪽].
49) *Ibid.*, p. 79[같은 글, 같은 책, 92쪽].

이데올로기들을 통일하는 과제, 철학이 자신의 내적 요구로 간주하지만 실은 거대한 계급 갈등들과 역사의 대사건들로부터 철학에 제기되는 이 과제를 충족시키면서 철학이 하는 것은 무엇입니까? 철학은 이데올로기들 아래 놓인 상이한 사회적 실천들을 사고할 수 있게 해주고 그것들에 제 자리를 잡아 주는 범주들의 배치를 생산합니다. 철학은 하나의 일반적 문제설정, 곧 등장할 수 있는 모든 문제들을 제기하고 따라서 해결하는 한 가지 방식을 생산합니다. 끝으로 철학은 모순들을 초극하기 위한 수단으로서, 그리고 이데올로기의 상이한 요소들을 연결하는 끈으로서 복무하는 이론적 도식들……을 생산합니다. 게다가 철학은 합리적 담론에 대한 보증물들 전체를 제공하는 형태로 언표되는, 이러한 질서의 대문자 진리를 보증합니다."[50] 이러한 정의는 어떤 점에서 진보적 이데올로기가 모든 이데올로기로부터 구별될 수 있는지 정의해 주지 못하며, 어떤 점에서 우발성의 유물론이 자신의 해체적 기능과 구성적 기능을 통합할 수 있는지(만약 구성적 기능이 해체된 전통 철학의 절차에 따라 작용한다면) 가늠할 수 있게 해주지도 못한다. "지배 계급의 기본 이해관계를 기축으로 하여 통일되는"[51] 이데올로기의 이론가로 원용되는 그람시는 이러한 아포리아에 직면할 수 없었다. 왜냐하면 그는 철학을, 대중들의 상식으로부터 양식(良識)으로, 그리고 전문화된 개념 구조로 나아가는 상이한 수준들을 포함하는 세계관으로 정의하기 때문이다. 호명의 이데올로기적 형식이자 종교적 신화로서의 대문자 진리에 대한 비판이라는 질문은 그람시에게는 제기되지 않는데, 이는 그에게서는 진리가 통제된 상호 주관적 인정의 대상을 이루기 때문이다. 우발성의 유물론이 전략적으로 생산하도록 초청받는 '진보적

---

50) Althusser, "Philosophie et marxisme", *Sur la philosophie*, p. 77[「철학과 마르크스주의」, 『철학에 대하여』, 90쪽].
51) *Ibid.*, p. 76[같은 글, 같은 책, 89쪽].

이데올로기'는, 우발성의 유물론이 철학적 이데올로기에 대해 제기하는 비판에서 벗어날 수 없는데, 이는 진보라는 통념이 관념론의 합리주의적 목적론 속에 기입되어 있는 만큼 더더욱 그렇다. 우발성의 유물론의 '진보 이데올로기'화는 할당 불가능한 과제인데, 왜냐하면 우발성의 유물론은, 그 자신이 구성한 것으로 가정된 것을 즉각적으로 이데올로기로서 해체해야 하기 때문이다. 우발성의 유물론의 힘은, 실천들 사이의 마주침이라는 타자성(이러한 타자성은 모든 구성된 질서 및 이러한 질서가 지배 이데올로기로 표현되는 것을 문제 삼는다)에 자신을 개방함으로써, 지반 자체를 변경시킨다는 점이다. 1985년 텍스트는 두 개의 문제설정을 병치하지만, 이 양자가 일관성 있게 연결될 수 있는 조건에 대해서는 논의하지 않는다.

2) 실천에 대한 관점의 아포리아적 우발성

동일한 난점은 자리를 바꿔 다시 제기된다. 사실 철학적 활동은 두 가지 양상에 따라, 곧 이데올로기적-관념론적 양상 및 인식 효과를 생산하는 (우발적인) 유물론적 양상에 따라 이루어질 수 있다. 그리고 이는 철학 효과, 곧 이데올로기들에 대한 철학의 효력과 사회적 실천들을 전화할 수 있는 철학의 능력이라는 효과의 생산을 고찰할 수 있는 두 가지 관점에 따라 이루어진다.

① 이데올로기들에 대한 효력의 경우

한편으로 유물론적 관념론을 포함한 모든 관념론은 이데올로기들을 조작함으로써 전화시킨다고 볼 수 있다. 곧 관념론은 지배 이데올로기 아래에서 이데올로기들을 통합하는데, 이때 지배 이데올로기는 합리적 담론의 형태를 띠며 자신이 언표하는 대문자 진리, 주체들이 자신 안에서 서로를 인정하도록 주체들을 호명하는 대문자 진리를 근거율과 연결시킨다. 이러한 인정은 대문자 질서에 대한 인정으로, 이 질서는 그것이 우발적인 연접의 결과로서의 정세/연접체로 이루어진 실재라는 점을 사고 불가능하게 만든다. 이러한 질서는 내생적으로 이데올로기적·정치적이며, 헤게모니적인 사회적 관계 아래에서 대중들의 역량을 지배하고 활용하는 권력 제도 속에서 물질화된다.

다른 한편으로 우발성의 유물론은 이러한 지배 이데올로기가 본래의 모습 그대로 나타나게 만듦으로써 그것을 와해하고, 그것이 대문자 질서를 실현한다고 상상하게 만들고 또 스스로 그렇게 상상함으로써 정세를 구조화하는 우연적인 권력 의지를 폭로한다고 볼 수 있다. 이 경우 우발성의 유물론은, 서로 마주칠 수 있고 호교론적(護教論的)·목적론적 표상들로부터 구제된 정세/연접체를 구성할 수 있는, 생성 중인 정치적 세력들을 '대표/표상/재현/상연하는' 이데올로기적 요소들을 해방시키고 그것들이 유동하게 만드는 셈이다.

② 사회적 실천들의 전화의 경우

한편으로 관념론은 실천들에 대한 표상을 지배하며, 자신을 지배의 도구로, 하지만 또한 상징적 형태로 구성한다고 볼 수 있다. 철학적 실천으로서 관념론은 정치 권력을 보유하고 있는 계급의 사회적 지배와 절합되는 사회적 실천들을 강화한다. 동시에 관념론은 이러한 실천들 속에 기입되어 있는 적대적인 형태들을 약화시키고 가상화하거나 탈물질화한다.

다른 한편으로 우발성의 유물론은 실천들에 대한 표상을 약화시키거나 분쇄하고, 대중들을 주체들이 아니라 대문자 질서에 대한 저항의 집행자들로, 그리고 더 이상 대문자 질서가 아닌 어떤 질서의 방향으로 작용할 수 있는 세력들로 정체화함으로써, 실천들에 대해 적대적인 요소들의 타자성에 문을 열어 준다고 볼 수 있다. 하지만 별로 진전을 이룬 게 없다. 대중들의 저항의 이데올로기가 대중들을 저항의 집행자로 구성하는 것은 오직 주체 기능과 목적/종말에 대한 표상에 의지함으로써 가능한 것 아닌가? 대중에 대한 어떤 사고——원칙적으로 비판받는——를 전제하지 않고서 어떻게 주체와 집행자, 목적/종말과 목표 사이에서 비판적 차이가 작용하게 할 수 있겠는가? 어떻게 대중을, 모든 대문자 질서를 근거율의 산물로 해체하고, 구조인 한에서 (상대적인) 질서로 머물게 되는 정세/연접체에 여지를 마련해 주고자 하는 야생의 자유 쪽으로 불러올 수 있는가?

좀더 일반적으로 보면 진보적 이데올로기의 헤게모니를 구축하는 것은, 정치적 실천을 어떤 질서 속에서 개입하고 변화를 꾀하는 것으로 파악하는 관점을 전제하는데, 이러한 질서는 절합된 실천들의 질서로, 반드시 주어져 있는 것은 아니지만 개입할 수는 있는 그런 질서다. 이러한 질서의 구축은 사회적 세력들의 연속성, 곧 장기 경향들의 작용을 가정한다. 생산되어야 할 저항 이데올로기는 이러한 세력들 및 경향들에 의지할 수밖에 없다. 하지만 실천에 대한 이러한 관점은 실천을 타자성으로, 기성 질서에 대한 저항과 도전의 심급으로 정의하는 관점과 대립하는데, 알튀세르에게서 이러한 저항은 기저에 있는 대중들의 은밀한 저항이다. 이러한 저항은 투쟁 속에서 헤게모니의 형태 및 조건을 변화시키는 우발적 요소다. 우발성의 유물론은 이러한 관점을 고려하지만, 마지막에 그람시로 돌아감에도 불구하고, 모든 이데올로기의 토대를 이루는 장기 경향이라는 관념을 일관성 있게 통합하지 못하고 있다. 아포리아는 결정적인 것으로 보인다.

3) 우발성의 유물론의 계보의 우발성

마지막 난점이 남아 있다. 우발성의 유물론은 하나의 계보의 실마리를 따라 정식화되었는데, 알튀세르는 이러한 계보의 한 계기이자 잠정적인 종국점이지만, 또한 이러한 계보의 사유의 계기, 곧 자기 반성의 계기이기도 하다. 그런데 기저의 흐름이라는 관념은 중간중간 끊어져 있지만 어쨌든 이어지고 있는 어떤 전통이라는 관념과 분리될 수 없다. 이 전통은 서양 합리주의의 형상들이 지배하는 전통을 분해시키는 전통이다. 알튀세르는 여기에서, 여전히 관념론에 사로잡혀 있는(여기에는 엥겔스도 포함된다), 유물론과 관념론 사이의 거울 반영 관계를 비판하면서도 엥겔스의 고전적인 정식화를 다시 취하고 있다. 엥겔스는 철학사 전체에 걸쳐 현존하는 두 가지 경향 사이의 투쟁에 대해서 말한 바 있다. 알튀세르는 특히 소수이고 피지배적이고 감춰져 있는 성격을 강조하는데, 이것은 단지 유물론만이 아니라 우발성의 유물론에도 해당하는 성격이다. 우발성의 유물론의 이러한 역사적 존재 양상은 해명을 요구한다. 알튀세르는 동일한 텍스트에서 몇 가지 해명을 제시한다. "에피쿠로스에서 맑스에 이르기까지 항상 자신의 **유물론적 기초를 어떤 마주침의 철학⋯⋯속에서** 찾은 하나의 심오한 전통의 '발견'이 ─ 그러나 (자신의 발견 그 자체에 의해, 망각에 의해, 그리고 무엇보다도 인간의 죽음이라는 그럴듯한 규탄은 모면한다 해도, 불인정과 억압에 의해) 은폐된 채로 ─ 존속해 왔다."[52] 이 점에 관해서는 우리가 따르고 있는 페데리코 디누치가 보여 준 것처럼[53] 망각, 은폐, 억압은 등가적인 용어들이 아니다.

- 망각과 사형 선고는 고전적인 유물론사(오늘날에는 올리비에 블로크 Olivier Bloch가 발전시키고 있는)의 어법에 준거하는 표현들이다. 유물론은, 자신을 파괴하려고 했으며 때로는 그렇게 하는 데 성공하기도

---

52) Althusser, "Le courant souterrain du matérialisme de la rencontre", *Écrits philosophiques et politiques* Tome 1, p. 561 [「마주침의 유물론이라는 은밀한 흐름」, 『철학과 맑스주의』, 70쪽].
53) Dinucci, *Materialismo aleatorio*.

했던 종교적·정치적 불관용 및 박해와 대결해야 했다.
- 은폐, 또는 무언가를 감추는 발견은 정치적 전략과는 다른 전략에 속한다. 이러한 전략은 하이데거의 존재의 동역학과 같이 존재론적으로 비인칭적인 전략을 원용한다. 탈은폐(alētheia)로서, 존재자의 드러냄으로서 형이상학의 역사는 사실 존재–신학적인 차이의 은폐의 역사이다. 원초적인 은폐와 더불어, 명증함 속에서 못 보게 만드는, 진리에 대한 파악을 방해하는 비본래적인 드러냄을 함께 사고해야 한다. 은폐되고 망각되는 것은 요소들과 공백, 마주침을 결합하는 복합체로서 존재를 개방하는 장치다.
- 억압과 몰인식은 프로이트의 정신분석에서 유래한 또 다른 전략이다. 억압은 무의식적 충동이 겪게 되는 운명이다. 무의식적 충동은 또 다른 충동과의 충돌 속에서 전위되며 어떤 요소로 전화되는데, 이 요소는 원래는 자신의 자리에 하나의 대표자 내지 증상을 남겨 놓고 자신은 무의식적인 것, 억압된 것으로 머물러 있는 것과의 일체의 명시적인 연관성을 잃어버린 것이다. 이런 의미에서 마주침의 유물론은 억압된 하나의 철학적 경향으로서, 완수된 이러한 억압의 흔적들 내지 증상들에서 출발하여 자신을 억압된 것의 회귀로 '해석'할 것을 요구하는 것이라고 이해될 수 있다.

알튀세르는, 그 궁극적인 일관성이 좀더 정확히 해명될 필요가 있는 어떤 복합체로 향하는 이 양상들에 대해 질문하지 않는다. 그는 특히 이러한 양상들을 결합하면서 신학적·정치적 은폐 도식과 억압 도식을 활용하는데, 이 두 도식은 모두 세력 및 전위 관계를 함축한다. 관념론도 유물론도 '순수한' 형태로 철학 속에 존재하지 않기 때문에, 이는 타협적인 형태들을 사고하게끔 해준다. 사실 모든 지배적인 흐름은 자기 내부에서 피지배적 흐름의 요구들을 왜곡하거나 그 효력을 약화시키면서 표상/재현해야 한다. 모든 위대한 관념론(데카르트, 칸트, 헤겔)은 투쟁과 검열의 흔적들로서 존립하는 유물론의 요소들에 의해 전화되고 변용될 여지를 남겨 둔다. 마찬가지로 모든 유물론은 자신이 투쟁하는 관념론에 의해 변용될 여지를 남겨 둔다. 이것이 『자본』의 중핵을 이루는 구조적 생산양식 이론 속에서조차 자유의 관념론자로 머물러 있는 맑스 자신 및 맑스주의자들의 유물론의 몫이다. 채택된 계보학적 도식이 어떤 것이든 간에 결과로서의 우발성의 유물론의 지위는 해명되어야 할 것으로 남아 있다. 그런데 알튀세르는 그 타자에 의해 오염되지 않은 이 우발성의 유물론의 개념성에 대한 정식을 옹호하고 있다. 알튀세르는 이러한 기저의 역사의 말미에서, 분명 "**아무것도 아닌 것**의 개념들이기 때문에 대상을 갖지 않는" 이러한 개념들을 "그것들이 데모크리토스와 특히 에피쿠로스의 경우에 그랬던 것처럼 철학사에서 취한 가장 단순하고 가장 순수한"[54] 형태에 따라 반복하고 있다. 하나의 순수성에서 다른 순수성에 이르기까지.

마지막은 시작을 반복하지만, 반복은 기저의 작업에 의해, 서양 합리주의를 점점 더 발본적으로 비판할 수 있는 열린 가능성들에 의해 풍부해졌다. 여기서 명백히 도사리고 있는 위험은, 우발성의 유물론의 이러한 발생을 여전히 목적론적인, 따라서 우발성의 유물론에 따르면 역사를 정의하는 조건들에서 벗어나 있는 하나의 정향 진화(orthogenèse)로 만드는 것이다. 이렇게 되면 관념론은 유물론을 따라잡게 되는데, 왜냐하면 이 경우 유물론의 발전 과정이 다음과 같은 점을 함축하게 되기 때문이다. 곧 그 시작의 우연성은 순수한 기원으로 미끄러져 들어가게 되고 그 현재의 종

---

54) Althusser, "Le courant souterrain du matérialisme de la rencontre", *Écrits philosophiques et politiques* Tome 1, p. 563 [『마주침의 유물론이라는 은밀한 흐름』, 『철학과 맑스주의』, 73쪽].

국점은 변경되어, 자신의 계보에 대해 대문자 진리의 거대한 그림자를 투사함으로써 마침내 풍부해진 이러한 [기원이라는] 순수 형상을 재발견하게 되는 것이다. 그렇다면 우발성의 유물론은 여전히 시작과 끝 사이의 이러한 원환 속에 들어 있는 철학에 속하게 될 것이며, 철학에 대한 비판적 모방이 될 것이다. 좀더 깊이 있는 검토 없이 알튀세르에게 이러한 원환을 전가하는 것은 부당한 처사일 것이다. 그의 탐구가 미완에 그쳤다는 점도 고려해야 한다. 로고스 중심적인 닫힌 울타리에 민감했던 ― 가위표해서 지우기(rature) ― 데리다에 대한 독해는 우발성의 유물론 자체 내에서 관념론이 회귀하는 것을 사고하기 위해 활용될 수도 있었을 것이다. 근거율에 대한 비판은 그 비판의 실행 속에서 근거율 자체를 재확립한다. 회의주의에 맞선 아리스토텔레스의 익히 알려진 지혜인 셈이다. 하지만 이러한 궁극적 불확실성은 문제를 낳는다.

6. 불가능한 결론에 대하여

알튀세르는 죽을 때까지 공산주의 철학자로 남아 있었지만, 그의 공산주의는 아포리아적인 공산주의였다. 왜냐하면 그는 이전의 모든 공산주의 철학자들과 달리 맑스식의 공산주의를 상상적인 것으로, 기원·주체·목적/종말의 삼중적인 신화로 계속해서 해체시켰기 때문이다. 우발성의 유물론은 특히, 대중 운동이 세계화된 고삐 풀린 자본주의의 복원이라는 능동적인 무 속에서 그것 역시 도려내짐으로써 거의 소멸할 지경에 이를 정도로 가장 끔찍한 역사적 패배를 겪은 바로 그 시기에 이러한 공산주의를 공허한 것으로 만들었다. 해체 이후에 '어둠 속에서 고생하는 인간' 대중들과 유물론 철학의 새로운 실천 사이에 지정할 수 있는 연계를 구성하는 일의 불가능성, 그 아포리아들에 직면하여, 알튀세르는 그가 비극적으로 그 어두움을 공유한 바 있는 사람들과 이들이 운동하게 만들 수 있는 조건들 사이의 어떤 마주침의 가능성(비록 이것이 순전히 형식적인 개요에 불과한 것이라 하더라도)을 희망했다. 분명 유물론 철학자는 아무 역에서나 기차에 올라타는 여행자로, 그는 이 기차가 어디에서 오고 어디로 가는지 알지 못하며, 어떠한 대문자 역사도 이야기하지 않는다.[55] 그는 달리고 있는 기차에 올라타서, 그가 '던져져' 있는 역사를 실험한다. 하지만 그는 사건들의 귀결들을 기록할 수 있고, 준비 태세를 갖추고 '응고되는' 것을 시험해 볼 수 있다. 마주침을, 세계를 형성할 연접을, 또 다른 재난을 가져올 수도 있지만 또한 다행스럽게도 별들의 연접이 될 수 있는 '뜻밖의–응고'를 끝내기를 기대하면서. 둘 중 어느 것이 될지 우리는 알지 못한다.

---

[55] Althusser, "Philosophie et marxisme", *Sur la philosophie*, p. 64[「철학과 마르크스주의」, 『철학에 대하여』, 73쪽].

6장 알튀세르의 『자본』 독해[*]

자크 비데
강희경 옮김

나는 알튀세르의 제자가 아니었다. 나는 나중에야 비로소 그의 저작들을 읽었다. 나는 그를 개인적으로 알지도 못한다. 딱 한 번 그를 만났는데, 그날 밤 우리는 그의 저작에 대해서 길고 긴 대화를 나눴더랬다. 그런 내가 이런 중요한 자리에서 한마디 한다는 게 얼마나 두려운 일인지 독자들은 이해할 수 있을 것이다. 이 책[『철학자 알튀세르』]을 위해 모인 이들 중에는 오래전부터 알튀세르의 사상에 통달한 이들도 있을 것이고, 그의 제자들·동료들·친구들도 있을 테니 말이다.

그럼에도 불구하고 나는 두 가지 이유 때문에 피에르 레몽의 초대를 기꺼이 수락했다. 특히 요즘에 와서, 20년 전에 읽었던 이래 나의 연구 방향에 지대한 영향을 미친 한 권의 책과 나 자신의 관계를 정리해 두어야 할 필요성을 느끼게 되었다는 것이 그 첫번째 이유다. 또한 현대출판기록연구소(Institut mémoires de l'édition contemporaine, IMEC)에서 출간된 알튀세르의 수고(手稿)들을 읽다가 최근에야 알게 된 한 가지 사실도 하나의

---

[*] Jacques Bidet, "La lecture du *Capital* par Louis Althusser", éd. Pierre Raymond, *Althusser philosophe*, PUF, 1997, pp. 9~29.

이유다. 그가 내 처녀작인 『『자본』으로 무엇을 할 것인가?』1)를 읽었고, 그 책이 자신의 연구를 계승하고 있다는 것을 인지했으며, 그 책을 읽고 맑스와 헤겔의 관계에 대한 자신의 견해를 수정했다는 사실 말이다. 알튀세르가 여러 곳에서 반복해서 말하고 있으니 아마도 틀림없을 게다.2)

　맑스는 처음에는 몇 가지 헤겔의 범주들에 의존했지만, 나중에는 그것들이 '인식론적 장애물'로 보였기에, 점차적으로 그것들과 결별하게 되었다. 그러나 또한 맑스는 설명과 이론의 체계를 유지하기 위해서 필요했던 몇 가지 헤겔의 범주들은 끝까지 간직하기도 했다. 사실 내가 그 책에서 보여 주었던 것은 『자본』 자체도 이 점에 있어서는 마찬가지였다는 사실이다. 알튀세르는 내가 그 이전에는 다루어지지 않았던 텍스트들에 접근했다는 점에서 후한 칭찬을 해주었다. 물론 실제로 나는 『정치경제학 비판 요강』과 그 이후에 나온 『자본』의 여러 초안들만을 활용했다. 그러나 나는 그것들을 읽을 때 알튀세르처럼 읽었다. 말하자면 마지막 원고, 즉 『자본』으로부터, 그리고 『자본』의 대상에 대한 어떤 특정한 관념으로부터, 가령 자본주의 생산양식에 대한 이론으로부터 그것들을 읽었다. 그래서 『자본』의 다른 독자들과는 달리, 나는 맑스가 항상 마음속에 품고 있었을 어떤 개념적 총체성, 즉 맑스의 교리 또는 맑스의 사상 안에서 그러한 『자본』의 여러 초안들이 서로를 보충하고 있다고 보지 않았다. 오히려 나는 그러한 『자본』의 여러 초안들이 서로를 체계적으로 대체하고 있으며, 새로운 원고는

---

1) Jacques Bidet, *Que faire du Capital?*, Klincksieck, 1985[『『자본』의 경제학·철학·이데올로기』, 박창렬·김석진 옮김, 새날, 1995].
2) 이에 대해서는 다음을 참조하라. Louis Althusser, *L'avenir dure longtemps*, suivi de *Les faits*, éds. Olivier Corpet et Yann Moulier-Boutang, Stock/IMEC, 1992, pp. 236, 506, 522[『미래는 오래 지속된다』, 권은미 옮김, 이매진, 2008, 279, 579, 597쪽]; "Philosophie et marxisme: Entretiens avec Fernanda Navarro(1984~1987)", *Sur la philosophie*, Gallimard, 1994, pp. 23, 37[「철학과 마르크스주의: 페르난다 나바로와의 대담(1984~87)」, 『철학에 대하여』, 서관모·백승욱 옮김, 동문선, 1997, 19, 36쪽].

항상 이전의 원고와 대립되는 방향으로 나아가고 있다고 생각했다. 그러므로 나는 알튀세르가 맑스의 청년기 저작과 성숙기 저작 사이의 관계에 관해 확인해 주었던 가설, 즉 맑스는 자신의 대상에게 부적합했던 범주들을 점차적으로 포기해 가는 과정을 통해서 자신의 이론을 구축했다는 가설을 계승했던 것이다. 그러나 나는 소위 성숙기 자체에 대해서도, 즉 『자본』 자체에 대해서도 이러한 알튀세르의 가설을 적용했고, 그 결과 전통적인 해석들이 제기할 수 없었던 일련의 물음들, 그렇지만 『자본』의 대부분의 차원들과 관련되어 있는 일련의 물음들에 도달하게 되었다. 그리고 내가 마지막으로 도달했던 물음이 바로 이것이었다. 오늘날 『자본』으로 무엇을 할 것인가? 나는 어떤 재정초의 필요성이 있다는 결론에 이르렀던 것이다. 그 이후로, 그러니까 지난 20년 가까운 세월 동안 내가 해온 작업은 바로 이런 것이었다.

나는 맑스의 이론을 헤겔의 이론에 연결시키는, 따라서 근대 철학 일반에 연결시키는 전혀 다른 방식을 함축하는 입장, 특히 근대 사회에 대한 전혀 다른 개념을 함축하는 입장을 추구할 수 있을 것이라 생각한다. 알튀세르와 나 사이의 계산을 마무리할 필요를 느꼈던 것도 바로 이 때문이다.

또한 알튀세르의 수고, 『생산관계들의 재생산』(*La reproduction des rapports de production*)을 출간하고 해설해 달라는 올리비에 코르페(Olivier Corpet)와 프랑수아 마트롱(François Matheron)의 친절한 제안을 수락하게 되었던 이유도 바로 여기에 있다. 1969년에서 1970년 사이에 쓰인 이 수고는 1970년 『라 팡세』(*La Pensée*)에 「이데올로기와 이데올로기적 국가장치들」이라는 유명한 원고로 발췌 수록된 바 있다. 이 글에서 나는 주로 이 수고의 텍스트를 참조할 것이다.[3]

그러나 또한 나는 1965년과 1976년 사이에 나왔던 알튀세르의 '고전적'인 작품들 전체, 즉 『맑스를 위하여』, 『『자본』을 읽자』, 『입장들』[4]과 같이 어쨌든 상대적으로 동질적이라고 말할 수 있는 알튀세르의 작품들 전체를 맑스『자본』과의 관계를 통해서 좀더 전반적으로 살펴볼 것이다.

그렇지만 이러한 작업의 목표는 이론적이고 역사적인 현재성과 관련된 몇 가지 물음들을 제기하는 것이지, 어떤 종합을 하는 게 아니다. 물론 그의 신선함과 힘을 재발견하려면 마치 토머스 모어를 읽듯이 알튀세르를 읽어야 할 것이다. 최소한 『생산관계들의 재생산』에서처럼 그가 허심탄회하게 현재와 미래에 대해서, 자본주의와 혁명에 대해서 말할 때에는 그렇게 해야 할 것이다. 이 모든 것은 과거사다. 그러나 마치 어제 일처럼 생생하다. 어떻게 이러한 가까움과 거리를 둘 것인가? 어떻게 우리와는 다른 시대에 속하는 알튀세르의 담론을 우리의 시대와 유용하게 연관시킬 것인가? 내가 해명하고자 하는 것은 바로 이것이다.

해방적 충격

신학적인 성격을 지닌 문맥 안에서 맑스와 처음으로 조우했고, 그 다음에는 1960년대를 풍미했던 인간주의적인 독해 안에서 그 이전과 별다를 것도 없는 맑스만을 맛보았던 나 같은 이들에게 알튀세르는 당장 해방적 충격으로 다가왔다. 내가 그 이전까지 알았던 철학적 맑스주의 담론은 해석학적인 본질을 지닌 것이었다. 주해와 부연 설명을 요구하는 것, 뒤따르는

---

3) *Sur la reproduction*, PUF, 1995[『재생산에 대하여』, 김웅권 옮김, 동문선, 2007]라는 제목으로 출간된 이 수고는 이것과 마찬가지로 현대출판기록연구소에 보관되어 있던 알튀세르의 또 다른 수고, 즉 출간되기 전부터 『혁명적 과학: 『자본』 1권 해설』(*Une science révolutionnaire: Présentation du Livre I du Capital*, François Maspero, 1969)이라는 제목으로 알려져 있던 수고와 같은 시기에 쓴 것이다. "Avertissement aux lecteurs du Livre I du *Capital*", Karl Marx, *Le Capital*, trad. J. Joseph Roy, Garnier-Flammarion, 1969, note 1, p. 18을 보라.
4) 이 책은 다음과 같은 제목으로 번역되었다. 『아미엥에서의 주장』, 김동수 옮김, 솔, 1991. ─ 옮긴이

담론들을 직조해 내는 동일자 같은 것 말이다. 맑스주의는 그렇게 뒤따르는 담론들의 입을 통해서 말하는 것이었다. 그것은 마치 우리의 담론인 양 자기 자신에 대해서 말하는 그런 것이었다.

그런데 알튀세르는 맑스의 담론을 전혀 다른 심급 앞에 출두시켰다. 그 심급은 물론 철학이었다. 그것은 맑스의 담론으로 하여금 스스로의 자격을 내보일 것을, 즉 자신이 어떻게 구성되었으며, 자신의 대상은 무엇이고, 자신이 관할할 수 있는 규정된 영역은 무엇인지를 납득시킬 것을 명령했다. 맑스 텍스트에 대한 이 인식론적 공격은 맑스 텍스트의 발생과 변주들을 가로질러 총체성으로서의 작품에 현전하고 맑스 텍스트에 내재적인 '맑스의 사상' 같은 것을 더 이상 전제하지 않았다. 맑스 텍스트의 본질 안에서 재구성될 수 있고 맑스 텍스트의 단일성 안에서 내세워질 수 있는 '맑스의 사상'이라는 것을 더 이상 전제하지 않았던 것이다. 그래서 이런 인식론적 공격은 어떤 자유로운 사유의 공간, 그 위에서 다시 우리가 나름대로 우리 자신을 단련시킬 수 있는 그런 공간을 만들어 냈다.

이런 점에서 알튀세르는 진정한 『자본』의 탈신성화를 일으킨 셈이었다. 맑스주의 철학은 하나의 역사적 당, 하나의 역사적 운동의 철학으로 전제되어 있었다. 그리고 나는 이런 맑스주의 철학에 전적으로 공감하고 있었다. 그러나 이 맑스주의 철학은 특정한 하나의 역사적 권위만을 표상하고 있었기에, 결코 고유하게 철학적인 정당성을 인정받을 수 없었다. 그런데 알튀세르는 그런 맑스주의 철학으로부터 해방되었다는 감정을 불러일으켰던 것이다. 물론 알튀세르 이전에 맑스를 비판하고 그의 테제들을 시험대에 올린 이들이 없었던 것은 아니다. 그러나 과학적인 형식의 중요성 때문에 이론의 잠정적인 형성 단계들은 찌꺼기인 양 내버려지기 마련이었다. 그런데 그러한 이론의 발명 과정, 그것의 구축 과정을 장면화했다는 데 알튀세르의 비판의 고유성이 있다. 알튀세르의 비판은 맑스에게서 어떠한 이론적 일관성도 내재성도 전제하지 않았다. 그것은 살아 있는 것과 죽은 것을 선별해 내는 게 아니라, 즉 더 이상 타당하지 않게 된 것을 선별해 내는 게 아니라, 아직 완성되지 않은 담론이 그것의 탐구 과정 속에서 향하고 있는 적법한 목표와 맞지 않는다는 이유로 아직까지 한 번도 타당한 것으로 여겨지지 않았던 그런 것을 선별해 낼 것을 제안하고 있었다. 이렇게 의심하는 데서 우리는 재미를 느꼈다. 오류들 및 비일관성들을 몰아내는 것과 틈새를 드러내는 것에서 우리는 동등한 기쁨을 느꼈다. 그래서 이론적 생산 또는 이론의 생산이라는 이 매력적인 놀이는 저항할 수 없을 만큼 우리를 매혹시켰다. 이 점에 있어서는 알튀세르가 우리의 스승이었다.

이제 더 이상 『자본』이라는 담론은 과학으로서 신성화되지 않는다. 그것은 과학의 영역에 속하는 것, 따라서 과학의 기준들에 직면해야만 하는 것으로 정의된다. 물론 여기에서 말하는 과학은 수학적이거나 물리학적인 과학이 아니라, 역사라는 대륙(continent-histoire)에 대한 과학이다.

물론 맑스의 철학이 문제다. 그러나 독자는 먼저 알튀세르라는 철학자의 철학적 작업과 대면하게 된다. 철학 텍스트가 아닌 『자본』에 대해서, 알튀세르는 철학자로서 연구했다. 그리고 그가 그렇게 철학자로서 연구했던 그것은 바로 맑스의 철학이었다. 그러나 맑스의 철학은 하나의 교리로서, 하나의 세계관으로서 작용하지 않는다. 맑스의 철학은 그가 창조해 낸 과학, 즉 '역사라는 대륙'에 대한 과학을 구성하는 작업을 실행하는 그의 방식에 있다. 과학적 지식의 조건들과 과학적 이론의 생산에 대한 맑스의 개념화가 바로 그의 철학인 것이다. 맑스의 철학은 그때까지 다른 담론들에 의해서 점유되었던 영역에서 과학적 이론을 산출하는 맑스의 능력, 자기 자신에 대해서 의식하는 그 능력 속에서 드러난다.

그러므로 결정적인 물음은 『자본』의 대상이라는 물음이다. 왜냐하면 이 책은 역사에 관한 책도, 경제에 관한 책도, 철학에 관한 책도 아니기 때문이다. 그것은 경험적인 것에 대한 직접적인 담론도 아니고, 순수 이론도 아니며, 근대성에 대한 철학사도 아니다. 『자본』은 무엇보다도 사회의 구조적인 형태에 대한 이론, 즉 말하자면 그로부터 근대 사회의 운동이 이해될 수 있는, 근대 사회의 고유한 '생산양식'에 대한 이론이다.

이런 얘기가 좀 진부하게 들릴지도 모르겠다. 왜냐하면 『자본』이 자본주의에 대한 이론을 제시하고 있다는 것은 누구나 아는 사실이기 때문이다. 그러나 여전히 경제학자들은 『자본』 안에서 대안적 경제학을 찾고, 역사학자들은 역사의 기본 골자를 찾고, 철학자들은 철학적 내용과 교훈들을 찾는다. 그리고 그들이 매번 간과하는 것은 『자본』의 새로움과 특수성이다. 그래서 알튀세르는 『자본』의 대상을 결정적인 문제로 삼았고, 맑스가 그러한 대상을 생산할 수 있었던 조건들에 주의를 집중시켰던 것이다.

알튀세르의 목적은 체계의 구성에 대한 문헌학적인 탐구를 하는 것도 아니었고, 『자본』이라는 이론의 생산에 도달하기까지 맑스의 교리가 어떤 단계를 통과했으며 그가 어떤 문제들과 차례로 맞닥뜨렸고 또 해결했는지를 보여 주는 것도 아니었다. 『자본』이 지니고 있는 고유하게 철학적인 요소를 드러내는 작업은 유익하고도 꼭 필요한 작업이며, 이러한 작업을 통해 맑스주의적이거나 비맑스주의적인 다양한 철학자들이 이름을 빛냈지만,[5] 알튀세르는 이러한 작업에도 몰두하지 않았다. 알튀세르의 고유한 철학적 작업의 목표는 비철학적인 문면을 지닌 이 『자본』이라는 새로운 담론의 출현 조건들을 드러내는 것이었다. 역사적 현상들로서의 사회들에 대

---

[5] 앙리 르페브르(Henri Lefebvre), 뤼시엥 세브(Lucien Séve), 미셸 앙리(Michel Henry), 자크 동트(Jacques D'Hondt), 헬무트 라이헬트(Helmut Reichelt), 미셸 바데(Michel Vadée) 등이 그들이다.

한 '과학'은 어떤 단절로부터, 즉 새로운 이론적 재료의 출현으로부터 탄생한다고 알튀세르는 말한다. 원래 사용되었던 철학적이고 경제학적인 이런저런 개념들이 그 대상에만 적합한 다른 개념들에 자리를 내어주는 바로 그때, 그러한 과학이 생겨나는 것이다.

이러한 독해는 분명 회고적인 것이다. 이것은 이론의 대상에 대한 특정한 관념, 즉 이론은 그 대상의 궁극적인 형태에 대한 고려에 한정되어야 한다는 관념에 기초하고 있다. 그리고 알튀세르가 이 궁극적인 형태 자체, 즉 『자본』도 동일한 방식으로 다루고 있다는 것이 놀랍고 결정적인 지점이다. 알튀세르는 『자본』을, 그 자체에 대해서, 그 자체가 표상하는 새로움에 대해서, 그 자체가 지닌 불확실성에 대해서 전반적으로 무의식적인 상태에 있을 뿐만 아니라, 이론의 이념에 비추어 볼 때 근본적으로 미완성 상태에 있는 것으로 판독한다. 이 때문에 알튀세르는 여백들과 불충분함들에 대해서 그렇게도 많은 관심을 가졌던 것이다.

이제 우리는 물을 수 있다. 왜 알튀세르는 더 멀리 나아가지 않았는가? 왜 그는 그러한 이론이 자신의 불충분함 속에서 어떤 방식으로 수정되고 변형될 수 있는지에 대해서 묻지 않았는가? 뒤에서 우리는 그 이유가 무엇인지 알게 될 것이다.

그러므로 일단 『자본』의 대상은 그 부제가 말하고 있는 것처럼 '정치경제학 비판'이 아니다. 그것은 하나의 비판이 아니다. 그것은 '역사라는 대륙'의 발견에 대한 구성적 이론이다. 더욱이 비판이라는 것은 어떤 종류의 과학이 사회에 대한 과학인지, 특히 사회 속의 경제적 관계들에 대한 과학인지를 보여 주는 데서 성립하는 것이다.[6] 그러나 그것이 과학인 한에서, 『자본』은 하나의 비판이 아니라 하나의 '사유 구체'(concret de pensée)의 구성이다.

'사유 구체'라는 개념은 알튀세르가 1857년의 [『정치경제학 비판 요강』]「서설」에서 발견한 개념으로, 실재가 사유에 대해 갖는 우선성을 전제하지만, 또한 동시에 실재에 대해 사유가 갖는 특수성을 전제한다. 사유 구체는 경험적으로 주어지는 현실 대상으로 간주될 수 없지만, 또한 오직 사유 구체만이 현실 대상에 대한 사유를, 따라서 현실 대상에 대한 작용을 허락한다.

그러므로 우리의 관심은 전적으로 이러한 '사유 구체'를 구성하기 위한 조건들에 집중될 것이며, 이러한 우리의 관심은 다음과 같은 이중적인 명령을 규정하게 될 것이다.

그 첫번째 명령은 새로운 과학의 탄생의 순간, 즉 철학으로부터의 해방을 통해서 새로운 과학이 생산되는 과정과 관련된다. 인간과학들이 철학으로부터의 해방을 통해서 탄생한다는 생각은 알튀세르 시대에는 흔한 생각이었다. 심리학과 사회학이 철학으로부터 해방됨으로써 과학으로서 자신의 토대를 세웠다는 것을 사람들은 알고 있었던 것이다. 다만 알튀세르가 보여 주고자 했던 것은 철학과 인간과학 사이의 그러한 분리가 맑스와 함께 산출되었다는 사실, 상상할 수 있는 그 이후의 모든 분리의 열쇠를 제공한 것이 맑스였다는 사실이다.

새로운 과학은 인간주의적인 철학이라는 자신의 출생지로부터 벗어나는 한에서 성립되는 것 같다. 사실 새로운 과학의 탄생의 표지는 더 이상 담론을 직접 조직하는 욕구, 소외, 주체, 노동 등과 같은 일반적이고 인간학적인 범주들이 아니라 특수한 범주들에서 찾아야 하며, 이러한 범주들

---

6) 이것은 맑스가 말하는 비판이 칸트식의 비판 개념, 곧 어떤 대상이나 사태가 성립하기 위한 가능성의 조건에 대한 탐구라는 뜻도 포함함을 의미한다.—옮긴이

은 각각 특수한 발견물들이다. 가령 생산력과 생산관계, 하부구조와 상부구조, 잉여가치, 가치와 사용가치, 추상적 노동과 구체적 노동, 불변 자본과 가변 자본 같은 범주들이 그것들이다. 이론의 특징은 역사적으로 규정된 계급 관계들과 계급 형태들을 특수하게 규정하는 범주들, 이런 점에서 항상 특수한 범주들을 생산할 수 있는 능력이다. 이러한 범주들은 우리가 살아가고 있는 특정한 역사적 시대의 특수성을 실제로 설명하고, 따라서 다른 생산양식들을 계승하는 우리 시대의 생산양식이 지닌 과도기적인 특징을 실제로 설명하는 범주들, 요컨대 그러한 생산양식의 지양에 대한 전망을 지닌 범주들이다.

그러므로 맑스는 어떤 이상성을 제시하고 있지만, 그것은 하나의 이상형은 아니다. 왜냐하면 근대의 사회적 관계들 전체를 포함하고 흡수하려는 경향을 지닌, 그렇기 때문에 그 전체의 운동을 규정하려는 경향을 지닌 전체의 개념이 중요하기 때문이다. 이러한 전체의 '경향들'은 근대 세계의 전체적 경향들을 지시하며, 따라서 그것들은 어떤 목적/종말을 전제하지 않고서도 다른 관점에서 분석될 수 있다. 그래서 맑스는 다른 종류의 이론적 대상을 생산해 냈다. 즉 맑스는 더 이상 헤겔의 총체성이 아닌 어떤 총체성, 자신을 구성하고 있는 요소들에 전적으로 현존하고, 자신의 모든 부분들과 동시간적인 그런 총체성을 생산해 냈던 것이다. 맑스의 유물론은 역사주의, 즉 역사의 철학, 역사의 자기 의식일 뿐인 역사 이론을 거부한다.

여기서 문제가 되는 것은 어떤 절합된 전체, 즉 상대적으로 자율적인 논리와 시간의 다양성에 따라서 그것의 요소들이 서로 맞아떨어지면서도 동시에 어긋나 있는 그런 전체다. 우리는 영원의 시간을 살아가는 게 아니라 유한성의 시간, 분산의 시간, 다양성의 시간을 살아간다. 구체적인 사회 구성체들은 상이한 생산양식들을 결합하고 있다. 경험적 역사는 복잡한 이론적 형태들의 매개를 통해서만 다시 포착될 수 있으므로, 전개 과정을 사유하려면 먼저 공시적인 체계적 질서를 산출해야만 하고, 이러한 질서는 우선은 생산양식의 발전에 대한 추상 속에서 인식될 수 있다. 그러나 경험적으로는 생산양식들의 아주 복잡한 얽힘들만이 존재할 뿐이다.

그렇지만 인간주의적인 형이상학의 범주들과 결별하라는 첫번째 명령은 해답 없는 물음을 남겨 놓는다. 이러한 비철학적인 담론, 즉 자본주의 생산양식 이론이라는 담론에 계속해서 달라붙어 있는 철학적 일반성들은 어떤 지위를 갖고 있는가? '노동 일반', 소유, 법, 이데올로기 등의 지위는 과연 무엇인가? 이러한 담론의 가장 추상적인 범주들——이 범주들이 철학적 성격을 띤다는 것은 거의 의심의 여지가 없다——과 이러한 담론 안에서 생산되는 특수한 범주들은 서로 어떤 관계를 맺고 있는가?

우리는 이러한 질문이 함축하고 있는 것을 모두 짐작할 수 있다. 왜냐하면 '사유 구체'라는 범주에 연결되어 있는 두번째 명령은 그것이 체계인 한에서 지니고 있는 고유한 형식, 즉 그것의 일관성에 관한 명령이자, 무엇보다도 추상적인 것으로부터 구체적인 것으로 전개해야 하는 필연성에 관한 명령이기 때문이다. 다시 말해서 이러한 최초의 추상들의 본성에 대한 질문 다음에는, 이러한 전개의 본성, 즉 이론의 서로 다른 수준들 간의 이행들과 연결의 본성에 대한 질문이 제기되는 것이다. 예를 들어 노동 일반과 상품 관계들 속에 놓여 있는 특정한 노동은 어떤 관계에 있는지, 더 나아가 화폐와 자본은 어떤 관계에 있는지, 상품 관계들과 고유하게 자본주의적인 관계들은 어떤 관계에 있는지 등의 질문이 제기된다.

그런데 과정의 전개가 체계의 기능 방식으로부터만 파악될 수 있다면, 모든 난점은 체계의 개념 안에 집중되어 있을 것이다.

그래서 여기에서 우리는 남겨진 두번째 물음과 맞닥뜨리게 된다. 그것은 첫번째 물음과 연결되어 있는 물음인데, 왜냐하면 그 두 명령들 자체가 서로 통합되어 있기 때문이다. 알튀세르는 맑스에 의해 제기된 체계의 체계성이라는 문제와 실제로 대결하고 있는가? 알튀세르가 맑스의 '과학'에 대해 말할 때, 그는 맑스의 담론이 모든 점에서 과학적이라고 전제하는 것은 아니다. 단지 그가 말하고자 하는 것은 맑스의 담론이 철학의 이론적 형태에 속하는 게 아니라 과학의 이론적 형태에 속한다는 것, 그래서 맑스의 담론에 대해 제기되는 물음들은 과학에 대한 물음들이라는 것뿐이다.

그러나 알튀세르는 인식론적인 물음을 그 원리 안에서 해명하는 데 그치고 있는 게 아닌가? 알튀세르에게는 과학자로서 맑스 담론에 대해 연구하는 것을 금지하는, 즉 맑스 담론의 한계들과 그것을 변혁해야 하는 필연성에 대한 인정을 금지하는 어떤 존경의 태도가 남아 있는 게 아닌가?

그래서 나는 이런 테제를 제시할 것이다. 이런 점에서 볼 때, 알튀세르의 작업은 자신의 역사-정치적 표상의 틀에 의해 가로막혀 있다. 그리고 바로 이런 이유 때문에 『자본』의 '대상'에 대한 그의 해명은 위대한 것이지만, 『자본』에 대한 그의 해석은 전혀 혁신적이지 못하다. 그는 맑스의 이론에 대해서 어떤 방식으로 연구해야 하는지를 훌륭하게 보여 주었다. 그러나 그는 레닌주의의 정치적 지평 안에 머물러 있었기 때문에 맑스를 넘어설 수는 없었다. 어쩔 수 없는 일이긴 하지만 말이다.

알튀세르는 『자본』을 해석했다. 그것도 아주 잘 해석했다. 이제 그것을 변혁하는 것이 문제다. 왜 변혁이 문제인가? 이제 인간 해방을 위해서는 정치적 투쟁 대신에 이론적 생산이라는 안락한 쾌락을 추구해야 하는 시대가 도래했기 때문이 아니다. 현실 대상에의 접근을 허락하는 유일한 것, 즉 '사유 대상'(objet de pensée)을 새로이 다른 방식으로 불러일으킨다는 조건에서만, 우리는 현실 대상을 사유할 수 있고, 현실 대상에 영향을 미치기를 희망할 수 있기 때문이다.

테제

우리는 알튀세르에 대한 학술적인 독해에 머물고 싶지 않다. 아니 더 심하게 말해서 그를 기리는 지인들의 추도사에 그치고 싶지 않다. 이러한 우리의 바람은, 알튀세르만큼이나 우리 역시도 역사적인 계기와 관계를 맺고 있으며, 자본주의 및 사회주의의 문제와, 이러한 자명한 것들의 소멸을 목도했던 우리 시대, 즉 20세기 말의 사회 형태들과 관계를 맺고 있음을 전제한다. 이런 조건에서야 『자본』에 대한 알튀세르의 작업 방식은 우리가 『자본』에 대한 알튀세르의 독해를 넘어서는 데, 다시 말해서 인식 대상을 재구성하는 데, 즉 현실 대상(곧 현실 사회들)이 요청하고 현실 사회들의 변혁에 대한 전망이 요구하는 '사유 구체'를 재구성하는 데 도움이 될 수 있다.

알튀세르의 진전을 가로막은 것이 무엇인지를 알기 위해서는 알튀세르의 또 다른 담론을 살펴보는 것이 좋을 것이다. 왜냐하면 알튀세르에게는 두 가지 종류의 담론, 즉 고등사범학교의 무대 위에 있는 담론과 당의 무대 위에 있는 담론이 존재하기 때문이다. 알튀세르는 이 두 측면에 따라 해명되어야 한다. 이 중에서 두번째 담론은 덜 알려져 있다. 그러나 『뤼마니테』(*L'humanité*)에 기고했던 글들, 가르니에-플라마리옹(Garnier-Flammarion) 출판사에서 출간된 『자본』 1권의 서문 역할을 하고 있는 「독자들에게」, 또 『입장들』이나 『자기 비판의 요소들』 같은 몇몇 텍스트들, 『생산관계들의 재생산』과 『혁명적 과학』이라는 두 개의 미출간 수고들 등에서 이 두번째 담론은 첫번째 담론과 결합되어 있다.

『생산관계들의 재생산』은 특히 그 정치적 열광 때문에, 그 선언문 같은 성격 때문에 충격적이다. 즉 그것은 한 역사적인 당에의 소속에 대한 선언이고, 하나의 투쟁, 하나의 전선에 대한 지시다. 그것은 레닌의 담론에 대한, 자본주의로부터 사회주의로 마땅히 인도하게 될 것이라 가정되어 있는 역사적 과정에 관한 레닌주의적 관점에 대한 끊임없는 재연(再演)이다.

내가 옹호하려는 테제는, 알튀세르가 어떤 정치 전통 전체에 입각해 『자본』의 개념들을 활용했던 용법과, 그가 우리로 하여금 더 잘 이해하도록 도와주었던 이 개념들의 속성들 사이에는 괴리가 존재한다는 것이다.

사실 알튀세르가 글을 썼던 시기는 소비에트 연방과 중국 공산주의의 존재가 자본주의적 사회 형태를 넘어설 수 있는 가능성을 증언하고 보장하는 것처럼 보였던 시기였다. 물론 그는 그러한 새로운 사회구성체들이 온갖 종류의 결함을 가질 수 있다고 생각했고, 이처럼 이 새로운 사회들이 온갖 종류의 악행을 범할 수 있으며 힘겹고 비극적인 역사를 겪을 수도 있다는 생각은 당시에 지각 있는 사람들 사이에서 꽤 널리 확산되어 있던 것이었다. 그러나 이 새로운 사회구성체들은 생산관계들의 사적 소유의 철폐 위에서, 말하자면 생산자들의 의식적인 연합이라는 기초 위에서 복합적이고 현대적인 포스트자본주의적 사회가 형성될 수 있다는 맑스의 사회주의적 예견이 진리라는 것을 입증해 주는 증거였다. 역사의 비극 자체는 역설적이게도, 가장 상반되는 상황들이라 하더라도 '맑스주의 과학'에 의해 인도되는 역사적 과정이 자신의 과업을 완수하는 것을 막을 수 없다는 점을 부각시켜 주었다. 시금석은 생산수단의 사회적 소유다. 물론 이러한 생산수단의 사회적 소유가 무엇인지는 분명하지 않다. 그러나 상품 관계가 중요한 생산수단들의 사적 소유를 함축하고 있는 한에서, 자본주의의 폐지는 곧 상품 관계의 폐지를 전제한다는 점만은 확실하다.

『자본』에 대한 알튀세르의 독해를 지배하면서 또한 그것을 가로막고 있는 것은 바로 이러한 역사-정치적 의견이다. 이러한 의견은 확연하게 하나의 가설로서, 즉 여러 가능한 가설들 중 하나의 가설로서 그 자체로 나타나지는 않지만, 『자본』에 대한 알튀세르의 철학적 작업을 조건 짓는 지도적인 가설을 이루고 있다. 따라서 알튀세르의 철학적 작업과 그의 역사-정치적 신념들을 서로 비교해 볼 필요가 있다.

알튀세르는 임박한 종말에 대한 기대 속에서 글을 썼다. 아마도 우리 눈으로 그 종말을 볼 수 있으리라는 기대 속에서 말이다. 심지어 알튀세르는 그 종말의 시기가 언제일지에 대해서 주장하기도 했다. 아마도 50년 안에 사회주의는 전 지구적인 승리를 거두리라고 말이다. 그 당시에 『국가 독점 자본주의』의 저자들은 소비에트 연방이나 중국처럼 사회주의를 실현했거나 실현하기 시작한 14개 국가들을 열거한 바 있는데,[7] 알튀세르는 그와 동일한 낙관주의를 공유하고 있었던 것이다. 분명히 오래된 자본주의 국가들의 경우는 어떤가라는 가장 어려운 문제가 남아 있었다. 그러나 선명한 징후들이 이미 보이지 않는가? 머지않아 승리의 나팔을 든 천사들과 백마를 탄 기사들이 나타날 것이다. 적어도 그 반대는 아닐 것이다. 사람들은 바로 그 점에 대해서 토론했다. 어쨌든 총파업 이후의 시나리오는 이랬다.[8] 1단계, 프롤레타리아가 국가 권력을 독점한다. 2단계, 국가장치를 파괴한다. 3단계, 프롤레타리아적인 국가장치로 그것을 대체한다. 4단계, 국가를 파괴한다.[9] 그리고 원리상 시나리오는 여기에서 끝나게 되어 있다.

제2, 제3인터내셔널의 전통 속에 있는 알튀세르의 『자본』 독해, 게다가 자기 저작에 대한 맑스 자신의 독해와 매우 일치하는 이 독해는 알튀세

---

7) *Traité marxiste d'économie politique: Le capitalisme monopoliste d'État* Tome 2, ouvrage collectif, Éditions sociales, 1971, p. 439.
8) Althusser, "Avertissement aux lecteurs du Livre I du *Capital*", *Le Capital*, pp. 16 이하 참조.
9) Althusser, *Sur la reproduction*, p. 101 [『재생산에 대하여』, 125쪽].

르의 이러한 역사-정치적 신념과 긴밀한 연관을 맺고 있다.

그러나 정확히 말해서 알튀세르는 아주 정당하게도, 저자의 사유는 그의 물리적 죽음과 함께 소멸하며, 남는 것은 그의 생산물, 즉 언표들을 서로 연결시키고 있는 하나의 텍스트, 어떤 개념들의 무대뿐이며, 이러한 무대는 지도자나 스승에 의해서 연출되는 게 아니라 우리의 재검토에 내맡겨져 있다고 가르쳤다.

그러므로 이 글의 목적은 전투가 다 끝난 지금 『자본』 독해를 다시 시작하는 것이다. 그래서 알튀세르가 수립했던 또는 본을 보여 주었던 그 작업 방식이 『자본』에 대한 연구를 재개할 수 있게 해주는 작업 방식이며, 『자본』에서 근대 세계에 대한 좀더 광범위하고 좀더 적절한 해석을 위한 길들을 발견할 수 있게 해주는 작업 방식이라는 것, 그리고 이런 방향으로 맑스 이론을 변혁하는 작업을 가능하게 해주는 작업 방식이라는 것을 보여 주는 일이야말로 이 글의 목적이다.

이러한 관점에서 보면, 알튀세르의 『자본』 독해를 재검토하고 거기에서 토대와 영감을 찾아야 하는 정당한 이유가 존재한다.

알튀세르의 독해는 착취-지배의 사실이 극도로 명료하게 감지되고 인지되었던 한 시기를 증거하고 있다. 이것이 알튀세르를 읽어야 하는 첫 번째 이유다. 『생산관계들의 재생산』 같은 텍스트가 지니고 있는 강렬함(violence)은 매우 인상적이다. 알튀세르는 소외에 대해서도, 초과 착취에 대해서도, 제국주의적 혐오에 대해서도 고발하지 않는다. 그는 무엇보다도 보통의 자본주의에 대해서 고발한다. 우리는 이러한 강렬함이 억압되지 않았던 한 시기로 되돌아간다. 인간이라는 동일한 재료를 놓고 그 중에서 어떤 인간들은 높은 곳으로 보내고 그렇게 재생산하며 다른 인간들을 낮은 곳으로 보내고 그렇게 재생산하는 계급 분할이라는 것이 사물들과 존재들의 본성이 아니라 역사적으로 규정된 현상처럼 보였던 그 시기로 말이다. 세계는 변할 수 있다는 생각이 이러한 식별을 가능하게 한다. 그 후 후퇴한 것은 바로 이러한 생각이었다. 우리는 이러한 열광을 쉽게 회복하지는 못할 것이다. 그러나 우리에게 정상적인 것처럼 보이는 것이 다시 한 번 그것의 본성을 드러내기 위해서는, 곧 우리의 본성이 아니라 단지 우리에게 부과된, 하지만 거부할 수 있는 역할인 것으로 나타나게 하기 위해서는 다시 한 번 조금이나마 장래를 이해해야 한다.

또한 알튀세르는 맑스의 이론이 하나의 구성된 이론이라는 사실에 대해서, 그리고 그것이 어떻게 구성되었는지에 대해서 그 누구보다도 훌륭하게 가르쳐 주고 있다. 이것이 알튀세르를 읽어야 하는 두번째 이유다. 알튀세르는 자본주의 사회 이론으로서 맑스 이론의 구성 운동을 보여 주었다. 그는 맑스 이론의 절합들, 개념들, 망설임들, 불충분함들, 여백들을 분석하는 방법을 가르쳐 주었다. 그가 우리에게 알려 준 것은 맑스의 작업이 과학의 최종적인 작업은 아니라는 진부한 이야기만은 아니다. 좀더 정확히 말해서 그는 이러한 종류의 이론화를 '넘어서는' 것이 문제일 때 어떻게 처신해야 하는지를 우리에게 알려 주었다. 알튀세르는 단지 해석을 했을 뿐이다. 그러나 알튀세르의 해석은 비록 가장 정확한 해석은 아닐지 몰라도 적어도 가장 통찰력 있는 해석이었으며, 범주들의 작용에서도 텍스트 안에서 수행되는 작업에서도 최고의 명확성을 지닌 해석이었고, 그렇기 때문에 그의 해석은 이론의 변혁이라는 임무를 가장 잘 예비하고 있는 해석이었다.

이론을 변혁한다는 것은 그 이론을 좀더 큰 형태 안에 병합시키는 것을 전제한다. 그리고 여기서 좀더 큰 형태란 그 이론이 지니고 있던 인식의 결과들(왜냐하면 여기서 문제가 되는 것이 비록 참된 이론은 아닐지 몰라도 진정한 이론, 즉 그것 없이는 접근 불가능했을 인식들이 접근 가능한 것이 되도록 허락하는 그런 이론이기 때문이다)이 보다 넓은 장 안에서 드러나게 하는 그런 것이다. 그러한 결과들이 다른 결과들과 관계를 맺고, 다른 결과들을 밝혀 주고, 다른 결과들과 긴밀한 연관을 이루고 있는 보다 넓은 장 안에서 말이다. 알튀세르는 이러한 넘어섬의 조건들을 보여 준다. 맑스의 이론적 형태는 구체적인 역사의 형태도 아니고 사회학의 형태도 아니며 경제학의 형태도 아니라는 것을 보여 줄 때, 알튀세르는 바로 이러한 넘어섬의 조건들을 보여 주는 것이다. 따라서 맑스의 이론화를 넘어서는 것, 그것은 알튀세르가 정한 영역 위에서만 일어날 수 있는 일이다.

그렇다면 알튀세르가 정한 그 영역은 과연 어디인가? 그곳은 생산양식과 생산관계들 및 그것들의 재생산의 영역, 그리고 그것들의 재생산을 종식시키고 다른 생산양식을 개방하는 과정의 영역이다. 알튀세르의 『자본』 독해는 전적으로 이러한 것들 전체에 대한 판독을 향하고 있다. 그리고 이러한 알튀세르의 독해는 생산관계들이 단지 기술적인 관계들이 아니라는 것, 생산관계들은 생산이라는 기술적 계기와 소유라는 법-정치적 계기, 법·정치·도덕의 계기를 절합한다는 것을 이해하게 해준다. 알튀세르의 독해는 상부구조를 외적인 관계로 간주하는 장소론(topique)의 한계들이 불거지도록 만들었던 것이다. 경제적 관계 속에는 법적 관계 자체가 함축되어 있다. 그리고 고유하게 맑스적인 '경제적 관계'의 의미를 부여해 주는 것이 바로 이러한 함축이다(반면 신고전주의적 의미에서 경제적 관계란 생산 요소들 간의 관계에 불과하다).

이러한 이론적 맥락에서 보면 알튀세르에게서 나타나는 환원적 이해는 실로 놀라운 일이 아닐 수 없다. 근대적인 계급투쟁 이론과 단순한 지배 이론 사이의 불확실한 의미론에 따라 제도들은 '장치들'이라는 용어를 통해서, 그리고 법적 요소는 이데올로기라는 용어를 통해서 환원적으로 파악되고 있는 것이다.

알튀세르가 제시하는 해석은 그의 암묵적인 역사-정치적 신념에 의해, 역사의 흐름과 종말의 임박성에 대한 그의 생각에 의해 규정되고 있다. 법의 문제가 상품 관계들의 문제에 일방적으로 결부되어 있다는 점이 특히 의미심장하다. 이는 또한 법 및 법과 결부되어 있는 이데올로기적 형태들의 지양이 상품 형태의 지양에, 즉 포스트상품적인 연합적 사회 형태의 설립에 결부되어 있다는 것을 함축한다.

여기에서 이러한 문제를 재검토하는 것이 가능할까? 알튀세르는 어떤 역사적 순환의 종식을 사유했던 사람들 중 하나였고, 또한 그러한 종식의 실패는 곧 알튀세르의 실패였다. 그런데 이 실패한 종식이 지나간 지금, 절합된 총체성 등으로 간주된 근대 사회에 대한 이론, 즉 계급 관계들의 형태 및 윤곽과 동시에 그것을 종식시킬 수 있는 길이 나타나게 할 수 있는 그런 이론을 또다시 새로운 방식으로 기획하는 것이 가능할까?

내가 보기에는 저명한 선각자들에 대해서 활용되곤 하는 정식들을 다시 사용하여 다음과 같이 말할 수 있을 것 같다. 즉 우리는 여기서 알튀세르 덕분에, 알튀세르에 반해서, 그리고 알튀세르를 넘어서 나아갈 수 있다.

호명

한 가지 논점만 검토해 보도록 하자. 내가 다루고 싶은 것은 『생산관계들의 재생산』의 마지막 부분을 이루는, 「이데올로기와 이데올로기적 국가장치들」이라는 발췌된 논문에서 나타났던 호명에 관한 알튀세르의 문제설정이다. 나는 이 호명이라는 문제설정이야말로 그 담론의 시작에 놓여야 하는 것이며, 나머지 전부를 조건 짓는 것임을 보여 주고자 한다.

사실 오늘날 우리는 더 이상 알튀세르가 읽은 것처럼 『자본』을 읽을 수는 없다. 오늘날 우리는 전투가 끝난 후에, 패배 후에 『자본』을 읽고 있기 때문이다. 비판적 사회학의 모든 축적된 전통들, 즉 해방에 대한 모든 사회주의적 예측들은 '이른바 현실 사회주의들'의 갑작스런 종말과 이에 따른 자본주의의 부흥이 주었던 충격에서 벗어날 수 없다. 소비에트 연방의 종말은 단지 하나의 가설만을 제거했을 뿐이라고, 여담으로서의 사회주의, 타락한 사회주의가 문제일 뿐이라고, 그래서 우리는 또다시 백지 앞에 서 있는 거라고 믿는 것은 아주 경박한 짓이다. 역사의 흐름은 오류도 일탈도 타락도 인정하지 않는다. 역사의 흐름은 끊임없이 다시 시작될 뿐이다. 그러나 하나의 시초가 아니라 하나의 가능한 속편으로서 다시 시작될 뿐이다. 그리고 그런 시작은 무엇보다 역사의 흐름에 대한 이해를 전제한다.

나는 맑스의 유산이 이러한 시작 또는 재시작에 기여할 수 있으며, 그런 이유에서 맑스의 유산에 대한 재연구와 재평가는 우리에게 큰 이득이 된다는 것을 확신한다. 또한 나는 맑스의 유산에 대한 재연구와 재평가를 도와줄 수 있는 사람이 바로 알튀세르라는 것도 확신한다. 그와 거리를 둠으로써 그를 전유하는 법, 즉 그와 생산적인 관계를 맺는 법을 우리에게 가르쳐 준 이는 다른 사람이 아니라 바로 알튀세르이기 때문이다.

일이십 년 전부터 다양한 명목으로 자본주의 이론과 관계를 맺고 있는 많은 종류의 고찰들이 등장하고 있다. 나는 맑스와 알튀세르의 전통이 다시 작동하기 위해서는 이러한 고찰들을 재가동해야만 한다고 확신한다. 그 중에서 알튀세르가 제기한 문제들을 재검토하는 데 필수적이라고 여겨지는 것들은 다음과 같은 네 가지 고찰들이다.

첫번째 고찰은 이윤의 논리로서의 자본주의와 관련된다. 이것은 진부한 애기처럼 들릴지도 모르겠다. 그러나 제2, 제3인터내셔널의 맑스주의, 즉 (1960년대 및 1970년대 맑스주의자들의 맑스주의 일반으로서의) 알튀세르의 맑스주의의 중심에 놓여 있었던 것은 잉여 생산물의 추출로 이해되었던, 이런 의미에서 자본주의적 계급 관계들의 원리로 이해되었던 착취라는 개념이었다. 그런데 오늘날에는 이른바 자본주의의 '부차적 모순'이라는 말로 지시되었던 것의 이론적이고 실천적인 의미가 좀더 잘 이해되고 있다. 즉 자본이 경쟁적 관계에 의해서 정의되는 한, 인간성과 자연에 그것이 어떤 결과들을 가져오든 간에 자본은 사회적 사용가치가 아니라 추상적인 부로서의 이윤을 추구하게 된다는 사실에 대한 관심 말이다. 이제는 분석의 주축이 바로 여기에 놓여 있다. 그러한 두 모순들이 서로 어떻게 연관되는가는 또 다른 문제다.

또 하나의 본질적인 차원은 자본주의적 세계 경제에 속하는 다수 국가들을 절합하는 구체적 체계로서 '세계 체계'에 관한 이론들의 발전 속에서 나타난다. 구체적 대상의 지리-역사적 형태를 대상으로 하는 체계 이론의 필요성은 최근에 와서 대두되었는데, 이는 역으로 『자본』에 대한 이론, 즉 자본주의적인 세계 체계가 아니라 자본주의 생산양식 또는 자본주의 구조에 대한 이론의 대상이 지닌 특수성을 드러내 주었다. 그래서 이러한 두 이론적 질서를 어떻게 서로 관련시킬 것인지가 여전히 문제로 남아 있다. 어쨌든 구조에 대한 고려와 체계에 대한 고려 사이의 절합은 맑스주의의 이론적 도구들이 구체적인 실재들과 맺는 관계를 근본적으로 변화시켰다.

이제 세번째 고찰로 넘어가자. 제도주의적 경제 이론의 발전이 날이 갈수록 점점 더 보여 주고 있는 것은 경제 이론이 노동을 배치하는 일차적인 두 형식, 즉 시장과 조직을 동등하게 취급해야 한다는 점, 그리고 이런 의미에서 자본주의가 시장에만 일방적으로 의존한다고 생각할 수는 없다는 점이다. 이는 근대 세계에게는 계급을 구조화하는 두 가지 원리, 즉 첫째로 시장, 따라서 생산수단의 사적 소유에 기초한 원리와, 둘째로 계획 또는 조직, 따라서 생산수단의 공적이고 중앙 집중적인 소유에 의존하는 원리가 존재한다는 점을 파악할 수 있게 해준다. 경제적 요소와 법-정치적 요소를 연결 짓는 맑스의 개념화에 따라 이러한 생각들을 재검토해 보자마자 우리는 시장이 전제하는 **상호 개인적 계약성**(contractualité interindividuelle)과 계획이 전제하는 **중앙 집중적 계약성**(contractualité centrale) 간에 매우 밀접한, 그리고 특별히 근대적인 상관 관계가 성립한다는 것을 쉽게 이해할 수 있다. 이러한 상관 관계는 한편으로 실용주의적-목적론적 이성의 형태들, 즉 노동을 합리적으로 배치하는 형태들과, 다른 한편으로는 실천 이성의 형태들, 즉 계약성을 합리적으로 구성하는 형태들 사이에서 성립한다.

여기에 네번째 고찰을 덧붙여 보자. 그것은 주체의 철학이 담론의 철학으로 대체된 것과 관련되어 있다. 그러나 그렇게 된 이유는 나중에 살펴보도록 하자.

오늘날 알튀세르의 독해를 재검토하고자 할 때 염두에 두어야만 하는 것은 바로 이러한 고찰들이다. 그 이유는 무엇인가?

『생산관계들의 재생산』의 핵심이 '이데올로기적 국가장치들'과 이데올로기적 '호명'에 대한 부분들에 있다면, 이러한 논의 앞부분에는 법의 문제를 다루는 두 개의 예비적인 장[『재생산에 대하여』 5장과 11장]이 나온다.

여기에서 우리는 법의 문제를 상품 관계의 문제와 연결시키는 정식들, 예를 들어 맑스에게 "모든 법은 최종 심급에서 상품 관계에 대한 법"이라는 정식이 갑작스레 등장하는 바람에 깜짝 놀라게 된다.

알튀세르는 처음 작성된 판본에서는 이렇게 덧붙인 바 있다.[10] **"법이란 오직 상품 매매와 관련된 것, 따라서 부르주아적인 것만 존재한다.** 사회주의

---

10) Althusser, *Sur la reproduction*, p. 87 [『재생산에 대하여』, 111쪽 주3].

생산양식은 모든 법을 없애게 된다. 맑스는 이것을 완벽하게 파악했고, 자주 인용되지만 거의 이해되지 못한 『고타 강령 초안 비판』의 한 대목에서 이 점을 적절하게 말한 바 있다."[11]

확정된 판본은 좀더 복잡하다. 알튀세르에 따르면, "맑스는 분명히 국가의 소멸과 상관적인 법의 소멸 같은 것을 생각하고 있었다. 여기에서 법의 소멸은 **시장** 유형의 교환, 즉 상품으로서의(자본주의적 상품 관계에는 하나의 상품인 노동력도 당연히 우선적으로 포함된다) 재화들의 교환의 소멸, 그리고 **비시장적인** 교환들로의 대체를 의미할 수 있을 뿐이다. 우리는 그리하여 불가피하게 다음과 같은 질문에 이르게 된다. 이러한 비시장적인 교환을 어떻게 보장할 수 있는가? 고전적인 답변은 사회주의적 계획 경제를 통해서라는 것이다. 그러나 사회주의적 계획 경제란 무엇인가?"[12]

그리고 그 뒤로 계획 경제에 대한 흥미로운 구절이 이어진다. 그 구절은 소위 소비에트의 '국가적'인 계획 경제에 대해 비판하고 있다. 그러나 여기에는 이런 말이 따라붙는다. "[유고슬라비아, 소비에트, 중국에서 시도된—비데] 이러한 서로 다른 실험들 속에서 진정 문제가 되고 있는 것은 이 유명한 사회주의적 생산관계들이 **실질적인 전유** 관계들로서 존재할 수 있는 전대미문의 **형태들**에 대한 탐구라는 사실이다."[13] 그리고 그는 그 자체로만 본다면 계획 경제, 즉 지휘의 위치(poste de commandement)에서 약속한 계획 경제는 생산력을 좀더 합리적으로 조직하는 하나의 방식에 불과하다고 덧붙인다. 그러고 나서 그는 계획 경제를 만들어야 할 필요성

---

11) 알튀세르의 이 수고들을 다룰 때에는 주의가 필요하다. 수고와 출판본 사이의 간격은 알튀세르가 본능적으로 떠올린 것, 즉 그의 최초의 반성이 향하고 있는 것과 실제로 주장할 수 있다고 그 자신이 최종적으로 제안한 것 사이의 분할을 지시하고 있다.
12) *Ibid.*, p. 79[같은 책, 114쪽].
13) *Ibid.*, p. 81[같은 책, 116쪽].

은 "해법이 아니라 생산관계의 우위에 의거하는", 즉 **"대중들의 정치적 개입"**에 의거하는 "정치 노선에 **종속되어 있는 한 수단**"[14]이라고 말한다. 요컨대 정치를 "지휘의 위치"[15]에 올려놓아야 하는 것이다.

이 분석을 계속하기 전에, 알튀세르가 범하고 있는 기묘한 '오류'를 잠시 살펴보고자 한다. 그는 맑스의 관용적 표현인 '노동력의 판매'가 아니라 '**노동력의 사용의 판매**'라는 표현을 수고 전체에서 반복적으로 사용하고 있다. 정말 그것은 기묘한 오류다. 왜냐하면 판매되는 것은 노동력이지 노동력의 사용이 아니기 때문이다. 판매는 사용의 소외다. 사물의 사용이 타인에게 양도되는 것이고, 바로 이런 점에서 그 사물이 타인에게 판매되는 것이다. 사물이 판매되는 것이지, 알튀세르가 여기에서 쓰고 있는 것처럼 사물의 사용이 판매될 수는 없다. 이러한 오류를 일종의 경매가 올리기(surenchère) 같은 것으로 보는 것 이외에 달리 어떤 '증상적' 독해가 가능하겠는가? 사람들은 여기에서 판매라는 관념이 임대라는 관념으로 최소화되는 것을, 즉 판매자의 소유권을 보호하는 사용권이라는 관념으로 최소화되는 것을 보려고 할 수도 있을 것이다. 그러나 나는 오히려 여기서 노동력이 실제로 상품이 된다는 관념에 대한 과장된 주장을 보게 된다. 왜냐하면 다른 곳에서 알튀세르는 이렇게 말하기 때문이다. "**모든 것은 상품**이기 때문이다. ······**노동력의 사용**까지 말이다."[16]

내가 보기에 모든 문제는 노동력이라는 것이 실제로 상품이자 동시에 비-상품이라는 점에 있다. 임금 노동자는 노동력에 대한 탁월한 소유권을 갖고 있을 뿐만 아니라, 장기적으로는 처분권마저도 갖고 있다. 그러나 이

---

14) Althusser, *Sur la reproduction*, p. 81 [『재생산에 대하여』, 116쪽 주 8].
15) *Ibid.*, p. 81 [같은 책, 116쪽].
16) *Ibid.*, p. 200 [같은 책, 257쪽].

러한 노동력은 임금 노동자가 동의하고, 노동 과정 내내 자신의 동의를 평가할 수 있는 어떠한 사용의 대상도 될 수 없다. 제도주의의 동기는 바로 여기에 있다. 노동력은 사물처럼, 즉 임대된 사물처럼 양도되지/소외되지(aliéné) 않는다. 『자본』의 주석가들이 자주 시도했던 것처럼, 임대라는 관점에서 '최소화'하는 것이 분석에 아무런 기여도 하지 못하는 이유가 바로 여기에 있다. 즉 노동력은 **정치적**-법적인 경제적 관계 속에 들어와 있으며, 따라서 그 자체로는 시장적인 법적 관계로 환원될 수 없기 때문이다. 물론 가치를 생산하는 것이면서 동시에 가치를 갖는 것이라는 점에서 노동력은 판매된다(그리고 상품화된다)고 인식하는 것은 본질적이며, 이것이 분석의 지주를 이룬다. 그러나 노동력이 상품이자 **동시에 비-상품**이라는 사실은 분석해야 할 계급 관계의 핵심을 이룬다.

이렇게 볼 때, 모든 난점은 바로, 임금 협상이 노동력을 기입해 넣는 상품 관계와 조직 관계의 절합 속에 집중되어 있다. 왜냐하면 기업도 하나의 계획의 장소, 즉 조직화된 장소이기 때문이다. 이로부터 출발하는 분석들의 실타래 전체를, 제도적인 탐구를 통해서 풀어 나가야 할 그 실타래 전체를 여기에서 풀어 보일 수는 없다. 나는 다른 곳에서, 특히 올해 나온 『악튀엘 맑스』(*Actuel Marx*)의 시리즈로 나온 두 권의 책, 즉 '노동의 위기'를 주제로 다루는 책[17]과 '조절 이론' 및 '협약 이론'을 주제로 다루는 17호[18]에서 이미 이러한 작업을 시작한 바 있다. 거기에서의 분석을 통해 나는 근대의 계급 관계들이 노동의 합리적 배치의 두 형태, 즉 시장과 조직이라는 토대 위에서 구축되었다는 것을 보여 주었다. 그리고 만약 그렇다면, 조직

---

17) Bidet, "Le travail fait époque", éds. Jacques Bidet et Jacques Texier, *La crise du travail*, PUF, 1995.—옮긴이
18) Bidet, "Institutionnalisme et théorie des conventions dans leurs rapports avec la problématique marxienne", *Actuel Marx* Nº 17, 1995.—옮긴이

에 기초를 둔 관계는, 상품 관계를 특징짓는 관련과 유비적인 관련을 법 및 국가의 문제와 맺고 있음을 보여 주었다. 계획은 생산력과 아무런 특권적인 관계도 맺고 있지 않다. 계획은 시장과 마찬가지로 생산력의 '합리적'인 배치 형태를 구성한다. 그리고 시장이 계급 관계의 잠재적인 원리인 것처럼, 계획 역시 직접적으로 그렇다. 소비에트 체계는 [사회주의로부터의] 일탈이나 또 다른 형태의 자본주의가 아니라, 근대 사회 계급 체계의 또 다른 극을 표현하는 것으로 분석된다.

알튀세르는 맑스를 따라서, 아니 맑스보다 더 고집스럽게 법과 상품 관계 사이에서 특권적인 관련성을 식별해 낼 수 있다고 믿었다. 그리고 이러한 그의 믿음은 그로 하여금 호명의 문제설정을 발전시키도록 이끌었던 지향에 따른 것이었다. 그러나 위와 같은 분석에 따르면, 이제 이러한 특권적인 관계는 다시 의문에 붙여질 수밖에 없다.

아마도 서로 연결되어 있는 여러 논점들에 대한 수정이 필요할 것이다.[19] 나는 호명의 문제설정에 좀더 천착해 보고 싶다.

앞에서 이미 말했듯이, 『생산관계들의 재생산』의 핵심은 1970년 『라 팡세』에 실린 글에 재수록된 이데올로기적 호명에 대한 텍스트다. 이데올로기는 개인들을 주체(sujet)[20]로 호명한다. 그리고 역사는 곧 계급투쟁의

---

19) 특히 알튀세르가 법과 생산관계 사이에 설립했던 상대적 외재성에 대한 수정이 필요할 것이다. 이러한 외재성 속에서는 법이 장치(dispositif)의 공고화로서 나타나지만, 장치는 그 자체로 자신의 정합성을 갖고 있는 것이다. 이에 대해서는 다음을 참조하라. "법의 추상성, 형식성, 보편성은 게임을 규제하는 형식적 조건들, 즉 자본주의 생산관계의 작동 방식에 대한 공식적이고 합법적인 인정에 불과하다." Althusser, *Sur la reproduction*, p. 197[『재생산에 대하여』, 258쪽]. 또 법은 기성 사실을 공고화하는 것이라는 생각(*Ibid.*, p. 198; 같은 책, 254쪽), 법은 생산관계의 작동을 고정시키는 것이라는 생각도 참조하라. 이러한 생각은 경제적 관계들의 사후에 그것들을 공고화함으로써 법이 완성되었던 중세 시대에 대한 역사적 참조와 함께 제시되고 있다. *Ibid.*, p. 198[같은 책, 254쪽].

역사라는 의미에서, 이데올로기는 영원하고 범역사적인 범주로 간주된다. 이러한 이데올로기는 개인들이 생산관계들과 맺고 있는 상상적 관계를 표상하는 것이며, 구체적인 개인들을 주체로 구성하는 것이다. 여기서 종교 이데올로기는 모든 이데올로기적 형태의 패러다임으로서 거론될 뿐이다. 그것은 대문자 주체의 담론 속에서 언표된다. 대문자 주체의 목소리는 나에게 이렇게 말한다. "내가 너에게 말하노니, 너는 복종하거나 복종하지 않을 자유를 지니고 있다." 이에 대한 답변을 만들어 내는 것도 바로 이데올로기다. "예, 옳습니다!" 주체는 바로 이러한 대답을 통해서 대문자 주체의 명령들에 자유롭게 복종하는 것을 받아들일 수 있는 종속된 주체로서 자기 자신을 인정하는 것이다. "그대로 되옵소서[아멘]!" 알튀세르의 해석에 따르면, 이렇게 해서 받아들여지는 것은 바로 생산관계다. 그리고 생산관계, 즉 계급 관계가 (알튀세르의 용어를 사용하면) "작동하기"(fonctionner) 위해 전제되는 것이 바로 이러한 묵종이다. 마치 나의 자유가 거처하는 장소 자체인 자연적 질서에 대한 묵종이기라도 한 듯이 말이다.

그러나 나는 알튀세르에게 이렇게 맞서고 싶다. 근대적 인간의 고유성은 자기가 자신에게 부여한 법 이외의 다른 법은 인정하지 않는 것이다. 즉 자신이 주체인 동시에 원리적으로는 사회적인 모든 것에 대해 주권자인 한에서만, 자신을 주체로 인정하는 것이 바로 근대적 인간의 고유성이다. 적어도 근대적 인간은 모든 사람이 시민이며 (한마디로 말해) 그 자체로 자유-평등한[21] 이들이라는 것, 이런 자유로운 평등(libertégalité)을 존중하

---

20) 영어의 subject와 마찬가지로 프랑스어의 sujet에는 '주체'라는 뜻 이외에 '복종하는 사람', 곧 '신민'이라는 뜻도 포함되어 있음을 유념해야 한다.—옮긴이
21) 이것은 비데의 librégaux의 번역어다. 이 혼성어는 '자유로운'을 뜻하는 'libres'와 '평등한'을 의미하는 'égaux'의 합성어다. 이러한 비데의 용법은 주지하다시피 에티엔 발리바르가 「인권 선언」을 재해석하면서 제시한 '평등-자유'(égaliberté)라는 개념을 자기식으로 변용한 것이다.—옮긴이

고 보장하는 형태들 안에서만 법이 존재한다는 것, 이러한 자유로운 평등에서 발원하고 그 한계들 안에 머물러 있을 경우에만 정당한 권력이 존재할 수 있다는 것을 끊임없이 알려 주는 정치적 의례를 통해서 주체로서 호명된다. 근대적 개인은 주권적 주체로서 호명된다. 그리고 이런 자격을 갖추어야만 어떤 강제적 의무든 그에게 전달될 수 있다.

이것을 이데올로기라고 불러야만 하는가? 알튀세르가 정식화했던 이데올로기의 이데올로기적 성격은 생산관계에 대한 실재적인 종속을 은폐한다는 점에 있다. 생산관계는 자신의 고유한 재생산의 조건들, 특히 명령으로서의 자명성을 지닌 법의 반복의 조건들을 포함함으로써 스스로 자기 자신을 생산해 낸다. 그러나 내가 보기에 알튀세르는 분석을 끝까지 밀고 나가지 않았으며, 호명을 생산관계의 외부에 남겨 놓고 말았다. 알튀세르가 생산관계는 스스로 자신을 재생산하며 이데올로기는 거기에 기여할 뿐이라는 점을 강조한 것은 정당하다. 그렇게 그는 일종의 협업 관계를 수립했던 것이다. 그는 이데올로기가 생산의 '작동'(fonctionnement)을 보증한다고 말한다. 물론 그는 이데올로기가 생산관계 자체 안에 자신의 자리를 가지고 있다는 것을 의미한 것이다. 그러나 그는 이 점을 이해할 수 있게 해주는 개념을 생산하지는 않았다.

그렇기 때문에 나는 정반대의 테제를 도입하고자 한다. 즉 나는 호명은 이데올로기적인 것이 아니라는 테제를 도입하고자 한다. 주권적 주체로서의 근대적 주체의 호명은 결코 이데올로기적인 것이 아니다. 반대로 그것은 모든 이데올로기에 대립하는 것이다. 하지만 나는 호명은 또한 이데올로기의 형식이기도 하다는 테제를 곧바로 여기에 덧붙일 것이다. 그러나 대립되는 이 두 개의 명제는 서로 다르게 이해되어야만 한다.

이러한 언표들은 '순수 이론'의 틀 안에서만 타당성을 갖는다는 점을 상기하도록 하자. 이때 순수 이론이란, 알튀세르가 거듭 말했듯이 『자본』

에 대한 이론과 같은 한 이론은 순수 이론이라는 의미, 즉 규정된 역사적 형태 안에 실현되어 있다고 허구적으로 가정된 것의 변증법적인 실현 형태에 대한 이론이라는 의미로 이해되어야 한다.

주권자-주체의 호명은 근대적 생산관계에 내재적이다. 임금 노동자는 자유롭다는 의미에서, 즉 임금 노동자는 자유로운 존재로서 호명되었다는 의미에서 그렇다. 그리고 이러한 자유는 임금 관계의 한계들 안에 머무를 수 없다는 의미에서도 그렇다. 왜냐하면 시장의 자유는 말하자면 상품 관계 자체가 자유의 사회적 관계라는 것을 함축하기 때문이다. 일반 의지가 유일하게 표상하는 것이 바로 이러한 자유의 사회적 관계인데, 일반 의지가 상품 관계에 자유롭게 동의하는 것은 일반 의지 역시도 다른 관계들, 예컨대 협의에 의한 조직, 아무개들의 연합, 탁월한 형태로는 모두의 연합과 같은 조직을 욕망하기 때문이다. 일반 의지는 이러한 조직 바깥에서는 존재하지 않으며, 따라서 호명이 전제하는 모두의 자유도 이러한 조직 바깥에서는 존재할 수 없다.

그러므로 맑스가 말했듯이, 임금 노동자는 자유롭다. 그는 이 점에 있어서 헤겔을 따른다. 임금 노동자는 자유롭다. 그렇게 선언된다. 그리고 그렇게 선언된 임금 노동자는 단지 임금 계약에 있어서 자유로울 뿐만 아니라, 일반 의지의 부정할 수 없는 참여자로서 다른 임금 노동자들과의 연합에 있어서도 자유롭다.

호명 안에서 선언되는 계약성 또는 자유로운 평등의 분리 불가능한 세 가지 항이 바로 이런 것이다. 그러나 아무런 매개 없는 연합에 대한 말이 당장 그 사회의 삶을 보장할 수는 없다. 사회적인 층위에서 계약성은 시장 내지는 계획이라는 형태를 갖는다. 즉 계약성은 생산수단들의 사적 소유와 자본주의에 이르게 되는 시장의 상호 개인적 계약성의 실재적 형태들 속에서만 실현되거나, 또는 중앙 집권적 소유와 국가주의에 이르게 되는 계획의 중앙 집권적 계약성의 실재적 형태들 안에서만 실현되거나, 또는 이 둘의 조합에 이르게 되는 계약성의 실재적 형태들 속에서 실현된다.[22]

그러므로 근대적 개인은 항상 계급 지배라는 조건 속에서만 자유로운 것으로 호명된다. 호명도(이것은 두말할 나위가 없다), 호명이 선언하는 계약성도 결코 근대 사회의 토대가 아니다. 계약성은 근대적 계급 관계의 전제일 뿐이다. 계약성의 전개에 내재적인 계급 관계의 형식 안에서, 착취당하는 자, 지배당하는 자, 그렇게 재생산되기만 하던 자들이 자유로운 주체로서 호명되는 것이다.[23]

따라서 근대적 주체를 호명하는 호명, 즉 주체를 주권자로서 호명하는 호명도 은폐이긴 마찬가지다. 이러한 자유로운 평등 또는 계약성에 대한 선언으로서 호명은 협약의 형태, 즉 상호 약속의 형태를 갖기 때문이다. 항상 끊임없이 갱신되는 것으로 가정되며, 따라서 그것이 약속하는 것이 사실로 존재한다고 가정되는 약속 말이다. 자유-평등하다고 선언하는 것, 그것은 사람들이 자유롭고 평등하게 될 것이라고, 그리고 자유-평등하다고 선언하는 것이다. 이렇게 호명의 시제는 미래 현재다. 즉 그것은 이제부터의 시간이다. 시장과 조직이라는 사회적 형태들 속에서 주어지는 계약성은 자신의 대립물로 전도되지만, 항상 부인 속에서 그렇게 된다.

---

22) 내가 『근대성 이론』(*Théorie de la modernité*, PUF, 1990)과 『일반 이론』(*Théorie générale*, PUF, 1999)에서 제시했던 분석들을 참조하기 바란다.
23) 여기에서 나는 세계 **체계** 안에서 '주변부'에 대한 중심의 전능함(계급을 구조화하는 '근대적' 형태의 강력함)이 정당화하는 종속적 지위를 지닌 대다수에 대해서 말하고 있는 게 아니다. 사회적 관계의 구조, 그 구조적 형식에 대해서 말하고 있을 뿐이다. 구조의 개념들 자체는, 그것들이 기초 짓고 또 그 한계를 표시하는 체계로 접근하기 위한 추상적인 한 계기일 뿐이다. 이 점에 관해서는 다음과 같은 나의 논문을 참조하라. Bidet, "Nous serons comme un seul peuple: Recherches sur la relation entre la théorie métastructurelle et la théorie systémique du monde moderne", éd. Georges Labica, *Les nouveaux espaces politiques*, L'Harmattan, 1995.

그렇지만 이러한 부인은 자유의 호명이기를 그치지 않는다. 마치 전쟁을 선포하듯이, 이러한 부인은 자유를 선포한다. 그것은 불평등, 종속, 착취가 보편적으로 용인될 수 없는 것임을 선포한다. 호명은 계급들의 투쟁을 선포한다.

나는 기꺼이 이렇게 말할 것이다. 시계(時計) 안에는 환영이 존재하지 않는다. 모든 정치적인 의례 안에는 자유로운 평등에 대한 사회적 선언이 현존하며, 호명은 바로 이러한 선언 이외의 그 어디에도 없다. 호명은 사회적 존재론, 즉 계급들 간의 투쟁에 속하는데, 이는 호명이 사회적 행위자들이 끊임없이 그것에 준거하고 그것을 행하도록 초대받는 그런 것이며, 근대의 사회적 관계들이 자신의 의례적 형태들 안에서 자기 자신에 대해서 말하도록 해주는 그런 것이기 때문이다.

그러므로 근대적 법질서가 그 속에서 정식화되는 호명은 상품 관계 속에서 자신의 특권적인 자리를 갖는 게 아니다. 그리고 자본주의의 대안에 대한 물음은 상품 관계에 대한 대안이라는 관점에서 제기될 수 없다.

이런 것은 이제 누구나 알고 있다고 반박할지도 모르겠다. 그렇다면 나는 이렇게 대답할 것이다. 오늘날까지 이러한 신념의 높이에 도달한 이론은 존재하지 않으며, 이런 점에서 이러한 신념은 매우 불확실하고 비규정적이며 순전히 기술적인 규정의 대상에 머물러 있다고 말이다.

맑스의 이론은 전적으로 상품 관계들의 탈정당화를 지향하고 있다. 알튀세르는 『자본』을 잘못 해석하지 않았다. 반대로 그는 『자본』과 함께 머물러 있었다. 그래서 그는 자본주의에 대한 대안이 상품 관계들의 위반을 함축하며, 법은 상품 관계들과 일체를 이룬다는 역사적 공산주의의 방침과 일치하는 상태에 머물러 있었다.

그리고 다른 입장을 세운다는 것은 그리 쉬운 일이 아니다. 그것은 이론의 서두부터 그 이론을 다시 쓰는 일을 전제한다. 알다시피 서두는 매우 어려운 것이어서, 알튀세르는 『자본』의 독자들에게, 가능하다면 나머지 전체를 이해한 뒤에 다시 돌아가기 위해서 일단 서두를 건너뛸 것을 제안한 바 있다. 그리고 또한 알다시피 『자본』의 서두는 바로 상품 관계에 대한 분석이다.

인간성이라는 이름이 어울릴 수 있는 사회의 구성에 대해서 우리는 새로운 신념들 또는 거대한 불확실성들을 가지고 있다. 이러한 우리의 신념들이나 불확실성들의 높이에 있는 이론을 원하는가? 그렇다면 사태를 그 서두부터 재검토해야만 하며, 이를테면 『자본』을 그 서두부터 다시 써야 한다. 알다시피 시장적 자유가 자본주의적 대립물로 전형되는 이러한 『자본』의 시작 부분은 시장적 자유에 대한 유일한 서술일 수는 없다. 나머지 전부가 유래하는 이 서두는 어떤 토대 같은 게 아니다. 그것은 형태에 대한 담론의 시작이자 또한 끝과 같은 것이다. 이 서두는 필연적으로 좀더 복잡하고 모순적인 것이다.

내가 보기에 이 서두는 다른 곳이 아니라 바로 이 호명이라는 눈부신 섬광 속에 주어져 있다.

알튀세르는 『자본』을 잘 해석했다. 그는 우리에게 『자본』을 변혁해야만 하는 이유를 제시하고 있다.

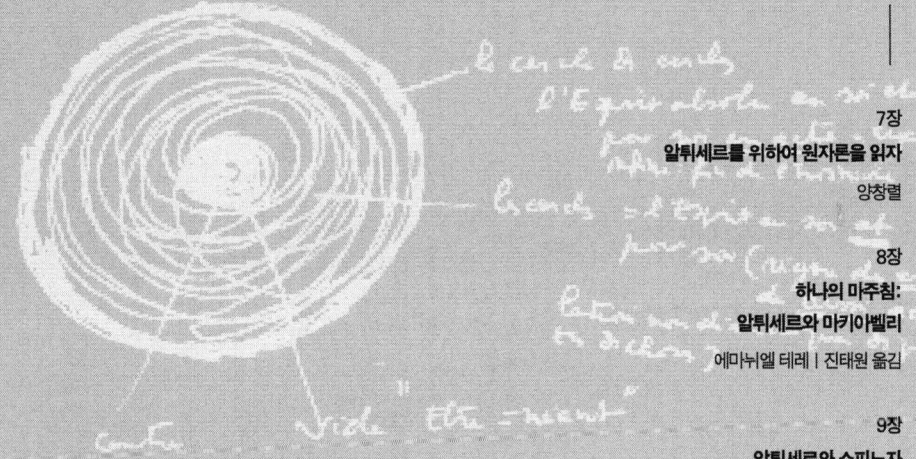

2부
알튀세르의 원천들

7장
알튀세르를 위하여 원자론을 읽자
양창렬

8장
하나의 마주침:
알튀세르와 마키아벨리
에마뉘엘 테레 | 진태원 옮김

9장
알튀세르와 스피노자
피에르-프랑수아 모로 | 김은주 옮김

7장 알튀세르를 위하여 원자론을 읽자

양창렬

0. 머리 없는 머리말

알튀세르가 '맑스를 위하여' 『자본』을 읽자'는 슬로건을 내세웠을 때, 그것이 '맑스 효과'를 촉발시키는 한 방식이었다면, 우리는 지금 여기서 알튀세르를 위해 원자론을 다시 읽거나, 원자론을 위해 알튀세르를 다시 읽고자 한다. 그것이 '알튀세르 효과'를 촉발시키는 한 방식이 되기를 바라며.

알튀세르는 1980년대에 이른바 마주침의 유물론 내지 우발성의 유물론을 전개하면서 명시적으로 원자론을 참조한다. 따라서 이 글의 일차 목적은 말년의 텍스트들 ── 특히 「마주침의 유물론이라는 은밀한 흐름」, 「우발적 유물론에 대하여」, 「철학과 맑스주의: 페르난다 나바로와의 대담(1984~1987)」 등 ── 속에서 알튀세르가 원자론의 어떤 개념들을 전유하고 있으며, 그러한 전유의 의미가 무엇인지를 알튀세르 철학 전체의 맥락 속에서 해명하는 데 있다.

알튀세르의 텍스트들에 대한 주석 또는 해제 작업은 몇 가지 '고고학적' 질문들을 경유해야 한다. 1980년대 텍스트들의 '출현'은 갑작스러운 것인가? 그 텍스트들은 한 가지 방식으로 말해지는가, 아니면 여러 가지 방식으로 말해지는가? 그 텍스트들의 '근원'은 어디에 있는가? 우리는 이 질문들에 답하면서, 알튀세르가 '항상-이미' 말하고 썼으나, '아직' 우리에게 도달하지 않은 것들을 발굴해 낼 수 있길 바란다. 따라서 이 글 전체를 가로지르는 고고학적 방법론이 겨냥하는 바는 다음의 슬로건으로 요약된다. "우리는 알튀세르가 원자론에서 발견한 것을 발견해야 한다."

1. 맑스주의를 위한 철학으로서 마주침의 유물론: 억압된 것의 회귀

알튀세르의 유고, 특히 마주침의 유물론에 대한 글을 읽다 보면 우리는 다음의 질문을 피할 수 없다. "이것은 여전히 알튀세르인가? 이 알튀세르는 알튀세르 아래에 있는가 또는 그 너머에 있는가?"[1] 우리는 이 질문을 뤼시엥 세브에게서 빌려 왔다. 세브는 알튀세르가 우연성의 유물론을 위해서 변증법적 유물론을 희생시켰다고 보며, 우리가 다음과 같은 역설에 직면했다고 지적한다. "금세기 가장 유력한 맑스주의 사상가 중 한 사람이 엄밀히 말해 어쩌면 맑스주의자가 아니었거나 아마도 결코 맑스주의자가 아니었을 것"이라는 역설.

이 역설 앞에서 취할 수 있는 몇 가지 제스처가 있다. 그렇다. 알튀세르는 변증법을 버렸다. 따라서 그는 맑스주의자가 아니다. 이것은 다시 둘로 나뉜다. 세브처럼 그것을 비난하거나, 아니면 네그리처럼 칭송하거나. 아니다. 알튀세르는 변증법을 버리지 않았고, 끝까지 맑스주의자였다. 이 제스처들의 원환에서 벗어나는 여백이 남아 있다. 알튀세르는 맑스주의를 '위한' 철학자다. 말년의 알튀세르에게는 『자본』 등에 "실천적 상태로" 존

---

[1] Lucien Sève, "Althusser et la dialectique", éd. Pierre Raymond, *Althusser philosophe*, PUF, 1997, p. 135.

재하는 "변증법(적 유물론)",[2] 즉 맑스주의 철학이 아니라, 『자본』에서 "(철학적인) 본질의 유물론"에 의해 "억압된 상태로" 존재하는 "마주침의 유물론",[3] 즉 **맑스주의를 위한 하나의 철학**"[4]이 중요하다.

물론 알튀세르가 맑스를 위하여 『자본』을 읽고, 레닌과 철학을 할 때, 그는 분명 맑스주의 철학자였다. 그렇지만 고등사범학교에서 했던 정치와 역사에 대한 강의들이나 1980년대의 유고를 통해 드러나는 알튀세르의 모습은 맑스주의를 위한 철학자임에 틀림없다. 많은 연구자들은 알튀세르의 지적 여정을 1965년까지의 초기, 1966/67~1975년의 중기, 1976~1980년의 후기로 구분하곤 했다.[5] 알튀세르의 유고들이 편집·출간됨으로써 '알튀세르' 이전의 알튀세르, '알튀세르' 이후의 알튀세르에 대해서도 추가할 수 있다. 알튀세르 이후의 알튀세르의 작업을 초기 작업으로부터의 후퇴로 보든, 아니면 초기의 내적 모순을 발전시키는 것으로 보든, 위 두 입장은 모두 알튀세르의 철학이 변화하고 있음을 전제한다. 이번에도 출현하는 두 입장의 틈새. 알튀세르는 정치적 정세 '안에서'(dans) 또는 '아래에서'(sous) 사고하면서 끊임없이 자신의 개념들을 갱신해 갔다.[6] 하지만 정치적 정세'에 대한'(sur) 일반 이론, 즉 맑스주의를 위한 철학을 정초하고자 하는 기획에서 그는 처음부터 끝까지 일관된다.

---

2) 루이 알튀세르, 「유물론적 변증법에 대하여(기원들의 불균등성에 관하여)」, 『맑스를 위하여』, 이종영 옮김, 백의, 1997, 207~208, 215쪽.
3) 알튀세르, 「마주침의 유물론이라는 은밀한 흐름」, 『철학과 맑스주의: 우발성의 유물론을 위하여』, 서관모·백승욱 편역, 새길, 1996, 83쪽.
4) 알튀세르, 「철학과 마르크스주의: 페르난다 나바로와의 대담(1984~87)」, 『철학에 대하여』, 서관모·백승욱 옮김, 동문선, 1997, 37쪽.
5) 알튀세르 사상의 시기 구분이나 지적 여정에 대한 정리로는 윤소영, 「알튀세르를 어떻게 읽을 것인가?」, 『문학과 사회』 1권 4호, 1988년 겨울, 1449~1493쪽 참조.
6) 발리바르는 심지어 알튀세르의 개념들이 **"항상 이미 자기 비판적**"이었다고까지 말한다. 에티엔 발리바르, 「알튀세르여, 계속 침묵하십시오!」, 발리바르 외, 『루이 알튀세르: 1918~1990』, 윤소영 엮음, 민맥, 1991, 81쪽을 보라.

나는 수와지에 입원해 있는 동안 상태가 극도로 좋았던 때도 있어, 두 달 동안 내 아파트에 가서 지낸 적도 있었다. 익히 알고 있던 이런 모든 과대 망상증 상태 속에서 항상 그랬듯이 거의 잠도 자지 않고, 나는 200쪽에 이르는 철학 원고를 타이핑했다(1982년 11월에서 1983년 2월 사이). 그 글은 횡설수설하는 것은 전혀 아니지만 무척 일관성이 없었다. 사실 나는 거기서 내가 20여 년 전부터 아무에게도 말하지 않고 고이 머릿속에 간직해 오던 일련의 생각들(그만큼 내게는 그 생각들이 중요해 보였다)을 처음으로 글로 표현했는데, 나는 그 생각들이 언젠가 충분히 무르익은 날 출판을 하리라 생각하며 간직해 왔던 것이다. 하지만 안심하시기를. 그 생각들은 아직 충분히 무르익지 않았다.[7]

알튀세르는 1982년에 총 16개의 장에 걸쳐 자신의 '이론적 결산'을 작성하였다. 이 중 I장은 자전적인 장이며, II장과 III장에는 둘 다 「무엇을 할 것인가?」라는 제목이 붙어 있다. 유고의 편집자인 프랑수아 마드롱은 IV장부터 IX장, 그리고 '생산양식에 대하여'라는 제목을 달고 있는 XII장을 「마주침의 유물론이라는 은밀한 흐름」으로 묶었다. 한국어판 『철학과 맑스주의』에는 I장과 더불어 「맑스주의적 사고에 대하여」(XI장)와 「'포이어바흐에 관한 테제들'에 대한 노트」(XVI장)가 수록되어 있다.[8] IX장에 해당하는 부분, 즉 「마주침의 유물론이라는 은밀한 흐름」 후반부에 이미 마주침의 유물론의 원리들이 다시 한 번 정리되는 것으로 보아, 출간되지 않은 나머지 장들에서 알튀세르는 맑스를 다루었던 것 같다.

이런 식으로 정리된 '마주침의 유물론'은 알튀세르가 20여 년 전부터,

---

7) 알튀세르, 『미래는 오래 지속된다』, 권은미 옮김, 이매진, 2008, 346~347쪽.
8) 텍스트 편집과 관련해서는 프랑수아 마트롱이 작성한 「마주침의 유물론이라는 은밀한 흐름」의 '소개글' 참조. 알튀세르, 『철학과 맑스주의』, 25~34쪽.

그러니까『맑스를 위하여』등을 출간한 초기부터 간직하고 있던 것이 공표된 것이다. 그리고 염두에 두어야 할 것은 그가 위 글을 쓰기 전, 고등사범학교 교직원 아파트가 아닌 파리 20구의 새 아파트로 (본인의 의사와 무관하게) 이사를 해야 했고, 이삿짐, 특히 서재 정리를 지인들이 해야 했다는 사실이다. 알튀세르는 자신이 원하는 책이 어디 꽂혀 있는지 찾을 수도 없는 상황에서, "한달음에" 이 글을 써내려 갔다고 자전적 장(I장)에서 밝히고 있다. 요컨대 철학사적으로나 서지학적으로 세세한 사실관계에 오류가 있을 수 있지만, 1982년 텍스트는 알튀세르가 이미 수년간, 아니 수십 년간 품고 있던 생각이 표출된 것임에 틀림없다. 모든 것은 "머릿속에서 일어난다"[9]고 했던가. 책 없이 유폐된 공간에서 글을 쓴다는 것, 알튀세르는 그람시가 옥중에서 수고를 작성하고 네그리가 스피노자에 대한 책을 쓰던 때와 비슷한 상황에서 오로지 사유 속에서 길어 낸 것들만을 펼쳐 놓았다.

물론 1982년의 텍스트는 알튀세르 자신이 말했듯이 일관성이 없어 보이며, 심지어 자신뿐 아니라 자기와 관련된 모든 것을 없애고자 하는 우울증적인 '자기 파괴'로 보일지 모른다. 하지만 알튀세르는 위와 같은 욕망이 "나 자신의 존재를 (다시) 쟁취하는 방향"[10]을 수반한다는 것을 잊지 않고 병기한다. 1982년의 텍스트, 1985년의 '자서전 아닌 자서전'[11] 등, 충분히 무르익지 않은 그 생각들은 인생의 끝을 눈앞에 둔 알튀세르에게 '젊음'을 주는 것, 그야말로 미래가 오래 지속되게 해준 원동력이었다. 왜냐하면 그의 '마주침의 유물론'은 그가 20여 년간 숨겨 두고 억압해야 했던 그 '청춘'을 다시 불러들이는 것이었기 때문이다.

---

9) 알튀세르,『미래는 오래 지속된다』, 350쪽.
10) 같은 책, 359쪽.
11) 이에 대해서는『미래는 오래 지속된다』에 붙인 진태원의 해설,「이것은 하나의 자서전인가:『미래는 오래 지속된다』재출간에 부쳐」참조.

그렇다면 20년 전으로 돌아가 보자. 알튀세르는 「『자본』의 대상」(1965)에서 '철학사의 시간 개념을 구성'하는 것에 대해 지나가듯 언급했다. 그는 철학의 역사를 논의하기 위해서는 '철학적 사건들', 다시 말해 기존의 구조적 관계들의 변이를 야기하는 철학적 사실들이 발생함을 승인해야 한다고 지적한다. 물론 이 철학적 사건들은 진정 억압의 대상이며, 다소 지속적으로 역사의 부정을 겪는다. 로크의 경험론이 독단론적인 고전적 문제의식에 끼친 변이, 스피노자의 철학이 철학사에 초래한 이론적 혁명 등이 그 예다. 특히 맑스를 해석하는 데 결정적인 스피노자주의의 역사는 철학(사)에 의해 억압되었으며, "정치적 및 종교적 이데올로기(이신론)나 과학들 같은 **다른 장소들**(autres lieux)에서 작용한 지하의 역사(une histoire souterraine)로 전개되었고 가시적인 철학의 밝은 무대 위에서는 전개되지 않았다."[12] 철학의 무대에서 제 장소/자리를 갖지 못하고 억압된 지하의/은밀한 역사에 대한 추적이야말로 알튀세르가 1982년 이후의 유물론 연구를 통해 우리에게 남겨 준 것이다.

 여기서 우리는 마주침의 유물론 내지 우발적 유물론이라는 '전통'의 첫머리에 에피쿠로스의 원자론이 자리한다는 사실에 주목한다. 왜 원자론인가? 알튀세르는 페르난다 나바로와의 대담에서 "우발적 유물론을 맑스주의를 위한 하나의 가능한 철학"[13]으로 생각하고 있다고 했으며, 「우발적 유물론에 대하여」(1986)에서는 에피쿠로스-루크레티우스의 철학을 "가능한 모든 우발적 유물론의 모체"[14]라고까지 주장한다. 여기서 '모체'는 단순히 시간적으로 앞서는 '기원'이 아니다. 알튀세르는 「마주침의 유물론이

---

12) 알튀세르, 「『자본론』의 대상」, 알튀세르 외, 『자본론을 읽는다』, 김진엽 옮김, 두레, 1991, 129~131쪽 참조.
13) 알튀세르, 「철학과 마르크스주의」, 『철학에 대하여』, 40쪽.
14) Louis Althusser, "Du matérialisme aléatoire", *Multitudes* Nº 21, Été 2005, p. 189.

라는 은밀한 흐름」에서 에피쿠로스와 하이데거를 접근시키고 나서 마키아벨리, 스피노자, 홉스, 루소의 순으로 마주침의 유물론의 전통을 추적한다. 홉스가 스피노자 뒤에 놓여 있는 것에서 알 수 있듯이 연대기상의 순서가 관건이 아니다. 각 사유는 독립적으로 발전했다가 묻히고 다시 살아난 전통의 '공명'이다. 또한 이 전통의 '모체', 그것은 사실상 '맑스주의를 위한' 철학을 사고하기 위한 핵심 범주들—아래에서 우리가 자세히 다룰 공백, 비, 빗겨남, 마주침, 응고, 우발성, 틈새 등—의 체계를 가리킨다.[15] 이 범주들의 철학적 효과는 '주체도 목적도 없는 과정'의 유물론을 정초하는 것, 그럼으로써 의미-원인-목적-근거의 관념론(플라톤, 아리스토텔레스로부터 이어지는 다른 경향 또는 전통)과 맞서는 것이다.[16]

---

[15] 알튀세르가 그리는 하나의 전통 속에서 반복되는 이 모체에 대해선 이 글 뒤의 '첨부 1' 참조.
[16] 유물론과 관념론의 투쟁은 레닌의 『유물론과 경험비판론』을 생각나게 한다. 블라디미르 일리치 레닌, 『유물론과 경험비판론』, 정광희 옮김, 아침, 1989, 135쪽 참조. 『철학에 대하여』의 1부인 「철학과 맑스주의」의 1장 제목은 '맑스주의를 위한 하나의 철학: 데모크리토스의 노선'이며, 알튀세르는 데모크리토스의 노선이라는 말이 '레닌'의 것임을 명시하고 있다(「대담에 관련된 알튀세르의 서한」, 『철학에 대하여』, 158쪽). 여기서 사소하지 않은 사실 하나를 지적하고 넘어가자. 알튀세르의 말을 종합하면 맑스주의를 위한 철학은 '에피쿠로스-루크레티우스'의 철학을 모체로 하는 '데모크리토스'의 노선에 있게 된다! 하지만 「마주침의 유물론이라는 은밀한 흐름」에서 알튀세르는 데모크리토스와 에피쿠로스의 차이를 지적하지 않았던가(「마주침의 유물론이라는 은밀한 흐름」, 『철학과 맑스주의』, 77쪽)? 그는 데모크리토스의 "기계적" 유물론에 대해 **무질서**에 내재하는 것으로서의 **질서**의 관념론이, 지배적인 관념론이, 가능한 마주침의 유물론의 한가운데에 다시 나타난 것일 뿐"이라고 비판하지 않았던가? 데모크리토스와 에피쿠로스의 차이와 봉합을 어떻게 설명해야 할까? 이에 대한 우리의 답변은 다음과 같다. 「우발적 유물론에 대하여」와 「철학과 맑스주의」에서 알튀세르가 "유물론과 관념론의 투쟁, 철학에서 플라톤과 데모크리토스의 경향 또는 노선의 투쟁"(레닌)을 보다 강조하는 것은 사실이다. 여기서 데모크리토스는 유물론적 경향 또는 노선이라는 깃발의 '상징'으로서 불려 나온다. 그렇지만 에피쿠로스-루크레티우스의 철학이 '모체'라는 사실에는 변함이 없다. 무엇보다 데모크리토스의 '기계적' 유물론은 유물론에 들어 있는 '관념론적 요소'다. 이는 관념론과 유물론이라는 절대적으로 순수한 철학 따위는 존재하지 않음을 보여 준다. 정작 중요한 것은 에피쿠로스가 했듯이 데모크리토스의 유물론으로부터 '기계론'을 떼어냄으로써 유물론적 경향을 (다소간 완성되도록) 실현하는 데 있다. 에피쿠로스는 새로운 범주들을 도입함으로써 원자론, 나아가 유물론을 정정했던 장본인이다.

2. bis. 흔적들

우리는 앞에서 『미래는 오래 지속된다』의 한 구절을 전거로 들어, 마주침의 유물론 전통에 대한 알튀세르의 추적이 갑자기 시작된 것이 아님을 보였다. 혹자는 '20여 년 전부터 간직해 온 생각'이라는 발언이 알튀세르의 '사후적'인 자전(自傳) 왜곡에서 비롯된 것이라고 의심할지도 모르겠다. 하지만 알튀세르가 유물론 전통, 특히 원자론자들(에피쿠로스, 루크레티우스)에 대해 말하고 쓴 '흔적'들이 남아 있다.

알튀세르는 1960년대 후반부터 간헐적으로 에피쿠로스를 언급한다. 그는 「포이어바흐에 대하여」(1967)에서 포이어바흐의 종교론이 인간의 본질로부터 종교의 발생을 설명하는 '에피쿠로스' 이후의 고전적 이론으로부터 벗어난다고 적고 있다.[17] 그리고 「철학에 대한 노트」(1967)에서는 철학이 항상 실천해 온 '단절'을 보여 주는 전-맑스주의 철학의 예로 스피노자, 그리고 '어쩌면' 에피쿠로스가 거론된다.[18]

알튀세르는 1970년대 후반부터 유물론 전통에 대한 연구와 집필을 예고한다. 프랑수아 마트롱은 「우발적 유물론에 대하여」 소개글에서 마주침의 유물론, 그리고 그 뒤의 우발적 유물론이라는 개념이 1978년 말부터 세공되었다고 썼다.[19] 알튀세르는 「메랍에게 보내는 편지」(1978년 1월 16일)

---

17) Althusser, "Sur Feuerbach", *Écrits philosophiques et politiques* Tome 2, éd. François Matheron, Stock/IMEC, 1995, p. 176.
18) Althusser, "Notes sur la philosophie", *Ibid*., p. 311.
19) 우리의 질문에 마트롱은 「철학에서 맑스주의자가 된다는 것」(Etre marxiste en philosophie, 1976), 「(비철학자들을 위한) 철학 입문」(Initiation à la philosophie [pour les non-philosophes], 1977~1978), 특히 전자가 마주침의 유물론 기획을 담고 있다고 정정했다. 마트롱은 뇌졸중으로 오른팔을 쓰지 못함에도 불구하고 현대출판기록연구소(IMEC)의 자료들이나 알튀세르의 서재에 대해 묻는 우리의 귀찮은 편지들에 정성스런 답장을 보내 주었다. 그에게 진 빚과 감사를 여기에 새겨 둔다.

에서 "마키아벨리, 그람시와 그 일당들에 대한 소소한 것들을 출간"하거나 아니면 "철학에 대한 또는 에피쿠로스 전통에 대한 엉뚱한 것들"을 출간할 수도 있다고 말했다.[20] 여기서 마키아벨리와 그람시에 관한 글은 「무엇을 할 것인가?」(1978년에 쓰인 뒤 여러 차례 수정을 겪으며 '이론적 결산'의 II, III 장을 이루는)를 예견한다. 에피쿠로스 전통에 대한 연구는 우리가 알고 있 듯이 「마주침의 유물론이라는 은밀한 흐름」으로 실현되었다. 또한 「'유한 한' 이론으로서 맑스주의」(1978년 3월 12일)에는 유한한 이론만이 자본주 의 사회의 모순적 경향들의 '우발적 생성'(devenir aléatoire)에, 그리고 끊임없이 노동 운동사의 표식이 되었던 예견할 수 없는 '놀람'(surprises)에 열려 있을 수 있다는 구절이 있다.[21] 더 거슬러 올라가면, 「철학의 전화: 그라나다 강연」(1976년 3월 26일)에서 알튀세르는 에피쿠로스에 대한 연구를 예고하며 다음과 같이 썼다.

> 자기들의 반대에 철학으로서 생산된 철학의 형태를 부여하는 데 반밖에 이르지 못했거나 또는 거의 이르지 못한 사람들…… 나로서는, 한두 명을 들자면, 에피쿠로스와 마키아벨리에 관해서 연구해 보고 싶다. 하지만 내가 이들을 연구한다면 이는 오직 맑스를 이해하기 위한 것일 뿐이다. 나는 '맑스의 침묵을'이라고 말하고 싶다.[22]

하지만 '연구해 보고 싶다'는 표현은 시작하지 않은 어떤 기획을 가리

---

20) Althusser, "Lettre à Merab"(16 janvier 1978), *Écrits philosophiques et politiques* Tome 1, éd. François Matheron, Stock/IMEC, 1994, p. 528.
21) 알뛰세, 「로싸나 로쌍다의 질문과 알뛰세의 대답: 제한된 이론으로서의 맑스주의」, 『마침내 맑스주의의 위기가』, 김경민 엮음, 백의, 1992, 44쪽.
22) 알뛰세르, 「철학의 전화: 그라나다 강연(1976)」, 『철학에 대하여』, 204쪽.

키는 말이 아니다. 그는 자신의 1972년 강의에 기초해 「마키아벨리와 우리」를 작성해 두었고, 1975년에 '서문' 계획을 써 놓기도 했기 때문이다.[23]

알튀세르의 에피쿠로스 연구도 마찬가지다. 현대출판기록연구소에는 알튀세르가 원자론에 관해서 작성한 세 편의 노트가 남아 있다. 첫째, 칼 맑스의 『데모크리토스와 에피쿠로스 자연철학의 차이』 프랑스어 번역본[24]에 꽂혀 있던 네 쪽 남짓의 수고. 둘째, 루크레티우스[25]에 대해 쓴 스무 쪽 남짓의 수고. 셋째, 프랑시스 볼프의 석사학위 논문[26]과 프랑신느 마르코비츠의 책[27]에 대한 노트(열두 쪽의 수고와 여덟 쪽의 타자본) 등을 담고 있는

---

23) 「마키아벨리와 우리」의 저술 시기와 배경에 대해서는 프랑수아 마트롱의 「편집자 해제」 참조. 알튀세르, 『마키아벨리의 가면』, 김정한·오덕근 옮김, 이후, 2001, 11~14쪽.
24) Karl Marx, *Différence de la philosophie de la nature chez Démocrite et Épicure*, trad. Jacques Ponnier, Ducros, 1970.
25) 루크레티우스는 기원전 1세기 로마의 시인이다. 에피쿠로스의 철학적 가르침을 시로 표현한 『사물의 본성에 관하여』(*De rerum natura*)를 남겼다. 총 6편으로 이루어진 이 시는 라틴어 문학의 걸작이자, 에피쿠로스 철학의 전모를 알려 주는 중요한 문헌이다. 루크레티우스에 대해선 장 살렘, 『고대 원자론: 쾌락의 윤리로서의 유물론』, 양창렬 옮김, 난장, 2009의 3장 참조.
26) 현재 파리 고등사범학교 철학과 교수로 있는 볼프는 1973년에 피에르 마슈레의 지도 아래 『루크레티우스의 유물론: 원자의 빗겨남의 문제』(*Le matérialisme de Lucrèce: Le problème de la déclinaison*)를 썼다. 그는 나중에 이 논문을 대폭 확장하여 『요소의 논리: 클리나멘』을 출간한다. Francis Wolff, *Logique de l'élément: Clinamen*, PUF, 1981.
27) Francine Markovits, *Marx dans le jardin d'Épicure*, Éditions de Minuit, 1974. 마르코비츠는 맑스의 박사학위 논문, 특히 맑스의 철학 노트에서 '자연학'과 '경제'의 관계를 다루었다. 그녀는 1972년에 자신의 책을 알튀세르에게 보냈고, 이런 답장을 받았다고 회고한다. "저는 항상 『자본』에서 찾아볼 수 있는 징표들을 보면서 맑스와 에피쿠로스의 접촉에 이유가 없지 않으며 깊은 울림이 없지 않음을 의심해 왔답니다." Francine Markovits-Pessel, "Althusser et Montesquieu: L'histoire comme philosophie expérimentale", *Althusser philosophe*, p. 31 참조. 하지만 마르코비츠의 증언엔 이상한 점이 있다. 그녀는 박사학위 논문 ─ 『에피쿠로스의 독자인 맑스: 에피쿠로스, 스토아 학파, 회의주의 철학에 대한 맑스의 노트 번역 첨부』(*Marx lecteur d'Épicure: Avec la traduction des Cahiers de Marx Sur la philosophie épicurienne, stoïcienne et sceptique*) ─ 을 1971년에 마쳤고, 그 일부가 1974년에 미뉘 출판사에서 『에피쿠로스의 정원에 있는 맑스』라는 제목으로 출간되었다. 알튀세르가 그녀의 책에 대한 노트를 남겨 둔 점으로 보아 마르코비츠가 자신의 책을 전달한 시기를 착각한 것으로 보인다. 마르코비츠가 자신의 박사 논문을 1972년에 전달했을 수도 있으나, 이에 대해서는 알 수 없다.

에피쿠로스와 에피쿠로스주의에 대한 서류철. 이 노트들은 1970년대 중후반에 작성된 것으로 보인다.

게다가 프랑스에서 출간된 에피쿠로스 관련 연구서들이 알튀세르의 서재에서 발견되었다. 알튀세르가 '애독'했던 에밀 브레이에의 『철학사』(1926),[28] 폴 니장이 에피쿠로스와 루크레티우스의 텍스트들을 주제별로 선별하고 발췌·번역한 뒤에 해제를 붙인 선집인 『고대 유물론자들』(1936),[29] 마르셀 콩슈가 쓴 중요한 연구서인 『루크레티우스와 경험』(1967)이나 그가 에피쿠로스의 텍스트들을 편집·번역한 『에피쿠로스: 편지들과 금언들』(1977) 등이 그 연구서들이다.[30] 이 밖에도 질 들뢰즈가 쓴 「루크레티우스와 자연주의」(1961)를 알튀세르가 주의 깊게 읽었음을 잊어서는 안 된다.[31]

이 모든 흔적들이 공통되게 가리키는 지점, 그것은 바로 알튀세르의 원자론 연구 및 마주침의 유물론의 전통에 대한 추적이 우발적으로 시작된 이론적 자기 부정이 아니라는 사실이다.

---

28) Émile Bréhier, *Histoire de la philosophie* Tome 1, PUF, 1926. 이에 관해서는 『미래는 오래 지속된다』, 244쪽 참조.
29) 사르트르와 고등사범학교 동창인 이 공산주의자에 대해, 알튀세르는 엘렌을 통해서 잘 알고 있었다. 무엇보다도 니장의 이 책은 알튀세르와 관계가 깊은 프랑수아 마스페로 출판사에서 1965년에 재출간되었다. Paul Nizan, *Les matérialistes de l'antiquité*, François Maspero, 1965.
30) Marcel Conche, *Lucrèce et l'expérience*, Seghers, 1967; Conche, *Épicure: Lettres et maximes*, Éditions de Mégare, 1977.
31) Gilles Deleuze, "Lucrèce et le naturalisme", *Études philosophiques* 16, 1961, pp. 19~29 (「루크레티우스와 자연주의」, 『들뢰즈가 만든 철학사: 생성과 창조의 철학사』, 박정태 옮김, 이학사, 2007, 55~81쪽). 알튀세르와 그의 제자들은 들뢰즈의 초기 작업, 특히 루크레티우스에 대한 논문과 『니체와 철학』(*Nietzsche et la philosophie*, PUF, 1962)에 우호적이었다. 이에 대해서는 피에르 마슈레가 알튀세르에게 보낸 편지에서도 알 수 있다고 한다. Ted Stolze, "Deleuze and Althusser: Flirting with Structuralism", *Rethinking Marxism* Vol. 10 Issue 3, 1998, p. 51과 주 3 참조.

3.「마주침의 유물론이라는 은밀한 흐름」: '이론적 결산'을 위한 몇 가지 개념들

알튀세르가 비에 관한 책이 되길 바랐던 「마주침의 유물론이라는 은밀한 흐름」은 철학사 속에서 그 진가를 인정받지 못한 유물론 전통에 대한 '발견'으로 시작한다. 그 유물론의 핵심 테제는 이렇다. "철학사 속에 **거의 완전히 진가를 인정받지 못한 유물론적 전통 하나가 실존한다. 비의, 빗겨남의, 마주침의, 응고**의 '유물론'이 말이다."[32] 이 유물론의 경향을 구별해 내기 위해 필요한 낱말 하나는 '마주침', '우발성', '우연성'이다. '비, 빗겨남, 마주침, 응고'는 마주침, 우발성, 우연성으로 '수렴'되는 주체도 목적도 없는 과정을 이룬다.

하지만 알튀세르의 텍스트는 마주침의 유물론을 순차적으로 '흐르듯 읽는' 단순한 통사(通史)가 아니다. 비, 빗겨남, 마주침, 응고는 원자론의 중요 개념들이지만, 알튀세르는 그 개념들을 원자론자들의 텍스트 자체에 근거해서 검토하기보다는 마주침의 유물론 전통에 있는 다른 철학들과의 관계 속에서 '거슬러' 읽고 전유한다. 그리고 알튀세르는 이 거슬러 읽기를 가능케 한 디딤돌들을 물길/흐름 '아래' 감추어 둔다. 「마주침의 유물론이라는 은밀한 흐름」을 읽을 때는 이 삼중의 구도를 기억해 두는 것이 좋다.

1) 비 ← 하이데거, 비트겐슈타인
　　　　데리다

「마주침의 유물론이라는 은밀한 흐름」은 내리는 비로 시작한다. 비는 언제나 내림의 형태로만 온다. '아무런 이유 없이.' 사람들에게 유익하게 내리는 비도, 씨 뿌린 대지에 내려 싹을 틔우기 위한 비도 아닌, '그저' 한 줄

---

32) 알튀세르, 「마주침의 유물론이라는 은밀한 흐름」, 『철학과 맑스주의』, 36쪽.

기, 아니 여러 줄기의 비. 알튀세르는 이유도 의미도 없이 내리는 원자들의 비 — 즉 의미의 비선재성이라는 에피쿠로스의 기본 테제 — 와 세계의 원인과 목적에 관한 모든 질문을 거부하는 하이데거의 '~이 주어져 있음'을 접근시킨다. 비는 왜 내리고, 원자들은 왜 떨어지는가? 그것은 그냥 '그렇다'(c'est ainsi). 이유 없이 내리고 그냥 그렇게 주어지는 비는 "세계의 형성 이전에는 **어떤 의미도**, 또 어떤 원인, 어떤 목적, 어떤 근거나 부조리도 실존하지 않았음"[33)]을 함축한다.

알튀세르는 하이데거의 '~이 주어져 있다'(es gibt) 또는 '~이 항상-이미-있었다'의 "'이미'가 존재들의 모든 **형태들**에 대한, 우발 사건 및 **사례**의 선행을 표시하는 데 절대 긴요하다"[34)]고 주장하면서 비트겐슈타인과 하이데거를 연결한다.

> '세계는 일어나는 일들 전체이다'(Die Welt ist alles, was der Fall ist, 비트겐슈타인): 세계는 '떨어지는' 모든 것, '[우연히] 일어나는'(advient) 모든 것, '사례인 것 전체'(tout ce dont il est le cas)이다. ──cas를 casus로, 즉 **우발 사건**(occurrence)**이자 동시에 우연**(hasard)**인 것**으로 이해하자. 이 동시에 우발 사건이자 우연인 것은 예견할 수 없는 것의 방식, 그렇지만 존재의 방식으로 일어난다.[35)]

---

33) 알튀세르, 「마주침의 유물론이라는 은밀한 흐름」, 『철학과 맑스주의』, 38쪽. 사실 알튀세르는 「유물론적 변증법에 대하여(기원들의 불균등성에 관하여)」에서 "경험주의나 '그것은 그렇게 되어 있다'(c'est ainsi)와 '우연'(hasard)의 비합리성에 빠지지 않고 조건들에 대해 이론적으로 말하는 것이 가능한 것은, 맑스주의에서는 '조건들'을 하나의 역사적 과정의 전체를 구성시키는 모순들의 (실재적, 구체적, 당면의) 존재인 것으로 파악하기 때문이다"라고 말한 바 있다. 알튀세르, 『맑스를 위하여』, 249쪽. 그렇다면 마주침의 유물론 시기에 알튀세르는 조건이나 정세에 대해 이론적으로 말하기를 포기하고 비합리성에 빠진 것일까? 사실 이 질문이야말로 말년 알튀세르를 평가하는 열쇠가 된다. 이에 대한 우리의 대답은 317쪽 주 45를 보라.
34) 알튀세르, 「마주침의 유물론이라는 은밀한 흐름」, 『철학과 맑스주의』, 74쪽.

이렇게 알튀세르의 텍스트에서 에피쿠로스-하이데거-비트겐슈타인의 성좌가 만들어진다. 알튀세르에게 하이데거는 '존재의 던져짐'을 통해 기원과 목적을 거부한 철학자로, 비트겐슈타인은 "세계에는 예고 없이 '우리에게 떨어져 내리는' 사례들·상황들·사물들밖에 존재하지 않는다"는 명목론의 기본 테제를 공포한 사람으로 간주된다.[36] 전자가 '모든 목적론을 부정하는 (주체 없는) 과정의 유물론'이라면, 후자는 '명목론의 유물론'이라 하겠다.[37] 이 두 유물론은 따로 또 같이 우발적 유물론을 구성한다.

그렇다면 알튀세르는 어떻게 하이데거와 비트겐슈타인을 끌어들이게 되었는가? 그는 1960년대 후반에 쓴 텍스트들에서 하이데거를 지나가듯 언급할 뿐이며, 비트겐슈타인에 대해서는 거의 말한 적이 없다. 현대출판기록연구소 문서 목록에 따르면, 알튀세르는 1950년대에 하이데거에 대한 짤막한 노트를 쓴 바 있고(이 노트는 지금의 논의와는 상관이 없다), 무엇보다 "헤겔 그리고 하이데거 그리고 데리다에 관한" 두 개의 서류철(하나는 열여섯 쪽의 수고, 다른 하나는 열일곱 쪽의 수고와 네 쪽의 타자본)을 남겼다. 여기서 관건은 알튀세르가 하이데거에 대해 읽거나 쓸 때 항상 그 곁에는 데리다가 따라온다는 사실이다.[38]

알튀세르의 1982년 텍스트와 비슷한 시기에 데리다가 작성한 「나의 운들: 몇몇 에피쿠로스적 입체 음향들과의 약속」에 주목하자.[39] 이 글에서 데리다는 자신이 누구에게 말하는지 모르는 채 발표문을 읽어야 하는

---

35) 같은 글, 같은 책, 73~74쪽. 또한 알튀세르, 「철학과 마르크스주의」, 『철학에 대하여』, 49쪽; Althusser, "Du matérialisme aléatoire", *Multitudes* N° 21, p. 189도 참조.
36) 알튀세르, 「철학과 마르크스주의」, 『철학에 대하여』, 49쪽.
37) 같은 글, 같은 책, 40, 49쪽.
38) 알튀세르는 1984년 여름에 데리다의 영향 아래 니체와 하이데거를 집중적으로 읽었다. 이 정황에 대해서는 그가 페르난다 나바로에게 보낸 편지들을 참조. 알튀세르, 『철학에 대하여』, 126, 129, 135, 138, 145, 222쪽 주 19 등. 알튀세르는 결국 하이데거의 '시골 사제' 같은 면모에 질려 거리를 두지만, 「우발적 유물론에 대하여」에서도 '하이데거'를 잊지 않고 언급한다.

상황에 대해 언급하며 시작한다. 이는 청중 개개인이 누구이며 어디에 속하는지 알지 못하는 데 국한되지 않는다. 그것은 '발신자'가 써서 읽고 있는 텍스트가 '결정하기 어려운' '수신자' ― 데리다 앞에서 발표를 듣는 청중이 아니라, 출간될 텍스트를 읽을 독자 ― 에게 '발송'되는 상황이다. 이때 발신자는 편지를 보내듯 자신의 텍스트를 '던지며', '우연에 맡긴다'. 이렇게 발송된/던져진 텍스트는 '우발적 이탈'을 겪어 엉뚱한 곳에 도달하기도 하고, 발신자(데리다)와 수신자(독자) 사이에 있는 청중의 머리 위로 (꽤 잘) 떨어지기도 한다. 우연히도 데리다는 '떨어짐'을 원자들의 낙하 운동에, '우발적 이탈'을 원자들의 빗겨남에 비유한다. 그리고 이 낙하, 우연 등의 모티브를 하이데거의 '존재의 던져짐' 개념과 연결시킨다. 이 모든 설명은 알튀세르가 쓴 「마주침의 유물론이라는 은밀한 흐름」 서두의 그것과 놀라울 만큼 비슷하다.

데리다는 특히 '운'(chance)이나 '사례'(cas)라는 단어와 '하강' 운동의 관계를 살핀다.[40] 그는 '떨어지다', '우연히 일어나다' 등을 뜻하는 라틴어 동사 cadere와 그로부터 파생된 단어들 ― 박자, 넘어지다, 귀착되다, 종국, 사건, 사고 등 ― 을 나열한다. chance는 '(주사위가) 떨어지다'라는 뜻이 강조되어 '운'이 되고, cas는 '우연히 일어나다'라는 뜻이 강조되어 '사건', '사고', '경우'가 되었다. '운'이든 '사례/경우'든, 그것은 우리 위에서 떨어지는 것으로서 우리를 놀랜다. 데리다의 멋진 비유를 빌리자면, '사례/

---

39) Jacques Derrida, "Mes chances: Au rendez-vous de quelques stéréophonies épicuriennes", *Cahiers confrontation* N° 19, 1988. 데리다는 1982년 10월 존스홉킨스 대학에서 이 원고를 발표했으며, 정신분석학과 문학에서의 '운' 개념을 다루고 있다. 이 텍스트는 영어판으로 먼저 출간되었다. Derrida, "My Chances/Mes chances: A Rendezvous with Some Epicurean Stereophonies", trans. Irene E. Harvey & Avital Ronell, ed. Joseph H. Smith & William Kerrigan, *Taking Chances: Derrida, Psychoanalysis and Literature*, Johns Hopkins University Press, 1984.

40) Derrida, "Mes chances", *Cahiers confrontation* N° 19, p. 22 참조.

경우'는 예견할 수 없는데, 왜냐하면 그것은 우리의 예상(anticipation, 라틴어로는 ante-capere)을 깨기 때문이다. 예상은 언제나 우리 '앞에서' 뭔가를 '붙잡는' 것이다. 그것은 시간상 앞에 있는 것, 그리고 우리 눈앞에–던져진 것, 즉 대상(ob-jet)을 붙잡는 것이다. 하지만 사건은 우리 위에서 떨어지는 것이므로 우리는 그것을 미리/앞에서 파악할 수 없다.

알튀세르가 1982년 7월에서 9월 사이에 '이론적 결산'에 대한 글들을 쓰기 시작했고, 데리다가 그해 10월에 이 글을 발표했음을 생각한다면, 데리다가 알튀세르의 텍스트를 읽고 논평한다고 볼 수도 있다.[41] 하지만 입원해 있던 알튀세르와 데리다가 만나 함께 이 문제에 대해 이야기를 나누었을 가능성이 더 크다. 데리다는 "1980년 11월의 비극 이후, 오랫동안 알튀세르를 만나러 가는 것이 허용된 유일한 사람"[42]이었으니 말이다.

알튀세르가 데리다를 디딤돌 삼고, 하이데거와 비트겐슈타인을 경유하여 '비'에서 읽어 내는 철학적 함의, 그것은 비가 언제나 '내림'의 형태로만 '온다'는 것, 다시 말해 '낙하'와 우연한 '사건'의 근접성이다. 나중에 알튀세르는 「철학과 맑스주의」에서 원자의 낙하와 목적론 부정, (주체 없는) 과정을 보다 직접적으로 연결한다.[43]

하지만 원자론에서나 「마주침의 유물론이라는 은밀한 흐름」에서나,

---

41) 이것은 워런 몬탁의 가설이다. Warren Montag, "The Late Althusser: Materialism of the Encounter or Philosophy of the Void?", *Rileggere il Capitale: La lezione di Louis Althusser*, parte seconda, Mimesis Edizioni, 2009, p. 224. 하지만 몬탁은 글(쓰기)과 말(발표) 사이의 시차를 고려하지 않았다. 데리다는 「나의 운들」에서 자신이 그 텍스트를 그해 '여름'에 썼다고 밝히고 있다. 알튀세르가 마주침의 유물론의 전통에 대해서 쓴 것은 1982년 겨울이다.
42) Jacques Derrida et Elisabeth Roudinesco, *De quoi demain……: Dialogue*, Fayard/Galilée, 2001, p. 171.
43) 알튀세르, 「철학과 마르크스주의」, 『철학에 대하여』, 40쪽. 이 설명은 데리다의 것에 더 근접한다.

원자들의 비는 마주치기 이전에 평행하게 떨어지는 '비(非)-마주침'의 상태를 가리키는 것이었다. 그런데 이것이 우발적 사례와 관련이 있는 것일까? 이에 답하기 위해서 우리는 루크레티우스가 원자의 낙하를 비에 비유한 딱 한 구절, 그 '한 줄기' 비를 바라본다.

> 빗겨나는 경향 없이는, 모든 것들[원자들]이
> 빗방울처럼 심원한 허공에서 아래로 떨어질 것이다.[44]

원자들의 비는 '이유 없이' 내리는 듯 보일지 몰라도, 실제로는 그 물체의 '무게' 때문에 떨어진다. 원자의 무게에 의한 '낙하'는 '우연'도 '운'도 아닌, 원자의 본질 속성(내적 필연)에서 비롯된다. 본디 원자론 체계에서 원자들 자체의 운동은 '무게'와 그리 상관이 없다. 허공의 특징은 '저항의 부재'이므로, 저항이 0인 상태에서 원자들은 무게와 상관없이 같은 빠르기로 어디든 이동할 수 있다. 그 빠르기의 한계는 '무한' 미만일 뿐이다. 원자의 빠르기가 무한하다면, 원자는 동시에 여러 곳에 위치하게 되는 모순에 빠지기 때문이다. 오히려 원자의 무게에 의한 낙하 운동은 원자 자체의 상태를 엄밀히 묘사한 것이기보다는, 우리가 짊어지는 삶의 필연적 '무게'와 원자들로 이루어진 복합체의 낙하 운동을 유비적으로 표현한 것이다. 따라서 고대 원자론에서 '빗방울처럼 떨어지는' 원자들은 낙하-우연-사례의 계열과는 정반대로 '필연'을 가리킨다.

알튀세르는 평행하게 낙하하는 원자들이 항상-이미-주어져 있다고 보려 한다.[45] 하지만 원자론자들에게 참으로 실재하는 것은 '원자들'과 '허공'이며, 이것들은 물체들을 '구성하는' 근원인 동시에, '처음부터' 주어져

---

44) 루크레티우스, 『사물의 본성에 관하여』 II, 221~222.

있는 것들이다. 흥미롭게도 에피쿠로스는 하나의 세계의 생성에 대해 말할 때, "태초에 원자들과 허공이 있었다"고 말하지 않는다. 그는 세계의 수가 무한하다고 말하면서 시작한다(이것은 원자들의 수가 무한하고 허공의 크기가 무한하다는 사실로부터 도출되는 결론이다). 세계는 하나의 세계에서 그리고 많이 비어 있는 간(間)세계에서 생겨날 수 있다. 적합한 씨앗들이 하나의 세계나 간세계 또는 여러 세계로부터 흘러나온 후, 조금씩 쌓이고 분절되고, 또 물질을 다른 장소로 이동시키기도 한다. 이것들이 완성기와 안정기에 이를 때까지 적절한 질료들을 관개(灌漑)한다.[46] 데모크리토스 역시 무한한 우주 안에 당연히 세계들이 수적으로 무한하게 있어야 하며, 이 세계를 형성하기 위해 원자들이 '외부'에서 유입된다고 말했다. 요컨대 원자론자들에게는 최초의 우주가 어떻게 생성되었는가와 같은 물음이 부재한다. 고대 원자론자들에게 원자들이 평행하게 낙하하는 최초의 순간은 결코 존재하지 않았으며, 존재하지 않으리라고 말할 수 있다. 우주발생론에서 그 원자들은 이미 다른 세계에서 오거나 거대한 허공을 떠돌던 원자들이다.

---

[45] 여기서 알튀세르는 항상-이미-주어진 복합적 전체로서의 '구조' 또는 '정세' 개념을 원자들의 낙하에 투사하는 듯하다. 겉보기에 정반대의 의미로 말이다. 『맑스를 위하여』에서 알튀세르는 레닌을 따라 과잉결정, 특히 "경제에 의한 최종 심급에서의 결정이 과정의 국면에 따라서, 사건적으로가 아니라, 외재적이고 우연적으로가 아니라, 내적이고 필연적인 이유에 따라 본질적으로 치환과 전위와 응축에 의해 행사된다"(256쪽)고 말했었다. 그리고 이 내적 본질에 의한 결정을 논증하지 못하고 비결정성에 빠지는 것을 이론적 "공백"(143쪽)으로 치부했다. 반면 마주침의 유물론에서 사례인 것 전체는 우연적이다. 그렇다면 마주침의 유물론 시기의 알튀세르는, 사람들이 흔히 말하듯, 당면 시점에 대한 분석, 즉 구체적 상황의 구체적 분석을 포기하고 무지의 도피처로 숨어든 것인가? 이 물음에 답하기 위해 우리는 과잉결정이나 구조적 인과성의 '대상'과 마주침의 유물론의 사례의 '대상'이 다르다는 가설을 제출하고자 한다. 다시 말해 전자는 우리가 당면한 생산양식, 나아가 사회구성체의 구조를 밝히는 것이고, 후자는 한 사회구성체에서 다른 사회구성체로의 이행이라는 '새로운 시작'의 국면에 대한 성찰이다. 우리는 이 글 말미에서 이 구분으로 다시 돌아올 것이다.
[46] 에피쿠로스, 『퓌토클레스에게 보내는 편지』, 89 참조.

고대 원자론에 대한 문헌학적 고찰은 우리에게 알튀세르와 다른 방식으로 출발할 수 있는 기반이 된다. 어쩌면 정세-사례를 그냥 떨어져 내리는 것이 아니라 '바깥'으로부터 유입된 것으로 간주하는 것이 나을지도 모른다. 그것은 기원과 목적을 재도입하기는커녕, 이 세계의 '바깥' 또는 '가능한 다른 무수한 세계들'에 대한 탐구를 요청하는 것이다. 이 '바깥'에 대한 사유는 뒤에서 다룰 주변/여백, 틈새에 대한 사유와 다른 것이 아니다.

2) 빗겨남 ← 맑스
들뢰즈, 데리다

루크레티우스는 『사물의 본성에 관하여』 II편 216~293행에서 원자들이 궤도를 이탈한다는 클리나멘(clinamen), 즉 원자의 빗겨남(declinatio) 이론을 설명한다. 그는 이때 원자가 빗겨나야 함을 증명하기 위해 두 가지 논거를 든다. 첫째, 빗겨남이 없다면 자연은 결코 어떤 것도 만들어 내지 못했을 것이다.[47] 둘째, 빗겨남이 없다면 자유를 온전히 생각할 수 없을 것이다.[48]

하지만 원자론에 조금이라도 익숙한 사람이라면 자문하지 않을 수 없다. 데모크리토스 이래로 원자론자들은 원자들이 허공 속에서 '영원히' 운동하고 있다고 주장하지 않았는가? 이는 만물의 근원인 원자들이 생성·소

---

47) "물체들[원자들]은 그 자신의 무게 때문에 허공을 가로질러 직선으로 떨어질 때, 완전히 결정되지 않은 시간, 결정되지 않은 장소에서 그들의 코스로부터 약간 이탈한다, 우리가 운동의 변화를 말할 수 있을 정도까지만. 빗겨나는 경향 없이는, 모든 것들[원자들]이 빗방울처럼 심원한 허공에서 아래로 떨어질 것이다, 원리들[원자들] 사이에서 충돌도 일어나지 않고, 충격도 만들어지지 않은 채. 따라서 자연은 결코 어떤 것도 만들지 않았을 것이다." 루크레티우스, 『사물의 본성에 관하여』 II, 218~224.
48) "만일 모든 운동이 항상 연결되어 있고, 하나의 새로운 운동이 고정된 질서 속에서 이전의 운동으로부터 야기된다면, 그리고 만일 빗겨남을 통해 원자들이 운명의 법칙을 깨고, 한 원인이 다른 원인으로 무한하게 이어지지 않도록 하는 운동의 시작을 만들어 내지 못한다면, 이 지상의 생명체들이 갖고 있는 자유는 어디에서 오겠는가? 운명에서 벗어난 이 의지는 어디에서 오겠는가?" 같은 책, 251~257.

멸을 겪는 '시간'의 흐름을 벗어나 있음과 동시에, 원자의 운동에 그 기원도 목적도 없음을 가리킨다. 그래서 아리스토텔레스는 데모크리토스가 사물들이 항상 같은 방식으로 생겨난다고 말하면서 그 항상의 '근원'을 찾지 않았다며 비난한다.[49] 그리고 원자들이 머물고 운동하는 터인 허공은 무한하기 때문에 절대적인 위와 아래를 정할 수가 없다.[50] 또한 원자들은 제 본성에 맞게 위나 아래로 움직이는 '자연적인 운동'(아리스토텔레스)을 갖지 않는다. 그렇다면 원자론 체계의 정합성을 깨면서까지 에피쿠로스가 원자들의 낙하와 빗겨남을 도입한 까닭은 무엇일까? 원자들의 낙하와 빗겨남은 세계와 만물의 생성을 설명하기 위한 것이기 이전에, 필연적인 인과 사슬(낙하)에서 벗어나는 자유로운 '의지'(빗겨남)를 설명하기 위한 것이었기 때문이다.[51]

하지만 알튀세르는 원자의 빗겨남이 도입된 철학사적 맥락을 짐짓 무시한다. 왜 알튀세르는 그러한 입장을 취할까?

첫째, 원자의 빗겨남을 "필연성의 세계 바로 그 안에 인간의 자유가 실존함을 인정"하는 **"자유의 관념론"**으로 해석해서는 안 된다.[52] 알튀세르는 원자의 빗겨남을 언제, 어디서, 어떻게 일어나는지 모르는 무한히 작은 빗겨남에 한정한다. 세계 전체의 기원이 이 빗겨남에서 기인한다. 왜냐하면 원자들이 빗겨남으로써 마주침이 유발되기 때문이다.[53]

알튀세르와 함께 '반인간주의'의 기치를 공유한 들뢰즈[54]와 데리다 역

---

49) 아리스토텔레스, 『자연학』 VIII, 252a32~252b5.
50) 에피쿠로스에 따르면 우리가 사는 세계에서는 '관찰자'를 기준으로 상대적으로 '위'와 '아래'를 정하고 상승·하강 운동을 말할 수 있다. 하지만 지금 문제가 되는 것은 세계의 '생성'에서 도입되는 낙하 운동이다.
51) 이에 대해서는 살렘, 『고대 원자론』, 101~103쪽 참조.
52) 알튀세르, 「마주침의 유물론이라는 은밀한 흐름」, 『철학과 맑스주의』, 37쪽.
53) 같은 글, 같은 책, 38~39쪽.

시 이 인간주의적 관념론의 냄새가 물씬 풍기는 원자의 빗겨남의 한 측면, 즉 인간의 자유의 기초로서의 클리나멘을 배제했다. 알튀세르의 해석은 이를 관념론과 유물론의 대립에 위치시킨다는 점에서 특이하다. 특히 그의 마주침의 유물론 내지 우발적 유물론은 전통적인 의미의 관념론과 맞서는 것이 아니라 "관념론의 변형되고 위장된 형태",[55] 곧 필연성과 목적론의 유물론과 맞선다. 이를 위해서는 필연·목적에 대한 비판뿐 아니라, 마주침의 유물론을 '자유의 관념론'으로 치부하고 뒤틀었던 공인된 유물론의 '타산적 오독'과도 거리를 두어야 한다는 것이 알튀세르의 생각이다. 알튀세르는 자유(관념론) 대(對) 필연(유물론)이라는 전통적 경계를 원자의 빗겨남과 마주침이라는 범주를 가지고 다시 한 번 쪼개면서 해체한다.[56]

둘째, 알튀세르는 원자의 빗겨남에 대해 많은 페이지를 할애하지 않는다. 빗겨남은 곧 '마주침'에 자리를 내준다. "**마주침은 원자들**에, 빗겨남과 마주침이 없었더라면 밀도도 실존도 없는 **추상적인** 요소들에 불과했을 **바로 그 원자들에, 그것들의 현실성을 부여한다. 원자들은 빗겨남과 마주침** ── 그에 앞서서는 원자들이 유령적 실존만을 지닐 뿐인 저 마주침 ── **을 통해서만 비로소 자기 실존에 이르게 된다**."[57]

---

54) 들뢰즈는 클리나멘을 우연히 발생하는 이차적 운동이 아니라 언제나 현존하는 본원적 운동으로 본다. 따라서 그가 보기에 불확실한 때와 장소에서 일어나는 클리나멘은 비결정되어 있는 것이 아니라, 단지 지정할 수 없는 운동일 뿐이다. 이는 저항 또는 도주를 구조에 선행하는 것으로 보는 들뢰즈의 정치적 관점을 예견한다는 점에서 흥미롭다. 하지만 클리나멘에서 '우연성'과 '비결정성'을 제거하는 것은 검토가 필요한 문제적 해석이다. 알튀세르는 '마주침'을 '형식'보다 우위에 두긴 해도, 클리나멘의 비결정성을 받아들이는 조건하에서 그렇게 한다.
55) 알튀세르, 「마주침의 유물론이라는 은밀한 흐름」, 『철학과 맑스주의』, 36쪽.
56) 필연성과 목적론의 유물론과 자유의 관념론의 대립은 "관념론-유물론 대쌍 그 자체가 지배적인 관념론에 기초를 두고 있는" 것과 같은 꼴이다. 알튀세르, 「페르난다 나바로에게 보내는 편지」(1984년 7월 10일), 『철학에 대하여』, 109쪽 참조. 그렇지만 알튀세르가 '자유'라는 관념 자체를 폐기하는 것은 아니다. 그는 우발적 유물론 전통의 철학자들이 옹호하는 범주들 중 하나로 '자유'를 집어넣고 있으며, 「우발적 유물론에 대하여」에서도 대중 운동이 추구해야 할 가치 중 하나로 '자유'를 꼽고 있다.

알튀세르의 해석은 맑스의 박사학위 논문과 평행선을 달리기에 흥미롭다. 알튀세르가 맑스의 박사학위 논문 프랑스어판에 꽂아 두었던 네 쪽의 노트를 보지 못한 상황에서, 우리는 다음과 같이 맑스와 알튀세르의 원자론 독해의 차이를 가설적으로 제시해 보고자 한다.[58]

맑스는 데모크리토스와 에피쿠로스 자연철학의 첫번째 세부적 차이로 '직선으로부터 원자의 빗겨남'을 들었다.[59] 원자의 낙하는 특수한 질이 드러나지 않는 원자의 '현존재'에 지나지 않는다. 원자들은 저항 없는 허공 속에서 무게와 상관없이 그냥 아래로 떨어지는 한 결코 자립적이지 못하다. 수직 낙하하는 원자의 현존재는 순수하게 '질료'적인 실존이다. 하지만 원자들은 자신의 현존재(직선 운동)를 '부정'하며 궤도에서 빗겨남으로써 자기 자신을 표상할 수 있다. 이제야 원자는 자기 스스로를 형식적으로 규정할 수 있다. 이러한 형식 규정, 직접적인 현존으로부터의 자율 속에서 원자는 자신의 '추상적 개별성'을 정립한다. 그리고 마지막으로 이렇게 빗겨난 원자들이 서로 충돌할 때 원자의 개념은 현실화된다. 다시 말해 직선으로 낙하하도록 위치 지어진 그들의 물질성과 빗겨남 안에서 정립된 원자의 형식 규정은 원자들의 충돌 안에서 종합적으로 통일된다.

또한 맑스에게 원자의 '추상적 개별성'은 자연의 절대적이고 본질적

---

57) 알튀세르, 「마주침의 유물론이라는 은밀한 흐름」, 『철학과 맑스주의』, 39쪽.
58) 오나카 가즈야(大中一彌)는 발리바르의 지도 아래 『실천과 시간: 루이 알튀세르와 '유물론의 은밀한 흐름들'』(2003)이라는 박사학위 논문을 썼다. 이 논문은 제목 그대로 알튀세르의 마주침의 유물론의 각 계기들을 그의 철학 전체에 걸쳐 추적한다. 이 중 2부는 「클리나멘의 논리: 에피쿠로스적 계기의 문제」다. 하지만 오나카는 알튀세르의 독특한 원자론 이해나 그 원천에 대해서는 언급하지 않고, 헤겔이 『철학사』에서 내놓은 에피쿠로스 해석과 맑스가 박사학위 논문에서 다룬 클리나멘을 해설하는 데 만족한다. Kazuya Onaka, *Pratique et temps: Louis Althusser et les "courants souterrains du matérialisme"*, sous la dir. d'Étienne Balibar, Thèse de doctorat, Université Paris X-Nanterre, 2003, 특히 pp. 155~271 참조.
59) 칼 맑스, 『데모크리토스와 에피쿠로스 자연철학의 차이』, 고병권 옮김, 그린비, 2001, 71~82쪽.

인 형식으로서의 원자(원리로서의 원자)가 갖는 개념이며, 원자들이 질(모양, 크기, 무게)을 갖고 다른 원자들과 충돌하며 복합체를 구성할 때, 그 원자는 원소로서의 원자로서 완성된다. 데모크리토스는 원자의 빗겨남을 사고하지 못하였으므로, 자연히 물질적 기체로서의 원자밖에 알지 못했다. 이것이 맑스가 말하는 데모크리토스와 에피쿠로스 자연철학의 세번째 세부적 차이이다.[60] 이처럼 맑스에게 추상적 개별성을 가리키는 '원자의 빗겨남'은 데모크리토스와 에피쿠로스를 구별하는 결정적 차이였을 뿐 아니라, 에피쿠로스 철학의 원리를 "(추상적-개별적) 자기 의식의 절대성과 자유"[61]로 보는 준거가 된다. 우리는 여기에 맑스의 클리나멘 해석의 긴장이 있다고 본다. 원자의 빗겨남은 원자의 개념이 현실화되는 종합에 이르기 위한 하나의 '부정적 계기'로도, 원소로서의 원자로 현상계에 붙들리기 전의 '이탈'(또는 '도주')로도 이해될 수 있기 때문이다.

알튀세르는 주체의 자기 의식을 긍정하는 그리스적 계몽의 대표자로 묘사된 에피쿠로스에게는 관심이 없다. 그에게 원자의 빗겨남은 주체 없는 과정의 한 계기에 지나지 않는다. 하지만 그 계기는 사소하지 않다. 적어도 원자는 빗겨남과 마주침을 거치면서 추상성에서 탈피하여 현실성을 얻기 때문이다. 따라서 수직 낙하 → 빗겨남 → 마주침이라는 구도에서 맑스와 알튀세르는 전혀 다른 점을 강조하고 있다. 맑스에게 빗겨남은 수직 낙하라는 현존재를 '부정'함으로써 자신의 추상적 개별성(형식적 규정)을 확보하는 것이고, 마주침은 추상적 개별성을 부정하여 원자를 현상계의 물질적 토대로 가라앉게 만드는 것이다.[62] 반대로 알튀세르에게 빗겨남과 마주침은 텅 빈 원자가 충만하게 되는 계기다. 물론 이것은 알튀세르가 이미

---

60) 맑스, 『데모크리토스와 에피쿠로스 자연철학의 차이』, 91~99쪽.
61) 같은 책, 115~117쪽.
62) 같은 책, 98쪽 참조.

『맑스를 위하여』나 『『자본』을 읽자』에서 고수했던 요소에 대한 구조의 우위, 그리고 『존 루이스에 대한 답변』에서 주장한 계급에 대한 계급투쟁의 우위의 연장선에 있다. 한마디로 '존재'보다 '관계'가 앞서는 것이다. 하지만 그것은 원자가 즉자 존재에서 대자 존재로 상승하는 과정에서 현실성을 획득하는 헤겔적 도식과 구별하기 어렵다. 요컨대 우리는 도처에서 헤겔의 용어를 쓰면서 반-변증법의 계기(클리나멘)를 모색하는 맑스와 달리, 명시적으로 반-헤겔적이지만 변증법과 불장난하는 알튀세르와 마주하게 된다. 이 역설에서 벗어나는 길은 알튀세르처럼 원자의 빗겨남이 수직 낙하의 '부정'이 아니라 '우연의 순수한 효과'라고 보는 것이다.[63]

3) 우발적 마주침 ← 쿠르노 / 레몽 아롱

「마주침의 유물론이라는 은밀한 흐름」에서 알튀세르는 우연, 우연성, 우발성 등의 용어를 정의하지 않고 쓰고 있다. 이 중에서 '우연'(hasard)이 의미 있게 쓰이는 곳은 비트겐슈타인의 casus ──우발 사건이자 동시에 우연인 것── 에 대한 구절뿐이다. '우연성'(contingence)은 주로 '필연성'(nécessité)과 짝을 이루는데, 이 둘은 단순히 대립되는 것이 아니다. 마주침의 유물론에서 필연성은 기성 사실(fait accompli)의 상태를 가리키는 말이며, 이 완성된 사실은 우연성에 바탕을 둔다. 따라서 알튀세르에게 관건은 "필연성의 우연성뿐만 아니라 또한 그 뿌리에 있는 우연성의 필연성을 사고하기",[64] "우연성을 필연성의 양상 또는 필연성의 예외로서 사고할 것이 아니라 필연성을 우연적인 것들의 마주침의 필연적 생성으로 사고하

---

63) 물론 또 하나의 길이 있다. 그것은 클리나멘을 '부정'이나 '지양'이 아니라 하나의 '돌발'로 보는 것이다. 우리는 뒤에서 이 '돌발'의 문제를 자세히 다룰 것이다.
64) 알튀세르, 「마주침의 유물론이라는 은밀한 흐름」, 『철학과 맑스주의』, 68쪽.

기"⁶⁵⁾이다. 위 텍스트에서 가장 많이 등장하는 '우발성'(l'aléatoire)(과 그것의 형용사형)은 대개 '~이 일어나지 않을 수도 있다'를 뜻한다.

알튀세르는 기성 사실이 우연성의 순수한 효과이며, 그 이유를 "그것은 클리나멘의 빗겨남에 기인하는 원자들의 우발적 마주침에 의존하기 때문"⁶⁶⁾이라고 말한다. 한마디로 모든 마주침은 우발적이다. "모든 마주침은 비록 일어났지만, 일어나지 않았을 수도 있다."⁶⁷⁾ 우발적 마주침에 대해 논하기 위해서는 클리나멘이 아니라 평행하게 내리는 비로 다시 돌아가야 한다. 우리는 앞에서 평행하게 떨어지는 비라는 관념이 원자론 체계에 초래하는 곤란에 대해 지적했다. 그런데도 알튀세르가 '비'를 고집하는 까닭은, '마주침'을 효과적으로 설명하기 위해 마주치지 않은 적어도 두 계열이 필요하기 때문이다. 평행한 비를 보며 스피노자의 '속성'을 떠올릴 수도 있겠지만, 알튀세르가 실제로 염두에 둔 것은 앙투안-오귀스탱 쿠르노의 '우연' 개념이다.

> 마주침은 원인들의 여러 계열들 — 적어도 두 계열들 — 의 결과로 나오는 존재들의 계열들 사이에서만 존재한다. 그러나 이 두 계열은 평행의 효과 또는 주위의 감염의 효과에 의해 즉각 증식한다(브르통이 심오한 말로 말했듯이, "코끼리는 감염되어 있다"). 여기서 우리는 또한 쿠르노, 잘못 이해된 이 대가에 대해 생각하게 된다.⁶⁸⁾

---

65) 알튀세르, 「마주침의 유물론이라는 은밀한 흐름」, 『철학과 맑스주의』, 79쪽. 알튀세르의 저작 곳곳에서 반복적으로 출현하는 '우연성의 필연성' 개념에 대해서는 Gregory Elliott, "The Necessity of Contingency: Some Notes", *Rethinking Marxism* Vol. 10 Issue 3, Fall 1998, pp. 74~79; Elliott, "Postscript: The Necessity of Contingency", *Althusser: The Detour of Theory*, Brill, 2006, pp. 317~371을 보라.
66) 알튀세르, 「마주침의 유물론이라는 은밀한 흐름」, 『철학과 맑스주의』, 39쪽.
67) 같은 글, 같은 책, 78쪽.

쿠르노는 『운과 확률 이론에 대한 설명』(1843)에서 '우연'을 이렇게 정의한다. "인과성의 질서에서 볼 때 독립된 계열들에 속하는 현상들의 결합 또는 마주침에 의해 초래된 사건들, 우리는 그것들을 우연한 사건들 또는 우연의 결과들이라 부른다."[69] 계열들은 각각의 인과 연쇄를 갖고 있으며, 한 계열이 다른 계열의 원인이나 이유가 되지 않는다. 다시 말해 하나의 계열은 원인과 결과로 이어지는 '선형적' 형태를 갖는다. 그리고 "무한 수의 평행한 계열들이 시간 속에서 공존할 수 있다". 쿠르노가 자주 사용하는 우연의 예는 쌍둥이 형제가 각기 멀리 떨어진 전장에 나가 한날한시에 죽는 경우, 검은 공과 흰 공이 뒤섞인 추첨함에서 연속으로 네 개의 검은 공이 뽑히는 경우, 거리를 지나던 사람이 지붕 위에서 떨어진 기왓장에 머리를 맞는 경우 등이다. 각각의 사례에서 우연을 정의하는 것은 원인의 부재 또는 원인에 대한 무지가 아니다. 예컨대 길을 걷는 사람의 운동과 기왓장의 낙하 운동의 원인에 대한 설명이 가능하며, 만일 '전지한' 존재를 가정한다면 가능성이 지극히 희박한 사건들의 인과 관계도 규명할 수 있을 것이다. 하지만 설사 두 계열의 마주침을 예견할 수 있다 하더라도, 그 마주침 자체는 우연하다는 게 쿠르노의 생각이다. "마주침은 그 자체로 순수 사실(pur fait)이며, 우리는 그것에 법칙이나 근거[이유, raison]를 들이댈 수 없다."[70]

그렇다면 알튀세르는 쿠르노를 어떻게 알게 되었을까? 알튀세르의 서재에는 1922년과 1934년에 재간행된 쿠르노의 책 두 권이 있었으나, 읽은

---

68) 같은 글, 같은 책, 78쪽. 알튀세르는 「철학적 정세와 맑스주의 이론 연구」(1966년 6월 26일)에서 쿠르노를 프랑스 과학철학 전통의 한 명으로 지나가듯 언급했다. Althusser, "Conjuncture philosophique et recherche théorique marxiste"(26 juin 1966), *Écrits philosophiques et politiques* Tome 2, pp. 397, 399.
69) Antoine-Augustin Cournot, *Exposition de la théorie des chances et des probabilités*, Hachette, 1843, p. 73.
70) Cournot, *Traité de l'enchaînement des idées fondamentales dans les sciences et dans l'histoire*, Hachette, 1861, pp. 67~68.

흔적은 없다. 이 밖에 1975년부터 브랭(J.Vrin) 출판사에서 나온 『쿠르노 전집』 중 세 권이 있긴 하나, 부분적으로만 읽은 흔적이 남아 있다. 따라서 쿠르노에 대한 알튀세르의 이해는 원전에 대한 일차 독해보다는 이차 문헌에 근거한 것일 가능성이 높다.

쿠르노의 우연한 마주침 개념과 원자론을 연결하는 간접적 실마리는 들뢰즈에서 찾아볼 수 있다. 그는 「루크레티우스와 자연주의」에서 원자의 빗겨남이 "인과적 계열들 사이의 만남에 대한 결정이며, 이때 각각의 인과적 계열은 한 원자의 운동에 의해 구성되면서 동시에 만남 속에서 자신의 완전한 독립성을 보존한다"고 적는다. 그리고 덧붙인다. 원자의 빗겨남은 "그 모습 그대로인 한에서 인과적 계열들이 보여 주는 독립성과 다수성에 대한 긍정이라는 의미에서만 우연적인 것이다".[71] 우리는 여기서 원자들의 모든 마주침이 쿠르노적인 의미에서 우연한 사실이라 말할 수 있다. 개별 원자의 직선 운동은 하나의 독립된 계열을 형성하며, 원자의 빗겨남은 마주침을 구성하는 적어도 두 계열의 다수성을 없애지 않기 때문이다.[72]

이치다 요시히코(市田良彦)가 설득력 있게 지적했듯이, 알튀세르에게 쿠르노를 알려 준 것은 레몽 아롱이다.[73] 알튀세르는 1953년에 폴 리쾨르와 논쟁하면서 아롱의 박사 논문인 『역사철학 입문』(1938)을 탐독했으

---

71) 들뢰즈, 「루크레티우스와 자연주의」, 『들뢰즈가 만든 철학사』, 66쪽.
72) 우리는 들뢰즈와 쿠르노의 연결에 대한 실마리를 장-마르크 가보드의 책에서 얻었다. 특히 Jean-Marc Gabaude, *Le jeune Marx et le matérialisme antique*, Privat, 1970, p. 94 참조. 이 책에는 알튀세르의 마주침의 유물론을 예견하는 듯한 성찰들이 여럿 등장한다. 하지만 이 책은 알튀세르의 서재에서 발견되지 않았다.
73) 2010년 9월 29일~10월 1일에 파리 사회과학고등연구원(École des hautes études en sciences sociales)에서 '철학자와 책들'(le philosophe et les livres)이라는 콜로키엄이 열렸다. 콜로키엄의 테마는 철학자의 유고들을 편집하는 것에 관한 것이었다. 프랑수아 마트롱과 이치다 요시히코는 따로 또 같이 「알튀세르, '별종', 별도의 서재?」(Althusser un 'typapart' une bibliothèque à part?)라는 발표를 했다. 이때 이치다는 알튀세르와 아롱의 복잡한 관계를 다루면서, 그 예 중 하나로 쿠르노에 대해 언급했다. 우리의 설명은 전적으로 그에게 빚지고 있다.

며 70여 쪽에 이르는 세세한 독서 노트를 남겼다. '역사적 객관성'을 문제 삼으며 — 보편타당한 역사과학이 가능한가? — '주관주의'적 입장을 취하는 아롱에게 쿠르노의 개념은 중요한 출발점이었다. 그리고 알튀세르는 아롱을 경유하여 쿠르노에게서 "역사적 사실은 본질상 질서로 환원되지 않으며, 우연이 역사의 토대임"[74]을 배웠을 것이다. 알튀세르가 '사유' 없는 자라 혹평했던 바로 그 '저널리스트' 아롱에게서 말이다.[75]

알튀세르의 눈에 독립된 두 계열이 마주친다는 쿠르노의 우연 개념은 평행하게 낙하하던 원자들이 클리나멘에 의해 서로 마주친다는 원자론에 딱 들어맞았을 것이다. 다시 말해 알튀세르가 원자들의 평행한 수직 낙하 그리고 '비'의 은유를 고수하는 까닭은 쿠르노가 말하는 우연 개념(독립된 원인 계열들의 마주침)을 유지하고, 낙하가 갖는 현사실성을 강조하기 위해서다. 하지만 잘 살펴보면 쿠르노의 우연한 마주침 개념에는 '클리나멘'의 계기가 없다. 이것은 알튀세르에게 클리나멘의 역할이 지나치게 축소된 것과 무관하지 않아 보인다.[76]

---

74) Raymond Aron, *Introduction à la philosophie de l'histoire: Essai sur les limites de l'objectivité historique*(Nouvelle édition), éd. Sylvie Mesure, Gallimard, 1986, p. 20.
75) Yann Moulier-Boutang, *Louis Althusser: Une biographie Tome 1. La formation du mythe(1918~1956)*, Éditions Grasset & Fasquelle, 1992, p. 499 참조. 얀 물리에르-부탕은 같은 쪽의 주 3에서 "후기 알튀세르, '우발적' 유물론의 알튀세르는 아롱의 상대주의에 훨씬 더 관대하다"고 적고 있다.
76) 알튀세르는 마주침의 유물론이 철학적 전통에 의해 억압되었음을 보여 주는 대표적인 사례로 클리나멘을 들었다. 그것은 너무 위험했기에 '자유의 관념론'으로 해석되고 포획되어야 했던 것이다. 알튀세르는 마주침을 야기하는 클리나멘을 여러 차례 강조하긴 하지만, 이 글 뒤의 '첨부 1'에서 볼 수 있듯이 마키아벨리, 스피노자, 홉스에게 클리나멘에 해당하는 '순간'은 전혀 언급하지 않는다. 루소가 말하는 자연적 재앙들은 클리나멘이 아니라 단순한 '우연지사'로 보아도 아무런 문제가 없다. 심지어 알튀세르는 "자연적 재앙들의 교묘함에 대해서는 지나치고자 한다"라고 말하면서 그야말로 클리나멘의 계기를 지나친다. 클리나멘이 유의미하게 언급되는 곳은 맑스에 대한 설명뿐이다. 우리가 보기에 원자론의 모체와 가장 부합하는 것은 맑스의 본원적 축적론이다. 역으로 알튀세르에게 있어서 맑스의 본원적 축적론을 이해하기 위한 왕도는 원자론이다.

정확히 말하면 원자들의 빗겨남은 사라진 것이 아니라 '공백'에 포개져 버렸다. 알튀세르는 클리나멘에 대해 설명하면서 이렇게 말한다.

> 마주침들은 '알 수 없는 곳, 알 수 없는 때에' 산출된다는 것, 그리고 그것은 '가능한 가장 작은 빗겨남'이라는 것, 다시 말해 모든 빗겨남의 지정 가능한 무라는 것을 아는 것으로 족하다. 아무런들 어떠랴. 루크레티우스의 텍스트는 **세계의 그 어느 것으로도 지칭할 수 없는 것**, 그렇지만 모든 세계의 기원인 것을 지칭하기에 충분히 명확하다. 빗겨남의 '무' 속에서 한 원자와 다른 원자 사이에 마주침이 일어난다.[77]

빗겨남의 메커니즘이 아니라, 그것의 운동에 대한 외적 (비)규정성을 '무'에 비유하면서, 알튀세르는 빗겨남 자체가 아니라 빗겨남의 '공백'에 대해서 말하는 것으로 미끄러진다. 주어진 사실에서 벗어나 마주침을 야기하기 위해서 마키아벨리처럼 새로운 군주와 그가 나타날 장소를 '공백'으로 놔두는 것, 스피노자처럼 철학의 대상을 '무'로 만들어 신, 즉 자연에서 출발하는 것이 필요하다면서 말이다. 원자론자들과 달리 알튀세르에게 '공백'은 주어지는 것이 아니라 만들어야 하는 것이다.

4) $\dfrac{\text{응고} \leftarrow \text{마키아벨리}}{\text{알튀세르}}$

알튀세르에게는 '마주침' 못지않게 '응고'(지속적인 마주침)가 중요하다. 특히 응고는 이탈리아의 통일을 사고했던 마키아벨리를 다루는 맥락에서 핵심적인 역할을 한다.[78] 알튀세르는 응고 개념을 마키아벨리를 경유하여

---

77) 알튀세르, 「마주침의 유물론이라는 은밀한 흐름」, 『철학과 맑스주의』, 75쪽.

거슬러 읽고 있다고 봐도 무방하다. 마키아벨리에게 응고란 '이탈리아의 통일'이다. "**이론적** 관점에서 마키아벨리의 중심 문제는 **절대적으로 불가결하고 필연적인 새로운 국가를 아무것도 아닌 것에서 시작하기**라는 물음으로 요약될 수 있다오."[79] 누가, 언제, 어디서 이탈리아의 통일 운동을 '시작'할지 아무도 모르는 한, 그 결정 인자들은 '공백'으로 놓여 있다.[80] 하지만 이 공백=비규정 속에서 '어떤 한' 사람과 '어떤 한' 지역의 마주침이 일어나고, 또 그것이 지속되어야 한다.

마주침은 응고함으로써 형태를 취한다. "일단 마주침이 '응고'하면, 다시 말해 일단 세계의, 즉 실존하는 **유일한……것**의 안정된 형상이 구성되면, 우리는 하나의 안정된 세계에 대해, 이어서 '법칙들'에 대해 말할 수 있게 된다."[81] 마주침이 우발적이듯 응고 역시 우발적이다. 마주침으로부터 생겨나는 것들은 '응고하지 않았을 수도' 있으며,[82] 설사 응고하였더라도 그것이 지속되리라는 보장은 없다. 그러므로 알튀세르가 '개별적 사례', '사실' 등에 대해 언급하는 것은 맞지만, 그를 순전히 우연에 기댄 '사건'의 철학자로 보아서는 안 된다. 비토리오 모르피노의 셈에 따르면, 「마주침의 유물론이라는 은밀한 흐름」에서 '마주침'이라는 단어는 126번(단수 122회, 복수 4회) 사용되고, '형태'라는 단어도 25번 등장하며, '응고'라는 단어 역시 34번이나 등장한다. 모르피노의 말마따나, 마주침의 유물론의 온전한 정식은 "마주침에 의해 응고된 형태"[83]이다.

---

78) 알튀세르가 「마주침의 유물론이라는 은밀한 흐름」에서 '응고'를 논할 때 언급하는 철학자는 맑스를 빼고는 마키아벨리가 유일하다. 이 글 뒤의 '첨부 1' 참조.
79) Althusser, *Lettres à Franca(1961~1973)*, éds. François Matheron et Yann Moulier-Boutang, Stock/IMEC, 1998, p. 224의 1962년 9월 29일자 편지.
80) 알튀세르, 「마주침의 유물론이라는 은밀한 흐름」, 『철학과 맑스주의』, 43쪽.
81) 같은 글, 같은 책, 80쪽.
82) 같은 글, 같은 책, 84쪽.

응고 개념에는 알튀세르가 초기부터 고민해 왔던 우연성과 필연성에 관한 물음이 녹아 있다. 알튀세르의 글들을 읽어 보면 우리는 다음의 도식을 그려 볼 수 있다.

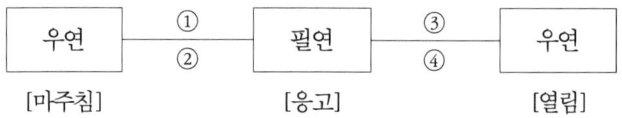

① 우연이 필연이 되기 위해서 마주침은 지속되어야 하고, 응고해야 한다. 마키아벨리가 이탈리아의 통일을 위한 조건들에 대해 논하면서 보여 준 것이 바로 그것이다.

② 안정된 세계, 기성 사실, 법칙들은 필연으로 불리거나 그렇게 간주되지만, 그것들은 우연한 마주침에 바탕을 두고 있다. 필연성 ─ 근거, 의미, 목표 등 ─ 의 지배는 우연의 순수한 효과에 지나지 않는다.

③ 필연은 닫힌 체계가 아니며 '열림'과 본질적으로 마주하고 있다. 필연을 떠받치는 일관된 마주침이 지속하지 않는 순간, 기성 세계를 지배하는 법칙에 균열이 생긴다.

④ 이 '열림'의 실마리(원자론의 경우, 클리나멘)가 되는 계기는 이미 기성 세계를 지배하는 필연 안에 포함되어 있다.

알튀세르는 이러한 관념을 스스로 갖고 있었던 것 같지만, 고대 원자론에도 위에 해당하는 통찰들이 있다. 이것들은 우연성의 필연성, 필연성의 우연성이라는 알튀세르의 개념을 이해하는 데 도움이 될 것이다.

---

83) Vittorio Morfino, *Le temps de la multitude*, trad. Nathalie Gailius, Éditions Amsterdam, 2010, p. 255. 이 책의 원본인 이탈리아어판 『다중의 시간: 스피노자 이전과 이후의 유물론과 정치』는 2005년에 출간되었다. Morfino, *Il tempo della moltitudine: Materialismo e politica prima e dopo Spinoza*, Manifestolibri, 2005.

첫째, 아무 요소들끼리 마주친다고 다 결합이 되는 것은 아니다. 에피쿠로스가 『퓌토클레스에게 보내는 편지』에서 밝혔듯이, 세계가 생성되기 위해서는 외부에서 유입된 '적합한'(epitēdeios) 씨앗들이 있어야 한다. 또한 온갖 방식으로 모든 것이 결합할 수도 없다. 만일 그랬다면 우리는 괴물들, 반인반수(예컨대, 켄타우로스 같은 신화적 피조물), 육상 동물의 기관과 수상 동물의 사지가 결합한 생명체를 보게 될 터인데, 그런 것은 생겨나지 않는다. 모든 것은 한정된 씨앗과 한정된 어미에서 생겨난다(omnia quando seminibus certis certa genetrice creata).[84]

둘째, 사물의 근원인 원자들은 무게에 의해서 이끌리고, 충돌에 의해서 동요하는 탓에 온갖 방식으로 운동하고 결합하면서 피조물들을 만들어 낸다. 온갖 종류의 운동과 결합을 하던 원자들은 갑자기 커다란 사물들 — 대지, 바다, 하늘, 생명체 종류 — 의 기원을 형성하는 집적물에 이르게 된다.[85]

셋째, "연쇄 충돌의 탄생에서 유발된, 마주침의 **구조**에 의해 결정된, **질서의 형태**와 **존재들의 형태**가 나오게 된다. 이 때문에, 일단 마주침이 실현된 다음에는(미리 그러한 것이 아니라), 요소들에 대한 구조의 우위가 성립하게 된다".[86] 여기서 질서의 형태, 존재들의 형태는 루크레티우스가 자연의 계약(foedera naturae)이라고 불렀던 것과 같다.[87] 이것은 근대 물리학에서 말하는 자연 법칙과는 다르다. 그것은 "자연이 사물의 성장, 생명, 힘 등에 부과하는 한계들"[88]이다. 그리고 자연의 계약은 원자의 빗겨남이 깨

---

84) 원자들의 모든 결합이 가능하지는 않다는 것에 대해서는 루크레티우스, 『사물의 본성에 관하여』 II, 700~729 참조. 켄타우로스 같은 신화적 피조물이 존재할 수 없다는 것에 대해서는 같은 책 V, 876~889 참조.
85) 같은 책 V, 422~431 참조.
86) 알튀세르, 「마주침의 유물론이라는 은밀한 흐름」, 『철학과 맑스주의』, 76쪽.
87) 루크레티우스, 『사물의 본성에 관하여』 I, 585; II, 302; V, 310, 924; VI, 906~907 등 참조.

고자 하는 운명의 법칙(fati foedera)과는 구분된다.[88)] 운명의 법칙은 원인들이 무한히 연쇄하는 절대적인 필연을 뜻하지만, 자연의 계약은 원자의 빗겨남을 그 안에 포함한다. 따라서 우리는 "자연의 계약에 의해 이미 허용된 원자의 빗겨남이, 어떻게 계약과 단절하여 새로운 세계를 만드는 마주침을 만들 수 있는가?"라는 아포리아와 마주하게 된다.

루크레티우스에게 협약, 계약(foedus)은 언제든지 깨질 수 있는 것이다. 그는 그 단어를 "영혼과 정신을 묶는 계약"[90)]의 의미로도 쓰는데, 이때 영혼과 정신의 결합은 그것을 담지하고 있는 생명체가 살아 있는 동안만 유지되는 것이다. 또한 공동의 평화 계약(communia foedera pacis)이라는 표현에서도 그 단어는 '잠정적'인 성격을 가리킨다.[91)] 루크레티우스는 사물이 자연의 계약에 의해 창조되며, 그 속박을 따른다고 주장하지만, 그것이 어디에서 오는지, 그것이 변화할 수 있는 것인지에 대해서는 함구한다. 왜냐하면 루크레티우스에게 자연의 계약은 자연학자들이 말하는 운명은 아니지만, 만물의 운행에 내재하는 '필연'에 다름 아니기 때문이다. 하지만 알튀세르의 주장대로 법칙들은 마주침의 응고에 의해 만들어진 질서로서, 지속하지 않을 수도 있고, 변경될 수도 있다. 자연의 계약 또는 구조는 그것이 허용하는 산발적인 클리나멘만으로는 변화하지 않는다. 클리나멘의 돌발과 지속적인 마주침이 있어야 한다. 바로 이것이 앞서 말한 아포리아에서 빠져나가는 통로다.

---

88) Cyril Bailey, *Lucretius: De rereum natura, Edited, with Prolegomena, Critical Apparatus, Translation and Commentary* Vol. 2, Clarendon Press, 1947, p. 699.
89) Bailey, *Lucretius* Vol. 2, p. 847; Alfred Ernout et Léon Robin, *Lucrèce. De rerum natura. Commentaire exégétique et critique* Tome 1, Les belles Lettres, 1925(재판, 1962), p. 255.
90) 루크레티우스, 『사물의 본성에 관하여』 III, 416.
91) 같은 책 V, 1155.

4. 「우발적 유물론에 대하여」: '대중 운동'을 사고하기 위한 몇 가지 범주들

1) 마주침의 유물론과 우발적 유물론 사이

후기 알튀세르의 유물론 기획과 관련하여 우리가 참조할 수 있는 세 텍스트들——「마주침의 유물론이라는 은밀한 흐름」(1982), 「우발적 유물론에 대하여」(1986), 「철학과 맑스주의」(1984~1987)——은 일관되거나 서로 교환 가능한 것일까? 그렇게 볼 수도 있다. 「철학과 맑스주의」의 1장 '맑스주의를 위한 하나의 철학'은 「마주침의 유물론이라는 은밀한 흐름」의 구절들을 발췌하여 직접 인터뷰를 한 듯이 재구성한 것이다. 그리고 2장 '철학-이데올로기-정치'는 「철학의 전화」와 『(비철학자들을 위한) 철학 입문』에서 뽑아낸 구절들, 그리고 우리가 확인한 바에 따르면 「우발적 유물론에 대하여」의 몇몇 구절을 포함하고 있다. 하지만 알튀세르는 「마주침의 유물론이라는 은밀한 흐름」에서 "**마주침의**, 따라서 우발성과 우연성의 **유물론**"[92]이라고 썼고, 「철학과 맑스주의」에서는 "마주침의 유물론, 우연성의 유물론, 요컨대 **우발성**의 유물론"[93]이라고 말한다. '따라서'와 '요컨대'라는 '접속사'가 세 단어를 상이하게 배치한다.

알튀세르는 뒤로 갈수록 마주침이 아니라 우발성을 더 밀어붙였던 것일까? 그렇지는 않다. 마주침의 유물론에서 우발성은 '~이 일어나지 않을 수도 있었음'의 의미로 사용되었다. 우발적 유물론에서 우발성은 우연을 결코 폐지하지 않을 주사위 던지기, 즉 "주사위의 '던짐' 속에서 입방체들의 예견하지 못한 마주침"[94]을 의미한다. 하지만 우발성에 대한 설명은 그것이 전부이다. '주사위 던지기'라는 비유는 오히려 「마주침의 유물론이라

---

92) 알튀세르, 「마주침의 유물론이라는 은밀한 흐름」, 『철학과 맑스주의』, 36쪽.
93) 알튀세르, 「철학과 마르크스주의」, 『철학에 대하여』, 43쪽(강조는 인용자).
94) Althusser, "Du matérialisme aléatoire", *Multitudes* N° 21, p. 182.

는 은밀한 흐름」에 여러 차례 등장하는데, 그 중에서 가장 중요한 구절 두 곳을 읽어 보자.

독자들은 이 철학 속에, 마주침은 일어날 수도 있고 또 일어나지 않을 수도 있다는 양자택일이 군림하고 있음에 주목했을 것이다. 이 양자택일에 앞서서 사전에 어떤 것도 결정되어 있지 않고 어떤 결정의 원리도 결정되어 있지 않다. 이 양자택일은 주사위 놀음의 장이다. '결코 단 한 번의 주사위 던지기가 우연을 끝장내지는 않으리라.' 그렇다! 한 번 마주침이, 그것도 짧지 않고 지속되는 마주침이 일어났다고 해서, 이것이 내일 이 마주침이 풀리지 않고 지속되리라는 것을 보증하지는 않는다. 그것은 과거에 일어나지 않을 수도 있었던 것과 꼭 마찬가지로 **더 이상** 일어나지 않을 수도 있다.[95]

법칙들은 자신들을 지탱하는 우발적 토대를 드러내면서, 이유 없이, 즉 이해 가능한 목적이 없이, 언제든 변할 수 있다. 이 변화는 **뜻밖에** 일어나며(**응고는 언제나 뜻밖에 일어난다**), 주사위들이 불시에 테이블 위에 되던져지거나 카드패가 예고 없이 재분배될 때, '요소들'이 이 요소들을 불의에 새로운 형태들로 응고하도록 풀어 놓은 광기(니체, 아르토) 속으로 내달게 될 때, 이러한 **돌발 사태**는 역사……의 거대한 질곡 해소, 거대한 탈구 또는 거대한 중단에 관심을 지닌 사람들로 하여금 그토록 어안이 벙벙하도록 만든다.[96]

---

95) 알튀세르, 「마주침의 유물론이라는 은밀한 흐름」, 『철학과 맑스주의』, 46쪽.
96) 같은 글, 같은 책, 82쪽.

이로부터 우리는 우발성의 세 가지 차원을 생각해 볼 수 있다. '과거'에 마주침은 일어나지 않았을 수도 있다. '현재' 마주침은 짧을 수 있다. '미래'에 마주침의 응고는 지속하지 않고 풀릴 수 있다.[97]

위 구절들은 알튀세르가 '우발성' 개념을 사고할 때 데리다에게 크게 빚지고 있음을 보여 준다. 데리다는 엘리자베스 루디네스코와의 대화에서 이렇게 회고한다.

> 우리가 철학적 주제를 논할 때, 그는 맑스주의자임을 자처하지 않았어요. 나와 함께 그 주제를 논의하려 하지도 않았지요. 그가 그 주제에 대해 나에게 물을 때면, 내가 그보다 더 잘 알고 있다고 생각한 텍스트들에 대해 우리는 이야기를 나누었습니다. 사람들이 보통 생각하는 것보다 훨씬 더 그를 매료시켰던 텍스트들, 예컨대 하이데거, 아르토, 니체의 것들에 대해서 말이지요. 그가 죽고 나서, 나는 그가 쓴 몇 편의 글을 읽으면서 더 잘 이해하게 되었습니다. 그가 나에 대해 어떻게 생각했는지, 내가 가던 길을 그가 어떻게 느꼈는지, (특히 **우발**aléa, 사건, 맑스주의적이지 않고, 데모크리토스·루크레티우스 등의 편에 있는 어떤 유물론 전통의 문제와 관련하여) 그가 나를 어떻게 읽었는지를 때때로 발견했던 겁니다.[98]

데리다의 기억이 맞다면, 알튀세르는 「마주침의 유물론이라는 은밀한 흐름」을 작성하기 전부터 데리다에게 던진 질문들을 통해 많은 힌트를 얻은 셈이다.

---

97) 모르피노는 이것을 모든 형식의 바탕인 세 가지 심연(abîme)이라고 명명했다. Morfino, *Le temps de la multitude*, p. 168.
98) Derrida et Roudinesco, *De quoi demain*……, p. 172. 특히 「마주침의 유물론이라는 은밀한 흐름」에 갑자기 등장했던 '니체', '아르토'를 데리다가 여기서 언급한다는 데 주목하자.

그렇다면 마주침의 유물론과 우발성의 유물론의 '차이', 만일 그런 것이 있다면 그것은 어디에 있을까? 우리는 이를 개념적 측면과 정세적 측면에서 살펴보겠다.

먼저, 알튀세르는 1982년에 마주침의 유물론('이론적 결산')을 다룬 뒤, 우발적 유물론을 사고하기 위해 다른 개념들을 배치한다. 「마주침의 유물론이라는 은밀한 흐름」에서 핵심 개념은 '비', '빗겨남', '마주침', '응고' 등이었다. 「우발적 유물론에 대하여」에서 알튀세르는 '공백', '원환들의 원환', '주변/여백'을 우발적 유물론의 주요 범주로 놓는다. 그는 "철학사에서 인정받지 못한 유물론 전통이 존재하며, 그것은 데모크리토스, 에피쿠로스, 마키아벨리, 홉스, 『인간 불평등 기원론』의 루소, 맑스, 하이데거의 전통"이라고 말한다. 바로 그 다음이 중요하다. "그들이 주장해 온 공백, 한계, 주변/여백, 중심의 부재, 중심의 주변으로의 전위 또 그 반대, 그리고 자유라는 범주들과 함께."[99] 우리는 여기에 '틈새'라는 범주를 덧붙일 수 있

---

[99] 알튀세르, 「철학과 마르크스주의」, 『철학에 대하여』, 43쪽. 피에르 레몽에 따르면, 알튀세르는 「마주침의 유물론이라는 은밀한 흐름」을 쓰거나 페르난다 나바로와 인터뷰할 당시에 그와 자주 토론했을 뿐만 아니라, 알튀세르가 사용한 여러 정식은 그의 책 『거역할 수 있는 역사의 숙명』의 단어들을 그대로 가져와 쓴 것이다. Pierre Raymond, "Le matérialisme d'Althusser", *Althusser philosophe*, p. 172. 그리고 Pierre Raymond, *La résistible fatalité de l'histoire*, J.-E. Hallier & Albin Michel, 1982 참조. 알튀세르의 텍스트에 들어 있는 자신의 표식들과 관련하여, 레몽은 '우발적 선택지', '살아 있는 역사와 기성의 역사의 대립', '대중의 연속주의적 실천', '에피쿠로스의 틈새' 등을 들고 있다. '우발적 선택지'는 나바로와의 대담 및 「우발적 유물론에 대하여」에서 전면화되는 '우발성의 유물론'으로, '살아 있는 역사와 기성의 역사의 대립'은 『철학에 대하여』에 나오는 '두 개의 역사'로, '대중의 정치적 실천'은 「6월 테제」(Thèse de juin)의 대중 운동에 대한 논의로, '에피쿠로스의 틈새'는 『미래는 오래 지속된다』와 「우발적 유물론에 대하여」에서 언급되는 에피쿠로스의 신들이 거하는 '틈새'로 드러난다. 만약 이런 식이라면 알튀세르의 말년의 기획들이 대부분 레몽에게서 온 것이 된다. 우리가 레몽의 책을 읽어 본바, 물론 알튀세르가 레몽과의 사적인 대화에서 많은 시사점을 얻었을 수 있겠으나, 피에르 레몽의 주장은 다소 과장되었다. 『역사의 저항 가능한 숙명』에서 알튀세르와 관련하여 흥미로운 부분은 레몽이 생물학자 프랑수아 자콥(François Jacob)의 우연론을 일종의 에피쿠로스 철학으로 간주한 뒤, '우연'이 '숙명'을 배제하지 않는다고 비판하는 구절, 그리고 쿠르노의 우연론이 정치를 우발적인 것, 합리적이지 않고 추론 가능하지 않은 것

을 것이다.[100] 그런데 아주 흥미롭게도 「철학과 맑스주의」에는 정작 위에 열거한 범주들에 대한 설명이 없다! 그 이유는 간단하다. 대담의 마무리 작업을 위해 1987년에 알튀세르를 방문했던 나바로는 알튀세르의 1986년 텍스트들[101]을 알고 있었다. 하지만 알튀세르가 그것들을 포함시키지 말아 달라고 부탁했다.

> 당신의 텍스트는 많은 경우에 훌륭하지만 전적으로 **불균형적입니다. 내 잘못입니다.** 나는 당신의 대담을 교열하면서 너무나 많은 새로운 발전들을 도입했고, 경솔하게 너무나 많은 개념들과 **단어들을(논증들이 없이 단어들만을)** 제시하여 정치적-언어적 현기증에 빠져들었고(틈새, 주변/여백, 조직에 대한 운동의 우위, '달리 사고하기' 등등에 대해서), **당신을 그리로 끌고 갔습니다.**[102]

위 편지는 '이론적 결산' 이후에 알튀세르의 관심이 이동했음을 보여준다. 그는 이미 「마주침의 유물론이라는 은밀한 흐름」을 인터뷰 형식으로 재구성한 페르난다 나바로에게 "시간이 갈수록 내 집필 기획들이 내게서 더 멀어져 간다는 느낌이 듭니다"[103]라고 말했다. 그 사이에 무슨 일이 벌

으로 만든다고 비판하는 구절이다. 레몽의 입장은 이렇다. 도덕적·정치적 실천을 우연이나 우발성처럼 예측 불가능한 것의 범주에 집어넣음으로써 투쟁 자체를 판단 바깥에 두어서는 안 된다. 구체적 상황에 대한 이론적, 나아가 과학적 분석이 있어야 하며, 이것은 결정론에 기초하기는 하나 필연주의와는 다르다. 하지만 알튀세르는 모든 실천에 대해 판단 중지하기는커녕, 구체적 상황에 대한 구체적 분석을 마지막까지 금과옥조로 삼았다.
100) "사회 운동과 대중 운동이 열어 놓은 틈새들(에피쿠로스)." 알튀세르, 「나바로의 프랑스어판 서문」, 『철학에 대하여』, 21쪽 참조.
101) 이 텍스트들은 「역사에 대하여」(1986년 7월 6일), 「철학자 마키아벨리」(1986년 7월 11일), 「우발적 유물론에 대하여」(1986년 7월 11일), 「유물론 철학자의 초상」(1986년 7월 19일), 「(정신)분석에 대하여」(작성일 미상)이다.
102) 알튀세르, 「페르난다 나바로에게 보내는 편지」(1987년 11월 3일), 『철학에 대하여』, 157쪽.

어진 것인가? 알튀세르는 마주침의 유물론을 구성하는 몇 가지 개념들에 "새로운 발전", 곧 "틈새, 주변/여백, 조직에 대한 운동의 우위, 달리 사고하기 등"을 도입해야 했는데, 이는 더 이상 자신의 철학에 대한 이론적 결산이 아니라, 대중 운동을 사고하기 위한 유물론적 범주들을 세공할 요청에 따른 것이다. "노동자 운동의 현실, 공산당의 현실, 그리고 자본주의 생산양식의 현실과 제국주의의 현실 등등"[104]에 도달하는 데 필요한 하나의 철학이 필요했던 것이다. 1984년에 알튀세르가 "철학보다는 국가에 대해서 무엇인가 쓰고 싶다"고 생각했다는 점,[105] 그리고 실제로 1985~1986년에 '르 펜'(Jean-Marie Le Pen), '해방 신학', '미디어', '이데올로기적 국가장치와 세계 혁명', '6월 테제' 등과 같이 당시의 정세에 대해 고찰하는 노트들을 여럿 남겼다는 점이 그 증거다.[106] 「우발적 유물론에 대하여」(1986)는 바로 이런 정세적 맥락에서 집필된 것이다.

요컨대 마주침의 유물론과 우발적 유물론은 모두 원자론이라는 모체에 기반하며, 동일한 '전통'을 불러들이고 있으나 그것이 겨냥하는 바는 다르다. 마주침의 유물론이 알튀세르가 20여 년간 감추어 두었던 자신의 철학에 대한 이론적 결산이라면, 우발적 유물론은 정치적으로 고립된 상태에서 정세에 대해 사고하고 개입하려 했던 알튀세르의 실천적 고찰을 담고 있다. 물론 이 둘은 하나가 다른 하나를 배제하는 것이 아니라 서로 뗄 수 없이 연결되어 있다. 그리고 우리가 가진 세 텍스트, 「마주침의 유물론이라는 은밀한 흐름」, 「우발적 유물론에 대하여」, 「철학과 맑스주의」의 관

---

103) 알튀세르, 「페르난다 나바로에게 보내는 편지」(1984년 7월 18일), 『철학에 대하여』, 116쪽.
104) 알튀세르, 「마우리치오 말라무드에게 보내는 편지」(1984년 3월 8일), 같은 책, 104~105쪽.
105) 알튀세르, 「페르난다 나바로에게 보내는 편지」(1984년 9월 18일), 같은 책, 131쪽.
106) "Considérer Le Pen", "Théologie de la libération", "Sur la théologie de la libération(suite à un entretien avec le P. Breton)", "Texte sans titre sur les médias", "Les appareils idéologiques d'État et la Révolution mondiale", "Thèse de juin" 등.

계에 있어서, 마지막 텍스트는 '마주침의 유물론'이 지배소가 되어 '우발적 유물론'과 결합한 다소 어중간한 형태를 띤다. 「우발적 유물론에 대하여」에는 「철학과 맑스주의」에서 제외된 '충분히 무르익지 않은' 알튀세르의 '마지막' 사유가 담겨 있으며, 『미래는 오래 지속된다』의 몇몇 구절들은 우발적 유물론을 보충하는 중요한 열쇠가 된다.

2) 대중 운동을 사고하기 위한 몇 가지 범주들

이제 알튀세르가 「우발적 유물론에 대하여」에서 정리하는 세 가지 범주, 즉 공백(=중심의 부재), 원환들의 원환, 주변/여백에 주목해 보도록 하자. 첫째, 공백. 이는 원자들이 평행하게 낙하하는 마주침이 없는 공간이다. 원자는 궤도에서 빗겨남으로써만 이 공백에서 벗어나서 세계를 창조하게 된다. 평행하게 떨어지는 원자들, 우연하게 일어나는 모든 것들(원자의 빗겨남, 원자들의 마주침 등)은 이 세계에 초월적인 저자도, 중심 지점도 없음을 보여 준다.[107] 둘째, 원환과 원환들의 원환. 이것에 대한 알튀세르의 설명은 짧막하다. 알튀세르가 그린 그림에 표기된 등식을 참고하면, ① 중심=즉자적 정신, ② 원환=즉자적이고 대자적인 정신, ③ 원환들의 원환=즉자적이고 대자적인 절대 정신. 여기서 원환들의 원환은 자기 의식, 현실에 도달한 절대적인 한계로서, 목적, 끝, 목표, 인간의 목적지를 가리킨다. 그리고 원환들의 원환 바깥에 아무것도 없다고 보았던 헤겔은 원환들의 원환 안에서 계속 빙글빙글 돌 수밖에 없다.[108] 셋째, 주변/여백.[109] 이것은 알튀세르의 우발적 유물론에서 결정적인 범주다. 원환들의 원환 바깥에는 주변/여백이 있다. 이때 여백을 사고한 이론가로서 데리다는 알튀세르의 중요

---

107) Althusser, "Du matérialisme aléatoire", *Multitudes* N° 21, pp. 186~189.
108) *Ibid.*, p. 190. 우리는 원환이 자본주의적 생산양식의 '재생산' 또는 물신성이나 상품 관계에 의해 지배되는 '사회적 관계'를 가리킨다고 생각한다.

한 참조점이 된다.[110] 그것은 자본주의 사회 바깥, 우애와 기쁨의 장소, 모두에게 공통된 중립의 장소다. 또한 주변은 '틈새'이기도 하다. 우선 우리는 이 주변/여백 또는 틈새 개념을 원자론자들의 '간세계'와 연관시켜서 이해해 보려고 한다.

알튀세르가 '틈새'에 대한 자신의 생각을 분명하게 표명한 구절은 다음과 같다.

> 나는 우리 사회의 '틈새'(틈새, 이것은 맑스가 에피쿠로스적인 신들의 이미지에 따라 고대 사회에 나타난 상업의 초기 맹아에 적용한 단어다[111])에 '공산주의적 소집단들', 즉 **상품 관계가 지배하지 않는 곳**이 오늘날에도 이미 존재한다는 생각을 주장했다. 사실 나는 공산주의에 대해 내릴 수 있는 유일한 정의(이 점에서는 맑스와 생각을 함께한다고 여긴다)란, (공산주의가 언젠가 이 세상에 존재하게 된다면) **상품 관계의 부재**, 즉 국가 지배와 계급적 착취 관계의 부재라고 본다. 나는 어떤 상품 관계도 존재하지 않는 인간 관계의 집단들이 현 세계에도 무척 많이 존재한다고 생각한다. 그런데 어떤 방법으로 이런 공산주의적 조직들이 전 세계로 퍼질 수 있을 것인가가 문제다. 아무도 그것을 예견할 수는 없다.[112]

---

109) 현대출판기록연구소의 알튀세르 유고 목록을 보면, 알튀세르는 「주변과 주변성에 대하여」(Sur les marges et la marginalité)를 작성하여 '주변과 주변성'이라는 서류철에 넣어 두었다. 이 텍스트는 알튀세르가 수와지 병원에서 1985년 6월 30일에 작성한 「부유해져라」(Enrichissez-vous)와 같은 시기에 쓰였다고 한다.
110) 알튀세르, 「'포이어바흐에 관한 테제들'에 대한 노트」, 『철학과 맑스주의』, 101쪽과 「독특한 유물론적 전통」, 같은 책, 187쪽도 참조.
111) 마르크스, 『자본: 경제학 비판』 I-1, 강신준 옮김, 길, 2008, 143쪽 참조. 맑스는 그의 박사학위 논문에서도 틈새 또는 간세계에 대해 언급한 바 있다. 『데모크리토스와 에피쿠로스 자연철학의 차이』, 78쪽 참조.

알튀세르에게 '틈새'란 상품 관계가 지배하지 않는 곳, 즉 공산주의를 뜻한다는 것을 알 수 있다. 이러한 틈새는 오늘날의 세계에도 이미, 많이 존재하고 있다. 그리고 이러한 틈새는 곧 "부르주아적인 국제주의적 자본주의 헤게모니의 지배에 필수불가결한 국가에서 우리를 해방시키는"[113] 지렛대로 작용한다.

인간과 달리 고통, 근심을 갖지 않는 무위(無爲)의 신들이 세계들 사이에 거주한다는 것은 에피쿠로스의 계승자들이나 그들을 비판하는 학설사가들의 텍스트에 나온다.[114] 신들을 세계 사이, 또는 이 세계 바깥에 위치시

---

112) 알튀세르, 『미래는 오래 지속된다』, 296쪽. 참고로 가라타니 고진은 「교통 공간에 대한 노트」(1992)에서 알튀세르가 말하는 '틈새'와 비슷한 성찰을 보여 준다. 가라타니는 교역이 공동체 '사이'에서 시작된다고 한 맑스의 말에서 착안하여, 공동체와 다른 공동체의 경계 또는 "공(空)=간(間)"을 교통 공간으로 개념화한다. 그 공간은 동적이고 우연적이며, 무엇보다 논리적으로 공동체에 선행한다. 즉 그 공간은 단순히 이미 완성된 내부 구조를 구조로 만들기 위한 외부로 도입되는 것이 아니다. 특히 다음의 구절을 보라. "맑스는 『자본』에서 이렇게 말하고 있다. 중세에 유대인과 같은 상업 민족은 에피쿠로스가 말하는 신들이 세계의 구멍 속에서 살고 있는 것처럼 공동체 사이의 구멍 안에 있다고. 그러나 이 메타포는 다음과 같이 역전될 수 있을 것이다. 공동체 쪽이 바다나 사막 같은 교통 공간 안에 떠 있는 섬에 지나지 않는다고. 공동체가 확대된 후 다른 공동체와의 교통이 시작되었다는 것은 허위이며, 그 자체가 각 공동체의 기원 신화이다. 공동체가 성립함과 동시에 시스템 내부와 외부의 분할과 경계가 발생한다. 이때 그 이전의 교통 공간, 즉 안쪽도 바깥쪽도 없는 공간은 '외부', 달리 말해 제 공동체의 '사이'에 있다고 생각된다. 하지만 사실상 그 어떤 공동체도 완전히 자폐적일 수 없다. 미셸 세르의 비유를 빌어 말하면, 공동체(개체)는 이른바 액체 안에 떠 있으며, 액체에 삼투되어 있다." 가라타니 고진, 「교통 공간에 대한 노트」, 『유머로서의 유물론』, 이경훈 옮김, 문화과학사, 2002, 40쪽.
113) 알튀세르, 『미래는 오래 지속된다』, 296쪽. 알튀세르는 이미 1978년 3월 12일에 작성한 「'유한한' 이론으로서 맑스주의」에서 공산주의에 대해 같은 입장을 택했다. "맑스는 공산주의를 자본주의 사회의 한 **경향**으로 생각한다. 이 경향은 추상적 합력이 아니다. 공산주의의 잠재적 형식들은 '자본주의 사회의 틈새에'(상품 교환이 노예제 또는 봉건제 사회의 '틈새에' 존재하던 것처럼) 이미 구체적인 형태로 존재한다. 그것은 모든 관계를 고려해 볼 때 상품 관계를 벗어난 연합체 속에 존재하는 것이다." 알튀세, 「로싸나 로싼다의 질문과 알튀세의 대답」, 『마침내 맑스주의의 위기가』, 42~43쪽.
114) 루크레티우스, 『사물의 본성에 관하여』 V, 146~147; 필로데모스, 『신들에 관하여』 II, VIII, 31; 키케로, 『신들의 본성에 관하여』 I, VIII, 18과 『점복에 관하여』 II, XVII, 40 등.

키는 것은 세계가 야기하는 근심에서 신들을 완전히 떼어 놓기 위해서다. 즉 사람들은 신이 '지복'의 존재라는 개념을 갖고 있는데, 세계의 삼라만상을 관장하는 근심은 신의 지복이라는 본성에 부합하지 않기 때문이다.

이로부터 우리는 두 가지 사항을 끌어내고자 한다. 첫째, 간세계에 머무는 신들이 인간 세계에 개입하지 않는다면, 거꾸로 인간 세계에는 어떤 "초월적 저자도, 중심 지점도 없다". 알튀세르는 「우발적 유물론에 대하여」에서 에피쿠로스를 언급하면서 바로 이 점을 지적했다.[115] 둘째, 에피쿠로스와 그의 제자들은 '정원'에서 공동 생활을 했다. 이것은 아카데메이아나 리케이온 같은 교육 공간과는 달리 그 단어의 모든 의미에서 '배움터'이자 '살림터'이다. 이 정원은 '우애'에 기초하여 생각과 삶을 '교환'하는 공동체로서, 여기서 에피쿠로스주의자들은 "사람들 사이에서 신들처럼 살았다".[116] 이들의 생활 방식은 폴리스에서 정치 활동을 하는 한에서만 참으로 인간일 수 있었던 그리스인들의 통념을 벗어난 것이다. 에피쿠로스의 정원은 폴리스(기존의 정치 관계) '바깥'이자 '사이'의 공동체였다. 『미래는 오래 지속된다』에서 가장 에피쿠로스적인 대목은 미셸 푸코와 스타니슬라스 브르통 신부가 우연히 같은 날 알튀세르를 방문하여 함께 철학적 대화를 나눈 일화가 나오는 부분이다.

나는 푸코나 브르통 신부 사이에서 두 사람 이야기에 귀를 기울이며 같이 끼어들고 있었는데, 그 대화는 병원과 그 요새와 아무 상관이 없었으며

---

115) Althusser, "Du matérialisme aléatoire", *Multitudes* N° 21, p. 189.
116) 에피쿠로스는 『메노이케우스에게 보내는 편지』 말미에서 다음과 같이 적고 있다. "그러므로 이러한 사실들 그리고 그와 같은 부류의 것들을 너 스스로뿐 아니라 너와 비슷한 자와 함께 밤낮으로 생각하라. 그러면 너는 자나 깨나 고통받지 않게 될 것이며, 사람들 사이에서 신처럼 살게 될 것이다. 왜냐하면 불멸하는 선(善) 속에서 사는 사람은 사멸하는 존재들과는 다른 듯이 보이기 때문이다."

감금과 보호에 대한 내 고통하고도 무관했다. **내 모든 친구들하고도** 마찬가지였는데, 친구들은 나로 하여금 머릿속과 대화 속에서 그 대단한 감옥의 '안전' 밖에서, 그리하여 사실상 외부 세계 속에서 살게 해주었다.[117]

「우발적 유물론에 대하여」에서 알튀세르는 주변/여백이 무엇으로 구성되는지에 대해 묻고 답한다. 한편으로 소수자들의 문화적 유산이 있다. 그 예로 미국의 인디언 문화, 중국의 소수 민족 문화, 프랑스의 브르타뉴나 알자스 지방의 문화 등 근대 국민 국가 창설 과정에서 억압되었으나 명맥을 유지하고 있는 유산들을 생각해 볼 수 있다. 다른 한편으로 현대 사회의 주변인들, 부랑자들, 경제적 착취와 정치적·이데올로기적 억압의 주변/바깥에서 해결책을 찾으려는 각종 대안 운동들이 있다. 틈새에서 펼쳐지는 대중 운동 및 주변부 투쟁의 예로 알튀세르가 주목한 것은 청년 운동, 평화주의 운동, 독일 녹색당을 비롯한 생태주의자들의 운동, 그리고 1980년대 남미에서 진행된 해방 신학 운동 등이다. 관건은 이 셀 수 없이 많은 대중 운동을 연합하는 데 있다.[118]

데리다를 좇아 알튀세르는 중심의 공백이 원환의 주변/여백과 합치된다고 말한다. 이 말은 언뜻 이해가 되지 않는다. 알튀세르는 맑스를 원용하면서 그에 대해 부연 설명한다. 맑스는 프롤레타리아가 자본주의 사회의 주변에 숙영하고 있다고 썼다. 사회 혁명을 일으키기 위해서는 이 주변을 중심으로 만들면 된다. 오늘도 마찬가지 싸움이 필요하다. '연방'의 방식으로 모든 조직(모든 대중 운동)을 중심에 연합하면 된다.[119] 바로 이것이 주변을 중심으로 전위시켜야 한다는 알튀세르의 전략이다. 하지만 여기서

---

117) 알튀세르, 『미래는 오래 지속된다』, 353쪽.
118) Althusser, "Du matérialisme aléatoire", *Multitudes* N° 21, p. 192.
119) *Ibid.*, p. 191.

'중심'이 무엇인가라는 질문을 던질 필요가 있다. 알튀세르는 중심엔 "기술 혁명에 의해 지양된 노동자 계급, 더는 단결한 계급도, 경제 계급도 아닌 계급"[120]이 남아 있다고 말한다. 마치 중심의 공백에서 원자들이 마주치지 않은 채 평행하게 낙하하듯이 말이다. 알튀세르는 공산당 역시 중심에 있다고 생각했을 것이다. 알튀세르는 「거기서 무엇을 할 것인가? 무엇을 할 것인가?」(Qu'y faire? Que faire?, 1985년 5월 30일)에서 이렇게 쓴다.

> 외부로부터는, 특히 당에서 배제되었거나 당을 버림으로써 신임을 잃은 옛 동지들로부터는 당의 실천에 어떤 변화도 가져올 수 없다. 따라서 그들과 **당이 없는** 모든 젊은 공산주의자들이 **일제히 당에 들어가야 한다**.[121]

결국 주변을 중심으로 전위시킨다는 것은 활력을 잃은 노조 운동과 당에 주변부 운동을 수혈하는 모양새를 띤다. 이를 두고 혹자는 공산당이 알튀세르로 하여금 다른 정치를 사고하지 못하도록 가로막은 절대적인 한계(원환들의 원환)였다고 비판할 수도 있다. 또 혹자는 운동의 중심과 주변, 또는 공산당의 헤게모니하에 결합하는 소수자 운동의 모양새를 볼 수도 있다. 그렇지만 알튀세르가 입당 전술을 통해서 이야기하고 싶었던 것은 문화대혁명 당시 마오쩌둥이 시도했던 "당을 국가로부터 뽑아내어 대중에게 돌려주는 것"[122]과 다르지 않다. 다만 마오의 시도가 '필사적인/절망스런'(désespéré) 것이었던 것과 마찬가지로, 역사는 '입당 전술'을 통해 아래로부터 당이 바뀐 사례를 우리에게 보여 주지 않는다. 알튀세르에게도

---

120) Althusser, "Du matérialisme aléatoire", *Multitudes* Nº 21, p. 191.
121) Matheron, "La récurrence du vide chez Louis Althusser", *Lire Althusser aujourd'hui*, L'Harmattan, 1997, p. 47에서 재인용.
122) 알뛰세, 「로싸나 로싼다의 질문과 알뛰세의 대답」, 『마침내 맑스주의의 위기가』, 50쪽.

그러한 전망은 (불)가능성이었을 것이다.

중심의 공백과 주변/여백의 공백의 합치를 원자론의 관점에서 살펴보자. 이를 위해서는 지금까지 세계들 사이의 틈새, 즉 간세계의 관점에 머문 것에서 더 나아가야 한다. 우선 원자론에서 허공/공백은 여러 층위에서 말해짐을 기억할 필요가 있다. 첫째, 원자론적 세계의 근원은 원자들과 허공이다. 그것이 전체를 구성한다. 따라서 전체 또는 우주에는 허공이 있다. 이는 세계들 '사이에' 있는 허공을 가리킨다. 이 허공에서 세계는 생성·소멸한다. 둘째, 하나의 세계 '안에', 즉 사물들 '사이에' 허공이 있다. 이 허공에서 물체들은 서로 마주치고 흩어진다. 셋째, 사물들 '안에' 허공이 있다. 사물이란 허공 위에서 잠시 결합한 원자들의 집적체에 불과하며, 이 허공에서 물체를 구성하는 원자들은 계속 진동한다. 이 세 허공은 모두 동일한 공백이다. 허공/공백은 구별되는 질을 갖고 있지 않다. 존재의 수준에서는 중심의 공백이든 주변/여백의 틈새든 구별되지 않으므로, 위에서 말한 공백'들'은 어디까지나 인간의 인식상의 구별일 뿐이다. 따라서 중심의 공백과 원환의 주변/여백의 합치라는 표현을 문자 그대로 읽지 말고, 주변/여백에 위치하는 존재들이 중심에 있는 존재들과 만나는 것으로 읽어 보자는 것이 우리의 생각이다. 알튀세르가 이 메타포를 통해 겨냥하는 것도 결국은 대중 운동의 '연합'이었으니 말이다.

알튀세르는 주변부 운동에 주목하면서, '원환들의 원환'으로부터 이탈한 존재들이 주변/여백·틈새에서 서로 관계를 맺고 있음을 전제한다. 바로 이 원환들의 원환을 넘어서는 '바깥' 내지 세계들 사이의 '틈새'를 어떻게 사고할 것인가가 문제다. 우리는 그러한 틈새를 세계 또는 국가의 절대적 바깥으로 생각하기 어렵다. 알튀세르가 바깥에 있다고 간주한 자본주의 사회 내에 이미-현존하는 비-자본주의적 관계(소수 민족 또는 지방 문화, 주변부 운동들)는 그 자체로 하나의 세계가 아니다. 만일 그랬다면 우리는

"국가 속의 국가"(스피노자)를 도입한 것이 된다. 비-자본주의적 관계는 하나의 실체로서 세계로부터 독립된 것이 아니라, 말 그대로 '관계'다. 예를 들어 에피쿠로스와 그의 제자들이 머물던 '정원'은 아테네 시내를 둘러싸고 있는 성곽 바깥의 북서쪽에 위치해 있었다. 하지만 이 정원은 플라톤이 세운 아카데메이아로 가는 길목에 있었다. 즉 정원이 폴리스 바깥에 물리적으로 위치한다는 것이 중요한 것이 아니라, 에피쿠로스주의자들이 맺은 '우정'이 그리스인들의 정치적·사회적 관계를 벗어난다는 것이 중요한 것이다. 마찬가지로 자본주의 사회 바깥에 숙영하던 프롤레타리아는 새로운 산업 노동자가 아니라, 기존의 계급 개념으로 환원되지 않은 채 특정한 관계로 배치되는 노동자들의 상태를 가리키는 말이다. 요컨대 기존의 정치적 관계나 자본주의적 관계로부터 이탈하되, 그 '관계'가 그 자체로 하나의 사회, 국가, 세계를 형성하지는 않은 원자들이 있는바, 이 원자들을 어떻게 중심으로 이동시키는가가 정치적 문제가 된다.

 마지막으로 던져야 하는 물음은 원환들의 원환 바깥에서 나름의 관계 — 그것은 독립된 하나의 세계로 현실화되지는 않은 잠재적 관계이다 — 를 맺는 존재들이 중심의 공백으로 난입할 때 무슨 일이 벌어지는가이다. 이 존재들은 에피쿠로스의 우주 발생론에서처럼 또 다른 세계들을 구성할 수 있는가 아니면 중심의 공백의 원자들처럼 또다시 평행하게 추락할 뿐인가? 그들이 이 세계로 유입되었을 때, 그들은 이 세계를 구성하는 하나의 씨앗으로 인정받을 수 있는가? 중심의 공백에 있는 자들과 주변/여백의 공백에 있는 자들은 연대할 수 있는가? 물론 이 질문들에 대한 답은 미리 주어지지 않는다. 중심의 계급 아닌 노동자들과 주변의 계급 아닌 소수자들이 연대하여 프롤레타리아가 된다는 것, 이것이야말로 일어날 수도 일어나지 않을 수도 있다. 하지만 우리가 겨냥한 바와 '달리 될 수 있는' 동시에, 필연(자본주의적 상품·화폐 관계)이 정한 바와 '달리 될 수 있다'는 우발성이야말로 우리에게 행동할 수 있는 '자유의 공간'을 열어 준다. 알튀세르 역시 '도래할' 구원적 사건을 기다리기는커녕 '지금 여기서' 우리가 할 수 있는 것들에 눈을 돌렸다. 그래서 말년에 알튀세르는 세계적으로 벌어지고 있는 대중 운동들에 커다란 관심을 기울였을 뿐만 아니라, 「우발적 유물론에 대하여」 말미에서 '해방을 위한 국제 운동'(Mouvement international pour la libération)을 창설할 것을 제안하기도 했다. 그것은 중심 지도부가 있는 것이 아니라, 서로가 처한 상황과 투쟁 경험을 교환하는 연합 운동이다. 알튀세르에게 이 네트워크는 중심의 공백과 주변/여백의 공백을 합치시키기 위한 주춧돌이었을 것이다.

5. 돌발의 논리: 뒤쪽으로의 회귀

알튀세르의 유물론을 추적하다 보면, 우리는 우발성의 유물론에 대한 테제가 라캉의 '정신분석학'과 대결하는 장면/무대에서 출현하는 것을 보고 놀라게 되는데, 이 놀람은 '뜻밖'의 것에 그칠 것이 아니라 하나의 '발견'이 되어야 한다. 그리고 이 발견은 1980년대 중후반에 머물지 않고 1960년대로 돌아가기를, 즉 '뒤쪽으로의 회귀'를 요청한다. 이를 통해서 우리는 알튀세르가 원자론을 왜 필요로 했으며, 어디에 쓰려고 했는지를 되짚어 볼 수 있을 것이다.

「프로이트 박사의 발견」(La découverte du docteur Freud, 1976)에서 알튀세르는 라캉이 말하는 것들을 프로이트가 말한 적이 없음을 밝히며, 프로이트 박사가 발견한 것을 정리한다. 그에 따르면 라캉은 무의식의 어떤 과학적 이론을 구성하려고 하면서, 사실은 정신분석학의 어떤 '철학'을 내놓았다. 이 철학은 어떤 철학인가? 그것은 라캉의 테제, "편지는 항상 수신지에 도달한다"를 떠받치고 있는 "수신자가 아니라 '운명', 따라서 가장 고전적인 '종말 목적성'의 어떤 철학"이다. 이에 대해 알튀세르는 "편지가 수신지에 도달하지 않는 일이 있다"는 유물론적 테제를 맞세운다. 이 짤막한 문장은 기원과 목적을 배제하는 사실의 '현사실성', 그리고 일어나지 않는 일이 있다는 '우발성'을 동시에 요약하고 있다.

이 테제는 「프로이트 박사의 발견」과 함께 '폐기'되기는커녕,[123] 『미래는 오래 지속된다』에서 다시 반복된다. 알튀세르는 "정신과 치료의 전이 관계 속에서 감정적 공간은 완전 밀착된 구조를 띠기 때문에 거기에는 어떤 공백도 있을 수 없으며, 따라서 다른 사람의 무의식에 제대로 보내진 모든 무의식적 메시지는 반드시 그 사람에게 도달하는 것"[124]이라고 말하고 있다. 하지만 철학적 실천, 나아가 정치의 관점에서는 정신분석학적 '전이' 체계와는 달리 '공백'이 있다.[125] '공백'이야말로 발송된 편지가 목적지에

---

123) 물론 알튀세르는 「프로이트 박사의 발견」을 '철회'하고 그것을 「맑스와 프로이트에 대하여」(Sur Marx et Freud, 1976)로 대체했다. 하지만 이는 그 초고를 읽은 지인들 대다수의 혹평과 불확실한 세부 사항들에 대한 재고의 필요성 때문이었을 뿐, 알튀세르 '본인'이 그 원고를 완전히 폐기된 텍스트로 여겼다고 볼 수는 없다. 「엘리자베스 루디네스코에게 보내는 편지」(1976년 8월 12일)에서, 알튀세르는 루디네스코의 지적에 대해 "당신도 알듯이, 나는 풍문으로만 알 뿐, 프로이트와 라캉의 이론에는 무지하다오"라고 적는다. 이것은 어디까지나 수사적인 표현이다. 알튀세르는 20여 년간 프로이트와 라캉의 텍스트를 읽은 독자였기 때문이다. 현대출판기록연구소에 남아 있는, 알튀세르가 정신분석학에 관해 작성한 여러 노트들이 그 증거다. 진실은 뒤에 나온다. "우리가 라캉에게 빚진 모든 것을 부정하자는 것이 아니라, 원인들에 의한 '효과들'을 판단하는 문제라오." 알튀세르는 라캉과의 결산을 포기하지 않았으며, 이 결산은 라캉을 모조리 내다 버리는 것이 아니라 그의 '철학'의 '효과'를 판단하는 것이었다. 그리고 이때의 쟁점은 단연 '운명 또는 종말 목적성의 철학' 대(對) '마주침의, 우발성의 유물론'이다. 요컨대 알튀세르가 「프로이트 박사의 발견」을 철회한 이유는, 그가 프로이트와 라캉을 평가하지 못할 만큼 무지해서가 아니라, 라캉을 비판하는 근거가 여전히 불충분했다는 것, 즉 라캉이 주장하는 것을 프로이트가 말한 적이 없다는 식의 논변으로는 충분하지 못했다는 것 ― 위 편지에서 알튀세르는 "라캉이 프로이트의 언어를 변형할 욕구를 느꼈으며, 거기에는 이유가 없지 않음"을 인정하고 있다 ― 이다. 그렇다. "그것은 충분히 무르익지" 않았던 것이다. 루디네스코에게 보낸 편지는 Althusser, *Écrits sur la psychanalyse: Freud et Lacan*, éds. Olivier Corpet et François Matheron, Stock/IMEC, 1993, pp. 220~221 참조.

124) 알튀세르, 『미래는 오래 지속된다』, 250쪽.

도달하지 않고 '빗겨나도록' 해주는 조건이라고 그는 보고 있는 것이다.[126]

「면소 판결」이라는 제목이 붙어 있던 『미래는 오래 지속된다』 XXIII장 역시 '우발성의 유물론'의 범주들과 표현들로 가득 차 있다. "사건의 흐름은 바뀔 수 있었을 텐데", "모든 것은 달라졌을 테지", "그것 역시 배제할 수 없는 것이야" 같은 표현들은 마주침이 일어나지 않을 수도 있었다는 우발성의 표현과 일맥상통하는 것들이다. 이것은 과연 우연일까? 정신분석학에 대해 언급하거나 대결하는 대목에서 '마주침의 유물론' 또는 '우발성의 유물론'의 모티브들이 매번 나타난다는 사실을 확인하기 위해 이제 1960년대 중반으로 거슬러 올라가 보자.

---

125) 이 테마는 마키아벨리에게 "'군주'인 주체가 주체의 정념에 대해 두는 거리", 즉 "자기 자신의 정념들에 대해, 좀더 정확히 말하면 자신의 반대 전이에 대해 거리를 두게 되는 경험"과 같은 것이다. 여기서도 관건은 클리나멘이 아니라 행운이란 그 본질에서 군주의 내적 '공백'에 다름 아니라는 한계 개념이다. 같은 책, 315쪽 참조.

126) 사토 요시유키(佐藤嘉幸)는 『권력과 저항: 푸코, 들뢰즈, 데리다, 알튀세르』에서 알튀세르의 유물론적 테제 — "편지가 수신지에 도달하지 않는 일이 있다" — 를 라캉식 정신분석학의 초월론적 대타자와 맞세운다. 라캉(또는 자크-알랭 밀레)에게 "기표는 '대타자'를 경유해 **항상** 수신지(주체)에 도달하고, 주체는 **항상 이미** '대타자'의 심급에 의해 봉합된다. …… 알튀세르의 이론에서 이데올로기적 국가장치들에 의한 호명은 이데올로기적 호명(interpellation) · 투입(introjection) 과정에서 어떤 **빗겨남**을 포함한다". Yoshiyuki Sato, *Pouvoir et résistance: Foucault, Deleuze, Derrida, Althusser*, L'Harmattan, 2007, pp. 179~181 참조. 편지가 수신지에 도달하지 않는 것을 '빗겨남'이나 '이탈'로 표상하는 것은 일면 자연스러운 일이다. 데리다 역시 그러한 해석의 실마리를 제공한 바 있다. 그렇지만 알튀세르가 정신분석학의 운명론 테제에 맞서 '공백' 또는 '거리'를 전면에 내세웠음을 잊어서는 안 된다. 이 공백 속에서만 빗겨남이 가능하다는 것은 원자론의 교훈이기도 하다. 사토의 통찰들은 전체적으로 훌륭하지만, 라캉식의 '환유적 인과성'(부재하는 원인)과 알튀세르의 '구조적 인과성'(과잉결정, 요소들의 결합의 클리나멘)을 맞세우는 것은 작위적이다. 모르피노 역시 '아무것도 아닌 것', '무', '공백' 같은 개념들은 오로지 '수사적'인 기능을 한다고 주장하면서, 알튀세르로부터 '부재' 또는 '공백' 같은 범주를 떼어 내려 한다. 모르피노에 따르면 우연성, 우발성은 '마주침'에 의해 제기되는 것이지, 위에 열거한 개념들에 의해 제기되는 것이 아니다. 만일 이 수사에 이론적 기능을 부여한다면, 우리는 '마주침의 이론'을 '사건 또는 자유의 이론'으로 변형할 위험에 빠지게 된다. Morfino, *Le temps de la multitude*, pp. 246 이하를 보라. 우리는 사토나 모르피노에게서 볼 수 있는 '공백/허공에 대한 혐오'가 알튀세르에 대한 스피노자주의적 독해의 편향이라고 생각한다.

1) 「정신분석학과 심리학」

알튀세르는 1963~1964년에 파리 고등사범학교에서 그의 제자들과 함께 '라캉과 정신분석학' 세미나를 진행했다. 이 공동 세미나가 『『자본』을 읽자』에 등장하는 중요 개념들을 제공하는 작업장이 되었다는 것은 이미 알려진 바다. 1964년 봄, 「정신분석학과 심리학」이라는 발표에서 알튀세르는 기초 과학 또는 객관성의 영역 속에서 정신분석의 위치를 정하는 문제를 통해 정신분석학 자체를 정의하려고 시도한다. 무엇보다 정신분석 담론에는 그것의 절대적 가능성의 조건이, 즉 텅 빈 장소(그로부터 정신분석 담론이 공표되어야 한다)가 출몰한다. 정신분석학 자체의 상황에는 정신분석학이 구성된 객관성의 영역 속에 차지할 수 있을지도 모르는 장소가 출몰한다.[127] 여기서 알튀세르는 기존의 과학이 이미 차지하고 있는 객관성의 영역에서 정신분석학이 스스로를 공표할 수 있는 '공백'을 만들어 낼 수 있는가라고 묻고 있다. 놀랍게도 라캉의 '정신분석학'을 제대로 논하는 첫 강연[128]에서 알튀세르는 '텅 빈 장소'를 말하고 있는 것이다. 그리고 이 이미지, 즉 충만함/꽉 참 속에서 텅 빈 장소를 만들기, 바로 그 공백에서 시작하기라는 모티브는 철학을 '전장'으로 보는 관념이나, 이론에서의 계급투쟁 같은 개념으로 변주되기도 한다.

우리는 알튀세르가 이 당시 정신분석학을 새로운 과학적 학문의 '돌발'(surgissement)로 규정했다는 사실에 주목한다. 돌발이란 "이전에 구성된 장(場)과 관련하여 전적으로 새롭고", "이전에 구성된 장과 단절하는"

---

127) Althusser, "Psychanalyse et psychologie", *Psychanalyse et sciences humaines: Deux conférences(1963~1964)*, éds. Olivier Corpet et François Matheron, Le livre de poche, 1996, p. 76.
128) 편집자들이 제목을 붙인 알튀세르의 첫 강연 「인문과학에서 정신분석학의 자리」(La place de la psychanalyse dans les sciences humaines)의 대부분은 프랑스 정신분석학 수용사에 할애되었고, 라캉은 마지막에야 잠시 등장할 뿐이다.

것이다.[129] 그리고 이전에 구성된 장이란 "이미 자리가 꽉 찬 장, 그것[새로운 분과 학문]이 자리를 갖지 않는 이데올로기적 장"[130]이다. 이미 모든 자리가 꽉 차 버린 장에서 어떻게 새로운 것이 돌발하는가?[131] 그것(위의 텍스트에서는 '정신분석학')은 "그 장의 바깥에, 그 장과 경계가 없는 것으로서 출현할 것"이며, 그것이 자리를 차지할 수 있는 것은 "오로지 [기존의] 장 자체가 완전히 재구조화되는 한에서, 즉 그 장의 위상이 완전히 바뀌는 한에서, 이 장의 성질 자체가 변경되는 한에서일 뿐이다."[132]

여기서 자리가 꽉 찬 장의 '바깥'이면서 그 장과 '경계가 없는 것'이라

---

129) Althusser, "Psychanalyse et psychologie", *Psychanalyse et sciences humaines*, p. 76. 알튀세르는 「철학에 관한 노트」(1967년 11월 28일)에서 '이론적 생산양식' 개념을 제출하는데, 정신분석학은 이론적 생산양식의 돌발의 대표적인 사례라 할 수 있겠다. Althusser, "Notes sur la philosophie"(28 novembre 1967), *Écrits philosophiques et politiques* Tome 2, p. 323 참조. '돌발'의 쓰임이 생산양식론 일반으로 확장 가능하다는 것은 아래에서 다룰 1966년의 텍스트들에서 확증된다.

130) Althusser, "Psychanalyse et psychologie", *Psychanalyse et sciences humaines*, p. 78.

131) 이는 우리가 앞서 던진 질문, 어떻게 자연의 계약=필연 속에서 그것과 단절해 새로운 세계를 만드는 마주침이 일어날 수 있는가라는 물음과 일치한다. '돌발'에 대한 알튀세르의 고민은 「'청년 맑스에 대하여'(이론의 문제들)」(1960년 10월)에 이미 등장한다. 거기서 그는 헤겔의 '지양'과 맑스의 '발견' 또는 '뒤쪽으로의 회귀'를 구분한다. 맑스가 헤겔이 다룬 저자들——영국 경제학자들, 프랑스 철학자들과 정치인들——과 사건들——프랑스 혁명——로 되돌아간 것은 헤겔이 탈취했던 대상들의 현실을 '발견'하기 위해서였다. 즉 '뒤쪽으로의 회귀'는 이데올로기에 의해 도둑질당해 알아볼 수 없게 되어 버린 현실을 현재적으로 재생하는 것, 복원하는 것, 재구성하는 것이다. 맑스의 이데올로기 비판, 즉 '발견'은 이데올로기와 단절하고, 전혀 다른 무대에서 새롭고 다른 질문을 제기하며 자신의 대상을 정의하는 작업이다. 알튀세르는 이를 '실질적 경험과 실재적 출현(émergence)의 논리', '이데올로기 그 자체 속에서의 실재적 역사의 분출(irruption)의 논리', 즉 '돌발'(surgissement)로 규정한다. 알튀세르, 「'청년 맑스에 대하여'(이론의 문제)」, 『맑스를 위하여』, 89쪽, 같은 쪽 주 39, 91쪽 주 41, 95쪽, 96쪽 주 47 등 참조. 1960년대 초에 알튀세르는 정신분석학에 대해서도 사정은 마찬가지라고 보았을 것이다. 즉 라캉은 프로이트로 '회귀'함으로써 자아 심리학에 의해 도둑질당한 프로이트를 '발견'했으며, 이 회귀와 발견은 정신분석학을 공표할 수 있는 새로운 무대를 연출하는 한에서만 가능한 것이었다. 하지만 1976년에 알튀세르는 의미심장하게도 이 '발견'의 공을 프로이트 자신에게 돌리며 「프로이트 박사의 발견」이라는 글을 썼다.

132) Althusser, "Psychanalyse et psychologie", *Psychanalyse et sciences humaines*, pp. 80~81.

는 모호한 표현은, 우리가 그것을 '가장자리' 또는 '주변'으로 이해할 때만 온전한 의미를 획득한다. 다시 말해 정신분석학과 같은 새로운 분과 학문이 인문과학에서 자신의 장소를 갖는 문제는 알튀세르가 「우발적 유물론에 대하여」에서 제기한 질문, 즉 어떻게 주변/여백을 중심으로 자리 옮길 것인가라는 문제설정을 예견한다. 주변부의 운동은 꽉 찬 장 안에 새로운 경계를 그리며 자리를 재분배하는 한에서만 텅 빈 중심과 맞닿을 수 있다.

2) 「D에게 보내는 두번째 편지」와 「발생에 관하여」

우리는 서두에서 마주침의 유물론이 '정세에 대한 일반 이론'이라고 지나가듯 말했다. 또 알튀세르의 에피쿠로스 해석에서 '우연' 개념이 쿠르노에 기댄 것이라고 했다. 하지만 그에 대한 전거는 제시하지 않았다. 그것은 지금 다룰 텍스트들과 마주침의 유물론을 연결하기 위한 핵심 고리로서 이제야 그에 맞는 자리를 차지할 수 있기 때문이다.

알튀세르가 1966년에 쓴 작업 노트엔 이런 구절이 나온다.

> 1. 마주침 또는 **공접합**(conjonction)(=발생……) 이론(에피쿠로스, 클리나멘, 쿠르노 참조), 우연 등, 낙하, 응고. 2. **정세**(=구조) 이론…… **정세**(=공접합)에 대한 일반 이론으로서의 철학.

이 노트를 인용하면서 프랑수아 마트롱은 이것이 알튀세르의 마지막 글들에서 문자 그대로 거의 다시 쓰인다고 지적하고 있다.[133)] 여기서 낙하라고 옮긴 précipitation이라는 단어가 「마주침의 유물론이라는 은밀한 흐름」에서 chute로 대체되고, 응고라고 옮긴 coagulation이 prise로 대체되

---

133) Matheron, "Présentation", *Écrits philosophiques et politiques* Tome 1, p. 21.

었을 뿐, 위에 나열한 개념들은 알튀세르의 1982년 텍스트에서 그대로 다시 등장한다. 이는 단순한 추정이 아니다. 그도 그럴 것이 알튀세르는 마주침의 유물론의 원리들을 정리하면서 "정세(conjuncture)는 그 자체가 접합(jonction), 공접합(con-jonction)이요, 항상 변화하긴 하지만 응고한 이미 일어난 마주침, 스스로 자신의 무한한 선행 원인들을 가리키는, 즉 선행 원인들의 무한한 연속에 이 선행 원인들의 결과를, 예컨대 체사레 보르자와 같은 어떤 특정한 개인인 이 결과를 돌려보내는 마주침이다"라고 쓰고 있기 때문이다. 이어서 알튀세르는 마주침을 원인들의 여러 계열들의 결과로 정의하면서 '쿠르노'라는 이름을 적고 있다.[134]

따라서 1966년은 알튀세르가 마주침의 유물론 또는 마주침의 이론 기획을 처음으로 구상했던 해라고 할 수 있다. 여기서 사정은 알튀세르가 1956년에 그의 여자 친구 클레르에게 썼듯이 "내가 이미 썼던 것을 다시 발견하고, 내가 이미 했던 것을 배우는" 신기한 작업처럼 진행된다. 즉 자신이 이미 알고 있던 것을 망각하고 마치 처음부터 다시 시작하는 듯 그것을 (재)발견하는 상황 말이다. 이는 '빈 말'이 아니다. 왜냐하면 1966년에 알튀세르가 쓴 텍스트가 남아 있기 때문이다. 그것이 바로 「D에게 보내는 두번째 편지」[135] 그리고 그와 비슷한 내용을 담고 있는 「발생에 관하여」다.[136] 이 두 텍스트는 알튀세르가 그의 정신분석의인 르네 디아트킨과 토론하는 가운데 작성한 것으로서, 마주침의 유물론이 정신분석학과의 대면 또는 대결 속에서 나온 것이라는 우리의 가설을 확증해 준다.

그렇다면 왜 알튀세르는 1966년에 위와 같은 작업 노트를 남겼고 위와 같은 글들을 남겼을까? 우리는 이것이 『『자본』을 읽자』의 한 구절과 무

---

134) 알튀세르, 「마주침의 유물론이라는 은밀한 흐름」, 『철학과 맑스주의』, 78쪽.
135) Althusser, "Lettre à D……(N° 2)", *Écrits sur la psychanalyse*, pp. 83~110.

관하지 않다고 본다. "맑스는 한 생산양식으로부터 다른 생산양식으로의 이행에 대한 이론, 즉 생산양식의 구성에 대한 이론을 우리에게 전혀 제공하지 않았다."[137] 즉 마주침 이론 또는 공접합 이론은 바로 '이행' 이론의 공백을 사고하기 위한 것이었다.

실제로 알튀세르는 프랑카 마도니아(Franca Madonia)에게 보낸 편지(1966년 3월 10일)에서 이제 무엇을 써야 할지 고민이라고 하면서 다음과 같이 말한다.

루소에 대한 책? 포이어바흐에 관한 테제에 대한 책? 엥겔스와 레닌의 이데올로기적 철학에 대한 책? 아니면 『현대』에 기고할 맑스의 **구조** 개념에 대한 논문? 어느 경우든 열심히 공부해야 하지만, 단연 가장 힘들 텍스트는 구조에 대한 논문일 게요. 레비-스트로스를 다시 읽고, 사르트르를 읽고, 라캉을 다시 읽고, 맑스를 다시 읽고……. 일거리도 많지.[138]

알튀세르는 결국 『현대』에 맑스의 구조 개념에 대한 논문을 싣지 못했다.[139] 하지만 알튀세르는 「레비-스트로스에 관하여」(Sur Lévi-Strauss, 1966년 8월 20일)를 썼다. 그리고 같은 해 여름 작성한 「D에게 보내는 두번

---

136) 「D에게 보내는 두번째 편지」(1966년 8월 22일)보다 한 달 뒤에 작성된 「발생에 관하여」(Sur la genèse, 1966년 9월 22일)는 알튀세르가 알랭 바디우, 에티엔 발리바르, 이브 뒤루, 피에르 마슈레 등과 함께 『변증법적 유물론의 요소들』(Éléments du matérialisme dialectique)을 출간할 목적으로 작업 노트를 회람하는 공동 작업을 하기 전에 쓴 것으로서, 르네 디아트킨에게 보낸 편지를 보충한다. 하지만 알튀세르가 위 공동 작업을 위해서 쓴 「담론 이론에 관한 세 편의 노트」(Trois notes sur la théorie des discours)의 첫 노트인 '정신분석학에 관하여' (Sur la psychanalyse)를 이미 9월 13일에 작성하였음을 염두에 둔다면, 디아트킨과의 서신 교환과 알튀세르 사단의 공동 작업이 시기적으로나 내용적으로나 전혀 무관하다고 볼 수는 없다.
137) 알튀세르, 「『자본론』의 대상」, 『자본론을 읽는다』, 252쪽.
138) Althusser, *Lettre à Franca*, p. 663.

째 편지」와 「발생에 관하여」가 라캉과 맑스를 참조하고 있음은 분명하다. 심지어 「발생에 관하여」에서 알튀세르는 "이 선형적-기계적 인과성(사르트르는 이것을 '분석적 이성'이라고 불렀는데……주의하자, 사르트르가 변증법적 이성이라고 부르는 것은 그가 말하는 것과 달리 분석적 이성의 복잡한 형태, 곧 분석적 이성일 뿐이다)"이라고 적고 있다. 다시 말해 「레비-스트로스에 관하여」, 「D에게 보내는 두번째 편지」, 「발생에 관하여」는 모두 맑스의 '구조' 개념에 대한 연구를 둘러싼 글들이다. 알튀세르는 맑스에게 '구조'가 무엇인지를 '인과성' 개념들을 통해 해명하고, 구조의 돌발(다시 말해 한 생산양식에서 다른 생산양식으로의 이행)에 대해 마주침 이론과 공접합 이론을 통해 사고하려 했다.

「D에게 보내는 두번째 편지」는 무의식의 '발생'이라는 이데올로기적 개념에 대한 반박을 담고 있다. 물론 그것은 '무의식'의 발생이 아니라 '발생' 일반에 대한 비판이다. 발생을 말하는 자들은 현상 A가 야기되는 과정의 시작(기원)과 끝(종결로서의 현상 A)을 설정하고, 그 과정에서 지속하는 하나의 '주체'의 '동일성'을 전제한다. 모든 발생에서 종결의 개체(야기해야 할 개체)는 야기 과정의 '기원'인 '씨앗' 속에 포함되어 있다. 아리스토텔레스가 곧잘 말했듯이, 참나무는 이미 모조리 도토리 안에 들어 있는 것이다. 이러한 발생의 구조는 목적론의 형태를 띨 수밖에 없다. 알튀세르는 발생의 논리와 구별되는 다른 논리를 사고해야 한다고 주장한다. 그것은 종결이 이미 그 기원에 들어 있는 A→A의 구조가 아니라, 현상 A가 생겨나기 이전에 A와 닮은 것이 없는 비-A→A의 구조에 바탕을 둔다. 효과 A는

---

139) 『현대』의 '구조주의의 문제들' 특집호(1966년 11월)에는 결국 모리스 고들리에가 쓴 「『자본』에서 체계, 구조 그리고 모순」이 실린다. Maurice Godelier, "Système, structure et contradiction dans *Le Capital*", *Les Temps modernes* N° 246, Novembre 1966, pp. 828~864.

그 이전의 요소와 관련하여 일종의 '돌발'이다.[140] 이 돌발을 해명해 주는 인과성으로 알튀세르는 부재의 효과성 또는 구조적 인과성을 들고 있다.

알튀세르는 이 논리를 자본주의 생산양식의 돌발 메커니즘에 적용한다. 봉건적 생산양식과 자본주의 생산양식은 후자가 전자 안에 이미 씨앗의 형태로 들어 있는 친자 관계가 아니다. 봉건적 생산양식에서 야기된 아주 분명한 요소들이 있긴 하나, 그 요소들의 마주침은 그 생산양식에 의해 미리 결정되어 있지 않다. 이 요소들의 특정한 결합으로부터 자본주의 생산양식이 돌발하며, 이때 이 요소들은 결합하기에 적합한 것들이어야 한다. 예컨대 이 결합에 필수불가결한 요소로는 ① 자본의 형태로 축적된 화폐, ② 자유로워진(생산수단을 빼앗긴) 다수의 노동자들, ③ 자연을 변형하는 기술 발달이 있다. 알튀세르는 많은 경우 ①과 ②만 있고, ③은 없었는데, 이 경우 새로운 생산양식은 '돌발'하지 않는다고 덧붙인다. 그리고 이렇게 새로운 구조가 돌발하고 나면, 그 구조는 (무의식과 마찬가지로) 비시간적으로 기능한다. 다시 말해 그 구조는 끊임없이 스스로를 재생산한다.

알튀세르가 1966년 9월 22일에 작성한 「발생에 관하여」라는 타자 원고는 위 편지를 보충한다.[141] 이 원고의 서두 ── "나는 내 편지에서 어쩌면 뚜렷이 두드러지지 않은 점 하나를 명확히 하고 싶다" ── 가 그 증거다. 이어서 "발생에 대한 이데올로기적(종교적) 범주를 대체하기 위해 마련한

---

140) 알튀세르는 「청년 맑스에 대하여」에서 헤겔의 '지양'과 맑스의 이데올로기 비판을 구분하면서 위와 똑같은 설명을 내놓았다. 헤겔의 변증법의 '지양' 과정(즉자에서 대자로의, 그리고 즉자 대자로의 이행)은 ① '과정 속에서의 실체적 연속성'을 전제하고, ② '자기 자신의 내부 자체에 자신의 고유한 미래를 싹으로 내포하고' 있으며, ③ 과정의 '나중의 형태'가 선행한 형태의 '진리'가 되는 목적론적인 구조를 띤다. 반대로 맑스의 이데올로기 비판에서 과학은 이데올로기와의 단절과 근본적인 불연속성을 특징으로 한다. 알튀세르, 「청년 맑스에 대하여」, 『맑스를 위하여』, 89쪽 주 39 참조. 이로부터 우리는 알튀세르가 '인식론적 절단'과 '존재론적 돌발' 사이에 구조적 상동성을 전제하고 있다고 추론할 수 있다.
141) 우리는 이 텍스트를 번역하여 이 글에 붙여 두었다. 이 글 뒤의 '첨부 2' 참조.

'마주침 이론' 또는 '공접합 이론'의 세마에는, 우리가 선형적인 계보들이라 부를 수 있는 것을 위한 자리가 있다"는 구절이 나온다. 알튀세르는 발생의 논리와 구분되는, 요소들이 마주치고 결합하는—새로운 구조 속에서 '응고'하면서 '공접합'하는—돌발의 논리를 보다 명확히 하기 위해서 몇 가지 사항을 추가한다. 새로운 생산양식 또는 구조는 친자 관계의 효과가 아니다. 각각의 요소들에는 독립된 각자의 역사 또는 계보가 있다. 「D에게 보내는 두번째 편지」에 비해 이 텍스트가 새로운 점은, 구조적 인과성을 보다 자세히 해명하고 있다는 것, 그리고 무엇보다 구조적 인과성과 선형적(기계적·이행적) 인과성이 단순히 서로를 배제하는 것이 아니라, 이중의 인과성으로서 '접합'되는 원리를 보여 주고 있다는 것이다. "구조적 효과로서 구조적 인과성은 **엄격히 한정되고 제한된 지대**나 **시퀀스**를 규정한다. 거기서 구조적 인과성은 **선형적 인과성의 형태**로 실현"되기 때문이다.

얼핏 보면 이 두 텍스트는 『『자본』을 읽자』에 비해 어떤 새로운 것도 담고 있지 않은 것 같다.

첫째, 알튀세르는 역사적 시간에 대한 맑스주의적 개념을 구축하기 위해서, 구조의 요소들 "각각의 수준에 대해 하나의 **독자적인 시간**, 즉 상호의존 속에서도 다른 수준들의 '시간'에 대해 상대적인 자율성을 갖고 상대적으로 독립적인 하나의 독자적인 시간"을 지정했다.[142] 즉 각각의 생산양식, 생산관계, 상부구조들은 저마다의 리듬을 가지며 심지어 그것들은 불균등하게 발전한다. 요소들끼리 서로 독립된 역사와 계보를 가지면서도 구조 속에서 일정한 형태로 접합되어 있는 모습을 알튀세르는 '미분적'이라고 묘사한다.[143] 발리바르도 "**결합**의 각 요소는 확실히 일종의 역사를 갖

---

142) 알튀세르, 「『자본론』의 대상」, 『자본론을 읽는다』, 127쪽.
143) 발리바르는 알튀세르의 분석을 참조하며 이를 "역사적 개별성의 미분적 제 형태"라고 부른다. 발리바르, 「사적 유물론의 기본 개념」, 같은 책, 323쪽.

지만 그것은 설정될 수 있는 **주체가 전혀 없는 역사**이다. 각 부분사의 진정한 주체는 요소와 요소 사이의 관계가 의존하는 결합이므로, 즉 **그것은 주체가 없다**"[144]고 말하는데, 이것은 발생의 논리에서 말하는 요소의 야기 과정의 '주체'를 설정할 수 없다는 알튀세르의 지적과 일맥상통한다.

둘째, 알튀세르는 『『자본』을 읽자』에서 이미 자크-알랭 밀레로부터 빌려 온 '환유적 인과성' —— 그 효과들에 대한 원인의 부재 또는 효과들 속에 존재하는 구조 —— 과 자신의 '구조적 인과성' 개념에 대해 밝힌 바 있다.[145] 그리고 알튀세르가 이 구조적 인과성을 구상할 때 스피노자에게 바탕을 둔다는 것은 널리 알려진 바다.[146]

셋째, 생산양식의 구조를 구성하는 요소들이 어떻게 최종 심급 또는 지배소를 갖는 구조를 갖고 접합하는가라는 문제는 구조적 인과성을 이해하는 데 결정적인 것으로서 알튀세르와 발리바르의 주요한 관심사였다.[147]

넷째, 발리바르는 생산력의 진보에 대해, "직선적이며 누적적인 발전, 거의 준생물학적 연속성", "역사적 운동의 기계론"이 아니라, 역사적 불연속성을 어떻게 사고할 것인가라고 묻는다.[148] 우리가 위에서 요약한 알튀세르의 편지들은 바로 이 생물학적이고 기계적인 발생론과 어떻게 거리를 두고 '돌발', '불연속성'을 사고할 것인가라는 질문을 던지며, 발리바르의 물음을 일반화한다. 실제로 발리바르는 한 형태로부터 다른 형태로의 운동을 단순한 해체나 친자 관계와 같은 직선적 발전 운동이 아니라, 전화

---

144) 발리바르, 「사적 유물론의 기본 개념」, 『자본론을 읽는다』, 320쪽.
145) 알튀세르, 「『자본론』의 대상」, 같은 책, 236쪽 이하.
146) 스피노자의 인과성 개념과 알튀세르의 구조적 인과성의 관계에 대해서는, 김은주, 「알튀세르와 들뢰즈를 통해 본 스피노자 철학의 문제」, 『트랜스토리아』 5호, 박종철출판사, 2005, 특히 53~65쪽; 최원, 「미완의 스피노자: 발리바르의 독해를 중심으로」, 『스피노자와 현대 철학』(근간) 참조.
147) 발리바르, 「사적 유물론의 기본 개념」, 『자본론을 읽는다』, 279쪽 이하.
148) 같은 글, 같은 책, 301쪽.

(transformation)와 전위(déplacement)라는 용어를 통해 사고하였다.[149] 이 점에서 알튀세르가 「D에게 보내는 두번째 편지」에서 자신이 말한 것 다수를 발리바르가 『『자본』을 읽자』에서 다루었다고 언급한 것은 문자 그대로 이해되어야 한다.[150]

이처럼 1966년의 편지들은 알튀세르가 디아트킨에게 자신이 이미 알고 있던 것을 알려 주는 '재인' 과정에 불과해 보인다. 하지만 이는 알튀세르가 '선언'한 표현들이 편지에서 제자리를 찾지 못하고 있기 때문에 발생하는 인상이다. 다시 말해 알튀세르의 글에는 발생 이론을 대체하는 '마주침 이론'이나 '공접합 이론'에 대한 설명이 턱없이 비어 있다. 「발생에 관하여」의 새로운 지점인 구조적 인과성과 선형적 인과성의 접합은 정해진 한 시퀀스에서 작동하는 '재생산'의 메커니즘을 해명하는 데 도움을 주지만, 하나의 시퀀스에서 다른 시퀀스로의 단절적 이행을 설명해 주진 못한다. 이는 구조적 인과성 개념의 대상이 '이행'이 아니라는 사실에서 비롯된다. 구조적 인과성은 경제 현상들이 구조 지어진 복합적 전체에 의해 결정된다는 것, 다시 말해 경제 현상들이 사회구성체의 효과들임을 보이는 개념이다. 그 '개념'은 효과들 속에서만 존재하는 사회구성체라는 구조를 '파악'하기 위한 것으로서, 이행을 사고하기 위한 전제 조건일 수는 있으되 그 자체가 이행의 메커니즘을 알려 주지는 않는다. 더욱이 구조적 인과성을 통해 구조의 복잡성과 재생산의 측면을 강조하면 할수록 이행의 자리는 줄어든다. 정작 내기는 새로운 생산양식의 돌발을 마주침과 공접합으로 설명하는 데 걸려 있었는데 말이다.

우리가 알다시피 알튀세르는 '이론적 결산'에서 맑스의 '본원적 축적

---

149) 같은 글, 같은 책, 312쪽.
150) Althusser, "Lettre à D……(N° 2)", *Écrits sur la psychanalyse*, p. 95.

론'을 비판적으로 독해하면서 마주침과 공접합 문제로 다시 돌아온다. 본원적 축적론에 대한 이해가 중요한 까닭은, "모든 생산양식은 **서로 독립적인 요소들로** 구성되며 매 요소는 고유의 역사의 결과이고 이 다양한 역사들 사이에는 어떤 유기적이고 목적론적인 관계도 존재하지 않음"[151]을 보여주기 때문이다. 그리고 이 문제설정은 1982년이 아니라 『『자본』을 읽자』나 1966년의 텍스트들에서 이미 제기된 것들이다. 우리가 보기에 1966년의 텍스트는 그에 바로 앞서는 텍스트들이 아니라 이처럼 한참 뒤에 다시 반복되는 텍스트와 함께 놓일 때 그 중요성이 두드러진다. 알튀세르의 편지들에는 마주침의 유물론을 준비하는 몇 가지 개념, 그리고 '에피쿠로스'로부터 영감을 받은 몇 가지 생각들이 있기 때문이다.

예컨대 발리바르가 "역사의 원자들"[152]에 비유한 구조의 요소들은 "결합하기에 적합한 것들"끼리 마주친다. 그리고 이 마주침은 새로운 구조 속에서 '응고'—'마주침의 유물론'의 핵심 개념인 바로 그 '응고'!—하면서 '공접합'한다. 이 마주침은 응고하지 않을 수 있다. 왜냐하면 결합에 필수불가결한 요소들 중 어느 하나만 없어도, 새로운 생산양식은 돌발하지 않기 때문이다. 알튀세르는 1982년에 이에 대해 부연한다. "**역사에서 이 마주침은** 그것이 **서구에서 응고하기 전에도 여러 번 일어났**으나 당시에는 한 요소의 결여 또는 몇몇 요소들의 배치의 결여로 '응고하지' 않았다고 추측할 수 있다."[153]

생산양식의 이행이라는 관점이 아니라, '정치적 주체화'의 관점에서 맑스의 본원적 축적론을 다시 읽어 보자. 맑스는 자본주의 생산양식의 탄생을 '돈 많은 사람'과 노동력을 제외한 모든 것을 박탈당한 프롤레타리

---

151) 알튀세르, 「마주침의 유물론이라는 은밀한 흐름」, 『철학과 맑스주의』, 86쪽.
152) 발리바르, 「사적 유물론의 기본 개념」, 『자본론을 읽는다』, 291쪽.
153) 알튀세르, 「마주침의 유물론이라는 은밀한 흐름」, 『철학과 맑스주의』, 85쪽.

아의 '마주침'의 결과로 보고 있는 만큼 이러한 재구성은 이유가 없지 않다.[154] 먼저 지주와 농민의 계열, 재산가의 계열이 서로 독립된 채 주어져 있다. 그다음 농민이 토지로부터 쫓겨나고 도시로 이동하며, 그 후 재산가가 농민을 수공업 노동자로 만든다. 마지막으로 생산관계(이것은 계급투쟁을 포함한다) 속에서 재산가와 수공업 노동자는 부르주아와 프롤레타리아가 된다. 여기서 관건은 두 독립된 계열이 마주치는 것이기보다는 한 계열의 요소가 다른 계열로 전위하면서 마주치는 것이다. 이것은 쿠르노식의 우연한 마주침으로는 설명할 수 없다. 그것은 '평행'의 효과가 아니라 '감염'의 효과에 의한 증식(브르통)으로만 이해될 수 있다. 그리고 이 감염은 클리나멘을 통해서 가능하다. 알튀세르는 '생산수단들의 박탈 과정'을 하나의 '일탈'(원자의 빗겨남에 해당하는 계기)로 보지만, 우리는 농민이 도시로 이동했다는 사실이야말로 하나의 일탈이라고 본다. 그리고 우리가 고려해야 할 또 하나의 빗겨남이 있다. 주변에 있던 소수자 운동이 텅 빈 중심의 노동자 계급과 마주치는 것 역시 이들이 각자의 계열로부터 이탈할 때 가능하다. 한마디로 '탈정체화'의 계기가 있어야 하는 것이다. 클리나멘으로부터 '주체화'를 사고하려는 이러한 시도가 '자유의 관념론'으로 오독될 위험을 무릅쓰고서라도 말이다.

 1966년의 편지들에 대한 고찰을 마무리하면서 우리는 발리바르의 말을 패러디해 이렇게 말하고자 한다. 우리는 「D에게 보내는 두번째 편지」와 「발생에 관하여」의 구절들이 '이미 읽었던' 것들이라는 인상을 받았다. 우리는 1982년의 「마주침의 유물론이라는 은밀한 흐름」을 회상해 냈고, 생산양식에 관한 구절들 전체가 사실상 유사하다는 것, 정식화들이 동일하다는 것을 곧바로 확인했다. 알튀세르가 끌어낸 결론들이 완전히 정반대라

---

154) 같은 글, 같은 책, 84쪽 참조.

는 것만이 다를 뿐이었다. 1966년에 알튀세르는 "맑스가 헤겔적이거나 진화론적 정식을 사용할 때도 있음에도 불구하고 (헤겔적 개념인) 발생 개념을 거부함으로써 새로운 현실이 '돌발'하는 메커니즘을 설명할 수 있었다"고 주장했다. 하지만 1982년에는 맑스가 생산양식에 대한 역사적이고 우발적인 관념으로부터 본질주의적이고 철학적인 두번째 관념으로 넘어갔다고 말한다. 전자는 박탈당한 다중이 부동(浮動)하는 부르주아와 부동하는 여타 요소들이 마주침으로써 프롤레타리아가 생산된다는 우발적 논리다. 후자는 프롤레타리아의 확대 재생산이라는 기성 사실의 논리다.[155] 프롤레타리아를 생성되어 가는 것으로 보지 않고, 기성 사실의 관점을 회고적으로 투영하는 것은 전형적으로 이데올로기적인 '발생의 논리'다. 거기에는 '마주침'도 없고, 모든 우발적 마주침에 필수적인 '공백'도 없다.

∞. 끝 없는 맺음말

우리는 이 글에서 1980년대에 알튀세르가 작성한 수고들에 대한 분석에서 시작해 1960년대 중반으로 거슬러 올라가는 일종의 '사후 회귀' 작업을 했다. 이런 회고적 투영은 마주침의 유물론, 그리고 그 이후의 우발적 유물론의 출현을 그것의 '기원'으로 거슬러 올라가 추적할 뿐 아니라, 그 야기 과정에서 알튀세르라는 한 명의 동일하고 연속적인 '주체'로서의 저자를 상정하는 논리, 요컨대 '발생의 논리'에 빠질 위험도 있다. 하지만 우리가 보이고자 한 것은 마주침의 유물론이 철학자 알튀세르의 '무의식'의 산물이라는 것, 다시 말해 그가 이미 읽고 썼다가 망각하고 다시 읽고 쓴 결과였다는 것이다. 이것은 한 명의 독자-저자인가 여러 명의 독자-저자인가? 무

---

155) 알튀세르, 「마주침의 유물론이라는 은밀한 흐름」, 『철학과 맑스주의』, 86, 91쪽.

의식이 모순을 모르듯 이러한 하나, 둘, 여럿의 독자-저자는 위와 같은 대립 — '연속'과 '불연속', '하나'와 '여럿' — 을 알지 못한다.

무엇보다 '맑스'를 이해하기 위해 마주침 또는 우발성의 유물론으로 우회한 알튀세르를 사로잡은 물음은 이것이 아닐까?

> **'역사의 목적'**이라는 질문이 제기될 때, 동일한 진영 안에서 에피쿠로스와 스피노자, 몽테스키외와 루소가, 명시적으로든 암묵적으로든, 동일한 마주침의 유물론이라는 토대 또는 강한 의미의 **'정세의 사고'**라는 토대 위에 자리 잡고 있다고 할 수 있다. 물론 맑스도 그러한데, 그러나 그는 **마주침**의 우발성과 **혁명**의 필연성으로 분열된 지평 안에서 사고하도록 강제되고 있다.[156]

우리가 이 글을 통해 소략하게나마 보여 주었듯이, 마주침의 유물론이 새로운 생산양식이 돌발하고 응고하는 '우연성의 필연성'에 대한 연구라면, 우발성의 유물론은 '대중 운동'에 대한 사고였다. 그리고 알튀세르가 1960~1970년대에 세공한 구조적 인과성과 재생산론은 하나의 '생산양식 내에서의 결정'에 대한 논의다. 어디까지나 사후적으로 볼 때, 이것들은 마치 하나의 체계를 이루는 것 같다. 구조적 인과성이 지배하는 하나의 생산양식의 여러 요소들이 특수한 방식으로 결합하고 마주칠 때, 이것이 응고하기 위해서는, 다시 말해 이 우발성을 혁명의 필연성으로 가져오기 위해서는 대중 운동에 대한 열린 사고, 그리고 무엇보다 실천이 필요하다. 그리고 그것엔 끝이 없다.[157]

---

156) 같은 글, 같은 책, 69쪽.
157) 이 글의 초고를 읽고 귀중한 논평을 해준 서정연, 최원 두 선배에게 진심으로 감사드린다.

〈첨부 1〉 「마주침의 유물론이라는 은밀한 흐름」에서 원자론이라는 '모체'가 적용된 사례들

	비 (주어진 사실)	공백 (빗겨남의 조건, 마주침의 조건)	클리나멘 (마주침의 원인)	마주침	응고 (마주침의 지속)
마키아벨리	통일되지 않은 이탈리아의 상황	이름 없는, 아무것도 아닌 것에서 출발하는 인간, 이름 없는 장소		한 사람과 한 지역의 마주침, 군주 안에서 운과 능력의 마주침	새로운 군주, 새로운 공국
스피노자	속성들의 평행	철학의 대상은 '무', 그 자체가 아무것도 아닌 시작			
홉스	사회의 원자들	자유의 공간 (장애의 부재)		전쟁과 계약	
루소	순수 자연 상태의 마주침 없는 개인들	삼림 (사회의 '무', 모든 사회의 가능성의 조건)	황도에 대한 적도의 아주 미세한 경사		
맑스	떠다니는 상태로 존재하는 요소들 (금융적 축적, 생산의 기술적 수단들의 축적, 생산 소재의 축적, 생산자들의 축적)	요소들의 비-통일성	생산수단들의 박탈 과정	돈 많은 사람과 벌거벗은 노동력의 마주침	요소들 간의 특수한 '결합' → 새로운 생산양식
	예정된 요소들	×	×	×	재생산 (프롤레타리아의 자본주의적 확대 재생산)

〈첨부 2〉 루이 알튀세르, 「발생에 관하여」(1966년 9월 22일)[158]

나는 내 편지에서 어쩌면 뚜렷이 두드러지지 않은 점 하나를 명확히 하고 싶다.

발생에 대한 이데올로기적(종교적) 범주를 대체하기 위해 마련한 '마

---

158) 세 장짜리 타자 원고인 「발생에 관하여」는 현대출판기록연구소에는 없고, 워런 몬탁이 소장하고 있다. 이 텍스트에 대한 질문에 답해 준 모르피노와 텍스트를 보여 준 몬탁에게 감사드린다.—옮긴이

주침 이론' 또는 '공접합' 이론의 세마에는, 우리가 **선형적인 계보들**이라 부를 수 있는 것을 위한 자리가 있다.

예컨대, 『자본』에서 자본주의 생산양식이 구성되는 논리를 다시 예로 들어 보자.

1/ 맑스가 정의한 요소들은 '결합'한다. 나는 (Verbindung이라는 용어를 번역하기 위해서) [그 요소들이] 새로운 구조 속에서 '응고'하면서 '공접합'한다고 말하길 선호한다. 이 구조는 그것의 돌발에서 친자 관계의 효과가 아니라, **공접합**의 효과로서 사고될 수 있다. 이 새로운 논리는 친자 관계의 선형적 인과성은 물론이거니와, 헤겔의 '변증법적' 인과성과도 아무런 관련이 없다. 후자는 선형적 인과성의 논리에 암묵적으로 포함된 것을 소리 높여 말하는 것에 불과하다.

2/ 하지만 새로운 구조의 공접합 속에서 결합한 **각각의** 요소들(특히 축적된 화폐-자본, '자유로운', 즉 자신들의 노동 수단을 빼앗긴 노동력, 기술의 발명들)은 그 자체로 하나의 **산물**, 하나의 **효과**다.

맑스의 논증에서 중요한 것은, 이 세 요소들이 하나의 동일한 상황의 **동시적인** 산물이 아니라는 사실이다. 달리 말해서 봉건적 생산양식 홀로, 섭리적인 목적성에 따라 새로운 구조가 '응고'하는 데 필요한 **세 요소들을 동시에** 야기하지는 않는다. 이 요소들 각각에는 각자의 '역사' 또는 (발리바르가 이와 관련해 훌륭히 사용한 니체의 개념을 다시 취하자면) 각자의 **계보**가 있다. 세 계보는 상대적으로 **독립적**이다. 심지어 하나의 요소('자유로운' 노동력)가 **전혀 다른** 계보들에 의한 결과로서 산출될 수 있음을 맑스가 제시하는 모습도 우리는 볼 수 있다.

그러므로 세 요소들의 계보는 서로 독립적이며, 기존의 구조(봉건적 생산양식)로부터 ([계보들이] 공-존하는 가운데, 계보들 저마다의 결과들이 공존하는 가운데) 독립되어 있다. 이는 발생의 신화가 재출현할 수 있는 모든 가능성을 배제한다. 봉건적 생산양식은 자본주의 생산양식의 '아버지'가 아니다. 후자가 전자 속에서 '씨앗의 상태로' 포함될 수 있고, 포함되어 있었다는 뜻으로 말할 때의 그 아버지가 아닌 것이다.

3/ 그런데 이 요소들과 관련하여(그리고 일반적으로 **모든 요소의 계보**와 관련하여), 새로운 구조 속에서 '응고'할 공접합에 들어가는 **이 요소들의 생산**을 해명할 때 작용할 수 있는 인과성의 유형들을 더 파악해야만 한다.

여기서는 구분되는 **두 유형**의 인과성을 구별해야 할 것 같다.

a/ **구조적 인과성**: 하나의 요소는 **구조적 효과**로서 산출될 수 있다. 구조적 인과성은 모든 효과의 **궁극적 인과성**이다.

구조적 인과성은 무슨 뜻인가? 그것은 (거칠게 말해서) 효과 B(요소)가 원인 A(다른 요소)의 효과가 아니라, 요소 A ― 요소 A가 자신이 놓여 있는 구조를 구성하는 관계들 속에 삽입되어 있는 한에서 ― 의 효과라는 뜻이다. 간단히 말해서, 효과 B의 산출을 이해하기 위해서는 (효과 B에 즉각적으로 또는 가시적으로 선행하는) 원인 A만 고려한다고 될 일이 아니고, 그것이 터 잡은 구조의 요소로서의 원인 A를 고려해야 한다. 그러니까 관계, 즉 문제가 되는 구조를 정의하는 종별적인 구조적 관계에 복종하는 원인 A를 고려해야 하는 것이다. 예컨대 구조적 인과성의 간략한 형태가 근대 물리학에서 등장한다. 근대 물리학에서 장(場) 개념을 개입시키고, **장의 인과성**이라고 부를 수 있는 것이 작동할 때 그 예가 나타난다. 사회과학의 경우, 우리는 맑스의 생각을 따른다. 어떤 경제적 효과는 그 효과가 고립된 원인과 맺는 관계를 통해서는 이해될 수 없고, 그 효과가 (생산력과 생산관계의 접합으로 정의된) 경제적인 것의 **구조**와 맺는 관계를 통해서만 이해될 수 있다. 비슷한 방식으로, 정신분석에서는 어떤 효과(어떤 증상)가 **무의식의**

구조의 효과로서만 이해 가능하다고 생각해 볼 수 있다. 어떤 사건이나 어떤 요소 A가 어떤 효과 B를 산출하는 것이 아니라, 주체의 무의식으로 정의된 구조가 효과 B를 산출한다.

b/ 이 법칙은 일반적인 것 같다. 그러나 구조적인 것으로서, 따라서 구조적 효과로서 구조적 인과성은 **엄격히 한정되고 제한된 지대**나 **시퀀스**를 규정한다. 거기서 구조적 인과성은 **선형적 인과성의 형태**로 실현된다. 예컨대 **노동 과정**에서 벌어지는 일이 그런 것이다. 선형적인 기계적 인과성(비록 이 인과성이 기계에서처럼 복잡한 형태를 띤다 하더라도, 그 형태는 **피드백 효과**나 여타의 사이버네틱한 효과**에서조차 기계적**, 즉 선형적으로 머문다)은 노동 과정에서 **생산물을 생산**하는 장과 같이 **한정된 장**에서 자율적이고 배타적인 방식으로 작동할 수 있다. 못을 박으려면 망치로 못을 두드려야 하고, 밭을 갈려면 흙덩이를 일으키는 보습의 날에 힘을 주어야 한다. 이 선형적-기계적 인과성(사르트르는 이것을 '분석적 이성'이라고 불렀는데……주의하자, 사르트르가 변증법적 이성이라고 부르는 것은 그가 말하는 것과 달리 분석적 이성의 복잡한 형태, 곧 분석적 이성일 뿐이다)은 **반복**과 **축적**에 의해 동일한 효과를 산출하면서 작동한다. 헤겔이 양적 축적이나 지성의 논리에 대해 말할 때, 우리는 이런 인과성을 발견한다. 헤겔은 고유하게 구조적인 효과들을 '질적 도약'의 형태로 사고하려 했다. 다시 말해 그는 선형적 인과성으로부터 구조적 인과성을 야기하는 식으로 전자에서 후자로 넘어가려 했던 것이다(그렇기 때문에 헤겔의 '변증법'은 그가 지양을 **선언**했음에도 불구하고 기계적이고 선형적인 지성의 경험적 범주들에 사로잡혀 있다. '지양'Aufhebung 개념은 헤겔의 뜻과 달리 이러한 포로 상태를 고백하고 인정하는 개념이다).

따라서 늘 **엄격한 한계들**에 한정되고, 구조적 인과성에 의해서 고정되면서도, **선형적**이거나 분석적인 **인과성**(또는 이행적 인과성)의 자율적인 작동에 복종하는 전체적인 시퀀스들이 있다. 이는 경제적·정치적·이데올로기적 현상들의 어떤 시퀀스들에서 아주 뚜렷하게 일어난다. 이것은 정신분석에서도 일어난다(예컨대 그것은 이차 과정에 속하는 어떤 시퀀스들에서 일어난다. 방어적 형성체로서 '이차적 형성체'라고 부를 수 있는 것이 거기에 속하는 것 같다).

우리가 든 세 가지 요소들의 예에서, 화폐-자본의 축적은 많은 부분이 메커니즘에 속하며, 다른 요소들을 생산하는 어떤 시퀀스들도 마찬가지인 것 같다.

그러나 위 모든 경우에 한계들과 기계적 인과성의 '작동' 그리고 그것이 산출하는 **대상의 유형**은 최종 심급에서 구조적 인과성에 의해 결정된다. 우리는 더 나아가서, 구조적 효과들 사이의 (기계적) 축적 효과들을 고찰할 수 있다고 말할 수 있다(그것은 맑스가 말한 것이기도 한데, '자유로운 노동력'의 존재는 상이하고 독립적인 여러 과정들의 결과이며, 이 과정의 효과들은 서로 합쳐지고, 더 강고하게 합쳐진다). 하지만 이 효과들——이것들 사이에 기계적 인과성의 작동이 세워진다——은 따로 보면 구조적 효과들이다.

나는 더 발전시키지는 않겠다. 나는 그저 이 이중의 인과성과 그것이 접합되는 원리——그 접합에서 구조적 인과성은 선형적 인과성의 결정 인자다——를 지적하려 했을 뿐이다.

8장 하나의 마주침[*]
— 알튀세르와 마키아벨리

에마뉘엘 테레
진태원 옮김

I

알튀세르의 저작에서 마키아벨리의 이름은 드물게 인용된다. 1978년 프랑스 국립정치학재단(Fondation nationale des sciences politiques)에서 발표하고[1)] 1990년 『전미래』 1호에 수록되어 출간된 「마키아벨리의 고독」이라는 강연[2)]을 유보한다면, 나로서는 얼마간 중요성을 지닌 두 개의 언급만 지적해 보겠다.[3)]

첫번째 언급은 『몽테스키외: 정치와 역사』 서두에 나온다. 알튀세르는

---

[*] Emmanuel Terray, "Une rencontre: Althusser et Machiavel", éd. Sylvain Lazarus, *Politique et philosophie dans l'œuvre de Louis Althusser*, PUF, 1993, pp. 137~160.
1) 알튀세르 정치철학 논문집 편집자인 이브 생토메에 의하면 이 강연이 실제로 이루어진 것은 1977년 6월 11일이며, 강연 발표 연도가 1978년으로 알려진 것은 「마키아벨리의 고독」 프랑스어 판본이 처음 출간된 『전미래』 편집자의 착각 때문이라고 한다. Louis Althusser, *Solitude de Machiavel et autres textes*, éd. Yves Sintomer, PUF, 1998, p. 311 참조. — 옮긴이
2) Althusser, "Solitude de Machiavel", *Futur antérieur* N° 1, 1990[「마키아벨리의 고독」, 『마키아벨리의 고독』, 김석민 옮김, 새길, 1992].
3) 테레의 이 글은 알튀세르의 유고들, 특히 『마키아벨리와 우리』(*Machiavel et nous*, éd. François Matheron, Tallandier, 1999. 한국어판은 『마키아벨리의 가면』, 김정한·오덕근 옮김, 이후, 2001)가 출간되기 이전에 발표된 글이라는 점을 염두에 두기 바란다. — 옮긴이

정치학이라는 관념의 탄생에 관해 질문한다. 그는 고대인들이 과학에 대한 관점 때문에 비난받는다는 점을 시인한다. "하지만 근대인들!" 그는 계속 말한다. "수학과 물리학에서 이미 엄격한 원리들이 승리한 시대의 사람들, 곧 장 보댕 같은 사람, 마키아벨리 같은 사람, 홉스 같은 사람 또는 스피노자 같은 사람의 정신이 어떻게 해서 우리가 물려받은 과학적 지식의 모델에 여전히 눈감은 채 있을 수 있었던가?"[4] 보댕과 홉스, 스피노자 곁에서 마키아벨리는 정치적인 것에 관한 연구에서 갈릴레이 물리학의 실증 정신을——미리 앞질러서——도입했던 인물로 신임을 받는다. 하지만 1978년 텍스트 「마키아벨리의 고독」 는 이러한 마키아벨리의 기여에 관한 언급에 대해 그것이 지닌 아주 불충분한 성격을 정확히 지적한다.

두번째 언급은 1975년 「아미엥에서의 주장」에 나온다. 이론적 반인간주의에 관한 자신의 테제를 설명하고 옹호하기 위해 알튀세르는 다음과 같이 선언한다.

> 마키아벨리가 생각이 납니다. 아주 드물게 언급되었지만 늘 실천되었던 그의 방법론적 규칙은 **극단에서** 사고해야 한다는 것이었습니다. 이 말은 한계-테제들(thèses-limites)을 언표해야 하는 위치에서, 사유를 가능하게 하기 위해 불가능한 것의 자리를 차지해야 하는 위치에서 사고하라는 뜻입니다.[5]

---

4) Althusser, *Montesquieu: La politique et l'histoire*, PUF, 1959, p. 12 [『몽테스키외: 정치와 역사』, 『마키아벨리의 고독』, 11쪽. 번역은 다소 수정. 이하 인용문 번역은 옮긴이가 대개 수정했지만 일일이 밝히지는 않겠다].

5) Althusser, "Soutenance d'Amiens", *Solitude de Machiavel et autres textes*, p. 205 [「아미엥에서의 주장」, 『아미엥에서의 주장』, 김동수 옮김, 솔, 1991, 137쪽].

이러한 규칙의 적용에 관해 알튀세르는 곧바로 한 가지 사례를 제시하는데, 이 사례 역시 마키아벨리에게서 빌려 온 것이다.

마키아벨리는 무슨 일을 했습니까? 자기 나라의 역사에서, 따라서 독자들의 정신에서(마키아벨리는 자기 나라의 독자들이 의지를 지닐 수 있도록 사고하게끔 촉구하고 싶어 했습니다) 무언가를 변화시키기 위해 마키아벨리는 측면에서[6] 다음과 같이 설명합니다. 자신의 힘에만 의존해야 한다. 곧 이 경우에는 **아무것에도**, 기존 국가에도 기존 군주에도 **의존하지 말아야** 하며, 현존하지 않는 불가능한 것, 곧 새로운 군주국의 새로운 군주에게 의존해야 한다.[7]

따라서 극단에서 사고하라는, 또는 한계 지점에서 사고하라는 방법론적 규칙 및 정치에서의 시작이라는 문제, 또는 이렇게 말하는 편이 더 낫다면, 역사에서의 새로운 것이라는 문제에 대한 이 규칙의 적용. 진정으로 새로운 것은 선구도 후예도 존재하지 않는 것, 무로부터(ex nihilo) 생산되는 것, 따라서 용어의 엄밀한 의미에서의 창조뿐이다. 결과적으로 창조자로서의 창건자인 것이다…….
앞으로 보게 되겠지만, 이러한 생각은 1978년 텍스트에서 훨씬 더 다듬어진 상태로 재발견된다. 내가 수행하는 작업보다 좀더 꼼꼼하고 좀더

---

[6] '측면에서'(à la cantonade)라는 표현은 『맑스를 위하여』에 수록된 「'피콜로' 극단, 베르톨라치, 그리고 브레히트(한 유물론적 연극에 관한 노트)」(1962)에 나오는 것으로, 관념론적인 의식과 자기 의식의 변증법에서 비껴 서 있는 유물론적 변증법 또는 변증법의 유물론적 조건을 표현하는 말이다. ─ 옮긴이
[7] Althusser, "Soutenance d'Amiens", *Solitude de Machiavel et autres textes*, p. 205 [「아미엥에서의 주장」, 『아미엥에서의 주장』, 137쪽].

철저한 검토를 통해 몇 가지 보충적인 언급을 밝혀낼 수 있을 것이다.[8] 하지만 그렇다고 해도, 공간된 알튀세르의 저작에서 마키아벨리가 아주 주변적이고 드물게 나타난다는 전체적인 인상이 바뀌지는 않을 것 같다. 그런데 알튀세르의 구두 강의를 들었던 모든 사람은, 이러한 인상이 기만적이며, 알튀세르가 피렌체의 서기장에게 부여했던 극도의 중요성, 그가 인정했던 마키아벨리의 역사적 역할의 무게 전체를 전달해 주지 못한다는 점을 알고 있다. 공간된 알튀세르의 저작에서 마키아벨리에 대한 이러한 침묵의 현존을 목도하노라면 나는 늘 생-종 페르스(Saint-John Perse)의 시구를 떠올리게 된다. "태양은 아무 이름도 얻지 못하건만, 그의 힘은 늘 우리 곁에 있네……"(「아나바시스 I」Anabase I).

II

알튀세르는 언제 어떻게 마키아벨리와 마주치게 됐을까? 만약 여기서 내가 일종의 지적 평전을 거론할 요량이라면, 나는 나 자신의 무지를 시인해야 마땅할 것이다. 따라서 내가 앞으로 제시해 볼 논평은 가설이나 상상 이상의 가치를 지니지 못할 것이다. 내가 보기에는 두 개의 길이 알튀세르를 마키아벨리에게로 향하게 했던 것 같다. 하나는 알튀세르가 박사학위 논문 주제로 염두에 두고 있던 '18세기 프랑스의 정치와 철학' 사이의 관계에

---

[8] Althusser, "Contradiction et surdétermination(Notes pour une recherche)", *Pour Marx*, François Maspero, 1965, p. 93[「모순과 중층결정(연구를 위한 노트)」, 『맑스를 위하여』, 이종영 옮김, 백의, 1997, 109쪽]; *Réponse à John Lewis*, François Maspero, 1973, p. 73; "Soutenance d'Amiens", *Positions*, Éditions sociales, 1976, p. 129[「아미엥에서의 주장」, 『아미엥에서의 주장』, 133쪽]; *Ce qui ne peut plus durer dans le Parti communiste*, François Maspero, 1978, p. 118[「당내에 더 이상 지속되어선 안 될 것」, 『당내에 더 이상 지속되어선 안 될 것』, 이진경 엮음, 새길, 1992, 155쪽].

대한 연구이고, 다른 하나는 그람시에 대한 독서다.

『몽테스키외』 1장에서부터 알튀세르는 "**비코와 몽테스키외를 예외로 한다면** 17~18세기의 모든 정치 이론가는 **사회 계약**의 이론가들이었다"[9]는 사실에 주목한다. 1950년대 말 고등사범학교에서 내가 강의를 들었을 때 알튀세르는 홉스에서 로크로, 로크에서 루소로 나아가면서 사회 계약론이 겪는 변형을 추적하는 일에 몰두했다.[10] 하지만 이러한 변동에도 불구하고 계약론 학설이 산출하는 효과는 동일한 것으로 남아 있었다. 계약론에서 핵심적인 것은 사회적인 것은 전혀 없는 자연 상태에서 현존하는 사회로의 이행을 수행하는 장치로 계약을 제시하는 일이었다. 따라서 문제는 "모든 사회 제도의 기원은 **인간적이고 인위적인** 것이라고 선언하는"[11] 일이었다. 그런데 계약론의 이론적 전통의 기원 자체 ── 적어도 부분적으로는 ── 를 살펴보면 한 사람, 곧 마키아벨리에 대한 반발이 존재한다. 그는 계약론과는 정반대의 것, 곧 국가 및 국가에 의해 가능해지고 조직되는 것으로서의 사회는 자연적으로 평등한 개인들 사이의 계약의 산물이 아니라 힘과 간계를 결합한 지배 기획의 결과라고 주장했다.

그렇다면 한편으로 마키아벨리와, 다른 한편으로 18세기에 **계약론의** 적수를 자처했던 사상가들 사이에서 다수의 친족성 내지 친근성(때로는 매우 긴밀하기까지 한)을 발견할 수 있다는 사실이 뭐 그리 놀랄 만한 일이겠는가? 이는 특히 몽테스키외의 경우가 그렇다. 알튀세르와 마찬가지로 몽테스키외는 마키아벨리를 드물게 언급한다. 예컨대 『법의 정신』 전체에서

---

9) Althusser, *Montesquieu*, p. 21 [『몽테스키외』, 『마키아벨리의 고독』, 21쪽].
10) 알튀세르가 이 당시 고등사범학교에서 했던 강의들의 내용은 사후에 유고집으로 출간된 정치철학 강의록에서 확인할 수 있다. Althusser, *Politique et histoire, de Machiavel à Marx: Cours à l'École normale supérieure de 1955 à 1972*, éd. François Matheron, Seuil, 2006 (『정치와 역사: 알튀세르 정치철학 강의록』, 진태원 옮김, 후마니타스, 근간). ─ 옮긴이
11) Althusser, *Montesquieu*, p. 23 [『몽테스키외』, 『마키아벨리의 고독』, 22쪽].

마키아벨리는 겨우 두 번 언급될 뿐이다. 하지만 마키아벨리에 관한 오귀스탱 르노데의 1956년 저작[12]이 입증하듯이 양자를 연결시킬 수 있는 수많은 방식이 존재한다. 이 방식들은 연구 대상 자체와 관련되어 있다. 곧 국가 및 정치 영역의 진화를 지배하는 원리들과 원인들에 대한 탐구, 정치 체제가 무한정하게 선회하는 주기에 대한 테제, 인신과 재화의 안전으로 자유를 정의하는 것, 군주국의 영속성과 불평등의 존재 및 따라서 군주국과 귀족의 현존 사이의 내밀한 연관성, 반대로 공화국과 지위 및 운의 평등 사이에 존재하는 유기적 연계 등이 그것이다. 마찬가지로 알튀세르가 몽테스키외에게 "정치과학은 그것의 고유한 대상, 곧 정치적인 것의 자율성 자체 위에서만 정초될 수 있다는 가장 심원한 확신"[13]을 귀속시킬 때, 종교와 도덕의 주장에 맞서 이 동일한 자율성을 확고히 하려고 했던 마키아벨리의 노력을 어떻게 환기시키지 않을 수 있겠는가? 때로는 놀랍기까지 한 반향을 보여 주는 것은 단지 스타일만이 아니다. "모든 사람은 짐승이다. 군주들은 구속되지 않은 짐승들이다." 이 정식의 저자는 마키아벨리가 아니라 몽테스키외다. 이 정식은 그의 『연구 노트』에 나온다.[14] 요컨대 알튀세르는 사회 **계약**의 이론가들을 연구하면서 그들의 적인 마키아벨리와 마주칠 수밖에 없었을 것이다. 마찬가지로 몽테스키외를 연구하면서 그는 또한 몽테스키외의 주요한 이론적 영감의 원천 중 하나였던 마키아벨리와 마주치지 않을 수 없었을 것이다.

더욱이 맑스주의적인 성찰을 되살리려고 노력하는 가운데 알튀세르는——이때가 언제였는지 정확히 말하기는 어렵지만, 『『자본』을 읽자』를 저술하던 때보다 앞선 시기였다는 점은 분명하다——그람시의 사상에 대

---

12) Augustin Renaudet, *Machiavel*, Gallimard, 1956(초판, 1942).—옮긴이
13) Althusser, *Montesquieu*, p. 18[「몽테스키외」, 『마키아벨리의 고독』, 18쪽].
14) Charles Louis de Secondat Montesquieu, *Cahiers(1716~1755)*, Gasset, 1941, p. 105.

해 관심을 갖게 된다. 『『자본』을 읽자』에 수록된 「『자본』의 대상」에서 그람시의 '역사주의'에 유보를 표명하고 있기는 하지만,[15] 우리는 그가 "천재적이고 심원하고 오묘하다"고 평가한 저작 및 "역사 유물론 영역에서 그람시가 이룩한 풍부한 발견"[16]에 알튀세르가 경외심을 품고 있었다는 것을 알고 있다. 그런데 잘 알려져 있다시피 그람시의 사상에서 마키아벨리에 대한 성찰은 중심적인 위치를 차지하고 있다. 그람시에게 마키아벨리는 무엇보다도 역사가들이 근대적이라는 말에 부여한 의미에서 근대 국가의 이론가였다. 좀더 정확히 말하면 마키아벨리는 "절대 군주를 중심으로 조직된 국민 국가들에 관한 이론가"(타티아나 슈흐트Tatiana Schucht에게 보낸 1927년 11월 14일자 편지)[17]였다. 자기 자신을 유럽적인 사상으로 끌어올리면서[18] 마키아벨리는 "당대의 역사적 문제 **그 자체**"(같은 편지)[19]였던 것, 곧 국민 국가들의 형성이라는 문제를 "감지하고 체계적으로 서술한 천재성"을 지니고 있었다. 이러한 문제와 동일한 본성 및 동일한 범위를 지닌 과제(사회주의 혁명 및 프롤레타리아 독재의 확립)에 직면한 시기에 어떻게 마키아벨리의 관찰과 결론에 관심을 갖지 않을 수 있겠는가? 마키아벨리가 단지 이러한 국가들의 본성과 기능을 검토했을 뿐만 아니라 그 국가들의 탄생을 가능하게 했던 조건들과 수단들, 곧 우호적인 기회들과 역량(virtù)을 지닌 군주의 행위의 마주침에 대해서도 검토했던 만큼 더욱더 그럴 수밖에 없다. 사실 그람시는 정치 정당을 현대의 군주로, 곧 사회적·정치적 삶의 점증하는 복잡성이 요구하는 집합적 군주로 간주하게 된다. 하

---

15) Althusser, "L'objet du *Capital*", Althusser et al., *Lire le Capital*, PUF, 1996, pp. 320 이하.
16) *Ibid.*, p. 320.
17) Antonio Gramsci, *Lettres de prison*, Gallimard, 1971, pp. 112~113.
18) Gramsci, *Cahiers de prison* 6~9, Gallimard, 1983, p. 79.
19) Gramsci, *Lettres de prison*, pp. 112~113.

지만 이렇게 함으로써 그람시는 당에 대해 마키아벨리의 군주가 수행한 역사적 역할만이 아니라 군주의 전형적인 특징들 중 몇 가지 역시 부여하게 되는데, 바로 이 점이야말로 특히 문제를 낳게 될 것이었다. 어쨌든 알튀세르는 그람시에게 관심을 갖게 됨에 따라 다시 한 번 마키아벨리와 마주치지 않을 수 없게 된다.[20]

이제 나는 1978년 텍스트로 나아가 그 텍스트에서 알튀세르가 마키아벨리에게 관심을 기울이게 된 이론적·정치적 동기들을 찾아볼 생각이다.

III

알튀세르의 주의를 끈 첫번째 대상은 마키아벨리와 맑스의 상황 및 그들의 역사적 역할과 관련하여 우리가 그들 사이에서 원칙적으로 추적할 수 있는 평행성이다. 내가 알기로 양자 사이의 평행성에 대한 첫번째 판본을 제시해 준 사람은 베네데토 크로체였다. 『역사 유물론과 맑스주의 경제학』(*Materialismo storico ed economia marxistica*)에서 크로체는 다음과 같이 쓰고 있다. "하지만 맑스는 비록 개략적인 내용과 역설적인 형식을 띤 명제들을 통해서이기는 하지만, 사회가 무엇인지 실제적인 현실 속에서 파악하도록 가르쳤다. 더욱이 나는 지금까지 누구도, 그에게 영예를 돌리기 위해서 그를 프롤레타리아의 마키아벨리로 부르려고 했던 사람이 없다는 사실에 놀라게 된다."[21] 사실 그람시가 논평했던 것처럼 "프락시스의

---

[20] 알튀세르를 마키아벨리에게로 이끈 세번째 길이 존재한다면, 그것은 아마 스피노자에 대한 독서일 텐데, 스피노자는 『정치론』 두 곳에서 피렌체의 서기장을 다루고 있다(5장 7절과 8장 1절). 하지만 공간된 알튀세르의 저작 속에서 나는 그가 실제로 이러한 길을 따라갔음을 보여 주는 아무런 증거도 발견하지 못했다[1993년 출간된 알튀세르의 유고, 특히 「유일한 유물론의 전통」L'unique tradition matérialiste을 통해 테제의 가설은 사실로 입증된 바 있다. 「독특한 유물론적 전통」, 『철학과 맑스주의: 우발성의 유물론을 위하여』, 서관모·백승욱 편역, 새길, 1996 참조].

철학의 창시자[맑스]는 마키아벨리가 당대에 이룩했던 것과 동일한 업적을 현대의 사회적 집단에 대해 이룩한 바 있다".[22] 여기서 크로체와 그람시가 염두에 두고 있는 것은—그들이 보기에 마키아벨리와 맑스에게 공통적인—**현실주의**, 곧 "사물의 실제 현실"에 도달하고 그들이 길을 밝혀 주려고 하는 사회 집단에게 이러한 현실을 발견시켜 줄 수 있는 능력이다.

알튀세르는 이러한 평행성의 또 다른 측면, 또는 오히려 크로체와 그람시가 제시한 평행성의 좀더 구체적인 측면을 제시한다. 그는 우리에게, 마키아벨리와 사회 계약의 이론가들 사이에 존재하는 관계와 동일한 관계가 맑스와 부르주아 경제학의 이론가들 사이에 존재한다고 말한다. 부르주아 이데올로기가 주의 깊게 은폐하는 자본주의의 기원에는 약탈과 절도, 수탈 및 시초 축적의 폭력이 존재했다고 맑스는 우리에게 말한다. 사회 계약의 이론가들이 주의 깊게 은폐하는 국가의 기원에는 야만적인 정복과 지배의 기만성, 곧 경제적 시초 축적과 대칭적인 '정치적 시초 축적'이 존재한다고 마키아벨리는 우리에게 말하다 이처럼 맑스와 마키아벨리는 '비밀 폭로자' 또는 '기밀 누설자'다. 이들은 동의와 계약이라는 진통 완화용 허구를 넘어 무력의 사용과 폭력의 역할을 공공연히 드러낸다.

물론 이러한 현실주의는 심리적 성향이나 이론적 선택 사항 또는 윤리적 덕목이 아니다. 또는 오히려 그런 것들에 불과한 것이거나 심지어는 중심적으로 그런 것들이 아니다. 이러한 현실주의는 알튀세르가 다음과 같이 묘사하는 **역사적 가능성의 조건들**에 종속되어 있다. "이것이 아마도 마키아벨리의 고독의 정점일 것입니다. 곧 그가 단호히 거부했던, 도덕적·종교적·관념론적 정치 사상의 아주 오랜 전통과 자연법이라는 새로운 정치

---

21) Benedetto Croce, *Matérialisme historique et économie marxiste: Essais critiques*, trad. Alfred Bonnet, Giard, 1901, pp. 178~179(번역은 테레가 수정).
22) Gramsci, *Cahiers de prison* 10~13, Gallimard, 1978, p. 115.

철학 전통 —— 모든 것을 수장(水葬)시켜 버리게 될 것이며, 상승하는 부르주아지가 그 속에서 자신의 고유한 이미지를 발견하게 될 —— 사이의 정치사상사에서 독특하고 취약한 이 자리를 차지했다는 사실이 바로 그것입니다. 마키아벨리의 고독은 그가 두번째 전통이 모든 것을 수장시켜 버리기 전에 첫번째 전통에서 벗어났다는 점에 있습니다."[23] 이와 거의 같은 방식으로 그람시는 『옥중 수고』 6권에서 마키아벨리를 "코퍼러티즘적인 공화정 국가와 절대 군주정 국가 사이의 이행을 나타내는 인물"로 묘사한다. 그람시는 계속 덧붙이기를, "그는 공화정을 떨쳐버리지 못했지만, 오직 절대 군주정만이 당대의 문제를 해결할 수 있다는 점을 이해했다".[24] 그람시는 여기에서 적어도 외견상으로는 공화주의에 대한 마키아벨리의 동조감과 새로운 군주에 대한 그의 호소를 서로 대조적인 것으로 제시한다. 하지만 그는 뒤에서는 좀더 설득력 있는 해석을 제시한다. 그런데 중요한 점은 다른 데 있다. 알튀세르만이 아니라 그람시에게도 만약 마키아벨리가 현실주의자이고 그가 '사물의 실제 진리'를 말할 수 있는 것으로 간주된다면, 그것은 마키아벨리가 몰락해 가는 중세와 탄생하고 있는 절대 군주정 사이의 역사적 공간에 위치해 있기 때문이다. 전자는 기진맥진해 있으며, 후자는 이제 막 걸음마를 시작한 상태이고 아직 체계적이고 일관된 정당화 담론을 제시하지 못하고 있다. 마키아벨리는 말하자면 어느 순간 이데올로기의 안개를 갈라놓는 섬광처럼 나타났다. 중세의 경우는 더 이상 아무것도 아니었으며, 군주정의 경우는 아직 합리화하고 정당화할 만한 아무것도 없었다. 따라서 현실주의는 상대적으로 자유롭게 전개될 수 있었다. 이처럼 현실주의는 어떤 사상가가 철학적 '입장들'의 초시간적인 무기고

---

23) Althusser, "Solitude de Machiavel", *Futur antérieur* N° 1, p. 34[「마키아벨리의 고독」, 『마키아벨리의 고독』, 235쪽].
24) Gramsci, *Cahiers de prison* 6~9, p. 46.

에서 마음대로 선택할 수 있는 태도가 아니다. 현실주의 역시 우호적인 순간인 카이로스(kairos)를 가정한다. 아무리 되려고 한다 해도 모든 사람이 현실주의자가 될 수는 없다. 우리(우리들 중 다수)는 이 사실을 깨달을 만한 좋은 위치에 있다.

마키아벨리의 현실주의는 두번째 가능성의 조건과 연결되어 있다. 그람시는 『옥중 수고』에서 여러 차례에 걸쳐서 『군주론』이 "당파 선언"이라는 점을 강조하며,[25] 마키아벨리의 저작은 "자기 나라의 정치와 역사에 개입하려는 한 인격체의 표현물이고, 이런 의미에서 그 저작들은 민주주의적인 기원을 지니고 있다. 마키아벨리 안에는 자코뱅의 열정과 같은 어떤 것이 존재한다"[26]는 점에 주목한다. 알튀세르는 자기 나름대로 이러한 언급을 이어받아 하나의 선언문은 정세를 분석하면서 동시에 실천을 제안한다는 점을 강조한다. 그런데 이러한 '선언문'이라는 성격과 참여 저작이라는 지위는 현실주의에 대한 장애물이 되기는커녕 현실주의의 필요조건을 이룬다. 과거에 대하여 현실주의자가 되는 것은 상대적으로 쉬운 일이다. 미네르바의 부엉이처럼 땅거미가 질 무렵 날개를 펴면 충분한 것이다. 역으로 어떻게 현재에 대해 과거와 동일한 거리, 동일한 간격을 유지할 수 있을까? 어떻게 현재를 평가하기 위해 현재에서 벗어날 수 있을까? 그람시는 이 문제에 대해 다음과 같이 답변한다. 그것은 결연히 미래로, 현재와는 질적으로 다른 미래로 향함으로써 가능하다. 이러한 운동을 실행하느냐 여부가 정치와 외교 사이의 차이, 또는 마키아벨리와 프란체스코 귀차르디니(Francesco Guicciardini) 사이의 차이 전체를 이룬다.

『옥중 수고』 6권에서 그람시는 다음과 같이 쓴다.

---

25) *Ibid.* 10~13, p. 396; *Ibid.* 14~18, Gallimard, 1990, p. 275.
26) *Ibid.* 14~18, p. 276.

정치에서 의지의 요소는 외교에서보다 훨씬 더 큰 중요성을 지닌다. 외교는 국가들 사이의 정치적인 대결이 산출한 상황들을 승인하고 보존하려는 경향을 지닌다. 외교는 은유나 철학적 규약으로서만 창조적일 뿐이다.……이 때문에 외교는 직업적인 관습에 따라 회의주의적인 태도나 편협한 보수주의적인 심성을 띠기 마련이다. 국가의 내정에서는, 상황이 마키아벨리가 이해했던 의미에서의 명령의 의지에 대해, 중앙의 발의에 대해 비할 바 없이 더 우호적이다.[27]

이 때문에 외교관 귀차르디니는 "순수하게 이탈리아적인 정치 사상에 의지했던 반면 마키아벨리는 유럽적인 사상의 수준까지 자신을 끌어올렸다".[28] 마찬가지로 "마키아벨리가 비관주의자였던 반면……귀차르디니는 비관주의자가 아니라 회의주의자였으며 편협한 심성을 지니고 있었다".[29] 요컨대 현실주의는 현실에 순응하고 현실을 보존하는 데만 관심을 기울인 귀차르디니 편에 있지 않았다. 그것은 현실을 변혁하려 했던 마키아벨리 편에 있었다.

하지만 결연히 미래로, 전혀 다른 미래로 향하는 것은 필연적으로 유토피아로 빠지게 되지 않는가? 그람시는 그렇지 않다고 답변한다.

'유토피아적'이라는 속성은 정치적 의지 일반에 적용되지 않으며, 수단을 목적과 연결시키지 못하는, 따라서 의지들이 아니라 의향이나 몽상 또는 욕망에 불과한, 그런 특수 의지들에만 적용된다.[30]

---

27) Gramsci, *Cahiers de prison* 6~9, p. 80.
28) *Ibid.*, p. 79.
29) *Ibid.*, p. 80.
30) *Ibid.*, p. 80.

당파적 인간이고 행동적 인간인 마키아벨리는 미래에 관심을 기울여야 하며, 그람시가 말하듯이 "마땅히 그래야 함"[당위]에 관심을 기울여야 한다. 하지만 "문제는 마땅히 그래야 함이 자의적인 행위인지 아니면 필연적인 행위인지, 구체적인 의지인지 아니면 의향이나 욕망, 망상욕인지 잘 이해하는 일이다".[31] 사보나롤라(Girolamo Savonarola)의 마땅히 그래야 함은 "추상적이고 모호한" 반면 마키아벨리의 마땅히 그래야 함은 "현실주의적이며, 비록 당장 현실이 될 수 없다 할지라도 그렇다".[32] 여기서 현실주의의 척도는 일관성이며, 좀더 정확히 말하면 추구되는 목적과 수단들 사이의 일치 여부다. 마키아벨리는 "통치술에서 일관성에 대해, 어떤 목적을 달성하기 위해 필요한 일관성에 대해 가르치고 싶어 한다".[33] 이러한 일관성은 의지의 본질 자체에 본래적인데, 왜냐하면 "목적을 원하는 의지만이 그것을 달성하는 데 적합한 수단들을 원하기"[34] 때문이다. 다시 말하면 이러한 일관성 없이는 진정한 의지도 없으며, 목적과 수단들 사이에서 삐끗하기 쉬운 모든 소심한 사람은 그 경우 억지의 존재 자체를 비난하기에 급급할 뿐이다.

그리하여 진정한 정치적 의지의 존재는 현실주의의 필요조건으로 나타난다. 우리는 여기에서 마키아벨리가 대개 신임했던 갈릴레이의 실증주의와 아주 상이한 현실주의가 생겨나는 것을 보게 된다. 그람시에 따르면 외교관과 정치가 사이의, 귀차르디니와 마키아벨리 사이의 대립은 또한 "정치학자"와 "실제 정치가" 사이의 대립이기도 하다.[35] 정치학자는 중

---

31) *Ibid.* 10~13, p. 375.
32) *Ibid.*, p. 375.
33) *Ibid.*, 14~18, p. 275.
34) *Ibid.*, p. 48.
35) *Ibid.* 10~13, p. 374.

립적이고 객관적으로 되고 싶어 하며 영속적인 관계를 확립하는 것을 목표로 삼는다. 그런데 이러한 야심은 자연과학에는 적합할지 모르겠지만, 정치와 역사에는 맞지 않는다. 알튀세르는 자신의 텍스트에서 이를 잘 보여 준다. 곧 마키아벨리를 근대적 실증성을 구현하는 최초의 인물들 중 하나로만 간주할 경우 그의 기여에서 본질적인 점을 놓치게 된다. 역사와 정치에서 사태의 실제 현실에 도달하기 위해서는 우선 사태를 변화시키려는 의지가 필요하다.

요컨대 마키아벨리의 현실주의는 두 가지 조건에 의존한다. 일순간 이데올로기적 담론의 연속성을 중지시키는 역사적 중단의 존재와, 변혁을 추구하는 정치적 의지의 현존이 그것이다. 이러한 현실주의를 이론적 업적으로 간주할 수 있을 것이다. 하지만 그렇다면 우리는 이론적 업적은 정치적 성취와 유사하다는 점을 인정해야 할 것이다. 이론적 업적과 정치적 성취는 모두 기회와 의지의 마주침을 요구하는 것이다.

IV

내가 보기에는 알튀세르의 관심을 끄는 두번째 주제가 존재한다. 알튀세르에게 마키아벨리는 혁명의 이론가로 나타난다. 알튀세르의 눈에 비친 마키아벨리의 화두는 어떤 것이었는가?

> 그것은 국민 국가를 소유하지 못한 나라, 국민적 통일성이 존재하지 않는 나라, 내적인 분열과 외부 세력의 침략에 의해 좌지우지되는 나라에서 국민 국가를 창건하기 위한 조건은 무엇인가라는 정치적 질문을 제기하는 것입니다.[36]

달리 말하면 어떻게 연속성과 반복에 의해 규정되는 역사 속에 새로운 것을 도입할 수 있는가? 정치에서 시작이란 무엇인가? 어떤 식으로 하면 새로운 정체를 확립하고 새로운 국가를 창건하고 새로운 시대를 개시할 수 있는가? 상대적으로 한 단계 높은 일반성과 추상 수준에서 본다면 여기서 제기되는 것은 혁명이라는 문제다.

『군주론』의 첫 대목부터 마키아벨리는 이러한 기획의 비범한 어려움을 강조한다. 그에 따르면 세습적인 군주국을 보존하는 것은 쉬운 일이지만, 여기에는 시작도 새로움도 존재하지 않는다. 마찬가지로 같은 민족이고 같은 언어·습속을 지닌 지역들을 병합함으로써 어떤 영지를 확장하는 것도 그다지 어려운 일이 아니지만, 이 경우에도 변화는 양적인 것에 불과하다. 만약 민족·언어·습속이 상이하다면 과업은 복잡해지며, 이 과업을 달성하기 위해서는 "대단히 커다란 운(fortuna)과 엄청난 노력이 요구됩니다".[37] 하지만 "군주와 국가가 모두 새로운, 완전히 새로운 군주국"[38]을 창건해야 할 때 어려움은 절정에 이르게 된다. 두 가지 경우가 있을 수 있다. 외부 세력의 도움을 받아 "타인의 힘과 운에 의해" 새로운 군주국을 획득할 수 있지만, 이 경우 새로운 군주는 이 군주국을 유지하는 데 많은 어려움을 겪게 될 것이다. 달리 말하면 이 경우 새로움은 대부분 일시적일 것이며 시작은 잠정적일 것이다. 왜냐하면 우리는 순식간에 이전 상태로 되돌아가게 될 것이기 때문이다. 사실 군주가 "자신의 무기와 자신의 재능으로" 획득한 새로운 군주국만이 견고할 수 있다. 이 경우 창건자는 자기 자

---

36) Althusser, "Solitude de Machiavel", 타자본 수고, 1978, p. 10[이 '타자본 수고'는 알튀세르가 작성한 강연 원고의 또 다른 판본이다. 한국어판은 「마키아벨리의 고독」, 『마키아벨리의 고독』, 227쪽 참조].
37) Nicolas Machiavel, *Le Prince*, III[『군주론』, 강정인·김경희 옮김, 까치, 2008, 3장, 20쪽].
38) *Ibid.*, VI[같은 책, 6장, 41쪽].

신과 운에만 의존할 것이기 때문이다. 그런데 이는 군주가 자기 자신만을 믿을 수 있다는 것을 의미한다. 그는 자기 자신으로부터 모든 자원을 끌어 내야 하는 것이다. 마키아벨리는 덧붙이기를, 그가 혼자서 행위할 수밖에 없기 때문에 그는 아무것도 믿을 수 없다. 새로운 군주국을 창건한다는 것은 정확히 말하면 창조의 작업, 무로부터의 생산이다.

내가 보기에 알튀세르는 이러한 요구들의 의미를 정확히 파악한 것 같다. 말하자면 정의상 새로운 군주국을 창건하기 위해서는 과거의 유산 및 영향력과 철저하게 단절해야 한다. 체사레 보르자의 경우가 그렇다. "체사레 보르자는 새로운 군주국을 창건하는 데 거의 성공을 거둘 뻔했습니다. 그것은 그가 처음에는 아무것도 아닌 존재였기 때문이고, 그가 이미 군주였던 자가 아니었기 때문이며, 그가 결박될지도 모를 어떤 국가의 군주도 아니었기 때문이고, 따라서 봉건성과 교황권이 외부 세력의 침략으로 유린당한 이탈리아에 덮어 씌운 어떠한 정치 형태들에도 그가 결박되어 있지 않았기 때문입니다."[39] 마찬가지로 창건자의 고독은 그의 자유의 조건이자 지주와 다르지 않다. "왜 그는 혼자이어야 할까요? 이러한 고독은 고립이며, 이러한 고독은 물러섬입니다. 그가 자유롭게 국민 국가의 구성이라는 역사적 과업을 달성하기 위해서는 그는 혼자이어야 합니다. 곧 그는 운과 역량(virtù)을 통해, 기성의 이탈리아 세계의 정치적·이데올로기적 형태들과 철저하게 분리되어야 하며, 그 모든 뿌리와 단절하고 그것들과 결별해야 합니다. 왜냐하면 이러한 형태들은 모두 오래된 것이며, 봉건성에 의해 각인되어 있기 때문입니다. 이것들로부터는 아무것도 기대할 수 없습니다. 군주는 이러한 고독을, 곧 새로운 국가를 창건하기 위한 자유를

---

[39] Althusser, "Solitude de Machiavel", 타자본 수고, p. 12[「마키아벨리의 고독」, 『마키아벨리의 고독』, 228쪽].

겸비할 경우에만 새로울 수 있습니다."[40] 혁명가들이라면 모두 명심하고 있을 오랜 진리다. "과거는 모두 백지로 만드세"[41]라고 「인터내셔널가」는 노래하며, 마오는 "백지 위에 가장 아름다운 시를 쓸 수 있다"고 말한다.

하지만 새로운 군주국의 창건에 대해, 그것이 가장 고유한 의미에서의 창조라고 말하는 것은 그러한 창건을 인간의 가능성을 초과하는 초인간적 과업으로 만드는 것 아닌가? 오직 신만이 창조자일 뿐인데, 창건자를 창조자로 만드는 것은 창건자를 신적 인물로, 고대적인 의미의 영웅으로 변모시키는 것 아닌가? 그리고 마키아벨리처럼 철저한 회의주의 사상가에게 이는 그러한 과업의 가능성 자체를 의문에 빠뜨리는 것 아닌가? 알튀세르는 다음과 같은 식으로 이 문제를 제기한다. "마키아벨리가 그의 생애 일부분 전체에 걸쳐 군주를 찾는 데 희망을 걸었다는 점은 분명하지만, 우리는 그가 그러한 희망을 변화시켰다는 점을 알고 있습니다. 결국 우리는 그가 군주를 발견하는 것은 불가능한 일이라는 점을 알고 있지 않았는지 질문해 볼 수 있습니다."[42]

창건자와 창건의 이러한 불가능성에 관한 언급을 우리는 마키아벨리의 저작 곳곳에서 발견할 수 있다. 창건이라는 기획이 지닌 주요한 난점들 중 하나는 창건자가 자신의 작업을 완수하기 위해 채택해야 할 수단들의 성격에서 기인한다. 이 수단들은 폭력과 거짓인데, 이것들 없이는 과거와의 철저한, 돌이킬 수 없는 단절이란 존재하지 않는다. 잔인함과 배반 등의 필요성을 주장하는 마키아벨리주의라는 악마적인 평판을 만들어 낸 정

---

40) *Ibid.*, p. 17[같은 글, 같은 책, 231쪽].
41) 이 문장의 원문은 'Du passé, faisons table rase'인데, 국내에 통용되는 「인터내셔널가」 가사에서는 "어떠한 낡은 쇠사슬도 우리를 막지 못해"로 되어 있다. 하지만 본문에서는 문맥상 원문의 뜻에 좀더 가깝게 번역했다. ─ 옮긴이
42) *Ibid.*, pp. 11~12[같은 글, 같은 책, 228쪽].

식들을 굳이 인용할 필요는 없을 것이다. 이러한 수단들이 제기하는 문제는 이것들이 그 자체로 비도덕적이라는 점이 아니다. 에릭 베유는 국가와 법은 도덕이 존재하기 위한 필요조건이기 때문에 국가의 창건과 법의 제정은 도덕 규칙에 얽매일 필요가 없다는 점을 잘 보여 준 바 있다.[43] 오히려 난점은 수단들과 목적들 사이에 모순이 존재하며, 결과적으로 목적들이 수단들에 의해 부패할 위험이 있다는 사실에서 기인한다. 국가의 창건은 자연/본성의 지배에서 법의 지배로의, 사람들의 자유 및 안전의 보증으로의 이행이다. 본성의 지배는 사람들의 본성적인 사악함과 야수성, 무력과 결합된 간계의 지배다. 하지만 본성의 지배에서 벗어나기 위해서는 무력과 간계를 사용해야 하는데, 왜냐하면 무력과 간계는 더 우월한 무력과 간계로만 물리칠 수 있기 때문이다. 따라서 창건자는 폭력과 거짓을 금지하는 또는 적어도 제한하는 어떤 질서를 부과하기 위해 폭력과 거짓을 사용하지 않을 수 없다. 결과적으로 창건자는 한편으로 폭력적으로 행위할 것을 요청받으면서 동시에 다른 한편으로는 폭력의 적이 될 것을 요청받으며, 거짓말하도록 요청받으면서 동시에 거짓의 적이 될 것을 요청받는다. 요컨대 행위에서는 폭군이자 거짓말쟁이이면서 목적에서는 폭력과 거짓의 적이 되어야 하는 것이다. 마키아벨리는 이러한 요구를 반인반수였던 켄타우로스 케이론(Chiron)에 관한 우화로 예시하면서 군주는 짐승의 성질과 인간의 성질을 잘 실행할 줄 알아야 한다고 결론 내린다. 짐승의 성질의 경우 군주는 강한 자들보다 더 강하면서 동시에 간교한 자들보다 더 간교해야 한다. 그는 사자이면서 동시에 여우이어야 한다. 달리 말하면 군주는 서로 대립하는 모습을 동시에 연기할 줄 알아야 하며, 사건과 상황에 따라 한 역할에서 다른 역할로 변신할 줄 알아야 한다. 다채로운 모습과 신속

---

43) Eric Weil, *Essais et conférences* Tome 2, Plon, 1971, p. 213.

한 변신의 능력이 그를 다른 평범한 유한자들과 근본적으로 구별시켜 주는 점이다. 유한자들은 하나의 규정된 기질이나 성격을 지니고 있으며, 이를 계속 보존하려는 성향을 띠기 때문이다.

『로마사 논고』에서 이러한 난점은 내가 국가 개혁의 역설이라고 부르고 싶은 것을 통해 언급된다. 부패한 국가의 개혁은 사실은 그 국가의 창건과 다르지 않다. 이러한 개혁은 "비상 수단, 폭력, 군대"에 의지하는 것을 전제한다. 개혁가는 "무엇보다 국가의 절대적 주인이 되어야 하며, 국가를 자신의 뜻에 따라 움직일 수 있"어야 한다. 하지만 마키아벨리는 곧바로 주의를 준다. "아주 오랜 기간 동안 무제한적으로 권위를 위임하는 것은 항상 위험한 일이다." 더욱이 "공화국에서 무력으로 주권자가 되는 것은 사악하고 야욕에 불타는 사람인" 반면, 개혁의 과업은 "관대하고 성실한 시민"의 작업일 수밖에 없다. 결과적으로 "영예로운 목적을 달성하기 위해, 비난받을 소지가 있는 절차를 채택하고자 하는 유덕한 인물"이나 "부당하게 획득한 권위를 좋게 활용함으로써 난데없이 선을 실행하고자 하는 악인"이 창건자가 될 수밖에 없다.[44] 마키아벨리가 이러한 인물은 "아주 드물게나 볼 수 있다"고 결론 내리는 것은 납득할 만한 일이다. 이것은 인간 성격에 고유한 불변성과 관성 탓이긴 하지만 말이다.

또 다른 언급을 덧붙일 수 있다. 창건자는 또한 입법가이기도 하다. 그런데 입법가에게 필수적인 성질(지혜로움과 역량)은 마키아벨리가 우리에게 제시하는 인간 본성 일반에 대해 이질적일 뿐만 아니라 대부분 대립적이다. 지혜라는 관점에서 볼 때 사람들은 사물 속에 숨겨진 독을 식별할 능력이 없다. 입법가는 모든 선에는 악이 결부되어 있음을 알고 있다. 사람들

---

44) Machiavel, *Discours sur la première décade de Tite-Live*, I[『로마사 논고』, 강정인·안선재 옮김, 한길사, 2003, 1권 18, 35장].

은 외양과 실상을 구별할 능력이 없다. 입법가는 사물에 대한 상상이 아니라 사물의 진리에 전념한다. 사람들은 현재에 갇혀 있지만, 입법가는 미래를 포착하기 위해 현재에서 벗어날 줄 안다. 역량이라는 관점에서 볼 때 사람들은 위험을 피하지만, 입법가는 용감하다. 사람들은 우유부단하고 유약하며 절충적인 해결책에 이끌린다. 반대로 입법가는 결정을 내리고 입장을 정할 줄 안다. 사람들은 경망하고 지조가 없으며 일관성도 없다. 입법가는 확고한 결단력이 있고 강인하며 인내심이 있다. 우리는 그가 얼마나 예외적인 인물인지 깨달을 수 있다.

그렇다면 문제는 국가, 사회, 사람들이 창건자, 개혁가, 입법가의 출현을 도울 수 있도록 행위할 수 있는가 하는 점이다. 처음 보기에 마키아벨리의 답변은 긍정적이다. 역량은 개인적인 성질일 뿐만 아니라 집합적인 성질이기도 하다. 역량을 부여받은 민족들이 존재하며, 교육 및 정치 체제를 이용하여 인민의 역량을 활성화할 수 있다. 교육은 역량을 일깨울 수 있으며, 몇몇 정체 ─ 특히 공화정 ─ 는 다른 체제들보다 "위대한 인물의 생산"에 더 유리하다. 하지만 다른 한편으로는 역량의 이동이 존재할 수 있는데, 이것은 사람들의 의지 및 행위와 완전히 독립적인 것이다. 게다가 마키아벨리는 때로는 아주 명시적으로 위대한 인물을 낳는 것은 운이라고 주장한다. 『카스트루치오 카스트라카니의 생애』(*La vita di Castruccio Castracani da Lucca*)에서 마키아벨리는 자신이 영웅으로 간주하는 위대한 인물들은 대부분 평민 출신이라고 주장하면서 다음과 같이 덧붙인다. "운은 그렇게 작용함으로써, 위대한 인물을 만드는 것은 그들의 지혜가 아니라 바로 자신이라는 점을 세상에 보여 주고자 한다." 이 두 가지 테제는 반드시 모순적인 것은 아니다. 교육 과정의 시초에는 교육자가 필요하다. 마찬가지로 정치 체제는 창건되어야 한다. 그렇다면 교육도 정치 체제도 역량의 최종 원인으로 간주될 수 없다. 결정적인 것은, 운을 길들이는 것을 소명으로 하는 역량 자체가 운의 선물이라는 점이다.

하지만 도대체 어떻게 존재할 수 있는지, 어떻게 출현할 수 있는지 불가해하고 신비스럽기만 하지만, 그럼에도 불구하고 창건자들이 존재했다. 모세, 키루스, 로물루스, 테세우스, 시라쿠사의 히에론 및 이들보다 낮은 위상의 다른 창건자들이 그들이다. 이러한 '존재했음'은 이 문제에서 운이 수행하는 결정적인 역할과 운의 결과 산출이 지닌 환원 불가능한 우연성을 잘 표현해 준다. 알튀세르라면 혁명에 관해서 같은 주장을 해보려고 하지 않았을까? 혁명의 경우에도 이후는 결코 이전 속에 포함되어 있거나 그 속에서 미리 모습을 드러내지 않으며, 어떠한 필연성도 이전과 이후를 연결하지 못한다. 그렇지 않다면 이후는 이전의 반복에 불과할 것이고, 새로움은 미망일 뿐일 것이며, 혁명은 사산(死産)되고 말 것이다. 달리 말하면 혁명은 필연적으로 예견 불가능하고 비합리적인 것이며, 심지어 혁명을 수행하는 이들 자신이 보기에도 그러하다. 그럼에도 혁명이 가능하다면, 그것은 우리의 모든 철학 속에서보다 더 많은 것이 하늘 아래, 땅 위에 존재하기 때문이다.

V

알튀세르는 훨씬 더 일반적인 성격을 띤 세번째 이유 때문에 마키아벨리로 향했다. 그는 마키아벨리를 정치적인 것에 관한 첫번째 근대적 이론가로 간주한다. 첫번째라는 말이 지닌 모든 의미에서 그렇다. 곧 연대기적인 의미에서 최초일 뿐만 아니라 중요성 및 역사적 역할이라는 측면에서 최우선적이다. 알튀세르가 보기에 마키아벨리는, 몽테스키외 및 나중에는 맑스가 "역사" 대륙을 발견한 것과 같은 의미에서 "정치"라는 대륙의 "발견자"[45]이다. 물론 고대에 그의 위대한 선배들이 존재했지만, 그 이전까지는 누구도 일체의 종교적이거나 도덕적인 고려 사항과 무관하게 정치의 근원적인 종별성과 자율성을 사고하지 못했다. 플라톤과 마찬가지로 아리스토텔레스에게서도 정치(학)는 종속적인 학문에 머물러 있었다. 정치(학)는 자신을 넘어서는 목적들을 위해 사용되었다. 마키아벨리와 더불어 비로소 정치는 자신의 독립성과 주권성을 얻게 되었다. 국가는 자기 자신 이외의, 자신의 위대함과 자신의 보존 이외의 다른 목적을 갖지 않는다. 그런데 마키아벨리가 발견한 것은 대부분 탐사되지 않은 채 불모의 상태로 남겨지게 될 것이었다. 알튀세르가 보여 주듯이 그것은 자연권과 사회 계약의 이데올로기에 의해 '재발견'되고, 따라서 은폐될 것이었다. 하지만 은폐는 극복이 아니다. 이 때문에 마키아벨리의 질문들은 오늘날에도 여전히 현실성을 지니고 있다. 오늘날에도 여전히 그 질문들은 답변을 얻지 못하고 있다. 알튀세르가 '마키아벨리의 고독'이라는 이름 아래 묘사하는 것이 정확히 이러한 상황이다.

하지만 알튀세르가 마키아벨리에 대해 기울이는 관심은 단지 '일반적'인 지적 호기심이나 경탄감에 이끌린 철학자나 학자의 관심이 아니다. 이렇게 말해도 된다면, 이러한 관심은 정치적 성향을 띤 관심이다. 알튀세르가 마키아벨리에 관한 질문을 제기할 때 그는 맑스주의 철학자이자 공산주의 지식인이라는 자격으로 그렇게 하는 것이며, 그의 논의 방식은 [맑스주의에] 무언가 결핍되어 있고 무언가 부족하다는 사실 확인에 따라 규정되어 있다.

이러한 결핍은 어떤 것인가? 「모순과 과잉결정(연구를 위한 노트)」에서 알튀세르는 다음과 같이 쓴다.

---

45) Althusser, "Solitude de Machiavel", *Futur antérieur* N° 1, p. 29 [「마키아벨리의 고독」, 『마키아벨리의 고독』, 226쪽].

왜냐하면 맑스가 우리에게 일반적 원리들과 구체적 사례들(『루이 보나파르트의 브뤼메르 18일』, 『프랑스 내전』 등)을 제공했고 사회주의·공산주의 운동사의 모든 정치적 실천들이 구체적인 '경험의 범례들'의 마르지 않는 저수지를 이루고 있다고 해도, **상부구조들 및 다른 '상황들'이 지닌 종별적인 효력에 대한 이론은 아직 대부분 발전시켜야 할 상태에 머물러 있고**, 또 그 효력에 대한 이론 이전에 또는 그와 동시에(왜냐하면 그 효력을 확인함으로써 그 **본질**에 가닿을 수 있으므로) **상부구조의 종별적인 요소들의 고유한 본질에 대한 이론 역시 아직 대부분 발전시켜야 할 상태에 머물러 있다**는 점을 분명히 말해 두어야 하기 때문이다. 이러한 이론은 대탐사 이전의 아프리카 지도처럼 그 윤곽과 큰 산맥들 및 큰 강들은 알려져 있지만, 잘 그려진 지역 바깥은 대부분 그 세부가 미지의 상태로 남아 있다.[46]

좀더 정확히 정치적 상부구조와 관련하여 알튀세르는 「유물론적 변증법에 대하여(기원들의 불균등성에 관하여)」에서 다음과 같이 쓴다.

여기에서도 우리는 역시, 자신의 규정된 일차 재료와 도구, 방법을 지니고 있는, 그리고 다른 모든 실천들과 마찬가지로 변혁들(이것은 **인식들이** 아니라 **사회적 관계**의 혁명이다)을 생산하는 그러한 정치적 실천이 적어도 얼마의 기간 동안은 자기 고유의 실천에 대한 이론, 자신의 '방법'에 대한 이론을 만들어 낼 필요를 느끼지 않으면서도 완벽하게 존재하고 발전할 수 있다는 점을 확인하게 된다. 다른 모든 실천과 마찬가지로 이러한 정치적 실천은 이론 없이도 존재하고 존속하고 게다가 진보할 수도 있다.

---

46) Althusser, "Contradiction et surdétermination(Notes pour une recherche)", *Pour Marx*, p. 113 [「모순과 중층결정(연구를 위한 노트)」, 『맑스를 위하여』, 133쪽].

그러나 이것은 다른 모든 실천이 그렇게 하듯이, 정치적 실천의 대상(그 실천이 변혁하려고 하는 현존하는 사회의 세계)이 그러한 실천으로 하여금 이 괴리를 메우도록 강제할 수 있을 만큼 충분히 저항하는 순간까지만 그럴 뿐이다.[47]

12년 뒤에 알튀세르는 좀더 엄밀해지고 좀더 가혹해지는데, 왜냐하면 문제의 괴리가 치명적인 것이 되고 있었기 때문이다. 맑스주의의 위기에 대한 1977년 기고문에서 그는 이렇게 부연 설명한다.

이제 우리는 맑스주의 국가 이론은 사실은 존재하지 않는다고 말할 수 있다.……이와 마찬가지로 맑스주의의 유산 속에서는 계급투쟁 조직, 무엇보다도 정치 정당과 노동 조합에 관한 진정한 이론을 발견할 수 없다.[48]

국가 이론도 당 이론도 존재하지 않는다. 맑스주의 이론에서 미지의 땅으로 남아 있는 정치의 본질은 이것이 아닐까?

그런데 실천(정치적 실천만이 아니라 과학적 실천도)은, 감히 말하자면 이론적 진공을 두려워한다. 이러한 진공에 직면하게 되면 실천들은, 이 진공을 메우기 위해 같은 시기에 유통되는 이론들로 자연스럽게 향하게 된다. 물론 이 실천들은 우연히 처음 잡히는 이론을 선택하지 않는다. 그것들은 자신들이 이미 보유하고 있는 이론적 성과물들과 친화성을 보이는 이론들을 선호한다. 이러한 관점에서 보면 마키아벨리는 내가 보기에 맑스

---

47) Althusser, "Sur la dialectique matérialiste(De l'inégalité des origines)", *Pour Marx*, p. 178 [「유물론적 변증법에 대하여(기원들의 불균등성에 관하여)」, 『맑스를 위하여』, 209쪽].
48) Althusser, "Enfin la crise du marxisme!", *Solitude de Machiavel et autres textes*, pp. 276~277 [「마침내 맑스주의의 위기가!」, 『당내에 더 이상 지속되어선 안 될 것』, 70~71쪽].

주의 사상사에서 은밀하지만 결정적인 역할을 수행한 것 같다. 아주 개략적으로 말하자면, 공산주의 지식인들 및 특히 정치 지도자들은 진정한 맑스주의 정치 이론이 결여되어 있기 때문에 마키아벨리적인 정치 이론에 호소하고 그것으로 전자를 대신했던 것으로 보인다. 따라서 마키아벨리적인 정치 이론은 결여된 맑스주의 이론의 대체물로 기능한 셈이다.

레닌의 사례를 들어 보자. 1917년 혁명에 관한 레닌의 저술들(혁명을 지도하기 위해 쓴 것이든 혁명으로부터 교훈을 끌어내기 위해 쓴 것이든 간에) ── 알튀세르 자신은 이 저술들을 "**실천적인 상태**에 있는"[49] 맑스주의 정치학에 관해 활용할 수 있는 가장 탁월한 서술 중 하나로 간주한 바 있다 ── 에서 어떻게 마키아벨리적인 정신과 준칙들을 재인지하지 않을 수 있겠는가? 상황에, 상황들의 무한한 다변성 및 끊임없는 유동성에 주의를 기울이는 레닌의 태도에서 어떻게 그것들을 재인지하지 않을 수 있겠는가? 현행적 순간 및 그 새로움과 특수함을 중시하고, 그것이 숙성되어 가는 과정을 세심하게 연구하는 태도에서 어떻게 마키아벨리가 기회에 기울이는 깊은 관심을 재인지하지 않을 수 있겠는가? 레닌이 첫번째 「먼 곳으로부터의 편지」(Lettres de loin)를 마무리하면서 "이것이 바로 우리가 맑스주의 전술을 유일하게 가능한 견고한 기초, 곧 사실이라는 기초 위에 수립하기 위해 객관성과 엄밀성이라는 준칙과 함께 우선적으로 파악하려고 노력해야 하는 진정한 정치적 상황입니다"[50]라고 선언할 때, 어떻게 '사물의 실제 진리'에 대한 마키아벨리의 선호를 떠올리지 않을 수 있겠는가? 10월 봉기 전야에 행한 단호함과 결단의 정신에 대한 호소에서, 정력적이고 신속한 행동의 이점에 대한 강조에서, 지체와 망설임에 대한 불같은 비난에

---

49) Althusser, "Sur la dialectique matérialiste", *Pour Marx*, p. 178[「유물론적 변증법에 대하여」, 『맑스를 위하여』, 209쪽].
50) Vladimir Ilitch Lénine, *Œuvres choisies* Tome 1 Vol. 2, Éditions du Progrès, 1954, p. 595.

서[51] 어떻게 역량에 대한, 곧 가혹한 불운을 극복할 수 있게 해주는 지혜와 대담함, 용기의 결합물에 대한 마키아벨리의 예찬의 반향을 듣지 않을 수 있겠는가? 마지막으로 이른바 레닌의 비도덕주의에서, 프롤레타리아 및 혁명의 이해관계만을 유일한 안내자로 삼겠다는 레닌의 결심에서 어떻게 그람시가 마키아벨리의 일관성이라고 부른 것, 곧 "목적을 원하는 사람은 수단들도 원하기 마련이다"라는 명증성 — 왜냐하면 수단들을 원하지 않는 사람은 진정으로 목적을 원하는 것이 아니므로 — 에 대한 인정을 재발견하지 않을 수 있겠는가?

그람시의 경우에 마키아벨리에 대한 준거는 아주 명료하게 드러나며, 마키아벨리와의 마주침(차용이라기보다는)은 증대한다. 나는 이러한 마주침들을 남김없이 모두 제시해 볼 생각은 없으며, 다만 네 가지 마주침에만 주목해 두고 싶다. 첫번째 마주침에서 현실주의의 신봉자인 마키아벨리는 자신이 직접 말을 건네려 하는 인민을 설득하고 싶어 한다. 봉건제의 잔재를 파괴하고 국민 국가를 건설한다는 목적을 달성하기 위해서는 다른 방법이 없다. 그런데 그람시는 다음과 같이 논평한다. "이런 의미에서 마키아벨리의 입장은 이론가들의 입장과 프락시스의 정치가들의 입장을 연결시키려는 것이라고 할 수도 있는데, 이러한 정치가들 역시 인민 대중의 현실주의를 구성하고 확산시키려고 노력했다."[52] 인민 대중의 현실주의, 이것은 맑스주의 정치관에 대한 멋진 정의가 아닐 수 없다.

두번째 마주침에서 그람시는 볼셰비키의 비도덕주의와 마키아벨리의 비도덕주의를 연결시키면서 이것에 대한 한 가지 역사적 해석을 제시한다. 군주 — 고대의 군주이든 현대의 군주이든 간에 — 는 이행의 시기에

---

51) Lénine, *Œuvres choisies* Tome 2 Vol. 1, pp. 185~186.
52) Gramsci, *Cahiers de prison* 14~18, p. 48.

활동한다. 고대 국가는 부패로 인해서 약화되고 몰락했으며, 이와 더불어 고대의 가치 체계도 붕괴되었다. 이전의 도덕은 더 이상 존재하지 않는다. 새로운 도덕을 다시 세워야 하지만, 이것은 군주가 새로운 도덕의 필수 조건인 국가를 창건할 경우에만 형태를 갖추고 힘을 얻을 수 있다. 달리 말하자면 새로운 도덕은 군주가 성공할 경우에만 빛을 볼 수 있다. 그렇다면 군주의 성공은 현재의 행동을 판단할 수 있게 해주는 유일한 척도인데, 왜냐하면 이러한 성공이야말로 어떤 도덕이 다시 탄생하기 위한 유일한 기회를 만들기 때문이다. 그람시는 현대의 군주에 관하여 이 점을 아주 강력히 주장한다.

> 현대의 군주는 자신을 발전시키면서 모든 지적·도덕적 관계들의 체계를 전복시키는데, 이것은 현대의 군주의 발전이 정확히 다음과 같은 점을 의미하는 한에서 그렇다. 곧 모든 행동은 오직 그것이 현대의 군주 그 자체를 준거점으로 삼느냐 여부에 따라, 그리고 그것이 현대의 군주의 권력을 증대시키느냐 아니면 그것에 대립하느냐에 따라 유용하거나 해로운 것, 유덕하거나 사악한 것으로 간주되는 것이다. 그리하여 인간의 의식에서 현대의 군주는 신성함과 정언명령의 위치를 차지하게 되며, 현대적인 세속 문명의 토대가 된다.[53]

세번째 마주침에서 그람시는 마키아벨리에게서 무력과 동의, 독재와 헤게모니의 변증법을 재발견하는데, 이러한 변증법은 그람시의 정치적 성찰에서 특권적인 도구 중 하나로 작용한다. 이 변증법은 그람시가, 이른바 『로마사 논고』와 『군주론』의 대조적 성격이 제기하는 문제, 곧 공화정에 대

---

53) *Ibid.* 10~13, p. 359 [『옥중 수고』 1권, 이상훈 옮김, 거름, 1999, 141~142쪽].

한 마키아벨리의 애착과 군주정에 대한 그의 지지 사이의 괴리라는 문제를 해소할 수 있게 해준다.

마키아벨리는 특히 새로운 국가의 창설, 이 국가의 유기적 구조의 유지와 방어 같은 커다란 정치적 문제들을 검토한다. 이것은 좀더 광범위한 차원에서 본다면 독재와 헤게모니에 관한 문제들, 달리 말하면 국가 영역 전체에 관한 문제들이라고 할 수 있다. 루이지 루소(Luigi Russo)는 『마키아벨리 서설』(*Prolegomeni a Machiavelli*)에서 『군주론』은 독재(권위와 개인의 계기)에 관한 저작이고 『로마사 논고』는 헤게모니(보편과 자유의 계기)에 관한 저작이라고 말한 바 있다. 루소의 논평은 정확한 것이지만, 『군주론』에는 권위와 무력을 다루는 부분들 이외에도 헤게모니나 동의의 계기에 대한 암시도 담겨 있다. 따라서 군주국과 공화국 사이에는 원칙적인 대립이 존재하지 않으며, 오히려 문제는 권위와 보편성이라는 두 가지 실체다.[54]

보다시피 이 점에 관해서 알튀세르는 그람시의 관점과 아주 가깝다. 곧 군주정과 공화정 사이의 대립은 가짜 딜레마다. 마키아벨리가 원한 것은 굳건한 기초 위에 세워진 지속할 수 있는 국가였다. 군주정은 창건의 계기에 상응하며 공화정은 지속의 계기에 상응한다.[55] 그람시는 계속 말하기를, 독재와 지적 지도는 "마키아벨리적인 켄타우로스가 지닌 짐승과 인간의 이중적 본성에 상응하는 두 개의 기본 층위, 곧 무력과 동의의 층위, 권위와 헤게모니의 층위, 폭력과 문명의 층위, 개인적 계기와 보편적 계기의

---

54) Gramsci, *Cahiers de prison* 10~13, p. 362[『옥중 수고』 1권, 132쪽].
55) Althusser, "Solitude de Machiavel", 타자본 수고, pp. 15~16[「마키아벨리의 고독」, 『마키아벨리의 고독』, 229~230쪽].

층위"⁵⁶⁾를 이룬다. 그람시는 동일한 범주들 속에서 마키아벨리와 보댕의 관계를 사고한다.

> 내가 보기에 보댕을 반(反)마키아벨리주의자로 분류하는 것은 분명 부적절하고 피상적인 것이다. 보댕은 자신의 정치학의 기초를, 마키아벨리 당시의 이탈리아보다 훨씬 더 발전된 프랑스의 복잡한 지형 위에 세운 사람이다. 보댕에게는 통일적인 영토(국민) 국가를 창건하는 것, 곧 루이 11세의 시대로 돌아가는 것이 문제가 아니었으며, 이미 강력하고 깊이 뿌리를 내린 국가 내부에서 서로 투쟁 중에 있는 사회 세력들 사이의 균형을 잡는 것이 문제였다. 보댕이 관심을 기울인 것은 무력의 계기가 아니라 동의의 계기였다.⁵⁷⁾

이 경우에도 역시 알튀세르는 주로 "폭력을 통해" 기능하는 억압적 국가장치와 주로 "이데올로기를 통해" 기능하는 이데올로기저 국가장치들 사이의 유명한 구별을 도입하면서⁵⁸⁾ 무력과 동의 사이의 그람시적인 대립을 떠올리게 만든다.

마지막으로—하지만 우리는 여기에서 겉보기에는 훨씬 더 친숙한 영역에 들어서게 된다—그람시는 정치 정당을 마키아벨리가 절실하게 원했던 군주의 현대적 육화(肉化)로 간주한다. 이러한 군주와 마찬가지로 당은 "분쇄되고 뿔뿔이 흩어진 인민들을 상대로 활동을 벌여 그들의 집합

---

56) Gramsci, *Cahiers de prison* 10~13, p. 373[『옥중 수고』 1권, 191~192쪽].
57) *Ibid.*, p. 371[같은 책, 155쪽].
58) Althusser, "Idéologie et appareils idéologiques d'État(Notes pour une recherche)", *Positions*, pp. 84~85[「이데올로기와 이데올로기적 국가장치(연구를 위한 노트)」, 『아미엥에서의 주장』, 94~95쪽].

적 의지를 일깨우고 조직하는 것을 목표로 삼는다".[59] 이 의지는 "구체성과 합리성을 갖춘 목표들"[60]을 설정해야 한다. 의지는 기존 도덕 관계 및 법 관계를 파괴하는 데 만족할 수 없다. 실제로 그람시는 다음과 같이 말한다. "그처럼 초보적으로만 형성된 집합적 의지라면, 긍정의 단계에 접어들었을 때에는, 당장 각자 서로 상충되는 길을 추구하는 무한한 개별 의지들로 분해되지 않겠는가? 존재하자마자 사라지지 않겠는가? 파괴와 부정은 잠재적인 건설과 긍정 없이는 존재할 수 없다는 사실 ─ 이것은 단지 형이상학적 의미에서의 건설과 긍정을 뜻하는 것이 아니라 실천 속에서의 건설과 긍정, 곧 정치적인, 당 강령으로서의 건설과 긍정을 뜻한다 ─ 은 차치하고서라도 말이다."[61] 그람시는 계속해서 말한다. 더욱이 "현대의 군주는 지적·도덕적 개혁의 선포자이자 조직자가 되어야 하며 또 그렇게 될 수밖에 없다. 이것은 국민적·민중적인 집합적 의지가 이후에 현대 문명의 전면적인 최상의 형태를 실현할 수 있도록 발전하기 위한 지반을 창조하는 것을 의미한다".[62]

흥미롭게도 알튀세르는 이 유명한 구절들에 대한 논평을 남기지 않았다.[63] 침묵하는 텍스트로 하여금 말하도록 강제하는 것은 항상 위험스럽고 대부분의 경우에는 자의적이기 마련이다. 나 또한 두 가지 관찰을 제시하는 데 만족하겠다. 당을 현대의 군주로 만들면서 그람시는 모험을 감행하는 셈인데, 그것은 그가 제안하는 동일시가 은밀히 역행할 수도 있기 때문이다. 달리 말하면, 당을 군주의 현대적인 형상으로 간주함으로써 그람

---

59) Gramsci, *Cahiers de prison* 10~13, p. 354[『옥중 수고』 1권, 132쪽].
60) *Ibid.*, p. 356[같은 책, 138쪽].
61) *Ibid.*, p. 355[같은 책, 135~136쪽].
62) *Ibid.*, p. 358[같은 책, 142~143쪽].
63) 하지만 다음의 구절에서 간략한 언급은 발견할 수 있다. Althusser, "L'objet du *Capital*", *Lire le Capital*, pp. 323~324.

시는 군주의 모델에 따라 당을 사고할 위험에 직면하게 되는 것 아닌가? 이러한 사고방식은 우선 당을, 자기 의식과 의지(목표를 제기하는 능력) 및 지성(이 목표를 달성하는 데 필요한 수단을 제시하는 능력)을 갖춘 초개인(super-individu)으로 인식하게 만드는 결과를 낳을 것이다. 알튀세르가 주체라는 통념 및 그 은유적 용법에 구제 불가능한 이데올로기적 지위를 부여했다는 점을 상기해 본다면, 그람시가 군주와 당을 이처럼 연결시키는 것에 알튀세르가 적지 않게 당황했으리라는 것을 충분히 짐작할 수 있다. 더욱이 이러한 연결은 한편으로는 군주와 인민의 결합 관계와, 다른 한편으로는 당과 대중들의 결합 관계 사이에 일종의 유비가 존재한다고 제안하게 만들지 않겠는가? 분명히 이러한 유비는 예컨대 『무엇을 할 것인가?』에서 제시된 것과 같은 레닌주의적인 정통 교의와 반드시 모순되지는 않을 것이다. 사실 마키아벨리의 군주가 특권적인 역사적 역할을 수행하게 되는 것은 인민이 정치적으로 극히 무능하기 때문이다. 인민은 맹목적이고 기만당하기 쉽다. 인민은 분명 나름대로 통찰력을 지니고 있지만, 이것은 감각적이고 제한된 영역, 특수한 것과 관련된 영역에서만 효력을 발휘한다. 인민은 가까운 것은 볼 줄 알지만 멀리 내다보지는 못한다. 따라서 인민은 장래를 내다보는 것과는 무관하다. 따라서 인민은 창건하기보다는 보존하려는 성향이 더 강하다. 행위의 영역에서도 인민은 마찬가지로 무능력한데, 왜냐하면 인민 자신은 통일을 이루지 못하기 때문이다. 만약 인민이 패배를 피하고 싶다면, "인민은 우선 자신들을 지도하고 통일시키고 자신들을 보호하기 위해 애를 쓰는 지도자를 선출해야 한다".[64] 보다시피 여기에는 전위당 이론의 신봉자들에게 충격을 줄 만한 게 아무것도 없다. 역으로 특히 후기에 출간된 저술들에서 알튀세르가 인민 대중 및 그들의

---

[64] Machiavel, *Discours sur la première décade de Tite-Live*, I[『로마사 논고』, 1권 57장, 246쪽].

주도권에 부여한 위상을 상기해 본다면,[65] 알튀세르는 그람시가 군주와 당을 동류로 생각하는 것을 보고 주저하지 않을 수 없었을 것 같다.

내가 보기에는 『당내에서 더 이상 지속되어서는 안 되는 것』에 나오는 다음과 같은 짤막한 논평에서 이러한 유보적 태도에 관한 한 가지 확증을 찾을 수 있을 것 같다.

> 부르주아 정치적 실천의 고유성은 다른 계급들을 통해 자신의 지배를 확고히 하는 것이다. 비록 그람시는 간파하지 못했지만, 이 점은 이미 마키아벨리에게서도 사실이었다.[66]

이러한 언급이 실제로 포함하는 것 이상의 내용을 감히 끌어내 보자면, 이 언급은 앞서 지적한 바 있는 군주로 당을 대체하는 작용의 결함 및 불가능성을 주장하고 있다. 진정한 맑스주의 정치 이론이 부재한 상황에서, 비록 마키아벨리의 정치 이론이 맑스주의와 여러 가지 친화성을 지니고 있다고 하더라도 그것을 맑스주의와 접목하려고 시도하는 것은 부질없는 일이다. 대중들의 역할이라는 문제(『존 루이스에 대한 답변』에서 알튀세르는 결국 역사를 만드는 것은 대중들이라는 점을 환기시킨다. 이것은 마키아벨리와는 거의 무관한 정식이다[67])에 이르게 되면, 이러한 접목에 대한 거부는 불가피해진다.

---

65) Althusser, "Enfin la crise du marxisme!", *Solitude de Machiavel et autres textes*, p. 278[「마침내 맑스주의의 위기가!」, 『당내에 더 이상 지속되어선 안 될 것』, 73쪽]; *Ce qui ne peut plus durer dans le Parti communiste*, pp. 111 이하[『당내에 더 이상 지속되어선 안 될 것』, 같은 책, 150쪽 이하].

66) Althusser, *Ce qui ne peut plus durer dans le Parti communiste*, p. 105[『당내에 더 이상 지속되어선 안 될 것』, 같은 책, 147쪽].

67) Althusser, *Réponse à John Lewis*, p. 24.

VI

하지만 수많은 맑스주의자들이 공개적으로나 은밀하게 마키아벨리에게로 향하게 만들었던, 그리고 마키아벨리에 대한 알튀세르의 열렬한 관심 역시 설명해 주는 이러한 친화성에 대해 좀더 살펴볼 필요가 있다. 우리는 이러한 친화성을 한 단어로 요약할 수 있다. 알튀세르에게 마키아벨리는 진정한, 그리고 심원한 유물론자였다. 유물론자라는 말의 의미를 어떻게 이해해야 할까? 알튀세르가 옹호하는 바와 같은 유물론적 테제는 무엇보다도 현실이 환원 불가능하게 다수라는 점을 긍정한다. 차이들은 현실적이고 극복할 수 없는 것이며, 이러한 차이들을 제거하려는, 그것들을 인위적이고 자의적인 통일성이나 획일성 속으로 재흡수하려는 모든 노력은 불가피하게 관념론적일 수밖에 없다. 과잉결정이라는 통념은 정확히 말하면 다음과 같은 것을 의미한다. 곧 차이들은 통합되고 결합될 수 있지만, 이러한 결합은 결코 융합이나 [차이들의] 제거, 통일성 및 단순성으로의 환원은 아니다. 달리 말하면, 현실의 각각의 층위는 자신의 고유한 본성 및 효력을 지닌다. 어떤 층위도 다른 층위의 현상이 아니며, 어떤 층위도 다른 층위의 진리가 아니다. 각각의 층위에 대해서 모순들과 실천들을 말할 수는 있다. '사회적 실천'은 현실적으로 구별되는 실천들로 구성되며, 각각의 실천은 자기 안에 자신의 성취의 기준을 포함하고 있다. 가령 진리의 기준들은 이론적 실천에 내재적이며, 그것을 초월적인 다른 영역에서 찾을 필요는 없다. 따라서 유물론이란 주어진 것의 다양성을 승인하는 것이며, 그러한 다양성을 세심하게 존중하는 것이다. 층위들 사이의 거리를 감소시키고 층위들 사이의 차이를 희미하게 만드는 모든 학설 ──가령 경제를 사회적인 것 전체의 진리로 만드는 경제주의나 사회적인 것의 다면성을 시대 정신의 통일성으로 귀착시키는 역사주의 ──은 원하든 원하지 않든 간에 관념론으로 더럽혀질 수밖에 없다.

유물론은 특히, 인식 과정은 전적으로 사유 내부에서 이루어진다고 주장한다. 출발점이 문제든 도달점이 문제든 간에 인식 과정은 동일한 '요소' 안에 머물러 있다. 사유가 현실을 향해 사유 자신을 '벗어나는' 일은 있을 수 없다. 현실과 사유는 어찌할 수 없이 분리된 채 남아 있다.

따라서 유물론은 전체에 대한 특수한 정의를 함축하는데, 알튀세르는 이러한 정의를 헤겔적인 표현적 총체성의 관점과 대립하는 것으로 제시한 바 있다. 표현적 총체 내부에서 각각의 부분은, 서로를 비추는 거울들의 작용과 같은 식으로, 다른 부분들 및 전체의 이미지가 된다. 그리하여 이러한 총체의 발생은, 결코 자기 자신과 분리되지 않는 가운데 자신을 발전시키고 자신을 전환하는 어떤 단순한 통일체의 운동으로, 자기 생성으로 사고될 수 있다. 반대로 유물론적 전체(알튀세르는 좀더 정확히 맑스주의적 전체라고 말한다)는 '이미 주어진 복합적 전체'다. 이러한 전체의 복수성은 경험적으로 확인되는 것이지 연역되는 것이 아니다. 그것은 모든 인식 및 모든 행위의 '일차적 재료'이며, '이것 배후에서' 이러한 재료의 형성을 설명해 줄 수 있는 원리나 단순한 모체를 찾는 것은 부질없는 짓이다.

이러한 전체의 정의는 시간에 대한 특수한 관점을 포함하고 있다. 동질적 연속성과 동시간성이라는 특징을 지닌 헤겔적 시간에 대하여 알튀세르는 유물론적 시간 또는 오히려 유물론적 시간들을 대립시킨다. 사실 각각의 층위는 자신의 고유한 시간을 지니고 있으며, 시간들은 층위들과 같은 방식으로, 서로 혼융되지 않고 자신들 중 하나로 환원되지 않는 가운데 서로 결합된다.

따라서 모든 기원의 철학이 고발된다. 사실 기원의 철학은 항상 기원적인 통일성의 철학이다. 기원의 철학은 인식 및 행위의 가능성을 선험적으로 보증하기 위해 일자를 복원시키려고 한다. 현실이 일자로 정립되고 주체와 대상이 잠정적이고 피상적인 이중화에 불과한 것으로 간주되자마자 인식은 '정초된다'. 왜냐하면 주체와 대상 사이에는 본질적인 상호 소속과 친화성이 존재하기 때문이다. 행위는 적어도 권리상으로 장애물 없이 전개될 수 있으므로, 행위에 대해서도 사정은 마찬가지다. 반대로 다양성과 다면성이 절대적으로 일차적인 것으로 사고된다면, 이것들 아래에서 어떠한 통일체도 식별될 수 없다면, 다양성과 다면성이 진정으로 자율적인 요소들로 정립된다면, 이 요소들 사이의 마주침과 일치는 필연적으로 우연적인 것이 된다. 사실 이 경우 각각의 요소는 자신의 운동 속에서 자신에게 고유한 어떤 법을 따르게 되며, 앙투안-오귀스탱 쿠르노(Antoine-Augustin Cournot)가 말했듯이 독립된 계열들의 교차는 정의상 우발적이다. 따라서 모든 보증은 허구적이며 기만적이다. 원초적인 기원과의 부합이라는 주장을 포기하기 때문에 유물론은 불가피하게 우연, 모험, 내기의 철학이 된다.

간단하고 개략적이긴 하지만 지금까지 유물론 철학에 관해 요약해 본 것을 통해 마키아벨리가 어느 정도까지나 유물론 가(家)의 일원인지 헤아려 볼 수 있게 되었다고 믿는다. 우선 자신의 대상을 정의하는 마키아벨리의 말을 들어 보자. "저는 『군주론』이라는 작은 책을 지었는데, 이 책에서 주권이란 무엇이고 그것에는 얼마나 많은 종류가 있는지, 어떻게 그것을 획득하고 보호하고 또 잃게 되는지 등과 같이 이 주제가 제기하는 문제들을 제 나름대로 최선을 다해 살펴보려고 애써 보았습니다."[68] 이 문제들이 자율적인 논의 대상이 될 수 있다는 것, 이렇게 해서 정치가 도덕 및 종교로 환원될 수 없는, 자신의 종별적인 법칙들에 따라 조절되는 고유한 영역으로 구성된다는 것, 주지하다시피 이것이 바로 마키아벨리 혁명의 일차

---

68) 프란체스코 베토리(Francesco Vettori)에게 보낸 1513년 12월 10일자 편지.

적인 결과다. 하지만 마키아벨리는 동시에 층위들 사이의 본질적인 차이와 함께 이 층위들을 그것들이 지닌 독특성에 따라 고려해야 할 필요성을 주장했다. 인척 관계에 대한 첫번째 확인.

둘째, 역사는 곧바로 이중적인 것 또는 결합된 것으로 나타난다. 왜냐하면 역사를 이루는 사건들은 모두 운(fortuna)과 역량(virtù)의 마주침의 산물이기 때문이다. 신이나 섭리가 아니라 운인 것이다. 나는 마키아벨리가 무신론자였는지 아닌지 알지 못하지만, 그의 저작은 무신론적이라고 확신한다. 그의 저작에서 신은 근본적으로 부재하기 때문이다. 따라서 어떤 것도 더 이상 역사가 통일성과 의미를 갖는다는 것을 보증할 수 없다. 역사가 보여 주는 광경들 — 국가들의 불안정, 국가의 필연적인 부패, 종교들 및 제국들의 끊임없는 교체, 역량의 정처 없는 이동 — 은 역사의 통일성이나 의미와는 정반대되는 것을 입증한다.

다른 한편으로 운의 제거 불가능한 일부는 역사를 인간 행위의 결과로 제시하는 것을 금지한다. 역사를 구성하는 각각의 사건들 속에는 배제할 수 없는 타자성이 존재하며, 따라서 인간은 결코 자신이 역사의 온전한 주체라고 주장할 수 없다. 요컨대 운과 역량은 서로 독립적인 두 행위자들이다. 따라서 운과 역량의 마주침은 우연적이다. 우리는 이러한 마주침을 예견할 수 없으며, 경험적으로 확인할 수 있을 뿐이다.

역사의 인식 가능성을 적어도 부분적으로나마 복원하기 위해 신 대신 '인간'을 의미의 기원적인 중심으로 대체하려고 시도해 볼 수도 있을 것이다. 하지만 이런 기획은 부질없는 짓이다. 왜냐하면 인간들 자신이 회복 불가능하게 분열되어 있기 때문이다. 지배하기를 원하는 귀족들이 존재하며, 지배받지 않기를 원하는 인민이 존재한다. 양자 사이의 화해는 일체 불가능한데, 왜냐하면 이들의 욕망이 서로 직접적으로 모순되기 때문이다. 따라서 국가의 응집력과 활력은 두 '당파' 사이의 갈등적인 균형에 달려 있는

데, 갈등은 적어도 균형 못지않게 이 양자를 연결한다. 하지만 공동체의 이러한 본질적인 분열은 우리가 '인간'을 역사 발전의 원리 내지 동력으로 간주하는 것을 가로막으며, 이런 시각에서 볼 때 마키아벨리는 인간주의자가 아니다. 만약 어떻게든 이러한 동력을 표시하고 싶다면, 오히려 그것을 인민과 귀족 사이의 적대에서 찾아야 할 것이다.

이러한 전제로부터 시간에 대한 특수한 관점이 따라 나온다. 행위의 관점만이 아니라 인식의 관점에서도 시간은 중립적이다. 시간은 진리의 아버지이지만 또한 망각의 아버지이기도 하다. 시간은 "모든 것을 몰고 오며, 해악만이 아니라 이익도, 이익만이 아니라 해악도 가져옵니다."[69] 왜냐하면 시간은 자신의 고유한 존재도 행위도 갖지 않으며, 자신의 일관성을 자신이 영접하는 사건들로부터 받기 때문이다. 그리하여 영속성은 영속성을 요구하는 반면, 변화는 변화로의 길을 열어 놓는다. "군주 가문의 통치가 오래 지속될수록 급진적인 변화에 대한 기억과 그 원인은 희미해지기 마련입니다. 어떠한 변화든지 으레 새로운 변화를 초래하는 화근을 남기기 때문입니다."[70] 여기에서도 역시 우리는 익숙한 영역에 서 있다.

마지막으로, 역사의 중심에는 신의 기획이나 대문자 인간의 현존이 가져다줄 수 있는 보증이 부재하기 때문에, 시간의 불연속성 및 상황들의 무한한 가변성과 유동성은 일반화를 매우 위험한 작업이 되게 만든다. 사실 예외 없는 법칙이란 존재하지 않으며, 법칙이 일반적이면 일반적일수록 법칙은 공허하기 마련이다. 프랑수아 르뇨가 간파한 것처럼,[71] 이렇게 하여 우리는 마키아벨리가 예시의 방법에 부여한 위상을 이해할 수 있게 된다. 사례는 다른 곳에서, 다른 방법에 따라 확립된 규칙을 예시해 주는 것이

---

69) Machiavel, *Le Prince*, III [『군주론』, 3장, 26쪽].
70) *Ibid.*, II [같은 책, 2장, 16쪽].
71) François Regnault, "La pensée du Prince", *Cahiers pour l'analyse* Vol. 6, 1967, pp. 21~52.

아니다. 그것은 성찰의 유일한 소재이며, 성찰이 도달하는 결론들의 배타적인 지주다. 달리 말하면 경우들, 독특한 정세들만이 존재하며, 우리는 각각의 경우마다 이것들로부터 교훈을 끌어낼 수 있다. 이 교훈들은 매우 계발적일 수 있으며, 다른 상황에서 취해야 할 태도 및 행위를 제시해 줄 수 있다. 하지만 이 교훈들의 타당성은 그 교훈들을 낳은 사건을 넘어서까지 보증될 수 없다. 그리하여 마키아벨리는 아리스토텔레스와 대립적인 위치에 서게 된다. 곧 과학을 확실한 인식으로 이해해야 한다 할지라도, 마키아벨리에게는 오직 특수한 것에 대한 과학만이 존재할 뿐이다. 우리가 특수한 것으로부터 멀어질수록 과학은 기예(art)에 자리를 내주게 된다. 물론 마키아벨리는 이 때문에 경험론이라는 비난을 받을 여지가 있다. 하지만 알튀세르가 말했던 것처럼,[72] 「먼 곳으로부터의 편지」의 레닌 역시 이러한 비난의 소지를 안고 있다. 우리는 여기서 마키아벨리와 알튀세르에게 공통적인 잔여 앞에 놓이게 된다. 전쟁의 기예, 정치의 기예가 그것인데, 이것들은 운의 숨결 또는 질료의 힘이 이성과 과학을 압도하게 될 때, 이성과 과학으로부터 남게 되는 것이다.

이제 나로서는 충분히 이야기한 셈이다. 나는 네 가지 영역, 곧 현실주의, 혁명, 정치, 유물론에서 모험을 감행해 보았다. 나는 아주 많은 마주침들에서 생겨나는 길을 표시해 보았지만, 내가 언급한 이 모든 마주침 가운데 알튀세르와 마키아벨리의 마주침이야말로 확실히 가장 덜 우연적인 마주침이다.

---

72) Althusser, "Sur la dialectique matérialiste", *Pour Marx*, p. 179[「유물론적 변증법에 대하여」, 『맑스를 위하여』, 211쪽].

9장 알튀세르와 스피노자*

피에르-프랑수아 모로
김은주 옮김

루이 알튀세르는 스피노자를 표방했다.[1] 그는 스피노자주의자였음을 참회했다. 사람들은 이 스피노자주의를 들어 그를 비난했다.[2] 때론 그가 스피노자를 잘못 이해했다고 비난하기도 했다. 여하튼 그가 쓴 글들이나 그의 사례는 분명 적어도 일정 부분 스피노자주의에 대한 새로운 연구의 충동을 고취시켰다. 하지만, 역설적으로 알튀세르가 (가끔 스피노자를 언급하기는 해도) 스피노자의 텍스트 자체를 인용하는 법은 거의 없다. 또한 그는 스피노자에 별도의 연구를 할애하지도 않았다. 최근에 출판된 몇몇 짤막한 지면들을 제외한다면 말이다. 하지만 거기서 그가 말하는 것도 스피노자에 대해서라기보다는 알튀세르 자신이 스피노자에게서 발견할 수 있었던바, 사유의 촉발제들에 대해서이다.[3] 사유를 촉발하는 것. 알튀세르의 저작들

---

* Pierre-François Moreau, "Althusser et Spinoza", éd. Pierre Raymond, *Althusser philosophe*, PUF, 1997, pp. 75~86.
1) "자기 시대를 선택할 수 없는 것 이상으로 자기 스승도 선택할 수 없는 것이다. 그러나 내게는 맑스, 본격적인 철학자는 아닌 맑스 말고 또 한 사람의 스승이 있었다. 스피노자였다. 그런데 불행하게도 그는 어디서도 강의를 하고 있지 않았다." Louis Althusser, *L'avenir dure longtemps*, suivi de *Les faits*, éds. Olivier Corpet et Yann Moulier-Boutang, Le livre de poche, 1994, p. 367 [『미래는 오래 지속된다』, 권은미 옮김, 이매진, 2008, 427쪽].
2) Althusser, *Éléments d'autocritique*, Hachette, 1974 참조.

전반에 걸쳐 『윤리학』 저자를 참조하고 있다고 지목할 수 있는 대목들 대다수도 실상 이런 것들이다. 알튀세르 생전에 출판된 몇몇 글에서 스피노자를 다루는 구절들 역시, 물론 수사학적으로 강력하며 전략적 위치를 차지하곤 있지만, 또 그만큼이나 간결하고 생략적이다. "우리는 스피노자주의자였다"는 『자기 비판의 요소들』의 한 구절이 그렇다. 이 구절은 『『자본』을 읽자』에 노정된 오류들의 열쇠라고, 구조주의라는 비난을 몰아내기 위한 것이라고 간주된다. 게다가 『『자본』을 읽자』에는 정말 그런 구절들이 몇몇 있다. 하지만 이것들은 알튀세르가 자기 비판에도 불구하고 향후 핵심 의도만은 계속해서 다시 취하는 구절들이기도 하다.

이 글은 이 문구들에 대한 분석을 중심으로 삼진 않을 것이다. 알튀세르 자신이 이미 '명언들'에 주석을 다는 일이 얼마나 무용한 되풀이일 수 있는지를 우리에게 가르쳐 주었다. 이 글은 오히려 철학과 철학사의 관계를 통해 알튀세르가 스피노자와 맺는 연관을 분석하는 식으로 진행될 것이다. 왜냐하면 알튀세르와 스피노자 둘 다 철학에 이렇게 역사가 있다는 데 이의를 제기하기 때문이다. 더 정확히 말해, 철학이 순진하게도 자기 자신의 역사와 직접적 관계를 맺을 수 있다고 믿는다면, 둘 모두 철학에 이런 직접적 관계가 있다는 데 이의를 제기하는 것이다.

알튀세르와 철학사

여기서 나는 철학사가로서 알튀세르의 작업 —— 그는 몽테스키외에 대한 책을 하나 썼고, 몇몇 철학자들에 대한 강의를 했고, 심지어 루소에 대한

---

3) 『미래는 오래 지속된다』에 첨부되어 출판된 텍스트. Althusser, *L'avenir dure longtemps*, pp. 467~487. '재료'라는 항목[『미래는 오래 지속된다』, 535~558쪽] 참조.

강의는 출판까지 했다──에 대해서가 아니라 철학사에 대한 그의 테제들에 대해 말할 것이다. 사실 이런저런 일시적 연구들을 읽다 보면 우리는 이와 나란히 그가 철학사 쓰기란 과연 무엇을 의미하는가를 묻고 있음을 알 수 있다. 1968년 레닌 강연이 갖는 여러 의미 가운데 하나가 바로 이것이다. 실상 이 텍스트가 단 한 명의 철학자에 대해, 그리고 철학과의 단 하나의 관계에 대해 말하고 있다고 여겨지는 만큼, 여기서 충격적인 것은 알튀세르가 마치 이 문제를 각 핵심 지점에서 철학사의 문제에 부딪히고서야 비로소 다룰 수 있다는 듯 말한다는 점이다. 이 강연은 프랑스 철학회 앞에서 한 '코뮈니카시옹'[발표, communication]이었고, 그는 이 용어 자체를 출발점으로 삼는다. 강연에서 그는 대뜸 철학자들이 서로 간에 소통한다(communiquer)는 발상에 반대하는 입장을 취한다. "과학자는 당연한 권리에 따라 과학자 협회에서 코뮈니카시옹을 발표할 수 있다. 코뮈니카시옹과 토론은 **과학적일** 수밖에 없다. 하지만 철학적 코뮈니카시옹, 철학적 토론은 어떤가?"[4] 실제로 철학자들에게 공동이 터라고는 전장밖에 없다. 그들은 아무것도 교환하지 않으면서 서로 대립한다.

레닌의 경우를 보자. 그는 철학에 대한 담론, 철학에 대한 이론에서 출발하여 철학적 장면에 개입한다. 그가 개입하면서 철학의 진리를 말하고 있음을 보증할 수 있는 것은 이 개입이 외부에서 유래한다는 점이다. 하지만 철학의 외부에서 온다는 것만으론 충분치 않다. 이 외부가, 내부에 있는 것을 암암리에 소리 없이 반복하는 것이어선 안 된다. 과학적인 것들에 대한 담론 분석이 보여 주는 바가 이것이다.

금세기[20세기] 초 물리학의 위기와 관련하여, 알튀세르는 과학적 위

---

4) Althusser, *Lénine et la philosophie*, François Maspero, 1969, p. 7 [「레닌과 철학」, 진태원 옮김, 박노자 외, 『레닌과 미래의 혁명』, 그린비, 2008, 272쪽].

기들의 효과들을 환기시킨다. 이 효과는 이중적이다. 일군의 철학자들은 "과학의 위기"라는 주제를 점령하고 전개해 간다. 이 경우, 위기는 철학자들이 과학에 "철학의 종부 성사"를 수여하기 위해 과학적 장에 개입하는 것을 정당화해 주는 셈이다. 여기까지는 모든 것이 극히 정상적이다. 단, 정상적인 것이 습관적인 것을 뜻한다면 말이다. 그런데 두번째 효과는 좀더 놀라워 보일 수 있다. 곧 일군의 학자들이 자신들의 혁신적 실천에 대해 스스로 철학적 담론을 구사하고, 그러면서 정작 케케묵은 상투적 논의들을 답습하기만 하면서, 이것들을 계시라 여기고 자기들의 실천이 이것들을 승인해 준다고 믿는 것이다. 알튀세르는 여기서 바슐라르적 주제를 재발견하는 셈이다. 그런데, 더 중요한 것은, 그가 과학자들이 순진하게 재발견하는 상투적 담론들을 지칭하기 위해서 철학사라는 용어를 ─ 그의 텍스트에서 처음으로 ─ 이용한다는 점이다. "그들은, 철학이 자신의 역사라고 간주할 수밖에 없는 것에 속하는 진부하고 낡아 빠진 이야기들을 되풀이하고 있을 뿐이다."[5]

문구 자체가 인상적이다. 우선 강제(obligation), 혹은 더 정확히 말해 '~할 수밖에 없다'(être bien obligé)는 사실. 프랑스어에서 이는 정말로 칭송받을 만한 무언가를 지시하는 법이 결코 없다. 다음으로, 이를 부득불 안고 가야 하는 자가 "철학자들"이 아니라 "철학"이라는 사실. 이는 이 역사가 별로 자랑스럽진 않지만 여하튼 철학 ─ 단지 직업 철학자들에게 필수적인 기억으로서의 철학이 아니라, 담론으로서의 철학 혹은 제도로서의 철학 ─ 을 구성하는 부분이라는 말의 다른 표현이다. 하지만 이 문구 너머에서 느껴지는 이 역사의 위력에 주목할 필요가 있다. 곧 이 역사는 공식 체계들을 넘어, 이 체계들에서 해방되었다고 믿는 자들의 순진한 의식에

---

[5] Althusser, *Lénine et la philosophie*, p.9[「레닌과 철학」, 『레닌과 미래의 혁명』, 274쪽].

까지 침투한다. 그들이 반성하기도 전에 역사는 그들을 길러 냈으며, 그들이 독자적으로 말한다고 믿을 때도 그들은 기실 자신들의 "자생성" 속에서 바로 이 역사를 답습할 뿐이다. 그들은 이 역사 자체의 담론을 반복하면서도 이를 모르는 것이다.

사정이 이렇다면, 철학의 주요 과업들 중 하나는 이 과거를 풀어내는 일이라고 여길지도 모르겠다. 철학은 바로 이 과거로부터 진행되어 나오고 여전히 이 과거 안에서 말하며, 이 과거의 효과들을 줄기차게 재개하고 있으니 말이다. 하지만, 실제로 사정은 정반대이다. 가령, 비맑스주의 철학자들은 레닌 사상이 유익할 수 있음을 부인한다. 그런데 알튀세르는 이 철학자들이 자기네 역사의 이름으로 레닌의 철학을 비판하면서도 정작 자기네의 이 역사 자체는 수치스러워한다는 것에 주목한다. "프랑스 철학이 이러한 과거를 침묵 속에 **덮어 둔** 것은 그 어떠한 **공개적** 고발보다 더 의미심장하다. 오늘날에 이르기까지 어떤 저명한 프랑스 철학자도 이 전통의 역사를 공개적으로 써 보겠다고 나서지 않는 걸로 볼 때 이는 참으로 봐주기 어려운 전통이 아닐 수 없다."[6] 실제로 1968년 당시, 빅토르 쿠쟁(Victor Cousin) 이후의 프랑스 사상에 대한 제대로 된 역사적 작업은 거의 없었다. 이는 공식 프랑스 철학이 자기 역사를 수치스러워한다는 인상을 풍기기도 했다. 그리고, 명백히 알튀세르는 이 침묵을 하나의 고백으로 간주한다. 곧 자기 자신의 역사를 쓰지 못하는 부르주아 철학의 무능력은 이 철학에 알맹이가 없다는 사실을 알려 주는 신호이다. 정치 이론가들에게 관심을 갖지 않으려는 그들의 줄기찬 거부가 [자기 보존에] 유익한 그들의 공포를 나타내는 표시이듯이 말이다. "정치와 관련된 모든 것은 철학에 치명적일 수 있는데, 왜냐하면 철학은 정치에 기대어 살아가기 때문이다."[7] 과거에 대

---

6) *Ibid*., pp. 12~13[같은 글, 같은 책, 278쪽].

한 무언증과 정치에 대한 무언증. 이는 곧 이처럼 털어놓을 수 없는 것 속에 웅크리고 있는, 자기 자신의 진리에 대한 침묵이다.

맞은편에서는 정반대로, 맑스와 엥겔스가 출범시키고 레닌이 이어 온 바, 철학의 맑스주의적 실천이 있다. 앞의 경우와 대조적으로 이 실천이야말로 자기 역사를 쓸 수 있고 이렇게 해서 적들의 무능력을 떨쳐 내고 변별점을 가지리라 여길 수도 있겠다. 하지만, 맑스주의 철학에 대해 언급하면서 당장 알튀세르는 "내가 여기서 이 철학의 역사를 진술한다는 건 생각 밖의 일이다. 우리는 이를 감당할 능력이 없다"고 단언한다. 그리고 이는 결코 우연적인 이유 때문인 것 같진 않다. 이는 아주 단순히(그리고 아주 근본적으로), 우리가 "여기서 역사화해야 하는 이 X가 무엇인지" 모르기 때문이다.[8] 바로 이 때문에 모든 경우 철학이 자신의 역사와 맺는 관계는 문제를 안고 있다. 역설적으로, 그가 표방하는 노선도 결국 그가 단죄하는 노선과 동일한 결과에 이르는 것 같다.

그런데 표방한다는 게 무엇일까? 알튀세르에게 철학은 분할의 실천이다. 그리고 바로 이것이 철학을 역사화하기가 불가능한 이유를 설명해 주는데, 왜냐하면 철학은 서로 대립되는 내용들로부터 정의되는 것이 아니기 때문이다. 오히려 정반대로 철학은 자신이 구획선을 그으면서 분리시키는 두 비철학적 진영 사이의 경계에 위치한다.

따라서 이 분할은 역사적인 진전 과정 내에서 이루어지는 것이 아니라 현장에서 이루어지며, 철학사는 바로 이 분할의 반복에 불과할 뿐, 어떤 내

---

7) Althusser, *Lénine et la philosophie*, p. 14[「레닌과 철학」, 『레닌과 미래의 혁명』, 280쪽].
8) *Ibid.*, p. 19[같은 글, 같은 책, 286쪽. 번역은 문맥에 맞춰 변형].

용의 역사가 아니다. 이 분할은 유물론과 관념론 사이의 단절이라는 형태를 띠며, 물론 과학들의 역사와 더불어 유물론도 변하지만 분할은 결국 늘 동일하다. 그리고 바로 이 때문에 "본질적으로는 철학에 진정으로 역사가 있을 순 없다".[9]

이 구절에 긴 주석을 달아 볼 수도 있을 것이다. 유사한 다른 정식들("무의식에는 역사가 없다"나 "이데올로기에는 역사가 없다"와 같은. 더구나 알튀세르의 테제를 표현하는 정식들은 종종 부정문의 형태를 띠고 있다)에 접근시킨다든지, 혹은 반대로 그가 표방하는 영원성의 고리들 가운데서도 얼마간 경험 역사의 여지를 남겨 둘 수 있게 하는 미묘한 어구("본질적으로는", "진정으로 ~하진 않다")를 강조하는 식으로 말이다. 하지만 이 정식을 그 급진성에 걸맞게, 고유하게 철학적인 터에서 그것이 표상하는 바에 걸맞게 취하는 편이 더 낫다. 이 정식은 우선 철학사가 자명하다는 철학자들의 편견에 맞서 구획선을 긋고 있다. 이 철학자들은 이 역사가 아리스토텔레스의 『형이상학』 A권 이래 자율적인 방식으로 시작했다고 믿고, 대개 이 역사가 자신들과 더불어 끝났다고 덧붙인다. 철학에 역사가 없다고 하더라도 이는 거기서 아무것도 일어나지 않았다는 뜻은 결코 아니라는 점 역시 유념해 두어야 한다.

알튀세르와 스피노자

레닌에 대한 강연문에서 나와, 이제 모든 철학자들이 과연 이 비판의 사정권에 놓이는지 물어 보자. 바로 스피노자가 이런 편견에서 벗어나 있다. 스피노자 역시 철학을 이런 구획하기의 견지에서 사고하며, 이 점에서 그는

---

9) *Ibid.*, p. 42(같은 글, 같은 책, 310쪽. 번역은 문맥에 맞춰 변형). —옮긴이

알튀세르가 이론화한 방식과 아주 유사한 방식으로 철학을 실행한다. 이 구획하기는 그에게 다음과 같은 여러 상이한 의미를 갖는다.

- 우선 철학과 비-철학 사이의 구획이 있다. 이는 그가 지성과 상상 사이에 강하게 설정하는 차이에 정확히 대응한다. 스피노자는 『윤리학』의 여러 주석에서 철학과 일상 담론(혹은 신학) 사이엔 단지 정도상의 차이가 아니라 반대로 명실상부한 지반의 변화가 있다는 입장을 명시하고 있다. 그러니까 철학자란 우리 신체를 자연의 일상적 질서에 연결시키는 마주침들에 따라 생겨나는 이미지들의 연합에서 벗어난 자, 상상의 이런 마력에서 풀려난 적합한 관념들의 사슬을 형성하는 자다.
- 게다가 철학 진영 역시 어떤 의미에서는 오류의 편에 있을 수 있는데, 사실 (특히 『신학정치론』에서) 스피노자는 철학이라는 단어를 비방적인 의미로 사용하기도 한다. 그러므로 나쁜 철학자들이 있는 셈인데, 가령 그리스 철학 분파들의 철학자들이 그렇다. 그들은 목적성의 관념 혹은 자유의지에 대한 믿음으로 자기네 사상을 정초한다. 그들의 학설들은 상상에 토대를 둔다. 따라서 이 학설들은 상상의 변이들이 허용하는 만큼이나 다양한 형태를 취하기 마련이다. 이렇게 해서 이 학설들은 사람들 사이의 분쟁, 무한하고 해결 불가능한 분쟁의 원천이 된다. 이 점에서 그들은 신학적 분파들과 전혀 다르지 않다.[10]

과연 무엇이 인간에게 상상에서 빠져나와 좋은 철학을 실행할 수 있게 하는가? 이는 수학인데, 적어도 수학만은 정리들의 연쇄 속에서 진리의 규준을 제안하면서 참된 사유의 잣대를 제공한다.[11]

---

10) Baruch Spinoza, *Traité théologico-politique*, trad. Charles Appuhn, Garnier-Flammarion, 1965.
11) Spinoza, *Éthique*, 1부 부록.

- 마지막으로, 이 비역사적인 분할은, 알튀세르에게서와 마찬가지로, 과거의 철학자들을 대립시켰던 투쟁을 알아보는 토대가 된다. 곧 학설사를 넘어, 세계를 상상적 형태들로 가득 채우는 자들과 이 형태들을 거부하는 자들을 가르는 경계는 세기를 거듭하여 이어져 왔다. 따라서 과거의 논박이 식별되는 것은 논박하는 과정에서이다. 편지 56(휘고 복셀Hugo Boxel에게 보낸 편지)을 사례로 들 수 있으리라. 복셀은 스피노자에게 유령에 관해 어떻게 생각하는지를 물었다.[12] 스피노자는 데모크리토스와 에피쿠로스, 그리고 루크레티우스를 준거로 삼는데, 이는 그들 철학의 내용을 검토하기 위해서가 아니라, 그들의 사례를 바탕으로, 미신적인 자들과 그렇지 않은 자들 사이에 분할선을 긋기 위해서이다.[13] 스피노자 자신이 굳이 그들 체계의 세부 사항으로 들어갈 필요도 없이, 그들은 두 진영, 이성의 진영과 비이성의 진영이 있음을 보여 준다. 하기에 고유한 의미의 철학사란 없는데, 기실 발견되는 건 늘 동일한 구획선뿐이며 이 구획의 진리 규준은 수하에 있다. 이런 전략에서는 내용보다는 입장이 더 중요하다. 스피노자 자신은 정작 원자와 허공을 거부하면서도 그가 데모크리토스와 에피쿠로스의 철학에 할당하는 유일한 내용이 "원자의 지지자들"이라는 정식으로 요약된

---

12) Alain Billecocq, *Spinoza et les spectres*, PUF, 1987 참조.
13) "플라톤, 아리스토텔레스 등등의 권위는 제게 큰 무게가 없습니다. 만일 당신이 에피쿠로스, 데모크리토스, 루크레티우스, 또는 다른 원자론자들이나 원자의 옹호자들을 들었다면 저도 놀랐겠지요. 그러나 은폐된 성질, 지향적 종, 실체적 형상, 그 밖의 수천 가지 헛소리를 고안해 낸 자들이 유령과 정령을 생각해 냈다는 것, 데모크리토스의 명성을 시기한 나머지 그가 그토록 칭송받으며 펴낸 책들을 모조리 불태워 버린 그들이 데모크리토스의 권위를 깎아내리고자 노파들의 실없는 이야기들을 믿었다는 것은 하등 놀랍지 않습니다." Spinoza, *Traité politique et lettres*, trad. Charles Appuhn, Garnier-Flammarion, 1966, p. 300[본 한글 번역에서는 *Spinoza Opera* Vol. IV, ed. Carl Gebhart, Carl Winter, 1925, pp. 261~262를 참조했다]. 요컨대 철학은 곧 전쟁이다.

다는 점이 그 증거다.

편지 76(알베르 뷔르흐Albert Burgh에게 보낸 편지)도 동일선상에 있다. "내가 최상의 철학을 찾아냈다고 여기진 않네. 하지만 내가 참된 철학을 인식하고 있음은 알고 있다네."[14] 이 앎은, 자체 내에 자기 자신의 진리의 표지들을 지니고 있으며 외적 정당화를 필요로 하지 않는 지성의 앎이다. 스피노자는 철학사와의 관계에서 알튀세르와 동일한 입장을 취하는 셈이다.

여기서 혹자는 이렇게 반박할지도 모르겠다. 알튀세르에게서 철학사의 부재는 또 하나의 다른 테제, 곧 "철학에는 대상이 없다"는 테제와 접목되어 있다. 심지어 이것이 그의 입장을 결국 상당히 평범한 다른 입장, 곧 철학자[스피노자]가 자기 앞의 역사를 부인하는 입장과 동일시할 수 없는 이유이기도 하다. 왜냐하면 알튀세르에 따르면 철학은 지금까지 늘 대상을 오해해 왔기 때문이다. 그런데 스피노자는 어떤가? 그에게선 반대로 철학에 대상이, 심지어 여러 대상이 있는 듯 보인다. 가령, 신, 인식, 정념, 그리고 특히 『윤리학』 1부에서 5부까지의 여정을 마무리하는 지복이 그렇다. 하지만 스피노자가 철학자들에 대해, 혹은 철학하는 자유에 대해 말한다 하더라도, 이 경우 철학의 내용에 대해선 거의 말하지 않는다는 점을 주목해야 한다. 스피노자 자신의 이론의 경우, 이 이론에는 내용이 있는 이상, 그는 그것을 다른 이름으로 지칭한다. 가령 지복은 윤리학의 대상이다. 철학이라는 용어 자체는, 특히 성숙기 글들에서, 점점 더 특정 내용보다는 논박의 장소를 가리키게 된다. 스피노자는 이 어휘적 차이를 주제화하진 않

---

14) Spinoza, *Traité politique et lettres*, p. 343 [이 글 원문에는 편지 67로 번호가 잘못되어 있어 바로잡았다].

는다. 하지만 이 점은 체계의 핵심이 드러나는 책 제목의 변화를 해명해 주며, 특히 가브리엘 알비악(Gabriel Albiac)이 명명할 수 있었던바, "전쟁의 철학"의 정신에 부합한다. 이 때문에, 알튀세르가 철학에는 대상이 없다고 썼을 때, 물론 이는 스피노자 텍스트에서 발견될 수 없는 문장이지만, 이때보다 그가 더 스피노자주의자였던 적은 없었다고 할 수 있으리라.

알튀세르는 실상 그 자신 철학사를 했으며, 그가 생각하는 철학사의 이론적 불가능성은 실제로 철학사를 할 능력이 없다는 뜻이 아니다. 역할의 기묘한 전도인데, 그가 철학사의 가능성을 믿는 자들을 실제로 이 과업을 성취할 능력이 없는 자들로 단죄한다는 점을 떠올려 보면 그렇다. 알튀세르가 철학사를 실질적으로 혁신할 수 있었던 건 바로 철학사의 불가능성에 대한 그의 테제들 덕분이다. 여전히 레닌에 대한 강연에서 그는 이렇게 설명한다. 철학이 현실 역사를 반영한다는 의미에서 보면, 확실히 철학에는 자율적 역사가 없다고. 하지만 철학의 추이는 단속(斷續, scansion)을 겪는다고. 다시 말해 철학이 늘 존재했던 건 아니라고. 왜인가? 철학은 탄생하기 위해 과학들이 있는 세계가 필요했기 때문이다. 따라서 철학에는 시작이 있었고 심지어 여러 시작이 있었다. 왜냐하면 철학은 가령 수학이나 물리학의 출현처럼 자신에 외적인 사건들로부터 이루어지기 때문이다. 그러므로 철학은 시작들을 거치며 여기서 철학 자신은 쟁점들을 (이런저런 의미에서) 반향하는 역할을 한다. 각각의 과학적 '대륙'이 탄생할 때마다 철학적 전장은 바뀌게 마련이다. 왜냐하면 이 대륙은, 한편으론 이 새로운 대륙을 관념론의 입장에서 재인수하려는 학설들과, 다른 한편으론 이 재개를 가로막으려 시도하는 다른 입장들 간의 조정을 야기하기 때문이다. 우리는 여기서 새로운 "진리 규준"의 구성에서 수학에 결정적 역할을 부여하는 스피노자의 테제와 그리 멀리 있지 않다. 단, [알튀세르에게선] 대륙이 여럿인 이상, 연이어지는 비가역적 사실들 역시 "어디에도 이르지 않는 길들"——알튀세르가 하이데거보다는 디츠겐(Joseph Dietzgen)에게서 따온 문구에 따라——의 역사 속에 여럿으로 새겨진다는 점을 제외하면 말이다.

여기서 또 다른 유형의 역사가 모습을 드러내는데, 그것은 사건이라는 착상에서 시작된다. **사건**이라는 용어는 알튀세르가, 최초의 자연 상태에서 탄생기 사회 상태로의 이행을 야기했을 재앙들에 대한 루소의 사상(『인간 불평등 기원론』에서)에 결부시킨 것이다. 그것은 두 시기 간의 근본적 불연속성을 사유할 수 있게 하는 개념이며, 바로 사건의 견지에서, 곧 철학에 외적인 사건들의 반향을 철학사적 체계들 내부에서 찾음으로써, 철학사는 사유 가능하게 된다.

여기서 우리는 결국 역사 일반에 대한 관점을 대면하게 된다. 실상 철학에 역사가 없다 하더라도 역사는 실존하니까. 하지만 여기서도 역시 역사에 대한 일상적 통념은 수정해야 한다. 『존 루이스에 대한 답변』은 이런 관념, 곧 주체도 목적도 없는, 그러나 계급투쟁이라는 동력은 있는 역사라는 관념을 벼려 낸다. 이 글에서 알튀세르는 역사를 과정인 듯 말한다. 그는 과정의 행위자들이 주체라는 데 이의를 달지는 않고, 다만 그들이 역사의 주체가 아니라 역사 속의 주체라고 말한다. 다시 말해, 행위자들은 역사에 의해, 그들이 의식하지 못하는 절차들을 통해 주체로 생산되며, 바로 이것이 스스로를 자유로운 주체라고 여기는 그들의 가상을 설명해 준다. 따라서 현실 역사의 특징은 사회적 관계들을 담지하는 행위자들에 의거하여 해명되지만, 이 역사의 전개 자체는 행위자들에게 불투명하다. 그리고 이 불투명성은 유감스런 사고(事故)나, 좋은 교육으로 보충할 수 있을 지체(遲滯)처럼, 우연적인 것이 아니라 구성적인 것이다.

그런데 여기서도 역시 우리는 스피노자의 테제와 만나게 된다. 그리고 알튀세르는 이를 완벽히, 그리고 아주 오래전부터 의식하고 있었다. 사실 이미 『『자본』을 읽자』에서부터 그는 우리에게 "스피노자는 역사 이론과, 직접적인 것의 불투명성에 대한 철학을 동시에 제안한 최초의 사람이다"[15] 라고 말하고 있다.

그가 여기서 자기 자신의 문제설정을 남의 것에 투사하고 있다고 여길 경우를 감안하여, 스피노자의 몇몇 텍스트에 실제로 주체 없는 역사라는 착상을 제공하는 부분들이 있음을 지적해 두어야겠다. 『신학정치론』 「서문」은 사람들이 스스로가 운에 종속되어 있음을 모른다는 것을 보여 준다. 분석의 조명을 거의 받지 못한 이 텍스트에서 우리는 무-지(non-savoir)에 대한 기이한 문제설정이 구축됨을 보게 된다. 극히 평범한 재료들이 그 차용처인 일상 담론의 편에선 도대체 지지할 수 없는 관점하에 조직되는 것이다. 스피노자는 자기 체계에 꼭 들어맞지는 않는 용어들을 통해 미신을 기술하면서 글을 시작한다. 그런 다음 이렇게 덧붙인다. 사정이 이러함은 모두가 안다고, 그러나 **각자는 자기 자신을** 모른다고—그러니까, 인간은 우스꽝스럽고 미신적인 행위의 측면에서, 인간의 광기(folie)를 관조하는 [제3자의] 자리에서 응시되는 것이다. 수세기에 걸쳐 철학은 인간의 삶을 광기로 포착하는 데, 그리고 남들의 광기가 바라다보이는 이런 자리에 다가가는 데 진력해 왔다고도 할 수 있으리라. 그런데 스피노자에게 이 자리는 비어 있다. 더 정확히 말해, 이 자리는 거기를 차지하는 자 자신이 응시 대상이 될 때마다 비워진다. 지배적인 철학적 전통 전체가, 자기 자신을 알아야 한다는 관념을, 그리고 또한 자기에 대한 이런저런 형태의 이 앎이야

---

15) Althusser, "Du *Capital* à la philosophie de Marx", Althusser et al., *Lire le Capital*, PUF, 1996, p. 8(「『자본론』으로부터 마르크스의 철학으로」, 『자본론을 읽는다』, 김진엽 옮김, 두레, 1991, 18쪽).—옮긴이

말로 가장 근원적이고, 가장 정당하고, 가장 투명한 앎이라는 관념을 철학의 중심에 두어 왔다. 스피노자는 이 가능성을 곧바로 부정한다. 자기 자신에 대한 앎은 우선적으로 자기 자신에 대한 착각이며, 스피노자 인간학의 바탕은 바로 이 번득이는 정식에 들어 있다. 곧 각자는 자기 자신을 모른다.

이 정식은 유감도, [너 자신을 알라는] 델포이 신전의 명령이 동반된 향수 같은 것도 아니다. 그것은 또한 그 반대 명령(가령 겸손이나 공공선에 대한 헌신으로 "각자는 자신을 무시하라"는)도 아니다. 그것은 확인이며, 단어떤 사실에 대한 확인이 아니라 인간 삶의 일반적 조건에 대한 확인이다. 바로 이런 의미에서 이 정식은 스피노자 철학의 유물론적 토대이다. 실상 인간은 자기 자신에 대한 무지에서 결코 벗어날 수 없을 것이다. 자기 인식과는 전혀 다른 과정을 따라 발견될 인간 본성의 법칙들을 자기 자신에게 적용함으로써 자신을 알게 될 때조차 그렇다.

『윤리학』 3, 4, 5부는 바로 이런 시선하에 판독되어야 한다. 알튀세르가 제안한 가설들에 비춰 보면, 그것은 인간 삶의 불투명성을 적극적으로 사유하기 위한 노력일 것이다. 정념을 단죄하기 위한 노력이 아니라, 과연 어떤 법칙들 — 우리는 이를 자생적으로는 알지 못한다 — 에 따라 정념들이 산출되고 또한 그것들이 우리의 무지를 산출하는지를 이해시키기 위한 노력인 것이다. 이 정념들이 개인적인 차원에서나 집단적인 구조를 통해 인간 삶을 지배한다는 것, 우리가 운에 맞닥뜨리는 조건들을 지배한다는 것, 바로 이것이 불가분의 두 학설, 곧 역사 이론과, 직접적인 것의 불투명성에 대한 철학이 스피노자의 것임을 확증해 준다.

알튀세르는 여기서 스피노자 체계 내에 있는 한 강력한 경향성을 부각시키고 있다. 물론 이 경향성은 주석가들이 늘 강조해 왔던 것도 아니고 심지어 엿보지도 못한 것이다. 그런데 만일 알튀세르가 옳다면? 스피노자의 이례적인 형이상학 전체가, 데카르트주의의 연장도, (그가 물려받았다고 여기고들 하는 상이한 유산들에 따라) 카발라나 마이모니데스 혹은 신플라톤주의의 근대적 번안도 아니며, 이 형이상학 전체가 실상 불투명성이라는 관념을 적극적으로 사고하려는 거대한 노력이라면?

알튀세르 텍스트에 나타난 스피노자

『미래는 오래 지속된다』에서 스피노자 사상에 할애된 지면을 살펴보는 일이 남았다. 다루기가 까다로운 텍스트인데, 이는 특히 미완의 전기문이라는 특별한 지위 때문이다. 숱한 구절들이 삭제되고 자리가 바뀌는데, 특히 스피노자에 대한 구절이 그렇다. 그러니까 알튀세르는 스피노자에 대해 15쪽 가량의 분량을 썼다가,[16] 그런 후 이를 빼 버리고 요약된 글로 대체한다.[17] 이 요약도 충분치 않았던 모양이다. 저자는 20여 쪽 뒤에, 더 짧은 두 번째 요약문을 쓰는데,[18] 그것은 다른 두 버전에 나타났던 주제들 가운데 단 두 가지만을 담고 있다. 특히, 세 경우 모두 스피노자 사상에 대한 세부적 연구를 담고 있다기보다는 알튀세르가 스피노자 사상에서 발견했던 것을 열거하고 있다. 이 열거도 기억으로 이루어져 있음이 역력하다. 결국 텍스트에 대한 분석이라기보다는 과거 자기 강의들(그 자취는 지금까지 한 번도 발표된 적이 없다)에 대한 회상인 셈이다. 단, 이 회상은 응축되고 재작업을 거친 것으로, 사유를 위한 벡터들의 출현을 겨냥하고 있다. 부정확한 지점들을 사냥하러 나설 게 아니라 바로 이 벡터들에 주목해야 한다.

첫번째 버전 혹은 그것을 대체한 요약본을 읽어 보면, 다수의 테제가

---

16) Althusser, *L'avenir dure longtemps*, pp. 467~481 [『미래는 오래 지속된다』, 535~558쪽].
17) *Ibid.*, pp. 241~245 [같은 책, 285~289쪽].
18) *Ibid.*, pp. 268~269 [같은 책, 314~315쪽].

발견되며, 저자는 일관성을 부각시키려는 생각 없이 그것들을 다음과 같이 열거하고 있다.

1. "종교 이데올로기에 대한 경이로운 이론." 곧 이 이데올로기의 물질적 조건들만이 아니라 이 이데올로기의 물질성 자체에 대한 이론. 달리 말해 (아마도 이렇게 이해해야 할 것이다) 이데올로기의 고유한 정합성(물질성)을 분석하지 못한 채, 이데올로기의 물질적 조건들(흔히 하부구조와 상부구조의 관계로 가리켜 왔던 것)을 안표(眼標)해 두는 데 만족했던 맑스주의에 결여된 것.
2. 1종의 인식. 알튀세르는 이를 "직접적으로 체험된 세계"와 동일시한다. 사실 그가 여기서 "자생적 이데올로기"라는 이데올로기의 다른 한 부분을 찾아냈다는 것은 명확해 보인다.
3. 『신학정치론』에 나타나는 3종의 인식의 사례. 이는 독특하면서도 보편적인 대상에 대한 인식이며, 그 대상은 히브리 민족이다.
4. 예언자들에 대한 분석(그리고 여기서 알튀세르는 이를테면 구성된 축자적textuel 기억을 부각시키고 있다. 곧 예언자들은 스스로가 말하는 것을 이해하지 못하며, 오히려 인민이 그들에게 그것을 설명해 주어야만 했다. 이는 오인의 새로운 형태이다).
5. 인식 이론과 유명론. 여기서 알튀세르는 주체 없는 사유, 기원도 목적도 없는 사유를 알아본다.
6. 마지막으로 신체에 대한 주요 주제들. 특히 "프로이트적 리비도의 놀라운 선취".

알튀세르는 이 주제들과 동시에, 이 주제들을 벼려 내는 철학적 전략을 강조한다. 이것들 전부를 살펴볼 순 없고, 다만 세번째 주제, 곧 3종의 인식으로서 히브리 민족에 대한 인식이라는 주제만 되짚어 보기로 하자(나머지 주제들 모두, 그 조건으로서나 귀결로서 이 주제와 이어짐을 보여 줄 수도 있겠다). 아마도 이는 알튀세르의 독해에서 가장 독창적인 부분이라 할 수 있을 것이다. 물론 이 독해는 오독일지도 모른다(한편으로, 스피노자는 3종의 인식을 "독특하면서도 보편적인" 것이라 규정한 적이 없으며, 다른 한편, 스피노자는 자신이 히브리 민족에 대해 말한 것이 3종의 인식에 속한다고 주장한 적이 없다). 하지만 알튀세르는 『신학정치론』에서 오랫동안 주석가들이 보지 못했던 한 결정적 지점을 부각시키고 있다. 곧 기록(Écriture)으로서의 성경이나 종교와 나란히, 히브리 민족이 그 자체로 별도의 분석 대상이 되고 있다는 사실, 그리고 이 분석은 히브리 민족의 개체성 문제를 중심으로 이루어진다는 사실이 그것이다. 이는 스피노자 사상의 의미를 밝히는 데 결정적으로 중요한 독해이다. 곧 과연 무엇이 한 민족을 민족으로 만드는가? 그리고 이 탐문을 넘어, 개체란 무엇인가? 이 독해는 알튀세르 자신의 질문들에도(그리고 아마도, 『미래는 오래 지속된다』 이후 10년, 『맑스를 위하여』 이후 30년이 지난 오늘날, 우리의 질문들에도 역시) 결정적 중요성을 띤다. 곧 만일 개인들이 호명되어 주체가 된다면, 이는 과연 누구에 대해서인가? 개인들에게 운명을 정해 주고 거기서 자유롭게 자기 자신을 알아보라고 명령하는 이 국가들은 과연 어떤 모습을 띠는가?

여기서도 역시 우리는 스피노자 사상에 대한 알튀세르적 해석을 기다리고 있는지도 모른다. 그러니까, 실존하지 않는 이 역사에서 정말로 많은 것들이 일어나는 것이다.[19]

---

[19] 이 텍스트를 글로 옮기는 일을 용이하게 하도록 관심을 써 준 소피 구베르뇌르(Sophie Gouverneur)에게 감사드린다.

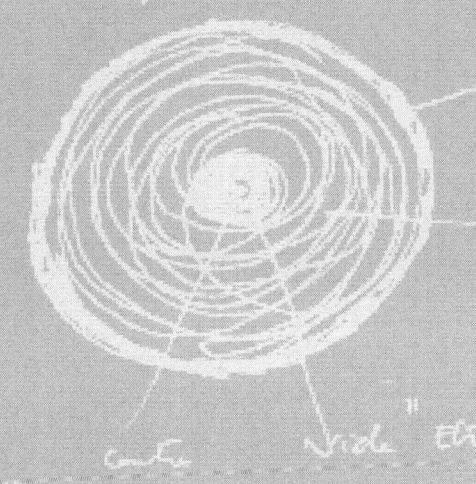

3부
알튀세르의 동시대인들

10장
알튀세르와 정신분석학: 주체 구성의 문제
파스칼 질로 | 조현진 옮김

11장
알튀세르, 구조주의, 프랑스 인식론 전통
피터 듀스 | 장진범 옮김

12장
알튀세르와 푸코의 부재하는 대화: 정치적 유물론의 분기
서동진

13장
종말론 대 목적론: 데리다와 알튀세르의 유예된 대화
에티엔 발리바르 | 장진범 옮김

10장 알튀세르와 정신분석학*
—주체 구성의 문제

파스칼 질로
조현진 옮김

이데올로기와 주체의 구성

주체 호명 1: 이데올로기와 상징 질서

알튀세르 이데올로기론의 근본적인 논제들 중의 하나이자 의심의 여지 없이 가장 유명한 논제들 중의 하나는 다름 아닌 **주체 호명** 논제다. 알튀세르에 따르면, "주체를 통해서만 그리고 주체들에 대해서만 이데올로기는 이데올로기가 되"기에 "이데올로기는 개인들을 주체들로 호명한다".[1] 그럼에도 불구하고, 이데올로기의 특수한 기능에 대한 분석에서 **주체** 범주에 부여된 결정적인 이론적 역할은 애매성을 안고 있으며, 이는 다수의 난점들을 감지하게 만든다. 우선 알튀세르는, 이데올로기가 본성상 개인들을 주체들 혹은 '구체적 주체들'로 호명한다면 주체 범주 자체가 이데올로기를 구성한다는 점을 분명히 하는 데 세심한 주의를 기울인다. 이는 이중의

---

* Pascale Gillot, *Althusser et la psychanalyse*, PUF, 2009, pp. 119~150.
1) Louis Althusser, "Idéologie et appareils idéologiques d'État(Notes pour une recherche)", *Positions*, Éditions sociales, 1976, pp. 109~110[「이데올로기와 이데올로기적 국가장치(연구를 위한 노트)」, 『아미엥에서의 주장』, 김동수 옮김, 솔, 1991, 115쪽].

구성 작용(jeu)을 가정하는데, 이에 대한 알튀세르의 정의는 불가피한 것은 아니라고 해도 매우 생략적이다.[2] 이 밖에도, 이데올로기의 장 안에서만 주체들이 존재하며, 가령 과학의 주체란 존재하지 않기 때문에, 이러한 주체 범주는 탁월하게 이데올로기적인 범주라는 것이 드러난다. 그렇지만 주체 범주는 이데올로기 자체와 같은 자격으로 영원하고 필연적인 것으로 나타난다. 이데올로기 **일반**이 실제로 모든 역사에 편재한다면, 정의상 주체 범주는 이데올로기의 근본적 메커니즘 안에 함축되어 있으며, 따라서 철학사에 의해서 규정되는 어떤 하나의 국면(une séquence), 이를테면 17세기의 과학 혁명과 함께 드러났던 하나의 국면 같은 것에 더 이상 할당될 수 없을 것이다. 그렇지만 주체 범주의 이러한 역사 편재성 논제는『정신분석학과 인간과학』강의록[3]에서부터『존 루이스에 대한 답변』에 이르기까지 알튀세르에게서 반복해서 나타나는 또 다른 분석들과 간신히 양립 가능한 것이다. 이 후자의 분석들에서 주체 범주는 '부르주아 법 이데올로기'와 관계를 맺고 있는 근대의 장치 내지 독특한 철학적 장치로 나타나는 것처럼 보인다.

우리에게 이런 난점들은, 알튀세르의 저작에서 애매하거나 미완성 상

---

[2] 알튀세르에게, 종속 구조라는 근본 구조에 의해 호명되는 주체가 항상-이미 주체임을 함축하는 것처럼 보인다는 이러한 '이중 구성'에 대해서는, 특히 Judith Butler, *La vie psychique du pouvoir*, trad. Brice Matthieussent, Éditions Léo Scheer, 2002의 4장 참조. 버틀러의 분석에 대한 비판으로부터 시작된 알튀세르의 호명에 대한 또 다른 해석에 대해서는, Franck Fischbach, ""Les sujets marchent tout seuls……": Althusser et l'interpellation", éd. Jean-Claude Bourdin, *Althusser: Une lecture de Marx*, PUF, 2008, pp. 113~145 참조. 마찬가지로 Slavoj Žižek, *Le sujet qui fâche: Le centre absent de l'ontologie politique*, trad. Stathis Kouvélakis, Flammarion, 2007의 3부, 특히 5장의 p. 345[『까다로운 주체』, 이성민 옮김, 도서출판b, 2005, 413쪽]도 참조.

[3] Althusser, *Psychanalyse et sciences humaines: Deux conférences(1963~1964)*, éds. Olivier Corpet et François Matheron, Le livre de poche, 1996 참조. 이 책은 알튀세르가 파리 고등사범학교에서 1964년 강의했던 두 편의 강의록을 묶은 것이다. ─옮긴이

태로 나타나고 있긴 하지만, 주체에 대한 물음 및 그것에 대한 이론 작업의 중요성을 나타내는 징후처럼 보인다. 만약 「이데올로기와 이데올로기적 국가장치들」이라는 '표준적'인 텍스트를, 여러 면에서 그것의 이론적 모태를 구성하는 이전 텍스트인 「프로이트와 라캉」[1964]과 관련시킨다면, 이러한 난점들을 해소할 수는 없다고 해도 적어도 관련 쟁점들을 부분적으로 해명할 수는 있을 것이다.

이데올로기는, 역사 편재성이라는 그것의 본질로 인해, 개인의 주체로의 호명 메커니즘으로, 다시 말해 인간화와 같은 뜻인 주체성의 할당으로 정의된다. 왜냐하면 알튀세르에 따르면 "인간은 본래 이데올로기적인 동물"[4]이기 때문이다. 분명 「이데올로기와 이데올로기적 국가장치들」에서는 이데올로기적 질서, 인간-되기와 주체-되기 간에 근본적이고 이론적인 등가 관계가 존재하는 것처럼 보인다.

이 점과 관련해서 주체로의 호명에 대한 [알튀세르의] 주제화가 **종속**(assujettissement)의 구조에, 이 경우에는 '법'(Loi)에 대한 종속의 구조에 중심적 위치를 부여한다는 점은 의미심장하다고 하겠다. 이 법은 더욱이 **무의식의 주체**로 파악되는 라캉의 주체 개념 안에서 결정적인 역할을 한다. 이 종속의 구조는 주체화 과정을 연출하고 예시하는 경찰의 호명("이봐, 거기 당신!")의 예에서 먼저 문제가 된다. 경찰 호명의 예는 사실 호명되는 개인, 혹은 명령이 전달되는 개인에게서 그가 법에 복종하고 동시에 자기 자신을 명령의 수신인으로 인식(reconnaissance)한다는 것을 함축하는 **돌아섬**의 행위(l'acte de se retourner)가 이루어진다고 가정한다. "개인(90% 정도는 항상 호명이 목표로 했던 사람이다)은 그가 문제가 된다는 것을

---

4) Althusser, "Idéologie et appareils idéologiques d'État", *Positions*, p. 111[「이데올로기와 이데올로기적 국가장치」, 『아미엥에서의 주장』, 116쪽].

믿고 의심하고 인식하면서, 그리하여 그 호명에 의해 겨냥된 사람이 '바로 그'라는 것을 인식하면서 돌아선다."[5] 이처럼 **바로 이 사실에 의해** 구체적 개인을 구체적 주체로 변형시키거나 변화시키는 이런 기본적인 '돌아섬' (retournement)의 과정 안에서 알튀세르가 "기본적인 이데올로기적 효과"라고 부른 것, 곧 자유로운 주체, 도덕적 주체, 자신의 행위에 책임을 지는 주체, 유일하고 대체 불가능한 주체 등으로 주체가 존재한다는 명증성 혹은 확실성이 예시된다. 그렇지만 이러한 개인들의 주체로의 변형은 시간 계기의 질서에 따라 실현되는 것이 아니라 실제로는 **단번에** 일어나 효력을 발휘한다. 이데올로기가 모든 인간 실존에 필수적인 환경이나 요소, 넘을 수 없는 지평, 혹은 "[인간 사회의] 호흡과 역사적 삶에 필수불가결한 요소 및 대기"[6]를 정의하는 한에서 말이다.

이데올로기의 필연성과 영원성에 힘입어 "이데올로기는 개인들을 항상-이미 주체로 호명"했으며, 그 결과 **"개인들은 항상-이미 주체들"**이라는 점을 이해해야 한다. 「이데올로기와 이데올로기적 국가장치들」에서 알튀세르는 명시적으로 프로이트에게서 빌려 온 하나의 예, 곧 태어날 아이에 대한 기대를 둘러싼 "이데올로기적 관례"의 예를 통해 주체 호명의 우선성을 예시한다. 아이는, 그가 "특수한 가족 이데올로기의 틀(configuration)" 속에서 포착되어 있는 한, 심지어 그가 태어나기 전에도 "항상-이미 주체"이다. 다시 말해서, 아이는 "존재가 할당되어 있다". 그래서 "그가 자기 아버지의 이름을 따라서 정체성을 갖게 될 것이고 다른 무엇과 대체될 수 없게 될 것이라는 점은 분명하다". 이런 주체의 이데올로기적인 할당 혹은 사전 할당은 그 아이가 잉태되자마자 아이에게 영향을 끼치고, 프로이트적

---

5) *Ibid*., pp. 113~114[같은 글, 같은 책, 119쪽].
6) Althusser, "Marxisme et humanisme", *Pour Marx*, La Découverte, 1996, p. 238[「맑스주의와 인간주의」, 『맑스를 위하여』, 이종영 옮김, 백의, 1997, 278쪽].

인 관점에서 보면 "전(前)성기'기'와 성기'기'"를 지배하는 무의식의 "포착"과 관계를 맺고 있으며, 그래서 어린이의 매 단계의 발달에 영향을 끼친다.[7] 이러한 맥락에서 프로이트에 대한 참조는 또한 라캉에 대한 암묵적인 참조로 이해될 수 있다. 예를 들어, '아버지의 이름'(Nom du Père)이라는 개념의 재등장이 이를 증언한다. 원래 라캉의 관점에서 **아버지의 이름**은, 그것이 '법의 형상'으로 파악되는 한에서, 상징적 기능[8]의 버팀목을 구성하는 것이다. 이런 상징적 기능의 근원성은 특히 프로이트의 단계 이론에 대한 생물학적인 독법을 무력화시킨다. 아이의 주체-되기에 관한 이 특수한 논점과 관련하여, 「이데올로기와 이데올로기적 국가장치들」이라는 텍스트는 「프로이트와 라캉」이라는 제목이 붙은 논문과 주목할 만한 연속성을 이루고 있다.

사실 우리는 1964~1965년에 작성된 알튀세르의 이 텍스트가 당시에 여전히 의심받고 있던 정신분석학의 과학성에 대해 다루고 있으며, 그 점과 관련해, 라캉이 수행한 프로이트로의 회귀가 지닌 결정적인 중요성에 귀 기울이게 해준다는 점을 알고 있다. 알튀세르에 따르면, 라캉은 정신분석학의 **대상**을, 단순한 경험적 실천으로 환원되지 않으며 과학성의 요구에 근거해 진정 하나의 **이론**을 구성하는 것으로 확인하려고 애쓴다. 라캉은 무의식에 대한 프로이트의 발견이 열어 놓은 관점에 따라, 정신분석학의 대상이 아이라는 생물학적인 작은 존재가 **인간이 되는** 과정을 파악하는 것과 다른 것이 아니라는 점을 보여 준다. 이런 인간-되기는 항상 **주체-되기**다. 왜냐하면 그 작은 인간은, 심지어 그가 태어나기 전부터 선재하는 상

---

7) Althusser, "Idéologie et appareils idéologiques d'État", *Positions*, pp. 115~116[「이데올로기와 이데올로기적 국가장치」, 『아미엥에서의 주장』, 120~121쪽].

8) Jacques Lacan, "Fonction et champ de la parole et du langage en psychanalyse", *Écrits*, Seuil, 1966, p. 278.

징 질서에 필연적으로 종속되어 있으며, 항상-이미 인간적인 질서 ——이 질서는 우선은 언어의 질서다—— 안에서 자신의 주체 위치를 차지하도록 되어 있기 때문이다. 달리 말해, 인간-되기에 끼치는 무의식의 효과들 및 무의식의 상징 질서의 효과들이 정신분석학의 대상이라고 말할 수 있다. 생물학적 존재로부터 인간적 존재로의 이런 이행이 정의상 주체화와 주체로의 구성을 개시한다고 할 때, 그것은 **상징 질서**의 보호 아래에서 일어난다. 라캉에 따르면 이런 상징 질서는 언어에 의해서 특징지어지는데, 단 이때의 언어란 일의적인 기호 체계로 환원되지 않으며, '인간들 간의 상징 기능'과 관련되는 것이다. 무의식의 형성에 없어서는 안 되는 중층결정에도 영향을 끼치는 이러한 상징 질서는 인간의 질서를 정의한다. 왜냐하면 인간은 말하는 동물, 혹은 보다 정확히 말해서 "언어에 사로잡혀" 있는 존재이며, 반드시 그리고 항상-이미 언어와 말의 요소 안에서 포착되는 존재이기 때문이다.[9]

이렇게 해서 자연에 대한 '문화의 법'(Loi de Culture)의 소급 효과가 이해될 수 있다. 이러한 소급 효과는 인간의 질서를 규정하며, 또한 모든 인간화, 모든 주체화가 '객관화하는 언어' 질서 및 상징 질서에 대한 개인의 **종속**을 경유해 이루어진다는 것을 함축한다. 이런 상징 질서는 "결국 [아이

---

9) 라캉의 **상징적인 것**, **상상적인 것**, **실재**의 구분이라는 주제에 대해서는 특히 Lacan, *Des Noms-du-Père*(1963), éd. Jacques Alain-Miller, Seuil, 2005, pp. 11~63 참조. 라캉은 1953년부터 "프로이트의 발견은 인간의 본성 안에서 인간이 상징 질서들과 맺는 관계들의 징후들의 발견이며, 또한 상징화의 가장 급진적인 사례들로 거슬러 올라가는 것"이라고 주장했다. Lacan, "Fonction et champ de la parole et du langage en psychanalyse", *Écrits*, p. 275. 라캉이 파악한 프로이트의 발견의 결정적 요점은 알튀세르가 「프로이트와 라캉」에서 분명하고 또한 탁월하게 강조한 바 있다. 자크-알랭 밀레가 라캉의 세미나 교정판인 『아버지의 이름』 105쪽에서 입증하고 있듯이, 무의식의 질서 자체를 가리키는 것으로서의 상징 질서라는 라캉 개념의 기원은 클로드 레비-스트로스의 논문인 「상징의 효력」(L'efficacité symbolique, 1949)과 연결될 수 있다. 이 논문은 『구조 인류학』 10장에 재수록되었다. Claude Lévi-Strauss, *Anthropologie structurale*, Pocket, 2003(초판, Plon, 1958), pp. 213~234.

로 하여금―질로] 나, 너, 그 또는 그녀라고 말하게 할 것이다. 따라서 상징 질서는 그 작은 존재가 제3자인 어른들의 세계 안에서 **인간 아이**로 자신을 자리매김하는 것을 가능하게 할 것이다". 이 경우에 이러한 종속은 '상징적인 법'(Loi du Symbolique)의 선행성(antériorité)이라는 역설적인 양상을 띤다. 이는 아이의 인간-되기의 **모든 계기들**에 대한 무의식의 선행성이다. 이 법은 사실 아이와 어머니의 나르시스적 관계라는 이원성을 깨뜨리러 오는 제3자, 혹은 아버지의 형상의 갑작스러운 출현이라는 **상징적인** 계기 내지 오이디푸스적인 계기에서 작동할 뿐만 아니라 일차적인 계기 내지 자신의 '또 다른 자아'와 동일시되는 어머니에 대한 아이의 **상상적인** 매혹의 계기에서도 작동한다.

    그러므로 일반적으로 말해서 라캉은, **자아**라는 상상적 질서에 대한 상징적 질서의 선행성을 주장하면서, 이 같은 '무의식의 포착'(prise de l'inconscient)을 밝혀냈다고 할 수 있다. 이후 「이데올로기와 이데올로기적 국가장치들」에서 이것은 주체화, 다시 말해 인간화의 매 단계에서 문제가 된다. 알튀세르는 라캉이 "[생물학적 실존에서 인간적 실존으로의 이런 이행이―질로] 내가 문화의 법이라고 부를 질서의 법(Loi de l'Ordre) 아래에서 작동하며 또한 이러한 질서의 법이 **형식적인** 본질 면에서 언어의 질서와 뒤섞인다는 것을 보여 주었다"[10]라고 쓰고 있다. 이러한 관점에서 '문화의 법'은 상징 질서 개념의 재정식화로 나타난다. 그런데 이러한 상징 질서는 이미 라캉에게 다음과 같은 것을 함축했다. "상징들은 사실 너무나 총체적인 그물로 인간의 삶을 감싸고 있어서, 그 누군가가 세상에 나오기 전

---

10) Althusser, "Freud et Lacan", *Écrits sur la psychanalyse: Freud et Lacan*, éds. Olivier Corpet et François Matheron, Stock/IMEC, 1993, pp. 23~30. 문화가 "인간 주체가 될 사람을 흡수하면서 부단히 자기 자신을 선행함"을 함축하는 이 문화의 법이라는 주제에 대해서는 마찬가지로 *Psychanalyse et sciences humaines*의 두번째 강의, pp. 81~97 참조.

부터 '뼈와 살로' 그를 낳아 줄 사람들을 [미리 운명적으로] 결합시켜 주고, 그 누군가가 태어날 때부터 요정들의 정기는 아닐지 몰라도 별자리의 정기에 따라 그의 운명의 윤곽을 그려 주며, 그를 충실하게 만들거나 배반자로 만들어 줄 말들과 그가 아직 존재하지 않는 바로 그곳에서부터 이미, 그리고 그의 죽음을 넘어서는 그곳까지도 그를 따라다닐 행위의 법칙들을 제공해 준다."[11]

프로이트의 무의식 발견에 대한 이해를 위해서 라캉이 1950년대부터 주장해 온 상징 질서라는 개념[12] ─인간이 '태어나기 전'과 '죽은 후'까지 인간에 대해 타율적이면서 동시에 전능한─은 알튀세르에 의해 정교화된다. 알튀세르는 이것을 사회구성체 이론과 동시에 이데올로기 이론으로 확장한다. "상징적 기능이 인간에 편재해 있다"[13]는 라캉의 공리에 이데올로기의 역사 편재성과 필연성이라는 알튀세르의 공리가 짝을 이룬다. 보다 구체적으로 말하자면, 「프로이트와 라캉」에서 기술되고 있는 주체화 과정은 **종속**의 영역에 속하는 것이며, 이러한 종속에 힘입어 "인간의 자식이 넘어선 모든 단계들은 법과 할당 규칙, 인간들 간의 의사소통과 비소통의 지배 아래 존재하고", 그래서 "그러한 단계들의 '충족'은 그 자체 안에 법에 구성적이며 지워지지 않는 표식을 지니고 있고, 또한 모든 법처럼, 어느 누구에 의해서도 '무시되지' 않는 인간의 법의 요구의 표식을 지니고 있다."[14] 이와 동일한 종속이 「이데올로기와 이데올로기적 국가장치들」에서 검토되고 있는 **주체 호명**이라는 근원적인 이데올로기 메커니즘 안에서도

---

11) Lacan, "Fonction et champ de la parole et du langage en psychanalyse", *Écrits*, p. 279.
12) Lacan, "Situation de la psychanalyse et formation du psychanalyste en 1956", *Ibid.*, pp. 468~469 참조.
13) Lacan, "La chose freudienne", *Ibid.*, p. 415.
14) Althusser, "Freud et Lacan", *Écrits sur la psychanalyse*, p. 27.

여전히 작동하고 있다. 아이의 최초의 욕구들이 (라캉의 표현에 따르자면) "기표 구조의 좁은 길을 따라"[15] 곧바로 분할되고 형성될 정도로, 무의식의 질서로서의 언어 질서 혹은 언어 구조가 모든 주체에 앞서서 존재하는 것과 마찬가지로, 이데올로기는 "포유동물의 새끼를 인간의 자식들 혹은 **주체들**로 만들어 가는 강행군을"[16] 실행하도록 강요함으로써 개인들을 주체들로 소집한다.

알튀세르가 1966년 「담론 이론에 관한 세 편의 노트」에서 소묘한 바 있는 기표의 일반 이론은 **주체 기능**을 이데올로기적 담론으로 특징짓는 담론 효과와 동일시하고 있는데, 이러한 주체 기능의 고유한 효과는 다시 **무의식의 주체**[17] 효과라는 점에서, 기표의 일반 이론은 이데올로기와 상징 질서 사이에 결정적인 이론적 친화성이 있다는 가설을 강화하게 된다는 점에 주목하자.

종속과 주체화: 주체와 대주체

「이데올로기와 이데올로기적 국가장치들」의 본질적 목적은 모든 이데올로기 구조에 내재하는 종속의 메커니즘을 파악하는 것이다. 이 종속은 주체 호명 안에서 작동하고 있을 뿐만 아니라, 알튀세르가 종교적 이데올로기의 사례를 통해 이해시키려고 하듯이, 신이라는 탁월한 대주체(Sujet)에 대한 종속 안에서도 작동하고 있다.

특수하지만 그렇다고 해서 전혀 가볍지는 않은 하나의 '사례', 즉 '기

---

15) Lacan, "La direction de la cure et les principes de son pouvoir", *Écrits*, p. 618. 아이의 욕구가 원칙적으로 단편적인 것과, 결핍 및 상실을 유지한다는 조건 아래서 상징 질서의 전능함에 의해 욕구가 **욕망**으로 변형되도록 소환되는 것, 다시 말해 "기표의 좁은 길을 따라" 욕구가 소환되는 것에 대해서는 *Ibid.*, p. 628 참조.
16) Althusser, "Freud et Lacan", *Écrits sur la psychanalyse*, p. 22.
17) Althusser, "Trois notes sur la théorie des discours", *Ibid.*, n. 1, pp. 131~140.

독교 이데올로기'의 사례를 통해 알튀세르는 주체로의 구성을 특징짓는 하나의 특성, 곧 **대주체**로 정의되는 대타자(Autre)에 대한 주체의 종속을 폭로한다. 이 대주체는 중심의 자리를 차지하며, 대주체를 대주체로 인식하고 대주체에 의해 인식되는 이의 주체적인 정체성을 보장해 준다. 유일하고 절대적이며 중심적인 **대타자 주체**, 즉 신에 대한 종속은 주체 호명 자체의 조건을 나타내는 만큼 더욱더 결정적인 것이 된다.[18] 절대적 대주체의 '이름으로' 주체들의 **이름들을 통해** 그들을 호명하는 것은 이처럼 주체로의 모든 호명을 해명하는 모델을 구성하는 것으로 나타난다.

대주체에 의한 주체 호명의 메커니즘을 예시하기 위해, 알튀세르는 특별히 구약성서에 나오는 모세의 예를 빌려 온다. 출애굽기에서 신은 모세를 '부른다'. 다시 말해 신은 자기 자신을 명명함으로써("**나는 존재하는 자로다**") 모세에게 하나의 이름, 곧 그의 이름('모세!')을 부여한다. 그러므로 탁월한 대주체인 신은 '모세'라는 이름의 부과를 통해 유일하고 대체 불가능한 것으로 가정되는 주체의 정체성을 그에게 부여한다. 이 정체성 안에서 모세는 신의 말씀과 의지에 그를 종속시키는 과정과 동일한 과정에 따라 자신을 인식한다("'접니다.' 모세가 말했다. '저는 당신의 종인 모세입니다. 말씀하십시오. 그러면 듣겠습니다'").[19] 주체에 고유한 주체적 실존의 '명증성'이 주체에 대해 구성하는 이러한 **기본적인 이데올로기적 효과**는 여기서 '주체들/신민들의 대주체'인 신에 대한 그의 종속의 메커니즘과 분리될 수 없다. 신은 주체의 실존과 정체성의 **보증인** 기능을 한다. 결과적으로, 이 "절

---

18) Althusser, "Idéologie et appareils idéologiques d'État", *Positions*, pp. 116~122 [「이데올로기와 이데올로기적 국가장치」, 『아미엥에서의 주장』, 121~127쪽].

19) *Ibid.*, p. 118 [같은 글, 같은 책, 124쪽]. 신이 모세에게 자신을 드러내는 '출애굽기'의 이 정식, 즉 "나는 존재하는 자로다" 혹은 "나는 존재하는 바의 것이다"라는 문구는, **아버지의 이름**과 **상징적, 상상적, 실재적** 질서들의 정의에 할애되고 있는, 1963년의 중단된 세미나의 틀 안에서 마찬가지로 라캉에 의해 분석되고 있다. Lacan, *Des Noms-du-Père*, p. 92.

대적 대주체는 유일한 중심의 자리를 차지하며, 또한 그 주변에 있는 무한히 많은 개인들을 주체들로 호명한다".

대주체에 대한 주체의 이러한 종속의 메커니즘에 대한 연구로부터 알튀세르는 고전적 주체의 투명성을 파괴하는 데 공헌하는 두 개의 가르침을 도출해 낸다. 먼저, **주체**라는 용어 자체는 구성적인 애매성을 지니고 있다. 왜냐하면 그것은 한편으로 자유로운 주체성, 자신의 행위의 원동력을 가리키지만, 다른 한편으로 **대타자 주체**에 대한 복종과 예속의 구조를 가리키며, 이것은 첫번째 주체의 **탈중심화** 내지 주체의 예속을 함축하기 때문이다. 두번째 가르침은 첫번째와 연관된 것으로서, 모든 이데올로기 구조 안에서 작동하는 **이중의 거울 반영** 논제다. 모든 이데올로기는 "유일하고 절대적인 대주체의 이름으로" 개인들을 주체들로 호명하며, "모든 주체가 (현재와 미래의) 자신의 고유한 이미지를 관조할 수 있는 대주체 속에서 관건이 되는 것이 바로 개인들과 주체라는 것을 **보증해 줌으로써**" 개인들을 대주체에 종속시킨다. 이데올로기의 이런 이중적인 거울 반영 구조는 따라서 "주체들과 대주체 간의, 주체들 자신들 간의 상호 인식과, 궁극적으로는 주체의 자기 인식"[20] 안에서 작동한다. 이런 이중의 거울 반영 구조는 알튀세르가 또 다른 문헌에서 '이데올로기에 대한 이데올로기적 이론'이라고 부른 것을 무효화시킨다. 이에 따르면, 이데올로기는 주체와 대상의 거울 관계에 함축된 **단순한** 반영 구조에 속한다. **구성하는 주체**와 동일시되는 그 주체는 이런 단순한 반영 구조 안에서 **중심**의 자리를 차지하며, 주체의 대상화의 산물인 거울 대상들은 주변부에 자리를 잡는다. 반영론의 측면에서 포이어바흐의 철학에 기원을 둔 이 이론에 대해서,[21] 알튀세르는

---

[20] Althusser, "Idéologie et appareils idéologiques d'État", *Positions*, pp. 119~120[「이데올로기와 이데올로기적 국가장치」, 『아미엥에서의 주장』, 125쪽].

대주체에 대한 주체의 종속이라는 주제를 통해 이데올로기의 장에 **내재하는 분열**(dédoublement)이라는 독특한 관점을 대립시킨다. 이 주제는 **탈중심화된 주체** 혹은 중심에서 이탈한 주체, 더 이상 구성하는 것이 아니라 대타자 주체와의 거울 관계 속에서 진정으로 구성되는 주체라는, 주체에 대한 비고전적인 표상의 원리에 속한다.

그런데 대타자──대타자는, 예컨대 **안다고 가정된 대주체**(신 또는 정신분석가)의 모습을 띠는, 말의 장소이자 진리의 보증이다──와의 분리 및 종속 관계 속에서 구성되는 주체를 의미하는 탈중심화된 주체라는 개념은 라캉의 저작에서 근원적이고 결정적인 정박점을 발견한다. 라캉은 말과 기표의 자리인 **대타자**(grand Autre)의 개념을 생산한 최초의 인물이다. 주체가 정의상 기표에 종속되어 있으며 "대문자 A를 지닌 대타자의 담론"으로 정의되는 무의식의 상징 질서에 종속되는 한에서, **주체**는 대타자에 의존하고 있다. 말의 자리인 대타자에 대한 종속이 주체화의 조건이라는 라캉의 논제는 무의식의 주체, 혹은 순수하고 소실되는 언표 행위의 주체와 동일시되는 비심리학적인 주체 개념을 이미 암묵적으로 끌고 들어온다. 이런 무의식의 주체는, 프로이트가 발견한 "인간이 직면해 있는 자기 자신에 대한 자기의 근원적인 이탈"[22] 때문에 본질상 분할되고 탈중심화되어

---

21) 이 점에 대해서는 Althusser, "Sur Feuerbach", *Écrits philosophiques et politiques* Tome 2, éd. François Matheron, Stock/IMEC, 1995, pp. 180~222 참조. 그렇지만 알튀세르는 포이어바흐의 철학이 적합한 이데올로기 이론의 결정적 요소들을 제공한다는 점을 분명히 한다. 왜냐하면 포이어바흐의 철학은 이미 역설적으로 이데올로기 구조에 내재하는 [대주체와 주체들의] 이중화의 논제와 함께 주체의 탈중심화라는 주제를 함축하고 있기 때문이다. 이러한 이중화에 의해 '주체의 대상'인 신은 또한 '최고의 대주체'로서 '주체의 대주체'가 된다.
22) Lacan, "L'instance de la lettre dans l'inconscient ou la raison depuis Freud", *Écrits*, p. 524. **주체**와 **대타자**의 관계와 관련해서는, 이 물음과 관련된 라캉의 수많은 텍스트들 가운데서 Lacan, "Subversion du sujet et dialectique du désir dans l'inconscient freudien", *Ibid.*, pp. 800~816 참조.

있거나 중심에서 이탈한 것으로 드러난다. 이러한 중심에서 이탈한 성질은 주체를 구성하는 분할 내지 단절 혹은 '재분할'(자아 분할Ichspaltung)과 연관된 것으로 드러나는데, 이러한 분할은 기표에 대한 주체의 종속을 통해 일어난다. 왜냐하면 말하는 주체만이 주체이며, 주체의 말은 **대타자의 자리에서만** 일어나기 때문이다. 1949년 「정신분석적 경험에서 우리에게 밝혀진 나 기능의 형성자로서 거울 단계」(「거울 단계」)라는 제목의 논문에서 라캉이 이미 강조했듯이, 주체의 탈중심성과 주체의 중심 이탈성은 문자 그대로 파악 불가능한 **주체**를, **자아**와 그 상상적 동일시들 및 상상적 포착들로부터 구별한다.

보다 구체적으로 말해, 라캉적인 의미의 **주체와 대타자의 변증법**은 대타자에게 진리를 보증하는 결정적인 기능을 부여한다.[23] 주체의 말 자체의 자리라고 할 수 있는 대타자는 안다고 가정된 대주체 역시 구성한다. 파리 고등사범학교에서 진행되었고, 이후에 『정신분석의 네 가지 근본 개념』이라는 제목으로 출간된 1964년의 세미나에서 라캉은 "대타자가 주체에 의해 현재화될 수 있는 모든 것을 지배하는 기표의 연쇄가 자리 잡는 장소"[24]인 한에서, 대타자에 대한 주체의 소외(aliénation)는 진정으로 주체에 구성적이라는 논제를 재긍정하고 또한 분명히 한다. 이러한 소외는 또한 **과학의 주체**와 동일시되는 주체가 진리의 물음과 맺는 관계를 통해서도 이해될 수 있는데, 진리의 토대, 말하자면 진리의 형이상학적 보증은 어떤 안다고 가정된 대주체, 즉 전능한 군주이고 이 자격으로 인해 영원 진리들의 자유로운 창조자인 데카르트적 신에게 귀속된다.[25] 어쩌면 (이는 확실히 하나

---

[23] Lacan, "L'instance de la lettre dans l'inconscient ou la raison depuis Freud", *Écrits*, p. 524.
[24] Lacan, *Les quatre concepts fondamentaux de la psychanalyse*, Seuil, 1973, p. 228[『세미나 11: 정신분석의 네 가지 근본 개념』, 맹정현·이수련 옮김, 새물결, 2008, 308쪽].
[25] *Ibid*., pp. 44~45, 250~252[같은 책, 61~63, 340~344쪽].

의 가설일 뿐이다) 주체 호명 메커니즘의 예를 들기 위해 알튀세르가 **종교적 이데올로기**——여기에서 대타자 주체인 신은 그에게 종속된 주체들의 존재 자체에 대한 보증의 기능을 할당받는다——에 특권을 부여하는 것은 안다고 가정된 대주체라는 독창적인 라캉의 주제화를 참고하여 이해될 수 있을지도 모르는데, 안다고 가정된 대주체의 일차적인 철학적 모습은 기만하지 않는 신의 모습이다.[26]

하지만 대타자에 대한 주체의 원리적인 종속을 파악하기 위해 진리와 그 토대에 대한 형이상학적인 물음을 제기하는 것은 알튀세르보다는 라캉에게서 더 많이 나타나는 것이 사실이다. 게다가 라캉은, 조금 있다 보겠지만, 알튀세르의 사유 방식에는 본질적으로 낯선 데카르트적인 자아——이것은 확실히 독특한 자아다——를 복원시키는 작업에 기초해 주체와 대타자의 변증법에 대한 자신의 입장을 내놓고 있다.

주체 호명 2: 이데올로기와 상상적인 것

이데올로기의 일차 효과인 주체의 명증성은 **인식-오인**(reconnaissance-méconnaissance) 기능이라는 이중의 기능에 근거를 둔다고 알튀세르는 쓰고 있다.[27] 이런 인식-오인 개념은 라캉에게서 직접적이고 명시적으로 차용한 것이다. 비록 『독일 이데올로기』나 '상품의 물신적 성격과 그 비밀'에 관한 『자본』 1권의 유명한 부분과 같은 맑스의 저작 안에서 그 윤곽을 찾아볼 수 있지만 말이다. 실제로 맑스는 후자의 텍스트에서 상품 경제 사

---

26) 주디스 버틀러가 『권력의 정신적 생명』 4장에서 종속에 대한 주체들의 집착에서 나타나는 **죄의식**의 역할을 통해 알튀세르 이데올로기 개념의 종교적 사례의 중요성을 설명할 때, 그는 특히 이러한 이유를 간과하는 것처럼 보인다.
27) Althusser, "Idéologie et appareils idéologiques d'État", *Positions*, pp. 111~122 [「이데올로기와 이데올로기적 국가장치」, 『아미엥에서의 주장』, 117~127쪽].

회에서 사는 사람들이 사회적 관계를 사물들 자체(노동의 산물인 상품들)의 관계로 착각하면서 가치의 사회적 기원, 곧 사회적 유용 노동 시간을 **인식하는** 동시에 **오인한다**는 것을 보여 준다. 그런데 이러한 사회적 유용 노동 시간은 그 자체 생산관계들의 구조를 전제하는 것이다. 따라서 가치의 사회적 기원에 대한 과학적 발견 이후에도 '환상'(fantasmagorie)은 사라지지 않는다. 맑스 이데올로기론의 개요를 구성한다고 할 수도 있는 이런 **가상**(illusion)에 대한 이론은 그렇지만 미완성 상태로 남아 있는 것처럼 보인다. 즉 이 이론은 가상의 필연성을 강조하지만 동시에 이런 가상을 환상으로, 곧 그 자체로는 실재성을 결여하고 있으며, 생산관계라는 현실의 단순한 외양이자 반영물로 환원할 것을 주장한다.[28]

그렇지만 일반적으로, 알튀세르에 따르면 인식-오인 개념은 **주체**의 한 특징, 즉 자기 자신에 대한 주체의 불투명성을 나타낸다. 이 불투명성으로 인해 이 동일한 주체는, 종속되어 있고 호명되고 있다는 자신의 이데올로기적 본성 때문에 고전 철학의 **자아**나 직접적이고 완전히 확실한 방식으로 자기 자신을 인식하는 정신과 필연적으로 구분된다. 정신적인 것과 의식의 개념적 등가성을 깨뜨리는 프로이트의 가르침과 그 가르침에 대한 라캉의 복원은 여기서 결정적인 것으로 드러난다. 논문 「거울 단계」에서 이미 라캉은 **나**라는 것과 그것의 거울 이미지, 곧 **자아** 사이에는 결코 메워지지 않는 거리가 존재한다고 강조한 바 있는데, 나라는 것은 이러한 자아와 자신을 동일시하면서도, 상상적인 이 동일시와 환원 불가능한 불일치 상태에 있는 것으로 파악된다.[29] 주체에 본질적인 분할 내지 균열에 대한 표상은, 이러한 분할 내지 균열이 항상 **두 주체 사이**를 가정하고 있는 한에

---

28) Karl Marx, "Le caractère fétiche de la marchandise et son secret", *Le Capital* livre 1, *Œuvres, Économie*, 1, éd. Maximilien Rubel, Gallimard(Bibliothèque de la Pléiade), 1965, pp. 604~619[『자본: 경제학 비판』 I-1, 강신준 옮김, 길, 2008, 1편 1장 4절] 참조.

서, 무의식의 **상징적** 질서에 종속된 **주체** 개념과 **상상적** 질서에 속하는 **자아** 개념 사이의 이론적 구획 ──이는 언표 행위 주체와 언표 주체 사이의 구획과 일치한다──과 함께 1950년대와 1960년대에 더욱 강조되었다. 주체는 확실히 자아 안에서 자신을 인식하지만, 자아 안에서 자신으로부터 소외됨으로써만 자신을 인식하는 것이다. 따라서 프로이트를 따라 "무의식의 진정한 주체와, 일련의 소외시키는 동일시에 의해 그 중핵이 구성되는 **자아** 사이의 근본적인 구별"[30)]을 유지해야 한다. 이로부터 반심리학주의의 틀 속에서, 의식의 가상으로서의 자율적인 자아의 가상에 대한 라캉의 급진적 비판이 전개된다. 의식의 가상이라는 이러한 "신기루"는 "반성의 그릇된 무한 반복"[31)]을 통해 구성된다. 정신에 대한 프로이트의 두번째 공간적 표상[32)]을 따라서 라캉은 의식은 심지어는 **자아**의 특권도 아니라는 점을 입증한다. 왜냐하면 자아는 더 이상 정확하게 **지각-의식** 체계에 중심을 두고 있는 것으로 파악될 수 없기 때문이다. 실제로 거울 단계에 대한 라캉의 관점은 **오인 기능**을 명백하게 자아 형성 및 자아의 상상적 포착의 원리[33)]와

---

29) 라캉에 따르면, 자아의 상상적 포착 및 그 거울적 본성으로 인해 "**자아**의 층위는 허구의 노선에 위치해 있는데, 이 노선은 이 단독적인 개인 자신에게 결코 소거될 수 없는 것이다. 또는 오히려 이 노선은, 주체가 나인 한에서 해소해야 하는 자신의 고유한 실재와의 불일치를 해소하게 도와주는 변증법적 종합들의 성공이 어떤 것이든 간에, 주체의 생성과 접근선적으로만 재합치하게 될 것이다." Lacan, "Le stade du miroir comme formateur de la fonction du Je telle qu'elle nous est révélé dans l'expérience psychanalytique", *Écrits*, p. 94.

30) Lacan, "La chose freudienne", *Ibid.*, p. 417.

31) *Ibid.*, p. 424.

32) 여기서 '공간적 표상'은 topique를 번역한 것이다. 정신에 대한 두번째 공간적 표상이란 프로이트의 『자아와 이드』(Das Ich und das Es, 1923)에 나오는 이드, 자아, 초자아의 구분을 말한다. 정신에 대한 첫번째 공간적 표상은 무의식, 전의식, 의식의 구분이며, 이는 『꿈의 해석』(Die Traumdeutung, 1900)에서 제시되고 있다. ─옮긴이

33) Lacan, "Le stade du miroir comme formateur de la fonction du Je telle qu'elle nous est révélé dans l'expérience psychanalytique", *Écrits*, p. 99. 또한 "Remarque sur le rapport de Daniel Lagache: "Psychanalyse et structure de la personnalité"", *Ibid.*, p. 675도 참조.

연결시킨다. 라캉은 의식을 주체의 본질적인 규정으로 만드는 입장을 거부하면서 모든 자기 인식의 애매성을 강조한다. 모든 자기 인식의 이면에는 필연적으로 원칙적인 오인이 있다는 것이다. 즉 "오인(méconnaître)은 나 자신을 인식하는(me connaître) 데 필수불가결한"[34] 것이다.

분명 인식-오인의 이중 기능에 대한 라캉의 이러한 주제화는 이데올로기의 요소 안에서 주체의 구성을 논의하는 알튀세르 이론의 자양분이 된다. 주체의 구성 안에서 "이게 바로 나야"라는 기만적인 명증성은, '주체'라는 용어 내지 범주의 애매성[35]을 표시하는 이러한 종속의 구조와 연결되어 있는 자기 자신에 대한 불투명성의 바탕 위에서 생겨난다. 하지만 알튀세르와 라캉의 종속된 주체관이 이른바 [주체에 대한] '고전적'인(이러한 형용사가 포함하는 모든 불확실성과 함께) 표상, 곧 의식의 중심성이라는 가정 하에서 자기 자신의 표상들에 대해 투명하며 자신의 행위의 자유로운 원리로 간주되는 구성하는 자아라는 표상에 대한 공통의 거부에 근거를 두고 있다 하더라도, 여기서 수립된 양자 사이의 유사성은 명백한 한계를 지니고 있다. 이런 한계들 중 첫번째 것은 알튀세르와 라캉의 사유 방식 사이의 결정적인 분기점을 나타내는 것으로, 다름 아닌 **주체**와 **자아** 사이에 확립되는 개념적 구별이다. 라캉에게 이러한 구별은 특히 무의식의 주체로서의 주체 개념과 **상징적** 질서 및 **상상적** 질서(이것은 자아를 지배한다)의 분화를 통해 유지되며 끊임없이 재긍정된다. 반면 알튀세르에게는 이러한 개념적 구별이 그 자체로 주제화되지는 않는 것처럼 보인다. 호명되는 주체는 때로는 자아로 환원되는 것처럼 보이는데, 이러한 자아는 분명히 탈

---

34) Lacan, "Subversion du sujet et dialectique du désir dans l'inconscient freudien", *Écrits*, pp. 808~809.

35) 이것은 프랑스어의 sujet나 영어의 subject가 한편으로는 '주체'를 뜻하면서 다른 한편으로는 '복종'이나 '종속'의 의미를 갖고 있음을 뜻한다.―옮긴이

중심화되어 있고 종속되어 있으며 또한 의식을 설명해 주는 중심이라는 사이비 특징을 결여하고 있지만, 그것이 지닌 불투명성은 정확히 의식의 거짓 명증성의 불투명성이다.

알튀세르의 관점에서 볼 때, 아마도 주체 개념과 자아 개념의 이러한 상대적인 모호성에서 이데올로기적인 질서 자체와 결부된 애매성이 입증될 수 있을 것 같다. 하지만 라캉식의 구별법을 다시 받아들인다면, 이데올로기적인 질서에 대한 [알튀세르의] 정의는 상징적 질서와 상상적 질서 사이에서 동요하는 것처럼 보인다. '문화의 법'의 근원성(primordialité)에 준거하는 상징적 질서의 측면에서 볼 때 항상-이미 개인들을 주체들이 되도록 배정하는 이데올로기는 상징적 질서 ──이 속에서 인간화와 주체화 과정에 대한 '무의식의 포착'이 작동한다──에 완전히 속하는 것으로 나타난다. 알튀세르가 「담론 이론에 관한 세 편의 노트」에서 언급하는 **기표의 일반 이론**은 이처럼 모든 담론(특히 이데올로기 담론들)에 고유한 주체성 효과, 곧 **무의식의 주체 효과**를 이차적 효과로 지니는 주체성 효과를 해명하는 것을 목표로 삼는다.

그렇지만 두번째의 상상적 질서의 측면, 곧 알튀세르가 모든 이데올로기적 장치의 본질적 기능으로 간주하는 인식-오인 기능이라는 측면에서 볼 때 이데올로기는 상상적인 것 및 그것의 소외 작용과 그것에 구성적인 무지의 질서로 환원되는 것처럼 보인다. 사실 라캉의 원래 관점에서 본다면, 알튀세르가 다시 활성화시킨 이 인식-오인 기능은, 진정한 주체보다는 자율성의 가상을 지니고 있고 거울 반영적인 소외 상태에 있는 자아를 더 많이 특징짓는 것으로 나타난다. 이런 이유 때문에, 인식-오인 기능은 상징적 기능이 아니라 오히려 상상적 기능을 구성하는 것으로 나타난다. 이러한 관점에서 보면, 인식-오인은 자율적 자아의 가상 및 의식의 신기루와 분리 불가능한 것으로 드러난다.

따라서 이데올로기를 파악하기 위해 이중 기능을 재활성화한 알튀세르의 작업은 이데올로기의 질서를, 의식의 질서이자 (자유의지 및 자율성의 신기루에 사로잡힌) **자아**에 구성적인 오인들의 질서이기도 한 상상적 질서와 결부시킨다. 알튀세르는 심지어 이데올로기라는 필연적으로 폐쇄된 공간을, "라캉이 또 다른 맥락에서 또 다른 목적을 위해 '**이중의 거울 관계**'라고 불렀던 것이 지닌 불가피하게 폐쇄된"[36] 원과 비교하기까지 한다. 그렇지만 우리가 주목했던 것처럼, 알튀세르가 요구한 이데올로기론의 독특성은 정확히 이데올로기 고유의 질서와 무의식 고유의 질서 사이에 가정되어 있는 구조적인 상동성에 있다. 왜냐하면 무의식의 질서는 상상적 질서가 아니라, 자신의 고유한 인과성을 지닌 상징적 질서를 구성하기 때문이다. 알튀세르의 이데올로기론에 내재하는 이러한 난점은 「이데올로기와 이데올로기적 국가장치들」의 저자가 주체라는 용어 및 철학적 범주에 대해, 심지어 그것이 무의식의 주체로 정의되거나 재정의될 때조차도, 지속적인 의심을 표명하고 있음을 보여 주는 듯하다.

구성하는 주체와 구성되는 주체: 라캉과 알튀세르의 분기점

맑스주의에 결여되어 있던 이데올로기론의 재구성이라는 알튀세르의 주요한 기획 중 하나에 입각해 고찰해 볼 때, 탈중심화와 종속 구조에 기반을 둔 주체화 과정으로 파악되는 **주체성**에 대한 일반적인 물음이 그의 작업의 결정적인 한 가지 쟁점을 구성한다는 점이 이 연구를 통해서 분명해졌다. 이데올로기론의 재구성이라는 이러한 틀 속에서도 알튀세르는, 맑스로의

---

[36] Althusser, "Du *Capital* à la philosophie de Marx", Althusser et al., *Lire le Capital*, PUF, 1996, p. 57.

귀환이라는 관점에 입각하여 중층결정, 징후적 독해, 구조적 인과성과 같은 자신의 고유한 근본 개념들을 정교화할 때 사용했던 것과 동일한 복원과 재정식화 방식에 따라 정신분석학의 장에서 차용해 온 일련의 문제들과 개념들을 동원한다. 우리는 프로이트의 발견에 대한 알튀세르의 재독해 전체에서 쟁점이 되는 결절점이자 문제 지점, 곧 맑스주의를 통한, 심지어 기표 혹은 **담론의 일반 이론**을 통한──알튀세르는 이 이론을 절실히 요구했지만, 그가 남겨 놓은 논의는 아주 단편적인 것에 불과하다──정신분석학의 **인식론적 정초**라는 쟁점은 논외로 할 것이다. 오히려 우리는 이데올로기에 대한 알튀세르의 개념화 전체와 분리 불가능하며 또한 알튀세르의 사유가 프로이트의 이론 및 라캉에 의한 그 이론의 복원과 맺고 있는 독특한 관계를 드러내 주는 주체 문제에 대한 성찰에 논의를 집중할 것이다.

이데올로기의 근본 메커니즘인 주체 호명에 관한 이론은 문화의 법이라는 개념 아래 라캉의 상상적인 것 개념을 재활용하는 것에 의해 지배된다는 점을 우리는 강조했다. 그렇지만, 라캉과 달리 알튀세르는 **주체** 개념 자체에 대해 온전한 권리를 지닌 철학적 타당성(pertinence)을 항상 인정할 용의가 있었던 건 아닌 것처럼 보인다. 두 사람 사이의 이런 분기점은 **나는 생각한다**[코기토]에 대한 **데카르트적인 개념화**가 한편으로는 라캉과 다른 한편으로는 알튀세르에게서 거의 대립된 방식으로 수용된다는 사실에서 두드러지게 감지된다.

라캉에게 주체에 대한 데카르트적인 개념화는 항상 타당한 패러다임으로, 철학사의 단순한 한 계기를 규정하는 것이 아니라 (과학 및 지식의 욕망과 연관된) 주체성에 대한 근대적 주제화를 제공해 준다. 정신분석학의 심리학으로의 환원 불가능성이라는 측면에서 본다면 이는 더욱더 정신분석학적인 주제화라 할 수 있다. 데카르트적인 **나는 생각한다**라는 논제는 심리학적인 주체나 심층적인 주체가 아니라 차라리 텅 빈 주체를 정의한다. 이 주체는 "지식"과의 "일시적이고 소멸하는 관계"[37]를 통해 구성되는, 과학의 적대적인 상관항으로 나타난다. 사실 코기토는 최대로 불확실한 순간에 자신을 드러낸다. 따라서 코기토는 심리학의 충만한 주체나 의식 기능을 통해 규제되는 자아가 전혀 아니며, 궁극적 회의(le doute hyperbolique)[38] 속에서 최초로 발견되는 포착 불가능한 심급이자 소멸의 지점이다. 과학의 주체라는 자격으로 데카르트의 철학에서 처음 사용된 주체라는 근대적 개념은, 주체성에 대한 모든 비심리학적 주제화를 위한 극복 불가능한 모델로 남아 있다. 따라서 주체 개념은 정신분석학 자체에도 적용되며, 특히 잘 적용된다. 무의식의 주체, 그것은 특히 과학의 주체이다. 라캉에 따르면, 심지어 "프로이트의 사유 방식은 데카르트적"이라고 주장할 수 있다. 왜냐하면 무의식의 주체는 "확실성의 주체라는 토대에서 출발하기 때문"[39]이다.

반면 알튀세르는 데카르트 철학의 수용에 대해 훨씬 더 비판적이며, 그래서 보다 전통적인 독법을 권장한다. 이런 독법은 데카르트주의를 '의식 철학'의 구성에서 결정적인 계기로 만드는 것처럼 보인다. 비록 알튀세르가 **진리의 주체**(혹은 객관성의 주체)라는 데카르트의 개념을 실제의 **심리학적 주체** 개념과 혼동하지 않는다고 하더라도, 그는 이 두 개념들 간의 연관을 확립한다. 따라서 심리학적 주체는, 과학의 질서 안에서 자신이 수행하는 절차들과 조작들에 대해 투명한 진리의 주체의 이면으로 데카르트가 파악한 '오류의 주체'와 관계를 맺을 수 있다.[40] 게다가 알튀세르는 진리와

---

37) Lacan, "La science et la vérité", *Écrits*, p. 858.
38) 이는 모든 종류의 지식을 의심함으로써 확실한 진리를 찾고자 했던 데카르트의 방법적 회의를 일컫는 표현이다. — 옮긴이
39) Lacan, *Les quatre concepts fondamentaux de la psychanalyse*, p. 43 [『세미나 11』, 60쪽].
40) 이에 대해서는 Althusser, *Psychanalyse et sciences humaines*의 두번째 강의, pp. 106~122 참조.

오류 사이의 **절단**의 실질적인 의미를 오인하는 데카르트의 철학을 때로는 '주체'에 대한 법적 이데올로기의 도래와 상관적인 '부르주아 철학'의 질서에 재편입시킨다. 따라서 데카르트의 입장은, 라캉이 주장한 것과는 반대로, 모든 주체관의 극복 불가능하거나 극복되지 않은 혹은 역사적으로 무제약적인 지평, 심지어 정신분석학의 질서에서까지 타당한 그러한 지평을 구성하지 않는다. 여기서 과학적 주체라는 자격을 지닌 그러한 주체까지도 포함하는 **데카르트적인 주체에 대한 거부**를 가정하는 알튀세르의 스피노자주의의 중요성이 새롭게 평가된다. 즉 '대상'과의 이중 관계 안에서 포착되는 과학의 주체 혹은 **인식의 주체**에 대한 이러한 거부는 모든 '인식 이론'에 대한 일반적 비판——이러한 비판은 주체 없는 과정으로서의 인식 자체의 정의에 함축되어 있다——에 의해 요구되는 것이다.

(진리의 주체로 정의되는) 데카르트적인 주체에 대한 알튀세르의 비판은, 궁극적으로는 라캉의 독창적인 관점과 대척점에 있는 것으로 드러난다. 이러한 비판은 **주체 이론**——비심리학적이고 비자아론적인 주체 이론이라고 하더라도——의 구성이라는 알튀세르의 기획 자체의 애매성이라는 사실을 강화한다. 한편으로 주체성의 문제는 무시되는 것이 아니라, 그 반대로 단순한 반영 모델로부터 벗어난, 그리고 그 법칙들이 무의식에서 작동하는 인과성에 부응하는 이데올로기론의 구성이라는 알튀세르의 기획을 광범위하게 지휘하고 있다. 그렇지만 다른 한편으로 주체 범주는 의식 철학의 영역을 재건하는 것으로 나타나는 반면, 알튀세르가 '결연한 반데카르트주의'라고 부른 개념의 철학은 의식 철학의 이론적인 적대자로 남아 있다. 이런 애매성은 알튀세르적인 **주체**인 호명되는 주체의 수수께끼라고 할 수 있을 만한 것에서 재차 감지된다. 즉 호명되는 주체는 때로는 상징적 주체, 라캉의 범주로는 무의식의 주체로 파악되며, 때로는 상상적 자아로 파악된다. 그리고 상상적 자아가 지닌 오인들과 가상들——의식

이 지닌 오인들과 가상들 자체——로 인해 "과학적 문명의 주체"이기도 한 "근대인의 '자아'"[41]는 소외라는 특징을 다시 얻게 된다.

    루이 알튀세르와 자크 라캉을 묶어 주는 놀라운 지적 유사성은 확실히 상이한 방식들로 굴절된다는 점을 여기서 분명히 해야 한다. 그래서 그들 사이의 유사성은, 우리가 주목한 것처럼, 때로는 유사 충성의 관계("우리는 그에게 본질적인 것을 빚지고 있다")를 나타내고, 때로는 반대로 과학성의 요구에 따라 정신분석학 자체를 정초하는 이데올로기론의 기획 속에서 작동하는 더 넓은 장치로의 유입("라캉을 번역하기")과 통합의 전략을 나타낸다. 더욱이 이러한 유사성은 명백한 한계들을 포함하고 있다. 왜냐하면 알튀세르가 매우 일찍 그리고 매우 명철하게 라캉 저작의 중요성을 지각했다면, 알튀세르와 관련하여 라캉은 맑스로의 귀환이라는 알튀세르의 프로그램 및 정신분석학을 맑스주의와 더불어 조망하는 것에 대해 매우 제한적이고 국부적인 관심만을 보인 것 같기 때문이다. 게다가 알튀세르 자신은, 1970년대의 자기 비판으로의 전회와 '이론주의적'이라고 판단된 **인식론적 절단**[42] 개념에 대한 이전의 이해 방식의 거부 이후에, 라캉에 대한 참조로부터 상당히 거리를 두게 되며, 결국 정신분석학에 과학의 지위를 부여하려는 라캉의 시도를 실패로 규정하기에 이른다. 라캉은 기껏해야 "정신분석학의 철학"을 만들어 낼 수 있었으며, 프로이트의 저작에서 출발하여 **무의식의 이론**을 구성하려는 기획에서는 좌초했다는 것이다.[43] 이러한 실패에 대한 확인 및 라캉의 작업에 대한 환멸은 알튀세르 자신이 『자

---

41) Lacan, "Fonction et champ de la parole et du langage en psychanalyse", *Écrits*, p. 281.
42) 이 주제에 대해서는 Althusser, *Éléments d'autocritique*, Hachette, 1974, pp. 41~53 참조.
43) 이 논점에 대해서는, Althusser, "La découverte de docteur Freud", *Écrits sur la psychanalyse*[「프로이트 박사의 발견」, 알튀세르 외, 『알튀세르와 라캉』, 윤소영 옮김, 공감, 1995] 참조.

본』에 잠재하고 있는 철학 및 역사 유물론의 과학적인 지위에 관해서 수행한 탐구들에 대한 문제제기와 합치하는 것인데, 이러한 문제제기는 특히 「그 자신의 한계들 속의 맑스」[44)]라는 제목이 붙은 1978년의 논문에서 찾아볼 수 있다.

이처럼 알튀세르 저작 내부에는, 한편으로 **주체 없는 과정**의 개념화에 내재하는, **기원**과 **목적**이라는 관념론적 개념들에 대한 비판과 결부된 **주체**라는 철학 개념 일반에 대한 명시적인 비판과, 다른 한편으로 모든 사회 형태에서 작동하는 이데올로기적 차원에 대한 독창적인 주제화 사이에 해소되지 않은 긴장이 존재하는 것처럼 보인다. 그런데 이러한 주제화는 주체에 대한 물음의 전적인 축출이 아니라 그것에 대한 재정식화와 새로운 문제제기의 틀 안에서만 진정으로 파악될 수 있다. 그러므로 한편으로 알튀세르는 고전 철학[45)]의 주체, 곧 데카르트적 주체의 라캉적인 복원을 결코 자신의 의견으로 채택하지 않는다. 알튀세르에게 주체 범주는, 『존 루이스에 대한 답변』[46)]의 정식을 따른다면, 훨씬 더 철저하게 "부르주아 철학의 첫번째 철학적 범주"로 나타난다. 이러한 시각에서, 라캉의 관점에서는 근본적인 **과학의 주체** 및 **무의식의 주체**라는 개념들이 알튀세르에게는 철학적으로 불투명하며, 심지어 받아들일 수 없는 범주들로 남는다는 점을 강조해야 한다. 비록 「담론 이론에 관한 세 편의 노트」의 첫번째 노트에서 과학의 주체 효과와 무의식의 주체 효과라는 가설들이 허용되기는 하지만 그것들은 곧바로 무효화되며, 이 점에서 라캉과의 명시적인 불일치로 이

---

44) Althusser, "Marx dans ses limites", *Écrits philosophiques et politiques* Tome 1, éd. François Matheron, Stock/IMEC, 1994, pp. 359~524.
45) '고전 철학'(philosophie classique)이란 고전주의 시대의, 즉 17세기의 프랑스 철학을 말한다.—옮긴이
46) Althusser, *Réponse à John Lewis*, p. 71.

끈다. 왜냐하면 주체는 결국 **이데올로기적** 담론의 효과로 쫓겨나기 때문이다.[47] 다른 한편으로, 이데올로기는 인간 실존의 필연적인 요소를 구성하며, 그리하여 이데올로기적 장치를 특징짓는 **효과**로 간주되는 주체의 조건은 이데올로기적 장치와 동일한 필연성의 영역에 속하게 된다. 일반적으로 본다면 에티엔 발리바르가 강조하듯이, 구조주의 운동을 주체의 단순한 자격 박탈로 독해하려는 전통적인 독법은 부적절하다. 즉 라캉, 후기 푸코, 그리고 **알튀세르 자신**과 같이 '구조주의자'라고 불리는 철학자들과 이론가들은, **주체**의 자격을 박탈하려고 시도하기는커녕, 그것을 사유하려고 시도했다. 보다 정확히 말하면, 그들은 "고전 철학에 의해 기초의 위치에 장착된 이러한 맹목적인 노력을" 해명하고자, 다시 말해 "주체를 **구성하는** 기능에서 **구성되는** 위치로 이행시키고자"[48] 시도했다.

알튀세르 저작에 내재한 주체 문제와 관련된 난점의 분석은 이처럼 라캉적인 입장과의 조우 지점뿐만 아니라 분기점도 경유하게 된다. 우리는 이런 관점에서, 주체 **구성**의 이론이기도 한 이데올로기론의 수수께끼 같은 독특성을 부각시키려고 했다. 알튀세르가 열어 놓은 특수한 관점 속에서 이러한 이론이 지닌 미완의 성격은 아마도 주체의 존재 혹은 주체의 생성에 관한 알튀세르 자신의 개념화에 내재하는 긴장들과 분리 불가능하다고 할 수 있을 것이다. 그러나 이런 미완성은 그의 기획 자체를 무효화하지 않으며, 반대로 다수의 최근 작업들이 증명하듯이, '주체 호명'의 문제틀을 둘러싼 성찰을 계속 자극할 수 있다.

---

47) 「담론 이론에 관한 세 편의 노트」에 덧붙인 1966년 10월 28일자 편지. Althusser, *Écrits sur la psychanalyse*, p. 117.

48) Étienne Balibar, "L'objet d'Althusser", éd. Sylvain Lazarus, *Politique et philosophie dans l'œuvre de Louis Althusser*, PUF, 1993, p. 98[「(철학의) 대상: '절단'과 '토픽'」, 『알튀세르와 마르크스주의의 전화』, 윤소영 옮김, 이론, 1992, 214쪽].

[옮긴이의 말]

이 글은 파스칼 질로(Pascale Gillot)가 쓴 『알튀세르와 정신분석학』(*Althusser et la psychanalyse*, PUF, 2009)의 2장 「이데올로기, 무의식과 주체의 물음」의 후반부와 이 책의 결론을 번역한 것이다. 2장은 다시 두 부분으로 나누어지며, 이 글은 두번째 부분에 해당하기 때문에, 맥락 파악을 위해, 전반부에 대한 간략한 설명이 필요할 듯하다.

'이데올로기 이론과 무의식의 이론'이라는 제목이 붙은 전반부는 맑스주의 전통 안에서의 이데올로기적 '표상'의 문제를 다루는 1절과 프로이트의 무의식의 가설을 다루는 2절, 그리고 알튀세르에 의한 정신분석학의 수용이 상상적인 것의 유물론으로 변형되는 과정을 서술하는 3절로 이루어져 있다. 각 절의 핵심 내용은 다음처럼 요약할 수 있다.

1) 맑스주의 전통 안에서의 '표상'의 문제

질로는 맑스가 『독일 이데올로기』에서 맹아적 형태로 제시했던 적극적인 이데올로기 개념을 알튀세르가 새롭게 발굴해 내고 있다고 보고 있다. 다시 말해, 알튀세르는 맑스의 이데올로기를 실제적 삶에 대한 환상적 혹은 전도된 표상으로 보는 관점에서 벗어나 독특한 실재성과 인과성을 지닌 것으로 보는 관점을 옹호하려고 한다.

알튀세르가 새롭게 독해한 바에 따르면, 이데올로기가 역사를 갖지 않는다는 맑스의 주장은 "이데올로기가 고유한 효력과 특수한 필연성을 갖는다"는 의미로 재해석할 수 있다. 즉 "이데올로기는 모든 사회구성체의 필연적이고 환원 불가능한 차원이기 때문에 불변하고 역사에 편재한다". 이는 프로이트 이전에 대부분의 학자들이 의미가 박탈된 현상으로 간주하던 꿈이 프로이트에 의해 의미를 가진 것으로 복원된 것과 유사하다고 할 수 있다.

2) 프로이트의 꿈 이론과 무의식의 가설

프로이트는 『꿈의 해석』을 통해 꿈이 생물학이나 신경생리학이나 심리학이 아니라 정신분석학의 대상이 되어야 한다는 점을 보여 주었다. 꿈은 무의식적 체계와 전의식적 체계라는 두 체계들 간의 구분과 대립에 기초해 가지적(可知的)인 대상으로 자리 잡기 때문이다.

프로이트의 무의식 가설은 고전적 심리학의 이중의 전통에 반기를 든 것이라고 할 수 있다. 먼저, 무의식 가설은 꿈을 생리적 기원의 현상으로 환원하려는 전통에 대한 비판으로 볼 수 있다. 이는 꿈을 심리적 무질서 상태로 규정한다. 이에 맞서 프로이트는 꿈의 내용에서 보이는 불합리성이 현상에 불과하다고 주장한다. 꿈의 비일관성은 꿈을 가공할 때 그에게 행사되는 심리적 검열의 결과이다.

프로이트가 비판하려는 두번째 심리학적 전통은 의식과 심리적 삶 사이의 개념적 등가 관계를 확립하려는 철학적 심리학의 전통이다. 이들은 의식이 심리적인 것의 필수불가결한 특징이라고 본다. 정신분석학과 메타심리학 일반은 이런 등가 관계를 거부함으로써만 성립될 수 있다.

프로이트는 「자아와 이드」에서 두번째 공간적 표상을 제시함으로써 철학적 심리학의 전통과 완전히 결별하게 된다. 첫번째 공간적 표상을 통해서 무의식이 단순히 의식화될 수 있는 것이라는 의미로, 즉 단순한 잠재의식으로 정의되었다면, 이제 "더 이상 무의식은 어떤 경우에도 의식에 도달할 수 없는 것"으로 규정되고 있기 때문이다. 프로이트는 이제 잠재의식이나 전의식과 구분되는 의미로 '무의식'이라는 말을 사용한다. 즉 프로이트는, 무의식을 단순히 부재하는 의식으로 환원하는 것이 불가능하다는 논제를 통해, 자신의 정신분석 이론 안에 내재하던 철학적 심리학의 잔재를 일소한다. 그리고 무의식의 담론에 대한 라캉의 개념과 연관된 정신분석학을 통해 알튀세르는 한편으로 무의식을 철학적·관념론적으로 해석하려는 사르트르와 메를로-퐁티뿐만 아니라 현상학적으로 해석하려는 리쾨르를 비판한다.

무의식을 단순히 부재하는 의식으로 환원할 수 없다는 프로이트의 발상은 심리적 실재 개념뿐만 아니라 의식 개념의 수정을 가져오게 된다. 왜냐하면 더 이상 의식이 아니라 무의식이 심리적인 것의 본질적 실재가 될 뿐만 아니라 심리적 삶의 모델 역할을 하게 되기 때문이다. 의식은 더 이상 심리적 삶을 규정하거나 주도하는 심급이 아니며, 따라서 심리적 과정 전체에 대한 투명하고 확실한 인식의 심급이라는 지위 역시 상실하게 된다.

3) 무의식의 영원성과 이데올로기의 필연성: 상상적인 것의 유물론

질로는 3절에서 맑스의 이데올로기 이론과 라캉을 경유한 프로이트 이론의 구조적인 상동성을 지적하면서, 이데올로기 이론의 구성을 위해 알튀세르가 스피노자의 이론에 의지할 필요가 있었음을 보여 주고 있다.

무의식의 무시간성 혹은 영원성은 응축과 전위의 메커니즘 및 무의식적 체계의 형성물들이 항시 존재한다는 사실에서 비롯된 것이다 무의식적 체계 안에서 작동하는 이러한 응축과 전위의 메커니즘은 단순한 선형적 인과성에 대립되는 복잡한 인과성을 드러낸다.

지배소를 갖는 접합된 복합적 전체(tout complexe articulé à dominante)라는 개념에 힘입어 맑스는 구조의 각 수준에 상응하는 시간들의 복수성과 차이를 정립한다. 복합적 구조의 각 수준은 자체의 상대적 자율성에 의해 고유한 역사를 보유한다. 각 수준의 구조에 고유한 역사라는 알튀세르의 개념은 프로이트의 관점에서 연대기적인 시간으로 환원 불가능한 무의식의 시간이라는 요구와 구조적인 유사성을 갖고 있다. 정신분석학의 개념 안에서 무의식의 무시간성은, 구조적 혹은 환유적 인과성을 특징짓는, 불연속이고 다수적이고 이질적인 시간의 표징으로 이해된다.

이데올로기의 영원성 혹은 역사 편재성 논제는 일차적으로 이데올로기적 생산의 필연성이라는 의미를 갖는다. 즉 "이데올로기는 모든 사회적 전체의 유기적인 일부가 된다". 그러나 여기서 필연성은 이데올로기의 특수한 인과성에 입각해 파악된다. 프로이트에게 무의식적 체계 안에 특수한 심리적 인과성이 존재하는 것처럼, 알튀세르에게는 이데올로기적 장에 내재하는 인과성이 존재한다.

그러나 알튀세르가 이데올로기를 단순한 오류나 무지로 보는 관점을 넘어서서 이데올로기 일반의 이론을 구성하기 위해서는 프로이트 이외의 또 다른 이론적 우회가 필요했다. 그리하여 스피노자의 상상적인 것의 유물론이 이데올로기 일반의 이론의 구성이라는 기획을 위해 요구되었다. 이는 스피노자가 상상적인 것의 관계를 인간들의 신체 상태를 통해 표현되는 세계에 대한 관계에 기초해 해명하고 있기 때문이다. 또한 프로이트의 이론을 통한 우회가 필요했는데, 왜냐하면 비시간적이고 비선형적인 인과성의 표상이 이데올로기적인 장을 지배하는 특수한 과정에 대한 이론적 모태를 구성하기 때문이다.

상상적 관계의 표상이라는 이데올로기의 두번째 특징으로 인해 이데올로기의 필연성 논제는 강화된다. 이데올로기는 단순히 실제적 삶의 전도된 표상이 아니라 '표상의 표상'이다. 다시 말해, "이데올로기는 개인들의 실존의 실제적 조건들에 대한 그들의 상상적 관계의 표상이다". 이중적 반영이라는 이 논제는 기계론적 반영 논제에 대한 비판의 의도를 담고 있다. 이데올로기는 또한 물질적이다. 왜냐하면 그것은 실천, 품행, 사회적으로 제도화된 성향들의 모습으로만 존재하기 때문이다.

결국, 파스칼 질로는 알튀세르가 맑스의 역사 유물론에 대한 경제 결정론적 해석을 거부하고, 이데올로기의 상대적 자율성이라는 맑스 자신의 논제를 이데올로기에 대한 일반 이론으로 정교화하기 위해 프로이트와 라캉의 이론을 차용하고 있다고 본다.

"이데올로기는 역사를 갖지 않는다"라는 알튀세르의 명제는 "무의식은 영원하다"라는 프로이트의 명제와 직접 관련되지만, '영원성'이 여기서 역사에 대한 초월성이 아니라 역사 편재성이라는 의미를 갖는 한에서만 그렇다. 정신분석학 이론이 어떤 의미에서는 이데올로기 이론의 모델 역할을 한다고 볼 수 있지만, 이를 정신분석 이론이나 개념을 그대로 이데올로기 이론에 적용시킨다는 의미로 이해할 수는 없다.

또한 일반적으로 프로이트의 무의식 개념은 알튀세르의 이데올로기 개념의 이론적 모델 역할을 하지만, 상상적 실재에 대한 이론인 알튀세르의 이데올로기 이론은 최종적으로 정신분석학적인 무의식 개념을 이해 가능하게 하는 조건으로 제시된다고 질로는 보고 있다. 다시 말해, 정신분석학 이론의 모델화를 통해, 역으로, 이데올로기 이론이 무의식 이론의 모델 역할을 하게 된다고 질로는 보고 있다.*

---

* 길지 않은 논문이지만 원문의 압축적인 문체와 옮긴이의 빈곤한 어휘력으로 인해 많은 곤란을 겪었다. 이 글의 번역을 제안해 주시고 유용한 조언을 해주신 진태원 선생님에게 감사의 말씀을 드린다.

11장 알튀세르, 구조주의, 프랑스 인식론 전통*

피터 듀스
장진범 옮김

전쟁 직후 프랑스 철학 논쟁의 중심 주제——개인 주체와 역사의 대(大) 구조들 사이의 관계라는 문제——는 갈등하는 도덕적·이론적 명령의 산물로 볼 수 있을 것 같다. 사르트르와 메를로-퐁티는 맑스주의가 제시한 일반적인 역사 해석에 깊은 영향을 받아, 현상학 전통이 의식에 부여한 무조건적 지위에 불만을 느끼게 되었다. 그리고 나름의 내재적 법칙들을 갖춘 사회적·역사적 세계 안에 의식이 내장되어 있음을 해명하려고 가일층 노력했다. 하지만 두 사상가 모두 현상학에서 상속받은 출발점, 곧 지각하고 행위하는 주체를 송두리째 포기할 순 없었다. 그들의 준거 체계에 비추어 볼 때 그렇게 하는 것은 프랑스 공산당의 성문화된 맑스주의로 대표되는 객관주의와 결정주의에 굴복하는 것이나 마찬가지였기 때문이다. 사르트르는 『변증법적 이성 비판』에서 나름의 해법을 철저하게 전개한 바 있는데, 그 요점은 (이제 사고와 지각이 아니라, 실천에 주안점을 두는) 개인 주체를 집단이나 정당, 계급 따위 복합적이고 끊임없이 이동하는 구조들 안에 자

---

* Peter Dews, "Althusser, Structuralism and the French Epistemological Tradition", ed. Gregory Elliott, *Althusser: A Critical Reader*, Blackwell, 1994, pp. 104~141.

리 잡게 하는 것이었다. 이는 본래 자유롭고 명철한 실천이 어떻게 해서 요지부동하고 불투명한 사회적·역사적 세계로 전환될 수 있는지를 보이려는 시도였다. 하지만 이 노작의 재간(才幹)에도 불구하고 사르트르의 입장에 제기되는 이의는 여전했다. 우선 메를로-퐁티는 『변증법의 모험들』에서, 역사란 의지의 투명함과 사물의 불투명함으로 깔끔하게 나뉘는 것이라고 볼 수 없으며, 차라리 오롯이 주관적이지도, 오롯이 객관적이지도 않은 의미 작용들의 '사이 세계'로 이루어진 것이라고 말한다. 더 넓게 보자면, 사르트르가 서구 형이상학 전통에서 상속받은 (주체와 대상, 내면성과 외면성, 필연과 자유 따위) 이원론의 어휘를 거리낌 없이 사용하는 데 반해, 메를로-퐁티의 마지막 작업은 조심스럽고 머뭇거릴뿐더러, 상속받은 의미의 세계——그 탁월한 담지자가 언어다——에 주체성이 아주 단단히 묶여 있어, 양자의 엄밀한 분리가 전혀 불가능하게 되는 영역을 향한다. 메를로-퐁티가 **'수직적 존재'**나 **'야생적 존재'**라고 칭한 원초적 경험과 맞닥뜨리게 되면, 철학 전통의 범주들 자체가 부적합하다는 점이 드러날 것이었다.

그러나 1960년대 초엽에 이런 식의 질문들은 일시적으로 중단된다. 사르트르의 관심사, 곧 "구조들이 아무런 구조가 없는 행위에 의해 창출되지만, 구조를 낳는 그 행위의 결과 때문에 고통"[1]받는 과정, 또는 기원적 자유가 스스로에게 등을 돌려 자신의 감옥이 되는 방식이라는 문제는 10년 넘게 방치된다. 들뢰즈와 가타리의 『앙티-오이디푸스』에 이르러서야 '욕망'이라는 새로운 어휘로 이 동일한 역설이 부활할 것이었다. 한편 철학 언어 자체가 발생시키는 착각을 피해 가려는 메를로-퐁티의 시도는 자크 데리다의 해체 기획이 등장하기 전까지는 계승자를 찾지 못할 것이었다. 한

---

[1] Jean-Paul Sartre, *Between Existentialism and Marxism*, trans. John Matthews, NLB, 1974, p. 55.

동안 철학 무대의 중심은 점유되지 않은 상태에 머물렀는데, 그 까닭은 세간의 이목이 (특히 레비-스트로스의 인류학을 비롯한) '인간과학', 그리고 (구조 언어학의 장에서 수입한 방법론의 영향으로) 이 학문들이 누린 것으로 보인 부흥 쪽으로 옮아갔기 때문이다. 레비-스트로스 스스로는, 철학이란 과학의 영역이 확대되지 않으면 진정한 해법이 나올 수 없는 문제들을 다루는 설익고 사변적인 시도일 따름이라는 견해에 치우쳤으며, 일부 사람들은 이런 견해가 신빙성이 있다고 보았다. 확실한 것은, 철학적 사고의 장이 파편화를 겪고 있으며, ('사르트르주의'와 암묵적으로 등치되었던 용어로서) '형이상학'의 총체화하려는 야심이 이제는 인간 존재들과 그 사회적 실천들에 관한 과학적 인식의 도정을 가로막고 있다는 느낌이 널리 퍼졌다는 것이다. 레비-스트로스가 제시한 성공적이고 엄격해 보이는 설명들의 전제들——발생과 전개에 관한 일체의 고려를 추상하고, 인간 활동이 사회 구조에 의해 오롯이 결정된다고 보는 견해——과 1950년대 철학의 주된 관심사들이 양립하기 어렵다는 게 자명했기 때문에 이런 추정의 설득력은 더 강해졌다. 구조주의의 도래를 '주체의 위기'뿐 아니라 '역사의 위기'로 경험했던 것이다.[2]

그러나 이 위기를, 실증주의와 합리주의의 특정 배합에 프랑스 지식인 집단이 일시적으로 열광한 탓으로 돌리고 말 수는 없다. 1930년대 알렉상드르 코제브의 영향력 있는 강연 이래 프랑스 철학의 중심을 차지하던 헤겔주의적이고 실존주의적인 가정들은 이미 재고(再考)할 시기가 한참 지난 상태였다. 게다가 정통한 논변과 궤변을 뒤섞는 레비-스트로스 특유의 논법——특히 『야생의 사고』 결론에서 사르트르와 벌인 극적 전투가 전형적 사례다——이 『변증법적 이성 비판』의 철학적 건축물 안에 있는 취약

---

2) Bernard Pingaud, "Introduction", *L'Arc* Nº 30, 1966(사르트르 특별호)을 보라.

점을 성공적으로 식별했다. 사르트르는 인간사의 근본 서사를 자유의 상실과 회복이라는 관념으로 정의한다. 가망은 없어 보이지만, 실천적-타성태(the practico-inert)의 장을 특징짓는 반목적성(counterfinalities)과 지긋지긋한 순환성만이, 새롭고 비적대적인 형태의 호혜성 ——이를 얻게 되면 우리가 알던 역사성은 종말을 표하게 된다 ——을 향해 인류가 전진할 때 사용할 수 있는 유일한 수단을 표상한다. 따라서 역사가 술회하는 것은, ('시간의 끝'에 이르러 집단적 수준에서만 회복할 수 있는) 기원적 무구함(original innocence)의 상태 ——자유로운 개인의 실천 ——에서 타락(fall)함으로써 초래된 결과들이다. 그러나 사르트르가 볼 때 역사가 시작할 때부터 등장하여 역사의 (충분조건은 아니더라도) 전제 조건 중 하나를 구성하는 것이 '희소성'이고, 인간사란 "희소성이 낳은 긴장의 장이라는 영구적인 틀 안에서 태동하고 전개"[3]되는 것이기 때문에, 실천의 기원적 자유란 신화일 뿐이다. 실제로 존재하는 '원시' 사회들의 정체 상태와 등치될 수 없다는 것이다. 이런 사회들이 실제 역사를 거친 것은 분명하지만, 이 사회들은 이제 희소성을 불안정화와 발전의 원천이 아니라 균형으로, 곧 "제도들과 신체적 발전을 그 수준에서 유지하려는 실천적 기획"[4]으로 체험하는 상태에 도달했다. 그렇다고 해서 이런 사회들의 구성원이 역사적 과정의 불행을 모면하는 것은 아니며, 오히려 "새벽부터 황혼녘까지 이 (원시적) 기술 수단들을 가지고서 위협적이고 생색나지 않는 대지 위에서 노동"[5]해야 하는 처지에 놓이게 된다. 사르트르가 보기에는 오직 역사 안에서만 인

---

3) Sartre, *Critique of Dialectical Reason*, ed. Jonathan Rée, trans. Alan Mark Sheridan-Smith, NLB, 1976, p. 125[『변증법적 이성 비판』, 박정자·변광배·윤정임·장근상 옮김, 나남, 2009, 358쪽. 이 글에 나오는 인용문은 모두 원문을 참조해 옮긴이가 번역한 것이며, 한국어판이 있는 것들은 한국어판을 참조해 번역했다].
4) *Ibid.*, p. 126[같은 책, 359쪽].
5) *Ibid.*, p. 126[같은 책, 359쪽].

간성의 참된 잠재력이 실현될 수 있기 때문에, 자신이 '반복의 사회들'이라고 칭한 것들은 시간의 기슭에 버려져 끝없는 박탈의 순환에 갇힌 채로 머물러야 한다.

레비-스트로스는 역사 및 역사 안의 인류의 지위를 바라보는 이런 식의 시각이, 과학적으로 용납할 수 없고 도덕적으로 혐오스럽다고 보았다. 그는 무엇보다 역사가 단일한 보편적 이상으로 수렴하는 과정이라고 보는 시각에 이의 제기를 집중하는데, 이런 시각은 과거 사회들과 문화들을 진정한 인류/인간성(humanity)으로 향하는 도정에 놓인, 위계질서를 따라 이어지는 징검다리들로 환원시키기 때문이다. 이에 맞서 레비-스트로스는, 과거의 '원시' 사회들이 소외의 형태들, 즉 인간 역량들을 가두고 왜곡하는 형태들이 아니라고 주장한다. "인간이 제 본성을 실현하는 것은 추상적 인간성 안에서가 아니라 전통 문화들, 곧 가장 혁명적인 변화들이 여전히 전체 부문들을 존속시키고, 혁명적 변화들 자체가 시간과 공간 안에서 엄격하게 정의된 상황의 함수/기능으로 설명되는 전통 문화들 안에서다."[6] 어떤 점에서는 레비-스트로스가 인류에 관한 진화주의적 서열화 전반에 저항할 때 근거로 삼는 것은, 문화들을 비교 평가하는 기준 모두가 그 자체 특정 문화의 산물이 틀림없다는 표준적인 철학 논변이다. 하지만 다른 여러 질문에서처럼 여기서도, 명백한 철학적 논변을 '과학적' 외양을 띤 입장 진술로 대체하려는 레비-스트로스의 작업 경향을 탐지할 수 있다. 그러므로 레비-스트로스가 문화의 수준에서 표방하는 상대주의는 마음과 사회의 관계에 관한 나름의 이론에 의존한다고 볼 수 있으며, 이 이론 자체의 뿌리는 유물론적 존재론에 있다. 만일 사회적·문화적 형태 모두가 그

---

[6] Claude Lévi-Strauss, *Structural Anthropology* Vol. 2, trans. Monique Layton, Penguin, 1978, p. 330.

저 인간 마음(어쩌면 심지어 뇌에 물리적으로 부호화된 이항 대립 유형)의 일정한 본유적 특성들의 순열과 투사일 뿐이라면, 모든 형태가 인간 잠재력을 동등하게 ─ 이는 동등하게 가치 있음을 함축한다 ─ '실현'한 것이라고 보지 않으면 안 된다. 아울러 한 사회적·문화적 형태에서 다른 형태로 이행하는 것 자체는 이런 의미의 인간 역량들이 표현된 것이라고 볼 수 없다. 역사적 변화는 (주사위 던지기, 만화경의 회전 따위) 레비-스트로스의 은유들이 강조하는 것처럼, 우연성과 사건이 군림하는 지역으로 좌천되지 않으면 안 된다. 이렇게 해서 레비-스트로스는 사르트르가 실천을 정의하는 특징이라고 본 것 ─ 사전에 주어진 상황을 초월하면서 공동의 기획을 실현하는 능력 ─ 을 인간 실천에서 박탈한다. 레비-스트로스가 볼 때 인간 행위는 오로지 사회 구조에 의해 결정되기 때문에, 행위에 힘입어 한 구조에서 다른 구조로 이행할 수는 없는 것이다. 시간은 인간의 자기 실현의 특권화된 차원 노릇을 중단하며, 사르트르의 헤겔-맑스적인 역사 신화는 "초월적 인본주의(humanism)의 마지막 도피처"[7]라는 점이 폭로된다.

    사르트르적 역사관을 이런 식으로 비판할 때 필시 전제가 되는 것은, 사회-역사적 인식의 지위를 사르트르와 발본적으로 다르게 설명하는 것이다. 『변증법적 이성 비판』은 포스트칸트적인 해석학 전통 안에 위치 지어야만 하는데, 이 전통에 따르면 인간 행위에 어울리는 체계적 인식의 유형은, 자연과학에서 쓰이는 인과적 설명 유형보다는, '이해'의 형태에 기초를 두어야만 한다. 자연에서의 사건들과 달리, 행위들은 동작주(agent)들의 의도와 해석을 감안하지 않는다면 옳게 식별될 수조차 없기 때문이다. 딜타이가 정교화한 고전적 형태를 따를 때 이해란, 행위자의 사고 과정들

---

7) Lévi-Strauss, *The Savage Mind*, Weidenfeld and Nicolson, 1966, p. 262[『야생의 사고』, 안정남 옮김, 한길사, 1999, 374쪽].

을 상상적으로 재창조하는 '추체험'(Nacherlebnis)을 포함한다. 과거의 흔적들을 해석하는 역사가의 역량은 나름의 경험 및 감수성의 폭과 직결된다. 이 원리에 대한 사르트르의 판본에서는, 이해의 참여적 측면이 극단화되어, 역사를 '만드는' 개인이 역사의 이상적 해석자 노릇도 한다. 사르트르에 따르면, "**이해**는 반(半)투명한 막을 사이에 두고 실천이 스스로를 바라보는 것일 따름이다. 이 점은 이해가 스스로를 구성하면서 스스로를 해명하든, 아니면 타자의 실천에서 스스로를 인지/인정(recognize)하든 마찬가지다".[8] 『변증법적 이성 비판』의 추정에 따르면, 역사 전체에 대한 묵시적 해석은 자유로운 행위가 이루어지는 순간의 무매개성/직접성/즉각성(immediacy) 안으로 그러담을 수 있다.

그러나 레비-스트로스가 볼 땐 실천의 무매개적 경험 안에 인식을 기초하려 드는 모든 철학은 착각의 원 안에서 뱅뱅 도는 상황에 처하게 된다. 실천의 경험을 모든 시간의 모든 인간 존재에게 공통된 것이라고, 그러니까 이해의 시초적 교두보가 되는 것이라고 간주할 수는 없는데, 실천의 경험은 특수한 문화를 특정하는 '무의식적' 범주 구조들에 따라 결정되기 때문이다. 따라서 "데카르트는 자신이 인간의 내면성에서 세계의 외면성으로 직접 나아간다고 믿었지만, 이때 사회들과 문명들, 즉 인간의 세계들이 두 극단 사이에 자리 잡고 있다는 점은 보지 못했다"[9]고 언급할 때, 레비-스트로스는 사르트르에 관한 태도 역시 표현한 것이나 마찬가지다. 인간 행위에 접근할 때 현상학에서 나타나는 근본적 오류는, 특수한 사회에 속한 경험을 보편적 인간 경험으로 읽는다는 점이다. 현상학은 '일반적 내면성'을 획득하려고 분투하나, 실존하는 것은 특정 문화들의 '내면성들'일 따

---

8) Sartre, *Critique of Dialectical Reason*, p. 74[『변증법적 이성 비판』, 284~285쪽].
9) Lévi-Strauss, *Structural Anthropology* Vol. 2, p. 36.

름이다. 레비-스트로스가 볼 때 '이해'란 총체적 참여 안에 있거나——이 경우 사회과학자는 '해석자' 노릇을 중단한다——아예 생겨날 수가 없는 것이다. 실천이 본래 명철하다고 보는 사르트르와 달리 레비-스트로스는 "자기 자신을 의식의 대상으로 삼는 의식적 존재는 스스로 해결할 길이 없는 문제를 제기한다"[10]고 간주한다. 그러나 해법은 틀림없이 있다. 문법 규칙에 비견되는 사회적 규칙들의 무의식적 체계가 인간 행위를 좌우한다고 보면 된다. 이 규칙들의 체계를 분리해 내려면 조사 중인 사회 구성원들의 직접적 경험뿐만 아니라 조사자가 그/녀 자신의 문화에서 가져온 추정들과도 신중하게 단절할 필요가 있다. 레비-스트로스는 '일반적 내면성'의 가능성을 거부하지만, '일반적 외면성'이라고 칭할 법한 것은 분명히 수용하며, 이를 구조주의적 사회과학의 영역과 등치시킨다.

    1960년대 초중반 구조 언어학에서 발원한 절차들은 다른 분야——신화학, 문학, 영화, 사실상 모든 상징적인 사회적 실천——로 확산되고 일부 형식적인 조직 원리들을 분리해 내는 데 성공하는 것처럼 보였다. 그러면서 모든 것을 아우르는 변증법적 이성에 맞선 레비-스트로스의 입지가 정당하다는 게 고스란히 입증되는 것 같았다. 뤼시엥 골드망, 폴 리쾨르, 앙리 르페브르 등 다양한 이들이 새로운 지적 유행에 대항하여 목소리를 냈으나, 사실상 감성의 거대한 이동에 저항하는 각개전투 신세를 면치 못했다. 당분간 구조주의에 이의를 제기한다는 것은 '과학'보다 이런저런 형태의 형이상학을 선호한다는 뜻일 따름이었다. 일부 분야에서는 역사적 변화의 지위 및 그에 대한 설명이 이제 문제가 되었음을 알아챘다. 그러나 전반적으로는 구조주의적 절차가 이미 통시적 차원을 다룰 수 있으며, '통시적 구조'라는 질문이——비록 공시적 구조라는 질문보다 더 많은 어려움들을 제

---

10) Lévi-Strauss, *The Savage Mind*, p. 253 [『야생의 사고』, 363쪽].

기하기는 하지만——결국 구조적 분석으로 해결될 수 있다는 단언이 내려졌다. 물론 레비-스트로스는 역사 기술학(historiography)의 인식론적 평판을 실추시켰다는 고발에 맞서 스스로를 확고하게 변호했다. 레비-스트로스에 따르면 그의 유일한 목표는 전후 현상학이 역사적 인식에 부여한 특권적인 입장에 도전하는 것이었다.[11]

하지만 『야생의 사고』의 마지막 장에 담긴 논변들을 자세히 살펴보면, 레비-스트로스가 『변증법적 이성 비판』이 대표하는 특수한 역사관을 논박하는 데에서 시작했으나, (인간 사회들에서 일어나는 사건들의 시간적 연속으로 이해되는) 역사(학)에는 엄격한 인식 대상으로서의 자격이 없다는 식으로 끝을 맺었음이 분명해진다. 당대의 레비-스트로스 해석자들은 이 함의를 최소화하려고 노력했는데, 레비-스트로스의 글 가운데 역사가들의 작업에 찬사를 보내는 문구들이나, 역사(학)의 관점들과 인류학의 관점들 사이의 상보성을 제안하는 문구들을 짚는 식이었다. 그러나 사실 이 외양적 상보성은 투박한 종속을 얄팍하게 가장한 것이었다. 역사(학)이 존재하는 것은 공시적 분석에 의해 흡수되고 정리되어야 하는 사실의 저수지로서다. 레비-스트로스의 입장에서 보면 이는 일시적 일탈이 아니라, 그의 경력 내내 변함없이 남아 있던 관점이다. 1949년에 처음 발표된 「역사학과 인류학」(Histoire et ethnologie)이라는 논문에서 레비-스트로스는 이렇게 쓴다. "변모하는 제도들을 보여 줌으로써, 역사(학)만이 다양한 정식들을 떠받치며 사건들의 연속을 가로질러 영속하는 구조를 추출할 수 있게 해준다."[12] 반면 『변증법적 이성 비판』에 맞선 격론에서 그는 다음과 같이 논평한다. "역사(학)의 본질은 전적으로 그 방법에 있으며, 이 방법은 경험

---

11) Lévi-Strauss, "A Confrontation", *New Left Review* No. 62, July-August 1970 참조.
12) Lévi-Strauss, "History and Anthropology", *Structural Anthropology*, trans. Claire Jacobson & Brooke Grundfest Schoepf, Penguin, 1972, p. 21.

이 증명하다시피 (인간적 구조든 비인간적 구조든 할 것 없이) 구조를 이루는 요소들의 온전한 목록을 만드는 데 필수불가결하다."[13] 구조의 잠재적 변이들 중 일부만이 구체적으로 실현되는 만큼, 인류학은 "사건의 힘과 부질없음 앞에 고개 숙이는 것에서 시작"[14]하지 않으면 안 된다. 그러나 일단 아래에서 떠받치는 구조를 식별하고 나면, 구조는 과학의 참된 대상으로 임명될 수 있는 데 반해, 구조의 경험적 실현들은 이론화할 수 없는 우연성의 영역 쪽으로 넘어가야만 한다.

레비-스트로스는 한 가지 점에서 현상학자들과 일치한다. 과거 사건들 모두를 서술하는 것은, 설사 가능하다손 치더라도, 자료들의 의미 없는 혼돈에 지나지 않을 것이므로, 역사를 쓰려면 특수한 개인 및 집단의 이해관심과 윤리적-정치적 신념에 좌우될 선별의 원리가 필요하다는 것이다. 그의 주장에 따르면 역사란 항상 '~을 위한 역사'(history-for)다. 그러나 사르트르의 경우에 (다른 해석학 사상가들에서처럼) 이 구별이 역사에 관한 인식에 특별한 인간적 관련성과 인식론적 존엄을 부여하는 데 반해(사르트르가 역력히 싫은 기색으로 말하는바, 자연과학에서는 이성이 스스로를 '타성태적 체계'로 전환하지 않으면 안 된다),[15] 레비-스트로스의 경우 사건들을 체계화하는 데 끼어드는 이 '주관적' 요인 때문에 역사 기술학은 그가 '경성' 과학(hard science)이라고 부르는 과학들과 어울리지 않게 된다. 그러나 역사적 인식 안에 있는 주관적 요소를 이렇게 비판하면, 레비-스트로스 자신의 작업에서 토대가 되는 인식론적 추정들이 의문시되지 않을 수 없다. 척 봐도 특정한 선호와 이해관심에 기초해 자료를 선별하고 조직할

---

13) Lévi-Strauss, *The Savage Mind*, p. 262[『야생의 사고』, 374쪽].
14) Lévi-Strauss, *Mythologiques 2: Du miel aux cendres*, Plon, 1966, p. 408[『신화학 2: 꿀에서 재까지』, 임봉길 옮김, 한길사, 2008, 660쪽].
15) Sartre, *Critique of Dialectical Reason*, p. 75[『변증법적 이성 비판』, 285쪽].

필요가 있다는 점에서, 인류학과 역사학이 달라야 하는 이유를 가늠하기가 어렵기 때문이다. 이 선호가 객관적 설명을 목표로 삼는 조사 결과에 궁극에는 영향을 미치지 않는다고 보아야만 하거나(그러나 그렇다면 역사학이라고 왜 그런 설명을 목표로 삼지 못하겠는가?), 레비–스트로스가 역사적 사건들의 체계화에 제기한 이의들이 인류학적 자료들의 체계화에서도 제기될 수 있다.

레비–스트로스는 이 어려운 문제에 딱 한 차례 답하는데, 이때 그가 근거로 삼는 것은 구조 인류학의 경우 객관적으로 실존하는 구조들을 분리해 서술하는 까닭에 '객관적'인 반면, 역사학의 경우 "대응하는 판명한 대상이 없는 방법"[16]으로 이루어지는 까닭에 주관성에 의해서 손상된 채 머물 처지에 있다는 식의 공허한 단언이다. 이와 관련하여 의미심장한 사실은 레비–스트로스가 문학 분석에 구조주의적 절차를 (그가 보기에) 호사가들처럼 사용하는 것 역시 경멸한다는 점인데, 이유인즉슨 이런 사용에서도 [역사학에서와 마찬가지로] 구조란 방법의 산물이지 대상의 속성이 아니라는 것이다.[17] 이렇게 보면, 구조 언어학의 방법론적 도구를 수입한 덕에 사회과학들이 주요한 인식론적 문턱을 넘을 수 있었고 이제는 자연과학들과 어깨를 나란히 하는 것도 욕심낼 수 있게 되었다는 레비–스트로스의 반복된 단언은, 어쩌다가 실증주의로 일탈한 것이라고 볼 수 없다. 이상의 언급은 "구조적 가설들은……독립적이고 잘 정의된 체계들과 비교할 수 있는데, 이들 각각은 나름의 권리에 따라서 일정 수준의 객관성을 누리며, 이론적 구축물들의 타당성을 검정한다"[18]는 명제를 긍정하는 인식론

---

16) Lévi-Strauss, *The Savage Mind*, p. 262[『야생의 사고』, 374쪽].
17) Lévi-Strauss, "Answer to Some Investigations", *Structural Anthropology* Vol. 2, pp. 274~276에 들어 있는 '구조주의와 문학 비평' 대한 논평을 보라.
18) *Ibid.*, p. 274.

적 입장의 필수적 일부다. 레비-스트로스에게서 이 경향이 강화되는 것은, '객관적'인 것이 궁극에는 '물질적'인 것을 뜻해야 한다는 추정 때문이다. 프로이트처럼 레비-스트로스도 '인간 마음'에 관한 진술이 궁극에는 뇌의 물리적 구조에 관한 진술로 환원될 수 있어야 한다고 상정하는 '보험 증서'에 저항하지 못한다. 그는 인간과학이 '그림자극'(shadow theatre)에 지나지 않으며, 자연과학이 인간과학에게 감독권을 임시로 위임한 것이라는 명제를 긍정한다.[19]

이런 객관주의적이고 환원주의적인 인간과학관 때문에 레비-스트로스의 작업에서는 기이한 어긋남이 여럿 생겨난다. 앞서 보았다시피 레비-스트로스는 모든 사회들의 인지적·문화적 동등성(parity)을 정서적으로 강력히 신봉한다. "우리가 원시적이라고 부르는 사회들에도 다른 사회 못지않게 파스퇴르나 팔리스(Bernard Palissy) 같은 이들이 넘쳐난다"[20]고 레비-스트로스는 단언한다. 그러나 레비-스트로스 자신의 분석 방법들이 문화들 사이의 인지적 비대칭성을 가리키는 생생한 지표 노릇을 한다. 왜냐하면 이 방법들의 근거가 되는 것은, 어떤 사회의 구성원들은 손에 넣을 수 없는 사회적 실천들에 대한 설명을 인류학자가 제공할 수 있으리라는 추정이기 때문이다. 게다가 자연과학들을 인간과학들이 본떠야 하는 모형으로 여기는 관점 때문에, 레비-스트로스는 "서양 과학의 절대적 우월성"[21]이라고 칭한 것을 이따금씩 인정하지 않을 수 없다. 따라서 "인간은 특정한 정신적 제약들에 부합하여 세계를 사고하며, 인간이 세계를 사고하는 방식은 그가 세계를 대상으로 행위하는 방식을 퍽 넓게 결정한다"[22]는 근본적 단언이, 레비-스트로스 자신이 속한 문화에서 인식이 점하는 지

---

19) Lévi-Strauss, *Mythologiques 4: L'homme nu*, Plon, 1968, p. 574.
20) Lévi-Strauss, *Structural Anthropology* Vol. 2, p. 349.
21) Lévi-Strauss, *Mythologiques 4*, p. 569.

위를 문제 삼는 것으로는 결코 이어지지 않는다. 마찬가지로, 레비-스트로스가 구조 인류학의 방법이 경험의 자명성들과 날카롭게 단절해야 한다는 합리주의적 논변을 펼치는 것과 고도로 실험주의적인 자연과학관에 기초한 유비들을 반복적으로 사용하는 것 사이에는 깊은 부조화가 있다. 이는 레비-스트로스 작업에 나타나는 역설 중 하나인바, 그는 인식의 문화적 상대성이라는 질문을 반복적이고 강력하게 제기하지만, 결국엔 이런 질문이 과학의 설명적 과업들에서 '철학적'으로 이탈한 것이라며 기각하고 만다.

레비-스트로스 입장의 비일관성에 견주어 보면, 구조주의가 유행한 시점과 거의 동시에 등장한 알튀세르와 그 동료들의 초기 기획에 담긴 일부 측면이 더 뚜렷하게 부각된다. 알튀세르의 관심사는 레비-스트로스와 마찬가지로 헤겔적 역사관과 현상학적 인식 이론들을 비판하는 것이다. 나아가 알튀세르는 이 비판을 개조된 맑스주의의 기초로 삼고 싶어 한다. 그러나 그는 역사적인 것을 우연적이고 이론화할 수 없는 잔여의 지위로 강등하는 구조주의의 태도, 그리고 여기에 수반되는 사회과학에 대한 순진해 빠진 실증주의적 관점 역시 피하고 싶어 한다. 그렇지만 이 과업에 착수할 때 알튀세르는 구조의 일정한 내재적 법칙들에 좌우되는 대상들만이 엄격하게 인식 가능하다는 추정을 기각하지 않으며, 공시성보다 시간성에 우월한 지위를 다시 배정하지 않는다. 그 대신 전선 두 곳에서 동시에 논쟁한다. 역사가 두드러진 변증법적 가지성(可知性) 형태를 보유하고 있다고 추정하는 현상학, 그리고 구조적 가지성은 역사의 특징이 아니라고 추정하는 레비-스트로스가 두 논적이다. 그리하여 알튀세르의 과업이란 다음 두

---

22) Raymond Bellour, "Entretien avec Claude Lévi-Strauss", éds. Raymond Bellour et Catherine Clément, *Claude Lévi-Strauss: Textes de et sur Claude Lévi-Strauss*, Gallimard, 1979, p. 160.

가지를 동시에 달성하는 것이다. 한편으로 개념들의 집합——그에 따라 역사적 과거를 과학적 인식의 대상으로 조직할 수 있는——이 실존한다는 것을 보여 주는 것. 다른 한편으로 이 개념들이 그 대상과 상응한다는 것을 공허하게 단언하거나 자연과학들의 실험주의에서 유추하는 따위의 착오를 저지르지 않고, 과학적 개념들의 역사적 형성 과정 및 맑스주의 이론의 특수한 개념 구성체를 이론적으로 반성함으로써 이 개념들을 정당화하는 것. 알튀세르는 이 두 가지 과업이야말로 맑스 자신의 작업이 거둔 (비록 아직 확고하지 않을지언정) 중심적인 성취라고 본다. "맑스는 역사 이론, 그리고 이데올로기와 과학을 역사적으로 구별 짓는 철학을 기초 짓지 않았다면 도저히 맑스가 될 수 없었을 것이다."[23]

'역사과학'——알튀세르가 보기에는 맑스가 기초를 놓은——에 관한 알튀세르의 구상은 근본이 되는 추정 다수에서 레비-스트로스의 구조 인류학 구상과 퍽 닮아 있다. 레비-스트로스에게 있어 사회 구조들은 "(이 구조들이 인간의 실존을 좌우하는 건 사실이지만) 그에 대한 인간의 의식과는 별개의 독립체들인바, 물리적 현실이 그에 대한 우리의 감각적 지각들 및 가설들과 다른 것과 마찬가지로, 구조들은 인간이 그에 대해 형성하는 심상과 다르다".[24] 개인의 인지적·정서적·실천적 역량들은 주어진 공동체의 모든 구성원들이 의식하지 않은 채 공유하는 범주들 사이의 관계 체계에 따라 결정된다. 레비-스트로스는 한 사회가 이런 '상징 체계들'의 집합으로 형성되고, 그 중 가장 두드러진 체계는 언어, 혼인 규칙들, 경제적 관계들, 예술, 과학, 종교이며, 이 체계들 사이에서 상응과 전환, 역전의 관계들

---

23) Althusser, "From *Capital* to Marx's Philosophy", Louis Althusser & Étienne Balibar, *Reading Capital*, trans. Ben Brewster, NLB, 1970, p. 17[「『자본론』으로부터 마르크스의 철학으로」, 『자본론을 읽는다』, 김진엽 옮김, 두레, 1991, 18쪽].
24) Lévi-Strauss, *Structural Anthropology*, p. 121.

을 탐지할 수 있다고 설명한다.

레비-스트로스는 이 다양한 체계들의 분석 모형을 제공하는 것이 구조 언어학이라고 힘주어 긍정하지만, 이들 사이의 결정 순서를 특정하는 문제에 이르면 훨씬 양면적인 태도를 보인다. 『야생의 사고』의 한 지점에서는 "인간이 자연과 문화의 관계들에 관해 갖는 구상은, 인간 고유의 사회적 관계가 변하는 방식의 기능/함수다"[25]라고 주장한다. 그러나 같은 책에서 그는 '(일반적인 인간 행동 역량으로 이해되는) 실천(praxis)과 개별 관행들을 매개하는 것은 늘 개념적 도식'[26]이라고 제안하기도 한다. 사실 레비-스트로스의 작업에서 궁극적 결정 요인을 분리할 수 있다면, 이는 사회적 성격의 요인이 전혀 아니라, 차라리 '정신과 뇌의 객관적 구조'일 것이다. 문화는 최종에는 반드시 자연으로 환원되어야 하기 때문이다. 반면 알튀세르의 이론은 단호하게 사회 구조의 수준에 머무르며, 맑스주의의 전통적 우선순위를 따라 사회의 경제적 수준에 궁극적 결정권을 부여한다. 그러나 레비-스트로스와 마찬가지로 알튀세르도 사회구성체를 '구조들의 구조'――그 기능 작용이 구성원들의 의식을 벗어나는――로 본다. 인간 개인들은 (경제적, 이데올로기적, 정치적 등) 다양한 종류의 사회적 관계들의 지지대이거나 담지자일 따름이며, 이 관계 형태들은 기원적인 상호 주관성으로 해소될 수 없다. 알튀세르와 레비-스트로스 공히 모든 효과를 구조의 효과로 본다.

이런 수렴에도 불구하고 알튀세르는 레비-스트로스의 구조관이 역사의 인식론적 지위에 미칠 영향에 대해 몹시 비판적이다. 그가 분명하게 감지하는 것처럼, 레비-스트로스의 도식에서는 "통시성이 일련의 사건들로,

---

25) Lévi-Strauss, *The Savage Mind*, p. 117[『야생의 사고』, 188쪽].
26) *Ibid.*, p. 130[같은 책, 206쪽].

그리고 일련의 사건들이 공시성의 구조에 가하는 효과들로 환원된다. 그러면 역사적인 것은 뜻밖의 것, 무작위적인 것, 특이한 사실, 시간의 공허한 연속체 안에 우연한 이유로 돌발하거나 닥치는 것이 된다".[27] 게다가 레비-스트로스는 사회가 반사와 상응의 복합적 양식으로 구성된 것이라고 본다. 다양한 상징 체계들은 "물리적인 현실과 사회적인 현실의 일정 측면들, 나아가 이 두 유형의 현실들의 상호 지지 관계들과 상징 체계들 자신들 간의 상호 지지 관계들을 표현하는 것을 목표로 삼는다".[28] 이 점에서 상징 체계들의 가지성은 헤겔적인 '표현적 총체성'——총체성의 각 부분이 다른 모든 것을 요약하는 데 봉사하는——과 별반 다르지 않다는 게 알튀세르의 주장이다. 두 경우 모두에서, 본질이 드러나는 것은 실천들의 현실적 다양성을 지우는 공시적 단면에 의해서다. 알튀세르가 볼 때 아날 학파의 일부 역사가들은 역의 오류를 범한다. 브로델이나 라브루스, 페브르 등이 도입한 다양한 '역사적 시간들'이라는 관념은 헤겔적인 역사 기술학의 표현적 총체성들에 비해서는 진전한 것이다. 하지만 『아날』의 저자들은 (정치적, 경제적, 지리적인) 상이한 시간적 층과 리듬의 실존을 긍정하곤 할 따름이지, 그것들 사이의 어떤 체계적 고리도 설립하려 들지 않는다. 이 상반된 두 경향에 직면한 알튀세르의 과업은, 헤겔적 구상에 담긴 겉보기만 그럴싸한 동질성을 피하되, 역사적 과거가 복수의 무관한 통시성들로 파편화되는 것을 용납하지 않는 역사 이론을 정교화하는 것이다.

　이 문제에 대한 알튀세르적 해법은 맑스주의 이론의 근본 원리 중 하

---

27) Althusser, "The Object of *Capital*", *Reading Capital*, p. 108[『『자본론』의 대상」, 『자본론을 읽는다』, 137쪽. 이 글 원문의 주석에서 듀스가 인용문 쪽수를 잘못 표기한 경우가 종종 있다. 한국어 번역에서는 이를 바로잡았지만, 따로 표시하지는 않았다].
28) Lévi-Strauss, "Introduction à l'œuvre de Marcel Mauss", Marcel Mauss, *Sociologie et anthropologie*, PUF, 1950, p. xix.

나로 돌아가는 데 달려 있다. 생산양식의 견지에서 인간 사회들의 역사를 시기 구분하는 것이 그것이다. 『『자본』을 읽자』의 공저자 에티엔 발리바르는 다음과 같이 제안하는 데까지 나아간다. "맑스가 '생산양식'이라는 중심 개념을 구축한 것은 역사철학의 전(全) 전통에 대하여 인식론적 절단의 지위를 갖는다."[29] 이 단언 배후에 있는 논변은, 헤겔을 분석하는 와중에 알튀세르가 밝혀냈듯,[30] 사회구성체관과 역사적 시간관 사이에 밀접한 관계가 있다는 것이다. 헤겔의 경우 어떤 주어진 순간의 표현적 총체성은, 정신의 전개인 역사의 목적론적 연속성으로 보완된다. 만일 이 논변이 옳다면, 아직 구축되지 않은 맑스주의적인 역사적 시간 개념은 생산양식에 좌우되는 사회구성체에 관한 맑스 이론의 해명에 기초할 것이며, 이는 『자본』에서 발견되는 자본주의 생산양식 분석에 암시되어 있다. 이런 식으로 역사에 관한 맑스주의 이론을 맑스의 과학적 성숙기의 저작에서 되찾을 수 있는데, 이때 맑스 스스로 구조와 작인 사이의 관계에 관해 얼버무리는 것으로 보이는 초기 문헌들에 기대지 말아야 한다.

알튀세르에 따르면 사회적 전체에 관한 맑스주의적 구상을 구별 짓는 특색은 아래에서 떠받치는 모종의 통일성의 원리——이 원리가 정신적인 것이든 물질적인 것이든——로 현실적인 복합성을 환원하는 것을 거부한다는 점이다. 그가 '역사주의'라는 포괄적 명칭으로 지칭하는 이런 환원 형태 두 가지가 맑스주의 전통 자체 안에서 활발했었다는 게 알튀세르의 설명이다. 그 중 하나는 제2인터내셔널의 맑스주의에서 유래하는 것으로, 생산력과 생산관계의 변증법에 기반하여 문명이 자동적으로 진보할 것이라고 보며, 정치적으로는 개량주의 성향을 띤다. 다른 하나는 청년 루카치

---

29) Balibar, "The Basic Concepts of Historical Materialism", *Reading Capital*, p. 201 [「사적 유물론의 기본개념」, 『자본론을 읽는다』, 257쪽].
30) *Ibid*., pp. 93~97 [같은 글, 같은 책, 119~124쪽].

의 헤겔주의적 맑스주의와 연관된 것으로, 맑스주의 철학을 프롤레타리아트——이 시각에 따르면 프롤레타리아트는 잠재적으로 역사의 보편적 주체-대상이다——의 자기 의식과 동일화하고, 극좌주의를 내포한다. 두 형태 모두 정신의 진보적 전개라는 헤겔적 역사관을 지나치게 곧이곧대로 전도시키지만, 헤겔 철학의 핵심, 곧 역사의 주체라는 관념 자체를 대체하는 데는 실패한다. 반면에 알튀세르는 사회구성체는 '탈중심화된 총체성'으로 보아야 하며, 여기서 (알튀세르가 구별한 최초의 세 가지 심급으로서 경제적, 정치적, 이데올로기적) 심급 각각은 고유한 자율성과 실효성을 보유한다고 단언한다. 이 구상이 시사하는바, 각각의 심급이나 실천은 환원주의적 맑스주의에서처럼 그저 경제적 수준에 의해서만 결정되는 것이 아니라 다른 실천들의 총체에 의해 '과잉결정'되며, 각각의 심급 역시 부분적으로 서로를 결정한다. 그러나 알튀세르는 이런 사회구성체 구상에서 심급들이 모두 균등하게 상호 작용한다는 결론이 도출되지 않도록 조심한다. 그는 각 사회구성체에서 지배적인 심급은 하나라고 단언한다. 이것이 꼭 경제적인 심급일 필요는 없다. 가령 봉건주의에서, 지배적인 것은 정치다. 그러나 어떤 수준이 **지배적**이어야 하는지를 궁극에서 **결정하는** 것은 생산양식이다. 따라서 전통적 맑스주의가 생산력과 생산관계의 인과적 우위를 단언하는 것은, 사회구성체의 심급들 사이에서 실효성을 분배하는 것이 경제적 '토대'라는 뜻으로 받아들여야 한다.

알튀세르는 『맑스를 위하여』와 『『자본』을 읽자』를 공간한 이래 수년에 걸쳐 맑스주의 이론의 중심 개념들을 재정식화했는데, 이 작업을 가리켜 독단적이고 기계적이라고 말한 반대자들이 없진 않았지만, 대다수가 이 작업을 자유화와 해방으로 경험했다는 점에는 의심의 여지가 없다. '상대적 자율성' 개념의 도입은, 더 이상 상부구조의 각 심급의 형태와 기능을 경제에 의한 결정에까지 소급할 필요가 없다는 것을 의미했다. 예술, 정치, 과학, 이데올로기 각각이 나름의 특수한 내재적 구조와 시간적 리듬을 지니고 있었고, 독립적이고 제한 없는 조사 대상의 자격을 갖추었다. 의미심장하게도, 프랑스 공산당 내부의 보수적 비판자들은 알튀세르가 앞뒤가 맞지 않는 다원주의에 빠져 맑스주의의 설명적 기반을 약화시킨다고 비난했다. 그러나 알튀세르의 찬반 진영 모두, 알튀세르의 자유화가 어떤 역사적 설명이 적합한가라는 문제에 관해 고도로 완강하고 선험주의적인 관점을 지녔다는 점을 지나치곤 했다. 알튀세르가 볼 때 전통적 역사 기술학의 인과 및 서사 연쇄들에는 아무런 과학적 타당성도 없다. 역사적 사건을 사회구성체의 복합적 구조의 과잉결정된 효과로 식별한 다음에야 비로소 사건을 참되게 '설명'했다고 말할 수 있기 때문이다. 여기서 '최종 심급에서의 결정'이라는 개념은 사활적인 역할을 수행하는데, 오직 이 개념만이 "관찰 가능한 자리바꿈(displacement, 轉位)들에 기능/함수의 필연성을 줌으로써 자리바꿈들의 자의적 상대주의를 벗어날 수 있게 해주기"[31] 때문이다. 그러나 이 필연성을 떠받치는 '구조 인과성'이라는 관념이 아직 정교화되지 않았기 때문에, 알튀세르의 기준에서 판단하자면 지금까지의 어떤 역사 기술학도 과학성의 문턱을 넘어서지 못했다고 볼 수 있다. 알튀세르가 취한 입장은 일부 영어권 철학자들 못지않게 부조리한데, 이 철학자들은 역사적 설명이 자연과학들의 귀납주의적 구상에 알맞은 '포괄 법칙'(covering-law) 모형에 부합해야 한다 — 사실 역사가들의 실천에서 이 모형에 근사하는 아무런 경향이 나타나지 않는데도 — 고 역설해 왔다.[32] 알튀세르는 『『자본』을 읽자』에서, 역사에 대한 모든 과학적 인식을 사전에 형

---

31) Althusser, "The Object of *Capital*", *Reading Capital*, p. 99[「『자본론』의 대상」, 『자본론을 읽는다』, 126쪽].

성된 주형에 억지로 밀어 넣으려는 비슷한 시도를 했는데, 그 결과 똑같이 도착적인 여러 결론에 이르렀다. 가령 그는 '원시적 축적', 노동일 단축을 위한 투쟁, 공장제 수공업에서 공장제 기계공업으로의 이행 등을 다루는 『자본』의 일견 '역사적'인 장들이 그저 역사를 위한 원재료일 따름이라는 뜻을 내비친다. 이 사건들이 구조의 형식적 법칙들 아래 포섭되지 않는다는 게 이유였다. 반면 『자본』의 이론적 절들은 더 참되게 '역사적'인데, 이 절들은 역사과학의 한 지역(region)의 이론을 구축하기 때문이다. 게다가 알튀세르는 "정치경제(학) 이론과 역사 이론 사이에 수립될 수 있는 유일한 차이는 경제학이 사회적 총체의 한 심급만을 고려하는 데 반해, 역사학은 전체로서의 총체를 고려한다는 사실에 있다"[33)]고 주장한다.

앞으로 분명해지겠지만, 역사적 인식을 현상학과의 공모에서 구출하려던 알튀세르의 시도는, 구조주의의 손아귀에서 역사적 인식이 강등되는 것은 피했지만, 너무나 많은 구조주의적 추정들을 허용한다. 아마 가장 결정적인 것은, 사회적 전체의 요소들이 상호 지지 관계 안에 실존하며, 따라서 자율적이고 저절로 계속되는 체계를 이룬다는 추정일 것인데, 이 추정이 생산양식을 역사적 존재의 근본 형태로 다루겠다는 알튀세르의 결정을 떠받치기 때문이다. 『구조 인류학』에서 레비-스트로스는 친족 체계들이 "여러 이질적 제도들의 수렴의 자의적 산물[일 수가 없고—듀스] ······ 그럼에도 불구하고 모종의 규칙성과 실효성을 지닌 채 기능[할 수 있다—듀스]"[34)]고 주장한다.[35)] 따라서 친족적 관행들 각각을 서로 다른 원천으로 소

---

32) 이런 입장을 대표하는 언급을 보려면, Carl G. Hempel, "Reasons and Covering Laws in Historical Explanation", ed. Sidney Hook, *Philosophy and History: A Symposium*, New York University Press, 1963(Patrick Gardiner, *The Philosophy of History*, Oxford University Press, 1974에 수록되어 재출간).

33) Althusser, "The Object of *Capital*", *Reading Capital*, p. 109[「『자본론』의 대상」, 『자본론을 읽는다』, 126쪽].

급해서는 안 되며, 차라리 공시적 체계 안으로 통합해야 한다. 알튀세르는 『『자본』을 읽자』에서 사회에 관한 인식은 반드시 "'본체'(body), 즉 **동시대적 사회 구조**의 이론을 통해서만 획득되어야지, 사회의 발생이 어떤 식으로든 개입해서는 안 된다"[36]고 비슷하게 주장한다. 두 경우 어디에서도, 한

---

34) Lévi-Strauss, *Structural Anthropology*, p. 35.
35) 그런데 이 인용은 잘못된 것 같다. 듀스가 인용한 레비-스트로스의 원문은 다음과 같다. "Nul ne se demande comment les systèmes de parenté, considérés dans leur ensemble synchronique, pourraient être le résultat arbitraire de la rencontre entre plusieurs institutions hétérogènes (la plupart d'ailleurs hypothétiques), et cependant fonctionner avec une régularité et un efficacité quelconque." Lévi-Strauss, *Anthropologie structurale*, Plon, 1974, p. 42. 『구조 인류학』 영어판에서는 이를 "No one asks how kinship systems, regarded as synchronic wholes, could be the arbitrary product of a convergence of several heterogeneous institutions (most of which are hypothetical), yet nevertheless function with some sort of regularity and effectiveness"라고 옮겼다. 프랑스어 원문을 직역하면, "아무도 자문하지 않는 것은, (공시적 전체라는 견지에서 본) 친족 체계들이 어떻게 해서, 여러 이질적 제도들을(게다가 대부분이 가설적인) 사이의 마주침의 자의적 산물일 수도 있으면서, 모종의 규칙성과 실효성을 지닌 채 기능할 수도 있는가 하는 점이다"가 된다. 즉 본래의 문장에서 레비-스트로스가 지적한 것은, 친족 체계들이 '자의성'과 '규칙성'이라는 상호 모순적으로 보이는 두 속성을 동시에 지니고 있다는 역설이다.
물론 레비-스트로스의 논의를, 자의성은 겉모습에 불과하고 심층으로 들어가면 규칙성을 발견할 수 있다는 식으로 이해할 수 없는 건 아니다. 하지만 우리가 이를 굳이 문제 삼는 것은, 듀스가 이런 식의 논리를 구조주의 전반으로 확장하고, 여기에 알튀세르까지 통합시킨 다음, 일종의 허수아비 논쟁을 벌인다고 보기 때문이다. 이 책 475~477쪽의 논의가 바로 그러하다. 이에 따르면 구조주의란 어떤 체계를 구성하는 요소들이 필연적이고 기능적인, 바꾸어 말하면 '비자의적'인 상호 지지 관계를 맺고 있으며, 이로 인해 이 체계가 '자기 충족성'(self-sufficiency)을 얻는다고 여기는 사고방식, 곧 기능주의이다. 듀스가 볼 때 이런 사고방식은 발생학(genesis)적 접근을 근본적으로 배제하며, 그 대가는 구조 내에서의 변이 가능성을 상실하는 것, 심지어 알튀세르적 판본에서처럼 이 변이마저 구조의 지배를 받는다는 (듀스가 보기에) '극단적' 결론으로 미끄러지는 것이다. 구조(를 낳는 마주침)의 비자의성이라는 잘못된 인용은 이상과 같은 구조주의 해석의 유기적 일부이기 때문에, 단순한 실수가 아니라는 게 우리의 판단이다. 다른 논의는 차치하고, 발생학적 접근을 배제하면 구조 내에서의 변이 가능성이, 결국 그 이름에 값하는 '변화'와 '이행'의 가능성이 제거된다는 듀스의 논점에 관한 알튀세르 자신의(그것도 1966년!) 답변에 관해서는, Althusser, "Letters to D", *Writings on Psychoanalysis: Freud and Lacan*, éds. Olivier Corpet et François Matheron, trans. Jeffrey Mehlman, Columbia University Press, 1996과 이 책 17장으로 실린 쵤원, 「인셉션인가, 호명인가?: 슬로베니아 학파, 버틀러, 알튀세르」 참조. ─ 옮긴이

사회 체계의 모든 구성 요소가 반드시 그 체계의 필연적이고 기능적인 요소들이어야 한다는 믿음의 정당화 시도를 찾아볼 수 없다. 알튀세르는 그저 "우리가 '기존 조건들'에 관해 말할 때, 우리는 전체의 '실존 조건들'에 관해 말하는 것이다"[37]라고 단언할 뿐인데, 그렇게 함으로써 구조 **내에서의** 변이들의 가능성을 제거한다. 기실 알튀세르의 '구조 인과성' 개념, '그 효과들 안에서 현전할' 뿐인 구조라는 개념은——옳게 읽는다면——이 변이들이야말로 구조임을 함축한다.

알튀세르는 이 '구조 인과성' 개념의 도입으로 자신의 이론이 (사회 체계를 필연적 관계들의 집합의 우연적 실현으로 보는) 레비-스트로스의 입장뿐 아니라 (역사적 사건들의 필연성을 미시적 우연성들의 상호 작용의 산물로 보며, 이 때문에 『맑스를 위하여』에서 비판받은) 엥겔스의 입장과도 거리를 두기를 원했다. 그가 보기에, 만약 역사과학이 가능하려면 그 대상은 반드시 이론화의 모든 수준에서 엄밀한 필연성에 의해 지배되어야 한다. 그러나 알튀세르는 이 필연성을 사고할 때, 특수한 역사적 형세 가까이 그에 선행하는 형세에 의해, 후자는 다시 그에 선행하는 형세에 의해 결정된다는 식으로 무한히 계속된다는 통상의 관점을 취하지 않는다. 그 대신 『자본을 읽자』에서 알튀세르와 발리바르 모두 스피노자적 과학관——이를 완전히 명시한 것은 전혀 아니었지만——쪽으로 기우는데, 이에 따르면 필연성에 대한 모든 인식은 그 형태에서 반드시 논리연역적이어야 한다. 발리바르는 "모든 이론은 공시적이다. 이론이 개념적 결정들의 체계적 집합을 상

---

36) Althusser, "From *Capital* to Marx's Philosophy", *Reading Capital*, p. 65 [「『자본론』으로부터 마르크스의 철학으로」, 『자본론을 읽는다』, 81쪽].
37) Althusser, "On the Materialist Dialectic(On the Unevenness of Origins)", *For Marx*, trans. Ben Brewster, Allen Lane, 1969, p. 208 [「유물론적 변증법에 대하여(기원들의 불균등성에 관하여)」, 『맑스를 위하여』, 이종영 옮김, 백의, 1997, 249쪽].

세히 설명하는 한에서 그렇다"[38])라고 제안한다. 외부 물체들의 충격 때문에 정신 안에서 산출되는 관념들의 무작위 연쇄와 "지성의 질서에 따라 발생하고, 사물들을 그 최초 원인들을 통해 지각하도록 정신을 북돋는 관념들의 연관(concatenation)"[39]) 사이의 스피노자적 구별은, 이데올로기와 경험의 영역, 그리고 엄밀한 맑스주의 과학——여기서 사회구성체의 모든 특징들은 '이론적 대상', 그 생산양식이라는 개념에서 **연역**될 수 있다——간의 알튀세르적 구별이 된다. 마찬가지로 '구조 인과성'이라는 알튀세르적 개념은 스피노자가 신과 그 속성들의 유한한 변용들 사이에 있다고 예상한 관계를 본뜬 것이다. 당시 사람들이 이 가망 없는 합리주의를 더 자주 알아차리지 못한 건, 알튀세르가 논리적 관계와 인과적 관계의 형이상학적 동일성이라는 스피노자적 추정을 암묵적으로 채택한 탓일 수도 있다. 때문에 알튀세르는 그가 말하는 것이 사회구성체 자체의 결정론적 기제인지, 그에 상응하는 '이론적 대상'의 논리적 함축들인지 아랑곳하지 않는다. "우리가 마주하고 있는 것은, 그 가장 구체적인 결정 안에서, 그 '기제'의 규칙성, 그 개념의 명세(明細, specification)에 의해 좌우되는 체계다."[40]) 같은 이유로 알튀세르는, 많은 논평자들이 극히 문제라고 보았던 관계, 곧 (사고 바깥에서 자기 동일성 안에 머무르는) '실재하는 대상'과 맑스주의 과학의 이론적 대상 사이의 관계에 관해 보통 이상으로 염려한 흔적이 전혀 없다.

알튀세르가 (자신이 과학의 모든 대상에서 본질을 이룬다고 본) 자율성과 필연성을 구조의 특징으로 파악하겠다는 결정을 내렸을 때 그 이면에

---

38) Balibar, "The Basic Concepts of Historical Materialism", *Reading Capital*, p. 298[「사적 유물론의 기본개념」, 『자본론을 읽는다』, 385쪽].
39) Baruch Spinoza, *Ethics*[『에티카』, 강영계 옮김, 서광사, 1990, 2부 정리 18].
40) Urs Jaeggi, *Theoretische Praxis: Probleme eines strukturalen Marxismus*, Suhrkamp, 1976, S. 105에서 재인용.

는, 맑스주의가 역사를 미리 운명 지어진 목표를 향한 불가피한 진보로 파악한다는 좀체 사라지지 않는 의심을 누그러뜨리려는 의도가 있었다. 만일 역사적 사건들이 사회구성체의 구조에서 연역된 다음에야 참되게 '설명'되는 것이라면, 만일 "역사 일반이란 없고, 역사성의 특정적 구조들만 있으며, 후자가 결국 서로 다른 생산양식들의 특정적 구조들에 기반한다면",[41] 사르트르식의 총체화 야심들은 헛된 것이 된다. 특히 어떤 사회구성체도 후속하는 사회구성체를 자동으로 산출한다고 볼 수 없다는 게 가장 중요한데, 만일 한 생산양식이 스스로를 재생산하는 구조라는 것이 자명하다면, 저 구조의 해소는 "완전히 다른 종류"[42]의 과정이 되어야 하기 때문이다. 하지만 이런 식의 목적론 비판은 도가 지나친 것이다. 생산양식들이 역사성의 근본 형태들이라면, 하나의 생산양식에서 다른 생산양식으로의 이행이 발생하는 '역사적 시간'은 있을 수 없기 때문이다. 『『자본』을 읽자』에서 발리바르는 이 문제에 대한 해법을 제시하려는 시도의 일환으로 '이행 형태들'이라 칭한 것을 도입한다. 가령 '공장제 수공업'을 봉건제와 자본주의 사이의 이행 형태로 간주할 수 있다. 그러나 발리바르가 이 형태들 자체를 '일시적' 생산양식들로 간주하는 까닭에, 이 '해법'은 무한 퇴행에 이를 뿐이다. 따라서 알튀세르의 역사 이론의 아이러니 중 하나는 애초에 알튀세르가 레비-스트로스를 비판했던 논점, 즉 이론화할 수 없는 우연성과 공시적 필연성 사이의 분할을 재생산하는 것으로 끝난다는 점이다.

전통적인 경험주의 인식 이론에서 객관성을 궁극에서 보증하는 것은, 이론적 언표들을 (안전한 인식의 기준선을 형성하는 것으로 간주되는) 지각

---

41) Althusser, "The Object of *Capital*", *Reading Capital*, p. 108[「『자본론』의 대상」, 『자본론을 읽는다』, 138쪽].
42) Balibar, "The Basic Concepts of Historical Materialism", *Ibid*., p. 274[「사적 유물론의 기본 개념」, 같은 책, 353쪽].

하는 주체의 경험에 관한 언표들로 (다소간 복잡하게) 환원할 수 있는 가능성이다. 그러나 알튀세르는 '무매개적/직접적/즉각적' 경험이 사회적으로 상대적이고 상징적으로 결정된 지위에 있음을 긍정한다는 점에서 구조주의의 선례를 따른다. 알튀세르는 "무매개적/직접적/즉각적 개념들 —— 모든 시대는 이 개념들 안에서 자신이 살아가는 역사를 사고한다 —— 을 비판하지 않는다면, 우리는 참된 역사 인식의 문턱에 머무를 것이며, 역사를 살아가는 인간들 내부에서 역사가 생산하는 착각들의 포로로 남을 것이다"[43]라고 주장한다. 결과적으로 그는 "현실에 이르기 위해서는, 먼저 체험을 거부해야만 한다"[44]는 레비-스트로스의 금언을 따르지 않을 수 없다. 그러나 레비-스트로스와 달리 알튀세르는 이 원리를 긍정하면 그에 따른 인식론적 문제 여럿이 제기된다는 점, 특히 과학적 인식의 객관성에 대한 대안적 설명이 요구된다는 점을 자각하고 있었다.

　이 문제를 해결하기 위해 알튀세르가 향하는 주요 자원 중 하나가 프랑스의 역사적 인식론 학파의 작업으로, 가장 저명한 대표자는 (주로 물리학과 상상 이론에 관심이 있는 철학자) 가스통 바슐라르와 (근본이 되는 추정 일부를 바슐라르에게 빚지고 있는 생명과학 철학자이자 역사가) 조르주 캉길렘이다. 이들에게 기댄 것은 1960년대 분위기와 완전히 일치했는데, (프랑스 철학에서 현상학과 실존주의가 지배적인 사조였고, 자연과학의 위신이 쇠미했던 때 나온) 바슐라르의 작업은 경험주의적이고 현상학적인 인식 이론들에 대한 비판을 고도로 발전시켰기 때문이다. 그러나 그를 계승한 구

---

43) Althusser, "Montesquieu: Politics and History", *Politics and History: Montesquieu, Rousseau, Hegel and Marx*, trans. Ben Brewster, NLB, 1972, p. 99[『몽테스키외: 정치와 역사』, 『마키아벨리의 고독』, 김석민 옮김, 새길, 1992, 109쪽].
44) Lévi-Strauss, *Tristes tropiques*, trans. John Weightman & Doreen Weightman, Penguin, 1976, p. 71[『슬픈 열대』, 박옥줄 옮김, 한길사, 2004, 172쪽].

조주의자들과는 달리 바슐라르의 현상학 비판은 궁극에서 인간 정신에 관한 철학에 기반한다. 바슐라르가 볼 때 인간 정신은 한편으로 무의식의 원형(原型) 및 몽상으로 거듭 기우는 '밤의' 얼굴, 다른 한편으로 증가하는 추상과 합리적 개념 적용을 향해 분투하는 '낮의' 얼굴 사이에서 분할된 근본적인 이원성의 특징을 갖는다. 아울러 우리의 일상적 경험(l'expérience commune, l'expérience vulgaire)은 불가피하게 정서적 색조에 젖어 있으며, 무의식의 리비도적 투여들과 가치들에 시달린다. 더 일반화해서 말하자면, 정신에는 과장된 특수성과 안이한 일반화 양쪽 모두로 기우는 자생적 경향이 있는데, 이것이 현상에 관한 과학적 인식 전개에 장애물 노릇을 한다. 결국 과학적 인식이 개시되려면, 일상 세계의 가정 및 소여와의 '인식론적 단절'(rupture épistémologique), 그리고 전(前)과학적 이론의 개념들에 달라붙어 있는 감각적이고 (심지어 물활론적인) 함축의 숙청이 있어야만 한다. 바슐라르가 볼 때 이 단절은 과학적 인식 전개의 현실적 과정에서 애석하지만 필수적인 예비 단계에 불과한 것이 아니라, 인식 구성의 본질적 계기다. '딱 부러지고 명백하게 참되게' 보이는 어떤 진술도 과학을 참칭할 수 없다. 자명함은 오히려 의심을 불러일으키는 원인이 되어야 한다. 왜냐하면 앞선 오류를 정정할 때에만 인식이 스스로를 인식으로 식별하기 때문이다. 바슐라르는 "반성의 본질은 지금껏 이해하지 못했던 것을 이해하는 것"[45]이라고 말한다.

그러므로 바슐라르의 비판에서 요점은, 현상학이 직접적 경험의 궤도 안에서 안주하고 있으며, "원시적인 것이 늘 근본적인 것이다"라는 빗나간 공리에 묶여 있다는 것이다. 이렇게 해서 현상학은 상상적 투여들의 유희

---

45) Gaston Bachelard, *Le nouvel esprit scientifique*, PUF, 1978, p. 178[『새로운 과학정신』, 김용선 옮김, 인간사랑, 1990, 169쪽].

의 먹잇감인 채로 있는바, 이를 인지하고 억제하는 것이야말로 과학의 과업이 된다. 게다가 현상학은 철 지난 인지적 개인주의에 둘러싸여 있다. 현상학이 고려하지 못하는 점은, 인식의 가공은 집단적 과정일 때에만 가능하다는 것, 개인의 경험은 절대 확실한 것으로 간주될 수 없고 '증명의 노동자들', 곧 조사에 관여한 과학자 공동체의 시험에 열려 있어야만 한다는 사실이다. 이 집단적 제약을 떠난 현상학자들은 "내밀한 경험의 조명만을 받는 영혼의 안이한 확신들"[46]을 탐닉할 수 있을 따름이다. 바슐라르는 현상학자가 "순진하게도 온 우주의 의미를 발견하기라도 한 양 세계에 대한 개인적 시각을 묘사하는 것으로 끝을 맺는다"[47]고 말하는데, 이는 레비-스트로스를 선취하는 주목할 대목이다. 그러나 레비-스트로스와 달리 바슐라르는 과학의 영역이 그런 위험에서 저절로 보호받는다고 여기지 않는다. 개념의 정제된 합리성이 심상의 몽상 쪽으로 미끄러지는 것을 방지하기 위해, 과학의 영역에서조차 불침번을 세워야만 한다. 전(前)과학의 상상적 설명들 내부를 조사하면서 바슐라르가 전개하기 시작한 "객관적 인식의 정신분석"은, 과학적 합리성의 장으로 무의식이 침입하는 것을 감지하고 상쇄하는 일을 돕기 위한 것이다.

이런 시각들 덕분에 바슐라르는 과학적 진리의 본성 및 과학적 인식의 대상에 대한 변별적 설명으로 나아간다. 과학적 인식을 '상식'이나 일상적 경험의 귀납적 일반화 내지 연장으로 볼 수 있다는 점을 부인하기 때문에, 과학의 대상이란 발견되는 것이 아니라 차라리 개념 체계에 의해 '구축된다'고 주장하지 않을 수 없으며, 개념 체계의 감각-경험에 대한 준거는 점점 미약해진다. 동시에 직접적 경험을 '실재'와 같게 보는 경향이 있는 까

---

46) Bachelard, *L'activité rationaliste de la physique contemporaine*, PUF, 1951, p. 10[『현대 물리학의 합리주의적 활동』, 정계섭 옮김, 민음사, 1998, 12쪽].
47) Bachelard, *L'engagement rationaliste*, PUF, 1972, p. 36.

닭에, 바슐라르는 이 개념 체계가 외양들을 떠받치는 어떤 심층적 현실에 상응한다고 상정하지 않는다.[48] 이미 1928년 박사학위 논문에서부터 바슐라르는 "사고와 현실의 일치, 이론과 경험 사이의 등가라는 관념"이 "인식론적 흉물"이라며 일축한 바 있다.[49] 차라리 과학의 진리는, 오직 추가적 증거에 비추어 스스로를 정정·조정할 수 있는 과학적 이론들의 항상적 민감성/감수성, 그리고 이에 따른 근본적 개념들의 일관성과 포괄성의 증가에서 구현된다. 이런 과정은 광범위한 인식 축적 안에서 나타나는 소소한 정정에 그치지 않는다. 주요한 과학적 진전들이 과학적 방법의 기초 자체에까지 이르는 충격파들을 일으킬 수 있기 때문이다. 따라서 심지어 체험된 세계와의 시초적 단절이 있은 다음에도, 과학사는 현저한 인식론적 불연속성들을 계속 드러낸다.

맑스의 이론적 발전을 논하면서 알튀세르는 '인식론적 단절'이라는 바슐라르적 개념을 중요하게 활용한다.[50] 이 개념에 힘입어 헤겔주의적이고 실존주의적인 맑스 독해를 비판할 수 있기 때문으로, 알튀세르는 이런 식의 독해를 뒷받침하는 중심적 문헌들——무엇보다 1844년 『경제학·철학 수고』——은 맑스 작업의 '전(前)과학적' 국면에 속하는 것으로 보아야만 한다고 주장한다. 맑스의 초기 문헌들을 지배하는 것은 헤겔적이고 포이어바흐적인 사고방식이다. 이에 따르면 인간 존재들은 자기 자신의 사회적 세계의 무의식적인, 따라서 '소외된' 창조자이자 원동력인데, 이런 사

---

48) 이 진술에는 단서가 필요하다. 바슐라르는 한편으로 구성주의, 다른 한편으로 과학 이론들이 기저에서 떠받치는 현실에 틀림없이 준거한다는 암묵적 가정 사이에서 동요한다. 하지만 '순진해 빠진' 실재론을 실재론 자체와 등치시키곤 하는 까닭에, 바슐라르는 이런 현실에 이론적 지위를 부여할 수 없다.
49) Bachelard, *Essai sur la connaissance approchée*, J.Vrin, 1928, p. 43.
50) 이 개념을 둘러싼 바슐라르와 알튀세르의 쟁점에 관해서는, 에티엔 발리바르, 「바슐라르에서 알튀세르로: '인식론적 단절' 개념」, 서관모 옮김, 『이론』 13호, 1995년 겨울 참조.—옮긴이

고방식은 맑스가 나름의 변별적 이론 지형을 수립하는 것과 동시적인 발견들에 선행하는 것이다. 알튀세르의 주장에 따르면 1845년을 즈음하여 맑스의 작업에서 인식론적 절단이 발생하며, 『독일 이데올로기』와 「포이어바흐에 관한 테제들」에서 가장 명백하다. 여기서 맑스는 초기의 '인간학적' 가정들을 버리기 시작하고, 전혀 새로운 개념 체계에 따라 인간 사회의 역사를 사고하기 시작하는데, 생산양식, 생산관계, 지배 계급과 피지배 계급, 이데올로기 등이 그것이다. 이 새로운 개념 체계는 역사의 '조물자'로서 인간 동작주들에게는 이제 아무런 여지도 남겨 두지 않는다. 맑스는 '역사의 행위자들이 그 문헌의 작자이며, 그 생산의 주체'라는 부르주아 인본주의의 신념이 지닌 '명백함'을 명확하게 포기한다. 알튀세르는 '인식론적 절단'이라는 용어로써 이 과정을 묘사하면서, 후기의 '과학적' 맑스를 청년 맑스의 발전이나 (헤겔적 용어를 빌리자면) '진리'로 볼 수 없음을 강조했다. '소외', '유적 존재', '실천' 따위 개념들은 『자본』 같은 저작의 이론적 체계와 쉽사리 혼합될 수 없다. 그것은 다른 '문제설정'에 속하는 것이다.

이 문제설정이라는 용어로써 알튀세르는 한 이론을 이루는 근본 개념들의 결속, 그리고 경험적(인 것으로 여겨지는) 참여에 대한 이 개념들의 우위를 묘사한다. 바슐라르는 이 용어를 거의 사용하지 않지만, 원리 면에서 이 용어가 그의 작업 전반에 나타나는 건 분명하다. 가령 『부정의 철학』에서 바슐라르는 물리과학들에서 실험과 관찰의 결과란 특정한 이론적 틀 안에 자리 잡지 않는 한 의미가 없다고 주장한다. 과학자가 그저 보는(see) 것이 아니라, **들여다보고**(look) **검사하도록**(examine) 만들 수 있는 것은 오직 태도와 기대의 구조뿐이기 때문이다. 알튀세르는 『『자본』을 읽자』에서 이 논변을 발전시켜, 시각의 은유에 기반하여 주체와 대상 간의 제한 없는 마주침의 가능성을 상정하는 인식 이론들에 대한 일반적 비판을 제시한다. 그는 "과학의 실존 자체에 특유한 사실[을 지적한다―듀스]. 과학은 규정된 이론적 구조, 그 문제설정의 지평 내부 및 지형 위에서 문제를 제기할 수 있을 따름으로, 문제설정은 과학의 절대적이고 규정된 가능성의 조건을 구성한다."[51] 특수한 과학 이론 내부에서 어떤 사실들을 알아채지 못하는 것은 우연히 못 보고 지나친 탓이 아닌데, 어느 문제설정 안에도 "비가시적인 것과 가시적인 것을 묶는 유기적 고리"[52]가 있기 때문이다. 그러나 알튀세르와 바슐라르는 대개 같은 방향을 향하면서도 한 가지 점에서 크게 다르다. 바슐라르에게 있어 관련 질문들의 체계인 문제설정은, 과학의 원숙함의 징표이자 주의를 좁히고 이끄는 역량의 징표로서, 교수받지 않은 정신의 모호한 자생성과 대조를 이룬다. 게다가 이 정신 또는 타고난 상상을 대상으로 삼는 **이론**이란 존재할 수 없다. 바슐라르의 주장에 따르면 "심상은 심상에 의해서만, 심상이 몽상 속에서 모이는 그대로 심상을 꿈꾸면서, 연구될 수 있을 뿐이다. 상상력을 객관적으로 연구하는 척하는 것은 어불성설이다".[53] 그런데 알튀세르가 보기에는 이런 가정들을 채택하게 되면 맑스가 그 이론적 신빙성을 실추시킨 바 있는 인본주의의 지류에 머무는 게 된다. 알튀세르에 따르면 인식론적 절단이란 자생적인 것에서 체계적인 것으로, 자연에서 문화로 도약하는 것이 아니라, 한 개념 체계에서 다른 개념 체계로, 곧 '이데올로기적 문제설정'에서 과학의 문제설정으로 이동하는 것이다. 여기서 주안점은 비일관성에서 일관성으로 이행하는 데 있지 않은데, 이데올로기가 고도로 체계적인 세계관을 제공할 수도 있기 때문이다. 이데올로기와 과학을 대조할 때 중심은, 전자의 문제설정이

---

51) Althusser, "From *Capital* to Marx's Philosophy", *Reading Capital*, p. 25 [「『자본론』으로부터 마르크스의 철학으로」, 『자본론을 읽는다』, 29쪽].
52) *Ibid*, p. 25 [같은 글, 같은 책, 29쪽].
53) Bachelard, *La poétique de la rêverie*, PUF, 1960, p. 46 [『몽상의 시학』, 김현 옮김, 기린원, 1990, 66쪽].

스스로 의식할 수 없는 실천적이고 사회적인 결정들에 의해 사전에 규정되어 있는 데 반해, 후자의 문제설정은 진리의 내재적 기준에 부합하는 자율적 전개를 가능케 한다는 점이다. 그런데 맑스주의의 경우에는 대조점이 하나 추가된다. 인식론적 절단은 과학의 전사(前史)가 오류라는 점을 드러낼 뿐만 아니라, 저 오류의 이유를 밝혀 설명하는 것을, 정확히 말하자면 '이데올로기의 이론'을 가능케 만든다.

이 설명에 기반하여 알튀세르는 그가 '역사주의'라고 칭한 맑스주의 전통의 광범위한 사조를 추가로 공격할 수 있게 된다. 앞서 살펴본 것처럼, 역사주의는 사회구성체의 구조화된 복합성을 어떤 단순한 통일적 원리로 환원하는 경향이 있다. 하지만 인식론이라는 특수한 영역에서 볼 때, 역사주의를 특징짓는 또 다른 잘못은 과학과 이데올로기 사이의 절단에 관해 아무런 엄밀한 구상도 보유하지 않는 것이라는 점이 이제 드러난다. (루카치나 그람시에게서 나타나는 것처럼) 헤겔적 형태가 주를 이루는 역사주의는, 이론의 인지적 타당성이 특수한 시대에 일정한 사회적 세력들의 세계관을 표현하는 역할과 독립적으로 가늠될 수 없다는 명제를 긍정한다. 여기서 맑스주의는 유사 이래 인간의 사고와 행위를 구조화했던 일련의 철학들 중 그저 최근의 가장 보편적인 판본일 따름이라고 여겨지곤 한다. 따라서 역사주의는 더 근본적인 것으로 간주되는 역사적 현실의 한 형태에 대한 의존 관계 안에 인식을 자리 잡게 하고, 그렇게 함으로써 이론의 자율성과 (함축적으로는) 권위에 의문을 제기한다. 알튀세르는 맑스주의 이론의 독립성을 극히 강조하기 때문에, 과학적·철학적 인식에 부여된 지위가 (역사주의를 특징짓는) 수준들의 환원이 드러나는 "징후적 지점"[54]이라고

---

54) Althusser, "The Object of *Capital*", *Reading Capital*, p. 132[『『자본론』의 대상』, 『자본론을 읽는다』, 29쪽].

본다. 알튀세르는 맑스주의를 반자본주의 투쟁 경험의 이론화로 보기는커녕, 정반대로 이론과 정치 사이의 유일하게 가능한 관계란 (몽테스키외에 관한 그의 초기 소론에서 이미 지적한 것처럼) "충분한 근거를 갖춘 과학에 의한 그릇된 의식의 교정"[55]이라고 여긴다.

『『자본』을 읽자』에서 역사의 일반 이론과 과학 이론을 논할 때, 알튀세르가 확고한 지지를 보내며 언급하는 역사 연구 모음집 하나가 있다. 미셸 푸코의 작업이다. 서양의 의학적·정신의학적 담론들의 전환——아울러 우리 정신·신체관의 역사성 ——에 관해 푸코가 내놓은 혁신적 연구들은, 알튀세르가 보기에 과학사의 연속주의적 설명을 분쇄하고, "인식 생산의 조건들의 역설적 논리"[56]를 조사한다는 점에서 본보기가 된다. 푸코는 임상의학의 응시의 '자명성' 또는 광기를 정신의 병폐로 지각할 때 동반되는 '자명성'이 어떻게 (특정 시대의 경제·정치·이데올로기 구조들에 의해 결정되는) 의학, 법, 종교, 윤리, 그리고 정치의 관행들이 복잡하게 겹친 결과인지 보여 준다. 이 점에서 푸코의 작업은 초기 알튀세르가 맑스주의 철학의 과업이라고 본 '인식 생산의 역사에 관한 이론'의 모형을 제시해 주는 데 그치지 않는다. 그의 작업은 표현적 동시성이나 목적론적 연속 따위 '이데올로기적' 범주들로 환원될 수 없는 역사적 시간의 구조에 관한 일반적 교훈을 일러 준다.

1960년대 당시 자신의 관심사와 옛 제자[푸코]의 관심사가 수렴한다고 본 알튀세르의 판단은 정확한 것이었다. 이때 푸코가 내놓은 과학적 담

---

55) Althusser, "Montesquieu", *Politics and History*, p. 38[「몽테스키외」, 『마키아벨리의 고독』, 37쪽].
56) Althusser, "From *Capital* to Marx's Philosophy", *Reading Capital*, p. 45[「『자본론』으로부터 마르크스의 철학으로」, 『자본론을 읽는다』, 55쪽].

론에 관한 역사적 분석들 또는 '고고학'은 분명 역사적 인식론의 전통에 빚지고 있었는데, 이 전통은 알튀세르의 작업에서도 중심적이었기 때문이다. 사실 알튀세리엥들이 보기에 푸코는 그저 이 전통을 상속하고 발전시킨 이일 따름이었다. 인식론을 전공한 알튀세르의 제자 도미니크 르쿠르는 1971년 무렵 바슐라르와 캉길렘, 푸코가 과학철학에서 (과학적 방법의 일반 이론 일체를 거부하는 것으로 간주되는) '반실증주의'와 (인식의 단선적 성장 일체를 부인하는 것으로 간주되는) '반진화주의'라는 공통된 사조에 속해 있다고 제안할 수 있었다.[57] 그러나 푸코와 알튀세리엥들은 이 전통 안에서 어느 쪽에 더 무게를 둘 것인가에서 의견이 달랐다. 알튀세르의 주된 관심사는 바슐라르가 전개한 인식론적 불연속성 이론이었는데, 맑스의 작업을 다시 시기 구분하고 맑스주의의 과학성을 재정립하는 데 이 이론이 쓰일 수 있었기 때문이다. 반면 푸코의 작업은, 1960년대에 그가 인식의 전개에서 나타나는 불연속성들을 (더 강하게까지는 아니더라도) 마찬가지로 강조하긴 했었으나, 캉길렘의 생명과학사 연구 쪽에 훨씬 가까운데, 여기서는 역사 기술학에 대한 관심이 순수 인식론에 대한 관심보다 우위에 서는 경향이 있다. 게다가 바슐라르의 경우 과학이 **출현하는** 모체를 무의식에 대한 비시간적 심리학의 견지에서 정의하는 경향이 있다면, 캉길렘은 기초가 되는 일정한 생물학 개념들의 사회적 상대성과 규범적 기초들에 훨씬 깊은 관심을 보이며, 심지어는 생명과학들이 (종종 정치적이거나 이데올로기적인 기원에서 유래하는) 특정한 구상적 표현 양식들에 영구히 의존할지 모른다는 가능성까지 받아들인다. 푸코는 이 계보 안에 있지만 이번

---

57) Dominique Lecourt, "Archaeology and Knowledge(Michel Foucault)", *Marxism and Epistemology: Bachelard, Canguilhem and Foucault*, trans. Ben Brewster, NLB, 1975 [「고고학과 지식에 대하여: 미셸 푸코」, 『프랑스 인식론의 계보: 바슐라르, 캉기옘, 푸코』, 박기순 옮김, 새길, 1996] 참조.

에는 '생명'에서 '인간과학' 쪽으로 관심의 초점을 재차 이동하는 한편, 이데올로기적 요인들에 대한 고찰을 확장하여 인간과학들의 출현을 규정한 사회적·제도적 틀까지 포함시킨 것으로 볼 수 있다.

이 전통 전반에서 핵심이 되는 추정은, 인식을 제대로 이해하려면 경험적 현실과 일정한 불변의 정신 능력들이 마주칠 때 인식이 산출된다는 식으로 보는 것이 아니라, 인식의 역사적 전개 속에서 연구해야 한다는 것이다. 프랑스에서 이 추정의 영향력은 궁극에는 콩트로 거슬러 올라가야 하는데, 콩트는 (『실증 철학 강의』*Cours de philosophie positive* 1과에서) '심리(학)적 방법'이 틀렸음을 밝히고("이른바 정신에 의한 정신의 연구는 완전한 착각이다"), 실증 철학의 과업은 "인간 정신이 이미 손에 넣은 정확한 인식을 [인간 정신이] 획득할 당시 실제로 사용된 방법들을 조사함으로써, 활동 중인 인간 정신이 실제로 따르는 추이"[58]를 추적하는 것이라 주장한다. 콩트는 역사를 진지하게 다뤄야 한다고 단호하게 말하지만, "관찰에 몰두하기 위해 정신은 일정한 종류의 이론을 필요로 한다"[59]는 사실 역시 인정하는데, 이 통찰은 바슐라르가 갱신하고 1960년대 인식론으로 이어진 전통에서 계속 중심을 점하게 된다. 그러나 경험에 대한 이론의 우위를 제시하는 방식 면에서 알튀세르와 푸코는 사뭇 다르다. 알튀세르는 경험주의 인식 이론들을 비판할 때 (과학적 문제설정 개념에 중점을 두는) 이론적 논쟁의 형태를 취한다. 반면 푸코는 철학적 논변들을 명시해 사용하는 경우가 거의 없다. 차라리 그의 철학적 입장들은 표면적으로는 과학 이론들보다는 정치적·사회적 전환들 쪽에 관심을 두는 뒤엉킨 서사에서 출현한다. 푸코는 이 기술을 니체에게서 얻었고, 양자는 전통적인 철학 담론에 대한

---

58) Stanislav Andreski ed., *The Essential Comte: Selected from Cours de Philosophie Positive*, trans. Margaret Clarke, Comte Helm, 1974, p. 32.
59) *Ibid.*, p. 22.

깊은 불신을 공유한다. 푸코는 니체처럼 "우리의 철학적 반성의 내면성"에 흡수되는 것을 피하면서도 "우리 인식의 실증성"[60]으로 빠지지 않을 참신한 표현 양식을 추구한다.

『임상의학의 탄생: 의학적 시선에 대한 고고학』은 구조주의의 그늘에서 집필된 푸코의 최초 작업이면서, 전술한 바 있는 완곡한 절차의 뚜렷한 사례다. 겉으로 보기에 푸코의 관심사는 18세기 말과 19세기 초에 의학 담론에서 생겨난 일정한 전환들, 그리고 이 전환들과 프랑스 혁명이라는 사회적·정치적 격변 사이의 관련성을 분석하는 것이다. 그러나 『임상의학의 탄생』을 현상학적 인식관 비판으로 읽을 수도 있다. 후기 저작에서 메를로-퐁티는 '진리의 계보학'이라고 일컬은 작업의 개요를 시도한 바 있다. 그는 담론적 인식이 어떻게 하여, 어떤 궁극적 지점에서, 주체와 대상의 분할에 대해서조차 앞서는 존재의 드러냄에 정박하지 않으면 안 되는지 보여 주고 싶어 했다. 그런데 『임상의학의 탄생』은 (보는 것, 아는 것, 가시적인 비가시성 등) 각 장의 제목 하나하나에 이르기까지, 메를로-퐁티 입장들의 미묘하게 전도된 메아리를 담고 있다. 푸코는 '진리의 계보학' 대신 '응시의 고고학'을 제안하는데, 이는 어떻게 해서 '무매개적/직접적/즉각적(immediate) 지각'이 출발점이라기보다는 복합적인 완제품으로 간주되지 않으면 안 되는지를 보여 줄 것이었다. 푸코의 역사적 분석에 따르면, 임상의학이 병든 환자의 신체를 바라보는 무구한 듯한 시선은 사실 관찰과 등록의 절차들, 제도적 규칙들과 개념화의 형태들로 이루어진 복합적 집합이 응고된 결과다. 한편 임상의학 창시자들의 신념 ─ "응시는, 만일 침묵하는 가운데 사물 위에 머문다면, 바라보는 대상 주위에서 만물이 침묵을

---

[60] Michel Foucault, "La pensée du dehors", *Critique* vol. 22 N° 229, Juin 1966, p. 526 [「바깥의 사유」, 심재상 옮김, 김현 엮음, 『미셸 푸코의 문학비평』, 문학과지성사, 1989, 190쪽].

지킨다면, 나름의 진리를 달성하고, 사물들의 진리에 접근할 수 있을 것이다"[61]——은 현상학의 순진해 빠짐, 순수하고 전(前)언어적인 수준의 경험에 접근할 수 있다는 현상학의 믿음을 음흉하게 암시한다. 그러므로, 제시 방식 면에서 놀랄 만한 차이들이 나타나기는 하나, 1960년대 초반 푸코와 알튀세르의 입장들은 평행해 보인다. 양자 모두 인식을 시각의 한 형태로 보는 전통적 은유를 비판하고, 지각된 것과 지각되지 않은 것의 관계들이 언어적으로 결정된 것이라는 관점으로 나아간다. 알튀세르의 '문제설정'은 푸코가 "언표된 것과 언표되지 않은 채로 머무는 것 사이의 분할과 연결되는 한에서, 가시적인 것과 비가시적인 것 사이의 기원적 분배"[62]라고 명명한 것 안에서 재등장하는 것 같다.

그러나 알튀세르와 푸코의 이 논변은, 바슐라르나 캉길렘의 어떤 논변에 비해서도 결정적 일보를 내딛는 것이다. 바슐라르의 철학이 경험보다 이론의 우위를 강조한다는 점에는 이론의 여지가 없다. 그는 때로 자신의 입장을 가리켜 '합리주의'——비록 '열린 합리주의'이기는 하지만——라고 부르는데, 여기서는 경험적 세부 사항들의 축적보다 오히려 증가하는 개념적 일관성과 이론의 수식화가 과학적 진전의 더 참된 표지로 여겨진다. 아울러 바슐라르는 과학적 인식을 "경험의 췌언"[63]으로 보는 철학들을 지치지 않고 비판한다. 그러나 바슐라르는 이론이 (이론이 적용되는) 사실을 유일하게 결정한다거나, 경험과 실험이 이론을 구축하는 데 아무런 역할도 하지 않는다고 시사한 적은 전혀 없다. 그리고 자신이 전통적 형이상

---

61) Foucault, *The Birth of the Clinic: An Archaeology of Medical Perception*, trans. Alan Mark Sheridan-Smith, Tavistock, 1973, p. 108[『임상의학의 탄생: 의학적 시선에 대한 고고학』, 홍성민 옮김, 이매진, 2006, 187쪽].
62) *Ibid.*, p. xii[『임상의학의 탄생』, 17쪽].
63) Bachelard, *Le rationalisme appliqué*, PUF, 1975, p. 38.

학의 특징이라고 본 주체와 대상 사이의 추상적 대당을 바슐라르가 비판하긴 하나, 이는 주체와 대상 모두를 개념 체계의 결정론의 '효과'로 환원하기 위해서가 아니라, 과학들의 현행적 실천에서 드러나는 '이론'과 '실험'의 더 미묘한 변증법을 탐색하기 위해서다. 바슐라르가 보기에 적합한 과학철학의 과업은 실재론과 합리론 사이에서 섬세한 침로를 취하는 것이지, 이 양자택일 중 어느 한쪽에 맹목적으로 매달리는 것이 아니다. 아울러 '열린 합리주의'라는 그의 구상은 새로운 증거에 비추어 이론을 거리낌 없이 수정하는 과학자의 태도 바로 그것과 다르지 않다. 바슐라르에 따르면, "어떤 실험이 새로운 현상에 관한 최초의 소식을 가져올 경우, 이론가는 끊임없이 지배적 이론을 변경하여 새로운 사실을 흡수할 수 있게 만든다".[64] 게다가 이 조정이 이론의 피상적이고 임시방편적인 요소들에 제한되는 것도 아니고, 주요한 전환이 순전히 개념적인 혁신 쪽으로 귀속되는 것도 아니다. 『부정의 철학』의 결론 장에서 바슐라르가 시사하는 것처럼, 어떤 이론적 원리도, 심지어 동일률 따위의 근본적인 논리적 원리들마저 새로운 실험적 증거에 따른 수정에서 면제된다고 볼 수 없다.

그러나 알튀세르의 작업에서는 경험에서 이론으로 가는 '되먹임'의 가능성이 완전히 배제된다. 이 점은 여러 맥락을 감안해 보면 분명해진다. 첫째, 『맑스를 위하여』이래 알튀세르는 과학적 활동에 관해서 '이론적 실천'이라는 은유를 채택하는데, '이론적 실천'이란 (그가 '일반성 2'라고 명명하는) 이론의 개념들이 (일반성 1인) 이데올로기적 개념들, 과학적 '사실들', 그리고 이미 가공된 과학적 개념들로 이루어진 '원재료'에 작용함으로써, (일반성 3인) 새로운 인식을 산출하는 생산 과정이다. 이 생산의 은유가 함축하는바, 알튀세르가 포괄적으로 '이데올로기'와 등치시키는 경험이란

---

64) Bachelard, *Le rationalisme appliqué*, p. 2.

과학의 개념들이 모양 짓고 가공해야만 하는 수동적인 일차 재료일 따름이다. 알튀세르는 "(노동의 대상인) 일반성 1에 대한 (노동하는) 일반성 2의 우위"[65]를 말한다. 둘째, 『『자본』을 읽자』에서 '문제설정'이라는 개념을 논할 때 알튀세르가 묘사하는 문제설정은 "특정 시점의 과학에서 **모든 문제의 제기를 규정하는 형식들**의 절대적 결정"[66]을 이룬다. 그러나 만일 이 결정이 절대적이라면, 경험적 발견이 문제설정의 변형을 유발할 가능성이란 존재할 수 없을 것이다. 게다가 경험적인 것과 이론적인 것의 구별도 무의미해질 것이다. 마지막으로, 알튀세르의 스피노자주의도 그가 경험적 증거의 역할을 무시하는 데 한몫 한다. 『『자본』을 읽자』에서 알튀세르가 주장하는 바에 따르면, 일단 과학들이 "참되게 구성되고 발전한 연후에는, 과학들은 생산한 인식들이 '참'이라고, 즉 인식이라고 공표하기 위해 외부적 실천들에 검증받을 필요가 없다".[67] 그 까닭은 앞서 살펴본 것처럼 '이론적 대상'을 성공적으로 구성해 낸 과학은 순전히 논리연역적인 방식으로 작동한다는 게 알튀세르의 생각이기 때문이다. 이런 근거에 따라 알튀세르는 물리과학의 실험들이 어떤 점에서는 그 '이론적 실천'에 내적이라는 주장에 이르는데, 이렇게 되면 (이론에서 독립적인 현실을 필수적으로 상정하는) 예측의 역할과 의의를 이해할 수 없게 된다. 이론과 경험 사이의 상관 관계 및 구별을 식별하려는 일체의 시도를 대개 알튀세르는 '실용주의'로 일탈한 것이라고 비난한다.

    푸코도 이론과 경험의 관계를 알튀세르와 비슷하게 일방향적인 결정

---

65) Althusser, "On the Materialist Dialectic", *For Marx*, p. 191 [「유물론적 변증법에 대하여」, 『맑스를 위하여』, 229쪽].
66) Althusser, "From *Capital* to Marx's Philosophy", *Reading Capital*, p. 25 [「『자본론』으로부터 마르크스의 철학으로」, 『자본론을 읽는다』, 29쪽].
67) *Ibid.*, p. 59 [같은 글, 같은 책, 74쪽].

으로 제시하는데, 하지만 푸코의 경우에는 이런 구상의 이유가 상당히 광범위하다. 알튀세르의 논변은 특히 과학적 사실들의 '이론 의존적' 지위를 다룬다. 그가 경험에 대한 언어의 일반적 우위라는 문제를 건드리는 것은 라캉의 대문자 상징계 개념에 묵시적으로 의지하여 이데올로기 이론의 근거를 확보하려 할 때뿐이다. 그러나 푸코의 주장은, 구조주의가 널리 주장하는 식으로, 애초부터 '체험된 것'에 대한 담론적인 것의 우위라는 견지에서 제시된다. 따라서 "모든 천문학들의 격자 사이로 반짝이는 천공"[68]을 푸코가 부인하는 것은, 바슐라르적 인식론을 고수해서가 아니라, 레비-스트로스의 주장이 시사하는 다음과 같은 부류의 관점에 충실하기 때문이다. "날것 그대로의 자연 현상 따위는 없다. 인간에게 존재하는 자연 현상은, 문화에 의존하는 논리적이고 정서적인 규범들로 여과되었다고 볼 수 있는 개념화일 따름이다."[69] 가령 『임상의학의 탄생』에서 푸코가 (자신의 분석 수준에서는) "이론과 경험, 방법들과 결과들 사이에는 아무런 구별도 실존하지 않는다. 사람들은 가시성의 심층 구조들 ─ 이 구조 안에는 장(場)과 응시가 **인식의 규약들**에 의해 서로 얽혀 있다 ─ 을 읽어야만 했다"[70]고 주장할 때, 이 규약들은 한 문화의 일반적 규약들의 특수한 체현에 불과한 것으로 간주되는 경향이 있다. 책 말미에서 푸코는, 임상의학의 출현과 횔덜린의 서정시의 출현 모두 '유한성의 돌발', 필멸성(必滅性)에 관한 새로운 의식의 징후로 볼 수 있다고 시사한다. 후속작 『말과 사물』에서 푸코는 이 구상을 거대하게 확장시켜, 특정 시대의 모든 담론들은 그가 **인식소**(episteme)라고 일컫는 기저에서 떠받치는 구조에 의해 결정되는 것으로

---

[68] Foucault, *The Archaeology of Knowledge*, trans. Alan Mark Sheridan-Smith, Tavistock, 1972, p. 191 [『지식의 고고학』, 이정우 옮김, 민음사, 2000, 226쪽].
[69] Lévi-Strauss, *Structural Anthropology* Vol. 2, pp. 231~232.
[70] Foucault, *The Birth of the Clinic*, p. 90 [『임상의학의 탄생』, 158~159쪽].

보아야만 한다고 주장한다. 푸코가 '역사적 선험'이라고 부르는 이 구조는, 문화를 질서 짓는 근본 원리를 구성하며, 이로써 모든 구체적인 인식 양식들의 뿌리 노릇을 하는 묵시적 존재론을 제공한다. 결국 이 존재론을 교란하는 어떤 특수한 경험적 발견의 가능성도 존재할 수 없다. 변화는 한 **인식소**에서 그 뒤를 잇는 인식소로 범역적 이동이 일어날 때에야 비로소 도래할 뿐이다. 푸코의 설명에서 르네상스 이래 서양 문화사는 세 가지 광대하고 절연된 구역으로 나뉜다.

방법에 관한 회고적 담론이자 1960년대에 출간된 마지막 책 『지식의 고고학』에서 푸코는 자신의 초기 작업에 대한 잘못된 해석을 정정한다는 구실로 이 구상을 크게 변경한다. 푸코는 이 책에서 **인식소**를 "가장 다양한 과학들의 경계들을 가로지르면서, 하나의 주체, 하나의 정신이나 한 시기의 주권적 통일성을 현시하는 합리성의 유형이나 인식의 형태"[71]로 보아야만 한다는 점을 부인한다. 만일 **인식소**라는 용어가 아직 쓰인다면, 이질적이지만 서로 맞물린 '담론적 실천들'의 유동적인 체계를 지칭하는 한에서다. 그러나 **인식소**의 엄격함을 이렇게 약화시킨다고 해서, 인식소가 경험적 발견과 과학의 이론적 구조 사이의 상호 작용 가능성을 허용하는 방향으로 확장되지는 않는다. 푸코는 과학의 대상이 "연옥에 갇힌 채, 장차 과학을 석방시켜 과학이 가시적이고 장황한 객관성 속에 체현될 수 있게 해주는 질서를 기다리지 않는다"[72]라고 역설한다. 지식의 고고학에 부여된 과업은 이런 대상들의 구성을 설명하되, "**사물의 기초나 근거**에 준거하지 않고, 규칙들의 본체와 대상들 ─ 사물들이 담론의 대상들로 형성될 수 있게 해주고 이로써 그 역사적 출현의 조건들을 구성하는 ─ 을 연관 지음으

---

71) Foucault, *The Archaeology of Knowledge*, p. 191 [『지식의 고고학』, 267쪽].
72) *Ibid.*, p. 45 [같은 책, 76쪽].

로써" 그렇게 하는 것이다. 이때 중심에 나서는 것은 "담론이란 현실과 언어 사이의 접촉이나 대면의 가느다란 표면이 아니다"[73]라는 추정이다.

이처럼 이론과 경험의 관계 일체를 배제하기 때문에, 푸코와 알튀세르의 작업은 공히 심각한 어려움에 이른다. 알튀세르의 경우 이 어려움이 분명해지는 '징후적 지점'은 맑스주의 '역사과학'의 역사적 출현을 설명하는 곳이다. 『맑스를 위하여』와 『『자본』을 읽자』는 이 출현을 순전히 지적인 사건이나 마찬가지인 것으로, 곧 이론 영역 안에서 일어난 이데올로기와 과학의 절단으로 취급한다. 이런 식의 태도는 위 작업들에서 알튀세르가 옹호한 철학 이론 때문에 강화된다. 알튀세르는 '철학적 혁명들'이 주요한 과학적 발전들을 뒤따른다고 시사한다. 플라톤주의는 초기 그리스 수학의 발명을 뒤따랐고, 데카르트주의는 갈릴레이를 뒤따랐다는 것이다. 이 철학적 혁명들은 "철학적 반성 안에서 벌어지는 기본적인 과학적 발명의 '반복', 그리고 철학에 의한 새로운 형태의 합리성의 생산"[74]으로도 볼 수 있다. 따라서 알튀세르 자신의 과업은 맑스의 작업 안에 '실천적 상태'로 담겨 있는 새로운 형태의 합리성을 해명하고 거기에 형식을 부여하는 것, 또 '(맑스의) 이론적 실천에 대한 (위엄 있는 대문자) 이론(Theory)'을 제공하는 것이다. 이런 이론은 바슐라르의 '객관적 인식의 정신분석'과 비슷한 과업을 수행할 것이었다. 아울러 끊임없이 기성 과학들을 둘러싸는 이데올로기적 낌에서 기성 과학들을 보호할 것이고, 맑스가 열어젖힌 '역사 대륙'을 불법으로 점유해 온 '과학적 이데올로기들'을 폭로할 것이며, 올바른 개념적 기초 위에 맑스주의적 연구의 새로운 분야들을 확립할 것이었다. 그러나

---

73) Foucault, *The Archaeology of Knowledge*, p. 48 [『지식의 고고학』, 82쪽].
74) Althusser, "The Object of *Capital*", *Reading Capital*, p. 185 [「『자본론』의 대상」, 『자본론을 읽는다』, 235쪽].

『『자본』을 읽자』 출판 직후 알튀세르는 이런 구상을 포기하기 시작했다. 그리고 『자기 비판의 요소들』은 이런 구상이 '합리주의적'이고 '이론주의적'인 편향을 띠며, 편향의 본질은 자신의 초기 작업 전반을 특징지은 흠결, 곧 계급투쟁의 실재성과 실효성을 무시한 데 있었다고 고발한다. 이 실효성을 인정하게 되면 알튀세르의 후기 작업에서 중심이 되는 문제 하나가 제기된다. 계급투쟁의 실효성을 인정하되, 맑스주의를 계급투쟁 경험의 이론화로 환원하지 않아야 한다는 것인데, 그렇게 환원하면 역사주의의 틀로 되돌아가고 말 것이기 때문이었다.

이 문제에 대해 알튀세르는, 철학의 본성을 새롭게 보자는 답변을 내놓는다. 철학의 역할은 여전히 과학적인 것과 이데올로기적인 것 사이에 분계선(分界線)을 긋는 것이지만, '과학들의 과학성에 대한 과학'이라는 실증주의적 외피는 더 이상 쓰지 않아야 한다. 차라리 철학은 '이론에서의 계급투쟁'을 표상/재현/상연하는(represent) 것으로 보아야만 한다. 철학이란 정치적 전장으로, 유물론적 경향들과 관념론적 경향들은 끊임없이 이동하는 자신의 입장들/진지들(positions)을 그 안에 표시해 넣는다. 철학은 고유한 '이론적 대상'을 보유하고 있지는 않지만, 일종의 중개자로 행위하면서, 과학의 영역에서는 정치를, 정치의 무대에서는 과학성을 표상/재현/상연한다. 따라서 맑스주의의 과학적 지위를 방어한다는 것은 이제 철학에서 계급적 입장을 채택하는 것, **정당**할 수는 있지만 (과학의 명제들과는 달리) 증명할 수는 없는 '유물론적' 테제들을 선포하는 것이 된다. 게다가 철학적 입장의 이동은 이제 새로운 과학의 출현에 선행하면서 과학의 출현을 가능케 만드는데, 철학의 작업 방식은 "문제들의 **입장**을 변경하는 것, 실천들과 그 대상 사이의 관계들을 변경하는 것"[75]이기 때문이다. 알튀

---

75) Althusser, *Essays in Self-Criticism*, trans. Grahame Lock, NLB, 1976, p. 58n.

세르는 이런 기반 위에서 맑스의 발견들이 어떻게 출현했는지를 역사적으로 더 조밀하게 분석하려고 시도한다. 알튀세르의 주장에 따르면 역사 유물론을 향한 맑스의 도정에서, "결정적인 요소는 정치, 즉 프롤레타리아의 정치 투쟁에 점점 더 깊이 참여하는 것이다".[76] 맑스는 우선 프롤레타리아의 정치적 입장을 채택해야 했으며, 이를 '이론적(철학적) 입장으로 가공하여' 역사과학의 출현을 좌우한 자리바꿈을 가져왔다는 것이다.

알튀세르는 이런 식으로 과학의 비-입장성(non-positionality)—"모든 과학적 담론은 정의상 주체-없는 담론이며, 과학의 이데올로기 안에서가 아니라면 '과학의 대주체(Subject)'란 존재하지 않는다"[77]—을 보존하려고 노력하면서도, 계급투쟁과 계급적 관점의 중요성을 인정했다. 그러나 이 시도는 일관될 수가 없다. 아무리 간접적이라고는 하나, 과학의 인식이 아닌 인식의 가능성을 인정하라는 압박이 여전하기 때문이다. 맑스는 역사 이론을 기초 짓기 위해 "(계급 착취와 지배의) 작동 방식들이 가시화될 수 있는 관점, 곧 프롤레타리아적 관점"[78]을 취해야만 했다. 그러나 만일 사회의 작동 방식이 피지배 계급의 관점에서 이미 (저 결정적인 은유를 복귀시키자면) 가시적이라면, 맑스주의 이론의 우위와 필수불가결함을 방어하는 게 핵심인 알튀세르의 기획 전체가 흔들리기 시작한다. 1970년대 프랑스에서 알튀세르주의가 정치적·이론적 세력으로서 급격히 시들해진 것은

---

76) Althusser, *Essays in Self-Criticism*, p. 160.
77) Althusser, "Ideology and Ideological State Apparatuses(Notes towards an Investigation)", *Lenin and Philosophy and Other Essays*, trans. Ben Brewster, NLB, 1971, p. 160[「이데올로기와 이데올로기적 국가장치(연구를 위한 노트)」, 『아미엥에서의 주장』, 김동수 옮김, 솔, 1991, 116쪽].
78) Althusser, *Essays in Self-Criticism*, p. 161[갈등적이고 분파적인 과학, 또는 갈등성과 당파성이 그 과학성과 객관성의 **구성적** 요소가 되는 독특한 과학이라는 테제에 관한 더 자세한 논의는, 알튀세르, 「맑스와 프로이트에 대하여」, 변현태·이진숙 옮김, 발리바르 외, 『맑스주의의 역사』, 윤소영 엮음, 민맥, 1991, 특히 104~111쪽 참조].

무엇보다 이 모순의 결과인 것이다.

 1960년대에 푸코도 알튀세르처럼 주체와 대상을 담론의 기원이나 원인보다, 담론의 장의 효과에 불과한 것으로 보는 이론을 내놓으려고 시도한다. 한 과학의 대상들이 그 과학의 담론적 양식들의 산물인 것처럼, "주체(와 그 대용품들)에게서 창조적 역할을 박탈하고, 주체를 복합적이고 가변적인 담론의 함수/기능으로 분석하지 않으면 안 된다".[79] 따라서 담론들의 출현을 설명하려고 실존주의적이거나 심리학적인 고려 사항들에 기댈 필요가 없다. 담론들의 출현은 순전히 '인식의 규약들'이나 **인식소**, 또는 '구성체의 규칙들'에 좌우되는 것이다. 그러나 현상학의 초월론적 주체나 심리학적 주체를 주체 **그 자체**와 등치시키는 것으로 보이는 푸코는, 이렇게 권고할 때 담론에서 언표 행위라는 계기의 중요성을 시야에서 완전히 놓친다. 푸코 입장의 바탕에는 사건의 원인들과 '가능성의 조건들'을 혼동하는 구조주의적 특성이 있다. (『말과 사물』에서) 언표들의 영역을 지배하는 '형식적 법칙들'이라고 칭한 것을 부리한다고 해서, 어떤 특수한 언표가 특수한 사건을 계기로 생산되어야만 하는 이유를 설명할 수는 없다. 레비-스트로스가 신화학의 문법으로 추정되는 것을 분리했지만, 신화 생산의 종별적 심급들을 설명하지 못하고 다만 그런 생산들이 발생하기 위해서 반드시 따라야 하는 규칙들을 설명하는 데 그쳤던 것처럼 말이다. 이런 유의 구조주의적 분석 일체는 개별 사건의 인과적 설명으로 대체보충되지 않으면 안 된다.[80]

 『지식의 고고학』에서 푸코는 구조주의적 의미에서 형식화를 달성하려는 게 아니라면서 이 문제를 극복하고자 한다. 그의 목표는 차라리 역사

---

79) Foucault, "What Is an Author?", *Language, Counter-Memory, Practice: Selected Essays and Interviews*, ed. Donald F. Bouchard, trans. Donald F. Bouchard & Sherry Simon, Basil Blackwell, 1977, p. 138[「저자란 무엇인가?」, 장진영 옮김, 『미셸 푸코의 문학비평』, 264쪽].

적으로 생산된 바로 그 언표들의 내재적 규칙성들을 서술하는 것이다. 그러나 이 변화는 몇 가지 이유 때문에 난점을 해결하지 못한다. 첫째, 푸코 스스로 규칙성들의 서술이 끝없는 과업이라는 점을 인정하는데, 언표들이 서로 닮는다고 말할 수도, 서로 달라진다고 말할 수도 있는 헤아릴 수 없이 많은 방법들이 있기 때문이다. 그러니 어떤 확정적 '이론'도 달성될 수 없는 것이다. 둘째, 설사 그런 이론이 가능하다손 치더라도, 설명력이 없는 건 매한가지다. 그런 **사후적** 재구축은 해석학적 관점에서나 쓸모가 있는데, 푸코가 해석의 기획들을 매섭게 비판하는 까닭에 이 가능성은 배제된다. 셋째, 내재적인 담론 '구성체의 규칙들'에 집중하게 되면 (가령 종교적·정치적 공포 정치 분위기에서 발생하는 과학의 사례처럼) 많은 경우에 담론의 내적 형세조차 '외적' 요소들을 가지고 설명할 필요가 있다는 사실을 지나치게 된다. 이렇게 본다면 푸코가 '고고학'의 중심 질문이라고 본 것 ——"어떻게 해서 그 자리에 다른 언표가 아니라 그 언표가 출현하게 되었는가?"[81] ——은 대답 없이 남았다는 결론도 가능할 것이다.

과학적 담론이 그 대상을 오롯이 구성한다고 묘사할 때 푸코는 동일한

---

[80] 이 점에 관한 논의로는, Charles Taylor, "Force et sens", éd. Gary Brent Madison, *Sens et existence: En hommage à la Paul Ricœur*, Seuil, 1975를 보라[그런데 알튀세르 자신이 일찍이 1966년에 정확히 이 논점을 레비-스트로스에게 제기한 바 있다. 그에 관해서는 Althusser, "On Lévi-Strauss", *The Humanist Controversy and Other Texts*, éd. François Matheron, trans. G. M. Goshgarian, Verso, 2003, pp. 19~32 참조. 이 글에서 알튀세르는 레비-스트로스가 형식주의적이라고 비판한다(그렇다고 해서 알튀세르 자신이 형식주의를 부정하는 것은 아니라고 즉각 덧붙인다. 문제가 되는 것은 형식주의 일반이 아니라, 잘못된 종류의 형식주의이기 때문이다). 여기서 비판의 요점은, 레비-스트로스가 가능성과 실재성의 관계를 제대로 다루지 못하고 있다는 것, 따라서 어떤 형식적 가능성이 실재하게 되는 이유를 제대로 설명하지 않는다는 것이다. 그런데 알튀세르가 볼 때 이것이야말로 설명해야 하는 대상 그 자체다. 즉 진정한 문제는 "왜 **실현된 것**이, **따라서** 실재하는 것이, 다른 가능성이 아니라 **이 가능성**인가?"(26쪽)이다. 더 자세한 내용은 위 글 참조].

[81] Foucault, "Réponse au Cercle d'épistémologie", *Cahiers pour l'analyse* Vol. 9, Summer 1968, p. 17.

교착 상태를 강화한다. "아무 때에 아무것이나 이야기할 수 있는 것은 아니다. 눈을 뜨고 주의를 기울이며 의식하는 것만으로, 새로운 대상들이 갑자기 번뜩하고 땅에서 솟아나는 것은 아니다"[82]라는 푸코의 주장에는 분명 중요한 진리의 요소가 있다. 이렇게 틀의 우위를 통찰하는 것은 최근 과학철학의 상투어가 된 바 있다. 그러나 총체적인 담론 결정론을 주장할 때 푸코는, 영어권의 동시대인들은 물론 심지어 자신의 작업에 중요한 영향을 미친 캉길렘도 넘어서 결정적 일보를 내딛는다. 『생명의 인식』에서 캉길렘이 다음과 같은 명제를 긍정한 것은 사실이다. "이론들은 사실들에서 생기는 것이 전혀 아니다. 이론들은 (때로 아주 오랜 옛날의) 선행 이론들에서 생겨날 따름이다."[83] 그러나 그는 즉각 이 언표에 경험적 준거의 역할을 복권시키는 결정적 단서를 덧붙인다. "사실들이란 곧게 난 경우가 드문 길일 따름으로, 이 길을 따라 이론들은 서로를 넘나든다."[84] 대개 니체의 영향을 받아 도를 벗어나거나 예외적인 것에 가치를 두는 캉길렘의 철학은 푸코적 변종에서 나타나는 일체의 결정론을 금한다. 캉길렘은 "합리화에 대한 지적 모험의 분명한 선행성, 이미 인식했어야 하고 검증했어야 하는 것들에 대한 (생명과 행위의 요구에서 비롯된) 주제넘은 지양"[85]에 관해 말한다. 반면 푸코에게서는 '발견들'조차 규칙에 따라 결정된다.

푸코(와 알튀세르)의 잘못 중 하나는, 그들이 날것 그대로의 전이론적 사실들이라는 관념의 신빙성을 실추시키는 데 그치지 않고, 이론의 경험적 함축과 사건의 실제 추이 사이에 **아무런** 불일치도 있을 수 없다는 결론

---

82) Foucault, *The Archaeology of Knowledge*, pp. 44~45 [『지식의 고고학』, 76쪽].
83) Georges Canguilhem, *La connaissance de la vie*, J.Vrin, 1965, p. 50.
84) *Ibid.*, p. 50.
85) Canguilhem, *Idéologie et rationalité dans l'histoire des sciences de la vie*, J.Vrin, 1977, p. 56 [『생명과학의 역사에 나타난 이데올로기와 합리성』, 여인석 옮김, 아카넷, 2010, 46쪽].

으로 식상하게 비약한다는 데 있다(푸코의 경우에는 체계적 인식의 ─ 예측적이기보다는 ─ 분류학적이고 서술적인 측면에 집중하기 때문에, 알튀세르의 경우에는 스피노자적인 과학관 때문에 이런 추정이 강화된다). 그러나 사건의 서술이 특정 이론의 어휘에 항상 **상관적**이라는 사실에서, 이 사건이 항상 특정 이론의 함축과 **일치**해야 한다는 결론이 따라 나오진 않는다. 영어권 최신 과학철학은 바로 이런 어긋남들, 심지어 충분히 '시험을 거친' 이론들에서도 이런 어긋남들이 계속 발생한다는 사실, 이 어긋남들의 함축을 누그러뜨리려고 고안된 **임시** 방편들, 이런 어긋남들의 축적에서 야기되는 과학적 위기의 순간들, 그리고 그런 모순에 시달리는 이론을 포기하는 게 합리적이게 되는 시점이라는 문제 따위에 관심을 갖는다. 그러나 푸코와 알튀세르의 작업에서는 이런 문제들이 제기될 수 없다. 『맑스를 위하여』에서 알튀세르는 전과학적인 이데올로기라 할지라도 문제설정에 의해 통일되어 있고 일관성이 있음을 세심하게 강조하기 때문에, 한 이론이 다른 이론으로 이행하게 만드는 요인에서 모순에 대한 의식의 강도가 높아지는 것은 배제된다. 마찬가지로 인식소의 이동에 관한 푸코의 서사에서는 위기감이 거의 전해지지 않는다. 가령 『말과 사물』을 보면, 고생물학이 당대에 이룩한 발견들은 자연사의 불변론(fixism)에서 19세기 진화생물학으로 이행하는 데서 아무런 역할도 부여받지 않는다. 물론 『임상의학의 탄생』 10장에서처럼 푸코가 과학적 위기의 순간을 논하는 경우가 있지만, 이 경우에도 진정한 쟁점("사실들에 관해 합의했는데도 이해에 도달하는 어려움")은 이론적 틀이 서로 전면적으로 충돌하는 것이지("양립하기 힘든 두 가지 유형의 의학적 경험"), 한 이론에 비추어 볼 때 다른 이론이 점차 부적합하게 보이기 시작하는 상황이 아니라는 점을 신중하게 강조한다.[86]

---

86) Foucault, *The Birth of the Clinic*, p. 174[『임상의학의 탄생』, 280쪽].

이상의 논의에서 알 수 있듯, 과학적 개념 체계의 일관성을 다루는 이론들은 과학사의 연속성 및 불연속성을 다루는 이론들과 밀접히 관련된다. 만일 한 과학의 명제들이 각각 독립적으로 경험의 법정과 마주할 수 있다고 본다면, 과학은 점진적으로 변경되고 축적되는 과정으로 볼 수 있을 것이다. 그에 반해, 한 명제가 변화할 때 다른 명제들의 의미가 다 변경되어야 할 정도로 한 과학의 명제들이 밀접하게 연관되어 있다면, 각각의 이론은 나름의 '사실들'의 집합을 결정할 것이고, 서로 다른 이론들이 공유하는 공통된 준거 세계 따위는 없을 것이다. 알튀세르와 푸코 모두 문제설정, 또는 **인식소**나 '담론 체제'가 엄격하게 결속되어 있다는 점을 강조하는 까닭에, 과학사에 대한 이들의 설명 각각에서 불연속성 개념이 중심적 역할을 한다. 이 주제 역시 바슐라르에서 유래하는 것일 텐데, 바슐라르는 학자 경력 전 시기에 걸쳐 '추상적·불변적 이성 체계'라는 관념이 '상식'과 과학의 연속적 단계들 모두를 떠받치고 있다는 점을 폭로하고 싶어 했다. 그는 이 추정에 맞서 "사고가 그 대상에서 변경된다면 그 형태에서도 변경된다"[87]고 단언한다. 과학사는 '인식론적 불연속성들'이라는 특징을 지니는바, 이런 불연속성이 발생하고 나면 과학은 새로운 대상들과 관계를 맺고, 새로운 원리들에 따라 연구를 수행하며, 심지어는 새로운 논리를 채택하기까지 한다. 그저 진리들을 선형적으로 축적하는 일이란 존재할 수 없는 것이다.

적지 않은 논평자들이 지적한 것처럼, 바슐라르와 그의 계승자들이 프랑스 인식론에 도입한 혁신들은 1960년대 초 쿤과 핸슨(Norwood Russel Hanson) 등의 작업들에서 개시된 영어권 과학철학의 전환들과 비슷하다.[88] 쿤은 『과학 혁명의 구조』에서 과학사가 '범형'(範形, paradigm)이라

---

[87] Bachelard, *Le nouvel esprit scientifique*, p. 56[『새로운 과학정신』, 56쪽].
[88] 프랑스 용어 인식론(épistémologie)이 영어의 동의어[epistemology]보다 내포하는 의미가 좁으며, '인식 이론'보다는 '과학철학'이라는 영어 용어에 더 가깝다는 점에 유의해야 한다.

고 칭한 것들의 연속으로 나뉜다고 보는데, 여기서 범형이란 그 배경이 되는 추정들, 상정되는 독립체들의 종류들, 설명이 필요한 현상이 무엇인지에 관한 평가 면에서 불연속적인 이론적 틀들이다. 쿤이 볼 때 한 범형과 그 뒤를 잇는 범형 사이의 전환은 극히 포괄적 ─ 그는 두 가지 화해할 수 없는 심상들 사이의 형태 전환(Gestalt-switch)이라는 유비를 즐겨 쓴다 ─ 이어서, 그는 다음과 같은 주장에까지 이르게 된다. "[과학자들이 연구 작업의 대상으로 삼는 ─ 듀스] 세계에 대한 유일한 통로가 그들이 보고 행하는 것이니만큼, 혁명이 한 차례 지나간 다음 과학자들이 대하는 것은 일종의 다른 세계라고 말하고 싶어질 수 있다."[89] 이는 다음과 같은 바슐라르의 단언에 비견할 만하다. "현대 과학은, 새로운 형태의 사고로 나아가, 새로운 유형의 표상을, 따라서 새로운 세계를 정복한다."[90] 두 경우 모두에서 이론적 틀이 현실의 본성 자체를 결정하는 것으로 보인다.

그러나 이 수렴은 처음 보기보다 훨씬 덜 가깝다. 쿤의 경우, 적어도 초기에 진술한 입장을 보면, 범형 변화 이론이 상대주의로 이어진다. 범형과 독립적으로 현실에 접근할 순 없기 때문에, 서로 다른 범형을 비교할 수 있는 사실성(comparative verisimilitude)에 접근할 수 있는 중립적 관점도 있을 수 없다는 게 쿤의 주장이다. 따라서 더 이상 과학사를 인지적 진보의 서사시로 볼 수 없다. "우리는 범형의 변화가 과학자와 과학도를 진리에 점점 더 가깝게 인도한다는 (명시적이거나 묵시적인) 관념을 아마……버려야만 할 것이다."[91] 이런 고려 사항들 중 바슐라르의 작업에 적용되는 것은

---

89) Thomas Kuhn, *The Structure of Scientific Revolutions*, University of Chicago Press, 1974, p. 111 [『과학혁명의 구조』, 김명자 옮김, 까치, 2009, 165쪽].
90) Bachelard, *La philosophie du non*, PUF, 1975, p. 122 [『부정의 철학』, 김용선 옮김, 인간사랑, 1996, 131~132쪽].
91) Kuhn, *The Structure of Scientific Revolutions*, p. 170 [『과학혁명의 구조』, 239쪽].

하나도 없다. 사실 바슐라르가 품고 있는 과학 이론의 이행관은 대단히 전통적이다. 바슐라르가 보통의 경험과 과학이 상정하는 현실 사이에 시초적 이접(離接)이 있음을 단언하는 것은 사실이지만(『부정의 철학』에 따르면, "우리가 사고하는 세계는 우리가 살아가는 세계가 아니다"[92]), 과학사 자체로 들어오면 추가적인 단절 과정보다는 과학의 각 분야를 조직하는 원리들의 '정정'이나 '개작'을 훨씬 자주 언급한다.

바슐라르가 **인식론적 단절**이라는 용어로써 체험된 세계와의 시초적 단절보다 과학적 발전 안에서 일어나는 단절을 일컫는 비교적 드문 경우 중의 하나가 『부정의 철학』에 나오는데, 화학적 요소들의 원자적 부분 구조의 발견에 관한 문구가 그것이다. 그러나 여기에서조차 바슐라르가 강조하는바, "비(非)라부아지에 화학은……고전 화학의 구래적·현재적 유용성을 무시하지 않는다. 비라부아지에 화학은 보다 일반적인 화학, 일종의 범(凡)화학의 조직을 지향할 뿐이다".[93] 『부정의 철학』 마지막 장에서 바슐라르는 이상의 관찰을 확장한다. "'**부정**'을 통한 **일반화**는 그 일반화가 부정한 것을 포함해야만 한다. 사실, 1세기 이래 모든 과학적 사고의 도약은 부정한 것을 감싸는 이런 변증법적 일반화에서 유래한다."[94] 헤겔식 어법 이면에 있는 이런 식의 과학 발전관은, 앞선 과학 이론들을 후속 이론들의 '한계 사례'로, 곧 일정한 초기 조건들이 추가로 주어지는 한에서 근사적 참 또는 참인 사례로 보는 전통적인 실재론적 구상과 별반 다르지 않다. 이런 식의 발전에는 과학적 인식의 중대한 재조직이 포함될 수 있지만—그리고 이런 의미에서는 '불연속성'이 있다고도 말할 수 있다—영

---

92) Bachelard, *La philosophie du non*, p. 110[『부정의 철학』, 119쪽].
93) *Ibid.*, p. 65[같은 책, 67쪽].
94) *Ibid.*, p. 137[같은 책, 148쪽. 듀스는 '1세기'를 'the last century', 곧 '지난 세기'로 옮겼는데, 이는 착오다. 『부정의 철학』 프랑스어판 원문에는 'depuis un siècle'로 되어 있다].

어권 철학자들이 '공약 불가능성'이라고 일컫게 된 것이 바슐라르의 작업에 나타날 기미는 전혀 없다. 결론을 말하자면, 바슐라르는 인지적 진보의 기획이라는 극히 솔직담백한 과학관을 가지고 있다. 1951년의 한 강연에서 그는 다음과 같이 단언했다. "과학의 시간성은 진리들의 수가 증가하는 것이며, 진리들의 일관성이 심화되는 것이다. 과학사는 이 증가와 심화의 이야기인 것이다."[95]

바슐라르 작업의 이런 측면과 알튀세르의 관계는 대단히 애매하다. 한편으로 알튀세르는 과학의 객관성을 단언하고 싶어 하지만, '역사철학'에 전면적으로 반대하는 까닭에 어떤 영역에서건 진보라는 개념을 사용하는 것을 극히 의심스러워한다. 때문에 『『자본』을 읽자』에서 알튀세르는 다음과 같이 시사한다. "오늘날 우리가 보기에, 인식이 전개되는 실제 역사는 이성의 종교적 개가(凱歌)를 목적론에 따라 희망하는 것과는 사뭇 다른 법칙들을 따른다. 우리는 이 역사를 발본적 불연속성과……심원한 재조직화 때문에 때때로 중단되는 역사로 막 파악하기 시작했다. 이 불연속성과 재조직화는, 인식의 지역들이 실존한다는 뜻에서의 연속성(심지어 이조차도 항상 그런 것은 아니다)을 존중하는 경우에도, 단절과 함께 새로운 논리가 군림한다는 사실을 선포한다. 이 논리는 낡은 논리의 단순한 발전이거나 '진리', '전도'이기는커녕, 문자 그대로 그 자리를 대체하는 것이다."[96] 그러나 한 이론적 공간이 다른 이론적 공간으로 대체되는 것이 과학적 변화라면, 그리고 이 변화가 "**전체** 지형과 **전체** 지평의 변혁"[97]을 포함한다면, 공약 불가능성 그리고 이와 함께 상대주의가 반드시 따라 나온다.[98] "모든

---

95) Bachelard, *L'engagement rationaliste*, p. 139.
96) Althusser, "From *Capital* to Marx's Philosophy", *Reading Capital*, p. 44[『『자본론』으로부터 마르크스의 철학으로』, 『자본론을 읽는다』, 55쪽].
97) *Ibid.*, p. 24[같은 글, 같은 책, 28쪽].

이데올로기는 하나의 실제적 전체, 고유한 **문제설정**에 의해 내적으로 통일된 것으로 간주해야 하기 때문에, 한 요소를 의미 변경 없이 추출하는 것은 불가능하다"[99]는 알튀세르의 주장은 같은 방향을 가리키는 듯하다. 이데올로기적 명제에 도전하려면 이데올로기에 **속하는** 용어들을 그 본래의 의미대로 사용하는 수밖에 없는데, 그렇게 되면 문제가 되는 이데올로기의 문제설정 전체를 이미 수용하는 게 된다. 그러나 알튀세르는 자신의 입장들에 담긴 이런 함의들에서 한발 물러난다. 가령 『맑스를 위하여』에서 '일반성 1'에서 '일반성 3'으로 이행하는 것에 관해 말할 때, 알튀세르는 바슐라르적 용어법을 사용해 이런 이행이 "낡은 일반성을 '포괄'하면서도 논박하는, 즉 낡은 일반성의 '상대성' 그리고 그 타당성의 (종속적) 한계들을 정의하는 새로운 과학적 일반성"[100]의 생산이라 말한다. 다른 때는 '진보'라는 용어를 '과정'이라는 용어로 대체하는 데 주의를 기울이긴 하지만, 인식의 축적을 허용할 태세가 되어 있다. 「과학자들을 위한 철학 강좌」(Cours de philosophie pour scientifiques)에서 그는 "이중적 '변증법', 곧 '오류'를 총체적으로 제거하는 한편, (여전히 타당하지만 변형된) 앞선 결론들을 새로운 통찰력을 지닌 이론적 체계에 통합하는 것"[101]에 관해 언급한다. 더 깊이 들어가 보면, 맑스주의 과학의 출현이란 나름의 이데올로기적 전사에

---

98) 듀스의 평가와는 달리, (인식론적 절단 개념을 중심으로 삼는) 알튀세르의 인식론이 쿤이나 푸코 등의 인식론에서 나타나는 상대주의 경향과 근본적으로 다르다는 주장에 관해서는, 발리바르, 「바슐라르에서 알튀세르로」, 『이론』 13호, 특히 183~187쪽 참조. — 옮긴이

99) Althusser, "On the Young Marx(Theoretical Questions)", *For Marx*, p. 62[「'청년 맑스에 대하여'(이론의 문제)」, 『맑스를 위하여』, 69쪽].

100) Althusser, "On the Materialist Dialectic", *Ibid.*, p. 185[「유물론적 변증법에 대하여」, 같은 책, 222쪽].

101) Althusser, *Philosophy and the Spontaneous Philosophy of the Scientists and Other Essays*, ed. Gregory Elliott, Verso, 1990, p. 122[『철학과 과학자들의 자생적 철학』, 김용선 옮김, 인간사랑, 1992, 119쪽].

서 과학이 출현하는 것이기도 하다는 그의 관점은 (상대주의는 오류의 사회적 기능에 관한 어떤 이론도 가질 수 없다는) 실재론적 신념을 가리키는 것이다. 그러나 이 신념은 알튀세르 자신이 제시한 정식화들 다수의 상대주의적 함축들과 전혀 조화를 이루지 않는다.

*　*　*

알튀세리엥들이 푸코의 지식사에 함축된 상대주의를 알아채지 못한 데는, 알튀세르 자신의 작업에 깊이 내장된 비슷한 애매함이 틀림없이 한몫했다. 이 애매함은 알튀세르의 과학관에서 중심을 이루는 '객관성'과 '자율성' 따위 용어들에 달라붙어 있다. "과학사를 만드는 것은 개인이 아닙니다. 과학사의 변증법이 개인들 및 개인들의 실천 안에서 실현된다고 하더라도 그렇습니다"[102)]라고 알튀세르가 쓸 때, 이 진술이 가리키는 것이 영어권에서 칼 포퍼의 후기 작업이 제시한 과학관이라고 여길 수 있다. 포퍼 역시 경험주의 인식 이론들을 공격했고, 과학의 언표들을 (주체와 지각되는 세계 사이의 마주침에서 비롯하는) 정신적 상태들의 상징적·언어적 표현들로 볼 수 있다는 관점을 공격했기 때문이다. 포퍼가 요구했던 것은 '인식하는 주체 없는 인식론'[103)]이었다. 이런 인식론의 바탕에는 포퍼가 '세계 3'이라고 칭한 것, 곧 명제들, 이론 체계들, 문제 상황들, 오류들과 해법들의 세계이며 인간 개인들의 의식이나 자유의지와는 별개로 실존하는 세계의

---

102) Althusser, "Marx's Relation to Hegel", *Politics and History*, p. 168 [「헤겔에 대한 맑스의 관계」, 『마키아벨리의 고독』, 184쪽].
103) Karl Popper, *Objective Knowledge: An Evolutionary Approach*, Oxford University Press, 1972, 특히 3~4장 참조. 이 점에 관해서 알튀세르와 포퍼가 친화성이 있다는 제안을 보려면 특히 Ian Hacking, "Imre Lakatos's Philosophy of Science", *British Journal for the Philosophy of Science* Vol. 30 Issue 4, 1979, p. 394와 Paul Patton, "Althusser's Epistemology: The Limits of the Theory of Theoretical Practice", *Radical Philosophy* No. 19, Spring 1978, p. 8 참조.

'더없는 자율성과 익명성'이 있을 것이었다. 그러나 포퍼의 세계 3은 다음과 같은 전제 위에서만 실존할 수 있다. 세계 3의 요소들은 인과적 수열들이 아니라 논변의 연쇄들로 이어져 있으며, 그 타당성을 평가하려면 세계 3의 현재적 문제 상황에 준거할 수 있을 뿐이지, 심리학적·사회학적 고려 사항에 의지할 수 없다는 것이다. 바슐라르에게서도 이런 시각을 엿볼 수 있는데, 가령 '과학사의 현행성'(L'actualité de l'histoire des sciences)이라는 제목의 강연에서 그는 다음과 같은 근거에 따라 과학의 자율적 시간성을 지지하는 주장을 편다. "과학사에서는, 원인에서 결과로 가는 고리 외에도, 이유에서 귀결(consequence)로 가는 고리가 수립됩니다."[104]

이런 시각이 알튀세르가 의도한 '객관적'이라는 말의 의미인 것 같다는 게 그의 작업 여러 지점에서 나타나는데, 물론 그 의미와 의도가 충분히 명확한 것은 전혀 아니다. 가령 과학은 상부구조의 일부가 아니라는[105] 불가사의한 명제를 긍정하거나, "인식 형태들의 역사 및 그 생산 기제를 반성하는 분과"[106]로서의 변증법적 유물론이 역사 유물론의 관할 지역 가운데 하나에 불과한 것 같은데도 양자를 구별해야 한다고 고집할 때가 그렇다. 이상의 경우에서 알튀세르는 과학의 특별한 자율성과 역사성을 "가치론적 활동, 진리의 탐색"[107]의 자율성과 역사성으로 정의하는 쪽으로 다가갔던 것 같다. 이 자율성을 명확하게 정식화하기를 꺼린 것은, 이런 구상이 용납하기 힘든 실효성을 관념에 허락하는 것으로 보이기 때문이리라. 즉 과학의 이론적 실천이 규정된 사회적·역사적 조건들 안에 뿌리내리고 있다는

---

104) Bachelard, *L'engagement rationaliste*, p. 46.
105) Althusser, "The Object of *Capital*", *Reading Capital*, p. 133[「『자본론』의 대상」, 『자본론을 읽는다』, 169~170쪽].
106) *Ibid*, p. 157[같은 글, 같은 책, 199쪽].
107) Canguilhem, *Études d'histoire et de philosophie des sciences*, J.Vrin, 1970, p. 19.

점을 무시하는 것처럼 보인다는 것이다. 이 때문에 두번째 유형의 정식화가 알튀세르의 과학 논의에서 등장한다. 이 정식화에 따르면 이론적 실천은 자율성을 갖는 것으로 간주되지만, 이때 '자율성'의 의미는 알튀세르적인 사회구성체 안의 실천 형태 일반에 적용되는 의미를 넘지 않는다. 『『자본』을 읽자』에서 알튀세르는 다음과 같이 쓴다. "우리는 맑스가 경제적 **생산**의 일반적 조건들을 사고할 때 쓴 개념들에 크게 주목한 바 있다.……이는 자본주의 생산양식의 **경제적** 지역에 관한 맑스주의 이론을 파악하기 위해서뿐만 아니라, (**생산**, 생산양식의 **구조**, 역사 등) 기본 개념들을 가능한 한 최대로 명확히 하기 위해서였다. 이 개념들의 형식적 정교화는 인식의 생산 및 그 역사에 관한 맑스주의적 이론 면에서도 못지않게 필수적이다."[108] 요컨대, 알튀세르는 '객관성의 과정'과 과정의 객관성을 혼동하고 있다. 개별 인식 주체들의 의식에 대한 과학 발전의 인식론적 독립성과 (알튀세르의 결정론적 사회 이론이 가정하는) 인간 의식 및 자유의지에 대한 사회적 과정의 독립성을 혼동하는 한편, 과학의 '합리적 자율성'과 알튀세르적 사회구성체 내 심급의 '상대적 자율성'을 구별하지 않는 것이다.

극소수의 논평자만이 알튀세르에게서 나타나는 이런 애매함에 주목했다. 『맑스를 위하여』와 『『자본』을 읽자』에 관해 영향력 있는 서평을 쓴 알랭 바디우가 그 중 한 명이다. 바디우는 「변증법적 유물론의 (재)시작」[109]이라는 소론에서, 알튀세르 작업에 "인식의 구조화된 장을 다(多)초월론적이고 무(無)주체적인 것으로 제시하는 방식과 퍽 흡사한 개념의 철학"과 "부정 없는 인과성"이라는 스피노자적 이론 사이의 긴장이 있다는 점에 주

---

108) Althusser, "From *Capital* to Marx's Philosophy", *Reading Capital*, p. 44 [「『자본론』으로부터 마르크스의 철학으로」, 『자본론을 읽는다』, 54쪽].
109) Alain Badiou, "Le (re)commencement du matérialisme dialectique", *Critique* Vol. 23 N° 240, Mai 1967.

목한다.[110] 전자는 논리적 관계들의 자율성을 허용하지만, 초월적인 것이라는 '위험한' 관념을 도입하는 대가를 치른다. 반면 후자는 초월성을 제거하지만, 과학적 언표들을 순전히 인과적으로 결정된 것으로 제시하는 대가를 치른다. 알튀세르는 "국지적·퇴행적·역사적 인식론과 구조의 효과들에 관한 전반적 이론을 결합시키는 곤란한" 문제에 직면한다. 이 곤란은 맑스주의 철학의 지위와 본성에 관한 알튀세르의 입장 변화에 극명히 반영된다. 『맑스를 위하여』와 『『자본』을 읽자』에서 맑스주의 철학은 그저 이론 구성체 및 그 역사의 이론으로 제시되지만, 같은 시점에—적어도 『『자본』을 읽자』에서—알튀세르는 이 정의만으론 부적합하다는 점을 깨닫는다. 이렇게 정의된 이론은 "인식을 **하나의 사실로** 취급하는바, 즉 이 이론은 인식의 전환들과 변이들을 이론적 실천의 구조가 산출하는 여러 가지 많은 효과들로 연구"[111]하기 때문이다. 즉 (맑스주의적인 사회구성체관에 토대를 두는) 인식의 '과학적' 역사만으로는 이론적 이데올로기와 과학적 이론을 구별 짓는 수단을 마련할 수 없다. 그리하여 점성술이나 천문학이나 동일한 불편부당함에 입각해 다뤄질 것이다. 따라서 인식의 역사에 덧붙여 필요한 것은 인식 대상이 실재하는 대상의 인지적 전유를 산출하는 '기제'를 설명하는 것인데, 궁극에는 "인식 대상과 실재하는 대상……사이의 관계가……**인식**의 실존 자체를 구성"[112]하기 때문이다. 물론 알튀세르는 이 설명을 제공하지 못했는데, 그런 '기제'의 서술은 인식들을 식별할 수 있는 기준을 이미 전제하기 때문이다. 게다가 실재의 '전유'(상응이라는 관념은 여기에서 멀지 않다)라는 질문을 제기할 때, 알튀세르는 생산의 한 형태로

---

110) *Ibid.*, p. 466.
111) Althusser, "From *Capital* to Marx's Philosophy", *Reading Capital*, pp. 61~62[『『자본론』으로부터 마르크스의 철학으로』, 『자본론을 읽는다』, 77쪽].
112) *Ibid.*, p. 52[같은 글, 같은 책, 64쪽].

서의 과학이라는 설명이 지닌 모든 대담함을 무효화할 뿐 아니라, 바슐라르적 전통의 중심적 통찰을 스스로 부인한다. 객관성은 무역사적 관계가 아니라, 그 자체 진보적·역사적으로 구성되는 것임에 틀림없다는 통찰을.

철학을 이론적-정치적 중재자의 일종으로 보는 알튀세르의 수정된 철학관으로는 이 입장이 개선되지 않는다. 과학의 '객관적' 역사와 과학의 철학적 정당화 사이의 분할을 여전히 문제 삼지 않기 때문이다. 오히려, 철학은 그저 과학들의 객관성에 이론적 **강권**(diktats)을 발부하는 과정에 불과하게 되는 한편, 이제 과학사는 오롯이 역사 유물론의 차지가 된다. 알튀세르는 훗날 『자기 비판의 요소들』에 이르러서도, 과학의 '정당화'의 제공에 관심을 갖는 사변적 담론으로 간주되는 "모든 대문자 인식론(Epistemology)의 관념론이나 관념론적 함축"을 계속 단언하고, "만일 대문자 인식론이 (설사 그 대상을 명확히 하는 최소한의 고유한 개념들을 보유한다 할지라도) 대문자 역사 유물론에 속하는 것이라면, 인식론을 역사 유물론 안에 위치 짓지 않으면 안 된다"고 제안한다.[113] 알튀세리엥인 도미니크 르쿠르는 일련의 작업에서 이 관점을 계승·정교화한다. 르쿠르는 『바슐라르: 낮과 밤』에서, 바슐라르가 "과학적 실천의 역사, 그 (역사적·물질적) 조건들과 형태들의 이론"[114]으로 향하는 길을 열었다고 주장한다. 그러나 바슐라르 자신은 '인식론적 착각'의 희생자에 머물렀으며, 새로운 문제들을 열어젖혔을 때조차 계속 인식 이론의 전통적 어휘를 이용했다. '사변적'이고 '관념론적'인 철학 양식 안에 있었지만, 실은 "과학적 실천 과정의 **과학**, 곧 역사 유물론의 관할"[115]에 속하는 질문들에 대답하려는 시도로 바슐라르를 읽을 수도 있다는 게 르쿠르의 주장이다.

---

113) Althusser, *Essays in Self-Criticism*, p. 124n.
114) Lecourt, *Bachelard: Le jour et la nuit*, Grasset, 1974, p. 95.
115) *Ibid.*, p. 101.

알튀세르와 르쿠르 모두 깨닫지 못한바, 그들의 근원적 오류는 과학에 대한 논의가 반드시 객관적·유물론적 역사와 '사변적' 인식론으로 분할되어야 한다고 가정하는 데 있다. 알튀세르주의는 (과학의 영역에서) 역사와 철학이 상보적이고 뒤얽힌다는 사실, 캉길렘의 문구를 빌리자면 "과학사와 관계 맺지 않는 인식론은, 자신이 증명하겠다던 과학의 아무 짝에도 쓸모없는 중복이 되고 말 것"[116]이라는 사실을 전혀 인지하지 못한다. 반면, 철학적인 규범적 차원이 없다면, 과학사는 그 대상을 식별할 수조차 없을 것이다. 이것은 바슐라르의 입장으로, 『과학 정신의 형성』의 서두에서 그는 "인식론자는······ 역사가가 수집한 문서들을 체로 걸러야만 한다. 인식론자는 이성의 관점, 특히 진화된 이성의 관점에서 문서들을 판단해야만 한다"[117]고 주장한다. 캉길렘도 같은 입장인데, 『과학사와 과학철학 연구』의 도입 격 강연에서 명쾌하게 제시된 것처럼, **과학사와 그 대상 간의 관계는 과학과 그 대상 간의 관계**와 등치될 수 없다. 과학의 대상은 특정 시점에 그 대상에 관해 기(旣)확립된 입증된 명제들의 집합에 의해 결정된다. 명제들의 집합에 변화가 나타날 수는 있겠지만, 이 변화가 과학 자체 ─그 대상이 (이런 의미에서라면) 비시간적인 것으로 간주될 수 있는─에 영향을 미치지는 않는다. 그런데 과학사가 관심을 갖는 것은 다름이 아니라 과학의 대상을 정의하는 개념들의 전환이다. 하지만 개념은 대상이 아니다. 한 개념의 경계와 전환은, 늘 이 개념에 대한 특정적 해석에 상대적인 까닭에, 과학사 자체는 과학적 의미에서 '객관적'일 수 없다. 과학사는 오직 규정된 철학적 관점에서만 기록될 수 있다. 캉길렘이 볼 때 과학사는 담론들이나 실천들의 서술이 아니라, "의미들의 표상"[118]이다.

---

116) Canguilhem, *Études d'histoire et de philosophie des sciences*, p. 12.
117) Bachelard, *La formation de l'esprit scientifique*, J.Vrin, 1977, p. 17.

그러나 이 추정들을 인정한다손 치더라도, 인식론적 관점——과학사를 쓰려면 이 관점에 입각해야 한다——이라는 문제는 아직 남는다. 바슐라르의 작업에서 이 문제는 '회귀'(recurrence)라는 개념의 도입으로써 해결된다. 바슐라르는 시작이 가능한 유일한 지점은 현재의 과학적 가치들과 태도들이라고 추정한다. 이 가치들을 부인하면 과학 발전의 합리성 자체가 부인되기 때문이다. 일단 이 관점을 채택하고 나면, 과학사에 관한 서류더미를 '시효 만료된' 것과 '인가된' 것으로, 곧 과학적 인식의 전사로 보내야만 할 것과 '진리의 진보적 형성'의 수열로 통합 가능한 것으로 분할할 수 있다.[119] 이런 관점의 선택은 그러나 어떤 형태의 독단주의도 함축하지 않는다. 시효 만료된 것과 인가된 것 사이의 관계에는 이치환성(易置換性, labile)이 있는데, 이런 '회귀적' 과학사는 그 토대를 이루는 가치들과 결과들 자체가 예견할 수 없는 미래의 발견들과 발전들로 대체될 운명이라는 점, 따라서 과학사는 끊임없이 다시 쓰여야만 한다는 점을 옳게 보기 때문이다. 캉길렘은 바슐라르적인 회귀관을 채택하여 이 입장의 변별성을 다음과 같이 표현한다. "과학적 현재의 선구적 작업에 대한 비판적 판단이자, 과학적이라는 바로 그 이유 때문에 추월이나 정정을 보장하는 회귀와, 과학 이론의 표준 모형을 체계적·준기계적으로 적용하여 과거 이론들에 대해 일종의 인식론적 경찰 기능을 수행하는 것은 전혀 다르다."[120] 과학적 현재는 변경할 수 없는 진리를 표상하는 것이 아니라, 과학적 과거를 판단하는 데 쓰이는 그저 이치에 맞는 시각을 제시한다.

---

118) Canguilhem, *La formation du concept de réflexe au XVIIe et XVIIIe siècles*, PUF, 1955, p. 158.
119) Bachelard, *L'activité rationaliste de la physique contemporaine*, Ch. 1 참조.
120) Canguilhem, *Idéologie et rationalité dans l'histoire des sciences de la vie*, p. 21 [『생명과학의 역사에 나타난 이데올로기와 합리성』, 24~25쪽].

* * *

알튀세르의 주된 관심은 맑스주의 역사과학의 개념적 기초들을 설립하는 것, 그리고 이 과학 자체가 역사적 경험이나 역사적 세력들의 산물로 묘사되어 상대주의와 역사주의에게 위협받지 않도록 [이 과학을] 지키는 것이다. 알튀세르는 이 목적을 달성하기 위해 주관적으로 파악되고 자생적으로 이론화된 역사와 (합리적 필연성에 따라 전적으로 사고 안에서 구축되는) 맑스주의 역사과학의 '이론적 대상' 사이에 절대적 이접이 있다는 점을 긍정한다. 이런 구상 때문에 알튀세르는 일정 지점에서는 맑스 자신과도 부득불 거리를 두게 된다. 가령 『독일 이데올로기』에서 맑스와 엥겔스는, '인간의 실제 생활 과정에 근거하여, 실제의 능동적 인간에서' 출발하는 것이 자신들의 목표라는 점을 반복해서 긍정한다. 이렇게 할 때에만 철학과 이데올로기의 착각이 폭로될 수 있다는 것이었다. 하지만 알튀세르가 볼 때 이렇게 '실제의 역사'와 '실제의 능동적 인간'에 호소하는 것, 의식에 맞서 생활에 호소하는 것 자체가 이데올로기적인 것이고, '인식론적 절단'의 저작 안에 남아 있는 포이어바흐적 잔여다. 『맑스를 위하여』에서 알튀세르는 "이론과 과학에 부여하는 추상화와, 실재 그 자체로 간주하는 구체성을 최종 심급에서 대치시키는 비판은 아직 이데올로기적 비판인데, 이런 비판은 과학적 실천의 실재성, 그 추상화의 타당성, 궁극적으로는 (인식 그 자체인) 저 이론적 '구체성'의 실재성을 부인하기 때문이다"[121]라고 주장한다. 그러나 이미 살펴본 것처럼, 알튀세르 자신의 입장은 순전히 연역적인 역사 '과학'을 구축하려고 시도하는 와중에 아주 다루기 힘든 문제들로 이끌린다. 후기 알튀세르적 문헌들은 이 오류를 인정한다. 「역사 변증법에 대하

---

121) Althusser, "On the Materialist Dialectic", *For Marx*, p. 187 [「유물론적 변증법에 대하여」, 『맑스를 위하여』, 224쪽].

여」(Sur la dialectique historique)라는 소론에서 발리바르가 인정한 것처럼, 『『자본』을 읽자』는 환원주의를 비판하긴 했으나, 경제주의에 연루된 상태에 머물렀다. 사회구성체의 다른 심급들을 생산양식의 재생산 조건들이라는 필요조건에 의해 궁극에서 결정되고, 따라서 그 용어에 따라 정의할 수 있는 것으로 보았기 때문이다. 발리바르는, 주어진 사회구성체 내 다른 심급들과의 결합과 별개로는 어떤 사회적 심급의 본질도 **선험적으로** 결정할 수 없다는 점을 수긍한다. 게다가, 이제 사회구성체는 종속된 심급들의 위계 관계를 정의하는 생산양식이 된다기보다는, 주어진 생산양식을 재생산(하거나 실패)하는 계급투쟁의 특수한 체계로 이해된다.[122] 그러나 이전이었다면 '경험주의'라고 불렀을 것에 이렇게 양보한다고 해서, 알튀세르적 인식론의 근본적인 추정들이 조금이나마 수정되거나 하지는 않는다. 스스로의 과학성의 원리들을 저버리지 않고서는 현실을 수용할 능력이 없기 때문에, 알튀세르주의는 그저 비일관성으로 붕괴하고 만다.

　푸코의 경우에는 상황이 사뭇 다르다. 사실 푸코의 작업에서 가장 심층적인 원리 중 하나는 다름 아닌 '형이상학'에서 실제의 역사——알튀세르는 이 생각을 문제 삼아 『독일 이데올로기』의 맑스를 크게 나무란 바 있다——로 귀환하는 것이다. 푸코의 경우에 그 전거는 물론 니체인데, 가령 『인간적인, 너무나 인간적인』의 서두에서 니체는 이렇게 쓴다. "역사적 감각의 결여는 모든 철학자들 사이에서 세습되는 결함이다.…… 많은 철학자는 특정 종교나 심지어 특정 정치적 사건이 새겨짐으로써 꼴을 갖춘 최근 모습들을 인간이라고 자동적으로 생각한다.…… 그러나 만물은 생성의 결과다. 영원한 사실이나 영원한 진리 따위는 없다."[123] 그리하여, 알튀세

---

122) Étienne Balibar, *Cinq études du matérialisme historique*, François Maspero, 1974, pp. 203~245[『역사유물론 연구』, 이해민 옮김, 푸른산, 1989, 197~241쪽].

르가 철학적으로 공인된 맑스주의 과학의 대상에게 길을 터주기 위해 경험적 역사를 중화시키려고 애쓰는 데 반해, 푸코는 실제의 역사가 철학의 기벽을 이미 폭로해 버렸다고 여긴다. 알튀세르는 아날 학파가 연구 대상을 부적합하게 이론화했다고 비판하는 데 반해, 푸코는 『지식의 고고학』 도입부에서 『아날』의 역사가들이 발견한 연대기적 계열들과 이접된 시간성들의 역사 자체가 총체화하려는 철학들의 착각을 폭로해 냈다고 주장한다. 푸코의 입장은 『지식의 고고학』 마지막에 나오는 다음 언급으로 잘 요약된다. "만일 당신이 초월적 차원에 도전하기 위해 경험적 연구, 역사의 편린들의 권리를 인정한다면, 당신은 요점을 넘겨준 셈이다."[124]

이 입장 대립에서 암시되는 인식 자체의 지위에 관한 대비는 아마 훨씬 더 현저할 것이다. 이론적 생산양식의 견지에서 과학사를 논하면서 알튀세르는 자신이 큰 위험을 감수하고 있음을 인정한다. 그런 역사는 "인식을 **그 자체**로 인정한다. 스스로를 인식이라고 선언하든 아니든, 이데올로기적이든 과학적이든 상관없이, 모두 **인식들**로 인정하는 것이다. 이런 과학사는 인식들을 오직 **산물**로, 결과로 간주한다".[125] 즉 알튀세르가 가능하다고 가정한 객관적인 과학사는 인식의 규범적 기준을 제시하지 못한다. 아무리 비틀고 뒤집는다 한들 그런 기준의 필요성을 회피할 수 없다. 그런데 푸코의 경우는 달성하고자 하는 효과가 바로 이것이다. 그의 목표는 아무런 인식론적 판단도 내리지 않으면서, 객관적이고 삼인칭적인 방식으로 인식을 그저 여느 사회적 실천들과 다를 바 없는 사회적 실천의 한 형태로

---

123) Friedrich Nietzsche, *Human, All-Too-Human, I/i*, paragraph 2 [『니체 전집 7: 인간적인 너무나 인간적인 I』, 김미기 옮김, 책세상, 2001].
124) Foucault, *The Archaeology of Knowledge*, p. 203 [『지식의 고고학』, 280쪽].
125) Althusser, "From *Capital* to Marx's Philosophy", *Reading Capital*, p. 61 [「『자본론』으로부터 마르크스의 철학으로」, 『자본론을 읽는다』, 76쪽].

취급하는 것이다. 바슐라르와 캉길렘이 과학적 현재를 역사적 인식론의 피할 수 없는 시점으로 취하는 데 반해, 푸코가 동시대 과학의 모든 전제에서 거리를 두려고 노력하는 것은 이 때문이다. 그렇다고 해서, 스스로 종종 가정하듯, 푸코가 철학적 중립성을 획득했다는 뜻은 아니다. 그보다는 1960년대 동안 푸코가 취한 입장이, 비록 (인식을 실용적 '발명'으로, 무의식적 충동들과 생물학적 우연성들, 도덕적 명령들의 유희의 산물로 본) 니체의 입장과 똑같지는 않더라도, 동일한 효과를 산출한다는 뜻이다. 합리성의 양식들이 그 자체 역사적으로 우연적인 구조들에 의해 결정된다고 서술하면서, 푸코는 이성 자체의 '비이성적' 기원이라는 니체적 관점을 채택한다. 이런 식으로 해서 정치 투쟁이 시야에서 거의 사라졌던 푸코의 작업에서조차, 1970년대에 출현한 지식관의 토양이 마련된다. 만일 과학적 담론의 형태들이 합리적 근거들에 따라 주체들**에 의해 수용**되는 것이라고 볼 수 없다면, 이런 형태들이 권력의 작용에 의해 주체들에게 **부과되는** 이론을 구축하는 것이 가능해진다. '진리의 정치'로 향하는 길이 열린 것이다.

12장 알튀세르와 푸코의 부재하는 대화
―정치적 유물론의 분기

서동진

마오가 다음과 같이 말했던 것처럼. "결코 계급투쟁을 잊지 말자."[1]

1. 대화와 토픽

아마 서로를 읽지 않은 채 혹은 서로에 대한 무지 속에서 고요하게 침묵이라는 거리를 왕래하며 주고받은 대화, 그런 희귀한 교유(交遊) 혹은 대화의 사례를 꼽자면 푸코와 알튀세르의 '부재하는 대화'를 꼽을 수 있을 것이다. 물론 둘은 가끔 이곳저곳에서 서로를 언급하기도 한다. 예를 들어 『『자본』을 읽자』의 영어판을 위한 글에서 알튀세르는 푸코가 자신의 제자였음을 언급하며 그가 자신의 개념들을 빌려 가 다른 방식으로 전용하고 있음을 강조한다. 그런데 이때의 푸코는 도미니크 르쿠르가 "프랑스 인식론의 계보"라고 지칭한 캉길렘, 바슐라르 등에서 푸코로 이어지는 독특한 합리주의적 인식론의 계보 위에 서 있는 푸코이다. 이때의 푸코가 이 글에서 다루게 될 이른바 통치성 분석 시기의 푸코와 그리 거리가 먼 것은 아니지만 둘 사이의 거리를 좁힐 수 있는 것은 아니다.[2] 「이데올로기와 이데올로기적 국가장치들」을 쓸 때의 알튀세르(이 글은 1970년에 발표되었다)가 얼마

---

[1] 루이 알뛰세르, 「맑스주의와 계급투쟁」, 『아미엥에서의 주장』, 김동수 옮김, 솔, 1991, 74쪽.

후 근대 국가의 계보를 분석하며 자신의 이론적 기획에 대응하는 작업을 진행하게 될 푸코를 예상할 수 있었을 것이라고 생각하기란 쉽지 않은 일임에 분명하다.[3]

푸코 역시 알튀세르를 언급한다. 그렇지만 이때의 알튀세르는 한 명의 고유한 철학자, 이론가의 이름 속에서 소개되는 것은 아니다. 스탈린주의적 공산당의 공식 이론과 거의 동일시된 맑스주의를 언급하고 반복적으로 맑스주의의 한계를 힐난할 때, 그때 푸코가 상정하는 맑스주의는 어떤 구체적인 인용과 출처 없이 그저 모두들 인정하고 있는 관용적인 맑스주의다. 그리하여 그는 근대적 에피스테메에 속한 한 명의 지식인으로서의 맑스와 정치적인 당의 공식적인 교의로서의 맑스주의를 애써 구분한다. 예컨대 『감시와 처벌』에서 빈번하게 인용되는 맑스는 맑스주의 없는 맑스이다. 그런데 그러한 관심이 알튀세르를 향해 마련되어 있지는 않은 것처럼 보인다. 주체의 탈중심화를 이룬 세 명의 이단적 철학자들로 맑스, 프로이

---

2) 프랑스의 독특한 합리주의적 인식론의 상속자로서 언표의 체계와 역사를 분석하는 푸코와 규준화하는 권력의 분석가, 정상과 비정상의 분배를 통해 작동하는 생명 권력의 분석가로서의 푸코는 사뭇 다른 푸코처럼 보일 수도 있지만, 둘은 캉길렘의 이름을 통해 푸코 속에 일관적으로 존재한다. 무엇보다 통치성을 둘러싼 분석에 등장하는 비주권적·비법률적 형태의 권력의 분석은 캉길렘과 분리할 수 없다. 규준, 정상, 표준 등으로 각기 번역될 수 있는 규범(norm)이라는 푸코의 핵심 범주는 캉길렘에게 전적으로 빚지고 있다. Georges Canguilhem, *The Normal and the Pathological*, trans. Carolyn R. Fawcett, Zone Books, 1989(『정상적인 것과 병리적인 것』, 여인석 옮김, 인간사랑, 1996). 한편 푸코의 규율 권력 및 생명 권력 분석과 캉길렘의 작업의 관련에 관해서는 다음의 글 역시 참조하라. François Ewald, "Norms, Discipline, and the Law", *Representations* Vol. 30, Spring 1990.
3) 워런 몬탁은 비록 두 텍스트, 푸코의 『감시와 처벌』과 알튀세르의 「이데올로기와 이데올로기적 국가장치들」의 관계에 제한된 것이기는 하지만, 반인간주의적 구조-기능주의자로서의 푸코와 알튀세르의 공모성(알튀세르 즉 푸코Althusser sive Foucault)이라는 비판을 참조하며 둘의 이론적 질문이 어떻게 대응하는지 살핀다. Warren Montag, ""The Soul is the Prison of the Body": Althusser and Foucault, 1970~1975", ed. Jacques Lerza, *Yale French Studies* No. 88(*Depositions: Althusser, Balibar, Macherey, and the Labor of Reading*), Yale University Press, 1995.

트, 니체를 꼽을 때, 그때의 맑스는 분명 알튀세르에 의해 "실천들의 접합의 이론가"[4]로 변모된 맑스임에도 불구하고 그때의 알튀세르는 맑스의 이름 뒤에 가려져 있다. 따라서 알튀세르는 푸코의 직접적인 이론적 상대자로서 출현하지는 않는다. 푸코가 여러 자리에서 언급하는 알튀세르는 프랑스 지성사의 풍경 속에서 맑스주의를 인격화하는 지식인이라는 초상 안에 갇혀 있을 뿐이다.

따라서 표면적으로 부재하는 둘 사이의 대화를 중계하기 위해 우리는 어떤 허구적인 무대를 떠올려 볼 수 있지 않을까. 두 이론가가 서로를 전연 참조하지 않으면서 혹은 서로에 대한 무지 속에서 대화하고 있었다면, 서로 다른 언어를 사용하면서 서로 다른 목표를 향해 가면서도 그러나 둘이 같은 무대에 서 있었다고 한다면, 두 이론가가 공유했던 주제, 혹은 두 사람 모두 애호했던 용어인 토픽을 떠올려 볼 수 있을 것이다. 결론부터 말하자면 그것은 국가일 것이다. '이데올로기와 이데올로기적 국가장치들'을 떠난 알튀세르를 상상하기란 어렵다. 물론 그의 모든 이론적인 성과가 이 논쟁적인 텍스트에 집약되었다고 말할 수는 없을 것이다. 그렇지만 그람시라는 예외적인 인물을 제외한다면, 맑스주의 안에서 국가 이론을 사유하고자 시도했고 또 무엇보다 자유주의적인 정치 이론의 바깥에서 국가의 위치를 헤아리며 프롤레타리아트 정치의 조건을 탐색했던 투사적 맑스주의 지식인이 알튀세르였음을 부인하기는 어렵다. 또한 마침내 맑스주의의 위기가 폭발하였음을 단언하며 그것의 두 가지 공백 혹은 약점이라는 것을 폭로하였던 이도 역시 알튀세르였다. 알튀세르는 맑스주의 안에는 국가 이론과 계급투쟁 조직의 이론, 다시 말해 당과 노동 조합에 관한 이론이

---

[4] 에티엔 발리바르, 「푸코와 맑스: 유명론이라는 쟁점」, 『대중들의 공포: 맑스 전과 후의 정치와 철학』, 최원·서관모 옮김, 도서출판b, 2007, 354쪽.

없음을 고발하였다. 그럼 과연 그에게는 국가 이론이 있었을까. 없었다고 하더라도 그는 이를 메울 어떤 실마리를 가지고 있었을까. 아니 더 나아가 과연 국가 이론이라는 것이 있어야 하는 것일까. 우리는 알튀세르와 마주할 때 이런 물음에서 벗어나기 어렵다.

한편 푸코는 어떠한가. 푸코에게 국가에 관한 이론이 존재하는가. 물론 이런 질문은 국가에 의해 중재되지 않는 정치의 현실을 발견하고 또 그것을 분석할 수 있는 가능성을 발견하려 했던 인물로 푸코를 읽어 온 독자들에게는 엉뚱한 물음일 뿐 아니라 궤변에 가까울 것이다. 그렇지만 1970년대 중반부터 1980년대 초까지 흔히 통치성 분석으로 알려진 시기의 푸코, 내가 자유주의 분석 강의로 불러도 좋을 것이라고 생각하는 그러한 작업을 진행한 즈음의 푸코는,[5] 역설적이지만 집요하리만치 국가에 매달린다. 물론 여기에서 말하는 국가란, 거칠게 요약하자면, '사회적인 것' 속에서 점점 사라지다 종내 자취를 감추게 되는 그러한 국가라 할 수 있다. 푸코에게서 사회적인 것 위에 자율적인 심급으로서 존재하는 국가란 정치 권력에 관한 주권적인 관점에서 구축된 망상일 뿐이기 때문이다. 따라서 권력의 내재성이라는 푸코의 시좌 안에서 권력을 실체화하는 장소이자 또한 심급으로서의 국가란 있을 수 없다. 무엇보다 푸코는 통치(government)라는 범주를 통해 국가와 사회, 공적인 것과 사적인 것, 시장과 국가 같은 모든 이분법을 해소하면서 권력의 사회물리학이라는 것으로 내재화되어 버리는 국가를 사고하려 시도했다. 따라서 최근 부쩍 관심이 집중되고 있는 이 시기 푸코의 작업은 실은 국가라는 개념 없이 정치를 사고하려는 시도였으며, 권력의 내재적인 작용을 제외한다면 그 위에서 혹은 초월적이면서도 매개적인 심급으로서 작용하는 어떤 위치도 배제하는

---

5) 서동진, 「신자유주의 분석가로서의 푸코」, 『문화과학』 57호, 2009년 봄 참조.

정치 권력을 사고하려는 기획이었다 말할 수 있을 것이다.

그런 점에서 나는 둘 사이의 이론적 대화를 성사시킬 수 있는 주된 이론적 계기 가운데 하나가 '자유주의 국가 비판'이라고 생각한다. 두 사람 모두 근대 국가의 정체성을 밝히는 데 집요하리만치 천착했다. 무엇보다 자유주의적인 주권적 법 담론이 표상하는 국가와 대결하고자 분투했다는 점에서 둘은 일치한다. 근대 국가의 계보학을 탐색하기 위한 시도였던 푸코의 '통치성'(governmentality) 관련 콜레주 드 프랑스(Collège de France) 강의, 역시 오해와 추문에 시달려야 했던 알튀세르의 「이데올로기와 이데올로기적 국가장치들」이라는 글 모두 자유주의 국가를 상대한다. 푸코에게는 주권적인 권력 개념을 넘어 생명 권력을 조직하고 운용하는 장치로서의 국가가 문제였다면 알튀세르에게 있어서는 법 이데올로기의 환상을 넘어 개인을 주체화하는 국가장치가 문제였다. 그렇지만 이런 자유주의 국가 비판의 기획은 동시에 정치의 유물론이라고 할 만한 것을 사유하는 이질적인 기획이 어떻게 가능한지를 보여 주는 시도이기도 하다. 그런 점에서 그것은 매우 중요한 이론적이면서도 정치적인 질문들을 끌어들인다. 나는 이 글에서 그 가운데 몇 가지를 발견하고 또 대조하는 데 만족하고자 한다.

2. 국가 없는 정치 이론: 푸코의 통치성 분석

먼저 알튀세르의 독자로서의 푸코에서부터 시작하여 보도록 하자. 어쩌면, 푸코가 자신의 권력 이론을 알튀세르의 국가 이론과의 거리 속에 위치 짓고 또 그로부터 자신의 권력 이론이 가지는 특장을 사고했을 수도 있기 때문이다. 이를테면 아래와 같은 주장은 우리에게 어쩔 수 없이 알튀세르를 상기시킨다.

권력에 대한 연구의 방향을 주권의 사법적 구조물이나 **국가의 장치, 또는 국가에 수반되는 이데올로기** 쪽으로 자리를 잡지 말고, 지배(이것도 주권이 아니라)나 물질적인 장치, 예속의 형태 혹은 이 예속의 국부적 체계의 사용과 결합, 그리고 마지막으로 앎의 장치 등의 측면에서 분석해야 한다고 나는 생각한다.[6]

여기서 분명 푸코는 주권이나 국가장치와 이데올로기를 경유하여 이뤄지는 권력 분석에서 벗어날 것을 제안한다. 이런 언급을 마주할 때 우리는 그가 알튀세르와의 거리 속에서 자신의 권력론을 제안한다고 말할 수밖에 없다. 그렇지만 곧 살펴볼 것처럼 푸코가 취하게 될 알튀세르와의 거리라는 것은 실은 희박하거나 아주 좁다. 외려 우리는 푸코가 혹시 다른 방식으로, 다른 개념과 어휘로, 다른 자리에서 말하는 알튀세르가 아닐까 하는 착각에 이를 수도 있다. 그렇지만 그토록 다른 두 이론가가 어떻게 그토록 유사한 모습의 인물일 수도 있는지 그려 내는 일이 그렇게 대단한 일은 아닐 것이다. 오히려 그토록 다른 것으로 가정되었던 두 종류의 사고가 어떻게 서로를 반향하는 관계 속에 있었는지를 검토하며 두 이론가가 함께 탐색하였던 물음을 찾아내는 일이 더 중요할 것이다.

그럼 에두르지 말고 바로 나아가자. 출발점은 푸코, 그 가운데서도 그가 근대 권력의 분석을 위해 제기한 이론적 프로그램이라 할 '통치성'이 될 것이다. 통치성은 18세기 이후 전개된 근대 국가의 전환을 이해하는 중요한 개념적 탐침이다. 이를 완결적이고 정합적인 '이론'으로 규정하기는 어렵다. 외려 우리는 통치성이 "근대 국가의 계보학"[7]적 분석을 위해 푸코가

---

[6] 미셸 푸코, 『"사회를 보호해야 한다": 1976, 콜레주 드 프랑스에서의 강의』, 박정자 옮김, 동문선, 1998, 53쪽(강조는 인용자).

도입한 잠정적인 방법 혹은 그의 접근 방식을 이끌어 가는 이론적인 프로그램이라고 보는 것이 옳을 것이다. 푸코 스스로 언급하듯이 그가 착수했던 이론적인 기획, 즉 '사법-정치적' 담론에서 벗어나 혹은 '철학-법률적' 담론에서 벗어나 권력을 이해할 수 있는 관점을 발견하겠다는 전망은 통치와 통치성 분석을 거치며 의미심장한 변화를 겪는다.[7] 『감시와 처벌』을 출간하고 『"사회를 보호해야 한다"』라는 이름으로 묶인 세미나를 진행할 즈음까지, 푸코가 지속했던 권력 분석은, 통치성이라는 '기괴한' 개념과 더불어 새로운 전환을 이루게 된다고 말할 수 있다.[8] 그리고 푸코는 이런 전환을 1977~1978년 콜레주 드 프랑스에서의 강의인 『안전, 영토, 인구』 중 1978년 2월 1일자 강의에서 요약한다.[10] 주지하듯이 이 강의는 영국의 『이데올로기와 의식』(*Ideology and Consciousness*)이라는 저널에 번역 게재되고, 이와 함께 그즈음 푸코가 강의와 더불어 진행한 세미나에서 발표했던 일련의 글들이 함께 소개되면서 훗날 사람들이 '통치성 학파'라는 이름으로 부르게 될 이론가들의 그룹이 형성된다.[11]

---

7) Michel Foucault, *Security, Territory, Population: Lectures at the Collège de France, 1977~1978*, éds. Michel Senellart, François Ewald, Alessandro Fontana, trans. Graham Burchell, Palgrave Macmillan, 2007, p. 380.
8) 푸코, 「통치성」, 푸코 외, 『미셸 푸코의 권력이론』, 정일준 옮김, 새물결, 1994.
9) '안전 기구'(la dispositif de sécurité/apparatus of security)라는 개념을 '통치성'이라는 개념으로 대체하게 된 이유를 설명하려는 시도로는 다음의 글을 참조하라. Mariana Valverde, "Genealogies of European States: Foucauldian Reflections", *Economy and Society* Vol. 36 Issue 1, 2007, pp. 171~173.
10) 통치성 개념을 제안하게 되는 그 강의는 '안전, 영토, 인구'라는 이름으로 진행되던 강의의 일부였다. 강의의 주제와 방향을 예시하는 제목이 알려 주는 것처럼 애초 푸코는 안전(기구)이라는 범주를 중심으로 자유주의를 분석하고자 하였다. 그런데 갑자기 강의 중간에 안전이라는 범주 속에서 그가 분석하려던 것을 '통치성'이라는 개념으로 명명하자고 요구한다. 훗날 많은 이들이 당혹스러워하듯이 푸코는 왜 자신이 신조어를 굳이 만들어 사용하며 자신의 분석을 새롭게 정의하는지 부연하지 않는다. 누군가의 말처럼 어느 날 강의실 문을 열고 들어와 갑자기 그저 시간을 되돌릴 수 있다면 자신은 제목을 '통치성 강의'라고 하였을 것이라고 말했을 뿐이다.

이즈음까지 권력에 대한 푸코의 접근은 권력에 관한 사법-정치적 담론 혹은 권력에 관한 주권적 모델로부터 벗어나려는 끈질긴 노력이라고 볼 수 있다. 『감시와 처벌』을 전후해 푸코가 전개한 권력에 대한 "바깥으로부터의 사고"[12]라는 접근은, 『"사회를 보호해야 한다"』라는 세미나를 전후해 그가 제시한 이른바 "니체의 가설"(Nietzsche's hypothesis)[13] 혹은 정복과 전쟁의 모델이라는 관점으로 요약될 수 있다. 푸코가 "역사-정치적 담론"[14]이라 부르기도 하는 이런 관점은,[15] 주권(혹은 권리)과 법이라는 관점에서 권력을 인식하는 자유주의적 정치철학("리바이어던의 모델"[16])과 거리를 두는 한편 권력의 기원적인 중심으로서 경제를 가정하고 계급 지배라는 관점에서 사고하는 교조적 맑스주의에서도 벗어나려는 노력으로부터 비롯된 것이었다. 이를 푸코는 "왕의 목을 자르기"라는 유명한 경구로 표현하기도 했다("군주를 하나의 환영, 도구 아니면 기껏해야 적으로 간주할 수밖에 없는 담론이다. 이것은 결국 왕의 목을 자르는 담론이고, 군주 없이 혹은 군주를 비판하며 행해지는 담론이다"[17]). 여기서 일컫는 왕이란 봉건적

---

11) 푸코의 '통치성'이라는 분석 기획이 소개된 후 이것이 영미권의 좌파 이론가들에게 어떤 영향을 미쳤는지에 관한 간략한 소개로는 다음의 글을 참조하라. Nikolas Rose, Pat O'Malley & Mariana Valverde, "Governmentality", *Annual Review of Law and Social Science* Vol. 2, 2006.
12) '바깥으로부터의 사고'라는 주제에 대해서는 다음의 서술을 보라. Foucault, *Security, Territory, Population*, pp. 116~117.
13) 푸코, 「권력, 왕의 머리베기와 훈육」, 콜린 고든 엮음, 『권력과 지식』, 홍성민 옮김, 나남, 1991, 123쪽. 여기에서 니체의 가설은 빌헬름 라이히의 가설, 즉 권력을 억압으로 파악하는 관점과 짝을 이루며 대립적이면서도 상보적인 것으로 서술된다.
14) "역사정치적 담론은 군주의 정치학이나 주권의 정치학이 아니고 또 그렇게 될 수도 없다." Foucault, *Security, Territory, Population*, p. 79.
15) 푸코, 『"사회를 보호해야 한다"』, 61~83쪽의 1976년 1월 21일자 강의 참조.
16) "결국 리바이어던의 모델을 제거해야만 한다. …… 권력에 대한 연구는 리바이어던의 모델 밖에서, 즉 국가 제도와 사법적 주권에 의해 구획된 범위의 밖에서 이뤄져야 하고, 지배의 기술과 전술에서부터 그것을 분석해야 한다." 같은 책, 53쪽.

군주가 아니라 군주이든 아니면 사법적으로 권리의 평등을 보장받은 근대적 시민이든 법률을 통해 코드화되고 또한 그를 통해 보호받거나 제재받는 권리의 주체를 가리킨다고 볼 수 있다. 따라서 왕이란 사법-정치적 담론을 압축하는, 다시 말해 권력을 사고하기 위해 언제나 선험적으로 가정되는 권력의 모델이자 정치적 주체의 이상(理想)이라고 할 수 있다.

그리고 푸코는 규율 권력(disciplinary power)과 "정상화(규격화) 사회"(society of normalization)라는 모델에 따라 사법-정치적 담론이 가정하는 주권적인 권력-주체의 모델로부터 벗어날 수 있는 길을 찾으려 하였다. 그는 18세기를 전후하여 서유럽 사회는 시민의 권리를 성문화·조직화하는 법률적인 코드와 사회적 신체를 실질적이고 효과적으로 관리할 수 있는 규율 메커니즘을 결합시킨, "주권적 권력"과 "규율 권력의 복합체"가 되었다고 주장한다.[18] 그런데 이즈음 푸코의 입장은 렘케 같은 이가 지적하듯이 사법-정치적 담론 혹은 그에 바탕한 권력 모델을 단순히 뒤집은 것, 혹은 그것의 반사적인 역상 속에서 권력을 사고하려는 시도에서 벗어나지 못하고 있었다.[19] 그렇지만 통치(성)라는 관점에 서면서 푸코는 이런 모델과도 결별할 수 있는 이론적 전환을 이룰 수 있게 된다.[20]

통치(government)라는 개념은 자유주의의 등장을 이해하는 데 관건적일 뿐 아니라 푸코의 권력론을 이해하는 데 있어서도 매우 중요하다. 푸코가 통치라는 개념을 제안했을 때, 이는 앞서 말했듯 사법-정치적 담론에

---

17) 같은 책, 79쪽. 한편 이에 대한 보다 상세한 언급은 다음의 글을 보라. 푸코,「권력, 왕의 머리베기와 훈육」,『권력과 지식』.
18) 푸코,「권력, 왕의 머리베기와 훈육」,『권력과 지식』, 137쪽.
19) Thomas Lemke, ""The Birth of Bio-politics": Michel Foucault's Lecture at the Collège de France on Neo-Liberal Governmentality", *Economy and Society* Vol. 30 Issue 2, 2001; Jacques Donzelot, "Michel Foucault and Liberal Intelligence", *Economy and Society* Vol. 37 Issue 1, 2008.

속박된 권력론으로부터 거리를 둘 뿐 아니라 그것으로부터 벗어나기 위해 선택하였던 규율 권력이라는 담론으로부터도 역시 벗어나려는 그의 작업을 압축한다고 할 수 있다. 무엇보다 통치라는 개념은 자유주의의 역사적 변용을 이해하는 데 있어서도 매우 큰 가치를 지닌다. 통치는 권력의 전략적 게임과 지배(domination)라는 권력의 작용을 둘러싼 성층적인 형태를 이해하는 데 있어서도, 아울러 사법적-주권적 권력 및 규율 권력과 경합하거나 혹은 그것을 흡수하고 변형시키면서 18세기를 전후하여 서유럽 사회에 본격적으로 등장한 자유주의적 지배를 이해하는 데 있어서도, 중요한 해석적 가치를 지닌다. 푸코는 근대 사회에서 권력이 작용하는 방식을 세 가지의 성층적인 형태의 도식을 통해 설명하는데,[21] 이때 기존에 미시 권력이라고 불렀던 일상적이고 미시적인 차원에서 행해지는 권력의 작용을 전략적 게임이라고 풀이한다. 개인이 관계 맺는 대상이 자기 자신이든 타인(들)이든, 아니면 기관·제도·기업 같은 것이든 그 무엇이든 인간관계 안에 폭넓게 분포되어 있는 힘의 관계를 푸코는 전략적 게임이라고 부른다. 반면 그 힘들이 상대적으로 경직되고 또 고정되면서 관계를 맺고 있는 항들 사이에 비가역적인 관계를 수립시킬 때 푸코는 이를 '지배'라고 부르고 이것이 우리가 흔히 권력이라 일컫는 그것이라 주장한다. 그리고 '통치'(혹은 통치 테크놀로지)를 이 사이에 놓는다.

그렇다면 통치란 무엇일까. 푸코는 『안전, 영토, 인구』라는 세미나를

---

20) 그러나 푸코의 세미나 편집자인 미셸 세넬라르를 좇아 이것이 일종의 단절이었다기보다는 생명 권력이라는 관점을 통해 열린 분석 공간 안에 통치라는 관점이 들어가면서 과거의 권력론과 연속적인 주장들이 형성되었다고 말할 수도 있다. 그렇지만 규율 권력론과 절대주의 국가의 등장을 전후하여 대두된 주권적 권력론이 통치라는 담론의 등장을 통해 새롭게 배치되었다는 점을 감안한다면 이를 이론적 전환이라고 부른다 해서 큰 무리는 아닐 것이다. Michel Senellart, "Course Context", *Security, Territory, Population*, p. 382.
21) 푸코, 「자유의 실천으로서 자아에의 배려」, 『미셸 푸코의 권력이론』, 123~124쪽.

요약하는 자리에서 "개인들을 하고 있는 일 그리고 일어난 일을 책임지게 되는 지도적 권위 아래에 놓음으로써, 그들의 삶 전반에서 개인들을 통솔하는 일을 맡는 행위"[22]를 통치라고 부른다. 또한 1980~1981년에 진행한 '생명 통치에 관하여'라는 제목의 세미나를 요약하는 자리에서는, 통치란 "인간 행동을 인도하는 테크닉들이나 절차들이라는 보다 넓은 의미에서 이해될 수" 있으며, "아동의 통치, 가계의 통치, 국가의 통치, 자신의 통치"[23] 등이 있을 수 있다고 말한다. 얼핏 지극히 평범해 보이는 이런 서술은, 그럼에도 정치 권력 분석에 있어서의 단절을 분명하게 기입하고 있다. 여기에서 통치성이라는 개념은 푸코의 권력 분석 안에서 통치가 차지하는 위치를 가늠하게 할 뿐만 아니라 그것의 역사적 특성을 분별하는 데 결정적인 역할을 한다. 통치성(governmentality)이라는 개념은 푸코 스스로 만들어 낸 신조어이다. 그것은 그 용어 자체가 보여 주듯이 통치(gouverner/govern)와 사고 양식(mentalité/mentality)이라는 두 가지 낱말을 결합한 것이다. 굳이 요약하자면 특정한 사고 양식을 통한 통치를 가리킬 것이고 푸코 자신의 간결한 정의를 좇자면 행동 방식 혹은 행실의 통솔(conduct of conduct)을 통한 권력의 작용을 가리킬 것이다. 그리고 이 용어는 정치 이성(political reason), 정치적 합리성(political rationality) 혹은 통치 합리성(governmental rationality) 같은 개념들과 맞바꿔 쓸 수 있고 푸코는 자신의 강의와 글에서 이러한 개념들을 혼용하여 쓰고 있기도 하다.[24]

통치성이라는 개념을 통해 푸코는 크게 두 가지의 차원을 겹쳐 놓는다고 볼 수 있다. 하나는 지식과 권력의 관계이고 다른 하나는 주체화이다. 먼저 지식과 권력은 권력이 행사되고 작용하는 표면, 즉 그 대상을 구성하

---

22) Foucault, *Security, Territory, Population*, p. 363.
23) Foucault, *Ethics: Subjectivity and Truth(Essential Works of Michel Foucault, 1954~1984 Vol. 1)*, ed. Paul Rabinow, trans. Robert Hurley et al., New Press, 1997, p. 81.

고 그것을 수행하는 구체적인 장치·절차·계산의 형식 등을 두루 망라하는 것이라 할 수 있다. "이와 같은 매우 특정하면서도 복합적인 형태의 권력을 행사할 수 있게 해주는 제도, 과정, 분석과 반성, 계산과 전술들로 구성되는 전체(ensemble). 이러한 권력의 표적은 인구이며, 그 중요한 지식의 형태는 정치경제학이고 또한 그 본질적인 기술적인 수단은 안전 기구들이다"[25] 라고 푸코가 말할 때 가리키는 것이 바로 그것이라고 할 수 있다. 여기에서 푸코는 근대 사회의 통치성을 구성하는 핵심적인 테크놀로지로서 안전 기구(apparatus of security), 그것이 작용하는 대상으로서 생물학적인 종으로서의, 다시 말해 생명을 가지고 자신의 욕망(desire)을 실현하고 보장하기 위해 분투하는 인간(human species)을 가리키는 인구, 그리고 이를 사유할 수 있도록 하는 결정적인 지식의 형태로서 정치경제학을 꼽는다.

다음으로 우리는 통치성을 주체화의 원리, 혹은 푸코적 의미에서의 윤리, 개인이 자신을 권력에 예속된 주체이면서 동시에 자신의 행위를 반성하고 변형하는 능동적이고 자유로운 주체로 살아가도록 이끄는 힘으로 볼 수 있다. 푸코는 통치한다는 것(governing)이 엄밀하게 가리키는 바가 바로 그것이라고 정의하면서 상당히 꼼꼼한 분석을 시도한다. 이것은 바로

---

24) 'conduct'라는 개념은 푸코의 통치성 개념에서 상당히 큰 의의를 차지한다. 통치성에 관한 이론적 서술에서 푸코 스스로 언급한 것이기도 하거니와 기독교적 사목 권력으로부터 근대의 국가적 통치, 혹은 경제적 통치로의 이행을 설명할 때, 이 conduct라는 개념을 상세하게 언급한다. 그런데 conduct라는 개념은 우리말로 대개 '행동'으로 옮겨진다. 그러나 이것은 의식적 주체의 행위를 가리키는 평범한 낱말도 아니고, 행위의 물질적 양태나 특성을 가리키는 용어도 아니라고 할 수 있다. 푸코가 '통치'를 conduct of conduct라고 정의할 때, 그가 염두에 둔 것은 바로 이 낱말이 가진 함축을 강조하려는 의도였던 것 같다. conduct는 행위하는 주체가 행위 자체를 반성하면서 스스로를 관리하고 조정하는 것을 가리키는 표현이라 말할 수 있다. 따라서 그것을 굳이 우리말로 옮기자면 '행동거지', '행실', '처신', '행동 방식' 같은 말에 가깝다. 또한 이 말에 행위를 이끌고 관리하며 지도한다는 뜻도 포함되어 있음을 고려한다면 'conduct of conduct'라는 서술은 '행동 방식의 통솔' 정도로 번역하는 것이 맞을 것으로 보인다.
25) 푸코, 『미셸 푸코의 권력이론』, 46쪽.

히브리적 전통에서 비롯되며 중세의 기독교적 서구를 경유하여 다시 근대 국가에서 통치라는 형태로 변용된 사목 권력(pastoral power)이다. 이는 군주와 신민이라는 관계를 목자-양떼라는 관계와 결합시키면서[26] 개인, 가족, 공동체를 비롯한 다양한 삶의 현실 안에서 사람들이 어떻게 행동하고 살아갈 것인지를 배려하고 관심을 기울이는 것을 말한다.[27] 특히 푸코는 사목 권력이 국가에 의한 통치, 훗날 그가 경제적 통치, 정치적 통치, 혹은 줄여 그냥 통치라고 부르게 될, 국가를 통한 권력의 작용을 설명하는 데 결정적인 의의를 가지고 있음을 강조한다. 그것은 '도시, 영토, 주권' 같은 지고한 대상이 아니라 다수적 삶, 그가 '전부이면서 각자'(omnes et singulatim/all and each)라고 부르는 대상을 상정하고 또 그에 적합한 지식과 기술을 형성하기 때문이다.[28]

한편 이런 점에서 푸코가 통치성을 통치 합리성 혹은 정치 이성으로서 분절할 수 있도록 하는 이론적 계기에 주목할 필요가 있다. 바로 그것이 거칠게 말해 근대 국가의 맹아라고 할 수 있으며 16세기를 전후하여 서유럽에서 형성된 절대주의 국가에서의 '국가 이성'(raison d'État/ratio status/the reason of state)과 그것을 실현하는 장치로서의 '행정 관리'(police)에 대한 분석이다. 국가 이성이란 기존에 국가가 권력을 행사할 때 의존하던 추상적이고 선험적인 원리나 이상(이를테면 천국의 지복, 내세에서의 구원 등)과 단절하여 국가가 자기 의식적으로 자신의 힘이 작용하는 대상을 분별·조사·관찰·반성하면서 어떻게 작동할지를 정의하고 조정할 수 있도록

---

[26] "우리가 근대 국가라고 부르는 것 안에서 이러한 두 가지의 게임 ──도시-시민 게임과 목자-양떼 게임── 이 결합된 이래로 우리 사회는 정말로 악마적이라는 것이 판명되었습니다." 같은 책, 67쪽.
[27] 푸코는 이를 "영혼의 사목으로부터 인간에 대한 정치적 통치(political government of men)로의 이행"이라고 서술한다. Foucault, *Security, Territory, Population*, p. 227.
[28] *Ibid.*, pp. 128~129.

하는 권력 행사 방식 혹은 그것을 구체화하는 과학·지식을 말한다. 다시 말해 마침내 국가는 엄밀한 의미에서 논증(reasoning)을 통해 혹은 합리성(rationality)을 통해 자신의 권력을 행사할 수 있게 된 것이다.

한편 이는 중세의 봉건적 군주나 초기 절대주의 국가가 상정했던 목표와 그것을 실현하려는 기술, 이를테면 영토와 부(wealth)의 관리를 위해 행사하던 테크놀로지와는 전연 다른 새로운 것을 고안한다. 이것이 행정, 관리, 국책(國策) 등으로 부를 수 있을 폴리스(police)[29]라고 할 수 있다. 시민이면서 동시에 인구인 대상을 지배하기 위해 발달한 폴리스에 관한 과학(Polizeiwissenschaft)은 푸코가 꾸준히 강조하듯이 전체화하면서(totalizing) 동시에 개인화하는(individualizing) 권력으로서의 특성을 설명할 수 있도록 한다. 건강, 장수, 안전, 행복 등을 비롯한 다양한 목표를 위해 생명을 가지고 살아가는 인간, 즉 인구를 돌보는 국가는 바로 행정 관리를 통해 작동하기 때문이다.

그런데 푸코는 국가 이성이 한계에 부딪히며, 18세기를 전후하여 새로운 통치성이 등장한다고 말한다. 그것은 훗날 자유주의라고 불리게 될 정치적 합리성으로의 전환이라고 할 수 있다. 그것은 국가 이성이 가진 목표, 즉 국가와 그것의 부의 증대[30]를 '사회'와 그것의 경제적 진보라는 목표로 대체하는 새로운 통치성이라 할 수 있다. 푸코는 이런 통치성의 등장을 선도하고 조직한 것이 중농주의자로 대표되는 정치경제학자들이었다고 주장한다. 그런 점에서 푸코는 "국가 이성은 새롭게 부상하던 영역인 경제에

---

29) 물론 이 개념은 경찰이라는 용어를 통해 혹은 그것과 연결된 정책(policy)이라는 낱말을 통해 자신의 흔적을 유지한다고 볼 수 있다. 그렇지만 'police'라는 용어를 흔히 번역하듯이 '치안'이라고 생각해서는 안 될 것이다. 이 개념에 대한 푸코의 설명을 참조하라. Foucault, *Security, Territory, Population*, pp. 311~332의 1978년 3월 27일자 강의.

30) 이는 중상주의가 관심을 가진 것이기도 하다. 그런 점에서 중상주의는 국가 이성에 대응하는 정치경제학이라 할 수 있다.

의해 개조되었으며, 경제 이성(economic reason)은 국가 이성을 대체하지는 않았지만 국가의 합리성에 새로운 내용과 새로운 형태를 제공했다"[31]고 말하기도 한다. 정치경제학을 통해 마련된 통치성의 핵심적인 특성을 푸코는 크게 다섯 가지로 설명한다.

하나는 '자연스러움'(naturalness)의 대상으로서 '사회'가 고안되고 자유주의의 핵심적인 가정인 사회·시민사회 대 국가라는 이분법이 형성된 것이다. 이제 국가는 시민사회를 책임지고 관리해야 하며 국가는 또한 그 시민사회가 만들어 내는 움직임, 중상주의가 상정하는 교환(exchange)이라는 관점에서 파악된 부가 아니라 생산하고 소비하며 그를 통해서 구체적으로 자신의 생존을 이루는 인구들의 삶, 즉 사회를 상대하게 된다. 두번째로 이러한 자연스러움으로서의 사회라는 가정으로부터 통치성의 핵심적 구성 요소인 지식과 권력의 관계 역시 변용되지 않을 수 없음을 푸코는 지적한다. 이제 좋은 통치를 위해서 국가는 국가 이성에서와 같이 외교적인 계산이나 역학 관계에 대한 고려가 아니라 자연적 대상으로서의 사회에 대한 구체적인 분석으로부터 과학적 지식을 뽑아 내게 된다. 그리하여 통치 기예와 지식은 세부적으로 대응하게 된다. 그리고 이로부터 세번째의 것, 인구라는 관점에서의 혁신적인 변화가 이뤄지게 된다. 국가 이성이 인구라는 관념을 끌어들이고 이를 통치의 대상으로 삼은 것은 사실이지만 그것은 순전히 양적 다수, 머릿수로만 고려된 것이었다. 국가 이성을 통해 인도되었던 중상주의적 국가에서는 군주의 부를 좌우하는 것이 인구의 수, 그리고 그것의 일과 순종성(docility)이었기 때문에 국가의 관심이 절대적 가치를 지닌 상품과 수량화할 수 있는 부에 있었다면 새로운 통치성, 즉 자유주의는 최대의 가치가 아니라 너무 많지도 않고 너무 적지도 않은

---

31) *Ibid.*, p.72.

최적의 가치, 균형적 가치를 추구하게 된다.

네번째는 국가가 개입하는 방식이 변화한 것에서 찾아볼 수 있다. 앞서 살펴보았듯이 새로운 통치성의 핵심 전제는 이전의 국가 이성에서처럼 군주 혹은 국가의 의지를 부과하는 게 아니라 자연적인 대상으로서의 사회의 운동을 보장하고 촉진하는 것이었다. 그래서 규칙이나 규제를 통해 사람들의 움직임을 제약하지 않는 새로운 국가 개입 방식을 만들어 내게 된다. 그리하여 푸코는 다섯번째로 자유주의가 문자 그대로 자유(liberty)에 기반을 둔 통치라고 할 수 있게 하는 그것, 즉 좋은 통치란 자유를 존중하는 것이라는 점을 꼽는다. 중농주의자들이 생각하기에는, 인구가 서로 다른 개인들이 모여서 만들어진 것임에도 불구하고 그것을 하나의 전체처럼 다룰 수 있는 이유는 바로 그 모두가 행위의 한 가지 동인(mainspring), 즉 '욕망'(desire)을 통해서 움직인다는 데 있었다. 따라서 인구를 통치하기 위해서는 규제나 명령이 아니라 바로 이러한 욕망의 법칙, 즉 정치경제학이 상대하는 경제적 인간 혹은 욕망을 좇으면서 살아가는 개별적이면서도 또한 전체인 인구=시민이 가진 자유를 존중하지 않을 수 없다.[32]

그렇지만 이미 앞에서도 언급했듯이 자유주의라는 통치성은 정치경제학을 통해 통치의 대상과 원리를 가시화하고 분절할 수 있는 인식 가능성의 조건을 만들어 냈지만 그것은 '안전 기구'라는 새로운 통치 테크놀로지와 불가결하게 얽혀 있다. 실제 푸코는 통치성과 관련한 세미나에서 도시, 전염병, 기근 등의 쟁점을 둘러싸고 근대적 통치성이 어떻게 경합하고 또 변천하였는지를 상세하게 설명한다. 이는 주권적인 체제와 규율 체제,

---

32) Foucault, *Security, Territory, Population*, pp. 72~73. 한편 초기 자유주의, 흔히 스코틀랜드 자유주의(scottish liberalism)라 불리는 것을 통치성의 역사라는 관점에서 상세하게 분석한 글로는 다음을 참조하라. Graham Burchell, "Liberal Government and Techniques of the Self", *Economy and Society* Vol. 22 Issue 3, 1993.

그리고 안전 기구가 지배하는 자유주의적 체제 사이의 종차를 설명하는 것이기도 하지만 또한 그 각각과 연관된 테크놀로지의 결합체들을 분별하고 그것의 역사적 특성을 분절하려는 작업이기도 하다.

3. 알튀세르 이후의 푸코

1) 사회적인 것의 이론: 국가의 통치화 혹은 사회-효과

이즈음에서 우리는 푸코와 알튀세르 사이에 놓인 거리를 측정하여 볼 수 있다. 그것은 어찌 보면 놀라우리만치 유사한 주제들을 두 이론가가 어떻게 달리 분석하고 전개하며 자신의 이론적 관점 속에 포괄하는지 살펴보는 것이다. 이를테면 우리는 각자가 어떻게 마치 서로를 이론적 대화자로 보이지 않게 전제하면서 서로에게 반대하거나 혹은 찬성하면서 자신의 개념들을 제시하는지 상상할 수 있을지 모른다. 푸코가 국가의 통치화를 분석할 때, 즉 근대의 지배적 통치성인 자유주의가 어떻게 사회의 발생을 가능하게 했는지 분석하고자 했을 때, 알튀세르는 자본주의가 어떻게 '사회-효과'(society-effect)를 생산하는지 분석하고자 했을 것이다(사회적인 것의 발생의 이론). 푸코가 주권자-신민의 짝이 어떻게 사목 권력 이후 목자-양떼의 관계로 변화하며 자유주의적 통치 속에서 권력의 대상이 되는 인간이 '행동 방식의 통솔'을 받는 주체가 되는지 분석하고자 했을 때, 알튀세르는 근대 자본주의 국가가 어떻게 개인을 '호명'하며 주체를 만들어 내는지 분석했을 것이다(주체화의 이론). 푸코가 안전 기구라는 것을 통해 국가는 초월적인 의지나 외적인 사법적 명령이 아니라 현실 속에서 작동하는 다양한 제도·관행·규칙에 다름 아니라고 분석했을 때, 알튀세르 역시 국가란 다름 아니라 국가장치라는 물질성 속에 존재하며 억압적이고 이데올로기적인 이런 장치들을 통해 존재한다고 분석했을 것이다(장치의 유물론). 그리고 기타 등등. 어쩌면 알튀세르와 푸코를 모두 치밀하게 읽은 이들이라면 내가 찾아낸 것보다 더 많은 유사점을 발견하고 그 목록을 열거할 수 있을 것이다. 그러나 우리는 여기에서 그치자. 그리고 이 유사점의 범위 안에서 둘을 가르는 '정치'의 장소를 찾아보도록 하자.

먼저 푸코의 국가의 통치화와 알튀세르의 자본주의의 사회-효과라는 개념에서 출발하자. 푸코는 통치성이라는 개념을 도입해 근대 정치 권력의 특성을 분석하면서, "우리의 근대성, 즉 우리의 현재에 있어 중요한 것은 국가에 의한 사회의 장악(étatisation)이라기보다는 내가 국가의 통치화라 부르고자 하는 것이다"[33]라는 유명한 명제를 제시한다. 그가 말하는 국가의 통치화란 단적으로 근대에서 권력이 관리하고 지배하는 대상은 무엇인가라는 문제를 가리키는 것에 다름 아니다.[34] 당연한 말이겠지만 권력이 행사되는 그 대상은 고안되고 조직되어야 한다. 그리고 그렇게 고안되고 조직된 대상의 이름을 '사회'라 할 수 있다. 이런 푸코의 주장을 더욱 밀고 나가면 근대 복지 국가의 발생을 분석하는 동즐로의 저서 제목처럼 "사회적인 것의 발명"(l'invention du social)[35]이 이뤄져야 하는 것이다. 아마 다음과 같은 푸코의 서술은 이를 요약적으로 제시한다고 볼 수 있을 것이다.

내가 믿기에 시민사회란 통치 테크놀로지에 관한 개념, 혹은 외려 그 합리적인 수단이 생산과 교환 과정으로 이해되는 경제에 사법적으로 고정

---

33) Foucault, *Security, Territory, Population*, p. 109.
34) "그것은 경제학자들(the économistes)이 궁극적으로 하나의 영역, 객체들의 장, 분석과 지식과 개입이 가능한 영역으로 밝혀내게 될 인간의 공통적인 삶에 특유한 자연스러움으로서의 사회이다. 인간에 특유한 특수한 자연스러움의 영역으로서의 사회는 시민사회로 불리게 되면서 국가의 대응물(the vis-à-vis of the state)로 등장한다. …… 시민사회란 통치적 사유, 즉 18세기에 등장한 새로운 통치성의 형태가 국가의 필연적인 상관자로서 표출하는 것이다." *Ibid.*, pp. 349~350.
35) 자크 동즐로, 『사회보장의 발명: 정치적 열정의 쇠퇴에 대한 시론』, 주형일 옮김, 동문선, 2005.

되어야(pegged) 하는 통치 테크놀로지의 상관자이다. 시민사회라는 문제는 경제 구조(économie économique)에 고정된 통치성의 사법적 구조(économie juridique)이다. 그래서 내가 생각하기에 시민사회 —— 곧 사회로 불리고 18세기 말에는 국민(the nation)이라 지칭될 —— 는 통치 실행과 통치 기예, 이 통치 기예의 반성 그리고 통치 테크놀로지에 있어 자기-제한을 가능케 해준다. 그것은 경제 법칙도 권리의 원리도 침해하지 않는, 통치의 일반성이라는 요건도 통치의 편재성의 필요도 침해하지 않는, 자기-제한을 가능케 해준다. 편재하는 통치, 그 무엇도 피해 갈 수 없는 통치, 그럼에도 불구하고 경제의 특수성을 존중하는 통치가 시민사회, 국민, 사회, 사회적인 것을 관리하는 통치가 될 것이다.[36]

여기서 푸코는 시민사회 혹은 사회라는 것이 자유주의가 창조한 현실임을 역설한다. 주권적 주체와 경제적 행위자를 모두 포괄할 수 있지만 어느 하나를 다른 하나로 환원하지 않으면서, 권리의 규칙에 따라 경제적 행위자로 채워진 공간을 통치하기 위해 근대 자유주의 통치성이 창안한 국가의 상관자, 참조 대상이 사회라는 것이다. 이를 자유주의가 시장이나 정치경제학적 원리에 따라 사회를 통치한다는 관점으로 오인해선 안 될 것이다. 푸코는 경제가 국가의 통치 원리로 직접적으로 번역될 수 있다면 실은 계획 경제나 국민 경제와 같은 것을 초래하는, 즉 자유주의와 오히려 반대되는 결과로 나아가게 될 것임을 강조한다. 따라서 시장 만능주의로 이해되곤 하는 자유주의는 실은 중상주의적인 국가 이성에서처럼 전제주의를 가능케 하는 자유주의의 반대항일 뿐이다. 때문에 푸코는 자유주의가

---

36) Foucault, *The Birth of Biopolitics: Lectures at the Collège de France, 1978~1979*, éds. Michel Senellart, François Ewald, Alessandro Fontana, trans. Graham Burchell, Palgrave Macmillan, 2008, p. 296.

국가에 대해 "외재성과 내재성의 복잡한 관계에 놓인 사회"[37]를 가정하면서 자신의 통치를 합리화하게 된다고 설명한다. 이에 따를 때 사회는 "일차적이고 직접적인 현실"이 아니라 근대 통치 테크놀로지를 형성하는 부분이 된다. 사회란 자유주의라는 통치 테크놀로지, 경제적 과정의 특유성에 고정되는 한에서의 자기-제한을 목표로 하는 통치 테크놀로지와 전적으로 상관적인 "교류적 현실"(réalités de transaction/transactional reality)[38]로서 발생한다. 그렇기에 푸코는 "경제적 유대를 넘어서면서 순전히 사법적으로도 되지 않는, 사회적 관계 및 개인들 간의 유대를 구성하는 집합적이고 정치적인 단위의 영역", "경제적이지도 사법적이지도 않은 유대", "사회적 유대의 유기적 성분으로서의 통치 및 권위 형식의 유기적 양상으로서의 사회적 유대"로서 사회를 정의하게 된다.[39]

이때 경제와 사회의 관계에서 언급되는 경제는, 통치와 관련해 사회가 자신에게 행사되는 권력을 평가하기 위한 일종의 가늠자로서의 경제라고 할 수 있다. 다시 말해 사회적 현실 밑에 속한 하부적 현실로서의 경제가 있는 것이 아니다. 즉 사회의 부분으로서의 경제가 있는 게 아니라 통치가 이뤄질 때 그것이 자신의 한계를 검토하기 위해 준거하는 것으로서의 경제가 있을 뿐이다. 이 때문에 푸코는 자유주의적 통치성이 "이해관심의 경제적 주체라는 총체화할 수 없는 복수성과 사법적 주권자의 총체화하는 통일성 사이의 본질적인 양립 불가능성을 정식화하면서 그 근대적 형태를 획득"[40]했다고 말한다. 그 경제적 인간과 사법적 주권자 사이의 거리를 생산하고 또 역으로 조정하는 것이 자유주의적 통치라는 것이다. 이해관심

---

37) Foucault, *The Birth of Biopolitics*, p. 319.
38) *Ibid.*, p. 297.
39) *Ibid.*, pp. 307~308.
40) *Ibid.*, p. 282.

에 따라 행위하는 경제적 인간과 사법적 의지에 따라 행위하는 주권적 주체는 서로 환원할 수 없는 이질적 주체다. 하지만 푸코는 이 두 주체의 거리를 조절하는 통치의 원리가 바로 자유주의라고 말한다. 권력이 국가의 제도와 법을 통하여 사회에 대하여 행사될 때 그 통치가 적절하고 유용하며 정당한 것인지를 가늠하기 위한 원리가 경제가 된다는 것이다. 따라서 푸코가 말하는 경제와 사회의 관계는 사회의 이중화의 원리라 부를 수 있을 것이다. 푸코는 권력의 대상이 되는 사회는 자신에게 행사되는 권력을 평가할 때, 항상 "지나치게"[41] 통치하는 국가 권력을 감시하고 사정할 목적으로 경제를 참조한다고 말한다. 이때 경제와 사회의 관계란 권력의 자기-제한 혹은 자기-비판의 원리라 부를 수 있을 것이다.

이와 관련하여 우리는 알튀세르가 『『자본』을 읽자』에서 제시한 '사회-효과'라는 개념에 주목할 수 있을 것이다. 사회-효과라는 개념은 자본주의를 역사철학적 목적론 외부에서 사유하기 위해 알튀세르가 도입하는 개념이다. 자본주의가 영구적인 것도 역사의 최종적인 단계도 아닌 역사적인 것임을 보여 주는, 즉 자본주의의 역사적 한계와 공산주의로의 필연적인 이행을 보여 주는 역사철학적인 텍스트로 『자본』을 읽어 왔던 기존의 해석에 반대해, 알튀세르는 '역사적 현재'의 관점 속에서 자본주의를 인식할 필요가 있음을 강조한다.

> 맑스가 『자본』에서 연구한 것은 역사적 생산물의 결과를 **하나의 사회로서** 존재하게 만드는 이 메커니즘이다. 따라서 이 역사적 생산물, 즉 정확히 말해 그가 연구하는 사회 생산물에 대해 이 결과를 하나의 사회로서(모

---

[41] 자유주의 정치의 내재적인 동력으로서의 권력의 지나침이라는 전제와 그와 상관된 '비판'(critique)의 항상성에 관해서는 『생명 정치의 탄생』의 강의 요약에 나오는 푸코 자신의 설명을 참조하라. *Ibid.*, pp. 317~324.

래언덕, 개미집, 작업장 또는 단순한 인간의 집합 등과 같은 것으로서가 아니라) 존재하도록 만들어 주는 '**사회 효과**'(society-effect)를 생산하는 특질을 부여해 주는 메커니즘인 것이다. 따라서 하나의 사회를 그 생성에 의해 설명한다면 그 '몸', 즉 설명되어야 하는 바로 그것을 잃어버리게 된다고 맑스가 우리에게 말할 때, 그는 어떤 특정한 결과가 **사회로서** 기능하게 되는 메커니즘, 따라서 자본주의적 생산양식에 고유한 사회 효과를 생산하는 메커니즘을 설명하는 작업에 그의 이론적 초점을 맞추고 있었다. 이 사회 효과의 생산 메커니즘은 그 메커니즘의 모든 효과가 다음과 같은 정도로 구명될 때에만 완벽하다. 개인들이 하나의 사회로서의 사회에 대해 맺고 있는 구체적, 의식적 또는 무의식적 관계를 구성하는 제 효과의 형태로 그것이 생산될 수 있을 정도로, 즉 사람들이 의식적이건 무의식적이건 그들의 생활, 사업, 행동, 태도, 기능 등을 사회적으로 그 속에서 수행하게 되는 이데올로기의 물신성의 효과(또는 '사회 의식의 형태들', 『정치경제학 비판을 위하여』, 「서문」)에까지 도달할 수 있어야만 한다. 이런 관점에서 『자본』은 자본주의적 생산양식에서의 사회 효과의 생산 메커니즘에 대한 이론으로 간주되어야만 한다. 현대의 사회 효과는 다른 다양한 생산양식과는 상이하다는 점을 이해하기 시작한다.[42]

방금 길게 인용한 글에서 우리는 푸코와 유사하게 사회의 발생 혹은 사회-효과를 말하는 목소리를 들을 수 있다. 여기에서 알튀세르가 말하는 사회-효과란 『자본』에서 맑스가 말하는 것은 무엇인지를 규정하기 위한 일종의 인식론적인 비평이라고 보아야 옳을 것이다. 여기에서 자세히 말

---

[42] 알튀세르, 「『자본론』으로부터 마르크스의 철학으로」, 알튀세르 외, 『자본론을 읽는다』, 김진엽 옮김, 두레, 1991, 82쪽.

할 수는 없겠지만 알튀세르는 자본주의가 영원한 초역사적인 것이 아니라 역사적 생산물이라고 보는 입장에서 자본주의의 역사성을 강조하는 것으로는 충분치 않으며 그것이 공시적으로 어떻게 그 안에서 살아가는 이들에게 하나의 사회로서 지각되고 체험되는지를 분석해야 한다고 이야기한다. 이는 맑스주의가 자본주의의 역사적 한계를 드러내고 공산주의로 필연적으로 이행한다는 점을 주장하는 역사주의적 인식론을 비판하면서, 사회적 관계에 관한 과학, 어떻게 서로 다른 기원과 역사를 갖는 자율적인 여러 심급들이 접합하여 사회를 구성하는지 분석하여야 한다는 인식론적인 프로그램을 제안하는 것에 다름 아니다.

그렇지만 사회-효과라는 개념을 굳이 인식론적인 비판이라는 목표에 제한할 필요는 없을 것이다. 알튀세르가 사회-효과로 지적하는 것이 실은 (정치)경제학 비판이라는 기획과 상관이 있다는 것을 감안해야 할 것이다. 『자본』을 부르주아적으로 독해하는 방식에 맞서, 달리 말하자면 『자본』을 노동자 계급의 정치경제학 혹은 자본주의 생산양식의 정치경제학으로 읽는 방식에 맞서, 알튀세르는 "계급투쟁은 『자본』을 이해하기 위한 '결정적인 고리'이다"[43]라고 역설한다. 따라서 경제가 다른 사회적 사실들을 결정한다는 것을 밝히는 일은 맑스주의와는 아무런 관련이 없다는 것, "한편에는 생산과 교환(경제) 활동을 두고, 다른 한편에는 사회 계급들, 정치 투쟁 등을 두어 양자를 분리시킨 부르주아적인 환상을 철저하게 비판"하고, "생산·유통·자본 분배의 제 조건들(그러므로 소위 정치경제[학] 전체)이 사회 계급들의 존재와 계급투쟁에 의해서 지배되고 침투되어 있음을 증명하고자" 한 것이 맑스주의라는 것이 알튀세르의 주장이다. 따라서 푸코가 이른 분석의 끝에서 알튀세르는 맑스를 경유하여 반대의 반향으로 나아간다.

---

43) 알튀세르, 「맑스주의와 계급투쟁」, 『아미엥에서의 주장』, 71쪽.

즉 알튀세르는 정치경제학이 어떻게 사회라는 가상을 형성하는지를 고발하고 그런 것이 왜 불가능한지를 그것의 내재적인 모순과 적대를 통해서 분석하고자 한다.

알튀세르는 경제를 통한 사회의 결정 혹은 경제와 다른 사회적 현실의 구분에 근거하여 사회적인 것을 분절하는 것, 다시 말해서 사회-효과를 비판한다. 순수한 생산도 순수한 경제학도 없으며, 생산관계와 더불어서 적대적인 계급들이 생산 과정에 존재하고, 이 생산관계가 존립할 수 있는 조건을 재생산하기 위해서 부르주아지는 다양한 "물질적·이데올로기적·정치적 조건들"[44]을 영속화시키거나 재생산하여야 한다. 따라서 경제적인 사회 혹은 그저 사회라고 불러도 좋을 가상이 만들어져야 하는 것이다. 그러므로 알튀세르가 '사회-효과'라는 개념을 제출하면서 하고자 했던 것은, 정치경제학은 경제적 현실에 관한 과학이라는 주장에 비판적으로 개입하는 것이었다. 그는 잉여가치(보다 정확히 말하면 잉여노동)라는 개념에 준거하여 경제적 실천의 공간이 적대의 장소라는 것을 고발한다. 그리고 나아가 그의 작업은 자본의 자기 운동 안에 존재하는 모순적인 경향, 즉 자본의 추상성과 노동의 구체성을 대비시키며, 자본이 순수하게 경제적인 대상으로 상대하는 노동력이라는 것이 항상 이미 계급투쟁의 효과이자 적대를 억압하는 데에 따른 효과라는 점을 밝히는 작업에 다름 아니었다고 말할 수 있다.

여기에서 우리는 알튀세르가 강조하는 '사회구성체'라는 개념이 푸코의 사회적인 것의 발생이라는 사고와 어떻게 대응하는지 살펴볼 수 있을 것이다. 푸코는 정치경제학이 자연스러운 실체로서의 사회라는 대상을 고안하며 어떻게 근대 (자유주의) 국가가 권력을 행사하는 대상과 범위, 도구

---

44) 알뛰세르, 「맑스주의와 계급투쟁」, 『아미엥에서의 주장』, 73쪽.

를 만들어 낼 수 있었는지를 역설한다. 이때 푸코가 말하는 것은 경제적인 것이 사회적인 것의 숨겨진 본질이라는 뜻이 아니라, 근대 국가가 어떻게 규범과 그의 연장으로서의 법, 그리고 다양한 장치들을 통하여 권력이 행사되는 대상을 창안할 수 있었는지를 획정하는 것이었다고 볼 수 있다. 은밀한 푸코의 독자인 랑시에르의 표현을 빌려 "행정 관리"(police)와 "본연의 정치"를 구분한다면, 적대 없는 세계의 관리로서의 권력의 행사와 권력의 작용을 가능하게 하는 근본적인 부정성(다시 랑시에르의 표현을 빌리면 사회 안에 없는 것으로 간주되는 사회적 성원의 부정적인 자리, 즉 "몫 없는 자의 몫")을 분간한다면, 푸코가 관심을 두는 것은 바로 그 랑시에르적인 의미에서의 본래의 정치가 없는 정치, 사회의 발생과 관리로서의 정치(통치)라고 볼 수 있다.[45] 그리고 여기에서 본연의 정치를 가능하게 하는 "쟁송"(mésentente/dissensus)에 대응하는 알튀세르의 개념은 당연히 계급투쟁이라고 할 수 있다.[46]

---

45) Jacques Rancière, *Disagreement: Politics and Philosophy*, trans. Julie Rose, University of Minnesota Press, 1998.
46) 아마 이런 식의 설명은 알튀세르와 거의 동일한 어조를 취하는 발리바르의 다음 주장에서도 찾아볼 수 있을 것이다. "[자본의] '자기 운동'은 노동력이 그 속에서 '상품'으로 취급되는 사회적 관계의 효과이며, 그것도 오직 노동력이 상품일 수 있는 한에서만 그러하다(노동력은 저항하기 때문이다). 달리 말해서 그것은 일련의 불안정한 조건들, 즉 그 한 부류는 생산 영역에서 창조되고(노동 규율과 노동 관습, 숙련 및 임금의 위계화 등) 다른 한 부류는 생산 영역 '외부'에서, 즉 국가에 의해 관리되는 '사회적' 공간에서 창조되는 조건을 전제한다. 최종 분석에서 이 모든 조건들은 계급투쟁을 통해서만 실존할 뿐이며, 이 모든 조건들은 현저하게 정치적이다. 그리고 이것이 왜 자유주의 정치의 개념의 반정립인 '사회적 정치'를 점진적으로 실현시키면서 첨예한 갈등을 낳고 국가의 '조절적' 개입을 낳는 한에서 이 조건들이 정치적인 것으로 인지되는지를 이해할 수 있게 해준다." 발리바르, 「붙잡을 수 없는 프롤레타리아트」, 『대중들의 공포』, 291~292쪽. 여기에서 우리는 발리바르가 마치 푸코를 염두에 둔 듯한 서술을 하고 있다는 인상을 지우기 어렵다. 발리바르가 여기에서 따옴표 속에 넣어 강조하는 표현들, '사회적 공간', '사회적 정치', '조절'이라는 개념은 모두 푸코가 그의 통치성 분석에서 제출하고 강조한 개념들이 아니던가.

2) 통솔인가 호명인가: 주체화의 이론

앞서 인용한 『『자본』을 읽자』 인용문에서 알튀세르는 "개인들이 하나의 사회로서의 사회에 대해 맺고 있는 구체적, 의식적 또는 무의식적 관계를 구성하는 제 효과의 형태로 그것이 생산될 수 있을 정도로" 사회-효과가 설명되어야 한다고 말한다. 여기서 말하는 사회와 맺는 개인들의 (상상적) 관계가 곧 이데올로기라는 것은 두말할 나위가 없다. 그리고 알튀세르는 「이데올로기와 이데올로기적 국가장치들」에서 바로 이에 대한 설명을 시도한다. 이것이 바로 '국가에 의한 개인의 주체로의 호명'이라는 이데올로기론이며 또한 그것을 가능케 하는 물질적 장치로서의 이데올로기적 국가장치론이다. 이에 대응하는 푸코의 주체화 이론이 있다면 무엇일까? 우리는 그것이 통치성 분석에 내장되어 있는, 국가의 '행동 방식의 통솔'이라 말할 수 있을 것이다. 이 경우 통치성 분석은 또한 주체화의 이론이라 하지 않을 수 없다. 여기서 푸코가 말하는 국가란 알튀세르가 말하는 국가장치와 같이 다양한 요소들로 결합된 장치들의 네트워크(푸코가 제안한 개념을 따르자면 사목의 역할을 계승하며 주민 혹은 인구의 생명을 살피는 '안전 기구' apparatus of security들)로 현실화되는 국가이다. 더 이상 주권적 군주나 그것을 연장하는 주권자적 국가를 상상할 수 없을 때, 개인들이 자신들의 행동을 이끌고 그를 통해 자신의 행위를 반성하고 예측하며 행동 방식을 선택하게 되는 것은 이런 장치들의 도움을 통해서라고 할 수 있다. 따라서 우리는 이데올로기적 국가장치에 의한 호명과 안전 기구에 의한 통솔이라는 이론적 짝을 발견할 수 있다. 그리고 이 짝 안에서, 크게 세 가지가 각기 대응함을 찾아볼 수 있다. 먼저 푸코가 '권력의 내재성'이라는 관점을 통해 그리고 알튀세르가 '재생산'이라는 관점을 통해, 주권적 국가론을 비판하기 위해 제시하는 '장치의 유물론'이라는 것, 다음으로 권력이 행사되는 대상으로서의 주체의 형성(예속화/주체화)이라는 분석, 그리고 마지막으로 이를 조정하는 심급으로서의 국가라는 계기. 그리고 이러한 놀라울 만한 대응으로부터 앞서 보았던 '사회적인 것의 고안'이라는 쟁점에서 분기했던 알튀세르와 푸코의 차이를 더욱 두드러지게 확인할 수 있을 것이다.

푸코가 통치성의 역사를 설명할 때 주요 개념으로 선택하는 conduct라는 낱말은 이중적인 의미를 지닌다. 거칠게 말해 그것은 '지휘', '안내', '이끎' 등의 뜻과 '행동', '처신' 등의 뜻을 이중적으로 담고 있다. 그리고 푸코는 이것이 주권적 권력 개념을 대신하여 새롭게 등장하는 권력의 기능과 작용을 위해 기독교적 사목이 정치의 장에 도입한 가장 중요한 변화라 강조한다. 앞서 간략히 언급하였듯이 사목 권력은 근대적 통치성에 계승된다. 그때 목자란 더 이상 종교적인 인물도 교회 공동체도 아닌 국가로 변형되고, 양떼의 돌봄은 통치(government)로 변형된다(영혼의 사목으로부터 인간에 대한 정치적 통치로의 이동).[47] 이것은 종교개혁을 거치며 근대 국가가 기독교적 사목의 형태를 적극적으로 채택함으로써 이뤄진 것이었다. 푸코에 따르면 16세기를 전후하여 시작된 이런 행동 방식의 통솔이라는 관점은 정치적 주권자에게 새로운 책임을 부과함은 물론, 그 대상이 되는 인간을 새로운 형태로 가시화한다.

따라서 푸코는 "16세기와 더불어 우리는 통솔(conducting), 지도, 그리고 통치의 시대에 접어들었다"[48]고 말할 수 있게 된다. 그렇지만 보다 주목해야 할 것은 바로 이런 행동 방식의 통솔이라는 틀 속에서 이뤄지는 권력의 행사[49]가 국가를 낳았다는 것이다. 여기에서 푸코가 국가는 전적으로 근대에 속하는 현상이라고 말하는 것은 절대 아니다. 그 역시 징세와 군대,

---

47) Foucault, *Security, Territory, Population*, p. 227.
48) *Ibid.*, p. 231.
49) 푸코는 이것이 바로 마키아벨리 이래 정치 혹은 정치적인 것에 관한 사고의 주요한 배경이 되었다고 주장한다. *Ibid.*, 1978년 3월 8일자 강의(9장) 참조.

법정 등의 형태로서의 국가란 언제 어디에나 존재함을 역설한다. 푸코가 말하는 국가란, 그의 말을 직접 빌리면 "사고와 실천의 장 속으로 도입된 국가"[50]일 것이다. 그렇게 볼 때 푸코가 말하는 주체화는 국가에 의한 통솔과 크게 다르지 않다. 이는 국가가 직접적으로 개인들의 행위를 규정하거나 조절한다는 뜻이 아니라 국가에 의해 새롭게 행위의 평면이 가시화된다는 뜻에서의, 즉 개인이 인구의 일원으로서 그리고 다양한 사회적 관계(공중-개인, 의사-환자, 부모-어린이, 학생-교사, 자본가-노동자 등) 속에 놓여 있는 개인들로서 자신의 행위가 펼쳐지는 공간을 반성할 수 있게 된다는 뜻에서의 국가, '거리를 둔 채 작용하는'(work at distance) 국가일 것이다. 따라서 근대 자유주의 국가의 통치성을 통해 주체화를 분석하고자 할 때, 이를 국가의 통솔에 따른 개인의 지배라고 불러도 좋을 것이다.

그렇다면 실은 이는 알튀세르가 말한 것과 크게 다르지 않을 수 있다. 알튀세르 역시 국가 권력과 국가장치를 구분한다. 그리고 푸코가 말하는 장치(dispositif)를 연상시키는 국가장치라는 개념을 내세우며 이것이 어떻게 주체화를 가능케 하는지 분석한다.[51] 여기에서 알튀세르의 이데올로

---

50) Foucault, *Security, Territory, Population*, p. 247.
51) 모두 '장치'로 번역되는 알튀세르의 appareil(apparatus)와 푸코의 dispositif(a dispositive, 푸코의 '안전 기구'의 번역에서 '기구'를 가리키는 dispositif는 apparatus로 영역된다)는 다른 강조점을 가지고 있다. 간단히 말하자면 다양한 물질적 장치(언어에서부터 물질적 도구와 규칙, 법령, 신체적 관습 등에 이르는)의 네트워크와 그것의 결합 관계를 강조하는 것이 dispositif라면 appareil는 이를 이루는 각 요소들에 가깝다고 말할 수 있다. 그렇지만 공병이거나 기병이 아닌, 병영과 무기의 체계에 속하지 않은 군인을 말하는 것이 불가능한 것처럼, 즉 대포와 제식 훈련과 군복무 규칙과 유공 훈장 등으로 이어지는 체계 속에 속하지 않은 군인이라는 것을 말하는 것이 불가능한 것처럼, 이 둘 사이의 차이를 지나치게 강조하는 것은 무의미할 것이다. 그런 예가 아마 장치에 관한 들뢰즈와 아감벤의 이론들이라 할 것이다. 들뢰즈의 경우 푸코의 장치 개념을 내재성의 유물론을 보여 주는 범주로 특권화한다. 따라서 푸코의 장치 개념은 권력의 구체적 형태와 실현 속에서 이뤄지는 주체화의 논리를 설명하는 계보학적 분석의 도구를 넘어 유사 철학적인 개념으로 격상된다(질 들뢰즈, 「장치란 무엇인가」, 『들뢰즈가 만든 철학사: 생성과 창조의 철학사』, 박정태 옮김, 이학사, 2007). 아감벤 역시 「장치란 무엇인가?」

기적 국가장치에서 말하는 주체화의 논리를 굳이 자세히 설명할 필요는 없을 것이다. 그렇지만 푸코와 관련하여 우리가 강조할 점은 알튀세르가 마치 푸코를 선구하듯이 주체화의 과정을 국가장치에 의한 호명으로 제시하고 있다는 점이다. 그리고 이 지점에서 우리는 알튀세르의 국가장치를 푸코의 도움을 받아 더욱 잘 이해할 수 있다. 잘 알려져 있듯이 알튀세르는 가족과 학교를 비롯한 다양한 장치가 국가장치임을 설명하기 위해 그람시의 표현을 빌려 올 뿐 그에 대하여 적극적인 설명을 제공하지는 않는다. 사적인 장치들이 어떻게 국가장치로 불릴 수 있느냐는 예상할 수 있는 이의에 대하여 알튀세르는 "공적인 것과 사적인 것의 구별은 부르주아적 법 내부에서의 구별이며, 부르주아적 법이 그 '권력들'을 행사하는 (종속된) 영역들 속에서만 유효하다"[52]는 그람시의 말을 인용하고, 사적인 것으로 보이는 장치들 역시 국가장치임을 '선제적으로' 단언한다.

그러므로 알튀세르는 그것이 국가장치로 규정될 수 있는지를 보다 적극적으로 설명하지 않는다. 그는 국가를 사회 속의 한 심급으로 규정해서는 안 되고 다양한 장치를 통해 실현되는 기능 속에서 파악해야 한다고 말하고 있을 뿐이다. 이런 점에서 알튀세르는 푸코와 다르지 않다. 푸코는 사목 권력을 뒤잇는 근대 국가의 계기적 형태를 분석하며, 통치라는 방식으로 구체화되는 국가의 활동 방식, 개인을 주체로 통솔하며 이를 통해 전체화하면서 개인화하는 국가의 기능을 발견하고, 이를 통치성이라고 부른다. 그렇다면 국가가 부리는 혹은 그에 부속된 수단이 아니라 바로 다양한 장

라는 글에서 푸코의 장치 개념을 끌어들이며 장치의 주체화-탈주체화라는 관점에서 서구의 역사를 조망한다. 이때 푸코의 장치라는 개념은 유사-하이데거적인 개념이 되어 근대성 전체의 운명을 반영하는 형이상학적인 범주로 둔갑하게 된다(조르조 아감벤, 『장치란 무엇인가? 외』, 양창렬 옮김, 난장, 2010).

52) 알튀세르, 「이데올로기와 이데올로기적 국가장치(연구를 위한 노트)」, 『아미엥에서의 주장』, 90쪽.

치가 실현하는 기능의 통일성이라는 점에서 그것을 국가적인 장치라고 부를 수 있다는 알튀세르의 설명이 푸코의 주장과 얼마나 또 어떻게 다른지 확인하기란 곤란한 일이 아닐 수 없다. 알튀세르가 '재생산'이라는 관점에서, 즉 자본주의 사회 관계의 재생산을 위해 다양한 장치들이 존재한다는 점을 역설할 때, 이것이 왜 '국가적'인 장치인지는 분명하게 해명되지 않는다. 여기서 우리가 억측할 수 있는 것은 알튀세르가 국가장치에서 염두에 두는 국가란 훗날 많은 이들이 생각했던 것과는 반대로, 즉 그것이 기능주의적인 사회학적 주장에 불과하다고 힐난한 것과는 달리 헤겔적 의미에서의 국가, 즉 자본주의적 사회 관계의 적대를 보편적인 표상 속으로 소외시키는 그 국가라는 것이다.[53] 그때 개인의 주체로서의 구성은 '소외의 현상학'이라 할 만한 것을 분석하는 것이 되어 버린다.[54] 그런데 이야말로 알튀세르가 가장 격렬하게 비판했던 주장 아닌가. 혹은 양보하여 알튀세르가 이데올로기는 현실에 대한 소외된 표상이 아니라 현실과 개인이 맺는 '상

---

53) 발리바르는 맑스의 "이데올로기 이론은 기본적으로 국가 이론(즉 국가에 내재하는 지배 양식의 이론)"이며, 그것이 국가와의 관련 속에서 이론화될 수 있다면 "헤겔이 사회에 대해 행사되는 헤게모니로서의 법치 국가"라는 관점을 부여했기 때문이라고 말한다. 그리고 이어 이런 "헤겔적 기원의 질문들을" 재발견하려 한다 말하면서 알튀세르의 "이데올로기적 국가장치"를 꼽을 때, 이 역시 여기에서 말하는 것과 다르지 않을 것이다. 발리바르, 『마르크스의 철학, 마르크스의 정치』, 윤소영 옮김, 문화과학사, 1995, 111쪽.
54) 알튀세르가 '상상적'인 관계를 말할 때 이것은 단연 개인이 의식적인 표상을 통해 현실과 관계한다는 주장을 거부하고자 했기 때문일 것이다. 물론 상상적인 것(the imaginary) 속에는 의식적인 것, 즉 관념적 표상과 담론을 비롯한 여러 가지가 포함된다. 그렇지만 그 안에는 또한 정념을 비롯한 다양한 감정적·도덕적 요소들이 포함된다. 이를테면 민족주의가 이데올로기라면 그것에는 단순히 민족의 역사나 언어에 관한 지식과 같은 표상뿐 아니라 숱한 감정들, 도덕적인 계기들이 뒤섞여 있다. 그러므로 한마디로 줄여 말하자면 알튀세르에게 이데올로기는 의식이 아니라 무의식이었다. 그것은 의식을 배제한다는 점에서 그러한 것이 아니라 강한 의미에서의 무의식, 자신들이 누구이며 무엇을 하고 있는지를 상상할 수 있도록 해주는 조건에 의해 항상 규정된다는 점에서의 무의식일 것이다. 그 때문에 알튀세르는 맑스가 도입했던 이데올로기 개념의 가치를 인정하면서도 의식과 표상의 차원으로 끊임없이 되풀이하여 되돌아가는 맑스의 관념론적 한계를 넘어서기 위하여 다른 이들, 즉 프로이트나 스피노자를 참조하지 않을 수 없게 된다.

상적 관계'임을 강조했다고 인정할지라도 이것이 저절로 국가적인 것임을 설명해 주지는 않는다.[55] 이런 점들을 감안할 때 알튀세르가 이데올로기의 국가적 성격이라고 부르는 그것은 오히려 푸코가 말하는 국가의 통치화와 개인의 통솔이라는 관점을 통해 더욱 잘 설명된다고 말할 수 있다.

사실 내가 보여 주고 싶은 것은 국가의 출현이 어떻게 좀더 일반적인 통치성의 역사 안에, 권력 실천의 장 안에 자리 잡을 수 있는가라는 것이다. 권력에 관해 말하면서 우리가 하는 것은, 결국 권력의 내적이고 순환적인 존재론을 발전시키는 것이라 말하는 이가 있을 것이다. 그러나 역사를 관통하는 실체를 고민하는 사람, 국가가 될 이런 사물의 존재론을 발전시키는 사람은 곧 국가를 말하고 국가의 역사와 국가의 발전을 말하는 사람이 아닌가. 통치의 이러한 실천들이 국가의 지배의 방식에 다름 아니고 통치성의 형태에 다름 아니라면, 국가를 구성하는 기반에 다름 아니라면 어떨까. 우리는 국가가 시민사회의 유기적 조직을 위협하는 일종의 냉혹한 괴물이 아니라고 말해야 할 것이다. 우리가 보여 주어야 할 것은 16세기 이래로 어떻게 시민사회 혹은 통치화된 사회가 국가라 불리는 연약하고도 강박적인 어떤 것을 조직하였는가 하는 것이다. 국가의 수단이 통치가 아

---

55) 이 점에서 알튀세르의 제자인 발리바르의 작업은 시사적이라고 할 수 있다. 그는 민족-사회-국가의 위기라는 정세 속에서 사회적인 것과 국가의 관계의 탈구 혹은 이접을 민족성과 시민성의 분리, 민족 국가에 의한 개인화의 한계를 통해 설명하며 새롭게 이데올로기론을 구축하고자 한다. 이때의 이데올로기론은 계급투쟁을 사회 문제의 해결과 안전의 분배로 조직화하는 사회 국가가 또한 어떻게 항상 민족이라는 보편적 가상과 결합하였는가를 분석하는 것이다. 따라서 인종주의, 민족주의, 국가주의와 같은 다양한 역사적인 이데올로기가 왜 개인과 공동체의 관계를 형성하는 데 필수적이었으며 계급투쟁 역시 이를 통해 어떻게 흡수되고 변형되었는지를 분석하는 것이 발리바르의 작업이라 할 수 있다. 따라서 푸코의 어법을 빌리면 발리바르는 우리는 왜 인구이면서 또 동시에 왜 항상 민족이었는가를 물으며 푸코가 탐색했던 자유주의 분석을 확장한다. 자세한 것은 발리바르, 『우리, 유럽의 시민들?: 세계화와 민주주의의 재발명』, 진태원 옮김, 후마니타스, 2010 참조.

니라 국가가 통치 안의 삽화이다. 어쨌든 국가는 통치성 안의 삽화이다. 오늘날까지도.[56]

따라서 자본주의의 역사적 등장과 함께하는 통치성이라는 '삽화', 국가를 사회화하고 사회를 통치화하며 발생하는 근대 자유주의 통치성 속에서의 국가를 분석할 때, 푸코는 분명 알튀세르를 넘어선다. 자본주의적 사회 관계의 재생산이라는 관점 속에서 자신의 행위를 적극적으로 선택하면서 동시에 그 사회 관계에 예속된 주체를 만들어 내는 이데올로기적 주체화는, "국가의 틀 내부에서, 국가의 제도를 사용하면서 사람들의 행동을 지배하는 활동으로서의 통치"[57]라는 자유주의적 합리화에서의 국가가 만들어 내는 인구-개인과 다르지 않다. 그렇지만 여기에서 우리는 알튀세르와 푸코가 모두 공유하는 한계를 생각해 볼 수 있다. 장치의 유물론 속에서 호명과 통솔의 실천을 수행하는 장치들로서 제시되는 국가, 주체화의 이론 속에 자신의 모습을 드러내는 국가라는 분석 속에 그것을 초과하는 무엇이 남기 때문이다. 그것은 양자 모두 은밀히 사회를 전체화하는 계기로서의 국가라는 관점에서 서 있기에 불가피한 것이다. 그리고 이는 불가피하게 정치의 장소라는 문제를 제기하게 된다.

4. 비전체로서의 사회 혹은 정치의 유물론

먼저 아주 대담한 가설 하나를 세워 보는 것이 어떨까. 가장 유물론적인 역사 이론을 구성한 이론가가 있다면 그것은 맑스가 아니라 오히려 푸코라

---

56) Foucault, *Security, Territory, Population*, p. 227 참조.
57) Foucault, "Course Summary", *The Birth of Biopolitics*.

고 말이다. 당연한 말이지만 푸코가 역사 유물론이라고 할 만한 것을 생각한 적은 없을 것이다. 그에게 있어 역사라는 말보다 더 부조리한 말은 없었을 것이기 때문이다. 그가 일종의 모순 어법이라고 할 '현재의 역사'를 분석하는 철학자로 자신을 정의하고자 했을 때, 그 현재란 어떤 표면과 배후, 기원과 종말을 가진 사회적 실천의 시간으로서의 역사가 아니라 바로 그때의 역사가 가리키는 것의 반대편에 있는 역사, 현재를 인식 가능하게 만드는 역사의 눈금 바깥에서 현재를 사유하기 위해, 즉 푸코가 후기 작업에서 칸트를 참조하면서 말한 대로 엄정한 의미의 '비판'을 위해 그 모든 자명한 정체성을 괄호 치는 그 역사일 것이다.[58] 따라서 "결국, 상이한 참조점들을 지닌 통치 기예들의 상호 유희이자 이러한 상이한 통치 기예가 만들어 내는 논쟁들이 아니라면, 정치는 무엇인가? 내겐 정치가 탄생하는 곳이 바로 여기인 듯하다"[59]라고 푸코가 말할 때, 우리는 이것이 푸코에게 있어 불가피한 결론임을 예상할 수 있다.

그럼에도 불구하고 우리는 푸코를 역사의 유물론적 분석가라고 불러 마땅하다고 생각한다. 여기에서 특별히 유의할 부분은 '유물론'이다. 푸코는 맑스보다 더 유물론적이고자 했다고 말해도 좋지 않을까? 그가 맑스보다 더 유물론적인 이유는 표상의 차원을 전적으로 실천의 차원으로 해소할 수 있다고 믿었기 때문일 것이다. 맑스 역시 그런 유혹에 빠진 적

---

58) "(그리고 만일) 통치화가 사회적 실천의 현실 속에서 진실을 자처하는 권력 메커니즘에 의해 개인을 복속시키는 동시에 주체화하는 문제와 관련된 동향이라면, 저는 **비판이란 주체가 진실에 대해서는 그것이 유발하는 권력 효과를, 권력에 대해서는 그것이 생산하는 진실 담론을 문제 삼을 수 있는 권리를 자신에게 부여하는 것과 관련된 동향**이라고 말하고자 합니다. 그렇습니다! 비판은 자발적인 불복종이자 성찰을 통한 비순종의 기법일 것입니다. 비판은 한마디로 진실의 정치라고 할 수 있는 게임 속에서 탈예속(desubjectification)을 본질적인 기능으로 가질 것입니다." 푸코, 「비판이란 무엇인가?」, 푸코 외, 『자유를 향한 참을 수 없는 열망: 푸코-하버마스 논쟁 재론』, 정일준 옮김, 새물결, 1999, 129~130쪽(강조는 인용자).
59) Foucault, *The Birth of Biopolitics*, p. 313.

이 있었다. 자본주의적 적대가 낳는 소외로부터의 해방을 소망하는 실천(praxis)의 철학자로서의 초기 맑스는 바로 그러한 유물론자의 모습에 가깝다. 그리고 그랬기 때문에 그는 저 수수께끼 같은 그러나 고전적인 관념론적 철학과의 단절을 예기하는 포이어바흐에 관한 열한번째 테제, 즉 철학의 폐지를 선언할 수 있었을 것이다. 그렇지만 현실의 노동자 계급 운동에서 그가 바라본 것은 다른 것이다. 노동자 계급 운동을 사로잡는 현실적인 힘으로서의 이념들을 목격하고 이를 반성했을 때, 그는 이론과 실천, 주체와 객체, 존재와 의식이라는 관념론적인 대당으로부터 벗어나야 했다. 그렇기에 상품 물신성을 통해 상품의 형이상학을 발견한 맑스가 온전히 유물론자였다고 말할 수 있을까. 그렇게 말할 수는 없을 것이다. 외려 맑스의 역사 유물론은 사변적 환상을 비판할 수 있는 진리의 주체인 노동자 계급이라는 유물론적인 전제로부터 점점 멀어져 가면서 국가의 실천 속에서 상품 물신성에 사로잡힌 경제적 실천 속에서 주체를 사로잡는 다양한 정신적 역능(이를 의식이나 사고로 환원할 수는 없을 것이다)을 발견하고 이를 긍정하며 그것이 발휘하는 효과와 대결하려 하였던 것이라고 말할 수 있을 것이다. 따라서 맑스의 역사 유물론은 전적으로 유물론이되 사회적 현실을 모두 물질적인 현실과 그를 변형하는 실천으로 감싸 안을 수 없는 유물론이었다고 할 수 있다. 그리고 그렇기에 역설적으로 맑스의 유물론은 더 유물론적일 수 있게 되었을 것이다.

　이렇게 볼 때 푸코는 완벽한 내재성의 유물론자라고 생각할 수 있을 것이다. 그가 근대 자유주의의 통치성을 분석하면서 근대 국가의 계보학적 분석을 수행하려 했을 때, 그의 작업은 바로 권력의 운동 속에서, 즉 인구라는 대상을 창안하고 안전 기구라는 장치의 네트워크를 동원하며 정치경제학적 지식을 통해 그것이 행사되는 대상을 가시화하고 분절하는 실천들의 세계를 분석하는 것이었다. 여기서 국가란 실은 권력을 생산하고 분배하며 순환시키는 전략들의 배치와 변전을 가리키는 이름에 다름 아니다. 그렇기에 푸코의 역사 유물론 혹은 권력의 유물론은 정치를 물질적 현실의 변형, 권력의 작용이 펼쳐지는 현실의 변혁과 등치시키게 된다. 그렇지만 이로 인해 푸코의 맹점은 더욱 두드러질 수밖에 없다. 여기서는 한 가지만을 지적하도록 하자. 앞서 말했듯이 푸코는 『안전, 영토, 인구』의 마지막 강의에서 국가 이성이라는 과도적 단계를 거치며 형성된 자유주의적 통치성이 크게 다섯 가지 계기 혹은 요소로 구성되어 있다고 요약한다. 그것은 자연스러움의 대상으로서의 사회의 고안(군주 혹은 주권자의 의지의 부과가 아닌 사회의 원리에 따른 권력 행사의 조정), 권력과 지식의 새로운 관계(증명, 시험 등의 과학적 지식의 원칙을 통한 통치), 신민이 아닌 생명체로서의 인구, 법이나 규제가 아닌 관리(management)와 같은 새로운 개입의 형식들, 그리고 통치의 내적 요소로서 자신의 삶을 적극적으로 선택하게 하는 자유의 존재 등이다. 그런데 그 다섯 가지 요소 중 바로 마지막 요소, 즉 자유에 대한 푸코의 침묵 혹은 무지를 확인하지 않을 수 없다.

물론 그것이 없다고 말할 수는 없을 것이다. 아마 푸코라면 자신이 말하는 자유란 주어진 지식의 한계 안에서 그리고 자신이 속한 삶의 장 안에서 다양한 행동 방식을 선택하고 구체적인 삶의 목표를 추구하는 주체들의 행동 방식을 가리키는 것일 뿐, 주권적인 담론이나 법률적인 담론이 이르는 어떤 선험적 규범이 아니라 말할지 모른다. 그렇지만 통치성의 역사적 변전을 가능케 하는 윤리-정치적 변인으로서 그가 그토록 강조하는 행동(conduct)과 대항 행동(counter-conduct) 사이에는 생각보다 넓은 거리가 놓여 있다. 권력이 있는 곳에 늘 저항이 있고, 특정한 행동 방식에는 그를 거스르는 혹은 그에 반대해 나아가는 행동 방식의 가능성이 늘 항존한다고 되풀이해 말할 때, 우리는 바로 그 둘을 가르는 거리, 즉 예속이 아닌 저항을, 특정한 행동 방식이 아닌 다른 행동 방식을 선택할 수 있도록 하는 선택, 즉 '선택의 선택'이라는 차원을 그가 놀랍도록 간과한다는 것을 알 수 있다. 발리바르가 푸코의 정치를 읽는 방식 역시 이런 평가에 가까운 것일지 모른다. 그는 거의 동일한 방식으로 푸코의 정치가 타율성의 정치, 물질적·역사적 조건의 변형이라는 의미의 정치에 머물러 있음을 지적한다. 그리고 그가 "자유의 자유화"를 설명하지 못한 채, 이런저런 사회 운동의 사례를 열거하는 데 만족하거나 아니면 자기의 심미적 윤리로 탈출하고 말아 버린다고 비판한다.[60] 이때 그가 말하는 자유의 자유화는 방금 말한 '선택의 선택'의 다른 표현일 것이다. 그리고 이를 다른 말로 표현하자면 인구로서 사회적인 것 안에 놓여 있는 선택의 주체 대 선택을 선택하는 주체, 혹은 푸코가 인구라 부르는 특정한 사회적 삶의 내용 속에 처해 있는 주체 대 인민이라 부를 수 있을, 무조건적으로 자신의 삶을 변화할 수 있는 것으로 상정할 수 있는 주체, 이 주체들 사이에 놓인 거리가 푸코에게는 삭제되어 있는 것이다.[61] 그렇기에 푸코가 말하는 정치적 낙관주의는 생각보다 더 침울하고 흐릿한 것이라 할 수 있다. 푸코는 자신이 상상하는 정치를 이렇게 소묘한다.

> 나는 주인이라는 개념도, 법의 보편성이라는 개념도 받아들이지 않습니다. 대신에 나는 권력의 현실적 작동 메커니즘을 이해하려고 고심해 왔습니다. 내가 이 작업을 한 이유는, 그 권력 관계 속에 위치한 사람들이, 실천과 저항, 반란을 통해 그것들로부터 탈출하고, 그것들을 변환시켜 더 이상 예속되지 않을 수 있기 때문입니다. 그리고 '내가 무엇을 해야만 한다'고 말하지 않았다면, 그것은 할 수 있는 게 아무것도 없다고 믿었기 때

---

60) 발리바르, 「정치의 세 개념: 해방, 변혁, 시민인륜」, 『대중들의 공포』.
61) 다시 앞의 발리바르의 표현을 빌리면, 푸코에게는 정치의 자율성과 타율성 사이의 관계에 대한 사유가 없다는 것이다.

문이 아니라, 반대로 자신이 속한 권력 관계를 인식하고 그것에 저항하여 그것으로부터 탈출하고자 결심한 사람들이 자신에 의해 고안되고, 계획될 수 있는 수많은 할 일들이 존재한다고 생각했기 때문입니다. 이렇게 볼 때, 내 모든 연구는 **절대적 낙관주의**에 기반하고 있습니다.[62]

그러나 이 "절대적 낙관주의"가 과연 충분히 낙관적일 수 있을까. 그것이 낙관적인 것이기 위해서는 다양한 행동 방식을 선택하는 주체 이상의 주체가 필요하다. 아마 그것은 우리가 '나는 더 이상 어제의 내가 아니'라고 말할 때 가리키는 그 오늘의 나, 즉 전연 다른 시좌 속에서 세상을 바라볼 수 있도록 전환된 나라는 주체, 그 주체를 생산해야 할 것이다. 앞서 우리가 채택한 표현을 빌리면 선택을 선택할 수 있는 주체가 존립할 수 있어야 한다. 만약 그렇지 못하다면 그것은 그 무엇도 낙관할 수 없는 세계일 뿐일 것이다.

그렇다면 이런 물음을 알튀세르에게도 제기할 수 있을까. 그의 제자였던 발리바르는 그렇다고 답하는 듯하다. 이를테면 그가 이렇게 말할 때 이는 방금 우리가 푸코에게 제기한 이의를 역시 알튀세르에게 제기한다고 볼 수 있지 않을까.

> 알튀세르의 유명한 정식을 뒤집어서 주권자는 **주체들/신민들을 개인들로 호명한다**는 본질적 특징, 곧 개인들에게 특수한 동일성을 부여하는 매개적 '신체들', '소속들'——이것들은 서로 대립한 가운데 또는 법과 주권자 사이에 거역하면서 옹호될 수 있다——을 무시하거나 중립화한다는 특징을 말하기로 하자.[63]

---

62) 푸코, 『푸코의 맑스』, 이승철 옮김, 갈무리, 2008, 164~165쪽(강조는 인용자).

여기에서 발리바르는 특수한 단체들에 소속되는 것이 아니라 국가에 보편적으로 평등하게 소속됨으로써 개인이 형성된다고 말하면서, 알튀세르가 「이데올로기와 이데올로기적 국가장치들」에서 말한 개인의 주체로의 호명을 뒤집는다. 오히려 근대 국민 국가는 주체를 개인으로 호명한다고 말하면서 말이다. 그렇지만 물론 이는 알튀세르의 주장을 반박하는 것은 아닐 것이다. 사실 이 과정들은 상호적이고 또 동시적이기 때문이다. 다시 말해 인구로의 소속과 특정한 허구적 종족성 속에 속하는 과정이 모든 특정한 일차적 소속에서 벗어나 평등한 개인으로서 발생하는 과정과 분리된 것일 수는 없다. 그렇지만 이 동시적이고 상호적인 발생을 알튀세르가 분석할 수 있었을 것이라고 생각하기는 어렵다. 그가 맑스주의의 위기를 선언하며 국가 이론과 당·조직 이론의 공백이라는 맑스주의의 한계를 선언했을 때,[64] 우리는 이를 국가에 '관한' 이론, 당과 조직에 '관한' 이론으로 생각해서는 안 될 것이다. 만약 그런 것이라면 이미 맑스주의 안에 그러한 이론은 넘쳐 나기 때문이다.

차라리 알튀세르가 말했던 국가 이론과 당·조직 이론의 부재 혹은 공백을, 앞에서 푸코의 한계라고 우리가 지적한 것과 연결시켜 생각해 보아야 할 것이다. 인구와 인민 사이의 거리, 선택하는 주체와 선택을 선택할 수 있는 주체 사이의 거리를 알튀세르는 계급과 대중 사이의 거리, 노동 과정

---

63) 발리바르, 「주권 개념에 대한 서론」, 『우리, 유럽의 시민들?』, 334~335쪽.
64) "이제 우리는 '맑스주의적 국가 이론'은 **사실상** 존재하지 않는다고 솔직하게 말할 수 있다. 맑스와 레닌이 이 문제들을 보지 못한 것은 아니다. 오히려 이것은 그들의 정치적 사고의 중심에 놓여 있다. 그러나 한편에서 국가와, 다른 한편에서 계급투쟁 및 계급 지배 사이의 관련 방식들에 관한 논의(이것은 결정적인 지적들임에도 불구하고 분석되지 않은 채로 남아 있다)를 포함한 고전적 저서 속에서 우리가 발견할 수 있는 것은, 국가에 대한 모든 부르주아적 관념에서 벗어나야 한다는 반복적인 경구, 따라서 주로 부정적인 구분과 규정뿐이다." 알튀세르, 「마침내 맑스주의의 위기가!」, 『당내에 더 이상 지속되어선 안 될 것』, 이진경 엮음, 새길, 1992, 70쪽.

과 국가 사이의 거리 속에서 이미 발견하고 있었다. 그리고 후기 알튀세르의 모든 노력은 그 둘 사이의 거리를 해소하려는 의지에 모아졌다고 해도 과언이 아닐 것이다. 그렇다면 알튀세르가 맑스주의의 한계라고 말한 그 공백의 자리는 실은 자율적인 정치의 주체의 자리를 찾아내려는 시도에서 맑스주의가 실패했다고 말하는 것은 아닐까.

그런 점에서 오히려 알튀세르는 역사 유물론자인 푸코를 뒤잇는다. 항간의 오해와 달리 알튀세르로 대표되는 맑스주의적 국가 이론과 이데올로기론을 극복하며 그 안에 놓인 어떤 초월적 관념론의 흔적까지 일소한 내재적인 권력의 물리학 속에서 정치를 사유하려 했다는 푸코의 자리는, 실은 알튀세르의 뒤가 아니라 앞에 놓여 있다. 앞에서 거칠게 살펴보았듯이 알튀세르는 거의 유사한 방식으로 푸코의 사유를 선취하면서 실은 푸코의 역사 유물론의 불가피한 한계, 즉 물질적 조건들의 세계와 그것의 변혁으로 환원시킬 수 없는, '선택의 선택'이라는 그 비가시적인 잔여를 추적하려 했던 것 아닐까 물어볼 수도 있을 것이다. 따라서 알튀세르가 '맑스주의의 위기'를 선언하며 그것의 공백을 발견했을 때, 그 공백은 어쨌거나 약점도 아니거니와 무효성을 말하는 것도 아니었을 것이다. 그가 잊지 말자고 주장했던 그것, 계급투쟁은 바로 현실이 전체가 아님을 말해 주기 때문이다. 사회는 비(非)전체라는 것, 사회를 변환시킬 수 있는 조건은 그 내부에서 마련된 조건 속에서 찾을 수 없다는 것, 바로 사회의 비전체성을 알려 주는 개념이 계급투쟁이라면 말이다. 따라서 정치의 유물론을 지속적으로 사유하려면 우리가 정박해야 할 지점은 계급투쟁이다. 그것은 사회의 부분들 사이의 투쟁과 사회와 그것의 불가능성 사이의 관계를 포괄하는 정치적 사유의 조건이기 때문이다. 그러므로 부디 계급투쟁을 잊지 말자.

13장 종말론 대 목적론[*]
— 데리다와 알튀세르의 유예된 대화

에티엔 발리바르
장진범 옮김

위대한 철학(그리고 데리다의 철학이 깊이, 독창성, 복잡성, 영향력, 도발성 어느 기준으로 보나 위대한 철학이라는 점에는 의심의 여지가 없다)은 '대등한' 반열에 있는 다른 철학들, 또는 이 철학이 내린 여러 **선택**에 관해 일정한 지점에서 이해를 높여 주는 철학들과 대결하거나 상호 작용할 때에야 비로소 진면목을 이해하고 논할 수 있다. 여기서 문제가 되는 것은 비단 배경이나 시대, **시대 정신**만이 아니라, 약간 더 복잡하고 강렬한 것이다.

물론 이 배경은 상당히 중요하다. '프랑스 이론'이나 '구조주의와 포스트구조주의' 따위 용어는 이 배경의 명세(明細)를 몹시 피상적으로 가리킬 따름이다. 그보다 나는 (철학이자 정치로서) **인본주의**(humanism)에 관한 일대 논쟁, 그리고 인간학/인류학(anthropology)의 전환——많은 당대인들이 인간학/인류학의 지위를 기초가 되는 분과로 일시적으로나 잠정적으로 격상시킨 것——이라는 더 기술적인 문제와 인본주의의 관계에 관한 일대 논쟁이라고 말하고 싶다. 거리를 두고 보자면, 알튀세르와 데리다는

---

[*] Étienne Balibar, "Eschatology versus Teleology: The Suspended Dialogue between Derrida and Althusser," eds. Pheng Cheah & Suzanne Guerlac, *Derrida and the Time of the Political*, Duke University Press, 2009, pp. 57~73.

철학적 인본주의 및 관련 범주들을 비판하는 데 가담했다는 점에서만큼은 서로 교차했던 것 같다. 그렇다고 이 두 사람이 꼭 같은 관점에서 비판했다고 할 수는 없는데, 부르주아 법 이데올로기를 비판하는 것과 형이상학을 해체하는 것이 동일하지는 않기 때문이다. 이들의 맞수, 또는 (이렇게 말할 수도 있을 텐데) '희생자'들이 양자의 수렴을 느꼈다손 치더라도 말이다. 결정적 문헌들 몇 편을 다시 읽어 보면 바로 나타나듯, 사태는 아마 이보다는 더 복잡하고 부조화했을 것이다. 가령 (1968년, 그러니까 『레닌과 철학』으로 출간된 알튀세르의 개입과 같은 해에 데리다가 써서 처음으로 출간한) 「인간의 목적들/종말들」을 다시 읽으면 (적어도 나의 경우에는) 다음과 같은 사실이 바로 감지된다. 헤겔과 후설, 하이데거를 쉽고 경솔하게 '인본주의자'로 묘사하던 이들에게 제기한 퍽 통명스러우면서도 암시적인 비판이 알튀세르나 그 추종자들을 가리킬 공산이 매우 크다는 것이다. 하지만 이 문헌은 주류 맑스주의와 사회민주주의, 기독교민주주의 성향의 정치 담론들에 공통적인 묵시적 가정으로서 이른바 인간학 중심주의(anthropologism)나 코제브의 인간학적인 헤겔 독해를 언급하기도 하는데, 이때 쓰이는 용어법은 이런 담론과 독해에 대한 알튀세르 자신의 비판과 충분히 호환 가능하다.[1] (세대적 또는 준세대적 의미에서) '우리'의 기억에 남아 있는 인상을 떠올려 보면, 한편으로 철학에 대한 알튀세르적 비판은 특히 (가령 루소에게서, 그리고 현재까지 끊이지 않고 이어지는 루소의 유산 안에서 나타나는) **기원** 범주의 철학적 활용 전반에서 나타나는 자기 부정적 성격에 관한 해체주의적 논변 일부를 완연하게 지지·차용하였고, 다른 한편으로 데리다는 맑스를 반(反)헤겔적으로 독해한다는 또는 맑스를 활용해 정치적인 것

---

1) Jacques Derrida, "Les fins de l'homme", *Marges de la philosophie*, Éditions de Minuit, 1972; "The Ends of Man", *Margins of Philosophy*, trans. Alan Bass, University of Chicago Press, 1982.—옮긴이

을 재사고한다는 전반적 방향을 최소한 암묵적으로 받아들였다.

하지만 회고적으로 볼 때, 그리고 아마도 앞으로의 계획을 제시한다는 의도에서도, 더 세밀하게 검토할 필요가 있다. 그래야만 '사상사'식의 전반적 분류법에서 벗어나, 담론들을 절합하고 개념들을 떠받치며 궤적들을 서로 대립시키는 **이단점들**(여기서 나는 파스칼적이고 푸코적인 용어법을 차용한다)의 정확한 성격을 이해하는 쪽으로 나아갈 수 있다. 이런 면에서 볼 때 알튀세르와 데리다의 대결은, 좀처럼 시도되지는 않았지만, 데리다-푸코, 알튀세르-푸코, 데리다-라캉, 알튀세르-라캉 대결 못지않게 중요할 것이나, 더 포착하기 어려운 게 사실이다.[2] 나는 이 대화가 생과 사의 우여곡절로 중단되었다는 의미에서뿐 아니라, 이 대화가 잠재적인 채로 머물렀고, **발생했어야 했으나** 가로막힌 채로, 어떤 의미에서는 불가능한 상태에 머물렀다는 의미에서도 **유예된 대화**라고 말한다. 이렇게 된 데에는 개인적인 이유(제도적 공간에서 가까이 있을수록, 감정 면에서 친밀할수록—이 때문에 흔히 좀더 양가적인 태도와 느낌이 가려지기도 한다—진정한 **논의**는 더 어려워지는 것 같다)도 있거니와, 정치적이고 정세적인, 궁극에는 본질적이고 철학적인 이유들도 있다. 따라서 우리의 과제는 잠재적인 채로 머물던 것을 회고적으로 구축하는 것, 사실상 두 목소리가 그들의 철학적 관심사에 관해 서로에게 이야기하도록 만들 수 있는 하나의 철학적 틀을 **창작**하는 것, 그리고 이 대화가 오늘 우리 자신의 정세에 대해 여전히 뭔가 의미가 있을지 여부를 지켜보는 것이다.

이 구축 작업을 시작하는 데 있어, 우리 수중에 있는 요소들은 거의 없

---

[2] 이 문제에 관한 보기 드문 논의로는, Yoshiyuki Sato, *Pouvoir et résistance: Foucault, Deleuze, Derrida, Althusser*, L'Harmattan, 2007(김상운 옮김, 난장, 근간)의 2부, 특히 pp. 213~222를 보라. 이 책은 사토 요시유키의 파리 10대학 철학 박사학위 논문을 출간한 것인데, 이 논문의 지도 교수가 발리바르였다.—옮긴이

는 것 같다. 굳이 들자면 '인본주의-반인본주의' 논쟁의 맥락에서 내가 앞서 넌지시 말한 묵시적 언급이 있다. 아울러 알튀세르 사후 공간된 원고와 서신을 보면 (여러 사람이 다루어지는 가운데) 데리다가 간간이 언급되는데, 가끔은 매우 강하지만 늘 매우 두루뭉술한 내용으로 되어 있고, '우연성'과 '마주침'이라는 쟁점('후기 알튀세르'의 이른바 **마주침의 유물론** 또는 **우발적 유물론**) 주위를 맴돈다. 이는 알튀세르가 (이를테면, 맑스주의의 **변증법적** 측면에 맞서 **유물론적** 측면을 선택하여)[3] 변증법이라는 관념을 최종 '결산'한다는 견지에서 자신의 철학을 발본적으로 재정식화하는 데 공을 들이는 혹은 꿈꾸는 와중에, 데리다가 미래의 우위라는 자신의 관점, 또는——아마도 이것이 더 정확한 표현일 텐데——'과거'의 예견된 반복/되풀이(iteration)가 결정 불가능하고 재인지 불가능한 형태로 일어난다는 관점을 시간의 본질적 비결정성이라는 관념과 연결시키는 방식에서 영감을 얻으려고 노력했음을 시사하는 것 같다. '마주침의 우발적 유물론'에 관한 '후기'(실은 사후) 알튀세르의 핵심 정식은, 나중에 『체류지들』에 수록되어 재출간된 데리다의 (모리스 블랑쇼에 관한) 「장르/성별의 법칙」에서, 출처는 밝히지 않았지만 거의 자구 그대로 인용한 것 같아 보인다.[4] 적어도 철학에서 '알튀세르 사례'에 (봉인된 이야기가 아니라 열린 문제로서) 관심을 갖는 이들에게 이는 작다면 작고 크다면 큰 문제다. 데리다 쪽에서는 알튀세르를 명시하여 이론적 관점에서 언급하는 경우가 거의 없고, 주된 예외가 『맑스의 유령들』 중간에 나오는 문구인데 그리 놀라운 일은 아니다. 잠시 후 나는 이 문구를 중심으로 논의를 조직할 작정인데, 그때는 상세하게 인용해야 할 것이다. 하지만 그 전에 예비적 언급 몇 가지를 추가해 두자.

---

3) 이 점에 관해서는 루이 알튀세르, 「아미엥에서의 주장」, 『아미엥에서의 주장』, 김동수 옮김, 솔, 1991, 145쪽과 에티엔 발리바르, 「(철학의) 대상: '절단'과 '토픽'」, 『알튀세르와 마르크스주의의 전화』, 윤소영 옮김, 이론, 1993, 223쪽 주 35를 보라.—옮긴이

첫째, 『맑스의 유령들』은 1993년 캘리포니아 대학 리버사이드 캠퍼스에서 개최된 학회에서 발표한 논문에서 유래하여[5] 같은 해 공간된다. 이보다 3년 앞서 알튀세르가 사망했는데, 이 죽음은 동유럽 소비에트 체제가 붕괴하고 미국의 이데올로그 몇몇이 ——반어의 여지를 전혀 남기지 않은 채로 코제브의 헤겔 독해를 받아들인 다음 자신들이 그 경험적 검증을 목격했다고 (재차) 믿으면서—— 역사의 종말을 선포한 것과 대략 시기가 일치했다. 따라서 이 책에서, 특히 알튀세르에 관한 문구에서, 흡사 **사후 효과**(ein Nachträgliches) 같은 것을 읽어 내는 게 불가능한 일은 아닌데, 이 사후 효과는 **사후의 사고**인 동시에 **사후의 정서**로서, 전후(戰後) 시대(더 일반적으로는, 20세기) 맑스주의 및 여러 내부 비판·이견·재구축의 부침에 관한 반성을 애도 작업과 결합시킨다.[6] 알튀세르와 소비에트 공산주의는 거의 같은 해(1989~1990)에 '사망'했지만, (철학자 개인과 정치 체제라는) 두 경우 모두 실질적 죽음은 공식 사망일보다 훨씬 전이었다고 주장할 수 있

---

4) Louis Althusser, *Écrits philosophiques et politiques* Tome 1, Le livre de poche, 1999를 보라. (아직까지는 미공간된 방대한 원고에서 발췌한) 알튀세르의 문헌에는 데리다에 대한 언급이 몇 차례 나온다(pp.539, 551, 561~563). 데리다의 원래 정식화는 블랑쇼에 관한 그의 소론 「장르/성별의 법칙」("La loi du genre", *Parages*, Galilée, 1986) 278~279쪽에서 볼 수 있다. "**예, 예**라고 말하는 것은 '거의 항상' 여성들이다. 삶에 대해서나 죽음에 대해서나. 이 '거의 항상'은 여성성을 일반적이고 총칭적인 힘으로 취급하지 않게 해주고, 사건, 수행(performance), 운, 마주침의 자리를 마련해 준다. 그리고 실은 마주침의 우발적 경험 이후에야 '나'는 여기서 말한다." 데리다의 소론은 원래 1979년 7월 국제문학학회(International Literary Conference)에서 낭독되었고 1980년에 프랑스어로, 1981년에는 영어로 공간되었는데, 정확히 같은 시기에 알튀세르가 정신적으로 붕괴(하여 아내를 살해하고 입원)했으므로, (전하는 바에 따르면 1982년에, 그러니까 병원에서) 알튀세르가 메모를 남겼을 당시, 이 구절을 알았을 가능성은 내가 볼 때 극히 낮을 것 같다. 정기적으로 알튀세르를 문병한 데리다가 자신의 강연문 한 부를 갖다주었거나, 강연의 주제에 관해 알튀세르에게 말하지 않았다면 말이다. 어쨌거나, 이는 '마주침'의 또 다른 예가 될 것이다.
5) 국제적이고 다학제적인 학회, '맑스주의는 어디로 향하는가?: 국제적 시각에서 본 세계적 위기들'(Whither Marxism?: Global Crises in International Perspective)은 1993년 4월 22~24일, 캘리포니아 대학 리버사이드 캠퍼스의 '사상과 사회 센터'에서 개최되었다.

다. 어떤 공산주의와 맑스주의는 사실 송장이며, 거기서는 아무 이론적·이지(理智)적 활동도 감지할 수 없다고 누구보다 웅변적으로 선언한 바 있는 (그러나 오로지 맑스주의가 새로운 이론적 제시법 안에서 부활할 수 있을 것임을 타이르기 위해 그렇게 한) 사람, 그 사람 자신이 실제로 죽기 오래전에 침묵으로 내몰렸던(또는 스스로를 침묵으로 내몰았던) 것이다. 이 이상한 반복을 어떻게 해석할 수 있을까? 맑스주의에 대한 어떤 '내부' 비판이 충분히 발본적이지 않았고, 충분히 비판적이지 않았다는 뜻인가? 혹은, 어찌 보면, **정치적으로**, (더 일반적인 용어로 말하자면) **실천적으로**, 맑스주의에서 중요한 측면은 그 '진리', 따라서 맑스주의 내부에서 많은 이론적 분란과 인식론적 정정의 초점이 되곤 했던 것 쪽에 있어서는 안 되고, 더 직접적이고 덜 담론적인 다른 요소, 데리다에 따르면 ─아마도 우연히, 어쨌든 역사적 우연성에 의해─ 한 세기 이상 맑스주의가 '이론적'이고 '실천적'인 형태 노릇을 한 **해체 불가능한 정의의 요구** 쪽에 있어야 한다는 뜻인가? 이런 해석은 알튀세르와 그 추종자들이 받아들였을 법한 것이 아니었다. 적어도 애초에는 말이다.

하지만 맑스주의의 침묵 또는 죽음과 그 내부 비판자들, 다양한 지향의 '비판적 맑스주의자들' ─이들이 공유하는 무력함의 표장이 알튀세르라고 할 수 있다─ 의 침묵 또는 죽음을 이렇게 나란히 숙고한 데 이어, 보충적인 반전을 더하고 싶어진다. **자신이 침묵을 강요받았었다고**, 즉 스스로 침묵의 강요를 (마지못해서일지라도) 받아들였었다고 데리다가 생각했고

---

6) 데리다 자신이 엘리자베스 루디네스코와 나눈 대담 『내일은 어떻게 이루어질까……: 대화』(*De quoi demain……: Dialogue*, Fayard/Galilée, 2001)에서 긴 분량을 할애하여 『맑스의 유령들』의 집필 및 주제들이 알튀세르와 자신의 양가적인 관계와 맺는 관계라는 쟁점을 다루었다. Jacques Derrida & Elisabeth Roudinesco, *For What Tomorrow……: A Dialogue*, trans. Jeff Fort, Stanford University Press, 2004, pp. 78~80.

주장했다는 점을 추가할 수 있을 것이다. 데리다는 『맑스의 유령들』에 붙인 일종의 후기에서 그렇게 말했는데, 학술 토론회 논문집 『유령의 모습을 그리기: 자크 데리다의 『맑스의 유령들』에 대한 심포지엄』 말미에 실린 (「맑스와 아들들」이라는 제목의) 마이클 스프린커와의 대담에서 데리다는 1960년대 당시 알튀세르 및 알튀세리엥들과 자신의 관계에 관한 질문을 받는다.[7] 기억나는 대로 인용해 보겠다. 데리다는, 일종의 지적 **테러리즘**이 있었다고, 말할 수 없는 것들이, 혹 말했더라도 들리지 않았을 것들이, 혹 들렸더라도 그릇된 방식으로(맑스주의를 순전히 전체주의와 연결시킨 당시의 수많은 비판들 때문에, **외부에서 온** 맑스주의 비판 따위로) 이해되었을 것들이 있었다고 말했다.

하지만 말할 수 있었다거나 말할 수 없었다는 게 무슨 뜻인가? 상황이 그랬다고 **말하는 이는 누구인가**? 바로 1993년의 데리다, 자신의 친구이자 내밀한 (경쟁자까지는 아니더라도) 맞수를 애도하고, 맑스주의의 지위가 완전히 달랐던 20년이나 25년 전에는 여러 개인적·일반적 이유 탓에 대화가, 어쩌면 논쟁이 일어나지 않았음을 **후회하는** 데리다이다. 그렇다면 그 논의의 내용, **대상**은 무엇이어야 했을까? 십중팔구는, 1993년 **현재** [데리다가] 말하는 것, 곧 정치에 관한 맑스주의의 중요 요소는 맑스주의의 과학적·이론적 요소도, 이데올로기적 요소(가령, 맑스주의의 종교적이거나 세속-종교적인 측면)도 아니며, 차라리 맑스주의의 '유령적' 요소, 또는 맑스주의가 많든 적든 자진해서 의식적으로 전달하거나 되풀이했으며 과학적인 것과 이데올로기적인 것의 구별 너머에서 유사 초월론적인 방식으로 자리 잡고

---

7) Derrida, "Marx & Sons", ed. Michael Sprinker, *Ghostly Demarcations: A Symposium on Jacques Derrida's Specters of Marx*, Verso, 1999[「마르크스와 아들들」, 데리다 외, 『마르크스주의와 해체: 불가능한 만남?』, 진태원·한형식 옮김, 길, 2009. 이 질문에 관한 더 자세한 언급은, 마이클 스프린커, 「자크 데리다」, 윤소영 옮김, 『이론』 4호, 1993년 봄을 보라].

있는 유령적 요소라는 것이리라. 데리다는 1993년, 그러니까 1968년에서 25년이 지난 후에 이렇게 말했다. **마치** 다양한 비판적 맑스주의의 형태를 띤 채 맑스주의가 지적으로 지배적이던 시절에 이렇게 말할 수 있었던 **것처럼** 말이다.[8] 그러나 사실 우리가 이 질문으로 돌아가는 것도 사후적인데, 이 새로운 상황에서 많은 이들이 소리 높여 외치는 것은 맑스주의의 죽음이 아니라 자본주의의 위기다. 그리고 다시, 우리의 회고적 독해들은 독해의 조건들을 변화시킨다.

이 모두에서 내가 도출하는 결론은 두 가지다. 첫째, 알튀세르와 데리다의 잠재적 논쟁은 '맑스주의'에 관한 **것이 아니면서도 여전히** 맑스주의에 관한 **것이다**. 맑스주의에 관한 것이 아니라 함은 훨씬 더 일반적인 쟁점들을 다룬다는 뜻에서인데, 과학, 이데올로기, 형이상학, 정치, 목적론, 따라서 역사적 시간과 역사의 목적들/종말들 따위가 그것이다. 그러나 맑스주의에 관한 것이기도 한데, **사실인즉** 맑스주의는 견줄 데가 없는 방식으로 정치와 철학을 교차시키면서 이 쟁점들을 집약시키고 있고, 아마도 계속 집약시키고 있을 것이기 때문이다. 이는 어제도 진실이었고, 오늘도 진실이다. 이로부터 나의 두번째 결론이 도출되는데, 정세들이 계속 변화했다는 것이다. 1965~1968년에 알튀세르는 '맑스주의' 조직의 **내부에서** 맑스주의를 비판하여 개정하거나 재정식화하려고 했다. 데리다는 [그 시점에] 밀려났거나 [그 시점 이전에] 이미 밀려난 상태였기 때문에, 맑스주의에 관해 발언할 수 없었다. 1993년에 탈락한 사람은 알튀세르였으며, 맑스와 맑스주의에 발언권을 주려고 어떻게든 애쓴 사람은 데리다였다. 그리고 이런

---

[8] 대화 장면의 이 같은 회고적 구축 양식을 복잡하게 만들(고 아마 흐릿하게 만들)기 위해, 데리다는 『맑스의 유령들』에서 특히 모리스 블랑쇼의 소론 「맑스의 세 가지 말」(Les trois paroles de Marx)을 출발점으로 삼는데, 이 소론은 애초 1968년에 (알튀세르적인 『『자본』을 읽자』와 공명하는) 「맑스를 읽자」라는 제목으로 공간되었고, 1971년의 『우정』(L'amitié)에 재수록되었다.

정세의 효과 중 하나가 알튀세르의 비판을 비판할(또는 그런 비판의 필요성을 지시할) 필요성이었다. 이제 2006년, 알튀세르와 데리다 모두 여기에 없다. 반면 우리는 새로운 인간들을 무수히 '산업 혁명'에 연루시키는 자본주의의 거침없는 팽창인 **동시에** 당대 사회들을 조절하는 자본주의 역량의 깊은 위기로 묘사할 수 있다고 믿는 상황을 목격한다. 이미 관찰된 귀결 중 하나는 **맑스주의의 귀환**이 조만간에 실현될 것 같고, 또 실현될 것이라는 점이다. 하지만 어떤 형태로 귀환할 것인가? 문제는 바로 이것이다. 데리다가 유령으로 묘사했던 것은 다시 물질화될 수 있을 것이다. (당이나 포럼, 네트워크 따위) 조직적 지지대가 있든 없든 말이다. 이 때문에 유령은 유사 초월론적인 기능을 잃고 다시 과학이나 이데올로기(아마도 종교이거나 반反종교일)가 될 것도 같다. 이게 좋은 일일까? 맑스주의가 기각되면서 우리와 우리 동시대인들이 절실하게 필요로 하는 비판적 도구를 빼앗겨 버렸다는 점에서, 어쨌든 전적으로 나쁜 일일 리는 없다. 하지만 나는 이런 상황이 (잠재적 대담자들이 같은 시점이나 맥락에서 서로에게 발언할 처지가 전혀 아니었던 탓에) 지금껏 유예된 채 머물던 대화의 실현을 도모할 적기가 아닐까 생각한다. 나는 이 점을 염두에 두면서 이 유령들을 소환하려고 한다.

*　*　*

이제 나는 원점으로 돌아가 쟁점을 다시 훑어볼 것이다. 원문 그대로를 보자! 우선 『맑스의 유령들』에서 데리다가 알튀세르에 관해 쓴 것을 다시 읽어 보자.

> 비판한다는 것, 끝없는 자기 비판을 요구한다는 것은 모든 것과 거의 모든 것을 구분한다는 것이다. 만약 내가 결코 포기하지 않을 맑스주의의 어떤 정신이 존재한다면, 그것은 단지 비판적 이념이나 질문하기의 자세

인 것만은 아니다.……그것은 오히려, 우리가 일체의 교리들이나 심지어 일체의 형이상학적·종교적 규정, 일체의 **메시아주의**로부터 해방시키려고 시도할 수 있는 어떤 해방적이고 **메시아적인** 긍정, 약속에 대한 어떤 경험이다. 그리고 어떤 약속은 지켜진다는 것을 약속해야 한다. 곧 '정신적'이거나 '추상적'인 것으로 남는 것이 아니라, 사건들과 새로운 형태의 활동, 실천, 조직 등을 생산해 낼 것을 약속해야 한다. '당 형태'나 이러저러한 국가 형태 내지 인터내셔널의 형태와 단절한다고 해서 모든 실천적이거나 현실적인 조직 형태를 포기한다는 뜻은 아니다. 여기서 우리에게 중요한 것은 정확히 정반대의 것이다.

이렇게 말함으로써 우리는 두 개의 지배적인 경향에 대립하게 된다. **한편으로** 우리는 어떤 맑스주의자들(특히 알튀세르 주위의 프랑스 맑스주의자들)[9]이 수행한 맑스주의에 대한 가장 주도면밀하고 가장 현대적인 재해석과 대립하게 되는데, 이들은 맑스주의를 일체의 목적론이나 메시아적인 종말론으로부터 분리해야 한다고 믿었다(하지만 내 하두는 정확히 메시아적인 종말론을 목적론과 구별하는 것이다). **다른 한편으로** 우리는 반맑스주의적인 해석과 대립하게 되는데, 이러한 해석은 맑스주의에 대해 항상 해체 가능한 존재-신학적 내용을 부여함으로써 자신의 고유한 해방적 종말론을 규정하고 있다. 여기서 나에게 중요한 해체적 사고는 항상 긍정과 약속의 환원 불가능성과 더불어 어떤 정의의 관념……의 해체 불가능성을 지적해 왔다.……이러한 비판은 도래하고 있는 것의 절대적

---

9) 프랑스어판에는 "notamment français, et autour d'Althusser"라고 되어 있다[영어판 『맑스의 유령들』(*Specters of Marx: The State of the Debt, the Work of Mourning, and the New International*, trans. Peggy Kamuf, Routledge, 1994)에서는 이 부분을 "notably French Marxists and those around Althusser"로, 즉 "특히 프랑스 맑스주의자들과 알튀세르 주위의 맑스주의자들"로 번역하고 있다. 발리바르는 이 인용문에서 데리다가 겨냥한 것이 프랑스 맑스주의자 일반이 아니라, 이른바 알튀세리엥이었음을 분명히 하고 싶어 한 것 같다].

미래에 대해 열려 있는 어떤 경험, 곧 타자와 사건에 대한 기다림에 맡겨져 있고 드러나 있고 주어져 있는, 필연적으로 비규정적이고 추상적인/고립되어 있는(abstraite) 사막과 같은 경험의 운동에 속한다.[10]

이 구절을 꼼꼼하게 다시 읽으면(나는 더 넓은 배경을 생략해야 했다) 이 책의 중요 주제 거의 모두가 하나의 표적 주위에 집약되어 있다는 것을 알게 될 텐데, 그것은 '목적론'과 '종말론'(또는 '메시아적 종말론')을 **개념적**으로 구별하지 못하는 알튀세르(와 '그 추종자들')의 무능, 이것들이 두 가지 서로 다른 개념이자 문제라는 점을 진정으로 이해하지 못하는 그(들)의 무능이다. 이 무능의 귀결로 들 수 있는 것은, '목적론'(또는 **목적 원인론**finalism)에 비판을 집중시키는 그(들)의 그릇된 경향, (목적론적이지 않거나 그래서는 안 되는) '과학'과 ('목적론적'일 뿐 아니라 '종말론적'인) '이데올로기'를 대립시키는 한편 맑스주의에서 '이데올로기적'(또는 **상상적**) 요소들을 벗겨 내 이론적이거나 '과학적'인 요소들을 분리·해방하려는 그(들)의 고집, 이데올로기적-상상적인 것과 과학적-개념적인 것 사이의 이 발본적 이분법을 형식적 인식론과 실체적 존재론 안에 근거 짓기 위해 스피노자와 프로이트로 회귀하는 그(들)의 시도 따위다. **그러나 아마도 이 모든 것보다 더 문제가 되는 것은, 주된 문제를 '종말론' 쪽에 두지 못하는 그(들)의 무능일 것이다.**

그리고 이는 다시 두 가지 이유 때문일 것이다. **첫째**, 맑스주의의 종말론적 요소, 아울러 그 양가적 성격들 —— 메시아주의가 **있기도 하고 없기도 한** 메시아적인 것(또는 **메시아성**)이라는 수수께끼로 곧장 이어지는 —— 에

---

10) Derrida, *Spectres de Marx*, Galilée, 1993, pp. 146~148 [『마르크스의 유령들』, 진태원 옮김, 이제이북스, 2007, 180~181쪽].

비판적이고 자기 비판적인 해체 작업을 집중하지 못하는 무능(이나 거부) 때문일 것이다. 자본주의의 불가능성이나 그 불가능한 실현을 **내부에서** 증언하는, 자본주의의 **타자**의 혁명적(해방적) **명령**·부름·기다림·약속은, 집단적이고 세속화된 (것과는 거리가 먼) 인류의 구세주로서 프롤레타리아트, 그 '필연적' 도래와 승리가 기술·경제·사회의 전(全) 역사에 의해 예비되었을 프롤레타리아트의 '존재–신학적' 메시아주의를 반드시 포함하는가? 알다시피 이것이 데리다가 쉴 새 없이 제기한 결정적 질문이다. 게다가, **둘째**, 목적론과 종말론에 대한 이 이상한 철학적 혼동의 방해 탓에 아마도 알튀세르가 **자기 자신의 종말론적 문제**를 알아채고 논의하지 못했기 때문일 것이다. 이 문제는 알튀세르가 **현재 시점**, '정세', 또는 현 상황을 이해하는 방식 안에 거의 확실하게 집약되어 있는데, 그는 여기에서 한편으로 맑스주의 이론과 노동자 운동의 **비가역적** 통일이나 융합(따라서 혁명의 임박)과 다른 한편으로 혁명 운동 자체의 비극적 분열(곧 이론과 실천 두 측면에서 이를테면 스스로와 분리되어, 이 임박한 성취를 불가능하게 만드는 것) 사이의 불가능한 긴장이라는 특징을 보았다. 실상, 우리 '알튀세리엥들'은 이것이 특히 『루이 보나파르트의 브뤼메르 18일』에서 맑스 자신이, 동일한 정세 안에 임박한 혁명과 성공적 반혁명이 역설적으로 공존하는 것을 설명하려고 노력할 때 채택한 형태의 반복이었음을 깨달았어야 했다[는 것이다]. 한데 해방 신학의 출현에 고무된 알튀세르가, 일부 '사적' 서신에서, 자본주의 사회의 '틈새들' 그곳에 이미 존재하는 공산주의의 승리를 가능케 하기 위해, 공산당과 가톨릭 교회라는 거대한 두 메시아적 조직의 통일을 옹호했다는 것을 데리다가 알았다면 뭐라고 말했을까?[11] 그러나 사실

---

11) 내가 언급하는 것은 (1985년 무렵에 쓴) 「6월 테제」(Thèses de juin)라는 제목의 소론과 미공간된 서신들인데, 현대출판기록연구소(Institut mémoires de l'édition contemporaine) 알튀세르 서고에서 조회할 수 있다.

데리다라면 이를 알았거나 전해 들었을 법하다.

하지만 이 모두 쟁점을 예단하는 것이다. **목적론**(또는 역사적 과정 및 지적 과정을 **이미 주어진 목적의 실현**으로, 의식적이거나 무의식적인 **목표**가 있는 과정으로 이해하는 교리)과 **종말론**(또는 **마지막 것들**ta eskhata에 관한, 즉 역사가 영원으로 역전되는 역사의 종말 직전에 오거나 그것을 동반하는 '극단적'이거나 '최종적'인 순간들 및 사건들에 관한 사변)은 그 뿌리에서 뚜렷이 구별되는가? 양자를 개념들로서뿐만 아니라 **문제들**로서도 대립시킬 때 논점이 무엇인가? 모두가 이해하다시피 이는 복잡한 문제로, 철학사 안에 그리고 철학과 신학의 관계사 안에 깊이 뿌리내리고 있으며, 특히 **시간의 본질에 관한** 헤겔 전후의 철학적 **담론**(따라서 또한 **실천, 폭력, 공동체**에 관한 철학적 담론)을 드러내 보이는 양상들에 관련된다. 지금 이런 논의를 충분히 전개할 수는 없다. 그럴 여유가 없으며, 언젠가 훗날 훨씬 자세하게 이를 논해야 할 것이다. 당장에는, 이 점에 관하여 꼭 말해야 한다고 생각하는 것을 요약하는 데 그치고, 그것이 어떤 결론으로 이어질 수 있는지만 도식적으로 지적할 것이다.

그러면 세 가지 논점을 밝히고 왜 그것들이 중요해 보이는지 지적한 다음, 각각에 관해 더 정밀한 세부 사항을 제시한 후 (절대적인 의미로는, 결론짓지 않으면서) 결론지을까 한다.

내가 강조하고 싶은 첫번째 논점은, 목적론과 종말론이라는 문제들, 즉 한편으로 **역사**의 지향이나 의미라는 문제와 다른 한편으로 역사를 중단시키는, 또는 '역사의 목적/종말 다음에 오며' 따라서 역사의 한계들이 초과되거나 초월되는 바로 그 순간에 그러한 한계들을 드러내는 **사건**이라는 문제의 엄격한 구별을 데리다 자신이 늘 옹호한 것은 아니라는 사실이다.

두번째 논점과 관련되는 사실은, 알튀세르가 목적론을 퍽 신속하게 폐기한 것은 목적론의 기각이라는 견지에서 맑스주의적 진화주의와 역사주의에 대한 자신의 비판을 정식화하기 위해서였다는 것, 특히 (맑스주의를 비롯한) 철학의 헤겔적 유산에 **목적론을 넘어서**는 결정적 측면이 있다는 관념을 옹호했기 때문이라는 것이다. 이는 알튀세르가 '주체도 목적/종말도 없는 과정'이라고 불렀던 것으로, 사실 헤겔 자신이 『논리학』과 『철학적 학문들의 백과사전』(*Enzyklopädie*)에서 목적론의 문제를 **극복**(또는 **지양**aufgehoben)했던 방식을 긴밀히 따른 것이었다.

세번째 논점과 관련되는 사실은, 한편으로 역사적 생성의 **경향들과 결과들**의 분석을 지향하는 시간의 정치철학(즉 '목적론')과 다른 한편으로 '극단적'이거나 '묵시록적'이라고 여겨지는 상황——착취 세력과 해방 세력이 서로를 상쇄(相殺)하는 상황——의 의미와 결말의 **발본적 불확실성**을 지향하는 시간의 정치철학 사이의 딜레마란, 맑스 작업에 대한 철학적·신학적 독해들이 외부에서 맑스에게 투사한 딜레마가 아니라는 점이다. 그것은 자본주의적 발전과 반자본주의적 혁명에 관한 맑스의 구상 전체를 가로지르고 갈라놓는 딜레마다.

이 모두의 귀결에 비추어 보면, 그런 구별이 중요하다는 데 주목하게 했다는 점에서는 데리다가 전적으로 옳았지만, 맑스주의 및 알튀세르의 노선에 따라 제기된 맑스주의의 내부 비판이 봉쇄된 이유를 그저 종말론적 요소를 소홀히 살핀 탓으로 돌린 것은 조금 성급했을 수 있다. 게다가 일종의 인식론적 **교차 대구법**을 빌려 말하자면, 만일 알튀세르가 **여전히** 헤겔(과 맑스)[12] 안의 형이상학적이고 반(反)종말론적인 요소에 갇혀 있었기 때문에 그가 끊임없이 요구하던 **공산주의의 정치적 미래**에 관한 내용을 자본주의의 역사적 경향들의 논리를 넘어 상술하지 못했다는 데리다의

---

12) 헤겔은 특히 『정신현상학』 7장 끝부분에서 '신의 죽음'이라는 기독교적 관념에 관한 자신의 해석을 제시하면서 종말론적 질문들을 기각한다.

제언에 꽤 일리가 있었다면, 종말론——더군다나 **부정적** 종말론——을 내세우는 동기 안에서 '(주어진 또는 확정된) 목적인 없는' 목적론이라는 칸트적 계기, 곧 **목적 없는 목적성**(zwecklose Zweckmässigkeit)이 부활한다는 점을 사실상 고발하면서 그 같은 결론에 저항한 알튀세르 역시 나름대로 일리가 있었다고 시사하는 것도 가능하다. 이런 식으로는 생성 또는 잠재적인 것의 현행화의 형이상학——모든 근대 철학이 궁극적으로 아리스토텔레스에게 상속받은——을 해체하는 것이 아니라, 실은 ('목적/종말'을 기다리고, 희망하고, 상상하고, 미루는 따위의 현상학적 경험들을 동반하는) 그 **주관적 형태**로 복귀하게 될 수 있다는 것이다. 이상의 시도가 데리다가 갑자기(그리고 특히 『맑스의 유령들』에서) **해체의 해체 불가능한 측면**(정의Justice, 또는 모든 법 너머의, 도래할 정의라고 여긴)이라고 선언한 것, 따라서 적어도 그 정식화 안에서는 하나의 **절대**——종교와 철학이 항상 믿음(Faith)의 요소와 연결시킨——인 것과 일치하는 것은 우연이 아니다. 결과적으로 일종의 철학적 상쇄, 대담자 각각이 서로 맞수를 '움켜쥐거나' 비판적으로 통제하는 상황이 벌어질 수가 있다. 하지만 이런 식의 순전히 정태적이거나 파괴적인 결론이야말로 내가 정확하게 한정하고 싶고, 실은 끌어내고 싶지 않은 결론이다.

* * *

첫번째 논점에 관해서는 「인간의 목적들/종말들」에 나온 유명한 구절을 상기하면 충분할 것이라고 믿는다. 여기서 데리다는 헤겔 현상학, 또는 차라리 현상학의 '주체'(subject)의 인간학적 성격을 논하는데, 이 주체는 현상학에서 '의식'이라 불리고 유한자와 무한자, 인간성과 신성, 개별성과 집단성의 통일, 따라서 형이상학적 이율배반의 해소로 제시된다.

실로 사변적인 이 통일은 **목적지**(destination)인 동시에 승화된 **죽음**으로 간주되어야 하는데, 이 때문에 형이상학의 완성과 연결될뿐더러, 형이상학의 (존재) 신학적인 규정과, (맑스주의를 포함한) 모든 인본주의에 현전하는 인간이라는 목적/종말 또는 목적지에 대한 준거라는 신학적 차원과도 연결된다.

> 정신현상학에서 묘사된 모든 구조들은……인간을 **지양**(relevé)시킨 구조들이다. 이 구조들 안에서 인간은 줄곧 지양 속에서/두드러지게(in relief) 남아 있다. 인간의 본질은 『정신현상학』 안에 머물러 있다. **지양**의 이 양의적 관계[13]는 틀림없이 인간의 종말, 과거의 인간을 표지하지만, 동시에 인간의 실현, 인간 본질의 전유도 표지한다. **그것은 유한한 인간의 목적/종말이다.** 인간 유한성의 목적/종말, 유한자와 무한자의 통일, 자기초극으로서의 유한자. 헤겔의 이 본질적 주제들은 [『철학적 학문들의 백과사전』 3권에 해당하는 『정신철학』 1편에 나오는] 「인간학」 장의 마지막에서 식별되는데, 여기서 의식은 결국 '자기에 대한 무한한 관계'로 지칭된다. 인간의 **교대**나 **지양**은 인간의 **목적인** 또는 **종말**(eskhaton)이다. 인간의 이 두 **목적들/종말들**의 통일, 인간의 죽음, 극치, 실현의 통일은 그리스적인 **목적인**의 사고, **목적인**에 관한 담론 안에 싸여 있는데, 이 담론은 **형상**(eidos), **존재**(ousia), 그리고 **진리**(alētheia)에 관한 것이기도 하다. 이런 담론은, 일체의 형이상학에서처럼 헤겔에서도, 목적론을 종말론, 신학, 존재론과 분리할 수 없게 휘감아 버린다.……오늘날 사고하기 어려운 것

---

[13] 여기서 데리다가 말하는 "지양의 양의적(兩義的) 관계"란 정신현상학에서 인간이 한편으로 지양되지만, 곧 초월되고 극복되지만, 다른 한편으로는 그러한 지양을 통해 인간의 본질이 여전히 사라지지 않고 남아 있다는 것을 의미한다. relever라는 프랑스어 단어는 '고양하다', '극복하다', '대체하다'를 뜻하기도 하지만 다른 한편으로는 '~에 속하다'를 의미하기도 한다. 헤겔의 독일어 개념 Aufhebung을 relever, relief, relevance 같은 단어들로 표현하면서 데리다가 보여 주려고 하는 것이 이러한 지양의 이중적·양의적 측면이다. ―옮긴이

은 진리와 부정성의 변증법으로 조직되지 않을 인간의 목적/종말, 1인칭 복수형의 목적론이 아닐 인간의 목적/종말이다.……이 **우리**는 절대지와 인간학, 신과 인간, 존재론적-신학적-목적론(onto-theo-teleology)과 인본주의의 통일이다. 이 **우리**가 지배하거나 개방하는 '**존재**'와 언어 ──언어들의 집단──는 **우리**를 거쳐 형이상학에서 인본주의로 이행하는 것을 보장하는 것의 이름이다.……동일한 포석에서 후설의 초월적 현상학을 읽을 수도 있다. 인간학 중심주의를 비판하긴 하나, '인간성'(humanity)은 여기서도 여전히 초월론적 **목적인** ──(칸트적인 의미에서) 이념(Idea)이나 심지어 이성(Reason)으로 규정된──의 조짐을 보이는 존재의 이름이다.……인간은 자신의 목적/종말과 관련을 맺는 존재이며, 이때 목적/종말이란 근본적으로 양의적이다. 원래부터. 초월론적 목적/종말이 나타나고 전개될 수 있는 것은 오직 필멸성, 이상성의 기원으로서의 유한성과의 관련이라는 조건하에서다. 인간의 이름은 항상 이 두 목적/종말 사이에 낀 형이상학 안에 기입되어 있다. 그것이 의미를 갖는 것은 오직 이 종말론적-목적론적(eschato-teleological) 상황 안에서다.[14]

이 글은 계속해서 이런 종말론적-목적론적 '인간'(Human) 표상이 오직 내부에서만 해체(그 전까지 주로 어원학적 의미로 쓰인 '해체'라는 용어가 여기서는 매우 의미심장한 주제적 의미로 나타난다)될 수 있다는 것을 강력히 주장한다. 데리다는 하이데거의 **현존재**(Dasein)에 대한 독해를 발전시키면서 이 해체 작업을 수행한다. 이 독해에서 그는 이 존재론적-실존적 범주와 인간학적 본질 ──모든 인간 존재 안에 있는 인간 그 자체의 관

---

14) Derrida, "Les fins de l'homme", *Marges de la philosophie*, pp. 143~147; "The Ends of Man", *Margins of Philosophy*, pp. 121~123.

념——의 애매한 관계, 즉 현존재와 존재의 근접성을 강조한다. 이는 자연적인 '인간 종'에 대한 준거를 지우는 **동시에** 인간이 아닌 것(Non-Human) 또는 (가령 동물성 같은) 비인간(in-human)적인 것과의 관계를 절대화한다. 동일한 논의가 하이데거에 관한 다른 논의 모두에서 계속되는데, 특히 「성(性) 2: 하이데거의 손」[15]과 『아포리아들』[16]에서 데리다는 종말론과 극단성(ta eschata)(극단적인 것들과 극단들)에 대한 **또 다른, 비형이상학적** 고찰 쪽으로 역전하거나 전위하기 위한 기준을 제안한다. [『존재와 시간』에서 제시된] 하이데거적 본래성, 곧 자기 자신의 죽음의 전유에 지나지 않는 것을 **타자의 죽음으로 대체**하거나 타자의 죽음을 수용(따라서 애도의 노동을 수행)하는 것으로 대체하고, 이것을 이론의 여지 없는 유일한 **고유성**(das eigene)으로, "불가능성의 가능성"으로 파악하자는 게 그것이다.

이로써 우리는 궤도에 진입하게 되는데, 이 궤도를 따라가면서 데리다는, 독해의 형태로, **형이상학**(존재-신학, 따라서 또한 목적론)**으로 환원할 수 없는 종말론적 담론이 있다는** 점을 인정하게 될 것 같다. 하이데거에게는 이런 것이 없다. 설사 하이데거 자신이, 특히 아낙시만드로스에 관한 소론(「아낙시만드로스의 잠언」)에서, 그리스적 기원의 순수함과 특유한 성격을 재차 강조하면서 양자의 차이를 역설한 바 있다 해도 그렇다. 많은 독자들이 제안한 것처럼, 그것은 차라리 레비나스에게서 발견되는데, 그는 완전한 타자인 아무 타자(any Other)에 대한 책임이라는 명령을 **시간의 무한성**이라는 관념과 연결시키면서, 그것이 그 자체로 "목적/종말이 없는"[17] 것임을 시사한 바 있다.

---

15) Derrida, "Le main de Heidegger(Geschlecht II)", *Heidegger et la question*, Flammarion, 2003.—옮긴이
16) Derrida, *Apories: mourir–s'attendre aux "limites de la vérité"*, Galilée, 2003.—옮긴이
17) Emmanuel Levinas, *Totalité et infini: Essai sur l'extériorité*, Kluwer Academic, 1971.

그러나 그 궤도는 다른 누구보다 메시아적 차원이 명시되는 벤야민에게 있다. 나는 벤야민과의 비판적 대화(데리다의 벤야민 독해 ——언제 이런 독해가 이루어졌을까? ——는 흡사 절단과도 같은 자국을 남겼을 것이다)가 심원한 동기로 작용하여 데리다가 종말론 쪽으로 개심 ——또한 나는 감히 **교대**(relève)나 **지양**(Aufhebung)이라고 말한다 —— 하게 되었으며, 따라서 이 대화가 생자(生者)와 사자(死者)를 아우르는 '우리'라는 공동체를 기원(祈願)하는 것에 즉각 신학적-정치적 성격을 부여했다는 생각을 전적으로 지지한다. 하지만 지양이 언제나처럼 나름의 용어 안에서 애매한 상태로 머물러야만 한다는 것을 데리다가 인정해야 하는 곳도 아마 여기일 것이다. 어쨌든 하이데거적인 **현존재**가 '인간'이라는 이름과 분리될 때 훨씬 더 인간적인 본질을 지니게 된다는 것이 입증되는 것처럼, **타자**와 **사자**(死者), 그리고 결국 (**천사**로서) **유령**은 역사적 종교의 신성들이 지닌 실체적이고 구원적이며 전능한 측면들을 박탈당하는 순간에 훨씬 더 충만한 신학적 존재자들로 나타날 수 있다. 즉 블랑쇼에게 빌려 온 모형을 따라 데리다가 만들어 낸 '메시아주의 없는 메시아적인 것'이라는 정식 ——벤야민과 일체의 유대교적-유토피아적-사회주의적-맑스주의적 전통[18] 사이의 거리를 표지하는 정식 ——은, 대답보다는 **질문** 쪽에 훨씬 가깝다. 이 정식은 (선물, 용서, 정의, 사건, 계산 불가능한 것 따위) 종말론적 범주들을 언급할 때마다 데리다가 늘 사용하는 문구 —— '**만일 그것이 존재한다면**', '**만일 그런 것이 있다면**' 등 ——를 덧붙여 영구히 단서를 달아야만 할 것이다. 그리고 아마도 심지어는, '만일 그것이 의미가 있다면', '만일 그것이 사고될 수 있다면' 같은 문구를 단서로 달아야 할 것이다.

---

[18] 다음의 주목할 만한 책을 보라. Michael Löwy, *Rédemption et utopie: Le judaïsme libertaire en Europe centrale*, PUF, 1988.

이제 알튀세르 쪽으로 시선을 돌려서 마찬가지로 주마간산 격이고 추상적인 방식으로 살펴보도록 하자. 나는 특히『『자본』을 읽자』에서 '역사적 시간'과 '절대적 역사주의'에 관해 전개한 것을 생각하고 있다. 놀라운 점은 여기서 알튀세르가 더 이상 '목적론'이라는 범주를 명시해서 사용하지 않는다는 것인데, 가령『맑스를 위하여』에서 알튀세르는 ('청년 맑스'와 '장년 맑스'라는 유명한 사례에서처럼) 진화주의적인 관점에서 진리 내용을 **최후의** 문제설정 ─ 이 안으로 분석적 요소들이 통합되어야 하는 ─ 안에 놓는 철학적 문헌들의 독해를 비판할 때 목적론이라는 범주를 사용했다. 그러나 어떤 맑스주의, 어떤 맑스, 심지어는 상당한 정도까지 경제의 '변증법적' 전환에 관한 맑스 자신의 지각 안으로 옮겨간 헤겔적 이념(Idea)을 요약하면서, 알튀세르는 목적론(그리고 목적인의 형이상학)에 관해서 이제까지 쓰인 정의 중에서 아마도 가장 명쾌한 정의를 제공한다. 예컨대 아래 구절을 보자.

> 절대지의 논리 안으로 한 발만 더 내딛으면, 의식과 동일한 과학의 현재 안에서 실현되고 절정에 이르는 역사의 전개를 사고하면, 그리고 근거를 갖춘 회고 안에서 이 결과를 반성하기만 하면, 모든 경제적(또는 다른) 역사란 단순하고 원시적이며 기원적인 형태, 가령 상품 안에 즉자 현존하는 가치가, 헤겔적 의미에서, 전개되는 것이라고 해석할 수 있게 되고,『자본』을 기원적 범주, 곧 가치 범주나 심지어 **노동** 범주에서 모든 경제적 범주들을 **논리-역사적으로 연역**하는 것으로 읽을 수 있게 된다. 이런 조건하에서『자본』의 설명 방법은 개념의 사변적 발생(genèse)과 뒤섞인다. 게다가 개념의 이런 사변적 발생은 현실적 구체 자체의 발생, 즉 경험적 역사의 과정과 동일한 것이 된다.[19]

한편, '현전의 형이상학'에 관한 데리다의 질문을 염두에 두고 **역사적 현재**라는 질문에 관해서 알튀세르가 쓴 구절을 읽는다면, 그가 **현전 내부의 환원 불가능한 부재**(irreducible absence within presence)라는 해체적 기준, '비동시성'이나 '불균등성', '과잉결정 및 과소결정'이라고 부르기도 했던 기준 자체를 '경험적-사변적 시간 개념'을 비판하는 궁극적인 수단으로 채택했음을 깨닫게 된다. 하지만 이것이 전부가 아니다. 게다가 알튀세르는 현전, 따라서 현행성과 활동의 두 가지 체제 ―― 하나는 **의식**의, **표상**(이는 **자기에 대한** 현전인데, 모든 의식은 반드시 자기 의식 안에 기반을 두기 때문이다)의 '현전'이고, 다른 하나는 (본성상 예측이 불가능하고 기성 법칙의 실현으로 환원할 수 없는) **정세**의, '상황들'과 '사건들'의 현전이다 ―― 를 구별짓고, 본질적으로는 분리시킬 가능성을 중심으로 자신의 담론을 고스란히 조직한다.

이는 결국 다음과 같은 결론으로 귀착된다. 만일 역사 안에서 '본질적 단면'을 포착할 수 없다면, 전체의 복합적 구조라는 종별적 통일체 안에서 이른바 후진성, 선진성, 잔재, 불균등 발전 등 현실의 역사적 현재, 곧 **정세**의 현재라는 구조 안에 **공존하는** 것들을 사고하지 않으면 안 된다는 것이다. 변별적인 역사성의 유형들을 말하면서 토대의 시간, 그에 따라 후진성과 선진성이 측정될 수 있는 유일한 시간에 준거하는 것은 터무니없는 일이다.……변별적인 역사적 시간성을 말하는 것은……구조의 **과잉결정**이나 **과소결정**이라 불렸던 것을 전체의 결정이라는 구조의 함수로 정

---

19) Louis Althusser, "L'objet du *Capital*", Althusser et al., *Lire le Capital*, PUF, 1996, p. 319. 내가 인용하는 책은 프랑스대학출판사(Presses Universitaires de France)의 카드리즈(Quadrige, 4두 2륜 마차) 총서로 새롭게 출간된 프랑스어판이다[『『자본론』의 대상」, 알튀세르 외, 『자본론을 읽는다』, 김진엽 옮김, 두레, 1991, 160쪽].

의하겠다는 의무를 지는 것이다.……그리고 이는 역사의 이론에 필수불가결한 정세의 이론과 다를 바가 없다.[20]

물론 데리다적 관점에서 볼 때는 이런 구별이란 궁극에서 형이상학에 머문다. 이 구별이 '총체성'과 '인과성'(또는, 『『자본』을 읽자』에서 알튀세르가 선호하는 식으로 말하자면, '효력'efficacy과 '작용성'efficiency이라고 할 수도 있는데, 이 개념들은 **작용인**causa efficiens이라는 고대적인 관념에 묵시적으로 준거한다)이라는 개념들에 토대를 두기 때문이다. 또한 이러한 구별은 가시적인 것에 대한 비가시적인 것의 우위, 은유적인 것에 대한 개념적인 것의 우위, 시간적이거나 체험된 경험에 대한 '스피노자적인 의미에서' 영원한 것의 우위를 고집한다. 이는 훗날 알튀세르가 공언한 것, 곧 헤겔에게는 "이데올로기를 벗어나는" 어떤 요소, **절대적 방법**이라는 **실정적** (또는 '과학적'wissenshaftlich) 관념이 있으며, 이는 『논리학』 마지막 구절에 "무한한 과정" 또는 "이행"(Fortgang/Progress)──알튀세르는 이를 '주체도 목적/종말도 없는 과정', 아무 데서나 와서 아무 데로나 가는 과정이라고 재번역하곤 했다──이라고 제시되어 있다고 공언한 것과 완전히 일치한다. 헤겔에게 이 범주는 '목적론' 자체의 논리적 지양으로, 즉 인식이나 역사, 삶 따위 과정의 목적들/종말들이나 목표들이 **객관적**인 현실적 경향들인지, **주관적**인 표상들인지에 관한 초월론적 논의를 논리적으로 지양한 것으로 제시된다. 그런데 만일 목적들/종말들이나 목표들이 없다면 목적론적 질문은 폐지되는데, '절대'의 관점에서는 어떤 목적/종말이나 최종적 결과, 단적으로 목적인 따위가 존재하지 않기 때문이다. 그런데 내 생각에는 그렇다고 알튀세르가 '종국에' **헤겔주의자**로 남았다거나 다시금 [헤겔

---

20) *Ibid.*, p. 293[같은 글, 같은 책, 135~136쪽].

주의자가] 되었다고 볼 수는 없다(알튀세르의 초기 박사 논문 『헤겔 철학에서 내용이라는 통념』*La notion de contenu dans la philosophie de Hegel*[21]이 출판되면서 이 점에 관해 다시 사고하지 않을 수 없었음을 말해 두어야 하겠지만 말이다. 어쨌든 알튀세르는 칸트주의자가 아니어야 할 때는 늘 일관되게 헤겔주의자였다. 아마도 데리다가 헤겔주의자가 아니어야 할 때 늘 일관되게 하이데거주의자였던 것처럼 말이다). 하지만 사실 여기도 **끝은 아니다**. 이것도 **최종 무대**는 아니며, 그저 순식간에 지나가지는 않는 계기, 개방된 채로 머무는 질문일 뿐이다. 나는 헤겔주의적인 '주체 없는 과정'이란 알튀세르의 최종 발언이 아니라, 목적론에 대한 대안——종말론이 아니고, 심지어 '메시아주의 없는' 메시아적인 것조차 아닌 것, 즉 발본적으로 **현세적**인, 또는 그가 선호한 말을 사용하자면 '유물론적'인 대안——을 향해 알튀세르 자신이 필사적으로/절망적으로(desperately) 투쟁한 **장소**일 뿐이라고 말하고 싶다.

나는 '필사적으로/절망적으로' 투쟁한다고 말했다. 이 말이 꼭 정확한 것은 아닌데, 대안이 개시되었다는 것을 증언할 만한 문헌이 있기 때문이다. 『마키아벨리와 우리』가 그것인데, 이 원고는 1970년대 초반에 사실상 마무리되었으나(원고를 보면 1972년 이후에 정정한 것은 사소한 것들뿐이다), 데리다의 『맑스의 유령들』보다 늦게 유고(遺稿)로 공간되었다. 데리다가 이 원고를 읽었는지 여부는 알지 못한다. 어쨌든 구두나 서면으로 명시해서 언급하지는 않은 것으로 알고 있다. 하지만 만일 **우리**가 알튀세르의 문헌을 데리다의 종말론 해체 및 해체의 (반反)종말론적인 자구 선택과, 실은 (구세주나 구원적 힘을 기다리는) **종말론적 메시아주의와의 연관에서** (해

---

21) 이제 고시가리안(G. M. Goshgarian)이 『헤겔의 유령』(*The Spectre of Hegel*, Verso, 1997)이라는 제목으로 영역했다. 브라보[원문에서 발리바르는 notion 대신 idée라는 표현을 사용했는데, 착오로 보여 바로잡았다]!

방의 환원 불가능한 약속으로서의) **메시아적인 것을 해방**시키면서도 **다가올 사건**(또는 '도래할' 사건)이라는 관념을 멸각(滅却)하지 않으려는 데리다의 시도와 비교한다면, 두 담론이 반정립적으로 배치되는 **이단점**에 사실상 도달해 버렸거나, 이 지점(말할 것도 없이 '부재하는' 지점)에 최대한 가까이 도착했다는 것을 느낄 수 있을 것 같다. 바로 이곳이 "마주침의 우발적 경험"에 관한 데리다의 문구를 알튀세르가 "마주침의 우발적 유물론"——그가 **역량**(virtù)과 **운**(fortuna)(또는 '작인'agency과 '우연')의 마키아벨리적인 상호 작용이라고 언급한——으로 수수께끼처럼 **반복**하는 것(아마도 이것은, 확실치는 않지만, 그 자체 의도치 않은 '마주침'이라고 할 수 있을 것이다)이 아주 중요해지는 곳이다. 이는 사실 **사건에 관한 두 가지 개념**, 그리고 사건이라는 관념과 시간 안에서의 행위——또는 변혁이나 분기——라는 관념 사이의 관계[에 관한 두 가지 개념]가 난폭하게 충돌하는 곳이다. 양자가 흡사 역상인 것처럼 최대한 가까이 있으면서도 궁극에는 양립 불가능하기 때문이다. 한 개념은 사건, 실우 혁명적인 사건을 우연저인 **시작**으로, 그렇지만 예측 가능한 목적/종말이 없는 시작으로 설정한다. 이 시작은 역사적 과정의 갑작스러운 **공백**이나 **개방** 내부에서 일어나는데, 이 공백(이는 마키아벨리적 모형이다)은 아마도 [행위] 스스로의 가능성의 조건에 선행하거나 이 조건을 결정(結晶)하는 **행위** 자체에 의해서 창출된 것이다.[22] 다른 개념은 사건을 시간의 중단(이는 데리다의 벤야민적 유산이다)이나 시간의 이질성, "이음매에서–어긋나–있음"(Out-of-joint-ness)의 드러남으로 설정한다. 이로써 '가망 없는 행위들'——이러한 행위 아래에는 정의의 도

---

22) 이에 관한 더 자세한 설명은 Balibar, "Une rencontre en Romagne", Althusser, *Machiavel et nous*, Tallandier, 2009, pp. 25~28과 François Matheron, "'Des problèmes qu'il faudra bien appeler d'un autre nom et peut-être politique": Althusser et l'insituabilité de la politique", *Ibid*., pp. 189~196 참조.—옮긴이

래가 죽음의 반복이거나 절대적 폭력의 귀환이기도 하다는 가능성, 실은 불가피성이 깔려 있다——이라는 형태로 불가능성의 가능성이 사고 가능해지고, 따라서 또한 상상 가능해지거나 혹은 심상이나 **화신**(化身) 없이 상상 가능해진다.

결론을 내리기 위해 나는 다시 맑스 자신을 언급해 보고 싶다. 방금 전 내가 (인정컨대) 증명하지 않은 채 말한 것처럼, 우리가 한편으로는 역사의 의미에 관한 이데올로기로서의 목적론에 대한 비판과, 다른 한편으로는 '혁명적' 상황들의 발본적 불확실성에 관한 종말론적(또는 반종말론적) 질문과 연결시키려고 한 두 종류의 철학적 문제들은, 맑스 자신에게 **텍스트**(text)나 **텍스트의 바탕**(texture)[23]으로서, 즉 하나의 체계나 교리보다는 흔적들의 트임(clearing)[24]으로서 공히 현존할뿐더러, 실은 결정적이기까지 하다. 한편으로 맑스는 다음과 같은 가능성에 늘 시달렸으며, 이 가능성은 그의 '정치경제(학) 비판'을 통해, 그리고 기업과 시장의 조직 면에서 당

---

[23] 여기서 발리바르가 텍스트(text)와 텍스처(texture, 직물)를 함께 언급한 것은, 데리다적 용법을 염두에 둔 것으로 보인다. 데리다는 텍스트를 '텍스처'라는 은유적 명칭으로 부르기도 하는데, 이는 우선 양자가 어원적으로 같기 때문이다. 하지만 데리다가 텍스트를 텍스처라고 고쳐 말할 때 주로 염두에 두는 것은, 텍스처가 날실과 씨실로 서로 계속해서 엮이는 것처럼, 하나의 텍스트가 다른 텍스트들과 함께 계속 엮인다는 점, 따라서 시작도 끝도 없는 텍스트들의 지속적인 상호 엮임만이 존재한다는 사실이다. 아울러 텍스처가 옷의 바탕 내지 지지대가 된다는 점도 중요하다. 다시 말해 텍스처라는 것은 그 자체가 하나의 형상을 가진 옷은 아니지만, 옷이 가능하기 위해서 전제될 수밖에 없는, 또는 옷이라는 형상을 가진 물체, 존재자의 바탕으로서 존재하는 어떤 것이다. 이런 의미에서 우리는 텍스트를 '텍스트의 바탕'으로 옮겼다.—옮긴이

[24] 여기서 clearing은 하이데거의 '리히퉁'(Lichtung)을 염두에 둔 것 같다(하이데거의 Lichtung의 영어 번역어가 clearing이다). 하이데거가 말하는 '리히퉁'이란, 가령 숲 속을 거닐다가 갑자기 훤하게 드러나는 '빈 공터' 따위의 심상과 연결된, '공백'이나 '트임'을 이르는 것이다. 알다시피 초기 이래 하이데거의 지속적인 주제 중 하나는 현존에 대한 부재의 우위, 또는 존재자에 대한 무의 우위인데, 이 리히퉁 역시 그런 주제를 변주한 것이라고 볼 수 있다. 즉 숲을 가능하게 해주는, 하지만 숲 그 자체에서는 잘 나타나지 않는 숲의 지평이라는 뜻으로 이 말을 이해할 수 있는데, 이 점을 감안하여 우리는 이 말을 '트임'으로 옮겼다.—옮긴이

대에 이루어진 발전에 대한 관찰을 통해 점점 더 드러났다. 자본주의의 임박한 경향들, 자본주의의 이른바 역사적 법칙들이, 그저 **공산주의의 필연성**, "수탈자의 수탈"(성서적인 메시아적 정식)로 이어지기보다는, 서로 모순되는 **다수의 가능한 결말들**로 이어진다는 게 그것인데, 여기에는 자본주의의 한계 안에 머무는 사회주의의 '모사물'이라는 가능성 ── '노동의 자본주의적 사회화'뿐만 아니라, **자본주의적 사회주의라는** ──이 포함된다. 그리고 다른 한편으로, 특히 (1848년과 1871년에 벌어진) 실패한 유혈 혁명들의 시기에 맑스에게 출몰했던 질문은, (전반적인 경제 위기, 그리고 맑스 당대의 기준으로 보자면 '세계적'인 전쟁이라는) 부르주아 역사의 파국적이고 허무주의적인 정세들을 공산주의적으로 돌파하는 **임박한 전도** 또는 **도래할 전도**──이 전도에서 프롤레타리아트는 특히 국제주의와 연계하여, 으스러진 다중의 지위에서 갑자기 인류 자체를 해방으로 이끌 '보편 계급'의 조건으로 넘어갈 것이었다 ──였다. 내가 볼 때, 알튀세르와 데리다 각각을 이 문제적인 분할 한쪽 편에 국한시키지 않더라도, 어쨌든 알튀세르와 데리다가 **맑스를 문제 삼는**, 따라서 **맑스를 변혁하는** 방식은 이 대칭성을 반영한다고 말할 수 있을 것 같다. 철학과 신학, 정치에 대한 맑스의 관계를 반성하면서, 그들은 '목적론적' 측면과 '종말론적' 측면으로 분할되어 있는 맑스주의 지표면의 아래를 각각 파고 들어가 일종의 **반목적론**과 **반종말론**을 산출했던 것 같다. 그렇다면 중요한 것은 데리다의 주장처럼 두 용어를 구별하는 것일 뿐만 아니라, **미래**(그리고 **미래의 미래**)[25]에 관한 정치적 논쟁을 둘러싸고 양자가 끊임없이 뒤얽히는 까닭을 이해하는 것이기도 한데, 이때 미래는 늘 종교적이면서도(아마도 '종교'에 관한 단일한 정의를 내놓

---

25) 데리다는, 그 자체 역사와 과거 그리고 미래를 가지고 있는 미래에 대한 표상 및 **기대 지평** (Erwartungs-horizonte)에 관해 코젤렉 등이 수행한 분석에 묵시적으로 준거한다[코젤렉의 분석에 관해서는, 라인하르트 코젤렉, 『지나간 미래』, 한철 옮김, 문학동네, 1998 참조].

을 수 있다면, 미래에 대한 근심/관심concern일 것이다) 철학적이다(왜냐하면 '비판적인 시간 개념'을 정교히 하는 것보다 철학에 있어 더 근본적이면서도 분열적인 질문은 없기 때문이다). 그리고 맑스에 대한 관심이 쇄신되고, 따라서 '맑스주의'의 기성 정식들과 법칙들, 예언들 너머 또는 그 아래에서 그의 전형적인 딜레마가 재활성화되는 것을 오늘 우리가 목격할 가능성이 높으면 높을수록, 알튀세르와 데리다의 유예된 대화는 내가 볼 때 비상한 시의성을 띠게 될 것 같다.[26]

---

[26] 이 논문을 마치고 나는 당대의 지도급 맑스주의자 사미르 아민(Samir Amin)이 최근에 쓴 책을 발견했는데, 흥미롭게도 『자본주의의 유령들: 오늘날 지적 유행 비판』(*Spectres of Capitalism: A Critique of Current Intellectual Fashions*, Monthly Review Press, 1998)이 제목이었다. 알튀세르와 데리다에게 일부 장을 할애하고는 있지만, 여기서 제기된 철학적 질문들은 어느 것도 다루어지지 않았다. 알튀세르와 데리다 모두 어느 정도 맑스의 경제(학)적, 사회(학)적, 그리고 정치(학)적 분석들과 예견들의 실정성을 무시한 것으로 간주된다.

4부
알튀세르의 장래들

14장
**알튀세르에게서 발리바르에게로:
이데올로기의 문제설정과 정치의 개조**
서관모

15장
**알튀세르와 바디우:
정치적 주체성의 혁신을 위하여**
서용순

16장
알튀세르와 랑시에르
박기순

17장
**인섭션인가, 호명인가?:
슬로베니아 학파, 버틀러, 알튀세르**
최원

18장
**알튀세르와 포스트맑스주의:
라클라우와 지젝의 논쟁**
김정한

19장
알튀세르와 서발턴 연구
안준범

14장 알튀세르에게서 발리바르에게로
―이데올로기의 문제설정과 정치의 개조

서관모

루이 알튀세르의 작업은 맑스주의 내부에서 맑스주의 이론을 개조하려 한 주요한 시도들 중에서 사실상 최후의 것이다. 맑스주의를 쇄신·재구성하려 한 그의 작업은 그러나 맑스주의의 해체의 길을 여는 것으로 귀결하였다. 알튀세르의 충실한 제자로서 알튀세르의 작업에 동참해 오던 에티엔 발리바르는 1970년대 말 맑스주의의 이론적 아나키즘의 문제를 인식하면서 포스트알튀세리엥으로 전화해 갔다. 발리바르의 이론 작업은 1980년대 말부터 더 이상 '맑스주의의 개조'의 문제설정이 아니라 맑스주의를 넘어서는 '정치의 개조(재주조, refonte)의 문제설정' 속에서 이루어져 왔다.

1990년대 이래로 발리바르의 이론 작업은 알튀세르의 지평을 넘어서서 이루어진다. 발리바르의 작업 속에서 알튀세르의 맑스주의는 소멸한다. 그러나 그것은 단순히 무로 귀결하는 것이 아니라 자신의 긍정적 효과들 속에서 소멸한다. 알튀세르의 작업 없이는 발리바르의 작업은 있을 수 없다. 이 글에서는 알튀세르의 개념들과 이론들이 발리바르의 이론화 속에서 긍정적인 방식으로 소멸하는 과정을 개략적으로 소묘하고, 알튀세르의 철학적인 유산 위에서, 그리고 그것을 넘어서서 발리바르가 수행하는 철학적·정치적 이론화의 윤곽을 제시할 것이다. 여기에서 알튀세르의 이데올로기의 문제설정이 특권적인 주제가 될 것이다. 알튀세르의 작업은 그의 독특한 이데올로기의 문제설정 속에서 맑스주의를 개조하려는 것으로 요약될 수 있고, 맑스주의를 넘어서는 더 큰 틀에서 이루어지는 발리바르의 정치의 개조 작업 역시 알튀세르의 이데올로기의 문제설정 속에서 이루어져 온 것이기 때문이다.

발리바르가 맑스에게서 계승하는 것은 사회적 적대의 문제설정과 광의의 생산양식 내지 경제의 이론이며, 알튀세르에게서 계승하는 것은 이데올로기의 문제설정과 과잉결정 개념, 장소론(토픽, topique)적 사고 등이다. 발리바르는 맑스와 알튀세르의 문제설정들·개념들·테제들을 비판적으로 영유하고, 국가와 정치, 동일성과 공동체에 대해서는 맑스주의 외부에서 개념들·사고들을 (재)도입하고 독자적인 개념들을 가공함으로써 독자적인 정치적·철학적 이론 체계를 구성해 왔다.

이하 1절에서는 '역사를 만드는' 존재로서의 대중들의 주체화의 메커니즘을 해명하기 위한 알튀세르의 이데올로기의 개념화에 대하여 살펴볼 것이고, 2절에서는 사회구성체에 대한 맑스주의적 '과학'을 구성하고자 한 알튀세르의 시도가 좌초할 수밖에 없었던 이유를 살펴볼 것이다. 3절에서는 이데올로기의 메커니즘에 대한 알튀세르의 이론화의 기능주의적 측면이 발리바르에 의해 어떻게 교정되는지, 그리고 맑스의 장소론에 대한 알튀세르의 최후의 성찰이 어떻게 맑스주의 이론의 해체로 귀결하였는지를 살펴볼 것이며, 4절에서는 발리바르가 어떻게 맑스의 정치경제학 비판에서 출발하여 맑스의 토대-상부구조의 개념쌍과 알튀세르의 구조화된 심급들의 복합체로서의 사회구성체 개념을 해체하는지, 그리고 어떻게 맑스의 노동의 인간학에 대한 성찰을 통하여 맑스주의 이론의 근본적 한계를 인식하게 되는지를 살펴볼 것이다. 5절에서는 '인간학적 차이들'에 대한 성찰을 통하여 맑스주의의 이론적 지평을 넘어서고 프로이트의 '또 다른 무대' 개념을 참조하여 독자적인 역사적 인과성 도식을 구성하는 발리바르의 작업을 살펴볼 것이며, 6절에서는 발리바르의 '정치의 개조' 작업의 윤곽을 '시민권/시민됨(citoyenneté)의 정치'[1]와 '정치의 세 개념'을 중심으로 개괄할 것이다.

1. 알튀세르의 이데올로기의 문제설정

알튀세르의 맑스주의의 특징을 집약적으로 표현해 주는 것은 이데올로기에 대한 그의 독특한 개념화이다. 그는 이데올로기에 대한 자신의 정의가 사회적 관계에 대한 맑스의 이론화에 합치하는 유일한 정의라고 주장하였지만, 그의 이데올로기 정의는 맑스주의 이론 자체의 해체, 그것의 공언된 완결성에 대한 해체로 인도할 수밖에 없는 것이었다. 알튀세르의 이데올로기의 문제설정은 주류 맑스주의에 수용되어 맑스주의의 지배적 형상을 규정한 루카치의 '역사의 주체'의 문제설정과 대비시킬 때에 그 독특성과

---

1) citoyenneté는 번역하기 어려운 개념인데, 이는 발리바르가 말하는 "특히 아리스토텔레스 이래 우리의 이론적 전통이 부여한 이중적 의미에서 이해된 citoyenneté 개념"에 따르면, citoyenneté는 "공동체로서의 폴리테이아, 즉 일정한 지위를 공동으로 지니는 역사적·사회적 인격들(personnes) 또는 '행위자들'인 시민들의 집합"이자 동시에 "이념으로서의 폴리테이아, 즉 그 체계가 이 동일한 행위자들을 위한 공적 공간의 가능성을 열어 주고 또한 그 공간을 틀 짓거나 한정하는, 제도들의 형태"(Étienne Balibar, "Le droit au territoire", 2007, http://cirphles.ens.fr/ciepfc/publications/etienne-balibar/article/le-droit-au-territoire?lang=fr)이기 때문이다. 다시 말해서, citoyenneté 개념의 번역이 어려운 것은 근본적으로 그것이 "허가된 지위로서의 citoyenneté와 해방의 과정으로서의 citoyenneté"라는 이중의 면모, "구성된 citoyenneté"와 "구성하는 citoyenneté"로서의 이중의 면모(에티엔 발리바르,「서문」,『우리, 유럽의 시민들?: 세계화와 민주주의의 재발명』[2001], 진태원 옮김, 후마니타스, 2010, 11쪽)를 지니기 때문이다. citoyenneté의 통상적 번역어인 '시민권'은 이러한 이중의 의미를 담아 내지 못한다. 나는 곤란을 무릅쓰고 이 이중의 의미를 담아 내기 위하여 citoyenneté를 '시민권/시민됨'이라는 이중 역어로 번역하겠다. 마찬가지로 nationalité 역시 그 이중의 의미를 담아 내기 위하여 '국적/국민됨'이라는 이중 역어로 번역할 것이다.

의의가 잘 부각된다.

맑스주의 이론의 개조를 위한 작업에서 알튀세르가 20세기의 다른 위대한 맑스주의 사상가들과 마찬가지로 대결해야 했던 것은 "공산주의라는 의념(意念, notion) 자체의 핵심을 지배하는" "엄청난 긴장"이었다.[2] 맑스에게 공산주의는 "경제적 사회구성체의 계기적(繼起的) 시대"를 정의하는 한정된 하나의 생산양식(『정치경제학 비판을 위하여』「서문」)이자 동시에 모든 형태의 인간적 예속에 대한 보편적이고 무한정인 파괴이다(『독일 이데올로기』에서 말하는, "조성되어야 할 미래의 상태"가 아니라 "오늘의 상태를 지양하는 현실적 운동"으로서의 공산주의). 20세기의 맑스주의자들 중에서 이러한 딜레마 내지 아포리아에 완벽히 대칭적 방식으로 대결한 두 인물이 청년 루카치와 알튀세르이다.

루카치는 『역사와 계급 의식』(1923)에서 자본주의적 발전의 '객관적' 과정을 소외로부터 자기 의식('계급 의식')으로 나아가는 혁명적 계급 프롤레타리아트의 '주체적' 이행의 과정과 완전히 동일화시킴으로써, 즉 '역사의 주체'[3]로서의 프롤레타리아트 개념을 도입하여 객관적 과정(미래의 상태로서의 공산주의)과 주체적 과정(현실적 운동으로서의 공산주의)을 동일화시키는 하나의 역사철학을 구성함으로써 맑스의 공산주의 정의(定義)에 내장된 딜레마를 해결하려 한다.

맑스는 이데올로기(루카치식으로는 '허위 의식')에 발본적으로 외재적

---

2) 청년 루카치(『역사와 계급 의식』, 박정호·조만영 옮김, 거름, 1999)와 알튀세르의 대비에 대해서는 발리바르, 「비동시대성: 정치와 이데올로기」(1991), 『알튀세르와 마르크스주의의 전화』, 윤소영 옮김, 이론, 1993, 172~174쪽을 볼 것.
3) 역사가 드로이젠(Johann Gustav Droysen, 1808~1884)이 처음 사용한 '역사의 주체'라는 개념은 루카치에 의해 재주조되어 20세기 맑스주의 철학 전체로 전파되었으며(발리바르, 「붙잡을 수 없는 프롤레타리아트」[1983], 『대중들의 공포: 맑스 전과 후의 정치와 철학』[1997], 최원·서관모 옮김, 도서출판b, 2007, 303쪽 참조), 제3인터내셔널의 맑스주의에서 신성시되기에 이르고 서구 맑스주의에서도 구성적 개념으로 수용된다.

인 '계급 의식'이라는 신화에서 벗어나지 못했고,[4] '역사의 주체로서의 프롤레타리아트'의 표상에서 벗어나지 못했으며, 이 점에서 맑스의 역사 이론은 근본적으로 하나의 역사철학이다. 단적으로 그는 『자본』 1권 독일어 2판 「후기」에서 프롤레타리아트가 "자본주의 생산양식의 전복과 계급들의 최종적 철폐를 역사적 사명으로 하는 계급"이라고 쓴다. 그러나 그의 분석, 특히 『자본』의 분석에는 '역사의 주체', '주체로서의 프롤레타리아트'라는 관념과는 양립할 수 없는 반역사철학적 요소가 강력히 존재한다.[5] 루카치가 맑스의 이러한 양면성을 맑스주의적 역사철학, 곧 맑스주의적 '역사의 주체'의 철학을 가공함으로써 해소하려 했다면 알튀세르는 반대로 역사의 주체의 문제설정, 더 구체적으로는 계급 의식의 문제설정[6]과 발본적으로 대립하는 이데올로기의 문제설정 속에서 맑스주의를 역사철학으로부터 자유롭도록 재구성함으로써 맑스의 딜레마를 해소하려 한다.

　알튀세르의 이데올로기의 문제설정은 기본적으로 반맑스적인 것이지만, 그렇다고 전적으로 반맑스적인 것은 아니다. 맑스와 엥겔스는 서로 대립하는 두 개의 문제설정 속에서 이데올로기를 사고한다. 발리바르는 그

---

4) 발리바르는 맑스에게 '계급 의식'이라는 관념에 근접한 '즉자적 계급'과 '대자적 계급'의 구별이 있기는 하지만 맑스는 계급 의식이라는 표현을 사용하지 않았다고, 그것은 맑스에게서는 발견될 수 없는 것이라고 몇 차례 강조한 바 있다. 실제로는 맑스는 계급 의식이라는 표현을 사용하였다. 맑스와 엥겔스의 주요 저작들을 검색해 보면(http://www.mlwerke.de/me/index.htm) 맑스가 Klassenbewußtsein이라는 용어를 한 차례, 1873년 『자본』 1권 2판 「후기」에서 사용하였음이 확인된다("그때 이미 독일 프롤레타리아 계급은 독일 부르주아 계급보다도 훨씬 명확한 이론적인 계급 의식을 가지고 있었다"). 그전에 엥겔스는 1865년 「프로이센의 군사문제와 독일의 노동자 당」에서 '계급 의식'이라는 용어를 처음으로 사용하였고(『칼 맑스 · 프리드리히 엥겔스 저작선집』 3권, 최인호 외 옮김, 박종철출판사, 1991, 51쪽), 1873, 1887, 1893년에 각각 한 번씩 이 용어를 사용하였다.
5) 이에 대한 발리바르의 대표적인 분석으로는 발리바르, 「붙잡을 수 없는 프롤레타리아트」, 『대중들의 공포』를 볼 것.
6) 주체는 의식에 의해 정의되고 루카치에게 '역사의 주체'는 프롤레타리아 계급이므로 그의 '역사의 주체의 문제설정'은 '계급 의식의 문제설정'이라고 불러도 좋다.

것을 맑스주의의 이론적 동요의 핵심을 구성하는 맑스와 엥겔스의 "이데올로기 개념에 특징적인 이론적 동요"[7]로서 파악한다. 맑스에게 이데올로기는 『독일 이데올로기』에서 보듯이 기본적으로 현실의 반정립 내지 전도로서의 환상(Illusion)이다. 그러나 동시에 맑스에게는 환상으로서의 이데올로기 개념과 양립 불가능한 이데올로기에 대한 별개의 이해가 있다. 『정치경제학 비판을 위하여』(1859) 「서문」에 나오는 '이데올로기적 형태'에 대한 다음과 같은 서술이 그것이다.

> 사회의 물질적인 생산력들은⋯⋯기존의 생산관계들과 모순에 빠진다. ⋯⋯경제적 기초의 변화와 더불어서 거대한 상부구조 전체가 서서히 또는 급속히 변혁된다. 그러한 변혁들을 고찰할 경우 우리는 경제적 생산조건들에서 일어나는 물질적인, 자연과학적으로 정확히 확인될 수 있는 변혁과, 사람들이 그 속에서 이 갈등(Konflikt)을 의식하게 되고 이 갈등을 싸워 해결하게(ausfechten) 되는 법적·정치적·종교적·예술적 또는 철학적 형태들, 요컨대 이데올로기적 형태들에서 일어나는 변혁을 항상 구분해야 한다.[8]

여기에서 사람들이 생산력들과 생산관계들 사이의 '갈등' 내지 '모순'을 '싸워 해결한다'는 것은 그것이 계급투쟁을 통해 해결된다는 것을 뜻한다. 맑스의 이 정식은 이데올로기("이데올로기적 형태")가 환상, 비현실적인 것이기는커녕 역사에서 그 어느 것 못지않게 현실적인 것, 계급투쟁의 장 또는 요소임을 말해 준다. 알튀세르는 맑스의 위 정식에 입각하여 다음

---

7) 발리바르, 「관념론의 교대군」(1983), 『대중들의 공포』, 214쪽.
8) 마르크스, 『정치경제학 비판을 위하여』, 김호균 옮김, 중원문화, 1988, 7쪽(번역은 수정).

과 같은 테제를 제출한다. "이데올로기에 의하지 않고 이데올로기 아래 있지 않은 실천이란 없다."[9] "이데올로기는 역사적 실존(existence)의 보편적 요소이다."[10] "이데올로기 없이는 어떤 실천도 없다고, 모든 실천은, 과학적 실천조차도, 이데올로기하에서 실현된다고 말할 수 있다."[11]

'환상으로서의 이데올로기'의 문제설정과 대비되는 또 다른 문제설정 속에서 이데올로기를 사고하려는 시도들은 맑스주의의 최초의 위기에 대응하고자 한 엥겔스의 말년의 저작들에서 본격적으로 이루어진다. 엥겔스는 "역사의 '동력'으로서의 대중들의 구성이라는 질문을 이데올로기라는 요소 속에서 제기하고 이데올로기적 과정을 국가에 대한 그 내적 관계를 통해 정의"하며 "이데올로기적 과정의 '비의식적'(unbewußt/inconscient) 특성"을 주장한다.[12] 이데올로기와 이데올로기적 국가장치들에 대한 알튀세르의 작업은 엥겔스의 이러한 작업의 연장선상에서 이루어진다. 그러나 맑스와 엥겔스에게 이데올로기에 대한 이러한 별개의 이해가 있기는 했지만 그들은 이데올로기를 '의식'으로 사고하는 데서, 따라서 '계급 의식'의 신화에서 끝내 벗어날 수 없었고, '프롤레타리아 이데올로기'라는 개념을 형성할 수 없었다. 알튀세르는 '이데올로기적 형태'에 대한 맑스의 1859년

---

9) 알튀세르, 「이데올로기와 이데올로기적 국가 장치」(1970), 『재생산에 대하여』(1969~1970), 김웅권 옮김, 동문선, 2007, 393쪽. 이하에서 이 논문은 인용 시 필요한 경우 번역을 수정했다.
10) Louis Althusser, "Éléments d'autocritique"(집필 1972, 출간 1974), *Solitude de Machiavel et autres textes*, éd. Yves Sintomer, PUF, 1998, p. 188(영어 번역은 *Essays in Self-Criticism*, trans. Grahame Lock, NLB, 1976, p. 141).
11) 알튀세르, 「철학의 전화: 그라나다 강연」(1976), 『철학에 대하여』(1984~1987), 서관모·백승욱 옮김, 동문선, 1997, 194쪽.
12) 발리바르, 「정치와 진리」(1983), 『대중들의 공포』, 315~316쪽. "두뇌 속에서 이 사유 과정[이데올로기의 발전]이 진행되는 사람들의 물질적 생활 조건이 결국 이 사유 과정을 규정한다는 사실은 필연적으로 이 사람들에게는 의식되지 못하고 만다(bleibt unbewußt). 왜냐하면 만약 그렇지 않다면 이데올로기란 도대체 있을 수 없게 될 것이기 때문이다." 엥겔스, 『포이에르바하와 독일 고전철학의 종말』(1886), 양재혁 옮김, 돌베개, 1987, 79쪽.

「서문」의 정식화에서 출발하되, 스피노자와 프로이트 철학에서 유래하는 비맑스적 이데올로기 개념,[13] 즉 '비의식'(l'inconscience)으로서의 이데올로기 개념을 가공한다. 이러한 이데올로기 개념의 도입은 맑스의 '역사 유물론'이 견지하는 물질성에 대한 관념 자체를 발본적으로 전화시킴으로써 맑스주의 이론 체계를 근저에서부터 재구성하지 않을 수 없게 한다.

알튀세르에게 이데올로기가 의식이 아니라고 해서 이데올로기가 '의식 형태들'(Bewußtseinsformen)[14]과 무관한 것은 아니다. 단 이 '의식 형태'들은 "비의식(l'inconscience)의 하나의 측면이며 하나의 결과일 뿐이다".[15] 알튀세르의 정식화에 따르면, "사람들이 세계에 대한 그들의 '체험된' 관계를 수정하기에 이르고, '의식'이라 불리는 새로운 형태의 특유한 비의식(l'inconscience spécifique)을 획득하게 되는 것은 바로 그러한 이데올로기적 비의식의 한복판에서이다."[16] 알튀세르는 이데올로기를 "자신

---

13) 이데올로기에 대한 이론화와 관련하여 알튀세르에게 미친 프로이트와 특히 라캉의 영향에 대해서는 설명이 필요 없을 것이다. 스피노자의 영향에 대해서는 진태원, 「스피노자와 알튀세르에서 이데올로기의 문제: 상상계라는 쟁점」, 『근대철학』 3권 1호, 2008을 볼 것.
14) 맑스는 『독일 이데올로기』에서 "도덕, 종교, 형이상학 그리고 그 밖의 이데올로기와 그것들에 상응하는 의식 형태들"은 "아무런 역사도 갖지 않고 아무런 발전도 갖지 않는다"라고 말하며(『독일 이데올로기』 I, 김대웅 옮김, 두레, 1989, 66쪽), 1859년 「서문」의 유명한 정식에서는 "사회의 경제적 구조, 즉 현실적 토대"에 "일정한 사회적 의식 형태들이 조응"한다고 말한다.
15) 발리바르, 「비동시대성」, 『알튀세르와 마르크스주의의 전화』, 176쪽.
16) 알튀세르, 「맑스주의와 인간주의」(1964), 『맑스를 위하여』(1965), 이종영 옮김, 백의, 1997, 280쪽(번역은 수정). 인용문에서 보듯이 알튀세르는 이데올로기를 명사형으로 설명할 때에 프로이트의 das Unbewußte(무의식)의 번역어인 l'inconscient이 아니라, l'inconscience라는 용어를 사용한다. 알튀세르의 l'inconscience는 무의식(l'inconscient)과 구별하여 '비의식'으로 번역되어야 옳다. 종래 알튀세르의 l'inconscience가 '무의식'으로 번역됨으로써 알튀세르의 이데올로기 개념과 프로이트의 무의식 개념의 관계에 대하여 불필요한 오해가 초래된 면이 있다. *Pour Marx* 구번역(『마르크스를 위하여』, 고길환·이화숙 옮김, 백의, 1990)에서 l'inconscience가 '무의식'으로 번역되었고, 이데올로기에 대한 알튀세르의 개념화를 이해하는 데에 결정적으로 중요한 발리바르의 「비동시대성」의 번역에서 윤소영 역시 l'inconscience를 '무의식'으로 번역하였다(반면 이종영은 l'inconscience를 '비의식성'으로, 형용사 inconscient을 '무의식적'으로 번역하였다). 나 역시 이들을 따라 『대중들의 공포』의 3부

들의 현실적 실존 조건들에 대한 개인들의 상상적 관계의 표상/재현"[17]으로 정의한다. 이 상상적 관계는 "**비의식적**이라는 조건하에서만 '**의식적**'인 것으로 드러"[18]난다. 주체는 의식에 의해 정의된다. 알튀세르가 주장하듯이 '모든 실천이 이데올로기하에서 실현되며' 이데올로기는 비의식이라면 '역사의 주체'의 가능성 자체가 소멸한다.

이데올로기의 비의식성 테제는 자연히 이데올로기의 물질성 테제로 이어진다. 알튀세르는 「이데올로기와 이데올로기적 국가장치들」에서 '이데올로기적 국가장치들'이라는 개념을 주조하여 이데올로기의 물질성 테제("이데올로기는 물질적 실존을 갖는다")에 구체적인 내용을 부여한다. "하나의 이데올로기는 항상 하나의 장치 속에, 그 장치의 실천 속에, 그 장치의

'맑스주의에서의 이데올로기의 동요'의 논문들에서 두 번 나오는 l'inconscience를 '무의식성'(257쪽)과 '무의식'(316쪽)으로 잘못 번역했는데, 모두 '비의식'으로 정정되어야 한다(이 두 개 외에는 그대로 '무의식'이다). 형용사 inconscient은 '비의식적', '무의식적'이라는 뜻을 함께 가지고 있지만, '맑스주의에서의 이데올로기의 동요'에 나오는 inconscient은 문맥상 모두 '비의식적'으로 번역되어야 한다.

참고로 알튀세르는 1977년 한 편지에서 이데올로기와 무의식의 관계에 대하여 이렇게 쓰고 있다. "당신이 관심을 갖고 있는 이데올로기(또는 구체적인 이데올로기 구성체들)와 무의식 사이의 관계라는 문제 앞에서 내가 '딱' 막혀 있다는 점이오. 나는 거기에 분명 어떤 관계가 있을 것이라고 말했지만 그것을 만들어 내진 않기로 했소. 왜냐하면 그것이 나로서는 잠정적으로 해답이 없는 문제라고 여겨지기 때문이오." 올리비에 코르페 외, 「알튀세르와 정신분석학」, 송기형 옮김, 『이론』 8호, 1994년 봄, 350쪽.

발리바르가 강조하듯이, 알튀세르는 "**주체를 구성하는 구조**에 대한 비판적 연구에서" "비록 부단히 프로이트적 유비들을 통해 맑스를 해석했지만" "라캉 및 라캉주의자들과는 대립"하여 "[무의식과 같은] 프로이트의 개념들보다는 오히려 [이데올로기, 국가장치 등과 같은] 맑스의 개념들을 일반화하는 것을 선택했다." 발리바르, 「(철학의) 대상: '절단'과 '토픽'」(1993), 『알튀세르와 마르크스주의의 전화』, 213쪽. 알튀세르의 제자이자 또한 라캉의 제자인 발리바르가 라캉에 대하여 잘 몰라서 이러한 주장을 하는 것이 아니다. 알튀세르의 「이데올로기와 이데올로기적 국가장치들」 논문의 중심 개념인 '호명' 자체가 라캉의 개념이 아니라는 바렛의 당연한 주장을 상기시키고 싶다. Michèle Barrett, "Althusser's Marx, Althusser's Lacan", eds. E. Ann Kaplan & Michael Sprinker, *The Althusserian Legacy*, Verso, 1993, p. 174.

17) 알튀세르, 「이데올로기와 이데올로기적 국가 장치」, 『재생산에 대하여』, 384쪽.
18) 알튀세르, 「맑스주의와 인간주의」, 『맑스를 위하여』, 280쪽.

실천들 속에 실존한다. 이 실존은 물질적이다."[19] 국가장치 속에서의 이데올로기의 물질적 실존이라는 알튀세르의 테제는 『루트비히 포이어바흐와 독일 고전 철학의 종말』에서 이데올로기적 과정을 국가에 대한 그 내적 관계를 통해 정의한 엥겔스의 노선 위에서 정식화된 것이다.

알튀세르는 '비의식으로서의 이데올로기'를 개념화함으로써 사회적 적대의 문제설정으로서의 맑스주의가 부르주아적인 '사회적 유대의 문제설정'으로 전락하는 것을 막고 맑스의 사회적 적대의 문제설정을 재활성화시키고자 하였다. 사회에 대한 부르주아적 표상의 토대에 있는 것은 공동체적 관계로서의 사회적 유대(紐帶)라는 관념이다. 부르주아지는 "죄와 구원의 공동체"라는 중세적인 신학적 관념을 "내재적인 사회적 유대"라는 관념으로 대체하였다.[20] 반면 경제와 정치에 관한 맑스의 비판의 가장 심오하고 가장 전복적인 측면들 가운데 하나는 바로 그것이 "인간 사회란 일반적 이익에 토대를 두고 있는 것이 아니라 적대의 조절에 토대를 두고 있다"[21]고 본 데에, 다시 말해서 "사회적 관계 일반이 적대들에 의해 구조화된다"[22]고 본 데에 있다.

문제는 맑스가 헤겔과 정치경제학을 통하여 계승한 로크 이래의 "노동의 인간학"이 맑스로 하여금 "**노동**을 인간과 사회적 관계의 본질로,[23]

---

19) 알튀세르, 「이데올로기와 이데올로기적 국가 장치」, 『재생산에 대하여』, 388쪽.
20) 발리바르, 「정치와 진리」, 『대중들의 공포』, 325쪽.
21) 발리바르, 「계급투쟁에서 계급 없는 투쟁으로?」(1987), 『역사유물론의 전화』, 서관모 엮음, 민맥, 1993, 282쪽 참조.
22) 발리바르, 「'이행'의 아포리들과 맑스의 모순들」(1987), 윤소영 옮김, 발리바르 외, 『맑스주의의 역사』, 윤소영 엮음, 민맥, 1991, 280쪽 참조. 1990년에 출판된 이 글은 1987년 박사학위 취득 시에 제출한 자신의 연구 업적에 대한 소개 논문의 일부이다.
23) 맑스에게 "인간의 본질은 하나하나의(einzelnen) 개인에 내재하는 추상물이 아니라" "사회적 관계들의 앙상블"(「포이어바흐에 관한 테제들」 중 여섯번째 테제)이므로, 맑스에게 인간의 본질이 노동이라면 사회적 관계의 본질 역시 노동이다.

유일하게 적대를 결정하는 근본적 실천으로 간주"[24]하게 하였고, 그리하여 사회적 적대들을 노동 분할(분업, Arbeitsteilung)에 기초를 둔 계급 적대로 환원하게 했다는 데 있다. 맑스가 노동의 인간학의 기초 위에 구성하는 '(사회적) 존재와 (사회적) 의식의 변증법' 속에서 독점적 소유자로서 환상=이데올로기에 빠질 수밖에 없는 부르주아지와 반대로 소유/고유성(Eigentum/propriété) 없는 생산자로서의 프롤레타리아트의 실존 조건은 프롤레타리아트의 무환상성, 즉 이데올로기로부터의 자유를 보장한다. 그러한 존재와 의식의 변증법, 의식의 철학은 결국 프롤레타리아트를 보편적 해방자, 루카치가 말하는 '역사의 주체'로 만들고, 당을 계급적 진리, 즉 '계급 의식'의 담지자로 만들며, 맑스주의를 공산주의에서 적대와 이데올로기가 종언을 고할 것을 예견하는 역사철학으로 만든다. 이러한 의식의 철학의 기초 위에서 성립한 소비에트 맑스주의는 '발전한 사회주의' 소련에서 계급들은 아직 존재하지만 계급 적대는 소멸하였으며 따라서 역사의 동력은 더 이상 계급투쟁이 아니라 생산력 발전이라고 정식화하고, 그럼으로써 맑스의 사회적 적대의 문제설정을 반대물인 사회적 유대의 문제설정으로 대체한다.

이렇게 역사철학, 역사 관념론으로 전화한 맑스주의의 지배적 형상에 맞서 계급투쟁에 대한 맑스의 혁명적 입장을 복원하도록 맑스주의를 개조 내지 재구성하려는 알튀세르의 기획은 맑스주의적 의식의 철학인 '맑스주의적' 내지 '사회주의적' 인간주의, 맑스의 저작에 대한 인간주의적 해석에 대한 비판에서 출발한다. 그는 "1845년부터 맑스는 역사와 정치의 토대를 인간 본질에서 찾는 모든 이론과 근본적으로 단절한다"고 말하면서 "맑스의 과학적 발견과 하나를 이루는" 맑스의 단절의 세 측면으로 ① 사회구성

---

[24] 발리바르, 「계급투쟁에서 계급 없는 투쟁으로?」, 『역사유물론의 전화』, 282쪽.

체, 생산력, 생산관계, 상부구조, 이데올로기들, 경제에 의한 최종 심급에서의 결정, "[경제 이외의] 다른 수준들의 특유한(spécifique) 결정"[25] 등을 포함한 새로운 개념들에 기초한 역사 이론과 정치 이론의 형성, ② 모든 철학적 인간주의의 이론적 주장들에 대한 근본적 비판, ③ 인간주의를 이데올로기로 규정하는 것을 든다.[26]

계급투쟁에 대한 맑스주의의 입장은 ① '계급투쟁이 역사의 동력'이라는 테제(『공산당 선언』)와 ② '역사를 만드는 것은 대중들'이라는 테제[27]의 결합으로 진술된다. 맑스주의 고전가들은 역사를 진전시키는 것은 계급투쟁이지만 계급들은 계급 자체의 모습으로서 나타나는 것이 아니라 대중들로서, 대중들의 운동으로서 나타난다는 점에서 '계급들'이 역사를 만든다고 말하지 않고 '대중들'이 역사를 만든다고 말한다. 그러나 국가 교의로 전화한 맑스주의가 계급, 계급투쟁의 이름으로 대중들, 대중들의 운동들을 억압해 온 역사가 단적으로 보여 주듯이, "계급투쟁이 '역사의 동력'

---

25) 한국어판 『맑스를 위하여』에는 이것이 '다른 수준들에 의한 고유한 결정'으로 오역되어 있다.
26) 알뛰세르, 「맑스주의와 인간주의」, 『맑스를 위하여』, 272~273쪽.
27) 이 테제가 맑스의 「헤겔 법철학 비판 서문」(1843)의 "이론도 대중들을 장악하자마자 물질적 힘으로 된다"(맑스, 『헤겔 법철학 비판』, 홍영두 옮김, 아침, 1989, 196쪽)라는 서술 속에 처음 정식화된 이래 맑스주의 고전가들은 '계급이 역사를 만든다'라고 말하지 않고 '대중들(인민 대중들, 프롤레타리아 대중들)이 역사를 만든다'라고 쓴다. 『독일 이데올로기』에서 맑스는 프롤레타리아에 대하여 '대중'이라는 용어를 사용하는 것을 선호하며, 엥겔스는 「초기 기독교의 역사에 대하여」(1894~1895)(「초기 기독교의 역사」, 『맑스·엥겔스의 종교론』, 김승국 옮김, 아침, 1988)에서 사회주의를 '대중들의 사상/사고'로 규정한다. 직접적인 표현은 레닌에게서 보인다. 레닌은 자생성에 대한 비판의 한가운데서도 "인민 대중이 그들의 순결한 소박성과 단순하고 거친 결단으로 역사를 만들기 시작할 때에, 원리들과 이론들을 무매개적·직접적으로 실천에 투하할 때에, 부르주아는 공포에 젖어 '지성이 무대 뒤로 퇴각한다'고 악을 쓴다"라고 쓴다. Vladimir I. Lenin, "A Contribution to the History of the Question of the Dictatorship", *Collected Works* Vol. 31, Progress Publishers, 1966, p. 359. "역사를 만드는 것은 인간이다"라고 주장하는 인간주의적 맑스주의에 대한 알뛰세르의 비판에 대해서는 Althussr, *Réponse à John Lewis*(1972), François Maspero, 1973을 보라(영어 번역은 *Essays in Self-Criticism*에 수록).

이고 '역사를 만드는 것은 대중들'이라는 것"은 해답이 아니라 "문제 그 자체이다".[28] 이와 관련하여 제기되는 근본적 질문은 계급이란, 계급의 동일성이란 무엇인가 하는 것이다. 프롤레타리아 계급이 의식(계급 의식)에 의해 정의되는 '주체'라면 계급은 계급투쟁에 대하여 선재(先在)하는 동일성을 갖는 것이 된다. 루카치에게 프롤레타리아트의 계급 의식은 존재와 의식의 변증법으로서의 변증법적 과정 자체의 의식이며, 이 과정의 진리(진실)이다. 존재와 의식의 변증법은 프롤레타리아 계급의 잠재적 동일성의 현재화를 보장한다.

알튀세르는 『공산당 선언』의 핵심 테제들 중의 하나로 "계급들은 계급투쟁에 대해 우위에 있다"[29]라는 테제를 든다. 주체의 철학, 의식의 철학에 기반을 둔 그러한 사고의 대극에서 알튀세르는 계급의 동일성은 계급투쟁에 대하여 선재하는 것이 아니라 계급투쟁의 효과로서 구성된다는 테제, '계급들에 대한 계급투쟁의 우위' 테제를 시종 주장한다. 알튀세르의 이 테제에 따르면 계급들이 먼저 있고 이어 투쟁에 들어가는 것이 아니며, 계급이라는 것은 계급투쟁 속에, 계급투쟁의 효과로서만 실존하고, 계급은 계급투쟁이라는 효과에 대하여 선재하는 원인이 아니라는 것을 뜻한다. 이 테제가 의미하는 바는, '계급'이자 동시에 '대중'인 프롤레타리아트는 주체(구성하는 주체)가 아니라는 것, 역사를 만드는 '주체'로서의 대중들은 주체화(subjectivation)의 효과로서 역사적 과정 속에서 구성된다는 것이다(구성되는 주체).

알튀세르는 '이데올로기는 개인들을 주체들로 호명하고, 이 주체들은 대문자 주체에 복종화된다(assujettis)'는, 호명(呼名, interpellation)이라는

---

28) 발리바르, 「세계관들」(1983), 『대중들의 공포』, 256쪽.
29) 알튀세르, 「맑스주의적 사고에 대하여」(1982), 『철학과 맑스주의: 우발성의 유물론을 위하여』(1982~1985), 서관모·백승욱 편역, 새길, 1996, 111쪽.

"이데올로기의 메커니즘"을 통해서 주체화를 설명한다. 여기서 주체화는 호명을 통한 '주체화/복종화'(assujettissement)[30]의 한 측면일 뿐이다. 주체 구성의 메커니즘에 대한 이러한 파악이 원인으로서의 '주체'를 기각한다 해서 그것이 주체 자체를 소거하는 것은 아니다. 알튀세르는 다른 '구조주의자들'과 마찬가지로 '구성하는 주체'에서 '구성되는 주체'로 주체의 지위를 이전시킨다.

주체가 원인이 아니라 효과라는 알튀세르의 테제는 "주체화 효과가 생산될 수 있는 조건들과 형태들에 대한 실천적 질문"을 개방하며, 맑스주의자들에게 "정세 속에서 계급투쟁을 대중 운동들로 이끌어 갈 수 있는 조건들을 탐구해야 할 의무, 그리고 이 조건들 속에서 대중 운동들 속에서 계급투쟁의 심급을 유지시킬 수 있는 집단적 표상의 형태들을 탐구할 의무"[31]를 부과한다. 이데올로기에 대한 알튀세르의 이론화는 역사를 만드는 존재로서의 대중들의 주체화의 메커니즘을 해명하기 위한 것이다.

---

30) 나는 알튀세르의 assujettissement을 그 양의성을 부각시키기 위해 이중 역어의 곤란을 무릅쓰고 '주체화/복종화'로 번역하겠다. 나는 푸코의 assujettissement의 수동적 측면을 지시하는 번역어로 흔히 쓰이는 '예속화'(『성의 역사 1』, 이규현 옮김, 나남출판, 2004)는 권력에 대한 주체의 저항의 필연성, 그리고 수동적이기만 한 것이 아니라 동시에 능동적인 주체 구성의 양 측면을 담아 내기에는 부적절하다고 보며, '예속화'보다는 오생근의 번역어 '복종화'(『감시와 처벌』, 오생근 옮김, 나남출판, 2003)가 낫다고 판단해 그것을 취한다. assujettissement을 말 그대로 '예속화'인 asservissement과 구분해야 할 것이다. 알튀세르의 assujettissement을 '주체화/예속화'가 아니라 '주체화/복종화'로 번역하는 이유도 이와 동일하다.
나는 발리바르가 assujettissement과 구별하여 사용하는 sujétion을 '주체화/복종'으로 번역한다. 이 이중 역어 또한 sujétion의 양의성을 부각시키기 위한 것이다. 발리바르는 assujettissement(주체화/복종화)이 권력에 대한 복종(soumission)이자 주체화(subjectivation)라는 푸코의 테제를 패러프레이즈하여 sujétion(주체화/복종)을 "복종(sujétion)의 상관물인 한에서의 주체화(subjectivation)"로 정의한다. Balibar, "Sujétions et libérations", Cahier Intersignes N° 8~9, 1994, p. 89.
31) 발리바르, 「붙잡을 수 없는 프롤레타리아트」, 『대중들의 공포』, 302쪽.

2. 지배 내 구조, 최종 심급에서의 결정, 노동의 인간학

『맑스를 위하여』와 『『자본』을 읽자』에서 알튀세르가 수행하고자 한 것은 "모든 사회구성체의 본질을 구성하는 구조-상부구조 복합체 속에서의 **결정적[결정하는] 수준들/심급들 간의 관계**"를 "이론적으로 연구하고 발전시키는" 것이었다. 이 관계는 "한편으로 (경제적) **생산양식에 의한 최종 심급에서의 결정**[32]과 다른 한편으로 **상부구조들의 상대적 자율성과 특유한 효력** (efficace)"[33] 사이에서 찾아져야 할 것이었다. 알튀세르의 의도는 맑스의 역사 유물론을 경제주의와 목적론으로부터 자유롭도록 재구성하는 것이었다. 여기에서 알튀세르의 혁신은 비의식으로서의 이데올로기 개념의 도입, 독특한 구조적 사고의 도입을 통한 사회 구조에 대한 새로운 이해, 과잉결정 개념 도입을 통한 변증법의 개조 등을 통해 이루어진다.

'비의식으로서의 이데올로기'의 개념화는 이데올로기적 상부구조의 상대적 자율성과 특유한 효력을 설명하는 데에 탁월한 유효성을 지니는 것이다. 문제는 그러한 비맑스적인 이데올로기 개념을 '경제에 의한 최종 심급에서의 결정'이라는 구성적 원리 위에 구축되는 '사회구성체' 이론에 어떻게 통합할 것인가 하는 것이다.

알튀세르는 맑스주의 변증법이 헤겔 변증법을 단순히 유물론적으로 '전복'시킨 것일 수 없으며, 중요한 것은 헤겔 변증법의 구조 자체를 변형

---

[32] 맑스는 1859년의 「서문」에서 "물질적 삶의 생산양식이 사회적·정치적 그리고 정신적 생활 과정 일반을 조건 짓는다(bedingt)"라고 썼으며, 엥겔스는 「블로흐에게 보내는 편지」(1890년 9월 21일)에서 "유물 사관에 의하면 현실적 삶의 생산과 재생산이 최종 심급에서(in letzter Instanz) 역사의 결정적 요인이다"라고 썼다. Instanz는 '재판소', '심급', '법정'을 뜻한다.
[33] Althusser, "Contradiction et surdétermination(Notes pour une recherche)"(1962), *Pour Marx*(1965), La Découverte, 1996, p.111(「모순과 중층결정[연구를 위한 노트]」, 『맑스를 위하여』, 130쪽). 알튀세르가 쓰는 efficace 대신에 발리바르는 efficacité라는 용어를 쓰는데, 둘 다 '효력'이라 번역할 것이다.

시키는 것이라고 주장한다. 그의 과잉결정 개념은 헤겔 변증법의 구조를 근본적으로 변형시키기 위한 개념 장치였다. 이와 마찬가지로 이데올로기 개념을 유물론적으로 전복시키면서 역사 유물론을 일관된 설명의 체계로 구성하기 위해서 알튀세르는 헤겔의 총체(성) 개념과 구별되는 맑스의 '사회적 전체'의 구조에 대한 새로운 이론화를 수행해야 했다.

알튀세르는 그러한 이론화를 『맑스를 위하여』의 두 논문, 즉 「모순과 과잉결정」(1962)과 「유물론적 변증법에 대하여」(1963)에서 수행한다.[34] 알튀세르는 「모순과 과잉결정」에서 "모든 모순은 **과잉결정된 모순**"이며, "헤겔적 모순의 맞은편에서 맑스주의적 모순의 **특유성**을 구성하는 것은 이 과잉결정이다"라고 주장한다.[35] 그에게 과잉결정은 모순만의 과잉결정인 것이 아니라 "**모든 모순과 한 사회의 모든 구성적 요소의 과잉결정**"[36]이지만, 핵심은 모순의 과잉결정이다. 그가 과잉결정 개념으로 포착하려 한 것은 같은 책의 논문 「유물론적 변증법에 대하여」에서 말하듯이 "**모순의 실존 조건들의 모순 자체 내로의 반영**"[37]이다. "맑스주의적 모순의 **과잉결정**"은 기본

---

34) 한국어판 『맑스를 위하여』에서 이 두 논문은 번역 상태가 좋지 않으므로 프랑스어판에서 직접 번역·인용한다.
35) Althusser, "Contradiction et surdétermination", *Pour Marx*, p. 106(「모순과 중층결정」, 『맑스를 위하여』, 124쪽).
36) *Ibid.*, p. 115(같은 글, 같은 책, 135쪽).
37) Althusser, "Sur la dialectique matérialiste(De l'inégalité des origines)"(1963), *Ibid.*, p. 211(「유물론적 변증법에 대하여[기원들의 불균등성에 관하여]」, 같은 책, 247쪽). '과잉결정'은 윤소영이 알튀세르가 surdétermination(Überdeterminierung/overdetermination)을 본래 수학·과학철학의 개념인 sousdétermination(과소결정, underdetermination)과 함께 사용한다는 점을 고려하여 택한 번역어이다. 물론 알튀세르가 이 용어를 수학적 의미로 사용하지는 않는다. 그는 "과잉결정과 과소결정을……선재하는 하나의 모순에 덧붙여지거나 그것으로부터 끄집어낸 결정의 양의 더하기 또는 빼기의 견지에서 파악해서는 안 된다"는 것을 분명히 한다. 알뛰세르, 「아미엥에서의 주장」(1975, 다른 제목: 「철학에서 맑스주의자이기란 단순한 일인가?」), 『아미엥에서의 주장』, 김동수 옮김, 솔, 1991, 153쪽.
프로이트의 Überdeterminierung은 한국, 일본, 중국에서 '다원결정', '중층결정', '중복결정', '복합결정', '복인결정'(複因決定), '다인소결정'(多因素決定) 등으로 다양하게 번역되

적으로 "상부구조들의 실존과 본성에 기초한다"[38]는 그의 말에서 알 수 있듯이 '과잉결정'의 개념화는 '비의식으로서의 이데올로기'의 개념화와의 유기적 관련 속에서 상부구조의 상대적 자율성과 특유한 효력을 모순론적으로 이론화하기 위한 것이다.

과잉결정 개념이 맑스주의적 역사 변증법의 구성 요소가 되기 위해서는 그것이 사회 구조에 대한 특유하게 맑스주의적인 이론화 속에 배치되어야 한다. 알튀세르는 "주어진 역사적 사회……의 **총체성**, 무한한 다양성을 **하나의 단순한 내적 원리로 환원하는**" 헤겔의 총체(성) 개념[39]에 대해 「유물론적 변증법에 대하여」에서 맑스주의적인 "복잡한 전체(Ganze/tout)" 개념을 대비시킨다.[40] 그는 헤겔적 모순과 맑스주의적 모순의 본질적 차이가 "모든 복잡한 과정 속에서 주요 모순을 구분하고 모든 모순 속에서 주요 측면을 구분한다"는 데에 있다는 테제에서 출발하여 "하나의 모순이 다른 모순을 지배한다는 것은 그 모순이 그 내부에 위치하는 복잡성이 구조화된 통일성이어야 한다는 것, 그리고 이 구조는 모순들 사이의 뚜렷한 지배-종속 관계를 내포한다는 것을 전제한다"[41]는 테제를 제출한다. 요컨대

고 있다. 유의해야 할 점은 알튀세르와 프로이트가 동일한 용어로 다른 종류의 결정을 사고한다는 것이다. 프로이트의 Überdeterminierung이 증상, 꿈 등 무의식의 형성물이 복수의 결정 요인에 관계되어 있음을 지시하는 개념이라면, 알튀세르의 과잉결정은 단순히 복수의 요인들에 의한 결정을 지시하기 위한 것이 아니라 "모순의 실존 조건들의 모순 자체 내로의 반영"을 지시하기 위한 개념이다. 따라서 알튀세르의 surdétermination을 프로이트의 Überdeterminierung의 번역어와 동일하게 번역하는 것이 꼭 적절한 것은 아니다. 참고로, surdétermination을 『맑스를 위하여』 일본어판 옮긴이는 '중층적 결정'(重層的 決定)으로, 중국어판 옮긴이는 '다원결정'(多元決定)으로 번역했다.

38) Althusser, "Contradiction et surdétermination", *Pour Marx*, p. 114(「모순과 중층결정」, 『맑스를 위하여』, 133쪽).
39) *Ibid.*, p. 102(같은 글, 같은 책, 119쪽).
40) Althusser, "Sur la dialectique matérialiste", *Ibid.*, pp. 198 이하(「유물론적 변증법에 대하여」, 같은 책, 232쪽 이하).
41) *Ibid.*, p. 206(같은 글, 같은 책, 241쪽).

"지배는 복잡한 전체의 복잡성의 구조 속에 기입되어 있다"[42]는 것이다.

이렇게 '맑스주의적' 모순 개념을 통합한 구조 개념이 그의 "지배 내로 절합(節合)된 구조"(structure articulée à dominante), 줄여서 "지배 내 구조"(structure à dominante)[43] 개념이고, 이와 관련된 구조화 개념이 "지배 내로의 구조화"(structuration à dominante)[44] 개념이다. "맑스주의에서 말하는 통일성은" 헤겔의 총체의 경우처럼 '하나의 단순한 내적 원리'에 의해 규정되는 '기원적인 단순한 통일성'이 아니라 "복잡성 자체의 통일성"

---

42) *Ibid.*, p. 207(같은 글, 같은 책, 242쪽 이하).
43) *Ibid.*, pp. 206~217(같은 글, 같은 책, 241~253쪽).
44) *Ibid.*, p. 219(같은 글, 같은 책, 256쪽). 'une structure articulée à dominante'를 『맑스를 위하여』의 구번역본 옮긴이들은 '한 분절된 지배 내 구조'로, 신번역본 옮긴이 이종영은 '지배적인 접합된 구조'로 번역하였는데, 이것들은 오역이다.
알튀세르는 domination과 dominante를 엄격히 구별하여 domination은 복잡한 전체 내의 모순들 간, 모순들의 측면들 간의 지배-종속 관계를 지시하기 위해 사용하고, à dominante의 형태로만 쓰는 명사 dominante는 복잡한 전체 자체가 구조화되어 있는 특유한 양상을 지시하기 위해 사용한다. 그는 또한 이 두 개념과 구분하여 dominance(우세)를 모순들 간이나 모순들의 측면들 간의 관계가 아니라, 모순의 전위와 응축 간의 '우세'(dominance) 관계(*Ibid.*, p. 223; 같은 글, 같은 책, 260쪽), 사회구성체 내의 인간적 실천들의 구조화된 수준들 간의 '우세' 관계를 지시하기 위해 사용한다(Althusser, "L'objet du *Capital*", Althusser et al., *Lire le Capital* [1965], PUF, 1996, p. 283). 이 점을 고려하면 à dominante는 『맑스를 위하여』와 『『자본』을 읽자』의 영어판 옮긴이 벤 브루스터(Ben Brewster)와 「아미엥에서의 주장」의 영어판 옮긴이 그레엄 로크(Grahame Lock)가 'in dominance'로 번역한 것처럼, '지배 내/내로/내로의'로 번역하는 것이 옳다.
à dominante라는 표현이 초기·중기 알튀세르의 사회 구조 이론을 이해하는 데에 아주 중요하기에 조금 더 지적하자면, une structure à dominante를 윤소영처럼 '지배심을 갖는 구조'로 번역하는 것(『일반화된 마르크스주의의 쟁점들』, 공감, 2007, 19쪽)이나 진태원처럼 '지배소를 가진 구조'로 번역하는 것(『라깡과 알뛰세르: '또는' 알뛰세르의 유령들 I』, 김상환·홍준기 엮음, 『라깡의 재탄생』, 창비, 2002, 371~375쪽)은 이해하기 쉬운 표현의 장점을 갖지만, 사회적 전체의 구조화의 특유한 양상이 구조 자체의 수준이 아니라 구조의 요소('지배심', '지배소')의 수준에서 결정되는 것처럼 오해하도록 이끌 여지가 있기 때문에 부적절하다. 그것의 축약되지 않은 표현인 une structure articulée à dominante를 '지배소에 따라 접합된 구조'로 번역하는 것(진태원) 역시 부적절한데, 이는 각각의 요소들(하위 구조들)의 차이적 절합들을 내포하는 전체의 구조를 제시하는 데서 지배소라는 한 요소에 '따른' 절합이란 알튀세르에게는 낯선 사고이기 때문에 더욱 그렇다. 뒤에서 보겠지만, 구조적 인과성 도식에 따르면 구조의 효력이 구조의 요소들 및 이 요소들 간의 구조적 관계들을 결정하는 것이지 그 역이 아니다.

이며, 이 복잡성의 통일성을 구성하는 것은 "복잡성의 조직과 절합의 양식"이다. "복잡한 전체는 지배 내로 구조화된 통일성을 갖는다."[45]

"맑스주의 변증법의 가장 심오한 특질"인 '과잉결정' 개념으로 알튀세르가 포착하려 한 것은 **"모순의 실존 조건들의 모순 자체 내로의 이 반영, 복잡한 전체의 통일성을 구성하는 지배 내로 절합된 구조의 각 모순 내로의 이 반영"**[46]이다. 문제는 알튀세르가 '맑스주의적'이라 주장하는 '과잉결정' 개념이 '경제에 의한 최종 심급에서의 결정' 개념과 양립 가능한가 여부이다.

"역사적 과정 전체를 구성······하는 모순들"[47]의 실존 조건들 중의 하나는 다른 모순들의 실존이다. 과잉결정은 우선 모순들 간의 상호 실존 조건화이다. 알튀세르가 모순의 과잉결정 개념으로 사고하고자 하는 것은 기본적으로 "계급적 근본 모순"(contradiction fondamentale de classe)[48]과 예컨대 (알튀세르가 사용하지 않은 개념인) '민족 모순'이나 '성별적 모순' 등과 같은 현실적 모순들의 절합이 아님에 유의해야 한다. 그가 과잉결정 개념을 통하여 사고하고자 하는 것은 자본주의 사회의 "주요 모순"(contradiction principale)[49]으로서 "핵심적으로 적대적인 두 계급 사이의 모순으로 구현되는(incarnée) 생산력들–생산관계들 간의 모순"[50]과 정치

---

45) Althusser, "Sur la dialectique matérialiste", *Pour Marx*, p. 208(「유물론적 변증법에 대하여」, 『맑스를 위하여』, 243쪽).「유물론적 변증법에 대하여」에서 처음 등장한 '지배 내/내로/내로의'(à dominante)라는 개념은 「이론적 노동에 대하여: 난점과 자원들」(Sur le travail théorique: Difficultés et ressources, 1967)에서 '지배 내 변이'라는 표현 속에,「아미엥에서의 주장」(1975)에서 '지배 내로 구조화된 복잡한 전체', '지배 내 불균등성'이라는 표현(『아미엥에서의 주장』, 150쪽) 속에 다시 등장한다.
46) *Ibid.*, p. 212(같은 글, 같은 책, 247~248쪽).
47) *Ibid.*, p. 212(같은 글, 같은 책, 249쪽).
48) Althusser, "Contradiction et surdétermination", *Ibid.*, p. 103(「모순과 중층결정」, 같은 책, 121쪽).
49) Althusser, "Sur la dialectique matérialiste", *Ibid.*, p. 214(「유물론적 변증법에 대하여」, 같은 책, 250쪽).

적·이데올로기적 수준에 자리 잡고 있는 기타 모순들의 과잉결정, 상호 실존 조건화이다. 그러나 알튀세르는 후자의 모순들을 예시하지는 않는다.

알튀세르가 모순의 과잉결정, 즉 모순들 간의 상호 실존 조건화를 '생산력들-생산관계들 간의 모순'과 여타 모순들 간의 관계에서 사고한 것은 그렇게 함으로써만 자신의 역사 변증법을 '구조화된 심급'들의 복합체로서의 사회구성체의 발전의 논리로 제시할 수 있기 때문이었다. 사회구성체의 다양한 수준들에 의해 '결정'되지만 경제라는 구조화된 수준에 국지화되어 있는 '생산력들-생산관계들 간의 모순'과 달리 계급 모순(부르주아지와 프롤레타리아트 간의 모순)은 경제적 수준에 국지화되어 있는 것이 아니라 사회구성체의 모든 수준들을 관통하는 것이기에, 다시 말해서 계급 관계는 경제적 관계인 것이 아니라 경제적·정치적·이데올로기적 관계이기에, 계급 모순과 여타 모순들 간의 상호 실존 조건화는 '각각 구조화된 심급들의 복합체'로서의 '사회구성체'의 범주 내에서 사고될 수 없다. '사회구성체'의 범주 내에서 모순을 사고하는 알튀세르의 맑스주의저 한계는 과잉결정 개념의 함축들을 발전시키는 데에, 특히 계급 모순과 다른 모순들 간의 상호 실존 조건화를 사고하는 데에 근본적인 제약을 부과하였다.

알튀세르에게 모순이 "원리적으로 과잉결정되어 있다"는 것은 "모순

---

50) Althusser, "Contradiction et surdétermination", *Ibid.*, p. 97(「모순과 중층결정」, 같은 책, 114쪽). 모순의 종류에 대한 알튀세르의 용어법은 그가 주요하게 참조하는 마오의 것과 약간 다르다. 『모순론』에서 마오는 "사물의 발전 과정의 근본 모순"에 대해 말하고, 맑스와 엥겔스를 따라 생산의 사회적 성격(생산력)과 영유의 사적 형태(생산관계) 간의 모순이 자본주의의 "근본 모순"이며 이 모순의 "계급적 표현"이 "자산 계급과 무산 계급 간의 모순"이라고 쓰고, 이어 자본주의 사회에서 "무산 계급과 자산 계급이라는 두 개의 모순하는 힘이 주요 모순"이지만, 제국주의 국가가 중국과 같은 반식민지 국가에 침략 전쟁을 행하는 시기에는 "제국주의와 반식민지 국가 간의 모순이 주요 모순"이 되고, "반식민지 국가 내부의 각 계급의 일체의 모순은 일시적으로 부차적이고 종속적인 지위로 떨어진다"라고 쓴다. 毛澤東, 『矛盾論』, 1937, http://www.oklink.net/a/0010/1014/mzd/018.htm(『실천론·모순론 외』, 김승일 옮김, 범우사, 2001).

은 자신이 그 속에서 작용하는(s'exercé) 사회적 전체의 몸체의 구조에서 분리될 수 없고, 자신의 실존의 형식적 **조건들**에서, 그리고 자신이 관할하는(gouverne) **수준들**에서 분리될 수 없다는 것, 따라서 모순은 그 자신이, 그 핵심에서, 그러한 수준들에 의해 **영향**을 받으며, 하나의 동일한 운동 속에서 결정적이며 동시에 결정되고, 자신이 추동하는(animé) 사회구성체의 다양한 **수준들**과 **심급들**에 의해 결정된다는 것"을 뜻한다.[51]

나아가 과잉결정은 모순의 또 다른 실존 조건들인 "복잡한 전체의 지배 내 구조 안에서의 모순의 '상황'의 모순 내로의 반영"을 의미하는데, 모순 내로 반영되는 모순의 이 상황은 "경제라는 결정적 심급에 대한 관계 속에서의 심급들의 위계 안에서 모순이 처해 있는 '**원리상의**' 상황"과 "특정 단계 속에서 모순이 지배적이거나 종속적인 '**사실상의**' 상황"이요, 또한 이것들만이 아니라 이 두 상황들 사이의 관계, 후자를 전자의 "**변이**"로 만드는 관계이다.[52]

그러면 알튀세르가 정식화한 모순의 '과잉결정'은 맑스와 엥겔스의 역사 유물론의 핵심 원리인 '경제에 의한 최종 심급에서의 결정'과 어떠한 관계에 있는가? 알튀세르는 다음과 같이 말한다.

'모순들' 간의 이 상호 실존 조건화는 모순들 위에 그리고 모순들 내에 군림하는(règne) 지배 내 구조(이 경우 경제에 의한 최종 심급에서의 결정)를 무화시키지 않는다. 이 조건화는, 그 외관적인 순환성 속에서, 전체의 복잡성과 통일성을 구성하는 지배의 구조의 파괴로 귀착하지 않는다. 정반

---

51) Althusser, "Contradiction et surdétermination", *Pour Marx*, pp. 99~100(「모순과 중층결정」, 『맑스를 위하여』, 116~117쪽).
52) Althusser, "Sur la dialectique matérialiste", *Ibid*., p. 215(「유물론적 변증법에 대하여」, 같은 책, 251쪽).

대로 그것은, 각 모순의 실존 조건들의 현실 자체 내에서, 전체의 통일성을 형성하는 이 지배 내 구조의 발현(manifestation)이다.[53]

알튀세르는 이처럼 '모순들 간의 상호 실존 조건화', 즉 모순의 과잉결정을 '경제에 의한 최종 심급에서의 결정'과 동일화되는 '지배 내 구조'의 '발현'이라고 말한다. 요컨대 그는 모순의 과잉결정은 경제에 의한 최종 심급에서의 결정의 발현이라고 말하는 것이다. 그런데 모순들 간의 상호 실존 조건화는 지배 내 구조의 발현이라는 테제, 그리고 모순의 과잉결정은 경제에 의한 최종 심급에서의 결정의 발현이라는 테제가 제시하는 것은 해답이라기보다는 질문이다. 왜 '지배 내 구조'는 '경제에 의한 최종 심급에서의 결정'과 동일화되는가? 왜 '모순들 간의 상호 실존 조건화(과잉결정)'는 '지배 내 구조(경제에 의한 최종 심급에서의 결정)'의 '발현'인가?

알튀세르가 모순의 과잉결정을 개념화하는 데에서 가장 많이 참조한 맑스주의 고전은 마오쩌둥의 『모순론』이다. 알튀세르는 마오로부터 헤겔에게서는 찾아볼 수 없는 "대단히 탁월한 개념들", 즉 주요 모순과 부차 모순[次要矛盾]의 구분, 모순의 주요 측면[主要的方面]과 부차 측면의 구분, 모순 발전의 불균등성[不平衡性]과 같은 개념들을 취한다.[54] 과잉결정이라는 용어 자체는 알튀세르가 프로이트에게서 차용한 것이다. 그러나 이 개념의 본질을 이루는 '모순의 실존 조건들의 모순 자체 내로의 반영'이라는 관념은 프로이트적이기보다 스피노자적인 관념이다. 알튀세르는 프로이트로부터 과잉결정(다원결정, Überdeterminierung) 개념만이 아니라 과잉결정과 관련되는 '전위', '응축'과 같은 개념을 차용하여 모순들의 구체적

---

53) *Ibid.*, p. 211 (같은 글, 같은 책, 247쪽).
54) Althusser, "Contradiction et surdétermination", *Ibid.*, pp. 92~93 (「모순과 중층결정」, 같은 책, 108~109쪽).

변이의 메커니즘을 설명한다.

알튀세르는 "복잡한 전체의 지배 내로의 구조화"가 "복잡한 전체 **자체를 구성하는 모순들**"의 실존 조건일 뿐만 아니라 모순들의 "**구체적 변이들의 조건**, 따라서 모순들의 전위, 응축, 변전 등의 조건"[55]이라고 주장한다. "모순은 그 역할과 본질에서 차려 자세로 한 번에 영원히 결정되기를 멈추면서, 모순에 역할을 배당하는 구조화된 복잡성에 의해 결정되는 것으로 드러난다." 전위에 의해서 생산된 주요 모순은 응축에 의해서만 폭발적으로 된다.[56] 전위에 의해서 주요 모순이 부차 모순이 되고 부차 모순이 주요 모순이 될 수 있고, 모순의 주요 측면이 부차 측면이 될 수 있다. 알튀세르는 "미리 그리고 영구히, 최종 심급에서 결정적인 모순[생산력들과 생산관계들 간의 모순]을 지배적인 모순[자본주의하에서는 생산력들과 생산관계들 간의 모순]의 **역할**과 동일시하고, 이러저러한 '측면'(생산력, 경제, 실천 등)을 영구히 주요 **역할**과 동일시하고 또 다른 이러저러한 '측면'(생산관계, 정치, 이데올로기, 이론 등)을 부차 **역할**과 동일시하는 것은" "경제주의"라고 이야기한다.[57]

요컨대 "복잡한 전체의 지배 내로의 구조화"라는 "모순들의 구체적 변이들의 조건" 속에서 "모순들의 구체적 변이들"은 모순의 과잉결정의 효과로서 이루어진다. 정치적 실천의 과정의 '비적대적' 계기(moment), '적대적' 계기, '폭발적' 계기는 각기 전위가 지배적인 형태로 모순의 과잉결정이 존재하는 계기, 응축이 지배적인 형태로 모순의 과잉결정이 존재하는 계기, 전체의 해체와 통합을 초래하는 불안정한 전반적인 응축의 계

---

55) Althusser, "Sur la dialectique matérialiste", *Pour Marx*, p. 219(「유물론적 변증법에 대하여」, 『맑스를 위하여』, 256쪽).
56) *Ibid.*, pp. 215~217(같은 글, 같은 책, 251~253쪽).
57) *Ibid.*, p. 219(같은 글, 같은 책, 255~256쪽).

기로 특징지어진다.[58] 모순은 "**역사적 금지**(inhibition)" 또는 "**봉쇄**"의 방향으로 과잉결정되거나 "**혁명적 단절**"의 방향으로 과잉결정된다.[59]

모순들의 변이들에 대한 이러한 논변에서도 '경제에 의한 최종 심급에서의 결정'은 여전히 해답이 아니라 질문의 수준에 머문다. 왜 '모순들의 구체적 변이들의 조건인 지배 내 구조'는 '경제에 의한 최종 심급에서의 결정'과 동일화되는가? 왜 '모순들의 구체적 변이들을 야기하는 모순의 과잉결정'은 '경제에 의한 최종 심급에서의 결정의 발현'인가? 답변되어야 할 것은 결국 '최종 심급에서 결정적'이라는 경제의 지위와 효력의 문제이다.

발리바르는 '최종 심급에서 결정적인 모순'이 자리 잡고 있는 수준/심급인 경제의 지위에 대하여 나름의 설명을 제시하고자 한 바 있다. 그는 『『자본』을 읽자』에 실린 논문 「역사 유물론의 근본 개념들에 대하여」에서 "경제는 사회 구조의 수준들 중에서 어느 수준이 결정적 지위를 점하는가를 결정한다는 점에서 결정적이다"라고 쓰고, 여기에서 작용하는 인과성은 "타동적(transitive) 인과성이 아니라 구조적 인과성"이라고 주장한다.[60] 그렇지만 경제적 수준의 지위에 대한 이러한 규정은 성부의 아들이자 성부 자신인 성자라는 규정만큼이나 신비화적/기만적인(mystifizierend) 것이다. 발리바르는 이러한 규정을 '구조적 인과성' 개념으로 정당화하려 한다. 그렇다면 알튀세르의 '구조적 인과성' 개념은 경제의 이러한 지위를 합리적으로 설명해 주는가?

『맑스를 위하여』에서 모순론(최종 심급에서의 결정, 과잉결정)과 구조

---

58) *Ibid.*, p. 222(같은 글, 같은 책, 259쪽).
59) Althusser, "Contradiction et surdétermination", *Ibid.*, pp. 105~106(「모순과 중층결정」, 같은 책, 124쪽).
60) Balibar, "Sur les concepts fondamentaux du matérialisme historique", *Lire le Capital*, p. 452(『사적 유물론의 기본개념』, 김윤자 옮김, 한울, 1991, 27쪽).

론(복잡한 전체의 지배 내 구조)을 통합적으로 이론화하려 시도한 알튀세르는 『『자본』을 읽자』에서 '구조화된 수준들/심급들의 구조화된 전체'로서의 사회구성체의 구조에 대한 '맑스주의적' 이론화에 나선다. 여기에서 그는 '사회적 전체'를 이 전체를 구성하는 '모순들'의 견지에서가 아니라 이 전체를 구성하는 '수준들/심급들'의 견지에서 정의한다.

> 맑스주의적 전체는……특정 유형의 **복잡성**에 의해 구성되는 통일성, **구조화된 전체**의 통일성, 즉 이 복잡한 구조적 통일성 속에서 공존하며 특유한 결정 양식들에 따라 서로 절합되고 최종 심급에서 경제라는 수준 또는 심급에 의해 고정되어 있는 서로 구별되고 '상대적으로 자율적인' 수준들 또는 심급들이라 부를 수 있는 것을 포함하는 **구조화된 전체**의 통일성을 지니는 하나의 전체이다.[61]

「유물론적 변증법에 대하여」에서 '지배 내 구조'로서 규정되었던 사회적 전체의 구조는 이제 수준들의 차이적(différentiels) 절합들이라는 규정을 부가한 "지배 내 및 차이적 절합들 내 복잡한 구조"[62]로 재규정된다. 절합은 항상 구조화된 실천의 절합이며, 사회적 전체를 구성하는 인간적 실천들의 수준들 역시 구조화되어 있기에 구조들이고, 이러한 점에서 사회적 전체의 구조는 "구조들의 구조"[63]이다.

알튀세르는 모순들 간의 지배-종속 관계와 구별하여 수준들 간의 관

---

61) Althusser, "L'objet du *Capital*", *Lire le Capital*, pp. 280~281(「『자본론』의 대상」, 알튀세르 외, 『자본론을 읽는다』, 김진엽 옮김, 두레, 1991, 124쪽 참조. 이 국역본은 심각한 오역들로 가득 차 있기에 이하에서는 원서 쪽수만 표시한다).
62) *Ibid.*, p. 296.
63) Althusser, "Du *Capital* à la philosophie de Marx", *Ibid.*, p. 8.

계를 우세(dominance) 관계로 표현한다. 그는 "복잡한 전체의 지배 내로의 구조화"가 "복잡한 전체 자체를 구성하는 모순들의 **구체적 변이들의 조건**, 따라서 모순들의 전위, 응축, 변전 등의 조건이다"라는 「유물론적 변증법에 대하여」의 테제에 대응하는, "경제적 구조에 의한 비경제적 구조들의 최종 심급에서의 결정", 즉 '경제에 의한 최종 심급에서의 결정'이 "전체의 구조화된 수준들 간의 '우세'의 전위들의 필연성의 조건이다"[64]라는 테제를 제출한다.

그러면 알튀세르는 '경제에 의한 최종 심급에서의 결정'과 '상부구조들의 실존과 본성에 기초하는 모순의 과잉결정'을 모순 없이 결합하는 인과성 도식을 제시하는 데에 성공하였는가? 이 질문에 답하기 위해서는 그의 '구조적 인과성' 도식을 검토해야 한다.

알튀세르는 『『자본』을 읽자』에서 사회구성체의 전화의 비본질주의적·비목적론적 논리를 가공하기 위해 '타동적(transitive) 인과성', '표현적 인과성'과 구분되는 "구조적 인과성" 도식을 제시한다. "부재하는 원인(cause absente)의 효력"[65]으로 특징지어지는 "구조적 인과성" 도식에 따르면, "부재하는 원인"인 "구조는 자신의 효과들[결과들]에 내재적이며, 스피노자적 의미에서 자신의 효과들에 내재하는 원인이고, **구조의 실존 전체는 구조 자신의 효과들로 구성된다**. 요컨대 자신의 고유한 요소들의 특유한 결합[66]일 뿐인 구조는 그 효과들 밖에서는 무이다". '부재하는 원인'

---

64) "경제적 구조에 의한 비경제적 구조들의 최종 심급에서의 결정은……효력의 위계 속에서의 구조들의 전위들, 또는 전체의 구조화된 수준들 간의 '우세'의 전위들의 필연성과 이해 가능성의 절대적 조건이다. 오직 이 '최종 심급에서의 결정'만이 관찰 가능한 전위들에 기능의 필연성을 제공함으로써 관찰 가능한 전위들의 자의적인 상대주의에서 벗어날 수 있게 해준다." Althusser, "L'objet du *Capital*", *Ibid.*, p. 283.
65) Althusser, "Éléments d'autocritique", *Solitude de Machiavel et autres textes*, p. 177.
66) 이 '결합'은 구조주의의 combinatoire와 구별되는 combinaison이다.

은 "구조의 효과들에 대한 구조의 '환유적 인과성'[67] 속에서의 원인의 부재"[68]를 지시한다. 후에 그는 "'원인이 부재한다[결석이다, absente]'라고 말하는 것은······'최종 심급에서 결정적인 모순'은 역사의 무대 위에 **결코 몸소 출석하지**[나타나지, présente en personne] **않는다**는 것('최종 심급의 고독한 시간은 결코 오지 않는다'), 그리고 그것은 결코 '출석한 사람'(personne présente)처럼 직접적으로 파악될 수 없다는 것을 뜻한다"[69]고 부언한다.

'구조적 인과성' 개념은 "주어진 영역의 구조에 의한 그 영역의 현상들의 결정", "구조의 효력에 의한 이 구조의 요소들 및 이 요소들 간의 구조적 관계들의 결정"을 지시한다.[70] 같은 맥락에서 그는 "요소들 또는 수준들의 과잉결정 또는 과소결정"을 "전체의 결정의 구조의 기능으로서 정의해야 한다"고 말한다.[71]

구조적 인과성을 정의하려는 알튀세르의 시도의 곤란은 '구조의 효력에 의한 이 구조의 요소들 및 이 요소들 간의 구조적 관계들의 결정'을, 그리고 그러한 결정과는 전혀 다른 유형의 결정인 '하나의 지배적 구조에 의한 하나의 종속적 구조의 결정'을 동시에 사고하는 구조적 인과성 도식을 정의할 필요성에 대해 말한다는 데에 있다. 그는 "어떠한 개념 또는 어떠한

---

67) '환유적 인과성'(causalité métonymique)은 알튀세르가 밝히듯이 "라캉이 프로이트에게서 찾아낸 구조적 인과성의 한 형태를 특징짓기 위한 자크-알랭 밀레의 표현이다." Althusser, "L'objet du *Capital*", *Lire le Capital*, p. 405. 일반적으로 인과율에서 원인은 결과[효과]에 선행하지만 환유적 인과성에서는 원인이 부재한다. 원인은 부재하지만 결과로부터 소급되는 한에서 인과율에 따라 원인이 날조되고, '오인된 원인'이 '부재하는 원인'에 치환되는 방식이 환유적이라는 의미에서 '환유적 인과성'이라 말한다. 밀레는 "원인의 부재는 구조적 결정들을 개인적 의식의 수준으로 전치(inversion)시키는 데에 충분하다"고 말한다. Jacques Rancière, "Le concept de critique et la critique de l'économie politique des *Manuscrits de 1844 au Capital*", *Ibid.*, p. 147에서 재인용.
68) Althusser, "L'objet du *Capital*", *Ibid.*, p. 405.
69) Althusser, "Éléments d'autocritique", *Solitude de Machiavel et autres textes*, p. 178.
70) Althusser, "L'objet du *Capital*", *Lire le Capital*, p. 401.
71) *Ibid.*, p. 293.

개념들의 집합을 수단으로 하여 하나의 지배적 구조에 의한 하나의 종속적 구조의 결정을 사고할 수 있을 것인가? 다시 말해서, 어떻게 구조적 인과성 개념을 정의할 수 있을 것인가?"[72]라고 자문한다. '하나의 지배적 구조에 의한 하나의 종속적 구조의 결정'은 '자신의 효과들에 내재'한다는 의미에서 '부재하는' 원인인 구조에 의한 결정 개념과 양립 불가능한 것임을 그가 의식하지 못했을 리가 없는데도 말이다.

알튀세르가 그렇게 할 필요성을 느낀 이유는 분명하다. 이는 '구조의 효력에 의한 이 구조의 요소들 및 이 요소들 간의 구조적 관계들의 결정'만을 사고하는 인과성 도식은 '경제에 의한 최종 심급에서의 결정'이라는 맑스적인 '유물론적' 결정의 문제를 미해결의 상태로 남겨 둘 것이기 때문이다. 그러나 알튀세르는 하나의 지배적 구조에 의한 하나의 종속적 구조의 결정을 사고하는 구조적 인과성을 정의할 필요성에 대해서 말하지만 구조적 인과성을 그렇게 정의하지는 못한다. 이것은 '구조의 효력에 의한 이 구조의 요소들 및 이 요소들 간의 구조적 관계들의 결정'과 '하나의 지배적 구조에 의한 하나의 종속적 구조의 결정'이라는 전혀 다른 종류의 두 결정을 동일한 인과성 개념을 통하여 사고하는 것이 불가능하다는 것을 그가 의식했기 때문일 것이다. 결국 '상부구조들의 상대적 자율성과 특유한 효력'을, 요컨대 '모순의 과잉결정'을 '경제에 의한 최종 심급에서의 결정'의 기초 위에서 사고하게 해주는 인과성 도식을 구성하려는 그의 희망은 희망에 그칠 수밖에 없었다.

알튀세르가 『맑스를 위하여』에서 가공한 것이 기본적으로 모순의 이론이라면 『『자본』을 읽자』에서 가공한 것은 기본적으로 구조의 이론이다. 후에 발리바르는 "『『자본』을 읽자』의 역설"이 변증법을 목적론으로부터

---

72) *Ibid*., p. 401.

해방시킨다는 목적을 달성하기 위해 "모순을 구조 **속에** 마치 구조의 효과들 혹은 종속적 측면들의 하나처럼 각인함으로써" "모순을 극단적으로 평가절하하는 것"에 있다고, 다시 말해 **구조 일반**……과 **모순 일반**……을 동시에 사고하지 못하는 것"73)에 있다고 말한 바 있다.

『『자본』을 읽자』에서 모순이 평가절하되었다는 것은 당연한 평가이지만, 그것이 문제의 전부가 아니다. 알튀세르의 설명의 도식에서는 경제가 왜 '최종 심급에서 결정적인' 특권적 지위를 점하는지가 미결정의 상태에 있다. 발리바르식으로 표현하여 "사회 구조의 수준들 중에서 어느 수준이 결정적 지위를 점하는가를 결정"하는 경제의 특권적 지위, 그리고 「유물론적 변증법에 대하여」에서 말하는, 모순의 과잉결정을 전체의 지배 내 구조의 발현으로 만드는 경제의 특권적 지위는 결정된 것이 아니라 조정(措定)된 것일 뿐이다.

그렇다면 '경제에 의한 최종 심급에서의 결정' 개념은 순수하고 단순하게 폐기되어야 할 것인가? 이 질문에 답하기 전에 먼저 알튀세르가 발본적으로 반본질주의적인 과잉결정 개념을 도입하면서도 그것을 '경제에 의한 최종 심급에서의 결정' 개념과 결합할 수밖에 없었던 이유에 대하여 생각해야 한다. 그것은 '생산력들과 생산관계들 간의 모순'이 '최종 심급에서 결정적인 모순'이 되기 위해서는 계급 적대가 궁극적으로 뿌리내리고 있는 것으로 간주되는 경제적 실천들이 '최종 심급에서 결정적인' 실천들로 조정되어야 하기 때문이다. '경제에 의한 최종 심급에서의 결정'을 기각할 경우 계급투쟁에 '역사의 동력'의 지위를 부여하는 것, 역사의 단계에 따라 주요 모순이 될 수도 있고 부차 모순이 될 수도 있는 '최종 심급에서 결정적인 모순' 또는 '근본 모순'의 지위를 '생산력들과 생산관계들 간의 모순'

---

73) 발리바르, 「'이행'의 아포리들과 맑스의 모순들」, 『맑스주의의 역사』, 289쪽.

에 부여하는 것이 불가능해지기 때문이다.

데리다는 '최종 심급에서의 결정' 담론이 알튀세르의 이론적 기획 전체의 "형이상학적 정박(碇泊)"[74]을 이룬다고 말한다. 이 정박이 이론적 곤란을 야기한다 할지라도 과연 그것이 '형이상학적'인지는 생각해 봐야 할 문제다. 알튀세르는 "이론다운 이론이 되기 위해서는 이론은 열려 있는 동시에 닫혀 있어야 한다. 즉 자신의 한계들 속에 갇혀 있어야 한다"[75]고 말한다. 이해 가능해지고 적용 가능해지기 위해 이론은 또한 어떤 지점에 '정박'되어 있어야 한다는 것이다. '경제에 의한 최종 심급에서의 결정'은 맑스의 역사 '유물론'의 정박 지점인 노동의 물질성에 대한 준거를 지시한다. 그러나 맑스가 1845년에 모든 "철학적 인간학" 또는 "철학적 인간주의"와 단절했으며 이는 "전과학적 문제설정으로부터 과학적 문제설정으로의 전화를 구획"[76]한다는 생각은 알튀세르로 하여금 맑스의 철학적 인간학의 문제를 제기할 수 없게 했고, 맑스와 엥겔스의 '경제에 의한 최종 심급에서의 결정' 원리가 노동을 인간과 사회적 관계의 본질로 조정(措定)하는 그들의 노동의 인간학에 의해서만 정당화된다는 것을 사고할 수 없게 했다.

알튀세르가「이데올로기와 이데올로기적 국가장치들」에서 "재생산의 관점"에서 토대와 상부구조를 중첩시킬 때에,[77] 더 근본적으로「오늘의 맑

---

74) Michael Sprinker, "Politics and Friendship: An Interview with Jacques Derrida", *The Althusserian Legacy*, p. 204.
75) 알튀세르, 「제라르 뒤메닐의 『『자본』의 경제법칙 개념』에 대한 '서문'」(1977), 알튀세르 외, 『역사적 맑스주의』, 서관모 엮음, 새길, 1993, 120쪽.
76) 알튀세르, 「서문: 오늘」, 『맑스를 위하여』, 31쪽 주 2.
77) 알튀세르는 건축물의 공간적 은유를 사용한 사회 구조에 대한 표상 자체가 "우리로 하여금 그것을 넘어서지 않을 수 없게 만든다"라고, "우리는 그것을 낡은 것으로 버리기 위해 그것을 넘어서는 게 아니다. 다만 우리는 그것이 묘사의 형태로 우리에게 주는 것을 사유하고자 하는 것이다"라고 말한다. 알튀세르, 「이데올로기와 이데올로기적 국가 장치」, 『재생산에 대하여』, 358쪽.

스주의」에서 "장소론 속으로의 관념의 이중적 기입"[78]을 사고할 때에, 맑스의 '토대-상부구조'의 도식과 따라서 '경제적 토대에 의한 최종 심급에서의 결정'의 원리는 마침내 해체된다. 생애 마지막에 그는 "모든 것이 '최종 심급에서' 결정적일 수 있다"고, "'최종 심급' 개념을 개개의 구체적 정세 속에서 찾아야 한다"고 씀으로써[79] '최종 심급에서의 결정' 개념을 명시적으로 기각한다.

맑스가 모든 종류의 철학적 인간학과 단절했다고 주장했던 1960년대 알튀세르와 반대로, 1980년대 초 발리바르는 맑스의 분석이 "인간학적 관념들을 전혀 필요로 하지 않는다고 생각할 수는 없다"고, "맑스주의의 고전적 진술들을 정정"하되 "환상적인 이데올로기적 진공 속에서가 아니라 인간학적 담론들의 정치적 쟁점들을 분명히 인식하면서 그리해야 한다"[80]고 주장한다. 그는 "인간의 본질이 무매개적으로 '노동'으로 지시될 수"는 없지만 "철학적 인간학이 불필요하다고", 즉 역사 이론이 "'인간의 본질'과 같은 것에 의거하지 않을 수도 있다고" 생각하지는 않는다고 말한다. 노동을 인간의 '본질적 실천'으로 조정하는 것은 "유물론을 보증"해 주지는 못하지만 "일정한 역사적 정세 속에서……현실주의를 보증해 주는 것"이며, "이론 속에……'노동하는' 사람들의 계급적 위치와 관점을 새겨 넣는 회피할 수 없는 방식"이라는 것이다.[81] 발리바르는 맑스가 인간의 활동을 노동으로 환원하지 않았다면 "자유를 사적 소유와 동일시하는 자유주의 이

---

78) 알튀세르, 「오늘의 맑스주의」(1978), 『역사적 맑스주의』, 54쪽.
79) 알튀세르, 「철학과 마르크스주의: 페르난다 나바로와의 대담」(1984~1987), 『철학에 대하여』, 45~46쪽.
80) 발리바르, 「맑스주의의 '육체노동과 지적 노동의 분할' 개념과 계급투쟁」(1983), 『역사유물론의 전화』, 182쪽.
81) 발리바르, 「지식인, 이데올로그, 이데올로기」(1983), 같은 책, 194~195쪽.

데올로기가 근원적으로 다시 문제시될 수 없었을 것이다"[82]라고 말한다.

발리바르의 생각은, 역사와 정치에 대한 모든 이론화는 근본적으로 인간학적인, 따라서 '이데올로기적'인 입장 취하기로부터 자유로울 수 없다는 것, 노동하는 사람들의 계급적 입장에 서기 위해서는 노동을 토대로 해서 사회적인 것을 생각할 수밖에 없다는 것이다. 그의 이러한 생각은 역사 유물론이 "사회구성체들의 발전에 대한 맑스주의적 과학"[83]이라는 알튀세르와 발리바르 자신의 과거 입장이 유지될 수 없게 만든다. 그렇다고 '역사 유물론은 과학이다'라는 슬로건이 '역사 유물론은 과학이 아니다'라는 슬로건으로 기계적으로 대체되는 것도 아니다.

철학적 인간학에 대한 발리바르의 성찰은 이데올로기와 이데올로기적 국가장치들에 대한 성찰 속에서 알튀세르가 점차 획득해 간 맑스주의 이론의 근본적인 한계에 대한 인식으로 이어진다. 그리고 이러한 인식은 맑스주의를 그 한계 내에서 유효화시키기 위한 조건이 맑스주의를 넘어서는 것임을 분명하게 해준다.

3. 이데올로기 '이론'에 대한 발리바르의 보완과 알튀세르의 장소론

역사 유물론의 '완성'을 위한 알튀세르의 이데올로기 '이론'의 기획은 실패할 수밖에 없었지만, 그렇다고 이데올로기에 대한 그의 이론화가 전면적으로 무효화되는 것은 아니다. 그의 이론화의 합리적 핵심은 발리바르에게 계승된다. 이하에서 우리는 이데올로기의 '메커니즘'에 대한 알튀세르의 이론화가 내장한 근본적인 곤란인 '기능주의'의 문제를 발리바르가 어

---

82) 발리바르, 「계급투쟁에서 계급 없는 투쟁으로?」, 같은 책, 282쪽.
83) Althusser, "Sur la dialectique matérialiste", *Pour Marx*, p. 169(「유물론적 변증법에 대하여」, 『맑스를 위하여』, 200쪽).

떻게 해결하는지, 그리고 그가 어떻게 알튀세르의 이론화를 '대중들이 역사를 만든다'라는 맑스주의의 핵심 명제에 대한 이론적 근거로 만드는지를 검토할 것이다. 이어 알튀세르가 「오늘의 맑스주의」에서 제시하는 맑스의 장소론에 대한 해석이 어떻게 맑스주의 이론의 해체로 귀결하는지, 이러한 해체 내지 파괴가 어떤 긍정적인 면모를 지니는지를 검토할 것이다.

비의식으로서의 이데올로기 개념, 과잉결정 개념, 지배 내로 구조화된 사회적 전체 개념과 구조적 인과성 도식을 구성적 요소로 하여 수미일관하게 유물론적인 역사 유물론의 체계를 구성하려 한 『맑스를 위하여』와 『『자본』을 읽자』에서의 알튀세르의 시도는 '경제에 의한 최종 심급에서의 결정'의 속박에 매여 좌초한다. 그 후 그는 변증법과 사회 구조에 대한 '맑스주의적' 이론화를 더 진전시키지 못하고 '이데올로기의 메커니즘'을 구명하는 데에 몰두한다.

이데올로기에 대한 알튀세르의 개념화, 그리고 주체화/복종화 메커니즘에 대한 그의 이론화에 대하여 제기되는 근본적 질문은 그것이 맑스의 계급투쟁의 문제설정, 더 일반적으로 표현하여 사회적 적대의 문제설정과 양립 가능한가, 더 구체적으로, 「이데올로기와 이데올로기적 국가장치들」에서 제시되는 알튀세르의 이론화가 '역사를 만드는 대중들'의 구성을 사고할 수 있게 하는가 하는 질문이다.

알튀세르의 호명 테제는 즉각 '기능주의'라는 비판에 직면하였는데, 이 비판은 근거 없는 것이 아니다. 이데올로기적 국가장치들에 대한 알튀세르의 이론화는 국가를 생산관계들의 "재생산의 관점"에서 접근해야 한다는 주장에서 출발하는데, 이 경우 "재생산"의 관점에서 어떻게 "이행"을 사고할 수 있을 것인가 하는 질문이 제기되지 않을 수 없다. 알튀세르는 이데올로기가 "개인들을" 주체들로 호명한다고 말한다. 그런데 만약 모든 개인이 이데올로기에 의해 동일하게 주체로 호명된다면 사회적 관계들은 단순히 재생산될 것이며, 피억압자들·피착취자들에게 사회적 관계들의 변혁이라는 특권적·능동적 역할이 부여될 수 없을 것이다. 여기까지만 보면 알튀세르의 호명을 통한 주체화/복종화의 도식은 '규범들의 내면화'를 통한 '사회 질서의 유지'(맑스주의적 용어로 번역하면 '사회적 관계들의 재생산')라는 기능주의 사회학의 이론 구조와 흡사하다.

물론 알튀세르는 자신의 이론이 기능주의적이라는 비판에 수긍하지 않는다. 그는 "이데올로기들의 계급적 성격"이 존재한다고, 즉 프롤레타리아 이데올로기는 "비판적이고 혁명적인 전혀 다른 이데올로기"라고 말한다. 그는 "[억압적] 국가장치 및 이데올로기적 국가장치들의 기능들과 기능 작용들[작동들, fonctionnements]에 대한 계급투쟁의 우위"를 주장하고 이데올로기들이 "이데올로기적 국가장치들 내에서 '태어나는' 것이 아니라 계급투쟁에 들어가 있는 사회 계급들로부터 '태어난다'"고 말함으로써 기능주의 혐의를 부정한다.[84] 그러나 이렇게 '이데올로기들의 계급적 성격' 테제를 제시한다고 해도 이 테제가 '이데올로기들이 개인들을 주체들로 호명한다'라는 테제와 어떻게 절합되는지를 설명하지 않는 한 곤란은 해소되지 않는다.[85]

발리바르가 정리한 것처럼, '이데올로기의 메커니즘'에 대한 알튀세르의 설명의 곤란은 그가 "이데올로기 일반의 중립적, 대칭적 측면"(모든 개인은 이데올로기에 의해 동일하게 주체로 호명된다)과 "경향적, 비대칭적 측면"(이데올로기들의 계급적 성격이 존재한다)의 절합, 다시 말해서 "이

---

[84] 알튀세르, 「이데올로기와 이데올로기적 국가 장치」, 『재생산에 대하여』, 408~410쪽; 알튀세르, 「이데올로기적 국가 장치에 대한 노트」(1976), 같은 책, 329, 348쪽.
[85] 알튀세르는 이데올로기에 대한 자신의 이론화가 스피노자를 경유하는 우회를 통하여 이루어짐으로써 거기에 모순 개념이 들어갈 수 없었다는 자기 비판을 한 바도 있지만("Éléments d'autocritique", *Solitude de Machiavel et autres textes*, p. 188), 이러한 자기 비판은 문제의 핵심에 도달한 것이라 할 수 없다.

데올로기들의 **개인적** 측면과 **집단적** 측면(집단들, 계급들, 대중들에 준거하는 것)의 절합"을 설명하지 못한다는 데에 있다.[86] 발리바르는 알튀세르가 설명하지 못한 이 부분을 "관계의 존재론" 또는 "과개인적(跨個人的, transindividuel) 존재론"[87]의 견지에서 설명하고자 한다.

발리바르는 맑스의 존재론을 '관계의 존재론'으로 명명하고, 코제브, 라캉과 특히 시몽동(Gilbert Simondon)의 '과개인적/과개체적', '과개인성/과개체성'이라는 용어를 취하여 "과개인적 존재론" 또는 "과개인적인 것의 존재론"이라는 용어를 주조한다. "개인적인 것과 집단적인 것 사이의 반정립"을 "지양"하고[88] "인류를 어떤 과개인적 실재로 사고하고 결국 과

---

86) 발리바르, 「비동시대성」, 『알튀세르와 마르크스주의의 전화』, 184~185쪽.
87) 발리바르, 『마르크스의 철학, 마르크스의 정치』(1993), 윤소영 옮김, 문화과학사, 1995, 56~57쪽. transindividuel의 trans는 번역하기 어려운 말이다. 라틴어 접두사 trans는 supra(超/above, over, beyond)와 across의 뜻을 함께 지닌다. 진태원은 transindividuel을 '관(貫)개인적'으로, transnational을 '관국민적'으로 번역하는데, 관(貫)의 정확한 뜻은 '꿰뚫다, 꿰다, 관통하다'(pierce, thread, pass through)로서 across와 다르며 supra와는 무관하다. 윤소영은 transindividuel을 '초(超)개인적'으로 번역한다. 그러나 초(超)는 supra에 대응하며 across의 뜻을 제대로 표시하지 못한다. trans가 포함하는 across의 차원은 '횡단(橫斷)'으로 번역하는 것이 적절한 경우가 많다. 발리바르 저서의 일본어판 옮긴이 마쓰바 쇼이치(松葉祥一)는 citoyenneté transnationale을 '국가횡단적 시민권'(國家橫斷的 市民權)이라 번역한다. 『市民權の哲學: 民主主義における文化と政治』(Droit de cité), 青土社, 2000; 『ヨーロッパ市民とは誰か: 境界·國家·民衆』(Nous, citoyens d'Europe?), 平凡社, 2008 참조. 이 transnationale의 경우 trans의 over, beyond의 차원은 비교적 약하며 따라서 '국가횡단적'(國家橫斷的)이라는 번역어가 적합하다. 그러나 '횡단'에는 over, beyond의 뜻이 미약하다. 이 때문에 나는 전에 괄호 속에 또 하나의 번역어를 병기하여 transindividuel을 '초개인적[개인횡단적]'이라 번역한 적이 있다. 서관모, 「이데올로기의 문제설정: 알튀세르와 발리바르」, 『진보평론』 2호, 1999년 겨울 참조.
trans의 번역어는 '초'(超)와 '횡단'(橫斷)의 뜻을 함께 지닌 것이어야 한다. 그러한 한자어가 跨(타넘다, 건너가다, 걸터앉다; stride, bestride, cut across, go beyond)이다. 중국에서 '과'(跨)는 통상 trans의 번역어로 사용되며(예컨대 transnational은 '과국'跨國으로, 뤼시엥 골드만의 sujet transindividuel은 '과개체 주체'跨個体主体로), 아주 드물게 inter의 번역어로 사용된다(inter-cultural의 경우, '과문화'跨文化로). inter의 주된 번역어는 '제'(際)이다. 跨('타넘을 과')는 한국과 일본에서 개념어에 사용된 적이 없는 한자이지만 超(supra)의 뜻과 橫斷(across)의 뜻을 함께 담고 있기에 나는 跨를 trans의 번역어로 택한다.

개인성을 그 자체로 사고하는"[89] 과개인적 존재론에 따르면, "모든 동일성은 (순수하게) 개인적이지도 (순수하게) 집단적이지도 않고" "근본적으로 과개인적"이며[90] "과개인성은 개인들의 다수의 상호 작용들로 인하여 개인들 사이에서 존재하는"[91] 어떤 것이다. 요컨대 개인을 상상적으로 호명하는 이데올로기들과 호명을 통해 구성되는 '주체'의 동일성들은 개인적인 것도 초개인적인 것도 아니고 과개인적인 것이다. 동일성뿐만 아니라 관념들, 의식, 인식(connaissance)도 그 자체로서 과개인적이다.[92]

발리바르는 이렇게 "이데올로기들의 기능 작용이 기본적으로 과개인적"이라고 파악함으로써 '이데올로기들의 개인적 측면과 집단적 측면의 절합'을 설명한다. 즉 "이데올로기 일반의 메커니즘은 개인과 관련된 것"이지만 "개인들이 그것들의 이름으로 '주체들로 호명되는'(심지어, 상상적으로, **개인들을 호명하는**), 또 그것들 덕택으로 개인들의 실천들이 제도들 속으로 삽입되는, 상징적 준거들······은 필연적으로 집단적이고", 이 준거들이 알튀세르의 '사회 효과'(effet de société)에 비견되는 "**공동체 효과를** 생산한다"는 것이다.[93]

발리바르의 설명을 다음과 같이 부연 설명할 수 있다. 즉 알튀세르가 기독교 이데올로기의 예를 들어 이데올로기의 메커니즘을 설명할 때의 대문자 주체(Sujet) '신'과 같이 '상상적'으로 개인들을 주체들로 호명하는 '상징적 준거들'은 필연적으로 개인적인 것이 아니라 집단적이다. 개인들을 주체로 호명하는 집단적인 상징적 준거의 작용을 통해 예컨대 기독교

---

88) 발리바르, 「민족형태에 대하여」(1992), 『알튀세르와 마르크스주의의 전화』, 132쪽.
89) 발리바르, 『마르크스의 철학, 마르크스의 정치』, 31쪽.
90) 발리바르, 「정치의 세 개념: 해방, 변혁, 시민인륜」(1996), 『대중들의 공포』, 62쪽.
91) 발리바르, 『마르크스의 철학, 마르크스의 정치』, 56쪽.
92) 발리바르, 「소유에 대하여」(1992), 『알튀세르와 마르크스주의의 전화』, 100쪽.
93) 발리바르, 「비동시대성」, 같은 책, 185쪽(번역은 수정).

도, 민족, 혁명적 계급 등의 성원으로서의 개인의 동일성, 순수하게 개인적이거나 순수하게 집단적인 것이 아니라 과개인적인 동일성이 구성되며, 결국 기독교도, 민족, 혁명적 계급 등의 동일성이 구성되는 효과가 생산된다는 것이다.

그러나 발리바르의 설명이 여기에서 끝난다면 그것은 왜 피지배자들이 지배적 이데올로기에 의해 호명되는지, 그리고 지배적 이데올로기에 의해 호명된 피지배자들이 어떻게 반역할 수 있는지를 설명할 수 없을 것이다. 발리바르는 알튀세르가 이에 대한 답을 제공하지는 않지만 알튀세르의 입장이 논리적으로 다음과 같을 것이라고 추론한다. 즉 발리바르는 "한 시대의 지배적 관념들은 늘 지배 계급의 관념들이었을 뿐이다"라는 『공산당 선언』의 맑스의 테제와는 반대가 되는 니체의 테제, 즉 기독교, 인권, 사회주의, 민주주의 등과 같은 관념들이 "노예의 도덕"이라는 테제(『도덕의 계보』와 『선악의 저편』)를 참고하여 "지배적 이데올로기는 항상 **피지배자들의 상상의 특유한 보편화이다**"라는 정식을 제시하고 이것이 알튀세르의 입장이리라고 추론한다. 발리바르에 따르면, 지배적 이데올로기는 보편적이어야 하는데 보편화될 수 있는 상상적 경험은 지배자들의 체험된 **경험**이 아니라 "현존 세계에 대한 승인과 반역을 동시에 함축하는 **피지배 대중들의 체험된 경험**"이며, 근대 세계에서 이러한 지배적 이데올로기가 가공하는 의념들은 "정의, 자유와 평등, 노동, 행복 등의 의념들"이다.[94] 그리하여 "역사의 피지배자들이 …… **자신의** 상상의 보편성을 곧이곧대로 믿는

---

94) 발리바르, 「비동시대성」, 『알튀세르와 마르크스주의의 전화』, 186~187쪽. 발리바르는 다른 곳에서, 맑스가 믿은 것과는 반대로 지배적 관념들은 "인정에 대한 그리고 평등한 역능에 대한 피지배자들의 이론적 권리를 언표하는 관념들"이어야 하며, "헤게모니적 **지배의 담론이란 사실상의 차별로부터 권리의 평등으로** 그 담론을 소환할 수 있는 것이어야 한다"고 말한다. 발리바르, 「정치의 세 개념」, 『대중들의 공포』, 38쪽.

다면, 또는 오히려 그들이 자신의 상상의 요구들에 부응하여 행동하고 그 **결과들을 도출해 내려고** 집단적으로 시도한다면, 그들은 더 이상 기존 질서를 인정하지 않고 그것에 반대하여 반역하는 것이다".[95]

지배적 이데올로기에 대한 발리바르의 논의에서 핵심은 '이데올로기는 보편화된 상상적 경험'이라는 알튀세르의 관념이다. 발리바르는 그것에 '보편화될 수 있는 상상적 경험은 피지배 대중들의 체험된 경험'이라는 자신의 니체주의적 관념을 결합하여 지배적 이데올로기의 구성에서 피지배자들의 능동적 역할을 해명하는 방식으로 알튀세르의 이데올로기 '이론'의 기능주의적 측면을 교정한다.

발리바르는 알튀세르가 이데올로기에 대한 자신의 개념화에 입각하여 우리에게 제공하는 정치에 대한 비전이 '비극적'이라고 말한다. 대중들은 "사회 전체를 포괄하는……이데올로기적 국가장치들의 기능 작용에 부합하는 '정상적' 행동과 그 핵심에서는 항상 이미 잠재적 반역이 살아 있는 그들의 경험의 공동체적, 평등주의적, 자유주의적 결과들 사이에서" 내재적으로 분열되어 있고, "후자의 측면이 전자의 측면보다 우세할 것이라는 어떤 **보장**도 절대로 없"기 때문이다.[96] 알튀세르가 '과잉결정'을 '과소결정'과 함께 사고할 것을 요구할 때에,[97] 즉 역사적 인과성에서 우연성의 구성적 역할을 강조할 때에, 그 실천적 함의가 바로 이 보장의 부재이다. 발리바르에 의해 이렇게 정정된 알튀세르의 이데올로기 '이론'은 계급투쟁과 혁명이라는 관념과 양립 불가능한 것이 아니다. 그것은 혁명과 공산주의에 대한 목적론적인 관념을 기각하고, 프롤레타리아 계급투쟁의 결과에 대한 어떠한 보장도 배제할 뿐이다. 그것은 '역사의 주체'라는 관념과 따라

---

95) 발리바르, 「비동시대성」, 『알튀세르와 마르크스주의의 전화』, 187쪽.
96) 같은 글, 같은 책, 188쪽.
97) 알튀세르, 「아미엥에서의 주장」, 『아미엥에서의 주장』, 153~157쪽.

서 맑스주의적 역사철학을 기각하면서 '역사를 만드는 것은 대중들'이라는 맑스의 테제에 논거를 부여한다. 알튀세르의 이론화 속에서 '역사의 주체'인 계급은 없지만 '역사를 만드는' 세력, 즉 정치적 변화들을 실현시킬 수 있는 세력은 있다. 그것은 바로 대중들이다.

알튀세르는 '생산양식'으로서의 공산주의의 정의를 기각하지 않는다. 그러나 이 공산주의적 생산양식은 더 이상 맑스의 '경제적 사회구성체의 계기적 시대'를 정의하는 것으로서의 생산양식, 단계적으로 자본주의의 완숙 이후 그 토대 위에 도래할 생산양식이 아니다. 그는 "공산주의로의 이행(프롤레타리아 독재)과 국가의 궁극적인 해소"에 대해 말하지만, 맑스주의가 "역사의 전체 과정을 자신의 사고 속에 포함"하는 "완결된 이론", 즉 "애초부터 공산주의를 긍정적으로 정의할 수 있는 듯한 역사철학"과 완전히 다른 것임을, 사실은 다른 것이어야 함을, 주장한다.[98] 발리바르가 정리하는 바로는, 알튀세르에게 "하나의 생산양식으로서 공산주의는 자본주의적 발전의 **모든** '계기'에서(모든 '단계'에서) 자본주의의 모순들 속에 착근된 하나의 가능성"이며, "또 하나의 생활 양식, 사회적 관계들을 체험하는 또 하나의 방식, '지배적 보편성'에 반대하는 하나의 반역으로서 공산주의는 단지 부르주아적 이데올로기뿐만 아니라 **모든 이데올로기의 역사 속에** 항상 존재하는 하나의 가능성"이게 된다.[99] 하나의 한정된 생산양식이면서 동시에 무한정한 운동 과정이라는 맑스의 공산주의 정의에 내재하는 긴장이 알튀세르에 와서는 이렇게 해소된다. 이러한 공산주의관 위에서 알튀세르는 혁명에 대한 관념, 즉 '세계의 변혁' 그 자체로서의 혁명이 아니라 사회적 관계들의 한정적 변혁으로서의 혁명이라는 관념에 도달한다.

---

98) 알뛰세, 「로싸나 로싼다의 질문과 알뛰세의 대답: 제한된 이론으로서의 맑스주의」(1977), 『마침내 맑스주의의 위기가』, 김경민 엮음, 백의, 1992, 43~44쪽.
99) 발리바르, 「비동시대성」, 『알튀세르와 마르크스주의의 전화』, 188쪽.

알튀세르는 모든 철학이 정치적임을 부단히 강조하였으며, 철학을 "최종 심급에서 이론에서의 계급투쟁"[100]으로 정의하기도 하였다. 그러나 이 경우에도 그에게 철학은 '최종 심급에서'라는 유보하에서만 '이론에서의 계급투쟁'이었다. 그리하여 그의 철학은 그가 고수한 맑스적 공산주의와 운명을 같이하지 않고 생명력을 유지할 수 있게 된다.

알튀세르를 철학자이게 하는 것은 무엇보다도 그가 '인식론적 단절'[101]이라는 독자적인 '철학적 대상'을 생산했다는 데에 있다. 알튀세르의 역설적인 위대함은 그가 자신이 생산한 철학적 대상을 스스로 해체하였다는 데에 있다. '인식론적 단절'이라는 그의 철학적 대상은 1968년과 1976년 사이에 정정 내지 자기 비판되고, 1978년 「오늘의 맑스주의」에서 마침내 소멸한다. 이 글에서 그는 "기원, 주체, 의식이라는 관념론적 사고에 대립하는 장소론(topique)이라는 맑스주의적 사고"[102]의 독특성에 대한 자신의 견해를 제시하는 형식으로 자신의 최후의 장소론을 구성한다.

엥겔스의 만년의 작업 이래 맑스주의에서 이데올로기 이론은 항상 국가와의 내적 관련 속에서 이해되어 왔다. 「이데올로기와 이데올로기적 국가장치들」에서의 알튀세르의 작업 역시 그러한 노선 위에서 이루어진다. 발리바르는 "이데올로기에 대한 맑스주의적 이론이라는 관념은 항상 역사

---

100) Althussr, *Réponse à John Lewis*, p. 41. 알튀세르는 1976년에 "철학이, 최종 심급에서, 지배적 이데올로기를 이론적으로 통일하고 공고히 하기 위한 이론적 실험실의 역할을 수행한다"라는 테제를 제출한다. 알튀세르, 「철학의 전화」, 『철학에 대하여』, 202쪽.
101) 우리말에서 '절단'은 어떤 대상 자체를 끊는 것이고 '단절'은 어떤 대상과의 관계를 끊는 것이다. 알튀세르의 coupure는 단절이지 절단이 될 수 없다. 바슐라르의 rupture의 번역어 '단절'과 구별하기 위하여 알튀세르의 coupure를 '절단'으로 번역한다면, 이것은 알튀세르에게 불공정한 번역이다. 이러한 이유로, 그리고 나에게 중요한 것은 바슐라르가 아니라 알튀세르이기 때문에, 나는 알튀세르의 coupure épistémologique를 '인식론적 단절'로 번역한다.
102) 발리바르, 「(철학의) 대상」, 『알튀세르와 마르크스주의의 전화』, 229쪽.

유물론을 이상적으로 완성하기 위한 수단, 사회적 총체에 대한 역사 유물론의 표상의 '구멍을 메우기 위한' 수단, 따라서 역사 유물론을 (적어도 '이론적으로'는) 나름으로 일관된 설명의 체계로서 구성하기 위한 수단일 뿐이었다"[103]고 평가한다. 자본주의적 착취 및 국가에 대한 이론과 절합된 일관된 맑스주의적 이데올로기 이론을 구성하려 한 알튀세르의 시도는 역사 유물론을 '완성'하려는 이러한 시도들[104]의 마지막 주요한 사례이다.

그러나 1976년 이후 알튀세르는 "맑스주의적 국가 이론"이 진정으로는 존재하지 않으며[105] "맑스가 우리에게 남긴 모든 것들 속에 그가 '상부구조'라 부른 것, 곧 법, 국가, 그리고 '이데올로기적 형태들'에 대한 것은 거의 없다"고 말한다. 그는 동시에 이 결락(缺落, lacune)들을 "우리가 결락들도 모순도 없이 '완전해야' 할 (대문자) **이론의 이념**(l'Idee d'une Théorie) 그 자체의 이름으로 판단하지 않도록 매우 조심해야 한다"고, 그러한 이념은 바로 맑스가 비판한 "관념의 전능"이라는 입장으로 회귀하는 것이라고 경고한다.[106] 이렇게 말함으로써 그는 결여된 '상부구조'에 대한 이론을 구성하여 맑스주의를 완성하려는 자신의 시도를 무효화시킨다.[107] '이데올로기에 의하지 않고 이데올로기 아래 있지 않은 실천이란 없다'라는 그의 테제에 따르면 이데올로기 이론이란 인간적 실천 일반에 대한 이론이며 따라서 이데올로기 이론의 구성을 통한 맑스주의 이론의 완성이란 맑스주의적 역사철학의 구축에 이를 것이기 때문이다.

---

103) 발리바르, 「정치와 진리」, 『대중들의 공포』, 337쪽.
104) 발리바르는 그 사례로 베른슈타인, 플레하노프. 루카치, 사르트르, 알튀세르의 시도를 든다. 같은 글, 같은 책, 337쪽.
105) 알튀세르, 「마침내 맑스주의의 위기가!」(1976), 『당내에 더 이상 지속되어선 안 될 것』, 이진경 엮음, 새길, 1992, 70쪽.
106) 알튀세르, 「오늘의 맑스주의」, 『역사적 맑스주의』, 55~57쪽.
107) 발리바르, 「알튀세르여, 계속 침묵하십시오!」(1988), 발리바르 외, 『루이 알튀세르: 1918~1990』, 윤소영 엮음, 민맥, 1991, 76쪽 참조.

알튀세르는 "사회구성체의 역사를 이해하는 데 지름길을 제공하는 [맑스의] 이 장소론에 생명을 불어넣어야 한다"[108]는 1976년의 자신의 다짐을 1978년 「오늘의 맑스주의」에서 놀라운 방식으로 실천한다. 알튀세르는 『공산당 선언』과 1859년의 「서문」의 맑스의 유물론의 독특성은, 거기에서 "서술(Darstellung/présentation)이 장소론의 형태를 취한다"는 데에, 그리고 맑스가 이 장소론에서 자신의 관념들을 두 번, 그리고 상이한 두 형태로, 즉 "이론 형태"와 또한 "이데올로기 형태"로 제시한다(présente)는 데에 있다고 말한다. 알튀세르는 그것을 "장소론 속으로의 관념의 이중적 기입"으로 표현한다. 맑스는 우선 자신의 관념들을 "전반적(d'ensemble) 현실"에 대한 "분석의 원리들로서", 따라서 "이론적 형태"로서 제시한다. 동시에 맑스가 "자신의 관념들을 사회적 관계들과 계급 관계들의 한정된 장소(상부구조)에 자리 잡게 함으로써" 그것들은 "이론적 형태에서 '이데올로기 형태'로 변화한다". 알튀세르는 "관념은, 아무리 참되고 형식적으로 논증된 것이라 할지라도, 그 자체로서 역사적으로 능동적인 것일 수 없으며, 계급투쟁 속에 채택된 대중 이데올로기적 형태를 취하게 될 때만 역사적으로 능동적일 수 있다"고 말한다.[109] 자신의 반대물인 이데올로기로 전화하는 것이 이론의 실천적 효력의 조건이라는 알튀세르의 이 테제는 맑스주의가 '관념의 전능'이라는 입장에 빠지는 것을 경계하게 해주고, 해방적 이론이 실천에 투하될 때 항상 반대물로 전화할 위험을 수반한다는 것을 경고해 준다.

맑스의 장소론에 대한 알튀세르의 이러한 성찰은, 이데올로기에 대한 이데올로기적이지 않은 '이론', 이데올로기들에 대한 맑스주의적 '과학'을

---

108) 알튀세르, 「철학의 전화」, 『철학에 대하여』, 192쪽.
109) 알튀세르, 「오늘의 맑스주의」, 『역사적 맑스주의』, 53~54쪽.

구성하려는 시도가 원리적으로 불가능함을 함축한다. 결과적으로 그것은 과거에 자신이 추구했던 '사회적 전체'에 대한 이론화, 발리바르의 표현에 따르면 "사회적 전체의 완성"이 불가능하다는 선언이다. '맑스주의적 장소론'에 대한 알튀세르의 이러한 성찰은 필연적으로 맑스주의 이론의 해체로 귀결한다.

 그렇지만 알튀세르는 공적 활동의 마지막 시기까지 맑스주의를 개조 내지 재구성하려 하였지 해체하려 하지 않았다. 그는 공산주의의 관점에서 맑스주의 철학이라고 여겨져 온 것에 대해 근본적인 비판을 가하고 그것을 전화시키고자 했지만, '국가와 정치의 종언으로서의 공산주의'라는 맑스의 관념 자체에 대해서는 비판을 면제해 준다. 이데올로기는 영원하며 이데올로기 없는 투명한 사회로서의 공산주의란 이데올로기적인 관념이라는 『맑스를 위하여』이래 그의 일관된 주장, 맑스와 엥겔스가 견지한 "국가나 상품 관계들과 마찬가지로 쓸모없게 되어 버리는 **사회적 관계들을** 개인의 자유로운 발전이 대체하게 될 공동체의 신화"에 대한 그의 비판,[110] 헤겔적 지양의 원리에 의한 맑스의 "국가의 종언, 이데올로기의 종언" 테제에 대한 그의 비판[111] 등 국가 사멸 테제와 양립할 수 없는 그의 철학적 사고는 도처에서 발견된다. 그럼에도 그는 1985년에 와서도 "공산주의에 대해 내릴 수 있는 유일한 정의"가 "상품 관계들의 부재, 따라서 계급 착취 관계와 국가 지배 관계의 부재라 믿는다"[112]라고 썼듯이 끝까지 맑스의 공산주의관에 충실했다.

 맑스적 공산주의에 대한 알튀세르의 충실성은 맑스주의 이론에 대한 그의 비판에 근본적 한계를 부과하였다. 그렇지만 과잉결정(및 과소결정)

---

110) 알튀세르, 「오늘의 맑스주의」, 『역사적 맑스주의』, 50쪽.
111) 알튀세르, 「맑스주의적 사고에 대하여」, 『철학과 맑스주의』, 113쪽.
112) 알튀세르, 『미래는 오래 지속된다』(1985), 권은미 옮김, 이매진, 2008, 296쪽.

과 이데올로기에 대한 그의 개념화, 맑스의 유물론적 장소론에 대한 그의 성찰은 그를 이어 발리바르가 "'최종 심급에서'조차 결코 하나가 다른 하나로 총체적으로 환원될 수 없는 대중들과 계급들의 모순적 절합을 표현하는 역사적 과정이라는 비판적 개념"[113]을 발전시켜 맑스의 사회적 적대의 문제설정을 맑스를 넘어서 재활성화시킬 수 있는 길을 개방하였다.

4. 발리바르의 과도적 모색: 경제와 정치 사이의 단락

알튀세르의 모순은 비의식으로서의 이데올로기 개념, 과잉결정 개념과 같이 맑스주의에 대하여 발본적으로 해체적인 개념들을 도입하여 맑스주의 이론을 '완성'하려 한 데에 있다. 알튀세르의 이데올로기 개념은 맑스주의에 부재하는 이데올로기 이론을 구성하여 역사 유물론을 완성한다는 알튀세르 자신의 기획 자체와도 충돌하는 것이었다. "이데올로기 이론 또는 오히려 이데올로기 개념은 역사적 과정의 총체화시킬 수 없는(또는 주어진 질서 내로 표상할 수 없는) 복잡성이라는 대상 이외에는 다른 어떤 대상도 지시하지 않는다"[114]라는 발리바르의 역설적인 명제는 알튀세르의 모순을 극적으로 표현해 준다. 마찬가지로 알튀세르의 과잉결정 개념은 '경제에 의한 최종 심급에서의 결정'의 기초 위에서 '사회적 전체'의 구조에 대한 '맑스주의적' 이론을 구성하려 한 그의 시도와 충돌하는 것이었다.

후에 발리바르는 "'구조'인 것은 생산양식이 아니고 더욱이 사회구성체라는 '전체' ……는 아니다. **구조적인 것**으로, 즉 실천 일반에 내재적이지만 그러나 심지어 집단적인 의지 …… 조차도 미치지 못하는 것으로 간주

---

113) 발리바르, 「정치와 진리」, 『대중들의 공포』, 335~336쪽.
114) 같은 글, 같은 책, 338쪽.

되어야 하는 것은 바로 모순들 자체의 복잡성, 그것들의 '불균등성' 혹은 알튀세르의 표현에 따르자면 그것들의 과잉결정이다"[115]라는 말로 알튀세르의 시도가 내포한 모순을 표현하였다. 발리바르의 이러한 관점은 사회적 전체로서의 사회구성체의 구조에 대한 『맑스를 위하여』와 『『자본』을 읽자』에서의 알튀세르의 이론화, 그리고 생산양식의 구조와 그 이행에 대한 『『자본』을 읽자』에서의 발리바르 자신의 이론화를 무효화시킨다.

알튀세르는 1982년의 유고에서, 변증법에 대하여 20쪽 정도를 쓰겠다는 맑스의 희망에 대하여 "이 어리석은 시도는 사고 불가능한 것"[116]이었다고 단언한 바 있다. 그의 이러한 단언은 이데올로기 개념과 과잉결정 개념, 그리고 구조적 인과성 개념을 도입하여 역사 유물론을 '완성'하려 한 그 자신의 기획에도 정확히 적용된다. 1976년 이후 그는 그러한 기획이 불가능한 것임을 분명히 인식하였고, 1977년 말에서 1978년 초에 걸쳐 쓴 「오늘의 맑스주의」에서 그러한 기획을 스스로 무효화시킨다.[117] 알튀세르는 자신의 기획을 철학의 영역에서 해체하였지만 그 해체에 부합하는 정치적 이론화를 수행할 시간을 갖지 못하였다.

알튀세르의 '모범생'이던 발리바르가 알튀세르와 정치적으로 결별하게 된 계기는 알튀세르가 1977년 12월 제출한 '국가 밖의 당' 테제였다. 알튀세르가 여전히 "당은 국가 밖에 존재해야 한다", "당은 자신이 국가 사멸을 위한 도구들의 하나로 되기 이전에, 부르주아 국가의 '파괴'를 위한 첫 번째 도구가 되어야 한다"[118]고 주장하자 발리바르는 국가 밖의 당이라는

---

115) 발리바르, 「'이행'의 아포리들과 맑스의 모순들」, 『맑스주의의 역사』, 291~292쪽.
116) 알튀세르, 「맑스주의적 사고에 대하여」, 『철학과 맑스주의』, 126쪽.
117) 알튀세르적인 개념들의 **항상 이미 자기 비판적인 특징**과 알튀세르의 "불가피한 자기 파괴"에 대해서는 발리바르, 「알튀세르여, 계속 침묵하십시오!」, 『루이 알튀세르』를 볼 것.
118) 알뛰세, 「로싸나 로싼다의 질문과 알뛰세의 대답」, 『마침내 맑스주의의 위기가』, 50쪽.

관념은 당에 대한 관념론적 관념이라고 비판한다.[119] 이것은 알튀세르가 최후까지 견지한 맑스의 '국가와 정치의 종언으로서의 공산주의'관과의 결별 선언이었다. 후에 발리바르는 자신은 "민주주의 자체의 계급적 경계들을 넘어서는 민주주의의 일반적 발전 형태가 국가장치의 파괴라고, 그리고 일반적으로 말해서 국가의 사멸이라고 쓰지 않을 것이다"[120]라고 자기 입장을 더 분명히 한다.

발리바르는 맑스주의가 위기에 빠지고 위기를 장악하여 해결할 수 없었던 무능력에 대하여 그 주된 책임이 흔히 지적되는 것처럼 맑스주의의 경제적 환원주의에 있다기보다 맑스주의와 절대자유주의적(libertaire) 전통 전체가 공유하는, '이론적 아나키즘'에 있다고 본다.[121] 직접적으로 '공상적' 사회주의로부터 맑스에게 유증되었지만 그 이론적 기원이 자유주의 이데올로기의 시민적/문명적(civil) 사회와 정치적 국가의 이원론으로 거슬러 올라가는 이론적 아나키즘은 맑스주의가 공산주의적 정치, 프롤레타리아 정치를 사고하는 데에서 해결 불가능한 이론적 장애로 작용하였고, '국가 사멸' 담론은 맑스주의를 정치적으로 무능력하게 만들고 결국 전능한 국가를 옹호하는 실천을 출현시켰다는 것이다.[122]

기본적으로 맑스에게 국가와 정치는 이데올로기와 마찬가지로 환상

---

119) Balibar, "État, parti, transition", *Dialectique* Vol. 27, Spring 1979, pp. 81~92.
120) Balibar, "The Infinite Contradiction"(1993), ed. Jacques Lerza, *Yale French Studies* No. 88(*Depositions: Althusser, Balibar, Macherey, and the Labor of Reading*), Yale University Press, 1995, p. 157.
121) 맑스주의의 이론적 아나키즘에 대한 더 자세한 소개는 서관모, 「반폭력의 문제설정과 인간학적 차이들: 에티엔 발리바르의 포스트마르크스적 공산주의」, 『마르크스주의 연구』 5권 2호, 2008과 최원, 「역자 해제: 이론의 전화, 정치의 전화」, 『대중들의 공포』를 볼 것.
122) Jean-François Chevrier et al., "Globalization, Civilization I: Interview with E. Balibar", Jean-François Chevrier & Catherine David, *Politics/Poetics: Documenta X–The Book*, Hatje Cantz Verlag, 1997, p. 774.

이고, 공산주의는 국가와 정치의 종언을 표상한다(『독일 이데올로기』). 그러나 동시에, "모든 계급투쟁은 정치적"이며(『공산당 선언』), 따라서 정치는 환상이 아니라 현실적인 것이다. 이러한 동요 속에서 맑스는 국가주의-아나키즘의 거울 반사 관계의 덫에서 벗어나지 못하였고, 국가주의적이지 않으며 동시에 아나키즘과도 구분되는 프롤레타리아 정치에 대한 자신의 담론을 결코 안정화시킬 수 없었다. 맑스 이후 현실의 공산주의 운동에서 이러한 딜레마는 '프롤레타리아 독재에 의한 프롤레타리아 독재의 지양'의 딜레마로 집약되었으며, 이 딜레마는 결국 프롤레타리아 독재가 프롤레타리아트에 대한 독재로 귀착하는 방식으로 '해소'되었다. 현실 공산주의에서 이론적 아나키즘의 이면은 '실천적 국가주의'였고, 발리바르에 따르면 그 귀결은 '국가 공산주의'였다.

    국가 사멸 테제와 프롤레타리아 독재 개념을 기각한다는 것은 국가와 정치에 대한 맑스주의 이론 자체를 기각한다는 것을 의미한다. 처음에 발리바르는 국가와 정치에 대한 새로운 이론화의 요소를 맑스의 텍스트 내에서 찾고자 했다. 이를 위하여 그는 1970년대 말에서 1980년대 중후반에 이르기까지 맑스의 텍스트들에 대한 새로운 읽기와 해체 작업을 수행한다. 이러한 작업 속에서 그는, 그것에 비하면 "맑스주의자들이 …… 부단히 주석하는 헤겔 체계의 '두 측면'의 내재적 모순은 새 발의 피"에 불과할 맑스주의적 담론의 "첨예한 모순"[123)]을 식별해 냈고, 또한 이러한 모순을 해소하게 해줄 이론적 요소를 맑스와 엥겔스 자신에게서 찾아내고자 했다.

---

123) 발리바르, 「맑스주의에서 이데올로기의 동요」, 『역사유물론의 전화』, 101쪽. 발리바르는 이 한국어판 번역 논문의 원본에 해당하는 긴 글을 부분적으로 수정하여 『대중들의 공포』의 3부 '맑스주의에서의 이데올로기의 동요'에 네 편의 논문(「관념론의 교계군」, 「세계관들」, 「붙잡을 수 없는 프롤레타리아트」, 「정치와 진리」)으로 실었는데, 여기에서 "헤겔 체계의 '두 측면'의 내재적 모순"에 대한 서술이 있던 도입부는 삭제되었다.

발리바르는 맑스의 전 저작을 관통하는 이론적 동요들의 핵심을 이루는 것이 이데올로기 개념의 동요라고 파악한다.[124] 이데올로기 개념의 동요는 맑스주의에서의 국가, 당, 프롤레타리아 독재 개념의 동요들[125]을, 따라서 해결할 수 없는 이론적 곤란들을 규정한다. 발리바르는 맑스의 이론적 곤란의 근원이 그가 국가와 사회, 자본과 노동, 속박과 자유, 위계와 평등, 공적 이해와 사적 이해, 계획과 시장과 같은 일련의 정치적 대립쌍들에 의해 전체적으로 구조화된 부르주아 이데올로기적 공간에 사로잡혀 있었던 데 있으며, 맑스가 갇혀 있던 국가주의와 아나키즘이라는 대립쌍은 바로 부르주아 이데올로기의 이러한 이원적 구조에서 유래한다고 본다.

발리바르는 맑스가 근본적으로 그러한 반정립에서 벗어나지 못했지만, 경제 이데올로기(내지 경제학적 이데올로기)가 분리해 놓은 노동 과정과 국가 사이, 즉 경제와 정치 사이를 『자본』의 분석에서 이론적으로 단락(短絡)시킴으로써[126] 그러한 반정립을 해체할 길을 제시했다고 본다. "맑스의 단락이란 노동 과정의 형태와 국가의 형태 사이의 무매개적 관계, 매개 없는 상호 관계(그러나 역으로 경제적, 정치적 매개들 속에서 역사적으로 발전하는 관계)의 발견이다."[127] 발리바르는 정치경제학 비판을 맑스의 "역사성에 대한 가장 심오한 사상"으로 평가하고 그 핵심을 "소유와 노동을 국가와 계급투쟁에 연관시키는 일반화된 경제의 이론화"[128]로 파악한다.

---

124) 『대중들의 공포』 3부 '맑스주의에서의 이데올로기의 동요'의 네 편의 논문을 볼 것.
125) 이에 대해서는 발리바르, 「국가, 당, 이데올로기: 문제의 개요」(1979), 『역사유물론의 전화』를 볼 것.
126) 발리바르는 자신의 '단락' 테제의 가장 중요한 전거를 "경제적 공동체의 전체 구조와 동시에 그것의 종별적인 정치적 형태"가 "불불의 잉여노동이 직접적 생산자들로부터 추출되는 종별적인 경제적 형태"에 "토대를 둔다"는 『자본』 3권 47장 2절의 정식(*MEW* Bd.25, Dietz, 1964, SS. 799~800; 『자본: 경제학 비판』 III-2, 강신준 옮김, 길, 2010, 1056쪽)에서 찾는다. 상세한 것은 「붙잡을 수 없는 프롤레타리아트」 2절 '맑스의 이론적 단락' 참조.
127) 발리바르, 「붙잡을 수 없는 프롤레타리아트」, 『대중들의 공포』, 294쪽.

68혁명 이전에 정치의 지배적('부르주아적') 모델이었던 사회 계약 모델과 그에 대한 거의 유일한 좌익적 대안이었던 프롤레타리아 독재 모델은 사회와 국가 또는 경제와 정치라는 대립쌍에 의해 구조화된 사회 이미지를 공유한다는 점에서 근본적으로 동일한 이론 구조를 지니고 있었다. 이 관점에서 우리는 유로코뮤니즘과 페레스트로이카는 프롤레타리아 독재 모델을 폐기하고 사회 계약 모델로 복귀하는 동일한 역사적 경로에서 펼쳐진 상이한 에피소드들이었을 뿐이라 말할 수 있다. 발리바르는 맑스가 수행한 경제와 정치 사이의 단락, 따라서 사회와 국가 사이의 단락이 부르주아 이데올로기의 이원적 구조를 비판함으로써 그러한 이데올로기적 구조에 매여 있는 사회 계약 모델과 프롤레타리아 독재 모델, 국가주의와 이론적 아나키즘의 반사적 대립을 넘어설 계기를 제공한다고 파악한다.

맑스의 '단락'에 대한 성찰에 기초하여 발리바르는 지배적 이데올로기의 지배적 형태에 대한 맑스와 엥겔스의 이해를 문제 삼는다. 그들은 자본주의 사회의 지배적 이데올로기의 지배적 형태를 사적 소유와 상품 교환의 보편적 확대의 반영으로서의 "**법적** 이데올로기, 곧 인권 이데올로기, 사회 계약 및 의회제……의 이데올로기"[129]라고 파악하며, "자유, 평등, 정의, 인간의 권리들과 의무들, 계약 관계들 또는 폭력적 관계들에 의해 받쳐지고 있는 '법적' 담론"을 "이데올로기적 담론의 전형"[130]으로 파악한다. 그러한 파악에 따르면 자본주의 사회에서 법적 이데올로기는 국가적 지배에 복무하는 순수한 기만/신비화가 된다.[131] 부르주아 이데올로기의 지배

---

128) 발리바르, 「반폭력과 '인권의 정치'」(1992, 원제는 「폭력과 정치: 몇 개의 질문들」), 『마르크스의 철학, 마르크스의 정치』, 191쪽. '일반화된 경제'는 필요, 생산, 축적을 강조하는 '제한된 경제' 개념을 비판하고 사치, 소비, 대가 없이 이루어지는 선물이 더 핵심적이라고 주장하면서 '일반 경제' 개념을 제시하는 바타유에게서 발리바르가 차용한 개념이다. 조르주 바타유, 『저주의 몫』, 조한경 옮김, 문학동네, 2000의 1부 참조.
129) 발리바르, 「조우커 맑스: 또는 동봉된 제3항」(1981), 『역사유물론의 전화』, 51쪽.

적 형태를 법적 이데올로기로 파악한다는 점에서는 알튀세르 역시 예외가 아니었다. 발리바르는 알튀세르의 '국가 밖의 당' 테제가 지배적인 부르주아 이데올로기의 핵심을 법적 이데올로기로 간주하는 고전 맑스주의의 입장에서 법적 이데올로기의 범주들의 외부에서 역사와 정치를 사고하기 위한 가장 근본적인 시도를 표상한다고 본다.[132]

발리바르는 경제와 국가를 분리하고 경제의 자동성을 상정하는 경제 이데올로기야말로 부르주아지로 하여금 국가장치를 통제하고 전화시키고 이용할 수 있게 해주는 "부르주아지의 국가 이데올로기"라고 파악한다. 그는 경제 이데올로기를 법적 이데올로기가 생산되고 기능하게 만드는 더 근원적 이데올로기로서,[133] "지배적 이데올로기의 경향적으로 지배적인 형태"[134]로서 파악한다. 경제 이데올로기가 "근대 사회들의 진정한 **국가적**

---

[130] 발리바르, 「세계관들」, 『대중들의 공포』, 238쪽. 예를 들면, 엥겔스는 『유토피아에서 과학으로의 사회주의의 발전』(1880)에서 이렇게 말한다. "우리는 이제, 그 이성의 왕국이란 부르주아 왕국의 이성화에 지나지 않는다는 것, 영원한 정의는 부르주아 법질서(Bourgeois-justiz)로 실현되었다는 것, 평등이란 결국 법률(Gesetz) 앞에서의 부르주아적 평등이었고, 가장 본질적인 인권의 하나로 선언된 것은 부르주아적 소유였다는 사실을 잘 알고 있다." MEW Bd. 19, Dietz, 1962, S. 190(「유토피아에서 과학으로의 사회주의의 발전」, 『칼 맑스·프리드리히 엥겔스 저작선집』 5권, 최인호 외 옮김, 박종철출판사, 1994, 434쪽). 더 직접적으로, 엥겔스와 카우츠키는 「법조 사회주의」(Juristen-Sozialismus, 1886)에서 18세기에 출현한 "법적 세계관"이 "부르주아지의 고전적 세계관"이 되었다면서 '법적 세계관'에 '프롤레타리아 세계관'을 대립시킨다. 그들은 "노동자 계급은 부르주아지의 법적 환상 속에서 자신들의 생활 환경을 남김 없이 표현할 수 없다"고, "맑스의 이론적 탐구에 따르면" "법적 권리란 항상 특정 사회의 경제적 조건들의 반영에 불과하다"고 말한다. *Ibid.* Bd. 21, Dietz, 1962, SS. 492, 494, 501. 엥겔스가 여기에서 '이데올로기' 대신 '세계관'이라는 용어를 사용하는 것은 그가 부르주아 이데올로기에 대립하는 또 하나의 이데올로기로서의 '프롤레타리아 이데올로기'라는 관념을 끝내 용인할 수 없었기 때문이다.

[131] 발리바르, 「정치와 진리」, 『대중들의 공포』, 323쪽.

[132] 발리바르, 「헤게모니 혹은 "국가-이데올로기-장치"」(1982), 윤소영 옮김, 『맑스주의의 역사』, 39쪽. 알튀세르는 1982~1987년 사이의 유고들에서는 공산당에 대한 이러한 기대를 완전히 버린다.

[133] 발리바르, 「조우커 맑스」, 『역사유물론의 전화』, 51~53쪽.

[134] 발리바르, 「붙잡을 수 없는 프롤레타리아트」, 『대중들의 공포』, 288쪽.

이데올로기"[135]라는 발리바르의 테제는 지배적 이데올로기는 지배자들이 아니라 피지배자들의 체험된 경험의 보편화라는 그의 테제와 부합하는데, 이는 '경제와 정치의 분리'를 보편적인 것으로서 '체험하는' 이들은 자본의 기능인과 국가장치의 기능인으로서 자본과 국가장치가 불가분한 연관 속에서 작동한다는 것(이른바 정경 유착)을 자신들의 실천 속에서 잘 체험할 수 있는 위치에 있는 지배자들이라기보다는 그러한 위치에 있지 못한 피지배자들일 것이기 때문이다.

발리바르는 맑스가 경제와 정치 사이를 단락시키면서도 경제와 정치, 사회와 국가(또는 시민적 사회와 정치적 국가)의 개념적 대당 또는 '장소론'을 제거하는 데 진정으로 성공하지 못한 이유는 "부르주아 계급의 지배가 (그리고 따라서 부르주아지의 계급으로서의 조직화 자체가) **두 개의 머리를 갖는 지배**"[136]라는 사실, 부르주아 지배가 단일의 중심을 갖고 있는 것이 아니라 자본과 국가장치라는 두 개의 중심을 갖고 있다는 사실 때문이라고 본다. '사회적인 것'과 '국가적인 것'의 제도적 '분리'는 프롤레타리아 정치에 회피할 수 없는 딜레마를 강요한다. 변혁 운동에는 조직이 필수적이고 모든 조직은 국가 속에서 또는 시민사회 속에서 설립되어야 하기 때문에 현실적으로 프롤레타리아 정치는 시민사회-국가의 분할의 도식 속에서 추구될 수밖에 없었다. 맑스주의자들이 시민사회-국가의 분할의 도식 속에서 사고해 온 것은 계급 적대의 구조다. 그러나 "프롤레타리아 정치는 계급 적대와는 다른 모순들에 의해 항상 과잉결정되는 정세로부터(구조라기보다) 발생하므로, 시민사회-국가의 분할이라는 주어진 도식 속에서는 **발견될 수 없다**".[137] 발리바르는 시민사회와 국가의 이원론에 대한 비판의

---

135) 발리바르, 「'이행'의 아포리들과 맑스의 모순들」, 『맑스주의의 역사』, 286쪽.
136) 같은 글, 같은 책, 284쪽.
137) 같은 글, 같은 책, 286쪽.

방향으로 분석을 전위시킴으로써 프롤레타리아 정치를 국가주의와 아나키즘 사이에서 동요하게 만드는 이러한 딜레마에서 벗어날 수 있을 것이라고 기대했다.[138]

발리바르의 '맑스의 단락'에 대한 성찰과 "프롤레타리아 정치의 무덤"[139]인 시민사회-국가의 분리의 도식에 대한 비판은 맑스주의의 이론적 아나키즘과 국가 사멸 테제의 토대인 "자유주의 이데올로기로부터 유증되고, 일반적 이해라는 관념에 반대하여 단순하게 전도시킨" "'시민사회'에 외재적인 유기체 또는 '기계'"[140]라는 고전 맑스주의의 국가장치 개념에 대한 비판으로 이어진다. 이러한 비판 위에서 그는 사회 계약 모델과 프롤레타리아 독재 모델의 반사적 대립을 넘어서는 '정치의 또 다른 실천'으로서의 프롤레타리아 정치를 정의하고자 한다.

발리바르는 맑스의 『고타 강령 초안 비판』에서 그 개요가 이미 발견되고 맑스 사후 엥겔스의 말년 저작들에서 전면적으로 다시 이루어지는 공산주의에 대한 새로운 성찰에서 공산주의에 대한 7들의 새로운 관념을 식별해 내고 그것을 "노동의 정치"로 명명하였다. '맑스의 단락'의 맞짝을 이루는 것이 "국가의 기능 과정 자체 속에서의 '노동의 정치'의 중심적 중요성"[141]이다. 그는 공산주의의 정의의 핵심에 노동의 정치를 기입하여 "공산주의는 '노동자 계급의 통치'를 지향하는 노동자들의 투쟁으로서만이 아니라, 더 근본적으로는 노동 활동 자체에서 출발하는 정치의 재구성으로서, 노동에 의한 정치의 그리고 정치에 의한 노동의 상호 전화로

---

138) 같은 글, 같은 책, 291쪽.
139) 발리바르, 「조우커 맑스」, 『역사유물론의 전화』, 43쪽.
140) 발리바르, 「계급투쟁에서 계급 없는 투쟁으로?」, 같은 책, 272쪽.
141) 발리바르, 「스피노자, 루소, 마르크스: 정치적인 것의 자율성에서 정치의 타율성으로」(1995), 『스피노자와 정치』(1985), 진태원 옮김, 이제이북스, 2005, 235쪽.

서……노동의 정치이다"¹⁴²⁾라고 주장하였다. '정치의 또 다른 형태'로서의 노동의 정치가 의미하는 것은 "노동자들의……정치 권력, 정치 투쟁에 의한 노동 형태의 전화,……노동력의 확장 능력의 승인에 의한 '통치' 형태들의 전화"¹⁴³⁾이다. 따라서 프롤레타리아 정치는 정치의 종언, 국가의 사멸이 아니라 노동 형태와 통치 형태의 무한한 상호 전화를 지향하는 정치로 긍정적으로 재정의된다.

발리바르의 '맑스의 이론적 단락' 테제는 맑스 자신의 토대와 상부구조라는 개념쌍을 무효화시키며, 『『자본』을 읽자』에서 제시된 알튀세르의 '경제, 정치, 이데올로기라는 구조화된 심급들의 복합체로서의 사회구성체' 개념까지도 무효화시킨다. 이는 경제와 정치 사이가 단락된다면 사회구성체의 구조에 대한 알튀세르의 이론화의 기초가 되는 "상호 절합되는 심급들의 환원 불가능한 구별"¹⁴⁴⁾이라는 관념 자체가 무효화되기 때문이다. 이와 상관적으로 '단락' 테제는 구조적 인과성 개념을 통하여 '구조의 효력에 의한 이 구조의 요소들 및 이 요소들 간의 구조적 관계들의 결정'을 사고하는 데에서 멈추지 않고 사회구성체의 지배적 구조(심급)에 의한 종속적 구조(심급)의 결정까지를 사고하려 한 『『자본』을 읽자』에서의 알튀세르의 시도, 구조적 인과성 개념과 '경제에 의한 최종 심급에서의 결정' 개념을 양립시키려 한 그의 시도를 무효화시킨다.

토대와 상부구조의 도식(이원론)과 경제, 정치, 이데올로기라는 사회구성체의 수준들/심급들의 유형학(삼원론)의 해체는 이미 알튀세르가 「이데올로기와 이데올로기적 국가장치들」에서부터 수행한 작업이다. 발리바르는 알튀세르의 방식과는 별도로 맑스의 정치경제학 비판에서 맑스의 전

---

142) 발리바르, 「세계관들」, 『대중들의 공포』, 262~263쪽.
143) 발리바르, 「붙잡을 수 없는 프롤레타리아트」, 같은 책, 295쪽.
144) 발리바르, 「(철학의) 대상」, 『알튀세르와 마르크스주의의 전화』, 224쪽.

통적인 장소론을 해체할 요소를 찾은 것이다. 그러나 경제와 정치 사이의 단락에 대한 발리바르의 분석에는 서로 단락시킨 경제 및 정치의 이데올로기에 대한 관계가 빠져 있으며, 따라서 그의 이론화는 알튀세르가 『맑스를 위하여』와 『『자본』을 읽자』에서 제시하였다가 후에 스스로 해체한 역사적 인과성 도식을 대체할 대안적 도식을 제시하지 못하는 과도적인 것이었다. 마찬가지로 노동 형태와 통치 형태의 상호 전화로서의 '노동의 정치'의 정식화는 그 상호 전화의 당위성을 제시했을 뿐 그 상호 전화의 실천들을 이데올로기의 견지에서 사고하는 데에 이르지 못했기 때문에 추상적인 것에 머무는 것이었다.

발리바르가 '맑스의 단락'에 대해 수행한 것과는 별도로 수행한 맑스의 철학적 인간학에 대한 성찰은 알튀세르의 맑스주의를 포함한 맑스주의의 근본적인 한계에 대한 인식으로 이어진다. 알튀세르는 '모든 모순과 한 사회의 모든 구성적 요소의 과잉결정'을 개념화하였지만, 계급 모순으로 환원되지 않는 다른 종류의 사회적 모순들과 계급 모순 간의 상호 실존 조건화로서의 계급 모순의 과잉결정에 대한 이론화에는 이르지 못하였다. 발리바르 역시 노동의 물질성에 정박하는 것이 제기하는 이론적 곤란들을 곧바로 해결할 수는 없었다. 1987년에 그는 "우리는 '노동'(혹은 '물질적 노동')이라는 시니피앙의 정박에 아직도 매여 있"고, "노동의 차원 밖에서 사회적인 것을 생각하는 것이 노동을 유일한 토대로 해서 사회적인 것을 생각하는 것보다 **여전히 더 곤란한 것 같다**"고 주저하면서 말했다. 그는 여전히 계급투쟁이 "역사적 물질성 속에서의 **화해 불가능한 것의 심급**"이며, "무계급 사회로의 이행"은 "어떤 예정된 진화의 노선 속에도 각인되어 있지 않"지만, "계급 사회들의 구조적 인과성 속에 객관적으로 각인되어 있는 하나의 가능성으로 남아 있다"고 썼다.[145] 그러나 "노동을 유일한 토대로 해서 사회적인 것을 생각하는 것"의 곤란은 해결되지 않으면 안 되었다.

5. 정치와 '또 다른 무대': 발리바르의 인과성 도식

맑스의 노동의 인간학의 쟁점들에 대한 성찰은 발리바르로 하여금 맑스가 유일한 보편적 적대로 조정한 계급 적대[146]와 여타의 사회적 적대들에 대한 관계를 새로 사고하도록 이끈다. 맑스의 노동의 인간학을 넘어서는 발리바르의 이론화의 단초는 '복수의 보편적 적대'에 대한 1987년의 정식화에서 주어진다. 그는 "'종족적'(ethniques) 갈등들(더 정확하게는 인종주의의 효과)"과 "성적 분할(division)에 기초한 적대"가 계급 적대와 동일하게 "보편적인" 적대이며, "계급투쟁은 **모든** 사회적 실천들에 걸쳐 있는……**유일한** 것이 아니라 다만 **하나**일 뿐인 결정적 구조"라는 테제를 제출한다. 이제 그에게 "과잉결정이 비결정의 동의어가 아니듯이 보편성은 단일성의 동의어가 아니"게 된다.[147] 보편적 적대가 복수로 존재하며 역사의 물질성이 노동의 물질성으로 환원될 수 없다면 "계급투쟁이 **그 자체로서** 역사의 물질성 속에서 화해 불가능성의 심급이며 결과적으로 역사의 비가역적 전화의 '동력'"이라는 발리바르의 "70년대의 자신의 주장"[148]은 유지될 수 없게 되며, 자연히 '무계급 사회로의 이행'의 문제설정 자체가 유지될 수 없게 된다. 사회적 적대에 대한 발리바르의 이러한 입장은 계급 적대를 유일한 보편적 적대로 조정(措定)하는 맑스주의적 입장과도, 변별적인 주체 위치들에 등가성을 부여하고 이 위치들 간의 등가적 전위를 적대

---

145) 발리바르, 「'이행'의 아포리들과 맑스의 모순들」, 『맑스주의의 역사』, 280~281쪽.
146) 맑스의 이러한 입장은 잉여가치의 지대 및 이윤으로의 전형에 대하여 논하면서 쓴 "결론은, 일체의 똥[잡스러운 것]의 운동 및 해결이 그것으로 녹아드는, 계급투쟁"이라는 맑스의 표현에서 잘 드러난다. MEW Bd. 32, Dietz, 1965, S. 75(「엥겔스에게 보내는 1868년 4월 30일자 편지」, 『칼 맑스·프리드리히 엥겔스 저작선집』 3권, 207쪽).
147) 발리바르, 「계급투쟁에서 계급 없는 투쟁으로?」, 『역사유물론의 전화』, 282~283쪽.
148) Balibar, "The Infinite Contradiction", Yale French Studies No. 88, p. 157(강조는 인용자).

의 출현, 적대의 담론적 구축의 조건으로 간주하는 라클라우와 무프의 입장[149]과도 구분된다.

1989년에 발리바르는 '인간학적 차이' 개념을 가공하여 계급 분할 내지 계급 모순 및 그것과는 별개인 "분할들" 내지 "모순들"의 각이한 성질과 상호 관계를 분명히 한다.[150] 발리바르는 "개인 일반이 인류의 표본으로 표상될 수 있는 가능성 자체를 고발"하는, 계급 분할과 마찬가지로 보편성을 갖지만 그것과 다른 유형의 "분할들" 내지 넓은 의미의 "모순들"로서 "성의 분할"과 "육체와 정신(esprit)의 분할"을 식별하고 그것들을 "성적 차이"와 "지적 차이"라는 "인간학적 차이들"로 개념화한다. 서로 다른 유형의 분할인 성의 분할과 육체와 정신의 분할은 계급 적대와 마찬가지로 보편적인 적대들인 젠더들 간의 적대, 유식자-무식자 간의 적대라는 사회적 적대의 토대가 된다. 이 적대들이 보편적인 것들인 한 그것들 간의 관계에서 '최종 심급에서의 결정'이란 사고될 수 없다.

'성적 차이'와 '지적 차이'라는 인간학적 차이들은 각각 고유한 저대를 내포할 뿐만 아니라 '적대에 의해 구조화되는 것으로서의 사회적 관계'로 환원되지 않는 다른 차이의 차원들을 내포한다. 성적 차이는 젠더 관계만이 아니라 또한 섹슈얼리티의 차이와 같은 범주들에 의해 정의되고, 지적 차이는 유식자-무식자 관계만이 아니라 또한 '지적' 지식(savoir 'intellectuel')과 '육체적' 활동(activité 'corporelle')의 분할에 의해 정의된다. 성적 차이와 지적 차이는 계급적 차이와 달리 불평등으로 환원되지 않는 차이의 다른 차원들을 내포한다. 계급 모순·계급 적대와 관련해서는 단

---

149) 어네스토 라클라우·샹탈 무페, 『사회변혁과 헤게모니』, 김성기 외 옮김, 터, 1990.
150) 발리바르, 「'인간의 권리'와 '시민의 권리': 평등과 자유의 현대적 변증법」(1989), 발리바르 외, 『'인권의 정치'와 성적 차이』, 윤소영 엮음, 공감, 2003. 이 논문은 수정되어 Balibar, "La proposition de l'égaliberté", *La proposition de l'égaliberté*, PUF, 2010으로 재간행된다.

순한 평등의 권리가, 즉 차이의 해소 내지 최소화가 전취 목표[쟁점, enjeu]라면, 성적 차이·지적 차이와 관련해서는 '평등 속의 차이의 권리'가, 즉 차이의 억압이 아니라 승인과 발전이 전취 목표가 된다.

맑스의 역사 유물론을 지탱하는 것은 "'사회적 관계' 개념, 또는 세력 관계들에 내재적인 구조로서의 모순 개념"이다. 역사 유물론은 "계급투쟁의 **물질성**, 따라서 모순의 **물질성**"이라는 테제 위에 구축되며,[151] 계급투쟁의 물질성의 토대는 노동의 물질성, 더 정확히 말해서 노동 과정·노동 관계의 물질성이다. 일찍이 발리바르는 역사 유물론이 시간의 차원에서 완성 불가능할 뿐 아니라 "계급투쟁을, 그 물질성이 또 다른 무대[152](예컨대 무의식l'inconscient) 위에서 펼쳐지는 과정들과 절합할 것을 요구한다는 점에서, 그 이론적 토픽에서도" "원리적으로 완성 불가능하다"고 주장한 바 있다.[153] 여기에서 예컨대 무의식과 같은 '또 다른 무대' 위에서 펼쳐지는 과정들이란 이데올로기적 과정들을 지칭한다.

알튀세르에 따르면 이데올로기에 의하지 않고 이데올로기 아래 있지 않은 실천이란 없다. 계급투쟁, 젠더 갈등, 유식자-무식자 갈등 등 역사의 무대 위에서 펼쳐지는 과정들은 모두 이데올로기하에서 실현된다. 발리바르로 하여금 알튀세르가 이데올로기적 과정들이라 말한 것을 무의식이라는 또 다른 무대 위에서 펼쳐지는 과정들로 규정하게 한 것은 그의 '프로이트맑스주의적'인 지적 배경이다. 이데올로기와 무의식 간에 어떤 관련이 있음을 의식하면서도 이데올로기를 무의식이 아니라 비의식으로 규정한

---

151) 발리바르, 「푸코와 맑스: 유명론이라는 쟁점」(1989), 『대중들의 공포』, 364~365쪽.
152) 발리바르가 중요하게 사용하는 '또 다른 무대'(der andere Schauplatz/l'autre scène)라는 개념은 페히너(Gustav Fechner)와 프로이트에게서 유래하는 것이다. "도리어 그[페히너]는 꿈의 무대가 깨어 있는 표상 생활의 무대와는 별개의 것이라고 생각한다." 지그문트 프로이트, 『꿈의 해석』, 장병길 옮김, 을유문화사, 1983, 39쪽.
153) 발리바르, 「정치와 진리」, 『대중들의 공포』, 338~339쪽.

알튀세르보다 발리바르는 분명히 더 '프로이트맑스주의적'이다.[154] 여하간 발리바르가 핵심적으로 이론화하고자 하는 것은 계급투쟁, 젠더 갈등, 유식자–무식자 갈등 모두와 이데올로기의 관련이 아니라 계급투쟁과 이데올로기의 관련이다.

계급투쟁과는 또 다른 물질성을 이론화에 도입한다 하더라도 이 물질성들이 동일한 '무대' 위에서 펼쳐지는 과정들의 물질성이라면 그것들을 하나의 이론 체계 속에 통합함으로써 '사회적 전체'를 '완성'하는 것, 즉 프로이트맑스주의적인 역사 유물론의 체계를 구성하는 것이 가능할 것이다. 그러나 그것들이 '또 다른 무대' 위에서 펼쳐지는 별개의 과정들의 물질성들이라면 "역사와 무의식의 통일성 또는 계급투쟁과 섹슈얼리티의……통일성"[155]을 전제로 한 프로이트맑스주의는 불가능한 것이 된다. 그는 맑스주의와 정신분석학이라는 "이 두 개의 문제설정들 각자가 다른 것에 의해 연구되는 어떤 규정들을 일정하게 '괄호 속에 넣는 것'을 그 조건으로 하는 만큼" 양자의 "종합이란 불가능하다"[156]고 단언한다.

발리바르의 광의의 '프로이트맑스주의적' 이론화의 가능성의 조건은 맑스주의와 정신분석학이 부르주아 사회의 지배적 이데올로기가 뿌리내

---

154) 발리바르는 "맑스주의(알튀세르를 통하여)와 정신분석학(라캉을 통하여)에 대한 이중적 준거에 의해 교육받은 우리들은 이 두 개의 이론들의 **종합**, 즉 원하든 원하지 않든 구조주의를 수단으로 하여 쇄신된 새로운 '프로이트맑스주의'를 추구합니다"라고 말한 바 있다. 발리바르, 「프란치스코 상페드로의 질문에 대한 답변」(1992), 『알튀세르와 마르크스주의의 전화』, 365쪽. 여기에서 말하는 '종합'이란 바로 뒤에서 말하는 '종합'과 구별되는 것임에 유의해야 한다. 여기에서 '종합'은 맑스주의와 정신분석학을 어떤 방식으로든 함께 활용하는 것을 말하는 반면, 뒤에서 말하는 '종합'은 이 두 이론을 하나의 이론 체계로 만드는 것을 말한다.
155) 발리바르, 「파시즘, 정신분석학, 프로이트–맑스주의」(1988), 『대중들의 공포』, 376쪽. '발리바르는 역사와 무의식의, 계급투쟁과 섹슈얼리티의 통일화'의 사고의 사례로 빌헬름 라이히와 함께 헤르베르트 마르쿠제, 「프로이트와 라캉」(1964)의 알튀세르, 『앙티–오이디푸스』(1972)의 들뢰즈와 가타리를 든다.
156) 발리바르, 「프란치스코 상페드로의 질문에 대한 답변」, 『알튀세르와 마르크스주의의 전화』, 365쪽.

리고 있는 개인주의(원자론)와 유기체론(전체론)의 반정립을 넘어서는 '관계의 존재론' 내지 '과(跨)개인적 존재론'을 공유한다는 데에서, 맑스주의와 정신분석학은 모두 "근본적으로 **과개인적**인 어떤 현실과 관련된다"[157]는 공통성을 지닌다는 데에서 주어진다.[158]

해방적 실천에서 개인주의(원자론)와 유기체론(전체론)이 문제인 것은, 전자는 개인 '속에' 존재하는 본질 내지 본성(단적으로 인간의 이기성 등)을 근거로, 후자는 전자의 대극에서 집단 내지 사회 자체의 본질 내지 본성(미헬스Robert Michels의 이른바 '과두제의 철칙', 기능주의 사회학에서 말하는 '사회의 기능적 요건으로서의 차별적 보상의 체계=사회 성층' 등)을 근거로 사회적 관계의 근본적인 평등주의적 변혁의 불가능성을 주장하기 때문이다. 그러나 "'자기'의 구성은 '사회체'와의 물질적·상징적 '관계들'의 구성과 불가분하고 심지어 구별 불가능"[159]하다고 보는 과개인적 존재론에 따르면 개인의 본성, 집단 내지 사회의 본성이란 허구일 뿐이다.

무의식이라는 '또 다른 무대' 위에서 펼쳐지는 과정들과 관계되는 것으로서 발리바르가 역사적 전화의 이론화의 구성적 요소로 택하는 것은

---

157) 발리바르, 「프란치스코 상페드로의 질문에 대한 답변」, 『알튀세르와 마르크스주의의 전화』, 365~366쪽. 참고로 기능주의 사회학에서 유기체에 유비되는 것으로서의 사회는 과개인적 현실이 아니라 초개인적(supra-individual) 현실임에 유의해야 한다.
158) 맑스의 '관계의 존재론' 내지 '과(跨)개인적 존재론'에 대해서는 발리바르, 『마르크스의 철학, 마르크스의 정치』, 55~57쪽을 볼 것. 프로이트와 라캉에게 무의식은 개인적인 것이 아니라 과개인적인 것이다. "무의식은, 자신의 의식적 담론의 연속성을 재확립하려는 주체의 성향(disposition)을 무로 만드는, 과개인적인 것으로서의 구체적 담론의 일부이다." Jacques Lacan, *Écrits*, Seuil, 1966, p. 258. 발리바르는 또 한 명의 중요한 과개인성(과개체성)의 철학자로 스피노자를 든다. 이에 대해서는 발리바르, 「스피노자에서 개체성과 관계체성」(1996), 『스피노자와 정치』 참조. 알튀세르의 스피노자맑스주의를 가능하게 하는 것 역시 스피노자의 과개체적 존재론, 그리고 그것의 인간학적 적용이라 할 수 있는 스피노자의 "교통의 인간학"(발리바르)이다.
159) Balibar, "Le renversement de l'individualisme possessif"(2004), *La proposition de l'égaliberté*, p. 124.

이데올로기이다. 이 점에서 발리바르는 변함없이 알튀세리엥이다. 발리바르는 맑스주의 이론의 근본적인 한계를 주체화/복종(sujétion)으로서의 주체 구성의 이론의 결여에서 찾는다. 발리바르에 따르면 맑스에게는 주체의 철학과 양립할 수 없는 '관계의 존재론' 내지 '과개인적 존재론'이 분명히 있지만, 맑스의 지배적인 면모는 주체의 철학자, 더 정확히 말해서 '주체의 자기 구성'의 철학자이다. 맑스에게는 '일반화된 경제'의 이론으로서의 생산양식의 이론이 있지만, 주체화/복종 양식에 대한 이론은 없다. 그것은 단순히 결여되어 있는 것이 아니라 주체의 철학자, 의식의 철학자로서의 맑스에게는 불가능한 것이다. 맑스에게 존재하는 것은 자기 의식의 획득을 통한 프롤레타리아트의 자기 구성의 이론, 즉 행위자의 능동적인 측면만을 고려하는 '자유로운 주체화' 양식의 이론뿐이다.[160] 발리바르는 "생산양식들(또는 가장 일반적인 의미의 '경제')의 문제설정과 주체화 양식들(따라서 상징적 구조들[161]의 작용하에서의 '주체'의 구성)의 문제설정 간의 절합 모델이 항상적으로 필요한 준거"[162]라고 말한다.

알튀세르가 제시하는 '개인의 주체로의 호명에 의한 주체화/복종화'는 주체화/복종 양식들 중의 하나일 뿐이다.[163] 푸코와 라캉의 이론화는 주체화/복종 양식들에 대한 탁월한 이론화의 사례들이다. 발리바르는 주체화/복종 양식에 대한 독자적인 이론을 구성하려 하지는 않는다. 그는 기본적으로 알튀세르의 '호명에 의한 주체화/복종' 양식의 이론에 의거하면서,

---

160) 맑스에게 주체화 양식의 이론은 없다 하더라도 그 요소는 분명히 있다. 발리바르는 장-조세프 구(Jean-Joseph Goux)의 구조주의적 독해에 힘입어 맑스의 물신 숭배 이론에서 주체화/복종 양식들에 대한 분석의 토대들을 발견할 수 있었다고 말한다. 발리바르, 『마르크스의 철학, 마르크스의 정치』, 104쪽.
161) 여기에서 상징적 구조들이란 개인들을 상상적으로 호명하는 '상징적 준거들'의 담론적 구조들로 이해하면 될 것이다. 알튀세르의 호명 테제에 대한 논의에서 발리바르가 "필연적으로 집단적"이라고 말하는 "상징적 준거들"에 대한 이 책 621쪽의 설명을 참고할 것.
162) 발리바르, 『마르크스의 철학, 마르크스의 정치』, 161쪽.

또 다른 주체화/복종 양식의 이론들의 요소들, 특히 라캉의 개념들을 활용한다. 이러한 활용은 '이론적 브리콜라주'의 방식을 취한다.[164] 발리바르는 정신분석학의 이론적 요소들을 변형하고 '맑스주의 이론'에 통합하여 맑스주의 이론을 일관된 체계로 구성하려 했던 알튀세르의 방식 대신에, 맑스주의와 정신분석학에 의해 제기되는 질문들이 "가능한 한도 내에서 서로에게 작용하게"[165] 하는 방식을 취한다.

발리바르는 "알튀세르는 원인은 그 효과들이 생산되는 무대에는 본질적으로 부재한다[나타나지 않는다]고 즐겨 말하곤 했다"[166]라고 전한다. 알튀세르가 단일한 '역사의 무대'를 설정한 것에 비해 발리바르는 '또 다른 무대'라는 의념을 도입하고, 알튀세르의 '부재하는 원인'이라는 표현을 비

---

163) 발리바르는 주체화/복종 양식들 또는 형상들로서 ① 고대적인 시민권/시민됨에 조응하는 '일방적 말'로서의 주체화/복종 양식과 ② 알튀세르가 '개인들의 주체들로의 호명'이라 부른 바 있는 '내면의 소리'로서의 주체화/복종 양식("Sujétions et libérations", *Cahier Intersignes* N° 8~9, p. 89)과 함께 ③ "권력 관계들, 언어의 경제, 신체와 정신의 상상을 결합할, '내면의 소리'와는 별개인 주체화/복종 양식들"("The Infinite Contradiction", *Yale French Studies* No. 88, p. 156)을 든다. '일방적 말'로서의 주체화/복종 양식에 대해서는 그것의 한 사례인 절대적 주권자에 의한 '신민들(sujets)의 개인들로의 호명'에 대한 발리바르의 논의를 참고할 것. 발리바르, 「주권 개념에 대한 서론」(2000), 『우리, 유럽의 시민들?』, 334~337쪽.
164) 발리바르는 브리콜라주를 허용하지 않는 알튀세르 인식론을 다음과 같이 비판한다. "[알튀세르의] 이러한 인식론은 다음처럼 진행합니다. 하나의 주어진 개념적 체계를 취합니다. 그리고 묻습니다. 이 체계가 무엇을 사고할 수 있는가? 무엇을 사고할 수 없는가? 이 체계의 내적 한계들은 어디에 있는가? 단적으로, 어떤 임시변통도, 어떤 브리콜라주도 없는 것이지요." Chevrier et al., "Globalization, Civilization I", *Politics/Poetics*, p. 774. 알튀세르의 경우와 반대로, 데리다에게 "모든 담론은 브리콜라주적"이며(『글쓰기와 차이』, 남수인 옮김, 동문선, 2001, 449쪽. 번역은 수정), 들뢰즈와 가타리에게 브리콜라주는 그들이 특권화시키는 분열증적 생산자에게 특징적인 생산양식이다(『앙띠 오이디푸스: 자본주의와 정신분열증』, 최명관 옮김, 민음사, 1994, 22쪽).
165) 발리바르, 「프란치스코 상페드로의 질문에 대한 답변」, 『알튀세르와 마르크스주의의 전화』, 366쪽.
166) 발리바르, 「국민적 인간」(1995), 『우리, 유럽의 시민들?』, 51~52쪽. "최종 심급에서 결정적인 모순"은 역사의 무대 위에 **결코 몸소 출석하지**[나타나지] **않는다**"라는 이 책 612쪽에서 인용한 알튀세르의 테제를 참고할 것.

틀어 경제와 이데올로기를 서로에 대하여 '자신을 부재하게 하는 원인'으로서 규정한다.

발리바르의 역사적 인과성 도식은 맑스의 "역사성의 보충물 또는 보완물처럼 작용하는 토대와 상부구조의 합" 대신에 "양립 불가능하면서 동시에 분리 불가능한, 설명의 두 '토대들' 또는 두 결정들의 결합, 즉 주체화/복종 양식과 생산양식(더 일반적으로, 이데올로기적 양식과 일반화된 경제적 양식)의 결합"이라는 도식이다. 그는 "주체화/복종 및 생산의 물질성의 이러한 상이한 의미들"에 '상상적인 것'과 '현실적[실재적]인 것'이라는 "전통적 용어들"을 취하여 이름을 붙이고, "어떠한 역사적 정세 속에서도 상상적인 것의 효과들은 현실적인 것을 통해서만, 그리고 현실적인 것을 수단으로 해서만 나타날 수 있으며, 현실적인 것의 효과들은 상상적인 것을 통해서만, 그리고 상상적인 것을 수단으로 해서만 나타날 수 있다"[167]라는 테제를 제출한다.

발리바르의 이러한 정식화는 알튀세르의 "반영도 재생산도 아니고, 동일성들, 표상들, 담론들의 생산"이며 "용어의 적극적인 의미에서 **허구/주조**(fiction)의 과정"인 "상상적인 것"[168]의 개념, 알튀세르의 "이데올로기가 원리적으로 **능동적인** 것은……상상적인 것에 의한 현실적인 것의, 그리고 현실적인 것에 의한 상상적인 것의 과잉결정 속에서이다"[169]라는 테제와 관련된다. 그렇지만 발리바르의 도식에서 현실적인 것과 상상적인 것은 별개의 무대 위에서 작용하므로, 양자 간의 인과 관계는 알튀세르의 도식에서와 같은 동일한 무대 위에서의 양자의 상호 과잉결정의 관계, 상호 실존 조건화의 관계와는 다른 것이 된다.

---

167) Balibar, "The Infinite Contradiction", *Yale French Studies* No. 88, p. 160.
168) 발리바르, 「비동시대성」, 『알튀세르와 마르크스주의의 전화』, 181쪽.
169) 알튀세르, 「맑스주의와 인간주의」, 『맑스를 위하여』, 281쪽(번역은 수정).

발리바르는 "경제적 효과들은 결코 그 자체로 경제적인 원인들을 갖지 않으며, 상징적 효과들도 결코 그 자체로 상징적이거나 이데올로기적인 원인들을 갖지 않는다"라고 말한다. 그는 "이데올로기적 원인들이 갖는 효력의 원인 또는 규정은, 이러저러한 이데올로기적 힘, 이러저러한 상징적 구조가 역사적 효과들 없이는 지속되지 않는다는 사실 때문에 경제적일 수밖에 없으며, 마찬가지로 오직 이데올로기적 '원인' 또는 '구조'만이, 경제적 세력이나 이해관계가 이러저러한 사회적 효과(effet social)를 낳는다는 사실을 해명할 수 있다"[170]고 부연한다. 경제와 이데올로기는 서로에 대하여 "**자신의 효과들의 유효한 원인인 타자**"[171]이다. 즉 경제적 효과들의 원인은 경제의 타자인 이데올로기이고 이데올로기적 효과들의 원인은 이데올로기의 타자인 경제이며, 이데올로기적 원인의 효력은 경제를 통해서만 발휘되고 경제적 원인의 효력은 이데올로기를 통해서만 발휘된다. 발리바르는 이것을 "결정하는 요인 또는 원인, 그것은 항상 또 다른 무대에서 작용하는(à l'œuvre) 것, 또는 자신의 대립물의 매개를 통해서만 개입하는 것"[172]이라는 명제로 표현한다. 그는 자신의 인과성 도식을 "역사 속에서의 인과성의 구조적 법칙은 **또 다른 무대를 통한, 그리고 또 다른 무대를 수단으로 한 우회**이다"[173]라는 테제로 요약한다.

발리바르는 자신의 인과성 개념을 "부재하는 원인이 한 무대에서 다른 무대로 이행하도록, **경제적 힘들이 상징적 효과들을 결정하고 또 그 반대로 상징적 힘들이 경제적 효과들을 결정하도록** 실행되는 인과성 개념"[174]으

---

170) 발리바르, 「국민적 인간」, 『우리, 유럽의 시민들?』, 51쪽.
171) Balibar, "The Infinite Contradiction", *Yale French Studies* No. 88, p. 160.
172) 발리바르, 「국민적 인간」, 『우리, 유럽의 시민들?』, 51쪽.
173) Balibar, "The Infinite Contradiction", *Yale French Studies* No. 88, p. 160.
174) 발리바르, 「국민적 인간」, 『우리, 유럽의 시민들?』, 55쪽.

로 표현한다. 여기에서 '부재하는 원인'은 알튀세르의 구조적 인과성 도식에서 말하는 '자신의 효과들에 내재하는 원인'이라는 의미의 '부재하는 원인'이 아니다. 발리바르는 경제적 효과들의 원인은 그 효과들이 생산되는 경제라는 무대 위에 존재하지 않고 이데올로기적 효과들의 원인은 그 효과들이 생산되는 이데올로기라는 무대 위에 존재하지 않는다는 의미에서 경제와 이데올로기에 대하여 '부재하는 원인'이라는 표현을 사용한 것이다. 그는 자신의 '부재하는 원인'이라는 표현이 알튀세르의 구조적 인과성 개념에 연계되어 이해되지 않도록, 경제와 이데올로기는 각기 "'부재하는 원인'이라기보다는 자신을 부재하게 하는 원인, 또는 그 효력이 자신의 반대물을 통하여 작동하는 원인"[175]이라고 부연한다.

알튀세르의 구조적 인과성 도식의 곤란은 사회적 총체의 원인을 "사회적 총체의 부분들 중에서 '최종 심급에서의 결정'의 장소로 확인되는 한 부분으로 국지화"시키는 맑스의 방식을 사회적 총체의 원인을 "부분들의 전체적 복잡성 내지 전체적 상호 작용의 상호적 놀이(jeu)로 국지화"[176]시키는 또 다른 방식과 결합하여 독자적인 사회적 총체('전체')의 구조의 도식을 구성하려는 시도의 곤란이라 할 수 있다. 요약하자면 그것은 '최종 심급에서의 결정'과 '과잉결정'의 결합의 곤란이다. '또 다른 무대를 통한, 그리고 또 다른 무대를 수단으로 한 우회'로 표현되는 발리바르의 '역사 속에서의 인과성의 구조적 법칙'은, 다시 말해서 정치적 실천의 조건 내지 원인으로서의 경제와 이데올로기를 각각 '자신을 부재하게 하는 원인'으로 제시하는 그의 역사적 인과성 도식은, 국지화된 원인을 갖는 '사회적 총체의 구조의 도식'의 구성 가능성 자체를 기각한다. "또 다른 무대의 인지는 이

---

[175] Balibar, "The Infinite Contradiction", *Yale French Studies* No. 88, p. 160.
[176] 발리바르, 「정치와 진리」, 『대중들의 공포』, 337~338쪽.

론적으로 계급 적대들과 자본주의의 구조의 기각이 아니라 절대적인 '최종 심급'의 기각과, 그리고 넓은(따라서 이질적인) 물질성 개념의 채택과 연결되어 있다."[177]

이렇게 발리바르는 상이한 역사적 물질성에 준거하는 맑스의 생산양식의 문제설정과 스피노자적-프로이트적인 이데올로기의 문제설정을 결합하는 새로운 문제설정 속에서 역사적 과정을 총체화시키지 않으면서 역사적 과정의 유물론적 결정을 사고하게 해주는 인과성 도식을 제출한다. 그러나 발리바르가 "정치적인 '또 다른 무대'를 상상적인 집단적 과정들 및 그것들의 무의식적 결정인들로 순수하고 단순하게 동일화"하는 것은 아니다. "극단적 폭력의 몇몇 형태들의 결합과 함께 출현하는 또 다른 무대는 이데올로기적-상상적인 것 못지않게 경제적-사회적인 무대이다."[178]

발리바르의 역사적 인과성 도식은 알튀세르의 구조적 인과성 개념과 양립 불가능하지만, 발리바르가 구조적 인과성 개념을 전면적으로 무효화시키는 것은 아니다. 사회구성체의 발전이라는 역사적 과정 전체가 아니라 한정된 역사적 과정에 대해 적용되는 것으로 제한될 경우 '부재하는 원인인 구조의 효력에 의한 구조의 요소들 및 이 요소들 간의 구조적 관계들의 결정'을 합리적 내용으로 하는 구조적 인과성 개념은 주체의 관념론에 대립하여 역사 속에서의 주체의 구성을 유물론적으로 사고하게 해주는 유효한 철학적 수단이다. 알튀세르의 1982~1986년의 유고들에서 제시되는 발본적으로 해체적인 '마주침의 유물론' 내지 '우발성의 유물론' 속에서도 그의 구조적 사고는 견지된다. 단적으로 그는 "일단 마주침이 실현된 다음에는(미리 그러한 것이 아니라), 요소들에 대한 구조의 우위가 성립하게 된

---

177) Balibar, *Politics and the Other Scene*, trans. James Swenson et al., Verso, 2002, p. xiii.
178) *Ibid.*, p. xiii.

다"[179]라고 쓴다. 구조적 인과율의 대표적인 적용 사례인 알튀세르의 '계급들에 대한 계급투쟁의 우위' 테제, 즉 모순의 양항(兩項)인 계급들이 먼저 있고 그 다음에 서로 투쟁에 들어가는 것이 아니라, 계급투쟁이 있음으로 해서 계급들의 실존을 말할 수 있다는 테제[180]는 발리바르에게서도 여전히 유효하다. 더 일반적으로 말해서, 알튀세르의 내재주의적인 구조적 사고는 주체를 '주체화/복종' 과정의 결과로서 사고하는 발리바르의 과개인성의 존재론 속에서 작동한다.

6. 정치의 개조: 해방, 변혁, 시민윤리성과 반폭력

발리바르의 역사적 인과성 도식은 정치(정치적 실천)가 자율적인 것이 아니라 조건들에 의해 결정된다는 의미에서 타율적인 것이라는 맑스적 관념에서 출발한다. 그러나 맑스의 '토대와 상부구조' 도식에서와 달리 발리바르의 인과성 도식에서 정치의 조건 또는 원인은 경제와 또한 이데올로기이며, 경제와 이데올로기는 '그 효력이 자신의 반대물을 통하여 작동하는 원인'이다. 발리바르가 이러한 독자적인 역사적 인과성 도식을 가공한 것은 맑스주의를 넘어 정치를 새로 사고하기 위해서다. 이어지는 이론적 과제는 그러한 인과성 도식에 입각해 정치 개념을 새로 가공하는 것이었다.

정치에 대한 발리바르의 발본적으로 새로운 이론화를 좀더 이해하기

---

179) 알튀세르, 「마주침의 유물론이라는 은밀한 흐름」(1982), 『철학과 맑스주의』, 76쪽.
180) 이러한 의미에서 계급은 '사회학적 집단'이 아니며, "계급 관계에 대한 맑스주의적 분석의 대상을 이루는 것은 직접적으로 제 계급의 적대 구조와 그 변형 과정이지 그에 선행한 분류는 아니다". 발리바르, 「잉여가치와 사회계급」(1974), 『역사유물론 연구』(1974), 이해민 옮김, 푸른산, 1989, 142쪽. 내가 예전에 했었고 몇몇 사회학도들이 계속하고 있는 '계급들'의 분류와 계급 구성에 대한 통계적 분석은 이러한 의미의 계급 분석을 위한 자료는 되겠지만 계급 분석 자체는 되지 못한다.

위해서는 그것에 앞서는 정치에 대한 그의 이론 작업의 궤적을 검토해야 한다. 그는 맑스주의가 그 이론적 아나키즘의 요소, 즉 국가와 정치의 종언이라는 환상 때문에 국가와 정치를 제대로 이해할 수 없다고 본다. 그는 "국가, 정치, 시민권/시민됨은, 그리고 국적/국민됨(nationalité)에 대한 시민권/시민됨의 관계는 맑스주의 이론에게 미래의 대상들이 아니라, 접근 불가능한 것들"이며, "임시적인 맹점들이 아니라, 가능한 그 어떤 맑스주의적 이론화에도 절대적인 한계들"이라고 말한다.[181] 맑스와 엥겔스 이래 법적 이데올로기를 부르주아 이데올로기의 지배적 형태로 파악해 온 맑스주의자들이 시민권/시민됨 개념을 사용하는 것을 "정치적 환상, 즉 이데올로기에 참여하는 것"[182]이라고, 즉 부르주아 이데올로기에 투항하는 것이라고 생각해 온 것은 자연스러운 일이다.

국가와 정치에 대한 발리바르의 이론화 작업은 그리스 시대 이래 정치철학의 근본 주제였던 시민권/시민됨 개념을 복권시키고 그것을 발본적으로 민주화시키는 데에서 출발한다. 보통 '국가' 또는 '정체'로 번역되는 폴리테이아(politeia)의 가장 적합한 번역어가 '시민권/시민됨의 헌정/구성'(constitution de citoyenneté)이라는 그의 주장이 단적으로 보여 주듯이[183] 그에게 시민권/시민됨은 국가와 정치를 사고하기 위한 기본 개념이다. 그는 맑스주의가 법적 이데올로기의 구성 요소로 간주해 온 인권(인간의 권리들) 담론을 "평등과 자유라는 목적에서 특권의 지배 질서에 도전하는 봉기와 해방 투쟁이 수행되는 일반적 언어"[184]로 복권시킨다. 그는 "시민권/

---

181) Chevrier et al., "Globalization, Civilization I", *Politics/Poetics*, p. 775.
182) *Ibid.*, p. 775.
183) 발리바르, 「험난한 유럽: 민주주의의 작업장」(2000), 『우리, 유럽의 시민들?』, 356쪽.
184) 발리바르, 「보편의 상 아래에서」(2006), 윤소영, 『일반화된 마르크스주의의 쟁점들』, 공감, 2007, 66쪽.

시민됨이라는 용어로 표현되고 있는 것을 우리가 또 다른, 더 정확하고 더 과학적이라고 가정되는 언어로 재번역하려고 시도함으로써 얻을 것은 없다고 확신한다"[185]라고 말한다.

발리바르는 프랑스「인간 및 시민의 권리 선언」에서 '정치에 대한 보편적 권리'의 긍정 위에 인간과 시민을 동일화시키고 평등과 자유를 동일화시키는 혁명적 언술을 식별해 내고, 그것을 평등은 자유와 동등하며 자유는 평등과 동등함을 선언하는 '평등자유(égaliberté) 명제'로 명명한다. 이 평등과 자유의 동일성은 직접적(무매개적) 동일성이 아니라 각각 반정립적인 소유(부르주아 진영에서는 자본가적 소유, 프롤레타리아 진영에서는 개인적 노동에 기초를 둔 소유)와 공동체(부르주아 진영에서는 민족적/국민적 공동체, 프롤레타리아 진영에서는 인민적 공동체)라는 매개항을 통해서만 안정화되는 매개적 동일성이다.[186]

근대 정치의 '이데올로기적 긴장들'의 배치에 대한 발리바르의 이러한 장소론은 공산주의를 사고하는 데서 왜 국제주의에 대한 준거가 "보편적인 소유 및 영유"에 대한 준거와 정확히 동등한 중요성을 갖는지 이해하게 해준다. 그는 국제주의에 대해 소유를 우위에 두는 전통적 공산주의자들을 염두에 두고, 『공산당 선언』에서 맑스는 인류의 민족들/국민들(nations)로의 구획의 폐절과 사적 소유의 폐절을 하나의 동일한 '현실적 운동'으로 제시한다고 주장한다. 그는 공산주의에 대한 현재의 사고들이 지닌 근본적 결함은 그것들이 프롤레타리아의 존재에 조응하는 부정성에 긴박되어 있다는 데 있는 것이 아니라 소유에 대한 비판과 민족/국민(nation)에 대한 비판을 자동적으로 수렴하는 것으로 파악한다는 데 있다고 주장한다.[187]

---

185) Chevrier et al., "Globalization, Civilization I", *Politics/Poetics*, p. 775.
186) 발리바르,「'인간의 권리'와 '시민의 권리'」,『'인권의 정치'와 성적 차이』, 27~29쪽.

그의 이 사고에 따르면, 시민권/시민됨과 국적/국민됨(nationalité)의 동일화를 해체하고 "과국민적 시민권/시민됨"(transnationale citoyenneté)을 향해 진전하는 것은 핵심적인 공산주의적 의미를 갖는다.

이어 발리바르는 근대 정치 담론에서 억압된, 계급 모순과는 다른 종류의 모순들이며 각기 이질적인 모순들(넓은 의미의 모순들)인 "성의 차이" 또는 "성적 차이"("성의 관계들의 모순")와 "지적 차이"("지적 '지식'과 육체적 '활동'의 분할"이라는 또 다른 "모순")를 시민권/시민됨에 대한 논의에 끌어들인다. 근대 정치 담론에서 평등과 자유는 매개적으로 동일화되거니와, 공동체에 의한 매개 쪽에서는 성의 차이가 억압되며, 소유에 의한 매개 쪽에서는 '지적' 지식과 '육체적' 활동의 분할이 억압된다.[188] 이것은 근대 정치의 두 진영, 즉 '부르주아 진영'과 '프롤레타리아 진영' 모두에 해당한다. 시민권/시민됨의 발본적인 민주적 개조의 방향은 인간과 시민을 동일화시키는 시민권/시민됨으로부터 인간학적 차이에 의해 과잉결정되고 이러한 차이의 변형으로의 명시적 경향을 갖는 시민권/시민됨으로 전진하는 것이다.[189]

시민권/시민됨 개념의 복권에 뒤이은 '인간학적 차이들'의 개념화와 더불어 정치에 대한 발리바르의 이론화는 맑스주의를 넘어서는 새로운 지평 위에서 이루어진다. 발리바르는 맑스적 공산주의를 포함한 모든 역사적 공산주의들의 "동일성 없는 불변 요소"[190]로서 "개인주의와 사회화 사

---

187) Balibar, "Remarques de circonstance sur le communisme", *Actuel Marx* N° 48, Septembre 2010.
188) Balibar, "La proposition de l'égaliberté", *La proposition de l'égaliberté*, pp. 74~75.
189) *Ibid.*, p. 82. 시민권/시민됨의 정치에 대한 발리바르의 이론화에 대해서는 장진범, 「에티엔 발리바르: 도래할 시민(권)을 위한 철학적 투쟁」, 홍태영 외, 『현대 정치철학의 모험』, 난장, 2010을 볼 것.
190) 발리바르는 바디우의 '공산주의적 불변 요소들'(invariants communistes)이라는 관념에 공산주의의 '하나의 불변 요소(un invariant)와 그것의 변이'라는 자신의 관념을 대비시킨다.

이의 대립" 내지 "개인성과 공동체의 대립"의 지양을 든다.[191] 그는 개인성의 모델과 관련하여 맑스적 공산주의(사회주의적 공산주의 내지 프롤레타리아적 공산주의)를 한계에 봉착하게 만든 것이 바로 근대 정치에서 억압되어 온 인간학적 차이들이라고 파악한다.

복수의 보편적인 사회적 적대들이라는 관념에 머무른다면 정치는 여전히 사회적 관계들의 변혁으로서 사고될 수 있을 것이다. 즉 사회적 관계라는 동일한 지평 위에서 계급 적대와는 또 다른 적대들에 의해 구조화되는 사회적 관계들, 예컨대 젠더 관계, 유식자-무식자 관계를 변혁하고자 하는 또 다른 정치들과 계급 정치의 절합을 사고하면 될 것이다. 그러나 적대로 환원되지 않는 인간학적 차이들의 개념화는 해방적 정치를 더 이상 변혁으로서의 정치로 환원시키지 않을 것을, 변혁으로서의 정치를 또 다른 종류의 해방적 정치들과 절합할 것을 요구한다. 이것은 정치 개념 자체를 복수화시킨다.

인간학적 차이들의 개념화를 통하여 개인 일반이 인류의 표본으로 표상될 수 있는 가능성 자체를 원리적으로 배제하고 인간의 동일성을 개인으로서의 동일성으로 환원할 가능성을 배제한 후에 발리바르는 복수의 동일성들 사이의 관계, 동일화의 폭력이라는 차원을 정치 개념에 도입한다. 그는 "시민윤리성(civilité)[192]으로서의 정치"라는 새로운 정치 개념을 주조하고 정치의 이러한 차원을 이론 속에 끌어들인다. 발리바르는 종래의 해방적 정치 개념을 "해방(émancipation)으로서의 정치"라는 개념과 "변혁(transformation)으로서의 정치"라는 개념으로 구분하고, 여기에 "시민윤리성으로서의 정치" 개념을 추가하여 이 세 개의 정치의 절합을 정치의

---

191) 발리바르, 「공산주의 이후에 어떤 공산주의가 오는가?」(1998), 윤소영, 『마르크스의 '경제학 비판'과 소련 사회주의』, 공감, 2002, 67쪽.

개조의 틀로서 제시한다.[193]

"정치는……최종 분석에서는 인민과 인민을 구성하는 개인들의 활동 또는 '구성적' 권력으로서의 **자기 자신 위에 합리적으로 기초한다**"[194]고 간주하는 "정치의 자율성" 개념에 조응하는 "해방으로서의 정치" 개념의 대표자는 루소이다. 정치의 자율성 개념은 고유한 아포리아를 내포하는데, 그것은 인민 내부의 불평등들, 차이들, 단적으로 계급적 차이들 때문에 인민을 하나의 총체로 구성하는 것이 불가능하다는 데에 있다. 그렇다고 이러한 아포리아가 정치의 자율성 개념, 그리고 해방으로서의 정치 개념을 자격 박탈하는 것은 아니다. 발리바르는 루소의 아포리아가 맑스의 '변혁'이라는 관념의 발명의 원동력이 되었다고 본다.

정치를 구조적이고 정세적인 조건들에 관련시킴으로써 정치적 실천은 자율적인 것이 아니라 타율적이라 간주하는 "정치의 타율성" 개념에 조응하는 "변혁으로서의 정치" 개념의 대표자는 맑스와 푸코이다. 맑스는

---

192) 발리바르의 civilité는 헤겔의 Sittlichkeit보다 번역이 더 어려운 개념이다. 나는 최원과 함께, 발리바르가 civilité를 한편으로는 'citoyenneté'(시민권/시민됨)와, 다른 한편으로는 '헤겔의 Sittlichkeit(인륜, 윤리성)라는 의미의 윤리들/습속들(mœurs)'과 관련시켜 정의한다는 점을 고려하여 그것을 '시민인륜'이라 번역한 바 있다(「용어 번역에 대하여」,『대중들의 공포』, 7~9쪽 참조). 우리는 Sittlichkeit의 번역어로 '인륜'보다 '윤리성'이 낫다는 백종현(「헤겔의 '시민사회'론」,『철학사상』30호, 2008)의 의견에 동의하지만, 7차 교육 과정에 고등학교 교과목명으로까지 등장한 '시민윤리'(civic ethics)를 의식하여 시민인륜이라는 번역어를 택했다. 2014년부터 적용되는 '2009 개정 교육과정'에 의해 '시민윤리' 과목이 없어졌으므로 나는 이제 civilité를 '시민윤리성'이라는 번역어로 대체하고자 한다. 뒤에서 보겠지만 civilité는 발리바르가 '해방' 및 '변혁'이라는 정치의 "윤리적 형상들"과 구별되는 또 하나의 정치의 "윤리적 지평"을 특징짓기 위해 사용하는 용어라는 점에서, Sittlichkeit의 번역어 '윤리성'을 염두에 두면서 그것과 구별하기 위해 채택하고자 하는 civilité의 번역어 '시민윤리성'은 불만족스럽지만 나름의 적합성을 지닌다고 생각한다.
193) 이하의 내용은 따로 언급하지 않는 한 「정치의 세 개념」,『대중들의 공포』에서 정리한 것이다. 발리바르는 '해방으로서의 정치'와 '해방의 정치', '변혁으로서의 정치'와 '변혁의 정치', '시민윤리성으로서의 정치'와 '시민윤리성의 정치'를 각각 동일한 의미로 사용한다.
194) 발리바르,「스피노자, 루소, 마르크스」,『스피노자와 정치』, 233쪽.

"정치의 진실/진리"를 "정치의 자기 의식이나 정치의 구성적 활동에서 찾는 것이 아니라, 정치의 '재료'를 형성하고 이것을 스스로 물질적 활동으로 구성하는 조건 및 대상에 대해 정치가 맺고 있는 관계 속에서"[195] 찾는다. 정치는 그러한 조건들에 의해 결정되면서 동시에 그러한 조건들을 변혁하고자 하는 실천이다. 정치의 조건들을 무엇으로 파악하느냐에 따라서 "조건하에서의 정치"에는 서로 대립하는 복수의 모델들이 있다.

우선 정치의 조건들을 사회적 관계들의 영역에서 찾는 정치 개념이 있다. 대표적으로 맑스는 정치 과정을 정치의 "타자", 즉 경제(정치와 단락시킨 경제) 영역에 내재하는 모순들의 완전한 발전과 동일시한다.[196] 인간을 무엇보다도 노동하는 존재로 간주하는 인간학의 기초 위에서 사회적 관계의 범주 속에서 생산과 교환의 구조들을 특권화시키는 맑스의 "타율적 정치 개념" 외에도 "문화적 구조들 또는 상징적 구조들" 등을 특권화시키는 다른 종류의 "타율적 정치 개념"들이 비판적 사회 이론들 속에 존재한다. 부르디외의 '문화 자본' 이론이 대표적으로 그런 사회 이론이다. 나아가 정치의 조건들을 사회적 관계들이 아니라 개인들의 행위의 영역에서 찾는 전혀 다른 유형의 "정치의 타율성 개념"이 푸코에게 존재한다. 맑스에게 사회가 사회적 관계들의 체계라면 푸코에게 사회는 서로 조건 짓고 변혁하는 행위들의 복합체이다. "사회 속에서 산다는 것, 그것은 어쨌든 서로가 행위에 대해 행위하는 것이 가능한 방식으로 산다는 것이다."[197]

발리바르는 맑스와 푸코의 '변혁' 관념의 발본적 정식화가 각각 "세계 변혁"의 아포리아와 "자기 자신의 생산"의 아포리아에 부딪히지만 이것이

---

195) 발리바르, 「정치의 세 개념」, 『대중들의 공포』, 41쪽.
196) Balibar, "Preface"(1993), *Masses, Classes, Ideas: Studies on Politics and Philosophy before and after Marx*, trans. James Swenson, Routledge, 1994, p. xi(「대중, 계급, 사상」, 김정한, 『대중과 폭력: 1991년 5월의 기억』, 이후, 1998, 195~196쪽).

변혁이라는 관념을 자격 박탈하는 것이 아니며 오히려 새로운 정치 개념의 발명의 원동력이라고 말한다. 그는 맑스가 정치와 경제 사이를 단락시킴으로써 정치와 그 타자인 (광의의) 경제의 유물론적 동일화에 의거하는 획기적인 "정치의 타율성" 이론, 정치와 정치의 타자를 도발적으로 동일화시키는 "타율적" 정치 이론을 구축했으나, 맑스주의의 위기와 그것을 지탱하는 사회적 변화들에 의해 정치와 경제의 이러한 단락이 의문스러워졌다고 판단한다.[198] 이는 '맑스의 단락'이 무효화되었다는 판단이 아니라 그것을 넘어서는 정치와 역사에 대한 이론화가 이루어져야 한다는 판단이다.

변혁의 정치의 아포리아는 동일성의 폭력으로 요약된다. 맑스적인 "변혁의 정치"가 내장하는 폭력의 딜레마는 대중으로서의 프롤레타리아트를 계급으로서의 프롤레타리아트로 환원하는 프롤레타리아 독재의 아포리아로 집약된다. 프롤레타리아 대중은 노동자로서의 동일성뿐 아니라 남성-여성, 유식자-무식자, 백인-흑인, 성인-아동, 내국인-이주민, 기독교도-무슬림, 이성애자-동성애자, 비장애인-장애인 등의 동일성들을 지닌다. 이러한 동일성들을 프롤레타리아 계급이라는 하나의 동일성으로 환원하려 할 때에 필연적으로 폭력이 발생한다.

발리바르는 맑스주의의 위기·해체와 더불어 변혁으로서의 정치의 아포리아가 전면적으로 드러나고, 그리하여 "희생자들이 자신들을 해방시키면서 인류를 해방시킬 수 있는 역능을 지닌 정치적 주체로 **직접** 스스로를 사고하고 제시할 수 있는 그 어떤 가능성도 실제로 존재하지 않는 것처럼 보이는 상황"[199]이 변혁의 정치를 부정하게 하고 정치의 자율성의 이론으

---

197) Michel Foucault, "Le sujet et le pouvoir", *Dits et écrits: 1954~1988* Tome 4, éds. Daniel Defert et François Ewald, Gallimard, 1994, p. 239. 발리바르, 「정치의 세 개념」, 『대중들의 공포』, 46쪽에서 재인용.
198) Balibar, "Preface", *Masses, Classes, Ideas*, p. xi (「대중, 계급, 사상」, 『대중과 폭력』, 196쪽).

로서의 '정치철학'이라는 관념을 재등장시키고 있다고 파악한다. 발리바르는 네그리처럼 "정치의 자율성" 개념으로 회귀하여 "정치적 담론을 존재론적 요청들(postulats)로 끌어내리거나 역사철학 속에 다시 삽입하기를" 거부한다. 이는 사람들이 "존재의 새로운 모습의 출현을 주선하는 존재론으로 복귀"함으로써 "투쟁이라고 불러야 마땅한 것에서" "하나의 긍정적인 또는 구성적인 노선을 끌어내려"하기 때문이다.[200]

발리바르는 정치의 자율성 개념과 정치의 타율성 개념("조건하에서의 정치" 개념)을 부정하지 않으면서 정치의 자율성과 타율성의 딜레마를 넘어서도록 정치 개념을 개조함으로써 "해방"과 또한 "변혁"의 아포리아들을 해결하고자 한다. 여기에서 핵심적인 것으로 등장하는 것이 정치의 "조건들의 조건"이라는 관념, 정치의 "또 다른 무대"라는 관념이다.

> 주체는 자신에게 부과되거나 스스로가 창조하는 동일성에 따라 행동한다. 동일성들, 소속들, 그리고 [그것들의] 파열들의 상상적인 것은 따라서 조건들의 조건이다. 이것은 정치의 자율성과 타율성의 효과들이 설치되는 또 다른 무대와도 같다. 해방만큼이나 변혁으로도 환원 불가능한 하나의 정치가 또한 이에 조응한다. 그것의 윤리적 지평을 나는 **시민윤리성**(civilité)으로 특징짓고자 한다.[201]

---

199) 발리바르, 「정치의 세 개념」, 『대중들의 공포』, 58쪽.
200) Balibar, "Une philosophie politique de la différence anthropologique: Entretien avec Bruno Karsenti"(2002), http://multitudes.samizdat.net/article.php3?id_article=33. 이 대담의 초역본 「인간학적 차이의 정치철학: 브뤼노 카르젠티와의 대담」을 진태원의 블로그에서 볼 수 있다(http://blog.aladin.co.kr/balmas/436603). '진정한 정치는 존재론'이라는 들뢰즈적 관점에서 정치를 존재론적 요청들 위에 정초시키는 네그리의 이론화에 대한 비판으로는 서관모, 「네그리와 하트의 다중의 기획에 대한 비판」, 『마르크스주의 연구』 6권 4호, 2009 참조.
201) 발리바르, 「정치의 세 개념」, 『대중들의 공포』, 29~30쪽.

주체의 행동의 '조건들의 조건'인 상상적인 것에 해당하는 것이 이데올로기이다.[202] 정치는 경제에 의해 조건 지어지며 경제는 다시 이데올로기에 의해 조건 지어진다는 의미에서 이데올로기는 정치의 '조건들의 조건'이다. 이 '조건들의 조건' 개념에 대응하는 것이 '정치의 타율성의 타율성' 개념이다. 이 개념들은 발리바르의 인과성 도식에서 이데올로기가 점하는 위치, 즉 정치의 타자인 경제의 타자, 즉 타자의 타자로서의 위치에 대응한다. 발리바르는 정치를 이 '조건들의 조건'에 관계시키는 또 하나의 정치의 '윤리적 지평'을 '시민윤리성'이라 명명한다. '정치의 타율성의 타율성' 개념에 대응하는 '시민윤리성'은 '해방'(개인의 기본권들의 집합적 획득)과 '변혁'(지배 구조 및 권력 관계들의 사회적 변혁)의 아포리아들에서 출발하여 정식화된, 해방으로도 변혁으로도 환원 불가능한 정치의 또 하나의 형상이다. 정치의 타율성의 타율성의 개념화는 계급, 국가와 더불어 공동체와 동일성을 정치가 대결해야 할 장으로 만든다.

'시민윤리성으로서의 정치'는 "타자 전체에 대해 총체적으로 배타적이고, '우리'와 '자기' 내부의 이타성(異他性)의 그 모든 흔적을 제거함으로써 자기의 고유한 실현을 오만하게 명령하는 동일성의 폭력"[203] 그 자체를 대상으로 하는 "반폭력의 정치"의 다른 이름이다. "변혁의 정치 한복판에 시민윤리성의 정치를 삽입하지 못함으로써 변혁의 정치가 해방의 조건들을 산출하지 못했고 오히려 또 다른 예속의 조건들을 산출했다"[204]는 것이 '시민윤리성으로서의 정치' 개념을 주조한 발리바르의 문제의식이다.

---

202) 정확히 말하면 "이데올로기적인 것"은 상상적인 것 자체가 아니라 "상상적인 것의 사회적으로 조직된 한 형태"이다. Balibar, *Violence et civilité: Wellek Library Lectures et autres essais de philosophie politique*, Galilée, 2010, p. 145.
203) 발리바르, 「정치의 세 개념」, 『대중들의 공포』, 60쪽.
204) Balibar, *Violence et civilité*, p. 159.

동일성 문제와 관련하여 시민윤리성에 대한 가장 복잡한 철학적 구상을 제시한 이는 헤겔이다. "헤겔이 윤리성(Sittlichkeit/civilité)[205]에 관해 형성하는 관념은 역사 속에서 폭력은 법치 국가, 즉 개인들의 자유화를 목표로 구성되는 국가에 의해 예방적으로 처리된다면 전환 가능하다……그의 변증법적 확신의 맞짝이다."[206] 발리바르는 헤겔이 제시하는 고양된 차원의 동일성의 구성을 위한 "일차적 동일성의 해체"를 시민윤리성 개념의 핵심으로 수용한다.[207] 발리바르는 윤리성에 대한 헤겔의 관념을 다중의 자율성이라는 관념과 화해시켜 "아래로부터의 시민윤리성이라는 정치적 가설"을 제출한다. "국가가 다중들(평범한 시민들, 계급들, 대중의 당파들)의 존엄성을 인정하고 행정이나 공적 공간에 시민윤리성의 규범들을 도입할 것을 강제"[208]하는 것은 다중들의 주도권이며, 이 주도권은 다중들의 충분한 자율성을 전제한다.

다중들의 자율적 실천을 전제하는 아래로부터의 시민윤리성에는 다시 들뢰즈로 대표되는 미시 정치적 노선("저항의 소수자로-되기의 전략")과 맑스로 대표되는 거시 정치적 노선("저항의 다수자로-되기의 전략")이 있으며 이들은 각기 고유한 아포리아를 내장한다. "욕망의 미시 정치"의 편에서 보면 "사회적 시민권/시민됨의 거시 정치"는 사회를 적대적인 부

---

205) 『헤겔 또는 스피노자』의 저자 마슈레는 이 Sittlichkeit라는 "수수께끼 같은 개념"이 "civilité로 번역 가능하다"고 주장한 바 있다. Pierre Macherey, "Vers le social", *Magazine littéraire* Nº 264, Avril 1989, p. 38. 발리바르도 헤겔의 Sittlichkeit를 civilité로 번역한다. 여기에서는 발리바르의 civilité(시민윤리성)와 구별하여 Sittlichkeit를 '윤리성'으로 표기한다.
206) 발리바르, 「정치의 세 개념」, 『대중들의 공포』, 66쪽.
207) 발리바르는 시민윤리성 개념의 핵심을 구성하는 이러한 '탈동일화-동일화의 동시적인 이중적 운동'을 이해하기 위한 주요한 이론적 자원을 프로이트(특히 「집단 심리학과 자기 분석」[1921])에게서 찾는다. 이에 대해서는 백승욱, 「다시 마르크스를 위하여: 에띠엔 발리바르와 정치의 개조」, 『안과 밖』 30호, 2011을 볼 것.
208) 발리바르, 「정치의 세 개념」, 『대중들의 공포』, 69쪽.

분들로 분할되어 있는 하나의 전체로 보는 사회에 대한 표상, "증오의 이상화"로 귀착할 위험을 항상 지닌 사회에 대한 표상에 매여 있다. 반대로 "사회적 시민권/시민됨의 거시 정치"의 편에서 보면 "욕망의 미시 정치"가 추구하는 집단들의 모든 형성 및 변형의 탈영토화를 겨냥하는 "욕망의 기계적 배치들"은 "교통·소비·통제의 거대 기계의 이면에 불과한" "사회적 연관을 자연화시키는 흐름들과 발본적 탈개인화의 흐름들"에 공명할 위험을 항상 갖는다. '사회적 연관의 자연화'의 위험이란, 들뢰즈가 (푸코와 마찬가지로) 사회적 관계들의 역사적 물질성을 승인하지 않음으로써 그것을 자연화시키며 그리하여 정치에서 사회적 관계의 변혁이라는 차원을 제거함을 지시한다. '발본적 탈개인화'의 위험이란, 개인성을 집괴적이고 배타적인, 하나의 유일하고 일의적인 동일성으로 환원하는 것은 불가능하며 그러한 시도는 극단적 폭력을 수반하지만, 그 대극에서 "발본적 탈개인화", 즉 "동일성으로 하여금 모든 역할들 사이에서, 만남, 쾌락(또는 이익)의 동일들 사이에서 자유롭게 부유하도록 허락하고" 결과적으로 개인성을 소거하는 것 역시 불가능하며 마찬가지로 극단적 폭력을 수반함을 뜻한다. 시민윤리성의 대립하는 두 전략인 사회적 시민권/시민됨의 거시 정치와 욕망의 미시 정치의 문제는 "이론적 선택의 문제"가 아니라 "정세의 문제 또는 정치적 기술의 문제"[209]이다.

이렇게 "총체적 동일화"와 "부동(浮動)하는 동일화"의 양극, 이 불가능한 한계들 사이에서 동일화들의 갈등을 해결하려 하는 정치가 시민윤리성이다.[210] 시민윤리성의 정치에서 중요한 것은 "개인들과 집단들에게 자기 자신을 동일화시키고 탈동일화시킬 수 있는, **동일성 속에서 이동할** 수 있

---

209) 발리바르, 「정치의 세 개념」, 『대중들의 공포』, 71쪽.
210) 같은 글, 같은 책, 64~65쪽.

게 해주는 수단들을 부여하는 것", 그리하여 "차이 및 평등의 권리와 동시에 연대와 공동체의 권리를 '당연한 권리로 요구하는'(revendiquer) 것"이다.[211] "행위자들 사이의 인정과 소통, 갈등의 조절을 가로막는 극단적 폭력의 형태들을 감소시킴으로써 정치적 활동의 가능성의 조건들 자체를 생산"[212]하고자 하는, 다시 말해서 "공적인 일들에 대한 집단적 참여로서의 정치가 가능하거나 또는 최소한 그것이 완전히 불가능해지지 않도록 일련의 조건들을 창조하고, 재창조하며, 보존"[213]하고자 하는 시민윤리성의 정치는 해방의 정치와 변혁의 정치의 가능성의 조건이다.

발리바르는 자본과 국가의 구조적 폭력뿐만 아니라 그것에 대한 하나의 안티테제인 혁명적 대항 폭력과 또 하나의 안티테제인 비폭력——"어떤 의미에서는 최악의 폭력"(데리다)——을 포함한 모든 종류의 폭력에 반대하는, 즉 비폭력과 혁명적 대항 폭력의 순환을 이론적으로 극복하려 하는 "폭력에 대한 또 다른 유형의 부정"에 "반폭력"이라는 이름을 붙인다. 그는 반폭력의 정치의 발명의 긴박성을 그가 초주체적 및 초개관적인 "극단적 폭력" 또는 "잔혹"이라고 부르는 새로운 종류의 폭력들이 신자유주의적 세계화 시대에 격화된다는 점에서 찾는다. 반폭력을 조직한다는 것이 혁명을 포기한다는 것은 아니다. 그것은 혁명의 대상인 국가나 경제뿐 아니라 혁명 그 자체를 문명화시키는(civiliser) 것, "혁명적 운동을 내부에서 문명화시키는 것", "사회적 변혁의 폭력의 핵심 그 속에 시민윤리성이라는 반폭력을 도입하는 것"[214]이다. 혁명을 문명화시킨다는 것은 더 많은

---

211) 발리바르, 「국민 우선에서 정치의 발명으로」, 『정치체에 대한 권리』(2002), 진태원 옮김, 후마니타스, 2011, 169쪽.
212) 발리바르, 「폭력과 세계화」(1999), 『우리, 유럽의 시민들?』, 229쪽.
213) 발리바르, 「잔혹성의 지형학에 관한 개요: 세계적 폭력 시대의 시민성과 시빌리티」(2001), http://pssp.org/bbs/view.php?board=document&id=647.
214) Balibar, *Violence et civilité*, p. 158.

민주주의, 더 많은 시민윤리성을 추구한다는 것이다.

앞서 보았듯이 발리바르가 정치에 대한 알튀세르의 비전이 '비극적'이라 말했을 때 이는 대중의 반역적 행동이 그 반대 행동보다 우세하리라는 보장이 없기 때문이다. 그는 더 나아가 "정치의 비극"은 압제 또는 테러가 저항들·반역들·혁명들을 타락시키고 이 타락이 저항들·반역들·혁명들을 파괴적이고 자기 파괴적인 대항 폭력들로 전화시킬 위험을 지시한다고 말한다. 그러나 그는 "반역이 타락의 위험을 지닌다는 것이 반역하지 말아야 할 충분한 이유가 결코 아니라고 말하는 윤리적 결단에 따라 정치의 비극이 하나의 비극의 정치로 될 수 있다"[215]고 말한다. 그가 "비폭력과 동일화되는 것이 아니라 폭력을 예방하거나 폭력에 저항하는 반폭력과 동일화되는 시민윤리성의 정치"를 해방의 정치, 변혁의 정치에 더하여 그 둘을 전제로 하는 또 하나의 정치로 정식화하는 것은 바로 이 때문이다.[216]

각기 고유한 아포리아를 내장한 해방, 변혁, 시민윤리성이라는 정치의 세 가지 형상은 각기 다른 것들을 전제하며, 서로 절합되어야 한다. 변혁 없이는 해방도 시민윤리성도 없으며, 해방 없이는 시민윤리성도 변혁도 없고, 시민윤리성 없이는 변혁도 해방도 없다. 그러나 이러한 복잡한 전제들로부터 하나의 체계, 하나의 불변의 질서를 만들 수는 없다. 세 가지 정치의 절합은 모델 없는 개별적인 길들 위에서만 이루어질 수 있다.[217]

해방적 정치의 최대의 과제의 하나인 시민권/시민됨의 발본적인 민주적 개조가 변혁 없이 이루어질 수 없다는 것은 자명하다. 동시에 그것은 시민윤리성의 구체적 형태와 전략을 발명함 없이 이루어질 수 없다. 소유의

---

215) Balibar, *Violence et civilité*, p. 417.
216) 시민윤리성(시빌리테)과 반폭력에 대한 발리바르의 이론화에 관한 추가적인 설명은 진태원, 「용어 해설」, 『우리, 유럽의 시민들?』, 430~439쪽을 볼 것.
217) 발리바르, 「정치의 세 개념」, 『대중들의 공포』, 71~72쪽.

변혁의 문제로 환원되지 않는 국제주의의 문제, 그리고 인간학적 차이들의 해방적 변형의 문제는 동일성의 폭력의 문제, 즉 시민윤리성의 문제와 분리될 수 없기 때문이다. 시민권/시민됨의 개조와 관련시킨 국제주의 및 인간학적 차이들에 대한 발리바르의 논의는 그가 왜 자신의 포스트맑스적 공산주의의 상을 보편적인 소유 및 영유, 프롤레타리아 국제주의를 넘어서는 확장된 국제주의, 반폭력, 인간학적 차이들의 문명화·공유화로서 정의하였는지를[218] 이해하게 해준다.

발리바르는 국제주의가 새로운 정치적 동일성을 찾아내야 한다고 보던 1990년대의 주장에서 더 나아가 근년에는 국제주의로부터 '세계 정치'(cosmopolitics)로 이행해야 한다고 주장한다. 국민적 동일성들이 소멸하지는 않지만 점점 더 상대화되어 가고 국경을 가로지르는 다른 종류의 동일성들, 이해관계들, 규범들이 점점 더 중요해지는 세계화 시대의 현실에 대응하여 그는 '과(跨)국민적 시각'과 결부된 '보편적인 것(the universal)의 세계 정치' 개념을 가공하고자 한다.[219]

7. 맺음말

알튀세르가 맑스적 공산주의의 관점에서 맑스주의 철학이라고 여겨져 온 것에 대해 근본적인 비판을 가하고 그것을 전화시키려 한 철학자라면, 발

---

218) 발리바르, 「공산주의 이후에 어떤 공산주의가 오는가?」, 『마르크스의 '경제학 비판'과 소련 사회주의』, 67쪽.
219) Balibar, "Strangers as Enemies: Further Reflections on the Aporias of Transnational Citizenship", Globalization Working Papers 06/4, Institute on Globalization and the Human Condition, 2006; Balibar, "Towards a Diasporic Citizen?: Internationalism to Cosmopolitics"(2007), eds. Françoise Lionnet & Shu-mei Shih, *The Creolization of Theory*, Duke University Press, 2011.

리바르는 맑스적 공산주의로 환원되지 않는 일반화된 공산주의의 관점에서 맑스주의를 넘어서는 새로운 지평에서 역사와 정치에 대한 이론화 작업을 수행해 온 정치철학자이다. 발리바르의 이론화의 이념적 기초를 이루는 것은 모든 역사적 공산주의들의 '동일성 없는 불변 요소'인 '개인주의와 사회화 사이의 대립' 내지 '개인성과 공동체의 대립'의 지양이다. 발리바르의 이론 작업은 맑스의 생산양식의 문제설정과 알튀세르의 이데올로기의 문제설정 속에서 맑스와 알튀세르의 개념들과 사고들을 비판적으로 영유하는 방식으로 이루어져 왔다.

발리바르는 맑스주의에 대한 그의 다시 읽기와 해체 작업이 일단락되었다고 할 수 있는 1980년대 후반부터 민족/국민과 민족주의, 인종주의, 국가, 시민권/시민됨, 주권, 폭력과 반폭력, 시민윤리성, 공산주의, 민주적 유럽의 건설, 세계 정치 등 광범한 정치적 주제들에 대한 정력적인 연구들을 수행해 왔다. 그의 이러한 연구들은 맑스주의를 넘어서는 '정치의 개조'의 문제설정 속에서 이루어진다. 알튀세르의 제자들 중에서 알튀세르의 사고를, 무엇보다도 그의 이데올로기의 문제설정을 영유하면서 과거 '역사 유물론'이라 불려 온 영역에서 정치적·철학적 이론 작업을 적극 수행해 온 이는 발리바르뿐이다.

맑스주의자에게 공산주의가 민주주의의 지양이라면 포스트맑스주의적 공산주의자 발리바르에게 공산주의란 '민주주의의 경계들'의 무한한 확장이다. 민주주의의 경계들을 무한히 확장하는 방향으로 정치를 개조하려는 발리바르의 정치철학적 작업의 출발점을 이루는 것은 알튀세르의 과잉결정 개념, 이데올로기의 문제설정, 구조적 인과성 개념, 그리고 장소론적 사고이다.

처음에 발리바르는 맑스의 '국가와 정치의 종언으로서의 공산주의'라는 관념을 해체할 이론적 요소를 맑스의 정치경제학 비판에서 찾으려 했다. 그의 '맑스가 수행한 경제와 정치 사이의 이론적 단락' 테제는 그로 하여금 맑스의 토대와 상부구조 개념쌍, 그리고 '경제에 의한 최종 심급에서의 결정' 개념뿐만 아니라 알튀세르의 '경제, 정치, 이데올로기라는 구조화된 수준들의 구조화된 복합체로서의 사회구성체' 개념까지도 온전히 무효화시켰다. 발리바르로 하여금 맑스주의의 궁극적 한계와 아포리아를 인식하도록 이끈 것은 철학적 인간학에 대한 성찰이었다. 인간의 활동을 노동으로 환원함으로써 맑스는 '역사의 동력'을 계급투쟁에서 찾는 역사 유물론을 구성할 수 있었다. 발리바르는 바로 이 노동의 인간학이 맑스로 하여금 역사의 물질성을 노동의 물질성으로 환원하고 계급투쟁을 총체화시키게 한 궁극적인 이론적 질곡이었음을 알게 된다. 동시에 그는 역사와 정치에 대한 어떠한 이론화도 철학적 인간학의 지반을 벗어나서 이루어질 수 없음을 인식하게 된다.

　　노동의 인간학의 쟁점에 대한 성찰에 후속하는 인간학적 차이들에 대한 성찰을 통하여 발리바르는 마침내 알튀세르적인 맑스주의의 개조의 문제설정에서 정치의 개조의 문제설정으로 이행한다. 발리바르는 계급 모순과 마찬가지로 보편적인 넓은 의미의 모순들인 '성적 차이'와 '지적 차이'를 식별하고, 나아가 이 보편적인 인간학적 차이들이 적대로 환원될 수 없는 차이의 차원들을 포함하고 있음을 밝힌다. 이어 그는 역사의 무대 위에서 전개되는 계급투쟁의 물질성을 그것과는 또 다른 무대 위에서 펼쳐지는 이데올로기적 과정의 물질성과 절합할 필요성에 대해 사고하고, 그러한 사고의 기초 위에서 정치적 실천들과 경제적 실천들, 이데올로기적 실천들 간의 관계에 적용되는 자신의 독자적인 인과성 도식을 제시한다.

　　발리바르의 인과성 도식에 따르면, 정치는 경제에 의해 조건 지어지며 경제는 다시 이데올로기에 의해 조건 지어진다는 의미에서 이데올로기는 정치의 '조건들의 조건'이다. 이 '조건들의 조건' 개념에 대응하는 것이 '정치의 타율성의 타율성' 개념이다. 정치의 타율성의 타율성의 개념화는 계급, 국가와 더불어 공동체와 동일성을 정치가 대결해야 할 장으로 만든다. 이 타율성의 타율성 개념에 대응하는 또 하나의 정치가 '시민윤리성으로서의 정치'이다. 알튀세르의 이데올로기의 문제설정의 기초 위에서, 그리고 인간학적 차이들에 대한 자신의 독자적인 성찰에서 출발하여 정식화한 발리바르의 '시민윤리성으로서의 정치'는 자본과 국가의 구조적 폭력, 그것에 대한 대항 폭력, 그리고 모든 종류의 '동일성의 폭력'에 대항하는 '반폭력의 정치'이다. 그에게 해방적 정치는 서로 전제하는 해방의 정치, 변혁의 정치, 시민윤리성의 정치의 절합, 모델 없는 개별적인 방식의 절합이다.

발리바르의 이론화 대부분은 알튀세르적 토대 없이는 불가능한 것들이다. 동시에 그의 이론화는 항상 알튀세르의 개념들·테제들·사고들이 내장한 모순들·아포리아들에 대한 첨예한 인식 속에서 이루어졌다. 발리바르의 이론 작업 속에서 알튀세르의 혁명적 개념들과 사고들은 자신의 긍정적 효과들 속에서, 그 자신의 변형적 개입 속에서 소멸한다. 우리는 발리바르의 작업 속에서 가장 긍정적이고 생산적인 '알튀세르 효과'를 본다.

15장 알튀세르와 바디우
—정치적 주체성의 혁신을 위하여

서용순

1. 알튀세르-바디우: 맑스주의와 철학

알튀세르가 은둔과 유폐의 시간을 뒤로하고 세상을 떠난 것이 벌써 20여 년 전의 일이다. 그가 겪었던 많은 고통에 대해 이야기하는 것은 의미가 없을 것이다. 우리는 자연인으로서의 알튀세르, 고통받았던 개인으로서의 알튀세르보다는 우리의 이론적인 역사와 의식에 각인된 알튀세르에 대해 이야기해야 할 것이다. 그를 진정으로 추모하는 길은 바로 그가 우리에게 남겨 준 여러 유산에 대한 냉정하고 진지한 성찰을 수행하는 것이리라. 그래서 우리는 알튀세르에 대해 말한다. 맑스주의의 끝에서 맑스주의의 변전을 부여잡은 채 고뇌하고 번민했던 우리의 역사——비단 프랑스라는 지적 토양에 국한된 역사가 아닌, 세계적 규모에서 진행되었던 맑스주의의 비판과 갱신의 역사——를 오늘날 재구성하는 일은 우리에게, 그 역사의 끝자락에서 맑스주의에 대해 고민했던 바로 이 땅의 지식인들에게 실로 중차대한 과제일 수밖에 없다.

알튀세르는 21년 전에 유명을 달리했다. 그가 공적인 장에서의 모든 활동을 실질적으로 중단할 수밖에 없었던 1980년 11월 이후, 알튀세르의 이름은 프랑스 철학계에서 거의 지워지다시피 했다. 아내를 살해한 철학자라는 불편한 진실은 그의 이름이 모든 공적인 장에서 언급되는 것을 지속적으로 금지했다. 그러나 알튀세르의 철학적 사유가 미친 영향은 컸다. 발리바르가 알튀세르를 위한 조사에서 분명히 말한 것처럼 알튀세르는 맑스주의와 공산주의라는 테마를 20세기 후반의 프랑스 철학사에 각인시켰고, 그 누구도 그것을 지워 버릴 수는 없다.[1] 알튀세르의 시대인 1960년대와 1970년대에 맑스주의를 둘러싸고 벌어진 수많은 논쟁은 프랑스라는 좁은 울타리를 넘어 세계 곳곳에 영향을 미쳤고, 맑스주의는 그 역사상 가장 진지하고 근본적인 성찰——끊임없는 자기 반성과 비판적인 성찰——을 수행하게 되었다.

우리는 많은 이름들 속에서 그의 유산을 본다. 윌름(Ulm) 거리의 은둔자였던 알튀세르는 파리 고등사범학교에 재직하면서 수많은 제자들을 길러 냈고, 그들과의 공동 작업을 통하여 맑스주의에 대한 비판적인 사유를 펼쳐 냈으며, 그러는 가운데 맑스주의를 혁신하고자 노력하였다. 그를 지지하건 그에 반대하건, 당시 프랑스 지식인들에게 알튀세르는 넘어야 할 산인 동시에 가장 탄력 있는 지렛대였다. 대표적인 이름들을 거명해 보자. 자크 데리다, 미셸 푸코, 에티엔 발리바르, 도미니크 르쿠르, 피에르 마슈레, 로제 에스타블레, 앙드레 토젤, 베르나르-앙리 레비, 조르주 라비카, 미셸 페쇠, 자크 랑시에르, 그리고 알랭 바디우……. 이 리스트 외에도 셀 수 없을 만큼 많은 이름들이 전 세계에 퍼져 있을 것이다. 그들 중 몇몇은 끝까지 알튀세르의 곁을 떠나지 않았고, 몇몇은 알튀세르의 논적으로 돌아서기도 했다. 그들 중에는 심지어 반-맑스주의로 돌아선 신철학자들도 끼어 있다. 그 가운데에는 아주 의미 있는 이름들도 끼어 있다. 그만큼

---

1) Étienne Balibar, *Écrits pour Althuser*, La Découverte, 1991, p. 122.

1960~1970년대의 프랑스의 지적 토양에서 알튀세르가 차지하는 비중은 컸다. 그렇게 오늘날 철학을 주도하는 이름들 중 알튀세르의 영향을 받지 않았다고 볼 수 있는 이들은 그리 많지 않을 것이다. 그 이름들 중 우리가 집중하는 이름은 알랭 바디우이다. 한때 알튀세르의 이론주의에 반대하여 신랄하게 그를 비판했던 바디우는 1980년대 이후 알튀세르의 이론적인 작업들을 창조적으로 계승하여 자신의 독창적인 철학을 구축하였고, 마침내 알튀세르와는 다른 방식으로 해방과 철학의 문제를 사유하는 전진적인 계기를 마련하게 된다. 협력과 결별, 비판과 계승의 작업이 알튀세르의 침묵 이후로 꾸준히 진행되었다. 그로부터 오랜 세월이 지난 오늘, 우리는 이 두 사람을 대면시키고자 한다. 이 대면에서 드러나는 동질성과 이질성, 유사성과 차이는 현재 우리가 마주하고 있는 철학적이고 정치적인 문제를 고민하는 또 다른 계기를 마련할 것이다.

2. 국가의 혁명: 대면의 지점

알튀세르와 바디우를 만나게 하는 지점은 과연 있는가? 우리는 여러 가지 점에서 이 두 철학자를 동일선상에 올려 놓을 수 있다. **철학의 종말**. 알튀세르가 『맑스를 위하여』의 「서문: 오늘」에서 말하듯, 소비에트 공화국 연방의 제20차 당대회에서 수행된 스탈린적 교조주의에 대한 비판에서 비롯된 이론적 연구의 르네상스 속에서 나타난 경향은, 「포이어바흐에 관한 테제들」에서의 맑스의 단정적인 선언을 수용하면서 철학의 불가능성을 철학의 실천으로의 전환으로, 철학의 정치적 실현으로 간주하거나, 그 불가능성을 과학을 통한 철학적 이데올로기의 청산의 요구로 파악하는 것이었다.[2] 기껏해야 철학의 종말은 철학을 비판으로 간주하면서 이데올로기적 환상들에 대한 위협을 비판을 통해 감소시키는 '과학의 의식'으로 환원된다. 말하자면 이는 과학의 외부에 대한 비판으로서, 그 외부를 소멸시키기 위한 과학의 자기 의식과 동일한 것이 되어 버린다.[3] 알튀세르는 이러한 '철학의 종말'에 반대해 맑스주의 철학을 복권시키고자 노력한다. 『독일 이데올로기』라는 단절기 저작 이후 맑스는 역사 유물론이라는 새로운 과학을 창설하였고, 그 과학 속에 맑스주의 철학이 실천적으로 작동하고 있다는 것이다. 말하자면, 맑스주의 변증법은 『자본』 속에 실천적인 상태로 존재한다.[4] 문제는 맑스가 실천적 상태로 남겨 놓은 표식들을 이론으로 끌고 가는 것이다. 바로 그것이 맑스주의 철학일 것이다. 우리에게 남겨진 여러 논란에도 불구하고 이러한 알튀세르의 노력은 맑스주의 철학을 적극적으로 사유할 수 있는 기회를 제공한 것이었다. 바디우의 경우 **철학의 종말**에 대한 저항은 새로운 철학의 정초와 연관되어 있다. 바디우는 포스트-근대 철학이 지배하는 1980년대의 주요한 의식인 '철학 일반의 실질적인 종말'을 비판하면서 자신의 진리 철학을 수립한다. 그는 맑스주의를 넘어 철학 일반에 개입한다. 바디우에게 철학은 정치, 예술, 사랑, 과학에서 생산된 각각의 진리들을 동시에 사유하는 영역이다.[5] 그에게 진리는 고전 철학의 형이상학적 진리라기보다는 새로움으로서의 진리, 기존 상황의 언어로 말할 수 없는 것으로서의 진리이다. 그는 **유적인 진리**라는 개념을 통해 진리를 지배적인 법칙성에서 벗어난 새로움으로 정의하며, 이것을 진리로 파악하고 그 진리와 그것이 만들어 낸 새로움을 사유하는 것을 철학의 임무로 삼는다. 예컨대 바디우는 포스트-근대의 철학 비판에 의해 추방당한 '진리'의 범주

---

2) Louis Althusser, "Préface: Aujourd'hui", *Pour Marx*, François Maspero, 1965, pp. 18~19(이 글에서는 알튀세르 저작의 한국어판을 참조하지 않았음을 밝힌다).
3) *Ibid.*, p. 19.
4) Althusser, "Sur la dialectique matérialiste(De l'inégalité des origines)", *Pour Marx*, p. 177.
5) Alain Badiou, *Manifeste pour la philosophie*, Seuil, 1989, pp. 15~18(『철학을 위한 선언』, 서용순 옮김, 길, 2010, 53~57쪽).

를 쇄신함으로써 '철학'을 종말에서 구해 내고자 하는 것이다. 이렇게 알튀세르와 바디우는 모두 철학이 끝나지 않았음을, 철학은 항상 존재할 것임을 선언하고 있다.

철학의 조건. 알튀세르와 바디우는 모두 철학을 조건 지어진 것으로 간주한다. 알튀세르는 맑스주의 철학을 크게 두 가지로 정의한 바 있다. '이론적 실천의 이론'과 '이론에서의 계급투쟁'이 그것이다. 첫번째 정의는 과학을 철학의 조건으로 삼고, 두번째 정의는 정치를 철학의 조건으로 삼는다. 이는 '철학의 대상'과는 관계가 없다. 과학의 곁에서 작동하는 것이 전자의 경우이고, 정치의 곁에서 작동하는 것이 후자의 경우인데, 과학과 정치가 철학에 앞서 존재하면서 철학을 움직이게 한다는 점에서 이 둘은 철학의 대상이라기보다는 조건인 것이다. 철학은 과학 자체를 다루는 것이 아니라 과학적 진리의 생산 과정이 갖는 단독성(singularité), 이론 속에서 수행되는 정치적인 단독성을 다룬다. 결국 알튀세르의 맑스주의 철학은 과학과 정치에 대한 사유인 것이다.[6] 바디우의 경우, 철학은 진리를 생산하는 영역인 정치, 예술, 사랑, 과학을 자신의 조건으로 삼는다. 여기서도 마찬가지로 이 진리의 영역(바디우의 정확한 용어로는 '진리 생산 절차')들은 철학이 가능하기 위한 조건들이다. 철학은 항상 여러 절차들이 생산한 진리를 사유해 왔다. 그러나 그 절차들을 동등하게 다룬 것은 아니었다. 많은 경우 철학은 '봉합'되었다. 바디우에 따르면 맑스주의는 정치와 과학에 동시에 봉합되었고, 실증주의 철학은 과학에 봉합되었으며, 하이데거의 철학은 예술(시)에 봉합되었다.[7] 그는 철학이 어느 하나의 조건을 특권화하지 않고, 다수의 진리를 동시에 사유해야 한다고 강조한다. 바디우가 새롭게

---

6) 그런 점에서 알튀세르는 확실히 맑스주의의 전통 속에 있다. 과학으로서의 맑스주의와 계급투쟁의 이론으로서의 맑스주의는 알튀세르 철학의 가장 중요한 두 가지 구성 부분이다.
7) *Ibid*, pp. 42~48(같은 책, 95~100쪽) 참조.

제시하는 철학은 다수의 존재로서의 다수의 진리를 사유하는 작업이고, 그것은 조건의 다수성을 통하여 명확히 드러난다.

　이러한 비교는 철학의 특정한 조건으로서의 정치의 영역에서도 가능할 것이다. 그러나 두 사람에게 이는 아주 복잡하고도 함축적인 문제일 수밖에 없다. 우리는 알튀세르의 세번째 시기에 나온 「마침내 맑스주의의 위기가!」라는 충격적인 논문이 제기한 문제에서 출발하고자 한다. 이 논문에서 알튀세르는 맑스주의의 위기를 거론하면서 자신의 이론적 시도를 송두리째 부정한 것으로 알려져 있다. 그는 맑스주의에는 해결하기 힘든 여러 이론적 난점들과 이론적 공백이 있다고 선언했다. 잘 알려진 바와 같이, 맑스에게 있어 서술 순서에 의해 부과된 이론적 통일성이 대부분 허구적이며, 맑스 변증법과 헤겔 변증법의 관계 자체는 변증법에 대한 맑스의 침묵으로 인해 수수께끼로 남을 수밖에 없다는 것이 알튀세르가 맑스주의의 난점으로 지적하는 것이다. 이보다 더욱 흥미로운 것은 알튀세르가 이론적 공백으로 지적하고 있는 맑스주의에서의 **국가론**과 **조직론**의 부재다.[8] 여기서 두 가지의 이론적 공백은 많은 맑스주의 이론가들을 당황스럽게 하는 대목이다. 레닌 이래 이는 끊임없이 맑스주의자들을 괴롭힌 문제였다. 알튀세르 자신을 포함하여 맑스 이후의 많은 이론가들은 이 문제를 붙들고 씨름하기에 여념이 없었다고 말해도 좋을 것이다. 레닌의 『무엇을 할 것인가?』와 『국가와 혁명』으로부터 출발하여, 로자 룩셈부르크의 '노동자의 자발성'에 대한 이론적 성찰, 그람시의 국가와 시민사회의 이론, 알튀세르의 「이데올로기와 이데올로기적 국가장치들」 등은 모두 이 문제에 대한 이론적 성찰이 아니었던가? 이러한 문제제기는 외관상 알튀세르 자신의

---

8) Althusser, "Enfin la crise du marxisme!", *Solitude de Machiavel et autres textes*, éd. Yves Sintomer, PUF, 1998, pp. 275~277.

작업이 실패로 끝났음을 선언하는 것으로 받아들여질 수 있다. 그 자신이 명시하듯이 1960년대 내내 그와 그의 동료들은 실제 다시 고전으로 돌아가 맑스, 레닌, 그람시를 읽고 또 읽으면서 그 안에서 살아 있는 맑스주의를 찾으려고 노력했다.[9] 그는 『자본』을 다시 읽었고, 레닌에게서 혁명적 정치의 주체성을 끌어내려 애썼으며, 그람시를 참고하여 국가와 이데올로기에 대한 진정한 맑스주의적 분석을 감행했던 것이다. 그 결과 그가 확인한 것은 "맑스주의의 전통은 순수하지 않을 뿐만 아니라 여러 난점과 모순, 공백을 포함하고 있으며, 그 공백과 난점들은 긴 위기 속에서 나름의 역할을 했다"[10]는 사실이다. 결국 알튀세르는 자본주의적 계급 적대를 해소할 수 있는 유일한 대안으로 간주되었던 맑스주의가 그것에 내재하는 여러 문제들로 인해 실패로 귀결되고 말았다고 주장하는 것이다. 알튀세르는 자신의 노력을 스스로 부정하며 지극히 어두운 전망을 내놓은 것처럼 보인다. 그러나 그것은 맑스주의가 염원하는 해방의 기획의 이론적 실패에 대한 확인만으로 한정되지 않는다. 이러한 알튀세르의 테제, 특히 이론적 공백에 대한 지적은 그러한 자기 부정을 넘어 정치에 대한 사유를 더욱 복잡한 지평으로 나아가게 한다. 어쩌면 이는 해방의 정치에 대한 사유에 새로운 활력을 부여하고, 그 사유를 좀더 자유롭게 한 계기였을지도 모른다.

 모든 것은 맑스주의에서 출발했다. 그리고 알튀세르와 바디우는 모두 그 맑스주의를 통과한 철학자이다. 이제 우리에게 요구되는 것은 이 두 철학자가 맑스주의에 대해 제기하는 문제와 그것에 대한 이들의 이론적·실천적 규정들을 되짚어 보는 것이다. 우리는 이 논의를 '국가와 혁명'이라는 테마를 중심으로 개진하고자 한다. 그 유명한 레닌의 저서 제목이기도 한

---

9) *Ibid.*, p. 274.
10) *Ibid.*, p. 274.

이 테마는 바디우가 직접적으로 개입하는 정치의 문제, 즉 '공산주의의 변전'과 '혁명적 주체성의 조직'에 관계된 것으로, 그는 이 문제에 존재론적으로 접근하여 자신의 진리 철학을 구성하는 중요한 결절점으로 삼는다. 그 이전에 알튀세르는 이 문제에 대해 상당히 의미 있는 개입을 행한다. 맑스주의의 이론적 공백으로 지적했던 영역인 이 두 가지 문제[11]에 대한 알튀세르의 노력은 잘 알려져 있다. 1970년에 나온 「이데올로기와 이데올로기적 국가장치들」이라는 논문에서 그는 국가의 문제를 이데올로기의 문제설정을 통해 다루었고, 1976년에 행해진 프랑스 공산당 제22차 전당대회에 개입하여 혁명적 정치의 문제를 직접적으로 언급하기도 한다. 이 문제에 대한 검토를 통해 우리는 알튀세르와 바디우의 이론적인 관계를 좀더 구체적으로 파악할 수 있을 것이다.

3. 출발의 지점 : 맑스주의 국가론의 전개

고전적인 맑스주의에 있어 국가의 문제는 아주 민감한 문제들 중 하나였다. 그도 그럴 것이 혁명을 통한 공산주의 사회의 건설에서 결정적인 문제는 바로 국가의 운명과 변전에 있었기 때문이다. 자본주의 경제 체제를 유지할 수 있게 하는 가장 중요한 버팀목은 바로 국가였다. 맑스는 국가 권력의 전복과 전유는 프롤레타리아 혁명의 중차대한 관건임을 끊임없이 강조했고(『공산당 선언』), 전대미문의 노동자 대중 권력인 파리 코뮌을 목격한 후에는 자신의 입장을 수정해 혁명 이후 프롤레타리아 계급의 정치적 목표가 부르주아 국가를 그대로 접수하는 것에 한정되어서는 안 된다는 점

---

11) 알튀세르는 맑스주의 '국가론'과 '조직론'을 두 가지 이론적 공백으로 지칭하는데, 이는 정확히 '공산주의의 변전'과 '혁명적 주체성의 조직'에 연결되어 있는 문제이다. 레닌의 『국가와 혁명』은 바로 이 문제에 대한 문제의식에서 비롯된 것이었다고 말할 수 있다.

을 강조하기도 했다(『프랑스 내전』). 이러한 맑스의 문제의식은 마침내 『고타 강령 초안 비판』에서 혁명 이후 공산주의로 가는 이행기 정치로서의 프롤레타리아 독재를 부르주아 정치와 대별되는 혁명적 정치의 전범으로 제시하는 것으로 나타나게 된다. 국가와 관련된 이 테제들은 맑스주의 국가론의 기본적인 토대로 작동하였다. 혁명을 통한 부르주아 국가 권력의 전복, 프롤레타리아 계급에 의한 부르주아 국가 권력의 파괴, 공산주의로의 이행을 위한 프롤레타리아 독재의 수립은 자연스럽게 혁명의 순차적인 과정으로 정식화되었고, 그럼으로써 이 정식들은 공산주의 국가론의 가장 중요한 혁명적 이념들로 자리 잡은 것이다.

레닌은 이러한 이념을 승리의 전망 속에서 구체화한다. 그는 상비군, 경찰 등의 **억압적 국가장치**들을 파괴되어야 할 부르주아적 국가장치로 간주했고, 이러한 국가장치의 파괴와 혁명적 프롤레타리아 계급의 권력 장악을 프롤레타리아 독재의 실질적인 수립을 위한 지렛대로 간주하게 되었다. 이러한 모든 과정을 위해 필요한 것이 당이었다. 우리는 레닌의 저작인 『무엇을 할 것인가?』에서 그 전범적인 형태를 발견할 수 있다. 공산주의적 전위당은 한마디로 부르주아 국가라는 부르주아 계급의 재현 시스템에 대립하는 프롤레타리아 계급의 대항적인 재현 시스템이다. 그렇게 레닌은 부르주아 국가로 재현되는 부르주아 계급의 정치적 주체성과는 대별되는 프롤레타리아의 정치적 주체성을 프롤레타리아 계급의 전위당이라는 단독적인 재현 시스템을 창안함으로써 확보하고자 했다. 결국 그것은 승리의 쟁취를 위한 새로운 계급적 주체성의 조직이었던 것이다. 이러한 당이야말로 훗날 프롤레타리아 독재라는 사회주의 국가 시스템의 중심을 구성하는 것이었다는 점에서 맑스주의 국가론의 핵심이라고 할 수 있다.

한편, 그람시는 상부구조에 대한 이론화를 시도한 최초의 맑스주의자였다. 그를 통하여 맑스주의 국가론은 상당한 발전을 보게 되는데, 이는 그가 발전된 서구 자본주의 국가가 갖추고 있는 **동의**의 기능에 주목한 결과였다. 그람시는 국가를 강제의 영역인 정치사회와 동의를 주요한 기능으로 삼는 시민사회의 종합으로 간주하였고, 시민사회가 발전한 서구에서 국가의 전복은 러시아에서와 달리 장기에 걸친 사회적·문화적 투쟁을 통해 가능하다고 설파함으로써 이른바 '진지전'이라는 개념을 국가론의 장에 도입하기도 하였다. 그람시의 공헌은 무엇보다도 서구의 발전된 자본주의 국가가 강제뿐 아니라 동의를 통해 지배를 관철해 낸다는 사실에 주목하여 서구 자본주의 국가를 정치사회와 시민사회의 종합으로 파악했다는 점에 있다. 그러한 동의의 시스템이 시민사회라는 개념으로 지칭됨으로써 국가는 강제적 억압 장치와는 다른 현실을 포함하는 것으로 간주되기에 이른다. 그것을 종합한 그람시적 도식이 바로 '**국가=정치사회+시민사회, 즉 강제로 무장한 헤게모니**'이다. 물론 그람시는 자신의 국가론을 체계적으로 발전시키지 못했지만, 시민사회와 같은 새로운 현실이 갖는 중요성을 강조함으로써 맑스주의 국가론에 새로운 장을 열었다.

이러한 모든 시도에서 중요한 것은 국가가 반자본주의 혁명과 공산주의 사회의 수립에 결정적인 역할을 한다는 사실이다. 자본주의 사회의 전복과 공산주의로의 이행의 과정에서 국가는 소멸의 운명에 있다. 문제는 어떻게 국가를 소멸시켜 나가느냐 하는 것이다. 그리고 그것의 열쇠는 프롤레타리아 독재의 운명이 쥐고 있다. 맑스주의적으로 말하자면, 프롤레타리아 독재란 국가를 소멸시켜 나가는 프롤레타리아 계급의 정치, 부르주아 정치와 철저히 대별되며 모든 계급 관계를 그 안에서 소멸시켜야 하는 자기 해소의 정치이다. 이러한 중차대한 문제를 떠안고 있는 맑스주의 국가론은 알튀세르에 와서 맑스주의 이론에서 가장 모호한 지위를 가지고 있는 **이데올로기**의 문제와 결합한다. 여기에 바로 알튀세르의 독창성과 단독성이 있다.

4. 알튀세르의 국가론: 이데올로기와 이데올로기적 국가장치

알튀세르의 「이데올로기와 이데올로기적 국가장치들」은 대단히 문제적인 논문이었다. 그것은 맑스주의 국가론을 정초한 선구자들의 이론적 정식들을 계승하는 한편, 그것들을 더욱 엄밀한 관점에서 발전시킨 것이라고 할 수 있다. 이러한 알튀세르의 시도는 다름 아닌 '이데올로기'에서 출발한다. 맑스주의의 역사에서 이데올로기는 이론화될 수 없는 영역이었다. 그것은 맑스와 엥겔스의 『독일 이데올로기』에서 잘 드러난다. 맑스와 엥겔스는 자신들의 이 미출간 수고에서 이데올로기가 자신의 고유한 역사를 갖지 않는다고 선언하였다. 이데올로기의 역사가 물질적 생산의 역사로 환원되는 경제 환원론의 근거를 마련한 이가 이렇게 맑스(와 엥겔스) 자신이었기 때문에, 이데올로기는 결코 이론화될 수 없는 허상으로 치부되었던 것이다. 알튀세르는 바로 이 부분에 대한 재검토를 통해 이데올로기를 이론화하려 시도한다. 이러한 이론화의 첫번째 단계가 바로 토대와 상부구조라는 맑스의 토픽에서 출발하여 이데올로기의 자리를 확보하는 일이었다.

알튀세르는 토대와 상부구조라는 메타포에서 출발한다. 도식적으로 말하면 이 메타포는 지배적 구조의 자리를 표현하는 것으로, 사회의 구성이 경제적 토대에 의해 결정된다는 것을 보여 주는 것이었다. 그리고 그것이 이론의 출발이었다. 경제적 토대를 구성하는 생산력과 생산관계라는 개념의 출현은 맑스주의 과학을 정초하는 출발점이었고, 『자본』의 위대한 여정은 바로 이 지점에서 시작되었던 것이다. 그러나 상부구조는 이론화될 수 없는 부분으로 남아 있었다. 맑스는 **최종 심급에서의 결정**이 이루어지는 경제적 토대에 자신의 이론적 노력을 집중하였고, 상부구조에 대한 그의 문제의식은 지극히 도구적이고 부분적인 것일 수밖에 없었다. 개념의 장인인 알튀세르는 상부구조의 정확한 장소를 설정함으로써 이 문제에 접근한다. 그는 법적-정치적 심급과 이데올로기적 심급으로 상부구조를 분리한다.[12] 이러한 상부구조의 영역들은 최종 심급에서는 경제에 의해 결정되지만 이 결정이 그저 수동적이고 자동적인 결정일 수는 없다. 상부구조의 심급들은 또한 상대적 자율성을 가지고 있고, 토대에 대한 반작용을 행한다.[13] 이렇게 알튀세르는 이데올로기의 이론화를 위한 두 가지 전제를 마련한다. 상부구조를 정치적 심급과 이데올로기적 심급으로 분리하여 이데올로기의 자리를 마련하고, 상부구조의 상대적 자율성을 강조하여 이론화의 정당성을 확보하는 것이다.

그러나 이론적 장소의 설정만으로 문제가 해결되는 것은 아니다. '이데올로기의 이론화'는 이데올로기를 단순한 물질적 생산의 반영이 아닌 어떤 구체적 현실로 정의할 것을 사전에 요구한다. 이러한 문제의식은 1970년의 논문 이전에 이미 『맑스를 위하여』에서 확실히 나타난다. 그는 이데올로기를 "유기적으로 모든 사회적 전체성의 일부를 이루는"[14] 것으로 간주한다. 다시 말해, 알튀세르에게 이데올로기는 하나의 현실, **이미 주어진 구조화된 복잡한 전체** 속에서 작동하는 심급인 것이다. 잘 알려진 바와 같이 알튀세르에게 이데올로기는 주어진 사회 내에서 역사적인 존재와 역할을 지닌 재현(représentation)들의 체계이다.[15] 이러한 재현들의 체계는 실천적이고 사회적인 기능들을 주요하게 수행하면서 인간 사회가 움직이게 한다. 그런 점에서 이데올로기의 존재는 사회의 유지와 존속에 필수불가결하다. 그래서 일찍이 알튀세르는 오로지 이데올로기적인 세계관만이

---

12) Althusser, "Idéologie et appareils idéologiques d'État(Notes pour une recherche)", *Positions*, Éditions sociales, 1976, p. 74.
13) *Ibid.*, p. 75.
14) Althusser, "Marxisme et humanisme", *Pour Marx*, p. 238.
15) *Ibid.*, p. 238.

이데올로기 없는 사회들을 상상할 수 있다고 말했던 것이다. 결국 역사 유물론의 입장에 선다면 우리는 이데올로기 없이 유지될 수 있는 공산주의 사회를 생각할 수 없다.[16] 그런 연유로 알튀세르는 정당하게 이데올로기를 사회적 구성의 필수적인 기제로 간주하는 것이다. 맑스주의를 따라 공산주의 사회를 인류 역사의 최후 단계로 파악한다고 해도 이데올로기의 종말이란 가능하지 않은 것이다. 그러므로 이데올로기는 영원할 것이다.[17]

이러한 관점에서 성립하는 것이 바로 알튀세르 특유의 국가론이다. 그는 맑스주의의 고전들이 국가를 국가장치로 간주한다는 것을 상기시킨 후, 그 국가장치란 파괴되어야 할 '억압적 국가장치'였다고 설명하며 맑스주의 국가론에 다른 것을 추가해야 한다고 주장한다. 그것은 바로 이데올로기이다. 말하자면 국가는 억압이라는 강제의 동학을 통해 사회를 유지하지만, 그것과는 다른 현실, 즉 이데올로기를 포함하고 있기 때문에 맑스주의 국가론은 이 현실을 고려해야 한다는 것이다. 알튀세르는 이를 **이데올로기적 국가장치**라는 개념을 통해 설명한다. '이데올로기적 국가장치'란 '억압적 국가장치'와는 전혀 다르다. 이데올로기적 국가장치는 폭력이나 억압이 아닌 이데올로기를 통해 기능한다는 점에서 억압적 국가장치와는 다른 지평에서 파악되어야 한다.[18] 확실히 학교, 교회, 가족, 정당, 동업조합, 신문, 방송 등은 강제와는 다른 방식, 다시 말해 이데올로기적인 방식으로 사회를 유지하고 재생산하는 데 기여한다. 이러한 제도적 장치들을 국가장치라고 부를 수 있는 것은 역시 이데올로기라는 사회적인 유대물(ciment social)을 통해서이다. 이 장치들은 형식상 사적인 부문에 속할 수 있지만 이는 부르주아적인 법적 구분에 불과하다고 알튀세르는 말한다.

---

16) *Ibid.*, pp. 238~239.
17) Althusser, "Idéologie et appareils idéologiques d'État", *Positions*, p. 101.
18) *Ibid.*, pp. 80~84 참조.

그에게 문제는 어디까지나 그것이 어떻게 기능하는가, 무엇을 위해 기능하는가이다. 이 국가장치는 무척 다양하지만 항상 지배 계급의 이데올로기 아래에 통합되어 있다.[19] 이데올로기적 국가장치는 지배 계급의 편에서 작동하고, 이러한 과정이 순조롭게 진행될 때 국가 권력은 항상 지배 계급의 전유물이 된다. 다시 말하면 이데올로기적 국가장치 속에서 그리고 그것에 대하여 자신의 헤게모니를 실행하지 않는다면 어떤 계급도 국가 권력을 지속적으로 소유할 수 없다.[20]

사실 이러한 알튀세르의 시도는 그람시의 시민사회론에 힘입은 바가 크다. 그람시의 '국가=정치사회+시민사회' 도식이 알튀세르의 손에서 **'국가=억압적 국가장치+이데올로기적 국가장치'** 도식으로 변화한 것으로 파악하더라도 큰 무리는 없을 것이다. 알튀세르의 공헌은 국가를 상상적인 틀 안에서 기능하는 이데올로기의 영역으로 파악했다는 데 있다. 그렇게 알튀세르는 국가를 상상적 주체성의 영역으로 간주하고 주체를 이데올로기적 작용의 결과물로 파악한다. 이것이야말로 국가 속에 존재하는 개인들을 사회의 구성원으로 존재하게 하는 동력인 것이다. 그래서 알튀세르는 말한다. "이데올로기는 개인들을 주체들로 호명(interpellation)한다."[21] 이데올로기 없이 주체의 범주는 있을 수 없다. 이것이 바로 이데올로기의 가장 큰 특성이다. 개인을 주체로 호명하는 것이 이데올로기의 기능이고, 이 기능은 이데올로기적 국가장치 속에서 구체화된 형태로 나타난다. 결국 국가는 이데올로기를 통해 기능하는 (상상적) 주체 형성의 장(場)인 것이다. 그렇게 이데올로기는 개인들이 하루하루를 살아가게 하는 기능을 훌륭히 수행한다. 결국 개인들은 이데올로기 밖으로 나갈 수 없다.

---

19) Althusser, "Idéologie et appareils idéologiques d'État", *Positions*, pp. 85~86.
20) *Ibid.*, p. 86.
21) *Ibid.*, p. 110.

알튀세르의 이데올로기론은 또 다른 지평을 열어 놓는다. 그것은 바로 존재론의 지평이다. 비록 알튀세르는 이 지평을 더 발전시키지 못했지만, 그의 이데올로기론은 그 단초를 아주 잘 보여 주고 있다. '이데올로기의 호명을 통해 주체가 된 개인들'의 국가로의 '종속'은 일자(Un)의 통일성을 보증하는 수단이다. 이것을 가능하게 하는 것이 이데올로기인데, 이는 이데올로기가 물질화된 이데올로기적 국가장치라는 형태 속에서 그리고 그것이 갖는 의례적 형식 속에서 실현된다. 마침내 확인-오인(reconnaissance-méconnaissance)의 과정이 따라온다. '주체들 사이의 상호 인정', 다시 말해 나와 같은 주체라는 인정(확인)의 과정은 주어진 사회의 통일성을 확보하는 이데올로기적 작용이라고 볼 수 있다. 그 결과 모든 일은 주어진 법칙과 규칙에 맞게 잘 돌아간다는 보증, "모든 것이 잘될 것이라는 절대적 보증"[22]이 가능해진다. 이렇듯, 알튀세르의 통찰은 단순한 국가론을 넘어서는 면이 있다. 그러나 이러한 통찰이 본격적으로 존재론의 발전으로까지 나아간 것은 아니었다.

5. 바디우의 존재론과 국가

그러한 발전이 이루어진 것은 바디우의 철학에서이다. 바디우는 맑스주의에서 출발했지만, 맑스주의를 벗어나 새로운 철학적 지평을 열어 낸 철학자이다. 68혁명을 계기로 알튀세르와 결별했던 바디우는 1970년대 내내 마오주의 운동에 전념하다가 1970년대가 끝날 무렵 새로운 정치적 전망을 찾기 시작했고, 그 결실은 1988년 『존재와 사건』으로 나타난다. 여기서 바

---

22) *Ibid.*, p. 120 참조. 알튀세르는 기독교의 종교적 이데올로기에 대한 예증을 통해 이데올로기의 반복적인 거울 구조가 보장하는 효과들을 네 가지로 정리하고 있다.

디우는 비로소 맑스주의에서 벗어나 자신의 새로운 철학을 선보인다. 이 저작은 칸토어(Georg Cantor)에서 출발한 집합론을 중심으로 하는 수학적 존재론에 집중하고 있지만, 그 정치적 함의는 결코 작지 않다. 우리는 이 존재론에서 국가에 대한 근본적이고도 새로운 테제들을 발견할 수 있다.

아주 도식적으로 바디우의 존재론에서의 상황(situation)과 상황 상태(état de la situation) 개념을 정리해 보자. 바디우에 따르면 모든 상황은 다수로 이루어진 집합이다. 그 상황 속에서 우리는 일자의 존재를 발견하지 못한다. 일자는 그저 구조화된 상황이 만들어 낸 결과물이다. 즉 일자는 상황의 모든 원소를 하나로 셈하는 작용——**하나로-셈하기**(compte-pour-un)——을 통해 성립하는 것으로 이 셈을 통해 상황은 통일적으로 구조화되는 것이다.[23] 그러나 집합론이 보여 주는 것처럼 모든 집합은 존재의 출발점으로서의 공집합을 포함하기 때문에 이 셈은 공백의 위협에 놓이게 된다. 셀 수 없는 공집합은 이 셈의 작용을 벗어나기 때문이다. 이렇게 구조화된 상황에서 일자의 작용(opération de l'Un)은 무력한 것으로 남는다. 이렇듯 일자의 작용을 교란하는 현시된 다수의 비일관성(inconsistance)은 모든 존재론적 다수의 **현시**(présentation du multiple ontologique)에 필연적인 것이다.[24] 이러한 공백의 위협은 구조화된 상황을 재구조화할 것을 필요로 한다. 여기서 두번째 셈이 가해진다. 이 두번째 셈은 첫번째 셈과는 다르다. 첫번째 셈이 집합의 원소를 셈하는 것이라면 두번째 셈은 한 상황의 원소들이 이루어 내는 부분집합을 셈하는 것이다. 바디우의 용어를 빌리면, 이 두 가지 셈은 귀속(appartenance)의 셈(원소의 셈)과 포함(inclusion)의 셈(부분집합의 셈)이라고 말할 수 있을 것이다.[25] 이 두

---

23) Badiou, *L'être et l'événement*, Seuil, 1988, p. 33 참조.
24) *Ibid.*, p. 109.
25) *Ibid.*, p. 112.

번째 셈은 부분집합의 셈을 통해 공백을 고정시킴으로서 상황의 일관성(consistance)을 확보하려는 시도이다. 다시 말해, "상황 상태는 부분집합의 하나로-셈하기를 통해 얻어진 공백에 대한 대응책"[26]인 것이다. 이로써 상황의 구조는 재구조화되고, 상황에 현시되었던 다수는 다시-현시된다(re-présentée). 결국 이는 현시가 아닌 **재현**(représentation)의 구조이다.[27] 이러한 구조의 중첩은 '구조의 구조'라는 점에서 메타 구조라고 부를 수 있는데, 바디우는 그것을 최초 상황과의 관련 속에서 **상황 상태**로 정의한다.[28] 이것이야말로 우리가 주목해야 할 수학적 존재론의 기본 전제이다. 상황 상태란 상황의 메타 구조이고 비로소 상황의 통일성을 담보하는 일자의 형상이다. 우리는 상황을 상황 그 자체로만 말할 수 없다. 그것은 항상 재구조화의 구조인 상황 상태를 동반하기 때문이다. 그것은 상황과 분리되어 있으면서 동시에 그것과 분리 불가능한 것이다.

바디우의 국가 존재론이 드러나는 것은 바로 이 지점에서이다. 여기에서 '상태'(état)는 명백히 '국가'(État)와 직접 연관된 것이다. 바디우에게 국가는 상황 상태의 **사회-역사적** 이름이다. 국가는 상황 상태로서, 원소가 아닌 메타 구조 속에서 셈해진 부분집합에 관계한다. 좀더 자세히 말하자면 국가는 개인의 '존재론적 무한성'을 전혀 고려하지 않는다. 개인을 상대하는 국가는 이중화된 셈(상황 상태가 행하는 두번째 셈인 셈의 셈compte du compte)을 통하여 개인에게 접근한다. 이때 개인은 부분집합화된 개인(x가 아닌 {x}), 다시 말해 특정한 부분으로서의 개인이다. 이렇게 개인은 국가의 셈을 통해 규정된 개인, '특정한 지위'로 환원된 개인으로 재현된다. 바디우에 따르면 국가는 부분 또는 부분집합에만 관계한다. "국가가 심지

---

26) *Ibid.*, p. 114.
27) *Ibid.*, p. 110.
28) *Ibid.*, p. 114.

어 외관상 개인을 상대할 때조차 국가가 주목하는 것은 이 개인의 구체적인 무한성이 아니라 셈에서 '일자'로 환원된 무한성, 다시 말해 이 개인이 유일한 원소가 되는 부분집합, 즉 수학자들이 싱글턴(singleton)이라고 부르는 것이다."[29]

이렇게 보면 사회(사회-역사적 상황)와 국가(사회-역사적 상황 상태)의 관계는 **존재론적** 관계일 수밖에 없다. 앞서 살펴본 바와 같이 상황 상태로서의 국가가 셈하는 **부분들**은 역시 최초 상황(사회)의 다수들로부터 나온다. 즉 상황 상태의 셈이란 최초 상황에서 이미 셈해진 다수를 다시 셈한 것으로서 최초 상황의 다수에 근거하는 것이다. 결국 두 가지 셈은 같은 것을 세는 다른 방식일 뿐이다. 결국 상황과 상황 상태는 연계되어 있는 것이다. 그러나 그것이 상황과 상황 상태가 일치한다는 말은 아니다. 상황 상태가 셈하는 부분들은 상황의 최초 다수들과 분리되어 있다. 집합론이 우리에게 보여 주는 것은 부분집합의 합이 원소의 합을 초과한다는 것이다. 바디우가 지적하듯, "부분집합들이 구성하는 일자화된 다수(multiple-un)는 본질적으로 최초의 다수보다 더 크다".[30] 우리는 국가라는 상황 상태 속에서 이러한 분리를 관찰할 수 있다. 국가는 사회와 결코 일치하지 않는다. 정확히 말하면 국가는 사회와의 연계 속에서만 분리된다. 연계를 통한 분리야말로 사회라는 최초 상황에 통일성을 부여하는 국가의 진정한 모습인 것이다. 바디우에게 연계를 통한 분리라는 이러한 이중적인 관계는 국가와 사회의 특수한 관계를 해명하는 토대가 된다.

그렇게 국가는 사회와 분리되는 동시에 사회의 부분을 재현하는 기제이다. 문제는 국가란 현시하지 않는 재현이라는 데에 있다. 우리는 국가

---

29) Badiou, *D'un désastre obscur: Sur la fin de la vérité d'état*, Édition de l'aube, 1998, p. 46.
30) Badiou, *L'être et l'événement*, p. 98.

의 현시를 볼 수 없다. 국가란 사회라는 상황의 돌출 또는 부속물일 수밖에 없다. 바디우는 이것을 존재론의 틀 안에서 설명한다. 그는 국가를 정상성(normalité), 단독성(singularité), 돌출(excroissance)이라는 세 가지 존재의 유형 중 돌출의 유형으로 간주한다. 이는 현시되지는 않은 채 재현되기만 하는 존재의 유형을 가리킨다. 어떤 항목이 상황 속에서 현시되지는 않지만 상황 상태의 셈에 의해서 상황 안에서 재현될 때, 이 항목들은 '돌출'(excroissance)의 유형이라고 지칭될 수 있다.[31] 이러한 존재 유형이 가리키는 것이 국가이다. 정확히 말해 돌출은 최초 구조의 일자가 아닌 상태의 일자이다.[32] 국가야말로 이러한 돌출의 예이다. 국가는 최초의 구조화된 상황 속에서 현시되는 것이 아니다. 상황의 일자는 국가와 분리된 것이고, 국가는 (상황) 상태의 일자일 따름이다. 국가는 상황과 별개의 것으로서 현시되지 않으면서 재현되는 것이라 할 수 있다. 그런 의미에서 국가는 돌출에 해당한다.

이렇듯 바디우는 국가에 대한 객관적 이론보다는 국가의 존재론으로 나아간다. 물론 그렇다고 해서 바디우의 국가 존재론이 맑스주의적인 국가론과 완전히 이질적인 것은 아니다. 사회와 국가의 연계-분리는 맑스주의 국가론이 말하고자 하는 것이기도 하다. 맑스주의 국가론은 메타 구조의 이론과 상당히 닮아 있다. 맑스주의는 계급적인 사유로서, 국가를 계급 지배를 관철시키는 도구로 파악한다. 여기에서 지배 계급은 사회를 구성하고 있는 부분들 중의 하나, 다시 말해서 가장 강한 지위를 갖는 부분으로 파악된다. 국가는 지배 계급의 재현이다. 자본주의 국가를 특징짓는 '부르주아지의 국가'라는 표현은 자본주의 사회가 부르주아지라는 계급으로 대

---

31) *Ibid.*, p. 115.
32) *Ibid.*, p. 116.

표/재현(représentation)된다는 것을 표현하는 것에 다름 아니다. 바디우의 국가 존재론에서도 역시 국가는 사회와 **연계**된 모습으로 나타난다. 국가가 하나로 만들어 내는 부분집합들은 상황의 구조에 의해 이미 하나로-셈해진 다수에 불과한 것이다.[33] 자본주의 국가가 재현하는 것은 부르주아 시민사회라는 상황일 수밖에 없다. 결국 "국가는 부분집합을 셈하고 관리하고 정리하면서 사회의 자본주의적 성격에 의해 이미 구조화된 항목들을 재현"[34]하기 때문에 부르주아 시민사회와 자본주의 국가는 서로 연결되어 있다고 말해야 할 것이다. 사회와 연계된 국가는 이렇게 사회를 관리하고 경영한다. 또한 자본주의 국가는 부르주아 시민사회와 분리되어 있다. 이것은 초과의 논리이다. 사회의 부분집합들은 모든 면에서 그 원소들을 초과한다. 부분집합들의 합은 항상 원소들의 합보다 크다. 그렇기 때문에 국가는 필연적으로 **분리된 기제**일 수밖에 없다. 이러한 분리를 통해 정의되는 것이 강제의 기능이다.[35] 이것이 억압적 국가장치로서의 국가가 갖는 모습이다. 국가는 단순히 사회를 관리하는 차원에만 머무는 기제가 아니다. 그것은 강제를 통해 기능하기도 한다. 그래서 국가는 사회 위에서 사회를 통제한다. 이러한 국가의 장치들은 모두 부르주아 시민사회와는 분리된 것이다. 이는 상황 상태의 셈이 상황의 셈을 초과하는 것에서 비롯되는 것이다. 다시 말해 국가는 최초의 셈과는 다른 부분집합의 셈을 통해 구조에 개입하여 통일성을 더욱 강화시키는 역할을 하는 것이다. 이러한 관리와 강제는 상황 상태의 셈이 갖는 서로 다른 효과이다. 특히 강제는 상황 상태의 셈이 갖는 차별성을 가장 극명하게 드러내는 지점이라 할 수 있다.

---

33) Badiou, *L'être et l'événement*, p. 123.
34) *Ibid.*, p. 124.
35) *Ibid.*, pp. 123~124.

6. 탈-맑스주의의 계기로서의 알튀세르와 바디우

이러한 연계와 분리는 맑스주의 국가론의 핵심을 이루는 것이다. 맑스·엥겔스의 『공산당 선언』과 엥겔스의 『가족, 사적 소유 및 국가의 기원』에서 출발하여 레닌, 그람시, 알튀세르에 이르기까지, 국가는 부르주아 시민사회를 대표하면서 동시에 그 사회와 분리된 특수한 기제로 표현되고 있는 것이 사실이다. 그러나 맑스주의 국가론의 핵심은 역시 공산주의 사회의 건설에 요구되는 국가의 소멸이다. 맑스주의에 따르면 국가는 '계급 적대'의 표현이기 때문에, 계급 적대가 사라지고 계급 자체가 소멸하는 공산주의 사회에서 국가는 존재할 수 없다. 계급의 소멸과 등치되는 것은 바로 국가의 소멸이다. 결국 국가 권력을 장악한 공산주의자들의 목표, 탈자본주의 혁명 이후의 정치적 시스템인 이른바 '프롤레타리아 독재'의 목표는 계급과 국가를 완전히 소멸시키는 데 있다. 그리고 국가를 소멸시키기 위해 필요한 수단, 즉 공산주의로의 이행을 위한 매개는 다름 아닌 국가이다. 앞서 말했던 것처럼 혁명 이후 프롤레타리아의 정치는 결국 자기 소멸을 위한 정치, 즉 자기 해소의 정치인 것이다. 이러한 정치는 의심할 바 없이 성공하기 힘든 기획이다. 역사적으로 드러난 것처럼 그것은 확실히 실패한 기획이었고, 시작부터 좌초될 수밖에 없는 기획이었다.

    바디우의 철학적 입장은 이러한 맑스주의의 입장과 확실히 다르다. 그에게 상황과 상황 상태는 일종의 '존재론적 법칙'에 속한다. 모든 상황은 구조화와 재구조화라는 이중화된 셈의 구조를 받아들인다. 결국 모든 상황은 그것에 대응하는 상황 상태를 가질 수밖에 없다. 그의 존재론을 받아들인다고 했을 때, 이것을 부인하기는 힘들다. 이를 통해 추론해 보면, 국가는 항상 존재하는 것이 된다. 바디우에 따르면 국가는 사라질 수 없다. 설령 지금과 같은 국가가 사라진다고 해도, 이중화된 셈을 통해 재구조화된 메타 구조로서의 상황 상태는 남는다. 그것이 지금의 국가와 다른 것일 수는 있지만, 국가와 유사한 어떤 것은 항상 존재할 것이다.

우리는 이러한 바디우의 국가 존재론이 알튀세르의 국가론과 유사한 지형에 서 있다고 믿는다. 앞서 말했듯 알튀세르는 이데올로기의 영속성을 주장한다. 세계에 대한 상상적 재현으로서의 이데올로기는 공산주의 사회가 오더라도 유지되어야 한다는 것이 알튀세르가 강조하는 것이다. 그렇다면 이데올로기를 통해 기능하는 국가는 어떻게 될 것인가? 국가 역시 존속되는 것이 아닌가? 이데올로기가 영원하다고 말하는 것은 알튀세르에게 국가가 영원하다고 말하는 것과 그리 다르지 않을 것이다. 알튀세르와 바디우는 모두 국가의 비-소멸 또는 국가의 영속성에 대해 긍정하고 있다. 알튀세르의 국가론은 분명 국가의 기능을 이데올로기에서 찾는다. 그것이 우리가 그의 국가론과 이데올로기론을 정확하게 등치시킬 수 있는 이유이다. 그리고 이러한 기능이 보장하는 것은 역시 '모든 것이 잘될 것'이라는 절대적 보증이다. 이를 바디우의 존재론과 나란히 놓으면 아주 흥미로운 결과가 드러난다. 상황 상태의 셈이 보증하는 것은 무엇이었는가? 그것은 다름 아닌 **일자의 수립**을 통한 **상황의 통일성**이다. 앞서 본 것처럼 바디우의 존재론에서 국가는 상황의 보편적 통일성을 재보장하기 위한 이중화된 셈이 수립해 내는 상황 상태로 드러난다. 만약 국가가 없다면 상황의 통일성을 유지하기 위한 관리와 강제는 불가능한 것이 된다. 결국 통일성의 보장을 위한 일자의 수립은 알튀세르와 바디우에게 공통적으로 나타난다. 이렇게 국가 또는 상황 상태는 일자의 수립이라는 최종적인 결과로 나아가는 것이다. 물론 알튀세르의 이데올로기론은 본격적인 존재론으로 나아가지 않는다. 그렇다 하더라도 우리는 그 이론이 함축하는 존재론의 전제를 충분히 찾을 수 있다. 다시 말해, 이데올로기의 기능은 사회의 영속적 재생산을 위한 사회적 통일성과 일관성의 확보, 다시 말해 보편적이라고 가정된 일자의 수립에 가닿아 있는 것이다. 이런 점에서 알튀세르의 이데올로기론은 바디우의 국가 존재론과 동일한 지점으로 향한다고 말할 수 있을 것이다.

양자는 모두 국가를 재현 시스템으로 보고 있다. 이미 살펴본 바와 같이 바디우의 경우에 이는 확실하다. 국가는 상황 상태로서, 현시를 다시-현시하는 **재현 시스템**이다. 알튀세르에게 재현의 테마는 국가와의 관계에 있어서 좀더 간접적인 것처럼 보인다. 그의 '이데올로기적 국가장치' 개념은 확실히 현실적 관계의 상상적 재현이라는 이데올로기의 특성과 관계되어 있다. 그러나 이데올로기적 국가장치가 사회적 관계의 재생산과 결부되어 있다는 알튀세르의 지적은 사실상 바디우가 강조하는 '사회의 통일성을 보장하기 위해 수립된 일자로서의 국가'라는 관념과 연결될 수 있는 것이다. 이러한 두 철학자의 입장은 맑스주의의 국가론을 초과하는 것이다. 맑스주의는 재현 시스템으로서의 국가를 계급적인 관점에서 파악하는 동시에 계급을 소멸시킴으로써 재현 시스템을 소멸시키는 공산주의 사회를 상정하고 있다. 이러한 공산주의 사회는 직접적 현시가 지배하는 투명한 사회이다. 알튀세르와 바디우는 **이데올로기의 영원성**과 존재의 법칙으로서의 **상황 상태의 필연성**을 주장함으로써 공산주의에 대한 이러한 맑스주의의 전망과 결별하고 있다. 결국 우리는 알튀세르와 바디우의 공통점은 직접적 현시의 지배로서의 공산주의라는 맑스주의적인 전망을 부정하는 데 있다고 말할 수 있다. 물론 명시적으로 맑스주의적인 전망을 부정하는 바디우와 달리 알튀세르는 자신의 새로운 이론적 기획을 진정으로 맑스주의적인 것이라고 주장했지만 그것이 함축하는 바는 맑스주의에 대한 암묵적인 부정일 수밖에 없다. 이렇게 알튀세르와 바디우는 암묵적으로 그리고 명시적으로 맑스주의에서 벗어난다.

7. 정치적 주체성의 새로운 지평

바디우와 알튀세르는 그렇게 국가에 대한 새로운 이론적 지평을 열어 내면서 맑스주의와는 다른 길을 걷는다. 그러나 맑스주의와의 결정적 단절은 바로 '정치' 또는 혁명적 정치를 새로운 방식으로 사유한 데 있다. 맑스주의에서의 정치는 말할 것도 없이 '계급투쟁'이라는 한 단어로 요약될 수 있다. 『공산당 선언』이 명시하고 있는 것처럼, 모든 역사는 계급투쟁의 역사이고, 계급투쟁을 통한 역사의 발전은 마침내 프롤레타리아의 계급투쟁을 통하여 부르주아의 지배를 끝장낼 것이다. 그런데 여기에 문제가 있다. 맑스의 계급투쟁 개념은 경제주의의 흔적을 지니고 있기 때문이다. 잘 알다시피 계급이라는 개념은 경제적 객관성으로부터 나오는 개념이다. 생산수단의 소유 관계인 생산관계에 따라 구조화된 사회는 생산수단을 전유하는 지배 계급과 생산수단의 소유권을 박탈당한 피지배 계급으로 분리된다는 점을 기억한다면 우리는 쉽게 이 개념이 경제적 객관성을 토대로 성립하는 개념임을 알 수 있다. 계급투쟁 개념은 계급 적대의 원인이 경제적 객관성에 있다는 것을 말하고 있다. 한마디로 계급투쟁은 경제적인 것에서 연유하는 적대의 표현으로 간주되고, 혁명적 정치는 그것을 규정하는 경제로 향하는 것이다. 결국 맑스주의의 기본적 원리에 따라 법적·정치적 상부구조가 경제적 토대로 환원되는 것에 비례하여, 맑스주의의 정치는 경제로 환원될 수 있는 것이다. 이러한 계급투쟁 개념은 맑스주의의 혁명적 정치의 외연을 지나치게 협소하게 만든다. 정치는 정치 그 자체로, 다시 말해 혁명적 주체성의 전개로 사유되는 것이 아니라 정치적 주체성을 끊임없이 제한하는 객관성 — 관리의 객관성 — 으로 사유되곤 하는 것이다.[36]

이러한 객관주의에서 빠져나가는 데서 알튀세르는 아주 중요한 역할을 한다. 그는 이 개념에 아주 다른 방식으로 접근한다. 그는 점차적으로 계급투쟁 개념의 외연을 넓혀 나간다. 그는 68혁명 이후 철학을 **이론에서의 계급투쟁**이라고 정의한다. '이론적 실천의 이론'이라는 철학의 정의를 넘어 철학의 실천적 층위를 더욱 강조하는 것이다. 우리는 여기서 사용된 '계급투쟁'이 담고 있는 함축에 주목해야 한다. 여기서 분명하게 드러나는 점은 알튀세르가 객관주의를 넘어서는 계급투쟁을 그려 내고 있다는 사실이다. 고전적인 용어로 말하자면 그 투쟁은 사실상 이데올로기 투쟁으로 간주될 수 있다. 알튀세르에게 철학은 대상 없는 활동이라는 점을 고려한다면, 이러한 철학의 정의는 객관적 수준에서 파악되는 계급투쟁을 벗어나는 것이라고 할 수 있다. 알튀세르의 철학은 분명 주체적인 성격을 갖는다. 1968년의 텍스트인 『레닌과 철학』에서 그는 분명히 말하고 있다. "만약 모든 철학사가 유일한 투쟁이 수행되는 추론들의 반복일 뿐이라면, 철학은 경향들의 투쟁일 뿐이다. 칸트가 말했던 이 전장(Kampfplatz)은 우리를 이데올로기 투쟁의 전면적인 주체성 안으로 던져 넣는다."[37] 이 텍스트에서 확실히 계급투쟁은 맑스주의적인 함축을 벗어나 혁명적 정치의 주체성을 가리킨다. 그리고 알튀세르는 레닌의 언급을 통해 그러한 주체성을 철학이 입장을 설정하는 것, 자신의 진영을 선택하는 것(prise de parti)과 연관 짓고 있다.[38] 철학의 정치적 주체성이 잘 드러나는 대목이다. 철학은 자신을 조건 짓는 과학과 정치에 이중으로 관계를 맺고 있다. 그 철학이 자신의 입장을 설정하는 것은 바로 이론(과학)에서의 계급투쟁(정치)을 수행하는 한에서이기 때문이다. 철학은 그 자체로 정치적 주체성의 표현으로 간주

---

36) 이 부분은 나의 박사학위 청구 논문인 *Critique de l'objectivisme marxiste: Pour la politique subjective*의 주요한 테마였음을 밝힌다. 이 글에서 나는 바디우의 진리 철학에 입각하여 맑스주의에 대한 비판적 검토를 행한 바 있다.
37) Althusser, "Lénine et la philosophie", *Solitude de Machiavel et autres textes*, p. 128.
38) *Ibid.*, pp. 133~134 참조.

되어도 무방하다. 이러한 알튀세르의 입장은 과학에서 다시 정치로 나아가는 그의 이론적 궤적을 잘 보여 준다. 물론 그가 과학과 철학의 필연적인 관계를 전제로 정치에 접근하고 있는 것은 사실이다. 그러나 알튀세르에게서 '과학'이라는 단어에 대한 강조는 시간이 지나면 지날수록 줄어드는 경향을 보인다. 1968년 5월 혁명이라는 계기가 마련한 알튀세르의 '주체적 전환'(tournant subjectif)은 완전하지는 않지만 점진적으로 발전한다.

바디우는 이러한 알튀세르의 '주체적 전환'에 주목한 바 있다. 그는 『레닌과 철학』에서 드러나는 '분리의 활동'을 주체적 전환의 명백한 증거로 간주한다.[39] 그러나 그가 그보다 더 중요시하는 것은 과잉결정이라는 개념이 보여 주는 **주체 없는 주체적인 것**(le subjectif sans sujet)이다. 바디우는 알튀세르의 세 가지 심급에 대한 탁월한 해석을 보여 준다. 그에 따르면 경제적 심급은 '경제에 의한 물질적 결정'의 영역으로서 '대상과 과학의 장소'이고, 이데올로기적 심급은 '개인들에게 부과된, 명명적 비존재인 허구적 종합'을 수행하는 영역으로서 '주체의 장소, 이데올로기의 장소'임과 동시에 '국가의 장소'이기도 하다. 알튀세르에게 모호한 지점으로 남아 있는 정치적 심급에 대한 바디우의 언급은 음미할 만하다. 이는 그가 '사건적 과잉결정', '파국', '혁명', '새로움', '부차적인 것의 주요한 것으로의 변전' 등으로 표현한 것이 만들어 내는 영역이다. '진영의 선택', '선택의 순간' 등의 주체적인 테마는 바로 그러한 과잉결정과 파국, 혁명 등을 구성하는 원재료라고 말할 수 있다. 바디우는 이러한 과잉결정의 영역을 정치의 장소로 간주한다.[40] 그는 알튀세르의 주체적 전환을 이데올로기보다는 과잉결정에서 찾는 것이다. 그리고 당연하게도 이 전환은 알튀세르의 초기 작업에서부터 드러난다. 결국 그에게 알튀세르의 주체적 전환은 알튀세르의

---

39) Badiou, *Abrégé de métapolitique*, Seuil, 1998, pp. 71~72.

초기부터 내내 작동하고 있었던 셈이다. 실제로 알튀세르는 『맑스를 위하여』의 가장 중요한 부분인 「모순과 과잉결정(연구를 위한 노트)」에서 헤겔 변증법과 맑스 변증법을 대립시키며, 헤겔 변증법이 과잉결정된 모순들을 파악하고 설명할 수 없음을 보여 주기 위해 노력한다. 그가 주목하는 것은 **상부구조**의 존재와 본질에 기초하고 있는 맑스주의적 모순은 과잉결정의 성격을 띠고 있다는 것이다.[41] 알튀세르에 따르면, 이 모순이 근거하고 있는 것은 상부구조의 존재와 본질이다. 말하자면 맑스주의적 모순의 과잉결정은 경제적 토대의 지배에 의해 관철된다기보다는 상부구조 영역의 영향력 아래 과잉결정된다는 특성을 지닌다. 그래서 알튀세르는 과거의 잔재에 대한 예증을 통하여 혁명 이후 사회에서의 정치적·이데올로기적 구조의 잔존이라는 문제를 심각하게 다루었던 것이다. 분명히 이는 정치적 실천의 층위에서 파악되는 문제들이다. 과거의 전통과 잔재, 잔존하는 상부구조들을 토대의 혁명으로 단숨에 변화시킬 수 없고, 혁명으로 도출된 새로운 상부구조의 형태를 통해 과거의 요소들이 재활성화될 수 있다는 알튀세르의 언급은 여러 주체성들이 양산하는 혁명의 난점을 드러내는 것이었다.[42] 그리고 바디우는 이러한 과잉결정의 테마를 정치적 주체성으로 나아가게 하는 주요한 경로로 파악하는 것이다. 물론 바디우는 이것이 직접적으로 주체적인 정치를 말하는 것이라고 보지는 않는다. 그래서 그는 "알튀세르가 그것을 의도했다고 말할 수는 없을지 모르나, 알튀세르가 우

---

40) *Ibid.*, pp. 74~75. 알튀세르는 때에 따라 이 심급을 '정치적 심급' 또는 '법적-정치적 심급'이라고 다르게 표현하고 있다. 이러한 다른 명명들의 혼재는 그가 이 부분에 대한 이론적 성찰을 남겨 놓지 않았음을 표시하고 있다. 바디우는 모호하게 남아 있는 이 개념을 '주체적인 것'의 장소로 설정한다.

41) Althusser, "Contradiction et surdétermination (Notes pour une recherche)", *Pour Marx*, p. 114 참조.

42) *Ibid.*, pp. 114~116.

리를 인도하는 지점"은 **"주체 없는 주체적인 것(주체성)"**이라고 말한다.[43] 이는 그가 정치에 대한 이러한 알튀세르의 영감을 이어받아 주체성의 철학으로 나아간다는 고백에 다름 아니다.

사실 바디우는 아주 일찍부터 정치적 주체성의 문제에 몰두하였다. 1982년에 출간된 『주체의 이론』(Théorie du sujet)은 공산주의적 주체성의 변전을 헤겔주의의 새로운 해석을 통해 재정립하려고 한 텍스트였고, 이 시기를 지나 1988년 『존재와 사건』에 이르러 그는 혁명적 주체성의 성립을 사건과 진리의 철학을 통해 체계화시키기에 이른다. 바디우에게 정치라는 진리 생산 절차에서 일어나는 사건은 인간이 가진 집단적인 능력의 발현이라고 말할 수 있다. 그래서 바디우는 "'어떤 사건의 질료(matière)가 집단적'일 때 우리는 그것을 정치적 사건이라고 할 수 있다"[44]고 명시한다. 단적으로 말해, 바디우에게 정치적 사건은 모든 사람들의 직접적인 삶과 관련된 것이다. 그 정치적 사건이 생산하는 진리에 충실한 정치적 주체는 무차별적인 집단이 아닌 진리에 충실한 주체들이다. 중요한 것은 바로 충실성이다. 진리의 주체는 진리에의 충실성(fidélité)을 통해서만 성립한다. 충실성이야말로 주체(성)의 가장 명백한 표식이라고 말해야 한다. 그러한 정치적 진리에 대한 충실성을 우리는 정치적 주체성이라고 볼 수 있을 것이다. 바로 그 정치적 주체성은 혁명적 정치의 가장 큰 동력으로서 진리에 충실한 후사건적 실천을 지속하는 동력이고, 이 실천에 의해 세계의 변화 가능성이 주어지게 된다.

이러한 주체성은 어떤 대상에 기대는 주체성이 아니다. 앞서 살펴본 바와 같이 대상을 지시하는 주체성의 대표적인 예는 바로 맑스주의의 계

---

43) Badiou, *Abrégé de métapolitique*, p. 74.
44) *Ibid.*, p. 155.

급적 주체성이다. 바로 이 지점에서 바디우는 고전적인 맑스주의에서 벗어난다. 그는 프롤레타리아 계급의 혁명적 성격이 물질적 생산관계로부터 규정되는 맑스의 계급(투쟁)관에서 벗어나 대상을 지시하지 않는 주체성의 수립을 모색한다. 그 결과로 성립하는 것이 바로 바디우 특유의 주체 개념인 진리의 주체이다. 그는 계급적 주체 대신 **대상 없는 주체**, 마주함 없는 주체(le sujet sans vis-à-vis)를 철학의 무대 위로 올린다.[45] 이 주체는 어떤 대상에도 의존하지 않고, 오로지 사건과 진리의 변전을 통해 성립하는 주체, 진리에 대한 충실성으로 새롭게 정의되는 주체이다. 그래서 바디우는 주체를 사건과 충실성의 절차들 사이의 연결 과정 자체라고 부른다.[46] 이 새로운 주체 개념은 진리의 주체를 대상의 수준으로 환원시키는 것을 금지한다. 그리고 그 효과는 정치에 지대한 영향을 미친다. 이렇게 정의된 정치적 주체는 다른 '대상'과의 연관을 배제하게 되고, 따라서 정치는 이제 정치 아닌 다른 것으로 환원되지 않고 정치 그 자체로만 사유될 것이다.

우리는 이렇게 정의된 주체가 감행하는 후사건적 실천과 알튀세르의 이데올로기적 국가장치를 둘러싸고 벌어질 수 있는 계급투쟁 사이에 또 다른 정치적 실천의 계기가 있다고 믿는다. 많은 사람들이 이데올로기적 국가장치를 균열이 없는 공간, 거의 자동적으로 이루어지는 주체의 호명을 통하여 개인들을 지배하는 구조적인 공간으로 간주하는 표면적인 해석에 머무르곤 한다. 그러나 이는 국가의 정치를 위한 기제일 뿐 아니라, 혁명적 정치 또는 해방의 정치를 위한 공간일 수 있다. 알튀세르는 1970년의 「이데올로기와 이데올로기적 국가장치들」이라는 논문에 달린 각주에서 이데올로기적 국가장치에 대한 계급투쟁의 우위를 천명한다. 계급투쟁은

---

45) Badiou, *Manifeste pour la philosophie*, pp. 74~75.
46) Badiou, *L'être et l'événement*, p. 264.

이데올로기적 형식 속에서, 또한 이데올로기적 국가장치의 이데올로기적 형식 속에서 표현되고 실행되지만, 계급투쟁은 이 형식들을 크게 넘어선다는 것이다. 그 이유는 피착취자들의 계급투쟁이 이데올로기적 국가장치의 형식 속에서 또한 실행될 수 있고, 이데올로기라는 무기를 지배 계급에 되돌릴 수 있으며, 이데올로기와는 다른 장소, 즉 하부구조(경제적 토대)에 뿌리내리고 있기 때문이라고 그는 명시한다.[47] 우리가 주목하는 것은 첫번째 이유이다. 알튀세르는 확실히 이데올로기적 국가장치를 정치의 장으로 파악하고 있는 것 같다. 계급투쟁이 이데올로기적 국가장치를 넘어선다는 것은 이데올로기적 국가장치가 정치적 성격을 갖고 있음을 의미한다. 이 장치들은 어쩌면 정치가 실제로 실행되는 장이자, 정치가 파괴하고자 하는 법칙성의 장소일 것이다. 다시 말해 일자의 법칙성이 관철되는 이데올로기적 국가장치 안으로 정치가 그 법칙성을 파괴하러 오는 것이다. 이데올로기적 국가장치가 보편적이라고 가정된 일자의 법칙, 다시 말해 국가의 지배 이데올로기를 유지하는 기제임이 분명하다면 그것은 해방의 정치에 의해 파괴 또는 수정되어야 하는 공간, 해방된 상황을 위해 다시 발명되어야 하는 공간이 될 수밖에 없다. 국가와 혁명적 정치는 항상 이 공간을 둘러싸고 대치한다. 바디우의 입장에서 보면 이러한 이데올로기의 공간은 진리에 충실한 정치 주체가 진리를 관철시켜 나가는 후사건적 실천 ——**강제**(forçage)의 실천——의 주요한 관건일 것이다. 정치적 진리의 주체들은 이 공간 속에서 진리가 만들어 낸 새로운 가능성을 펼쳐 낸다. 주체들의 끈덕진 투쟁을 통하여 진리가 강제될 때, 다시 말해 상황의 법칙이 변화할 때, 국가라는 상황 상태 역시 변화할 수밖에 없다. 이렇게 이데올로기적 국가장치는 정치적 주체성이 펼쳐지는 혁명적 정치의 목적지가 되는 것이다.

---

47) Althusser, "Idéologie et appareils idéologiques d'État", *Positions*, p. 87.

8. 맺으며 : 또 다른 계승

우리는 지금까지 알튀세르와 바디우의 철학에서 제기되는 정치적 주체성의 문제를 통하여 두 철학자의 정치적 사유가 상당 부분 연결되고 있음을 보았다. 이러한 정치적 주체성에 대한 사유는 알튀세르의 이데올로기의 문제설정에서 출발하는 것이고, 바디우는 이것을 주체성이라는 테마를 통해 훌륭하게 발전시킨다. 물론 이는 단순하고 기계적인 비교의 수준에서 거론될 수 있는 성질의 것은 아니다. 분명 두 철학자가 기대고 있는 지점은 다르고, 이 두 철학자는 서로 다른 문제의식을 통하여 각자의 철학을 발전시키고 있는 것이 사실이다. 우리가 강조하고 싶은 것은 알튀세르가 열어놓은 이론적 지평은 그의 주요한 테제들이 적시하는 직접적인 영역을 훨씬 넘어선다는 점이다. 실제로 알튀세르는 풍부한 철학자이다. 그가 남겨놓은 단편들 중에는 지나치게 거친 것들도 있지만 그의 새로운 시도들은 혁명적 이론의 변전에 지대한 영향을 미쳤다. 우리는 오늘날 도처에서 알튀세르의 유산을 본다. 라캉주의적 정치론, 시민성의 정치론, 진리의 정치 등이 그 대표적인 예들이다. 우리는 알튀세르가 가져온 효과들이 아직 소진되지 않았다고 여긴다. 그것은 바디우의 철학에서도 마찬가지다. '공산주의의 이념'과 같은 바디우의 최근 시도들은 필경 알튀세르의 이데올로기의 문제설정의 연장선상에 있다. 다른 이에게도 이러한 문제설정은 명시적으로 또는 암묵적으로 중요한 이론적 계기로 작동한다.

오늘날 일반화된 알튀세르에 대한 침묵은 당분간 지속될 수 있다. 그러나 그 침묵 속에서도 알튀세르는 여전히 살아 숨 쉬고 있다고 우리는 단언한다. 중요한 것은 요란스럽게 그를 찬양하거나 그에 반대하는 일이 아니다. 한국적인 상황에 비추어 말하자면, 오히려 우리는 알튀세르에 대한 침묵을 뒤로하고, 우리의 그를 비판적으로 계승해야 한다. 1990년대 이래로 우리에게 알튀세르는 무엇이었는가? 우리는 왜 알튀세르를 읽었으며, 어떤 방식으로 알튀세르를 수용했는가? 오늘날 그것에 대한 반성적 성찰은 한국의 이론가들에게 필수적인 것이다.

알튀세르의 계승은 그의 이론과 개념을 그대로 섬기는 것에 있지 않다. 이 계승은 때때로 그를 발전시키는 방향으로 나아가고, 때때로 그를 수정하거나 기각하는 방향으로 나아갈 수 있다. 중요한 것은 글자 그대로의 계승이 아니다. 오히려 그것은 알튀세르가 우리에게 열어 놓은 것을 지속적으로 탐구하고, 그것을 더 발전된 방향으로 나아가게 하는 일이다. 그것이야말로 알튀세르를 정당하게 전유하는 유일한 노력일 것이다.

16장 알튀세르와 랑시에르

박기순

1. 되돌릴 수 없는, 따라서 되돌아보지 않는 결별

알튀세르와 랑시에르의 관계는 매우 잘 알려져 있다. 알튀세르의 제자로서 『『자본』을 읽자』[1]의 공저자였던 랑시에르는 1970년대 중반 『알튀세르의 교훈』[2]을 통해 그와 결별하고 독자적인 행보를 걷게 된다.[3] 이 결별에 어떤 애매함도 없어 보인다면, 그것은 알튀세르의 사상에 대한 랑시에르의 비판이 매우 단호할 뿐만 아니라 신랄하기 때문일 것이다. 실제로 랑시에르는 "알튀세르주의는 과거의 다른 사상들과 함께 1968년 5월의 바리케

---

[1] Louis Althusser et al., *Lire le Capital*, François Maspero, 1965.
[2] Jacques Rancière, *La leçon d'Althusser*, Gallimard, 1974.
[3] 이 결별은 실제로는 1960년대 말에서부터 시작되었다. 알튀세르의 이데올로기론에 대해 랑시에르가 1969년에 쓴 글이 그 출발점이었다. 그에 따르면, 이 결별은 1968년 5월을 기점으로 일어난 것이 아니라 그 이후 파리 8대학의 철학과 창설로부터 시작된다. 철학과 교육 프로그램을 둘러싼 갈등을 매개로 그는 알튀세르의 이데올로기론, 알튀세르주의에 대한 비판적 고찰을 시작했다고 한다. Rancière, *Et tant pis pour les gens fatigués: Entretiens*, Éditions Amsterdam, 2009, pp. 328, 639. 여기에서 흥미로운 점은, '교육'이라는 구체적이고 실천적인 문제가 그 발단을 제공했다는 점이다. 이것은, 랑시에르가 '교육'이라는 문제와 '정치'라는 문제를 동일선상에서 사고했다는 것을 보여 준다. 그리고 이러한 관점은 그의 철학에서 지속적으로 나타난다.

이드 위에서 죽었"⁴⁾으며, 그것은 그가 가르친 맑스주의가 "질서의 철학이었"⁵⁾기 때문이라고 선언하기를 주저하지 않았다.

자신의 스승에 대한 랑시에르의 이러한 비판적 견해는 그 이후에도 변하지 않는다. 알튀세르가 죽은 직후 그의 철학적 작업을 재사유하고 논의하는 자리에서⁶⁾ 랑시에르는 알튀세르의 작업을 실패로 단정 짓는다. 그는, 끊임없이 사유하기를 멈추지 않았던 우리 시대의 사상가였고, 우리에게 많은 철학적 논제들과 개념적 유산들을 남긴 자신의 스승에 대해 조금은 다른 시선을 가질 수도 있었을 것이다. 실제로 랑시에르는, 알튀세르의 작업은 아직 완수되지 않은 열려 있는 것이기에, 그의 사상적 궤적을 이해하고 그가 우리에게 남긴 개념들을 비판적 방식으로 재전유하는 작업이 필요할 수도 있다는 것을 인정한다. 그러나 그는 이러한 방식을 자신의 것으로 삼지 않는다. 오히려 그는 알튀세르의 몇몇 텍스트들이 보여 주었던 날카로운 통찰과 그 실패를 부분적으로 수정하거나 합리화하기보다는 그것들을 그 자체로 드러내는 방식을 선택한다.⁷⁾

랑시에르의 이러한 태도는 그와 알튀세르의 결별이 되돌릴 수 없는 것임을 간접적으로 표현하고 있다. 여기에는 그럴 만한 이유가 있다. 왜냐하면 이 결별은 랑시에르 본인의 사상적 전개의 결정적인 방향을 규정하고 있기 때문이다. 실제로, 랑시에르는 여러 곳에서 자신의 사상적 궤적을 설명하면서, 알튀세르에 대한 비판과 이후의 자신의 철학적 여정이 긴밀한

---

4) Rancière, *La leçon d'Althusser*, p. 10.
5) *Ibid.*, p. 9.
6) 이 콜로키엄은 1991년 3월 29~30일에 생드니(Saint-Denis)에 위치한 파리 8대학에서 개최되었으며, 실뱅 라자뤼스, 에티엔 발리바르, 알랭 바디우, 랑시에르 등의 철학자들이 참가하였다. 이 콜로키엄에서 발표된 글들은 1993년에 라자뤼스의 책임 편집하에 프랑스대학출판사에서 『루이 알튀세르 저작에서 정치와 철학』이라는 제목으로 출간되었다.
7) Rancière, "La scène du texte", éd. Sylvain Lazarus, *Politique et philosophie dans l'œuvre de Louis Althusser*, PUF, 1993, p. 47.

연관을 가지고 있음을 밝히고 있다.

랑시에르는 『프롤레타리아의 밤』(1981), 『무지한 스승』(1987), 『불화』(1995) 등으로 이어지면서 형성된 자신의 철학 사상의 출발점은 알튀세르였다고 고백한다. "출발점은 알튀세르였습니다. 과학과 이데올로기의 대립, 정치와 사회의 행위자들이 실천했던 것, 그러나 그들 자신은 사유하거나 사유할 수 없었던 것에 대해 진리를 말한다고 주장하는 담론에 대한 이론을 제시했던 알튀세르였습니다. 이러한 입장에 대한 비판으로부터 나는 출발했습니다."[8]

이러한 시각에서 보면, 랑시에르의 알튀세르 비판과 이를 통한 결별을 이해하는 것은 랑시에르 철학을 이해하는 데 결정적인 중요성을 갖는다. 이 글은 우선 이러한 관점에서 알튀세르에 대한 랑시에르의 비판이 정확히 무엇을 겨냥하고 있었는지를 밝히고자 한다. 그리고 이것은 그의 알튀세르 독해가 가지고 있는 독특성을 또한 드러내는 작업이기도 하다.

잘 알려져 있듯이, 랑시에르가 알튀세르에게서 본 것은 지식인들의 엘리트주의였다. 그것은 앞에서 인용한 글에서도 분명하게 나타난다. 그에 따르면, 1965년의 이론주의적 편향에서뿐만 아니라 1970년대의 정치주의적 전향에서도 알튀세르에게서 지속되고 있는 것은, 대중들은 스스로 사유할 수 없으며, 사유는 전적으로 지식인들의 몫이라는 전제이다. 바로 이 전제, 자신이 '불평등의 논리'(la logique inégalitaire)라고 부르고 있는 것에 랑시에르는 노동자 운동은 무엇보다도 지적 운동이었다는 논제를 대립시킨다. 그의 철학적 작업 전체는 바로 이 논제, '말하는 존재들의 지적 평등'(l'égalité intellectuelle des êtres parlants)이라는 논제를 증명하고 확립하는 것에 있었다. 우리는 이것을 구체적으로는 19세기 프랑스 노동자 운

---

8) Rancière, *Et tant pis pour les gens fatigués*, p. 118.

동에 대한 그의 고고학적 탐구와 19세기의 한 스승에 의해서 감행된 교육적 실험에 대한 철학적 성찰 속에서 확인하게 된다.[9] 그런데 뒤에서 보겠지만 랑시에르의 이러한 철학적 주요 논제들은 『알튀세르의 교훈』에서 이미 출현하고 있다.

우리가 알튀세르와 랑시에르의 결별에 관심을 갖고 있다면 그것은 단순히 그들 사상의 차이, 혹은 랑시에르의 독해의 고유성을 드러내는 것에 국한되지 않는다. 오히려 그것은, 서로 다른 길을 걸었던 두 사상가가 직면했고 사유했던 것이 무엇이었는지를 묻고, 동시에 그것을 다시 우리의 사유의 문제로 제기하기 위한 것이다. 그 결별 이후에, 그 결별에 대해 침묵하고 있는 두 철학자들을 대신해서 어떤 화해와 만남을 시도하는 것보다 그 결별과 차이를 있는 그대로 드러내고 사유하는 것이 우리에게 더 유익하게 생각되는 것은 바로 이러한 이유에서이다. 그들이 사유했던 것, 그러나 그 점에서 바로 서로 갈라서고 있는 지점, 그것은 정치에 대한 사유이다. 그리고 이 정치에 대한 사유는 필연적으로 철학, 정치, 과학의 관계에 대한 사유 속에서 그 모습을 드러낸다. 알튀세르는 본질적인 문제가 바로 이 관계에 있다는 것을 분명히 하고 있고, 랑시에르 또한 알튀세르 사상의 핵심은 바로 이 관계에 대한 사유임을 확인하고 있다. 따라서 알튀세르에 대한 랑시에르의 비판은 우리에게 정치와 철학의 관계에 대한 사유, 다시 말하면 이 관계를 특정하게 설정하는 방식이 어떻게 각각 철학과 정치를 특정하게 규정하게 되는지, 그리고 이러한 이론화가 그 결과로서 어떠한 정치적 효과를 만들어 내는지를 보여 주게 될 것이다.

---

9) 우리는 이것을 각각 『프롤레타리아의 밤: 노동자들의 꿈의 문서고』(*La nuit des prolétaires: Archives du rêve ouvrier*, Fayard, 1981), 『무지한 스승: 지적 해방에 대한 다섯 가지 교훈』(*Le maître ignorant: Cinq leçons sur l'émancipation intellectuelle*, Fayard, 1987)에서 확인할 수 있다.

2. 분할과 불평등의 논리로서의 알튀세르주의

많은 알튀세르 연구자들이 확인하고 있듯이, 1960년대 중반의 이론주의적 경향에 대한 자기 비판이 이전의 모든 논제들과의 단절을 의미하는 것은 아니다. 주지하다시피 알튀세르는 1960년대 중반에 맑스에 대한 독창적 읽기를 통해 하나의 단절을 찾아낸다. 그에 따르면, 맑스는 이 단절을 통해 두 개의 과학을 정립한다. 하나는 역사과학으로서의 역사 유물론이고, 다른 하나는 이 과학에 대한 이론 혹은 과학으로서의 맑스의 철학이다.

맑스에 대한 알튀세르의 이러한 독해는 당시의 실천적 정세와 연관되어 있었다. 즉 그것은 소비에트 공화국 연방의 제20차 당대회에서 주창된 '인간주의의 얼굴을 한 사회주의'라는 기획에 대한 정치적 개입이었다. 이 정치적 정세에 대한 철학적 개입은, 알튀세르에게는 인간주의, 역사주의, 헤겔의 관념론적 변증법, 자유로운 주체 개념, 본질주의 등을 비판의 대상으로 전면에 내세우게 되는 계기가 된다.

서로 밀접하게 연결되어 있는 이 개념적 장치들에 대한 비판은 자기 비판 속에서도 여전히 견지되었다. 1973년에 알튀세르는 '존 루이스'(John Lewis)라는 이름으로 등장하는 맑스주의에 대한 부르주아적 해석에 다시 비판의 칼을 든다. 이 비판은 '역사의 주체로서의 인간'(l'homme comme le sujet de l'histoire)이라는 논제를 겨냥한다.

랑시에르는 알튀세르에 대한 비판을 바로 이 논의로부터 시작한다. 여기에는 그럴 만한 특별한 이유가 있다. 그에 따르면, 알튀세르의 이 논의에 대한 고찰은, 알튀세르의 맑스-레닌주의적 '정통성'이 어떤 정치적 의미를 갖는지를 드러내 주기 때문이다. 요컨대, 랑시에르는 바로 이 논의 속에서 알튀세르의 문제설정과 그 역할이 무엇인지를 가장 잘 볼 수 있다고 판단하고 있는 것이다.[10] 따라서 우리의 논의 또한 이것으로 시작한다.

알튀세르는 존 루이스의 "역사를 만드는 것은 인간이다"라는 테제에 "역사를 만드는 것은 대중들이다"라는 맑스-레닌주의 테제를 대립시킨다. 그러나 알튀세르는, 이 서로 다른 테제들이, "누가 역사를 만드는가?"라는 동일한 질문에 대한 답이 아님을 강조한다. "역사를 만드는 것은 대중들이다"라는 테제는, "역사의 원동력은 계급투쟁이다"라는 또 다른 맑스-레닌주의 테제를 통해서만 비로소 정확하게 이해될 수 있기 때문이다. 이 테제와 함께, 맑스-레닌주의는 "인간은 어떻게 역사를 만드는가?"라는 문제를 삭제하고, 역사와 정치를 사유하는 다른 개념들('주체도 목적도 없는 과정', '계급투쟁' 등), 다른 문제설정을 정립한다.[11]

여기에서 '인간'과 '계급투쟁'이라는 단어는 결코 정치적으로 중립적이지 않다. 전자가 부르주아적 이데올로기이고 수정주의적 언어라면, 후자는 맑스-레닌주의의 정치적 언어이다. 실제로 알튀세르는 존 루이스의 테제가 어떻게 부르주아 철학자들의 주체, 자유, 의식, 본질 등의 개념들과 맞닿아 있는지를 설명하고 있다.

그러나 랑시에르는 이러한 문제설정 자체를 비판한다. 먼저 "역사를 만드는 것은 인간이다"라는 테제도 마찬가지로 "누가 역사를 만드는가?"라는 질문에 대한 답이 아니다. 다시 말하면, 존 루이스의 답변에는 역사라는 개념도, 따라서 역사의 주체라는 개념도 존재하지 않는다. 오히려 그것은 "인간은 무엇인가?"라는 질문에 대한 답으로 이해되어야 한다. 알튀세르는 존 루이스의 '인간'에서 작은 신, 즉 모든 것을 할 수 있고 주어진 상황을 초월하는 존재, 무엇보다도 자유에 의해서 규정되는 존재를 찾아내고 그것을 부르주아 철학의 핵심으로 규정하지만, 랑시에르가 보기에 '인간

---

10) Rancière, *La leçon d'Althusser*, p. 15 참조.
11) Althusser, *Essays in Self-Criticism*, trans. Grahame Lock, NLB, 1976, pp. 40~54 참조.

이란 무엇인가?'에 대한 부르주아 철학자들의 가장 급진적인 답은, 유물론적 인간관, 즉 인간은 감성 위에 물질적으로 생산된 인상들에 의해 사유하고 행위하도록 구조화된 물질적 존재라는 관념 속에서 존재한다.[12] 부르주아지의 인간은 자유로운 인격과 역사를 창조하는 인간이라는 이데올로기가 아니다. 오히려 맑스가 비판하고 있는 부르주아적 유물론자들의 '인간'은 환경과 교육의 산물로서의 인간이다. 주지하다시피 맑스는 「포이어바흐에 관한 테제들」의 세번째 테제에서 다음과 같이 정확하게 말하고 있다. "환경의 변화와 교육에 관한 유물론적 교의는 환경이 인간들에 의해 변화되며 교육자 자신도 교육되어야 한다는 것을 잊고 있다."[13] 요컨대, 맑스에 따르면 부르주아들은 인간을 한갓 대상으로, 교육·원조·감시의 대상으로만 바라볼 뿐이다.[14]

따라서, 부르주아 이데올로기는 인도주의(l'humanitarisme), 인류애(la philanthropie)의 철학이라고 할 수 있다. 이 인도주의는, 인간들에게서 환경을 변화시키는 힘과 권리를 제거하는 것이다. 이 관점은, 대중들은 시간과 공간의 배치와 교육을 통해 형성되어야 한다고 보는 지배 계급의 관점, 이후에 랑시에르가 '치안'(la police)이라 부르는 것의 관점이다.[15] 랑시에르는 이후에 이 인도주의의 논리를 아감벤의 정치철학의 함의라고 주장하면서 비판하기도 한다. 그는 아감벤의 '호모 사케르'가 모든 것으로부터 배제된 경계인, 모든 것을 박탈당한 한갓 인간으로 간주되는 한, 가능한 정치는 윤리, 인도주의적 윤리이며, 또한 이것은 실제로는 타인의 권리를 대

---

12) Rancière, *La leçon d'Althusser*, p. 20 참조.
13) 칼 맑스, 「포이에르바하에 관한 테제들」, 칼 맑스·프리드리히 엥겔스, 『칼 맑스·프리드리히 엥겔스 저작선집』 1권, 박종철출판사, 1991, 185~186쪽.
14) Rancière, *La leçon d'Althusser*, pp. 20~23 참조.
15) Rancière, *La mésentente: Politique et philosophie*, Galilée, 1995, pp. 51~52 참조.

신할 수 있는 권리, 즉 제국주의적 논리를 가능하게 할 뿐이라 주장한다.[16)]

이러한 점에서, 포이어바흐로 대표되는 부르주아적 '인간' 개념에 대한 비판은 맑스주의적 정치에 대한 사유에서 결정적인 지점을 차지한다. 맑스의 「포이어바흐에 관한 테제들」이 갖는 중요성은 여기에 있다. 그러나, 랑시에르에 따르면, 알튀세르는 바로 여기에서 전혀 다른 문제설정을 제시하고 있다. 그는 포이어바흐의 인간 개념에 대한 맑스의 비판에서 역사의 주체 개념을 발견한다.

물론, '인간이 역사를 만든다'라는 테제는 맑스가 포이어바흐와 단절하면서 비판하고 있는 테제이다. 그러나, 랑시에르에 따르면, 포이어바흐의 이 테제에는 '역사의 주체'라는 개념은 존재하지 않는다. 왜냐하면 그에게는 역사 개념이 존재하지 않기 때문이다. 랑시에르는, 포이어바흐가 말한 것은 "인간의 본질이 역사의 원리"라는 것이 아니라 "소외된 인간 본질은 헤겔적인 사변적 역사의 원리"[17)]라는 점을 분명히 한다. 바로 이러한 의미에서, 포이어바흐의 철학은 독일 이데올로기를 표현하고 있다. 왜냐하면 그의 철학은 현실의 역사 속에서가 아니라 관념적 사변 속에서 부르주아적 인류애라는 불평등의 이데올로기를 해소시키고 있기 때문이다.[18)]

알튀세르가 포이어바흐에 대한 맑스의 비판을 전위시킬 때, 여기에는 단지 어떤 부정확함만이 있는 것은 아니다. 이 전위는, 랑시에르에 따르면, 매우 중요한 이론적 효과를 동반하게 된다. 그것은 알튀세르에게서 역사의 주체라는 문제가 인식의 대상이라는 문제와 연결되고 있기 때문이다.

---

16) 이에 대해서는 Rancière, "Who is the Subject of the Rights of Man?", *The South Atlantic Quarterly*, Vol. 103 No. 2~3, Spring-Summer 2004, pp. 297~310; 자크 랑시에르, 「민주주의와 인권」(서울대학교 인문연구원 HK문명연구사업단 초청강연회 발표문, 2008년 12월 2일) 참조.
17) Rancière, *La leçon d'Althusser*, p. 25.
18) *Ibid*., pp. 25~26 참조.

실제로 알튀세르는 『존 루이스에 대한 답변』에서, 존 루이스의 첫번째 테제, "역사를 만드는 것은 인간이다"라는 테제는 "인간은 오직 자신이 한 것만을 인식한다"라는 세번째 테제와 연결되어 있음을 밝히고 있다.[19] 이 테제는, 역사는 자연보다 더 인식하기 쉽다는 주장을 담고 있다. 이에 대한 알튀세르의 비판은 그 어느 때보다 분명해 보인다. "이 점에 대한 맑스와 레닌의 입장은 정언적이다. 역사는 자연만큼 인식하기 어려우며, 내 생각에는 인식하기가 더 어렵다. 왜 그러한가? 왜냐하면 대중들은, 자신들이 (생산 노동 속에서) 자연과 맺는 직접적인 실천적 관계를 역사와는 갖고 있지 않으며, 각 착취 지배 계급이 그들에게 역사에 대한 자신의 설명을 제공하기 때문에 역사를 인식하고 있다는 환상을 갖게 되고, 그에 의해서 역사와 항상 분리되어 있기 때문이다."[20]

그러나 랑시에르에 따르면 알튀세르의 이러한 주장은 맑스의 생각과는 정면으로 배치되는 것이다. 랑시에르는, 맑스가 『자본』 2권에서 다윈의 진화론에 상응하는 인간의 역사에 대한 탐구가 가능하지 않은가라고 자문하며, 그것이 가능하다면 비코(Giambattista Vico)가 말하고 있듯이 인간들이 자신의 역사를 만드는 한에서 인간의 역사는 자연의 역사와 구별되기 때문이라고 말하고 있음을 그 전거로서 밝힌다.[21]

문제는 단지 알튀세르가 맑스의 텍스트에 충실하지 못했다는 것에서 끝나지 않는다. 그 이유는 이 불충실성(l'infidélité)이 맑스가 비판했던 "낡은 유물론의 복원을 의미하기"[22] 때문이다. 즉 그것은 정확히, 우리가 앞에서 인용한 바 있는 부르주아 이데올로기로서의 인간에 대한 유물론적 이

---

19) Althusser, *Essays in Self-criticism*, pp. 54~57 참조.
20) *Ibid.*, p. 55.
21) Rancière, *La leçon d'Althusser*, p. 30 참조.
22) *Ibid*, p. 33.

해, '포이어바흐에 관한 세번째 테제'에서 맑스가 비판하고 있는 것으로 되돌아가는 것이다. 맑스는 정확히 다음과 같이 말하고 있다. "그러므로 그 유물론적 교의는 필연적으로 사회를 두 부분으로 분할한다. 그리고 그 두 부분 중 하나는 사회 위에 놓이게 된다."[23]

랑시에르에 따르면, 이 분할은 사회를 두 계층으로, 즉 생산을 하지만 스스로 사유할 수 있는 능력을 가지고 있지 못한 자들과 사유를 자신들의 고유한 임무로 삼고 있는 사유할 능력을 가진 자들로, 생산자들과 철학자들(혹은 지식인들)로 나눈다. 그런데, 랑시에르는 바로 이 분할에 의해 정치가 소멸하고 있다고 주장한다. "이 테제는 다음과 같은 진정한 표현들로 정식화되는 대가를 치르는 한에서만 정립된다. 정치는 생산보다 '더 어렵다.'"[24] '대중들이 역사를 만든다'라는 테제는 정확히 마오의 정치적 주장이었다. 그리고 이 논제의 핵심은 '역사의 주체'의 문제가 아니라 '대중들의 능력'이었다. 그런데 알튀세르는, 랑시에르에 따르면, 마오의 이 정치적 테제를 철학적 테제로 바꾸었다. 역사의 주체라는 개념과 그에 대한 비판이라는 문제설정으로 말이다. 그러나 알튀세르의 이 전위는, 대중들로부터 사유하고 비판할 수 있는 능력, 그리고 그렇게 함으로써 역사를 전화시킬 수 있는 능력을 박탈하였다. 이렇게 정치는 철학 속에서 소멸하였다.

이 분할의 논리는 새로운 것이 아니다. 그것은 이미 플라톤이 『국가』에서 왜 대중들이 정치에 참여할 수 없고, 왜 정치가 오로지 철학자들의 몫일 수밖에 없는지를 논증하기 위해서 생산자들과 철학자들 사이에 분할의 선을 그을 때부터 시작되었다. 그것은 정확히, 정치철학의 정초자였던 플라톤이 정치를 봉쇄했던 방식이었다.[25] 또한 이 분할의 불평등 논리는 현

---

23) 맑스, 「포이에르바하에 관한 테제들」, 『칼 맑스·프리드리히 엥겔스 저작선집』 1권, 186쪽(번역은 일부 수정).
24) Rancière, *La leçon d'Althusser*, p. 35.

대의 좌파 사상가들에게서도 발견되고 있는 것이다. 예를 들면 피에르 부르디외는, 보편적 교육이라는 허울 아래 사회적으로 이미 존재하는 불평등이 재생산되고 은폐되고 있음을 고발한다. 그러나 그는, 자신의 반대자들과 함께 불평등을 하나의 전제로서 받아들이고 있음을 깨우치지 못한다. 랑시에르에 따르면, 그는 분할과 불평등의 논리로부터 출발함으로써 정치를 사유하지 못하고 있다.[26]

우리는 여기에서 맑스와 맑스주의가 열어 놓았던 사유의 지평 위에서, 자신의 스승이었던 알튀세르를 비판하면서 내딛었던 랑시에르의 일보가 이후에 그의 정치 사상의 형성에 얼마나 결정적이었는지를 확인하게 된다. 주지하다시피, 랑시에르는 평등을 이루어야 할 목표로서가 아니라 출발점으로 놓고 있다. 그가 '근원적 평등'(l'égalité fondamentale), '아무개와 아무개의 평등'(l'égalité de n'importe qui avec n'importe qui)이라고 부르고 있는 것이 바로 그것이다. 정치는 바로, 이 평등, 대중들의 동등한 사유 능력으로부터 나오는 것이라고 그는 굳게 믿는다. 우리가 앞에서 보았던 것처럼, 랑시에르의 이러한 생각은 알튀세르에 대한 비판에서 기본적인 관점을 형성한 것이다.

랑시에르에게 이러한 비판 의식과 그의 철학적 단절의 기회를 제공하고 그 방향을 규정하였던 것은 당시의 정세, 알튀세르의 정치철학이 개입하고 만들어 냈던 정치적 함축들, 즉 지식인들의 엘리트주의와 권위주의였다. 그것은 작게는 알튀세르의 서클에 존재하고 있었던, 그 누구도 발을 디뎌 놓지 않았던 신대륙을 발견하고 있다는 '개척자'라는 의식과, 이것을

---

25) Rancière, *Le philosophe et ses pauvres*, Fayard, 1983, pp. 17~85(재판, Flammarion, 2007); *La mésentente*, pp. 95~105 참조.
26) 부르디외에 대한 랑시에르의 비판은 Rancière, *La haine de la démocratie*, La fabrique, 2005, pp. 31~32; *Et tant pis pour les gens fatigués*, pp. 121~122, 133~135, 572~576 참조.

통해 형성된 앎을 가지고 있는 자로서의 권위 의식, 이론의 권위에 대한 의식이었으며,[27] 크게는 문화대혁명과 당시의 반권위적 학생 운동에 대한 프랑스 공산당과 이론의 권위였다.[28] 이러한 엘리트주의와 권위주의를 정당화하고 있었던 것은 이데올로기론이었다. 허위 의식으로서의 이데올로기의 지배하에서 대중들은 사회 속에서 자신들이 갖는 위치와 권리를 사유할 수 없다는 논제가 분할의 논리를 정당화하고 있었다. 알튀세르에 대한 랑시에르의 거리두기가 1969년에 쓰인 알튀세르의 이데올로기론에 대한 비판으로부터 시작되고 있는 것은 바로 이러한 이유에서이다.[29]

'대중들의 능력'이 이데올로기론에 속에서 소멸하고, 철학적 주체 개념 비판 속에서 자리를 잃고 있다는 것, 이것이 랑시에르가 알튀세르에게서 발견한 것이었다. 알튀세르의 이러한 난점을 랑시에르는 한마디로 '철학에 의한 정치의 봉합'으로 규정짓는다. 이것은, 알튀세르주의의 주요한 난점이 철학과 정치의 관계에 있다는 것을 의미한다. 우리는 다음 절에서 이에 대한 랑시에르의 관점을 보다 분명한 언어로 보게 될 것이다.

3. 철학의 자율성과 주체의 귀환

알튀세르의 사유의 중심에 자리하고 있던 것은 "이론과 정치의 관계",[30] 보다 정확히 말하면 철학과 정치의 관계였다. 그리고 이에 대한 알튀세르의 대답은 바로 "이론적 실천의 자율성"이었다. 랑시에르가 말하고 있듯이,

---

27) Rancière, *Et tant pis pour les gens fatigués*, p. 327.
28) Rancière, *La leçon d'Althusser*, pp. 55~111 참조.
29) Rancière, "Pour mémoire: Sur la théorie de l'idéologie" 참조. 이 논문은 1969년에 쓰였으며, 1970년에 아르헨티나에서 『알튀세르 읽기』(*Lectura de Althusser*)라는 책에 수록되어 출간되었다. 또 이 논문은 『알튀세르의 교훈』의 말미에 부록으로 재수록되었다.
30) Rancière, *La leçon d'Althusser*, p. 15.

"알튀세르주의의 정치는 바로 이 자율성의 선언 속에서, 그리고 그 정치적 함축들과 효과들 속에서 작동하였다".[31] 알튀세르는, 모든 정치의 실패와 성공들, 정치적 이탈들은 그 근원과 이유를 사유 속에서, 철학 속에서 찾아야 한다고 믿었다. 이러한 의미에서 그는, 바디우가 말하고 있듯이 무엇보다도 철학자였다.[32]

그런데 주지하다시피 이 이론적 실천의 자율성, 혹은 철학의 자율성은, 1960년대 중반에는 철학이 '이론적(과학적) 실천에 대한 이론', 즉 과학에 대한 과학으로 정립되면서, 이후에 알튀세르가 자기 비판하면서 말하고 있듯이, 이론주의적 일탈로 표현된다. 여기에서 철학은 과학과 동등한 지위, 즉 과학의 지위를 갖는다. 다시 말하면, 과학에 대한 이론으로서 철학은 인식 이론으로 환원된다.

이 이론주의적 편향에 대한 수정은 1967년 말~1968년 초부터 시작되었다.[33] 이제 철학은 과학과 구별되면서 "이론에서의 계급투쟁"으로 제시된다. 과학이 아니기에, 철학은 대상을 갖지 않으며, 따라서 또한 역사를 갖지 않는다. 그것의 고유성은 "이론의 영역 내부에서 분리의 선을 긋는 것", "과학적인 것과 이데올로기적인 것" 사이에 분리의 선을 긋는 것이다. 이 선 긋기의 효과들은, 과학적 실천을 옹호하고 그것을 이데올로기적인 관념들의 위험으로부터 보호하는 것이다.[34]

철학에 대한 이러한 새로운 규정은, 철학과 과학, 철학과 정치에 대한

---

31) *Ibid*, p. 58.
32) Alain Badiou, "Qu'est-ce que Louis Althusser entend par "philosophie"?", *Politique et philosophie dans l'œuvre de Louis Althusser*, p. 45.
33) 『철학과 과학자들의 자생적 철학』(*Philosophie et la philosophie spontanée des savants*[1967], François Maspero, 1974)과 『레닌과 철학』(*Lénine et la philosophie*, François Maspero, 1969)이 이 시기를 대표한다.
34) Althusser, "Lénine et la philosophie", *Solitude de Machiavel et autres textes*, éd. Yves Sintomer, PUF, 1998, pp. 121~137.

새로운 규정을 제시한다. 철학이 과학이 아닌 한에서, 그것은 오직 한편으로는 과학, 다른 한편으로는 정치와의 관계 속에서만 이해되고 규정되어야 한다. 여기에서 제기되는 문제는, 정치와 과학과의 관계를 통해서만 규정될 수 있는 철학이 어떻게 그것들로 환원되거나 봉합되지 않고 그 자신의 고유성을 정립할 수 있는가 하는 것이다.[35]

랑시에르에 따르면, 알튀세르는 이 문제에 '철학의 자율성', 더 나아가 '철학의 우위'라는 테제로 답하고 있다. 랑시에르는 이것을 '이론에서의 계급투쟁'으로서의 철학이라는 테제가 구체적 형태로 나타나고 있는 『철학과 과학자들의 자생적 철학』에 대한 분석을 통해서 보여 준다.

이 책에서 알튀세르는, 철학은 과학적 실천을 그 이데올로기적 착취로부터 보호하는 임무를 맡고 있음을 분명히 한다. 이러한 철학의 임무는 하나의 전제를 가지고 있다. 그것은 우리가 이미 앞에서 확인했던 전제, 즉 생산자들은 그들이 생산한 것을 알지 못한다는 불평등의 논리이다. 이 논리에 따르면 생산자들은 자신들의 과학적 실천의 결과들과 상반되는 관념론적 이데올로기의 옹호자가 된다. 바로 이것이 철학자들이 그들을 대신해서 개입해야 하는 이유이다.

그러나 랑시에르는 여기에서 멈추지 않는다. 랑시에르의 비판은 이 불평등의 논리가 그 결과로서 철학과 과학의 관계, 그리고 철학과 정치의 관계를 어떻게 설정하게 되는가 하는 문제로 향한다. 이론주의적 알튀세르주의에서, 철학은 과학에 대한 과학, 즉 과학의 의식이었다. '이론에서의 계급투쟁'인 철학은 과학과의 관계를 변화시킨다. 철학은 이제 과학에 투명

---

[35] 이 질문은 발리바르와 바디우가 각기 다른 방식으로 던지고 있는 것이기도 하다. Étienne Balibar, "L'objet d'Altusser", *Philosophie et politique dans l'œuvre de Louis Althusser*, pp. 81~116; Badiou, "Qu'est-ce que Louis Althusser entend par "philosophie"?", *Ibid*, pp. 29~45 참조.

한 자기 의식이 아니라 정치적 원조를 제공한다. 그러나 랑시에르에 따르면, 이러한 변화는 근본적인 연속성을 은폐하고 있다. 수정된 알튀세르주의에서도 여전히 유지되고 있는 것은 이론적 실천 혹은 철학의 자율성이다. 그 이유는 무엇인가?

알튀세르의 테제는, 그가 레닌의 『유물론과 경험비판론』에 대한 독해에서 끌어내고 있는 교훈이다. 그러나 랑시에르에 따르면, 알튀세르는 여기에서도 사태의 핵심을 놓치고 있다. "그것[레닌의 개입에서 본질적인 문제]은 그러한 과학철학이 과학자들의 의식과 실천에 생산하고 있는 효과들의 문제가 아니라 과학(그리고 그 '위기')에 관한 해석이 사회주의에 대한 이해에, 그리고 그 목표들과 그 행위 형태들에 미치고 있는 정치적 효과들의 문제이다."[36] 다시 말하면, 레닌이 개입했던 당시의 상황은 단지 과학에 대한 부르주아적 해석만이 아니라 당시의 대중 정치 현실이 제기하였던 문제들이 얽혀 있는 보다 복잡한 상황이었다. 즉 1900년경에 수정주의자들이 부르주아 철학에 의지하고 있었다면, 그것은 그들의 계급 의식에 의해서 규정된 것이라기보다는 당시 유럽 사회주의 운동의 어떤 상태를 반영하고 있는 것이었다. 이러한 맥락에서 랑시에르는, 알튀세르의 레닌 독해에서는 "과학들에 대한 해석이 갖는 정치적 논점들이 단지 철학과 과학의 관계로 전위되고 있다"[37]고 주장한다. 요컨대 알튀세르는 철학과 과학의 관계에 놓여 있는 정치의 차원을 간과하고 있다는 것이다. 그리고 그것은 그의 '이론적 실천의 자율성'이라는 고유의 테제의 한계라고 랑시에르는 진단한다.

그러나 우리는 여기에서 이러한 랑시에르의 비판이 정당한지를 물을

---

36) Rancière, *La leçon d'Althusser*, pp. 118~119.
37) *Ibid*, p. 121.

수 있다. 왜냐하면, 우리가 알고 있듯이 알튀세르에게서 철학은 '최종 심급에서' 계급투쟁이기 때문이다. 알튀세르의 이러한 자기 수정은 무엇보다도 정치에 대한 사유가 그의 사상에 핵심에 위치해 있다는 것을 보여 주지 않는가? 랑시에르는 이 점을 부인하지 않는다. 오히려 알튀세르 본인이 '이론주의적 일탈'이라고 규정했던 시기에도 알튀세르는 단 한 순간도 정치를 떠나지 않았다고 그는 생각한다. 그의 이론은 특정한 정치적 상황에 대한 개입이었고, 또한 정치적 효과들을 생산해 냈다.[38]

알튀세르에게서 철학이 정치적이라면, 그것은 철학이 계급투쟁의 연속이고, 그것을 표현하고 있기 때문이다. 이와 관련하여 알튀세르는 다음과 같이 설명하고 있다. "철학은 특정한 방식으로, 특정한 영역에서, 특정한 현실에 관련하여 연장된 정치라고 해야 할 것이다. 철학은 이론의 영역에서 정치를 표현한다. 보다 정확히 말한다면 과학들의 편에 서서 그렇게 한다. 반대로 철학은 정치에서 계급투쟁에 참여하고 있는 계급들의 편에 서서 과학성을 표현한다. …… 철학은 어딘가에 제3의 심급으로, 철학을 하나의 심급으로 구성하는 두 주요 심급들, 즉 계급투쟁과 과학 사이에 존재한다."[39] 따라서 알튀세르가 말하고 있듯이, 모든 문제는 이 이중의 관계, 즉 철학이 한편으로는 과학과 맺는 관계('마디점 1번')와 다른 한편으로는 정치와 맺는 관계('마디점 2번')에 있다.

이러한 관점에서 보면, 알튀세르의 이론에 정치의 자리가 없다는 랑시에르의 비판은 알튀세르에게는 부당해 보일 수 있다. 그러나 랑시에르는, 철학을 과학과 정치를 매개로 해서만, 그것들과의 관계 속에서만 사유하려 하였던 알튀세르의 시도는 실제로는 실패하고 있다고 선언한다. 이 실

---

38) 랑시에르는 『알튀세르의 교훈』의 2장 「정치의 교훈」을, 알튀세르주의가, 자신의 반성적 의식과는 반대로, 어떻게 '정치'와 연결되어 있었는지를 설명하는 데 할애하고 있다.
39) Althusser, "Lénine et la philosophie", *Solitude de Machiavel et autres textes*, p. 134.

패는 정치 개념으로서의 계급투쟁에 대한 철학적 환원 속에서 드러난다. 이 과정이 어떻게 나타나고 있는지를 살펴보자.

철학은 알튀세르에게서 하나의 개입, 분할의 선 긋기를 통한 개입이다. 과학의 영역에서 그것은 과학적인 것과 이데올로기적인 것을 분할함으로써 개입한다. 그런데 이 분할의 선 긋기는 계급투쟁의 표현이며, 그것의 연장이다. 따라서 철학은 이 개입을 통해 과학을 계급투쟁에, 즉 정치에 매개시킨다. 다른 한편으로, 철학은 마찬가지로 분할의 선 긋기를 통해 정치에, 계급투쟁에 과학성을 매개시킨다. 그런데 이때 주목해야 할 점은, 철학이 분할의 선 긋기를 통해 각각 과학과 정치를 매개시킬 때, 과학과 정치는 철학에 대해 한갓 개입의 대상으로만 설정되고 있다는 사실이다. 알튀세르가 말하고 있듯이, 철학의 고유성으로서의 분할의 선 긋기는 철학 내부에서 일어난다. 철학은 과학과 정치에 이중의 관계를 맺고 있지만, 그것들에 의해 결정되지 않는다. 철학은 하나의 자율적이고 내적인 '행위'(acte), 혹은 바디우의 해석대로, 하나의 '선언'(déclaration)이기 때문이다. 따라서 모든 것은 철학 안에서, 철학적 선언 속에서 일어난다. 바디우의 정식대로 말하자면, 철학은 자신 안에 자신이 만들어 낸 효과들을 통해 자신 밖으로 작용한다.[40]

그런데 문제는 이 철학적 행위가 하나의 동일성의 논리, 즉 영원한 분리와 분할의 선에 의해서 지배되고 있다는 점이다.[41] 따라서 철학은 자신

---

40) Badiou, "Qu'est-ce que Louis Althusser entend par "philosophie"?", *Philosophie et politique dans l'œuvre de Louis Althusser*, p. 38.
41) 바디우는, 알튀세르가 철학을 선언으로, 비결정성 속에서의 결정으로 규정함으로써, 철학이 그 본성상 정치적이라는 점을 통찰하고 있지만, 결국 '철학'이 정치와 역사에 대해 투명한 인식을 가지고 있는 것으로 이해함으로써, 자신이 열어 놓은 정치의 사유 가능성을 봉쇄시키고 있다고 평가한다. 다시 말하면 철학은 모든 정치적 사건들 속에서 '동일한 것'만을 선언할 뿐이다. *Ibid*. 참조.

의 조건인 정치에 대해서 언제나 투명한 의식을 가지고 있다. 이것이 바로, 랑시에르가 레닌에 대한 알튀세르의 독해에서 궁극적으로 문제 삼고 있는 것, 즉 철학의 자율성이다. 그에 따르면, 알튀세르의 이론적 틀에서는 과학들, 특히 현실의 계급투쟁들 혹은 대중 운동이 철학에 어떤 사유의 대상들을 제공하고 있는지에 대한 물음이 존재할 수 있는 가능성이 없다. 알튀세르가 20세기 초의 정치적 및 이론적 상황에 대한 레닌의 개입을 프롤레타리아 과학으로서의 맑스주의에 대한 옹호로밖에 읽을 수 없는 이유가 여기에 있다. 이것은 결국, 알튀세르에게서 정치적 개념으로서의 계급투쟁은 소멸되고 있으며, 철학적 범주로 전화되고 있다는 것을 의미한다.[42]

알튀세르는 정치에 대한 사유에서 끊임없이 계급투쟁에 준거한다. 이것은 알튀세르주의에서 중요한 의미를 갖는다. 알튀세르는 그가 레닌을 이해한 방식대로 이론 안에서 지속적인 계급투쟁을 수행하였다. 그것은, 우리가 앞서 살펴본 것처럼, 구체적으로는 부르주아들의 사상을 대표하는 주체 개념, 인간주의, 연속주의 등에 대한 투쟁으로 나타났다. 그것들에 대항해 그는 유물론적 변증법, '주체도 목적도 없는 과정으로서의 역사' 등을 옹호하였다. 바로 여기에서 역사의 원동력으로서의 계급투쟁은 그의 이론적 틀에서 중심적인 위치를 차지하게 된다. 여기에서 자유로운 주체(le

---

42) 이후에 랑시에르는 알튀세르를 염두에 두고 있는 것처럼 다음과 같이 말하고 있다. "철학은 어떤 분할들 ─자신의 고유한 개념에서 빌려 온 것이든, 자신의 성찰과 규범화의 대상이 되는 영역들에서 빌려 온 것이든─도 갖지 않는다. 철학은 정치, 예술, 과학 혹은 그 밖의 다른 사유 활동과의 만남에서 기원하는 독특한 대상들, 사유의 고리들을 갖는다. 그런데 이 철학의 대상들은 특수한 역설, 갈등, 아포리아라는 징표로 존재한다." Rancière, *La mésentente*, p. 11. 예를 들면, 정치는 '평등'을 철학적 사유의 대상으로 제시한다. 그러나 이 대상은 역설과 아포리아 속에서 제시된다. 즉 그것은, '무엇들에 대해서, 누구들 사이에 평등이 존재하는지 혹은 존재하지 않는지', 혹은 달리 표현하면 '어떻게 평등은 불평등과 평등 속에 놓여 있는지'라는 당혹스러운 질문의 형태로 제시된다. 이 철학적 대상에 대한 성찰이 랑시에르의 정치철학(philosophie de la politique)을 구성한다.

Sujet), 구성적 주체(le sujet constituant) 개념은 사라지고, 그 대신에 특정한 사회적 구조와 계급투쟁 속에서 구성되는 주체(le sujet constitué)가 들어선다. 우리는 이 후자의 문제설정을 '주체적인 것'(le subjectif)의 형성, '주체화'(la subjectivation)라는 이름으로 부를 수 있을 것이다.

그러나 랑시에르는 이 주체화의 가능성은 알튀세르에게서 봉쇄되고 있다고 생각한다. 그것은, 위에서 논의한 바와 같이, 계급투쟁이라는 정치 현실성의 범주가 영원성의 범주로 환원되고 있기 때문이다. 철학은 동일한 분할의 선, 유물론과 관념론이라는 내재적인 분할의 선을 영원히 반복할 뿐이다. 계급투쟁은 불연속적인 것으로 제시되지만, 그것은 곧 '노동자 운동'(le mouvement ouvrière)의 역사라는 연속성의 재도입에 의해 재봉합된다.[43] 랑시에르가 말하고 있듯이, "계급투쟁이 개입하는 순간부터 모든 이질성의 체계, 비연속적 역사와 현재적 계기에 대한 이론은 물거품처럼 사라진다".[44]

이 연속성의 재확립과 함께 다시 도입되고 있는 것은 '노동자 운동'이라는 주체의 통일성이다. 이렇게 "알튀세르의 주체 없는 과정은 자신의 내부에" 다양한 현실적 운동들과 과정들을 포괄하는 "단 하나의 노동자 운동이라는 기이한 주체들로 가득 차게 된다".[45]

이 점에 관한 한 라자뤼스와 바디우의 평가는 랑시에르와 다르지 않다. 라자뤼스에 따르면, 정치에 대한 알튀세르의 사유는 전-레닌주의적(pré-léniniste)이다. 왜냐하면 레닌에게는 정치의 고유한 범주, 주체화에

---

43) 앞에서 인용한, 알튀세르의 사망 직후에 쓴 글에서, 랑시에르는 알튀세르의 단절적 '독해'의 정치 속에서도 연속성을 발견해 내고 있다. 그에 따르면 알튀세르의 '징후적' 독해는 결과적으로 잠재되어 있는 것을 가시화하는 일종의 연속성의 독해이다. Rancière, "La scène du texte", *Politique et philosophie dans l'œuvre de Louis Althusser*, pp. 47~66.
44) Rancière, *La leçon d'Althusser*, p. 195.
45) *Ibid.*, p. 195.

대한 사유로서의 "조직된 정치 의식"(la conscience politique organisée)이라는 범주가 존재하기 때문이다. 그러나 라자뤼스는, 알튀세르에게는 정치적 개념인 계급투쟁이 존재하지만, 이 개념은 단지 철학과 역사 속에서만 사유되고 있을 뿐이라고 진단한다. 라자뤼스에 따르면, 철학은 영원한 분할의 선 긋기의 반복, 하나의 법칙(une loi)이 아니라, 정치에 대한 사유 가능성과 그 탐구를 여는 것, 그가 "역사적인 정치 양태"(le mode historique de la politique)라고 부르는 것에 대한 사유 가능성으로 이해되어야 한다.[46]

알튀세르에 대한 바디우의 평가도 이 연장선상에 놓여 있다. 바디우에 따르면, 알튀세르는 철학을 철학적 행위로, 선언으로 규정함으로써 철학이 근본적으로 정치적일 수밖에 없다는 점을 그 누구보다도 정확하게 이해하고 있었다. 그러나 바디우는 알튀세르가 이 철학을 이론주의 시기에는 과학에, 그리고 그 이후의 자기 비판 시기에는 정치에 봉합하고 만다고 비판한다. 철학이 정치에 봉합되고 있는 이유는, 철학이 계급투쟁이라는 정치적 개념에 의해 전적으로 결정되고 있기 때문이다. 그런데, 철학이 근본적으로 정치적이라는 점에 동의하면서도, 알튀세르가 철학을 정치에 '봉합'시키고 있다고 바디우가 주장하고 있는 이유는, 랑시에르와 라자뤼스가 주장하고 있는 것처럼, 알튀세르의 정치적 사유의 중심에 놓여 있는 계급투쟁이 한갓 철학적 범주로 환원되고 있기 때문이다.[47]

따라서 결국 알튀세르에게서 문제가 되고 있는 것은, 정치에 대한 사유, 주체화에 대한 사유, 보다 정확히 말하면 알튀세르 사상의 중심에 놓여 있는 이 계급투쟁이라는 개념이다. 실제로 알튀세르는 이 '계급투쟁' 개념을 전적으로 맑스주의적인 정치 개념으로 이해하고 그것에 부르주아적 개

---

46) Lazarus, "Althusser, la politique et l'histoire", *Politique et philosophie dans l'œuvre de Louis Althusser*, pp. 9~27 참조.
47) Badiou, "Qu'est-ce que Louis Althusser entend par "philosophie"?", *Ibid.*, pp. 29~45 참조.

념인 '인간'을 대립시킨다. 이것은 1960년대의 구조주의적인 사상적 운동 속에서 크게 놀라운 일은 아니다. 그러나, 랑시에르는 이러한 문제설정 방식 자체가 얼마나 현실 정치와 동떨어진 채 순수하게 사변적이고 이론적인 것에 머무르고 있는지를 고발한다.

'계급투쟁'은 정말로 프롤레타리아 계급의 철학인 맑스주의의 개념인가? 그러나 현실은 우리에게 다른 것을 가르쳐 주고 있다. 알튀세르가 주장하고 있는 것과는 달리, 부르주아들은 실제로 '인간'을 말하지 않는다. 그들이 노동자들에게 말하는 것은 '인간'이 아니라 오히려 '계급투쟁', 유산자들과 무산자들 사이의 계급투쟁, 문명인들과 야만인들의 투쟁이다. 그들은 계속해서 이러한 분할의 선들을 만들어 내며, 그것들을 정당화하고자 한다. 그들은 결코, 노동자들에게 가서 그들도 자신들처럼 인간들이라고 말하지 않는다. 그들이 노동자들에게 분할과 계급투쟁을 말할 때, 그것은 그들의 무능력을, 그들이 역사를 변화시킬 수 있는 능력이 없다는 것을 주장하기 위해서이다.

반대로 '인간'은 노동자들의 언어, 프롤레타리아트의 언어이다. 그들이 '인간'을 말할 때, 그 '인간'은, 알튀세르가 이론의 영역에서 발견한 비판의 대상으로서의 '인간'이 아니다. 그것은 모든 인간들의 평등에 대한 긍정, 자신들을 한갓 상품 관계로 전화시키고 있는 사회경제적 관계들에 대한 거부, 저항의 표현이다. 정치의 가능성, 따라서 주체화의 가능성은 여기에, 즉 대중들이 스스로 말하고 있는 '인간'에 놓여 있다. 따라서 '인간'이라는 말은 정치와 투쟁을 가로막은 허위의 가면이 아니라 정치적 언어, 정치적 무기이다. 그리고 이러한 의미에서 주체화에 대한 사유는 이미 대중들의 언어 속에 존재하고 있었다. 이것은, 대중들은 생산할 뿐만 아니라 사유 또한 하고 있다는 것을 보여 준다.

랑시에르가 알튀세르를 인용하면서 동의하고 있듯이, 언어는 투쟁의 무기들이며, 모든 계급투쟁은 한 언어에 대한 다른 언어의 투쟁으로 요약될 수 있다.[48] 그러나 알튀세르는 자신의 주장과는 반대로 '인간'이라는 언어가 갖는 정치적 의미를 간과하였다. 그는 언어를 현실을 은폐하는 이데올로기라는 틀에서 사유하고 말았다. 그렇게 그는 정치에 대한 사유, 주체화에 대한 사유의 가능성을 잃어버렸다.

알튀세르에 대한 랑시에르의 이러한 비판적 시각은 그의 이후의 탐구와 이론적 행보를 이해하게 해준다. 그가 알튀세르와의 결별 이후 19세기 노동자 운동의 문서고를 파헤치면서 노동자들의 언어에 귀 기울이고, 자코토(Joseph Jacotot)의 교육적 모험을 탐구하면서 앎은 전달되는 것이 아니라 스스로 터득하는 것이라는 사실, 교육과 정치는 필연적으로 말하는 자들의 평등을 전제할 수밖에 없다는 점을 확립하고, 그로부터 정치 개념을 새로이 정립할 수 있었던 것은, 바로 이러한 '알튀세르의 교훈'이 있었기 때문이다.

4. 결론

우리는 이 글을 시작하면서, 랑시에르에게 자신의 스승인 알튀세르와의 결별은 되돌릴 수 없는 것이었고, 따라서 그는 이 결별을 분명한 결별로서 위치 짓고자 한다는 점을 말한 바 있다. 앞의 논의는 그 이유에 대한 설명이라고 할 수 있다.

그러나 이것은, 알튀세르의 이론과 사상에 대한 이러한 태도가 우리 모두의 것이 되어야 한다거나, 보편적 타당성을 갖는다는 것을 의미하지

---

[48] 랑시에르는 『알튀세르의 교훈』 159쪽에서 알튀세르의 「혁명의 무기로서의 철학」("La philosophie comme arme de la révolution", *La Pensée* N° 138, Avril 1968, p. 33)을 인용하고 있다.

는 않는다. 이것은 어디까지나 알튀세르와 랑시에르 사이의 관계에서는 그러하다는 것이다. 그리고 특히 그것은, 랑시에르의 사상적 전개에서 '알튀세르의 교훈'이 주는 의미가 무엇인지를 이해한다는 맥락에서 전적인 정당성을 갖는다.

 '알튀세르의 교훈'이 랑시에르에게만 존재하는 것은 아니다. 우리 시대 맑스주의자로서 그가 제기했던 문제들과 그것들을 사유하기 위해 그가 구성해 낸 개념들, 무엇보다도 그의 놀라운 통찰들은 부인할 수 없는 우리 시대의 유산들이다. 이러한 의미에서 그는 우리의 '철학적 대상'이다. 랑시에르의 철학적 사유는 알튀세르라는 이 철학적 대상에 대한 하나의 '사유', 혹은 그로부터 끌어낼 수 있는 하나의 '교훈'이라고 할 수 있을 것이다.

17장 인셉션인가, 호명인가?
―슬로베니아 학파, 버틀러, 알튀세르

최원

2010년 여름 극장가에서 호평을 받고 상영된 크리스토퍼 놀런(Christopher Nolan) 감독의 영화 「인셉션」(Inception)의 한 장면에서, 극 중 인물 아서(Arthur)가 자신을 뒤쫓는 적을 피해 황급히 나선형의 계단을 뛰어 내려가다가 갑자기 계단을 360도 돌아와 적의 등 뒤에서 그를 거꾸로 공격한다. 감독은 이 불가능한 일이 꿈속에서는 가능하다는 말을 미리 흘려 두었고, 관객들은 당혹감 없이 이 허구적인 장면을 즐길 수 있다. 하지만 이 장면을 보면서 나에게는 약간 엉뚱한 질문이 하나 떠올랐다. "과연 아서 자신은 이렇게 적을 물리친 후, 무한히 돌아가는 그 계단을 어떻게 빠져나올 수 있었을까?" 사실 이 '무한 계단'은 화가 에셔(Maurits Cornelis Escher)의 잘 알려진 그림 「올라가기와 내려가기」(Ascending and Descending, 1960)를 패러디한 것인데, 그림 안에서 계단은 올라가거나 내려가는 것처럼 보이지만 실상은 무한히 돌아가기만 하는 '순환'의 구조를 가지고 있다. 설사 꿈속이기 때문에 이러한 무한 계단으로 진입하는 것이 가능하다는 감독의 말을 믿는다고 해도, 자신의 목적을 달성한 후 아서가 거기에서 다시 빠져나오는 것도 논리적으로 가능한지가 궁금해진다. 영화의 마지막 장면에서 감독이 쓰러질 듯 말 듯 계속 돌고 있는 '팽이'를 보여 줄 때도, 그는 사실 관객들에게 같은 질문을 던지고 있는 듯하다. 이 팽이는 주인공 코브(Cobb)가 자신이 꿈속에 있는지 현실에 있는지를 가늠하기 위해 혼자서 돌려 보곤 하는 것인데, 팽이가 쓰러진다면 그는 현실에 있는 것이지만, 팽이가 무한히 계속 돈다면 그는 꿈속에 있는 것이다. 그렇다면 이 돌아가고 있는 팽이야말로 무한 계단이 아닌가? 당신은 이 계단으로부터 빠져나올 수 있는가? 우리는 코브가 결국 빠져나온 것이라고 말해야 하는가? 아니면 쓰러질 줄 모르는 팽이처럼 그가 계단 돌기를 영원히 반복하고 있을 뿐이라고 말해야 하는가? 감독은 결론을 내리지 않는다. 그러나 우리는 감독이 또한 이렇게 말했다는 것도 알고 있다. 일단 한번 머리에 어떤 관념이 심어지면, 그것은 좀처럼 제거될 수 없다.

주로 '시작'이나 '개시'라는 의미를 가지고 있지만, 필시 "유기체가 무엇인가를 들이마시는 행동"(the action of taking in, as an organism)[1]이라는 부차적 의미에 착안하여, 영화에서 다른 사람의 두뇌 또는 정신 안에 어떤 관념을 심어 놓는다는 중의적 의미로 사용된 '인셉션'(inception)은 일견 알튀세르가 논한 '호명'(interpellation)이라는 개념과도 어떤 면에서는 닮아 있는 듯하다. 어떤 개인의 정신 안으로 이데올로기적 관념을 이식한다는 것, 또는 이데올로기적 관념 안으로 어떤 개인을 이식한다는 것 — 이 이식을 '호명'으로 이론화함으로써 혹시 알튀세르는 자신도 모르는 사이에 스스로 어떤 무한 계단 안으로 걸어 들어갔던 것이 아닐까? 무한 계단 위에서 알튀세르가 쫓던 적은 어느새 그 계단을 돌아와 알튀세르를 등 뒤에서 공격하고, 또다시 알튀세르가 한 바퀴 더 돌아와 그 적을 재차 공격하지만, 우리는 이 두번째 알튀세르가 첫번째 알튀세르와 동일인인지 확

---

1) "Inception, n." *The Oxford English Dictionary*, 2nd ed., 1989(OED Online: Oxford University Press), 20 October 2010. http://dictionary.oed.com.

신할 수 없다. 혹시 알튀세르는 여전히 계단 밖에 서 있는 것이 아닐까? 알튀세르는 어디에 있는 것일까? 슬라보예 지젝이 『이데올로기의 숭고한 대상』(1989)에서 알튀세르의 '이데올로기적 호명' 테제를 뒤쪽으로부터 비판하면서 '호명 너머'(beyond interpellation)에 놓인 차원(곧 상징화 과정이 자신의 '등 뒤'에 남긴 나머지 또는 잉여로서의 실재)을 부각시킨 후에, 주디스 버틀러는 알튀세르를 옹호하면서 지젝과 슬로베니아 학파의 입장을 재빨리 뒤로 돌아와 다시 비판하지만, 우리는 이러한 그의 비판 후에도 여전히 우리가 무한 계단에 갇혀 있을 뿐, 그것을 실제로 빠져나오지는 못했을지도 모른다는 느낌을 갖게 된다.

논란의 핵심을 테리 이글턴이 알기 쉽게 정리해 준다. 그는 「서양 맑스주의에서 이데올로기와 그것의 변화들」이라는 글에서 알튀세르의 호명 테제를 논하면서 그 논리적 허점을 다음과 같이 지적한다.

> 만일 어떤 개인이 이미 주체가 아니라면, 어떻게 자신을 주체로 만드는 '부름'(hailing)을 그가 인지(recognize)하고 대답하게 되는 것일까? 대답, 인지, 이해(understanding)는 주체의 능력이 아닌가? 따라서 주체가 되기 위해서 그는 이미 주체였어야 하지 않을까? 그러한 한에서 부조리하게도 주체는 자신의 실존에 앞서 있어야 할 것 같다. 이러한 수수께끼를 의식하고 있던 알튀세르는, 진정 우리가 '항상-이미' 주체들이며, 심지어 어머니의 자궁 안에서조차 주체들이라고 주장했다. 우리가 실존하게 되는 것은 말하자면 항상 이미 준비된 일이라는 것이다. 그러나 이것이 사실이라면, 알튀세르가 호명의 '순간'에 대해 강조하는 것을 어떻게 봐야 할지 알기 힘들다. 단순히 호명이라는 것이 어떤 편리한 허구가 아니라면 말이다.[2)]

따라서 문제가 되는 것은 정확히 알튀세르의 호명 테제가 열어 놓은 일종의 '무한 계단'이다. 알튀세르는 "이데올로기가 개인을 주체로 호명한다"고 말했지만, 개인이 이 호명을 자신에게 행해진 것으로 인지하고 주체로 구성되기 위해서는 그 자신이 **이미 그 인지를 행하는 모종의 주체**여야만 한다. 따라서 주체는 무한 계단을 360도 돌아와 어느새 (아직 주체가 아니라고 가정되었던) 개인의 등 뒤에 서 있다. 그것이 아무리 최소한의 의미에서의 주체라고 할지라도 여전히 주체임에는 변함이 없다는 것이다. 이글턴에 따르면, 알튀세르는 이러한 논리적 악순환을 잘 알고 있었지만, 주체라는 의념(意念, notion)을 철저히 비판하고자 했기에 이 문제를 이론적으로 해결하지 못한 채 모순 어법을 사용할 수밖에 없었다.

알튀세르에 대한 지젝의 비판을 옹호하고 그 논점을 좀더 분명히 드러내기 위해 작성한 글에서 믈라덴 돌라르가 문제 삼는 것도 결국 이것이다. 「호명을 넘어서」(1993)라는 글에서 그는 이렇게 말한다.

> 대타자(the Other) 안에서 [자신을] 인지하기 전이라고 해서, 주체가 단지 개인에 지나지 않은 것은 아니다. (실제) 개인으로부터 (상상적) 주체로 이행함에 있어 어떤 '중간' 단계가 있는데, 이 단계 안에서 상징화 과정은 아직 상상적 주체성에 의해서 채워지지 않은 빈 공간, 존재의 연속성 내의 균열, 하나의 공백을 열어 놓는다. 이 빈 공간은 내가 앞서 언급한 강제된 선택(forced choice)의 메커니즘에 의해 묘사될 수 있다.[3]

여기서 '강제된 선택'이 무엇을 말하는지는 나중에 살펴보기로 하자.

---

2) Terry Eagleton, "Ideology and its Vicissitudes in Western Marxism", ed. Slavoj Žižek, *Mapping Ideology*, Verso, 1994, p. 215.
3) Mladen Dolar, "Beyond Interpellation", *Qui parle* Vol. 6 No. 2, Spring-Summer 1993, p. 88.

돌라르는, 지젝이 『이데올로기의 숭고한 대상』에서 "믿음 이전의 믿음"(belief before belief)이라는 관념을 도입함으로써 보여 주고자 했던 것이 바로 이러한 중간 단계 설정의 필연성이라고 말한다.

"무릎을 꿇어라, 기도의 말을 읊조려라, 그러면 믿게 될 것이다"라는 파스칼의 아포리즘을 원용하면서 알튀세르가 실천의 물질성에 의한 이데올로기적 믿음의 생산에 대해 논할 때, 돌라르는 여기서 그가 부지불식간에 두 가지 불연속적이고 상이한 물질성을 다루고 있다고 지적한다. 아직 개인이 무엇을 믿어야 할지조차 모르는 상태에서 경험하는 무의미한 의례(儀禮, rituals)로서의 첫번째 물질성이 있다면, 동일한 의례이지만 이번에는 주체의 내적인 믿음에 의해 지지되는 의례로서의 두번째 물질성이 있다. 결정적인 질문은 무엇이 이 개인으로 하여금 첫번째 물질성으로서의 무의미한 절차(무릎을 꿇고 기도문을 암송하는 따위)를 순순히 따르도록 만드는가 하는 것이다. 그가 두번째 물질성을 지탱하고 있는 내적 믿음에 의해 추동되고 있는 것이 아니라는 점은 분명하다. 왜냐하면 그러한 내적 믿음은 개인이 '상상적 주체'로 구성된 후에야 갖게 되는 믿음이기 때문이다. 하지만 단순히 이 무의미하게 보이는 의례를 따라 하기 위해서라도 이미 그 개인은 어떤 최소한의 믿음(곧 '무엇인가 믿을 만한 것이 있으리라는 믿음')을 가지고 있어야 하는 것이 아닌가? 곧 무의미한 의례에 따르기로 '동의'(consent)하는 최소한의 형식적 제스처로서의 "첫번째 텅 빈 제스처"가 있다면, 그러한 의례를 반복적으로 따라 함으로써 결국 도달하게 되는 상상적 인지의 제스처로서의 "두번째 텅 빈 제스처"가 있다.[4] 돌라르는 알튀세르가 이 가운데 후자는 이론화했지만, 전자를 이론화하는 데에 실패했다고 주장한다. 말하자면 돌라르는 「인셉션」의 주인공 코브처럼 알튀세르

---

4) Dolar, "Beyond Interpellation", *Qui parle* Vol. 6 No. 2, p. 90.

에게 이렇게 말하고 있는 셈이다. "꿈속에는 또 다른 꿈이 있다. 당신이 어떤 관념을 다른 사람에게 심어 주고 싶다면 단 한 번만 꿈속으로 들어가서는 안 된다. 더 깊은 무의식, 더 깊은 꿈속의 꿈으로 들어가 그 관념 또는 믿음을 심어 넣어야 한다." 이렇게 해서 돌라르는 알튀세르가 성급하게 이데올로기의 주변을 단 한 바퀴만 돌고 만족했다고 비판하면서, 재빨리 한 번 더 무한 계단을 돌아와 알튀세르의 엉덩이를 뒤쪽에서 걷어차려고 한다. 그리고 그는 이것을 다름 아닌 "믿음 이전의 믿음", "주체 이전의 주체"라는 이름으로 행하려고 하는 것이다.

돌라르의 관점에서 보면, 주체라는 것은 정신적인 것이기 때문에, 의례의 물질성 자체로부터 생산되어 나올 수 없다. 주체는 정신적인 것으로부터만 나올 수 있고, 따라서 심지어 개인과 무의미한 의례의 마주침에 있어서도 중요한 것은 의례의 '물질성'이 아니라, 그 의례 속에 구현되어 있는 **비물질적 논리로서의 상징적인 것**이다. 이 때문에 그는 상상적 인지에 앞서는 '중간' 단계에서 우선적으로 행해지는 상징적인 것의 개입을 이론화해야만 한다고 역설한다. 돌라르는 이렇게 말한다.

> 이 때문에 물질성에 대한 알튀세르의 고집스런 강조만 가지고는 불충분하다. 여기서 출현하는 대타자, 상징적 질서의 대타자는 물질적이지 않은데, 알튀세르는 제도들, 실천들 따위의 물질성에 대해 논함으로써 이러한 비물질성을 덮어 버리려고 든다.……만일 주체성이 물질적으로 어떤 의례를 무심코 따라 함으로써 생성될 수 있다면, 그것은 오직 그러한 의례가 **상징적 자동성**(symbolic automatism)으로 기능하는 한에서, 곧 대타자에 의해 지지되는 하나의 '**비물질적**' **논리**에 의해 지배되는 한에서 그러한 것이다.……중요한 것은 궁극적으로 의례가 물질적이라는 것이 아니라 그 의례가 **코드, 반복** 따위에 의해 지배된다는 것이다.[5]

이러한 비물질적 상징화의 과정만이 물질적 '존재의 연속성'에 균열을 낼 수 있고, 바로 실정적 주체에 앞서는 '공백'으로서의 주체를 만들어 낼 수 있다. 인지를 통해 주어지는 상상적 주체성은 다만 사후적으로만 이 열린 공백을 채우려고 시도할 수 있을 뿐이다. 이 텅 빈 주체야말로 (알튀세르의 상상적 주체와 구분되는) 정신분석학이 말하는 **진정한 주체**, "인지(recognition)에 기초하지 않은" "라캉이 빗금 쳐진 주체($)"로서 표시하는 주체라는 것이다.[6]

그러나 알튀세르는 「이데올로기와 이데올로기적 국가장치들」(1970)을 발표하기 전에 실제로 이와 같은 문제제기를 이미 마주친 적이 있고, 자신의 입장을 명쾌하게 정리한 바 있다. 나중에 자신의 정신분석가가 되기도 하는 르네 디아트킨(René Diatkine) 박사에게 쓴, 「D에게 보내는 두 통의 편지」(Letters to D, 1966)에 등장하는 논의가 그것이다. 이 가운데 첫번째 편지는 디아트킨에게 라캉의 이론을 심각하게 고려할 것을 강한 어조로 권하고 있는 편지이고, 두번째 편지는 디아트킨이 답장에서 제기한 몇몇 반론에 대해 자신의 생각을 밝히고 있는 편지인데, 두 편지 모두를 관통하는 핵심 주제는 바로 **발생학**(genesis) **비판**이다.

알튀세르에 따르면, 디아트킨은 정신분석학을 생물학(biology)이나 동물학(ethology)과 마구 섞어 놓으려는 시도에 대해서는 매우 정당하게 비판적 거리를 취하지만, 그러면서도 어린아이의 발달 과정 속에서 생물

---

5) Dolar, "Beyond Interpellation", *Qui parle* Vol. 6 No. 2, pp. 90~91 (강조는 인용자).
6) 지젝은 돌라르의 이러한 해석을 적극적으로 옹호한다. 슬라보예 지젝, 『까다로운 주체』, 도서출판b, 2005, 258쪽 이하 및 414쪽 이하와 Žižek, "Class Struggle or Postmodernism? Yes, Please!", Judith Butler, Ernesto Laclau, Slavoj Žižek, *Contingency, Hegemony, Universality: Contemporary Dialogues on the Left*, Verso, 2000, p. 119(「계급투쟁입니까, 포스트모더니즘입니까? 예, 부탁드립니다!」, 주디스 버틀러·에르네스토 라클라우·슬라보예 지젝, 『우연성, 헤게모니, 보편성: 좌파에 대한 현재적 대화들』, 박대진·박미선 옮김, 도서출판b, 2009, 175~177쪽) 참조.

학에만 관련되는 첫번째 시기와 정신분석학에 종별적으로 관련되는 '무의식'이 시작되는 두번째 시기(대략 생후 8개월부터의 시기)를 구분하고 그 '경계'를 경험적으로 찾아내려는 시도를 하는데, 이 같은 시도는 디아트킨이 '발생학'이라는 이데올로기적 문제설정에 여전히 갇혀 있음을 보여 준다. 알튀세르가 보기에, '이론가'로서 라캉의 최대 강점은 반대로 이러한 발생학적 문제설정을 철저히 거부하고, 무의식이 출발하는 '시점', 생물학의 영역과 정신분석학의 영역 사이의 '경계'를 찾으려고 하지 않는다는 점에 있다.[7] 만일 발생학의 문제설정을 취하게 되면, 우리는 무의식 발생 '이전'과 '이후'를 나누어야 하고, 도대체 언제, 어떻게 이러한 '이전'으로부터 '이후'로의 이행이 발생하게 되는지를 보여 주어야 할 뿐만 아니라, '이전'에 속한 무엇이 이러한 '이후'로의 이행을 근거 짓는지를 밝혀내야 한다. 한마디로, '왜 이행하는가?'라는 질문을 피할 수 없는 것이다. 결국 발생학은 필연적으로 ('이후'라는 목적에 도달하기 위한 '이전'의 맹아를 찾아내는 식의) **목적론적 설명 방식**을 취할 수밖에 없다는 것이 알튀세르의 주장이다. 특히 이러한 연대기적 설명은 **무의식의 비시간성**(atemporality)을 설명할 수 없다는 치명적 약점을 가지고 있다.

    이러한 비판에 대해서 디아트킨은, '무의식의 비시간성'이라는 것이 있다고 해서 무의식이 "시간 안에서" 시작되지 않는다는 뜻은 아니라고 말하면서, 여전히 우리는 무의식의 출현 '이전'과 '이후'를 나누어야 한다고 주장한다. 디아트킨은 자신이 '발생학'이라는 용어를 사용한 것은 다소 문제가 있을 수 있다고 인정한다. 그러나 동시에 그는 알튀세르도 이러한 발생학의 어법을 완전히 피하지는 못한다고 지적하면서, 실제로 알튀세르가

---

[7] Althusser, "Letters to D: Letter 1", *Writings on Psychoanalysis: Freud and Lacan*, éds. Olivier Corpet et François Matheron, trans. Jeffrey Mehlman, Columbia University Press, 1996, pp. 40~41.

첫번째 편지에서 "어떤 새로운 것이 자율적인 방식으로 기능하기 시작한다"고 썼다는 사실을 상기시킨다. 이러한 반론에 대해 두번째 편지에서 알튀세르는 "돌발"(irruption)과 "탄생"(birth)을 개념적으로 구분하고, 돌발을 탄생의 형태로만 인식하도록 강제하는 것이야말로 발생학적 목적론의 핵심이라고 주장한다.[8] 어떤 것의 '발생 과정'을 추적한다는 것은 무엇보다도 "오직 하나의 개체"의 흔적, 다시 말해서 "하나의 동일성(identity)을 보유하고 있는, 식별될 수 있는 어떤 개체"의 흔적을 추적한다는 것을 의미한다. 이러한 동일성은 그 개체가 겪는 모든 "변화들과 불연속들"에도 불구하고 발생의 전(全) 과정을 통해 보존된다고 가정되는 동일성이며, 발생학은 이 동일성을 추적하기 위해 심지어 그 개체의 발생 이전과 이후의 연속성까지 설정하는 데로 필연적으로 나아간다. 알튀세르는 이렇게 말한다.

> 모든 발생학적 사고는 말 그대로 '탄생'을 찾는 일에 집착하는데 ······ 이것은 다른 이데올로기적 유혹 가운데에서도 (가장 종종 암묵적이거나 착각되곤 하는) 다음과 같은 관념을 전제합니다. 곧 [어떤 것의] 탄생의 시점에서 관찰될 수 있는 것이 **이미 그 자신의 이름을 지니고 있고**, 이미 자신의 동일성을 보유하고 있으며, 어느 정도까지는 이미 식별 가능하고, 탄생하기 위해서 그것이 **자신의 탄생 이전에** 모종의 방식으로 이미 실존하고 있다는 관념 말입니다![9]

어떤 현상의 '발생'에 대해 논하기 위해서 우리는 역설적으로 항상 과정의 **끝**에서 출발해야 한다. 예를 들어, '피에르'라는 개인이 있다고 하고

---

8) Althusser, "Letters to D: Letter 2", *Writings on Psychoanalysis*, p. 58.
9) *Ibid.*, p. 57.

이 개인의 발생에 대해서 논하려고 하면, 우리는 그 개인이 탄생할 때부터 이미 '피에르'라는 이름과 동일성을 지니고 있었으며 그 동일성이 이후에도 변함없이 유지되어 현재의 '피에르'에게까지 이어져 왔다는 것을 부당 전제해야 한다. 심지어 우리는 그가 태어나기도 전에 이미 '피에르'였다고 가정하는 어법을 피할 수 없는데, 피에르**의 '수정체'**니 피에르**가 받은** '정자'니 '난자'니 하고 우리가 말할 때, 우리는 정확히 그렇게 한다. 이렇게 발생학은 필연적으로 과정의 **끝**에서 발견되는 동일성에서 출발해서 그것의 **기원**을 거꾸로 구성해 나가는 목적론의 형식을 취한다. '피에르'가 돌발했을 때, 좀더 정확히 말해서 어떤 개인이 '피에르'라는 이름과 동일성을 부여받는 '사건'이 돌발했을 때, 발생학은 이 '결과'로서의 동일성을 과거를 향해 투사함으로써 그 개인의 기원 및 발전 과정을 **회고적으로**(retroactively) 구성해 내는 것이다. 따라서 어떤 개체 또는 현상의 '탄생'을 찾아 헤맨다는 것은 이미 그 개체나 현상의 전사(前史)를 선형적 방식으로 구성하는 목적론에 빠진다는 것을 뜻한다.

알튀세르는 이미 『『자본』을 읽자』에서 '사회 효과'라는 개념을 논하면서 이러한 발생학의 목적론적 오류를 비판한 바 있다. 사회 효과는 『자본』에서 맑스의 고유한 질문이 무엇인가를 규명하기 위해 알튀세르가 도입한 개념인데, 그에 따르면, 맑스는 근대 부르주아 사회가 역사적으로 어떻게 생성·발전해 왔는지를 질문한 것이 **아니라**, 근대 부르주아 사회는 어떤 메커니즘을 통해서 하나의 '사회'로 존재할 수 있게 되는지를 질문했다. 이러한 질문상의 차이가 자본주의에 대한 모든 전과학적 연구들로부터 그의 연구를 영원히 구분해 주었다. 물론 이렇게 말한다고 해서 자본주의 사회가 역사적으로 생산된 하나의 '결과물'이라는 사실을 맑스가 부정했다는 것은 아니다. 그러나 이렇게 역사적으로 생산된 결과물이 하나의 '사회'로 존재할 수 있게 되는 메커니즘 자체는 '역사적 발생의 논리'(헤겔적 개념화)를 통해 해명될 수 있는 것이 아니라, 전자본주의 사회에서도 종종 발견되곤 하는 이러저러한 요소들이 근대 부르주아 사회에서 서로 '결합'되는 종별적인 방식(곧 '구조')이 무엇인가에 관한 연구를 통해서만 해명될 수 있다. 알튀세르는 이러한 역사의 생산물이 하나의 사회로 존재하도록 만들어 주는 것을 바로 사회 효과라고 부른다.[10] '돌발'과 '탄생'을 구분하기 위해 예전에 자신이 행한 이러한 주장의 요점을 디아트킨에게 다시 한 번 설명하면서, 여기서 알튀세르는 특히 자본주의를 돌발하게 만드는 이러한 요소들의 결합(combination)의 **우연성**을 강조한다. '탄생'이 추구하는 목적론의 논리는 반면 항상 이러한 요소들의 우연적인 마주침(결합)의 결과를 거꾸로 과거를 향해 투사함으로써 어떤 전자본주의 사회의 맹아로부터 자본주의가 필연적으로 또는 변증법적으로 발전해 왔다는 식의 설명을 제시한다는 점에서 관념론적이다.

그런데 이러한 "회고적 환상"(retrospective illusion)[11]이라는 것은 단지 발생학에 기대는 이론가들만이 빠져드는 환상이 아니다. 그것은 훨씬 더 일반적인 사정(射程)을 갖고 있으며, 심지어 우리는 그것이 **주체 효과**를 생산하는 모든 이데올로기의 근본 환상이라고까지 말할 수 있다. 우리는 종종 어린아이들이 "엄마, 아빠, 내가 태어나기 전에 도대체 나는 어디 있었어?" 하고 물으며 부모를 당황시키는 것을 본다. 이런 질문을 듣고 실제로 그 아이들이 어떻게 생겨났는지를 설명하기 곤란한 부모는 궁리 끝에, "얘야, 물론 너는 태어나기 전에 하늘나라에 있었단다. 그곳은 모든 아이들이 태어나려고 기다리고 있는 아주 아름다운 곳이야"라고 말함으로써 그러한 아이들의 환상에 동참한다. 혹자는 부모가 이러한 거짓말을 정말로

---

10) 루이 알튀세르, 「『자본론』으로부터 마르크스의 철학으로」, 알튀세르 외, 『자본론을 읽는다』, 김진엽 옮김, 두레, 1991, 80~87쪽.
11) Althusser, "Letters to D: Letter 2", *Writings on Psychoanalysis*, p. 57.

믿는 것은 아니지 않은가 하고 반문할지도 모른다. 그렇지만 정말 그것이 단지 유년기의 환상에 불과한가? 알튀세르는 묻는다. 우리 모두는 우리가 항상 이미 우리 자신이었으며, 영원히 우리 자신일 것이라는 환상을 가지고 살아가고 있지 않은가? "나는 항상 나였으며, 나 피에르는 영원히 피에르로 남을 것이다!" 이렇게 모든 사람은 자신이 태어나기도 전에 이미 어떤 방식으로든 존재했으며, "자신이 태어날 **권리**, 자신이 실존할 권리, 자신의 탄생에 대한 권리"를 **탄생 이전부터** 이미 지니고 있었다는 환상을 가지고 있을 뿐만 아니라,[12] 또한 죽음을 넘어서까지 영원히 자기 자신으로 남을 것이라는 환상을 갖는다. 말하자면, 우리는 하늘나라에서 와서 하늘나라로 가는 것이다. 이러한 주체의 **영원성**(eternity)이라는 환상을 알튀세르는 바로 이데올로기적 호명의 핵심적인 효과라고 이해했다.

경찰이 지나가는 행인을 등 뒤에서 부른다. "이봐, 거기!" 행인이 그 소리를 듣고 돌아서면서, 그렇게 돌아서는 순간, 알튀세르는 그가 '주체'로 구성된다고 말한다. 그리고 이글턴, 돌라르, 지젝이 질문을 제기하는 것이 정확히 여기다. "**왜** 그가 돌아서는가?" 돌아섬의 '이전', 호명의 '이전'에 놓여 있는 그 개인(행인)의 어떤 요소가 이렇게 그를 필연적으로 돌아서게 만드는가? 그 개인이 이미 주체가 아니라면, 그가 등 뒤에서 들려오는 호명을 어떻게 인지(recognize)하고 돌아서서 그 부름에 화답하게 되는가? 또는 무릎을 꿇고 기도문을 암송하여 믿음을 갖게 되는 개인의 경우라면, 어떻게 그는 이 무의미한 의례를 따르는 데에 '동의'하게 되는가? 그가 이미 모종의 주체로서 최소한의 믿음을 가지고 있지 않다면 말이다. 이를 설명하기 위해서는, 주체에 앞선 주체, 믿음에 앞선 믿음이라는 '중간' 단계를 설정해야 하는 것이 아닌가?

---

12) *Ibid.*, p. 58.

그러나 이러한 "X에 앞선 X"라는 형태의 순환, 이러한 '무한 계단'은 호명을 생산하거나 가능하게 만든 '원인'이 아니라 그것의 '효과'로서, 그 자체 **호명에 의해 생산된 것**이라는 것이 알튀세르의 주장이다. 일단 호명이 하나의 사건으로 '돌발'하게 되면, 호명된 개인은 그렇게 자신에게 부여된 동일성을 "결코 현전한 적 없는 과거"(데리다)를 향해 회고적으로 투사함으로써 자신의 **영원한 전사**(prehistory)를 연속적이고 필연적인 하나의 서사 또는 변증법적 발전의 드라마로 재구성한다. 따라서 어떤 이데올로기의 이론가가 이 주체의 탄생의 근거를 탄생 '이전'에서 찾으려고 든다면, 그 순간 그 이론가도 정확히 동일한 이데올로기적 호명의 효과 속으로 빠져들게 되고, 그렇게 스스로가 이데올로기적 주체로 호명당하게 된다. 마치, "내가 태어나기 전에 나는 어디 있었어?" 하고 묻는 천진한 어린아이처럼, "주체가 태어나기 전에 주체는 어디 있었는가?" 하고 물으면서! 그리고 일단 한번 이렇게 이데올로기의 무한 계단 속으로 발을 들여놓게 되면, 그 계단을 계속 도는 것만으로는 그곳을 빠져나올 수 없다. 왜냐하면 알튀세르가 분명히 말하고 있듯이, 이데올로기는 '바깥'이 없기 때문이다. 이데올로기의 무한 계단 안에서는, '거울 속의 거울'처럼 무한히 이어지는 욕망의 원환들이 눈앞에 열리며(마치 거울문 두 개를 마주 보게 만들어 무한 거울의 환상을 창조하는 영화 「인셉션」의 한 장면에서처럼, 또는 알튀세르 자신이 논하는 이탈리아 화가 레오나르도 크레모니니Leonardo Cremonini의 제목도 의미심장한 「욕망의 등 뒤에서」Alle spalle del desiderio와 같은 작품에서처럼),[13] 그 무한 계단 위를 쫓고 쫓기는 꿈속의 끝없는 추격전이 주체와 주체 이전의 주체, 그리고 다시 주체 이전의 주체 이전의 주체 등등(왜 아니겠는가?)

---

13) Althusser, "Cremonini, Painter of the Abstract", *Lenin and Philosophy and Other Essays*, trans. Ben Brewster, Monthly Review Press, 1971, pp. 229~242.

레오나르도 크레모니니, 「욕망의 등 뒤에서」(1966)

사이에서 벌어질 뿐이다. 요컨대, 알튀세르는 이렇게 말하고 있는 것이다. "미안하지만, 호명당하는 개인의 등 뒤에 당신이 찾고 있는 '주체 이전의 주체'는 없다. 그의 등 뒤에는 주체가 아니라 경찰, 다시 말해서 **장치**가 있으며, 이 이데올로기적 장치와의 **마주침**을 통해 개인은 주체로 구성된다. 당신이 말하는 '주체 이전의 주체'라는 것은 이러한 마주침의 원인이 아니라 효과일 뿐이다."

이로써 우리는, '만일 우리가 **항상 이미** 주체라면, 알튀세르는 왜 호명의 **순간**을 그토록 강조하는가?' 하는 이글턴의 궁금증에 대해서도 쉽게 답할 수 있게 된다. 그의 궁금증은 '돌발'과 '탄생'을 구분하지 못하는 디아트킨의 궁금증과도 같다. 알튀세르는 이 호명의 순간을 돌발의 순간이라고 여겼지, 탄생의 순간이라고 여기지 않았다. 다시 말해서, 우리는 항상 이미 주체라고 알튀세르가 말할 때, 그것이 우리가 말 그대로 주체로 태어난다 거나, 어머니의 자궁 안에서까지 주체로서 사고하고 자라고 있다는 말을 한 것이 아니다. 정말 그렇게 말한 것이었다면, 그것은 하나의 우스꽝스러운 난센스에 지나지 않았을 것이다. 반대로 우리는, **우리가 주체인 것을 아직 모르는 채로** 이데올로기적 장치들 안으로, 그렇게 항상 이미 작동하고 있는 장치들의 한복판으로 **돌발한다**. 그리고 거기에서 우리는 우리의 신체를 둘러싸고 때로는 폭력적으로 때로는 좀더 부드럽게 작용해 오는 또 다른 신체들, 또 다른 사물들로서의 장치들의 효과를 '의식'하게 되는데, 왜냐하면 스피노자가 말하듯이 우리를 둘러싼 다른 신체들이 우리 신체에 대해 갖는 '효과'와 그 효과에 대한 '관념'은 **하나의 동일한 사태**를 지시할 뿐이기 때문이다(그 효과를 사후적으로 의식하거나 의식하지 않을 자유를 우리는 갖지 않으며, 이 둘 사이에 모종의 간격을 도입하려는 그 어떤 시도도 관념론으로 귀결될 뿐이다). 그러나 우리가 이렇게 해서 장치들의 작용을 '의식'하는 순간(이것이 바로 '호명'의 순간이다), 우리는 그 효과를 중심으로 자신의 **영원한 과거**(또는 무한한 과거)를 거꾸로 재구성해 냄으로써, **마치** 자신이 '항상 이미' 지금과 같은 동일성을 갖고 살아온 주체인 양 생각하고 행동하기 시작한다.[14]

---

14) 이것은 단지 개인적 수준에서만 발생하는 일이 아니다. 에티엔 발리바르가 말하듯이, 민족 형태(nation form)는 정확히 이러한 회고적 투사를 통해 "결코 현전한 적 없는 과거"를 만들어 냄으로써 작동한다. 발리바르, 「민족 형태: 그 역사와 이데올로기」(1988), 서관모 옮김, 『이론』 6호, 1993년 가을.

이것이 바로 호명이 '무한 계단'을 창조하는 방식이다. 개인은 장치에 의해서 자기와 무관하게 결정되어 일방적으로 강제된 동일성(결과)을 자기의 기원(원인)으로 만드는 **목적론적 전도**를 통해 스스로를 영원한 주체로 **오인**(miscognize)하게 된다. (알튀세르의 제자인) 미셸 페쇠는 나중에 『라 팔리스의 신사식의 진실들』(1975)[15]이라는 자신의 저서에서 이것을 재치 있게 "뮌히하우젠 효과"(Munchhausen effect)라고 명명한 바 있는데, 뮌히하우젠은 한국에서도 『허풍선이 남작의 모험』이라는 제목으로 번역되어 아이들에게 널리 읽히고 있는 (역사적으로 실존했던 인물에 대한) 독일 민담의 주인공을 일컫는다. 이 이야기 안에서 뮌히하우젠 남작은 광활한 늪을 공중 도약으로 건너기 위해서 자기가 늪으로 떨어지려고 할 때마다 허공에서 반복적으로 자신의 머리채를 잡아 끌어올려 떨어지지 않고 무사히 반대편까지 도달하는 등 믿을 수 없는 일을 함으로써 위기를 모면했다고 사람들 앞에 떠벌린다. 페쇠는 호명의 효과 속에서 주체가 자기에게 강제된 동일성을 거꾸로 자신의 과거를 향해 투사함으로써 주체가 스스로의 기원, 곧 **자기 원인**(causa sui)으로 나타나게 되는 현상, 따라서 주체가 또한 자신의 **자유로운 원인**으로 나타나게 되는 현상이야말로 자기 몸을 허공에서 자기 손으로 잡아 끌어올리는 뮌히하우젠 남작의 불가능한 논

---

15) Michel Pêcheux, *Language, Semantics and Ideology*, trans. Harbans Nagpal, St. Martin's Press, 1982, 특히 8장. 나 또한 얼마 전에야 알게 된 것이지만, 국내에서 종종 '궁전의 진실들'로 오역되곤 하는 이 책 프랑스어판 제목, 'Les vérités de La Palice'에서 La Palice는 '궁전'을 일컫는 말이 아니라 '라 팔리스의 신사'(monsieur de La Palice)라 불리던 자크 드 샤반(Jacques de Chabannes, 1470~1525)이라는 어떤 실존 인물을 가리키는 말이다('궁전'에 해당하는 프랑스어 단어는 'le palais'이다). 이 사람은 나중에 프랑스 민요의 주인공이 되는데, 그 노래 가사에는 "죽기 15분 전에 그는 여전히 살아 있었다네"라는 구절이 나온다고 한다(아마도 자크 드 샤반이 죽기 전에 실제로 남긴 말인 듯하다). 'Les vérités de La Palice'라는 표현은 여기에서 유래한 것으로 구태여 말할 필요 없는 자명한 말을 늘어놓는 것(truisme)을 가리킨다. 따라서 제목을 의역하자면, '자명한 진실들' 정도로 번역할 수 있겠지만, 표현의 유래를 보존하기 위해 '라 팔리스의 신사식의 진실들' 정도로 옮기는 것이 어떨까 한다.

리와 그대로 닮아 있다고 말한다("X에 앞선 X", "X를 야기하는 X"). 페쇠가 드는 다양한 예들 가운데에는 '무한 계단'을 그린 화가 에셔의 또 다른 유명한 그림인 「서로를 그리는 손」(Drawing Hands, 1948)도 포함되어 있는데, 무한성의 환상을 창조하는 이러한 모든 사례들 안에서 주체는 스스로의 모순, 불일치, 탈구를 이데올로기적으로 봉합함으로써 장치들의 강제적인과 작용의 흔적들을 지우고, 자신의 동일성을 하나의 영원한 "자명한 진리"로 창조한다.[16]

그러나 사실 이러한 알튀세르와 페쇠의 생각은 라캉의 생각과 크게 다른 것이 아니다. 이 때문에 알튀세르는 편지에서 디아트킨에게 왜 라캉을 인정하지 않느냐고 질타하면서, 라캉의 부인할 수 없는 이론적 기여를 바로 '발생학'에 대한 그의 거부에서 찾고 있는 것이다.[17] 돌라르나 지젝이 이러한 회고적 주체 구성의 논리를 모를 리 만무하다. 실제로 돌라르는 자신의 글에서 라캉의 '강제된 선택'이라는 것을 정확히 이러한 논리를 통해서 설명하고 있다. '강제된 선택'이란 어린아이가 언어로 진입하는 순간에 벌어지는 소외(alienation)의 구조를 설명하기 위해 라캉이 그의 열한번째 세미나에서 고안한 우화이다('강제된 선택'이라는 명칭 자체는 그가 나중에 따로 붙인 것이다). (대타자로 유비되는) 강도가 다가와서 당신에게 총을 들이밀고 협박한다. "돈을 내놓든지, 아니면 너의 목숨을 내놓아라!" 물론 이것은 형식적으로 당신에게 선택권을 주는 것처럼 보이지만, 이 선택권이라는 것은 이미 사전에 강도가 내린 결정을 당신에게 단순히 강제하는 절차

---

16) Pêcheux, *Language, Semantics and Ideology*, Ch. 8.
17) 알튀세르는 자신이 고등사범학교에서 1963~1964년에 행한 세미나에서 이미 라캉을 이러한 관점에서 옹호한 바 있다. Althusser, *Psychanalyse et sciences humaines: Deux conférences(1963~64)*, éds. Olivier Corpet et François Matheron, Le livre de poche, 1996, 특히 두번째 세미나를 참조하라.

에 불과하다. 돈을 내놓지 않으면 목숨을 내놓아야 하고, 이 경우 당신은 목숨뿐만 아니라 돈까지 잃는 수밖에 다른 도리가 없다. 반면 돈을 내놓는다면 당신은 목숨을 건질 수 있으며, 따라서 두 선택지 가운데 어느 쪽을 택해야 할지는 당신과 상관없이 이미 결정되어 있는 것이다. 물론 목숨을 건진다면 당신은 잃어버린 만큼의 돈 없는 인생을 살아가야 한다. 그 돈이 푼돈에 불과하다면야 별 문제가 없겠지만, 만일 그 돈이 당신의 운명을 결정할 만한 밑천이라면 사정이 다르다. 어떤 근본적인 존재의 '상실'이 있는 것이다. 라캉이 말하는 소외란 바로 주체가 언어의 장에 진입하는 순간 겪게 되는 이러한 근본적 존재 상실의 사태를 지시한다.

그렇다면 왜 라캉은 이것을 여전히 "선택"이라고 부르는가? 돌라르에 따르면, 여기서 선택이라는 라캉의 말은 당신이 처음에 실제로 어떤 선택지를 가지고 있었다는 뜻으로 오해되어서는 안 된다. 이는 반대로, 당신이 처음에 가졌던 것은 선택이 아니라 강제된 결정에 대한 굴복일 따름이지만, 당신은 그것을 **회고적으로** 당신의 '선택'인 양 받아들이고 인지할 수 있다는 말이다. 다시 말해서 처음에 당신에게 가해졌던 강제성이 사후적으로 마치 주체의 자유로운 선택이었다는 듯이 지워지고 은폐되는 것이다. 돌라르는 이렇게 말한다. "그 [강도를 당한] 젊은이는 그의 선택의 자유와 상관없이 그 선택이 미리 내려졌다는 것을 인지(recognize)함으로써만 선택을 한 것이다. 그는 오직 그 어쩔 수 없는 것을 자신의 내적 본질로서 받아들임으로써 타자의 결정을 승인하고 거기에 협조할 수 있을 뿐이다. 다시 말해서, 이 선택이란 **회고적 범주**이다. 그것은 항상 과거의 시제에 있지만, 결코 현전한 적 없던 과거라는 특별한 종류의 과거 안에 있다. 선택의 순간은 정확히 지시될 수 없다. 그것은 직접적으로 그리고 무매개적으로 '아직 아님'으로부터 '항상 이미'로 이동한다."[18]

그렇다면, 이와 동일한 회고적 작동의 논리를 왜 알튀세르의 호명에는 적용할 수 없다는 것일까? 이것은 정확히 알튀세르가 (예속된 '신민'과 자율적 '주체'를 모두 지시하는) '주체'(subject)라는 용어의 모호함에 대해 논하면서 제안하는 바로 그것이 아닌가? 그는 이렇게 말한다.

> 개인은 (자유로운) **주체**로 호명되는데, 이는 그가 대문자 주체의 명령들에 자유롭게 예속되기 위해서, 따라서 그의 예속을 (자유롭게) 받아들이기 위해서, 따라서 그의 예속의 제스처와 행동을 '완전히 혼자서 달성하기' 위해서이다. 오직 예속에 의해서, 그리고 예속을 위해서만 주체들은 존재한다. 그것이 바로 주체들이 '완전히 혼자서 활동'하는 이유이다.[19]

따라서, 돌라르가 말하는 것과 달리, 알튀세르의 개인도 '강제된 선택'을 했을 뿐이다. 그는 **자유로운** 주체로 호명되었는데 ─ 다시 말해서, 그는 '선택'이라는 **형식성**을 허락받았는데 ─ 이는 단지 그가 그의 예속을 자유롭게 받아들이게 만들기 위해서인 것이다. 그가 돌아서야 하는가, 그렇지 않은가는 사전에 미리 결정되어 있다. 왜냐하면, 알튀세르가 말하듯이, 그가 도망친다고 해도, 이데올로기적 국가장치인 경찰은 곧 억압적 국가장치가 되어 그를 맹렬히 뒤쫓을 것이기 때문이다. 하지만 (엄밀하게 장치의 구조라는 견지에서 이해되는) 선택의 형식성이 여전히 필요한 까닭은 이것이야말로 이데올로기적 국가장치를 억압적 국가장치와 구분해 주는 것이기 때문이다. 알튀세르는 경찰의 형상 안에서 이 두 가지 유형의 국가장치를 결합하면서 동시에 구분한다. 결국 대문자 주체에게 스스로를 종속시키기로 한 알튀세르적 개인의 '동의'는 라캉적 주체가 행하는 선택과 정확

---

18) Dolar, "Beyond Interpellation", *Qui parle* Vol. 6 No. 2, p. 83(강조는 인용자).
19) 알튀세르, 「이데올로기와 이데올로기적 국가장치」, 『아미엥에서의 주장』, 김동수 옮김, 솔, 1991, 127쪽(번역 약간 수정).

히 마찬가지로 하나의 **회고적 범주**일 따름이다. 그는 먼저 무릎을 꿇고 기도문을 암송하도록 **강요**되며, 이미 그렇게 일어난 자신의 예속을 자유롭게 받아들이는 **회고적** '제스처'를 통해서만 그 의례들에 대한 믿음을 갖기 시작하는 것이다. 다시 말해서 그는 자기에게 외부로부터 강제된 동일성을 본래 자신의 '내적 본질'이라는 듯이 **사후적으로** 인지함으로써만(따라서 대문자 주체에 의한 강제의 계기를 자기 자신에게 '은폐'함으로써만) 자율적 주체가 될 수 있을 뿐이다.

그러나 돌라르의 관점에서 봤을 때, 여기서 적어도 두 가지 추가적인 문제가 제기되는 것 같다. 첫째, 라캉의 경우 강제된 선택은 단순히 최초의 강제를 사후적으로 자유로운 선택인 양 만들어 주체에게 자율성의 환상을 심어 주는 데에서 멈추는 것이 아니라, 더 나아가서 하나의 **근본적 상실**을 주체에게 안겨 줌으로써 어떤 '공백'을 창출한다. 라캉에게 '주체'란 사실 살아남은 그 사람(강도에게서 마침내 풀려나 스스로를 자율적 주체라고 오인하게 된 그 사람)을 가리키는 것이 아니라, 그 사람이 상실한 '돈'이 그에게 남긴 공백 자체이다. 하지만 이것이 결정적인가? 알튀세르 자신의 관점에서 보면, 이러한 '공백'이란 바로 '욕망'을 불러일으키는 것인데, 이 욕망은 이데올로기의 무한하게 이어지는 '거울 속의 거울' 구조 그 자체에 이미 하나의 **소실점**으로 구현되어 있는 것이다. 물론 돌라르는 이러한 공백이 라캉에게서는 상징적 구조에 대한 주체의 '전복'적 운동으로 이어질 수 있는 한에서 근본적으로 다르게 이론화된다고 말하고 싶을 것이다. 나는 이 짧은 글에서 내 주장의 텍스트적 근거를 충분히 보여 줄 여유는 없다. 그러나 결론적으로 말한다면, 최종 분석에서 라캉이 '거세'와 '아버지-의-이름'의 수립을 통해 욕망의 변증법적 운동의 **구조적 한계**를 확정하는 것을 자기 이론의 주된 목표로 삼았던 한에서 나는 라캉이 그러한 길을 추구했던 것은 아니라고 생각한다. 라캉에게 있어서 욕망의 주체가 행하는 '전복'(subversion)과 '분리'(separation)라는 것은 항상 **어머니**에 대한 전복, **어머니**로부터의 분리일 뿐이며, 그 자체 아버지의 은유(곧 그의 **상징적 팔루스**)에 의존함으로써만 달성 가능한 것으로 이론화된다. 다시 말해서 라캉이 말하는 주체의 공백(그리고 '실재'를 향한 주체의 열정)이란 그것이 상징적인 것의 내부로 (재)통합될 수 있는 길을 찾지 못하는 한 실패할 수밖에 없는 운명을 지닌 것이다(다양한 종류의 신경증과 정신병은 이러한 실패의 그만큼의 결과들이다).[20]

돌라르가 지적하는 두번째 문제는, 알튀세르가 주체를 상상적 동일시의 결과인 자아(ego/Ich)와 같은 것으로 간주하는 반면에, 라캉이 말하는 주체라는 것은 그러한 자아로 환원되는 것이 아니라 오히려 거기에 앞서서 **상징적인 것**이 (물질적) 존재의 연속성 내에 만들어 내는 어떤 구멍, 공백이라는 점이다. 따라서 이때 상징적인 것은 알튀세르가 가정하는 것처럼 물질적인 것이 아니라 **비물질적인 것**이며, 이것이 존재의 한복판에 텅 빈 공백으로서의 '정신'을 만들어 낸 다음에야, 비로소 어떤 실정적이고 물

---

[20] 여기서는 '소외'와 대립되는 '분리'(separation)라는 개념을 도입함으로써 구조주의와 근본적 단절을 이루었다고 평가되곤 하는 그의 열한번째 세미나와 정확히 같은 해에 (다시) 작성된 「무의식의 위치」(Position de l'inconscient)라는 글의 결론 부분에서 라캉이 다음과 같이 말하고 있다는 점을 지적하는 것으로 만족하고자 한다. "대타자의 편 곧, 말하기가 기표들의 교환과 마주치고, 그 기표들이 지지하는 이상들, 친족의 기본 구조, **분리의 원리로서의 아버지의 은유**, 그리고 주체의 최초의 소외 덕분에 항상 다시금 열리는 분열을 마주침에 따라 말하기가 확증되는 장소를 이루는 대타자 ─ 오직 이러한 대타자의 편에서만, 그리고 지금 내가 열거한 경로를 통해서만, **질서와 규범이 틀림없이 확립되어 주체에게 남자 또는 여자가 해야 할 일이 무엇인지를 말해 준다**." Lacan, *Écrits*, trans. Bruce Fink, W. W. Norton & Co., 2006, p.720(강조는 인용자). 『에크리』의 영어판 옮긴이인 핑크는 여기서 '분리의 원리로서의 아버지의 은유'를 'the metaphor of the father considered as a principle of separation'(분리의 하나의 원리로서 간주되는 아버지의 은유)라고 옮겼는데, 프랑스어 원문은 'la métaphore du pére comme principe de la séparation'으로, '간주된'이라는 말도 없고 영어의 'a'에 해당하는 말('un')도 없다. 다시 말해서 라캉은 여기서 "아버지의 은유가 분리의 가능한 여러 원리들 가운데 하나로 간주될 수 있다"고 말한 것이 아니라 **분리의 원리** 그 **자체**라고 말한 것이다.

질적인 동일성이 사후적으로 그 자리를 메우려고 시도할 수 있게 된다. 마음을 일종의 '백지'(tabula rasa)로 이해한 근대 경험주의의 주장을 연상시키기도 하는 이러한 주장에 대한 우리의 답변은 여기에서 세 가지로 제시될 수 있다.

우선, 라캉의 상징적인 것이 물질적인 것이 아니라 비물질적인 것이라는 돌라르의 주장은 라캉 자신의 주장과는 아무 상관도 없는 것이다. 돌라르에 따르면, 라캉에게 결정적인 것은 실천들, 제도들의 물질성이 아니라 상징적 자동성(symbolic automatism)의 비물질적 '논리'(logic)인데, 알튀세르는 이것을 물질성으로 덮어 버리려고 들었다. 그러나 라캉은 「도둑맞은 편지」에 대한 세미나」(Le séminaire sur "La Lettre Volée", 1955)에서 반복 자동성(repetition automatism)을 순수 기표의 운동으로 정의하면서 다음과 같이 말한다. "주체들의 자리바꿈이란 순수 기표 — 곧 도둑맞은 편지 — 가 그 주체들의 삼중주 안에서 차지하는 자리의 운동에 의해서 결정된다는 것을 우리는 앞으로 보게 될 것이다. 이것이야말로 그것이 **반복 자동성**이라는 것을 우리에게 확인해 주는 것이다."[21] 그러고 나서 라캉은 몇 쪽 뒤에서 이렇게 덧붙인다. "이제 여러분이 깨닫는 것처럼, 나의 목표는 편지[문자, 순수 기표, letter]를 **정신**(spirit)**과 혼동하는 것이 아니다**. 내가 강조하는 것은 무엇보다도 **기표의 물질성**이다. 편지를 조각조각 잘라 본다 한들, 여전히 편지는 편지로 남을 뿐이다."[22] 여기에서 라캉이 말하는 순수 기표란 그가 프로이트를 따라 "사물"(das Ding)이라고 부르는 바로 그것을 가리키는데, 라캉은 여기에서 그것이 **물질적인 한에서** 반복 자동성을 만들어 낸다고 역설하고 있는 것이다.[23]

---

21) Lacan, *Écrits*, p. 10.
22) *Ibid.*, p. 16(강조는 인용자).

둘째, 돌라르는 상징화 과정이 만들어 내는 공백으로서의 주체란 바로 라캉이 빗금 쳐진 주체(S)로 표시하는 것이라고 말하면서, 이 공백을 사후적으로 채우는 것이 상상적 동일시라고 주장한다. 그러나 이 또한 라캉의 주장과는 전혀 거리가 먼 주장이다. 왜냐하면 라캉에게서 빗금 쳐진 주체란 오직 **상상적 자아와 무의식의 주체 사이의 분열**을 통해서 출현하는 것이기 때문이다. 다시 말해서 주체(S) 위에 쳐 있는 빗금이 보여 주는 분열이 바로 의식과 무의식, 의미와 비의미, 자아와 '무의식의 주체' 사이의 분열을 뜻하는 한에서, S가 먼저 형성되고, 나중에 그 공백을 자아의 상상적 동일성이 메우게 된다는 주장은 어불성설이다. 열한번째 세미나에서도 라캉은 '강제된 선택'을 통한 소외 및 그 과정에서 발생하는 주체의 사라짐(aphanisis)을 논하면서, 정확히 하나의 동일한 소외 과정 안에서 주체가 한쪽에서는 기표에 의해서 지탱되어 '의미'로 나타나는 반면에, 다른

---

23) 알튀세르 자신도 라캉 이론의 유물론적 성격을 그의 '기표의 물질성'에 대한 강조로부터 찾은 바 있다. 알튀세르, 『미래는 오래 지속된다』, 권은미 옮김, 이매진, 2008, 250쪽 참조. 반면 데리다는 이러한 "기표의 물질성"이 라캉에게서는 "분할 불가능성"으로 간주된다는 사실에 주목하면서, 그것은 물질성이라기보다는 물질성의 "이데아"에 불과하다고 비판하고, 이로부터 라캉의 관념론적 혐의를 찾아낸다. Jacques Derrida, "Le facteur de la vérité", *The Post Card: From Socrates to Freud and Beyond*, trans. Alan Bass, The University of Chicago Press, 1987, 특히 p. 464. 어떤 의미에서 돌라르는 여기서 부지불식간에 라캉의 입장을 배반하고, 라캉에 대한 데리다의 비판적 해석을 받아들이고 있는 셈인데, 이는 알튀세르를 무리하게 비판하려는 슬로베니아 학파가 처한 궁지를 드러낸다. 사실 지젝이 『이데올로기의 숭고한 대상』에서부터 이러한 주장을 펼쳤던 것은 아니다. 비록 그가 '믿음 이전의 믿음'을 말했지만, 이것은 장치들이 우리를 대신해서 믿어 주는 믿음이라는 의미를 가지고 있었을 뿐이며, 따라서 (지젝 자신의 주장과는 달리) 알튀세르의 입장과 별다른 차이가 없는 것이었다. 그러나 지젝은 『그들은 자기가 하는 일을 알지 못하나이다』에서부터 실재를 달팽이가 자신의 등 뒤에 지고 다니는 거대하고 단단한 껍질(곧 상징적 기계들의 무의미한 연쇄)이라기보다는 그 속에 들어 있는 물컹물컹한 살과 같은 유령적인 어떤 것으로 봐야 한다는 식의 '자기 정정'을 하면서, 그나마 가지고 있던 유물론적 경향을 스스로 포기하게 된다. 돌라르는 바로 이렇게 관념론적으로 정정된 지젝의 입장을 여기서 반복하고 있다고 볼 수 있다. 지젝, 「2판 서문: 오직 이성의 한계 내에서의 향락」, 『그들은 자기가 하는 일을 알지 못하나이다』, 박정수 옮김, 인간사랑, 2004를 보라.

한쪽에서는 주체의 사라짐으로 나타난다고 말하지 않았던가? 여기서 의미로 나타나는 것이 '자아'라고 한다면, 사라지는 것은 바로 '무의식의 주체'이다.[24] 이러한 나타남과 사라짐은 정확히 동일한 사건 또는 동일한 과정의 두 측면이지 하나가 다른 하나에 앞선 것이 아니다. $ 는 단순히 이러한 동시적인 나타남과 사라짐을 표시하는 라캉의 유사-수학적 기호(마템 mathèmes)인 것이다.

셋째, 돌라르는 상징화 과정에 의해서 열리는 주체는 단순한 '공백'이며, 상상적 동일성의 실정적 '내용'이 나중에 그것을 메우게 된다고 할지라도, 그 자체로는 어떤 동일성도 가지고 있지 않기에, 동일성의 논리를 발본적으로 벗어나며 오히려 그 논리의 실패를 표시하거나 그 논리를 실패하게 만드는 것이라는 주장을 펼친다.[25] 곧 라캉의 '무의식의 주체'는 여전히 탁월한 의미에서의 주체이지만, (알튀세르의 주체와는 정반대로) 동일성에 의해서 특징지어지는 주체가 아니라 근본적으로 동일성의 '결여'에 의해서 특징지어지는 주체라는 것이다. 여기서 우리가 이미 말했듯이 상상적 동일성이 무의식의 주체가 형성된 이후에나 도래한다는 돌라르의 주장에는 동의할 수 없지만, 알튀세르에게서는 볼 수 없는 '무의식의 주체'라는 의념이 라캉에게 있는 것은 사실이다. 그러나 과연 이것이 라캉 이론의 강점일 수 있을까? 사실 돌라르의 주장은, '동일성'이라는 것이 본래 어떤 개인에게 관련된 실정적·경험적 내용의 다양한 변화들**에도 불구하고** 지속적으로 유지되는 어떤 것을 가리킨다는 점을 완전히 놓치는 어설픈 주장이다(동일성에 대한 이러한 생각은 실제로 '백지'tabula rasa와 '의식'이라는 의념을 발명한 로크 자신의 생각이기도 했다[26]). 알튀세르는 디아트킨에게 쓴

---

24) 자크 라캉, 『세미나 11: 정신분석의 네 가지 근본 개념』, 맹정현·이수련 옮김, 새물결, 2008, 330쪽.
25) 지젝의 주장도 돌라르의 것과 마찬가지인데, 『까다로운 주체』, 414쪽 이하를 보라.

두번째 편지에서 발생학적인 사고가 가지고 있는 유연성을 논하면서 이 점을 역설한다.

지금껏 제가 말한 것들에도 불구하고, 결국 발생학의 사유는 변화들 또는 심지어 불연속들이라는 관념을 상당히 잘 견뎌 낸다고 말할 수 있습니다. 하지만 여기에는 **절대적 조건**이 있는데, 그것은 바로 이러한 변화들과 불연속들을 하나의 미리 식별된 자기-동일적 개인의 발전 안에서 지시할 수 있어야 한다는 것입니다. 여기서 자기-동일적 개인이란 그러한——또

---

26) 로크는 '의식'(consciousness)이라는 의념을 철학사상 최초로 발명하고 그것을 '사유'(thinking)와 구분한다. 사유가 이러저러한 경험적 내용을 갖는 실체적 정신의 활동이라고 한다면, 의식은 거기에 동반되는(accompany) 텅 빈 초월적 반성의 제스처이다. 내가 감각하고 있다는 사실을 내가 또한 감각하고, 내가 생각하고 있다는 사실을 내가 또한 생각할 때, 나는 의식한다. 다시 말해서, 나 자신이 벌이는 사유 활동을 나는 '반성적으로' 의식한다. 이러한 의미에서 규정된 로크의 '의식'이란 여전히 사유하는 사물 또는 실체로서만 규정되는 데카르트의 '코기토'와 현격하게 구분되는 것이다. 물론 코기토 또한 자기 반성성을 지니고 있지만, 그것은 자신의 사유 활동에 스스로를 동반시키는(accompany) 능력이 아니라 사유의 출발점에서 스스로를 사유하는 사물로 규정하는 능력에 지나지 않으며, 따라서 다른 사유 활동이 시작되면 곧 사라지고 마는 어떤 것이다. 따라서 코기토의 반성성이라는 것은 그 어떤 시간적 지속성도 지니지 않은 순간적인 것에 불과하다(데카르트에게서 코기토의 연속성은 코기토 자체의 능력이 아니라 신의 선의를 통해 보장된다). 반면 로크는 개인(person)의 동일성을 의식이 현재의 사유 활동뿐만 아니라 과거의 모든 사유 활동에 가닿을 수 있는 능력 또는 스스로를 거기에 동반시킬 수 있는 능력으로 규정하는데, 그가 이렇게 할 수 있는 것은 의식에서 실체성을 모조리 제거해 버렸기 때문이다. 그 모든 사유 활동의 다양한 변화들에도 불구하고 의식하는 '나'는 여전히 '나'일 뿐만 아니라 그 모든 벌어진 사유 활동은 '나'의 것인데, 왜냐하면 나의 '의식'이 반성하고 기억할 수 있는 모든 사유 활동은 '나'에게 속하기 때문이다. 따라서 돌라르나 지젝이 주장하는 것과 달리 '의식적 동일성'이라는 것 자체가 변화와 불연속에도 불구하고 유지되는 이러한 텅 빈 공백으로서 규정된다. 로크의 '의식'은 나중에 칸트에게서 선험적 자아(transcendental ego)로 발전한다. John Locke, "Book II. Chapter XXVII. Of Identity and Diversity", *An Essay Concerning Human Understanding: Volume One*, Collated and Annotated by Alexander Campbell Fraser, Dover Publications, 1959, 특히 pp. 448 이하를 참조하고, 또한 Balibar, "Le traité lockien de l'identité(Introduction)", Locke, *Identité et différence: L'invention de la conscience*, présenté, traduit et commenté par Étienne Balibar, Seuil, 1998, pp. 9~101도 참조.

는 그 개인의 ——**변화들과 불연속들의 항상적 지지물**로서 식별[동일화]될 수 있는 것입니다. 이것이야말로 모든 발생학의 숙련자들이 자신이 변증론자라고 믿도록 허용하는 것입니다. 그들이 최소한의 비용을 지불하고 변증법의 자격증을 따냈다고 믿기 위해서 그들은 단계들 또는 변화들에 대해서 논하는 것으로 충분합니다.[27]

다시 말해서, '동일성'은 변화들과 불연속들이 그 위에서 일어나지만, 그 자신은 변하지 않는 일종의 토대(substratum)와도 같은 것이다. 따라서 라캉의 '무의식의 주체'는 공백이기 때문에 동일성과 상관없다는 돌라르의 주장은 근거가 없는 것이다. 예컨대 우리의 '피에르'는 수없이 많은 일을 겪었고, 몸도 마음도 변했으며, 몇몇 사람과 사랑도 하고 상처도 받고 헤어지기도 하고, 이런저런 많은 집단들에 가입하거나 거기에서 빠져나오기도 했지만, 그 모든 변화들과 불연속들에도 불구하고 여전히 '피에르'로 남아 있는 것이다. 그렇다면 모든 상이한 내용들이 들어왔다 빠져나가는 '공백'으로서의 주체야말로 그 모든 복잡한 변화들을 한 개인의 발전 도정 속으로 끌어모아 하나의 '역사'로 재구성하는 명백한 **로고스적 중심**을 이루고 있다는 점에서 탁월한 의미에서의 동일성이라고 볼 수 있으며, 그것은 이데올로기적인 발생학의 논리를 저버리는 것이 아니라 도리어 완벽하게 실현하고 있는 것이다. 알튀세르가 '무의식의 주체'라는 라캉의 의념을 끝내 거부한 것은 바로 이러한 문제점 때문이었다.[28]

---

27) Althusser, "Letters to D: Letter 2", *Writings on Psychoanalysis*, p. 56(강조는 인용자).
28) 알튀세르는 사후에 출판된 글에서 '자아'로서의 주체가 형성될 때 그 주체의 곁에 동시에 하나의 '심연' 또는 '공백'이 열린다는 점을 인정했다. 하지만 그는 이러한 공백에 '주체' 또는 '무의식의 주체'라는 이름을 부여하는 것을 결국 거부했다. Althusser, "Three Notes on the Theory of Discourse", *The Humanist Controversy and Other Writings*, éd. François Matheron, trans. G. M. Goshgarian, Verso, 2003, pp. 77~78.

이글턴과 유사한 문제의식 속에서, 돌라르는 알튀세르가 주체의 "두 번째 텅 빈 제스처"(상상적 동일화)만 이론화했을 뿐 "첫번째 텅 빈 제스처"를 이론화하는 데에는 실패했다고 말하면서, 우리가 좀더 근본적이고 좀더 심원한 어떤 "호명 너머(beyond)"로(호명 "이전"으로) 나아가야 한다고 주장한다. 그러나 정확히 이때 돌라르는 (라캉의 주체 구성이 '회고적' 논리를 통해 작동한다는 점을 스스로 설파했음에도 불구하고) 다시 '인셉션'의 논리로 어느덧 퇴행하고 있는 것 같다. 꿈속에서 다시 꿈속으로 들어가 더 깊은 기원에 심어져 있는 믿음, "믿음 이전의 믿음"을 찾아내야 한다고 말할 때, 그는 마치 무한 계단 속에서 길을 잃고 헤매는 「인셉션」의 주인공 코브와도 같다. 반면 알튀세르는 주체의 구성을 '인셉션'의 논리가 아닌 '호명'의 논리에 입각하여 사고하면서, 개인을 주체로 구성하기 위해서는 호명이라는 사건으로 충분하지, 이데올로기적 믿음을 생산하기 위해 우리가 믿음의 더 깊은 기원을 향해 들어가 거기에 곧 탄생할 믿음을 미리 인식(conceive)시키거나 곧 탄생할 주체를 미리 임신(conceive)시킬 필요는 없다고 역설한다. 오히려 그렇게 하는 것이야말로 앞에서 지적했듯이 결과를 원인으로 착각하는 발생학의 목적론에 빠져드는 길이기 때문이다. 알튀세르는 이렇게 말한다.

> 그리하여 오직 어떤 식별[동일화]된 개인의 흔적만이 추적될 수 있는 것이라고 한다면, 그 개인은 **기원에서부터** 식별[동일화] 가능하다는 말이 됩니다. 그렇지 않다면, '그 개인의 발생학을 세공'하겠다는 바로 그 기획이 수포로 돌아가게 되지요. …… 이것은 발생학이라는 개념의 함축적 체계 내에 암시되어 있는 바와 상응합니다. 모든 발생학에서, 종말의 개인[곧 과정의 끝에서 발견되는 개인]은 생성 과정의 **기원에서부터 맹아 속에 담겨 있습니다.**[29]

여기서 알튀세르가 'dès origine'(기원에서부터)라고 쓴 것을 영어 번역자인 멜먼(Jeffrey Mehlman)은 흥미롭게도 'from the inception'(인셉션으로부터)이라고 번역했는데, 본래 '인셉션'이라는 것은 '기원'을 일컫는 말이라는 것을 우리는 다시 한 번 상기할 수밖에 없다. 인셉션인가, 호명인가? 기원인가, 호명인가? 이것이 바로 알튀세르의 질문이었으며, 여기에 대한 그의 답변은 보다시피 단호했다. 그는 철저한 반인셉션주의자(anti-inceptionist)였으며, 자신의 '이데올로기적 호명' 개념을 바로 이러한 목적론에 대한 반대의 방향에서 가공해 낸 이론가였던 것이다.

그런데 여기에서 돌라르의 주장에 대해 우리가 행한 반박의 요점들은 주디스 버틀러에 의해서 얼마간 유사한 방식으로 주장된 것이다. 버틀러는 『권력의 정신적 생명: 종속의 이론』에 실린 「"양심이 우리 모두를 주체로 만든다": 알튀세르의 예속」이라는 장에서 알튀세르와 라캉이 **모두** 동일한 회고(retroaction)의 논리를 통해 주체의 예속 및 주체화를 사고하고 있다고 주장하면서, 돌라르의 비판에 대해 알튀세르를 옹호한 바 있다.[30] 여기에 대해 지젝이 다시 돌라르를 옹호하면서 몇 편의 글을 썼지만, 그는 우리가 살펴본 돌라르의 오류를 그대로 반복하고 있을 뿐 별다른 새로운 논점을 추가하지 않는다. 문제는 오히려 버틀러의 주장 자체에서 생겨나는데, 왜냐하면 버틀러는 돌라르의 비판으로부터 알튀세르를 방어하지만, 동시에 알튀세르에 대한 자신의 별도의 비판을 제출하고 있기 때문이다. 심지어 한 구절에서 그는 돌라르의 "호명 너머"라는 생각(특히 "호명 너머"의 "사랑"에 대한 그의 논의)을 부분적으로 승인하기까지 한다. 돌라르와는 확

---

29) Althusser, "Letters to D: Letter 2", *Writings on Psychoanalysis*, p. 56.
30) Judith Butler, ""Conscience Doth Make Subjects of Us All": Althusser's Subjection", *The Psychic Life of Power: Theories in Subjection*, Stanford University Press, 1997, 특히 p. 124 이하.

실히 다른 방식이지만, 버틀러 또한 다시 한 번, "왜 개인이 호명을 당했을 때 돌아서는가?"를 물음으로써 스스로 그 이데올로기의 무한 계단 속으로 걸어 들어가는 것 같다.

> 의미심장하게도 알튀세르는 **왜** 개인이 돌아서는가, 곧 그 [호명의] 목소리를 그/녀에게 보내진 것으로 받아들이고, 그 목소리가 야기하는 종속과 정상화[규준화]를 받아들이면서 왜 그 개인이 돌아서는가에 대한 실마리를 제공하지 않는다. 왜 이 주체는 법의 목소리를 향해 돌아서는가? 사회적 주체를 개시(inaugurate)함에 있어 이러한 돌아섬의 효과란 무엇인가? 이 주체는 죄책감을 느끼는 주체인가? 만일 그렇다면 어떻게 그 주체는 유죄가 되었는가? 호명의 이론은 **양심의 이론**을 요구하는 것인가?[31]

돌라르나 지젝과 달리, 버틀러는 '주체 이전의 주체'라는 범주를 명시적으로 거부한다. 그러나 동시에 그는, 보다시피 주체 이전의 '개인' 안에 있는 어떤 것이 주체로 하여금 호명을 향해, 이데올로기와 권력을 향해, 그렇게 자신의 예속을 향해 돌아서게 만드는가 하는 질문을 보존하고 싶어 한다. 여기서 버틀러는 권력을 향한 '돌아섬'이라는 이러한 형태 또는 형상 자체가 주체의 "수사학적 개시"와 깊은 연관이 있다고 말한다. 수사학은 영어로 '레토릭'(rhetoric) 또는 '트로폴로지'(tropology)인데, 특히 '트로폴로지'라는 말의 그리스어 어원 '트로프'(trope)에는 '돌아섬'이라는 의미가 있다(현대 영어에서도 식물이 빛을 향해 돌아서는 현상을 일컫는 '굴성' tropism과 같은 말에 그 흔적이 남아 있다).

버틀러는 우리가 주체의 형성을 설명하기 위해서는 아직 실존하지 않

---

31) Butler, "Introduction", *The Psychic Life of Power*, p. 5(강조는 인용자).

는 어떤 것을 가정하지 않은 채 논의를 진행하기가 곤란하다는 역설을 지적하면서, 여기에는 따라서 존재론으로 환원될 수 없는 어떤 "수사학적 가정"이 요구된다고 주장한다. 바꿔 말해, 알튀세르가 '탄생'과 '돌발'을 구분하고, 우리가 탄생의 문제설정을 택하게 되면 앞으로 탄생할 어떤 것을 탄생 이전부터 이미 하나의 개체로 지시하고 설명해야 하는 목적론의 환상에 빠지게 된다고 말하면서, 주체의 우연적 돌발 및 그것의 회고적 투사라는 문제설정으로 나아갈 것을 주장했다고 한다면, 버틀러는 오히려 탄생 또는 발생이라는 문제설정 안에 우리가 일정하게 머물되, 그것을 '존재론'이 아닌 '수사학'의 차원에서 바라보자고 역으로 제안하고 있는 셈이다. 따라서 '주체 이전의 주체'는 "실존"하지 않지만, 우리는 "아직 없는" 이러한 주체를 개인 안에서 **수사학적으로** 지시할 수 있고, 따라서 주체 형성의 내적 논리를 연구할 수 있게 된다.[32] 그는 이렇게 말한다. "예속(subjection)의 역설은 준거[참조, referentiality]의 역설을 함축하며, 아직 실존하지 않는 것에 우리가 반드시 준거해야 한다는 역설을 함축한다. 우리의 존재론적인 책임의 유예를 표시하는 형상(figure)[곧 '돌아섬'이라는 수사학적 형상]을 통해 우리는 주체가 어떻게 존재하게 되는지를 설명하고자 한다."[33]

버틀러는 호명을 향한 이러한 필연적 돌아섬을 설명하기 위해 "열정적 애착"(passionate attachment)이라는 새로운 의념을 도입한다. 여기서 그가 준거하는 것은 놀랍게도 스피노자의 '코나투스' 개념이다. 코나투스는 주지하다시피 개체가 자신의 존재를 지속하려는 노력을 일컫는데, 버틀러는 이것이 인간에게 있어서는 가장 근본적인 욕망으로서의 "살고 싶

---

32) 내가 아는 한, 버틀러는 '탄생'(birth)이라는 용어를 사용하지 않지만, '발생' 또는 '발생학'(genesis)이라는 용어는 사용한다(예컨대 Ibid., p.11). 곧 그는 발생학의 '모순'을 수사학을 통해 해결하려고 하는 것이다.
33) Ibid., p.4.

은 욕망", "목숨에 대한 애착"으로 나타나게 된다고 말하면서, 최종 분석에서 개인은 이러한 애착 때문에 권력의 부름(호명)을 향해 돌아서도록 강제되는 것이라고 설명한다. "나는 예속되더라도 죽기보다는 살아남기를 원한다!" 이렇게 말하면서 개인은 스스로 권력에 복종하게 될 뿐만 아니라, 더 나아가서 그러한 **예속의 상태를 강렬하게 욕망하는 주체**가 된다.[34] 왜냐하면 예속이 바로 삶이고 비(非)예속은 오히려 죽음을 뜻하기 때문이다. 어린아이의 경우를 생각해 보면 버틀러의 논점을 훨씬 더 뚜렷하게 이해할 수 있다. 어린아이는 심지어 부모가 자신을 학대할 때조차 그러한 권력자로서의 부모를 '사랑'할 수밖에 없는데, 왜냐하면 자기 목숨을 보존하기 위해 아이는 전적으로 부모에게 모든 것을 의존해 있는 상황이기 때문이다. 살고 싶은 욕망과 뒤엉킨(따라서 쉽게 거부할 수 없는) 사랑으로서의 '열정적 애착'이 어린아이로 하여금, 그리고 더 나아가 개인으로 하여금 권력에의 예속을 욕망하도록 만드는 것이다.[35]

버틀러에 따르면, 이러한 열정적 애착이란 무엇보다도 권력이 확립하려는 법(law)의 구체적인 내용을 주체가 채 알기도 전에 법에 대한 복종을 주체 안에서 미리 생산하는 것이라는 점에서, 개인을 법 앞에 **선험적 죄인**으로 위치시키는 "양심의 운동"으로 나타난다. 경찰이 호명하기 전에, 우

---

[34] Butler, "Introduction", *The Psychic Life of Power*, p. 19. 그러나 사실 코나투스에 대한 이러한 해석이 과연 얼마나 스피노자적인 것인가에 대해서는 아마도 이론의 여지가 있을 것이다. 왜냐하면 원래 코나투스는 스피노자보다 홉스가 먼저 말한 것인데, 버틀러가 따르는 용법은 정확히 '자연 상태'에서 죽음의 상호적 위협에 둘러싸인 개인들이 사회 계약을 통해 자신의 권리를 양도하고 주권자 리바이어던에게 스스로를 예속시키게 된다는 홉스적 용법에 더 가까워 보이기 때문이다. 또 '예속되더라도 죽기보다는 살아남기를 원한다'는 테마는 나중에 헤겔이 『정신현상학』에서 논하는 주인과 노예의 변증법에서 노예의 선택을 연상시킨다(거기에서 헤겔이 준거하고 있는 논의도 알다시피 스피노자가 아니라 홉스의 논의이다).
[35] 이러한 강제된 사랑의 또 다른 흥미로운 예는 납치범의 희생자가 납치범에 대한 애정을 발전시키는 경우이다.

리는 이미 아주 근원적인 층위에서 우리 스스로 죄인이라고 느끼고 있으며, 이러한 원죄, 죄책감, 양심이야말로 호명의 '성공'의 조건을 이룬다는 것이다. 원래 알튀세르에 대한 장의 제목으로 버틀러가 사용한 "양심이 우리 모두를 주체로 만든다"라는 표현은 "양심이 우리 모두를 겁쟁이로 만든다"라는 햄릿의 말을 패러디한 것이다. 이러한 제목을 통해 버틀러가 말하고자 하는 바는, 죽음의 위협 및 목숨에 대한 애착에서 생겨나는 '겁'이야말로 양심의 본질이며, 이러한 '겁'이야말로 우리를 주체로 만드는 것인데, 알튀세르는 호명에 앞선 이러한 양심의 계기를 제대로 포착하지 못했다는 것이다. "호명 이론은 거기에 앞선, 가공되지 않은 양심의 이론을 가정하고 있는 것 같다"[36)]고 지적하고 나서, 잠시 후 버틀러는 이렇게 말한다.

> 알튀세르에 따르면, [지나가던 행인이 등 뒤에서 경찰이 부르는 소리에 돌아서는 순간 달성되는] 이러한 주체화는 하나의 **오인**, 잘못된 잠정적 총체화이다. 무엇이 이러한 법에 대한 욕망을 촉진하고, 예속을 주체화의 대가로 확립하는 질책(reprimand) 안에 제공되는 이러한 오인의 매력을 촉진하는가? 이러한 설명은 사회적 실존, 주체로서의 실존은 오직 죄책감을 가지고 법을 수용함으로써만 획득될 수 있다고 암시하는 것 같은데, 이러한 수용 안에서 죄는 법의 개입을 보장하고, 따라서 주체의 실존의 지속을 보장한다. 만일 주체가 법의 견지에서만 그/녀의 실존을 보장할 수 있다면, 그리고 법이 주체화를 위한 예속을 요구한다면, 그렇다면 도착적으로 그/녀는 자신의 실존을 보장하길 지속하기 위해 (항상 이미) 법에 묵종할 수 있다. 법에 대한 묵종은 이제 자신의 지속적 실존에 대한 자기애적 애착의 강제된 결과로 읽힐 수 있다.[37)]

---

36) Butler, ""Conscience Doth Make Subjects of Us All"", *Ibid.*, p.109.

여기서 버틀러가 던지는 질문은 사실 아주 소박한 질문이다. 우리가 거리를 걷고 있을 때 누군가가 등 뒤에서 우리를 부른다면, 우리는 어떻게 그것이 우리를 부르는 것이라고 확신할 수 있는가? 그것은 경찰이 아닐 수도 있으며, 옆에 지나가던 또 다른 행인을 부르는 것일 수도 있고, 또는 심지어 누굴 부르는 것도 아닌 고함 소리나 우리와는 아무 상관도 없는 소음을 착각한 것에 불과할 수도 있다.[38] 그럼에도 불구하고, 우리는 성급하게 경찰이 우리를 부른 것이라고 '오인'하면서 돌아서거나 또는 적어도 그것이 '오인'인지를 확인하기 위해 돌아선다. 이러한 **성급한** 동일화를 촉진하는 것은 무엇인가? 그것은 호명이 실제로 행해지기 이전에 이미 우리 스스로가 권력을 향해, 법을 향해 돌아설 만반의 준비가 되어 있다는 것을 의미하지 않는가? 다시 말해서 이미 우리가 스스로 죄를 저지른 죄인이라고 느끼고 있다는 말이 아닌가? 그렇다면 동일화를 촉진하는 이러한 양심의 운동은 호명의 결과가 아니라 호명의 성공의 조건이 아닌가? 버틀러는 자신의 논점을 충격적인 방식으로 드러내기 위해, 알튀세르가 아내 엘렌을 살해하고 자기 발로 경찰에 찾아가 자수를 한 그 비극적 에피소드를 사례로 인용한다. 버틀러에 따르면, 이 에피소드에서 벌어진 일은 알튀세르가 묘사한 거리에서의 호명의 상황과는 정반대의 상황이다. 경찰은 알튀세르를 '아직' 호명하지 않았으나, 알튀세르 자신이 법 앞에 찾아가 스스로 복종한 셈이기 때문이다. 버틀러의 관점에서 봤을 때, 이 사건은 자기 자신에 반해 스스로 돌아서는 양심의 운동이 호명의 사건에 앞서 있고 그것을 조건 짓고 있다는 것을 폭로해 준다.[39]

물론 버틀러가 지적하듯이, 우리는 알튀세르가 생전에 '양심'에 대한

---

37) Butler, ""Conscience Doth Make Subjects of Us All"", *The Psychic Life of Power*, pp. 112~113.
38) *Ibid.*, pp. 95 이하.

이론을 충분히 가공했다고 말하기는 힘들다. 그러나 우리가 앞에서 살펴본 알튀세르의 관점을 고려했을 때, 그가 버틀러의 이론화 방향(호명의 가능성의 조건으로서의 열정적 애착 및 선험적 양심의 형성)을 지지했을 것이라고 여기기는 힘들다. 왜냐하면 설사 버틀러가 '존재론'이 아닌 '수사학'의 차원에서 이러한 이론화를 행한다는 전제를 단다고 할지라도, 그것은 단지 호명 이전의 '주체'의 실존만을 기각할 뿐, 그렇게 '도착할 주체'를 미리 준비하기 위해 여전히 문제를 발생학적 목적론의 관점(및 심리학의 관점)에서 사고하고 있다는 혐의를 벗기 힘들기 때문이다(제기되는 또 다른 중요한 문제는 바로 '수사학' 자체에 연관되어 있는데, 우리는 뒤에서 이 문제를 다룰 것이다).

실제로 버틀러는, 우리가 동일성을 부여받기를 "기대"한다든지, 의미의 도착을 "예상"한다든지 하는 식의 표현을 텍스트 여기저기서 사용한다. 그렇지만 알튀세르의 관점에서 이러한 "기대"와 "예상"이라는 것은 일종의 부당 전제에 지나지 않는다. 여기서 우리는 알튀세르가 루소의 사회 계약 이론의 허점을 바로 이러한 기대와 예상의 불가능성 ─ 그 목적론적 논리의 '탈구'(décalage) ─ 으로부터 찾았다는 점을 상기할 필요가 있다.[40] 우리는 반대로 이렇게 물어야 한다. 개인이 현재 죽음의 위험을 느끼고 있

---

39) 「"주체는 완전히 혼자서 활동한다……": 알튀세르와 호명」이라는 글에서 피슈바흐는 버틀러가 호명의 실패나 (그 결과로 생겨나는) "나쁜 주체"의 문제에 대해서만 집착하고 있다는 문제제기를 하는데(Franck Fischbach, ""Les sujets marchent tout seuls……": Althusser et l'interpellation", éd. Jean-Claude Bourdin, *Althusser: Une lecture de Marx*, PUF, 2008, pp. 113~145), 이것은 조금 부당한 문제제기이다. 버틀러에게는 보다시피 호명의 성공에 대한 적합한 설명을 찾는 일 또한 중요하기 때문이다. 우리는 뒤에서 호명의 (부분적) 실패로 나타나는 "나쁜 주체"라는 문제를 다룰 것인데, 버틀러의 관점에서는 사실 호명의 성공과 실패가 모두 단일한 메커니즘을 통해 이해될 수 있다.

40) 알튀세르, 「루소: 사회계약(불일치)」, 『마키아벨리의 고독』, 김석민 옮김, 새길, 1992, 120~176쪽.

다고 할지라도, 이데올로기적 호명에 대한 자신의 화답과 이에 따른 예속이 자신이 그토록 바라는 삶과 안전을 가져다주리라는 것을 어떻게 알 수 있단 말인가? 또는, 같은 말이지만, 삶과 안전에 대한 대타자의 '약속'을 그는 어떻게 믿을 수 있다는 말인가? 이러한 '믿음'의 문제가 제기될 때, 버틀러는 어느새 돌라르와 지젝의 문제설정으로 후퇴하거나 그들의 비판에 취약해질 수밖에 없는 것이 아닐까? 오히려 우리는 알튀세르가 강조하는 회고적 주체 구성의 논리를 철저히 고수하면서 이렇게 말해야 하는 것이 아닐까? 그 개인이 예속의 결과로서 주어지는 삶과 안전을 최소한의 수준으로나마 **이미** 경험하지 않았다면(다시 말해서 그것을 경험하도록 이미 **강제**되지 않았다면), 그러한 '기대'와 '예상'은 사실상 불가능하다고 말이다. 이러한 관점에서 보면, 버틀러가 말하는 양심의 형성이라는 것도 호명의 사전 조건이 아니라 (회고적 구성을 통해 도착하는) **호명의 지연 효과**(after-effect)일 뿐이다.

사실 버틀러가 "열정적 애착"이라는 의념을 고안하기 위해 준거하는 스피노자에게서도 "양심의 운동"을 설명해 주는 것은 이러한 회고적 구성의 논리이다. 발리바르에 따르면, 스피노자는 근대 철학에서 사용되는 라틴어 단어 '콘스키엔티아'(conscientia)가 의미의 발본적 변화를 겪은 시대를 살아간 인물이었다. 원래 콘스키엔티아는 배타적으로 '양심'이라는 도덕적 의미만을 가지고 있었지만, '컨셔스니스'(consciousness)라는 영어 신조어가 17세기에 발명되어 결정적으로 로크에 의해 '의식'이라는 의미를 부여받게 되자 '양심'과 '의식'이라는 두 가지 뜻을 모두 아우르기 시작했다(프랑스어의 콩시앙스conscience가 갖는 이중적 의미를 생각해 보면 쉽게 이해할 수 있다). 이러한 의미 변화의 이행점에 위치해 있는 스피노자의 콘스키엔티아 용법의 특징은 그것이 의식과 양심을 정확히 **동일한 것**으로 취급한다는 점에서 찾을 수 있다. 스피노자에게 의식은 **충동**(appetitus)

과 (충동에 대한 의식으로서의) **욕망**(cupiditas)**의 미분**으로 기능하는데, 소박하게 말해서 동물은 충동만을 가지고 있으나 인간은 그것을 또한 의식하기 때문에 욕망을 갖게 된다는 것이다(이 때문에 스피노자에게 있어서 '욕망'은 인간의 본질essence 자체로 이해된다). 하지만 동시에 인간은 인과 연쇄의 '끝'(end)으로서 자기 안에 있는 충동의 현존만을 '의식'할 뿐, 자기가 어떻게 해서 그러한 충동을 갖도록 **결정되었는지**는 알지 못한다. 이렇게 그는 인과 연쇄 자체에 대해 '무지'하기 때문에, 이 인과 연쇄를 목적론적으로 전도하여 자신을 모든 것의 목적(end)으로 만들고, 주변의 사물들을 자기에게 **좋거나 나쁜 가치들을 지닌 것들**로 분류하여 하나의 '세계'를 구성한다. 도덕적 선악 관념은 바로 여기에서 유래하는데, 그러한 한에서 **의식은 곧 양심**인 것이다. 결국 스피노자에게 있어서 양심은 인간이 자신에게 좋은 것과 나쁜 것을 이미 경험하고 의식한 후에, 그것을 '세계'의 목적 및 기원으로 **회고적으로** 투사한 결과 형성되는 것일 뿐이다. 물론 이것이 자신이 좋아하는 것을 주체가 자의적으로 도덕적 '선'(善)으로 규정할 수 있다는 뜻은 아니다. 그것은 이러한 도덕적 가치 체계의 **동일성**을 '보장'하기 위한 이데올로기적 구조의 동시적 확립을 요구하며, 이 때문에 세계의 기원에 주체의 거울 역할을 하는 자기-동일적인 신의 존재("나는 나다")가 가정되는 것이다. 이제부터 '나' 또는 '우리'에게 생기는 불행한 일은 바로 이러한 신의 도덕적 명령을 위반한 대가라고 오인되기 시작한다.[41]

그렇다면, 양심에 대한 이러한 스피노자의 설명은 호명을 통한 주체의

---

41) 바뤼흐 스피노자, 『에티카』, 강영계 옮김, 서광사, 1990(1부 부록 및 3부 정리 9의 주석) 참조. 또한 Balibar, "A Note on "Consciousness/Conscience" in the *Ethics*", *Studia Spinozana* Vol. 8, 1992도 참조. 주지하다시피 알튀세르는 소문자 주체와 대문자 주체의 상상적 거울 관계에 대해 논하는데, 여기서 소문자 주체가 자아(의식)라면 대문자 주체는 초자아(양심)에 해당된다. 이 양자의 구성은 동시적이며 상호적이다.

회고적 구성에 대한 알튀세르의 설명과 정확하게 일치하는 것이다. 하지만 이러한 설명이 버틀러를 만족시킬 수 있을까? 내가 보기에 버틀러는 알튀세르의 호명 이론의 근본적인 아포리아가 생겨나는 지점이 바로 여기라고 보는 것 같다. 만일 우리가 주체의 회고적 구성의 논리를 이렇게 철저한 방식으로 **존재론의 차원**에서 이해함으로써, 주체를 호명의 효과**이기만 한 것**으로서 규정한다면, 우리는 어떻게 그러한 이데올로기적 예속에 저항할 수 있는 길을 이론적으로 찾아낼 수 있는가? 이렇게 해서, 사실상 버틀러가 제기하는 문제는 슬로베니아 학파의 문제제기, 곧 알튀세르의 이데올로기론이란 "소외의 윤리학"에 지나지 않으며, 상징적인 것으로부터의 주체의 "분리", 상징적인 것에 대한 주체의 "전복"을 사고하지 못하게 만드는 것이라고 비판한 슬로베니아 학파의 문제제기와 수렴한다. 버틀러는 이렇게 말한다.

> 비록 그 에세이[알튀세르의 「이데올로기와 이데올로기적 국가장치들」]의 마지막 절이 종교적 권위의 사례를 설명하고 드러내려고 하지만, 이러한 해명은 이데올로기의 역능을 약화시킬 힘을 결여하고 있다. 스스로 인정하다시피, 알튀세르 자신의 글은 그것이 주제로 삼는 것을 항상적으로 활성화(enact)하며, 그리하여 이러한 설명(articulation)을 통해서, **이데올로기로부터의 그 어떠한 계몽된 탈출도 약속하지 않는다**. 주체를 구성하는 이데올로기의 힘을 묘사하기 위해 알튀세르는 신성한 목소리에, 곧 이름 짓고, 그러한 이름 지음 속에서 주체들을 존재하게 만드는 신성한 목소리에 의존한다. 사회적 이데올로기가 이것과 유사한 방식으로 작동한다고 주장하는 가운데, 알튀세르는 사회적 호명을 무심코 신의 수행문(the divine performative)과 일치시킨다.[42]

다시 말해서, 알튀세르에 의해 이론화되는 이데올로기적 호명이란 마치 "빛이 있으라!" 함에 '빛'이 있고, "땅이 있으라!" 함에 '땅'이 있게 만드는 신, 흙으로 자신을 닮은 인간의 형상을 빚어내고 거기에 숨결을 불어넣어 '주체'로 만드는 전지전능한 신의 수행적 언표 행위(enunciation)와도 같으며, 따라서 주체가 이러한 절대적 호명을 벗어나 저항할 길은 근원적으로 봉쇄되어 있다는 것이다. 이 점이 사실은 버틀러가 처음부터 알튀세르에게 이론적으로 가장 불만스러워했던 부분이라는 것은, 알튀세르에 대해 쓴 (아마도) 첫번째 글인 「타오르는 젠더」(Gender is Burning)에서 그가 제기했던 문제가 바로 이 문제였다는 점을 상기하는 것만으로도 충분할 것이다. 곧 '나쁜 주체'가 행하는 저항의 정도를 극구 평가절하하는 알튀세르에 대한 불만 말이다.[43]

여기에 대한 버틀러 자신의 대안은 무엇인가? 그것은 바로 주체가 권력에 의한 호명의 효과인 것은 사실이라고 할지라도, 이러한 효과를 생산하기 위해서 권력은 역설적으로 권력에 '아직' 포섭되지 않은 것, 곧 권력의 어떤 '타자'를 경유해야만 한다는 점에서 찾아진다. 그리고 이러한 권력의 타자를 버틀러는 바로 (권력에 대한) 주체의 수행적 참여에서 찾는다. 개인이 갖고 있는 '목숨에 대한 애착'은 그가 효과적으로 권력의 호명에 답하여 주체가 되는 과정을 '촉진'하지만, 이는 동시에 권력 자신이 언제나 호명의 효율성을 위해 그러한 개인의 '삶' 자체에 얼마간 의존하게 된다는 뜻이기도 하다. 이 때문에 권력은 주체를 예속시키면서도, 동시에 모

---

42) Butler, ""Conscience Doth Make Subjects of Us All"", *The Psychic Life of Power*, p. 110(강조는 인용자).
43) 주디스 버틀러, 『의미를 체현하는 육체』, 김윤상 옮김, 인간사랑, 2003, 227~233쪽. 이 책의 한국어판은 제목(*Bodies that Matter*)을 '의미를 체현하는 육체'라고 번역했지만, '물질화되는 육체들' 정도가 어떨까 한다('육체로 인정받는 육체들'이라는 번역도 고려해 볼 수 있다).

종의 역능을 그 주체에게 항상 이전하는 방식으로만 그러한 예속을 실현할 수 있다. "권력은 단지 주체에 대해서 작용(act on)할 뿐 아니라, 이행적 의미에서(in a transitive sense) 주체를 존재 속으로 활성화(enact)한다. 조건으로서, 권력은 주체에 선행한다. 그러나 권력은, 그것이 주체에 의해 행사될 때, 그 선차성의 외양을 상실한다."[44] 버틀러의 관점에서 보자면, 사실 주체에 대한 권력의 선차성이라는 것은 단지 존재론적 차원에서 확인되는 선차성일 뿐, 그것 자체가 주체의 수행적 참여 없이는 작동할 수 없는 어떤 것인 한에서, 수사학의 차원 또는 주체의 '수행적 언표 행위'의 차원에서 보자면 여전히 불완전한 선차성에 불과하다. 존재론을 수사학으로 환원하는 것은 불가능하지만, 수사학을 존재론으로 환원하는 것도 역시 불가능하며, 존재론이 수사학에 대해 항상 우위를 점한다는 생각도 버틀러가 보기엔 일종의 부당 전제인 것이다.

    권력은 권력으로 존속하기 위해 단지 개인을 주체로 구성하는 것만으로는 부족하며, 또한 그러한 주체의 예속을 **지속적으로 재생산**할 수 있어야 한다. 하지만 이러한 재생산은 권력의 한계를 초과하는 어떤 이타성을 경유하는, **권력 그 자신에게도 위험스런 과정**이기도 하다. 주체는 점점 이러한 권력에 의한 호명의 효과를 전위시키거나 거기에 저항할 수 있는 역능을 확보하기 시작한다(곧 권력을 스스로 분점하고 행사하기 시작한다). 우리는 이러한 예를 바로 "모욕적 호명"(injurious interpellation)에 대한 주체의 대응상의 변화를 통해 확인할 수 있다. 성적 또는 인종적 또는 다른 차원에서 모욕을 주기 위해 자신에게 가해진 호명('아줌마', '호모', '레즈보', '검둥이', '빨갱이' 따위)은 분명 처음에는 단지 수치심을 주는 것에 불과할 뿐이지만, 그것은 이후 그렇게 호명당한 사람들의 **집단적 저항의 호명적 중심으**

---

44) Butler, "Introduction", *The Psychic Life of Power*, p. 13.

로 '반복'됨으로써 그 용법이 완전히 역전될 수 있다. 동일한 것의 반복 안에 들어 있는 이타성(alterity)의 흔적을 읽어 내기 위해 '반복 (불)가능성'(iterability)이라는 용어에 주목한 데리다를 따라,[45] 버틀러는 권력의 재생산 안에 필연적으로 포함될 수밖에 없는 하나의 이질적 계기로서의 주체의 수행적 차원에 주목하고, 이로부터 저항의 가능성을 이론적으로 도출해 낸다. 이런 관점에서 보자면, 알튀세르가 폄하한 '나쁜 주체'(곧 호명으로부터 도망침으로써 억압적 국가장치가 직접 나서도록 만드는 주체)의 저항은 알튀세르가 생각했던 것보다 훨씬 더 급진적일 수 있다. 물론 나쁜 주체가 호명 그 자체의 '바깥'을 향해 나아가는 것은 아니며(왜냐하면 호명의 절대적 바깥은 버틀러가 강조하듯 '죽음'에 불과하기 때문이다), 따라서 알튀세르가 말하듯이 나쁜 주체는 여전히 하나의 '주체'로 남아 있음이 분명하지만, 알튀세르가 생각했던 것보다 훨씬 더 발본적인 방식으로 권력의 작용을 내적으로 교란시킬 수 있는 주체라는 점은 인정되어야 한다는 것이다.

저항에 대한 이러한 이론화의 방향이 하나의 가능한 방향이라는 것은 사실이다. 하지만 그것이 유일한 방향은 아니며, 더군다나 가장 효과적이거나 가장 유물론적인 방향은 아니다. 어쨌든 그것은 알튀세르가 선택했던 방향은 아니었다. 여기서는 알튀세르 자신의 논의로 직접 들어가기보다는, 그의 논의를 좀더 명료하고 풍부하게 발전시킨 페쇠의 이론화를 참조하는 것이 계발적이다. 페쇠는 『라 팔리스의 신사식의 진실들』에서 1970년대 당시 언어학의 상황을 세 가지 입장이 갈등하고 있는 상황으로 묘사하는데, 여기서 첫번째 경향을 형식주의(또는 구조주의)라고 한다면, 두번째 경향은 역사주의, 그리고 세번째 경향은 '파롤(parole)의 언어학'이라

---

[45] 여기서 iterability라는 단어 안에 들어 있는 iter는 '타자'라는 뜻을 가지고 있다. Derrida, "Signature, Event, Context", *Margins of Philosophy*, trans. Alan Bass, The University of Chicago Press, 1982, pp. 307~330 참조.

고 불리는 경향을 말한다. 첫번째 경향이 **랑그**(langue)를 언어학의 대상으로 천명하면서, 랑그란 역사적인 것이 아니며 하나의 **시스템**, 하나의 **구조**라는 점을 강조한다면(따라서 랑그의 **필연성**을 강조한다면), 두번째와 세번째 경향은 랑그를 초과하는 차원에서 벌어지는 언어의 역사적 변화, 또는 주체의 언표 행위(enunciation)가 언어에 대해서 갖는 차별적 영향에 초점을 맞추는데, 이 후자의 두 경향은 결국 랑그로 소진되지 않는 언어의 **나머지**, **잉여**로서의 **비-체계적 결정**(non-systemic determination)의 차원(따라서 **우연성**의 차원)에 관심을 두는 것이라고 말할 수 있다. 소쉬르가 언어학의 대상을 구체적 발화에 관련되어 있는 파롤이 아니라 기표들의 구조적 체계로서의 랑그로 확정했지만, 이러한 구분 자체가 이후 위와 같은 세 가지 경향의 대립으로 발전하게 된 것이다.[46]

그러나 이러한 현대 언어학에 있어서의 대립은, 페쇠에 따르면, 그보다 훨씬 전인 17세기로까지 거슬러 올라가는 **관념론의 두 대표적 경향**, 곧 합리주의와 경험주의의 대립을 반복·재생산하는 것이다. 합리주의 경향이 우선시하는 것은 외부 세계의 사물들이 지닌 본질들의 존재론적 진실을 보여 주는 '논리학'(또는 '지식 이론')이며, 반면 '말하기의 기술' 또는 '수사학'은 그러한 논리학의 규칙들에 따라 사태를 왜곡 없이 전달하는 것을 목표로 한다는 점에서 부차적이고 종속적인 지위만을 갖는다. 이 입장은 "현실 전체를 포괄하는 고정되고 모호함 없는 언표들의 우주를 달성하려는 관념론적 야망"[47]에 의해 지배된다고 볼 수 있다. 반면, 경험주의에서는 외부 세계의 인과 관계가 아닌 주체의 '경험'이 이론 구성의 중심으로 부상함에 따라(이 경향의 정점을 이루는 것은 주지하다시피 외부 세계를 전면 부정한 조지 버클리이다), 주체가 담론의 진실에 종속되기는커녕, 반대로 주

---

46) Pêcheux, "Introduction", *Language, Semantics and Ideology*.

체가 **담론의 원천**으로 이해되고, 이 때문에 '논리학'이 아닌 '수사학'이 제1학문으로 자리 잡게 된다(진리의 객관성을 부정하고 주체에게 어떤 이익을 가져다주는 것을 진리로 여기는 실용주의는 바로 여기에서 파생한 것이다).[48]

이러한 관점에서 보면, 버틀러가 권력의 호명의 필연성이 소진시킬 수 없는 우연적 '나머지'이자, 그럼에도 불구하고 권력이 '항상 아직' 경유해야 하는 타자로서 규정되는 주체의 수행적 차원을 저항의 원천이라고 사고하면서, 그것을 '존재론'이 아닌 '수사학'의 차원에서 이론화하고 있는 것도 결국 이러한 관념론적 이원 대립의 틀(랑그-파롤, 필연성-우연성, 객관성-주관성, 대상-주체) 안에 그가 갇혀 있기 때문이 아닌지 한번 의심해 볼 필요가 있다. 흥미롭게도 버클리 캘리포니아 주립대에서 버틀러가 속해 있는 학과의 이름이 바로 '수사학'이다. 사실 초기작인 『젠더 트러블』(1990)에서 버틀러가 취했던 '구성주의' 입장은 모든 것을 간단히 주체의 수행적 구성의 결과물이라고 치부함으로써, 결국 실용주의·주의주의로 빠지는 것이 아닌가 하는 의문을 불러일으킨 바 있다.[49] 그 후 발표한 『물질화되는 육체들: 성(性)의 담론적 한계들에 대하여』(1993)에서 버틀러가 '구성'이라는 의념을 상대화하고 '물질화'(materialization)라는 의념을 도입하면서 이러한 위험한 경향이 상당히 정정된 것은 사실이지만,[50] 그가

---

47) *Ibid.*, p. 44. 스피노자는 흔히 오해되는 것과 달리 오히려 이러한 합리주의적 관념론의 예외인데, 모호함 없는 기계적-타동적 인과성 개념을 추구하는 합리주의의 입장과 달리 그의 입장은 '내재적 인과성', 또는 (알튀세르식으로 말하자면) 과잉결정과 비선형적 복잡성에 의해 특징지어지는 '구조적 인과성' 개념을 추구하기 때문이다. '질서'(ordo)라는 용어에 대해 스피노자가 취했던 비판적 거리가 보여 주는 것이 바로 이러한 그의 입장의 독특성이다. 아마도 스피노자가 합리주의에 대해 취했던 거리는 알튀세르가 구조주의에 대해 취했던 비판적 거리와 유비될 만한 것 같다. 최원, 「미완의 스피노자: 발리바르의 독해를 중심으로」, 『스피노자와 현대 철학』(근간) 참조.
48) Pêcheux, *Language, Semantics and Ideology*, Chs. 1~2.
49) 발리바르도 이 점을 지적한 바 있다. 발리바르, 「보편적인 것들」, 『대중들의 공포: 맑스 전과 후의 정치와 철학』, 최원·서관모 옮김, 도서출판b, 2007, 521쪽.

여전히 권력에 대한 저항을 구조의 필연성을 초과하거나 흘러넘치는 주체의 수행적 우발성에서 찾고 있다는 점에서 볼 수 있듯이(이 점에서 그는 "저항의 우연적 생성" 및 "자기의 기술들"을 말하는 푸코와 수렴한다), 위에서 말한 이원 대립의 틀을 충분히 벗어난 것은 아니지 않나 물어볼 수 있다.[51]

페쇠의 관점에서, 주체 구성의 '회고적 논리'를 철저히 따르면서 동시에 '저항'의 문제를 사고하는 것은 **언어**(language)와 **담론**(discourse)의 구분을 도입함으로써 가능해진다. 사실 소쉬르적 언어학이 랑그를 벗어나는 (주관적이고 우연적인) 파롤의 차원을 설정하게 된 것은 언어학으로 환원되지 않는 '담론'의 수준을 이론화하는 데에 그것이 실패한 것을 언어학 내부에서 이데올로기적으로 봉합한 결과라고 볼 수 있다(따라서 랑그에 대립된 파롤이라는 문제설정 자체가 소쉬르 언어학의 인식론적 절단의 불완전성의 표지를 이룬다). 페쇠는 언어에 절합되어 있지만 언어를 넘어서는 담론의 수준을 과학적 대상으로 식별해 냄으로써, 언어학(앞서 말한 두 번째 및 세번째 경향)이 랑그를 초과하는 차원이라고 본 것에 대한 연구를 역사주의나 주관주의에 맡겨 버리는 것을 중단하고, 그것을 **담론구성체**(discursive formations)**의 물질성의 차원에서** 유물론적으로 연구해야 한다는 주장을 펼친다.

이를 위해 페쇠는 '언어는 상부구조가 아니라 하부구조'라는 스탈린의 테제를 지지하면서 **동시에** 비판하는데, 언어(단어들 또는 기표들 자체)는 계급적인 것이 아니라는 그의 생각은 극좌적 기회주의를 피해 간다는

---

50) 이 문제를 여기서 깊이 다룰 수 있는 여유는 없다. 버틀러, 『의미를 체현하는 육체』, 26~40쪽 및 234~235쪽을 참조하라.
51) 발리바르가 저항에 대한 푸코의 사고의 논리적 궁지로 지적한 것은 아마도 버틀러 자신에게도 상당히 적용될 수 있을 것이다. 발리바르, 「정치의 세 개념: 해방, 변혁, 시민인륜」, 『대중들의 공포』, 50쪽 이하를 참조하라.

점에서 정당하지만, 그러한 계급 중립적 단어들이 서로 절합되어 '사용'되는 방식으로서의 **담론 수준에서 벌어지는 계급투쟁**을 무시한다는 점에서는 우익적·사회학적 오류를 범한다는 것이다. 그런데 이데올로기적 호명이 위치한 수준은 언어의 수준이 아니라 정확히 담론의 수준이며, 거기에서 호명은 하나의 단일한 담론에 의해 행해지는 것이 아니라 "**지배의 구조를 가지고 있는 복수의 담론구성체들의 복잡한 전체**"[52]에 의해 행해지게 된다. 이러한 '복잡한 전체'는 종교적·정치적·예술적·과학적 담론 따위의 다양한 이질적 담론구성체들을 그 안에 포함하고 있을 뿐만 아니라, 더 나아가서 계급적 담론구성체들(지배 계급 및 피지배 계급의 담론들)의 위계화된 구조(곧 지배의 구조)를 그 안에 가지고 있다. 호명을 통해 (재)생산되는 이데올로기적 지배라는 것이 이러한 위계의 (재)생산인 한에서, 따라서 피지배자의 담론이 그 속에 항상 이미 포함되어 있는 지배-피지배의 (재)생산인 한에서, 이데올로기적 지배라는 것은 **그 자체가 항상 계급투쟁을 전제하고 있으며, 계급투쟁을 통해서만 확보될 수 있는 것**이지, 미리 만들어져 있는 지배 계급 또는 지배자의 순수한 담론을 일방적으로 피지배자에게 또는 모종의 '주체/신민'에게 강요하는 과정을 통해 확보되는 것이 아니다. 지배 이데올로기는 정확히 담론적 또는 비담론적 계급투쟁의 '결과'로서 생산된 지배를 사회의 '원인'으로 회고적으로 전도시키는 과정을 통해 사회 내의 적대를 **은폐**하는 효과를 가져온다.

이렇게 **유물론적 담론 이론**의 구성을 향해 나아감으로써 우리가 가질 수 있는 이점은 우선 저항과 투쟁을 단순히 (구조에 대립되어 있는) 주체 또는 "어떠한 특정한 호명에 의해서도 소진되지 않고 남아 있는 [주체의] 잠재성(potentiality)"[53]이라는 신비적 의념을 통해 규정하기를 멈추

---

52) Pêcheux, *Language, Semantics and Ideology*, Ch. 9.

고, 하나의 물질적 적대의 **관계**로서, 따라서 장치들·제도들·실천들의 모순적이고 불균등한 구조의 문제로서, 역사적이고 유물론적인 방식으로 분석할 수 있게 된다는 것이다. 또 다른 이점은 이데올로기에 대한 **과학적 실천**의 효과라는 문제를 시야에서 놓치지 않을 수 있다는 것인데, 사실 '수사학'을 특권화하는 버틀러에게 이것은 특히 불가능해 보인다. 이러한 관점에서 봤을 때, 페쇠가 그 자신 이데올로기의 효과에 사로잡혀 있는 '나쁜 주체'의 반동일화(counter-identification)와 구분되는 탈동일화(dis-identification)에 대해서 사고하고 있다는 것은 확실히 주목할 만하다. 이러한 탈동일화는 무엇보다도 **과학적 실천**과 **대중 정치의 실천**을 통해 드러나는 것인데, 이 두 가지 실천 안에 '행위자'(agents)는 있지만, '주체'(subjects)는 없다. 과학자도 (일상 생활 속에서는 이데올로기적 주체일 수 있지만) 과학적 실천의 주체가 될 수는 없으며, 대중들도 다양한 분파들(더 나아가서 **갈등적인** 분파들)로 구성된 근본적으로 혼성적인 존재라는 점에서 동일성을 가진 주체로서 규정될 수 없는 것이다. 아마도 이 대목에서 우리는 버틀러에게 다음과 같은 질문을 던져 볼 수 있지 않을까? '모욕적 호명'을 다르게 반복함으로써 그것을 저항의 호명적 중심으로 역전시킨다는 '나쁜 주체'의 저항 전략은 (버틀러 자신이 끊임없이 그 가능성을 경계하지만) 혹시 '동일성의 정치'(identity politics)로 후퇴할 내적인 위험이 있는 것은 아닌가? 예컨대, '검둥이'라는 말을 저항의 호명적 중심으로 만들어 효과적인 반인종주의 투쟁을 조직할 수 있었고, 또 이 때문에 오늘날 '검둥이'라는 말은 오직 흑인들이 자신들 사이에서나 쓸 수 있는 말이 되었지만, 정확히 그렇기 때문에 그 말이 인종주의적 분리(segregation)를 제대로 극복할 수 없다는 한계를 내보였으며 심지어 그 저항적 호명의 중심이 흑인

---

53) Butler, ""Conscience Doth Make Subjects of Us All"", *The Psychic Life of Power*, p. 131.

들 사이의 **자기 비하적 호명**으로 반복되고 있다는 비극적인 역사적 사례가 보여 주는 위험 말이다.[54]

이상과 같은 페쇠의 이론 작업이 알튀세르 자신이 추구했던 방향이었다는 것이 그의 사후 출판물들을 통해 드러나고 있다. 알튀세르의 「이데올로기와 이데올로기적 국가장치들」이라는 논문은 원래 『재생산에 대하여』라는 제목으로 1995년에 출판된 수고의 일부였다. 그런데 이 수고에는 무엇보다도 이데올로기적 국가장치들에 대한 논문에서는 누락되었던 **이데올로기적 계급투쟁**에 대한 그의 생각의 일단이 드러나 있다. 여기서는 알튀세르가 지배적인 일차적 이데올로기에 대해 계급투쟁의 효과로 생산되는 이차적 이데올로기의 존재를 명시적으로 거론하고 있는 것을 볼 수 있다.

따라서 우리는 하나의 구분이 불가피하다고 말하겠다. 한편으로 결정된 장치와 이 장치의 실천 속에 구현되고 실존하는 국가 이데올로기의 결정된 요소들과, 다른 한편으로 이 장치 내에서 이 장치의 실천이 '생산하는'

---

54) 『물질화되는 육체들』이 나온 후에 가졌던 어떤 인터뷰에서 버틀러는 "이성애주의적 매트릭스의 정상성을 지나치게 강조하는 것은 종종 여성들 자신 사이에 만들어지는 성적 분할들, 곧 적절한 여성과 부적절한 여성(장애 여성, 유색인 여성, 행실 나쁜 여성, 창녀 등등) 사이의 분할을 가리지 않는가?"라는 질문을 받는다. 여기에 대해서 버틀러는 동성애자는 '부적절한 여성'이라는 범주로부터도 폐제된 범주라고 주장하면서 이렇게 말한다. "제가 보기에 당신은 부적절한 성이라는 것이 좀더 큰 설명틀(rubric)이 아니냐고 제안하고 싶으신 것 같습니다. 모든 종류의 성적 실천들을 설명하는 틀 말이지요. 하지만 저는 적절함-부적절함이라는 구분이 동성애라는 질문을 생략하려는 것 같다는 우려가 듭니다. 그리고 동성애와 특히 레즈비언주의라는 질문을 유지하기 위해 저는 거기에서 아마도 일종의 **수사학적 초과**를 행할 의사가 있습니다. 이것은 모든 학자들이 그렇게 해야 한다는 뜻이거나 그것이 일차적 억압 또는 핵심 따위라는 뜻은 아닙니다. 그것은 제가 요즘 비판적 담론에 들어서는 지점이 어딘지를 지시합니다." Irene Costera Meijer & Baukje Prins, "How Bodies Come to Matter: An Interview with Judith Butler", *Signs* Vol. 23 No. 2, Winter 1998, p. 284(강조는 인용자). 물론 버틀러가 여기서 일종의 동성애 근본주의적 주장을 펼치고 있는 것이라고 볼 수는 없다. 그러나 그가 주관적인 '수사학적 초과'를 통해 (자유주의적이고 실용주의적인 방식으로 봉합되는) '동일성의 정치'로 후퇴하고 있는 것은 아닌가 하는 의문이 드는 것은 어쩔 수 없다.

이데올로기를 구분해야 한다. 언어로 이 구분을 표시하기 위해 우리는 첫 번째 이데올로기를 일차적 이데올로기로 부르고, 일차적 이데올로기가 실현되는 실천의 부산물인 두번째 이데올로기를 종속적인 이차적 이데올로기라고 부르겠다.……이 이차적 이데올로기들은 복잡한 원인들이 결합되어 생산된다. 이 원인들 가운데는 문제의 실천 이외에도 다른 외부적 이데올로기들과 다른 외부적 실천의 효과――그리고 또한 은폐되어 있지만, 최종 심급에서 **계급투쟁**의 멀지만 사실 매우 가까운 효과――가 들어 있다.[55]

이러한 알튀세르의 사고가 이론적 정세상의 이유 및 개인 신변상의 이유로 인해 제대로 발전되지 못했다는 것은 사실이다. 언제나 출판에 신중했던 알튀세르는 아직 채 완성되지 않은 자신의 논의를 공개하지 않았으며, 이 때문에 수많은 억측에 시달리기도 해야 했지만, 그가 남긴 몇몇 텍스트들 안에서 우리는, 그가 '주체'라는 의념의 다양한 복귀로 특징지어지는 현재의 관념론적 시도들과는 판이한 방식으로 이데올로기와 이데올로기적 투쟁에 대한 사고를 시작했다는 점을 감동적으로 확인할 수 있다. 목적론에 대해 가장 완강하게 반대함으로써 이데올로기의 무한 계단 속에서 길을 잃지 않는 법을 우리에게 알려 준 알튀세르야말로 지배에 맞선 이론적 투쟁을 벌임에 있어 우리가 반드시 준거해야 할 철학자 가운데 하나라는 점에 그 누구도 이의를 제기할 수 없을 것이다.[56]

---

[55] 알튀세르, 『재생산에 대하여』, 김웅권 옮김, 동문선, 2007, 143~144쪽(번역은 약간 수정).
[56] 물론 이것이 알튀세르의 이데올로기론이 아무 문제 없는 완성된 이론이라는 것을 뜻하지는 않는다. 알튀세르의 이데올로기론이 가지고 있던 내적 모순을 해결하려는 발리바르의 시도에 대해서는 최원, 「발리바르: 하나의 '절단' 및 그 결과들」, 『시와 반시』 71호, 2010년 봄, 245~260쪽 참조.

18장 알튀세르와 포스트맑스주의[1]
―라클라우와 지젝의 논쟁

김정한

1. 알튀세르의 그림자

생전에도 알튀세르에 대한 비판은 극단적이었다. 그것은 그가 항상 맑스주의에 관해 벌어진 '뜨거운 논쟁'의 중심에 있었기 때문이다. 한편으로 스탈린주의적 교조주의(경제주의와 인간주의)를 비판하고 맑스주의를 혁신하려는 그의 시도는 탈(脫)맑스주의라는 비판에 시달렸고, 다른 한편으로 프랑스 공산당 당적을 유지하면서 맑스주의의 '과학성'을 재구성하려는 그의 시도에는 스탈린주의라는 비판이 따라다녔다. 더구나 이론적·정치적 정세에 대한 철학적 개입을 특징으로 하는 알튀세르의 작업은 이런 극단적인 반응을 더 강화하는 조건이 되었다. 물론 알튀세르는 더 이상 그러한 '전투들'의 중심에 있지 않다.[2] 그러나 역사적 맑스주의의 주요 교차로에 있었던 알튀세르는 오늘날에도 여전히 주요 논쟁들에 짙게 드리워져 있는

---

1) 이 논문은 2007년도 정부(교육과학기술부)의 재원으로 한국연구재단의 지원을 받아 연구되었음(NRF-2007-361-AL0013).

2) Fredric Jameson, "Introduction", Louis Althusser, *Lenin and Philosophy and Other Essays*(New Edition), trans. Ben Brewster, Monthly Review Press, 2001, p. xii.

그림자로서 기능한다. 이러한 알튀세르의 기능은 최근 이례적으로 주목할 만한 설전을 벌인 에르네스토 라클라우와 슬라보예 지젝의 논쟁에서도 잘 드러난다. 다원적 헤게모니 투쟁을 주장하는 라클라우와 계급투쟁의 예외성을 강조하는 지젝의 모습은, 탈맑스주의적 알튀세르와 스탈린주의적 알튀세르 사이의 대립을 연상시키지 않는가? 생물학적으로는 살아 있지만 상징적으로는 죽어 있는 존재가 호모 사케르(homo sacer)라면, 알튀세르는 생물학적으로는 죽었지만 상징적으로는 여전히 살아 있는 '유령'이 아닐 수 없다.

그러나 논쟁의 지형은 달라졌고, 현실 사회주의가 몰락한 이후 20여 년 동안 좌파의 담론에서 적대, 모순, 변혁, 이행 등의 용어는 고색창연해졌으며, 그 자리에는 시민사회, 정당, 선거와 투표 등을 배치하는 각종 '수식어(자유, 참여, 다원 등) 민주주의' 담론이 들어섰다. 그리고 이를 긍정하는 한에서 어쩌면 오늘날 우리는 모두 포스트맑스주의자라고 선언해야 할지도 모른다. 지젝의 전략이 이목을 끄는 이유는 당연한 것으로 받아들여지는 이러한 '포스트맑스주의의 지형'을 다른 방식으로 뒤집으려고 한다는 데 있으며, 그 과정에서 알튀세르의 '유령'이 마치 불가피한 듯이 출몰한다는 데 있다.

하지만 포스트맑스주의를 대표하며 한때 자유민주주의로 전향했다고 '오해'받은 라클라우와 그의 기획에 참여하는 사상적 동료로 한때 '오해'받은 지젝이 서로 주고받은 격렬한 응전, 특히 적대 개념을 둘러싼 논쟁은 그 자체로도 세간의 흥미를 끌기에 충분하다. 더구나 두 사람은 맑스주의와 정신분석학의 마주침을 보여 주는 유일한 사례는 아니지만, 라캉의 정신분석학을 주요 이론적 자원으로 삼아 강단과 시장에서 대단한 성공을 거둔 대표적인 인물들이다. 라클라우는 샹탈 무프와 공저한 『헤게모니와 사회주의 전략』(1985)에서 그람시, 알튀세르, 라캉을 결합한 '급진민주주의 전략'을 정립하여 당대 논쟁을 주도했고, 지젝은 『이데올로기의 숭고한 대상』(1989)에서 맑스, 헤겔, 라캉을 결합한 '이데올로기 비판'으로 정체된 학계에 활력을 불어넣었다. 단 한 권의 책으로 세상의 주목을 끌어냈다는 점에서도 두 사람의 이력은 닮아 있다.

『이데올로기의 숭고한 대상』에 라클라우가 "유럽의 지성계에 대한 가장 혁신적이고 유망한 이론적 기획들 가운데 하나"라는 찬사를 보낸 「서문」을 붙이고, (『헤게모니와 사회주의 전략』의 후속 논문집인) 『우리 시대의 혁명에 대한 새로운 성찰』(1990)의 부록으로 실린 「담론 분석을 넘어서」에서 지젝이 라클라우의 작업을 "참신"한 "돌파"라고 치켜세웠을 때만 해도 두 사람의 차이는 별로 인지되지 못했다.[3] 당시에는 라클라우와 지젝 자신들도 잘 몰랐던 것 같다. 그러나 최근에 이르기까지 두 사람의 차이는 보다 분명해지고 있으며, 그만큼 논쟁도 점차 신랄해지고 있다.

지금까지 라클라우와 지젝의 논쟁은, ① 『우리 시대의 혁명에 대한 새로운 성찰』에서 전개된, 『헤게모니와 사회주의 전략』에 대한 지젝의 비판과 이에 대한 라클라우의 일정한 수용,[4] ② 『우연성, 헤게모니, 보편성』(2000)에서의 서면 대화에 (주디스 버틀러와 함께) 참여한 라클라우와 지젝의 논쟁,[5] ③ 『인민주의 이성』(2005)을 둘러싼 라클라우와 지젝의 비판

---

[3] Ernesto Laclau, "Preface", Slavoj Žižek, *The Sublime Object of Ideology*, Verso, 1989, p. xii(「서론」, 『이데올로기라는 숭고한 대상』, 이수련 옮김, 인간사랑, 2001, 11쪽); Žižek, "Beyond Discourse-Analysis", Laclau, *New Reflections on the Revolution of Our Time*, Verso, 1990, p. 249(「담론 분석을 넘어서」, 에르네스토 라클라우 외, 『포스트맑스주의?』, 이경숙·전효관 엮음, 민맥, 1992, 244쪽). 이 글에서 영어판 서지사항을 표기한 경우의 모든 인용문은 한국어판 번역을 그대로 따르지 않고 맥락에 맞게 수정한 것이다.

[4] Žižek, "Beyond Discourse-Analysis"; Laclau, *New Reflections on the Revolution of Our Time*.

[5] Judith Butler, Ernesto Laclau, Slavoj Žižek, *Contingency, Hegemony, Universality: Contemporary Dialogues on the Left*, Verso, 2000(『우연성, 헤게모니, 보편성: 좌파에 대한 현재적 대화들』, 박대진·박미선 옮김, 도서출판b, 2009).

과 재비판 등으로 구분할 수 있다.[6] 이 글에서는 이 세 국면을 통과하는 라클라우와 지젝의 논쟁을 특히 적대 개념에서 나타나는 차별성을 중심으로 개괄하면서, 주요 쟁점들을 정리하고 이 과정에서 알튀세르가 어떻게 기능하고 있는지를 살펴보고자 한다.

2. 사회적 적대와 실재의 적대

포스트맑스주의라는 표현보다 급진민주주의라는 명칭을 선호하는 라클라우가 『헤게모니와 사회주의 전략』에서 제시한 핵심 표어는 반본질주의(anti-essentialism)이다.[7] 라클라우는 구좌파들이 정세의 변화를 따라가지 못한 채 이론적·실천적으로 무능력한 이유가 그들의 본질주의 ─ 여러 요소들 가운데 어떤 한 요소를 나머지 모든 요소들의 본질로 상정하는 ─ 에 있다고 비판한다. 본질주의에 빠진 구좌파들은 ① 노동자 계급이 사회 변동의 근본적인 추진력을 담지하는 특권적인 행위자라는 계급주의, ② 국가의 역할 확대가 모든 문제의 만병통치약이라는 국가주의, ③ 성공적인 경제 전략이 필요한 정치적 효과를 보장한다는 경제주의, ④ 사회를 합리적으로 재조직하기 위해서 중앙 집중적인 권력이 필요하다는 자코뱅적 혁명관을 고수할 뿐이다.[8] 그러나 다양한 사회 운동들 중에서 노동자 운동이 선험적인 우위에 있지는 않으며, 다양한 정치적 주체들 중에서 노동자 계

---

[6] Laclau, *On Populist Reason*, Verso, 2005; Žižek, "Against the Populist Temptation", *Critical Inquiry* Vol. 32 No. 3, Spring 2006; Laclau, "Why Constructing a People is the Main Task of Radical Politics", *Ibid.* Vol. 32 No. 4, Summer 2006; Žižek, "Schlagend, aber nicht Treffend!", *Ibid.* Vol. 33 No. 1, Autumn 2006.
[7] 이 글에서 라클라우에 관한 논의는 다음의 글을 논쟁 구도에 맞게 재구성하면서 일부 수정·보완한 것임을 밝힌다. 김정한, 「어네스토 라클라우: 적대와 헤게모니」, 『시와 반시』 72호, 2010년 여름 참조.

급이 선험적인 특권을 가질 수는 없다. 그것은 우연적이다. 이것은 경제가 정치와 이데올로기를 필연적으로 결정하는 본질이 아닌 것과 마찬가지이다. 경제·정치·이데올로기는 서로 동등하게 과잉결정(overdetermination) 과정에 참여하며, 최종 심급에서 경제가 모든 것을 단순 결정하는 고독한 순간은 결코 도래하지 않는다.[9] 또한 국가 권력을 장악한 후 중앙 집권적으로 위로부터 사회를 변혁하는 '기동전'에 집착할 이유는 없으며, 오히려 사회의 다양한 영역에서 권력 관계를 변화시키는 지속적인 민주화 과정, '진지전'이 필요하다.

적대(antagonism)도 마찬가지이다. 고전적 맑스주의에서 적대는 생산관계에 위치하며, 자본주의에서 그것은 자본이 노동을 착취하는 계급 관계이고 이로부터 계급 적대가 발생한다. 통상적인 오해와는 달리, 라클라우와 무프가 계급 적대를 부정하는 것은 아니다. 분명히 자본주의에는 계급 적대가 존재한다. 그들이 거부하는 것은 생산관계에서 필연적으로 적대가 발생한다고 보는 관점이다. 적대는 생산관계에 내적이지 않다. 이는 라클라우와 무프가 적대를 생산관계가 아니라 동일성(identity)의 차원에서 파악하기 때문이다. 무엇보다 적대는 객관화할 수 있는 실재적 대립(칸트)이나 모순(헤겔)과는 다르다.

---

8) Ernesto Laclau & Chantal Mouffe, *Hegemony and Socialist Strategy: Toward a Radical Democratic Politics*(2nd Edition), Verso, 2001, pp. 176~178(『사회변혁과 헤게모니』, 김성기 외 옮김, 터, 1990, 215~216쪽); 밥 제솝, 『전략관계적 국가이론: 국가의 제자리 찾기』, 김문귀·유범상 옮김, 한울, 2000, 405~406쪽.
9) 알튀세르는 '과잉결정'과 '최종 심급에서의 경제 결정'이라는 두 개념을 마치 한 쌍처럼 제시했지만(『맑스를 위하여』, 이종영 옮김, 백의, 1997), 라클라우는 '최종 심급에서의 경제 결정'이 기존의 경제 환원론과 다를 바 없다고 기각하고 '최종 심급 없는 과잉결정'만을 수용한다(『사회변혁과 헤게모니』, 122~131쪽). 물론 과잉결정이 항상 과소결정(underdetermination)과 함께 작동한다는 알튀세르의 주장을 고려한다면, 최종 심급의 개념적 위상은 애초부터 미약했다고 볼 수 있다. "과소결정 없는 과잉결정은 없다." Étienne Balibar, "Althusser and the Rue d'Ulm", *New Left Review* Vol. 58, July-August 2009, p. 100.

모순의 경우에, A는 **완전하게** A이기 때문에 not-A임(being-not-A)은 모순이다——따라서 불가능하다. 실재적 대립의 경우에, A는 또한 완전하게 A이기 때문에 A와 B의 관계는 객관적으로 규정할 수 있는 효과를 산출한다. 그러나 적대의 경우에, 우리는 상이한 상황에 직면한다: '타자'의 현존은 내가 총체적으로 나 자신이 되지 못하게 저지한다. 이 관계는 완전한 총체성들이 아니라 총체성들의 구성 불가능성에서 발생한다.……적대가 있는 한, 나는 나 자신의 완전한 현존일 수 없다. 그러나 내게 적대하는 힘 또한 완전한 현존일 수 없다: 그 객관적인 존재는 나의 비존재(non-being)의 상징이며, 이런 식으로 그것의 존재를 완전한 실정성으로 고정되지 못하게 저지하는 복수의 의미들이 흘러넘친다. 실재적 대립은 사물들 사이의 **객관적** 관계——즉 규정할 수 있는, 정의할 수 있는——이다. 모순도 똑같이 개념들 사이의 정의할 수 있는 관계이다. 적대는 부분적이고 불안정한 **객관화**를 드러내는 모든 객관성의 한계를 구성한다. 언어가 차이의 체계라면, 적대는 차이의 부재이다. 이런 의미에서 적대는 언어의 한계에 위치하며, 언어의 파열로, 즉 은유로만 실존할 수 있을 뿐이다.[10]

나를 나 자신이 되지 못하게 하는 것이 적대이다. 적대는 나의 완전한 동일성을 가로막는 외적 타자의 현존이다. 외적 타자로 인해 나의 완전한 동일성의 실현이 방해받을 때, 나의 불완전성의 원인이 외적 타자에게 향해질 때 적대가 발생한다. 이런 적대 개념에 함축되어 있는 것은 (칼 슈미트를 따라서) 동지와 적, 우리와 그들의 명확한 구별이다. 따라서 적대 관계에서 나와 우리는 자신의 완전한 실현을 위해 외적 타자, 외부의 적을 제거해

---

10) Laclau & Mouffe, *Hegemony and Socialist Strategy*, pp.124~125(『사회변혁과 헤게모니』, 155쪽).

야 한다. 요컨대 적대는 동일성의 부정(negation)이다. 이러한 적대는 생산관계와 내적 필연성이 없다. 동일성은 생산관계가 아니라 담론 내의 주체 위치(subject position)에 대한 동일화(identification)를 통해 형성되기 때문이다. 예컨대 자본가와 노동자의 관계는 그 자체로 적대적이지 않으며, 노동자가 계급적 담론 내의 계급적 주체 위치와 자신을 동일화할 때 적대가 발생한다.

하지만 담론이 복수로 존재하듯이 주체 위치 또한 복수로 존재한다. 예컨대 나는 자본가 또는 노동자이고 남성 또는 여성이고 국민 또는 외국인 등이다. 알튀세르의 개념을 빌려 말하자면, 동일성은 여러 주체 위치들에 의해 과잉결정된다. 내가 나를 어떤 주체 위치와 동일화하느냐 하는 것은 어떤 담론들이 절합(articulation)되느냐에 달려 있으며, 특히 적대를 형성시키는 담론들의 절합이 헤게모니적 실천이다. 헤게모니적 실천은 다원적인 동일성들을 등가 연쇄(chain of equivalence)로 묶어 내는 것이며, 등가 연쇄가 창출될 때 동일성들의 변별적(differential) 성격은 붕괴한다. 차이들을 가로질러 등가를 확립하는 적대가 차이의 실패이자 언어의 파열인 이유도 여기에 있다. 적대 관계의 두 항은 서로 상이한 담론, 상이한 주체 위치와 관계하고 있으며, 따라서 언어의 객관성, 객관적인 언어는 존재하지 않는다. 적대는 객관성의 한계이다.[11] 이는 또한 합리적이고 객관적으로 인지될 수 있는 중립적이고 총체화된 사회의 불가능성을 의미한다("사회는 존재하지 않는다").

---

11) 라클라우는 다음과 같은 예를 들고 있다. "예를 들어 농민과 지주가 있을 때, 지주의 관점에서 농민의 담론은 완전히 비합리적이다. 농민의 관점에서 지주의 담론도 똑같이 비합리적이다. 그래서 이 두 담론 간의 공통된 기준은 전혀 없다." Athina Avgitidou & Eleni Koukou, "The Defender of Eventuality: An Interview with Ernesto Laclau", *Intellectum* Issue 5, 2008(http://www.intellectum.org/articles/issues/intellectum5/en/ITL05p085095_The_Defender_of_Eventuality_An_Interview_with_Ernesto_Laclau_Avgitdou_Koukou.pdf).

이런 라클라우와 무프의 적대 개념에 대한 지젝의 논평은 간략하지만 핵심적이다. 그것은 적대 개념에서 이룩한 돌파에 조응하지 못하는 주체 개념의 후퇴라고 묘사된다.

하지만 가장 근본적인 차원에서 적대 개념을 파악하기 위해서는 두 항의 관계를 **뒤집어야** 한다: 나 자신의 동일성을 획득하지 못하게 저지하는 것은 외부의 적이 아니다. 이미 모든 동일성은 본래 가로막혀 있으며, 불가능성을 특징으로 한다. 또한 외부의 적은 단순히 작은 조각, 우리가 그런 본래적이고 내재적인 불가능성을 '투사'하거나 '외화'하는 현실의 잔여물이다.[12]

라클라우와 무프는 적대를 외적 분할로 파악했지만, 지젝은 그것을 내적 분할로 봐야 한다고 지적한다. 적대는 동일성의 부정이 아니라, 부정된 동일성의 부정으로서 '부정의 부정'이기 때문이다.[13] 다만 사회적 적대는, 내적으로 이미 부정된 동일성을 외부의 적을 향해 투사·외화할 때 나타날 뿐이다(내적 분할의 외부화). 이는 사회적 적대에 선행하는 부정성을 함축한다. 이 부정성이 상징화에 저항하는 라캉적 실재이다. 상징계(the symbolic)에서 주체는 구성적 결여를 특징으로 하는 빗금 처진 주체($)이며, 사회적 적대는 이런 구성적 결여를 외부화함으로써 발생한다. 이런 이유로 지젝은 사회적 적대(동일성의 부정)와 실재로서의 적대(동일성의 부정에 선행하는 부정성)를 구별해야 한다고 주장한다.

---

12) Žižek, "Beyond Discourse-Analysis", *New Reflections on the Revolution of Our Time*, pp. 251~252(「담론 분석을 넘어서」, 『포스트맑스주의?』, 247쪽).
13) Jacob Torfing, *New Theories of Discourse: Laclau, Mouffe and Žižek*, Blackwell, 1999, p. 128.

따라서 우리는 그 근본적 형식에서 사회적인 것의 한계로서, 사회 영역이 구조화되는 불가능성으로서의 적대에 대한 체험과, 적대적 주체 위치들 간의 관계로서의 적대를 구별해야 한다. 라캉의 용어로 말하자면, 우리는 **실재**(the real)로서의 적대와 적대적 투쟁의 사회적 **현실**(reality)을 구별해야 한다.[14]

이런 비판은 적대 개념을 세공하려면 우선 라캉의 정신분석학을 향해 한 걸음 더 전진해야 한다는 것을 의미한다. 그리고 라클라우는 지젝의 비판을 환영하면서 자신의 적대 개념과 라캉의 실재 개념을 연결해야 한다는 점은 인정한다.[15] 그러나 지젝처럼 적대와 실재를 동화(assimilation)하는 데에는 반대한다.[16] 이것은 라클라우가 사회적 적대를 여전히 동일성의 차원, 즉 실재가 아니라 상징계에 위치시키기 때문이다. 대신에 라클라우는 사회적 적대에 선행하는 부정성을 탈구(dislocation)로 파악한다. 탈구는 담론이 상징계로 통합할 수 없는 사건의 발생에서 유래하는 담론의 탈안정화, 사건과 담론의 어긋남이며, 여기서 사회적 적대는 탈구에 대응하는 하나의 방식으로 재개념화된다. 상징화될 수 없는 사건과 그로 인한 구조적 탈구에 직면하여, 외부의 타자성을 구축하고 배제함으로써 조화로운 사회 질서를 (재)확립하려는 담론적 대응이 사회적 적대로 나타난다는 것이다. 이때 외부의 타자성은 담론 및 동일성의 구성에서 배제되지만 동시에 담론 및 동일성의 구성을 가능케 하는 조건이라는 의미에서 구성적 외

---

14) Žižek, "Beyond Discourse-Analysis", *New Reflections on the Revolution of Our Time*, p. 253(「담론 분석을 넘어서」, 『포스트맑스주의?』, 249쪽).
15) Laclau, *New Reflections on the Revolution of Our Time*, p. 235.
16) Carlos Pessoa, Marta Hernández, Seoungwon Lee, Lasse Thomassen, "Theory, Democracy and the Left: An Interview with Ernesto Laclau", *UMBR(a)* No. 1, 2001, p. 15.

부(constitutive outside)이다.

물론 『헤게모니와 사회주의 전략』에서 라캉은 분명히 중요한 흔적을 남기고 있지만(예컨대 라캉의 "성관계는 존재하지 않는다"를 연상시키는 "사회는 존재하지 않는다"라는 명제), 지젝의 비판적 논평의 영향으로 라클라우가 라캉을 향해 한 걸음 더 가까이 다가서기 시작했다는 점도 사실이다.[17] 그러나 여기서 얼핏 해결된 듯 보이는, 당시 라클라우와 지젝 또한 해결되었다고 생각했을 법한 쟁점은 이후 두 사람의 논쟁 전체를 규정하는 결정적인 쟁점의 드러난 이면일 뿐이었다. 라캉이 아니라 헤겔이 문제였던 것이다.

3. 반본질주의와 반-반본질주의

물론 라클라우는 『이데올로기의 숭고한 대상』에 붙인 「서문」에서 슬로베니아 학파의 "헤겔 독해에 관해서는 많은 부분 유보하고 있다"[18]고 밝히고 있다. 이런 잠정적인 유보를 지젝은 『그들은 자기가 하는 일을 알지 못하나이다』(1991)에서 더 이상 유보가 아닌 것으로 현실화시킨다. 이 책의 「2판 서문」(2002)에서 지젝은 『이데올로기의 숭고한 대상』에 "철학적 결함"이 있다고 하면서, 그 이유를 자신의 "라캉적 헤겔 독해"의 불분명함에서 찾고 있다. 또한 그로 인해 "자유민주주의적 정치적 태도의 잔재"를 청산하지 못했다고 반성한다. 이 책은 온통 헤겔에 대한 탐구로 이루어져 있으며, 따라서 이 책이 『이데올로기의 숭고한 대상』보다 "더 실질적인 성과"라는

---

17) Marianne W. Jorgensen & Louise Phillips, *Discourse Analysis as Theory and Method*, Sage, 2002, p. 42.
18) Laclau, "Preface", *The Sublime Object of Ideology*, p. xii(「서론」, 『이데올로기라는 숭고한 대상』, 10쪽).

지젝의 자평이 헤겔의 변증법을 가리킨다는 것은 분명하다.[19] 헤겔의 변증법이 전면으로 부상하면서 라클라우의 급진민주주의 전략 또한 명시적으로 거부된다.

> 라클라우(와 클로드 르포르)의 표준적인 대답은 민주주의이다.……설득력 있게 들릴지라도 우리는 그런 손쉬운 방식을 거부해야 한다. 왜? 민주주의의 문제는, 다수의 정치 주체들이 권력을 두고 경합하는 방식을 조절하는 실정적인 형식 체계로서 민주주의가 확립되는 순간, 그것은 어떤 선택들을 '비민주주의적'인 것으로 배제해야 한다는 데 있다. **이런 배제, 민주주의적 선택의 영역에서 누가 포함되고 누가 배제되는가에 관한 창시적 결정은 민주주의적이지 않다.**……정확히 이 지점에서 맑스의 통찰은 완전히 타당하기 때문이다: 이런 포함-배제는 근본적인 사회적 적대('계급투쟁')에 의해 과잉결정되며, 바로 이런 이유로 사회적 적대는 민주주의적 경합의 형식으로 결코 적합하게 번역될 수 없다.[20]

이것이 급진민주주의 전략에 대한 지젝의 비판적 결론이다. 민주주의의 영역은 포함-배제라는 비민주주의적 선택이 이루어진 장(場)이며, 이 장의 지평 자체를 과잉결정하는 건 계급 적대다. 그에 따르면, 헤게모니적 실천이 창출하는 여러 동일성들의 등가 연쇄에 기초해 자유와 평등을 지향하는(모든 불평등과 종속을 거부하는) 민주주의 투쟁을 통해 민주주의를

---

19) Žižek, "Foreword to the Second Edition: Enjoyment within the Limits of Reason Alone", *For They Know Not What They Do: Enjoyment as a Political Factor*, Verso, 2002(초판, 1991), pp. xi~xii, xviii(「제2판 서문: 오직 이성의 한계 내에서의 향락」; 『그들은 자기가 하는 일을 알지 못하나이다』, 박정수 옮김, 인간사랑, 2004, 11~12, 21쪽).
20) *Ibid.*, pp. lxxix~lxxx(같은 책, 102~103쪽).

모든 영역에서 급진화(근본화)한다는 라클라우의 전략은, 여타의 적대(성, 민족, 인종 등)보다 계급 적대가 우위에 있다는 점을 놓치고 있는 셈이다.

이러한 결론에 도달하는 지젝의 논리는 『우연성, 헤게모니, 보편성』(2000)에서 진행된 라클라우와의 논쟁에서 잘 드러난다.

여기서 나와 라클라우의 논쟁점은 헤게모니 투쟁에 참여하는 모든 요소들이 원칙상 동등하다는 것을 내가 받아들이지 않는다는 데 있다. 일련의 투쟁들(경제적, 정치적, 페미니즘적, 생태적, 인종적 등등)에는 이 연쇄의 일부이면서도 이 연쇄의 지평 자체를 은밀히 과잉결정하는 **하나**가 항상 존재한다. 특수자에 의한 보편자의 이런 혼성 작용은 헤게모니 투쟁(즉 어떤 특수한 내용이 문제의 보편성을 헤게모니화할 것인가를 둘러싼)보다 '강력'하다. 그것은 다수의 특수한 내용들이 헤게모니를 위해 투쟁하는 **지반 자체**를 사전에 구조화한다.[21]

요컨대 계급투쟁은 여러 투쟁들로 이루어진 등가 연쇄의 일부임과 동시에 등가 연쇄의 지평 내지 지반 자체를 사전에 구조화한다. 마찬가지로 계급 적대는 일련의 여러 사회적 적대들 가운데 하나이면서도, 그와 동시에 그 밖의 다른 사회적 적대들보다 우위에 있는 종별적 적대이다. 그러나 이런 지젝의 입장은 라클라우가 그토록 거부하는 본질주의가 아닌가?

물론 탈근대주의자들은 내가 계급투쟁을 '본질화'하고 있다고 응수할 것이다. 오늘날의 사회에는 일련의 특수한 정치 투쟁들(경제, 인권, 생태, 인

---

21) Žižek, "Holding the Place", *Contingency, Hegemony, Universality*, p. 320(「자리를 점유하기」, 『우연성, 헤게모니, 보편성』, 433~434쪽).

종주의, 성차별주의, 종교……)이 있으며, 어떤 투쟁도 '진정한' 투쟁, 다른 모든 투쟁들의 핵심이라고 주장할 수는 없다고 말이다.[22]

이에 대해 지젝은 크게 세 가지 방향에서 대응한다. 첫째, 이데올로기 비판이다. 반본질주의는 오히려 세계화된 현대 자본주의의 이데올로기이다. 오늘날 다문화주의적 동일성 정치는 다원적 주체들의 차이에 대한 존중이라는 명목으로 자본주의적 생산관계에 대한 언급을 본질주의라고 몰아붙이고 그것을 중립화한다. 개방적 동일성에 대한 방어가 계급 적대의 억압과 결부되어 있는 것이다. 개방적이고 우연적인 동일성을 갖는 주체성의 지평을 제공하는 '열린 사회'는 적대가 부과하는 제약에서 스스로 자유롭다고 상상한다.[23] 지젝은 '열린 사회'를 사회적 이상으로 삼아 대체물들의 끝없는 놀이를 주장하는 역사주의는, 세계 자본주의의 구조화 원리의 변화라는 구체적 역사성을 망각케 한다고 비판한다.[24]

둘째, 정치경제학 비판이다. 지젝은 텅 빈 기표(empty signifier)를 중심으로 작동하는 헤게모니적 실천의 우연성을 부정하는 것이 아니라, 그런 보편성의 공간이 등장할 수 있는 근거를 제시해야 한다고 강조한다. "'본질주의적' 맑스주의에서 탈근대적인 우연적 정치로의 이행(라클라우의 경우)은…… 단순한 인식론적 진보가 아니라 자본주의 사회의 본성 자체에서 일어난 세계적 변화의 일부이다."[25] 이와 같이 헤게모니 투쟁이 일

---

22) Žižek, "Class Struggle or Postmodernism? Yes, please!", *Ibid.*, p. 97(「계급투쟁입니까, 포스트모더니즘입니까? 예, 부탁드립니다!」, 같은 책, 143쪽).
23) Thomas Brockelman, "The Failure of the Radical Democratic Imaginary: Žižek versus Laclau and Mouffe on Vestigial Utopia", *Philosophy & Social Criticism* Vol. 29 No. 2, March 2003, p. 193.
24) Žižek, "Class Struggle or Postmodernism? Yes, please!", *Contingency, Hegemony, Universality*, p. 112(「계급투쟁입니까, 포스트모더니즘입니까? 예, 부탁드립니다!」, 『우연성, 헤게모니, 보편성』, 164~165쪽).

어나는 보편성의 공간을 가능케 하는 것이 바로 자본주의의 세계화이다. 헤게모니적 정치 형태의 일반화는 일정한 사회경제적 과정에 의존해 있으며, 본질주의적 정치를 기각하고 새롭게 다원적인 정치 주체성들을 양산하는 조건을 창출하는 것이 현대 세계 자본주의의 탈영토화이다.[26] 이는 탈근대적 정치 투쟁의 다원적 우연성과 자본의 총체성이 양립할 수 있음을 보여 준다. 그리고 이 때문에 역사적 지평 내에서 전개되는 우연성(동일성 정치 및 헤게모니적 실천)과 이 지평 자체를 구성하는 근본적 배제(계급투쟁)를 구별해야 하는 것이다.[27]

우연적인 헤게모니적 실천이 반본질주의적임을 인정하면서 동시에 '세계 자본주의의 구조화 논리'에 입각하여 반본질주의를 비판한다는 점에서, 이런 지젝의 입장을 (단순한 본질주의가 아니라) 반-반본질주의(anti-anti-essentialism)라고 지칭해 볼 수도 있겠다. 또는 한 대담에서 지젝 자신이 밝히고 있듯이 그의 입장은 (반본질주의적 우연성을 인정하는) 고전적 맑스주의일 수도 있다.

나의 입장은, 반자본주의 투쟁이 더 많은 평등, 문화적 인정, 반성차별주의 등등을 위한 여타의 정치 투쟁들 가운데 단지 하나에 불과한 것이 아니라고 강조한다는 의미에서 고전적 맑스주의에 가깝다. 나는 반자본주

---

25) Žižek, "Class Struggle or Postmodernism? Yes, please!", *Contingency, Hegemony, Universality*, p.106(「계급투쟁입니까, 포스트모더니즘입니까? 예, 부탁드립니다!」, 『우연성, 헤게모니, 보편성』, 157쪽).
26) Žižek, "Holding the Place", *Ibid.*, p.319(「자리를 점유하기」, 같은 책, 431쪽).
27) 따라서 지젝에 따르면 오늘날 좌파는, 지배적인 자유민주주의적 지평(민주주의, 인권, 자유 등)을 수용하고 그 내부에서 헤게모니 투쟁을 전개할 것인지, 아니면 어떤 근본적인 변화도 전체주의에 도달할 수밖에 없다는 자유민주주의의 협박을 단호히 거절하고 그 지평 자체를 거부할 것인지 갈림길에 서 있다. *Ibid.*, p.326(같은 글, 같은 책, 441쪽). 또한 지젝, 『전체주의가 어쨌다구?』, 한보희 옮김, 새물결, 2008 참조.

의 투쟁의 중심적인 구조화하는 역할을 믿는다. 또한 나는 나의 입장이 무모하거나 별나다고 생각하지 않는다.……내 생각에 오늘날 더 이상 중심적인 투쟁은 없고 다수의 투쟁들만 있다고 하는 관념은 가짜이다. 우리는 다수의 투쟁들의 기반이 현대 세계 자본주의에 의해 창출되었음을 잊지 말아야 하기 때문이다. 이것은 그런 투쟁들을 평가절하하지 않는다: 나는 그런 투쟁들이 진정한 투쟁이 아니라고 말하고 있는 것이 아니다. 내가 말하는 바는, 구식 계급투쟁으로부터 생태적·문화적·성적 등등 모든 탈근대적 투쟁들로의 이행은 세계 자본주의에 의해 가능하게 되었다는 점이다. 그런 투쟁들의 기반은 자본주의적 세계화이다.[28]

셋째, 이상의 비판들을 가능케 해주는 것은 지젝이 곳곳에서 반복하는 헤겔의 구체적 보편성(concrete universality) 개념이다. 맑스의 '자유, 평등 그리고 벤담'이라는 표현처럼(벤담이 가리키는 상품 교환, 시장 매매, 공리적 이기주의 등은 자유와 평등의 구체적 내용을 제공하는 사회적 환경이다), '그리고'(and)가 나타내는 제3항이 동일한 내용(보편성)을 자신의 두 양태(구체적 실존 조건) 속에 합체시킨다는 지젝의 의미를 차용하자면,[29] '이데올로기 비판, 정치경제학 비판 **그리고** 구체적 보편성'인 셈이다.

구체적 보편성의 핵심은 보편자와 특수자의 단락(short circuit)이다.[30] 라클라우의 경우 보편성은 특수성에 의존한다. "순수한 보편성으로 작동하는 보편성은 없다. 단지 중추적인 특수주의적 핵심을 중심으로 등가 연

---

28) Slavoj Žižek & Glyn Daly, *Conversations with Žižek*, Polity, 2004, pp. 149~150.
29) Žižek, "Introduction: The Spectre of Ideology", ed. Žižek, *Mapping Ideology*, Verso, 1994, p. 24.
30) Žižek, "Holding the Place", *Contingency, Hegemony, Universality*, p. 315(「자리를 점유하기」, 『우연성, 헤게모니, 보편성』, 425쪽).

쇄를 확장함으로써 창출되는 상대적 보편화만 있다."[31] 보편성은 보편적 대표/재현(representation)를 자임하는 특수성이 헤게모니적 실천을 통해 다른 특수한 부문들을 등가 연쇄로 묶어 낼 때 확립되는 특수자의 일시적 보편화이다. 보편성은 텅 빈 기표이며, 어떤 특수성이 그 텅 빈 기표의 자리를 차지하는가는 우연적인 정치적 경합에 달려 있다.[32] 하지만 그렇다고 해서 미리 구성되어 있는 헤게모니 세력이 구조 내의 텅 빈 자리를 채우는 것은 아니다. 텅 빈 기표는 특수성에 의해 변형되지만, 동시에 특수성 또한 헤게모니적 실천 과정에서 변형되기 때문이다.[33]

어떤 면에서 이는 지젝의 구체적 보편성과 매우 유사하다. 지젝 또한 특수자에 대한 보편자의 우위성을 비판하고, 그것이 텅 빈 기표에 불과하다고 보기 때문이다. 하지만 그는 텅 빈 보편적 형식의 구성에서 어떤 외상적 내용의 배제가 일어난다고 보는 점에서 라클라우와 다르다. "그래서 우리는 두 수준을 구별해야 한다. 특수한 내용이 텅 빈 보편적 개념을 헤게모

---

[31] Laclau, "Structure, History and the Political", *Contingency, Hegemony, Universality*, p. 208(「구조, 역사, 그리고 정치적인 것」, 『우연성, 헤게모니, 보편성』, 284쪽). 라클라우는 다음과 같은 예를 들고 있다. "예를 들어 나는 헤게모니 개념이 페미니즘에 완벽하게 적실하다고 말할 수 있는데, 페미니즘은 헤게모니적 공간에서만 실존할 수 있기 때문이다. '여성'이라는 기표를 생각해 보자. 그것의 의미는 무엇인가? [다른 기표들과] 고립시키면 그것은 아무 의미도 갖지 않는다. 어떤 의미를 지니기 위해서 그것은 일련의 담론 관계 속으로 들어가야만 한다. 그러나 한편으로 '여성'은 가족, 남성에 대한 종속 등등과 등가 관계 속으로 들어갈 수도 있고, 다른 한편으로 '억압', '흑인', '동성애자' 등등과의 담론 관계 속으로 들어갈 수도 있다. '여성'이라는 기표 자체는 아무 의미를 갖지 않는다. 결론적으로, 사회에서 그 의미는 헤게모니적 절합에 의해서만 주어진다." Laclau, "Metaphor and Social Antagonisms", eds. Lawrence Grossberg & Cary Nelson, *Marxism and the Interpretation of Culture*, University of Illinois Press, 1988, pp. 254~255(「은유와 사회적 적대」, 『사회변혁과 헤게모니』, 272쪽).

[32] Laclau, "Universalism, Particularism and the Question of Identity", *Emancipation(s)*, Verso, 1996, pp. 34~35.

[33] Laclau, "Identity and Hegemony: The Role of Universality in the Constitution of Political Logics", *Contingency, Hegemony, Universality*, pp. 69~70(「정체성과 헤게모니: 정치 논리의 구성에서 보편성이 지닌 역할」, 『우연성, 헤게모니, 보편성』, 108쪽).

니화하는 헤게모니 투쟁과, 보편자를 비어 있게 하는——따라서 헤게모니 투쟁의 지반을 제공하는——보다 근본적인 불가능성을 말이다."[34] 텅 빈 보편성의 구성에는 반드시 배제된 한 요소가 존재한다. 이 배제된 외부성(내부의 외부)은 보편성에 항상 흔적을 남기고 있으며, 따라서 완전한 총체적 보편성은 불가능하다.[35]

다시 말해서 다양한 특수한 내용이 보편자의 중립적 틀 속에 분할, 종적 차이를 도입한다는 흔한 통념과는 반대로, 보편자 자체는 한 집합에서 어떤 특수자——보편자 자체를 구현하도록 되어 있는——를 뺄셈하는(subtracting) 방식으로 구성된다. 보편자는……무수한 특수자의 다양성과 그 한가운데에서 보편자를 '구현'하는 요소 사이의 근본적인 분열 작용에서 발생한다.[36]

이것은 헤게모니적 실천의 논리와는 달리, 보편자에 대해 모든 특수자들이 동일한 관계를 누리지 않는다는 것을 함축한다. 모든 요소들 중에서 보편자에 대한 예외적 단독 사례(exceptional singular case)가 존재하는 것이다.[37] 지젝은 (보편적) 규칙에는 항상 (특수한) 예외가 있으며 이 예외는 규칙을 반증하는 게 아니라 확증한다고 하면서, 가령 "체스에는 다른 가능한 움직임들의 기본 논리에 위배되는 움직임, 즉 예외로서의 로카

---

34) Žižek, "Class Struggle or Postmodernism? Yes, please!", *Ibid.*, p. 111(「계급투쟁입니까, 포스트모더니즘입니까? 예, 부탁드립니다!」, 같은 책, 163~164쪽).
35) Žižek, "Da Capo senza Fine", *Ibid.*, p. 237(「끝없이 처음부터 반복하기」, 같은 책, 324쪽).
36) Žižek, *For They Know Not What They Do*, p. 44(『그들은 자기가 하는 일을 알지 못하나이다』, 202쪽).
37) Žižek, "Da Capo senza Fine", *Contingency, Hegemony, Universality*, p. 240(「끝없이 처음부터 반복하기」, 『우연성, 헤게모니, 보편성』, 328쪽).

드(rocade)가 있다. 카드 게임에는 종종 가장 높은 조합을 뒤엎어 버릴 수 있는 어떤 예외적인 낮은 조합이 있다"[38]는 예를 든다. 이 예외는 규칙에서 배제된 것이지만, 동시에 규칙 전체를 구조화한다. 이와 다소 맥락은 다르지만, 사실 이것은 애초 '과잉결정'을 제시하는 알튀세르 자신의 문제설정이기도 했다.

> '예외적 상황'은 무엇 때문에 예외적인지, 그리고 다른 모든 예외처럼 이 예외 또한 규칙을 밝혀 주고 있는 것은 아닌지, 규칙에는 의식되지 않은 상태지만 그것이 규칙 자체인 것은 아닌지를 자문해 보아야 한다. 왜냐하면 결국, 우리는 항상 예외 속에 있는 것은 아닌가? …… 모순은 겉으로 단순하게 보이지만 항상 과잉결정되어 있다는 식으로밖에는 달리 말할 수가 없다. 바로 여기에서 예외는 자기 자신을 규칙으로, 규칙의 규칙으로 드러낸다.[39]

이 지점에서 지젝은 알튀세르와 가장 가깝게 밀착해 있다. "과잉결정의 주요 특징으로서 알튀세르가 강조했던 특징은…… 헤겔적인 구체적 보편성의 바로 그 근본적 특징이다."[40] 주지하듯이 알튀세르는 목적론적인 헤겔 변증법과 비목적론적인 맑스 변증법을 구별하는 데 심혈을 기울였다.[41] 이런 대목은 지젝이 말하는 '헤겔 변증법'이 (초기) 알튀세르가 말한 '맑스 변증법'과 결과적으로 상당히 유사함을 추론케 한다. 헤겔의 변증법

---

38) 지젝, 『까다로운 주체』, 이성민 옮김, 도서출판b, 2005, 167쪽.
39) 알튀세르, 「모순과 중층결정(연구를 위한 노트)」, 『맑스를 위하여』, 121, 123~124쪽.
40) 지젝, 『까다로운 주체』, 174쪽.
41) 알튀세르, 「헤겔에 대한 맑스의 관계」, 『마키아벨리의 고독』, 김석민 옮김, 새길, 1992; 알튀세르, 『맑스를 위하여』 참조.

에서 끌어낸 구체적 보편성 개념은 이후 지젝의 정치적 입장을 근거 짓는 기본 논리로 작동한다. 예컨대 『이라크: 빌려온 항아리』(2004)에서 그는 다음과 같이 진술한다.

> 맑스주의의 내기는 다른 모든 적대를 과잉결정하며 또한 그러한 것으로서 전 영역의 '구체적 보편자'인 하나의 대립('계급투쟁')이 있다는 것이다. 여기서 '과잉결정'이라는 용어는 정확히 알튀세르적인 의미로 사용되는 것이다. 그 용어는 계급투쟁이 다른 모든 투쟁들의 궁극적 참조항이거나 의미 지평이라는 것을 의미하지 않는다. 그것은 계급투쟁이 여타의 적대들이 '등가 연쇄'로 절합될 수 있는 상이한 방식들의 '비일관적'인 복수성 그 자체를 설명할 수 있게 해주는 구조화 원리라는 것을 의미한다. ……여기서 계급투쟁은 엄밀히 헤겔적인 의미에서 '구체적 보편성'이다. 그것은, 그것의 타자성(다른 적대들)에 관계하면서, 그 자신에게 관계한다. 즉 그것은 그것이 다른 투쟁들과 관계하는 방식을 (과잉)결정한다.[42]

그래서 지젝은 계급투쟁이 성, 인종, 생태 등 여러 특수성들 가운데 하나이지만, 동시에 보편성을 텅 빈 기표로 구성하기 위해 배제되어야 하

---

42) 지젝, 『이라크: 빌려온 항아리』, 박대진·박제철·이성민 옮김, 도서출판b, 2004, 132~133쪽. 지젝은 다음과 같이 페미니즘과 인종차별주의를 예로 들고 있다. "예를 들어 페미니즘의 투쟁은 해방을 위한 진보주의적 투쟁과 묶인 상태로 분절될 수 있다. 또는 그것은 상위 중산 계급들이 그들의, '가부장적이고 불관용적인' 하층 계급에 대한 우월성을 주장하는 데 사용되는 이데올로기적 도구로서 기능할 수 있다(그리고 분명 그렇게 기능한다). 그리고 여기서 요점은 페미니즘의 투쟁이 계급 적대와 함께 다른 방식으로 분절될 수 있다는 것뿐만 아니라 계급 적대가 말하자면 여기에 이중적으로 각인되어 있다는 것이다: 왜 페미니즘의 투쟁이 상위 계급들에 의해 전유되는가를 설명하는 것은 계급투쟁의 특정 좌표 자체이다(인종차별주의도 마찬가지이다: 노골적인 인종차별주의가 왜 최하층 계급의 백인 노동자들 사이에서 강하게 나타나는가를 설명하는 것은 계급투쟁의 역동성 자체이다)." 지젝, 『시차적 관점』, 김서영 옮김, 마티, 2009, 708쪽.

는 예외적 특수성이라고 주장한다. 즉 오늘날의 민주주의는 계급 적대를 제거하는 한에서 헤게모니 투쟁의 전장이다. 따라서 진정한 정치적 행위(political act)는, 자본주의 지평 내에서의 헤게모니 투쟁이 아니라 그 지평 자체를 전복하는 반자본주의 투쟁이다. 이는 '계급투쟁으로 돌아가라'는 좌파의 주장을 비판하며, 새로운 헤게모니를 구축하기 위해 '헤게모니 투쟁으로 돌아가라'고 외치는 라클라우와 명백히 대립적이다.[43]

4. '헤겔 없는 라캉'과 '라캉과 함께하는 헤겔'

최근의 논쟁은 어떤 면에서 앞선 논쟁 주제들의 반복과 변주이다. 『인민주의 이성』에서 라클라우는 급진민주주의 전략을 인민주의 개념으로 구체화하고 인민(people)을 정치 주체로 지목한다.[44] 정치적 범주로서 인민은 주어진 집단이 아니라 복수적인 이질적 요소들로부터 새롭게 창출되는 행위자이다. 그것은 물론 사회정치적 요구들을 등가 연쇄로 묶어 내는 헤게모니적 절합을 통해 구성되며, 따라서 생산관계 차원에서 선험적으로 결정되는 행위자가 아니라 적대 전선을 확립할 수 있는 체계에 이질적인 약자들(underdogs)이다(여기서 라클라우는 프롤레타리아 계급이 아니라 비계급인 룸펜프롤레타리아 범주를 확장할 필요가 있다고 본다).[45] '인민주의 이성'은 이런 특수한 이질적 타자(구성적 외부)를 인민이라는 텅 빈 기표를 중심으로 보편화하는 논리이며, 따라서 인민주의는 역사적인 경험적 현상과 무관한 민주주의의 정치적 논리 그 자체와 동일하다. 다시 말해서 인민은

---

43) Laclau & Mouffe, "Preface to the Second Edition", *Hegemony and Socialist Strategy*, pp. xviii~xix.
44) Laclau, *On Populist Reason*, pp. 224~225.
45) *Ibid.*, pp. 150~151.

포풀루스(populus)이자 플레브스(plebs)인바, 포풀루스가 공동체 자체를 나타내는 총체성(totality)이라면, 플레브스는 사회 질서의 밑바닥에 있는 자들이다. 플레브스가 공동체 내의 한 부분성(partiality)이면서도 공동체의 총체성을 구현하는 포풀루스로 스스로를 제시할 때 인민이라는 동일성을 창출하고 사회적 적대를 구성할 수 있다.

이와 같은 인민주의에 대한 관심은 이미 라클라우의 초기 저술에서 나타나 있기 때문에 전혀 새로운 것은 아니다.[46] 단지 초기 저술이 주로 알튀세르의 호명(interpellation) 이론에 기초해 있었다면, 『인민주의 이성』에서는 라캉의 개념들이 폭넓게 사용되고 있을 뿐이다. 예를 들어 그는 라캉의 대상 a 개념으로 헤게모니의 논리를 설명하기도 하는데, 특수자가 보편자의 텅 빈 자리를 점유하듯이 대상 a는 부분에 의해 전체가 구현되는 과정을 보여 준다고 말한다.[47] 이것은 라클라우가 『헤게모니와 사회주의 전략』 이후 라캉의 이론을 더 많이 수용해 왔음을 의미한다.

이 책의 후반부에서 라클라우는 『우연성, 헤게모니, 보편성』에서 지젝의 비판에 대해 충분히 해명하지 못했다고 하면서 (네그리와 하트, 랑시에르와 함께) 지젝의 사유를 간략히 언급하고 있는데,[48] 여기서 그의 비판

---

46) Laclau, "Toward a Theory of Populism", *Politics and Ideology in Marxist Theory: Capitalism, Fascism, Populism*, NLB, 1977. 이에 대한 비판으로는 니코스 무젤리스, 「이데올로기와 계급 정치: 라클라우 비판」, 『포스트맑스주의?』 참조.
47) Laclau, *On Populist Reason*, pp. 115~116.
48) 라클라우는 랑시에르의 몫 없는 자들의 민주주의 개념이 자신과 매우 유사하다고 판단한다. 셈할 수 없는 것이 셈하는 원리 자체에 파열을 내는 랑시에르의 개념화는 한 부분(특수성)이 전체(보편성)로서 기능하는 자신의 헤게모니 논리와 유사하며, 특수한 투쟁이 자신의 특수성을 초월하는 상징적 의미와 결부될 때 보편적으로 기능하는 과정을 예리하게 지각하고 있다는 것이다. 그러나 라클라우는 인민이 진보적 동일성을 중심으로 구성되는 것은 선험적으로 보증된 것이 아니라고 반박한다. 담론 형식은 본래 비결정적이기 때문이다. 이런 이유로 그는 랑시에르가 정치의 가능성을 해방 정치의 가능성과 동일시하는 것은 문제가 있다고 비판하고, 그것이 파시즘적 방향으로 나아갈 수 있음을 고려해야 한다고 지적한다. *Ibid.*, pp. 245~246.

의 핵심은 역시 지젝이 본질주의적 맑스주의자라는 데 있다. 자본주의 경제가 이질적 요소들에 의해 과잉결정된다는 것을 이해하지 못하고 계급과 경제 투쟁만을 특권화하고 있으며, 반자본주의 투쟁의 지표를 전혀 제시하지 않은 채 그 외의 모든 투쟁을 기각함으로써 해방적 주체에 관한 이론을 제시하지 못하는 정치적 허무주의라는 것이다. 또한 그 이유는 지젝이 서로 양립할 수 없는 정신분석학과 헤겔적·맑스적 역사철학에 근거하기 때문이라고 지적한다.[49]

이에 대해 지젝은 라클라우를 다시 비판하고, 이후 서로 비판과 반비판을 주고받으며 뜨거운 논전을 전개한다. 지젝은 라클라우가 계급투쟁보다 인민주의를 선호하고 있지만, 그가 제시하는 인민주의의 정의는 인민주의의 역사적·경험적 현상들을 정당화하는 데 부적합하고, 더구나 인민주의 담론이 임의의 적을 구축하면서 계급 적대를 전치하는 방식을 고려하지 않고 있으며, 혁명적인 정치적 행위는 사회정치적 요구들을 등가 연쇄로 구성하는 것이 아니라 그런 요구들의 지평을 넘어서는 것이라고 비판한다.[50] 그리고 결국 라클라우는 지젝이 라캉 이론을 체계적으로 왜곡하고 있다고 공격하고, 지젝은 라클라우가 상투적인 헤겔 비판을 벗어나지 못하고 있다고 반박한다.

여기서 누가 더 라캉의 이론을 정치적으로 타당하게 번역하고 있는지 평가할 필요는 없다. 분명한 것은 라클라우가 '헤겔 없는 라캉'을 요구한다면, 지젝은 '라캉과 함께 헤겔을' 읽어야 한다고 본다는 점이다. 물론 라클라우가 비판하는 헤겔은 목적론적 변증법의 헤겔이며, 지젝이 해석하는 헤겔은 비목적론적 변증법의 헤겔이다. 이런 차이는 특히 적대 개념에서

---

49) Laclau, *On Populist Reason*, pp. 235~239.
50) Žižek, "Against the Populist Temptation", *Critical Inquiry* Vol. 32 No. 3, pp. 554~558.

잘 드러난다. 『인민주의 이성』에서 라클라우는 적대를 설명하면서 다음과 같이 적고 있다.

> A-B 대립은 결코 완전하게 A-not A가 되지 않을 것이다. B의 'B임' (B-ness)은 궁극적으로 변증법화할 수 없을 것이다. '인민'은 항상 권력의 순수한 대립물 이상의 어떤 것이다. 상징적 통합에 저항하는 '인민'의 실재가 존재한다.[51]

앞서 논의한 최초의 논쟁에서 라클라우는 적대를 상징계에 위치시키고 이를 동일성의 부정이라고 본 반면, 지젝은 적대를 실재에 위치시키고 이를 부정된 동일성의 부정(부정의 부정)이라고 정의했다. 이 차이를 다음의 도해로 표현할 수 있다.[52]

라클라우　　A ← anti-A
지젝　　　　A̸ ← anti-A

그런데 『인민주의 이성』의 라클라우에 따르면, A-B 대립은 완전한 A-not A가 될 수 없는데, 이질적인 타자인 B를 B이게 하는 것에는 not A로 완전히 통합될 수 없는 실재가 있기 때문이다. 이는 라클라우가 자신의 초기 적대 개념을 수정해서 실재와 연결시키고 있음을 보여 준다(이 경우 B를 B이게 하는 실재의 조각은 대상 a이다). 이에 대해 지젝은 다음과 같이 비판한다.

---

51) Laclau, *On Populist Reason*, p. 152.
52) Torfing, *New Theories of Discourse*, p. 128.

실재를 다루면서 라클라우는 적대로서의 실재라는 형식적 개념과, 형식적 대립으로 환원될 수 없는 것으로서의 실재라는 경험적 개념 사이에서 동요하는 것 같다.……물론 결정적인 질문은 다음과 같다. 권력의 '순수한 대립물'을 넘어서는 인민의 이런 과잉의 성격은 정확히 무엇인가? 또는 인민 속에 있는 무엇이 상징적 통합에 저항하는가? 그것은 (경험적이든 아니든) 단순히 자신의 규정들의 집적이 아닌가? 만일 그렇다면, 우리는 상징적 통합에 저항하는 실재를 다루고 있는 것이 아니다. 이 경우 실재는 정확히 A-non-A의 적대이므로, 'B 속에 있는 non-A보다 더한 것'은 B 속에 있는 실재가 아니라 B의 상징적 규정들이기 때문이다.[53]

다시 말해, 지젝이 보기에 라클라우가 말하는 non-A로 통합되지 않는 B 속에 있는 것은 실재가 아니라 상징계에 위치한 B의 수많은 규정들에 불과하다. 요컨대 라클라우가 적대를 상징계에 위치시킬 것인가 실재에 위치시킬 것인가 사이에서 여전히 동요한다는 것이다. 하지만 이를 라클라우는 다시 반박하고, 지젝도 재비판한다. 다소 길지만 나란히 읽어 보자.

적대의 현존은 사회적 행위자들에게 동일성의 완전함을 부인한다. 결과적으로 일정한 대상, 목표 등이 부재하는 완전함의 이름이 되는(그것들을 '사물의 존엄성으로 끌어올리는') 동일화의 과정이 존재한다. 이것이 정확히 B의 B임이 의미하는 바이다. 그것은 단순히 경험적 대상이 아니라, 존재적 특수성을 흘러넘치는 완전함을 재현하는 기능이 투여된, 주어진 대상이다. 그래서 우리가 알 수 있듯이 지젝의 양자택일은 전적으로 오해이다. 첫째, 지젝은 적대의 실재를 A-not A의 변증법적 관계로 이해하는데,

---

[53] Žižek, "Against the Populist Temptation", *Critical Inquiry* Vol. 32 No. 3, pp. 566~567.

여기서 두 항의 완전한 재현 가능성은 실재의 방해하는 성격을 제거한다. 그리고 둘째, 지젝은 B의 B임을 대상의 경험적인 규정들로 환원하며, 따라서 대상 a의 논리 전체를 무시한다. 지젝의 반론에는 약간의 실 내용도 없다.[54]

여기서 차이는 적대의 실재와 변증법적 모순(A-not A의 변증법적 관계)의 관계에 달려 있다. 라클라우에게 양자는 명백히 양립할 수 없다. 적대는 동일성의 방해인 반면, (헤겔적) 모순은 A의 동일성의 내재적 발전이기 때문이다. 그러나 그런가? 나의 주장(또한 나의 것만은 아닌)은, 헤겔적 모순이 A와 non-A 사이에 있지 않다는 것이다. 그것은 내부로부터 A를 훼방하고 좌절시키는 것, A의 동일성을 획득하지 못하게, 그것인 바가 되지 못하게 하는 것이다. (라클라우가 요청하는) 완전한 재현 가능성의 공간에서, A와 B는 서로에게 대립되는, 이런 대립을 통해 서로를 정의하는, 따라서 서로를 구성하는 자기-동일적인 두 항일 것이다 남성은 여성에 대한 대립 속에서만 남성이다 등등. 내가 주장하는 바는, 이것은 헤겔적 모순이 전혀 아니며, 단순히 두 항들이 서로를 보완하는 양극성의 관계라는 것이다. 대립물들의 양극성에서 모순으로 나아갈 경우에는 두 가지를 해야 한다. 첫째, 내부로부터 A를 훼손(박탈, 가로막음)하는, 자기-동일성을 저지하는(구성하지 못하게 하는) 것으로 B를 이해해야 한다. 그리고 둘째, 완전하게 자신이 되지 못하는, 자기-동일성을 획득하지 못하는 A의 불가능성의 효과(물질화)로서 B를 이해해야 한다. 요컨대 B는 A가 자기-동일성을 획득하지 못하도록 저지하는 것 ──그것의 한가운데 있

---

54) Laclau, "Why Constructing a People is the Main Task of Radical Politics", *Ibid.* Vol. 32 No. 4, pp. 670~671.

는 낯선 신체——일 뿐만 아니라, 또한 B는 A가 그 자신이 되지 못하는 실패——이런 실패의 물질화 내지 육화——에 다름 아니다.[55]

라클라우의 논점은 지젝이 적대의 실재를 A-not A의 변증법적 관계로 파악한다는 것이다. 반면에 지젝의 논점은 헤겔의 모순은 A-non-A 관계가 아니며, 이는 상호 보완적인 대립물들의 양극성의 관계에 불과하다는 것이다. 모순은 A-non-A 관계가 아니라, 내적으로 분할된 A와 B의 관계에 있다. 앞서 제시한 도해를 반복하자면, A는 A와 A̸로 분할되어 있으며, A̸와 B의 관계가 지젝이 말하는 변증법적 모순 관계이다.

대부분의 논쟁이 인신공격으로 귀결하듯이 '대가들'도 다르지 않다. 이쯤에서 두 사람은 서로 자신의 입장을 반복해서 설명할 뿐, 서로를 설득하거나 이해시킬 수 있는 언어를 상실하고 있다. 라클라우와 지젝이 서로 동의하듯이 적대가 객관성의 한계라면, 이 두 사람의 논쟁은 이제 적대의 한 사례가 된 것인지도 모르겠다.

5. 돌파되지 못한 '맑스주의의 위기'

최초의 논쟁 이후 거의 20여 년이 지난 지금, 이제 라클라우는 적대의 실재를 말하는 만큼 라캉을 보다 폭넓게 수용하면서 초기의 적대 개념을 상당히 수정한 것처럼 보인다. 적어도 상징계와 실재의 관계를 적극적으로 사고하면서 자신의 급진민주주의 전략을 보다 정교하게 다듬고 있다. 반면에 지젝은 헤겔을 전면적으로 재해석하면서 초기의 급진민주주의적 잔재를 청산하고 고전적 맑스주의의 입장으로 돌아가 그것을 세련화시키고 있

---

55) Žižek, "Schlagend, aber nicht Treffend!", *Critical Inquiry* Vol. 33 No. 1, pp. 204~205.

다. 하지만 여기서 살펴본 것처럼, 적대 개념을 둘러싼 두 사람의 논쟁은 그 핵심에서 최초의 입장을 반복하고 있다. 요컨대 라클라우가 적대를 상징계의 효과로 본다면, 지젝은 적대를 상징계를 구조화하는 원리로서 실재에 위치시킨다. 알튀세르에 국한시켜 보자면, 여기에 걸려 있는 내기는 '과잉결정'을 어떻게 이해할 것인가에 달려 있다. 라클라우는 과잉결정 개념에 결부되어 있는 최종 심급이라는 관념을 폐기하고, 상징계에서 동일성의 정치가 작동하는 논리로 그것을 재가공한다. 반면에 지젝은 헤겔의 구체적 보편성 개념을 끌어와서 과잉결정과 최종 심급의 기능을 동시에 수행하는 것으로 계급 적대를 이해하는데, 이는 최종 심급이라는 관념을 라캉적 실재 개념으로 복원하는 것이라고 평가할 수 있다.

사실 라클라우가 호언하듯이 지난 20여 년의 정세에서 민주주의를 급진화하자는 그의 포스트맑스주의는 현실 정치의 기본 논리로 작동해 왔으며, 명시적이든 암묵적이든 대부분의 (신)사회 운동들은 더 많은 민주주의를 위한 헤게모니 투쟁을 충실히 수행해 왔다고 해도 과언이 아니다. 그러나 거꾸로 보면, 그럼에도 불구하고 (신)사회 운동들이 세계 자본주의를 변혁하거나 개혁하는 데 실패하고 상당 부분 자본에 포섭되거나 애초의 활력을 상실해 온 것도 사실이다. 지젝이 급진민주주의 전략을 내세우는 라클라우의 포스트맑스주의에 반기를 드는 이유도 여기에 있을 것이다. 민주주의라는 상징계 내부에서 헤게모니를 쟁취하기 위한 투쟁으로는 자본주의는커녕 현실의 민주주의조차 근본적으로 변화시키는 데 한계가 있다는 것이다. 그렇다면 우리는 헤게모니 투쟁을 상대화하고 다시 계급투쟁으로 돌아가야 할까? 그러나 우리가 돌아가야 할 계급투쟁이란 과연 무엇이며, 어떤 조직 형태를 통해 어디를 향해 나아가야 할까?

마치 마지막 유언인 것처럼 알튀세르는 평생의 신념이었던 공산주의가 도래한다면 스피노자의 '기쁜 정념들'과 베토벤의 '환희의 찬가'가 울려

퍼질 것이라고 말했다. 그에게 공산주의란 "상품 관계의 부재, 즉 국가 지배와 계급적 착취 관계의 부재"이다.

그러나 어떤 방법으로 이런 공산주의적 조직들이 전 세계로 퍼질 수 있을 것인가가 문제다. 아무도 그것을 예견할 수는 없다. 하지만 어쨌든 소련의 방식은 아닐 것이다. 국가 권력의 장악? 아마도 그럴 것이다. 그러나 그런 행위는 '너절한 것'(국가, 필연적으로 국가)인 사회주의로 말려들게 될 것이다. 그렇다면 국가의 쇠퇴? 물론 그럴 수 있다. 그러나 그 자체의 하부구조에 따라 점점 공고해지는 제국주의적 자본주의 세계, 그렇게 해서 국가 권력의 장악을 현실성 없는 것은 아니지만 일시적인 것으로 만드는 그런 세계에서 국가의 쇠퇴를 기대할 수 있겠는가? 부르주아적인 국제주의적 자본주의 헤게모니의 지배에 필수불가결한 국가에서 우리를 해방시키게 될 것은 분명 가스통 데페르가 부르짖는 지방 분권화도 아니고 레이건이나 시라크 같은 신자유주의자들의 멍청한 슬로건도 아니다. **단 하나 희망이 있다면, 그것은 대중 운동 속에서 가능한데**, 나는 (특히 엘렌 덕분에) 그 운동들이 저런 자들의 정치 조직보다 우위에 있다고 항상 생각했다.[56]

그는 단 하나의 희망은 대중 운동 속에 있다고 했다. 하지만 대중 운동이 어떻게 기존의 오류와 한계를 넘어서 공산주의에 다가갈 것인지 우리는 알지 못한다. 다시 말해서 우리는 알튀세르가 선언한 바 있는 '맑스주의의 위기' 속에 여전히 살고 있고 그것을 돌파하지 못하고 있다. 라클라우와 지젝의 논쟁이 탈맑스주의적 알튀세르와 스탈린주의적 알튀세르의 대

---

56) 알튀세르, 『미래는 오래 지속된다』, 권은미 옮김, 이매진, 2008, 296~297쪽(강조는 인용자).

립인 것처럼 보이는 까닭도, 그것이 '맑스주의의 위기'를 구획하도록 만든 알튀세르적인 이론적·실천적 지형을 진정으로 벗어나지 못하고 있기 때문이다. 어쩌면 지금 우리에게는 '헤게모니 투쟁'(라클라우), '계급투쟁'(지젝), 그리고 '대중 운동'(알튀세르)이라는 세 개의 카드가 쥐어져 있는 것일지도 모른다. 당신이라면 어디에 내기를 걸겠는가?

19장 알튀세르와 서발턴 연구

안준범

알튀세르를 이론적으로 기억하려는 자리에서 그와 '서발턴 연구'의 이론적 관계를 논한다는 것은 알튀세리엥들에게도 서발터니스트들에게도 생소한 사안일 것이다. 특히 역사학의 지형에서 과연 알튀세르 효과라 불릴 만한 이론적 실천이 있었는지, 또는 심지어 가능한지를 물으려는 이들이라면, 그 생소함은 배가될 것이다. 저 방대하고 복합적인 아날 학파의 전통 중 어떤 흐름과 알튀세르의 생산적인 대화를 타진해 본 시도도 있었고, 영국 맑스주의 역사가들과 알튀세르의 갈등적인 해후도 있었지만, '서발턴 연구'와의 대화나 해후는 없었던 것으로 보인다. 정말 그런가?

역사학의 지형에서 알튀세르를 생산적으로 전유한 이론적 실천이 바로 '서발턴 연구'라고 주장하는 것은 하나의 도발일 것이다. 그러나 무용한 도발. 알튀세르도 '서발턴 연구'도 역사학의 영토에서 유력한 시민으로 등록된 적이 없었으므로. 하지만 역설적인 도발. 알튀세르 효과로서의 '서발턴 연구'야말로 역사학의 어떤 심부를 열었으므로. 도발은 이 짧은 글에서 시작된다. 우선 구하에 대해서만, 그것도 제한적으로 논하겠다. 단 스피박으로 우회하여 구하에게 간다. 세상은 별로 주목하지 않았어도 매우 명시적으로 알튀세르에 준거했던 서발터니스트 스피박을 간략히 경유하여. 스피박이 문제화하는 서발턴의 침묵을 재현하는 역사학적 읽기-쓰기에 이론적 내기를 건 구하에게로. 이 짧은 여정이 비록 구하에 대한 제한적인 읽기에 머물지라도, '서발턴 연구'라는 '역사가들'의 사유가 '철학자' 알튀세르의 사유와 회통하는 지점을 일별할 수 있을 것이다.

1. 서발턴 연구 프로젝트를 창설한 이는 라나지트 구하였지만, 영미 학계에서 서발턴 개념 확산에 결정적 전기를 제공했던 이는 가야트리 스피박이었다고 해야 할 것이다. 『서발턴 연구』의 창간호가 1982년에 나왔고, 이 연구 집단의 창설적 텍스트인 구하의 『서발턴과 봉기』가 1983년에 나왔어도, 이들의 존재감이 비가역적으로 영미 학계에 각인된 계기는 아마 『서발턴 연구 선집』(Selected Subaltern Studies)의 출간일 것인데, 1987년에 나온 이 선집의 편집자가 구하와 스피박이었다. 또 여기에 추천사를 쓴 이가 에드워드 사이드였으니, 스피박과 사이드의 명망이 모종의 구실을 했으리라고 추정하는 게 무리는 아닐 것이다. 하지만 역시 무엇보다도 먼저 스피박의 「서발턴은 말할 수 있는가?」에 대해 말해야 할 것이다. 하나의 '이론적 사건'이었으니.[1] 게다가 알튀세르 효과의 명시적 표현을 볼 수 있으니.

데리디언으로 널리 알려진 스피박이지만 그녀에게서도 알튀세르 효과의 반향을 들을 수 있다는 것을 언젠가 상세하게 짚어야 할 것이다. 당장엔, 맑스주의를 유럽 중심주의로부터 구해 내려는 맑스주의자들에게 힘을 보태고자 했던 그녀를, 구조주의적인 방식으로 맑스를 읽으려는 모든 시도들을 하나로 묶어 버리는 영미 학계의 경향을 비판하는 그녀를, "맑스의 텍스트를 그 안에 있는 메타포들의 생생한 논리를 통해 읽고 있는" "잊힌

---

[1] Rosalind C. Morris ed., *Can the Subaltern Speak?: Reflections on the History of an Idea*, Columbia University Press, 2010.

알튀세르"를 향한 존경을 표현하는 그녀를 기억하는 것으로 족하다.[2] 그런 그녀가 1983년 여름 맑스주의 문학 그룹(Marxist Literary Group)이 조직한 학술회의 '맑스주의와 문화의 해석'(Marxism and the Interpretation of Culture)에서 「서발턴은 말할 수 있는가?」라는 에세이를 통해 맑스주의자들에게 서발턴 개념을 제시할 때, 그녀가 맑스주의 역사에서 준거로 채택한 것이 알튀세르의 이데올로기 개념이었다.

이 에세이에서 그녀의 문제제기는 이런 것이었다. "우리는 이제 다음과 같은 질문과 대면해야만 한다. 국제 노동 분업에서 사회화된 자본과는 다른 쪽에서, 애초의 경제 텍스트를 보충하는 제국주의적인 법과 교육의 인식론적 폭력의 순환 안과 밖에서, 서발턴은 말할 수 있는가?"[3] 그녀가 자신의 이 질문에 서발턴은 말할 수 없다고 답한 것은 잘 알려진 사실이다. 그러나 성급한 독자들의 예단과는 달리, 그녀가 적시하고 있는 '서발턴의 침묵'은 알튀세르의 이데올로기 개념에 의해 지지되어 구하의 '서발턴 정치' 개념과 호응한다고 해야 할 것이다. 그녀 자신이 "발전된 이데올로기 이론"이라고 평하면서 알튀세르에게서 인용하는 대목은 널리 회자되는 구절이다. "노동력 재생산은 그 숙련의 재생산뿐만 아니라 그와 동시에 노동자들이 지배 이데올로기에 종속되는 것의 재생산과, 착취와 억압의 행위자들이 지배 이데올로기를 조작하는 능력의 재생산을 요구하는바, 그리하여 그들은 '말로 이루어지며 말에 의해 이루어지는' 통치 계급의 지배를 제공할 것이다."[4] 이제 그녀는 자신이 제시한 '말할 수 없는 서발턴'을 사회

---

2) Gayatri Chakravorty Spivak, *In Other Worlds: Essays in Cultural Politics*, Routledge, 2006(초판, Methuen, 1987), pp. 216~217(『다른 세상에서: 문화정치학 에세이』, 태혜숙 옮김, 여이연, 2003, 323~324쪽. 번역은 이 글의 문맥에 맞게 다소 수정).
3) Spivak, "Can the Subaltern Speak?", eds. Lawrence Grossberg & Cary Nelson, *Marxism and the Interpretation of Culture*, University of Illinois Press, 1988, p. 283.

적 관계의 이데올로기적 재생산 과정에서 지배 이데올로기에 호명된 주체들을 가리키는 것으로, '서발턴의 침묵'이란 그 이데올로기적 재생산 과정에 종속된 상태를 가리키는 것으로 상정한다.

이어서 스피박은 피에르 마슈레의 입론을 매우 적극적으로 평가하면서 이를 서발턴 의식에 고유한 침묵의 언표를 읽기 위한 근거로 끌어온다. 그녀가 인용하는 마슈레의 텍스트: "어떤 작품에서 중요한 것, 그것은 작품이 말하지 않는(ne dit pas) 것이다. 이것은 작품이 말하지 않으려 한(refuse de dire) 것을 섣부르게 가리키는 진술이 아니다. 물론 작품이 말하지 않으려 한 것 역시 흥미로운 부분이며, 작품에서 자인되고 있는 침묵들이든 아니든 간에 이 침묵들을 측정하기라는 과제의 방법론을 이 부분에 세울 수도 있을 것이다. 하지만 오히려 중요한 것은 작품이 말할 수 없는(ne peut pas dire) 것이다. 왜냐하면 거기에서, 침묵으로의 일종의 여정 안에서 말의 가공(élaboration d'une parole)이 이루어지기 때문이다."[5] 스피박은 마슈레의 입론에는 제국주의의 사회적 텍스트에 적용될 수 있는 방법론이 분절되어 있다고 진단한다. 그가 제안하는 "침묵들을 측정하기"야말로 "환원될 수 없는 차이로 구성되는, 이상적인 것으로부터의 일탈을 조사하고, 확정하고, 측정하기"로서의 '서발턴 의식 다시 쓰기'에 대한 묘사일 수 있다는 것이다. 이제 그녀의 명시적인 언급: "우리가 [마슈레의 문제제기와] 동시에 제기되는 질문으로 서발턴의 의식을 다룰 때, 작품이 말할 수

---

[4] Louis Althusser, "Idéologie et appareils idéologiques d'État(Notes pour une recherche)", *Positions*, Éditions sociales, 1976, pp. 72~73(「이데올로기와 이데올로기적 국가장치[연구를 위한 노트]」, 『아미엥에서의 주장』, 김동수 옮김, 솔, 1991, 80쪽). '말로 이루어지며 말에 의해 이루어지는'이라는 구절은 스피박에 의해 영어 번역이 수정된 대목이다. 프랑스어 원문은 par la parole이다. 이것을 영어판 번역자는 in words로 옮겼다. 그런데 스피박은 in and by words로 수정한다.

[5] Pierre Macherey, *Pour une théorie de la production littéraire*, François Maspero, 1980(초판, 1966), p. 107.

없는 것이라는 개념이 중요해진다." 요컨대 서발턴의 의식을 다시 쓴다는 것은 말할 수 없는 것 안에서 이루어지는 일종의 '말의 가공(elaborations)'을 측정하는 작업이 되는 것이다. 이제 스피박은 봉기의 '실천'에 대해서도 사회적 텍스트의 세미오시스(semiosis) 안에서 이루어지는 봉기의 '가공'(elaborations)이라고 말한다. 즉 봉기는 사회적 텍스트 안에서 말할 수 없는 것의 (불)가능한 '말하기'의 자리를 점하게 된다.[6] 요컨대 그것은 지배 이데올로기의 안에서 바깥을 지향하는 실천이며,[7] 지배 이데올로기의 안에 이미 현존하는 어떤 바깥의 실천이기도 하다.

스피박의 이론을 형성하는 복합적인 계기들을 알튀세르적 계기로 환원하는 것이 난폭한 무지의 소치라면, 그녀의 이 에세이에서 알튀세르 효과만을 보는 것은 소박한 무지의 발로일 테지만, 도대체 얼마나 지적으로 태만하고 무능해야 이 알튀세르 효과를 외면할 수 있는 것일까? 하나의 미스터리. 알튀세르의 유산을 이토록 내놓고 상속하던 스피박을 뒤로 하고 이제 구하에게로 가자.[8] 서발턴 연구는 그에게서 시작되었던 것이니. 그런데 그에게서 알튀세르의 유산을 상속하겠다는 제스처를 보기는 어렵다. 그와 함께 저 모든 일들을 시작했던 파르타 차테르지는 이 무렵 (1980년대 초반) 자신들의 "가슴을 쳤던" 프랑스 학자들을 꼽으면서 라뒤리(Emmanuel Le Roy Ladurie)와 뒤비(Georges Duby) 정도를 거명한 뒤, 자기들 중에서도 "이론 성향"이 있는 이들에게는 알튀세르가 그런 학자였

---

6) Spivak, "Can the Subaltern Speak?", *Marxism and the Interpretation of Culture*, pp. 286~287.
7) Spivak, *In Other Worlds*, pp. 271~272(『다른 세상에서』, 400~401쪽. 번역은 다소 수정).
8) 여건상 이 글은 구하의 *Elementary Aspects of Peasant Insurgency in Colonial India*(New Edition), Duke University Press, 1999(『서발턴과 봉기: 식민 인도에서의 농민 봉기의 기초적 측면들』, 김택현 옮김, 박종철출판사, 2008)에 대한 독해에 집중할 것이다.

다고 회고한 바 있다.[9] 이 집단에서 구하를 빼고 저 이론 성향을 운운할 수는 없을 터인데, 정작 구하는 알튀세르를 자신의 이론 창고에서 치워 버린 것만 같다. 또 하나의 미스터리. 구하의 텍스트 안에서 알튀세르의 개념들을 읽을 수 있다는, 구하에게 알튀세르는 부재하는 현존의 준거라는 생각은 오만한 무지의 과시에 불과한 것일까? 혹시 나름의 '징후 독해'가 될 수는 없을까?

2. 통설에 따르면 '서발턴 연구'의 집단 작업은 스피박의 개입 전과 후로 나뉜다. 초기 연구 성과들이 나오던 1980년대 초만 해도, '엘리트'의 재현/대표를 거쳐서 말해지거나 대변될 뿐이며 정작 그들 스스로에게는 자신들에 대해 말할 수 있는 공적으로 비준된 공간이 주어지지 않았던 자들의 의식을 복원한다는 기획에 헌신하던 시기였다. 후일 포스트식민 연구에서 막대한 영향력을 행사하게 되는 서발터니티의 버전은 스피박의 비판적 개입에 의해 비로소 제공된다. 이 비판의 대상이 된 것은 과연 수많은 농민 봉기들의 일반적 패턴을 형성하는 '본질' 또는 '구조'로서의 서발턴 의식이 존재하는가, 혹은 정말로 엘리트 지배의 '외부'에 그것과 대립하는 자율적인 서발턴 정치 영역의 공간이 존재하는가라는 문제였다. 스피박의 '해체주의적' 문제제기로 인해 서발턴 연구 집단은 초기 프로젝트의 포지션(자율적 주체로서의 서발턴) 자체를 근본적으로 재검토하게 된다. 이를 계기로 서발턴 연구 집단에서는 '구조주의에서 포스트구조주의로의 전환'이 진행된다.[10] 요컨대 서로 모순되는 두 경향, 즉 지배 담론에서 배제되고 망각된

---

9) Partha Chatterjee, "Reflections on "Can the Subaltern Speak?": Subaltern Studies After Spivak", *Can the Subaltern Speak?*, p. 81.
10) Chatterjee, "In Conversation with Anuradha Dingwaney Needham", *Interventions* Vol. 1 No. 3, 1999.

어떤 자율적인 저항의 주체를 서발턴으로 명명하면서 이 주체의 목소리를 실증적으로 복원하는 역사를 추구하는 경향과, 지배 담론의 '구성적 외부'를 서발턴으로 명명하면서 이 말할 수 없는 서발턴의 '불가능한 역사'를 서술하는 경향, 이 두 경향 사이의 긴장을 통해 서발턴 연구 집단의 궤적을 파악하고 마침내 후자가 우위를 점하면서 이 긴장이 해소되는 것으로 이 궤도를 묘사하는 것이 통설이다.

이런 통설은 타당한가? 오히려 스피박의 개입 이전에 이미 구하의 역사학에는 그녀의 개입을 선취하는 요소들이 작동하고 있었던 것이 아닐까? 둘 사이의 공명을 알튀세르라는 준거의 공유 지점에서 들을 수 없을까? 그녀에겐 명시적이었던, 그러나 그에겐 암시적이었던 준거.

구하는 서발턴을 "계급, 카스트, 연령, 젠더, 직위의 측면에서 표현되든, 혹은 다른 방식으로 표현되든, 남아시아 사회에서의 종속이라는 일반적인 특성에 대한 하나의 이름"이자, "인도 주민 전체와 엘리트로 불리는 자들의 인구학적 차이"라고 정의한다. 그는 "엘리트 정치"의 헤게모니에 포섭되지 않은 자율적인 영역으로서의 "서발턴 정치"를 상정하고, 서발턴 연구의 중심 과제를 "엘리트 정치"와 "서발턴 정치"의 병존 및 갈등을 인식하는 것이라고 제시한다. 이 병존이 지시하는 구조적 이원성은 진부한 이항 대립의 반복이 아니다. 오히려 저 두 정치는 마치 두 가닥의 실을 땋아 가듯 서로 중첩되며, 마침내 분출의 상황에 이르면 대중들은 엘리트 정치에 단절의 각인을 남긴다. 따라서 구조적 이원성은 차라리 인도 부르주아지의 헤게모니에 결코 통합되지 않는 민중의 삶과 의식의 영역이 있음을 확증함으로써 저 부르주아지가 민족을 대변하는 것의 필연적인 실패를 개념화하는 테제라고 할 수 있겠다. 언젠가 알튀세르가 말했던 지배 이데올로기의 완성 불가능성 테제가 여기서 작동하고 있다고 해도 되지 않을까?[11] 그렇다면 구하의 역사학은 (인도) 민족 형성의 필연적 실패를 이데올로기의 심급에서 해명하려는 작업이지, 실증적 대상으로서의 서발턴에 대한 역사학이 아니라고 해야 할 것이다.[12]

서발턴 개념은 그람시에 의해 시작된다. '서발턴'이란 그람시가 『옥중수고』에서 검열을 의식해 사용한 일종의 은어였다고 보는 것이 통설이다. 그러나 사실 그의 용어 선택에는 이론적 정정의 의도가 있었던 것으로 보인다. 강옥초에 따르면, "문맥상 프롤레타리아(계급) 또는 프롤레타리아트와 농민(계급)이라고 써야 할 대목에서 '서발턴 계급', '서발턴 집단'이라는 표현이 나오"며, 이 "둘이 혼용되다가 후기로 가면 대체로 '서발턴 집단'으로 통일되는 것을 볼 수 있다. 게다가 초고에서 서발턴 '계급'으로 표현되었던 부분이 퇴고될 때 서발턴 사회 '집단'으로 수정되기도 한다".[13] 그런데 문제는 그람시의 서발턴 개념에 내재하는 모순이다. 이 개념의 핵심 텍스트인 『옥중 수고』 25권 노트에는 '서발터니티에서 헤게모니로의 진화'를 전망하는 그람시와 이 진화의 근원적 불가능성을 통찰하는 그람시가 충돌하고 있다. 뒤의 그람시, 즉 "지배 계급들의 역사적 통일성은 국가 안에서 이루어지며, 이 계급들의 역사는 본질적으로 국가들의 역사이자 국가적인 집단들의 역사이다. 그와 같은 통일성이 순전히 법적이고 정치적이라고 생각할 필요는 없다. 비록 이러한 통일성 형태가 단순히 형식적인 것만은 아닌 중요성을 갖는다 하더라도 말이다. 사실 근본적인 역사적 통일성은, 그 구체성에 있어서, 국가 또는 정치사회와 '시민사회' 사이의 유기적 관계

---

11) Althusser, "Note sur les AIE", *Sur la reproduction*, PUF, 1995(「이데올로기적 국가장치들에 대한 노트」, 류동민 옮김, 루이 알튀세르 외, 『역사적 맑스주의』, 서관모 엮음, 새길, 1993[재판, 중원문화, 2010]).
12) Guha, "Preface"(*Subaltern Studies* No. 1, 1982), eds. Guha & Spivak, *Selected Subalten Studies*, Oxford University Press USA, 1988, pp. 35~36; "On Some Aspects of the Historiography of Colonial India"의 보충 노트와 기타 여러 곳, *Ibid.*, pp. 37~44. '서발턴 역사'가 '서발턴의 역사'로 환원되거나 동일시되어서는 안 되는 이유가 여기에 있다.
13) 강옥초, 「그람시와 '서발턴' 개념」, 『역사교육』 82호, 2002, 138쪽.

들의 소산이다. 서발턴 계급들은, 정의상, '국가'로 될 수는 없는 한에서, 통일되지 않으며 또 통일될 수도 없다(Le classi subalterne, per definizione, non sono unificate e non possono unificarsi finch non possono diventare "stato")"라고, "서발턴 사회 집단들의 역사는 필연적으로 단편적이며 삽화적이다. 이 집단의 활동 안에 비록 일시적인 수준에서라도 통일성으로의 경향이 있다는 것은 의심할 여지가 없다. 그러나 이러한 경향은 지배 집단의 이니셔티브에 의해 지속적으로 중단되며, 따라서 성공적으로 종료된 역사적 순환 위에서만 입증될 수 있다"[14)]라고 쓰는 그람시야말로 구하의 그람시라 할 것이다. 이제 구하는 새로운 헤게모니(또는 국가)의 논리로 환원되지 않는, 서발턴 고유의 저 "(비)통일성"의 논리를 모색하면서 그람시를 전유하고 급진화하는 길에 나선다. 이 길에서 알튀세르라는 준거가 그에겐 부재하는 현존임을 뒤에서 확인할 수 있을 것이다.[15)]

구하의 이론적 실천은 이중의 국면 안에서 규정된다. 우선 낙살바리(Naxalbari) 농민 봉기의 좌절 이후 출현했던 벵골의 '마오주의'(낙살라이트)가 있다.[16)] 이것은 인도의 역사적 맑스주의들에 대한 실천적 비판이다. 영국 장기 체류 중 간디 연구 프로젝트의 준비 때문에 잠시 귀국했던 구하는 낙살라이트와 해후하면서, 이미 도영 이전인 1950년대에 읽었던 그람시에게서 '서발턴'이라는 이론적 대상을 소환한다. 당시 영국의 이론적 국면은 이른바 '1차 신좌파'의 쇠퇴 이후 수입된 그람시와 알튀세르의 이론

---

14) Antonio Gramsci, *Quaderni del Carcere(Volume Terzo Quaderni)*, Giulio Einaudi editore, 1977. 앞의 인용은 p. 2287, 뒤의 인용은 p. 2283.
15) 이른바 포스트식민적인 논의 지평에서 그람시를 전유하는 독해들에 '알튀세르 효과'가 작동되고 있다는 견해를 Timothy Brennan, "Antonio Gramsci and Post-Colonial Theory: "Southernism"", *Diaspora* Vol. 10 No. 2, Fall 2001에서 볼 수 있다.
16) Robert J. C. Young, *Postcolonialism: An Historical Introduction*, Blackwell, 2001, Ch. 24(『포스트식민주의 또는 트리컨티넨탈리즘』, 김택현 옮김, 박종철출판사, 2005, 24장).

들로 구성되어 있었다.[17] 이것이 그의 기획을 규정한 또 하나의 국면으로 그는 여기서 서발턴에 대해 사유할 이론적 수단들을 획득한다. 이어서 그의 이론적 노동과 그 생산물. 그람시의 것과는 다른 구하의 서발턴 개념.

3. 구하의 서발턴 역사학은 역사학 자체의 이데올로기적 성격에 대한 비판을 지향한다. 역사학은 권력을 재현하는 특수한 양식이며, 고유한 시제와 인칭의 시학에 입각해 과거의 객관적 재현이라는 상상적 효과를 산출하는 담론이라고, 그는 비판한다. 따라서 그의 역사학 비판은 역사가들의 정치적 편향을 문제 삼는 것을 통해서가 아니라 역사학 자체의 고유한 담론적 성격에 대한 문제제기를 통해, 소위 "반-봉기(counter-insurgency)의 산문"으로서의 역사학을 폭로하고, 이런 "반-봉기의 산문" 안에서 '침묵'할 수밖에 없는 서발턴의 말을 재현하는 서발턴 역사학을 모색하려는 것이다. 이제 그의 역사학은 '침묵'과 '불투명성'을 '읽는' 이론적 실천이 된다.[18]

'직접적인 것의 불투명성'에 대한 스피노자의 이론 이후에, 읽기의 새로운 이론을 제공하는 맑스의 역사 이론 이후에, 알튀세르가 정식화한 저 '징후 독해'(lecture symptomale)를 실천하는 역사가 구하. 텍스트 안에서

---

17) Simon During, "Socialist Ends: The British New Left, Cultural Studies and the Emergence of Academic "Theory"", *Postcolonial Studies* Vol. 10 Issue 1, 2007.
18) Guha, "On Some Aspects of the Historiography of Colonial India", *Selected Subalten Studies*; Guha, "The Prose of Counter-Insurgency", *Ibid.*. 구하의 동료인 갸넨드라 판디 역시 자신들의 작업을 "역사와 그 에크리튀르에 대한 비판"이라고 제시하면서, "차별화된 기억들·서사들·목소리들을······ 재현/표상할 수 있도록, 역사 서술을 어떻게 차별화할 수 있을까"를 질문한다. Gyanendra Pandey, "Subaltern Studies: From a Critique of Nationalism to a Critique of History", Paper presented at the University of Cape Town Centre for African Studies: Problematizing History and Agency, From Nationalism to Subalternity, Cape Town, 22~24 October 1997. Mamadou Diouf, "Entre l'Afrique et l'Inde: Sur les questions coloniales et nationales. Écritures de l'histoire et recherches historiques", éd. Mamadou Diouf, *L'historiographie indienne en débat: Colonialisme, nationalisme et sociétés postcoloniales*, Éditions Karthala, 1999, p. 32에서 재인용.

드러나지 않은 것을 필연적 부재라는 양상으로 현존하는 것으로 드러내는 징후 독해를, 따라서 읽기의 (불)가능성을 실천하는 징후 독해를 구하는 자신의 역사학 안에서 수행한다. 이어지는 서술에서 확인할 수 있겠지만, 이 절에서 구하와 알튀세르의 개념들은 서로 언어의 몸을 섞는다. 자연스럽게, 물론 의도적으로, 섞인다.[19]

구하는 반란에 참여한 농민들의 '의식'을 자신의 사유 대상으로 설정한다. 그는 '봉기'(insurgency)라는 단어를 자신의 책 제목과 본문에서 저 의식에 대한 이름으로 사용했노라고 말한다.[20] 따라서 그가 '식민 인도의 농민 봉기'에 대해 사유한다는 것은 식민 인도에서 농민 반란에 참여한 이들의 **의식**에 대해 사유한다는 것이고, 이는 농민의 저항 이데올로기에 대해 사유한다는 것에 다름 아니다.

농민의 종속이 하나의 이상이자 규범으로 정당화될 때 그 이면에서는 비-종속의 가능성이 또는 심지어 하나의 사실로서의 비-종속이 이미 작동되고 있다는 것이야말로 농민의 저항 이데올로기를 사유하는 구하의 이론적 출발점이다. 요컨대 종속의 (불)가능성! 따라서 지배의 (불)가능성. 지배 문화에서 지배 운운할 때, 사실 그것은 자신의 타자인 저항을 웅변하는 것이라는 통찰. 지배와 저항은 서로 대립하면서도 상대를 포함하는 적대적 의식쌍이 된다. 이제 소거될 수 없는 저항이 언제나 지배 안에 상존한다. 이를 역사의 층위에서 다시 말한다면, 농민에 대한 억압 및 이 억압에 대한 농민의 반역 양자는 일과(一過)적으로 혼융되는 흐름들이 아니라 적대적

---

19) 별도의 상세한 인용을 하지 않을 것이다. 구하의 언어들은 주로 『서발턴과 봉기』의 15~20쪽, 28~35쪽, 397~398쪽에서(번역은 다소 수정하여), 알튀세르의 언어들은 주로 Althusser, "Du *Capital* à la philosophie de Marx", Althusser et al., *Lire le Capital*, PUF, 1996(초판, François Maspero, 1965), pp.4~25에서 가져왔다.
20) 이 글에서는 구하의 용어법뿐만 아니라, 통상적인 어법에 따라 '봉기 의식'이라는 표현도 사용하겠다.

인 관계 아래 동시에 발생하는 지속적 전통들이다. 특히 구하가 주목하는 것은 봉기의 실천들이 반복되면서 여러 세기에 걸쳐 발전되어 온 "매우 잘 확립된 저항 구조들"이다.

이 **저항 구조들**이 가장 두드러지게 포괄적인 양상으로 본연의 모습을 보이는 것은 물론 농민 대중들이 세상을 뒤집어엎으려 들고일어나는 때, 이 변혁의 열기를 진정시켜 주던 제례들·신앙들·이데올로기들이 농민 대중들과 지배자의 모순을 비적대적인 수준으로 묶어 두는 데 별 도움이 되지 않을 때이다. 하지만 이 저항 구조들은 일상 생활의 층위에서도, 개별적인 저항이나 소집단의 저항 층위에서도 약하고 단편적인 방식이지만 여전히 작동한다.

이 저항 구조들은 지역들의 문화적 차이에 따라, 지배의 스타일에서의 차이에 따라, 주어진 상황에서 지배 집단들의 상대적인 비중에 따라 가변적이다. 하지만 저항들의 이러한 변주들에도 불구하고 모든 곳에서 저항은 지배와 적대적 연관을 갖기에, 저항에는 특수한 표현들을 넘어 "일반적 형식들"로 결합되는 많은 것들이 있다. 특정한 정세에서 발생하는 일련의 저항의 **일반적 형식들**이야말로 구하의 서술 대상이다. 이 형식들이 "재현하는"(stand for) 것은, 다수의 상이한 유형의 관념들과 심성들과 통념들과 믿음들과 태도들을 결합하여 "전체"(whole)를 구성하는 일반성이다. 이 일반성은 저항의 특성들에 "외재적인 어떤 것"이 아니다. 오히려 그것은 저항에 범주적인 통일성을 부여하는 내재적으로 "산재하는 의식"이다.

일련의 저항들 안에 "산재하는 의식"으로서의 하나의 "전체"를 구성하는 이 일반적 형식들을 구하는 "요소적 측면들"(elementary aspects)이라 부른다. 그 어떤 집단적 행위 또는 정치의 축이라 묘사될 수 있는 복합적 구성체를 이루는 것이 바로 이 "요소적 측면들"이다. "저항 구조" 또는 "일반적 형식"은 이 "**요소적 측면들**" 안에서 부재하는 구조로 작용한다는 의미에서, 이 개념은 "어떤 구조가 자신의 요소들에서 발휘하는 실효성"(efficace d'une structure sur ses éléments) 개념의 작동이라 할 수 있겠다.[21]

구하의 이 "요소적 측면들" 개념은 어떤 "과잉/여분"(redundancy)의 요소들을 가리킨다. 여기서 구하는 하나의 역설에 직면한다. 저항이 있는 곳이라면 거의 모든 곳에서 거듭 되풀이되는 요소들이기 때문에, 이 "요소적 측면들"은 오히려 "가장 간과되는"(the most overlooked) 것들이라는 역설! 그토록 빈발하는 것들을 지배자들은 보지 못하며, '반-봉기 담론'에서는 이것들이 보이지 않는다.

이 간과를, (알튀세르의 표현을 빌리면) 이 "보지 못함"(bévue)을 어떻게 이해할 것인가? 적대의 반영으로 볼 것인가? 전혀 아니라고 할 수는 없을 것이다. 그러나 적어도 이 "보지 못함" 또는 "알지 못함"(insu)을 심리학적으로 환원하지는 말자. 무언가가 보인다는 것은 봄의 능력을 지니고 실행하는 어떤 개별 주체에 의해 연출되는 상황이 아니다. 보인다는 것은 구조적인 조건들에 의한 사태이고, 구조화된 장이 그 자체의 대상들과 맺는 내재적인 반영 관계에 의한 사태이다. 반-봉기 담론의 장 안에 실존하는 대상을 보는 것은 어떤 주체의 눈이 아니다. 이 담론의 장이 정의하는 대상들을 장 자체가 보는 것이다. 따라서 반-봉기 담론에서 '주체로서의 농민'은 보이지 않으며 오직 비-주체로서의 농민만 보인다면, 그것은 이 담론과 그 대상의 내재적 관계의 필연적 반영이다. 가시적인 것은 저 반-봉기 담론이라는 구조화된 장 안에서 자리가 허용되는 것들뿐이다.

"요소적 측면들"은 이것들을 볼 눈만 있다면 충분히 볼 수 있는 주어진 대상들이 아니다. 징후 독해 개념에서, "보지 못함"은 본 것을 보지 못

---

21) 알튀세르의 이 개념과의 연관을 명시적으로 확인해 두고자 『서발턴과 봉기』 한국어판의 표현('기초적 측면들')을 잠정적으로 수정한다.

함이다. "보지 못함"은 대상을 향한 것이 아니라, 봄 자체를 향한다. 따라서 "보지 못함"은 봄에 내재하며, 봄의 한 형식이고, 봄과의 필연적 관계를 갖는다. "보지 못함"과 봄이 봄 자체 안에서 필연적이고 역설적인 동일성을 갖는다는 것에 의해 제기되는 문제는 바로 가시적인 것과 비가시적인 것을 통일하는 필연적 연관의 문제이다. 가시성의 장과 비가시성의 장 사이의 필연적인 비가시적 연관. 비가시적인 어두운 장은 바로 가시적인 장의 구조가 산출하는 필연적 효과인 것. 가시적 장의 비가시성은 이 장에 의해 정의되는 가시성에 외재적인 무엇이 아니다. 가시성의 바깥이 아니며, 배제의 외재적인 암흑이 아니다. 오히려 배제의 내재적인 암흑이며, 가시성 자체에 내재적이다. 가시성의 구조에 의해 정의되는 것이니. 요컨대 "요소적 측면들"이 반-봉기 담론 안에서 비가시적이라면, 그것은 이 담론의 가시성에 의해 이 담론 내부에서 배제되는 어두움이다. 어떻게 비출 것인가?

역사가인 구하는 이 "요소적 측면들"을 사료로 입증해야 한다. 그러나 사료는 그 기원에 있어서 대개 "엘리트적"이다. 문헌 사료이든 구술 사료이든, 엘리트가 기록한 것이든 민간 전승이든 한결같이 "엘리트"의 목소리만 담고 있는 사료들은 농민의 적들의 이해관계와 전망을 농민의 반역을 설명하는 논리에 각인하기 위한 증거 구실을 할 뿐이다. 따라서 사료 그 자체가 "반-봉기 담론"이라는 인식론적 장애. 역사가라면 봉기라는 역사적 현상을 반-봉기 담론으로서의 사료 안에서 틀 지어진 이미지로, 다시 말해 그 현상이 "왜곡하는(distorting) 거울에 비치는 이미지"로 포착된 것을 처음으로 마주하게 된다. 이 거울의 왜곡에 특유의 논리가 있다면 그것은 반란 농민들과 그 적들 사이의 대립이라는 논리이다. 이러한 대립 관계를 구성하는 하나의 항인 농민의 반란을 주체로서의 농민들이 갖고 있는 의지의 재현이라고 이해하려 하더라도, 저 의지가 우리에게 알려지는 것은 오직 이 거울 이미지 안에서일 뿐이라는 점이 문제다. 어떻게 읽을 것인가?

문제는 봉기 의식으로의 접근이 "반-봉기 담론"에 의해 차단될 때 과연 역사가는 어떻게 이 의식을 재현할 수 있겠는가에 있다. "반-봉기 담론"은 그 형식과 접합의 본질적인 모든 면에서 봉기에 의해 규정되며, 심지어 봉기로부터 직접적으로 파생된다. 따라서 이것은 반란 농민과 전면적이고 강박적으로 연루되는 담론일 수밖에 없다. "반-봉기 담론"은 응당 봉기를 봉쇄하려는 자들의 의지를 재현하는 것이지만, 이 의지만으로 담론의 내용이 완결될 수는 없다. 이 의지가 입각하고 있는 또 다른 의지, 즉 봉기자의 의지가 있기 때문에. 말하자면 "반-봉기 담론"은 하나의 목소리만 들리는 텍스트이면서, 그렇지만 동시에, 이 담론적 구조의 침묵하는 내재적 효과들의 들리지 않는 말이며 비가시적인 암흑의 읽을 수 없는 기록이다. "반-봉기 담론"은 스스로 "부인"(dénégation)한 공간을 내포하는 공간이며, 자신의 고유한 한계들 안에서 배제한 것에 대한 부인에 의해 정의된다. 이는 "반-봉기 담론"에는 오직 내재적인 한계들만 있음을 말하는 것이며, 이 담론의 바깥은 담론 자체의 안에 있음을 말하는 것이다. 따라서 "반-봉기 담론"으로서의 사료 안에는 봉기 의식이 필연적으로 산재되어 현존하며, 이 현존을 읽는 것이 가능해진다. 바로 이런 맥락에서 봉기 의식의 현존을 읽는 자신의 작업을 구하는 "**의식**의 **흔적**을 인식하는 것"(to recognize the trace of consciousness)이라고 말한다.[22]

"반-봉기 담론" 안에서 일종의 흔적으로 현존하는 봉기 의식은 이 담론의 내재적 "탈구"(décalage)로 이 담론의 구조 안에 "기입되어"(inscrit) 있다. 이 탈구의 효과는 읽기의 (불)가능성에 있다. 특히 그 종국적인 효과는 역설적이게도 이 의식을 '직접적으로' 읽을 수 있다는 환상에 있다. 그러나 담론적 가시성의 장 바깥으로 거부되고 억압되기 때문에 비가시적인

---

22) 강조는 인용자.

이 봉기 의식의 저 장 안에서의 현존은 "일시적 현존"(présence fugitive)이라는 것, 매우 특수한 징후적 정황들 안에서 발생하는 이 현존은 지각되지 않은 채로 일어나고 지나간다는 것, 요컨대 드러날 수 없는 부재로 현존한다는 것을 감안하면 봉기 의식의 '직접적' 읽기·인식은 무력하거나 유해한 미망이다.

그러니 이제 인식에 대해 품었던 생각을 완전히 고쳐야 한다. 시각의 "거울 신화"(mythe spéculaire)는 포기해야 하며, '직접적'인 읽기라는 신화도 포기해야 한다. 인식을 생산으로 사고해야 한다. "반-봉기 담론"이 보지 못하는 것은 볼 수 있었는데 보지 못했던 선재하는 대상이 아니다. 오히려 그 담론의 인식 작용 안에서 생산된 대상이다. 따라서 "반-봉기 담론"이라는 왜곡된 거울 대신에 반듯한 거울이 필요한 것은 아니다. 차라리 '왜곡하지 않는' 거울은 있을 수 없다고 해야 할 것이다. 그렇다면 흔적으로서의 봉기 의식을 읽는 "전복적 읽기" 역시, 봉기 의식이라는 인식 대상을 생산한다는 의미에서, 하나의 이론적 생산이다.

이러한 의식의 현존을 구하는 "반-봉기 담론" 내의 일단의 "색인들"(indices)을 통해 읽는다. 이 색인들은 이 담론에 내재하는 적대성을 표현한다. 이 적대성은 너무나 전면적으로 견고하게 구조화되어 있어서 "색인"의 구실을 하는 언표들을 뒤집어 읽으면 "반-봉기 담론"을 구성하는 그 표면의 의미가 전복되어 봉기 의식의 현존이 드러나게 된다. 봉기 의식이 "반-봉기 담론"에 가하는 압력 때문에, 또한 봉기 의식 앞에서 "반-봉기 담론"이 휩싸이는 강박적인 공포 때문에 이 담론은 봉기 의식을 부정하는 빈곤한 언표들로 일관하게 되는데, 역사가는 오히려 봉기 의식에 접근하는 "실마리"(clue)로 이 언표들을 선용할 수 있다. 역사가의 사료 읽기는 "반-봉기 담론"으로서의 사료 안에 기입되어 있는(inscribed) 봉기 의식을 가시화하는 실천이다. 자신들이 살고 있는 세상을 전복하려 나선 농민들의 의식을 재현하기 위해서는 역사가 자신도 "반-봉기 담론"인 사료를 전복적으로 읽어야 한다는 것.

　이 비가시성을 보려면, 이 "보지 못함"을 보려면, 단지 예리하거나 주의 깊은 시선이 아닌 그와는 전혀 다른 것이 필요하다고 알튀세르는 말했다. 문제틀의 변혁에 의해 산출되는 쇄신된 "혜안"(regard instruit)이 필요하다고. 구하의 '밝은 시선'이 산출되는 것은 그의 서발턴 정치라는 문제틀에 의해서다.

4. 구하는 『서발턴과 봉기』에서 봉기 의식을 형성하는 첫 '요소적 측면'으로 '부정성'에 대해 논한다(2장). 봉기의 정치적 성격은 부정적이고 전복적인 공정에 의해 확인된다. 이 공정은 봉기의 정치적 성격을 부인하는 것이 아니라 그 정치적 성격의 한계들을 규정한다. 일종의 자기-소외의 양태인 이 '부정성'을, 구하는 어떤 주체의 자기 동일성이 타자를 배제하면서 충족적으로 이루어지는 것이 아니라 타자와의 차이를 매개로 소극적으로 형성되는 사태를 지시하는 범주라고 상정한다. 그는 '부정성'이 두 개의 원리에 의해 작동된다고 설명한다. 하나는 구별의 원리이며 다른 하나는 전도의 원리이다. 구별의 원리는 적과 동지를 구별하는 의식을 가리킨다. 이때 적을 식별하는 의식은 일종의 유비와 전이의 과정을 통해 특수하고 개별적인 적들을 통합적으로 연관시켜 파악하는 능력을 확보하는데, 구하는 이것을 산스크리트 문법과 언어학의 용례에 따라 아티데사(Atidesa) 기능이라 명명한다. 전도의 원리란 현존 질서의 전복을 시도하는 의식을 가리킨다. 구하는 전도를 "처방적"(prescriptive)인 것과 실재적인 것으로 나눈다. 처방적 전도는 지배자들이 실재적 전도를 막기 위해 처방한 일련의 의례적인 전도 행사들을 가리킨다. 부정적이고 전복적인 공정을 체제 안으로 흡수하는 장치인 처방적 전도가 실재적 전도로 전화되는 양상을 구하는

"한계 지점에서의 전환 양상"(liminality)이라고 정의한다. 또한 부정의 프로젝트인 봉기를 구하는, 그 과정이 모방과 전유로 구성된다는 의미에서, "번역으로서의 정치"로 파악한다.

실재적 전도를 분석하면서 구하가 특히 역점을 두는 곳은 그가 "기호적 단절"(semiotic break)이라고 부르는 사태가 발생하는 지점들이다. 처방적 전도의 기능이 정치적·도덕적 사회 질서의 연속성을 확고히 하려는 것이라면, 반면에 봉기의 기능은 그러한 연속성을 절단하고 그 성스러움을 훼손하는 것이다. 이러한 단절은 예기치 못한 돌발적인 양태로 수행되며, 봉기는 불연속성을 구현한다. 이러한 발본적인 전도로서의 봉기는 일종의 "기호적 단절"을 구성한다. 그것은 어떤 특정한 사회 안에서 지배와 종속의 관계를 역사적으로 규제했던 기본적인 기호 체계를 위반하는 것이다. 언어와 상징의 다양한 표현 양태들에서 관철되는 지배의 "기호 장치"(semiotic apparatus)가 단절되고 전도되는 전위의 지점에서 구하는 봉기 의식이 단속적으로 출현하는 것을 확인한다. 따라서 봉기 의식은 서로 독자적이며 이질적인 것들의 과잉결정으로 구성된다. 예컨대 봉기 지도부의 권위가 초자연적 존재와 백인 지배자의 형상과 토착 지배자의 형상(특히 지배의 매체로서의 문자) 등의 "과잉결정"으로 구성된 산탈 봉기의 사례처럼.[23] 또는 지주와 농민 사이의 계급투쟁이 힌두와 이슬람의 종교 갈등에 의해 "과잉결정"되는 사례들처럼.[24]

이 부정성 범주의 양상들, 특히 전도와 단절의 양상이 현실에서 노출하는 "모호성"을 또 하나의 "요소적 측면"으로 분석하면서(3장), 구하는 부정성의 기능이 봉기와 범죄에 모두 해당되지만, 그럼에도 불구하고

---

23) Guha, *Elementary Aspects of Peasant Insurgency in Colonial India*, p. 79(『서발턴과 봉기』, 55쪽).
24) *Ibid.*, p. 102(같은 책, 74쪽).

두 유형의 폭력은 서로 다른 코드에 의해 작동된다는 점에 주목한다. 예컨대 범죄의 코드에 비해 봉기의 그것은 "공적이고"(public) "공동적인"(communal) 성격을 갖는다는 것이다. 따라서 구하는 범죄로부터 봉기로의 폭력의 경향적인 코드 전환을 파악할 수 있어야 한다는 점을 강조한다. 이 상이한 코드의 현실적인 중첩과 혼재가 초래하는 불가피한 범주인 '모호성'은 실제 봉기의 역사와 그것에 대한 서술의 역사 양 층위에서 모두 두 코드 사이의 길항과 충돌의 사태가 야기된다는 점을 가리킨다. 또한 개별적인 폭력 행위에 두 코드가 이중적으로 내재하는 사태를 가리키는 "양가성" 개념을 통해 구하는 "부정성" 범주와 "모호성" 범주를 연동시키면서, 봉기 의식 형성의 동학을 검토한다. 그러나 봉기 의식의 혼성적인 양가성이 다원적인 조합의 속성이 아니라 복합적인 구조적 총체의 속성으로 이해될 수 있는 것은 과잉결정 개념을 통해서다.

구하는 봉기 의식의 모호성을 전제로, 혹은 그 모호성에도 불구하고, 봉기 의식을 관통하는 기본적인 양상을 조사한다(4장). 구하가 제시하는 봉기의 기본 양상은 그것이 공적이고, 집단적이며, 파괴적이고, 총체적인 폭력이라는 점이다. 이러한 양상은 또한 구하에게 있어서 봉기의 정치적 성격을 확증하는 토대가 된다. 요컨대 봉기의 정치성은 저 "모호성" 범주의 경향적인 실천적 해소를 통해 하나의 지속적 단절로 정립되는 것이다.

봉기의 정치성을 담지할 주체들이 형성되는 기제에 대해 논하기 위해 구하는 봉기 주체들이 스스로를 집단적으로 형성해 가는 행위를 "연대"와 "전파"라는 두 "요소적 측면"으로 설명한다(5장과 6장). 그는 계급적 연대가 배타적으로 관철되는 것이 아니라 여타의 연대들, 예컨대 인종적 연대나 종교적 연대들과 상호 작용한다는 점에 주목한다. 그러나 그는 이러한 일련의 상대적으로 자율적인 연대의 기제들이 다원적으로 상호 작용하는 것으로 보지 않으며, 이 복수의 연대 기제들 중에서 어떤 특정한 기제가 해당 운동의 기본 특성을 규정하는 것으로 파악한다. 예컨대 계급적 연대와 그 밖의 다른 연대들의 경계가 서로 "겹치면서도"(overlap) 어느 하나의 "우세"(predominance)에 의해 운동의 기본 성격이 "결정된다"(determine)고 진술하면서 구하는 이 사례를 "과잉결정" 개념으로 설명한다.[25] 또한 구하는 봉기 의식이 '전파'되는 과정을 통해 봉기 주체들의 언표작용의 특이성에 대해 분석한다. 특히 그는 루머의 유통에 주목하는데, 그가 여기에서 확인하는 것은 그 어떤 "최종적인 기의"(final signified)에 의해서도 봉인되지 않는 봉기의 커뮤니케이션이다. 가령 어떤 봉기 의식이 정치적 계기와 종교적 계기의 "과잉결정"으로 구성된다면,[26] 이는 일회적으로 완결되는 과정이 아니라 부단한 연쇄를 통해 변주되는 것이다.

이제 구하는 봉기 의식의 특이한 역사적 형식을 지시하는 범주인 "영토성"(territoriality) 개념에 도달한다(7장). 먼저 서술한 일련의 "요소적 측면들"의 집적으로 제시되는 "요소적 측면"으로서의 영토성은 종래 농민봉기의 국지성을 비판하던 문제틀로는 '들을 수 없으며' '볼 수 없는' '서발턴의 말의 세계'를 가리킨다. 계급적인 계기, 공동체적인 계기, 인종적인 계기, 신분적인 계기, 종교적인 계기 등의 "과잉결정"으로 구축되는[27] 이 단독적인 세계=영토는 지배자들이 구축한 행정지리적 단위나 사회경제적 단위로 환원될 수 없는 서발턴 정치의 영토이다. 앞에서 언급한 그람시의 곤경, 서발턴 개념과 헤게모니 개념의 이항 대립이라는 문제틀의 곤경이 마침내 여기서 해소되는 것으로 보인다. 이 문제틀에 따르면 서발턴은 헤

---

[25] Guha, *Elementary Aspects of Peasant Insurgency in Colonial India*, pp. 210~211(『서발턴과 봉기』, 169쪽).
[26] *Ibid.*, p. 317(같은 책, 265쪽).
[27] *Ibid.*, p. 363(같은 책, 303쪽). 구하는 이렇게 과잉결정이라는 표현을 거듭 사용하면서도 앞에서 지적한 것처럼 알튀세르를 단 한 번도 인용하지 않는다.

게모니로 전화되기 위해 지양되어야 할 심급이고, 따라서 농민 봉기의 이른바 국지성은 '(새로운) 헤게모니(또는 국가)의 정치'를 척도로 할 때 극복되어야만 하는 한계인 것이다. 그러나 구하는 저 이항 대립의 문제틀 자체를 전화시켜, 저 국지성을 미숙함의 표식이 아니라 도리어 새로운 정치의 특이성을 드러내는 "실마리"로 보는 "혜안"을 발휘한다. 서발턴 정치라는 새로운 문제틀이 작동하는 "혜안". 문제틀의 이러한 전화에, 구하가 그람시의 곤경에서 벗어나는 길에, 알튀세르가, 그의 과잉결정 개념이 있다.

5. 사료의 직간접적인 가시성에 의해서 보장되는 객관성의 미망에 갇힌 역사가들만 있던 것은 아니라서, "역사의 대륙" 안에서 침묵하는 목소리들과 보이지 않는 존재들을 적극적으로 읽었던 "창안"의 역사가들도 있다. 지배 이데올로기의 균열 또는 저항 이데올로기의 잠재적인 현존을 지시하는 "한계 사례"(caso limite)를 재현하기 위해서 어떤 "징후"(indizio)를 읽었던 카를로 긴즈부르그를,[28] 능동적인 "자기-형성"(self-fashioning)의 "불확정성"을 재현하기 위해서 '아마도'(perhapses)와 '그러했을 것이다'(may-have-beens)의 역사 에크리튀르를 "창안"했던 나탈리 제먼 데이비스를[29] 우선 떠올릴 수 있겠다. 구하의 텍스트를 알튀세르 효과의 사정 안에서 읽는 것은 이 일련의 역사가들의 실천을 하나의 지형 안에 배열하려는 기획의 일환이다. 침묵 속에서 이루어지는 말의 가공을, 그것의 징후를 통해, 읽는 지형.

  구하의 텍스트를 알튀세르 효과의 일환으로 읽는 것은 구하의 역사학을 알튀세르 개념의 역사적 예증으로 환원하는 것이 될 수 없다. 오히려

---

28) 카를로 긴즈부르그, 『치즈와 구더기』, 김정하·유제분 옮김, 문학과지성사, 2001(번역은 다소 수정).
29) 나탈리 제먼 데이비스, 『마르탱 게르의 귀향』, 양희영 옮김, 지식의 풍경, 2000.

여기서 주목해야 할 것은 알튀세르 개념의 하나의 '번역'이라 해야 할 것이다. 문자 그대로의 의미에서, 전위와 이식으로서의 번역. 이제 알튀세르의 개념들은 새로운 언어의 몸을 갖게 된다. 역사 서술의 형식으로 체현되는 개념. 조앤 W. 스콧의 정식을 빌리자면, "이론적으로 형성되는 역사"(theoretically informed history)라는 방향.[30]

알튀세르에 비춰 본 구하는 이런 지형과 방향을 가리키는 이정표로 우리 앞에 있다.

---

30) 조앤 W. 스콧, 『페미니즘 위대한 역설』, 공임순·이화진·최영석 옮김, 앨피, 2006(번역은 다소 수정).

감사의 말

『알튀세르 효과』가 처음 기획된 것은 2009년 3월 초였다. 알튀세르 사망 20주기를 1년 앞두고 무언가 기념이 될 만한 일을 구상하던 중 두어 가지 생각이 떠올랐다. 하나는 아직 번역되지 않은(또는 제대로 번역되지 못한) 알튀세르의 주저 『『자본』을 읽자』를 번역해서 소개하는 일이었고 다른 하나는 알튀세르에 관한 공동 논문집을 만드는 일이었다. 그린비출판사의 유재건 사장과 김현경 주간에게 이 계획을 이야기하자 두 분은 마치 자신의 일처럼 기뻐하며 엮은이를 독려해 주었다.

처음에는 한두 분의 다른 연구자와 공동으로 논문집을 엮을 생각이었으나 다른 분들이 고사하는 바람에 어쩔 수 없이 혼자서 이 큰일을 떠맡게 되었다. 그러나 다행스럽게도 엮은이의 청탁에 여러 필자들이 흔쾌히 논문 기고 의사를 밝혀 주었고, 외국 학자들의 까다로운 논문들을 번역해야 하는 고단한 일에도 주위의 동료 및 후배들이 발벗고 나서 주었다. 그들의 열의와 헌신적인 도움이 없었다면, 이 방대한 책을 엮는 일은 엄두도 낼 수 없었을 것이다.

논문집을 출간하기 전에 국내에 거주하는 필자들을 중심으로 2010년 8월 25일 서교동에 위치한 상상마당에서 '알튀세르 효과 심포지엄'을 개최했다. 엮은이를 포함해 8명이 참가한 이 심포지엄은 큰 성황을 이루어서 알튀세르에 대한 대중들의 관심이 여전히 살아 있음을 느끼게 해주었고, 또한 인문사회과학자들과 대중들의 만남과 교류의 장이 더 확대되어야 한다는 것을 다시 확인하게 해준 좋은 계기이기도 했다. 아무 대가 없이 좋은 발표문을 마련해 준 필자들께 고마움을 전한다.

이 논문집의 절반은 외국 저자들의 글의 번역문으로 이루어져 있다. 노력에 비할 수 없는 적은 보상밖에 얻을 것이 없음을 잘 알면서도 귀한 시간을 쪼개 까다로운 글들을 정성을 다해 훌륭히 번역해 준 옮긴이들께 엮은이로서 어떻게 감사의 뜻을 전해야 할지 모르겠다.

끝으로, 그린비출판사 여러분의 깊은 관심과 열정적인 지원이 없었다면 이 모든 일은 아마 불가능했을 것이다. 심포지엄의 준비와 진행, 책의 출간에 이르기까지 그들의 땀이 배어 있지 않은 곳이 없다. 그리고 이 방대한 논문집을 붙들고 오랫동안 씨름해 온 그린비출판사 편집부의 김재훈 씨의 노고도 기록해 두고 싶다. '프리즘 총서'의 편집을 전담하고 있는 관계로 자주 만나 이야기하고 여러 번 책 만드는 작업을 함께 진행하면서 느낀 점이지만, 김재훈 씨처럼 유능한 편집자가 이 논문집 및 '프리즘 총서'의 일을 맡게 된 것은 엮은이로서는(그리고 독자들에게도) 큰 행운이 아닐 수 없다. 앞으로도 그와 좀더 많은 일을 함께할 수 있게 되기를 바랄 뿐이다.

2011년 10월 30일
진태원

참고문헌

1. 알튀세르 저작

§ 단행본 저서

Montesquieu: La politique et l'histoire, PUF, 1959["Montesquieu: Politics and History", *Politics and History: Montesquieu, Rousseau, Hegel and Marx*;「몽테스키외: 정치와 역사」, 『마키아벨리의 고독』].

Pour Marx, François Maspero, 1965(2ᵉ éd., La Découverte, 1996)[*For Marx*, trans. Ben Brewster, Allen Lane, 1969; 『맑스를 위하여』, 이종영 옮김, 백의, 1997].

(Althusser et al.) *Lire le Capital*, La Découverte, 1965(3ᵉ éd., PUF, 1996)[부분 번역, Louis Althusser and Étienne Balibar, *Reading Capital*, trans. Ben Brewster, NLB, 1970; 『자본론을 읽는다』, 김진엽 옮김, 두레, 1991].

Lénine et la philosophie, François Maspero, 1969(2ᵉ éd., 1972)[「레닌과 철학」, 진태원 옮김, 박노자 외, 『레닌과 미래의 혁명』, 그린비, 2008].

Réponse à John Lewis, François Maspero, 1973.

Éléments d'autocritique, Hachette, 1974[*Essays in Self-Criticism*, trans. Grahame Lock, NLB, 1976].

Philosophie et philosophie spontanée des savants, François Maspero, 1974[『철학과 과학자들의 자생적 철학』, 김용선 옮김, 인간사랑, 1992].

Positions, Éditions sociales, 1976[『아미엥에서의 주장』, 김동수 옮김, 솔, 1991].

Ce qui ne peut plus durer dans le Parti communiste, François Maspero, 1978[『당내에 더 이상 지속되어선 안 될 것』, 『당내에 더 이상 지속되어선 안 될 것』, 이진경 옮김, 새길, 1992].

Journal de captivité: Stalag XA, 1940~1945, éds. Olivier Corpet et Yann Moulier-

Boutang, Stock/IMEC, 1992.
L'avenir dure longtemps, suivi de Les faits, éds. Olivier Corpet et Yann Moulier-Boutang, Stock/IMEC, 1992(2ᵉ éd., 2007)[『미래는 오래 지속된다』, 권은미 옮김, 이매진, 2008].
Écrits sur la psychanalyse: Freud et Lacan, éds. Olivier Corpet et François Matheron, Stock/IMEC, 1993[*Writings on Psychoanalysis: Freud and Lacan*, trans. Jeffrey Mehlman, Columbia University Press, 1996].
Écrits philosophiques et politiques Tome 1, éd. François Matheron, Stock/IMEC, 1994[부분 번역, 『철학과 맑스주의: 우발성의 유물론을 위하여』, 서관모·백승욱 편역, 새길, 1996].
Sur la philosophie, Gallimard, 1994[『철학에 대하여』, 서관모·백승욱 옮김, 동문선, 1997].
Écrits philosophiques et politiques Tome 2, éd. François Matheron, Stock/IMEC, 1995[부분 번역, 『마키아벨리의 가면』, 김정한·오덕근 옮김, 이후, 2001].
Sur la reproduction, PUF, 1995[『재생산에 대하여』, 김웅권 옮김, 동문선, 2007].
Psychanalyse et sciences humaines: Deux conférences(1963~1964), éds. Olivier Corpet et François Matheron, Le livre de poche, 1996.
Lettres à Franca(1961~1973), éds. François Matheron et Yann Moulier-Boutang, Stock/IMEC, 1998.
Solitude de Machiavel et autres textes, éd. Yves Sintomer, PUF, 1998.
Politique et histoire, de Machiavel à Marx: Cours à l'École normale supérieure de 1955 à 1972, éd. François Matheron, Seuil, 2006[『정치의 역사: 안텔세프 정치철학 강의록』, 진태원 옮김, 후마니타스, 근간].
Machaivel et nous, éd. François Matheron, Tallandier, 2009[『마키아벨리의 가면』, 김정한·오덕근 옮김, 이후, 2001].
Lettres à Hélène(1947~1980), éd. Olivier Corpet, Grasset, 2011.

§ 논문 및 단편

""Sur le jeune Marx"(Questions de théorie)"(1961), *Pour Marx*["On the Young Marx(Theoretical Questions)", *For Marx*; 「'청년 맑스에 대하여'(이론의 문제)」, 『맑스를 위하여』].
"Contradiction et surdétermination(Notes pour une recherche)"(1962), *Pour Marx*[「모순과 중층결정(연구를 위한 노트)」, 『맑스를 위하여』].
"Devant le surréalisme: Alvarez-Rios"(1962), *Écrits philosophiques et politiques Tome 2*.
"Le "Piccolo", Bertolazzi et Brecht(Notes sur un théâtre matérialiste)"(1962), *Pour Marx*[「'피콜로', 베르톨라치와 브레히트[유물론적 연극에 대한 노트]」, 『맑스를 위하여』].

"Les *Manuscrits de 1844* de Karl Marx(Économie politique et philosophie)"(1963), *Pour Marx*[「칼 맑스의 『1844년 초고』(정치경제학과 철학)」, 『맑스를 위하여』].
"Psychanalyse et psychologie"(1963~1964), *Psychanalyse et sciences humaines*.
"Sur la dialectique matérialiste(De l'inégalité des origines)"(1963), *Pour Marx*["On the Materialist Dialectic(On the Unevenness of Origins)", *For Marx*;「유물론적 변증법에 대하여(기원들의 불균등성에 관하여)」, 『맑스를 위하여』].
"Cremonini, peintre de l'abstrait"(1964~1966), *Écrits philosophiques et politiques* Tome 2["Cremonini, Painter of the Abstract", *Lenin and Philosophy and Other Essays*].
"Freud et Lacan"(1964), *Écrits sur la psychanalyse: Freud et Lacan*.
"Marxisme et humanisme"(1964), *Pour Marx*[「맑스주의와 인간주의」, 『맑스를 위하여』].
"Du *Capital* à la philosophie de Marx"(1965), *Lire le Capital*["From Capital to Marx's Philosophy", *Reading Capital*;「『자본론』으로부터 마르크스의 철학으로」, 『자본론을 읽는다』].
"L'objet du *Capital*"(1965), *Lire le Capital*["The Object of *Capital*", *Reading Capital*;「『자본론』의 대상」, 『자본론을 읽는다』].
"Conjoncture philosophique et recherche théorique marxiste"(1966), *Écrits philosophiques et politiques* Tome 2.
"Lettres à D……"(1966), *Écrits sur la psychanalyse: Freud et Lacan*["Letters to D", *Writings on Psychoanalysis: Freud and Lacan*].
"Lettre sur la connaissance de l'art(Réponse à André Daspre)"(1966), *Écrits philosophiques et politiques* Tome 2.
"Sur la genèse"(1966), 타자본 원고(워런 몬탁 소장).
"Sur le "Contrat social"(Les décalages)"(1966), *Cahiers pour l'analyse* Vol. 8, 1967[「루소: 사회계약(불일치)」, 『마키아벨리의 고독』].
"Sur Lévi-Strauss"(1966), *Écrits philosophiques et politiques* Tome 2.
"Trois notes sur la théorie des discours"(1966), *Écrits sur la psychanalyse: Freud et Lacan*["Three Notes on the Theory of Discourse", *The Humanist Controversy and Other Writings*].
"La querelle de l'humanisme"(1967), *Écrits philosophiques et politiques* Tome 2.
"Notes sur la philosophie"(1967), *Écrits philosophiques et politiques* Tome 2.
"Sur Feuerbach"(1967), *Écrits philosophiques et politiques* Tome 2.
"La philosophie comme arme de la révolution", *La Pensée* N° 138, Avril 1968.
"Sur Brecht et Marx"(1968), *Écrits philosophiques et politiques* Tome 2.
"Avertissement aux lecteurs du Livre I du *Capital*"(1969), Karl Marx, *Le Capital*, trad. J. Joseph Roy, Garnier-Flammarion, 1969.
"Lénine et la philosophie"(1969), *Solitude de Machiavel et autres textes*[「레닌과 철학」,

『레닌과 미래의 혁명』].
"Idéologie et appareils idéologiques d'État(Notes pour une recherche)" (1970), *Positions* ["Ideology and Ideological State Apparatuses(Notes towards an Investigation)", *Lenin and Philosophy and Other Essays*; 「이데올로기와 이데올로기적 국가장치(연구를 위한 노트)」, 『아미엥에서의 주장』].
"Sur le rapport de Marx à Hegel" (1970), *Lénine et la philosophie* [「헤겔에 대한 맑스의 관계」, 『마키아벨리의 고독』].
"Machiavel et nous" (1972~1986), *Écrits philosophiques et politiques* Tome 2 [『마키아벨리의 가면』].
"Éléments d'autocritique" (1974), *Solitude de Machiavel et autres textes*.
"Soutenance d'Amiens" (1975), *Positions*; *Solitude de Machiavel et autres textes* [「아미엥에서의 주장」, 『아미엥에서의 주장』].
"La découverte de docteur Freud" (1976), *Écrits sur la psychanalyse: Freud et Lacan* [「프로이트 박사의 발견」, 『알튀세르와 라캉』].
"Solitude de Machiavel" (1977), *Solitude de Machiavel et autres textes* [「마키아벨리의 고독」, 『마키아벨리의 고독』].
"Sur Lucio Fanti" (1977), *Écrits philosophiques et politiques* Tome 2.
"Enfin la crise du marxisme!" (1978), *Solitude de Machiavel et autres textes* [「마침내 맑스주의의 위기가!」, 『당내에 더 이상 지속되어선 안 될 것』].
"Lettre à Merab" (1978), *Écrits philosophiques et politiques* Tome 1.
"Marx dans ses limites" (1978), *Écrits philosophiques et politiques* Tome 1.
"Le courant souterrain du matérialisme de la rencontre" (1982), *Écrits philosophiques et politiques* Tome 1 [「마주침의 유물론이라는 은밀한 흐름」, 『철학과 맑스주의』].
"Philosophie et marxisme: Entretiens avec Fernanda Navarro" (1984~1987), *Sur la philosophie* [「철학과 마르크스주의: 페르난다 나바로와의 대담(1984~87)」, 『철학에 대하여』].
"Du matérialisme aléatoire" (1986), *Multitudes* N° 21, Été 2005.

§ 한국어판 단행본

『마르크스를 위하여』, 고길환·이화숙 옮김, 백의, 1990.
『아미엥에서의 주장』, 김동수 옮김, 솔, 1991.
(알튀세르 외) 『맑스주의의 역사』, 윤소영 엮음, 민맥, 1991.
(알튀세르 외) 『자본론을 읽는다』, 김진엽 옮김, 두레, 1991.
『당내에 더 이상 지속되어선 안 될 것』, 이진경 엮음, 새길, 1992.
『마침내 맑스주의의 위기가』, 김경민 엮음, 백의, 1992.
『마키아벨리의 고독』, 김석민 옮김, 새길, 1992.

(알튀세르 외) 『역사적 맑스주의』, 서관모 엮음, 새길, 1993[재판, 중원문화, 2010].
(알튀세르 외) 『알튀세르와 라캉』, 윤소영 옮김, 공감, 1995.
『철학과 맑스주의: 우발성의 유물론을 위하여』, 서관모·백승욱 편역, 새길, 1996.
『맑스를 위하여』, 이종영 옮김, 백의, 1997.
『철학에 대하여』, 서관모·백승욱 옮김, 동문선, 1997.
『재생산에 대하여』, 김웅권 옮김, 동문선, 2007.
『미래는 오래 지속된다』, 권은미 옮김, 이매진, 2008.
(알튀세르 외), 『레닌과 미래의 혁명』, 그린비, 2008.

2. 이차 문헌

§ 해외 저서와 논문

Albiac, Gabriel et al., *Lire Althusser aujourd'hui*, L'Harmattan, 1997.
Amin, Samir, *Spectres of Capitalism: A Critique of Current Intellectual Fashions*, Monthly Review Press, 1998.
Anderson, Perry, *Arguments within English Marxism*, Verso, 1980.
Andreski, Stanislav ed., *The Essential Comte: Selected from Cours de Philosophie Positive*, trans. Margaret Clarke, Comte Helm, 1974.
Aron, Raymond, *Introduction à la philosophie de l'histoire: Essai sur les limites de l'objectivité historique*(Nouvelle édition), éd. Sylvie Mesure, Gallimard, 1986.
Avgitidou, Athina and Eleni Koukou, "The Defender of Eventuality: An Interview with Ernesto Laclau", *Intellectum* Issue 5, 2008(http://www.intellectum.org/articles/issues/intellectum5/en/ITL05p085095_The_Defender_of_Eventuality_An_Interview_with_Ernesto_Laclau_Avgitdou_Koukou.pdf).
Bachelard, Gaston, *Essai sur la connaissance approchée*, J.Vrin, 1928.
_____, *Le nouvel esprit scientifique*, PUF, 1934[『새로운 과학정신』, 김용선 옮김, 인간사랑, 1990].
_____, *La formation de l'esprit scientifique*, J.Vrin, 1938.
_____, *La philosophie du non*, PUF, 1940[『부정의 철학』, 김용선 옮김, 인간사랑, 1996].
_____, *Le rationalisme appliqué*, PUF, 1949.
_____, *L'activité rationaliste de la physique contemporaine*, PUF, 1951[『현대물리학의 합리주의적 활동』, 정계섭 옮김, 민음사, 1998].
_____, *La poétique de la rêverie*, PUF, 1957[『몽상의 시학』, 김현 옮김, 기린원, 1990].
_____, *L'engagement rationaliste*, PUF, 1972.
Badiou, Alain, "Le (re)commencement du matérialisme dialectique", *Critique* Vol. 23 N° 240, Mai 1967.

──, *L'être et l'événement*, Seuil, 1988.

──, *Manifeste pour la philosophie*, Seuil, 1989[『철학을 위한 선언』, 서용순 옮김, 길, 2010].

──, "Qu'est-ce que Louis Althusser entend par "philosophie"?", éd. Sylvain Lazarus, *Politique et philosophie dans l'œuvre de Louis Althusser*, PUF, 1993.

──, *Abrégé de métapolitique*, Seuil, 1998.

──, *D'un désastre obscur: Sur la fin de la vérité d'état*, Édition de l'aube, 1998.

──, *Petit manuel d'inesthétique*, Seuil, 1998[『비미학』, 장태순 옮김, 이학사, 2010].

Bailey, Cyril, *Lucretius: De rereum natura, Edited, with Prolegomena, Critical Apparatus, Translation and Commentary* Vol. 2, Clarendon Press, 1947.

Balibar, Étienne, "Sur les concepts fondamentaux du matérialisme historique", Louis Althusser et al., *Lire le Capital*, La Découverte, 1965["The Basic Concepts of Historical Materialism", *Reading Capital*; 『사적 유물론의 기본개념』, 김윤자 옮김, 한울, 1991; 「사적유물론의 기본개념」, 알튀세르 외, 『자본론을 읽는다』, 김진엽 옮김, 두레, 1991].

──, *Cinq études du matérialisme historique*, François Maspero, 1974[『역사유물론 연구』, 이해민 옮김, 푸른산, 1989].

──, "État, parti, transition", *Dialectique* Vol. 27, Spring 1979.

──, *Écrits pour Althuser*, La Découverte, 1991.

──, "A Note on "Consciousness/Conscience" in the *Ethics*", *Studia Spinozana* Vol. 8, 1992.

──, "L'objet d'Althusser", éd. Sylvain Lazarus, *Politique et philosophie dans l'œuvre de Louis Althusser*, PUF, 1993[「(철학의) 대상: '절단'과 '토픽'」, 『알튀세르와 마르크스주의의 전화』, 윤소영 옮김, 이론, 1992].

──, "Preface", *Masses, Classes, Ideas: Studies on Politics and Philosophy before and after Marx*, trans. James Swenson, Routledge, 1994[「대중, 계급, 사상」, 김정한, 『대중과 폭력: 1991년 5월의 기억』, 이후, 1998].

──, "Sujétions et libérations", *Cahier Intersignes* N° 8~9, 1994.

──, "The Infinite Contradiction", ed. Jacques Lerza, *Yale French Studies* No. 88 (*Depositions: Althusser, Balibar, Macherey, and the Labor of Reading*), Yale University Press, 1995.

──, "Avant-propos pour la réédition de 1996", Louis Althusser, *Pour Marx*, La Découverte, 1996.

──, "Le traité lockien de l'identité (Introduction)", John Locke, *Identité et différence: L'invention de la conscience*, présenté, traduit et commenté par Étienne Balibar, Seuil, 1998.

──, *Politics and the Other Scene*, trans. James Swenson et al., Verso, 2002.

_____, "Une philosophie politique de la différence anthropologique: Entretien avec Bruno Karsenti", 2002(http://multitudes.samizdat.net/article.php3?id_article=33) [「인간학적 차이의 정치철학: 브뤼노 카르젠티와의 대담」, 진태원 옮김(http://blog.aladin.co.kr/balmas/436603)].

_____, "Strangers as Enemies: Further Reflections on the Aporias of Transnational Citizenship", Globalization Working Papers 06/4, Institute on Globalization and the Human Condition, 2006.

_____, "Le droit au territoire", 2007(http://cirphles.ens.fr/ciepfc/publications/etienne-balibar/article/le-droit-au-territoire?lang=fr).

_____, "Althusser and the Rue d'Ulm", *New Left Review* Vol. 58, July-August 2009.

_____, "Interview with Étienne Balibar", eds. Beth Hinderliter et al., *Communities of Sense: Rethinking Aesthetics and Politics*, Duke University Press, 2009.

_____, "Une rencontre en Romagne", Louis Althusser, *Machiavel et nous*, éd. François Matheron, Tallandier, 2009.

_____, *La proposition de l'égaliberté*, PUF, 2010.

_____, "Philosophy and the Frontiers of the Political: A Biographical-theoretical Interview with Étienne Balibar", *Iris* Vol. 2 No. 3, 2010.

_____, "Remarques de circonstance sur le communisme", *Actuel Marx* N° 48, Septembre 2010.

_____, *Violence et civilité: Wellek Library Lectures et autres essais de philosophie politique*, Galilée, 2010.

_____, "Towards a Diasporic Citizen?: Internationalism to Cosmopolitics", eds. Françoise Lionnet and Shu-mei Shih, *The Creolization of Theory*, Duke University Press, 2011.

_____ et Immanuel Wallerstein, *Race, nation, classe: Les identités ambiguës*, La Découverte, 1988.

Barrett, Michèle, "Althusser's Marx, Althusser's Lacan", eds. E. Ann Kaplan and Michael Sprinker, *The Althusserian Legacy*, Verso, 1993.

Bellour, Raymond, "Entretien avec Claude Lévi-Strauss", éds. Raymond Bellour et Catherine Clément, *Claude Lévi-Strauss: Textes de et sur Claude Lévi-Strauss*, Gallimard, 1979.

Berger, Denis et al., *Sur Althusser: Passages*, L'Harmattan, 1993.

Bidet, Jacques, *Que faire du Capital?*, Klincksieck, 1985 [『『자본』의 경제학·철학·이데올로기』, 박창렬·김석진 옮김, 새날, 1995].

_____, *Théorie de la modernité*, PUF, 1990.

_____, "Institutionnalisme et théorie des conventions dans leurs rapports avec la problématique marxienne", *Actuel Marx* N° 17, 1995.

──────, "Le travail fait époque", éds. Jacques Bidet et Jacques Texier, *La crise du travail*, PUF, 1995.

──────, "Nous serons comme un seul peuple: Recherches sur la relation entre la théorie métastructuelle et la théorie systémique du monde moderne", éd. Georges Labica, *Les nouveaux espaces politiques*, L'Harmattan, 1995.

──────, *Théorie générale*, PUF, 1999.

──────, *Explication et reconstruction du Capital*, PUF, 2004.

──────, *L'état-monde: Libéralisme, socialisme et communisme à l'échelle globale. Refondation du marxisme*, PUF, 2011.

────── et Gérard Duménil, *Altermarxisme: Un autre marxisme pour un autre monde*, PUF, 2007.

Billecocq, Alain, *Spinoza et les spectres*, PUF, 1987.

Böke, Henning et al. eds., *Denk-Prozesse nach Althusser*, Argument-verlag, 1994.

Bourdin, Jean-Claude, "The Uncertain Materialism of Louis Althusser", *Graduate Faculty Philosophy Journal* Vol. 22 No. 1, 2000.

────── éd., *Althusser: Une lecture de Marx*, PUF, 2008.

Braudel, Fernand, "La longue durée", *Annales*, Vol. 13 N° 4, Année 1958.

Bréhier, Émile, *Histoire de la philosophie* Tome 1, PUF, 1926.

Brennan, Timothy, "Antonio Gramsci and Post-Colonial Theory: "Southernism"", *Diaspora* Vol. 10, No. 2, Fall 2001.

Breton, Stanislas, *Du principe: L'organisation contemporaine du pensable*, Aubier-Montaigne, 1971.

Brockelman, Thomas, "The Failure of the Radical Democratic Imaginary: Žižek versus Laclau and Mouffe on Vestigial Utopia", *Philosophy & Social Criticism* Vol. 29 No. 2, March 2003.

Burchell, Graham, "Liberal Government and Techniques of the Self", *Economy and Society* Vol. 22 Issue 3, 1993.

Butler, Judith, *The Psychic Life of Power: Theories in Subjection*, Stanford University Press, 1997.

──────, *La vie psychique du pouvoir*, trad. Brice Matthieussent, Éditions Léo Scheer, 2002.

──────, Ernesto Laclau, Slavoj Žižek, *Contingency, Hegemony, Universality: Contemporary Dialogues on the Left*, Verso, 2000[『우연성, 헤게모니, 보편성: 좌파에 대한 현재적 대화들』, 박대진·박미선 옮김, 도서출판b, 2009].

Callari, Antonio and David Ruccio eds., *Postmodern Materialism and the Future of Marxist Theory: Essays in the Althusserian Tradition*, Wesleyan University Press, 1996.

Canguilhem, Georges, *La formation du concept de réflexe au XVIIe et XVIIIe siècles*, PUF, 1955.
_____, *La connaissance de la vie*, J. Vrin, 1965.
_____, *Études d'histoire et de philosophie des sciences*, J. Vrin, 1970.
_____, *Idéologie et rationalité dans l'histoire des sciences de la vie*, J. Vrin, 1977 [『생명과학의 역사에 나타난 이데올로기와 합리성』, 여인석 옮김, 아카넷, 2010].
_____, *The Normal and the Pathological*, trans. Carolyn R. Fawcett, Zone Books, 1989 [『정상적인 것과 병리적인 것』, 여인석 옮김, 인간사랑, 1996].
Cavazzini, Andrea, *Crise du marxisme et critique de l'État: Le dernier combat d'Althusser*, Éditions le clou dans le fer, 2009.
Charim, Isolde, *Der Althusser-Effekt: Entwurf einer Ideologietheorie*, Passagen, 2002.
Chatterjee, Partha, "In Conversation with Anuradha Dingwaney Needham", *Interventions* Vol. 1 No. 3, 1999.
_____, "Reflections on "Can the Subaltern Speak?": Subaltern Studies After Spivak", ed. Rosalind C. Morris, *Can the Subaltern Speak?: Reflections on the History of an Idea*, Columbia University Press, 2010.
Chevrier, Jean-François et al., "Globalization, Civilization I: Interview with E. Balibar", Jean-François Chevrier and Catherine David, *Politics/Poetics: Documenta X–The Book*, Hatje Cantz Verlag, 1997.
Collectif, *Traité marxiste d'économie politique: Le capitalisme monopoliste d'État* Tome 2, Éditions sociales, 1971.
Conche, Marcel, *Lucrèce et l'expérience*, Seghers, 1967.
_____, *Épicure: Lettres et maximes*, Éditions de Mégare, 1977.
Cournot, Antoine-Augustin, *Exposition de la théorie des chances et des probabilités*, Hachette, 1843.
_____, *Traité de l'enchaînement des idées fondamentales dans les sciences et dans l'histoire*, Hachette, 1861.
Croce, Benedetto, *Matérialisme historique et économie marxiste: Essais critiques*, trad. Alfred Bonnet, Giard, 1901.
Cusset, François, *French Theory: How Foucault, Derrida, Deleuze, & Co. Transformed the Intellectual Life of the United States*, trans. Jeff Fort, University of Minnesota Press, 2008.
Deleuze, Gilles, "Lucrèce et le naturalisme", *Études philosophiques* 16, 1961 [「루크레티우스와 자연주의」, 『들뢰즈가 만든 철학사: 생성과 창조의 철학사』, 박정태 옮김, 이학사, 2007].
_____, *Nietzsche et la philosophie*, PUF, 1962.
Derrida, Jacques, *Marges de la philosophie*, Éditions de Minuit, 1972 [*Margins of*

Philosophy, trans. Alan Bass, University of Chicago Press, 1982].

_____, "La loi du genre", *Parages*, Galilée, 1986.

_____, *The Post Card: From Socrates to Freud and Beyond*, trans. Alan Bass, The University of Chicago Press, 1987.

_____, "Mes chances: Au rendez-vous de quelques stéréophonies épicu-riennes", *Cahiers confrontation* N° 19, 1988 ["My Chances/Mes chances: A Rendezvous with Some Epicurean Stereophonies", trans. Irene E. Harvey and Avital Ronell, ed. Joseph H. Smith and William Kerrigan, *Taking Chances: Derrida, Psychoanalysis and Literature*, Johns Hopkins University Press, 1984].

_____, *Spectres de Marx*, Galilée, 1993 [*Specters of Marx: The State of the Debt, the Work of Mourning, and the New International*, trans. Peggy Kamuf, Routledge, 1994; 『마르크스의 유령들』, 진태원 옮김, 이제이북스, 2007].

_____, "Marx & Sons", ed. Michael Sprinker, *Ghostly Demarcations: A Symposium on Jacques Derrida's Specters of Marx*, Verso, 1999 [「마르크스와 아들들」, 데리다 외, 『마르크스주의와 해체: 불가능한 만남?』, 진태원·한형식 옮김, 길, 2009].

_____, *Apories: mourir – s'attendre aux "limites de la vérité"*, Galilée, 2003.

_____, "Le main de Heidegger(Geschlecht II)", *Heidegger et la question*, Flammarion, 2003.

_____ et Elisabeth Roudinesco, *De quoi demain······: Dialogue*, Fayard/Galilée, 2001 [*For What Tomorrow······: A Dialogue*, trans. Jeff Fort, Stanford University Press, 2004].

Dinucci, Federico, *Materialismo aleatorio. Saggio sulla filosofia dell'ultimo Althusser*, CRT, 1998.

Diouf, Mamadou, "Entre l'Afrique et l'Inde: Sur les questions coloniales et nationales. Ecritures de l'histoire et recherches historiques", éd. Mamadou Diouf, *L'historiographie indienne en débat: Colonialisme, nationalisme et sociétés postcoloniales*, Éditions Karthala, 1999.

Dolar, Mladen, "Beyond Interpellation", *Qui parle* Vol. 6 No. 2, Spring-Summer 1993.

Donzelot, Jacques, "Michel Foucault and Liberal Intelligence", *Economy and Society* Vol. 37 Issue 1, 2008.

During, Simon, "Socialist Ends: The British New Left, Cultural Studies and the Emergence of Academic "Theory"", *Postcolonial Studies* Vol. 10 Issue 1, 2007.

Eagleton, Terry, "Ideology and its Vicissitudes in Western Marxism", ed. Slavoj Žižek, *Mapping Ideology*, Verso, 1994.

Elliott, Gregory, "The Odyssey of Paul Hirst", *New Left Review* No. 159, September-October 1986.

_____, "The Necessity of Contingency: Some Notes", *Rethinking Marxism* Vol. 10

Issue 3, Fall 1998.

_____, *Althusser: The Detour of Theory*, Brill, 2006(1st ed., Verso, 1987).

_____ ed., *Althusser: A Critical Reader*, Blackwell, 1994.

Engels, Friedrich, "Umrisse zu einer Kritik der Nationalökonomie", *Marx-Engels Werke* Bd. 1, Dietz, 1956.

_____, "Die Entwicklung des Sozialismus von der Utopie zur Wissenschaft", *Marx-Engels Werke* Bd. 19, Dietz, 1962[『유토피아에서 과학으로의 사회주의의 발전』, 칼 맑스·프리드리히 엥겔스, 『칼 맑스·프리드리히 엥겔스 저작선집』 5권, 최인호 외 옮김, 박종철출판사, 1994].

_____, "Juristen-Sozialismus", *Marx-Engels Werke* Bd. 21, Dietz, 1962.

Ernout, Alfred et Léon Robin, *Lucrèce. De rerum natura. Commentaire exégétique et critique* Tome 1, Les Belles Lettres, 1925(2ᵉ éd., 1962).

Ewald, François, "Norms, Discipline, and the Law", *Representations* Vol. 30, Spring 1990.

Farris, Sara and Peter Thomas eds., *Encountering Althusser*, Continuum Press, 2012 (forthcoming).

Fenoglio, Irène, *Une auto-graphie du tragique: Les manuscrits de "Les faits" et de "L'avenir dure longtemps" de Louis Althusser*, Academia-Bruylant, 2007.

Fischbach, Franck, ""Les sujets marchent tout seuls……": Althusser et l'interpellation", éd. Jean-Claude Bourdin, *Althusser: Une lecture de Marx*, PUF, 2008.

Foucault, Michel, "La pensée du dehors", *Critique* vol. 22 Nº 229, Juin 1966[「바깥의 사유」, 심재상 옮김, 김현 엮음, 『미셸 푸코의 문학비평』, 문학과지성사, 1989].

_____, "Réponse au Cercle d'épistémologie", *Cahiers pour l'analyse* Vol. 9, Summer 1968.

_____, *The Archaeology of Knowledge*, trans. Alan Mark Sheridan-Smith, Tavistock, 1972[『지식의 고고학』, 이정우 옮김, 민음사, 2000].

_____, *The Birth of the Clinic: An Archaeology of Medical Perception*, trans. Alan Mark Sheridan-Smith, Tavistock, 1973[『임상의학의 탄생: 의학적 시선에 대한 고고학』, 홍성민 옮김, 이매진, 2006].

_____, "What Is an Author?", *Language, Counter-Memory, Practice: Selected Essays and Interviews*, ed. Donald F. Bouchard, trans. Donald F. Bouchard and Sherry Simon, Basil Blackwell, 1977[「저자란 무엇인가?」, 장진영 옮김, 김현 엮음, 『미셸 푸코의 문학비평』, 문학과지성사, 1989].

_____, *Dits et écrits: 1954~1988* Tome 4, éds. Daniel Defert et François Ewald, Gallimard, 1994.

_____, *Ethics: Subjectivity and Truth(Essential Works of Michel Foucault, 1954~1984 Vol. 1)*, ed. Paul Rabinow, trans. Robert Hurley et al., New Press, 1997.

──, *Security, Territory, Population: Lectures at the Collège de France, 1977~1978*, éds. Michel Senellart, François Ewald, Alessandro Fontana, trans. Graham Burchell, Palgrave Macmillan, 2007.

──, *The Birth of Biopolitics: Lectures at the Collège de France, 1978~1979*, éds. Michel Senellart, François Ewald, Alessandro Fontana, trans. Graham Burchell, Palgrave Macmillan, 2008.

Gabaude, Jean-Marc, *Le jeune Marx et le matérialisme antique*, Privat, 1970.

Garo, Isabelle, *L'idéologie, ou la pensée embarquée*, Éditions La fabrique, 2009.

──, *Foucault, Deleuze, Althusser & Marx: La politique dans la philosophie*, Éditions Demopolis, 2011.

Gibson-Graham, J. K. et al. eds., *Class and Its Others*, University of Minnesota Press, 2000.

──── et al. eds., *Re/Presenting Class: Essays in Postmodern Marxism*, Duke University Press, 2001.

Gillot, Pascale, *Althusser et la psychanalyse*, PUF, 2009.

Godelier, Maurice, "Système, structure et contradiction dans *Le Capital*", *Les Temps modernes* N° 246, Novembre 1966.

Gramsci, Antonio, *Lettres de Prison*, Gallimard, 1971.

──, *Quaderni del Carcere(Volume Terzo Quaderni)*, Giulio Einaudi editore, 1977.

──, *Cahiers de prison* 10~13, Gallimard, 1978[『옥중 수고』 1권, 이상훈 옮김, 거름, 1999].

──, *Cahiers de prison* 6~9, Gallimard, 1983.

──, *Cahiers de prison* 14~18, Gallimard, 1990.

Guha, Ranajit, *Elementary Aspects of Peasant Insurgency in Colonial India*(New Edition), Duke University Press, 1999[『서발턴과 봉기: 식민 인도에서의 농민 봉기의 기초적 측면들』, 김택현 옮김, 박종철출판사, 2008].

──── and Gayatri Spivak eds., *Selected Subalten Studies*, Oxford University Press USA, 1988.

Hacking, Ian, "Imre Lakatos's Philosophy of Science", *British Journal for the Philosophy of Science* Vol. 30 Issue 4, 1979.

Heidegger, Martin, *Der Satz vom Grund*(1957), *Gesamtausgabe* Bd. 10, Klostermann, 1997.

Hempel, Carl G., "Reasons and Covering Laws in Historical Explanation", ed. Sidney Hook, *Philosophy and History: A Symposium*, New York University Press, 1963.

Jaeggi, Urs, *Theoretische Praxis: Probleme eines strukturalen Marxismus*, Suhrkamp, 1976.

Jameson, Fredric, "Introduction", Louis Althusser, *Lenin and Philosophy and Other*

Essays(New Edition), trans. Ben Brewster, Monthly Review Press, 2001.

Jorgensen, Marianne W. and Louise Phillips, _Discourse Analysis as Theory and Method_, Sage, 2002.

Kaplan, E. Ann and Michael Sprinker eds., _The Althusserian Legacy_, Verso, 1993.

Kuhn, Thomas, _The Structure of Scientific Revolutions_, University of Chicago Press, 1974[『과학혁명의 구조』, 김명자 옮김, 까치, 2009].

Lacan, Jacques, _Écrits_, Seuil, 1966[_Écrits_, trans. Bruce Fink, W. W. Norton & Co., 2006].

_____, _Les quatre concepts fondamentaux de la psychanalyse_, Seuil, 1973[『세미나 11: 정신분석의 네 가지 근본 개념』, 맹정현·이수련 옮김, 새물결, 2008].

_____, _Des Noms-du-Père_, éd. Jacques Alain-Miller, Seuil, 2005.

Laclau, Ernesto, _Politics and Ideology in Marxist Theory: Capitalism, Fascism, Populism_, NLB, 1977.

_____, "Metaphor and Social Antagonisms", eds. Lawrence Grossberg and Cary Nelson, _Marxism and the Interpretation of Culture_, University of Illinois Press, 1988[「은유와 사회적 적대」, 에르네스토 라클라우·샹탈 무페, 『사회변혁과 헤게모니』, 김성기 외 옮김, 터, 1990].

_____, "Preface", Slavoj Žižek, _The Sublime Object of Ideology_, Verso, 1989[「서론」, 『이데올로기라는 숭고한 대상』, 이수련 옮김, 인간사랑, 2001].

_____, _New Reflections on the Revolution of Our Time_, Verso, 1990.

_____, _Emancipation(s)_, Verso, 1996.

_____, _On Populist Reason_, Verso, 2005.

_____, "Why Constructing a People is the Main Task of Radical Politics", _Critical Inquiry_ Vol. 32 No. 4, Summer 2006.

_____ and Chantal Mouffe, _Hegemony and Socialist Strategy: Toward a Radical Democratic Politics_(2nd Edition), Verso, 2001[『사회변혁과 헤게모니』, 김성기 외 옮김, 터, 1990].

Lahtinen, Mikko, _Politics and Philosophy: Niccolo Machiavelli and Louis Althusser's Aleatory Materialism_, trans. Gareth Griffiths and Kristina Kohli, Brill, 2009.

Lazarus, Sylvain éd., _Politique et philosophie dans l'œuvre de Louis Althusser_, PUF, 1993.

Lecourt, Dominique, _Bachelard: Le jour et la nuit_, Grasset, 1974.

_____, _Marxism and Epistemology: Bachelard, Canguilhem and Foucault_, trans. Ben Brewster, NLB, 1975[『프랑스 인식론의 계보: 바슐라르, 캉기옘, 푸코』, 박기순 옮김, 새길, 1996].

Lemke, Thomas, ""The Birth of Bio-politics": Michel Foucault's Lecture at the Collège de France on Neo-Liberal Governmentality", _Economy and Society_ Vol. 30 Issue 2, 2001.

Lenin, Vladimir Ilitch, *Œuvres choisies* Tome 1 Vol. 2, Éditions du Progrès, 1954.

―――, *Œuvres choisies* Tome 2 Vol. 1, Éditions du Progrès, 1954.

―――, "A Contribution to the History of the Question of the Dictatorship", *Collected Works* Vol. 31, Progress Publishers, 1966.

Lerza, Jacques ed., *Yale French Studies* No. 88 (*Depositions: Althusser, Balibar, Macherey, and the Labor of Reading*), Yale University Press, 1995.

Levinas, Emmanuel, *Totalité et infini: Essai sur l'extériorité*, Kluwer Academic, 1971.

Lévi-Strauss, Claude, "Introduction à l'œuvre de Marcel Mauss", Marcel Mauss, *Sociologie et anthropologie*, PUF, 1950.

―――, *Anthropologie structurale*, Plon, 1958(1ᵉ éd., Pocket, 2003)[*Structural Anthropology*, trans. Claire Jacobson and Brooke Grundfest Schoepf, Penguin, 1972].

―――, *Mythologiques 2: Du miel aux cendres*, Plon, 1966[『신화학 2: 꿀에서 재까지』, 임봉길 옮김, 한길사, 2008].

―――, *The Savage Mind*, Weidenfeld and Nicolson, 1966[『야생의 사고』, 안정남 옮김, 한길사, 1999].

―――, "A Confrontation", *New Left Review* No. 62, July-August 1970.

―――, *Tristes tropiques*, trans. John Weightman and Doreen Weightman, Penguin, 1976[『슬픈 열대』, 박옥줄 옮김, 한길사, 2004].

―――, *Structural Anthropology* Vol. 2, trans. Monique Layton, Penguin, 1978.

Lewis, William S., *Louis Althusser and the Traditions of French Marxism*, Lexington Books, 2005.

Locke, John, "Book II. Chapter XXVII. Of Identity and Diversity", *An Essay Concerning Human Understanding: Volume One*, Collated and Annotated by Alexander Campbell Fraser, Dover Publications, 1959.

Löwy, Michael, *Rédemption et utopie: Le judaïsme libertaire en Europe centrale*, PUF, 1988.

Macherey, Pierre, *Pour une théorie de la production littéraire*, François Maspero, 1966(2ᵉ éd., 1980).

―――, "Vers le social", *Magazine littéraire* N° 264, Avril 1989.

―――, *Histoires de dinosaure: Faire de la philosophie, 1965~1997*, PUF, 1999.

Markovits, Francine, *Marx dans le jardin d'Épicure*, Éditions de Minuit, 1974.

Markovits-Pessel, Francine, "Althusser et Montesquieu: L'histoire comme philosophie expérimentale", éd. Pierre Raymond, *Althusser philosophe*, PUF, 1997.

Marx, Karl, *Das Kapital Bd. 3: Der Gesamtprozeß der kapitalistischen Produktion*, *Marx-Engels Werke* Bd. 25, Dietz, 1964[『자본: 경제학 비판』 III-2, 강신준 옮김, 길, 2010].

―――, *Le Capital* livre 1, *Œuvres, Économie*, 1, éd. Maximilien Rubel, Gallimard

(Bibliothèque de la Pléiade), 1965[『자본: 경제학 비판』 I-1, 강신준 옮김, 길, 2008].

_____, *Différence de la philosophie de la nature chez Démocrite et Épicure*, trad. Jacques Ponnier, Ducros, 1970[『데모크리토스와 에피쿠로스 자연철학의 차이』, 고병권 옮김, 그린비, 2001].

_____ und Friedrich Engels, *Marx-Engels Werke* Bd. 32, Dietz, 1965[「엥겔스에게 보내는 1868년 4월 30일자 편지」, 칼 맑스·프리드리히 엥겔스, 『칼 맑스·프리드리히 엥겔스 저작선집』 3권, 최인호 외 옮김, 박종철출판사, 1991].

Matheron, François, "Présentation", Louis Althusser, *Écrits philosophiques et politiques* Tome 1, éd. François Matheron, Stock/IMEC, 1994.

_____, "Présentation", Louis Althusser, *Écrits philosophiques et politiques* Tome 2, éd. François Matheron, Stock/IMEC, 1995.

_____, "La récurrence du vide chez Louis Althusser", *Lire Althusser aujourd'hui*, L'Harmattan, 1997.

_____, ""Des problèmes qu'il faudra bien appeler d'un autre nom et peut-être politique": Althusser et l'insituabilité de la politique", Louis Althusser, *Machiavel et nous*, éd. François Matheron, Tallandier, 2009.

McInerney, David ed., *Borderlands: E-Journal* Vol. 4 No. 2(Althusser and Us), 2005 (http://www.borderlands.net.au/issues/vol4no2.html).

Meijer, Irene Costera and Baukje Prins, "How Bodies Come to Matter: An Interview with Judith Butler", *Signs* Vol. 23 No. 2, Winter 1998.

Mieszkowski, Jan, *Labors of Imagination: Aesthetics and Political Economy from Kant to Althusser*, Fordham University Press, 2006.

Montag, Warren, ""The Soul is the Prison of the Body": Althusser and Foucault, 1970~1975", ed. Jacques Lerza, *Yale French Studies* No. 88(*Depositions: Althusser, Balibar, Macherey, and the Labor of Reading*), Yale University Press, 1995.

_____, *Louis Althusser*, Palgrave Macmillan, 2003.

_____, "The Late Althusser: Materialism of the Encounter or Philosophy of the Void?", *Rileggere il Capitale: La lezione di Louis Althusser*, parte seconda, Mimesis Edizioni, 2009.

Montesquieu, Charles Louis de Secondat, *Cahiers(1716~1755)*, Gasset, 1941.

Morfino, Vittorio, *Il tempo della moltitudine: Materialismo e politica prima e dopo Spinoza*, Manifestolibri, 2005[*Le temps de la multitude*, trad. Nathalie Gailius, Éditions Amsterdam, 2010].

Morris, Rosalind C. ed., *Can the Subaltern Speak?: Reflections on the History of an Idea*, Columbia University Press, 2010.

Moulier-Boutang, Yann, *Louis Althusser: Une biographie Tome 1. La formation du mythe(1918~1956)*, Éditions Grasset & Fasquelle, 1992.

Onaka, Kazuya, *Pratique et temps: Louis Althusser et les "courants souterrains du matérialisme"*, sous la dir. d'Étienne Balibar, Thèse de doctorat, Université Paris X-Nanterre, 2003.

Pandey, Gyanendra, "Subaltern Studies: From a Critique of Nationalism to a Critique of History", Paper presented at the University of Cape Town Centre for African Studies: Problematizing History and Agency, From Nationalism to Subalternity, Cape Town, 22~24 October 1997.

Patton, Paul, "Althusser's Epistemology: The Limits of the Theory of Theoretical Practice", *Radical Philosophy* No. 19, Spring 1978.

Paul Nizan, *Les matérialistes de l'antiquité*, François Maspero, 1965.

Pêcheux, Michel, *Language, Semantics and Ideology*, trans. Harbans Nagpal, St. Martin's Press, 1982.

Pessoa, Carlos, Marta Hernández, Seoungwon Lee, Lasse Thomassen, "Theory, Democracy and the Left: An Interview with Ernesto Laclau", *UMBR(a)* No. 1, 2001.

Pfaller, Robert, *Althusser: Das Schweigen im Text: Epistemologie, Psychoanalyse und Nominalismus in Louis Althussers Theorie der Lektüre*, Wilhelm Fink, 1997.

Pingaud, Bernard, "Introduction", *L'Arc* N° 30, 1966.

Popper, Karl, *Objective Knowledge: An Evolutionary Approach*, Oxford University Press, 1972.

Rancière, Jacques, "Le concept de critique et la critique de l'économie politique des *Manuscrits de 1844* au *Capital*", Louis Althusser et al., *Lire le Capital*, La Découverte, 1965.

_____, *La leçon d'Althusser*, Gallimard, 1974.

_____, *La nuit des prolétaires: Archives du rêve ouvrier*, Fayard, 1981.

_____, *Le philosophe et ses pauvres*, Fayard, 1983(2ᵉ éd., Flammarion, 2007).

_____, *Le maître ignorant: Cinq leçons sur l'émancipation intellectuelle*, Fayard, 1987.

_____, "La scène du texte", éd. Sylvain Lazarus, *Politique et philosophie dans l'œuvre de Louis Althusser*, PUF, 1993.

_____, *La mésentente: Politique et philosophie*, Galilée, 1995 [*Disagreement: Politics and Philosophy*, trans. Julie Rose, University of Minnesota Press, 1998].

_____, "Who is the Subject of the Rights of Man?", *The South Atlantic Quarterly*, Vol. 103 No. 2~3, Spring-Summer 2004.

_____, *La haine de la démocratie*, La fabrique, 2005.

_____, *Le spectateur émancipé*, La fabrique, 2008.

_____, *Et tant pis pour les gens fatigués: Entretiens*, Éditions Amsterdam, 2009.
Raymond, Pierre, *Le passage au matérialisme*, François Maspero, 1974.
_____, *De la combinatoire aux probabilités*, François Maspero, 1975.
_____, *La résistible fatalité de l'histoire*, J.-E. Hallier & Albin Michel, 1982.
_____, "Le matérialisme d'Althusser", éd. Pierre Raymond, *Althusser philosophe*, PUF, 1997.
_____ éd., *Althusser philosophe*, PUF, 1997.
Regnault, François, "La pensée du Prince", *Cahiers pour l'analyse* Vol. 6, 1967.
Renaudet, Augustin, *Machiavel*, Gallimard, 1942(2ᵉ éd., 1942).
Resnick, Stephen A. and Richard D. Wolff, *Class Theory and History: Capitalism and Communism in the USSR*, Routledge, 2002.
Rose, Nikolas, Pat O'Malley and Mariana Valverde, "Governmentality", *Annual Review of Law and Social Science* Vol. 2, 2006.
Sartre, Jean-Paul, *Between Existentialism and Marxism*, trans. John Matthews, NLB, 1974.
_____, *Critique of Dialectical Reason*, ed. Jonathan Rée, trans. Alan Mark Sheridan-Smith, NLB, 1976[『변증법적 이성 비판』, 박정자·변광배·윤정임·장근상 옮김, 나남, 2009].
Sato, Yoshiyuki, *Pouvoir et résistance: Foucault, Deleuze, Derrida, Althusser*, L'Harmattan, 2007.
Senellart, Michel, "Course Context", *Security, Territory, Population: Lectures at the Collège de France, 1977~1978*, éds. Michel Senellart, François Ewald, Alessandro Fontana, trans. Graham Burchell, Palgrave Macmillan, 2007.
Sève, Lucien, "Althusser et la dialectique", éd. Pierre Raymond, *Althusser philosophe*, PUF, 1997.
Spinoza, Baruch, *Spinoza Opera* Vol. IV, ed. Carl Gebhart, Carl Winter, 1925.
_____, *Traité théologico-politique*, trad. Charles Appuhn, Garnier-Flammarion, 1965.
_____, *Traité politique et lettres*, trad. Charles Appuhn, Garnier-Flammarion, 1966.
Spivak, Gayatri Chakravorty, *In Other Worlds: Essays in Cultural Politics*, Methuen, 1987(2nd ed., Routledge, 2006)[『다른 세상에서: 문화정치학 에세이』, 태혜숙 옮김, 여이연, 2003].
_____, "Can the Subaltern Speak?", eds. Lawrence Grossberg and Cary Nelson, *Marxism and the Interpretation of Culture*, University of Illinois Press, 1988.
Sprinker, Michael, "Politics and Friendship: An Interview with Jacques Derrida", eds. E. Ann Kaplan and Michael Sprinker, *The Althusserian Legacy*, Verso, 1993.
Stolze, Ted, "Deleuze and Althusser: Flirting with Structuralism", *Rethinking Marxism* Vol. 10 Issue 3, 1998.

Suchting, Wal, "Althusser's Late Thinking about Materialism", *Historical Materialism* Vol. 12 No. 1, 2004.

Taylor, Charles, "Force et sens", éd. Gary Brent Madison, *Sens et existence: En hommage à la Paul Ricœur*, Seuil, 1975.

Thomas, Peter D., *The Gramscian Moment: Philosophy, Hegemony and Marxism*, Brill, 2009.

Torfing, Jacob, *New Theories of Discourse: Laclau, Mouffe and Žižek*, Blackwell, 1999.

Tosel, André, *Le marxisme du 20ᵉ siècle*, Éditions Syllepse, 2009.

Turchetto, Maria ed., *Althusseriana Quaderni* Vols. 1~4, Mimesis, 2004~2009.

Valverde, Mariana, "Genealogies of European States: Foucauldian Reflections", *Economy and Society* Vol. 36 Issue 1, 2007.

Vatter, Miguel, "Machiavelli After Marx: The Self-Overcoming of Marxism in the Late Althusser", *Theory & Event* Vol. 7 Issue 4, 2005.

Weil, Eric, *Essais et conférences* Tome 2, Plon, 1971.

Wolff, Francis, *Logique de l'élément: Clinamen*, PUF, 1981.

Young, Robert J. C., *Postcolonialism: An Historical Introduction*, Blackwell, 2001[『포스트식민주의 또는 트리컨티넨탈리즘』, 김택현 옮김, 박종철출판사, 2005].

Žižek, Slavoj, *The Sublime Object of Ideology*, Verso, 1989[『이데올로기라는 숭고한 대상』, 이수련 옮김, 인간사랑, 2002].

───, "Beyond Discourse-Analysis", Ernesto Laclau, *New Reflections on the Revolution of Our Time*, Verso, 1990[「담론 분석을 넘어서」, 에르네스토 라클라우 외, 『포스트맑스주의?』, 이경숙·전효관 엮음, 민맥, 1992].

───, *For They Know Not What They Do: Enjoyment as a Political Factor*, Verso, 1991(2nd ed., 2002)[『그들은 자기가 하는 일을 알지 못하나이다』, 박정수 옮김, 인간사랑, 2004].

───, "Introduction: The Spectre of Ideology", ed. Slavoj Žižek, *Mapping Ideology*, Verso, 1994.

───, "Against the Populist Temptation", *Critical Inquiry* Vol. 32 No. 3, Spring 2006.

───, "Schlagend, aber nicht Treffend!", *Critical Inquiry* Vol. 33 No. 1, Autumn 2006.

───, *Le sujet qui fâche: Le centre absent de l'ontologie politique*, trad. Stathis Kouvélakis, Flammarion, 2007[『까다로운 주체』, 이성민 옮김, 도서출판b, 2005].

─── ed., *Mapping Ideology*, Verso, 1994.

─── and Glyn Daly, *Conversations with Žižek*, Polity, 2004.

毛澤東, 『矛盾論』, 1937(http://www.oklink.net/a/0010/1014/mzd/018.htm)[『실천론·모순론 외』, 김승일 옮김, 범우사, 2001].

§ 한국어 저서와 논문

가라타니 고진, 『유머로서의 유물론』, 이경훈 옮김, 문화과학사, 2002.
강옥초, 「그람시와 '서발턴' 개념」, 『역사교육』 82호, 2002.
고든, 콜린 엮음, 『권력과 지식』, 홍성민 옮김, 나남, 1991.
구하, 라나지트, 『서발턴과 봉기: 식민 인도에서의 농민 봉기의 기초적 측면들』, 김택현 옮김, 박종철출판사, 2008.
그람시, 안토니오, 『옥중 수고』 1권, 이상훈 옮김, 거름, 1999.
긴즈부르그, 카를로, 『치즈와 구더기』, 김정하·유제분 옮김, 문학과지성사, 2001.
김은주, 「알튀세르와 들뢰즈를 통해 본 스피노자 철학의 문제」, 『트랜스토리아』 5호, 박종철출판사, 2005.
김정한, 『대중과 폭력: 1991년 5월의 기억』, 이후, 1998.
_____, 「어네스토 라클라우: 적대와 헤게모니」, 『시와 반시』 72호, 2010년 여름.
김현 엮음, 『미셸 푸코의 문학비평』, 문학과지성사, 1989.
니체, 프리드리히, 『니체 전집 7: 인간적인 너무나 인간적인 I』, 김미기 옮김, 책세상, 2001.
데리다, 자크, 『글쓰기와 차이』, 남수인 옮김, 동문선, 2001.
_____, 『마르크스의 유령들』, 진태원 옮김, 이제이북스, 2007.
_____ 외, 『마르크스주의와 해체: 불가능한 만남?』, 진태원·한형식 옮김, 길, 2009.
데이비스, 나탈리 제먼, 『마르탱 게르의 귀향』, 양희영 옮김, 지식의 풍경, 2000.
동즐로, 자크, 『사회보장의 발명: 정치적 열정의 쇠퇴에 대한 시론』, 주형일 옮김, 동문선, 2005.
들뢰즈, 질, 『들뢰즈가 만든 철학사: 생성과 창조의 철학사』, 박정태 옮김, 이학사, 2007.
_____, 펠릭스 가타리, 『앙띠 오이디푸스: 자본주의와 정신분열증』, 최명관 옮김, 민음사, 1994.
라캉, 자크, 『세미나 11: 정신분석의 네 가지 근본 개념』, 맹정현·이수련 옮김, 새물결, 2008.
라클라우, 에르네스토, 샹탈 무페, 『사회변혁과 헤게모니』, 김성기 외 옮김, 터, 1990.
_____ 외, 『포스트맑스주의?』, 이경숙·전효관 엮음, 민맥, 1992.
랑시에르, 자크, 「민주주의와 인권」, 서울대학교 인문학연구원 HK문명연구사업단 초청강연회 발표문, 2008.12.2.
레닌, 블라디미르 일리치, 『유물론과 경험비판론』, 정광희 옮김, 아침, 1989.
레비-스트로스, 클로드, 『야생의 사고』, 안정남 옮김, 한길사, 1999.
_____, 『슬픈 열대』, 박옥줄 옮김, 한길사, 2004.
_____, 『신화학 2: 꿀에서 재까지』, 임봉길 옮김, 한길사, 2008.
루카치, 게오르크, 『역사와 계급 의식』, 박정호·조만영 옮김, 거름, 1999.
르쿠르, 도미니크, 『프랑스 인식론의 계보: 바슐라르, 캉기옘, 푸코』, 박기순 옮김, 새길, 1996.

마르크스, 칼,『정치경제학 비판을 위하여』, 김호균 옮김, 중원문화, 1988.
―――,『헤겔 법철학 비판』, 홍영두 옮김, 아침, 1989.
―――,『데모크리토스와 에피쿠로스 자연철학의 차이』, 고병권 옮김, 그린비, 2001.
―――,『정치경제학 비판 요강』 I, 김호균 옮김, 그린비, 2007(초판, 백의, 2000).
―――,『자본: 경제학 비판』 I-1, 강신준 옮김, 길, 2008.
―――,『자본: 경제학 비판』 III-2, 강신준 옮김, 길, 2010.
―――, 프리드리히 엥겔스,『독일 이데올로기』 I, 김대웅 옮김, 두레, 1989.
―――, 프리드리히 엥겔스,『칼 맑스·프리드리히 엥겔스 저작선집』 1권, 최인호 외 옮김, 박종철출판사, 1991.
―――, 프리드리히 엥겔스,『칼 맑스·프리드리히 엥겔스 저작선집』 3권, 최인호 외 옮김, 박종철출판사, 1991.
―――, 프리드리히 엥겔스,『칼 맑스·프리드리히 엥겔스 저작선집』 5권, 최인호 외 옮김, 박종철출판사, 1994.
마키아벨리, 니콜로,『로마사 논고』, 강정인·안선재 옮김, 한길사, 2003.
―――,『군주론』, 강정인·김경희 옮김, 까치, 2008.
바디우, 알랭,『비미학』, 장태순 옮김, 이학사, 2010.
―――,『철학을 위한 선언』, 서용순 옮김, 길, 2010.
바슐라르, 가스통,『몽상의 시학』, 김현 옮김, 기린원, 1990.
―――,『새로운 과학정신』, 김용선 옮김, 인간사랑, 1990.
―――,『부정의 철학』, 김용선 옮김, 인간사랑, 1996.
―――,『현대물리학의 합리주의적 활동』, 정계섭 옮김, 민음사, 1998.
바타유, 조르주,『저주의 몫』, 조한경 옮김, 문학동네, 2000.
발리바르, 에티엔,『역사유물론 연구』, 이해민 옮김, 푸른산, 1989.
―――,『사적 유물론의 기본개념』, 김윤자 옮김, 한울, 1991.
―――,「사적 유물론의 기본 개념」, 알튀세르 외,『자본론을 읽는다』, 김진엽 옮김, 두레, 1991.
―――,「민족 형태: 그 역사와 이데올로기」, 서관모 옮김,『이론』 6호, 1993년 가을.
―――,『알튀세르와 마르크스주의의 전화』, 윤소영 옮김, 이론, 1993.
―――,『역사유물론의 전화』, 서관모 엮음, 민맥, 1993.
―――,『마르크스의 철학, 마르크스의 정치』, 윤소영 옮김, 문화과학사, 1995.
―――,「바슐라르에서 알튀세르로: '인식론적 단절' 개념」, 서관모 옮김,『이론』 13호, 1995년 겨울.
―――,「대중, 계급, 사상」, 김정한,『대중과 폭력: 1991년 5월의 기억』, 이후, 1998.
―――,「공산주의 이후에 어떤 공산주의가 오는가?」, 윤소영,『마르크스의 '경제학 비판' 과 소련 사회주의』, 공감, 2002.
―――,「인간학적 차이의 정치철학: 브뤼노 카르젠티와의 대담」, 진태원 옮김, 2004(발표는 2002)(http://blog.aladin.co.kr/balmas/436603).

참고문헌 · 843

_____, 「잔혹성의 지형학에 관한 개요: 세계적 폭력 시대의 시민성과 시빌리티」, 2004 (http://pssp.org/bbs/view.php?board=document&id=647).
_____, 『스피노자와 정치』, 진태원 옮김, 이제이북스, 2005.
_____, 『대중들의 공포: 맑스 전과 후의 정치와 철학』, 최원·서관모 옮김, 도서출판b, 2007.
_____, 「보편의 상 아래에서」, 윤소영, 『일반화된 마르크스주의의 쟁점들』, 공감, 2007.
_____, 『우리, 유럽의 시민들?: 세계화와 민주주의의 재발명』, 진태원 옮김, 후마니타스, 2010.
_____, 『정치체에 대한 권리』, 진태원 옮김, 후마니타스, 2011.
_____ 외, 『맑스주의의 역사』, 윤소영 엮음, 민맥, 1991.
_____ 외, 『루이 알튀세르: 1918~1990』, 윤소영 엮음, 민맥, 1991.
_____ 외, 『'인권의 정치'와 성적 차이』, 윤소영 엮음, 공감, 2003.
백승욱, 「다시 마르크스를 위하여: 에띠엔 발리바르와 정치의 개조」, 『안과 밖』 30호, 2011.
백종현, 「헤겔의 '시민사회'론」, 『철학사상』 30호, 2008.
버틀러, 주디스, 『의미를 체현하는 육체』, 김윤상 옮김, 인간사랑, 2003.
_____, 에르네스토 라클라우, 슬라보예 지젝, 『우연성, 헤게모니, 보편성: 좌파에 대한 현재적 대화들』, 박대진·박미선 옮김, 도서출판b, 2009.
비데, 자크, 『『자본』의 경제학·철학·이데올로기』, 박창렬·김석진 옮김, 새날, 1995.
사르트르, 장-폴, 『변증법적 이성 비판』, 박정자·변광배·윤정임·장근상 옮김, 나남, 2009.
살렘, 장, 『고대 원자론: 쾌락의 윤리로서의 유물론』, 양창렬 옮김, 난장, 2009.
서관모, 「이데올로기의 문제설정: 알튀세르와 발리바르」, 『진보평론』 2호, 1999년 겨울.
_____, 「반폭력의 문제설정과 인간학적 차이들: 에티엔 발리바르의 포스트마르크스적 공산주의」, 『마르크스주의 연구』 5권 2호, 2008.
_____, 「네그리와 하트의 다중의 기획에 대한 비판」, 『마르크스주의 연구』 6권 4호, 2009.
서동진, 「신자유주의 분석가로서의 푸코」, 『문화과학』 57호, 2009년 봄.
스콧, 조앤 W., 『페미니즘 위대한 역설』, 공임순·이화진·최영석 옮김, 앨피, 2006.
스프린커, 마이클, 「자크 데리다」, 윤소영 옮김, 『이론』 4호, 1993년 봄.
스피노자, 바뤼흐, 『에티카』, 강영계 옮김, 서광사, 1990.
스피박, 가야트리, 『다른 세상에서: 문화정치학 에세이』, 태혜숙 옮김, 여이연, 2003.
아감벤, 조르조, 『장치란 무엇인가? 외』, 양창렬 옮김, 난장, 2010.
엥겔스, 프리드리히, 『포이에르바하와 독일 고전철학의 종말』, 양재혁 옮김, 돌베개, 1987.
_____, 「초기 기독교의 역사」, 칼 맑스·프리드리히 엥겔스, 『맑스·엥겔스의 종교론』, 김승국 옮김, 아침, 1988.
_____, 「프로이센의 군사 문제와 독일의 노동자 당」, 칼 맑스·프리드리히 엥겔스, 『칼 맑스·프리드리히 엥겔스 저작선집』 3권, 최인호 외 옮김, 박종철출판사, 1991.
영, 로버트 J. C., 『포스트식민주의 또는 트리컨티넨탈리즘』, 김택현 옮김, 박종철출판사, 2005.

_____, 『백색 신화』, 김용규 옮김, 경성대학교출판부, 2008.
윤소영, 「알튀세르를 어떻게 읽을 것인가?」, 『문학과 사회』 1권 4호, 1988년 겨울.
_____, 『일반화된 마르크스주의의 쟁점들』, 공감, 2007.
장진범, 「에티엔 발리바르: 도래할 시민(권)을 위한 철학적 투쟁」, 홍태영 외, 『현대 정치철학의 모험』, 난장, 2010.
제숍, 밥, 『전략관계적 국가이론: 국가의 제자리 찾기』, 김문귀·유범상 옮김, 한울, 2000.
지젝, 슬라보예, 『그들은 자기가 하는 일을 알지 못하나이다』, 박정수 옮김, 인간사랑, 2004.
_____, 『이라크: 빌려온 항아리』, 박대진·박제철·이성민 옮김, 도서출판b, 2004.
_____, 『까다로운 주체』, 이성민 옮김, 도서출판b, 2005.
_____, 『전체주의가 어쨌다구?』, 한보희 옮김, 새물결, 2008.
_____, 『시차적 관점』, 김서영 옮김, 마티, 2009.
진태원, 「라깡과 알뛰쎄르: '또는' 알뛰쎄르의 유령들 I」, 김상환·홍준기 엮음, 『라깡의 재탄생』, 창비, 2002.
_____, 「범신론의 주박에서 벗어나기: 프랑스에서 스피노자 연구 동향」, 『근대철학』 2권 2호, 2007.
_____, 「스피노자와 알튀세르에서 이데올로기의 문제: 상상계라는 쟁점」, 『근대철학』 3권 1호, 2008.
_____, 「이것은 하나의 자서전인가: 『미래는 오래 지속된다』 재출간에 부쳐」, 루이 알튀세르, 『미래는 오래 지속된다』, 권은미 옮김, 이매진, 2008.
_____, 「관계론, 대중들, 민주주의: 에티엔 발리바르의 스피노자론」, 『시와 반시』 71호, 2010.
_____, 「옮긴이 해제: 피에르 마슈레의 스피노자론에 대하여」, 피에르 마슈레, 『헤겔 또는 스피노자』, 진태원 옮김, 그린비, 2010(초판, 이제이북스, 2004).
_____, 「진태원과의 대담: 맑스주의의 전화와 현재적 과제」, 김항·이혜령 엮음, 『인터뷰: 한국 인문학 지각변동』, 그린비, 2011.
최원, 「역자 해제: 이론의 전화, 정치의 전화」, 발리바르, 『대중들의 공포』, 최원·서관모 옮김, 도서출판b, 2007.
_____, 「발리바르: 하나의 '절단' 및 그 결과들」, 『시와 반시』 71호, 2010년 봄.
_____, 「미완의 스피노자: 발리바르의 독해를 중심으로」, 『스피노자와 현대 철학』(근간).
최정우, 「죽은 교실이 가르쳐 주는 삶, 무지한 스승이 가르쳐 주는 앎: '무지한' 연극과 '해방된' 관객 사이, 연극 음악의 미학과 정치」, 『한국연극』, 2009년 3월호.
_____, 「음악의 바깥, 바깥의 연극: 알튀세르의 '유물론적' 연극론과 연극 음악의 '소격 효과'」, 『한국연극』, 2009년 4월호.
_____, 「『미래는 오래 지속된다』 재출간을 반기며―자서전을 위반하는 자서전: 알튀세르의 서명과 자서전의 (불)가능성」, 『텍스트』, 2009년 5월호.
_____, 「연주하는 배우, 연기하는 악사: '사건'과 '관념'으로서의 연극, '잔향'과 '이명'으로

서의 음악」, 『한국연극』, 2009년 8월호.
____, 『사유의 악보: 이론의 교배와 창궐을 위한 불협화음의 비평들』, 자음과모음, 2011.
캉길렘, 조르주, 『정상적인 것과 병리적인 것』, 여인석 옮김, 인간사랑, 1996.
____, 『생명과학의 역사에 나타난 이데올로기와 합리성』, 여인석 옮김, 아카넷, 2010.
코르페, 올리비에 외, 「알튀세르와 정신분석학」, 송기형 옮김, 『이론』 8호, 1994년 봄.
코젤렉, 라인하르트, 『지나간 미래』, 한철 옮김, 문학동네, 1998.
쿤, 토머스, 『과학혁명의 구조』, 김명자 옮김, 까치, 2009.
토젤, 앙드레, 「스피노자라는 거울에 비친 맑스주의」, 김문수 옮김, 『트랜스토리아』 5호, 박종철출판사, 2005.
푸코, 미셸, 「권력, 왕의 머리베기와 훈육」, 콜린 고든 엮음, 『권력과 지식』, 홍성민 옮김, 나남, 1991.
____, 『"사회를 보호해야 한다": 1976, 콜레주 드 프랑스에서의 강의』, 박정자 옮김, 동문선, 1998.
____, 『감시와 처벌』, 오생근 옮김, 나남출판, 2003.
____, 『성의 역사』 1권, 이규현 옮김, 나남출판, 2004.
____, 『임상의학의 탄생: 의학적 시선에 대한 고고학』, 홍성민 옮김, 이매진, 2006.
____, 『푸코의 맑스』, 이승철 옮김, 갈무리, 2008.
____ 외, 『미셸 푸코의 권력이론』, 정일준 옮김, 새물결, 1994.
____ 외, 『자유를 향한 참을 수 없는 열망: 푸코-하버마스 논쟁 재론』, 정일준 옮김, 새물결, 1999.
프로이트, 지그문트, 『꿈의 해석』, 장병길 옮김, 을유문화사, 1983.
하이데거, 마르틴, 『기술과 전향』, 이기상 옮김, 서광사, 1993.

찾아보기[*]

【ㄱ】

가타리, 펠릭스(Guattari, Félix) 457
『앙티-오이디푸스』(*L'anti-Œdipe*) 457, 643
간(間)세계 317, 340, 342, 345
갈릴레이, 갈릴레오(Galilei, Galileo) 370, 381, 496
강제된 선택 740, 746
개인주의 644
거리두기(décalage) 191, 200, 202~203
결합(combinaison) 101, 102, 134, 166, 249, 252~253, 357, 360, 365, 734
경쟁 287
경제 83, 473, 537~538, 609, 614, 679, 775
　~ 결정론 118
　~에 의한 결정 474
　~적인 것 120
　~주의 211, 401, 600, 771
계급 158
　~ 의식 589, 596, 598
계급투쟁 157, 241, 255, 284, 292, 361, 392, 418, 497, 521, 541, 557, 591, 597, 599, 618~619, 623, 639, 642, 667, 692, 697, 706, 718, 721, 781, 789, 797, 799
　계급들에 대한 ~의 우위 598, 651
　이데올로기적 ~ 769
　이론에서의 ~ 256, 350, 625, 673, 693, 713
　최종 심급에서의 ~ 716
계약성 295
　상호 개인적 ~(contractualité interindividuelle) 288, 295
　중앙 집중적 ~(contractualité centrale) 288, 296
공간적 표상(topique) ↔ 장소론, 토픽 441
공동체 효과 621
공백(vide) ↔ 진공 230, 245, 263, 328, 336, 339, 346, 350, 362, 743, 749
공산당 279, 344, 569, 712
공산주의 96, 252, 265, 297, 563, 571, 583,

---

[*] 이 책에서 다의적으로 사용된 외국어 표현의 경우, 본문에서는 빗금(/)을 이용해 여러 뜻을 함께 표시해 주었다. 또한 하나의 외국어 표현을 필자에 따라 다르게 번역한 경우도 있다. 그래서 '찾아보기'에서는 이를 확인할 수 있도록 화살표(↔)를 이용해 해당 한국어 표현 옆에 다른 번역어들을 표시해 주었으며, 또 그 다른 번역어들도 별도의 항목으로 넣어 주었다.

596, 624, 632, 654, 666, 681, 798
　~로의 이행 678
공접합(conjonction) ↔ 연접 352~353, 355, 357, 359~360, 364
과개인적(跨個人的, transindividuel) ↔ 관개인적 620, 644
과소결정(sousdétermination) 85, 98, 100, 191, 578, 612, 623, 628, 775
과잉결정(surdétermination) ↔ 중층결정 18, 79, 100, 133, 144, 186, 191, 200, 228, 401, 473, 578, 601, 603, 607, 612, 618, 623, 628, 647, 649, 666, 775, 781, 788, 797, 817, 819
과학 62, 122, 135, 247, 274, 278, 417, 438, 463, 485, 511, 671, 693
　인간~ 162, 275, 458, 467
관개체적(貫個體的, trans-individuel) ↔ 과개인적 243
관념론 236, 259~260, 306, 320, 413, 417, 625, 764
　유물론적 ~ 259
　자유의 ~ 239, 249, 255, 264, 319, 327
　합리주의적 ~ 255
교육 701, 711, 722
구성적 외부 779, 790, 806
구성주의 765
구조 154, 169, 195, 247, 249, 254, 331, 458, 465, 477, 613, 629, 650, 766
　~의 재생산 251
　~화 595, 602~603, 605, 610, 789
　사회 ~ 55, 461, 469~470, 618
　저항 ~ 811
　지배 내 ~(structure à dominante) 603, 607, 610, 614
　지배 내로 절합된 ~(structure articulée à dominante) 603
　지배소를 갖는 ~(structure à dominante) 77, 82~83
구조 언어학 458, 463, 466, 468

구조주의 123, 160, 408, 450, 458, 463, 468, 475, 480, 490, 499, 558, 763, 801, 805
　포스트~ 10, 558, 805
구하, 라나지트(Guha, Ranajit) 800, 806, 816
　『서발턴과 봉기』(Elementary Aspects of Peasant Insurgency in Colonial India) 801, 816
국가 89, 289, 423, 522, 548, 676, 685, 698
　~ 이성(raison d'État) 531, 537, 553
　~론 392, 521, 557, 674, 681
　사회 ~ 549
국가장치 89, 546, 636
　부르주아적 ~ 677
　억압적 ~ 89, 397, 677, 681, 742, 763
　이데올로기적 ~ 89, 397, 535, 544, 548, 594, 617, 623, 681, 691, 697, 742
국적/국민됨(nationalité) 588, 652, 654
군주 255, 375, 383, 386, 394, 397, 399
규율 권력(disciplinary power) 527
그람시, 안토니오(Gramsci, Antonio) 13, 226, 243, 261, 308, 373~374, 379, 394, 396, 486, 547, 675, 677, 682, 772, 807~808, 819
　『옥중 수고』(Quaderni del carcere) 378, 807
근거(raison) ↔ 이성 225, 246
　~율(principe de raison) 225, 235~236, 239, 246~247, 255~256, 259
기능주의 476, 548, 618
기록(écriture) 242, 246, 423
기성 사실(fait accompli) 102, 248, 251, 323~324, 330, 362
기원(origine) 236, 243, 245, 402, 422, 449, 559, 625, 733, 751
기표 349, 434, 437, 744, 746, 764, 766
　~의 물질성 745
　~의 일반 이론 434, 443, 445
　순수 ~ 745
　텅 빈 ~ 783, 786, 789

【ㄴ·ㄷ】

나바로, 페르난다(Navarro, Fernanda) 222, 305
노동력 290
　~의 사용의 판매 290
놀런, 크리스토퍼(Nolan, Christopher) 724
　「인셉션」(Inception) 724, 728, 736, 750
니체, 프리드리히(Nietzsche, Friedrich) 235, 242, 335, 365, 501, 516, 622
　『인간적인, 너무나 인간적인』
　　(Menschliches, Allzumenschliches) 516
단락(短絡) 633, 636, 638, 658, 667, 785
단절(coupure) ↔ 절단 133
단절(rupture) 274
담론 288, 766
　~구성체 766
　유물론적 ~ 이론 767
당 392, 399, 521
대중(masses) 106, 260, 400, 556, 597, 618, 624, 658, 664, 706, 711
　~ 운동 265, 338, 343, 363, 599, 718, 798
내타자(Autre) 435, 437~438, 740, 727
대표(représentation) ↔ 상연, 재현, 표상 256, 260, 688, 786
대항 행동(counter-conduct) 553
데리다, 자크(Derrida, Jacques) 99, 235, 241, 265, 313, 335, 343, 457, 558, 615, 736, 763
　「나의 운들: 몇몇 에피쿠로스적 입체 음향들과의 약속」(Mes chances: Au rendezvous de quelques stéréophonies épicuriennes) 313
　『맑스의 유령들』(Spectres de Marx) 562, 566, 572, 580
　산종 237, 246
　「성(性) 2: 하이데거의 손」(Le main de Heidegger[Geschlecht II]) 575
　『아포리아들』(Apories) 575
　「인간의 목적들/종말들」(Les fins de l'homme) 559, 572
　「장르/성별의 법칙」(La loi du genre) 561
　해체 457
　『체류지들』(Parages) 561
　현전의 형이상학 578
데모크리토스(Democritos) 321, 336, 415
데카르트, 르네(Descartes, René) 438, 445, 462, 496
돌라르, 믈라덴(Dolar, Mladen) 727, 740
돌발(surgissement/irruption) 72, 104, 194, 237, 350, 355, 358, 362, 365, 732, 738, 753
돌출(excroissance) 687
동의 678, 735, 742
동일성(identité) ↔ 정체성 658, 662, 732, 738, 747, 749, 775, 779
　~의 정치 768, 783
동일화(identification) ↔ 정체화 662, 664, 756, 777
　반(反)~ 768
　탈~ 768
들뢰즈, 질(Deleuze, Gilles) 235, 242, 319, 326, 457, 661
　「루크레티우스와 자연주의」(Lucrèce et le naturalisme) 310, 326
　『앙티-오이디푸스』(L'anti-Œdipe) 457, 643
디아트킨, 르네(Diatkine, René) 353, 730
또 다른 무대(der andere Schauplatz/l'autre scène) 642, 644, 646, 648, 650, 659

【ㄹ】

라브루스, 에르네스트(Labrousse, Ernest) 108, 140, 145, 153, 471
라이프니츠, 고트프리트(Leibniz, Gottfried) 195, 236
라캉, 자크(Lacan, Jacques) 347, 428, 430,

437, 445, 494, 612, 645, 730, 743, 772, 779
「도둑맞은 편지」에 대한 세미나(Le séminaire sur "La Lettre Volée") 745
아버지의 이름(Nom du Père) 430
『정신분석의 네 가지 근본 개념』(Les quatre concepts fondamentaux de la psychanalyse) 438
「정신분석적 경험에서 우리에게 밝혀진 나 기능의 형성자로서 거울 단계」(Le stade du miroir comme formateur de la fonction du Je telle qu'elle nous est révélé dans l'expérience psychanalytique) 438
라클라우, 에르네스토(Laclau, Ernesto) 13, 641, 772
『우리 시대의 혁명에 대한 새로운 성찰』(New Reflections on the Revolution of Our Time) 773, 782
『우연성, 헤게모니, 보편성』(Contingency, Hegemony, Universality: Contemporary Dialogues on the Left) 773
『인민주의 이성』(On Populist Reason) 773, 790
『헤게모니와 사회주의 전략』(Hegemony and Socialist Strategy) 772, 774, 780
랑시에르, 자크(Rancière, Jacques) 12, 204, 214, 543, 701, 791
감각적인 것의 분배(partage du sensible) 204, 215
감성학(esthétique) 215
『무지한 스승』(Le maître Ignorant) 703
『불화』(La mésentente) 703
『알튀세르의 교훈』(La leçon d'Althusser) 13, 701, 704
쟁송(mésentente/dissensus) 543
『프롤레타리아의 밤』(La nuit des prolétaires) 703
『해방된 관객』(Le spectateur émancipé) 215

레닌, 블라디미르 일리치(Lenin, Vladimir Ilyich) 114, 123, 135, 150, 158, 164, 171, 226, 279, 306, 393, 409, 417, 674, 677
『국가와 혁명』(Gosudarstvo i revolyutsiya) 674
「먼 곳으로부터의 편지」(Pis'ma iz daleka) 393, 406
『무엇을 할 것인가?』(Chto delat'?) 399, 674, 677
『유물론과 경험비판론』(Materializm i empiriokrititsizm) 226, 306, 715
레몽, 피에르(Raymond, Pierre) 221, 267
레비-스트로스, 클로드(Lévi-Strauss, Claude) 140, 431, 458, 462, 475, 477, 494, 499
『구조 인류학』(Anthropologie Structurale) 475
『야생의 사고』(La Pensée sauvage) 458, 464, 470
로고스 중심주의 241~242, 265
로크, 존(Locke, John) 305, 373, 595, 747
루디네스코, 엘리자베스(Roudinesco, Elisabeth) 335
루소, 장-자크(Rousseau, Jean-Jacques) 233, 306, 336, 373, 408, 418, 559, 656, 757
『인간 불평등 기원론』(Discours sur l'origine et les fondements de l'inégalité parmi les hommes) 233, 253, 336, 418
루카치, 죄르지(György, Lukács) 226, 472, 486, 588, 598
『역사와 계급 의식』(Geschichte und Klassenbewusstsein) 589
루크레티우스, 티투스(Lucretius, Titus) 305, 316, 331, 415
『사물의 본성에 관하여』(De rerum natura) 318
룩셈부르크, 로자(Luxemburg, Rosa) 158, 674
르쿠르, 도미니크(Lecourt, Dominique) 488,

512, 519
『바슐라르: 낮과 밤』(Bachelard: Le jour et la nuit) 512
리카도, 데이비드(Ricardo, David) 117, 128

【ㅁ】

마슈레, 피에르(Macherey, Pierre) 803
마오쩌둥(毛澤東) 168, 344, 385, 607, 710
　『모순론』(矛盾論) 607
마주침 225, 232, 246, 248, 252, 263, 311, 320, 331, 335, 355, 359, 362, 561, 581, 737
마키아벨리, 니콜로(Machiavelli, Niccolò) 18, 227, 231, 306, 308, 336, 373, 385, 392, 545
　『군주론』(Il Principe) 379, 383, 395, 403
　『로마사 논고』(Discorsi sopra la prima deca di Tito Livio) 387, 395~396
　『카스트루치오 카스트라카니의 생애』(La vita di Castruccio Castracani da Lucca) 388
마트롱, 프랑수아(Matheron, François) 179, 269, 303, 307, 352
말의 가공(élaboration d'une parole) 803, 820
맑스, 칼(Marx, Karl) 88, 99, 102, 113, 121, 134, 146, 150, 163, 174, 190, 196, 214, 223, 235, 248, 268, 321, 327, 336, 343, 376, 412, 439, 448, 461, 484, 496, 515, 548, 559, 571, 582, 615, 626, 634, 656, 661, 785
　『경제학·철학 수고』(Ökonomisch-philosophische Manuskripte aus dem Jahre 1844) 53, 483
　『고타 강령 초안 비판』(Kritik des Gothaer Programms) 289, 637, 677
　『공산당 선언』(Manifest der Kommunistischen Partei) 169, 598, 622, 627, 632, 653, 676, 689, 692
　『데모크리토스와 에피쿠로스 자연철학의 차이』(Differenz der demokritischen und epikureischen Naturphilosophie) 309
　『독일 이데올로기』(Die Deutsche Ideologie) 68, 439, 484, 515, 591, 632, 672, 679
　『루이 보나파르트의 브뤼메르 18일』(Der achtzehnte Brumaire des Louis Bonaparte) 114, 391, 569
　『자본』(Das Kapital) 45, 53, 87, 99, 115, 124, 134, 140, 147, 170, 175, 252, 264, 272, 301, 365, 439, 449, 472, 484, 540, 577, 590, 633, 672, 709
　『정치경제학 비판 요강』(Grundrisse der Kritik der politischen Ökonomie) 125, 155, 268, 275
　『정치경제학 비판을 위하여』(Zur Kritik der politischen Ökonomie) 110, 589, 627
　『1848년에서 1850년까지의 프랑스에서의 계급투쟁』(Die Klassenkämpfe in Frankreich 1848 bis 1850) 114
　청년 ~ 48, 60, 68, 74
　「포이어바흐에 관한 테제들」(Thesen über Feuerbach) 68, 202, 484, 671, 707
　『프랑스 내전』(Der Bürgerkrieg in Frankreich) 114, 391, 677
맑스주의 19, 50, 233, 444, 456, 468, 526, 565, 596, 673, 687, 772
　구조주의적 ~ 160
　~의 위기 177, 392, 521, 556, 798
　소비에트 ~ 596
　포스트~ 13, 772, 774, 797
　프로이트~ 642
　헤겔주의적 ~ 473
망각(oubli) 262
메를로-퐁티, 모리스(Merleau-Ponty, Maurice) 456, 490
　『변증법의 모험들』(Les aventures de la dialectique) 457
메시아적인 것 581

메시아주의(messianism) 567~568
  ~ 없는 메시아적인 것 576
  종말론적 ~ 580
모로, 피에르-프랑수아(Moreau, Pierre-François) 21
모순(contradiction) 80, 106, 601, 642, 776
  근본 ~ 604, 614
  ~들 간의 상호 실존 조건화 604, 607
  ~들 서로 간의 실존 조건화 83
  ~의 과잉결정 601, 604, 607, 613
  ~의 불균등성 98
  ~의 응축 608, 611
  ~의 전위 608, 611
  주요 ~ 604, 607
목적(fin) ↔ 종말 234, 243~244, 257, 276, 418, 422, 449, 573, 579
  ~ 없는 목적성 572
목적론(téléologie) 49, 252, 259, 264, 313, 355, 479, 506, 567, 575, 582, 600, 613, 623, 731, 757, 792
  반(反)~ 583
몰인식(méconnaissance) ↔ 오인 263
몽테스키외, 샤를-루이 드 세콩다
(Montesquieu, Charles-Louis de Secondat) 44, 229, 373, 389, 408
  『법의 정신』(De l'esprit des lois) 370
무(無) 225, 230, 245
무의식 88, 347, 362, 444, 448, 548, 642
  ~의 비시간성 731
  ~의 포착(prise de l'inconscient) 430, 432, 443
무프, 샹탈(Mouffe, Chantal) 13, 641, 772
문제설정(problématique) 178, 189, 258, 419, 484, 491, 502, 507, 615, 710
  과학의 ~ 485
  이데올로기적 ~ 485
문제틀(problématique) 54~55, 65, 68, 178, 189, 816

인간학적 ~ 68
문화의 법(Loi de Culture) 431~432, 445
미시 권력 528
미학 180~181
  ~으로 (재)생산되지 않는 미학 198, 201, 212, 217, 219
  ~의 구성 불가능성 180
  유물론적 ~ 180, 190, 206, 216
민족 174, 423, 549
민주주의 781, 790
  급진 ~ 772, 774, 781, 796
밀레, 자크-알랭(Miller, Jacques-Alain) 358, 612

【ㅂ】

바깥 318, 339~343, 345~346, 351
바디우, 알랭(Badiou, Alain) 12, 214, 230, 510, 671, 713, 719
  「변증법적 유물론의 (재)시작」
  (Le [re]commencement du matérialisme dialectique) 510
  비미학(inesthétique) 215
  상황(situation) 684, 689, 698
  상황 상태(état de la situation) 684~685, 689, 691, 698
  「연극에 관한 테제들」(Thèses sur le théâtre) 215
  『존재와 사건』(L'être et l'événement) 682, 696
  『주체의 이론』(Théorie du sujet) 696
바슐라르, 가스통(Bachelard, Gaston) 126, 152, 410, 480, 488, 504~505, 519
  과학적 인식 482
  『과학 정신의 형성』(La formation de l'esprit scientifique) 513
  『부정의 철학』(La philosophie du non) 484, 492, 505

반복 자동성(repetition automatism) 745
발리바르, 에티엔(Balibar, Étienne) 12, 93, 162, 357, 360, 365, 450, 472, 477, 479, 516, 543, 548, 554, 586, 590, 609, 616, 758, 770
   국민 형태(forme nation) 12, 93
   민족 형태(forme nation) 738
   시민다움(civilité) 12
   시민윤리성(civilité) 656, 659, 664, 666
   「역사 변증법에 대하여」(Sur la dialectique historique) 516
   「역사 유물론의 근본 개념들에 대하여」(Sur les concepts fondamentaux du matérialisme historique) 609
   『『자본』을 읽자』(Lire le Capital) 609
   평등자유(égaliberté) 12, 293, 653
발생(genèse) 59, 251, 355, 364, 577, 732
   ~론 358
   ~의 논리 355, 357~358, 362, 733
   ~학 476, 730, 740, 750, 757
버틀러, 주디스(Butler, Judith) 439, 726, 751
   『권력의 정신적 생명』(The Psychic Life of Power) 439, 751
   『물질화되는 육체들』(Bodies that Matter) 765
   『우연성, 헤게모니, 보편성』(Contingency, Hegemony, Universality: Contemporary Dialogues on the Left) 773
   『젠더 트러블』(Gender Trouble) 765
법 284, 288~289, 292, 297, 386, 428
   부르주아적 ~ 547
베르톨라치, 카를로(Bertolazzi, Carlo) 182
   「우리들의 밀라노」(El nost Milan) 182
벤야민, 발터(Benjamin Walter) 576, 581
변증법 70, 76, 187, 191, 196, 301, 561, 598, 613, 618,
   관념론적 ~ 70, 705
   맑스 ~ 191, 674, 695, 788
   맑스주의 ~ 600, 672
   유물론적 ~ 70, 82, 718
   의식의 ~ 187, 196
   헤겔 ~ 70, 191, 674, 695, 788
보댕, 장(Bodin, Jean) 370, 397
보편성 786
   구체적 ~ 785
복종(sujétion) ↔ 예속, 주체화 599, 645~647, 651
복종화(assujettissement) ↔ 종속, 주체화 599, 618~619, 645
본원적 축적 ↔ 시초 축적, 원시적 축적 327, 359
본질주의 782
   반~(anti-essentialism) 774, 783
   반-반~(anti-anti-essentialism) 784
볼셰비키 394
봉기(insurgency) 810
   반-~ 담론 812, 814
   ~ 의식 818
부르디외, 피에르(Bourdieu, Pierre) 55, 657, 711
부르주아 157, 250, 361, 378
부재하는 원인(cause absente) 133, 168, 611, 646, 649~650
   자신을 부재하게 하는 원인 647, 649
불투명성 440, 809
브레히트, 베르톨트(Brecht, Bertolt) 189, 197, 200, 205
브로델, 페르낭(Braudel, Fernand) 140, 151, 471
   『지중해와 펠리페 2세 시대의 지중해 세계』(La Méditerranée et le monde méditerranéen à l'époque de Philippe II) 153
브르통, 스타니슬라스(Breton, Stanislas) 242, 244, 342
   부정 신학 242, 244
   『원리에 관하여』(Du principe) 242

브리콜라주 646
블랑쇼, 모리스(Blanchot, Maurice) 561, 576
비데, 자크(Bidet, Jacques) 268
　『『자본』으로 무엇을 할 것인가?』(*Que faire du Capital?*) 268
비의식(inconscience) 593, 600~601, 618, 642
비트겐슈타인, 루트비히(Wittgenstein, Ludwig) 235, 312, 323
　『논리-철학 논고』(*Tractatus Logico-Philosophicus*) 238
비판 193, 551
빗겨남↔편위 311, 318
　원자들의 ~ 314, 319~320, 326

【ㅅ】

사건(événement) 194, 240, 247, 256, 418, 696
사례(cas) 165, 168~169, 171, 314
사료 813
사르트르, 장-폴(Sartre, Jean-Paul) 44, 367, 456, 458, 479
　근본적 투기(projet fondamental) 70
　『변증법적 이성 비판』(*Critique de la raison dialectique*) 44, 456, 461, 464
사목 권력(pastoral power) 531, 535, 547
사유 54, 67, 72~74
　~ 구체(concret de pensée) 60, 274, 279
　~의 경험 54~58
사회 88, 533, 542, 553, 557, 686, 733
　~ 계약 377, 390, 634
　~ 계약론 373, 757
　~ 상태 234, 418
　~적인 것 522, 536, 542, 545, 549, 636
　~ 효과(effet de société) 535~536, 539, 621, 733
사회구성체 276, 359, 433, 470, 472, 478,

486, 511, 516, 542, 596, 600, 606, 617, 624, 629, 638, 667
사회적 유대 595
사회주의 136, 279, 583
　~ 계획 경제 289
　~ 혁명 375
　현실 ~ 286
상대적 자율성 88, 357, 473, 600, 680
상대주의 515
상부구조 88, 473
상상 231, 265, 414, 594, 682
　~계(l'imaginaire) 95, 256
　~적 621, 623
　~적 관계 293, 548
　~적인 것(l'imaginaire) 431, 445, 548, 647, 650, 660
상연(représentation)↔대표, 재현, 표상 260
상징 431
　~계(le symbolique) 494, 778~779, 793
　~적 621, 645, 648, 657
　~적 구조 743
　~적인 것(le symbolique) 431, 744, 760
　~ 질서 431, 433, 441
　~ 체계 469, 471
상품 290
　~ 관계 284, 288, 292, 297, 340, 798
　~ 관계의 폐지 280
생명과학 488
생산 283
생산관계 80, 129, 168, 249, 294, 357, 361, 440, 484, 591, 597, 604, 692
　사회주의적 ~ 289
생산력 80, 591, 597, 604,
생산수단 692
　~의 사회적 소유 280
생산양식 86, 101, 127, 139, 145, 158, 165, 249, 253, 273, 276, 357, 359, 362~363, 472, 478, 484, 516, 624, 647, 650

봉건적 ~ 366
사회주의 ~ 288
~의 발생 250
~의 이행 254, 354~355, 360
자본주의 ~ 129, 163, 249, 252, 268, 365, 472
서발턴 806~807, 819
　~ 연구 800, 805
　『서발턴 연구』(Subaltern Studies) 801
　『서발턴 연구 선집』(Selected Subaltern Studies) 801
　~ 의식 803, 805
　~ 정치 802, 805~806
선택의 선택 554
성적 차이 641, 654, 667
세계 체계 287, 296
세계관 49, 53, 63
소격 효과(Verfremdungseffekt) 203
소쉬르, 페르디낭 드(Saussure, Ferdinand de) 764
소외 282, 438, 441, 443, 484, 740, 746
수사학 752, 757, 764
수정주의 45
스탈린, 이오시프 비사리오노비치(Stalin, Iosib Vissarionovich) 168, 171
스피노자, 바뤼흐(Spinoza, Baruch) 51, 94, 229, 305, 358, 370, 407, 413, 416, 447, 477, 493, 502, 548, 579, 619, 650, 758, 809
　1종의 인식 231, 422
　2종의 인식 231
　3종의 인식 231, 422
　공통 통념 231
　국가 속의 국가 346
　신 230, 232
　『신학정치론』(Tractatus Theologico-Politicus) 231, 414, 419, 422
　역사 이론 419~420
　『윤리학』(Ethica) 233, 408, 414, 416, 420

직접적인 것의 불투명성 419~420, 809
코나투스 753
스피박, 가야트리(Spivak, Gayatri Chakravorty) 800
　「서발턴은 말할 수 있는가?」(Can the Subaltern Speak?) 801
슬로베니아 학파 726
시간 131, 305, 402, 405, 560, 578
　선형적 ~ 142, 144, 150, 152
　~들의 착종 149, 156, 159, 169
　~성 138, 142, 144, 147~149, 186, 195
　역사적 ~ 103, 137, 142, 357, 487
　유물론적 ~ 402
　차이적 ~들 158, 176
시민권/시민됨(citoyenneté) 588, 652, 656, 661, 664, 666
　과국민적(transnationale) ~ 654
시민사회 536
시장 287, 291, 295
시초 축적 ↔ 본원적 축적, 원시적 축적 102, 105, 253, 377
　정치적 ~ 377
신 404~405, 434, 621
실재(le réel) 431, 779, 793
실존주의 458, 480
실증주의 466, 468, 673
실천 240, 260, 265, 392, 457, 461, 484, 552
　~의 물질성 728
실체(substance) 242

【ㅇ】

아날 학파 471, 800
『아날』(Annales) 471, 516
아롱, 레몽(Aron, Raymond) 108, 112, 326
『역사철학 입문』(Introduction à la philosophie de l'histoire) 326
아리스토텔레스(Aristoteles) 306, 319, 355,

390, 406, 413
안전 기구(dispositif de sécurité) 530, 534, 544
알튀세르, 루이(Althusser, Louis)
　「과학자들을 위한 철학 강좌」(Cours de philosophie pour scientifiques) 507
　「그 자신의 한계들 속의 맑스」(Marx dans ses limites) 449
　「담론 이론에 관한 세 편의 노트」(Trois notes sur la théorie des discours) 354, 434, 443
　『당내에서 더 이상 지속되어서는 안 되는 것』(Ce qui ne peut plus durer dans le Parti communiste) 400
　「D에게 보내는 두 통의 편지」(Lettres à D……) 353, 355, 359, 361, 730
　『레닌과 철학』(Lénine et la philosophie) 202, 559, 693
　「레비-스트로스에 관하여」(Sur Lévi-Strauss) 354
　「마주침의 유물론이라는 은밀한 흐름」(Le courant souterrain du matérialisme de la rencontre) 221, 300, 303, 311, 329, 333, 352, 361
　「마침내 맑스주의의 위기가!」(Enfin la crise du marxisme!) 674
　『마키아벨리와 우리』(Machiavel et nous) 309, 580
　「마키아벨리의 고독」(Solitude de Machiavel) 221, 369
　『맑스를 위하여』(Pour Marx) 19, 76, 269, 304, 323, 423, 473, 492, 502, 507, 510, 577, 601, 613, 630, 639, 671, 680, 695
　「맑스와 프로이트에 대하여」(Sur Marx et Freud) 348
　「맑스주의와 인간주의」(Marxisme et humanisme) 94
　「모순과 과잉결정(연구를 위한 노트)」(Contradiction et surdétermination[Notes pour une recherche]) 390, 601, 695
　『몽테스키외: 정치와 역사』(Montesquieu: La politique et l'histoire) 369, 373
　『미래는 오래 지속된다』(L'avenir dure longtemps) 219, 307, 339, 342, 348, 423
　「발생에 관하여」(Sur la genèse) 353, 356, 359, 361, 364
　「브레히트와 맑스에 대하여」(Sur Brecht et Marx) 201, 206
　『생산관계들의 재생산』(La reproduction des rapports de production) 269, 279, 282, 285, 292
　「아미엥에서의 주장」(Soutenance d'Amiens) 77, 85, 98, 100, 370
　~의 미학 191, 195, 197, 211, 214
　~의 예술론 178, 193, 201, 213, 218~219
　「오늘의 맑스주의」(Le marxisme aujourd'hui) 615, 625, 627, 630
　「우발적 유물론에 대하여」(Du matérialisme aléatoire) 300, 305, 307, 338, 342, 345, 352
　「유물론적 변증법에 대하여(기원들의 불균등성에 관하여)」(Sur la dialectique matérialiste[De l'inégalité des origines]) 391, 601, 610, 614
　「유일한 유물론의 전통」(L'unique tradition matérialiste) 94
　「이데올로기와 이데올로기적 국가장치들(연구를 위한 노트)」(Idéologie et appareils idéologiques d'État[Notes pour une recherche]) 86, 269, 285, 428~429, 433, 444, 519, 544, 556, 594, 615, 625, 638, 674, 679, 697, 730, 769
　『입장들』(Positions) 269, 279
　『자기 비판의 요소들』(Éléments d'autocritique) 279, 408, 497, 512
　「『자본』에서 맑스의 철학으로」(Du Capital

à la philosophie de Marx) 79
『『자본』을 읽자』(Lire le Capital) 76, 103, 247, 269, 323, 350, 358, 360, 374, 408, 419, 472~474, 476, 484, 487, 493, 506, 510, 519, 539, 544, 577, 600, 613, 618, 630, 638, 733
「『자본』의 대상」(L'objet du Capital) 79, 305, 375
『재생산에 대하여』(Sur la reproduction) 97, 769
「정신분석학과 심리학」(Psychanalyse et psychologie) 350
『정신분석학과 인간과학』(Psychanalyse et sciences humaines) 427
『존 루이스에 대한 답변』(Réponse à John Lewis) 323, 400, 418, 427, 449, 709
『철학과 과학자들의 자생적 철학』(Philosophie et philosophie spontanée des savants) 714
「철학과 맑스주의: 페르난다 나바로와의 대담(1984~1987)」(Philosophie et marxisme: Entretiens avec Fernanda Navarro[1984~1987]) 300, 315
『철학에 대하여』(Sur la philosophie) 222
『철학·정치 저작집』(Écrits philosophiques et politiques) 179, 221
「'청년 맑스에 대하여'(이론의 문제들)」("Sur le jeune Marx"[Questions de théorie]) 44, 64, 69
「크레모니니, 추상적인 것의 화가」(Cremonini, peintre de l'abstrait) 207
「포이어바흐에 대하여」(Sur Feuerbach) 307
「'피콜로' 극단, 베르톨라치, 그리고 브레히트(한 유물론적 연극에 관한 노트)」(Le "Piccolo", Bertolazzi et Brecht[Notes sur un théâtre matérialiste]) 182, 184, 201, 206
「프로이트 박사의 발견」(La découverte du docteur Freud) 347
「프로이트와 라캉」(Freud et Lacan) 428, 643
『헤겔 철학에서 내용이라는 통념』(La notion de contenu dans la philosophie de Hegel) 580
양심 754
~의 운동 756, 758
억압(refoulement) 263
언어 431, 721, 766
~학 763
에서, 모리츠 코르넬리스(Escher, Maurits Cornelis) 724, 740
「서로를 그리는 손」(Drawing Hands) 740
「올라가기와 내려가기」(Ascending and Descending) 724
에피스테메(episteme) ↔ 인식소 143
에피쿠로스(Epicouros) 223, 231, 235, 305, 307, 321, 331, 336, 342, 352, 360, 415
『퓌토클레스에게 보내는 편지』 331
엘리트주의 703, 711
엥겔스, 프리드리히(Engels, Friedrich) 49, 64, 102, 124, 134, 226, 262, 412, 477, 515, 590, 615, 625, 634, 637
『가족, 사적 소유 및 국가의 기원』(Der Ursprung der Familie, des Privateigentums und des Staats) 689
『공산당 선언』(Manifest der Kommunistischen Partei) 689
「국민 경제학 비판 개요」(Umrisse zu einer Kritik der Nationalökonomie) 65
『독일 이데올로기』(Die Deutsche Ideologie) 68, 515~516
『루트비히 포이어바흐와 독일 고전 철학의 종말』(Ludwig Feuerbach und der Ausgang der klassischen deutschen Philosophie) 226, 595
여백(marge) ↔ 주변 245~246

역량(virtù) 248, 375, 384, 388, 404, 581
역사 118, 130, 135, 139, 162~163, 292, 358, 404, 418, 465, 471, 475, 487, 513, 800
   맑스주의 ~ 108, 173
   ~ 개념 128, 164
   ~과학 469, 496
   ~ 대륙 72, 272, 274, 389, 496, 820
   ~의 동력 596~597, 614, 667
   ~의 목적 363, 570
   ~의 주체 473, 588, 596, 623, 705, 708
   유물론적 ~ 133
   전체사 174
   주체도 목적도 없는 과정 706, 718
   콩종튀르 ~ 146
역사주의 135, 251, 257, 276, 375, 401, 472, 486, 497, 515, 541, 705, 763
역사철학 234, 244, 249, 506, 590, 596, 792
   맑스주의적 ~ 624
   반(反)~ 590
역사학 464
   맑스주의 ~ 169, 176
연극 182, 202
   관객 199, 201, 206, 218
   멜로드라마 183, 188, 190~191
   상연(Darstellung) 182, 199
   ~의 잠재적 구조 194
   유물론적 ~ 196
   철학과 ~ 사이의 유비 201, 205
연접(conjonction) ↔ 공접합 247, 251~252, 254, 266, 260
연접체(conjoncture) ↔ 정세, 콩종튀르 234, 247, 252, 254, 260~261
연합 343, 345, 347
열정적 애착(passionate attachment) 753, 758
예속(subjection) ↔ 복종, 주체화 550, 753~754,
예술 206
   유물론적 ~론 212~213

오인(méconnaissance) ↔ 몰인식 184, 198, 422, 439, 442~443, 447, 682, 739, 755~756
요소적 측면들 811, 816
욕망 743, 759
우발성 194, 323, 333, 335, 347, 363
우연(contingence) 72, 106, 194, 222, 234, 246, 253, 316, 323, 330, 333, 352, 561, 623
운(fortuna) 248, 314, 316, 374, 383~384, 388~389, 404, 581
원리(principe) 225~226, 239
원시적 축적 ↔ 본원적 축적, 시초 축적 475
원자(atome) 223, 245, 316
   ~론 300, 315, 328, 338, 345, 364, 644
원환들의 원환 339, 345~346
유기체론 644
유물론 104, 211, 320, 401, 413, 420, 550, 561, 580, 613, 616, 763
   관념론적 ~ 251, 255
   내재성의 ~ 552
   마주침의 ~(matérialisme de la rencontre) 76, 98, 101, 194, 212, 221, 237, 240, 243, 300, 311, 320, 352, 360, 561, 650
   변증법적 ~ 123, 226, 508
   사회적 존재의 ~ 226
   실천적 ~ 226
   역사 ~ 19, 86, 118, 235, 256, 375, 508, 512, 551, 557, 593, 600, 617, 626, 642, 666, 672, 681, 705
   우발성의 ~(matérialisme aléatoire) 18, 73, 101, 194, 212, 221, 226~227, 232, 239, 249, 256, 264, 300, 349, 650
   우발적 ~(matérialisme aléatoire) 313, 320, 362, 561
   ~의 우위에 대한 변증법의 종속 77, 84, 104
   합리주의적 ~ 223
은폐(recouvrement) 263
응고(prise) 248, 256, 266, 311, 329, 332,

334, 352, 357, 360, 363, 365
의미(sens) 225, 241
의식(consciousness) 193, 625, 758
　자기 ~ 189, 198
이글턴, 테리(Eagleton, Terry) 726
이데올로기(idéologie) 14, 54, 67, 85, 135, 178, 182, 199, 209, 217, 243, 257, 284, 292, 426, 435~436, 444, 449, 484, 507, 511, 544, 582, 597, 601, 617, 624, 629, 645, 650, 660, 666, 681, 690, 693, 802
　경제 ~ 635
　미학적 ~ 183, 190, 206
　법적 ~ 634, 652
　부르주아 ~ 86, 188, 232, 427, 559, 652, 706
　역사 편재성 428
　~론 18, 76, 86, 255, 426, 433, 444, 494, 557, 623, 712
　~의 물질성 91, 422, 594
　~의 부정성 96
　~의 실정성 94
　~적 장(場) 54~56, 62, 74
　진보적 ~ 258, 261
　프롤레타리아 ~ 619
이동(déplacement) ↔ 자리바꿈, 전위 201, 203
이론 62, 72, 169, 171
이론적 아나키즘 631, 637, 652
이성(raison) ↔ 근거 225
인간 404~405, 706, 721
인간주의(humanisme) ↔ 인본주의 211, 270, 596, 705, 718, 771
　반(反)~ 108, 123, 135, 169, 211, 319
　이론적 반~ 209, 243, 340, 370
　이론적 ~ 68
　철학적 ~ 615
인간학(anthropologie) ↔ 인류학 67, 484, 558, 616, 639, 667

~적 차이 641, 654, 665
철학적 ~ 615
인과성 166, 579, 609, 623, 660, 667
　구조 ~(causalité structurale) 167, 186, 200, 255, 356~359, 363, 445, 474, 477, 609, 611~613, 630, 638, 649, 666
　선형적 ~ 357, 359, 365, 367
　역사적 ~ 639, 647, 649~650
　타동적 ~ 611
　표현적 ~ 611
　환유적 ~ 358, 612
인류학(anthropologie) ↔ 인간학 464, 558
인민주의 792
인본주의(humanisme) ↔ 인간주의 558, 573
　반(反)~ 561
인셉션(inception) 725, 750
인식(reconnaissance) ↔ 인지, 확인 428, 439~440, 442~443
인식론 60
　합리주의적 ~ 520
인식론적 단절(coupure épistémologique) 110, 625
인식론적 단절(rupture épistémologique) 481, 483, 505
인식론적 절단(coupure épistémologique) 202, 448, 472, 484, 486, 515
인식소(episteme) ↔ 에피스테메 494, 502
인지(reconnaissance) ↔ 인식, 확인 184, 198, 735, 741
인지적 자족성(auto-intelligibilité) 49, 53, 61

【ㅈ】

자리바꿈(déplacement) ↔ 이동, 전위 198, 201~203, 474
자본 636
자본주의 279, 550, 566, 783
　~로의 이행 164

자아 432, 438~439, 441, 744, 747
　상상적 ~ 447, 746
자연 상태 232~233, 373, 418
　순수한 ~ 233
자연권 232~233
자연법 377
자유 534, 553
자유로운 평등(libertégalité) 293, 295~297
자유주의 89, 522, 526, 532, 535, 537, 549
　~ 국가 비판 523
잔혹 663
장소론(topique) ↔ 토픽, 공간적 표상 284, 587, 616, 625, 629, 636, 653, 666
장치 284, 737
재생산(reproduction) 77, 86, 89, 94, 100, 106, 251, 548, 615, 618
재현(représentation) ↔ 대표, 상연, 표상 256, 260, 680, 685~686, 691, 786
　상상적 ~ 690~691
적대 775
　사회적 ~ 595, 629, 778
　실재로서의 ~ 778
전미래 시제(futur antérieur) 47, 51, 59
전위(déplacement) ↔ 이동, 자리바꿈 201, 203, 229, 246, 359
전위당 399, 677
전체 276
　복잡한 ~ 767
　사회적 ~ 82, 128, 140, 168, 176, 472, 601, 603, 606, 610, 618, 628, 643, 649
　유물론적 ~ 402
　항상 이미 주어진 복합적 ~(un tout complexe structuré toujours déjà donné) 77, 82, 402, 680
전체론 644
절단(coupure) ↔ 단절 59~60, 69, 190, 447
정상화 사회(society of normalization) 527
정세(conjoncture) ↔ 연접체, 콩종튀르 72,
229, 234, 245, 251, 256, 260, 318, 352, 363, 379, 406, 578
정신분석 133, 167, 263, 347, 353, 430, 445, 643, 731, 772, 792
정의(justice) 563, 567, 572
정체화(identification) ↔ 동일화 93, 260
　탈~ 361
정치 536, 543, 651, 673, 692~693, 722
　미시 ~ 661
　변혁(transformation)으로서의 ~ 655, 664, 668
　시민윤리성(civilité)으로서의 ~ 655, 660, 664, 668
　~의 개조 585, 655, 666~667
　~의 자율성 656, 659
　~의 타율성 656
　~의 타율성의 타율성 660, 667
　해방(émancipation)으로서의 ~ 655~656, 664, 668
정치경제학 475, 530, 532
　~ 비판 214, 274, 541, 582, 666, 783
조직 287, 291
조합(combinatoire) 134
존재론 620, 686, 753
　과개인적(跨個人的, transindividuel) ~ 620, 644~645
　관계의 ~ 620, 645
　국가 ~ 687, 690
존재-신학(onto-théologie) 238, 263, 567, 575
종말(fin) ↔ 목적 234, 236, 243~244, 276, 573, 579
종말론(eschatology) 568, 575, 580, 582
　메시아적인 ~ 567~568
　반(反)~ 571, 583
　부정적 ~ 572
종속(assujettissement) ↔ 복종화, 주체화 94, 428, 434

주변(marge) ↔ 여백 245~246, 336, 338, 343, 345, 347, 352
주체(sujet) 86, 93, 210, 243, 257, 288, 358, 399, 418, 430, 436, 442, 449, 548, 599, 618, 645, 682, 718, 727, 736, 742, 754, 761, 778
  과학의 ~ 449
  구성되는 ~(sujet constitué) 719
  구성적 ~(sujet constituant) 719
  나쁜 ~ 761, 768
  무의식의 ~ 428, 434, 443, 446, 746, 749
  빗금 쳐진 ~ 730, 746, 778
  상상적 ~ 728
  상징적 ~ 447
  ~ 없는 주체적인 것(le subjectif sans sujet) 694, 696
  ~ 효과 734
  탈중심화된 ~ 437
  회고적 ~ 구성 733, 740, 750, 758, 766
주체화 86, 529, 544, 547, 598, 719, 722, 751
주체화(sujétion) ↔ 복종, 예속 599, 645, 651
주체화(assujettissement) ↔ 복종화, 종속 599, 618~619, 645
중층결정(surdétermination) ↔ 과잉결정 431, 445
지양 51, 367, 571, 573
지적 차이 641, 654, 667
지젝, 슬라보예(Žižek, Slavoj) 10~11, 726, 772
  『그들은 자기가 하는 일을 알지 못하나 이다』(For They Know Not What They Do: Enjoyment as a Political Factor) 780
  『우연성, 헤게모니, 보편성』(Contingency, Hegemony, Universality: Contemporary Dialogues on the Left) 773, 782
  『이데올로기의 숭고한 대상』(The Sublime Object of Ideology) 10, 726, 728, 773, 780
  『이라크: 빌려온 항아리』(Iraq: The Borrowed Kettle) 789

진공(vide) ↔ 공백 223, 228
진리(vérité) 244, 258, 265, 437, 672, 696
진지전 775
징후 820
  ~ 독해(lecture symptomale) 445, 809, 812

【ㅊ · ㅋ · ㅌ】

차테르지, 파르타(Chaterjee, Partha) 804
착취 168, 249, 287
창건 371, 385, 387, 399
철학 8, 202, 240, 247, 257, 271, 275, 408, 417, 497, 513, 671~673, 720
  맑스주의 ~ 412, 672
  부르주아 ~ 411, 447, 449
  의식 ~ 446~447
  ~사 408, 410, 416, 417
  ~적인 것 131
총체성 136, 268, 276, 579, 601~602, 791
  맑스적 ~ 71
  표현적 ~ 402, 471
  헤겔적 ~ 71
최종 심급 106, 209, 213, 256, 288, 358, 368, 474, 614, 616, 625, 650, 775, 797
  ~에서의 결정 83, 597, 600, 604, 606, 609, 611, 613, 638, 641, 649, 667
충실성(fidélité) 696
치안(police) ↔ 폴리스, 행정 관리 707
캉길렘, 조르주(Canguilhem, Georges) 480, 488, 491, 501, 513, 519~520
  『과학사와 과학철학 연구』(Études d'histoire et de philosophie des sciences) 513
  『생명의 인식』(La connaissance de la vie) 501
코기토 446
코제브, 알렉상드르(Kojève, Alexandre) 458, 559

콩종튀르(conjoncture) ↔ 연접체, 정세 132, 145, 148, 150, 152
쿠르노, 앙투안-오귀스탱(Cournot, Antoine-Augustin) 324, 352~353, 361, 403
　『운과 확률 이론에 대한 설명』(Exposition de la théorie des chances et des probabilités) 325
쿤, 토머스(Kuhn, Thomas) 503
　범형(paradigm) 503
　『과학 혁명의 구조』(The Structure of Scientific Revolutions) 503
크레모니니, 레오나르도(Cremonini, Leonardo) 207, 210, 218, 736
　「욕망의 등 뒤에서」(Alle spalle del desiderio) 736
　「의미들과 사물들」(Les sens et les choses) 208
크로체, 베네데토(Croce, Benedetto) 376
클리나멘(clinamen) 223, 225, 253, 318, 320, 324, 327, 330, 332
탄생(birth) 732, 738, 753
텅 빈 제스처 728, 750
토픽(topique) ↔ 공간적 표상, 장소론 77, 88, 679
통치(gouverner) 522, 527, 529, 538, 547
통치성(gouvernementalité) 522, 524, 529, 532, 535, 544, 547
　자유주의적 ~ 538, 550
틈새 336, 338, 340, 343, 345

【ㅍ·ㅎ】

파스칼, 블레즈(Pascal, Blaise) 92, 728
페브르, 뤼시엥(Febvre, Lucien) 130, 140, 143, 471
페쇠, 미셸(Pêcheux, Michel) 739, 763, 766
　『라 팔리스의 신사식의 진실들』(Les vérités de La Palice) 739, 763

편위(偏位, déviation) ↔ 빗겨남 223, 225, 228, 248
평등 711
　말하는 존재들의 지적 ~(égalité intellectuelle des êtres parlants) 703
　불평등의 논리(logique inégalitaire) 703, 714
　아무개와 아무개의 ~(égalité de n'importe qui avec n'importe qui) 711
포스트모더니즘 10
포스트식민 805
포이어바흐, 루트비히(Feuerbach, Ludwig) 63, 436, 483, 515, 708
포퍼, 칼(Popper, Karl) 508
폭력 666
　구조적 ~ 663, 668
　극단적 ~ 662~663
　대항 ~ 663, 668
　동일성의 ~ 660, 668
　반~ 660, 663~664, 666, 668
　비~ 663~664
폴리스(police) ↔ 치안, 행정 관리 532
폴리테이아(politeia) 652
표상(représentation) ↔ 대표, 상연, 재현 90, 256, 260, 264
푸코, 미셸(Foucault, Michel) 123, 138, 142, 154, 342, 450, 487, 499, 502, 519, 550, 557, 645, 656, 766
　『감시와 처벌』(Surveiller et punir) 520, 525
　『광기의 역사』(Histoire de la folie à l'âge classique) 143
　『말과 사물』(Les Mots et les Choses) 145, 494, 499, 502
　『"사회를 보호해야 한다"』("Il faut défendre la société") 525
　『안전, 영토, 인구』(Sécurité, territoire, population) 525, 528, 553

『임상의학의 탄생』(Naissance de la clinique) 143, 490, 494, 502
『지식의 고고학』(L'archéologie du savoir) 495, 499, 516
프로이트, 지그문트(Freud, Sigmund) 79, 88, 263, 347, 422, 429, 437, 445, 548, 607, 612, 642, 650, 745
프롤레타리아 157, 250, 343, 361, 569, 590, 658
  ~ 독재 18, 375, 624, 632, 658, 677, 689
플라톤(Platon) 306, 390, 710
  『국가』(The Republic) 710
필연(nécessité) 72, 106, 222, 234, 253, 320, 323, 330, 332
하이데거, 마르틴(Heidegger, Martin) 235, 241, 263, 306, 312, 335, 559, 574, 673
  '~이 주어져 있음'(es gibt) 237, 312
  「아낙시만드로스의 잠언」 575
  존재 245
  『존재와 시간』(Sein und Zeit) 575
  현존재(Dasein) 574
한계 336
합리주의 235, 262, 264, 468, 478, 491
해체(déconstruction) 180, 241, 563, 574, 578, 580
  ~ 불가능한 정의의 요구 563
행동 방식의 통솔(conduct of conduct) 529, 535, 544~545
행정 관리(police)↔치안, 폴리스 531, 543

허스트, 폴(Hirst, Paul) 77
헤게모니 396, 678, 819
  ~ 투쟁 782, 787, 790, 799
헤겔, 게오르크 빌헬름 프리드리히(Hegel, Georg Wilhelm Friedrich) 51, 63, 139, 163, 196, 268, 295, 339, 365, 402, 461, 468, 471, 483, 548, 559, 572, 579, 705, 780, 792
  『논리학』(Wissenschaft der Logik) 571, 579
  윤리성(Sittlichkeit) 656, 661
  이념 577
  『정신현상학』(Phänomenologie des Geistes) 573
  『철학적 학문들의 백과사전』(Enzyklopädie der philosophischen Wissenschaften) 571
혁명 389, 623
현상학 456, 462, 468, 475, 480, 491
현실주의 377, 382, 394
형이상학 237, 252, 458, 463, 559, 571, 575
호명(interpellation) 12, 92, 180, 243, 258, 285, 298, 423, 442, 447, 535, 544, 555, 598, 618, 645, 682, 725, 735, 750, 761, 767, 791
  모욕적 ~ 762, 768
  주체 ~ 426, 433, 445
홉스, 토머스(Hobbes, Thomas) 232, 306, 336, 370, 754
확인(reconnaissance)↔인식, 인지 682
힌데스, 배리(Hindess, Barry) 77

저역자 소개

강희경
6장_「알튀세르의 『자본』 독해」 옮김

현재 성신여자대학교 교양교육원에서 강의를 하고 있으며, 서울대학교 철학과 대학원에서 '권리'에 대한 스피노자의 철학을 주제로 박사학위 논문을 준비 중이다. 옮긴 책으로 아리엘 수아미의 『스피노자의 동물 우화』(열린책들, 2010)가 있다.

김은주
9장_「알튀세르와 스피노자」 옮김

서울대학교 철학과 박사 과정을 수료하고, 현재는 프랑스 리옹 고등사범학교(École normale supérieure)에서 스피노자 철학으로 박사학위 논문을 집필 중이다. 「사유의 역학: 스피노자와 프로이트」(2011) 등의 논문을 썼고, 알렉상드르 마트롱의 『스피노자 철학에서 개인과 공동체』(공역, 그린비, 2008) 등을 우리말로 옮겼다.

김정한
18장_「알튀세르와 포스트맑스주의: 라클라우와 지젝의 논쟁」 지음

서강대학교 철학과를 졸업하고 동 대학원 정치외교학과에서 박사학위를 받았다. 현재 고려대학교 민족문화연구원 HK연구교수로 있다. 다양한 현대 정치철학의 개념들을 궁리하여 한국의 대중 운동과 그 이데올로기의 역사를 새롭게 사유할 수 있는 길을 모색하고 있다. 지은 책으로 『대중과 폭력: 1991년 5월의 기억』(이후, 1998), 『5·18 30년: 새로운 민주주의의 모색』(공저, 근간) 등이 있으며, 한나 아렌트의 『폭력의 세기』(이후, 1999), 에릭 홉스봄의 『혁명가: 역사의 전복자들』(공역, 길, 2008) 등을 우리말로 옮겼다. 그리고 그 외에 「권력은 주체를 슬프게 한다: 91년 5월 투쟁 읽기」(2002), 「5·18 광주항쟁에서 시민군의 주체성」(2010), 「폭력과 저항: 발리바르와 지젝」(2011), 「한국 라캉주의 정치의 가능성과 조건: 지젝의 '사회적 환상의 횡단' 개념을 중심으로」(2011) 등의 논문을 썼다.

듀스, 피터(Dews, Peter, 1952~)
11장_「알튀세르, 구조주의, 프랑스 인식론 전통」지음

영국의 철학자로 케임브리지대학교에서 영문학을 전공했으며, 사우샘스턴대학교에서 철학으로 박사학위를 받았다. 현재 에식스대학교 철학과 교수로 재직하고 있다. 비판 이론과 정신분석, 현대 프랑스 철학에 관해 폭넓게 연구하고 저술해 왔다. 주요 저작으로 『탈통합의 논리』(*Logics of Disintegration*, Verso, 1987), 『탈주술화의 한계』(*The Limits of Disenchantment*, Verso, 1995), 『악이라는 관념』(*The Idea of Evil*, Blackwell, 2007) 등이 있으며, 『자율과 연대: 하버마스와의 대담』(*Autonomy and Solidarity: Interviews with Jürgen Habermas*, Verso, 1986), 『해체적 주체성』(*Deconstructive Subjectivities*, eds. with Simon Critchley, State University of New York Press, 1996), 『하버마스: 비판적 독해』(*Habermas: A Critical Reader*, Blackwell, 1999) 등을 편집했다.

마슈레, 피에르(Macherey, Pierre, 1938~)
1장_「알튀세르와 청년 맑스」지음

파리 고등사범학교에서 조르주 캉길렘과 루이 알튀세르에게서 사사했다. 알튀세르, 에티엔 발리바르 등과 함께 『『자본』을 읽자』(*Lire le Capital*, François Maspero, 1965)를 썼으며, 『문학생산의 이론을 위하여』(*Pour une théorie de la production littéraire*, François Maspero, 1966)를 발표하여 일약 국제적인 이론가로 주목받았다. 1970년대 말 이후 스피노자 연구에 전념하여 『헤겔 또는 스피노자』(*Hegel ou Spinoza*, François Maspero, 1979), 『스피노자와 함께』(*Avec Spinoza*, PUF, 1992), 『스피노자 『윤리학』 입문』(*Introduction à l'Ethique de Spinoza*, 전 5권, PUF, 1994~1998) 등을 집필했다. 현존하는 대표적인 스피노자 연구자 중 한 명이며, 국내에도 소개된 『문학생산의 이론을 위하여』 및 『문학은 무엇에 대해 사유하는가?』 등과 같은 시사를 통해 문학 이론가로서도 국제적인 명예을 얻고 있다. 현재 릴 3대학교 명예 교수로 있다. 주요 저작으로는 위에 소개한 책 이외에도 『콩트: 철학과 과학들』(*Comte: La philosophie et les sciences*, PUF, 1989), 『디노사우르의 여정: 철학하기, 1965~1997』(*Histoires de dinosaure: Faire de la philosophie, 1965~1997*, PUF, 1999), 『1845년의 맑스: 「포이어바흐에 관한 테제들」의 번역과 주석』(*Marx 1845: Les "thèses" sur Feuerbach*, Éditions Amsterdam, 2008), 『캉길렘에서 푸코에게로: 규범들의 힘』(*De Canguilhem à Foucault: La force des normes*, La fabrique, 2009) 등이 있다.

모로, 피에르-프랑수아(Moreau, Pierre-François, 1948~)
9장_「알튀세르와 스피노자」지음

파리 고등사범학교와 소르본대학교에서 루이 알튀세르 및 근대 철학 연구자인 이봉 블라발(Yvon Belaval), 법철학자인 미셸 빌레(Michel Villey) 등에게서 사사했으며, 현재 리옹 고등사범학교 철학과 교수, 프랑스 국립과학연구소(Centre national de la recherche scientifique, CNRS)의 UMR 5037 소속인 수사학, 철학 및 사상사 연구소(Centre d'études en rhétorique, philosophie et histoire des idées, CERPHI)와 스피노자 연구회(Groupe de recherches spinozistes, GRS) 소장으로 재직하고 있다. 스피노자 철학 관련 프랑스 국내 연구 및 국제 교류의 중추 역할을 맡고 있으며, 프랑스, 이탈

리아, 네덜란드 등의 전문가들이 참여하는 새 스피노자 전집(PUF)의 편집 책임자로 일하고 있다. 주요 저작으로는 『스피노자』(Spinoza, Seuil, 1975), 『페르낭 들리니와 유년에 대한 이데올로기』(Fernand Deligny et les idéologies de l'enfance: Postface par Fernand Deligny, Retz, 1978), 『홉스: 철학, 과학, 종교』(Hobbes: Philosophie, science, religion, PUF, 1989), 『스피노자: 경험과 영원』(Spinoza: L'expérience et l'éternité, PUF, 1994), 『루크레티우스: 정신』(Lucrèce: L'âme, PUF, 2002), 『스피노자와 스피노자주의』(Spinoza et le spinozisme, PUF, 2003), 『스피노자: 국가와 종교』(Spinoza: État et religion, ENS, 2005), 『스피노자주의의 문제들』(Problèmes du spinozisme, Vrin, 2006) 등이 있다. 그 외에도, 고전 시대 고대 철학의 귀환 및 고대 이후 정념론 역사에 대한 공동 논문집 등을 이끌고 있다.

박기순
16장_「알튀세르와 랑시에르」 지음

서울대학교 미학과와 동 대학원 철학과를 졸업하고, 프랑스 파리 4대학교에서 『스피노자에서 존재의 역사성과 기호의 정치』로 박사학위를 받았다. 서울대 인문학연구원 HK 연구교수를 거쳐 현재 충북대학교 철학과에 재직 중이다. 주요 연구 분야는 스피노자를 중심으로 한 17세기 철학, 프랑스 현대 철학 및 미학이다. 도미니크 르쿠르의 『프랑스 인식론의 계보』(새길, 1996), 질 들뢰즈의 『스피노자의 철학』(민음사, 1999) 등을 우리말로 옮겼고, 스피노자, 들뢰즈, 자크 랑시에르, 알랭 바디우 등에 관한 다수의 글들을 썼다.

발리바르, 에티엔(Balibar, Étienne, 1942~)
13장_「종말론 대 목적론: 데리다와 알튀세르의 유예된 대화」 지음

프랑스 파리 고등사범학교에서 루이 알튀세르, 장 이폴리트, 조르주 캉길렘, 자크 데리다에게서 사사했다. 1965년 알튀세르, 피에르 마슈레, 자크 랑시에르 등과 함께 유명한 『『자본』을 읽자』를 공동 저술했으며, 그 이후에도 『역사유물론 연구』, 『민주주의와 독재』 등의 저작을 통해 역사적 맑스주의를 개조하기 위한 작업에 몰두했다. 1980년 알튀세르가 정신병원에 유폐된 이후에는 역사적 맑스주의를 해체하고 근대 정치 구조의 아포리아를 분석하며 근대의 철학적 인간학을 쇄신하려는 작업을 지속해 왔다. 또한 1990년대 이후 급속히 진행된 세계화 및 유럽 건설이라는 이중의 정세 속에서 대중운동의 확장 및 시민권 헌정의 민주주의적 전화를 모색하려는 이론적 작업 역시 발리바르 사상의 핵심을 이루고 있다. 현재 파리 10대학교(낭테르) 명예 교수 및 미국 캘리포니아대학교(어바인) 특훈 교수로 재직하고 있다. 국내에 번역된 『스피노자와 정치』(1985), 『대중들의 공포』(1997), 『우리, 유럽의 시민들?』(2001), 『정치체에 대한 권리』(2002) 이외에도, 이매뉴얼 월러스틴과 공저한 『인종, 국민, 계급』(Race, nation, classe: Les identités ambiguës, La Découverte, 1988), 『민주주의의 경계들』(Les frontières de la démocratie, La Découverte, 1992), 『폭력과 시민다움』(Violence et civilité, Galilée, 2010), 『평등자유 명제』(La proposition de l'égaliberté, PUF, 2010), 『시민 주체』(Citoyen sujet et autres essais d'anthropologie philosophique, PUF, 2011) 등 다수의 저작들을 발표했다.

비데, 자크(Bidet, Jacques, 1935~)
6장_「알튀세르의 『자본』 독해」 지음

프랑스의 맑스주의 철학자로, 1987년 자크 텍시에르(Jacques Texier)와 함께 맑스주의 학술지 『악튀엘 맑스』(Actuel Marx)를 창간했으며, 1995년에는 '국제 맑스주의 학회'(Congrès Marx International)를 설립하기도 했다. 오랫동안 파리 10대학교(낭테르) 교수로 재직했으며, 현재 파리 10대학 명예 교수이자 아탁(ATTAC)의 학술 자문 위원으로 있다. 주요 저작으로는 국내에 소개된 『『자본』의 경제학·철학·이데올로기』(새날, 1995) 이외에 『근대성 이론』(Théorie de la modernité, PUF, 1990), 『일반 이론: 법, 경제, 정치에 관한 이론』(Théorie générale: Théorie du droit, de l'économie et de la politique, PUF, 1999), 『『자본』의 설명과 재구성』(Explication et reconstruction du Capital, PUF, 2004), 『대안 맑스주의』(Altermarxisme: Un autre marxisme pour un autre monde, avec Gérard Duménil, PUF, 2007), 『세계 국가: 맑스주의의 재정초』(L'état-monde: Libéralisme, socialisme et communisme à l'échelle globale. Refondation du marxisme, PUF, 2011) 등이 있다.

빌라르, 피에르(Vilar, Pierre, 1906~2003)
3장_「맑스주의 역사학, 건설 중인 역사학: 알튀세르와의 대화」 지음

아날 학파의 일원이었으면서도 견실한 맑스주의 역사가였던, 그러나 좌우를 떠나 스페인 근현대사의 권위자로 학계와 대중에게 두루 인정과 존경을 받았던 피에르 빌라르는 지리학 전공으로 출발한 뒤 역사학 전공으로 전환하여, 『아날』 창간 당시부터 뤼시엥 페브르, 마르크 블로크와 교류하면서 협력한다. 근대 스페인에서의 카탈루냐를 주제로 박사 논문을 준비하기 위해 바르셀로나에 머물던 중 1939년에 징집되었다가 곧 독일군의 포로가 된다. 수용소에서 생활하면서 동료 포로들에게 스페인 역사를 강의한 내용이 1947년에 『스페인의 역사』(Histoire de l'Espagne, PUF, 1947)라는 책으로 나와, 프랑코의 파시즘에 반대하는 이들 사이에서 필독서가 된다. 1946년에 바르셀로나로 복귀했으나 1948년에 추방되어 프랑스로 귀국한다. 1962년 오래 준비했던 박사 논문을 드디어 『근대 스페인에서의 카탈루냐: 국민적 구조들의 경제적 토대들에 관한 연구』(La catalogne dans l'espagne moderne: Recherches sur les fondements économiques des structures nationales, S.E.V.P.E.N., 1962) 3부작으로 출간했으며, 1965년에는 에르네스트 라브루스의 뒤를 이어 소르본대학교 교수직에 취임한다. 국내에 번역된 Oro y moneda en la historia. 1450~1920, Ariel, 1969[『금과 화폐의 역사』, 김현일 옮김, 까치글방, 2000] 외에도, 스페인 내전을 정리한 『스페인 전쟁』(La guerre d'Espagne, PUF, 1986)과 자전적 성찰을 담은 『역사적으로 사유하기』(Pensar històricament: Reflexions i records, Eliseu Climent, 1995) 등 숱한 연구 성과를 남긴 그를 기려 에릭 홉스봄은 '역사가 중의 역사가'라 부르기도 했다. 이 책에 수록된 논문 「맑스주의 역사학, 건설 중인 역사학」(1973)은 1982년 출간된 논문집 『건설 중에 있는 역사학』(Une histoire en construction: Approche marxiste et problématiques conjoncturelles, Gallimard y Seuil, 1982)에 재수록된다. 이 논문에 앞서 이미 1968년에 알튀세르에 관한 비평 논문을 발표한 빌라르는 이 1968년 논문을 포함한 논집인 『알튀세르, 역사적 방법과 역사주의』(Althusser, método histórico e historicismo, Anagrama, 1972)를 공동 편집하기도 했다.

서관모
14장_「알튀세르에게서 발리바르에게로: 이데올로기의 문제설정과 정치의 개조」 지음

1984~1988년 사이에 한국사회 계급구성 분석 작업을 수행한 바 있다. 1991년 알튀세리엥이 된 이래 에티엔 발리바르의 맑스주의 개조 작업과 그에 뒤이은 '정치의 개조' 작업을 소개하는 작업을 주로 해왔다. 논문으로 「반폭력의 문제설정과 인간학적 차이들: 에티엔 발리바르의 포스트마르크스적 공산주의」(2008), 「네그리와 하트의 다중의 기획에 대한 비판」(2009) 등이 있고, 옮긴 책으로 에티엔 발리바르의『대중들의 공포: 맑스 전과 후의 정치와 철학』(공역, 도서출판b, 2007) 등이 있다.

서동진
12장_「알튀세르와 푸코의 부재하는 대화: 정치적 유물론의 분기」 지음

계원디자인예술대학교 인문교양학부 조교수. 경제와 문화의 관계에 관심이 크고 최근에는 문화적 실천으로서의 금융을 분석하는 작업에 몰두하고 있다. 그렇지만 워낙 산만한 관심을 가지고 살아가는지라 정치적인 것과 사회적인 것의 관계를 묻는 이론적인 연구도 함께 하고 있으며, 틈틈이 미술을 비롯한 시각 문화에 관한 글도 쓰고 있다. 지은 책으로『자유의 의지, 자기계발의 의지』(돌베개, 2009),『디자인 멜랑콜리아』(디자인플럭스, 2009) 등이 있으며, 그 외에 다수의 함께 지은 책들이 있다.

서용순
15장_「알튀세르와 바디우: 정치적 주체성의 혁신을 위하여」 지음

1968년 서울에서 태어나 성균관대학교를 졸업하고, 프랑스로 떠나 철학의 길로 들어섰다. 프랑스의 현대 철학자 알랭 바디우의 지도로 박사학위를 받고 2005년 귀국, 여러 대학의 철학과와 교양 학부 등에서 강의했고, 현재는 고려대학교와 연세대학교 비교문학과 대학원에서 바디우의 철학을 학생들과 함께 연구하고 있다. 지난 몇 년간 바디우의 철학을 꾸준히 소개해 왔고, 존재론과 정치철학에서 자신의 문제의식을 심화시키며 정치와 삶의 문제에 대해 깊이 고민하고 있다. 지은 책으로『청소년을 위한 서양철학사』(두리미디어, 2006),『라깡, 사유의 모험』(공저, 마티, 2010) 등이 있고, 옮긴 책으로 바디우의『철학을 위한 선언』(길, 2010),『뉴레프트리뷰 1』(공역, 길, 2009) 등이 있다.

안준범
3장_「맑스주의 역사학, 건설 중인 역사학: 알튀세르와의 대화」 옮김 | 19장_「알튀세르와 서발턴 연구」 지음

알튀세르에게서 파생된 논의들을 포스트식민주의 맥락에서 개진된 논의들에 접맥하는 지성사에 관심이 있으며, 현대 역사가들의 텍스트를 이러한 지성사의 지평에서 읽고 배치하는 작업을 계획하고 있다. 논문으로는 「현대 지성사의 '알뛰세르 효과'에 대하여: 트리컨티넨탈리즘의 맥락에서」(2006) 등이 있으며, 자크 랑시에르의『역사의 이름들』(울력, 2011)을 우리말로 옮겼다.

양창렬
7장_「알튀세르를 위하여 원자론을 읽자」 지음

파리 1대학교 철학과 박사 과정. '에피쿠로스의 운명 비판'이라는 주제로 학위 논문을

준비하고 있다. 『공존의 기술』(공저, 그린비, 2007), 『현대 정치철학의 모험』(공저, 난장, 2010) 등을 썼으며, 자크 랑시에르의 『정치적인 것의 가장자리에서』(길, 2008)와 『무지한 스승: 지적 해방에 대한 다섯 가지 교훈』(궁리, 2008), 장 살렘의 『고대 원자론: 쾌락의 윤리로서의 유물론』(난장, 2009), 조르조 아감벤의 『목적 없는 수단』(공역, 난장, 2009)과 『장치란 무엇인가? 외』(난장, 2010) 등을 우리말로 옮겼다.

장진범
11장_「알튀세르, 구조주의, 프랑스 인식론 전통」 옮김 | 13장_「종말론 대 목적론: 데리다와 알튀세르의 유예된 대화」 옮김

서울대학교 사회학과 석사 과정. '사회진보연대' 편집실에서 일했고, 사회 운동과 시민권에 관심이 많다. 최근 논문으로 『현대 정치철학의 모험』(난장, 2010)에 실린 「에티엔 발리바르: 도래할 시민(권)을 위한 철학적 투쟁」이 있고, 헤르만 판 휜스테렌(Herman R. Van Gunsteren)의 『시민권 이론』(그린비, 근간)을 번역하고 있다.

조현진
10장_「알튀세르와 정신분석학: 주체 구성의 문제」 옮김

스피노자의 철학에 대한 연구로 박사학위를 받았고, 현재 숭실대학교와 서강대학교 등에서 강의를 하고 있다. 「스피노자에 대한 베일의 비판은 정당한가?」(2008), 「속성의 공유불가능성 정리에 대한 라이프니쯔의 비판은 타당한가?」(2010) 등의 논문을 썼고, 크리스티앙 들라캉파뉴의 『20세기 서양 철학의 흐름』(공역, 이제이북스, 2006), 바뤼흐 스피노자의 『에티카』(책세상, 2006) 등을 우리말로 옮겼다. 스피노자 철학이 현대 사회에서 어떤 의의를 가질 수 있는가에 대해 관심을 갖고 있다.

진태원
2장_「과잉결정, 이데올로기, 마주침: 알튀세르와 변증법의 문제」 지음 | 5장_「알튀세르의 우발성의 유물론의 우발성들」 옮김 | 8장_「하나의 마주침: 알튀세르와 마키아벨리」 옮김

1966년 서울 출생. 연세대학교 철학과 및 동 대학원을 졸업하고 서울대학교 철학과에서 『스피노자 철학에 대한 관계론적 해석』이라는 논문으로 박사학위를 받았다. 현재 고려대학교 민족문화연구원 HK연구교수로 있다. 지은 책으로 『라깡의 재탄생』(공저, 창비, 2002), 『서양 근대철학의 열 가지 쟁점』(공저, 2004), 『서양 근대 윤리학』(공저, 2010) 등이 있으며, 주요 논문으로는 「스피노자 정치학에서 사회계약론의 해체」 I, II(2004), 「어떤 상상의 공동체?: 민족, 국민 그리고 그 너머」(2011) 등이 있다. 또한 자크 데리다의 『법의 힘』(문학과지성사, 2004), 『마르크스의 유령들』(이제이북스, 2007), 피에르 마슈레의 『헤겔 또는 스피노자』(그린비, 2010), 에티엔 발리바르의 『우리, 유럽의 시민들?: 세계화와 민주주의의 재발명』(후마니타스, 2010), 『정치체에 대한 권리』(후마니타스, 2011) 등을 우리말로 옮겼다.

질로, 파스칼(Gillot, Pascale, 1967~)
10장_「알튀세르와 정신분석학: 주체 구성의 문제」 지음

근대 철학 및 스피노자 철학 전문가이며, 근대 철학에서 현대 철학에 이르기까지 정

신과 주체성에 관한 개념적 모델의 발생과 변화 과정을 추적하는 작업에 몰두하고 있다. 현재 국제철학대학교(Collège international de philosophie) 연구 책임자로 있다. 주요 저작으로는 『근대 철학과 현대 철학에서의 정신』(*L'esprit: Figures classiques et contemporaines*, CNRS, 2007), 『알튀세르와 정신분석학』(*Althusser et la psychanalyse*, PUF, 2009), 『개념, 주체, 과학: 카바예, 캉길렘, 푸코』(*Le Concept, le sujet et la science: Cavaillès, Canguilhem, Foucault*, avec Pierre Cassou-Noguès, Vrin, 2009) 등이 있다.

최원
17장_「인셉션인가, 호명인가?: 슬로베니아 학파, 버틀러, 알튀세르」 지음

철학 전공. 미국 뉴스쿨대학교에서 석사학위를 받고, 시카고 로욜라대학교에서 박사 과정을 수료했다. 현재 이데올로기에 대한 알튀세르와 라캉의 논쟁을 주제로 학위 논문을 준비 중이다. 옮긴 책으로 에티엔 발리바르의 『대중들의 공포: 맑스 전과 후의 정치와 철학』(공역, 도서출판b, 2007)이 있다.

최정우
1장_「알튀세르와 청년 맑스」 옮김 | 4장_「미학으로 (재)생산되지 않는 미학: 알튀세르 예술론의 어떤 (불)가능성」 지음

1977년생. 작곡가, 비평가. 서울대학교 인문대학 미학과를 졸업하고 동 대학원 불어불문학과에서 조르주 바타유에 대한 연구로 석사학위를 받았다. 『사유의 악보: 이론의 교배와 창궐을 위한 불협화음의 비평들』(자음과모음, 2011), 『아바타 인문학』(공저, 자음과모음, 2010), 『현대 정치철학의 모험』(공저, 난장, 2010) 등의 책을 썼고, 피터 페리클레스 트리포나스의 『바르트와 기호의 제국』(이제이북스, 2003), 크리스토퍼 볼라스의 『자유연상』(이제이북스, 2005), 이반 워드의 『거세』(이제이북스, 2005), 에스텔라 V. 웰든의 『사도마조히즘』(이제이북스, 2006), 『뉴레프트리뷰 1』(공역, 길, 2009), 『레닌 재장전』(공역, 마티, 2010) 등의 책을 옮겼다. 음악 집단 Renata Suicide의 리더, 계간지 『자음과모음』의 편집위원으로 활동하고 있다.

테레, 에마뉘엘(Terray, Emmanuel, 1935~)
8장_「하나의 마주침: 알튀세르와 마키아벨리」 지음

프랑스의 인류학자이자 철학자로, 파리 고등사범학교 철학과를 졸업했으며, 클로드 레비-스트로스의 영향 아래 인류학자로 전향하여 아프리카의 코트디부아르에서 현지 조사 활동을 수행했다. 1984년 조르주 발랑디에(Georges Balandier)의 지도 아래 국가박사학위를 취득했으며, 1984년 이래 고등사회과학연구원(L'école des hautes études en sciences sociales, EHESS)의 책임 연구원으로 재직했다. 전공인 인류학 분야 이외에 정치철학 분야에서도 주목할 만한 다수의 저작을 출간한 바 있다. 주요 저작으로는 『'원시' 사회에 직면한 맑스주의』(*Le marxisme devant les sociétés "primitives"*, François Maspero, 1969), 『동굴 속의 정치』(*La politique dans la caverne*, Seuil, 1990), 『아브롱 뒤 기야망 왕국의 역사』(*Une histoire du royaume Abron du Gyaman: Des origines à la conquête coloniale*, Karthala, 1995), 『클라우제비츠』(*Clausewitz*, Fayard, 1999), 『메두사와의 싸움』(*Combats avec Méduse*, Galilée, 2011) 등이 있다.

토젤, 앙드레(Tosel, André, 1941~)
5장_「알튀세르의 우발성의 유물론의 우발성들」 지음

프랑스의 맑스주의 철학자로, 파리 고등사범학교를 졸업했으며, 1982년 파리 1대학교에서 스피노자의 『신학정치론』에 관한 연구로 국가박사학위를 취득했다. 파리 1대학 교수 및 니스대학 교수를 역임했으며, 현재 니스대학 명예 교수로 있다. 그람시, 알튀세르, 루카치를 비롯하여 서방 맑스주의에 관한 다수의 저작을 남겼으며, 스피노자를 비롯한 근대 철학에 대해서도 여러 저작을 출간했다. 주요 저작으로는 『스피노자 또는 종속의 황혼: 『신학정치론』 연구』(*Spinoza ou le crépuscule de la servitude: Essai sur le Traité théologico-politique*, Aubier-Montaigne, 1984), 『분열의 정신: 맑스, 그람시, 루카치에 대한 연구』(*L'esprit de scission: Études sur Marx, Gramsci, Lukács*, Les Belles Lettres, 1991), 『스피노자의 유물론에 대하여』(*Du matérialisme de Spinoza*, Kimé, 1994), 『심연 속의 세계?: 자본주의적 세계화에 관한 시론』(*Un monde en abîme?: Essai sur la mondialisation capitaliste*, Kimé, 2008), 『20세기의 맑스주의』(*Le marxisme du 20e siècle*, avec Vincent Charbonnier, Syllepse, 2009) 등이 있다.

알튀세르 효과

초판1쇄 펴냄 2011년 11월 15일
초판2쇄 펴냄 2022년 4월 29일

엮은이 진태원
지은이 김정한, 박기순, 서관모, 서동진, 서용순, 안준범, 앙드레 토젤, 양창렬, 에마뉘엘 테레, 에티엔 발리바르, 자크 비데, 진태원, 최원, 최정우, 파스칼 질로, 피에르 마슈레, 피에르 빌라르, 피에르-프랑수아 모로, 피터 듀스
옮긴이 강희경, 김은주, 장진범, 조현진
프리즘총서 기획위원 진태원
펴낸이 유재건
펴낸곳 그린비
주소 서울시 마포구 와우산로 180, 4층
대표전화 02-702-2717 | **팩스** 02-703-0272
홈페이지 www.greenbee.co.kr
원고투고 및 문의 editor@greenbee.co.kr

주간 임유진 | **편집** 홍민기, 신효섭, 구세주, 송예진 | **디자인** 권희원, 이은솔
마케팅 유하나, 육소연 | **물류유통** 유재영, 한동훈 | **경영관리** 유수진

이 책의 한국어판 저작권은 (주)그린비출판사에 있습니다.
저작권법에 의해 한국 내에서 보호를 받는 저작물이므로 무단전재와 무단복제를 금합니다.
책값은 뒤표지에 있습니다. 잘못 만들어진 책은 구입처에서 바꿔 드립니다.
ISBN 978-89-7682-369-4 93100

이 저서는 2007년도 정부(교육과학기술부)의 재원으로 한국연구재단의 지원을 받아 연구되었음.(NRF-2007-361-AL0013)

學問思辨行: 배우고 묻고 생각하고 판단하고 행동하고

독자의 학문사변행을 돕는 든든한 가이드 _그린비 출판그룹

그린비 철학, 예술, 고전, 인문교양 브랜드
엑스북스 책읽기, 글쓰기에 대한 거의 모든 것
곰세마리 책으로 통하는 세대공감, 가족이 함께 읽는 책